Andreas Haaker

Potential der Goodwill-Bilanzierung nach IFRS für eine Konvergenz im wertorientierten Rechnungswesen

GABLER EDITION WISSENSCHAFT

Andreas Haaker

Potential der Goodwill-Bilanzierung nach IFRS für eine Konvergenz im wertorientierten Rechnungswesen

Eine messtheoretische Analyse

Mit einem Geleitwort von Prof. Dr. Lothar Schruff

GABLER EDITION WISSENSCHAFT

Bibliografische Information Der Deutschen Nationalbibliothek
Die Deutsche Nationalbibliothek verzeichnet diese Publikation in der Deutschen Nationalbibliografie; detaillierte bibliografische Daten sind im Internet über <http://dnb.d-nb.de> abrufbar.

Dissertation Universität Göttingen, 2007

1. Auflage 2008

Lektorat: Frauke Schindler / Jutta Hinrichsen

Der Gabler Verlag ist ein Unternehmen von Springer Science+Business Media.
www.gabler.de

Umschlaggestaltung: Regine Zimmer, Dipl.-Designerin, Frankfurt/Main
Gedruckt auf säurefreiem und chlorfrei gebleichtem Papier
Printed in Germany

ISBN 978-3-8349-0953-4

Geleitwort

Die Bilanzierung des Goodwill nach IFRS ist derzeit in einem tiefgreifenden Umbruch. Ihre Entwicklung zeichnet sich durch einen deutlichen Trend in Richtung Fair Value-Orientierung und Einheitstheorie des Konzernabschlusses aus. In diesem Zusammenhang rückt die Konzernbilanz in den Mittelpunkt des Informationskonzepts der IFRS-Rechnungslegung, welche nunmehr neben den Informationsinteressen der konzernbezogenen Mehrheitengesellschafter verstärkt die Informationsinteressen der an Tochterunternehmen beteiligten Minderheitengesellschafter zu berücksichtigen hat.

Vorläufige Höhepunkte der Neuorientierung des IASB sind die Anwendung des Impairment-Only-Approaches, welcher konzeptionell bedingt zu einer Aktivierung von originärem Goodwill führt, sowie die aktuellen Änderungsvorschläge zur Erstkonsolidierung, die im Rahmen der Full Goodwill Method den Ansatz eines nicht entgeltlich erworbenen Minderheiten-Goodwill beinhalten. Die damit einhergehende Unternehmenswertorientierung kann zwar zu einer Verminderung der Marktwert-Buchwert-Lücke führen, hat jedoch eine Entobjektivierung des IFRS-Abschlusses zur Folge; insofern stellt die Goodwill-Bilanzierung ein Musterbeispiel für das Spannungsverhältnis zwischen Relevanz und Verlässlichkeit dar. Dementsprechend ist die Bilanzierung des Goodwill nicht nur im Hinblick auf den Informationsnutzen eines IFRS-Abschlusses für die Investoren, sondern auch für das Potential bezüglich einer Konvergenz des unternehmenswertorientierten internen und externen Rechnungswesens von großer Bedeutung.

Vor dem Hintergrund dieser Entwicklung untersucht Herr Haaker den Informationsnutzen sowie das damit zusammenhängende Konvergenzpotential der IFRS im Hinblick auf die Bilanzierung des Goodwill. Hierbei geht er von folgenden Grundgedanken aus: Sowohl die investororientierte IFRS-Rechnungslegung als auch ein investororientiertes internes Rechnungswesen setzen wohl eine strikte Unternehmenswertorientierung voraus, welche wiederum eine umfassende Berücksichtigung des mit großen Unsicherheiten behafteten Goodwill erfordert. Eine der größten Herausforderungen im investororientierten Rechnungswesen stellt daher die zweckadäquate Messung des Goodwill dar. In diesem Bereich liegt folglich auch der Schlüssel zu einer Konvergenz des internen und externen Rechnungswesens, wenngleich es sich bei der Messung des Goodwill im Rechnungswesen um ein bisher ungelöstes Problem handelt.

Herr Haaker analysiert nach einer umfassenden Charakterisierung des ökonomischen Phänomens Goodwill das theoretische und tatsächliche Konvergenzpotential der IFRS und der Bilanzierung des Goodwill aus messtheoretischer Sicht. Darauf aufbauend werden die Nebenrechnungen zum Goodwill-Impairment-Test im Hinblick auf eine Nutzung in der unternehmenswertorientierten Bereichssteuerung untersucht und ein Vorschlag für ein Informationsbilanzkonzept auf Ebene von Cash Generating Units entwickelt. Es werden die Möglichkeiten und Grenzen der vermeintlich informationsorientierten IFRS verdeutlicht und zugleich eine Reihe von wertvollen Anregungen für die Unternehmenssteuerung, Finanzanalyse und Standardsetzung gegeben.

Insgesamt handelt es sich um eine breit angelegte, theoretisch fundierte Arbeit mit zahlreichen Implikationen für die Praxis. Auch wenn Herr Haaker mit seinem Plädoyer für eine Aktivierung des gesamten Goodwill gegen die herrschende Meinung antritt, so ist ihm dennoch die verdiente Beachtung seiner Leser aus den Bereichen Theorie und Praxis der Rechnungslegung, Controlling, Finanzanalyse sowie Standardsetting zu wünschen.

Göttingen, 28. Januar 2008

Lothar Schruff

Vorwort

Die vorliegende Arbeit entstand während meiner Tätigkeit als wissenschaftlicher Mitarbeiter an der Professur für Rechnungslegung und Prüfungswesen an der Georg-August-Universität Göttingen und wurde unter dem Titel

„Potential der Goodwill-Bilanzierung nach IFRS für eine Konvergenz des unternehmenswertorientierten internen und externen Rechnungswesens

– Eine messtheoretische Analyse –"

im November 2007 von der Wirtschaftswissenschaftlichen Fakultät der Georg-August-Universität Göttingen als Dissertation angenommen.

An dieser Stelle möchte ich allen, die mir zur Erstellung und Veröffentlichung dieser Arbeit fachliche, persönliche oder auch technische Unterstützung zu Teil werden ließen, sehr herzlich danken.

Insbesondere gilt mein herzlicher Dank meinem Doktorvater, Herrn Prof. Dr. Lothar Schruff, dem ich auf diese Weise für seine Betreuung der Arbeit, seine tatkräftige persönliche und fachliche Unterstützung sowie die großen Freiheitsgrade bei meinen Forschungsaktivitäten danken möchte. Ebenfalls danke ich herzlich Herrn Prof. Dr. Dr. h.c. Jürgen Bloech für die Übernahme des Zweitgutachtens sowie seine stete Hilfsbereitschaft und wertvollen Hinweise.

Für die Übernahme der Aufgabe der Leitung der Disputation danke ich Herrn Prof. Dr. Kilian Bizer. Zudem möchte ich mich bei Herrn Prof. Dr. Harald Wedell und Herrn WP/StB Dipl.-Kfm. Dipl.-Hdl. Heinz-Wilhelm Lefhalm für ihre freundschaftlichen Ratschläge bedanken.

Herrn Dr. Ulrich Schild danke ich für seine kritischen Anmerkungen und die Diskussion in Bezug auf den Hauptteil der Dissertation.

Zu danken habe ich insbesondere auch Herrn Dipl.-Vw. Dipl.-Math. Stephan Müller für die umfassende und gewissenhafte Korrektur des recht umfangreichen Manuskriptes. Für die Vorkorrekturarbeiten danke ich außerdem Herrn M.Sc. Tobias Thies. Weiter bin ich sämtlichen studentischen Hilfskräften der Professur für Rechnungslegung und Prüfungswesen für die umfangreichen Kopierarbeiten während meines Promotionsprojekts dankbar.

Für die Unterstützung bei der Promotion danke ich meinen Eltern Ursula und Reinhard Haaker sowie meinen Schwiegereltern Frau Dr. Irina und Herrn Dr. Alexej Logvinenko, welche im Übrigen extra zu diesem Anlass eine weite Reise über zwei Grenzen auf sich genommen haben, um mich moralisch zu unterstützen und das Gelingen der Promotion sichzuerstellen.

Сердечно благодарю Вас за поддержку!

In besonderer Weise danke ich meiner geliebten Frau Olga für ihren Beistand vor, nach und während der Promotion sowie ihre liebevolle und verständnisvolle Unterstützung.

Göttingen, 28. Januar 2008 Andreas Haaker

Inhaltsübersicht

Seite

Inhaltsverzeichnis

Abbildungsverzeichnis

Seite

Abkürzungsverzeichnis

a.A.	anderer Ansicht
AG	Aktiengesellschaft
BB	Betriebs-Berater (Zeitschrift)
BBB	Berater-Brief Betriebswirtschaft (Zeitschrift)
BBK	Buchführung, Bilanzierung, Kostenrechnung (Zeitschrift)
BFuP	Betriebswirtschaftliche Forschung und Praxis (Zeitschrift)
BuW	Betrieb und Wirtschaft (Zeitschrift)
BW	Buchwert
CAPM	Capital Asset Pricing Modell
CGU	Cash Generating Unit(s)
CM	Controller Magazin (Zeitschrift)
c.p.	ceteris paribus
DB	Der Betrieb (Zeitschrift)
DBW	Die Betriebswirtschaft (Zeitschrift)
d.h.	das heißt
DStR	Deutsches Steuerrecht (Zeitschrift)
DStZ	Deutsche Steuer-Zeitung (Zeitschrift)
DSWR	Datenverarbeitung, Steuer, Wirtschaft, Recht (Zeitschrift)
Et al.	Et alii (und andere)
e. V.	eingetragener Verein
EVA	Economic Value Added
F.	IFRS-Framework
f.	folgende
FASB	Financial Accounting Standards Board
FAZ	Frankfurter Allgemeine Zeitung (Tageszeitung)

FB	Finanz Betrieb (Zeitschrift)
ff.	fortfolgende
Fn.	Fußnote
GAAP	Generally Accepted Accounting Principles
GE	Geldeinheiten
GmbH	Gesellschaft mit beschränkter Haftung
GuV	Gewinn- und Verlustrechnung
HFA	Hauptfachausschuss des IDW
HGB	Handelsgesetzbuch
Hrsg.	Herausgeber
IAS	International Accounting Standard
IASB	International Accounting Standards Board
IDW	Institut der Wirtschaftsprüfer in Deutschland e. V.
IFRS	International Financial Reporting Standard
IRZ	Zeitschrift für internationale Rechnungslegung (Zeitschrift)
i.S.	im Sinne
KoR	Zeitschrift für kapitalmarktorientierte und internationale Rechnungslegung (Zeitschrift ab 2005)
Krp	Kostenrechnungspraxis (Zeitschrift)
m.E.	meines Erachtens
MU	Mutterunternehmen
MVA	Market Value Added
m.w.N.	mit weiteren Nachweisen
PiR	Praxis der internationalen Rechnungslegung (Zeitschrift)
RIW	Recht der internationalen Wirtschaft (Zeitschrift)
Rn.	Randnummer
S.	Seite

SFAS	Statement of Financial Accounting Standards
SG	Schmalenbach-Gesellschaft für Betriebswirtschaft e.V.
s.o.	siehe oben
Sp.	Spalte
ST	Der Schweizer Treuhänder (Zeitschrift)
StuB	Steuern und Bilanzen (Zeitschrift)
StuW	Steuern und Wirtschaft (Zeitschrift)
UB	Unterschiedsbetrag
UM	Unternehmensbewertung & Management (Zeitschrift)
US	United States
VW	Vermögenswert
WiSt	Wirtschaftswissenschaftliches Studium (Zeitschrift)
WISU	Das Wirtschaftsstudium (Zeitschrift)
WPg	Die Wirtschaftsprüfung (Zeitschrift)
z.B.	zum Beispiel
ZfbF	Zeitschrift für betriebswirtschaftliche Forschung (Zeitschrift)
ZfCM	Zeitschrift für Controlling und Management (Zeitschrift)
ZfV	Zeitschrift für Versicherungswesen (Zeitschrift)
ZGR	Zeitschrift für Unternehmens- und Gesellschaftsrecht (Zeitschrift)
ZfHF	Zeitschrift für Handelswissenschaftliche Forschung (Zeitschrift)
ZP	Zeitschrift für Planung & Unternehmenssteuerung (Zeitschrift)
ZvglRWiss	Zeitschrift für vergleichende Rechtswissenschaft (Zeitschrift)

Symbolverzeichnis

A	Investisionsauszahlung
AE	Aktionseffekt
AK	Anschaffungskosten
AW	Aufwendungen
B / BW	Buchwert
CGU	Cash Generating Unit
E	Einzalungsüberschuss
EK	Eigenkapial
ER	Erträge
FCF	Free Cash Flow
FV	Fair Value
FVC	Fair Value less Cost to Sell
G	Gewinn
g	Wachstumsrate
GB	Geschäftsbereich
GE	Geldeinheiten
GSCH	gesamte Schulden
GVW	gesamte Vermögenswerte
GW	Goodwill
GWK	Goodwill-Komponente
IE	Informationseffekt
j	Jahr

K / KW	Kapitalwert
k	Kalkulationazinssatz
M	risikofreie Zinskomponente
MVA	Market Value Added
NA	Nettoausschüttungen/-abfluss
$ÖG$	ökonomischer Gewinn
OAE	operativer Aktionseffekt
SAE	strategischer Aktionseffekt
OIE	operativer Informationseffekt
SIE	strategischer Informationseffekt
OW	operativer Wertbeitrag
p	Planungshorizont
R	Risikozuschlag
r	Proportionalitätssatz
RG	Über-/Residualgewinn
RA	Recoverable Amount
S	Substanzwert
SCH	Schuld
SP	Synergiepotential
SW	strategischer Wertbeitrag
t	Basisjahr
TUW	Teilunternehmenswert
U	Unternehmen
U_i	Umweltzustand i

UW	Unternehmenswert
V	Nettovermögen
VIU	Value in Use
VW	Vermögenswert
w	Wahrscheinlichkeit
WA	Wertminderungsaufwand
$\overline{Z}$	Anuität
$Z\ddot{A}$	Zinsänderungseffekt
$Z\ddot{A}AE$	Zinsänderungs-Aktionseffekt
$Z\ddot{A}IE$	Zinsänderungs-Informationseffekt

1 Einleitung

1.1 Problemstellung

Das Rechnungswesen gilt als wichtigstes Informationssystem der Unternehmen.[1] Traditionell wird dabei das Rechnungswesen adressatenorientiert nach internen und externen Adressaten untergliedert. Demgemäß werden von Unternehmen zwei Rechensysteme – ein internes und ein externes Rechnungswesen – mehr oder weniger unabhängig voneinander geführt.[2] An dieser zunächst aufgrund unterschiedlicher Zwecksetzungen sinnvoll erscheinenden Trennung[3] wurde über Jahrzehnte hinweg unbeirrt festgehalten,[4] obgleich bekanntermaßen beide Rechensysteme in ihrer „klassischen" Ausgestaltung ihren jeweiligen Informationszwecken wenig gerecht werden können.[5]

Dies begann sich Anfang der 1990er Jahre zu ändern, als sich mit *Siemens* ein bedeutendes deutsches Großunternehmen faktisch zum Einheitsrechnungswesen bekannte.[6] Seither werden die Möglichkeiten und Grenzen einer Konvergenz von internem und externem Rechnungswesen in Wissenschaft und Praxis intensiv diskutiert.[7]

---

1 Vgl. Küpper (Controlling), S. 128.

2 Vgl. z.B. Haller (Eignung), S. 270. Zu adressatenunabhängigen „technischen" Verzahnungen des internen und externen Rechnungswesens vgl. Pfaff (Rechnungswesen). Daneben kommt dem externen Rechnungswesen schon immer auch eine gewisse Bedeutung für die interne Steuerung zu. Vgl. hierzu Heinen/Kupsch (Rechnungslegung), S. 1460; Müller (Konzernabschluß), S. 161; Bärtl (Unternehmenssteuerung), S. 6; Ordelheide (Bilanzen), S. 522; Pfaff (Rechnungswesen), S. 666; Pfaff (Controlling), S. 666; Baumann (Rechnungswesen); Busse von Colbe (Informationsinstrument), S. 19; Borchers (Beteiligungscontrolling), S. 284.

3 Vgl. Coenenberg/Mattner/Schultze (Rechnungswesen), S. 29; Kirsch/Steinhauer (Einfluss), S. 417; Jahnke/Wielenberg/Schumacher (Integration), S. 365.

4 Vgl. etwa Männel (Reorganisation), S. 9 f.

5 Vgl. etwa Loitlsberger (Rechnungslegung), S. 708; zu Einzelheiten im Hinblick auf das externe Rechnungswesen Moxter (Bilanzierung); Moxter (Rechnungslegungsmythen); Ballwieser (Wertorientierte Unternehmensführung), Sp. 1618. Zur mangelnden Eignung der periodischen Kostenrechnung für Entscheidungszwecke vgl. Pfaff/Weber (Kostenrechnung).

6 Vgl. Ziegler (Neuorientierung), der eine entsprechende Umstrukturierung des Rechnungswesens bei *Siemens* ankündigte. Diese Ankündigung wurde von der Fachwelt i.S. einer Abschaffung der traditionellen Kostenrechnung interpretiert [vgl. Küting/Lorson (Konvergenz), S. 483], was kritische Stellungnahmen von Seiten der Wissenschaft nach sich zog. Vgl. Pfaff (Notwendigkeit).

7 Vgl. etwa Coenenberg (Einheitlichkeit); Küting/Lorson (Harmonisierung); Küting/Lorson (Konvergenz); Klein (Konvergenz); Klein (Unternehmenssteuerung); Haller (Herausforderungen); Haller (Eignung); Dirrigl (Wertorientierung); Küpper (Angleichung); Küpper

Ihren Ursprung nahm die Diskussion um eine Konvergenz des internen und externen Rechnungswesens zwar im Geltungsbereich der handelsrechtlichen Rechnungslegung, diese erscheint jedoch für die interne Unternehmenssteuerung nur sehr begrenzt geeignet[8]. Erst die Verbreitung der vermeintlich informationsorientierten IFRS brachte aber im Zusammenhang mit dem zunehmenden Trend zur Wertorientierung des Rechnungswesens die ausschlaggebenden Impulse für die Konvergenzdiskussion.[9] Eine Annäherung des internen an das externe Rechnungswesen gilt heute quasi als fester Bestandteil einer Umstellung des externen Rechnungswesens vom HGB auf die IFRS.[10] „Das Harmonisierungspotenzial beruht im Wesentlichen darauf, dass durch die Vereinheitlichung von den selben Basisdaten ausgegangen werden kann. Durch die Umstellung auf die IFRS werden beide Rechnungssysteme grundsätzlich auf Cashflows ausgerichtet und insofern ein einheitliches ökonomisches Geschäftsmodell zugrunde gelegt."[11]

Auch wenn die IFRS in der jüngeren Vergangenheit immer weiter „entmythifiziert" und als wenig informativ „entlarvt" wurden,[12] gelten sie dennoch nach wie vor als eine geeignete Basis für ein konvergentes Rechnungswesen.[13] Einem IFRS-Abschluss kommt schließlich, ebenso wie dem internen Rechnungswesen, eine „reine" Informationsfunktion zu.[14] Daher wird der Informationszweck – anders als es beim handelsrechtlichen Jahresabschluss der Fall ist – nicht von Anspruchsbemessungsaufgaben überlagert und insofern werden keine systembedingt verzerrten Daten vermittelt.[15] Auch steht das Abbildungsziel der IFRS als Folge der primären Investororientierung im Einklang

---

(Buchhaltung); Kahle (Unternehmenssteuerung); Männel (Harmonisierung); Nobach/Zirkler (Controlling); Weißenberger (Integration); Weißenberger (Verhältnis); Pfaff (Controlling); Pfaff (Notwendigkeit).

8 Vgl. Schneider (Grundsätze), S. 1185.

9 Vgl. Jahnke/Wielenberg/Schumacher (Integration), S. 366; Küting (Perspektiven), S. 160; kritisch hierzu Schildbach (IAS/IFRS), S. 55 f. und S. 60.

10 Vgl. etwa Weißenberger/Stahl/Vorstius (Umstellung), S. 8.

11 Bruns/Horváth (Auswirkungen), S. 647. Vgl. hierzu insbesondere auch Dirrigl (Wertorientierung), der sich jedoch kritisch gegenüber gewinnorientierten Steuerungskonzepten äußert.

12 Vgl. Streim/Esser (Informationsvermittlung); Moxter (Rechnungslegungsmythen); Streim (Vermittlung); Streim/Bieker/Leippe (Anmerkungen); Streim (Gewinnermittlungsregeln); Ballwieser (Konzeptlosigkeit).

13 Vgl. insbesondere Klein (Unternehmenssteuerung).

14 Vgl. F. 12.

15 Vgl. Klein (Unternehmenssteuerung), S. 75 ff.; Altenburger/Busse von Colbe/Küpper/Loitlsberger/Siegwart (Weiterentwicklung), S. 72 f.

mit den Informationsbedürfnissen bezüglich einer unternehmenswertorientierten Unternehmenssteuerung.[16] „Eine Konvergenz [des internen und externen Rechnungswesens] scheint die logische Konsequenz“[17] einer Anwendung der IFRS zu sein, denn in beiden Rechensystemen müssten idealerweise der Unternehmenswert und die Veränderungen des Unternehmenswerts gemessen werden. Das externe IFRS-Rechnungswesen bleibt jedoch weit hinter diesem „Idealmaßstab“ zurück[18] und das interne Rechnungswesen fußt damit zusammenhängend auf fragwürdigen gewinnorientierten Steuerungskonzepten.[19]

Maßgebliche Einflussgrößen auf die Möglichkeiten einer Konvergenz von unternehmenswertorientierten internem Rechnungswesen und externem IFRS-Rechnungswesen (Konvergenzpotential) sind die festgeschriebenen Rechnungsziele und Rechnungsinhalte der IFRS.[20] Wenn das Regelwerk des externen Rechnungswesens tatsächlich unternehmenswertorientiert ausgestaltet sein sollte, kann von einem hohen Konvergenzpotential ausgegangen werden,[21] doch eine unternehmenswertorientierte Bilanzierung setzt eine konsequente Ausrichtung auf die Informationsrelevanz voraus. In diesem Zusammenhang zeigt sich ein altbekanntes Problem: Nur durch den Ansatz des Gesamt-Goodwill[22] ließe sich der per se wenig informative Substanzwert in einen entscheidungs- und kontrollrelevanten Erfolgswert überführen.[23] Bei einer unternehmenswertorientierten Bilanzierung muss demzufolge eine umfassende Berücksichtigung des Goodwill erfolgen.[24] Vernachlässigt eine Rechnungslegung hingegen wesentliche Komponenten des Goodwill,[25] bleiben die wohl bedeutendsten Unternehmenswertkomponenten mitunter unberücksichtigt.[26] Dies wirkt sich in einem konvergenten Rechnungswesen entsprechend auf die

---

16 Vgl. Burger/Burchhart (Integration), S. 552.

17 Fülbier/Hirsch/Meyer (Wirtschaftsprüfung), S. 236.

18 Vgl. Moxter (Rechnungslegungsmythen), S. 2143 f.

19 Vgl. Dirrigl (Wertorientierung), S. 575.

20 Vgl. Küting/Lorson (Spannungsfeld), S. 471; Klein (Unternehmenssteuerung), S. 23 f.

21 Vgl. Moxter (Rechnungslegungsmythen), S. 2149.

22 Der Gesamt-Goodwill umfasst sowohl einen originären (selbst geschaffenen) als auch einen derivativen (erworbenen) Goodwill und entspricht der Differenz zwischen Erfolgs- und Substanzwert einer wirtschaftlichen Einheit (Konzern, rechtlich selbstständiges Unternehmen oder Geschäftsbereich). Vgl. Ballwieser (Geschäftswert), S. 283 f.

23 Vgl. Mujkanovic (Fair Value), S. 284 f.; Hoogendoorn (Financial Statement Model).

24 Vgl. Mujkanovic (Geschäftswert), S. 822.

25 Vgl. Moxter (Windfalls), S. 238 ff.

26 Vgl. Wüstemann/Bischof (Fair-Value-Bewertung), S. 99, die jedoch das gemäß IAS 38.48 bestehende Ansatzverbot für einen originären Goodwill für gerechtfertigt halten.

Zweckadäquanz des internen Rechnungswesens aus,[27] soweit eine interne Steuerung auf Basis der externen Daten erfolgt.

Selbst in der informationsorientierten IFRS-Rechnungslegung wird jedoch nach geltenden Regelungen der Goodwill nur unvollständig erfasst, denn die Aktivierung eines originären Goodwill ist untersagt.[28] Schon deshalb bleibt die IFRS-Bilanz „bislang um Längen hinter einer umfassenden Fair Value-Bilanzierung zurück“[29]. Daher kann diese schwerlich als unternehmenswertorientiert angesehen werden. Zwar mag die „Bilanzierung des originären Goodwill...aus vielen guten Gründen abzulehnen“[30] sein, dennoch kann seine Erfassung als eine wesentliche Voraussetzung für eine Nutzung der IFRS im Rahmen der wertorientierten Unternehmenssteuerung angesehen werden.[31] Andernfalls werden gerade die Mängel des „traditionellen“ Rechnungswesens, deren Beseitigung als oberstes Anliegen einer wertorientierten Unternehmenssteuerung gilt,[32] über eine Konvergenz der Rechensysteme ins interne Rechnungswesen „reimportiert“.[33] Unter diesen Aspekten erscheint folglich eine Annäherung der Rechnungssysteme fraglich.

Obgleich das Nichtansetzen eines originären Goodwill „einen bisher international nicht angezweifelten Grundsatz der Rechnungslegung“[34] darstellt, dem auch das IASB gemäß IAS 38.48 offenkundig folgt, wird im Zuge der Neuorientierung der IFRS-Rechnungslegung dieses Prinzip nach und nach zurückgedrängt.[35] In diesem Zusammenhang sind die derzeitigen Regelungen zur Folgebilanzierung des Goodwill (Impairment-Only-Approach) von Bedeutung, nach denen konzeptionsbedingt ein originärer Goodwill im Zeitablauf an die Stelle eines derivativen Goodwill tritt,[36] sowie die geplanten Neuregelungen zur Erstkonsolidierung nach der sog. Full Goodwill Method, welche ein Aktivierungsgebot für einen nicht „bezahlten“ Minderheiten-Goodwill beinhalten[37].

---

27 Vgl. Ballwieser (Unternehmensführung).
28 Vgl. IAS 38.48.
29 Pawelzik (Mittelstand), S. 795.
30 Wüstemann/Bischof (Fair-Value-Bewertung), S. 89. Vgl. aber Booth (Conceptual Framework), S. 316.
31 Vgl. hierzu auch Ballwieser (Unternehmensführung), S. 166.
32 Vgl. hierzu Rappaport (Shareholder Value).
33 Vgl. Dirrigl (Wertorientierung), S. 575.
34 Busse von Colbe (Nonamortization-Impairment-Ansatz), S. 877.
35 Vgl. Busse von Colbe (Nonamortization-Impairment-Ansatz), S. 877.
36 Vgl. Küting/Weber/Wirth (Goodwillbilanzierung), S. 192.
37 Vgl. Pellens/Sellhorn/Amshoff (Konzernbilanzierung).

Als Leitlinien für die Neuausrichtung der IFRS kristallisieren sich insbesondere die Ausweitung der Fair Value-Bilanzierung und die Tendenz zur Einheitstheorie des Konzernabschlusses heraus.[38] Beide Gesichtspunkte sind aus Sicht des Informationszwecks durch eine Ausweitung des bilanziell abzubildenden Potentials gekennzeichnet[39] und stehen somit mit einer unternehmenswertorientierten Konvergenz im Rechnungswesen im Einklang. Die Tragweite der Neuorientierung der IFRS, welche insbesondere auch die bilanzielle Behandlung des Goodwill betrifft, wirkt sich aufgrund der Bedeutung dieses Postens für ein unternehmenswertorientiertes Rechnungswesen auch maßgeblich auf das Konvergenzpotential dieses Rechnungslegungssystems aus.[40] Jedoch ist unklar, ob die skizzierte Neuausrichtung tatsächlich ausreichend ist, um den Anforderungen an ein konvergentes unternehmenswertorientiertes Rechnungswesen zu genügen. Vor diesem Hintergrund gilt es im Rahmen der vorliegenden Arbeit, die Möglichkeiten einer Konvergenz des internen und externen Rechnungswesens auf den Prüfstand zu stellen, wobei der Goodwill und seine Messung im Rechnungswesen im Mittelpunkt der Untersuchung stehen.

1.2 Zielsetzung und Gang der Untersuchung

Im Rahmen der vorliegenden Arbeit wird die Goodwill-Bilanzierung nach IFRS im Hinblick auf ein konvergentes unternehmenswertorientiertes Rechnungswesen untersucht. Primär soll die Untersuchung damit einen Beitrag zur Diskussion zur zweckadäquaten Ausgestaltung und Analyse der IFRS-Rechnungslegung sowie zur Konvergenz von internem und externem Rechnungswesen leisten, denn in all diesen Bereichen stellt die Messung des Goodwill ein zentrales Problem dar.

Der nachfolgenden Untersuchung liegen vier Kernthesen zugrunde:

1. Eine Konvergenz des internen und externen Rechnungswesens ist grundsätzlich erstrebenswert.
2. Eine Konvergenz des internen und externen Rechnungswesens setzt eine zweckadäquate Ausgestaltung des Rechnungswesens voraus.

---

38 Vgl. Küting/Wirth (Full Goodwill Approach), S. 9.
39 Vgl. Haaker (Einheitstheorie), S. 454.
40 Vgl. Hillmer (Rechnungswesen), S. 574.

3. Ein zweckadäquates Rechnungswesen ist unternehmenswertorientiert auszugestalten.

4. Eine unternehmenswertorientierte Ausgestaltung des Rechnungswesens erfordert eine umfassende Berücksichtigung des Goodwill.

Im Bereich der Goodwill-Bilanzierung liegt folglich der Schlüssel zu einem konvergenten unternehmenswertorientierten Rechnungswesen. Ziel dieser Arbeit ist es deshalb, dazu beizutragen, den Goodwill und seine Behandlung im konvergenten unternehmenswertorientierten Rechnungswesen besser verstehen und beurteilen zu können. Insbesondere sollen die diesbezüglichen Möglichkeiten einer Konvergenz des Rechnungswesens und die Nutzungsmöglichkeiten in der wertorientierten Unternehmenssteuerung analysiert werden. In diesem Zusammenhang werden auch Perspektiven einer zweckadäquaten IFRS-Bilanzierung aufgezeigt.

Bei der Untersuchung wird nur die Erst- und Folgebilanzierung des Goodwill nach IFRS unter Vernachlissigung von latenten Steuern behandelt, auf die Regelungen zum Abgang eines Goodwill, d.h. auf die Entkonsolidierung sowie den Verkauf von Geschäftsbereichen wird nicht eingegangen. Betrachtet wird hierbei der Abschluss eines diversifizierten Konzerns, während davon ausgegangen wird, dass alle relevanten Tochterunternehmen konsolidiert werden[41] und es diesbezüglich keinerlei Verzerrungen der Abschlussdaten gibt;[42] die Begriffe Konzern und Unternehmen werden entsprechend synonym verwendet, darüberhinaus wird eine einzelne Mutter-Tochter-Beziehung (einstufiger Konzern) unterstellt. Sämtliche mit der Abgrenzung des Konsolidierungskreises[43] sowie der Erstellung eines mehrstufigen Konzernabschlusses[44] verbundenen Probleme bleiben dementsprechend im Rahmen der vorliegenden Themenstellung ausgeklammert, da ihnen für die grundsätzliche Fragestellung keine Bedeutung zukommt.

Um den Ansprüchen an eine Untersuchung zur Zweckadäquanz und Konvergenz im Rechnungswesen gerecht werden zu können, ist eine abstrakte Betrachtung nicht immer ausreichend, weshalb hierbei bestimmte Problemberei-

---

41 Zur Bedeutung des Konsolidierungskreises vgl. Pawelzik (Prüfung), S. 4.

42 Vgl. Dawson/Neupert/Stickney (Financial Statements), S. 42.

43 Zum Problembereich der verbundendenen Unternehmen vgl. insbesondere Clausen (Verbundene Unternehmen).

44 Vgl. Lührmann/Schruff (Minderheitenanteile), S. 262 ff.

che wie die Zuordnung des Goodwill auf CGU oder die Kontrolle und Abweichungsanalyse auf Basis der Daten des Goodwill-Impairment-Tests anhand von konkreten Zahlenbeispielen untersucht werden.

Als theoretische Basis wird der Analyse eine messtheoretische Perspektive zugrunde gelegt, da sich aus alternativen Forschungsansätzen keine praktikablen Maßstäbe zur Untersuchung eines konvergenten Rechnungswesens ableiten lassen.[45] Bei einer messtheoretischen Perspektive ergibt sich aus der logischen Folge von »Adressaten, Adressatenzielen und Informationsinteressen«, »Rechnungszwecken und Informationswünschen« sowie »Rechnungszielen und Rechnungsinhalten« der Beurteilungs- und Analyserahmen für ein konvergentes Rechnungswesen.[46] *Abschnitt 2* beschäftigt sich daher mit einer grundlegenden Erörterung das Rechnungswesen in seiner Funktion als Messinstrument, wobei insbesondere auch der messtheoretische Analyserahmen aufgezeigt wird. Daran anschließend wird in *Abschnitt 3* das mit zahlreichen Messproblemen verbundene und in seiner Bedeutung kaum zu überschätzende ökonomische Phänomen Goodwill beleuchtet. Ziel ist es hierbei unter Berücksichtigung verschiedener alternativer Interpretationsmöglichkeiten, eine operationale Definition für dessen Behandlung im Rechnungswesen herauszuarbeiten.

Im *4. Abschnitt* werden die systematischen Grundlagen für eine Konvergenz von internem und externem Rechnungswesen gelegt, woraus sich das weitere Vorgehen bei der messtheoretischen Untersuchung des Konvergenzpotentials der IFRS *(Abschnitt 5)* ableitet. Aus der messtheoretischen Perspektive wird für die IFRS ein Soll-Konzept entwickelt und das Konvergenzpotential im Hinblick auf ein zweckadäquat ausgestaltetes konvergentes Rechnungswesen gewürdigt. Hierbei wird insbesondere auch die Bedeutung der Goodwill-Bilanzierung für ein konvergentes Rechnungswesen herausgearbeitet. Daran anknüpfend werden die Zweckadäquanz sowie das damit verbundene tatsächliche Konvergenzpotential der IFRS analysiert. Es zeigt sich, dass insbesondere die Behandlung des Goodwill auf den Informationsnutzen des unternehmenswertorientierten Rechnungswesens Einfluss nimmt.

Wie es der außerordentlichen Bedeutung der Position „Goodwill“ für ein zweckadäquates und konvergentes Rechnungswesen entspricht, wird inner-

---

45 Vgl. hierzu Ballwieser (Jahresabschlußverbesserungen).

halb des *6. Abschnittes* das Konvergenzpotential der Goodwill-Bilanzierung nach IFRS im Speziellen untersucht. Nach einer Darstellung der Regelungen zur Erst- und Folgebilanzierung des Goodwill werden die Zweckadäquanz und das damit verbundene Konvergenzpotential analysiert. Hierbei liegt ein Schwerpunkt bei den unternehmenswertorientiert ausgestalteten Regelungen zum Goodwill-Impairment-Test, wobei auch die aktuellen und geplanten Vorschriften zur Erstkonsolidierung analysiert werden.

Die konkreten Nutzungsmöglichkeiten des Goodwill-Impairment-Tests nach IFRS in der wertorientierten Unternehmenssteuerung stehen in *Abschnitt 7* zur Diskussion. Hierbei werden insbesondere die Möglichkeiten einer auf Basis der Daten des Goodwill-Impairment-Tests basierenden Bereichssteuerung herausgearbeitet. Im Fokus der Ausführungen stehen die wertorientierte Kontrolle und Abweichungsanalyse auf Basis der Daten des Goodwill-Impairment-Tests.

An die vorhergehenden Ergebnisse anknüpfend thematisiert *Abschnitt 8* entobjektivierte Informationsbilanzkonzepte als Grundlage der IFRS-Rechnungslegung. Darauf aufbauend wird das Konzept einer einzelbewertungsorientierten Informationsbilanz auf Ebene der Cash Generating Units (CGU)[47] entwickelt und eine Anwendung dieser entobjektivierten Rechnung im externen Rechnungswesen diskutiert.

Die Arbeit schließt mit einer Zusammenfassung der wichtigsten Ergebnisse der Arbeit *(Abschnitt 9)*.

Abbildung 1 stellt die geschilderte Vorgehensweise schematisch dar.

---

46 Vgl. grundlegend Schneider (Bilanztheorien), Sp. 428 ff.

47 CGU stellen als Bewertungseinheiten die kleinste Gruppe von Vermögenswerten dar, welche (weitgehend) unabhängige Cash Flows generieren (können). Vgl. IAS 36.6.

Abbildung 1: Gang der Untersuchung

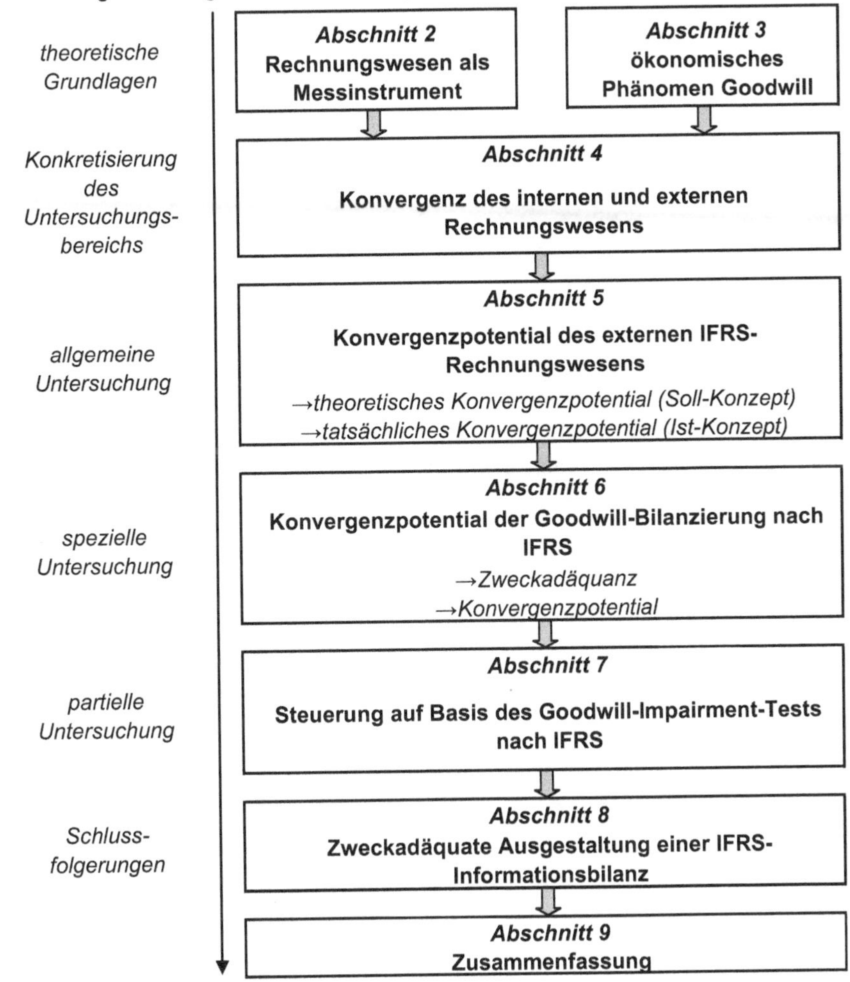

Im Zuge der Untersuchung sollen zusammenfassend folgende ökonomische Kernfragen im Hinblick auf ein konvergentes unternehmenswertorientiertes Rechnungswesens beantwortet werden:

(1) Wie kann das ökonomische Phänomen Goodwill im Hinblick auf eine zweckentsprechende Behandlung im konvergenten wertorientierten Rechnungswesen operational interpretiert werden?

(2) Wie hoch ist das Konvergenzpotential der IFRS aus messtheoretischer Sicht?

(3) Wie hoch ist das Konvergenzpotential der Goodwill-Bilanzierung nach IFRS?

(4) Wie lassen sich die Nebenrechnungen zum Goodwill-Impairment-Test im wertorientierten internen Rechnungswesen nutzen?

(5) Welche Implikationen ergeben sich für eine Neuorientierung einer „IFRS-Informationsbilanz"?

Neben einem theoretischen Erkenntnisgewinn soll die Arbeit vor allem auch der Praxis der Unternehmenssteuerung und Finanzanalyse von Nutzen sein, denn in beiden Gebieten steckt die Berücksichtigung des Goodwill gleichsam noch in ihren „Kinderschuhen". An dieser Stelle sollen etwa die Diskussion um das ökonomische Phänomen Goodwill, die zweckadäquate Behandlung des Goodwill sowie die konkreten Vorschläge zur Nutzung der Goodwill-Bilanzierung in der Unternehmenssteuerung sowie die darauf aufbauende Untersuchung zur zweckadäquaten Ausgestaltung einer Informationsbilanz verwertbare Anregungen geben. In diesen Zusammenhang gehören auch Anstöße für den Standardsetzungsprozess, indem theoretische Soll-Konzepte der Rechnungslegung erarbeitet, die Schwächen der Ist-Regelungen aufgedeckt und Perspektiven einer Fortentwicklung aufgezeigt werden.

Der in der externen IFRS-Rechnungslegung bei der Goodwill-Bilanzierung eingeschlagene Weg in Richtung einer unternehmenswertorientierten Berichterstattung bietet – trotz einer gewissen Inkonsequenz seitens des IASB – die Chance, in Anknüpfung daran das Rechnungswesen wesentlich zweckentsprechender auszugestalten. Im Rahmen der vorliegenden Arbeit wird vorgeschlagen, diesen Weg konsequent zu verfolgen und bei der Messung des Goodwill zugunsten eines relevanten Rechnungswesens Entobjektivierungen in Kauf zu nehmen. In der Folge werden bestehende Konventionen und vermeintliche (objektivitätsbedingte) Aussagegrenzen – ohne die damit verbundenen Risiken aus den Augen zu verlieren – bewusst in Frage gestellt, „denn auch im Rechnungswesen ist Erkenntnisfortschritt nur über einen Versuchs- und Irrtumspfad zu erlangen"[48]; unter diesem Gesichtspunkt sollte der Schritt

---

48 Schneider (Reformvorschläge), S. 1371.

in Richtung einer Informationsbilanz gewagt werden, obgleich ein „Wagnis immer das Risiko des Scheiterns in sich trägt."[49]

1.3 Konvergenzentwicklung im Rechnungswesen

1.3.1 Traditionelle Divergenz des Rechnungswesens

Um die speziell für den deutschen Sprachraum relevante Diskussion um eine Konvergenz im Rechnungswesen in Ursache und Wirkung nachvollziehen zu können, erscheint es erforderlich sich mit ihren Grundzügen auseinanderzusetzen. Der nachstehende Überblick über die Entwicklung der Konvergenz von internem und externem Rechnungswesen in Deutschland dient daher als Hintergrundinformation für die weitere Untersuchung. Wie bereits angeführt, stellt das Rechnungswesen für unternehmensinterne und -externe Adressaten ex aequo ein zentrales Informationsinstrument dar.[50] In Deutschland erfolgt traditionell eine adressatenorientierte Untergliederung des Rechnungswesens in ein sog. internes und ein sog. externes Rechnungswesen;[51] das interne und das externe Rechnungswesen werden als zwei (weitgehend) unabhängige Rechnungen nebeneinander geführt.[52]

Eine Zweiteilung in ein Rechnungssystem für unternehmensinterne und eines für unternehmensexterne Adressaten[53] erscheint auf den ersten Blick folgerichtig,[54] denn der Rechnungszweck ist bestimmend für das Rechnungsziel und den Rechnungsinhalt,[55] und die Informationsinteressen der Adressaten[56]

---

49 Zimmermann (Geschäftswerte), S. 753.

50 Vgl. Küpper (Buchhaltung), S. 445; Küpper (Unternehmensrechnung), Sp. 2031; Schweitzer/Küpper (Systeme), S. 1 ff.; bezogen auf das externe Rechnungswesen Busse von Colbe (Informationsinstrument), S. 12; Franz/Winkler (Unternehmenssteuerung), S. 3; Wagenhofer (Rechnungslegung), S. 451.

51 Vgl. Schildbach/Feldhoff (Adressaten), Sp. 30; Hax (Integration), Sp. 758 f. Zur historischen Begründung der Divergenz vgl. z.B. Coenenberg (Einheitlichkeit), S. 2077 f.; Haller (Herausforderungen), S. 114 ff.; Klein (Unternehmenssteuerung), S. 30-34; Klein (Konvergenz), S. 67 f.; Kley (IAS), S. 277 f.; Coenenberg (IFRS), S. 109 f.; Coenenberg (Rechnungswesen), Sp. 3678; Weißenberger (Möglichkeiten), S. 191; Neus (Einführung), S. 362.

52 Vgl. Heyd (Harmonisierung), S. 201. Zu Verzahnungen zwischen internem und externem Rechnungswesen vgl. Pfaff (Rechnungswesen); Ewert/Wagenhofer (Interne Unternehmensrechnung), S. 4-7; Meyer (Kosten- und Leistungsrechnung), S. 61-65.

53 Vgl. Ewert/Wagenhofer (Interne Unternehmensrechnung), S. 4.

54 Vgl. Küpper (Unternehmensrechnung), Sp. 2040; Coenenberg/Mattner/Schultze (Rechnungswesen), S. 29; Ballwieser (Wertorientierung), S. 75.

55 Vgl. Schneider (Betriebswirtschaftslehre Band 2), S. 45.; ferner bereits Virkkunen (Rechnungswesen), S. 63 f.

determinieren den Rechnungszweck,[57] während das Informationsinteresse wiederum auf die jeweilige Zielgröße der Adressaten gerichtet ist.[58] Der konkretisierte Rechnungsinhalt ergibt sich daher aus den individuellen Zielgrößen der Adressaten.[59] Interne und externe Adressaten können ein auf unterschiedliche Zielgrößen gerichtetes Interesse haben, dessen Abbildung naturgemäß unterschiedlich ausgestaltete Rechenwerke erfordert.[60] Diese Argumente greifen dagegen nicht bei gleichgerichteten Informationsinteressen der internen und externen Adressaten, welche bei einer übereinstimmenden Zielverfolgung gegeben sein können.

Darüber hinaus hat der handelsrechtliche Jahresabschluss neben seiner Informationsfunktion eine Zahlungsbemessungsfunktion zu erfüllen. Zum einen sind bei Kapitalgesellschaften die Ausschüttungen an den Jahresabschluss gebunden und zum anderen dient er aufgrund der Maßgeblichkeit der Handels- für die Steuerbilanz indirekt der Steuerbemessung.[61] Das bedeutet, „Handels- bzw. Steuerbilanzen haben andere Aufgaben als die Ermittlung des (wirklichen) betriebswirtschaftlichen Gewinns“[62]. Im externen Rechnungswesen wird der Erfolg zudem durch (steuer-)bilanzpolitische Beweggründe weiter verzerrt.[63] Für solche Verzerrungen besteht im internen Rechnungswesen kein Raum, denn sie führen zu einer zu der „ökonomischen Realität“ beziehungslosen und für die Unternehmenssteuerung unzweckmäßigen Abbildung.[64] Folglich ist die Aufgabe der Zahlungsbemessung mit den Informationszwecken des internen Rechnungswesens kaum vereinbar.[65]

---

56 Auf die „deutsche Eigenart, Adressaten als Anspruchsberechtigte von Interessenten als Interessen Zeigenden zu trennen“ [Ballwieser (Rahmenkonzepte), S. 341] wird im Rahmen dieser Arbeit bewusst verzichtet. Das Framework der IFRS kennt eine solche Differenzierung nicht. Vgl. Ballwieser (Informations-GoB), S. 120.

57 Vgl. Moxter (Rechenschaft), S. 94 f.; Klein (Unternehmenssteuerung), S. 73; Küpper (Buchhaltung), S. 445 f.

58 Vgl. Moxter (Rechnungslegungstraditionen), S. 501.

59 Vgl. Küpper (Interne Unternehmensrechnung), S. 971; Schweitzer (Unternehmensrechnung), Sp. 2020; Mujkanovic (Fair Value), S. 4 f.; Küpper (Unternehmensrechnung), Sp. 2023. Vgl. auch Ballwieser (Jahresabschlußverbesserungen), S 772 f.

60 Vgl. Schneider (Abschreibung), 34.

61 Vgl. Coenenberg/Mattner/Schultze (Rechnungswesen), S. 38.

62 Moxter (Gewinnermittlung), S. 134.

63 Vgl. Hax (Integration), Sp. 760. Vgl. zur „Wirklichkeit“ des nicht-bilanzverwertenden Kaufmanns Moxter (Gewinnermittlung), S. 133.

64 Vgl. Klein (Unternehmenssteuerung), S. 34.

65 Vgl. Coenenberg (Einheitlichkeit), S. 2079; Haller (Herausforderungen), S. 115.

Weiterhin wird für die Trennung von internem und externem Rechnungswesen ein eher formales Argument angeführt. Die Literatur verweist nämlich auf den im internen Rechnungswesen vorherrschenden wertmäßigen Kostenbegriff, welcher sich von der pagatorischen Basis des externen Rechnungswesens löst.[66] Dieses Argument verdeutlicht die in diesem Zusammenhang inhaltlich viel zu enge Gleichsetzung von internem Rechnungswesen und der Kostenrechnung sowie das Festmachen von Rechnungsinhalten an rein formalen Begriffsbestimmungen.[67] Eine Erfüllung oder Nichterfüllung der rein formalen Anforderungen an den wertmäßigen Kostenbegriff sagt im Grunde noch nichts über die Zweckmäßigkeit einer kostenrechnerischen Erfassung aus.[68]

1.3.2 Abkehr vom divergenten Rechnungswesen

1.3.2.1 HGB-Abschluss als Basis eines konvergenten Rechnungswesens

Die Differenzierung in ein internes und ein externes Rechnungswesen schien jahrzehntelang ein unangreifbares betriebswirtschaftliches Allgemeingut zu sein,[69] was sich jedoch Anfang der 1990er-Jahre schlagartig zu ändern begann, denn in der Fachwelt wurde eine Diskussion um die Notwendigkeit zweier parallel zu führender Rechnungssysteme entfacht.[70] Seither wird der Frage nachgegangen, inwieweit eine Konvergenz von internem und externem Rechnungswesen erfolgen kann. Auslöser war ein aus Sicht der Theorie überraschender Vorstoß der Praxis[71] in Richtung eines einheitlichen Rechnungswesens:[72] Bei *Siemens* sollte „die GuV im Umsatzkostenverfahren das zentrale Informations- und Steuerungsinstrument“[73] darstellen und die interne Ergebnisrechnung ablösen.[74] Die Praxis wollte offensichtlich keine zwei kostspieligen Rechnungssysteme nebeneinander dulden,[75] welche – geprägt durch

---

66 Vgl. Hax (Integration), Sp. 760 f.; Heyd (Harmonisierung), S. 202.

67 Vgl. kritisch Schneider (Betriebswirtschaftslehre, Band 2), S. 46.

68 Vgl. Zimmermann/Veith (Erfassung), S. 361.

69 Allerdings wurde mitunter die Bilanz als (ganzheitliches) Führungsinstrument diskutiert. Vgl. z.B. Kuhn (Bilanz).

70 Vgl. z.B. Küting/Lorson (Konvergenz); Ziegler (Neuorientierung); Coenenberg (Einheitklichkeit).

71 Vgl. Ziegler (Neuorientierung).

72 Vgl. Küting/Lorson (Konvergenz), S. 483; Bärtl (Unternehmenssteuerung), S. 4.

73 Ziegler (Neuorientierung), S. 178.

74 Vgl. Ziegler (Neuorientierung), S. 178.

75 Vgl. hierzu Pfaff (Controlling), S. 666 f.

eine undurchschaubare Begriffsvielfalt – die Kommunikation insbesondere in international tätigen Unternehmen erschweren.[76]

Die Differenzierung von intern und extern orientierten Rechnungssystemen birgt auch gewisse Gefahren in sich. Bei einer strikten Trennung sehen sich nämlich interne Entscheidungsträger zwei verschiedenen Erfolgsrechnungen gegenübergestellt,[77] wobei sie im Zweifel an der externen Erfolgsgröße gemessen werden, während sie aber auf Grundlage der internen Rechnung entscheiden (müssten).[78] Andererseits wird ein von der internen Steuerung abweichendes Ergebnis nach außen kommuniziert, was oftmals kaum im Sinne der externen Adressaten sein dürfte.[79] Mit einer Annäherung der Rechnungssysteme werden die angedeuteten Probleme vermindert, und damit verbunden erfolgt auch ein notwendiger Komplexitätsabbau im Rechnungswesen,[80] welches in global agierenden Konzernen ansonsten kaum mehr beherrschbar erscheint,[81] schließlich nehmen die Anforderungen des international ausgerichteten Rechnungswesens an Ersteller und Adressaten stetig zu.

Mit dem Beginn der Diskussion stand in gewisser Hinsicht die Eigenständigkeit der Kostenrechnung bzw. des internen Rechnungswesens auf dem Prüfstand.[82] Der Idee, die Aufgaben der Kostenrechnung mit den Jahresabschlussrechnungen zu erfüllen, wurde zwar entgegengehalten, „daß das externe Rechnungswesen die Kostenrechnung als wesentliches Führungsinstrument nicht ersetzen kann“[83], dennoch waren „die Fundamente der Kostenrechnung in Deutschland“[84] erschüttert.[85] Hatten vielleicht in der Vergangen-

---

[76] Vgl. Ziegler (Neuorientierung), S. 177 f.; vgl. auch Altenburger/Busse von Colbe/Küpper/Loitlsberger/Siegwart (Weiterentwicklung), S. 68 f.;Ewert/Wagenhofer (Interne Unternehmensrechnung), S. 6.

[77] Vgl. Pfaff (Controlling), S. 667.

[78] Vgl. Hax (Kostenbegriff), S. 93. Zu dem damit einhergehenden Fehlanreizen vgl. Pfaff/Bärtl (Rechnungslegung).

[79] Vgl. Coenenberg/Mattner/Schultze (Rechnungswesen), S. 29

[80] Vgl. Küpper (Angleichung), S 153.

[81] Vgl. Coenenberg/Mattner/Schultze (Rechnungswesen), S. 30.

[82] Vgl. z.B. Männel (Reorgination); Pfaff (Notwendigkeit).

[83] Pfaff (Notwendigkeit), S. 1081.

[84] Schildbach (Entwicklungslinien), S. 10.

[85] Ob die von *Siemens* angekündigte Umstrukturierung tatsächlich als eine Abschaffung der Kostenrechnung gedeutet werden kann, bleibt unklar. „Diese Ankündigung wurde von einigen Fachvertretern so verstanden, daß Siemens beabsichtige, die Kostenrechnung zugunsten des externen Rechnungswesens abzuschaffen“ [Küting/Lorson (Konvergenz), S. 483]. *Pfaff* interpretiert die geplanten Maßnahmen hingegen „nur“ als eine sehr starke Einschränkung ihrer Bedeutung. Vgl. Pfaff (Notwendigkeit), S. 1065.

heit kleine und mittlere Unternehmen auf eine eigenständige Betriebsergebnisrechnung verzichtet,[86] bekannte sich nunmehr eines der bedeutendsten deutschen Unternehmen faktisch zum Einheitsrechnungswesen.[87] Ein solches Signal konnten die betriebswirtschaftliche Forschung und Praxis nicht ignorieren.[88] Es galt nunmehr die Möglichkeiten und Grenzen eines konvergenten Rechnungswesens auszuloten, was sich zunächst primär auf den handelsrechtlichen Jahresabschluss bezog.

Der handelsrechtliche Einzelabschluss wird jedoch den Anforderungen an das interne Rechnungswesen wenig gerecht;[89] insbesondere die Zahlungsbemessungsfunktion steht jeglicher Informationsfunktion entgegen.[90] Zumindest im Konfliktfall wird die Informationsfunktion durch die Anspruchsbemessungsfunktion dominiert,[91] woraus folgt: „Die Zwecke des internen und des externen Rechnungswesens decken sich nicht...deshalb sind auch dem Bemühen um eine Vereinheitlichung von internem und externem Rechnungswesen enge Grenzen gesetzt. Die betriebswirtschaftliche Vernunft verlangt, die Rechnungszweckabhängigkeit des Rechnungsinhalts beizubehalten.“[92]

Demgegenüber dient ein handelsrechtlicher Konzernabschluss primär der Information der Adressaten[93] und nicht der Bemessung von Zahlungsansprüchen.[94] Insofern könnte der handelsrechtliche Konzernabschluss vordergründig als eine geeignete Basis einer Vereinheitlichung von internem und externem Rechnungswesens angesehen werden.[95] Dem Konzernabschluss wird schließlich schon immer eine gewisse Bedeutung als internes Steuerungsin-

---

86 Vgl. Gräfer (Bilanzanalyse), S 22; Coenenberg/Mattner/Schultze (Rechnungswesen), S. 29; Henselmann (Economic Value Added), S. 159.

87 Vgl. Schildbach (Entwicklungslinien), S. 10.

88 Vgl. Küpper (Unternehmensplanung), S. 20.

89 Vgl. Schneider (Grundsätze), S. 1185.

90 Vgl. Troßmann/Baumeister (Harmonisierung), S. 637; Hommel/Schmidt/Wüstemann (Moxter), S. 93.

91 Vgl. Hommel/Schmidt/Wüstemann (Moxter), S. 93.

92 Schneider (Abschreibung), S. 34.

93 Vgl. Busse von Colbe/Ordelheide/Gebhardt/Pellens (Konzernabschlüsse), S 18 ff.

94 Vgl. Coenenberg (Jahresabschluss), S. 515; Pellens/Fülbier/Gassen (Rechnungslegung), S. 10-13; Busse von Colbe (Informationsinstrument), S. 19. Zur faktischen Bedeutung des Konzernabschlusses für die Zahlungsbemessung vgl. aber Busse von Colbe/Ordelheide/Gebhardt/Pellens (Konzernabschlüsse), S 31 f.

95 Vgl. Coenenberg (Einheitlichkeit), S. 2081; Klein (Konvergenz), S. 69; Klein (Unternehmenssteuerung), S. 22; Coenenberg/Mattner/Schultze (Rechnungswesen), S. 32.

strument zugesprochen,[96] folglich könnte er als interne steuerungsorientierte Kontrollrechnung Verwendung finden,[97] wobei gleichermaßen die nach denselben Grundsätzen erstellten Handelsbilanzen II geeignet wären[98].

Allerdings dient der handelsrechtliche Konzernabschluss der Information einer Vielzahl unterschiedlicher Adressatengruppen, es wird dabei keine Interessengewichtung vorgenommen. Die dem Interessenausgleich der Regelungen immanenten Informationsverzerrungen[99] widersprechen den Anforderungen an eine interne Steuerungsrechnung.[100] Ein handelsrechtlicher Konzernabschluss liefert demzufolge selbst den externen Adressaten nur Informationen von zweifelhaftem Nutzen.[101] Da der handelsrechtliche Konzernabschluss zudem in Ansatz und Bewertung den Regelungen des Einzelabschlusses weitgehend folgt, ist fraglich, ob ein handelsrechtlicher Konzernabschluss überhaupt einen geeigneten Ansatzpunkt für eine Vereinheitlichung darstellen kann.

Insofern wäre ein baldiges Ende der Konvergenzdiskussion zu erwarten gewesen, doch die Diskussion um eine Konvergenz des internen und externen Rechnungswesens wurde durch die Internationalisierung der Rechnungslegung belebt.

1.3.2.2 IFRS-Abschluss als Basis eines konvergenten Rechnungswesens

Seit der erstmaligen Erstellung eines Abschlusses nach US-GAAP durch Daimler Benz[102] nahm die Zahl der nach internationalen Grundsätzen (IAS/IFRS[103] oder der US-GAAP) rechnungslegenden deutschen Unternehmen ste-

---

96 Vgl. Heinen/Kupsch (Rechnungslegung), S. 1460; Müller (Konzernabschluß), S. 161. Vgl. auch Bärtl (Unternehmenssteuerung), S. 6; Ordelheide (Bilanzen), S. 522; Pfaff (Rechnungswesen), S. 666; Pfaff (Controlling), S. 666; Baumann (Rechnungswesen); Busse von Colbe (Informationsinstrument), S. 19; Borchers (Beteiligungscontrolling), S. 284.

97 Coenenberg (Einheitlichkeit), S. 2081; Klein (Konvergenz), S. 69; Klein (Unternehmenssteuerung), S. 22.

98 Vgl. Coenenberg/Mattner/Schultze (Rechnungswesen), S. 32.

99 Vgl. Coenenberg (IFRS), S. 110.

100 Vgl. Klein (Unternehmenssteuerung), S. 77.

101 Vgl. Heyd (Harmonisierung), S. 203.

102 Vgl. Küting (Daimler-Benz-Listing); Küting (IFRS-Bilanzierung), S. 220.

103 Das Regelwerk wurde früher unter dem Oberbegriff IAS subsumiert. Im Rahmen dieser Arbeit soll, auch wenn der Zeitraum vor der Umbenennung angesprochen wird, einheitlich der Begriff IFRS verwendet werden.

tig zu.[104] Im Hinblick auf die in den internationalen Rechnungslegungssystemen im Vordergrund stehende Informationsfunktion und der (wohl damit verbundenen) Tatsache, dass nach „internationalem“ Verständnis kein divergentes Rechnungswesen erforderlich ist,[105] stehen die IFRS und US-GAAP[106] nunmehr im Mittelpunkt der Konvergenzdebatte. Diese seien durch eine mehr dynamische Bilanzlehre geprägt[107] und „verbinden...die externe Rechnungslegung mit dem internen Informationssystem“[108].

Die IFRS-Rechnungslegung folgt im Kern angelsächsischen Rechnungslegungstraditionen, in angelsächsisch geprägten Wirtschaftsräumen ist etwa eine stringente Trennung von internem und externem Rechnungswesen nicht zu beobachten.[109] Zwar wird auch dort zwischen Management Accounting und Financial Accounting unterschieden,[110] bei beiden Rechnungssystemen erfolgt aber zumindest ein Rückgriff auf eine einheitliche Datenbasis (Mengen- und Wertgerüst).[111] Sicher gibt es auch nach deutschem Verständnis de facto zahlreiche Verbindungen zwischen dem internen und externen Rechnungswesen,[112] die in der betriebsbezogenen Kostenrechnung übliche Verwendung von kalkulatorischen Größen ist dem Management Accounting – wenigstens in den periodischen Abrechnungen – aber fremd.[113] Dies stellt gewiss kein tragfähiges Argument gegen die „deutsche“ Vorgehensweise dar,[114] gibt jedoch einen (nicht unwillkommenen) Anlass, diese einer Prüfung zu unterziehen.

Zwar legt sich das IFRS-Framework nicht explizit auf einen Adressaten fest, dennoch stehen die Anteilseigner im Vordergrund.[115] Der primäre Zweck eines

---

[104] Vgl. Kessler (Fair Value), S. 59.
[105] Vgl. Heyd (Harmonisierung), S. 201 f.
[106] Im Folgenden werden nur die IFRS betrachtet.
[107] Vgl. Biener (Rechnungslegungsempfehlungen), S. 349.
[108] Wagenhofer (Internationale Rechnungslegung), S. 292.
[109] Vgl. Haller (Herausforderungen), S. 116 f.; Baumann (Rechnungswesen), S. 430 f.; Haller (Eignung), S. 271; Kahle (Unternehmenssteuerung), S 784; Haller/Park (Segmentberichterstattung), S. 60; Ballwieser (Wertorientierung), S. 75.
[110] Vgl. Hax (Integration), Sp. 759; Baldenius/Reichelstein (Managerial Accounting), Sp. 1110 f.
[111] Vgl. Becker (Rechnungswesen), S. 1100; Günther/Schiemann (Entscheidungsorientierung), S. 603 und 623.
[112] Vgl. Pfaff (Rechnungswesen).
[113] Vgl. Haller (Herausforderungen), S. 119 f. Zur Diskussion um den wertmäßigen Kostenbegriff vgl. Hax (Kostenbegriff).
[114] Vgl. Schildbach (Rechnungslegungs-System, Teil 2), S. 94.
[115] Vgl. Haller (Herausforderungen), S. 117; Werner/Padberg/Kriete (IFRS-Bilanzanalyse), S. 6.

IFRS-Abschlusses ist aufgrund dieser faktischen Shareholder-Orientierung die Vermittlung von entscheidungsnützlichen Informationen für (potentielle) Investoren.[116] Im Ergebnis wird der Versuch, den Informationsinteressen aller Stakeholdergruppen gerecht zu werden, aufgegeben. Ferner werden steuerliche Zwecke und die Ausschüttungsbemessung im Rahmenkonzept der IFRS explizit ausgeschlossen,[117] sie stehen somit nicht der Informationsvermittlung entgegen; weiterhin wird auf einen problematischen zweckpluralistischen Ansatz verzichtet.[118] Freilich bilden auch die Investoren als faktische Hauptadressaten der IFRS keine homogene Gruppe mit absolut übereinstimmenden Informationsinteressen.[119] Dennoch macht diese Eingrenzung auf die Gruppe der Investoren die IFRS einer Adressatenkonkretisierung[120] in Form einer sinnvollen Typisierung zumindest zugänglich.[121]

Aufgrund der Eingrenzung des Adressatenkreises auf die Shareholder allein ist sicherlich noch keine Konvergenz mit dem internen Rechnungswesen gegegeben. Das interne und das externe Rechnungswesen werden schließlich nach wie vor im Hinblick auf unterschiedliche Adressatengruppen erstellt.[122] Die externe Rechnungslegung nach IFRS zielt auf einen (typisierten) Investor, während die interne Rechnung auf das (typisierte) Management zugeschnitten sein muss. In diesem Punkt liefert aber die wertorientierte Steuerung weitere Impulse zur Vereinheitlichung der Rechnungssysteme.[123]

Mit der in den 1990-iger Jahren aufkommenden Shareholder Value-Orientierung verbreitete sich zunehmend auch die im Übrigen nicht ganz neue[124] Erkenntnis, dass unternehmerische Maßnahmen vor allem im langfristigen Interesse der Anteilseigner zu treffen sind.[125] Wird dieser Maxime in der internen Steuerung gefolgt, können gleichgerichtete Informationsbedürfnisse

---

116 Vgl. F. 12 i.V.m. F. 9 f.; Adler/Düring/Schmaltz (Rechnungslegung), Abschnitt 1, Rn. 39.

117 Vgl. F. 6; Wagenhofer (Internationale Rechnungslegung), S. 291.

118 Vgl. Coenenberg (IFRS), S. 11; Pellens (Rechnungslegungssysteme), Sp. 1546 f.

119 Vgl. Ballwieser (Jahresabschlussverbesserungen), S. 778; Beaver (Financial Reporting), S. 8.

120 Vgl. Moxter (Rechenschaft), S. 94 f.

121 Vgl. Mujkanovic (Fair Value), S. 24

122 Vgl. Ballwieser/Hettich (Comprehensive Income), S. 86; Troßmann/Baumeister (Harmonisierung), S. 638; Klingelhöfer (Controlling), S. 590.

123 Vgl. Pfaff (Rechnungswesen), S. 667; Küting (Perspektiven), S. 160; Ballwieser (Shareholder Value), Sp. 1746. Zum Zusammenhang zwischen der Wertorientierung und der Konvergenz im Rechnungswesen vgl. Dirrigl (Wertorientierung).

124 Vgl. Busse von Colbe (Shareholder Value), S. 272 f.

125 Vgl. Busse von Colbe (Shareholder Value), S. 290.

von Management und Investoren angenommen werden,[126] denn die interne und externe „Steuerung hat sich an den Zielgrößen jener auszurichten, um derentwillen das Unternehmen betrieben wird.“[127] Die Ziele der Anteilseigner müssten demzufolge für das interne und externe Rechnungswesen gleichermaßen maßgeblich sein. Zur Verfolgung einer wertorientierten Unternehmensführung wird daher auch „eine möglichst weitgehende Harmonisierung von interner und externer Rechnungslegung [als] unabdingbar“ [128] angesehen.[129] Damit scheint eine adäquate Basis für ein konvergentes Rechnungswesen gegeben zu sein. Obwohl mit dem internen und externen Rechnungswesen unterschiedliche Adressaten angesprochen werden, nähern sich beide Rechnungssysteme aufgrund gleichgerichteter Informationsinteressen einander an.[130]

Vor dem geschilderten Hintergrund wurde sogar prophezeit, die Öffnung für internationale Rechnungslegungsnormen werde „zwangsläufig eine Annäherung von internem und externem Rechnungswesen zur Folge haben“[131]. Der mögliche Konvergenzbereich wird seither primär auf den internationalen Konzernabschluss und die internen Steuerungs- und Kontrollaufgaben bezogen.[132] Der Idee, der handelsrechtliche Konzernabschluss könne als Basis einer Vereinheitlichung dienen, wird hingegen immer weniger Beachtung geschenkt, denn nur die Anwendung internationaler Rechnungslegungsnormen „läßt es überhaupt sinnvoll erscheinen, über eine stärkere Zusammenführung beider Rechnungssysteme...nachzudenken.“[133] Demgemäß begünstigt nicht zuletzt die zunehmende Bedeutung der IFRS das Zusammenwachsen der internen und externen Rechnungssysteme.[134]

---

126 Vgl. Wagenhofer (Internationale Rechnungslegung), S. 290; Wagenhofer (IAS/IFRS), S. 12; Löw (Konvergenz), S 91; Menn (Auswirkungen), S. 641; Menn/Lemken (Umstellung), S. 105 f.

127 Moxter (Rechnungslegungstraditionen), S. 501.

128 Kley (Rechnungslegung), S. 339.

129 Vgl auch Zwirner/Wohlgemuth (Vergangenheitsorientierung), S. 84.

130 Dementsprechend werden Untersuchungen zur Konvergenz mit solchen zur Wertorientierung verknüpft. Vgl. Dirrigle (Wertorientierung).

131 Männel (Harmonisierung), S. 15. Vgl. auch Haller (Herausforderungen), S. 115 f.; Heyd (Fair Value), S. 209.

132 Vgl. Lorson/Schedler (Unternehmenswertorientierung), S. 259 f.

133 Haller (Herausforderungen), S. 116. Vgl. auch Haller (Eignung), S. 271; Strauch (Harmonisierung), S. 178; Baetge/Heumann (Erfolgsspaltung), S. 268.

134 Vgl. Haller (Herausforderungen), S. 116.

Es gab in diesem Zusammenhang zahlreiche Versuche, die Möglichkeiten einer Konvergenz zwischen internem Rechnungswesen und den IFRS etwa anhand der Übereinstimmung der Prinzipien[135] und ausgewählter Sachverhalte wie beispielsweise der langfristigen Fertigung[136] zu belegen.[137] Tatsächlich führte die Umstellung auf IFRS in zahlreichen Unternehmen zu einer Annäherung von internem und externem Rechnungswesen,[138] gerade im Rahmen der Erstanwendung der IFRS haben viele Unternehmen ihr internes Rechnungswesen entsprechend angepasst.[139] Jüngere Entwicklungen in der internationalen Rechnungslegung in Richtung einer Full Fair Value-Bilanzierung[140] könnten, so wird jedenfalls behauptet, den Trend zur Vereinheitlichung jedoch beenden oder gar umkehren.[141]

Auch wenn die IFRS von einem Full Fair Value-Konzept noch weit entfernt sind,[142] so sind doch entsprechende Bestrebungen in Richtung eines bilanzorientierten Informationskonzepts zumindest erkennbar.[143] Ein vermögensorientiertes Informationskonzept steht nicht mehr mit der bisherigen gewinnorientierten Vorgehensweise im internen Rechnungswesen im Einklang und gilt demgemäß als „konvergenzhemmende Tendenz".[144] Es wäre jedoch möglich, dass die vermögensorientierte Sichtweise das unternehmenswertorientierte Rechnungswesen grundsätzlich bereichern könnte: „By focusing on an objective of measuring wealth...the asset/liability view is more logically consistent. The revenue/expenses approach results in assets and liabilities that do not

---

135 Vgl. Haller (Herausforderungen), S. 117 f.; Menn (Annäherung), S 205.

136 Vgl. Kümpel (Integration); Troßmann (Erfolgsperiodisierung), S. 100 f. Einschränkend Bischof, der eine unveränderte Übernahme für nicht zweckdienlich hält. Vgl. Bischof (percentage of completion-Methode), S. 14.

137 Zu Untersuchungen ausgewählter Sachgebiete vgl. Weißenberger (IFRS).

138 Vgl. Hax (Integration), Sp. 766; Küpper (Unternehmensrechnung), Sp. 2041; Ruhwedel/Schultze (Konvergenz), S 494; Coenenberg (IFRS), S. 110; Bärtl (Unternehmenssteuerung), S. 223. Baetge/Heumann (Erfolgsspaltung), S. 268; Hirsch/Hippe (Controlling); Wagenhofer (Zusammenwirken), S. 2 und 12; Kümpel/Susnja (Goodwillbilanzierung), S. 73. Zu empirischen Ergebnissen vgl. Haring/Prantner (Konvergenz); Hoke (Konzernsteuerung), S. 161 ff.; Horváth/Arnaout (Einheit); Ewert (Fair Value-Bewertung), S. 180.

139 Vgl. Pellens/Basche/Crasselt (Ergebnisspaltung), S. 601.

140 Vgl. hierzu etwa Busse von Colbe (Accounting), S. 215; Vater (Fair Value Accounting), S. 141; Vater (Fair Value), S. 655; Kessler (Fair Value), S. 60; Wüstemann/Duhr (Full Fair Value-Bewertung), S. 110.

141 Vgl. Ewert (Fair Value-Bewertung).

142 Vgl. Günther/Schiemann (Entscheidungsorientierung), S. 613.

143 Vgl. Weißenberger (Möglichkeiten), S. 199.

144 Vgl. Kerkhoff/Diehm (Controller), S. 319 f.

meet the criterion of wealth measures."[145] Insofern wird die Vermögens- und Gewinnermittlung „ökonomischer", obgleich sie ihren Entwicklungsweg quasi vom „Matching" zur Vermögensorientierung zurück geht.[146] Die Bilanz kann sich bei ihrer Vermögensorientierung direkt an den Informationsinteressen des Managements ausrichten.[147]

Eine Vermögensermittlung für Zwecke der internen Steuerung darf nicht unvollständig sein.[148] Entgegen dieser Anforderung ist bezüglich der IFRS zu konstatieren, dass zumindest bislang wesentliche Komponenten des Goodwill vernachlässigt werden[149] und sie somit weit von einer unternehmenswertorientierten Bilanzierung entfernt sind.[150] Da eine vermögensorientierte Informationsvermittlung als »Ganz-oder-gar-nicht-Konzept« eine vollständige Potentialberücksichtigung erfordert,[151] könnte in der Tat eine prognosefähige Gewinngröße einer „halbherzigen" Vermögensdarstellung vorzuziehen[152] und insofern eine „Rückbesinnung auf Schmalenbach"[153] in beiden Rechnungssystemen zu fordern sein.[154] Auf der anderen Seite erscheint es auch lohnenswert, über die Möglichkeiten eines vollständigen Potentialausweises, d.h. insbesondere über eine Aktivierung des originären Goodwill, nachzudecken.

---

145 Vgl. Sundem (Information Perspective), S. 291.
146 Vgl. Chen Chang (Business Income), S. 637 f.; ferner Moxter (Statische Bilanz), Sp. 1852.
147 Vgl: Moxter (Statische Bilanz), Sp. 1852.
148 Vgl. hierzu Moxter (Windfalls), S. 238 ff.
149 Vgl. IAS 38.48.
150 Vgl. hierzu Hoogendoorn (Financial Statement Model).
151 Vgl. Haaker (IFRS-Informationsbilanz, Teil I), S. 256 f.
152 Vgl. Kerkhoff/Diehm (Controller), S. 320; grundlegend Black (Magic); Black (Accounting Rules).
153 Schmidt (Rückbesinnung).
154 Vgl. hierzu auch Sayther (Fair Value Accounting).

2 Rechnungswesen als Messinstrument

2.1 Begriff des Rechnungswesens

Das betriebswirtschaftliche Rechnungswesen[155] stellt eine „systematische Ermittlung, Aufbereitung, Darstellung, Analyse und Auswertung von Zahlen (Mengen und Wertgrößen) über den einzelnen Wirtschaftsbetrieb und seine Beziehungen zu anderen Wirtschaftssubjekten“[156] zur „Befriedigung inner- und außerbetrieblicher Informationsbedürfnisse“[157] dar. Als Regelsystem „umfasst [das Rechnungswesen] die Regeln, nach denen der wirtschaftliche Aspekt vergangener, vorhandener oder erwarteter Tatbestände und Handlungsabläufe gemäß vorzugebenden Wissenswünschen strukturgleich in Zahlen abzubilden, d.h. zu messen, ist.“[158] Das Rechnungswesen ist folglich in erster Linie ein „Instrument zur Messung quantitativer Größen“[159] und bildet daher ein „quantitatives Abbild des Wirtschaftens des einzelnen Betriebs.“[160]

Demzufolge ist das Rechnungswesen als (vorwiegend) quantitatives Informationssystem definiert.[161] Daneben umfasst das Rechnungswesen aber auch qualitative Erläuterungen, Ergänzungen, Korrekturen und Entlastungen der quantitativen Informationen.[162] Eine zu starke formale Eingrenzung des Informationssystems »Rechnungswesen« auf rein quantitative Informationen könnte mitunter der Zweckmäßigkeit abträglich sein,[163] da einer Quantifizierung re-

---

155 Neben dem betriebswirtschaftlichen gibt es noch ein sog. volkswirtschaftliches Rechnungswesen. Vgl. Coenenberg (Kostenrechnung), S. 3. Im Folgenden ist mit Rechnungswesen immer ein betriebswirtschaftliches Rechnungswesen gemeint.

156 Weber/Rogler (Rechnungswesen, Band 1), S. 2.

157 Meyer (Kosten- und Leistungsrechnung), S. 54.

158 Schneider (Betriebswirtschaftslehre, Band 2), S. 3 f.

159 Küpper (Struktur), S. 5835.

160 Weber/Rogler (Rechnungswesen, Band 1), S. 2.

161 Vgl. Coenenberg (Kostenrechnung), S. 6; Coenenberg (Ziele), S. 1; Küpper (Unternehmensrechnung), Sp. 2031; Pfaff (Rechnungswesen), S. 665; Ordelheide (Rechnungswesen), S. 221; Eisele (Technik), S. 3; Coenenberg (Rechnungswesen), Sp. 3679; Schäfer (Betriebswirtschaftslehre), S. 39; Kloock (Unternehmensrechnung), S. 493 f.; Pfaff/Gabor (Rechnungswesen), Sp. 1245; Eisele (Rechnungswesen), S. 429; Lücke (Integrationsgedanke), S. 221.

162 Vgl. hierzu Baetge/Kirsch/Thiele (Bilanzen), S. 757 ff.

163 Vgl. Coenenberg (Ziele), S. 1. Vgl. aber Schneider, der darauf hinweist, „dass Rechnungswesen nichts anderes ist als Anwendung von überwiegend elementarer Mathematik“ [Schneider (fair value), S. 5]. Demgemäß kann mit dem Begriff Unternehmungsrechnung eine Erweiterung des engen Rechnungswesenbegriffs erfolgen. Vgl. Coenenberg (Rechnungswesen), Sp. 3679.

levanter Sachverhalte in der Realität enge Grenzen gesetzt sind[164] und/oder ohne qualitative Aussagen ein nur unzureichendes Bild des wirtschaftlichen Geschehens vermittelt wird.[165] In diesem Sinne kann das Rechnungswesen begrifflich sowohl als quantitatives als auch als qualitatives Informationssystem definiert werden, wobei die quantitativen Elemente im Vordergrund stehen. Um zweckgerecht zu informieren, müssen im Rechnungswesen vor allem Gewinn- oder Vermögensgrößen gemessen werden.[166] Insofern ist es gerechtfertigt, das Informationsinstrument Rechnungswesen primär als quantitatives Messinstrument zu charakterisieren[167] und aus einer messtheoretischen Perspektive zu analysieren.[168]

Als Hauptaufgabe des Rechnungswesens kann die Steuerung des Unternehmens angesehen werden.[169] Innerhalb dieses Informationsinstruments kommen daher verschiedenartige Rechnungssysteme als „Messinstrumente" zum Einsatz,[170] welche die interne und externe Steuerung des Unternehmens[171] „zahlenmäßig" zu unterstützen haben. Steuerung „bedarf einmal der quantitativ-rechnerischen Analyse ex ante, zum anderen der quantitativ-rechnerischen Überprüfung ex post."[172] Die damit angesprochenen Rechnungszwecke der Planung (Entscheidungsvorbereitung) und Kontrolle sind notwendigerweise zielorientiert[173] miteinander abzustimmen.[174] Folglich lässt sich Steuerung als

---

164 Vgl. hierzu Baetge (Objektivierung), S. 124; Moxter (Rechenschaft), S. 94; Moxter (Erwartungen). „Rechnungswesen schafft wissenschaftliche Probleme, wenn eine Quantifizierung von Qualitativen beabsichtigt ist" [Schneider (fair value), S. 5].

165 Vgl. Kraus (Abbildungstreue), S. 173 f.; Kraus (Erfolgsdimension), S. 272; Wagenhofer (Unternehmensrechnung), Sp. 1853.

166 Vgl. Schneider (Reform), S. 145.

167 Vgl. Küpper (Ethik), S. 23; Küpper (Struktur), S. 5835; Ijiri/Jaedicke (Reliability), S. 474.

168 Vgl. Schneider (Bilanztheorien), Sp. 428 f.

169 Vgl. Coenenberg (Rechnungswesen), Sp. 3679. Entsprechend definiert *Schneider* den Controlling-Begriff (*to control* = steuern) rechnungswesenorientiert als „eine durch Rechnungswesen gestützte Koordinations- und Kontrollhilfe" [Schneider (Rechnungswesen, Band 2), S. 465]. Eine solche Definition erscheint konsequent, denn „Controlling bezeichnet in einer sehr weiten Auslegung die Versorgung von Führungsverantwortlichen mit entscheidungsrelevanten Informationen" [Horváth/Reichmann (Controlling), S. 122] und das Rechnungswesen stellt für das Management das wichtigste Informationsinstrument dar [vgl. Küpper (Controlling), S. 128].

170 Vgl. Küpper (Struktur), S. 5833.

171 Vgl. Moxter (Rechnungslegungstraditionen), S. 499.

172 Jaensch (Bilanzgewinn), S. 51.

173 „Planen und Kontrollieren kann man stets nur im Hinblick auf ein Ziel" [Schneider (Ansätze), Sp. 261].

174 Vgl. Hax (Investitionsrechnung), S. 155; Wild (Unternehmungsplanung), S. 44 f.

verbundene zielorientierte Planung und Kontrolle verstehen,[175] womit gleichfalls die „Kernzwecke" des Rechnungswesens genannt sind[176].

Statt von einem betriebswirtschaftlichen wird auch von einem betrieblichen Rechnungswesen gesprochen. Das betriebswirtschaftliche Rechnungswesen ist entgegen dem rein betrieblichen Rechnungswesen begrifflich nicht an die von einem bestimmten Unternehmen selbst erstellten Rechnungen gebunden.[177] So fallen nach dem hier zugrunde gelegten (notwendigerweise) weiten Begriffsverständnis auch die für Zwecke der externen Unternehmenssteuerung von den Adressaten erstellten Auswertungsrechnungen unter diese weite Begriffsabgrenzung.[178] Eine derart weite Definition des Rechnungswesens ist für die nachfolgende Analyse notwendig, da sich eine umfassende messtheoretische Analyse bei Fragen bezüglich der Informationswünsche der Adressaten nicht zuletzt auch mit deren Auswertungsmodellen und -möglichkeiten beschäftigen muss.[179] Mit dem betriebswirtschaftlichen Rechnungswesen wird die begriffliche Basis einer umfassenden Untersuchung der Zweckadäquanz des Rechnungswesens im allgemeinen und der Konvergenz im unternehmenswertorientierten Rechnungswesen im Speziellen geschaffen.[180]

Die weite Begriffsabgrenzung macht im Übrigen eine Unterscheidung von Rechnungswesen und Unternehmensrechnung als quasi erweitertem Rechnungswesen überflüssig,[181] beide Begriffe können folglich synonym Verwendung finden.[182] Eine Eingrenzung des Untersuchungsgegenstands »Rechnungswesen« etwa auf Jahresabschluss- und Kostenrechnung würde einer ganzheitlichen messtheoretischen Untersuchung der Konvergenz im unternehmenswertorientierten Rechnungswesen entgegenstehen.[183]

---

175 Vgl. Klein (Unternehmenssteuerung), S. 13.
176 Vgl. hierzu Coenenberg (Kostenrechnung), S. 5 f. und S. 575; Coenenberg (Ziele), S. 2.
177 Vgl. Lücke (Rechnungswesen), Sp. 1688.
178 Vgl. Dirrigl (Wertorientierung), S. 541 f.; ferner Schildbach (Analyse), S. 249.
179 Vgl. hierzu Haaker (IFRS-Informationsbilanz, Teil I), S. 256 f.
180 Vgl. Dirrigl (Werorientierung), S. 542.
181 Vgl. Coenenberg (Ziele), S. 1. Zu differenzierenden Begriffsabgrenzungen vgl. Küpper (Controlling), S. 128 ff.; Breid (Erfolgspotentialrechnung), S. 3; Coenenberg (Kostenrechnung), S. 6 f.; Coenenberg (Rechnungswesen), Sp. 3679. In einer engen Abgrenzung wird die Unternehmensrechnung mit dem internen Rechnungswesen gleichgesetzt; vgl. Schneider (Unternehmensrechnung), Sp. 375.
182 Vgl. Küpper (Unternehmensrechnung), Sp. 2039; Wagenhofer (Unternehmensrechnung), Sp. 1849.
183 Vgl. hierzu Dirrigl (Wertorientierung).

2.2 Messtheoretische Ausrichtung des Rechnungswesens

Das Rechnungswesen stellt ein Messinstrument dar,[184] welches den Adressaten zweckadäquate Informationen zu vermitteln hat[185]. Um dem jeweiligen Rechnungszweck adäquat nachzukommen, müssen im Rechnungswesen abstrakte Rechnungsziele wie Vermögen und Gewinn den Informationswünschen der Adressaten entsprechend gemessen, d.h. zahlenmäßig abgebildet werden.[186]

„Messen heißt: ein Modell über die Wirklichkeit (eine erdachte 'empirische Struktur') strukturgleich in einem Zusammenhang aus reellen Zahlen (in eine 'numerische Struktur') abzubilden."[187] Die Aufgabe, ökonomische Aspekte von Tatbeständen adäquat als Vermögens- oder Gewinnziffern (=Rechnungsziele) zu messen, ist mit besonderen Schwierigkeiten verbunden, weil es den „richtigen" Wert des Vermögens und den „richtigen" Gewinn nicht gibt.[188] Insofern kann es im Rechnungswesen nicht etwa nur darum gehen „das Meßverfahren zu verbessern, um genauere Meßergebnisse zu erhalten."[189] Vielmehr muss bei jeder Vermögens- oder Gewinnmessung zunächst geklärt werden, „was überhaupt gemessen werden soll."[190] Diese Frage lässt sich nur im Hinblick auf einen durch die Informationswünsche der Adressaten präzisierten Rechnungszweck beantworten, denn die Rechnungsziele müssen so gemessen werden, „wie es dem Rechnungszweck entspricht."[191] Damit sind normative Basisentscheidungen bezüglich der Rechnungszwecke erforderlich.[192]

Ein gegebener Rechnungszweck lässt sich nur unter Rückgriff auf einen „wohldefinierten Adressaten"[193] präzisieren. Die Informationsinteressen der Adressaten sind typischerweise auf eine Zielgröße gerichtet und müssen im Hinblick auf den Rechnungszweck zu Informationswünschen konkretisiert

---

184 Vgl. Küpper (Ethik), S. 23; Küpper (Struktur), S. 5835.
185 Vgl. Küpper (Struktur), S. 5833 f.
186 Vgl. Küpper (Ethik), S. 23; Schneider (Reform), S. 145; Ballwieser (Jahresabschlussverbesserungen), S. 774.
187 Schneider (Reform), S. 145. Zur Messung ökonomischer Sachverhalte vgl. Bierman (Measurement); Jaensch (Bilanzgewinn), S. 49-52; Mattessich (Accounting), S. 52-97.
188 Vgl. Küpper (Cash Flow), S. 102; Hax (Periodenerfolgsmessung); grundlegend Beaver/Demski (Income Measurement).
189 Hax (Periodenerfolgsmessung), S. 78.
190 Hax (Periodenerfolgsmessung), S. 79.
191 Hax (Periodenerfolgsmessung), S. 75 f.
192 Vgl. Küpper (Ethik), S. 26.
193 Moxter (Rechenschaft), S. 94.

werden. Für ein solches messtheoretisches Vorgehen sind weitere Wertungen erforderlich. Zur Analyse der Zweckmäßigkeit und Konvergenz des internen und externen Rechnungswesens ist es dennoch notwendig, eine messtheoretische Perspektive einzunehmen, denn andernfalls lassen sich für die zweckgerechte Ausgestaltung und Beurteilung von Rechnungssystemen kaum brauchbare Maßstäbe ableiten.[194]

Messtheorien, welche die Ausgestaltung und Beurteilung des Rechnungswesens als Messinstrument zum Inhalt haben, beschäftigen sich dementsprechend mit Fragen

- der Konkretisierung von zielorientierten Informationsinteressen der Adressaten zu Informationswünschen, welche gegebene Rechnungszwecke inhaltlich ausfüllen,
- der zweckadäquaten zahlenmäßigen Abbildung der Rechnungszwecke (Messabsichten) als Rechnungsziele (z.B. als Gewinn oder Reinvermögen) und
- der für die zweckadäquate Abbildung der Rechnungsziele erforderlichen Rechnungsinhalte.[195]

Für das Rechnungswesen muss aus messtheoretischer Sicht gelten:[196] „Der Rechnungszweck bestimmt über das Rechnungsziel den Rechnungsinhalt."[197] Im Umkehrschluss ist der Inhalt von Rechnungen anhand der Erfüllung des jeweiligen Rechnungszwecks zu beurteilen.[198] Fragestellungen, welche sich etwa mit der Auswertung der Messergebnisse (Rechnungsziele) beschäftigen,[199] können in diesem Zusammenhang der Ebene der Festlegung der Rechnungsziele zugeordnet werden, da deren Zweckmäßigkeit nicht zuletzt von den Auswertungsmöglichkeiten bzw. -rechnungen der Adressaten abhängig sein müsste.[200] Umgekehrt müssen sich die Auswertungskalküle an den Rechnungszielen und -inhalten orientieren. Ziel der Analyse und Auswertung

---

194 Vgl. hierzu insbesondere die Analyse von Ballwieser (Jahresabschlußverbesserungen).

195 Vgl. Schneider (Bilanztheorien), Sp. 428; Schneider (Betriebswirtschaftslehre, Band 2), S. 237.

196 Vgl. Schneider (Bilanztheorien), Sp. 428 f.

197 Schneider (Betriebswirtschaftslehre, Band 2), S. 45.

198 Vgl. Münstermann (Kongruenzprinzip), S. 437; Moxter (Standort), S. 38; Moxter (Rechnungslegungstraditionen), S. 500; Hax (Rechnungslegungsvorschriften), S. 190.

199 Vgl. Schneider (Bilanztheorien), Sp. 428 f.

200 Vgl. Dirrigl (Wertorientierung), S. 546.

kann es im Grunde nur sein, ein „unvollkommenes" Rechnungsziel dem Rechnungszweck entsprechend aufzubereiten. Insofern zielen die Prozesse der Informationsbereitstellung und -auswertung in dieselbe Richtung,[201] sie sind zweckorientiert.

Das Rechnungswesen hat insbesondere die Aufgabe, im Rahmen des jeweiligen Rechnungszwecks quantitative Größen wie Reinvermögen und Gewinn als Rechnungsziele zweckadäquat zu messen oder zumindest zu approximieren.[202] Mit einer Approximation des tatsächlichen Informationsziels leisten die Rechnungsziele gewissermaßen Vorarbeit für die entsprechenden Auswertungen durch die Adressaten. Dementsprechend besteht etwa die Zielsetzung von IFRS-Abschlüssen gemäß F. 12 darin, „Informationen über die Vermögens-, Finanz- und Ertragslage...zu geben". Folglich muss der IFRS-Abschluss „ein Meßinstrument für die 'Vermögens-, Finanz- und Ertragslage' sein."[203]

Obgleich sich die theoretische Diskussion um den Informationszweck des externen Rechnungswesens zwischenzeitlich von dieser normativen messtheoretischen Perspektive entfernt zu haben schien,[204] bleibt ihre Bedeutung zumindest aus der Sicht des internen Rechnungswesens hiervon unbeschadet.[205] Unstreitig dient das interne Rechnungswesen vor allem der Messung von zielorientierten Entscheidungs- und Kontrollgrößen; so sollen etwa im Rahmen einer wertorientierten Unternehmenssteuerung durch das interne Rechnungswesen für Entscheidungszwecke der Shareholder Value (Unternehmenswert)[206] und für Kontrollzwecke dessen Veränderung (ökonomischer

---

201 Vgl. Bierman (Accounting Information), S. 83.

202 Vgl. Küpper (Struktur), S. 5835; Ballwieser (Jahresabschlußverbesserungen), S. 774.

203 Schneider (Reform), S. 133.

204 Vgl. hierzu Watts/Zimmerman (Theory); Beaver/Demski (Income Measurement); Demski/Sappington (Income Measurement); Demski (Impossibility); Mattessich (Information Economic Perspective). Einen Überblick über die historische Entwicklung gibt Liang (Recognition).

205 Vgl. Luhmer (Synthetische Bilanz), S. 1106. Vgl. zur Diskussion um die Messung des Periodenerfolgs Hax (Periodenerfolgsmessung).

206 Vgl. Coenenberg/Mattner/Schultze (Steuerung), S. 17 f.

Gewinn)[207] als spezielle Ausprägungen der Vermögens- und Ertragslage gemessen oder mindestens approximiert werden.[208]

Auch im Zusammenhang mit dem externen Rechnungswesen gibt es keine gangbare Alternative zur messtheoretischen Betrachtung, da es einer praktikablen theoretischen Basis für die zweckadäquate Ausgestaltung und Beurteilung von Rechnungslegungsregeln bedarf.[209] Zwar kommen *Beaver/Demski* im Rahmen einer grundlegenden Analyse bezüglich der Gewinnmessung in der Rechnungslegung unter Realbedingungen (unvollkommene und unvollständige Märkte) zu folgendem ernüchternden Ergebnis:[210] „Hence, at a fundamental level the central feature of financial reporting cannot be income measurement."[211] Die darauf aufbauende Forderung, Rechnungslegung müsse „kostengünstig" Erwartungen mittels „neuer", bisher nicht öffentlicher Informationen ändern, hilft jedoch bezüglich einer zweckadäquaten Ausgestaltung wenig.[212] Allerdings wird mit dieser Erkenntnis die Gewinnermittlung unter Realbedingungen gleichermaßen legitimiert,[213] was wiederum die Notwendigkeit des Jahresabschlusses als Messinstruments verdeutlicht[214].

Daher erscheint es sachgerecht, „von einer unbestrittenen Tatsache auszugehen: Der Jahresabschluß ist ein Meßinstrument."[215] Entsprechendes gilt für das interne Rechnungswesen. Insgesamt ist eine messtheoretische Betrachtung der Konvergenz des internen und externen Rechnungswesens nicht nur gerechtfertigt, sondern sie ist sogar als notwendig und unabdingbar zu erachten. Kriterien wie die Feinheit des Informationssystems bei Vernachlässigung von Kosten führen hier jedenfalls kaum weiter.[216]

---

207 Vgl. Gebhardt/Mansch (Unternehmenssteuerung), S. 16-21; gundlegend Schneider (Bilanzgewinn); Hax (Bilanzgewinn). Zum Verhältnis zwischen Shareholder Value-Konzept und ökonomischen Gewinn vgl. auch Jaensch (Gewinnüberlegungen), S. 343; Tichy/Barborka (Zusatzinformationen), S. 631-635; Becker (Shareholder Value), S. 53.

208 Vgl. hierzu auch Wagenhofer (Share Holder Value-Konzept), S. 644; Gillenkirch/Thamm/Tünker (Integration), S. 1 ff.; Crasselt/Schmidt (Performancekennzahlen), S. 222; ferner Demski/Sappington (Income Measurement), S. 363.

209 Vgl. hierzu ausführlich die Diskussion bei Ballwieser (Jahresabschlußverbesserungen).

210 Vgl. Beaver/Demski (Income Measurement).

211 Beaver/Demski (Income Measurement), S. 38.

212 Vgl. Ballwieser (Jahresabschlußverbesserungen), S. 788.

213 Vgl. Ballwieser (Jahresabschlußverbesserungen), S. 788.

214 Vgl. Ballwieser (Jahresabschlußverbesserungen), S. 791. Zum Mangel an normativ ausrichteter Rechnungswesenforschung vgl. auch Mozes (Framework), S. 93.

215 Schneider (Rechtsfindung), S. 149.

216 Vgl. Ballwieser (Konzernrechnungslegung), S. 641.

Wie ein Rechnungssystem konkret auszugestalten ist, muss deduktiv aus den mit der jeweiligen Rechnung verfolgten „zielgrößenadjustierten" Zwecken abgeleitet werden. Der allgemeine Rechnungszweck (Entscheidung oder Kontrolle) ist noch nicht hinreichend präzisiert, was einer Festlegung von Rechnungsziel und Rechnungsinhalt entgegensteht.[217] Aus einem konkretisierten Rechnungszweck als „Messabsicht" muss schließlich hervorgehen können, was als Rechnungsziel gemessen werden soll. Eine Präzisierung des Rechnungszwecks hat dabei unter Bezugnahme auf die Informationswünsche der Adressaten zu erfolgen.[218] Die zweckbezogenen Informationswünsche ergeben sich im Hinblick auf die zielgrößenorientierten Informationsinteressen der Adressaten.

Im Rahmen einer messtheoretischen Perspektive wird – vereinfacht ausgedrückt – davon ausgegangen, dass Vermögens- oder Gewinngrößen umso informativer sind, je eher eine Deckungsgleichheit mit der Zielgröße der Adressaten besteht.[219] Die allgemeine Zielgröße der Adressaten muss hierbei in Hinsicht auf den durch eine Rechnung verfolgten Zweck interpretiert werden, um diese zweckspezifisch operationalisieren zu können. Anders formuliert: Die allgemeinen zielgrößenorientierten Informationsinteressen müssen zu rechnungszweckspezifischen Informationswünschen konkretisiert werden.[220]

Am Anfang der Kette stehen folglich die Adressaten, deren rechnungszweckspezifische Informationswünsche zu ergründen sind. Schon an dieser Stelle ist ein Werturteil erforderlich, das den Ausgangspunkt der weiteren Analyse markiert.[221] Die Bestimmung eines hinreichend konkretisierten Adressaten ist unabdingbar,[222] denn nur bei Klarheit seiner Informationswünsche kann der Rechnungszweck präzisiert werden.[223] Der konkretisierte Rechnungszweck kann wiederum als »Messabsicht«[224] charakterisiert werden. Aus dem durch die Informationswünsche konkretisierten Rechnungszweck ist dann, ggf. unter Berücksichtigung der Auswertungsmöglichkeiten der Adressaten, ein geeigne-

---

217 Vgl. Schneider (Betriebswirtschaftslehre, Band 2), S. 45.
218 Vgl. hierzu Moxter (Rechenschaft), S. 94 f.; Klein (Unternehmenssteuerung), S. 73.
219 Vgl. Hitz/Kuhner (Neuregelung), S. 281.
220 Vgl. Kloock (Dynamische Bilanz), Sp. 385.
221 Vgl. Zimmermann/Werner (Werturteilsprobleme), S. 157.
222 Vgl. Moxter (Rechenschaft), S. 94.
223 Vgl. Schneider (Bilanztheorien), Sp. 428.
224 Vgl. Schneider (Rechtsfindung), S. 149.

tes Rechnungsziel abzuleiten. Aus der Art des Rechnungsziels ergeben sich die zu seiner Ermittlung erforderlichen Rechnungsinhalte.

Nach Festlegung der Adressaten gilt es folglich zunächst (in theoretisch fundierter Weise[225]) zu bestimmen, welche finanziellen Ziele[226] die Adressaten annahmegemäß verfolgen.[227] Aus den in operationaler Weise einzugrenzenden Zielsetzungen sind generelle Informationsinteressen logisch-deduktiv abzuleiten, und im Hinblick auf einen bestimmten Rechnungszweck sind die generellen Informationsinteressen zu Informationswünschen zu präzisieren. Informationsinteressen unterscheiden sich von den Informationswünschen dergestalt, dass erstere das generelle Zielstreben zum Ausdruck bringen, während letztere auf einen speziellen Rechnungszweck gerichtet sind.[228] Sind mit den Informationswünschen die für den verfolgten Rechnungszweck erforderlichen Informationen über die abzubildende Realität (z.B. der Wert des Unternehmens in einer bestimmten Entscheidungssituation) präzisiert, so wird mit dem Rechnungsziel versucht, diese zahlenmäßig zu messen.[229] Dieses kann nur mehr oder weniger zweckadäquat gelingen (z.B. als markttypisierter Unternehmenswert unter Vernachlässigung nicht-finanzieller Vorteile und unter Beachtung des Einzelbewertungsprinzips oder als „objektiver Indikatorgewinn“[230]). Ein absolutes „Richtig“ oder „Falsch“ gibt es in diesem Zusammenhang nicht, sondern nur ein „Mehr“ oder „Weniger“ an Zweckmäßigkeit. Aus dem Rechnungsziel leiten sich die Rechnungsinhalte (z.B. der Cash Flow und die Zinssätze) ab. Der konkrete Rechnungsinhalt ergibt sich somit aus den Zielen der Adressaten.[231]

Im Zusammenhang mit dem konkretisierten Rechnungszweck bieten sich eine gedankliche und somit auch eine begriffliche Trennung an: Soll ein konkretisierter Rechnungszweck als Rechnungsziel gemessen werden, stellt er eine

225 Zum Rechnungswesen unter dem Gesichtspunkt der ökonomischen Theorie vgl. Ballwieser (Rechnungswesen).

226 Nicht finanzielle Ziele lassen sich im Regelfall nicht operationalisieren, sind aber deshalb nicht unbedeutend. Vgl. Moxter (Bilanzlehre), S. 388.

227 Vgl. hierzu auch Koch (Wirtschaftlichkeitsrechnung), S. 391, der einen „gedanklich völlig abgesicherten Gewinnbegriff“ als Voraussetzung einer sinnvollen Abbildung ansieht. Eine gedankliche Absicherung kann hierbei nur bei einer theoretischen Fundierung gegeben sein.

228 Vgl. Haaker (Da capo), S. 690.

229 Vgl. Schneider (Bilanzen im Rechtssinne), S. 1155.

230 Vgl. Baetge (Objektivierung), S. 167-173

231 Vgl. Küpper (Interne Unternehmensrechnung), S. 971.

»Messabsicht« dar. Wird hingegen Versucht im Rahmen einer Auswertungsrechnung ein gegebenes „unvollkommenes" Rechnungsziel in den konkretisierten Rechnungszweck zu überführen, so kann dieser als »Informationsziel« bezeichnet werden. Messabsicht und Informationsziel entsprechen sich also, bilden jeweils eine Seite derselben Medaille.

Abbildung 2 illustriert diese messtheoretische Herleitung von Rechnungszielen und -inhalten.

Abbildung 2: Messtheoretischer Analyserahmen

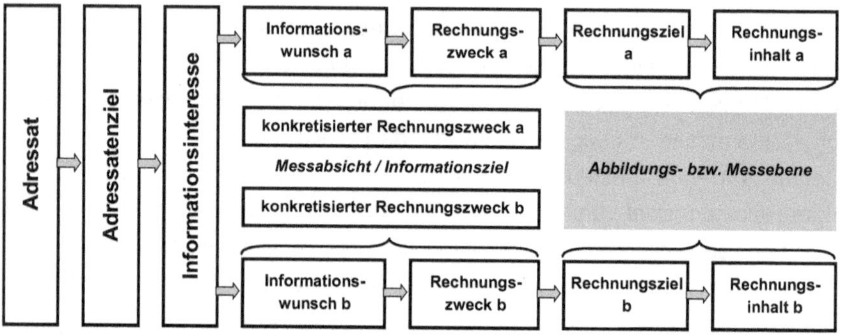

Die dargestellte logische Sequenz von den Adressaten bis hin zu den Rechnungsinhalten soll der nachstehenden Untersuchung des Rechnungswesens zugrunde gelegt werden. Eine bestmögliche Anwendung des messtheoretischen Lösungswegs ist dem „traditionellen" Vorgehen in jedem Fall überlegen, bei dem die Rechnungsinhalte (z.B. Erträge und Aufwendungen) vorgegeben werden und darauf aufbauend das Rechnungsziel rein formal definiert wird (z.B. Gewinn=Erträge-Aufwendungen);[232] bestenfalls wird im Nachhinein noch ein Rechnungszweck für das adressatenunabhängige Rechnungsziel[233] gesucht.[234]

Bei jedem Versuch, den Rechnungszweck bzw. die Informationswünsche zu konkretisieren, fließen unweigerlich auch Elemente mit in die Überlegungen ein, welche streng genommen zur Abbildungsebene des Rechnungsziels ge-

---

[232] Vgl. kritisch Jaensch (Gewinnüberlegungen), S. 335.
[233] Vgl. kritisch Moxter (Rechnungslegungsmythen), S. 2144 f.
[234] Entsprechend bemerkt *Engels* auf den bilanziellen Gewinn bezogen: „Nun sucht alle Welt danach, was man mit dieser Meßziffer messen könnte, und man findet nichts" [Engels (Bemerkungen), S. 40].

hören. Schon die Herleitung der Adressatenziele, etwa unter Rückgriff auf kapitaltheoretische Theorien, beinhaltet auch Vereinfachungen, welche idealtypisch erst auf der Ebene des Rechnungsziels erfolgen dürften. Um ein strukturiertes Vorgehen zu ermöglichen, wird im Folgenden der gedanklichen Trennung „zwischen dem aus der Empirie Abzubildendem (= Rechnungszweck) und dem zahlenmäßigen Abbild (= Rechnungsziel)“[235] so weit wie möglich gefolgt, ohne den Anspruch zu erheben, die Ebenen »Rechnungszweck« und »Rechnungsziel« im Einzelfall immer sauber trennen zu können. Dennoch stellt das idealtypische messtheoretische Vorgehen die Leitlinie der Untersuchung dar.

Auch muss bezüglich des Vorgehens in dieser Arbeit auf die – trotz des Versuchs eines theoriegestützten Vorgehens – bestehenden Aussagegrenzen hingewiesen werden: die vorliegende Arbeit zielt auf das Konvergenzpotential eines unternehmenswertorientierten Rechnungswesens ab.[236] Da ein unternehmenswertorientiertes Rechnungswesen einer Vielzahl von Investoren (i.S.v. Anteilseignern) zu dienen hat und für jeden einzelnen Investor ein anderer subjektiver Unternehmenswert gilt, muss sich das Rechnungswesen auf einen „Kompromisswert“ beziehen. In diesem Zusammenhang bietet sich der Marktwert des Unternehmens als operationale Zielgröße an: „Ein anderes für alle Anleger optimales Lösungsverfahren für die Problematik der Präferenzabhängigkeit ist nicht bekannt.“[237]

Dieter Schneider charakterisiert die Marktwertorientierung jedoch als „unbedachte[n] Griff in die Schubladen der Theorie“.[238] In Bezug auf die Messung im Rechnungswesen führt er aus: „Jedes Bemühen, im Rechnungswesen theoretische Modellbegriffe zu messen, erfordert, die Modellbegriffe in beobachtbare Sachverhalte zu übersetzen, die sich in Zahlen abbilden lassen. Eine Unternehmensrechnung, die nicht sämtliche, einem widerspruchsfreien Modell zugrundeliegende Voraussetzungen bei der Übersetzung in meßbare Sachverhalte einzubeziehen vermag, täuscht über die Aussagefähigkeit der Rechenergebnisse, weil nicht das in Zahlen strukturgleich abgebildet wird, was das Modell als erdachte empirische Struktur zu übersetzen verlangt.

235 Schneider (Bilanzen im Rechtssinne), S. 1155.
236 Vgl. hierzu insbesondere Dirrigl (Wertorientierung); ferner etwa Küpper (Marktwertorientierung); Küpper (Interne Unternehmensrechnung); Ballwieser (Moxter).
237 Hilz (Unternehmenssteuerung), S. 18.
238 Schneider (Marktwertorientierte Unternehmensrechnung), S. 1478.

Marktwertorientierte Unternehmensrechnung baut jedoch nicht auf einem widerspruchsfreien Modell auf, sondern wandelt die unter ihren engen Voraussetzungen widerspruchsfreie Kapitalmarktgleichgewichtstheorie zum Zweck einer vermeintlichen Annäherung an die Realität in ein mit Widersprüchen behaftetes Konstrukt ab"[239]. Zusammenfassend stellt *Schneider* fest: „Marktwertorientierte Unternehmensrechnung beruht auf einer Fiktion für Marktwerte, die zudem in einer widersprüchlichen Weise gemessen werden. Sie täuscht damit Objektivität (Präferenzunabhängigkeit) nur vor und ummantelt diese Täuschung als vermeintlich meßtechnische Annäherung."[240]

Wenn diese Ausführungen auch im Grundsatz nicht zu widerlegen sind, so sind doch weder für ein anteilseignerorientiertes internes noch für ein anteilseignerorientiertes externes Rechnungswesen[241] operationale Alternativen zur Marktwertorientierung erkennbar.[242] Insbesondere ist der Versuch eine höchst zweifelhafte Alternative, die Nutzenmaximierung einer „Unternehmung an sich"[243] zugrunde zu legen[244].[245] Im Ergebnis „liefert das kapitaltheoretische Konzept die bislang am besten begründete Basis für die Gestaltung ökonomischer Informations- und Steuerungssysteme."[246] Die Maktwertorientierung „hat eine etablierte theoretische Basis..., und auch aus pragmatischer Sicht ist die Orientierung an Marktwerten...wohl konkurrenzlos."[247]

Bei einer konsequenten Marktwertorientierung von internem und externem Rechnungswesen wäre – soweit man diese als theoretische Basis akzeptiert – eine Konvergenz beider Rechensysteme die logische Konsequenz.[248] Hierbei ist allerdings „von Bedeutung, daß die Berechnung eines Marktwertes nicht der Bestimmung eines zukünftigen Börsenkurses als 'Marktpreis' dient, wie er sich am Kapitalmarkt bildet. Vielmehr wird der Marktwert auf Basis interner Prognosen hergeleitet."[249] Lediglich bei der Bewertung der prognostizierten

---

239 Schneider (Marktwertorientierte Unternehmensrechnung), S. 1478.
240 Schneider (Marktwertorientierte Unternehmensrechnung), S. 1478.
241 Vgl. hierzu Küpper (Interne Unternehmensrechnung), S. 995.
242 Vgl. Ballwieser (Moxter), S. 1404.
243 Vgl. kritisch Coenenberg (Jahresabschluss), S. 1175; Jaensch (Gewinnüberlegungen), S. 340 f.
244 So etwa Klingelhöfer (Controlling).
245 Vgl. Jaensch (Gewinnüberlegungen), S. 342 f.
246 Küpper (Cash Flow), S. 114.
247 Gillenkirch/Velthuis (Zielsysteme), Sp. 2034.
248 Vgl. Dirrigl (Wertorientierung).
249 Küpper (Marktwertorientierung), S. 518.

Zahlungsströme dient die „Kapitalmarktrendite als Typisierungsinstrument"[250].[251]

2.3 Grundanforderungen an das Rechnungswesen

Das Rechnungswesen als Informations- und Messinstrument[252] hat keinen Selbstzweck, sondern muss einen positiven Informationsnutzen im Hinblick auf die mit der jeweiligen Rechung verfolgten Zwecke aufweisen; es ist somit Mittel zum Zweck und besitzt instrumentalen Charakter.[253] Ein positiver Informationsnutzen setzt in erster Linie Relevanz bezüglich des verfolgten Rechnungszwecks voraus (Zweckadäquanz).[254] Daraus folgt im Umkehrschluss: „Die Relevanz von Informationen wird durch die Rechnungszwecke bestimmt."[255] Maßstab für die Ausgestaltung und Beurteilung des Rechnungswesens ist daher in erster Linie, wie gut der jeweilige Informationszweck erfüllt wird[256]. Demzufolge müssen interne oder externe Steuerungsrechnungen ihrem Rechnungszweck entsprechend entweder Entscheidungs- oder Kontrollrelevanz aufweisen.[257]

Darüber hinaus ist ein ausreichendes Maß an Verlässlichkeit erforderlich, d.h. die Rechnungen müssen willkürfrei und intersubjektiv nachprüfbar[258] bzw. objektiviert sein.[259] Eine gleichzeitige Maximierung von Relevanz und Verlässlichkeit dürfte jedoch kaum möglich sein,[260] da beide Grundanforderungen in einem Spannungsverhältnis zueinander stehen:[261] Je höher der Relevanzgrad, desto geringer ist zumeist der Verlässlichkeitsgrad et vice versa. Insofern ist immer nur eine relative und keine absolute Erfüllung der Grundanforderungen möglich.

---

250 Böcking/Nowak (Typisierungsproblematik), S. 688; vgl. hierzu auch Hachmeister (Unternehmensbewertung), S. 20 ff.

251 Zur Bewertung unsicherer Zahlungsströme vgl. Hachmeister (Diskontierung).

252 Vgl. Langenderfer (Conceptual Framework), S. 55.

253 Vgl. bezogen auf die externe Rechnungslegung Hitz (Rechnungslegung), S. 135.

254 Zu Maßstäben der Adäquanz der Rechnungslegung vgl. auch Alexander (Benchmark).

255 Küpper (Interne Unternehmensrechnung), S. 976.

256 Vgl. Virkkunen (Rechnungswesen), S. 61 ff. Vgl. hierzu auch Heinen/Kupsch (Rechnungslegung), S. 1322.

257 Vgl. Coenenberg (Kostenrechnung), S. 575.

258 Vgl. Popper (Logik), S. 18 f.

259 Vgl. Baetge (Objektivierung), S. 16 f. Vgl. auch F. 31; Coenenberg (Kostenrechnung), S. 578; Ballwieser/Hettich (Comprehensive Income), S. 83 f.

260 Vgl. Baetge (Objektivierung), S. 170.

261 Vgl. Naumann (Spannungsverhältnis).

Idealtypisch greift die Anforderung der Verlässlichkeit erst auf der Ebene der Rechnungsziele, welche aus den konkretisierten Rechnungszwecken als quasi ideale Rechnungsziele abzuleiten sind. Die Relevanz richtet sozusagen das Rechnungsziel (zahlenmäßiges Abbild des Rechnungszwecks) in Richtung der mit dem Rechnungszweck verbundenen Informationswünsche (Messabsicht) und versucht diesen bestmöglich, soweit zahlenmäßig erfassbar, nachzukommen. Die Anforderung der Verlässlichkeit verlangt hingegen Abstriche von der bestmöglichen Erfüllung des Rechnungszwecks, weil z.B. die Gefahr besteht, dass der Rechnungsersteller den Adressaten übervorteilen könnte. Folglich „erscheint die Nachprüfbarkeit eher als Nebenbedingung denn als Grundlage ...gerechtfertigt“[262] und darf keinesfalls zum Maß aller Dinge erhoben werden.

„Objektivierungen sind notwendigerweise von außen gesetzt“, denn „[s]ie lassen sich nicht konsequent aus einem theoretischen Bezugsrahmen ableiten, sondern müssen pragmatisch gesetzt sein.“[263] „Sie sind damit von ihrer Natur her nicht aus dem System der Bilanzierung erklärbar. Das bedeutet, dass einer Objektivierung auch immer der Charakter des Dezisionistischen anhaften muss.“[264] Objektivierungsmaßnahmen können insbesondere deshalb problematisch sein, weil sie in mehr oder weniger willkürlicher Weise Rechnungsziele aussagelos machen können. Insofern erscheint Objektivierung mitunter mindestens ebenso gefährlich wie notwendig zu sein, da sie einerseits die Zweckadäquanz vermindert, aber andererseits eine notwendige „Vertrauensbasis“ schafft.

Ohne Relevanz nutzt Verlässlichkeit jedoch gar nichts;[265] Relevanz ist eine stets notwendige, wenngleich nicht in jedem Fall hinreichende Grundbedingung einer informativen Rechnung. Keinesfalls aber darf man bei geringen Objektivierungsmöglichkeiten von genereller Irrelevanz einer Rechnung ausgehen.[266] Eine relevante und somit brauchbare Rechnung bedingt immer einen gewissen Ermessens- und Manipulationsspielraum.[267] „Vereinfachung und Objektivierung können in der Tat nicht vernachlässigbare Nebenbedingun-

---

262 Busse von Colbe (Bewertung), S. 48.
263 Zimmermann (Geschäftswerte), S. 752 (beide Zitate).
264 Zimmermann (Geschäftswerte), S. 752, der von der Objektivierung eine nachvollziehbare oder zumindest überprüfbare Herleitung verlangt.
265 Vgl. Solomons (Concepts of Income), S. 378.
266 Vgl. Ballwieser (Jahresabschlußverbesserungen), S. 778.

gen...sein, aber es wäre falsch, in ihnen mehr als Nebenbedingungen zu sehen, das heißt diese Restriktion der Zielerreichung mit dem Ziel selbst gleichzusetzen“[268], woraus folgt: „Objektivierung...ist kein Selbstzweck.“[269] Sie ist der Erfüllung des eigentlichen Rechnungszwecks, d.h. der Relevanz, unterzuordnen. „Man treibt den Teufel mit dem Beelzebub aus, indem man die Nachprüfbarkeit zum obersten Grundsatz erhebt“[270]. Selbst im externen Rechnungswesen sollte – soweit wirklich brauchbare Informationen vermittelt werden sollen – im Zweifel der Relevanz Vorrang vor der Verlässlichkeit eingeräumt werden.[271] „Jede öffentliche Rechnungslegung, die versucht ökonomisch begründbare Aussagen zu geben, enthält Ermessens- und damit Manipulationsspielräume.“[272] Daher ist bei einer brauchbaren externen Berichterstattung der schlechter informierte externe Adressat stets der Gefahr ausgesetzt, irreführende Informationen zu erhalten, solange für das Management kein Anreiz besteht, „wahrheitsgemäß“ zu berichten.[273] Ein gewisser Anreiz hierzu besteht jedoch bereits bei einer jahrlichen Wiederholung der Abrechnung.[274]

Die Verlässlichkeit ist im Übrigen keine spezifische Anforderung des externen Rechnungswesens; so fallen etwa auch im internen Rechnungswesen Ersteller und Adressat oftmals auseinander,[275] weshalb Manipulationsgefahren bestehen und der Objektivierung ebenfalls eine gewisse Bedeutung zukommt.[276] Objektivierungsprobleme sind im internen Rechnungswesen jedoch etwa durch organisatorische Maßnahmen leichter einzudämmen.[277] Das beschriebene Spannungsverhältnis besteht somit sowohl im externen als auch im internen Rechnungswesen,[278] wenn es auch mit unterschiedlichen Gewichtungen zu lösen sein mag.

---

267 Vgl. Schneider (Manipulationen), S. 50.
268 Moxter (Unternehmensbewertung), S. 51.
269 Moxter (Immaterielle Anlagewerte), S. 1104.
270 Schneider (Teilwertlehren), S. 306.
271 Vgl. Bieker (Unternehmen), S. 1208.
272 Schneider (Manipulationen), S. 50.
273 Vgl. Hartmann-Wendels (Signalling-Ansätze), S. 645.
274 Vgl. Schneider (Gewinn), S. 615.
275 Vgl. Wagenhofer (Unternehmensrechnung), Sp. 1850.
276 Vgl. Ordelheide (Wertpotential), S. 528 f.
277 Vgl. Ordelheide (Wertpotential), S. 529.
278 Vgl. Gillenkirch/Thamm/Tünker (Integration), S. 20.

Eine Position, bei der das Spannungsverhältnis zwischen Relevanz und Verlässlichkeit besonders deutlich wird, stellt der Goodwill dar. Mithilfe des Goodwill lässt sich die Lücke zwischen Einzel- und Gesamtbewertung schließen,[279] was dieser Position auf der einen Seite eine außerordentliche Relevanz; wegen ihres Zukunftsbezugs ist sie auf der anderen Seite jedoch nur bedingt zuverlässig messbar[280].

2.4 Gliederung des Rechnungswesens

2.4.1 Gliederung nach Messinstrumenten

Das etablierte Rechnungswesen stellt ein Konglomerat verschiedenartiger Rechnungssysteme (Messinstrumente) dar.[281] Signifikante Wandlungen des wirtschaftlichen und rechtlichen Umfelds, zu denen auch die Erstanwendung der IFRS zählt, implizieren allerdings ein Überdenken „altbewährter" Rechnungssysteme. Auch wenn als theoretisch beste Lösung ein Rechnungssystem aus der logischen Kette »Adressat → Adressatenziel und Informationsinteressen → Informationswünsche und Rechnungszweck → Rechnungsziel → Rechnungsinhalt"« eigens konzipiert werden müsste, sind in der Realität die Rechnungssysteme zumeist vorgegeben und daher nicht zuletzt aus Wirtschaftlichkeitsüberlegungen – falls möglich – in den Dienst des jeweiligen „adressatenadjustierten" Rechnungszwecks zu stellen.[282] Unter Wirtschaftlichkeitsgesichtspunkten sind hierbei „Doppelnutzungen" der Rechensysteme erwünscht,[283] solange eine hinreichende Verträglichkeit mit der Zwecksetzung besteht.[284] Dem Ideal, für jeden Rechnungszweck ein eigenes Rechnungssystem zu betreiben,[285] kann oftmals aus Kosten- und Komplexitätsgründen nicht entsprochen werden[286]. Damit stellt sich primär die Frage, welche Rechnungssysteme für welchen Rechnungszweck Verwendung finden könnten.

Als wesentliche Gruppen von Rechnungssystemen sind im Kern die Bilanzrechnung, die Kostenrechnung, die Investitionsrechnung und die Finanzrech-

---

279 Vgl. Pellens (Rechnungslegungssysteme), S. 1550.
280 Vgl. hierzu Cowan (Resources Theory), S. 14.
281 Vgl. Meyer (Kosten- und Leistungsrechnung), S. 54; Strauch (Harmonisierung), S. 181.
282 Vgl. hierzu kritisch Kraus (Abbildungstreue), S. 183 f.; Kraus (Erfolgsdimension), S. 281.
283 Vgl. hierzu kritisch Schneider (Controlling), S. 766.
284 Vgl. Schneider (Grundsätze), S. 1186.
285 Vgl. Schneider (Controlling), S. 766; Küpper (Interne Unternehmensrechnung), S. 1002; Schneider (Abschreibung), S. 34.

nung zu nennen.[287] Es bleibt aber bei dieser Gliederung ein bedeutendes Rechnungssystem unberücksichtigt, denn „[d]ie Unternehmensbewertung... wächst heute mit dem Rechnungswesen zusammen.“[288] Aufgrund der steigenden Bedeutung von periodischen Unternehmensbewertungen im Rahmen einer wertorientierten Unternehmenssteuerung[289] sowie der Internationalisierung der Rechnungslegung[290] erscheint es angebracht, die Aufzählung der Rechnungssysteme noch um die Unternehmenswertrechnung zu ergänzen *(vgl. Abbildung 3)*.[291]

Die Unternehmenswertrechnung ließe sich zwar der dynamischen Investitionsrechnung zuordnen,[292] da sich letztere nicht auf die Bewertung einzelner Investitionsprojekte beschränken muss[293] und demnach auch die Bewertung von (Teil-)Unternehmen umfassen kann. Die Investitionsrechnung dient jedoch in erster Linie der Entscheidungsvorbereitung.[294] Da demgegenüber Unternehmenswerte etwa im Zusammenhang mit dem Impairment-Test nicht nur im Rahmen von Investitionsentscheidungen zu berechnen sind,[295] erscheint die Einführung einer eigenständigen Kategorie „Unternehmenswertrechnung“ sachgerecht. Die Unterteilung ist allerdings, wie dieses Beispiels verdeutlicht, keinesfalls trennscharf. Eine trennscharfe Gliederung nach Rechnungssyste-

---

286 Vgl. zu diesen Aspekten auch Ordelheide (Bilanzen).

287 Vgl. Schweitzer/Küpper (Systeme), S. 8; Dirrigl (Wertorientierung), S. 540 f.; Meyer (Kosten- und Leistungsrechnung), S. 56-60.

288 Ordelheide (Bedeutung), S. 516.

289 Vgl. Henselmann (Bewertungstheorie), S. 171.

290 Zur Bedeutung von Unternehmenswertrechnungen im Rahmen der externen Rechnungslegung vgl. Hillmer (Rechnungswesen), S. 572; Ballwieser (IFRS-Bilanzierung); Dirrigl (Entwicklungsperspektiven), S. 95 ff; Baetge/Kümmel (Unternehmensbewertung); Dirrigl (Unternehmensbewertung), S. 147 f. Im Zusammenhang mit dem Goodwill-Impairment-Test wird anschaulich von einer „kleinen Unternehmensbewertung“ gesprochen. Vgl. Pfeil/Vater (Unternehmensbewertung).

291 Vgl. Henselmann (Unternehmensrechnungen), S. 2 f.

292 Vgl. Coenenberg/Schultze (Mergers & Acquisitions), S. 76.

293 Vgl. Dirrigl (Wertorientierung), S. 541.

294 Vgl. Schild (Lebenszyklusrechnung), S. 121.

295 Allerdings weisen Unternehmensbewertungen in der informationsorientierten Rechnungslegung einen „indirekten“ Entscheidungsbezug auf, da die Rechnungslegung wiederum der Entscheidungsfindung dient. Vgl. hierzu Brösel (Nebenfunktionen), S. 140 f., der die Bewertung von (Teil-)Unternehmen im Rahmen der Rechnungslegung der Informationsfunktion als „Nebenfunktion der Unternehmensbewertungstheorie“ zuordnet. Da im Übrigen *Brösel* selbst einräumt, dass „die Bezeichnung 'Nebenfunktion'“ in Abgrenzung zu den sog. Hauptfunktionen „nicht im Sinne von 'weniger bedeutend' verstanden werden darf“ [Brösel (Nebenfunktionen), S. 129 (beide Zitate)], sollten diese Bezeichnungen auf den Prüfstand gestellt werden, denn eine Nebenfunktion kann begrifflich nicht den selben Stellenwertwert wie eine Hauptfunktion einnehmen.

men dürfte in Anbetracht der zahlreichen „natürlichen“ Interdependenzen[296] auch gar nicht möglich sein:

- So ist etwa im Hinblick auf die Bestandsbewertung die Bilanzrechnung mit der Kostenrechnung oder im Hinblick auf den Impairment-Test mit der Investitionsrechnung bzw. der Unternehmenswertrechnung verknüpft,
- die Investitionsrechnung greift bei der Ableitung von Cash Flow-Größen wiederum auf die bilanziellen Rechnungen zurück,
- bei der Auswertung des Jahreabschlusses kommen (vereinfachte) Unternehmensbewertungskalküle zur Anwendung etc.

In *Abbildung 3* wird die Gliederung des Rechnungswesens nach Messinstrumenten dargestellt und somit die Breite des Untersuchungsgegenstands „Rechnungswesen“ nochmals verdeutlicht.

Abbildung 3: Gliederung des Rechnungswesens nach Rechnungssystemen

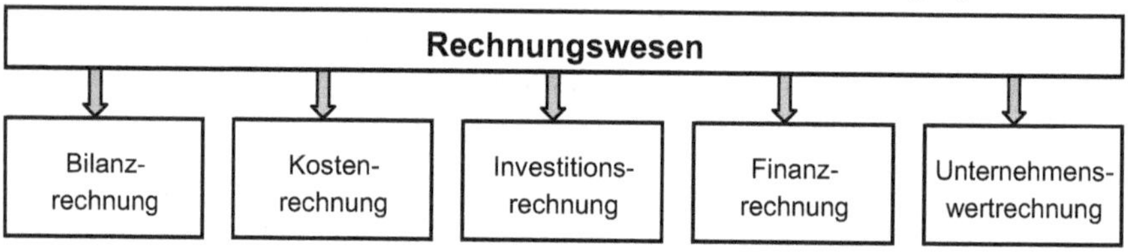

Mit der Einteilung in Messinstrumente bleibt offen, für welche Adressaten diese bestimmt sind und auf welche Rechnungszwecke hin sie auszurichten sind.

2.4.2 Gliederung nach Adressaten

Adressatenorientiert kann das Rechnungswesen primär in ein externes und ein internes Rechnungswesen unterteilt werden.[297] Dem externen Rechnungswesen sind alle Rechnungssysteme, die hauptsächlich für unternehmensexterne Adressaten erstellt werden, zuzurechnen.[298] Zu den externen

---

[296] Vgl. hierzu Pfaff (Rechnungswesen).

[297] Vgl. Schildbach/Feldhoff (Adressaten), Sp. 30; Hax (Integration), Sp. 758 f.; Strauch (Harmonisierung), S. 181; Meyer (Kosten- und Leistungsrechnung), S. 55; Wagenhofer (Unternehmensrechnung), Sp. 1850.

[298] Vgl. Wagenhofer/Ewert (Externe Unternehmensrechnung), S. 4.; Schneider (Betriebswirtschaftslehre Band 2), S. 29; Ordelheide (Rechnungswesen), S. 221; Coenenberg (Rechnungswesen), Sp. 3678; Neus (Einführung), S. 362; Wagenhofer (Rechnungsle-

Adressaten zählen im Wesentlichen die Investoren (Shareholder als Investoren i.e.S. und Risikofremdkapitalgeber), die Arbeitnehmer, die Kreditgeber, die Lieferanten und andere Gläubiger, die Kunden, staatliche Institutionen sowie die Öffentlichkeit per se *(vgl. Abbildung 4)*.[299]

Um eindeutige Informationsinteressen ableiten zu können, bedarf es einer Konkretisierung der für die Rechnung maßgeblichen Adressaten.[300] Demgemäß wird den Investoren i.e.S. (den Shareholdern) als eigentliche Risikoträger[301] eine besondere Bedeutung beigemessen,[302] weshalb das externe IFRS-Rechnungswesen primär auf deren Informationsinteressen auszurichten ist.[303] Keinesfalls darf aber auch bei einer entsprechenden Adressatenkonkretisierung verkannt werden, dass es sich bei der Gruppe der Investoren oftmals um eine äußerst heterogene Gruppe handeln kann.[304]

Zum internen Rechnungswesen gehören dagegen alle Rechnungssysteme, die hauptsächlich für unternehmensinterne Adressaten erstellt werden.[305] Die internen Adressaten umfassen das Management auf den verschiedenen Hierarchieebenen[306] als unternehmerische Handlungsträger *(vgl. Abbildung 4)*.[307]

---

gung), S. 451; Dirrigl (Wertorientierung), S. 540; Wagenhofer (Unternehmensrechnung), Sp. 1850.

299 Vgl. F. 9; Wagenhofer/Ewert (Externe Unternehmensrechnung), S. 4 f.; Küting/Reuter (Adressaten), S. 231; Schildbach/Feldhoff (Adressaten), Sp. 31-35; Pellens/Fülbier/Gassen (Rechnungslegung), S. 4 ff; Wagenhofer (Rechnungslegung), S. 451.

300 Vgl. Moxter (Rechenschaft), S. 94 f.

301 Vgl. Schredelseker (Bilanzinformationen), S. 131.

302 Vgl. Pellens/Fülbier/Gassen (Rechnungslegung), S. 21; Schweitzer (Gestaltung), S. 5825.

303 Vgl. F.12 i.V.m. F.9 f.

304 Vgl. Beaver (Financial Reporting), S. 8. So kann etwa ein Teil der Anteilseigner kurzfristige Kursgewinne und ein anderer Teil ein langfristiges Dividendeneinkommen bevorzugen. Vgl. Busse von Colbe (Shareholder Value), S. 272.

305 Vgl. Ewert/Wagenhofer (Interne Unternehmensrechnung), S. 4; Schneider (Betriebswirtschaftslehre, Band 2), S. 30; Neus (Einführung), S. 362; Dirrigl (Wertorientierung), S. 540; Wagenhofer (Unternehmensrechnung), Sp. 1850.

306 Vgl. Lücke (Integrationsgedanke), S. 248 f.

307 Vgl. Ewert/Wagenhofer (Interne Unternehmensrechnung), S. 4; Coenenberg (Rechnungswesen), Sp. 3678; Küpper (Ethik), S. 27.

Abbildung 4: Gliederung des Rechnungswesens nach Adressaten

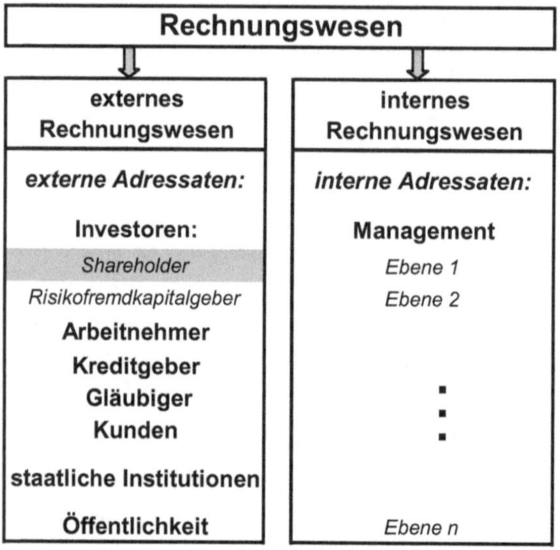

Die Unterteilung in interne und externe Adressaten ist allerdings nicht völlig trennscharf: So ist beispielsweise der Übergang zwischen der Gruppe der Arbeitnehmer als externen Adressaten zur Gruppe des Managements als internen Adressaten fließend; in zahlreichen Zweifelsfällen ist die Zurechnung der Adressaten nicht eindeutig möglich.

Mit der Einteilung des Rechnungswesens nach Adressaten bleibt offen, auf welche Rechnungszwecke hin die Rechnungen auszurichten sind und mit welchem Rechnungsziel diese erfüllt werden sollen.

2.4.3 Gliederung nach Rechnungszwecken

Neben den Adressaten einer Rechnung ist die Frage der vorgesehenen Verwendung konstitutiv für die Ausgestaltung eines Rechnungssystems. Es ist nicht nur entscheidend, für welchen Personenkreis Rechnungen erstellt und auf welche Informationsinteressen hin sie auszurichten sind, sondern auch, wofür diese Rechnungen verwendet werden sollen. Folglich muss der Zweck einer Rechnung klar und eindeutig festgelegt sowie im Hinblick auf die zweckspezifischen Informationswünsche der Adressaten konkretisiert werden.

Das Rechnungswesen stellt ein Informationsinstrument dar,[308] weshalb der Zweck des Rechnungswesens lediglich in der Vermittlung von Informationen liegen kann. Diese allgemeine Zwecksetzung ist jedoch für eine Operationalisierung kaum geeignet. Es bedarf einer Konkretisierung des eigentlichen Zweckes, für den die Informationen als »zweckorientiertes Wissen«[309] verwendet werden sollen. Ein nicht weiter präzisierter Informationszweck mündet letztendlich in die Leerformel „Zweck...ist, zweckorientiertes Wissen zu schaffen"[310] und hilft offensichtlich nicht weiter.

Grundsätzlich hat das Rechnungswesen die wirtschaftlichen Dispositionen der Adressaten durch Informationen zu unterstützen.[311] Einen Ausgangspunkt für Überlegungen zu möglichen Rechnungszwecken im informationsorientierten Rechnungswesen stellen daher der so genannte Management-Prozess und seine Phasen dar.[312] Idealtypisch kann bei einem gegebenen Ziel angenommen werden,[313] dass im Hinblick auf dieses Ziel Handlungsmöglichkeiten geplant und auf Grundlage dieser Planung über konkrete Handlungen entschieden wird, welche anschließend vollzogen werden. Das erzielte Ergebnis dieser Handlungen wird mittels Vergleich mit einem mit der Entscheidungsgrundlage konsistenten erwarteten Planergebnis kontrolliert[314] (Soll-Ist- bzw. Soll-Wird-Vergleich[315]) sowie Abweichungen werden im Hinblick auf Ursachen und Verantwortlichkeiten analysiert. Soweit sich die entsprechenden Handlungsträger des Ablaufs dieses Prozesses bewusst sind, nehmen Planung und Kontrolle auch Einfluss auf das zielgerichtete Verhalten der am Managementprozess beteiligten Personen.[316]

Abbildung 5 verdeutlicht den Managementprozess und seine Verbindung zum Rechnungswesen, wobei die Phasen der Planung und Entscheidung zur Entscheidungsphase zusammengefasst werden; Planung dient schließlich der

---

[308] Vgl. Coenenberg (Kostenrechnung), S. 6.
[309] Vgl. Wittmann (Information), S. 13; Küpper (Struktur), S. 5834.
[310] Schneider (Reform), S. 143.
[311] Vgl. Lücke (Rechnungswesen), Sp. 1686 f.
[312] Vgl. Bloech/Götze/Sierke (Rechnungswesen), S. 5; Klein (Unternehmenssteuerung), S. 12; Wild (Unternehmungsplanung), S. 45 ff.
[313] Der Unterscheidung in Plan- und Ausgangsziele wird vernachlässigt. Vgl. Wild (Unternehmungsplanung), S. 40 f.
[314] Vgl. Barton (Income Theory), S. 677 f.
[315] Zu den Kontrollarten vgl. Schweitzer (Planung), S. 72 ff.
[316] Vgl. Wild (Unternehmungsplanung), S. 38-44.

Entscheidungsfindung und kann folglich auch als Entscheidungsvorbereitung charakterisiert werden.[317]

Abbildung 5: Rechnungswesen im Managementprozess

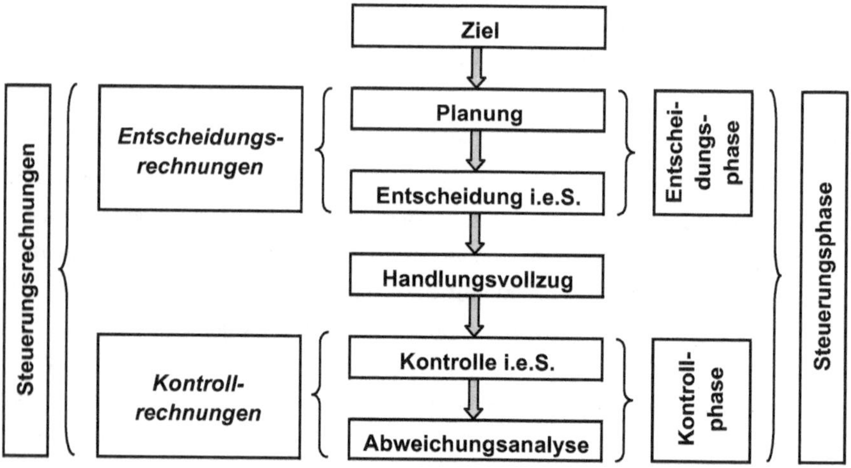

Die Phasen der Kontrolle und Abweichungsanalyse bilden die Kontrollphase.[318] Während eine Kontrolle die Gesamtabweichung festzustellen hat, muss die Abweichungsanalyse relevante Teilabweichungen identifizieren und deren Ursachen insbesondere im Hinblick auf Verantwortlichkeiten analysieren.[319] Da Abweichungen die Regel darstellen und „eine Kontrolle ohne Abweichungsanalyse (im Abweichungsfall) nicht ausreichend ist"[320], ist letztere zwingender Bestandteil einer umfassenden Kontrollphase,[321] andernfalls bliebe eine Kontrolle oftmals aussage- und konsequenzenlos.[322]

Die Entscheidungs- und Kontrollphasen sind wiederum Bestandteile einer umfassend verstandenen Steuerungsphase.[323] „Planen und Kontrollieren kann man stets nur im Hinblick auf ein Ziel"[324], weshalb die Entscheidungs- und

317 Vgl. Wild (Unternehmungsplanung), S. 41; Coenenberg (Kostenrechnung), S. 5.
318 Vgl. hierzu Lüder (Investitionen), Sp. 854; Coenenberg (Ziele), S. 2.
319 Vgl. Wild (Unternehmungsplanung), S. 45; Betz (Abweichungsanalysen), S. 477.
320 Wild (Unternehmungsplanung), S. 45.
321 Vgl. Haaker (Abweichungsanalyse), S. 84.
322 Vgl. Wild (Unternehmungsplanung), S. 45.
323 Vgl. Klein (Unternehmenssteuerung), S. 12 f.
324 Schneider (Ansätze), Sp. 261.

Kontrollphase zielbezogen aufeinander abzustimmen sind,[325] wobei sich aus der Planung die Benchmark für die Kontrolle herleitet. Im Grunde ist „Planung ohne Kontrolle...sinnlos, Kontrolle ohne Planung unmöglich.“[326] Die Steuerungsphase schließt naturgemäß auch die Zwischenphase des Handlungsvollzugs mit ein. Der Handlungsvollzug basiert auf der Entscheidungsphase[327] und wird von der Kontrollphase im Hinblick auf ein zielkongruentes Vorgehen von der Kontrollphase beeinflusst[328]. Steuerung stellt demnach die verbundene zielorientierte Planung (Entscheidungsvorbereitung) und Kontrolle dar.[329]

Die beschriebenen Phasen des Managementprozesses (Entscheidungs- und Kontrollphase bzw. Steuerungsphase) sind durch das Rechnungswesen informativ zu unterstützen. Die Phase der Zielbildung ist hingegen keine Aufgabe des Rechnungswesens, die Zielgrößen werden vielmehr durch Ableitung aus den Zielen und Interessen der Adressaten quasi von „außen“ gesetzt.

Auf Grundlage der Entscheidungsrechnungen sollen zielorientiert Entscheidungen getroffen und vollzogen werden.[330] Diese werden durch die Kontrollrechnung im Hinblick auf die Zielerreichung überprüft. Eine Abweichungsanalyse ist unverzichtbarer Bestandteil einer zielorientierten Kontrollrechnung[331], bei der der realisierte Zielbeitrag in Ursachen und nach Verantwortungen „zerlegt“ wird. Damit wird deutlich, dass es der Kontrollrechnung nicht nur zukommt, die Zielerreichung zu überwachen sowie Rückschlüsse für künftige Entscheidungen zu ziehen, sondern auch die an der Entscheidungsfindung und Umsetzung der Entscheidung beteiligten Personen zu einem zielgerichteten Vorgehen zu veranlassen.[332]

In der Literatur werden Kontrollrechnungen zur Messung des Zielereichungsgrads und der Managementleistung (Anreizkontrolle) unterschieden.[333] Eine sachgerechte Kontrolle der Leistung der Handlungsträger setzt indessen die Kenntnis des auf sie zurückgehenden Zielbeitrags voraus.[334] Daher erscheint

---

325 Vgl. Wild (Unternehmungsplanung), S. 44; ferner Ordelheide (Bilanzen), S. 521.
326 Wild (Unternehmungsplanung), S. 44.
327 Vgl. Coenenberg (Kostenrechnung), S. 5; Wild (Unternehmungsplanung), S. 42 ff.
328 Vgl. Coenenberg (Kostenrechnung), S. 6.
329 Vgl. Klein (Unternehmenssteuerung), S. 13.
330 Vgl. Coenenberg (Kostenrechnung), S. 5.
331 Vgl. Wild (Unternehmungsplanung), S. 45.
332 Vgl. Coenenberg (Kostenrechnung), S. 5.
333 Vgl. etwa Pellens/Basche/Crasselt (Ergebnisspaltung), S. 607 f.
334 Vgl. Streim (Vermittlung), S. 114 f.

es sinnvoll, zunächst den gesamten Zielerreichungsgrad der Kontrollperiode zu messen. Im Rahmen der Abweichungsanalyse ist auf dieser Grundlage der Beitrag der Handlungsträger zur Zielerreichung (Aktionseffekte) von eher zufälligen Umwelteinflüssen (Informationseffekte) zu separieren.[335] Damit können den Aktionswirkungen in direkter Weise Sanktionen oder Belohnungen folgen, deren sich die Verantwortlichen vor ihren Aktionen bewusst sind und die sie zu zielkonformen Handlungen veranlassen.[336] Insofern kann auch von einer gewissen Anreiznützlichkeit in einer entscheidungs- und kontrollnützlichen Rechnung ausgegangen werden.[337] Außerdem ist es nicht zuletzt die Aufgabe der Handlungsträger, rechtzeitig auf Umweltentwicklungen zu reagieren, weshalb ihr Zielbeitrag im Einzelfall auch das Ergebnis von Umweltentwicklungen beinhalten sollte.[338]

Im Folgenden wird daher die Kontrolle i.S. einer Beurteilung der Handlungsträger (Anreizkontrolle) als Bestandteil der Kontrolle des Zielerreichungsgrads und folglich als mit dem Entscheidungsprozess verbunden[339] angesehen. Die Abbildungsregeln im Rechnungswesen dürfen sich demzufolge nicht allein an der Anreiznützlichkeit ausrichten, sondern müssen in erster Linie auch Entscheidungs- und Kontrollrelevanz aufweisen.[340]

In allgemeiner Form kann ein solcher Prozess als für alle rationalen internen und externen Adressaten, welche auf das Rechnungswesen zurückgreifen, angenommen werden.[341] Das Rechnungswesen hat dabei den in *Abbildung 5* dargestellten Prozess als Informationsbasis zu unterstützen. Folglich sind die Rechnungszwecke Entscheidung und Kontrolle in allen internen und externen Rechnungssystemen beheimatet,[342] wodurch diese als gemeinsame Zwecke der Rechensysteme identifiziert werden können. Daher erscheint eine Gliede-

---

335 Vgl. Dirrigl (Wertorientierung), S. 559.
336 Vgl. Betz (Abweichungsanalysen), S. 477.
337 Zum Konflikt der Entscheidungs- und Anreiznützlichkeit vgl. Wagenhofer/Ewert (Externe Unternehmensrechnung), S. 89-94.
338 Vgl. Laux (Unternehmensrechnung), S. 12.
339 Vgl. Streim (Vermittlung), S. 114 f.
340 Vgl. Schultze/Weiler (Performancemessung), S. 138.
341 *Zwehl* spricht hierbei von einer „logischen Folge“ [Zwehl (Planbilanz), S. 76], was impliziert, dass rationale Adressaten eine entsprechende Vorgehensweise akzeptieren.
342 Vgl. Coenenberg/Deffner/Schultze (Erfolgsspaltung), S. 436; Coenenberg (Kostenrechnung), S. 5; Neus (Einführung), S. 358 f.

rung nach Rechnungszwecken in Entscheidungs- und Kontrollrechnungen sachgerecht *(vgl. Abbildung 6).*[343]

Abbildung 6: Gliederung des Rechnungswesens nach Rechnungszwecken

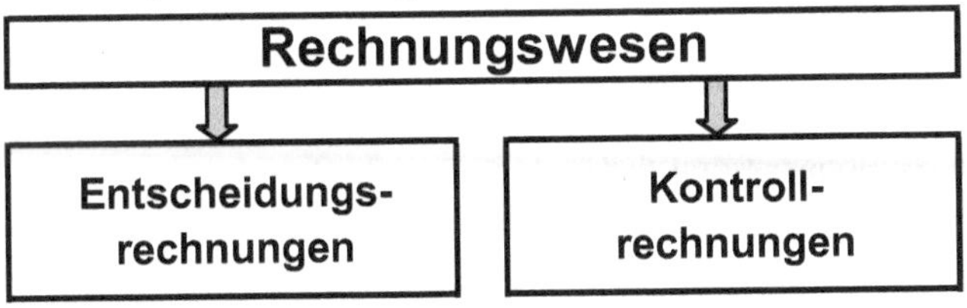

Damit kann festgehalten werden: „Das...Rechnungswesen dient zum einen der Entscheidungsfindung, zum anderen der Kontrolle“[344]. Allerdings bleibt ohne eine Festlegung der Adressaten und deren Informationswünsche die Einteilung in Entscheidungs- und Kontrollrechnungen eine Leerformel, da erst die Informationswünsche der Adressaten den Rechnungszweck (Messabsicht) einer sinnvollen Messung als Rechnungsziel zugänglich machen. Der Rechnungszweck muss soweit konkretisiert werden, dass eindeutig abgeleitet werden kann, was gemessen werden soll. Nur aus den „adressatenadjustierten“ Rechnungszwecken lassen sich zweckadäquate Rechnungsziele als Maßgrößen zur Erfüllung des Rechnungszwecks ableiten.

2.4.4 Gliederung nach Rechnungszielen

Rechnungsziele stellen Maßgrößen zur Erfüllung des Rechnungszwecks dar.[345] Daher leiten sie sich aus den rechnungszweckspezifischen Informati-

---

[343] Vgl. Seicht (Werkstätte), S. 25. Daneben erfolgt in der Literatur noch eine Unterscheidung in Dokumentationsrechnungen. Vgl. Coenenberg (Kostenrechnung), S. 5 f.; Coenenberg (Rechnungswesen), Sp. 3679. Da die Dokumentation als Nebenzweck der Entscheidung und Kontrolle unterzuordnen ist, wird diese im Folgenden nicht als eigenständiger Zweck angesehen. Zwar sind im internen Rechnungswesen außer der Entscheidung und Kontrolle auch eine Vielzahl von anderen Zwecken zu trennen, welche zu jeweils unterschiedlich ausgestalteten Rechnungen führen müssten [vgl. Schneider (Abschreibung), S. 34], im Zusammenhang mit einer Konvergenz im Rechnungswesen und einer damit verbundenen steuerungsorientierten Betrachtung müssen aber u.a. Fragen der Preiskalkulation und -politik als „traditionelle“ Zwecke der Kostenrechnung [vgl. Weber (Rechnungswesen, Band 2), S. 7 ff.] ausgeklammert bleiben.

[344] Hax (Investitionsrechnung), S. 155. Vgl. auch Schneider (Abschreibung), S. 34.

[345] Vgl. Schneider (Reform), S. 145.

onswünschen der Adressaten ab,[346] sie sind das zahlenmäßige Abbild des aus der Empirie abzubildenden konkretisierten Rechnungszwecks.[347]

Die Rechnungsziele definieren sich als relevante Vermögens- oder Erfolgsgrößen,[348] welche es zu messen bzw. zu approximieren gilt.[349] Die Rechnungsziele können (eher) vergangenheits- oder (eher) zukunftsbezogen sein und sich entweder durch eine Einzel- oder durch eine Gesamtbewertung ergeben.[350] Da das Rechnungsziel erst durch den im Hinblick auf die Informationswünsche der Adressaten inhaltlich ausgefüllten Rechnungszweck festgelegt werden kann, gestaltet sich eine Gliederung des Rechnungswesens nach Rechnungszielen schwierig. Allgemeingültig kann aber eine Unterteilung in bilanz- und GuV-orientierte[351] bzw. vermögens-[352] und gewinnorientierte[353] Rechnungsziele erfolgen *(vgl. Abbildung 7).*[354]

Abbildung 7: Gliederung des Rechnungswesens nach Rechnungszielen

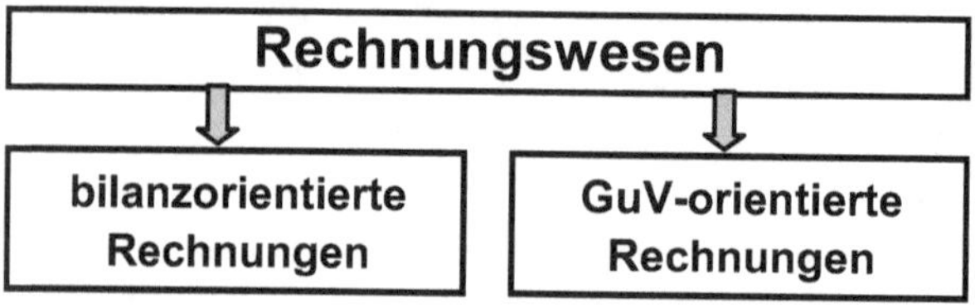

Eine solche Gliederung entspricht in etwa der Differenzierung in eine statische und dynamische Bilanztheorie[355] bzw. einen Asset/Liability- und Revenue/Expense-Approach[356]. Die statische Bilanztheorie stellt die Vermögensmessung, die dynamische Bilanztheorie hingegen die Gewinnermittlung in den Vordergrund.[357] Um üblichen Missverständnissen vorzubeugen, sei darauf

346 Vgl. Rückle (Bilanztheorie), Sp. 252.
347 Vgl. Schneider (Bilanzen im Rechtssinne), S. 1155; Schneider (Reform), S. 145.
348 Vgl. Rückle (Bilanztheorie), Sp. 254 und 256; Schneider (Reform), S. 145.
349 Vgl. Ballwieser (Jahresabschlussverbesserungen), S. 774.
350 Vgl. Rückle (Bilanztheorie), Sp. 254.
351 Vgl. Barker (Framework), S. 170.
352 Schneider verwendet bezogen auf die Rechnungslegung den Begriff „Bilanzziel". Vgl. Schneider (Bilanztheorien), Sp. 438.
353 Schneider spricht vom Rechnungsziel „Periodengewinnermittlung". Vgl. Schneider (Betriebswirtschaftslehre, Band 2), S. 44.
354 Vgl. hierzu Rückle (Bilanztheorie), Sp. 254; Schneider (Renaissance), S. 56.
355 Vgl. Baetge/Kirsch/Thiele (Bilanzen), S. 12-23.
356 Vgl. Sprouse (Conceptual Framework), S. 67-70; Miller (Conceptual Framework), S. 26.
357 Vgl. Moxter (Bilanztheorien), S. 671; m.w.N. Küting (IFRS-Bilanzierung), S. 234.

hingewiesen, dass sich statische Bilanztheorie und Asset/Liability-Approach dahingehend unterscheiden, dass die statische Bilanztheorie die Ermittlung des Reinvermögens als Informationsziel ansieht[358], während der Asset/Liability-Approach primär auf einen als Vermögensänderung definierten Gewinn abzielt[359]. Da eine entsprechende „Bevorzugung" des Rechnungsziels nur im Hinblick auf die Zwecksetzung erfolgen kann, wird im Weiteren allgemein von einem bilanzorientierten im Gegensatz zu einem GuV-orientierten Informationskonzept gesprochen[360].

Traditionell wird die statische oder die dynamische Betrachtung als Ausgangspunkt für Untersuchungen bezüglich der Ausgestaltung des (externen) Rechnungswesens gewählt und der Fokus somit ausschließlich auf die Vermögens- oder Gewinnermittlung gerichtet. Einer derartig dogmatisch geprägten Sichtweise soll im Weiteren nicht gefolgt werden:[361] Ob etwa die Adressaten im Rahmen eines bilanzorientierten Rechnungswesenkonzepts mehr an der Gewinn- oder der Vermögensgröße interessiert sind, kann nicht allgemeingültig festgelegt werden, sondern hängt vom jeweiligen Rechnungszweck ab. So dürften Entscheidungen wohl eher anhand des Werts des Vermögens getroffen werden können, während sich Kontrollen zweckmäßigerweise eher auf den Gewinn als Vermögensänderung beziehen.[362]

Als mögliche rechnungszweckabhängige Rechnungsziele eines bilanzorientierten Rechnungswesens sind das Reinvermögen (Eigenkapital) und der Gewinn als Reinvermögensänderung zu ermitteln. Im Rahmen eines bilanzorientierten Rechnungswesens geht eine „richtige" Gewinnermittling mit einer „richtigen" Vermögensermittlung einher.[363] Für die Adressaten relevante Informationen sollen in direkter Weise dargestellt werden.

In einem GuV-orientierten Rechnungswesen steht die Gewinnermittlung im Vordergrund, während der Vermögensrechnung nur eine Hilfsfunktion zu-

---

358 Vgl. Baetge/Kirsch/Thiele (Bilanzen), S. 13.
359 Vgl. Sprouse (Conceptual Framework), S. 69.
360 Vgl. Barker (Framework), S. 170,
361 *Schneider* sieht in der Differenzierung „statisch" und „dynamisch" eine „Genesis der Konfusion". Vgl. Schneider (Bilanzen im Rechtssinne), S. 1154 ff.; ferner Schneider (Entwicklungsstufen), S. 158.
362 Vgl. hierzu auch Moxter (Standort), S. 35 ff.
363 Vgl. Moxter (Bilanzlehre, Band I), S. 6. Die „richtige" Vermögensermittlung führt zur „richtigen" Erfolgsermittlung, wenn der „richtige" Erfolg als Vermögensveränderung definiert wird. Vgl. Rückle (Bilanztheorie), Sp. 254.

kommt.[364] Soll hierbei ein Gewinn mit bestimmten Eigenschaften (z.B. Prognoseeignung) ermittelt werden,[365] der nicht der Änderung des „richtigen" Vermögens entspricht, muss zur „richtigen" Gewinnermittlung eine „falsche" Vermögensermittlung in Kauf nehmen.[366] Der „richtige" Gewinn soll aber wiederum in indirekter Weise Rückschlüsse auf das „richtige" Vermögen bzw. dessen Entwicklung zulassen.[367]

Sieht man hingegen den „richtigen" Gewinn als „richtige" Vermögensänderung an, müsste folglich auch das „richtige" Vermögen ermittelt werden. In diesem Fall würde im Ergebnis das GuV-orientierte dem bilanzorientierten Konzept gleichkommen. Hieran zeigt sich, dass diese Sichtweisen nur „Zwischenglieder" zwischen den zweckbezogenen Informationswünschen der Adressaten und den Rechnungszielen darstellen, welche für sich genommen nicht als theoretische Leitbilder für ein informationsorientiertes Rechnungswesen dienen können. Auch die statische und dynamische Sichtweise bzw. der Asset/Liability- und Revenue/Expense-View stellen per se lediglich Leerformeln dar,[368] ss bedarf auch bei ihnen einer Verknüpfung mit den adressatenorientierten Rechnungszwecken,[369] denn bei der Vermögens- und Gewinnermittlung an sich handelt es sich lediglich um Formalziele[370].

Die Gliederung lässt Rechnungszweck und Rechnungsinhalt offen.[371] Im Hinblick auf den durch die Informationswünsche der Adressaten geeichten Rechnungszweck ist das Rechnungsziel auf Grundlage der Rechnungsinhalte zu ermitteln.

2.4.5 Gliederung nach Rechnungsinhalten

Das Rechnungswesen „arbeitet" mit verschiedenen Rechnungselementen, nach denen das Rechnungswesen unterteilt werden kann. Elemente der Rechnungen sind etwa Vermögenskomponenten, Zahlungsgrößen, Zinssätze

---

364 Der „richtige" Erfolg schließt eine „richtige" Vermögensermittlung aus. Vgl. Rückle (Bilanztheorie), Sp. 254.
365 Vgl. Wagenhofer (Gewinn), Sp. 970.
366 Vgl. Moxter (Bilanzlehre, Band I), S. 6.
367 Zum Rechnungsziel eines objektiven Indikatorerfolgs vgl. grundlegend Baetge (Objektivierung).
368 Vgl. aber Hettich (Mängel), S. 8, die scheinbar den Sichtweisen an sich eine Klärung des „materielle[n] Informationsgehalt[s] der Gewinngröße" zutraut.
369 Vgl. Wagenhofer (Gewinn), Sp. 969 f.
370 Vgl. Moxter (Bilanztheorien), S. 671.
371 Vgl. Rückle (Bilanztheorie), Sp. 254.

etc. Für eine Gliederung des Rechnungswesens nach Rechnungsinhalten bieten sich insbesondere die Basisgrößen des Rechnungswesens[372] an. Dementsprechend kann eine Gliederung in Rechnungen vorgenommen werden, welche auf

- Ein- und Auszahlungen,
- Einnahmen und Ausgaben,
- Erträgen und Aufwendungen sowie
- Leistungen und Kosten

basiert *(vgl. Abbildung 8)*.[373]

Abbildung 8: Gliederung des Rechnungswesens nach Rechnungsinhalten

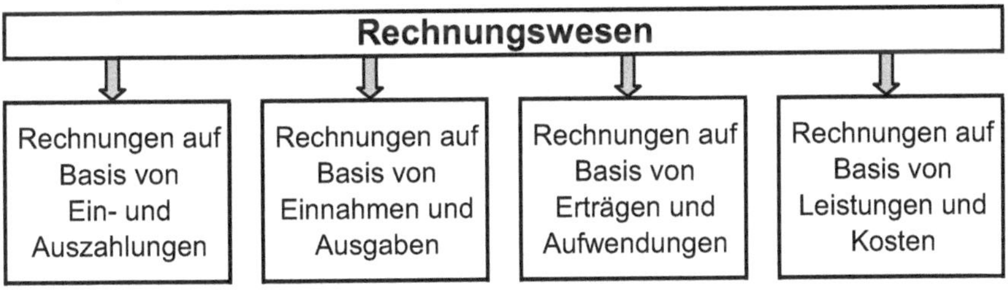

Obwohl sich der spezifische Inhalt der Basisgrößen erst durch das Rechnungsziel ergeben kann,[374] überwiegt in der Literatur und Praxis nach wie vor ein eher formales Verständnis über deren Gehalt.[375] Überlegungen zur Konvergenz im Rechnungswesen können diesen formalen Aspekt daher nicht gänzlich unberücksichtigt lassen. Da zur späteren Untersuchung der Konvergenz des Rechnungswesens auch eine Anknüpfung an die Basisgrößen erfolgen muss,[376] soll darauf nunmehr in einer knappen Darstellung eingegangen werden. Der Darstellung und Erklärung der Basisgrößen soll ein Bilanzmodell zugrunde gelegt werden *(vgl. Abbildung 9)*.

---

372 Vgl. exemplarisch Baetge/Kisch/Thiele (Bilanzen), S. 3 ff.

373 Vgl. Weber/Rogler (Rechnungswesen, Band 1), S. 20-24; Küpper (Unternehmensrechnung), Sp. 2036; Coenenberg (Ziele), S. 3.

374 Vgl. Schneider (Betriebswirtschaftslehre), S. 46.

375 Vgl. hierzu z.B. Weber (Grundgrößen). Zur Kritik an der rein formalen Abgrenzung der Basisgrößen vgl. Schneider (Betriebswirtschaftslehre, Band 2), S. 46-66.

376 Vgl. Dirrigl (Wertorientierung), S. 543.

Abbildung 9: Basisgrößen des Rechnungswesens

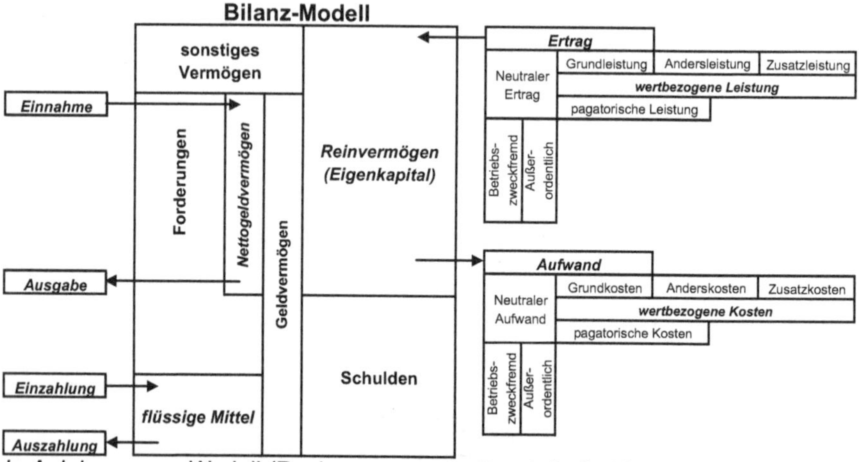

In Anlehnung an: Wedell (Rechnungswesen, Band 1), S. 121 und Wedell (Rechnungswesen, Band 2), S. 61.

Die Basisgrößen des Rechnungswesens lassen sich wie folgt abgrenzen:[377]

- Bei den Einzahlungen (Auszahlungen) handelt es sich um Zunahmen (Abnahmen) des Fonds der flüssigen Mittel.[378]
- Einnahmen (Ausgaben) stellen Zunahmen (Abnahmen) des Fonds des Nettogeldvermögens dar.[379]
- Erträge (Aufwendungen) stellen aus „statischer Sicht" Zunahmen des Fonds des Reinvermögens[380] (Eigenkapital) dar, welche nicht auf Transak-

---

[377] Vgl. Wedell (Rechnungswesen, Band 1), S. 36 und 120 ff.

[378] Flüssige Mittel = Kasse + Bank. Bei Änderungen des Fonds aufgrund von Zu- und Abschreibungen (z.B. bei Kursänderungen in Beständen in fremder Währung) handelt es sich streng genommen nicht um Ein- und Auszahlungen.

[379] Geldvermögen = Flüssige Mittel + Forderungen; Geldvermögen - Schulden = Nettogeldvermögen. Zurechnungsprobleme ergeben sich u.a. bei der Klassifikation als Einnahme (Ausgabe) bei Kapitalerhöhungen (Herabsetzungen), die zu Einzahlungen (Auszahlungen) führen. Ebenso ist strittig, ob Aufwandsrückstellungen Schulden darstellen und ihre Veränderung somit zu Einnahmen (Ausgaben) führen. Solche Formalfragen lassen sich keinesfalls in allgemeingültiger Weise, sondern nur im Hinblick auf das jeweilige rechnungszweckbezogene Rechnungsziel beantworten. Vgl. Schneider (Betriebswirtschaftslehre, Band 2), S. 46.

[380] Reinvermögen = Vermögen - Schulden; Vermögen = sonstiges Vermögen + Geldvermögen.

tionen mit den Eigentümern beruhen. Aus „dynamischer Sicht" handelt es sich bei Erträgen (Aufwendungen) demgegenüber um periodisierte Einnahmen (Ausgaben).

- Leistungen (Kosten) werden zumeist unter Bezugnahme auf die Erträge (Aufwendungen) abgeleitet.[381] Von diesen wird ein Teil (soweit betriebsbezogen und „ordentlich") als Gundleistungen (Grundkosten) übernommen. Der wertmäßige Leistungsbegriff (Kostenbegriff) löst sich jedoch teilweise von dieser pagatorischen Basis und bewertet bestimmte Positionen „anders" (Andersleistungen bzw. -kosten) und berücksichtigt darüber hinaus Positionen „zusätzlich" (Zusatzleistungen bzw. -kosten).[382]

Diese Größen lassen sich weitgehend als Fondsveränderungen definieren, sie stellen die damit verbundenen Bewegungsgrößen dar. Die Fonds ergeben sich aus Bestandsgrößen, welchen im Rechnungswesen ebenfalls eine tragende Rolle zukommt. Wichtige Bestandsgrößen stellen in diesem Zusammenhang

- das Vermögen,
- die Schulden und
- das Reinvermögen (Eigenkapital)

dar, die jeweils „bilanzieller" oder „kalkulatorischer" Art sein können[383]. Nach IFRS sind die bilanziellen Bestandsgrößen wie folgt definiert:[384]

- „Ein Vermögenswert ist eine in der Verfügungsmacht des Unternehmens stehende Ressource, die ein Ergebnis von Ereignissen der Vergangenheit darstellt, und von der erwartet wird, dass dem Unternehmen aus ihr künftiger wirtschaftlicher Nutzen zufließt."[385]
- „Eine Schuld ist eine gegenwärtige Verpflichtung des Unternehmens aus Ereignissen der Vergangenheit, von deren Erfüllung erwartet wird, das aus

---

381 Entsprechend finden sich in der Literatur folgende aufwands- und ertragsbezogene Definitionen: „Kosten = umbewertete und normalisierte betriebsbezogene Aufwendungen sowie fiktive Aufwendungen für Dienste der Eigentümer" [Weber (Rechnungswesen, Band 2), S. 35]; „Leistungen = umbewertete und normalisierte betriebsbezogene Erträge sowie fiktive Erträge für Ergebnisse betrieblicher Tätigkeit" [Weber (Rechnungswesen, Band 2), S. 42]. Die Definitionen verdeutlichen, dass es trotz Trennung der internen und externen Rechensysteme immer Verbindungen zwischen den Rechensystemen gab.

382 Vgl. Götze (Kostenrechnung), S. 8 f.

383 Vgl. Krökel (Vermögens- und Kapitalrechnung).

384 Vgl. F. 49.

385 F. 49(a).

dem Unternehmen Ressourcen abfließen, die wirtschaftlichen Nutzen verkörpern."[386]

Das Eigenkapital ist als eine von den genannten Bestandsgrößen determinierte Residualgröße definiert:

- „Eigenkapital ist der nach Abzug aller Schulden verbleibende Restbetrag der Vermögenswerte des Unternehmens."[387]

Eigenkapital stellt gewissermaßen den Wert des Unternehmens als Güterkombination für die Anteilseigner dar.[388] Die Höhe des bilanziellen Eigenkapitals wird jedoch durch den Bilanzansatz des Nettovermögens, d.h. der Vermögenswerte und Schulden bestimmt.[389] Somit ist sie von der Aktivierungs- und Passivierungs- sowie Bewertungskonzeption abhängig und bleibt im Rahmen einer einzelbewertungsorientierten Bilanz „unvollständig".[390] Vermögenswerte (Schulden) sind aber als positive (negative) Ertragswertbeiträge definiert.[391] Die Bilanzkonzeption zielt trotz Einzelbewertung eindeutig auf das „Herausholbare" und nicht auf das „Hineingesteckte" ab,[392] was aufgrund des (leider) weit verbreiteten „cost-per se-is-the-asset syndrome"[393] oftmals ignoriert wird. Eine erworbene Maschine wird aber erst zum Vermögenswert, wenn aus ihrer Nutzung oder ihrem Verkauf Einzahlungsüberschüsse zu erwarten sind.[394] Dennoch bleibt unabhängig vom konkreten Wertansatz eine rein einzelbewertungsorientierte Bilanz „lückenhaft", solange der Goodwill nicht vollständig erfasst wird. Schon deshalb kann der Buchwert des Eigenkapitals nicht dem Unternehmenswert (Wert des Eigenkapitals) aus Sicht der Investoren entsprechen.[395]

In F. 70 finden sich für die Bewegungsgrößen Erträge und Aufwendungen nach IFRS nachstehende bilanzorientierte Definitionen:

---

386 F. 49(b).
387 F. 49(c).
388 Vgl. Moxter (Eigenkapitalmessung), S. 83.
389 Vgl. Barker (Financial Performance), S. 157.
390 Vgl. Moxter (Eigenkapitalmessung), S. 83-87; Schipper/Vincent (Earnings Quality), S. 107.
391 Vgl. Ballwieser (Aussagegehalt), S. 53. Vgl. auch Ordelelheide (Wertpotential), S. 510.
392 Vgl. hierzu Ballwieser/Leuthier (Grundprinzipien, Teil I), S. 548.
393 Schuetze (Asset), S. 68. Vgl. auch Johnson/Petrone (Goodwill), S. 299 f.
394 Vgl. Schuetze (Liabilities), S. 14 f.
395 Vgl. Moxter (Eigenkapitalmessung), S. 83-88.

- „Erträge stellen eine Zunahme des wirtschaftlichen Nutzens in der Berichtsperiode in Form von Zuflüssen oder Erhöhungen von Vermögenswerten oder einer Abnahme von Schulden dar, die zu einer Erhöhung des Eigenkapitals führen, welche nicht auf eine Einlage der Anteilseigner zurückzuführen ist."[396]
- „Aufwendungen stellen eine Abnahme des wirtschaftlichen Nutzens in der Berichtsperiode in Form von Abflüssen oder Verminderungen von Vermögenswerten oder einer Erhöhung der Schulden dar, die zu einer Abnahme des Eigenkapitals führen, welche nicht auf Ausschüttungen an die Anteilseigner zurückzuführen ist."[397]

Daraus folgt grundsätzlich ein nutzenorientierter Erfolgsbegriff[398], der jedoch durch die Ansatz- und Bewertungsregeln eine Begrenzung findet.

Erträge und Aufwendungen stellen Zu- und Abnahmen des Ertragswertpotentials dar, welche sich allerdings durch die Veränderung des bilanziellen Reinvermögens bestimmt. Damit werden sie durch die Bilanzierungsregeln für Vermögenswerte und Schulden determiniert. Offensichtlich sind Ansatz und Bewertung der Vermögenswerte und Schulden der Dreh- und Angelpunkt für eine Zweckadäquanz der IFRS-Rechnungslegung und damit auch maßgebliche Determinanten des Konvergenzpotentials. Anhand dieser Positionen messen sich schließlich sowohl die bilanz- als auch GuV-orientierten Rechnungsziele.

Die IFRS-Definition der Erträge und Aufwendungen deckt sich inhaltlich mit der „statischen" (Veränderungen des Nettovermögens) und nicht zwingend mit der „dynamischen" Sicht (periodisierte Einnahmen und Ausgaben). Während im handelsrechtlichen Jahresabschluss grundsätzlich beide Sichtweisen Gültigkeit haben, gibt es in den IFRS Fälle, in denen die dynamische Definition der Erträge und Aufwendungen nicht erfüllt ist, obwohl sie unter die statische Definition fallen.[399] Dies ist etwa bei der für langfristige Vermögenswerte zu-

---

[396] F. 70(a).
[397] F. 70(b).
[398] Vgl. grundlegend Sweeney (Income).
[399] Vgl. Diedrich (Erfolgsgrößen), Sp. 402, 404. A.A. offensichtlich Hollmann, der Erträge (Aufwendungen) im IFRS-Abschluss als periodisierte Einzahlungen (Auszahlungen) definiert; vgl. Hollmann (Reporting Performance), S. 81.

lässigen Neubewertungsmethode[400] der Fall, bei der ein erfolgsneutral verbuchter Neubewertungsbetrag mittels planmäßiger Abschreibungen erfolgswirksam das Jahresergebnis mindert. Somit beruht der Anteil an den planmäßigen Abschreibungen, der auf die erfolgsneutrale Neubewertung zurückgeht, nicht auf Ausgaben.

Die Darstellungsweise anhand eines Bilanzmodells darf nicht darüber hinwegtäuschen, dass sich Rechnungsziele sowohl durch eine Einzel- als auch durch eine Gesamtbewertung ergeben können.[401] Mitunter gehören folglich auch Diskontierungssätze bzw. Kapitalkostensätze zu den Rechnungsinhalten,[402] soweit sie Einfluss auf das Rechnungsziel nehmen.

400 Vgl. Baetge/Beermann (Neubewertung); Streim/Leippe (Neubewertung); Schmidt/Seidel (Neubewertung); Zur Anwendung der Neubewertungsmethode auf immaterielle Vermögenswerte vgl. Schruff/Haaker (Immaterielle Vermögenswerte), Rn. 62-71.

401 Vgl. Rückle (Bilanztheorie), Sp. 254.

402 Vgl. Haaker (Da capo), S. 690.

3 Das ökonomische Phänomen Goodwill

3.1 Goodwill als „Sorgenkind“ des Rechnungswesens

Der Goodwill gehört zur Gruppe der immateriellen Vermögenswerte.[403] Unstreitig stellen immaterielle Vermögenswerte oftmals die wichtigsten Werttreiber von Unternehmen dar.[404] Dennoch kann im Zusammenhang mit ihrer Bilanzierung konstatiert werden: „Die Informationen der Pflichtpublizität über immaterielle Werte eines Unternehmens sind mangelhaft.“[405] Immaterielle Vermögenswerte gelten aufgrund von Mess- und Objektivierungsproblemen gemeinhin als die „ewigen Sorgenkinder des Bilanzrechts“[406].[407] Ihre Berücksichtigung im internen Rechnungswesen ist nicht minder fragwürdig[408] und geht regelmäßig kaum über die Anforderungen des externen Rechnungswesens hinaus[409]. Folglich sind immaterielle Vermögenswerte „vor allem auch die 'Sorgenkinder‘ des internen Rechnungswesens“[410]. Diese Charakterisierung gilt insbesondere auch für den Goodwill, dessen zuverlässige Messung im Rechnungswesen ein bisher ungelöstes Problem darstellt.[411]

Der Goodwill als immaterieller „Wert eigener Art“[412] gilt in diesem Zusammenhang zweifelsohne als eines der größten immateriellen „Sorgenkinder“: „Goodwill is often called the most intangible of the intangibles“[413]. Als schwer entwirrbares Wertkonglomerat stellt seine zweckadäquate Abbildung im Rechnungswesen eine besondere Herausforderung dar.[414] Jedoch bergen gerade so manche der immateriellen „Sorgenkinder“ ein außergewöhnliches Potential in sich,[415] was im Besonderen auch auf den Goodwill zutrifft. Er reflektiert im

---

403 Vgl. Davis (Goodwill Accounting), S. 76.
404 Vgl. Hoffmann (Immaterielle Vermögenswerte), Rn. 1.
405 Riegler (Immaterielle Werte), S. 113.
406 Moxter (Immaterielle Anlagewerte), S. 1102.
407 Vgl. Davis (Goodwill Accounting), S. 76.
408 Vgl. Riegler (Controlling), S. 100.
409 Vgl. Haller (Immaterielle Vermögenswerte), S. 578.
410 Schruff/Haaker (Immaterielle Vermögenswerte), Rn. 106.
411 Vgl. hierzu Zimmermann (Geschäftswerte), S. 752.
412 Adler/Düring/Schmaltz (Rechnungslegung und Prüfung), Teilband 1, § 255, Rn. 272. Busse von Colbe (Firmenwert), S. 2044, charakterisiert diese Kennzeichnung als „Wert eigener Art“ als »salomonisch«.
413 Boyd/McCarthy (Goodwill Amortization), S. 10; ähnlich Davis (Goodwill Accounting), S. 77.
414 Vgl. hierzu Küting (Konsolidierungspraxis), S. 1666.
415 Vgl. Kronner (GoB), S. 1.

Grunde all jene Potentiale, um deretwillen ein Unternehmen überhaupt besteht,[416] also Werte von besonderer Relevanz[417]. Seine Vernachlässigung und undifferenzierte Behandlung im Rechnungswesen erscheint daher unter Relevanzgesichtspunkten kaum akzeptabel.[418] Dennoch stellt jedenfalls die Nichtbilanzierung eines selbst geschaffenen Anteils am Goodwill (bislang) einen international vorherrschenden Rechnungslegungsgrundsatz dar,[419] der seine Begründung in der mangelnden Objektivierbarkeit findet.[420] Ein solcher Grundsatz spiegelt letztendlich „das alte Vorurteil von der sicheren Substanz und dem unsicheren Goodwill"[421] wider.[422] Zwar ist die Goodwill-Vernachlässigung zunächst nur für das externe Rechnungswesen zu konstatieren, sie zieht aber faktisch auch eine gleichartige Behandlung im internen Rechnungswesen nach sich.[423]

Das „Prinzip" des Nichtansatzes eines originären Goodwill findet gemäß IAS 38.48 auch nach IFRS Beachtung, wird in der jüngeren Vergangenheit jedoch sukzessiv ausgehöhlt. Es sind Tendenzen erkennbar, die Goodwill-Vernachlässigung in kleinen Schritten zu beseitigen. Als wesentliche richtungsweisende Punkte sind in diesem Zusammenhang

- der nach geltendem Regelwerk auf den Goodwill anzuwendende Impairment Only Approach,[424]
- die bereits in einem Änderungsentwurf vorgesehene Anwendung der Full Goodwill Method[425] sowie
- die zumindest als Alternative zur Interessenzusammenführungsmethode zur Diskussion gestellte Fresh Start Method[426]

---

416 Vgl. Ballwieser (Limitations), S. 65 f.

417 Vgl. Streim /Esser (Informationsvermittlung), S. 837 f.

418 Vgl. hierzu Arbeitskreis (Erfassung), S. 224; ferner Henning/Lewis/Shaw (Valuation). Zu den Konsequenzen der Goodwill-Vernachlässigung vgl. Moxter (Windfalls), S. 238 ff.

419 Vgl. Busse von Colbe (Nonamortization-Impairment-Ansatz); einen Überblick geben hierzu Brunovs/Kirsch (Goodwill Accounting), S. 139 f.

420 Vgl. Kahle (Goodwill-Bilanzierung, Teil A), S. 849; Sellhorn (Ansätze), S. 887; Moxter (Auskunftsverweigerungsrecht), S. 311.

421 Schildbach (Konzernrechnungslegungsvorschriften), S. 394.

422 Vgl. kritisch zur „Sicherheit" der Substanz Ballwieser (Residualgewinnmodell), S. 58 f. Vgl. auch Sieben (Wesen), S. 68 f.

423 Vgl. Ballwieser (Unternehmensführung), S. 166.

424 Vgl. Bieker/Esser (Impaiment-Only-Ansatz).

425 Vgl. ED IFRS 3; Pellens/Sellhorn/Amshoff (Konzernbilanzierung); Küting/Wirth (Full Goodwill Approach); Kühne/Schwedler (Änderungen).

zu nennen. Während der Impairment-Only-Approach aufgrund des Verzichts auf eine planmäßige Abschreibung konzeptionell bedingt zu einem Goodwill-Substitutionseffekt führt, bei dem originäre Goodwill-Komponenten stillschweigend an die Stelle von derivativen Goodwill-Komponenten treten,[427] sieht die (idealtypische) Fresh Start Method sogar zum Zeitpunkt der Erstkonsolidierung eine offene Aktivierung eines auf das Mutterunternehmen entfallenden originären Goodwill vor[428]. Bei der Full Goodwill Method verschwimmen zumindest die Grenzen zwischen originärem und derivativem Goodwill, wenn ein nicht „bezahlter" Minderheitenanteil am Goodwill ausgewiesen wird.[429] Der im Rahmen dieser Methode zu aktivierende Minderheiten-Goodwill lässt sich nur in einem sehr weiten Sinne als derivativ erworben interpretieren.[430]

Der Informationsnutzen der derzeitigen und künftigen Regelungen zur Goodwill-Bilanzierung ist allerdings sowohl für das externe und als auch für das interne Rechnungswesen unklar, da zahlreiche Fragen bezüglich einer zweckadäquaten Messung des Goodwill im Rechnungswesen bisher unbeantwortet bleiben. Ein Grund hierfür liegt offenbar im mangelnden Verständnis des Inhalts des ökonomischen Phänomens Goodwill, sodass wird im Folgenden versucht wird, zu ergründen, „was das für ein nebulöser Bilanzposten ist"[431].

3.2 Begriff und Arten des Goodwill

3.2.1 Begriff des Goodwill

Der Goodwill kann gleichermaßen interpretiert werden als

- rein „technische" Residualgröße,
- ein Teil der Ertragskraft,
- Summe von immateriellen Werten und

---

426 Vgl. Hayn (Konzernrechnungslegung), S. 4; Watrin/Strohm/Struffert (Business Combinations Project), S. 25; Janschek (Full Goodwill-Methode), S. 164. Zur Methode vgl. insbesondere Pellens/Sellhorn (Fresh-Start-Method); Nurnberg/Sweeney (Business Combinations), S. 259 f.

427 Vgl. Schruff/Haaker (Immaterielle Vermögenswerte), Rn. 8; Busse von Colbe (Nonamortization-Impairment-Ansatz), S. 877; AAA (Goodwill), S. 169.

428 Vgl. Pellens/Sellhorn (Fresh-Start-Method), S. 2131; Watrin/Strohm/Struffert (Business Combinations Project), S. 25.

429 Vgl. Pellens/Sellhorn/Amshoff (Konzernbilanzierung), S. 1752.

430 Vgl. Schruff/Haaker (Immaterielle Vermögenswerte), Rn. 8.

431 Küting (Bilanzanalyse), S. 126.

- separater Vermögenswert.[432]

Gemäß der ersten Interpretation stellt der Goodwill die rechnerische Differenz zwischen Erfolgs-[433] und Substanzwert[434] dar,[435] wobei der Erfolgswert mit Hilfe eines Verfahrens der Gesamtbewertung bestimmt wird.[436] Unter dem Substanzwert ist demgegenüber der unter Beachtung des Einzelbewertungsgrundsatzes ermittelte Wert des Nettovermögens (=Reinvermögen=Vermögen-Schulden) zu verstehen.[437] Damit wird der Goodwill zunächst zu einer rechentechnischen Differenzgröße[438] degradiert.[439] Da dieses vermeintliche Residuum jedoch eine Komponente des Erfolgswerts darstellt,[440] spiegelt es auch einen Teil der Ertragskraft des Unternehmens wider,[441] nämlich jenen, welcher die „normale" Ertragskraft übersteigt[442].

Gleichzeitig kann dieser rechnerischen Residualgröße damit zusammenhängend gewissermaßen doch „Substanz" zugebilligt werden,[443] denn der Goodwill kann etwa Werte wie Standortvorteile[444], Absatzorganisation, Marktzugänge oder Belegschaftsqualität reflektieren.[445] Somit lässt sich der Goodwill, ebenso wie der Substanzwert, als Summe von Werten definieren.[446] Der Unter-

432 Vgl. Miller (Goodwill), S. 281.
433 Vgl. grundlegend Busse von Colbe (Zukunftserfolgswert).
434 Vgl. grundlegend Sieben (Substanzwert).
435 Vgl. Döring (Goodwill), Sp. 810; Ballwieser (Geschäftswert), S. 283; Holthausen/Watts (Relevance), S. 33.
436 Vgl. Ballwieser (Geschäftswert), S. 283 f. Zu den Gesamtbewertungsverfahren vgl. z.B. Ballwieser/Coenenberg/Schultze (Unternehmensbewertung).
437 Vgl. Hebertinger (Substanzwert), Sp. 2330. Zu den Ausprägungen des Substanzwerts vgl. Sieben/Maltry (Substanzwert), S. 379 f.
438 Vgl. beispielsweise Moxter (Geschäftswertbilanzierung), S. 746; Moxter (Probleme), S. 476; Holthausen/Watts (Relevance), S. 54.
439 Vgl. Küting (Geschäfts- oder Firmenwert), S. 98.
440 Vgl. Küting (IFRS-Bilanzierung), S. 223.
441 Vgl. hierzu auch Catlett/Olson (Accounting for Goodwill), S. 65; Lewis (Steigerung), S. 57.
442 Vgl. Edey (Business Valuation).
443 Vgl. Gynther (Goodwill), S. 255.
444 „Standorte von Produktionsstätten gelten...als Bestimmungsfaktoren des Erfolgs und der Wettbewerbsfähigkeit von Unternehmen" [Götze (Standortwirtschaftlichkeit), S. 45]. Zu den relevanten Standortfaktoren vgl. etwa Bloech (Standort), S. 65 ff.
445 Vgl. etwa Baetge/Kirsch/Thiele (Bilanzen), S. 303; Ballwieser (Geschäftswert), S. 284; Busse von Colbe (Geschäfts- oder Firmenwert), Sp. 885; Döring (Goodwill), Sp. 811; Spacek (Goodwill), S. 36; Moxter (Rechnungslegungsmythen), S. 2143; Adler/Düring/Schmaltz (Rechnungslegung und Prüfung), Teilband 1, § 255, Rn. 257; Moxter (Auskunftsverweigerungsrecht), S. 312; Nelson (Goodwill), S. 491; Hendriksen/Breda (Accounting Theory), S. 640.
446 Vgl. Wöhe (Bilanzierung), S. 91.

schied zum Substanzwert läge demnach in der mangelnden Konkretisierung der einzelnen Wertkomponenten, welche nicht identifizierbar sind.[447]

Wird beispielsweise die Belegschaftsqualität in ihre Determinanten Know How, Kreativität, Lernfähigkeit, Innovationspotential, Motivation etc. aufgespalten,[448] wird die Nähe der Goodwill-Komponenten zum sog. Intellectual Capital[449] deutlich.[450] Dieses umfasst aber neben nicht einzeln bewertbaren Werten auch einzeln bewertbare Werte.[451] Somit ist sowohl ein Teil des Substanzwerts als auch der Inhalt des Goodwill unter dem Begriff des Intellectual Capital zu subsumieren; insofern ist der Übergang zwischen Substanzwert und Goodwill fließend. Die durch den Goodwill verkörperten Werte entziehen sich im Unterschied zu den im Substanzwert enthaltenen immateriellen Werten lediglich mangels Identifizierbarkeit einer direkten Einzelbewertung.[452] In Grenzfällen bleibt unklar, ob ein immaterieller Wert eine Komponente des Goodwill oder des Substanzwerts darstellt.[453] Damit lassen sich auch getätigte Investitionsausgaben nicht zweifelsfrei zuordnen,[454] Ähnliches gilt spiegelbildlich für negative Werte. Die Zuordnung ist letzten Endes eine Frage von Konventionen darüber, was als identifizierbar und somit als separat erfassbar gilt.[455] Der In-

---

447 Vgl. IFRS 3.52 f.; Schruff/Haaker (Immaterielle Vermögenswerte), Rn. 6.

448 Vgl. Haller (Immaterielle Vermögenswerte), S. 562; Busse von Colbe (Firmenwert), S. 2043.

449 Vgl. hierzu Andriessen (IC Valuation); Andriessen (IC Theory); Andriessen (Intellectual Capital); Haller/Dietrich (Intellectual Capital); Maul/Menninger (Intellectual Property); Lorson/Heiden (Intellectual Capital).

450 Vgl. aber Arbeitskreis (Kategorisierung), S. 991. Der Arbeitskreis weist auf die Unterschiede zwischen den immateriellen Werten und dem Goodwill hin. So soll „z.B. der Mehrpreis aufgrund des Verhandlungsgeschicks des Verkäufers einen Teil des derivativen Goodwills...aber keinen immateriellen Wert dar[stellen]." Das Beispiel erweist sich bei näherer Betrachtung als wenig schlüssig. Liegt der Kaufpreis oberhalb des Verkäufergrenzpreises, verbergen sich hinter dem „Mehrpreis" aus Käufersicht immaterielle Werte, solange der Kaufpreis unter dem Käufergrenzpreis liegt. Wenn damit eine Zahlung oberhalb des Käufergrenzpreises gemeint sein sollte, handelt es sich nicht um eine Komponente des Goodwill, sondern um den negativen Kapitalwert der Investition, d.h. einen ökonomischen Verlust.

451 Vgl. Arbeitskreis (Kategorisierung), S. 991.

452 Vgl. Ballwieser (Geschäftswert), S. 284.

453 Vgl. Busse von Colbe (Geschäfts- oder Firmenwert), Sp. 885; Moxter (Rechnungslegungsmythen), S. 2143; Küting (Konsolidierungspraxis), S. 1665; Busse von Colbe (Firmenwert), S. 2043.

454 Vgl. Schruff/Haaker (Immaterielle Vermögenswerte), Rn. 32.

455 Vgl. Busse von Colbe (Konzernrechnungslegung), S. 658.

halt des Goodwill hängt folglich im Ergebnis von der Abgrenzung und Bewertung des Nettovermögens ab.[456]

Aufgrund der Abgrenzungs- und Bewertungsprobleme der im Goodwill gebündelten Werte[457] mag es für bestimmte Zwecke auch sinnvoll erscheinen, das Wertkonglomerat Goodwill als eigenständigen Vermögenswert zu definieren.[458] Liegt ein erworbener Goodwill vor, so ist dieser über einen Transaktionspreis objektiviert.[459] Der derivative Goodwill ist sozusagen als quasi umfassender Vermögenswert Bestandteil einer Beteiligung.[460] Inwieweit eine solche Betrachtung des Goodwill als Komponente einer Beteiligung dem Inhalt des Goodwill gerecht wird, erscheint fraglich. Im Goodwill enthaltene Verbundvorteile, welche im Mutterunternehmen realisiert werden, sind zumindest nicht zwingend dem Vermögenswert „Beteiligung“ zuzurechnen.[461] Unter Relevanzgesichtspunkten bedarf die Zusammensetzung des Goodwill in jedem Fall einer näheren Bestimmung,[462] was wiederum für eine Interpretation als Summe von immateriellen Werten spricht.

3.2.2 Arten des Goodwill

3.2.2.1 Originärer und derivativer Goodwill

Im Allgemeinen git: „Intangibles can be extremely dificult to measure.“[463] Die Identifikation und Bewertung sowie die damit verbundene Abgrenzung von anderen immateriellen Werten gestaltet sich zudem bei selbst geschaffenen immateriellen Werten oftmals weitaus schwieriger als bei erworbenen.[464] Dieses trifft im besonderen Maße auch auf die Position „Goodwill“ zu. Nicht zuletzt aufgrund der aus Mess- und Objektivierungsproblemen resultierenden unter-

---

456 Vgl. Küting (Konsolidierungspraxis), S. 1665.
457 Vgl. Zimmermann (Signale), S. 386.
458 Vgl. hierzu Johnson/Petrone (Goodwill); Zimmermann (Signale), S. 385 ff.
459 Vgl. Hebertinger (Substanzwert a), S. 5548.
460 Vgl. Johnson/Petrone (Goodwill), S. 294.
461 Vgl. Wirth (Firmenwertbilanzierung), S. 194.
462 Vgl. Haller/Dietrich (Intellectual Capital), S. 1047; Sellhorn (Ansätze), S. 888; Alvarez/Biberacher (Goodwill-Binanzierung), S. 350 f.; kritisch Ballwieser (Umbruch), S. 300; Lorson/Heiden (Intellectual Capital), S. 388.
463 Hendriksen/Breda (Accounting Theory), S. 638.
464 Dieses gilt streng genommen nur für einen gesonderten Erwerb. „Erfolgt kein gesonderter Erwerb, sondern ein Erwerb im Rahmen eines Unternehmenszusammenschlusses, sind bestehende Bewertungs- und Abgrenzungsprobleme gleichwohl nicht ohne weiteres

schiedlichen Behandlung im Rechnungswesen[465] erscheint die Unterscheidung in

- originären (selbst geschaffenen) Goodwill und
- derivativen (erworbenen) Goodwill

von Bedeutung.[466] Dieses Klassifikationskriterium nimmt in der Diskussion um das ökonomische Phänomen Goodwill eine dominierende Stellung ein.[467]

Während sich der originäre Goodwill als Differenz zwischen Unternehmenswert und Substanzwert ergibt,[468] lässt sich der derivative Goodwill als Differenz zwischen dem Kaufpreis eines Unternehmens und dem Substanzwert bestimmen[469].

Gemäß IFRS 3.51(a) ist der derivative Goodwill als Vermögenswert zu erfassen. Aufgrund der Klassifikation als Vermögenswert besteht im Vergleich zum originären Goodwill eine Inkonsistenz. Dem originären Goodwill wird nach IAS 38.49 f. die Vermögenswerteigenschaft aberkannt, weshalb laut IAS 38.48 ein Aktivierungsverbot besteht. Die Art, wie ein Unternehmen zu einem Wert gelangt (erworben oder selbst geschaffen), kann jedoch nicht dessen Vermögenscharakter und somit die abstrakte Aktivierungsfähigkeit („Liegt ein Vermögenswert vor?") bestimmen, sondern lediglich für die konkrete Aktivierungsfähigkeit („Darf ein vorliegender Vermögenswert aktiviert werden?") entscheidend sein,[470] dies gilt gleichermaßen für den Goodwill.[471] In diesem Zusammenhang wird das sog. „cost-per se-is-the-asset syndrome"[472], d.h. die unzweckmäßige Gleichsetzung von Vermögenswerten und getätigten Ausgaben, erkennbar. Auch aus einer rein wirschaftlicher Perspektive lässt sich die Un-

---

gelöst" [Schruff/Haaker (Immaterielle Vermögenswerte), Rn. 7. Vgl. auch Lüdenbach/Prusaczyk (Kundenbeziehungen), S. 204].

465 Vgl. Reilly (Accounting for Goodwill), S. 33.

466 Vgl. Bruns/Thuy/Zeimes (Bilanzierung), S. 138; Schruff/Haaker (Immaterielle Vermögenswerte), Rn. 7.

467 Vgl. Herring/Herring (Goodwill), S. 41.

468 Vgl. Adler/Düring/Schmaltz (Rechnungslegung und Prüfung), Teilband 1, § 255, Rn. 257.

469 Vgl. Hebertinger (Substanzwert), Sp. 2333; Busse von Colbe (Geschäfts- oder Firmenwert), Sp. 885; Lander/Reinstein (Models), S. 227; Lücke (Unternehmenswachstum), S. 14 f.; Higson (Goodwill), S. 141; Reilly (Accounting for Goodwill), S. 33.

470 Vgl. hierzu Cowan (Resource Theory), S. 14. Zum Zusammenhang von abstrakter und konkreter Aktivierungsfähigkeit vgl. Baetge/Kirsch/Thiele (Bilanzen), S. 162 ff.

471 Vgl. Booth (Conceptual Framework), S. 316. Zur Diskussion um die Vermögenswerteigenschaft des Goodwill vgl. Johnson/Petrone (Goodwill).

472 Schuetze (Asset), S. 68.

gleichbehandlung von originärem und derivativem Goodwill jedoch nicht rechtfertigen.[473] Eine differenzierende Behandlung leitet sich auch aus keinem Informationskonzept ab,[474] sie ist nur als eine Folge der Anforderung der Verlässlichkeit erklärbar und insofern „systemfremd".[475] Als Folge sinkt der Informationsgehalt des IFRS-Abschlusses mangels einer klaren konzeptionellen Ausrichtung:[476] „To have one set of rules for purchased goodwill and another for internally generated goodwill is potentially confusing"[477].

Maßgebliche Wertdeterminanten des originären Goodwill sind der Erfolgs- und Substanzwert. Grundsätzlich kann ein Unternehmenswert als subjektiver Erfolgswert oder als (potentieller) Marktpreis ermittelt werden,[478] womit sich der Goodwill vordergründig als subjektiver[479] oder objektiver Wert ergeben kann. Schon aufgrund der faktisch subjektiven Prägung des Substanzwerts[480] ist ein Goodwill (auch ein derivativ erworbener) indessen stets eine nicht objektive Größe.[481] Darüber hinaus sind auch marktorientierte Bewertungsverfahren niemals frei von subjektiven Elementen, einen objektiven Goodwill – sei er originär oder derivativ erworben – gibt es somit nicht. „The value placed on goodwill is subjective, since it is dependent on assessment of future profits."[482]

Jedes erfolgreiche Unternehmen verfügt über originären Goodwill[483] und oftmals darüber hinaus aufgrund von Akquisitionen über derivativen Goodwill. In diesem Fall ergibt sich durch Abzug des Substanzwerts vom Unternehmenswert der Gesamt-Goodwill, der sich sowohl aus erworbenen als auch aus selbst geschaffenen Komponenten zusammensetzt.[484] Erst nach Subtraktion des derivativen Goodwill vom Gesamt-Goodwill ergibt sich in einem zweiten Rechenschritt der originäre Goodwill. Eine entsprechende Trennung der

---

473 Vgl. Catlett/Olson (Accounting for Goodwill), S. 66; Ma/Hopkins (Goodwill), S. 83 f.; a.A. Bryer (Accounting for Goodwill), S. 295.
474 Vgl. Grinyer/Russell (Goodwill), S. 110; Eggington (Intangible Asset Accounting), S. 198.
475 Vgl. Booth (Conceptual Framework), S. 316; Davis (Goodwill Accounting), S. 78; Zimmermann (Geschäftswerte), S. 752.
476 Vgl. hierzu Ma/Hopkins (Goodwill).
477 Dunse/Hutchison/Goodacre (Trade-related Valuations), S. 241.
478 Vgl. Busse von Colbe (Firmenwert), S. 2043; Moxter (Goodwill), Sp. 684.
479 Vgl. Moxter (Goodwill), Sp. 684.
480 Vgl. Hebertinger (Substanzwert a), S. 5546.
481 Vgl. Brösel/Müller (Goodwillbilanzierung), S. 35.
482 Cowan (Resources Theory), S. 14. Vgl. auch Preinreich (Goodwill), S. 28.
483 Vgl. Grinyer/Russel/Walker (Accounting for Goodwill), S. 224.
484 Vgl. Booth (Conceptual Framework), S. 316.

Goodwill-Komponenten gilt als kaum durchführbar,[485] es wird von einer „grundsätzlich unentwirrbaren Vermischung von derivativem und originärem Geschäfts- oder Firmenwert“[486] im Zeitablauf ausgegangen.

In diesem Zusammenhang ist die Abgrenzung von Erhaltungs- und Erweiterungsinvestitionen problematisch. Erhaltungs- und Erweiterungsinvestitionen bezüglich des derivativen Goodwill unterscheiden sich hinsichtlich ihrer Berücksichtigung bei der Kaufpreis- bzw. Grenzpreisbestimmung. Alle bereits bei der Kaufpreisfindung berücksichtigten Investitionen gehören in den Bereich der Erhaltungsinvestitionen,[487] während alle nicht im ursprünglichen Kalkül enthaltenen Investitionen den Erweiterungsinvestitionen zuzuordnen sind und dem Aufbau von originärem Goodwill dienen.[488]

Die Ermittlung des originären Goodwill geht mit einer Reihe von Unwägbarkeiten einher, aber auch die Abbildung des derivativen Goodwill ist keinesfalls unproblematisch. Erscheint die Bestimmung des derivativen Goodwill zum Erwerbszeitpunkt noch relativ gut gangbar,[489] gestaltet sie sich in den Folgeperioden oftmals schwierig.[490]

Da sich der derivative (i.S. eines bezahlten) Goodwill als getätigte Investition aufgrund eines beobachtbaren Kaufpreises ergibt, gilt er dennoch anders als der originäre als hinreichend objektiviert.[491] Demgemäß ist nach bisherigen Konventionen nur der „pagatorisch abgesicherte“ derivative Goodwill ansatzfähig.[492] Dieser wird gemäß IFRS 3.51(a) zwar zum Vermögenswert „geadelt“, welcher künftigen wirtschaftlichen Nutzen aus nicht identifizierbaren Vermö-

---

485 Vgl. Moxter (Standardisierungsrat). Vgl. aber Schultze (Bonusbanken), S. 21 sowie Schultze (Information Content).

486 Moxter (Standardisierungsrat).

487 Hierbei kommt es nicht darauf an, ob die bei der Kaufpreisfindung im Grenzpreiskalkül berücksichtigten Investionsprojekte auch tatsächlich in Höhe ihres Kapitalwerts vergütet wurden.

488 Vgl. Schmusch/Laas (Werthaltigkeitsprüfungen), S. 1053. Zu den Abgrenzungsproblemen zwischen erhaltenden und erweiternden Maßnahmen vgl. auch Lüdenbach/Hoffmann (Implementierung), S. 1075 f.

489 Natürlich erweist sich die sog. Kaufpreisallokation oftmals als sehr problematisch. Vgl. Heidemann (Kaufpreisallokation). Selbst die Bestimmung des Kaufpreises (Anschaffungsausgaben zuzüglich Anschaffungsnebenkosten [vgl. Peemöller (Bilanzierung), S. 96]) ist oftmals mit erheblichen Schwierigkeiten verbunden. Vgl. Lüdenbach/Völkner (Abgrenzung).

490 Vgl. Sellhorn (Ansätze), S. 888.

491 Vgl. Hebertinger (Substanzwert), Sp. 2333.

492 Vgl. Busse von Colbe (Geschäfts- oder Firmenwert), Sp. 885 f.

genswerten verkörpern soll.[493] Im Ergebnis ergibt sich der bilanzierungsfähige Goodwill aber als rechen- bzw. konsolidierungstechnische[494] Differenz zwischen den Anschaffungskosten und dem beizulegenden Zeitwert des Nettovermögens.[495] Die Bestimmungen zur Behandlung des Goodwill nach IFRS (z.B. die Zuordnung auf CGU[496]) implizieren freilich alles andere als eine rein technische Differenzgröße.

Derivativ i.S. von „aus einem Erwerbsvorgang abgeleitet" setzt streng genommen nicht voraus, dass der Goodwill tatsächlich in vollem Umfang vom Erwerber „bezahlt" wurde.[497] Auch bei einem sich aus einem Unternehmenszusammenschluss ergebenden und bei einem Kaufpreis unterhalb des Käufergrenzpreises nicht „bezahlten" Goodwill handelt es sich um einen i.w.S. derivativen Goodwill.[498] Es wäre sehr fragwürdig, einen durch einen Unternehmenserwerb generierten Goodwill als originär und somit als selbst geschaffen zu definieren. Dieser Teil des derivativen Goodwill stellt als Kapitalwert der Investition „Unternehmenskauf" die ökonomische Begründung der Transaktion dar und ist somit eindeutig mit ihr verbunden. Die Differenz zwischen dem Grenzpreis des Käufers und dem niedrigeren Kaufpreis stellt unstrittig einen derivativen und keinen originären Goodwill dar.[499]

Ähnliches gilt für einen Minderheitenanteil am Goodwill: Dieser ist zumindest bei Ableitung aus dem Kaufpreis[500] ein Bestandteil eines i.w.S. derivativen Goodwill und folglich nicht dem originären Goodwill zuzurechnen.[501] Eine entsprechende Charakterisierung als derivativer Goodwill ergibt sich auch aus einer Negativabgrenzung zum originären Goodwill: „Der originäre Goodwill ist

---

493 Vgl. IFRS 3.52.
494 Vgl. Adler/Düring/Schmaltz (Rechnungslegung und Prüfung), Teilband 3, § 309, Rn. 7.
495 Vgl. IFRS 3.51(b).
496 Vgl. etwa IAS 36.80.
497 Vgl. Busse von Colbe/Ordelheide/Gebhardt/Pellens (Konzernabschlüsse), S. 238.
498 Vgl. Lücke (Unternehmenswachstum), S. 14 f., der die Differenz zwischen dem Kaufpreis (= Substanzwert + bezahlter derivativer Goodwill) und dem Unternehmenswert aus Käufersicht auch als „erwarteteten derivativen Firmenwert" bezeichnet. Allerdings beruht natürlich auch der bezahlte Anteil lediglich auf Erwartungen, weshalb dieser Begriff im Folgenden nicht verwendet wird.
499 A.A. Brösel/Müller (Goodwillbilanzierung), S. 35, die diesen realisierten Kapitalwert der Investition als originären (selbst geschaffenen) Goodwill interpretieren.
500 Der Minderheitenanteil am Goodwill lässt sich ebenso als Anteil am Gesamt-Goodwill bestimmen.
501 Vgl. Busse von Colbe (Goodwill); Busse von Colbe (Einheitstheorie), S. 57; Busse von Colbe/Ordelheide/Gebhardt/Pellens (Konzernabschlüsse), S. 238; Haaker (full goodwill method), S. 22; a.A. Teitler-Feinberg (Schlepptau), S. 21; Teitler (Aktivierung).

selbstgeschaffen“[502]. Auf die hinter dem „Investitionsgewinn“ stehenden Potentiale oder einen (mit)erworbenen Minderheiten-Goodwill trifft dies nicht zu, denn sie sind unstreitig nicht selbst erstellt. Die Anforderung, dass ein derivativer Goodwill „mit einem ganzen Unternehmen (oder einem hinreichend verselbständigten Teilunternehmen) entgeltlich erworben“[503] sein muss, gilt nur für das Mengen-, nicht aber für das Wertgerüst.

3.2.2.2 Positiver und negativer Goodwill

Im Regelfall dürfte der Gesamt-Goodwill eines Unternehmens positiv sein,[504] der erworbene oder selbst geschaffene Goodwill können aber – jedenfalls rechnerisch – auch einen negativen Wert annehmen,[505] somit muss im Rechnungswesen eine Differenzierung von

- positivem Goodwill und
- negativem Goodwill

vorgenommen werden.

Ein negativer originärer Goodwill impliziert allerdings ein irrationales Verhalten seitens der Investoren, aus der Sicht eines rationalen Investors kann der Wert eines Unternehmens nämlich nicht unter dessen Liquidationswert sinken.[506] Ist der Erfolgswert kleiner als der Substanzwert, stellt eine Liquidation fraglos die beste Handlungsalternative dar.[507] Bei einem negativen Goodwill ist es ökonomisch sinnvoll, das Unternehmen zu liquidieren und die „Substanz“ zu veräußern. Auch ein negativer derivativer Goodwill kann demnach nicht existieren, sondern stellt als Anteil am Kapitalwert der Investition einen „Gewinn“ dar.[508]

Unter realen Bedingungen mag dennoch zumindest in Ausnahmefällen (zeitlich begrenzt und/oder bewusst in Kauf genommen) mitunter ein negativer

---

502 Moxter (Goodwill), Sp. 688.
503 Moxter (Goodwill), Sp. 688.
504 Vgl. Döring (Goodwill), Sp. 811; Busse von Colbe (Geschäfts- oder Firmenwert), Sp. 886.
505 Vgl. Ballwieser/Leuthier (Grundprinzipien, Teil I), S. 548; Moxter (Eigenkapitalmessung), S. 84.
506 Vgl. Siegel/Bareis (Schimäre), S. 1478 f.
507 Vgl. Barton (Income Theory), S. 678.
508 Vgl. hierzu Siegel/Bareis (Schimäre).

Goodwill vorliegen.[509] Ein Verkauf der Substanz dürfte zudem auch nicht immer möglich sein, denn es könnte etwa eine entsprechende vertragliche Beschränkung vorliegen. Weiter könnten hohe Transaktionskosten einer Desinvestition entgegenstehen oder nicht im Kalkül berücksichtigte Restrukturierungsmaßnahmen die Vorteilhaftigkeit einer Weiterführung erhöhen. Bei letzteren stellt sich jedoch die Frage, ob solche Maßnahmen nicht bereits im Goodwill antizipiert sein müssten und im Zweifel kein negativer Goodwill besteht.

Im Grunde geht ein positiver Goodwill immer mit einem negativen Goodwill einher.[510] Selbst wenn insgesamt ein positiver Goodwill vorliegt, sind im Normalfall negative Goodwill-Komponenten vorhanden et vice versa,[511] was die Messprobleme nicht unwesentlich verschärft.[512] Als Goodwill ausgewiesen wird stets eine Nettogröße, deren Vorzeichen davon abhängt, ob die positiven oder die negativen Komponenten wertmäßig überwiegen.[513] Im Normalfall sollten allerdings die positiven die negativen Komponenten überkompensieren.[514]

Hieraus kann gefolgert werden, dass das Vorzeichen des Goodwill mitunter von der betrachteten Ebene abhängig sein kann, sodas ein positiver Unternehmens-Goodwill kann auf Bereichsebene herunter gebrochen einen negativen Bereichs-Goodwill beinhalten mag.[515] Die vorgebrachten Argumente gegen die Existenz eines negativen Gesamt-Goodwill sind keinesfalls auf den Goodwill auf Bereichsebene übertragbar. Es kann durchaus rational sein, in einem Bereich einen negativen Goodwill in Kauf zunehmen, wenn dieses einen betragsmäßig höheren positiven Goodwill in einem anderen Bereich nach sich zieht.[516] Derartige Informationen sind für die sachgerechte Beurteilung von diversifizierten Unternehmen von enormer Bedeutung.[517] Eine Berücksichtigung von negativen Goodwill-Komponenten im internen und externen Rechnungswesen kann daher als unverzichtbar angesehen werden.

---

509 Vgl. Busse von Colbe (Geschäfts- oder Firmenwert), Sp. 886; Döring (Goodwill), Sp. 811.

510 Vgl. Küting (Geschäfts- oder Firmenwert), S. 98.

511 Zu den Komponenten des Goodwill vgl. insbesondere Sellhorn (Ansätze).

512 Vgl. Gälweiler (Synergiepotentiale), Sp. 1936 f.

513 Vgl. hierzu Gälweiler (Synergiepotentiale), Sp. 1937.

514 Vgl. Busse von Colbe (Firmenwert), S. 2044.

515 Vgl. Haaker (Goodwill), S. 431 ff.; so scheinbar auch Busse von Colbe (Firmenwert), S. 2051.

516 Vgl. hierzu m.w.N. Haaker (Goodwill), S. 431. Dies ist möglich, soweit Synergiepotentiale dem Bereich zugeordnet werden, in dem es erwartungsgemäß zur Realisierung der entsprechenden Synergieeffekte kommt. Vgl. IAS 36.80.

3.2.2.3 Unternehmens- und Bereichs-Goodwill

Die Diskussion um das „Vorzeichen“ des Goodwill hat gezeigt, dass ein Goodwill nicht nur auf der Ebene „ganzer“ Unternehmen[518], sondern ebenso auf Bereichsebene vorliegen kann. Spätestens seit Einführung des Goodwill-Impairment-Tests nach IFRS auf CGU-Ebene müssen sich IFRS-Bilanzierer dementsprechend über das Vorhandensein von Bereichs-Goodwills Gedanken machen.

Für die Zwecke des Impairment-Tests nach IFRS muss eine Zuordnung des erworbenen Goodwill auf CGU erfolgen.[519] Auch im Rahmen der Segmentberichterstattung und für Controllingzwecke ist eine Zuordnung des Goodwill auf Bereiche oftmals sinnvoll.[520] Diversifizierte Unternehmen sollten „bereichsbezogen bewertet und gesteuert werden“[521] und es gilt, dass der Goodwill als mitunter wichtiges Potential eines Unternehmens keinesfalls bei der Bereichssteuerung unberücksichtigt bleiben darf[522]. Insofern kommen die Anforderungen des externen IFRS-Rechnungswesens der Unternehmenssteuerung entgegen.[523]

Aufgrund der Bedeutung von bereichsbezogenem Goodwill für das interne und externe Rechnungswesen ist somit eine Unterscheidung von

- Unternehmens-Goodwill und
- Bereichs-Goodwill

erforderlich.

Demgegenüber wird für die „traditionelle“ betriebsbezogene Kostenrechnung oftmals pauschal eine Eliminierung des Goodwill und der mit dieser Position

517 Vgl. Haaker (Goodwill), S. 433.

518 Bei einem unternehmensbezogenen Goodwill kann noch zwischen dem Goodwill des Gesamtkonzerns und den Goodwill eines Tochterunternehmens unterschieden werden. Letzter kann aus Konzernsicht mit einem bereichsbezogenen Goodwill identisch sein, eine Teilmenge eines Bereichs-Goodwill darstellen oder anteilig mehreren Bereichen zuzuordnen sein.

519 Vgl. IAS 36.80.

520 Vgl. Busse von Colbe/Ordelheide/Gebhardt/Pellens (Konzernabschlüsse), S. 237.

521 Kuhner (Zielsetzungen), S. 21.

522 Vgl. Busse von Colbe (Unternehmensführung), S. 21; Müller (Management-Rechnungswesen), S. 424 f.

523 Vgl. Kuhner (Zielsetzungen), S. 21. Zur Diskussion um die Berücksichtigung des Goodwill im internen Rechnungswesen vgl. etwa Lewis (Steigerung), S. 57-60; Busse von Colbe (Rechnungswesen im Dienste), S. 716.

verbundenen Erfolgswirkungen gefordert, sodass diese wichtigen Informationen auch bei der Bereichssteuerung ausgeklammert bleiben. Die Begründungen hierfür sind unterschiedlicher Natur: er wird zum einen als nicht betriebsnotwendig klassifiziert[524] und zum anderen wird ihm der (handelsrechtliche) Vermögenscharakter aberkannt[525]. Die rein formalen Argumente für eine Nichtberücksichtigung werden zumindest nicht durch die Zwecksetzung des internen Rechnungswesens gestützt. Auch die Betriebsnotwendigkeit kann keinesfalls verneint werden, schließlich kommt dem Goodwill für die Erzielung betrieblicher Erfolge enorme Bedeutung zu.[526] Außerdem spiegelt er u.a. Potentiale des Beschaffungs-, Produktions- und Absatzbereichs – also eindeutig betriebszweckbezogene Potentiale – wider.[527] Zumindest bei Geschäftsbereichen mit Akquisitionsverantwortung wird eine Erfassung des derivativen Goodwill in der Verzinsungsbasis als zweckmäßig angesehen.[528] Entsprechendes gilt für eine Belastung dieser Bereiche mit Goodwillabschreibungen, denn Investitionenauszahlungen müssen „verdient" werden. Darüberhinaus lassen sich neben der Vergleichbarkeit von in- und externem Wachstum auch weitere gute Gründe dafür finden, einen originären Goodwill ebenfalls zu berücksichtigen.[529]

Durch eine generelle Nichtberücksichtigung von Goodwill und Goodwill-Abschreibungen in der Betriebsabrechnung wird letztere für bestimmte Steuerungszwecke untauglich,[530] was auch im Einzellfall für den originären Goodwill gilt.[531] Wenn so wesentliche, langfristig wirksame Investitionsausgaben für originären Goodwill nicht periodisiert werden, werden zum einen lohnende Investitionen erfolgsrechnerisch bestraft und zum anderen kein nachhaltiges Ergebnis ermittelt.[532] Insbesondere, wenn der Fokus nicht auf der Gewinngröße,

524 Vgl. Coenenberg (Kostenrechnung), S. 46.
525 Vgl. Weber (Rechnungswesen, Bd. 2), S. 16.
526 Vgl. Ordelheide (Geschäftswert), S. 588.
527 Vgl.Mildebrath (Goodwill), S. 16.
528 Vgl. Busse von Colbe (Rechnungswesen im Dienste), S. 716. Zu einer differenzierenden Betrachtung vgl. Pellens/Crasselt/Schremper (Geschäftsbereichs-Goodwills).
529 Vgl. Busse von Colbe (Rechnungswesen im Dienste), S. 716.
530 Anderes gilt möglicherweise für andere Zwecke der Kostenrechnung, wie etwa der Preiskalkulation. Aber auch für diesen Zweck könnte mitunter eine Berücksichtigung von planmäßigen Goodwill-Abschreibungen sinnvoll sein.
531 Vgl. Busse von Colbe (Rechnungswesen im Dienste), S. 716.
532 Vgl. hierzu Hax (Investitionsrechnung), S. 165 ff. Zu den Gründen der Nichtaktivierung von Investitionen in den originären Goodwill vgl. auch Grinyer/Russel/Walker (Accounting for Goodwill), S. 229.

sondern der Vermögensgröße liegt, darf der originäre Goodwill nicht unberücksichtigt bleiben, soweit eine umfassende Potentialberücksichtigung erforderlich ist.[533]

3.2.2.4 Mehrheiten- und Minderheiten-Goodwill

Von der Beteiligungshöhe ist die Möglichkeit der Einflussnahme auf den Geschäftsbetrieb eines erworbenen Tochterunternehmens abhängig.[534] Mit der Möglichkeit zur Einflussnahme erhöht sich folglich auch die Möglichkeit, Synergieeffekte zu erzielen bzw. an bestehenden Synergiepotentialen zu partizipieren.[535]

Im Zuge eines Unternehmenszusammenschlusses werden oftmals weniger als 100 % der Anteile eines Unternehmens erworben, da synergieorientierte Akquisitionsziele schon bei Anteilsquoten von unter 100 % erreichbar sein können.[536] Sobald ein Mutterunternehmen mehr als 50 % der stimmberechtigten Anteile an einem Tochterunternehmen hält (Mehrheitenbeteiligung), kann ein beherrschender Einfluss angenommen werden.[537] Eine Beherrschung umfasst die „die Möglichkeit, die Finanz- und Geschäftspolitik eines Unternehmens zu bestimmen, um aus dessen Tätigkeit Nutzen zu ziehen."[538] Die Beherrschung eines Tochterunternehmens ist folglich nicht per se entscheidend für den Wert einer Mehrheitenbeteiligung. Vielmehr steht der Wert der synergetischen Vorteile für die Investoren hinter dem Wert der Beherrschungsmöglichkeit.[539] Die Festlegung der (angestrebten) Anteilsquote ist im Grunde Bestandteil der Investitionsentscheidung und hat im Hinblick auf die damit verbundenen finanziellen Vorteile zu erfolgen.

Erwirbt ein Mutterunternehmen mehr als 50 %, aber weniger als 100 % der Anteile an einem Tochterunternehmen, so entfällt nicht der gesamte Goodwill des Tochterunternehmens auf die Gesellschafter des Mutterunternehmens (Mehrheitengesellschafter). Ein Teil des Goodwill ist den anderen am Tochter-

---

533 Vgl. hierzu Moxter (Windfalls), S. 238 ff.
534 Vgl. hierzu ausführlich Burger/Ulbrich (Beteiligungscontrolling), S. 13 ff.
535 Vgl. hierzu Busse von Colbe (Einheitstheorie), S. 49.
536 Vgl. Küting/Weber/Keßler (Auswirkungen), S. 626; Pellens/Basche/Sellhorn (Full Goodwill Method), S. 3.
537 Vgl. IAS 27.13.
538 IAS 27.4.
539 Vgl. Colley/Volcan (Business Combinations), S. 75; Mercer/Crow/Patton (Goodwill Valuation), S. 26.

unternehmen beteiligten Gesellschaftern (Minderheitengesellschafter) zuzurechnen. Daher ist im Rechnungswesen eine Unterscheidung in

- Mehrheiten-Goodwill und
- Minderheiten-Goodwill

vorzunehmen.

Nach bisherigen Regelungen besteht im externen IFRS-Rechnungswesen für den nicht „bezahlten" Minderheiten-Goodwill ein Aktivierungsverbot,[540] somit dürfte er auch kaum im internen Rechnungswesen berücksichtigt werden.[541] Schließlich orientiert sich im Bereich der immateriellen Werte die Praxis des internen Rechnungswesens stark am externen Rechnungswesen. Wird dort ein Wert nicht berücksichtigt, findet er mangels systematischer Erfassung regelmäßig auch keinen Eingang ins interne Rechnungswesen.[542] Dies dürfte erst recht für einen so schwer interpretierbaren „ominösen" Wert[543] wie den Minderheiten-Goodwill gelten, für den darüber hinaus das Mutterunternehmen keine Investitionsausgaben getätigt hat, sodass es sich insofern lediglich um einen fiktiven Teil des derivativen Goodwill handelt.[544]

Nach den geltenden Regelungen der IFRS findet der Minderheitenanteil am Goodwill lediglich in einer zum Zwecke des Goodwill-Impairment-Tests zu erstellenden Nebenrechnung Berücksichtigung. Durch eine lineare und aufgrund der Vernachlässigung von Kontrollvorteilen zumeist verzerrende[545] Hochrechnung des Mehrheiten-Goodwill soll die buchmäßige Vergleichsbasis einer CGU mit ihrem VIU vergleichbar gemacht werden.[546] Auf einen für die externen Adressaten erkennbaren bilanziellen Ausweis des Minderheiten-Goodwill wird jedoch nach geltendem Regelwerk verzichtet.[547]

---

540 Vgl. Todd (Business Combinations), S. 20; ferner bezogen auf den handelsrechtlichen Konzernabschluss Schildbach (Konzernrechnungslegungsvorschriften), S. 394.

541 Vgl. hierzu Ballwieser (Unternehmensführung), S. 166.

542 Vgl. Haller (Immaterielle Vermögenswerte), S. 578.

543 Vgl. Pellens/Sellhorn/Amshoff (Konzernbilanzierung), S. 1755.

544 Für die Kaufpreisfindung sowie die Festlegung der Beteiligungsquote müsste jedoch der Wert des Minderheiten-Goodwill ermittelt werden.

545 Der Kontrollvorteil kann aber nicht kleiner Null sein und nimmt im Regelfall einen positiven Wert an. Vgl. Treynor (Value of Control), S. 8.

546 Vgl. IAS 36.92; Pellens/Sellhorn (Minderheitenproblematik), S. 403 ff.

547 Vgl. IAS 36.91.

Ein Minderheiten-Goodwill soll allerdings künftig gemäß ED IFRS 3 unter Anwendung der sog. Full Goodwill Method[548] einer Aktivierungspflicht unterliegen, wobei die konkreten Regelungen eine Vielzahl von Anwendungsproblemen mit sich bringen.[549] Unter Relevanzgesichtspunkten kann bei einem Ausweis des „vollen" Goodwill des Tochterunternehmens[550] zumindest von einer temporär informativeren Goodwill-Bilanzierung ausgegangen werden.[551] Dies gilt jedenfalls aus einer einheitstheoretischen Perspektive, nach der auch Minderheitengesellschafter zur Gruppe der Hauptadressaten zählen. Der Informationsvorteil der Erstkonsolidierung nach der Full Goodwill Method geht jedoch im Zeitablauf sukzessiv verloren.[552]

Eine „volle" bilanzielle Potentialberücksichtigung dürfte darüber hinaus den Informationsbedürfnissen der Mehrheitengesellschafter entgegenkommen, da die Vermögenswerte als Cash Flow-Potentiale schließlich im Verbund den auf die Mehr- und Minderheiten entfallenden wirtschaftlichen Nutzen generieren.[553] „Financial position is thus the economic potential of the enterprise as expressed by the productive resources under its control."[554] Infolgedessen kann hinsichtlich des Wertgenerierungspotentials schwerlich eine Unterscheidung in Mehr- und Minderheitenanteil vorgenommen werden. Insofern entspricht die Full Goodwill Method als (vermeintlicher) Ausfluss der Einheitstheorie „der Realität der wirtschaftlichen Verhältnisse"[555], sie muss also keinen Widerspruch zur Interessentheorie darstellen.[556]

---

548 Vgl. z.B. Pellens/Fülbier/Gassen (Rechnungslegung), S. 674 f.; Pellens/Basche/Sellhorn (Full Goodwill Method); Pellens/Sellhorn/Amshoff (Konzernbilanzierung); Busse von Colbe (Einheitstheorie); Pawelzik (Minderheiten); Haaker (full goodwill method); Janschek (Full Goodwill-Methode); Schmidt (Full Goodwill Methode); Kühne/Schwedler (Änderungen), S. 334 f.; Haaker (Einheitstheorie), S. 452; Beyer/Zelger (Goodwill-Bilanzierung).

549 Vgl. Haaker (full goodwill method), S. 25 ff.

550 Vgl. Pacter (Consolidation), S. 58.

551 Vgl. Esser (Goodwillbilanzierung), S. 162; Hendler (Einheitstheorie), S. 88; Haaker (Einheitstheorie), S. 451; Haaker (full goodwill method), S. 27.

552 Vgl. Peffekoven (Kapitalkonsolidierung), S. 202; Haaker (full goodwill method), S. 27; Haaker (Einheitstheorie), S. 456.

553 Vgl. hierzu auch Barker (Framework), S. 175.

554 Penman (Net Asset Value), S. 334.

555 Busse von Colbe (Einheitstheorie), S. 57.

556 Bei Herleitung aus dem Informationszweck lässt sich die Full Goodwill Method auch interessentheoretisch begründen. Vgl. Haaker (Einheitstheorie), S. 453 f.

Auch im internen Rechnungswesen kann aus diesem Grund eine Berücksichtigung des Minderheiten-Goodwill durchaus zweckmäßig sein.[557] Gerade hier ist eine Einbeziehung der leistungsbezogenen Vermögensebene (Wertentstehungsebene) neben der anspruchsbezogenen Kapitalebene (Wertverteilungsebene) von Bedeutung. Es spricht Einiges dafür, die interne Steuerung auf den vollen Goodwill auszurichten, weil durch das ökonomische Potential unabhängig von der späteren Verteilung auf Mehr- und Minderheiten Wert generiert werden kann.[558] Außerdem wird der Minderheiten-Goodwill bei einer Bereichsbewertung mittels eines Gesamtbewertungsverfahrens implizit mit erfasst.[559] Auch sprechen Vergleichbarkeitsgesichtspunkte für eine Aktivierung des Minderheitenanteils,[560] da ein Mutterunternehmen in unterschiedlichem Umfang an den zum Konzern gehörenden Geschäftsbereichen beteiligt sein kann.

Von der Ebene der Wertenstehung zu unterscheiden ist demgemäß die Verteilung des generierten Wertes auf Mehr- und Minderheitengesellschafter.[561] Zwar ist auch der Anspruch auf den Nutzen aus dem Goodwill mit dem sonstigen Nettovermögen verbunden.[562] Da der Nutzen aus dem Nettovermögen aber annahmegemäß proportional auf Mehr- und Minderheiten entfällt,[563] lassen sich die Werte vom Mehr- und Minderheiten-Goodwill etwa durch Substraktion des anteiligen Nettovermögens aus den Werten ihrer Beteiligungen ableiten. „Diese Zurechnung jedoch ist völlig losgelöst von der Ermittlung der Verbundeffekte zu sehen und der Ermittlung der Verbundeffekte nachgelagert."[564] Inwieweit der Nutzen auf Mehr- oder Minderheiten entfällt, ist prinzipiell belegbar und relevant. Daher ist eine unterschiedliche Behandlung der Wertgenerierungssphäre (Potential- bzw. Vermögenssphäre) und Wertverteilungssphäre (Eigenkapitalsphäre) notwendig. Ein getrennter Ausweis von Mehr- und Minderheitenkapital ist jedoch grundsätzlich informativ.[565]

---

557 Vgl. Busse von Colbe/Ordelheide/Gebhardt/Pellens (Konzernabschlüsse), S. 238; a.A. Hayn/Hayn (Neuorientierung), S. 82.
558 Vgl. hierzu auch Küting (Bedeutung), S. 177.
559 Vgl. Krümmel (Kapitalerhaltung), S. 312; Catlett/Olson (Accounting for Goodwill), S. 64.
560 Vgl. hierzu auch Bierman (Proportionate Consolidation), S. 7.
561 Vgl. hierzu auch Penman (Equity Valuation Techniques), S. 306; Schultze (Unternehmensbewertung), S. 95.
562 Vgl. Tollinton (Brand Assets), S. 296.
563 Vgl. hierzu kritisch Schildbach (Konzernrechnungslegungsvorschriften), S. 394.
564 Küting (Bedeutung), S. 177.
565 Vgl. Haaker (Einheitstheorie), S. 453.

Abbildung 10 verdeutlicht den Zusammenhang zwischen der Wertgenerierung und der Wertzurechnung zu den Mehr- und Minderheitengesellschaftern auf Ebene einer CGU.

Abbildung 10: Wertgenerierung und -verteilung auf CGU-Ebene

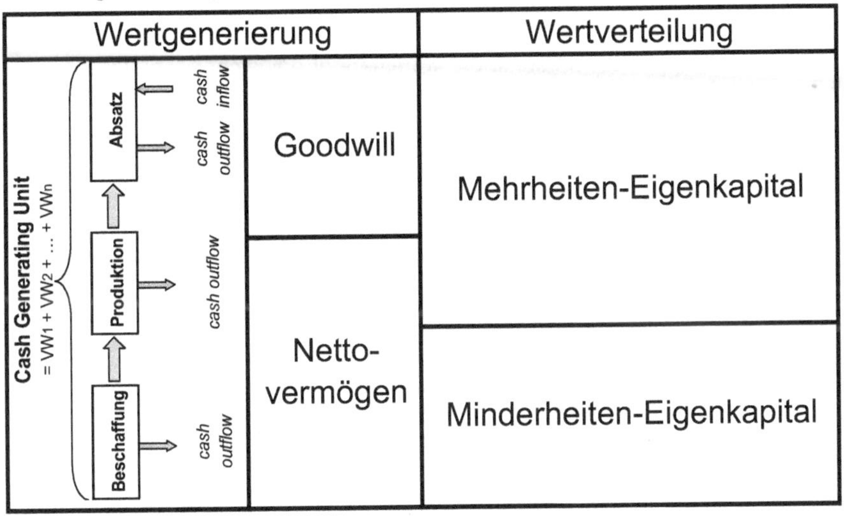

Während sich der Mehrheiten-Goodwill rechnerisch als Unterschied zwischen dem Wert der Mehrheitenbeteiligung und dem anteiligen, zum Fair Value bewerteten Nettovermögen ergibt, stellt der Minderheiten-Goodwill die Differenz zwischen dem Wert der auf die Minderheiten entfallenden Anteile und dem anteiligen Nettovermögen dar. Im Mehrheiten-Goodwill spiegeln sich die dem Mutterunternehmen zugute kommenden Synergiepotentiale wider; diese Synergien lassen sich erwartungsgemäß entweder im Mutter- oder im Tochterunternehmen erzielen. Der Minderheitenanteil am Goodwill repräsentiert hingegen die den Minderheiten erwartungsgemäß zugute kommenden Synergiepotentiale.[566] Er entspricht einem Teil der im Tochterunternehmen als realisierbar angenommenen Synergieeffekte und ist daher – ebenso wie der Mehrheiten-Goodwill – hinsichtlich der Wertgenerierung mit der vom Mutterunternehmen kontrollierten Vermögensmasse verbunden.[567] Der Goodwill stellt folglich als „Ganzes" (d.h. inklusive Minderheitenanteil) einen unter der Herrschaft des

566 Vgl. Haaker (full goodwill method), S. 27.

Mutterunternehmens stehenden Vermögenswert dar.[568] Die im Minderheiten-Goodwill verkörperten Potentiale können nicht zuletzt durch (rechtliche) Gestaltungen des herrschenden Mutterunternehmens zwischen den einzelnen Konzerneinheiten verschoben werden.[569] Sie weisen insofern auch für die Mehrheitengesellschafter einen (latenten) Wert auf. Dennoch erscheint ein separater Ausweis von Mehr- und Minderheiten-Goodwill unter Informationsgesichtspunkten geboten, da somit die voneinander abweichenden wesentlichen Erfolgsquellen der Mehr- und Minderheitengesellschafter offengelegt werden.

3.2.3 Charakterisierung des Goodwill anhand seiner Arten

Der Goodwill lässt sich im Hinblick auf die Kriterien

- originär oder derivativ,
- positiv oder negativ,
- unternehmens- oder bereichsbezogen sowie
- mehr- oder minderheitenbezogen

charakterisieren. Er stellt seinem Wesen nach eine Verknüpfung dieser Merkmale dar *(vgl. Abbildung 11)*.[570]

---

567 Vgl. hierzu auch Busse von Colbe/Falkenhahn (Kapitalkonsolidierung), S. 23.
568 Vgl. ED IFRS 3.BC136 ff.
569 Vgl. Pellens/Neuhaus/Nölte (Konzernergebnis), S. 45 f.
570 Zum „Mischposten-Charakter“ des Goodwill vgl. auch Dobler/Gampenrieder (Goodwillbilanzierung, Teil II), S. 434.

Abbildung 11: Charakterisierung des Goodwill

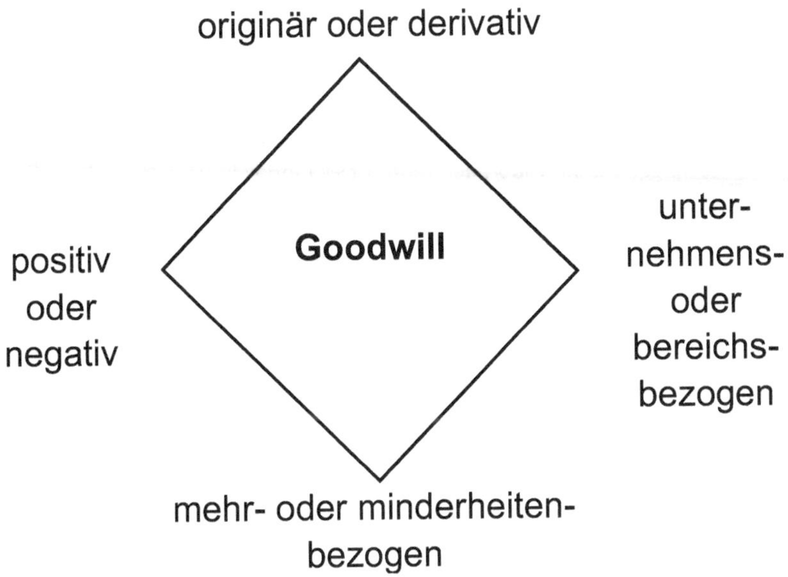

Alle Kombinationsmöglichkeiten der Arten des Goodwill sind denkbar. So kann etwa ein positiver derivativer Mehrheiten-Goodwill unternehmensbezogen sein. Stellt ein solcher Goodwill gewissermaßen einen „Standardfall“ dar, scheint ein negativer originärer Minderheiten-Goodwill eines Bereichs bezüglich seiner Erfassung im Rechnungswesen an Unwägbarkeiten kaum zu überbieten. Ob ein solcher Wert einen Sonderfall darstellt, darf jedoch bezweifelt werden. Dies mag vielleicht ein Grund dafür sein, dass der Goodwill im Allgemeinen als „nebulöser Bilanzposten“[571] gilt.

Im Weiteren wird versucht, den Nebel um diesen „Wert eigener Art“[572] wenigstens etwas zu durchdringen. Die Analyse darf jedoch nicht als Selbstzweck missverstanden werden, sondern bildet eine Basis der nachfolgenden Untersuchung zur Zweckadäquanz und Konvergenz des Rechnungswesens. Das eigentliche Ziel der Analyse besteht darin, ein Fundament bzw. einen Beurtei-

---

571 Küting (Bilanzanalyse), S. 126.

572 Vgl. Baetge/Kirsch/Thiele (Bilanzen), S. 306.

lungsrahmen für die zweckadäquate Behandlung des Goodwill im Rechnungswesen zu entwickeln.

3.3 Möglichkeiten der Ermittlung des Goodwill

Als Ausgangspunkt einer tiefergehenden Analyse des Goodwill bietet sich die zunächst „rein technisch" anmutende Frage der Ermittlungsmöglichkeiten des Goodwill an. Zumindest theoretisch kann der Goodwill nach dem Top Down- oder Bottom Up-Ansatz ermittelt werden.[573] Während eine Top Down-Ermittlung des Goodwill indirekt durch Abzug des Substanzwerts vom Unternehmenswert (bzw. vom Kaufpreis des Tochterunternehmens) erfolgt, ergibt sich der Goodwill im Rahmen einer Bottom Up-Ermittlung direkt als Summe seiner Wertkomponenten.[574] Diese Ermittlungswege sind keinesfalls konfliktär, sondern stellen zwei Seiten derselben Medaille dar.[575]

Im Allgemeinen wird es für wenig aussichtsreich gehalten, den Goodwill allein auf direktem Wege durch Summierung seiner Komponenten ermitteln zu wollen, nur eine indirekte Ermittlung mittels Abzug des Substanzwerts vom Gesamtwert gilt als durchführbar.[576] Tatsächlich erscheint eine direkte Ermittlung kaum praktikabel, wenn nicht gleichzeitig der Bereich des mit separaten Wertkomponenten auszufüllenden Wertintervalls durch eine indirekte Ermittlung abgesteckt wurde.[577] Schließlich stellt der Goodwill ein völlig heterogenes Wertkonglomerat dar.[578] Als Nettogröße enthält er ferner auch negative Komponenten, was eine substanzorientierte Ermittlung keinesfalls erleichtert. Dennoch sind mit der separaten Erfassung der Komponenten des Goodwill Informationsvorteile verbunden.[579] Vor dem Hintergrund seiner Bedeutung dürfte es kaum hinnehmbar sein, den Goodwill als reine Differenzgröße zu betrach-

---

573 Vgl. Johnson/Petrone (Goodwill), S. 294; Haller (Immaterielle Vermögenswerte), S. 564 f.; Küting/Ulrich (Abbildung, Teil I), S. 955; Küting (Schlüsselgröße), S. 161; Brösel/Müller (Goodwillbilanzierung), S. 34; Richter (Goodwill), S. 23-26; Herring/Herring (Goodwill), S. 42.

574 Vgl. Johnson/Petrone (Goodwill), S. 294; Küting (Schlüsselgröße), S. 161.

575 Vgl. Haller (Immaterielle Vermögenswerte), S. 564.

576 Vgl. Kühnberger (Firmenwerte), S. 677; Döring (Goodwill), Sp. 811; Zimmermann (Signale), S. 386.

577 Vgl. Trützschler (Behandlung), S. 408 f.

578 Vgl. Küting (Schlüsselgröße), S. 163.

579 Vgl. im Hinblick auf eine differenzierende Bemessung der Nutzungsdauer Ordelheide (Geschäftswert), S. 588; Colley/Volcan (Business Combinations), S. 74; Sellhorn (Ansätze), S. 891 f.; Busse von Colbe (Konzernrechnungslegung), S. 659 f.; kritisch Trützschler (Behandlung), S. 409.

ten,[580] vielmehr muss wenigstens versucht werden, seine Substanz zu hinterfragen,[581] weshalb eine Kombination beider Ermittlungswege am zweckmäßigsten erscheint.[582]

Die mit der Ermittlung des Goodwill verbundenen Unwägbarkeiten könnten also am ehesten durch eine Kombination einer direkten und indirekten Ermittlung überwunden werden,[583] wobei ohne vorherige indirekte Ermittlung eine direkte Bestimmung des Goodwill kaum durchführbar scheint:[584] Nach einer vorhergehenden Top Down-Ermittlung (Ertragswert abzüglich Substanzwert) müsste der Goodwill auf Bottom Up-Wege quasi plausibilisierend mit Substanz „unterfüttert" werden.[585] Der Bottom Up-Ansatz ist somit als ein notwendiger „Erklärungsansatz" des Goodwill zu verstehen, welcher den zuvor angewendeten Top Down-Ansatz als „Ermittlungsansatz" des Goodwill zu ergänzen hat.[586] Auch eine „nur" als Erklärungsansatz verstandene direkte Ermittlung des Goodwill gestaltet sich jedoch äußerst schwierig.[587]

Ein anschauliches Beispiel für die Verbindung von Ermittlungs- und Erklärungsansatz des Goodwill stellt das von *Haller* vorgeschlagene Intangible Assets Statement[588] dar.[589] Ausgehend vom Marktwert des Unternehmens werden hierbei sukzessiv verschiedene Saldogrößen auf dem Weg zu einem vermeintlich nicht mehr spaltbaren Goodwill mit Restgrößencharakter errechnet *(vgl. Abbildung 12)*.

---

580 Vgl. Küting (Bilanzanalyse), S. 125.
581 Vgl. Küting (Bilanzanalyse), S. 126.
582 Vgl. Johnson/Petrone (Goodwill), S. 294.
583 Vgl. Küting/Ulrich (Abbildung), S. 955.
584 Vgl. Haller (Immaterielle Vermögenswerte), S. 567. Der Goodwill lässt sich zwar auch als Barwert der Übergewinne ermitteln. Vgl. hierzu Ballwieser/Küting/Schildbach (Fair Value), S. 541, Fn. 27. Dieses Verfahren setzt jedoch, sofern sie der Goodwill-Ermittlung dienen soll, eine „korrekte" Substanzbewertung voraus.
585 Vgl. hierzu auch Lorson/Heiden (Intellectual Capital), S. 383; ferner Haaker (Einheitstheorie), S. 457.
586 Vgl. Brösel/Müller (Goodwillbilanzierung), S. 35.
587 Vgl. Küting (Schlüsselgröße), S. 63.
588 Vgl. Haller (Immaterielle Vermögenswerte), S. 588.
589 Vgl. im Folgenden Haller (Immaterielle Vermögenswerte), S. 587 ff.

Abbildung 12: Intangible Assets Statement

	Marktwert des Unternehmens
-	Buchwert materielles Nettovermögen
-	stille Reserven materielles Nettovermögen
=	**Saldo I**
-	Buchwert immaterielles Vermögen
-	stille Reserven immaterielles Vermögen
=	**Saldo II**
-	identifizierbare, aber nicht bilanzierte immaterielle Vermögenswerte (Lizenzen, Marken usw.)
=	**Saldo III (Goodwill)**
-	nicht identifizierbare Vermögenswerte, d.h. rein wirtschaftliche Vorteile (Intellectual Capital: z.B. Know how, Standortvorteil)
=	**Saldo IV (nicht mehr spaltbarer Goodwill)**

In Anlehnung an: Haller (Immaterielle Vermögenswerte), S. 588.

Vom Marktwert des Unternehmens wird durch sukzessiven Abzug des identifizierbaren Nettovermögens zunächst der Gesamt-Goodwill errechnet (Saldo III).[590] Nach Subtraktion der nicht identifizierbaren immateriellen Vermögenswerte[591] verbleibt eine nicht mehr spaltbare Restkomponente des Goodwill.[592] Diese kann nach *Haller* möglicherweise auch auf Marktüberbewertungen zurückgehen und daher zum Teil nicht werthaltig sein.[593] Hieran wird deutlich, dass der Marktwert i.S. eines Börsen- oder Marktpreises interpretiert wird.[594] Demnach würde es sich beim Goodwill nicht um eine subjektive Größe[595], sondern um einen „marktobjektivierten" Wert handeln, sofern die Substanz ebenfalls marktorientiert ermittelt würde.

Ein tatsächlicher Börsenpreis wäre für Anlageentscheidungen jedoch nutzlos,[596] weil der Investor einen subjektiven Wert benötigt, den er dem öffentlichen Börsenkurs gegenüberstellen kann, um auf dieser Grundlage über das

---

590 Eine der Saldogröße II entsprechende Inhaltsbestimmung des Goodwill findet sich etwa bei Nelson (Goodwill), S. 491.

591 Als nicht identifizierbar klassifiziert *Haller* auch Forschungs- und Entwicklungsaktivitäten. Vgl. Haller (Immaterielle Vermögenswerte), S. 588. Diese sind aber zumindest in bestimmten Fällen als identifizierbar anzusehen. Dementsprechend sind die Ausgaben eines Entwicklungsprojekts unter bestimmten Voraussetzungen selbst nach IFRS aktivierbar. Vgl. hierzu IAS 38.57; Schruff/Haaker (Immaterielle Vermögenswerte), Rn. 37. Im Übrigen ist der im Zusammenhang mit dem Intangible Assets Statement verwendete Begriff des Vermögenswerts nicht zwingend mit dem Vermögenswertbegriff i.S. der IFRS identisch.

592 Vgl. Colley/Volkan (Goodwill), S. 41; a.A. Tearney (Goodwill), S. 45.

593 Vgl. Haller (Immaterielle Vermögenswerte), S. 588.

594 Vgl. Ballwieser (Umbruch), S. 300.

595 Vgl. Busse von Colbe (Firmenwert), S. 2044.

Kaufen, Halten und Verkaufen von Anteilen zu entscheiden.[597] Da zudem eine nicht werthaltige Komponente im Rahmen einer ökonomischen Betrachtung schwerlich als Goodwill angesehen werden kann[598] und der Börsenpreis auch nicht die eigentliche Zielgröße des Unternehmens darstellt, sollte der Marktwert i.S. eines typisierten Unternehmenswerts und nicht eines Marktpreises verstanden werden. Markt(fehl)bewertungen stellen somit keine unmittelbare Einflussgröße auf die Restkomponente[599] dar und der nicht spaltbare Goodwill (Saldo IV) wäre bei dieser Interpretation als in vollem Umfang werthaltig anzusehen.

Im Rahmen des Intangible Assets Statement erfolgt eine differenzierende Top Down-Ermittlung mit (teilweiser) Bottom Up-„Unterfütterung" des Goodwill. Das Intangible Assets Statement dient damit nicht allein der Goodwill-Ermittlung, sondern stellt ebenso einen Versuch dar, die ökonomische Substanz des Goodwill zu ergründen.[600] Im Ergebnis lässt sich der Goodwill als die Summe der nicht identifizierbaren immateriellen Vermögenswerte und einer nicht spaltbaren Restkomponente verstehen.[601] Wie sich diese beiden Komponenten im Hinblick auf Bewertungs- und Abgrenzungsprobleme unterscheiden sollen, bleibt indes unklar.[602] Die Restkomponente könnte als Verbundwirkung interpretiert werden, wobei nicht außer Acht gelassen werden darf, dass es sich um Nettogrößen handelt, die auch negative Komponenten enthalten (im Extremfall sogar als Ganzes negativ sein können). Zumindest die Existenz einer mehr oder weniger unerklärten wesentlichen Restkomponente erscheint im Hinblick auf die Zwecke des Rechnungswesens nachteilig.

Um das ökonomische Phänomen „Goodwill" für Zwecke des Rechnungswesens erklären zu können, müssen seine ökonomische Substanz und seine Komponenten näher beleuchtet werden.

---

596 Vgl. hierzu Matschke/Brösel (Unternehmensbewertung), S. 31.
597 Vgl. Lange (Jahresabschlußinformationen), S. 169.
598 Vgl. hierzu auch Sellhorn (Ansätze), S. 889; Johnson/Petrone (Goodwill), S. 295.
599 Vgl. Schmidbauer (Immaterielle Vermögenswerte), S. 1447.
600 Vgl. Haller (Immaterielle Vermögenswerte), S. 588.
601 Vgl. Lorson/Heiden (Intellectual Capital), S. 387.
602 Vgl. Ballwieser (Umbruch), S. 300.

3.4 Ökonomische Substanz des Goodwill

3.4.1 Goodwill-Vernachlässigung und Marktwert-Buchwert-Lücke

Der Goodwill stellt „ein Konglomerat von immateriellen Werttreibern“[603] dar und nimmt sowohl quantitativ als auch qualitativ eine Schlüsselrolle unter den Wertdeterminanten eines Unternehmens ein.[604] Dennoch ist seine Vernachlässigung im Rechnungswesen zu konstatieren,[605] die sich zum einen auf der Ansatzebene in der Negierung von originärem Goodwill und zum anderen bei der Bewertung des derivativen Goodwill zeigt, da auf ertragswertorientierte Kalküle zugunsten einer Anschaffungskostenbewertung verzichtet wird.[606]

Dem „Prinzip“ der Goodwill-Vernachlässigung im externen Rechnungswesen wird zumeist mangels verfügbarer Daten im internen Rechnungswesen gefolgt.[607] Als Konsequenz kann sowohl das interne als auch das externe Rechnungswesen seinen unternehmenswertorientierten Informationszwecken kaum gerecht werden.[608] Ohne eine adäquate Berücksichtigung des Goodwill im Rechnungswesen gehört nämlich die Erfüllung der vom IASB und einer wertorientierten Ausrichtung des internen Rechnungswesens angestrebten Zwecke sicherlich in den Bereich der „Rechnungslegungsmythen“.[609]

Eine Reihe von Vorbehalten gegen das „traditionelle“ Rechnungswesen bezieht sich auf die sog. Marktwert-Buchwert-Lücke.[610] Die Vernachlässigung des Goodwill kann hierbei als wesentliche Ursache für die Marktwert-Buchwert-Lücke angesehen werden[611] und demgemäß mit dieser in Verbindung gebracht werden *(vgl. Abbildung 13 und Abbildung 14)*.[612] Eine Markt-

---

603 Küting (Schlüsselgröße), S. 161.

604 Vgl. hierzu etwa die Untersuchung von Küting (Konsolidierungspraxis).

605 Vgl. Moxter (Windfalls), S. 238 ff.

606 Vgl. Ballwieser (Goodwill), S. 480. Gemäß IAS 38.48 besteht ein Ansatzverbot für einen selbst geschaffenen Goodwill und nach IFRS 3.54 ist ein bilanzierungspflichtiger erworbener Goodwill zu fortgeführten Anschaffungskosten zu bewerten. Bezüglich des originären Goodwill werden weder sein Erfolgswert noch seine Herstellungskosten ausgewiesen. Vgl. Catlett/Olson (Accounting for Goodwill), S. 66.

607 Vgl. Ballwieser (Unternehmensführung), S. 166.

608 Vgl. Moxter (Windfalls), S. 238 f.; Hommel/Schmidt/Wüstemann (Moxter), S. 89.

609 Vgl. Moxter (Rechnungslegungsmythen), S. 2143 f.

610 Vgl. Lorson/Heiden (Interlectual Capital), S. 370.

611 Vgl. Penman (Valuation), S. 43. Weitere Ursachen sind nicht erfasste Werte sowie Bewertungen von erfassten Werten unterhalb ihres Zeitwerts. Vgl. hierzu Ballwieser (Limitations), S. 60 ff.; Hitz (Rechnungslegung), S. 262 ff.

612 In der Entwicklung der IFRS sind Bestrebungen zur Schließung der Marktwert-Buchwertlücke erkennbar. Vgl. Schultze (Unternehmensbewertung), S. 151.

wert-Buchwert-Lücke umfasst den Differenzbetrag zwischen dem Wertansatz des Nettovermögens und dem Gesamtwert eines Unternehmens, wobei zunächst offen bleibt, wie sich der Gesamtwert bestimmt.[613] Grundsätzlich lässt sich dieser als Unternehmenswert (i.S. eines Marktwerts) oder als Marktpreis bestimmen. Insofern ist der Begriff der Marktwert-Buchwert-Lücke nur bedingt zutreffend; es muss jedenfalls klargestellt werden, auf welche Marktwert-Buchwert-Lücke eine Analyse abzielt.

Eine Vernachlässigung des Goodwill kann sich in diesem Zusammenhang zum einen auf die wert- und mengenmäßige Nichtberücksichtigung von Goodwill-Komponenten (quantitative Goodwill-Vernachlässigung) und zum anderen auf den pauschalen, undifferenzierten Ausweis des Goodwill (qualitative Goodwill-Vernachlässigung) beziehen. Ein differenzierter Ausweis der Goodwill-Komponenten ist einem undifferenzierten Ausweis stets überlegen,[614] verliert doch hierdurch das berichtende Unternehmen seinen für Management und Investoren problematischen »Black Box«-Charakter[615]. Beide Arten der Goodwill-Vernachlässigung sind zumeist gleichzeitig zu beobachten.

In entsprechender Weise kann auch der Begriff der Marktwert-Buchwert-Lücke differenziert werden in

- eine quantitative Marktwert-Buchwert-Lücke und
- eine qualitative Marktwert-Buchwert-Lücke.

Das Spektrum der quantitativen Marktwert-Buchwert-Lücke lässt sich unterschiedlich abgrenzen. Unter der Marktwert-Buchwert-Lücke kann zum einen die Differenz zwischen dem Unternehmenswert (i.S. eines Erfolgswertes) und dem bilanziell ausgewiesenen Reinvermögen (Nettovermögen einschließlich eines bilanzierten Goodwill[616]) verstanden werden (Marktwert-Buchwert-

---

613 Vgl. Ordelheide (Wertpotential), S. 510. *Ordelheide* betrachtet jedoch nicht die Marktwert-Buchwert-Lücke, sondern das Wertpotential. Dieses stellt quasi die ander Seite derselben Medaille dar und bezeichnet die Möglichkeit einer Annäherung des Nettovermögens an den Unternehmenswert. Während das Konzept der Marktwert-Buchwert-Lücke sozusagen eine Negativabgrenzung vornimmt („Was wird nicht erfasst?"), zielt das Konzept des Wertpotentials auf eine Positivabgrenzung ab („Was wird erfasst?").

614 Vgl. Busse von Colbe (Konzernrechnungslegung), S. 660.

615 Vgl. Daum (Intellectual Capital Statements), S. 143.

616 Der bilanzierte Goodwill darf nicht dem derivativen Goodwill gleichgesetzt werden. Einerseits wird oftmals nicht der gesamte derivative Goodwill „bezahlt" und somit nicht im vollen Umfang bilanzierungsfähig. Andererseits werden auch originäre Goodwill-

Lücke I).[617] Zum anderen kann diese zusätzlich auch den Unterschied zwischen einem ggf. vorhandenen Marktpreis des Unternehmens und dem Unternehmenswert (sog. Erwartungsprämie) beinhalten und somit als Unterschied zwischen Marktpreis und bilanziellem Reinvermögen definiert werden (Marktwert-Buchwert-Lücke II).[618]

Stellt der Unternehmenswert das relevante Informationsziel dar, ergibt sich bezüglich eines den Goodwill vernachlässigenden Rechnungswesens folgendes Problem: Die Abbildung eines mehr oder weniger „zufälligen Teils“ des Goodwill lässt nicht den Gesamt-Goodwill erkennen und somit schwerlich Rückschlüsse über die Höhe des Unternehmenswerts als unbekannter Größe zu.[619] Zwar ist es mitunter besser, den Goodwill wenigstens teilweise abzubilden, als auf einen Ansatz ganz zu verzichten,[620] da der Buchwert des Eigenkapitals wenigstens etwas näher am jedoch für außenstehende nicht erkennbaren Gesamtwert liegt[621]. Das bilanzielle Eigenkapital informiert dennoch höchst unvollkommen über den Unternehmenswert, sollange es diesem nicht systematisch angenähert wird.[622] Schlussfolgern zu können, dass der (unbekannte) Unternehmenswert mindestens dem ausgewiesenen Eigenkapital enspricht,[623] bringt wenig, ohne die tatsächliche Relation zwischen Buch- und Unternehmenswert[624] zu kennen.[625] Soll der Unternehmenswert bilanziell gemessen oder zumindest approximiert werden, muss in letzter Konsequenz der Gesamt-Goodwill aktiviert werden.[626]

Komponenten bilanziell erfasst (Stichwort: Impairment Only Approach). Vgl. Küting (Entobjektivierung), S. 3.

617 Vgl. Copeland/Wojdak (Valuation), S. 59.

618 Vgl. hierzu Böcking/Wesner (Value Reporting), S. 104; ferner Hitz (Rechnungslegung), S. 262 f., der zwar zusätzlich zwischen einer „Wert- und Mengenlücke“ differenziert, aber vereinfachend aufgrund der Annahme eines informationseffizienten Marktes Unternehmenswert und Marktpreis des Unternehmens gleichsetzt.

619 Vgl. Siegel (Bilanzierung), S. 749 f.

620 Zimmermann (Geschäftswerte), S. 752.

621 Vgl. Black (Magic), S. 24.

622 Vgl. Black (Accountig Rules), S. 4.

623 Vgl. Padberg (Goodwill-Bilanzierung), S. 222; Kriete/Padberg (IAS/IFRS-Bilanzierung), S. 233; Padberg/Kriete (Kapitalmarktrelevanz), S. 74.

624 Vgl. Black (Magic), S. 23 f.

625 Die Möglichkeit einer Annäherung des bilanziellen Eigenkapitals an den Unternehmenswert wird von *Ordelheide* als Wertpotential bezeichnet. Vgl. Ordelheide (Wertpotential), S. 510.

626 Vgl. Siegel (Bilanzierung), S. 749.

Schließlich kann neben diesen rein quantitativen Begriffsinterpretationen die Marktwert-Buchwert-Lücke auch eher qualitativ als der nicht durch den Ausweis einzelner Werte transparent gemachte Bereich zwischen

- Unternehmenswert und (bilanziertem) Nettovermögen oder
- Marktpreis und (bilanziertem) Nettovermögen

interpretiert werden (qualitative Marktwert-Buchwert-Lücke). Eine so verstandene Marktwert-Buchwert-Lücke schließt auch einen zwar bilanziell als Globalgröße ausgewiesenen, aber nicht in seine Komponenten „aufgespalteten" Goodwill mit ein. Innerhalb dieses Spektrums werden die Potentiale – wenn auch teilweise in globaler Weise erfasst – nicht transparent gemacht. Indessen wäre eine detaillierte Erklärung des Inhalts der Wertlücke zwischen Substanz- und Gesamtwert aus Investorensicht wünschenswert,[627] was „die Ermittlung und Zerlegung des gesamten, derivativen wie originären Goodwill"[628] erfodert.[629]

Ein bilanziertes „Bruchstück" vom gesamten Goodwill vermag eine so verstandene qualitative Marktwert-Buchwert-Lücke nicht einmal zu vermindern *(vgl. Abbildung 13)*. So gesehen ist ein undifferenziert bilanzierter Goodwill ein Teil der qualitativen Wertlücke und dient nicht deren Ausfüllung. Es erscheint darum zumindest erforderlich, die Bestimmungsfaktoren des Goodwill zu explizieren.[630]

Bei einer Beteiligungsquote von 100 % ist im Rahmen der Erstkonsolidierung nach der Neubewertungsmethode faktisch eine fair value-orientierte Push Down-Bilanz[631] für das erworbene Tochterunternehmen erforderlich, in der das gesamte Nettovermögen des Tochterunternehmens zum Fair Value angesetzt wird. Aber nur bei Kaufpreisen i.H. des Käufergrenzpreises wird im Rahmen der Erstkonsolidierung das Nettovermögen mittels Aktivierung des Gesamt-Goodwill in den Wert des Tochterunternehmens überführt. Dagegen wird der Unternehmenswert bei Kaufpreisen unterhalb des Käufergrenzpreises nicht

---

627 Vgl. Kivikas/Wulf (Wissensbilanzierung), S. 55.
628 Ballwieser (Umbruch), S. 296.
629 Vgl. Busse von Colbe (Konzernrechnungslegung), S. 659 f.; kritisch Ballwieser (Umbruch), S. 300.
630 Vgl. Mujkanovic (Fair Value), S. 302-305.
631 Zum Push Down-Accounting vgl. Cunningham (Push-Down Accounting); Colley/Volcan (Business Combinations).

approximiert.[632] Mittels einer fair value-orientierten Einzelbewertung lässt sich unter realen Marktbedingungen kein Gesamtwert ermitteln.[633] Nur ein Teil der bestehenden Lücke wird quantitativ durch den Ansatz eines durch das Mutterunternehmen erworbenen und bezahlten anteiligen Goodwill geschlossen.[634] Im qualitativen Sinn findet aufgrund des undifferenzierten Ausweises des „erworbenen" Goodwill im Grunde überhaupt keine Schließung der Lücke zwischen Substanz- und Gesamtwert statt *(vgl. Abbildung 13)*.

Abbildung 13: Marktwert-Buchwert-Lücke bei der Erstkonsolidierung[635]

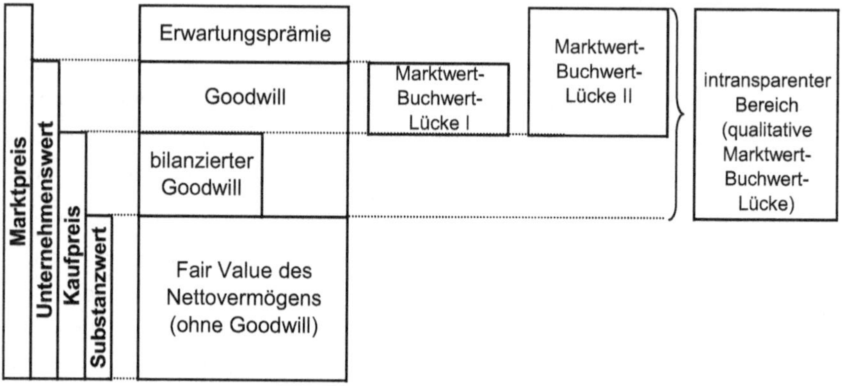

Die Abbildung bezieht sich auf die (fiktive) Push Down-Bilanz eines erworbenen Tochterunternehmens zum Zeitpunkt der Erstkonsolidierung. In diesem Zusammenhang ist eine Marktwert-Buchwert-Lücke I i.H. des nicht bezahlten Anteils am Goodwill des Tochterunternehmens[636] zu konstatieren.[637] Soll sich

[632] Vgl. hierzu Lücke (Unternehmenswachstum), S. 14 f.
[633] Vgl. grundlegend Barth/Landsman (Fair Value Accounting); Ballwieser/Küting/Schildbach (Fair value), S. 530 ff.
[634] Vgl. hierzu Wirth (Firmenwertbilanzierung), S. 183.
[635] Um die Darstellungweise zu vereinfachen, wird angenommen, der Marktpreis sei höher als der Unternehmenswert.
[636] Die „Überbewertung" des Marktes ist mangels Werthaltigkeit k
[637] A.A. Duhr (Geschäftswertbilanzierung), S. 34. *Duhr* bemerkt, dass „zumindest im Erwerbszeitpunkt der [Push-Down-]Einzelabschluss des erworbenen Unternehmens einer Effektivvermögensbilanz gleicht, da der volle Kaufpreis abgebildet wird" und verkennt offenbar, dass der Kaufpreis im Normalfall unter dem Grenzpreis des Käufers liegen sollte. Damit zeigt die Push-Down-Bilanz nicht den Wert des Tochunternehmens aus Käufersicht. Auch stellt sie nicht den – aus Sicht der Mehrheitengesellschafter irrelevanten – Verkäuferwert dar. Dieser sollte unter dem in einer solchen Bilanz gezeigten Wert liegen und enthält aus Stand Alone-Perspektive in diesem Fall einen Betrag, der à fonds perdu

die Unternehmenswertapproximation hingegen auf den Wert des Gesamtkonzerns beziehen, ist das Spektrum der nicht ausgewiesenen Potentiale entsprechend größer. Schließlich werden bezüglich des Mutterunternehmens in der Konzernbilanz nur die Buchwerte des ansatzfähigen Nettovermögens gezeigt[638] und ein originärer Goodwill bleibt außer Ansatz.[639] Auf den Gesamtkonzern bezogen ergibt sich zum Zeitpunkt der Erstkonsolidierung mangels Neubewertung der Potentiale des Mutterunternehmens eine zusätzliche Marktwert-Buchwert-Lücke. Damit kommt es in der Konzernbilanz ferner zu einer kaum interpretierbaren Vermischung von Buch- und Zeitwerten.[640]

Die konzernbezogene Wertlücke wird auch nicht, wie es der Begriff dieser Konsolidierungsmethode suggeriert, bei Anwendung der sog. Full Goodwill Method geschlossen;[641] bestenfalls wird bei einer idealtypischen Anwendung der Full Goodwill Method unabhängig von der Anteilsquote die Wertlücke in der (fiktiven) Push Down-Bilanz des Tochterunternehmens ausgefüllt,[642] da im Rahmen dieser Methode die Summe der konsolidierten Potentiale dem Unternehmenswert des Tochterunternehmens angenähert werden kann.[643] Gegenüber der Neubewertungsmethode findet jedoch „lediglich" ein auf die Minderheiten entfallender, anteiliger Goodwill (mehr oder weniger vollständig) Einzug in die Bilanz.[644] Nur bei einer „idealtypischen" Konsolidierung nach der Fresh Start Method könnte bezogen auf den Zeitpunkt der Erstkonsolidierung durch den Ansatz des Gesamtkonzern-Goodwill die Lücke zwischen Konzernwert und Buchwert gänzlich geschlossen und der Gesamtkonzernwert (approximativ) abgebildet werden.[645] Im Rahmen der Folgebilanzierung würde sich aller-

bezahlt wurde. Damit wird auch aus dieser fraglichen Perspektive nicht der Unternehmenswert bilanziell gezeigt.

638 Vgl. Nurnberg/Sweeney (Fair Values), S. 388.

639 Vgl. Haaker (Einheitstheorie), S. 455; Haaker (full goodwill method), S. 27.

640 Vgl. Benston/Bromwich/Wagenhofer (Accounting Standards), S. 174.

641 Vgl. Haaker (Einheitstheorie), S. 455 ff.; Haaker (full goodwill method), S. 27.

642 Vgl. Siegel (Zeitwertansatz), S. 320.

643 Vgl. Busse von Colbe/Falkenhahn (Kapitalkonsolidierung), S. 5; Haaker (Einheitstheorie), S. 455; Haaker (full goodwill method), S. 27; Hahn (Full-Goodwill-Methode), S. 416.

644 Vgl. Haaker (Einheitstheorie), S. 455 f.; Haaker (full goodwill method), S. 27.

645 Vgl. Muff (Fresh-Start-Methode), S. 120; Pellens/Sellhorn (Fresh-Start-Methode), S. 2131; Haaker (Einheitstheorie), S. 455 f.; Esser (Goodwillbilanzierung), S. 165; AAA (Business Combinations), S. 301. Zwar wird die Fresh Start Method zumeist im Zusammenhang mit einem Zusammenschluss unter „Gleichen" diskutiert [vgl. etwa Degener (merger of equals)], eine generelle Anwendung auf alle Arten von Unternehmenszusammenschlüssen ist deswegen nicht weniger denkbar. Vgl. Muff (Fresh-Start-Methode), S. 84 f.; Esser (Goodwillbilanzierung), S. 163 f. „Warum sollte die rechtliche Form einer

dings auch bei dieser Methode – es sei denn, ihre Anwendung bleibt nicht auf die Erstkonsolidierung begrenzt – eine Lücke auftun.[646] Außerdem müssten selbst im „Idealfall" eines jährlichen „Fresh Starts" Maßnahmen erfolgen, um die qualitative Marktwert-Buchwert-Lücke zu schließen. Mit dem Ausweis einer globalen Goodwill-Größe wird die Lücke zwar rechnerisch geschlossen, aber ihr konkreter Inhalt bleibt den Adressaten verborgen.[647] Die Verteilung des Goodwill auf CGU[648] und ggf. ein differenzierter Ausweis von Mehr- und Minderheiten-Goodwill stellen hierfür allenfalls erste Schritte dar.

Im Rahmen der Folgekonsolidierung verliert auch das buchmäßige Nettovermögen weiter an Aussagekraft. Die Marktwert-Buchwert-Lücke umfasst dann auch die nicht erfassten Teile des Substanzwerts, und es herrscht auch bezüglich des Tochterunternehmens ein „Bewertungschaos" von teilweise zu (fortgeführten) Anschaffung- oder Herstellungskosten und teilweise zu Fair Values bewerteten Vermögenswerten und Schulden *(vgl. Abbildung 14)*;[649] eine einheitliche Bewertung zum Fair Value wäre zumindest leichter zu interpretieren.[650]

Unternehmensübernahme und nicht der ökonomische Gehalt für die Bilanzierung des Goodwill bestimmend sein?" [Ordelheide (Geschäftswert), S. 577]. Zur Diskussion um eine Einheitliche Abbildung von Unternehmenszusammenschlüssen vgl. auch Gray (Accounting for Acquisitions).

646 Vgl. Peffekoven (Kapitalkonsolidierung), S. 202.

647 Vgl. hierzu Bieker (Fair Value Accounting), S. 230.

648 Auch auf CGU-Ebene würde eine Marktwert-Buchwert-Lücke i.w.S. bestehen. Die Informationen zur Ausfüllung dieser Transparenzlücke liegen mit einer sachgerechten Goodwill-Zuordnung zum Zwecke des Impairment-Tests prinzipiell vor.

649 Vgl. hierzu auch Behr (Rechnungslegung), S. 539; Benston/Bromwich/Wagenhofer (Accounting Standards), S. 174.

650 Vgl. Schuetze (Liabilities), S. 25.

Abbildung 14: Marktwert-Buchwert-Lücke bei der Folgekonsolidierung

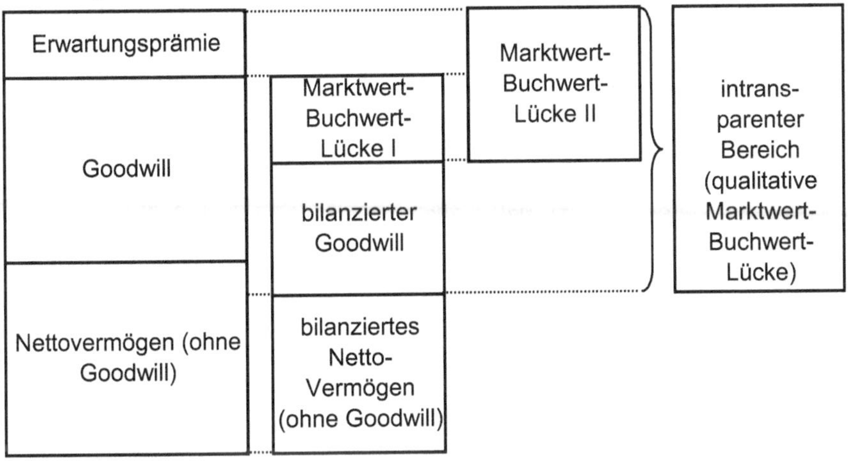

Insgesamt ist also deutlich geworden: „Unter rein betriebswirtschaftlichen Gesichtspunkten steht...nur ein Bruchteil von Goodwill und Eigenkapital in der Bilanz."[651] In der Folge ist anzunehmen, dass dieser zentrale Werttreiber[652] auch im internen Rechnungswesen vernachlässigt wird.[653] Ein solcher Zustand kann weder im internen noch im externen Rechnungswesen hingenommen werden, sodass es vor diesem Hintergrund im Weiteren die ökonomische Substanz des Goodwill zu analysieren gilt, wobei nur die Marktwert-Buchwert-Lücke I und der entsprechende intransparente Bereich (qualitative Marktwert-Buchwert-Lücke) betrachtet werden sollen.

Je „korekter" die Marktbewertung ist, desto näher sollte der Marktpreis dem Unternehmenswert kommen.[654] Für eine „korrekte" Marktbewertung bedarf es wiederum einer Versorgung des Marktes mit den hierfür notwendigen Informationen.[655] Bei einer entsprechenden externen Berichterstattung sollte daher die Diskrepanz zwischen Marktpreis und Unternehmenswert abnehmen und sich die Marktwert-Buchwert-Lücke II der Marktwert-Buchwert-Lücke I annähern.[656]

651 Küting (Konsolidierungspraxis), S. 1670.
652 Vgl. Küting (Konsolidierungspraxis), S. 1670.
653 Vgl. Haller (Immaterielle Vermögenswerte), S. 578 f.
654 Vgl. hierzu Penman (Valuation), S. 45.
655 Vgl. Günther/Beyer (Value Based Reporting), S. 1623 f. und S. 1630.
656 Vgl. Ruhwedel/Schultze (Value Reporting), S. 606; Ruhwedel/Schultze (Konvergenz), S. 491 f.

Daher stellt die Schließung der Marktwert-Buchwert-Lücke I das eigentliche Problem eines konvergenten Rechnungswesens dar; die Differenz zur Marktwert-Buchwert-Lücke II wird im Idealfall bei entsprechender externer Kommunikation über den Unternehmenswert quasi automatisch beseitigt.

3.4.2 Goodwill als Intellectual Capital

Im Zusammenhang mit der Marktwert-Buchwert-Lücke als Differenz zwischen Unternehmens- und Substanzwert werden als mögliche Ansatzpunkte zur Lückenschließung

- die Residualgröße Goodwill als quantitativer und
- das Intellectual Capital[657] als eher qualitativer Ansatzpunkt

diskutiert.[658] Mit der Aktivierung des Gesamt-Goodwill könnte die quantitative Marktwert-Buchwert-Lücke geschlossen werden. Im Rechnungswesen wird jedoch im Regelfall nur ein derivativ erworbener Teil des Goodwill erfasst.

Über das hinter dem Goodwill stehende Potential kann zur Schließung der qualitativen Marktwert-Buchwert-Lücke wiederum mittels eines Intellectual Capital Statement qualitativ berichtet werden.[659] „Das Intellektuelle Kapital...stellt eine konzeptionelle Brücke zwischen der bilanziellen und finanzwirtschaftlichen Perspektive...dar."[660] Im Rahmen eines Intellectual Capital Statements ist der Inhalt der gesamten Marktwert-Buchwert-Lücke bzw. des gesamten Goodwill transparent zu machen.[661] Mit der Berichterstattung über das Intellectual Capital soll demgemäß nicht nur der bilanziell erfasste Teil des Goodwill inhaltlich erläutert, sondern mittels entsprechender Zusatzinformationen das Problem der bestehenden quantitativen Marktwert-Buchwert-Lücke „gemindert" werden.[662] Schließlich wird über wesentliche Werttreiber berichtet und insofern bewertungsrelevantes Wissen vermittelt.

---

657 Vgl. Andriessen (IC Valuation); Andriessen (IC Theory); Andriessen (Intellectual Capital).

658 Vgl. Lorson/Heiden (Intellectual Capital), S. 370; Maul/Menninger (Immaterielle Vermögensgegenstände), S. 2426.

659 Vgl. Busse von Colbe (Konzernrechnungslegung), S. 668.

660 Pfeil/Vater (Goodwill, Teil 2), S. 670.

661 Vgl. Saelzle/Kronner (Informationsfunktion), S. 164; Pfeil/Vater (Goodwill, Teil 2), S. 670.

662 Vgl. Saelzle/Kronner (Informationsfunktion), S. 164; Busse von Colbe (Konzernrechnungslegung), S. 660.

Wenn folglich beide Aspekte (Goodwill und Intellectual Capital) den potentiellen Inhalt der Marktwert-Buchwert-Lücke quantitativ und qualitiv ausfüllen können, kann es sich nur um zwei Seiten derselben Medaille handeln:

$$\textit{Goodwill} = \textit{Intellectual Capital}$$

Eine solche Übereinstimmung ist jedoch bei einer weiten Aktivierungskonzeption, die auch Teile des Intellectual Capital als Substanzwert erfasst, nicht gegeben. Immaterielle Vermögenswerte wie Patente, Kundenlisten etc. sind dem identifizierbaren Nettovermögen zuzuordnen und gehen nicht in den Goodwill ein. Es sollte dennoch zumindest eine wesentliche Schnittmenge zwischen Goodwill und Intellectual Capital geben, wobei gelten könnte:

$$\textit{Goodwill} \subset \textit{Intellectual Capital}$$

Demgemäß könnte der Goodwill als das quantitative Spiegelbild des im Unternehmen vorhandenen, aber nicht im Substanzwert erfassten Intellectual Capital angesehen werden.[663]

Die im Grunde schon lange als Bestandteile des Goodwill geltenden immateriellen Werte wie das Know How, die Kundenbeziehungen, Prozessabläufe etc.[664] sollen als Intellectual Capital durch Kategorisierung einer strukturierten und somit einer adäquaten Erfassung im Rechnungswesen zugänglich gemacht werden.[665] Der Arbeitskreis *„Immaterielle Werte im Rechnungswesen" der Schmalenbachgesellschaft für Betriebswirtschaft e.V.* unterscheidet in diesem Zusammenhang beispielsweise die Kategorien Innovation Capital, Human Capital, Customer Capital, Supplier Capital, Investor Capital, Process Capital und Location Capital.[666]

Auch wenn der mögliche Inhalt der nicht immer überschneidungsfrei abzugrenzenden Kategorien[667] über den möglichen Inhalt der „Residualgroße" Goodwill hinausgehen mag,[668] so liegt es dennoch nahe, sich einer solchen

---

663 Vgl. Lorson/Heiden (Intellectual Capital), S. 377; Hoogendoorn (Financial Statement Model), S. 20; Tearney (Goodwill); Colley/Volkan (Goodwill), S. 36.

664 Vgl. etwa Moxter (Auskunftsverweigerungsrecht), S. 312; Busse von Colbe (Konzernrechnungslegung), S. 658.

665 Vgl. Haller/Dietrich (Intellectual Capital), S. 1046.

666 Vgl. im Einzelnen Arbeitskreis (Kategorisierung), S. 990 f.

667 Vgl. Arbeitskreis (Kategorisierung), S. 991.

668 Vgl. Arbeitskreis (Intangibles), S. 69. Etwa gelten Patente als Teil des Innovation Capital oder Marken als Teil des Customer Capital. Vgl. Arbeitskeis (Kategorisierung), S. 990 f.

Kategorisierung im Rahmen einer „Zerlegung" des Goodwill zu bedienen.[669] „Gerade im Umgang mit dem originären Goodwill leistet das Gedankengut der Intellectual Capital-Ansätze wertvolle Hilfestellung."[670] Es kann darüber hinaus der vorgelagerten Ermittlung des „Kern-Goodwill" und einer damit verbundenen möglichst weiten Substanzwertkonzeption dienen. Zunächst sind hierbei alle (wesentlichen) immateriellen Werttreiber quasi im Rahmen einer Inventur qualitativ zu erfassen,[671] um in einem zweiten Schritt die identifizierbaren immateriellen Werte so weit wie möglich aus der „Masse" des Intellectual Capital herauszufiltern und zum Fair Value zu bewerten.[672]

Während somit ein Teil der immateriellen Werte in Höhe ihres Zeitwerts im Substanzwert erfasst werden kann und nur der mit ihnen verbundene, über ihren Zeitwert hinausgehende Wertbeitrag (Synergiepotential) dem Goodwill zuzuordnen ist, geht der Wertbeitrag anderer nicht identifizierbarer immaterieller Werte gänzlich in den Goodwill ein.[673]

Die Wirkung der Komponenten des Intellectual Capital auf den gesamten Wertschaffungsprozeß ist jedoch kaum durchschaubar,[674] ihr Einfluss auf die Zahlungsströme ist demzufolge schwerlich in Zahlen zu fassen.[675] Auch darf keinesfalls verkannt werden, dass einzelne Bestandteile einer Kategorie oder gar ganze Kategorien als Nettogrößen auch einen negativen Wert annehmen können. Neben Intellectual Assets existieren sozusagen auch Intellectual Liabilities,[676] was die Abgrenzungs- und Bewertungsprobleme bedeutend verschärft.

Allein mit der Kategorisierung als Intellectual Capital sind die bestehenden Bewertungs- und Abgrenzungsprobleme der Goodwill-Komponenten keinesfalls gelöst,[677] sie kann allenfalls als ein erster Schritt einer weitergehenden

---

Diese Vermögenswerte sind jedoch nicht Teil des Goodwill, sondern des Substanzwerts. Vgl. Mildebrath (Goodwill), S. 10.

669 Vgl. Busse von Colbe (Konzernrechnungslegung), S. 668; Mujkanovic (Fair Value), S. 303 f.; Kivikas/Wulf (Wissensbilanzierung), S. 51.

670 Lorson/Heiden (Intellectual Capital), S. 391.

671 Vgl. Kivikas/Wulf (Wissensbilanzierung), S. 50.

672 Vgl. IDW (IDW RS HFA 16), Rn. 44; Mackenstedt/Fladung/Himmel (Zeitwerte), S. 1038.

673 Vgl. Lorson/Heiden (Intellectual Capital), S. 382 f.

674 Vgl. Wagner (Immaterielle Werte), S. 434.

675 Vgl. Wagner (Immaterielle Werte), S. 433.

676 Vgl. Caddy (Intellectual Capital).

677 Vgl. Ballwieser (Umbruch), S. 300; Hitz (Rechnungslegung), S. 263; Wagner (Immaterielle Werte), S. 433 f.

Analyse angesehen werden. Es bedarf einer grundsätzlichen Klärung, wie die nicht trennscharfen Komponenten des Goodwill abzugrenzen und zu bewerten sind.[678] Diesbezüglich kann jedoch konstatiert werden: „Die Diskussion darüber steht noch in den Anfängen."[679]

Mit einer Einzelbewertung des Intellectual Capital als goodwill-bildende Komponenten dürfte das Problem des Herunterbrechens des Goodwill in seine ökonomischen Bestandteile schwerlich lösbar sein.[680] Schon die Identifikation der immateriellen Werte gestaltet sich problematisch[681] und auch eine adäquate Quantifizierung der identifizierbaren immateriellen Werte erscheint nur begrenzt möglich.[682] Versuchen, diese (etwa mittels einer „Potentialbilanz") einer Quantifizierung zugänglich zu machen, sind enge Grenzen gesetzt.[683] Selbst wenn diese Quantifizierung weitgehend gelänge, ließe sich der Goodwill nicht vollständig als bewertetes Intellectuell Capital errechnen. Anders als vereinfachend angenommen wird,[684] entspricht der Wert des Goodwill schließlich nicht nur der Summe der nicht erfassten immateriellen Werte, sondern spiegelt im Wesentlichen auch die Wirkung des Zusammenspiels aller Werttreiber wider. Die Werttreiber sowie deren Wirkung bilden zwei gänzlich verschiedene Betrachtungsebenen, wodurch die Grenze einer an einzelnen Werttreibern orientierten Potentialerfasssung markiert ist. Insofern ist auch *Tearney* zu widersprechen, wenn er die Ansicht vertritt, eine Position Goodwill sei bei einer umfassenden Ansatz- und Bewertungskonzeption für immaterielle Vermögenswerte überflüssig:[685] „The actual assets acquired in a business combination should be identified, valued and disclosed – and "goodwill" no longer need appear on financial statements."[686] Richtig ist, dass auf diese Weise die Position Goodwill gewiss reduziert, aber keinesfalls eliminiert werden kann.[687] Somit besteht in jedem Fall das Problem der Behandlung des verbleibenden Restbe-

---

678 Vgl. Busse von Colbe (Konzernrechnungslegung), S. 668; Lorson/Heiden (Intellectual Capital), S. 382 f.; hierzu kritisch Moxter (Geschäftswertbilanzierung), S. 746.
679 Busse von Colbe (Konzernrechnungslegung), S. 668.
680 Vgl. Fasselt/Brinkmann (Geschäfts- oder Firmenwert), Rn. 13.
681 Vgl. Günther (Steuerung), S. 56.
682 Zur Messung und Bewertung immaterieller Werte vgl. auch Günther (Steuerung), S. 57 ff.
683 Vgl. Kivikas/Wulf (Wissensbilanzierung), S. 52 ff.; a.A. Tearney (Goodwill), S. 45.
684 Vgl. etwa Kivikas/Wulf (Wissensbilanzierung), S. 51.
685 Vgl. Tearney (Goodwill), S. 42; Colley/Volkan (Goodwill), S. 36.
686 Tearney (Goodwill), S. 41.
687 Vgl. Colley/Volkan (Goodwill), S. 41.

trags.[688] Daher stellt der Goodwill unabhängig von der Ansatz- und Bewertungskonzeption eine zur Überbrückung der Wertlücke zwischen Einzel- und Gesamtbewertung unverzichtbare Größe dar.[689]

Ob der Versuch einer Aufspaltung des Goodwill in seine Komponenten letztendlich nur „eine Ausdehnung des Einzelbewertungsgedankens in einen Bereich, der dieser Technik nicht zugänglich ist“[690], darstellt und folglich nur ein „Gedankenkonstrukt bleiben muss“[691],[692] sollte dennoch hinterfragt werden.[693] Im Zweifel gilt für das „Spannungsfeld zwischen dem Zwang zur Rechenbarkeit und der Unmöglichkeit einer (eindeutigen) Quantifizierbarkeit“[694], dass es besser ist eine „ungenaue“ Differenzierung der Goodwill-Komponenten vorzunehmen, als gar keine.[695] „Die Ursachen für den Geschäftswert lassen sich...nicht immer streng trennen“, sind aber oftmals doch „zumindest grob quantifizierbar“[696]. Es sollte in gewissen Grenzen „möglich sein, näherungsweise Teile des Goodwill diesen Ursachenkomplexen zuzuordnen.“[697]

Wird aufgrund der Schwierigkeiten einer differenzierenden Erfassung der Goodwill als undifferenzierte Globalgröße ausgewiesen und darüber hinaus ein wesentlicher Teil dieses Werts vernachlässigt, entspricht dieses im Grunde einer »Problembewältigung mittels Problemverdrängung«. Dies soll im Folgenden nicht geschehen, denn Goodwill „must be recorded as precisely as possible.“[698] Um die Bewertungs- und Abgrenzungsprobleme angehen zu können, bietet sich eine investitionstheoretische Interpretation des Goodwill an.

3.4.3 Goodwill als Kapitalwert

Aus Investorensicht ergibt sich der Wert eines Unternehmens (UW_t) auf Basis der ihnen zugute kommenden Erfolge,[699] der Unternehmenswert wird dem-

688 Vgl. Fritzemeyer/Pacter (Business Combinations), S. 66.
689 Vgl. Miller (Goodwill), S. 285.
690 Moxter (Geschäftswertbilanzierung), S. 746.
691 Fasselt/Brinkmann (Geschäfts- oder Firmenwert), Rn. 2 (im Original hervorgehoben).
692 Vgl. Hommel (Goodwill), S. 803.
693 Vgl. hierzu Busse von Colbe (Konzernrechnungslegung), S. 659 f.
694 Lorson/Heiden (Intellectual Capital), S. 371.
695 Vgl. Busse von Colbe (Konzernrechnungslegung), S. 660.
696 Busse von Colbe (Firmenwert), S. 2047 (beide Zitate).
697 Busse von Colbe (Konzernrechnungslegung), S. 659.
698 Herring/Herring (Goodwill), S. 42.
699 Vgl. Moxter (Unternehmensbewertung), S. 75.

nach als Zukunftserfolgswert bestimmt.[700] Er kann den finanziellen Interessen der Investoren folgend direkt durch die Diskontierung der erwarteten zukünftigen Nettoausschüttungen ($\tilde{NA}_j$)[701] ermittelt werden:[702]

$$UW_t = \sum_{j=t+1}^{\infty} \frac{\tilde{NA}_j}{(1+k)^{j-t}}$$

Insbesondere bei Unternehmen, welche über einen längeren Zeitraum keine wesentlichen Ausschüttungen vornehmen, gilt diese Basismethode der Unternehmensbewertung[703] jedoch als wenig praktikabel, weshalb sich hier eher ein Rückgriff auf die erwarteten Free Cash Flows ($\tilde{FCF}_j$) anbietet.[704] Der „ausschüttungsfähige" Free Cash Flow ergibt sich dabei als Zahlungsmittelüberschuss nach Investitionstätigkeit.[705] Da die erwarteten (leistungsinduzierten) $\tilde{FCF}_j$ die Ausschüttungsmöglichkeiten determinieren,[706] gilt:

$$UW_t = \sum_{j=t+1}^{\infty} \frac{\tilde{FCF}_j}{(1+k)^{j-t}}$$

Anhand der vereinfacht dargestellten Unternehmensbewertungskalküle wird deutlich, dass es sich bei einer Unternehmensbewertung im Grunde um ein „normales" Investitionsrechenkalkül handelt. Unternehmensbewertungen zeichnen sich lediglich durch einen hinsichtlich der Datengewinnung wesentlich höheren Komplexitätsgrad gegenüber „einfachen" Investitionskalkülen aus.[707]

---

700 Vgl. Busse von Colbe (Zukunftserfolg).

701 Erwartete Größen werden im Folgenden mit „~" gekennzeichnet. Der Index j kennzeichnet das Jahr, für den der jeweilige Wert erwartet wird. Mit t sei das Jahr t bzw. der der 31.12.t oder der 01.01.t+1 gekennzeichnet.

702 Vgl. Schultze (Unternehmensbewertung), S. 73 f.; AAA (Goodwill), S. 162.

703 Vgl. Jenkins/Kane (Equity Valuation), S. 21.

704 Vgl. AAA (Goodwill), S. 162. Für die Messung der „Ertragskraft" mittels FCF vgl. insbesondere Brown (Free Cash Flow).

705 Vgl. Günther (Controlling), S. 95 f.

706 Vgl. Busse von Colbe (Shareholder Value), S. 274-278; Schultze (Unternehmensbewertung), S. 95-98.

707 Vgl. Baetge (Akquisitionscontrolling),S. 450. Dies gilt zumindest, soweit Zahlungsströme den einzelnen Investitionprojekten zurechenbar sind. Vgl. hierzu Gümbel (Zurechnung), Sp. 4808.

Da sich der Goodwill (GW_t) rechentechnisch als Differenz zwischen dem als Erfolgswert ermittelten Unternehmenswert und dem Substanzwert (S_t) bestimmen lässt,[708] stellt er einen Bestimmungsfaktor des Erfolgswerts dar[709]:

$$UW_t = \sum_{j=t+1}^{\infty} \frac{\widetilde{FCF}_j}{(1+k)^{j-t}} = S_t + GW_t$$

Folglich ist der Goodwill für einen Teil der vom Unternehmen erzielbaren Zahlungsströme ursächlich[710] und sollte sich demnach über ein investitionsrechnerisches Verfahren[711] erklären lassen.

Als wichtigstes Verfahren der Investitionsrechnung gilt die Kapitalwertmethode:[712] Der Kapitalwert einer Investition (K_t) bestimmt sich durch Abzug der Investitionsauszahlung zum Investitionszeitpunkt (A_t) vom Barwert der zukünftigen mit dem Investitionsprojekt verbundenen erwarteten Einzahlungsüberschüsse ($\widetilde{E}_j$), d.h. vom Grenzpreis:[713]

$$K_t = \sum_{j=t+1}^{t+p} \frac{\widetilde{E}_j}{(1+k)^{j-t}} - A_t$$

Definiert man das Unternehmen als umfassendes Investitionsprojekt mit unendlicher Laufzeit, errechnet sich der Unternehmenskapitalwert (K_t^U) wie folgt:

$$K_t^U = \sum_{j=t+1}^{\infty} \frac{\widetilde{FCF}_j}{(1+k)^{j-t}} - A_t$$

Damit hat sich an der Grundstruktur der Kapitalwertberechnung nichts verändert,[714] sie gestaltet sich aufgrund der Bewertung eines gesamten Leistungsverbunds lediglich komplexer. Jedoch steht aus Sicht der aktuellen Investoren bei laufendem Geschäftsbetrieb i.d.R. keine derartige Investitionsentscheidung für ganze Unternehmen an. Die Frage, wie die fiktiven Anschaffungsauszahlungen für diesen Fall interpretiert werden könnten, führt zu der Idee, dass sie sich als Opportunitätskosten des laufenden Geschäftsbetriebs interpretieren

708 Vgl. Busse von Colbe (Firmenwert), S. 2043.
709 Vgl. Catlett/Ohlson (Accounting for Goodwill), S. 65.
710 Vgl. Ballwieser (Unternehmensbewertung a), S. 5758.
711 Vgl. Götze/Bloech (Investitionsrechnung), S. 66-130.
712 Vgl. Gerke/Bank (Finanzierung), S. 81.
713 Vgl. Schmidt/Terberger (Investitions- und Finanzierungstheorie), S. 129.

lassen;[715] die Alternative zur Fortführung wäre die Liquidation. Idealtypisch könnte bei einer Liquidation der Substanzwert des Unternehmens erzielt werden, somit kann die Anschaffungsauszahlung (A_t) dem Substanzwert des Unternehmens (S_t) gleichgesetzt werden:

$$K_t^U = \sum_{j=t+1}^{\infty} \frac{\widetilde{FCF}_j}{(1+k)^{j-t}} - S_t$$

Daher gilt weiterhin:

$$\sum_{j=t+1}^{\infty} \frac{\widetilde{FCF}_j}{(1+k)^{j-t}} = S_t + K_t^U$$

bzw.

$$UW_t = S_t + K_t^U$$

K_t^U stellt somit die Differenz zwischen Unternehmens- und Substanzwert dar:

$$UW_t - S_t = K_t^U$$

Dies verdeutlicht auch den Zusammenhang zwischen K_t^U und dem Goodwill (GW_t), K_t^U ergibt sich ebenso wie der Goodwill durch Abzug des Substanzwerts vom Unternehmenswert:

$$UW_t - S_t = GW_t$$

Folglich muss K_t^U als Differenz zwischen dem Unternehmens- und Substanzwert dem Goodwill des Unternehmens entsprechen:

$$GW_t = K_t^U$$

Im Ergebnis lässt sich der Goodwill als Kapitalwert einer (fiktiven) Investition in den Substanzwert des Unternehmens interpretieren.[716]

Darüber hinaus bildet der Goodwill als Differenz zweier Unternehmenswerte, nämlich dem Wert bei Fortführung und dem Wert bei Zerschlagung,[717] ein Maß

---

[714] Auf die formale Entsprechung der DCF- und Kapitalwertmethode weisen auch *Götze/Mikus* hin. Vgl. Götze/Mikus (Risikomanagement), S. 390.

[715] Vgl. Holthausen/Watts (Relevance), S. 34; Grinyer/Russell (Goodwill), S. 109.

[716] Vgl. Schultze (Kombinationsverfahren), S. 463; Schultze/Hirsch (Unternehmenswertsteigerung), S. 123 und 125; Küting (Schlüsselgröße), S. 162.

[717] Vgl. Holthausen/Watts (Relevance), S. 54 f.

für die Entscheidung zwischen einer fortgesetzten Geschäftstätigkeit und dem Verkauf der Vermögenswerte.[718] Bei einem positiven Goodwill sollte die Geschäftstätigkeit fortgesetzt, bei einem negativen Goodwill hingegen beendet werden.

Bei der Kapitalwertinterpretation wird angenommen, dass die Anschaffungsauszahlungen betragsmäßig der Summe der Zeitwerte der einzelnen Vermögenswerte abzüglich des Zeitwerts der Schulden entsprechen. Die nicht in der Substanz enthaltenen immateriellen Werttreiber des Unternehmens dürften jedoch keine weiteren Investitionen erfordern und liegen zum Investitionszeitpunkt bereits vor. Die letztere Annahme wäre plausibel, wenn die Substanz als Vermögensgesamtheit (CGU) erworben wurde, in der die Wertreiber enthalten sind. Dann wäre allerdings fraglich, warum der „Veräußerer bei der Preisfindung alle Vermögenswerte und Schulden zu Zeitwerten berücksichtigen"[719] und darüber hinaus keine Wertreiber bei der Bemessung seines Grenzpreises einkalkulieren sollte. Werden aber vom Substanzwert abweichende Anschaffunfsauszahlungen unterstellt, entspricht der Goodwill nicht dem Kapitalwert des Unternehmenserwerbs.[720]

Für eine Analyse der Komponenten des Goodwill könnte der fiktive Gesamtkapitalwert idealtypisch auf einzelne Investitionsprojekte heruntergebrochen werden. Andererseits ließe sich der Goodwill bei vorhandener Wertadditivität[721] anhand der aufsummierten Projektkapitalwerte darstellen.[722]

Der fiktive Kapitalwert des Unternehmens kann gleichfalls durch Diskontierung der Übergewinne errechnet werden.[723] In diesem Zusammenhang kann daher eine Interpretation des Goodwill als Übergewinnpotential (= Barwert der Übergewinne bzw. Market Value Added),[724] die mit der Überführung des DCF-Bewertungskalküls zu einem Residualgewinnmodell einhergeht, erfolgen.[725]

---

718 Vgl. Holthausen/Watts (Relevance), S. 54.
719 Küting (Konsolidierungspraxis), S. 1665.
720 Vgl. Matschke/Brösel (Unternehmensbewertung), S. 427.
721 Vgl. Kruschwitz (Finanzierung), S. 48.
722 Vgl. hierzu auch Schultze (Unternehmensbewertung), S. 90 ff.
723 Vgl. Bierman (Performance Measure), S. 65.
724 Vgl. Schultze/Hirsch (Unternehmenswertsteigerung), S. 123; Hendriksen/Breda (Accounting Theory), S. 640 f.
725 Zu den vermeintlichen Vorzügen des Residualgewinnmodells gegenüber dem DCF-Verfahren vgl. Coenenberg/Schultze (Unternehmensbewertung), S. 606-617; Coenenberg/Schultze (Residualgewinn- vs. Ertragswertmethode), S. 121-124; Coenenberg (Bewertung), S. 34-38; Schultze (Kombinationsverfahren), S. 462; Prokop (Unternehmens-

3.4.4 Goodwill als Übergewinnpotential

3.4.4.1 Goodwill als Spezialfall des Market Value Added

Wie gezeigt wurde, handelt es sich bei der Interpretation des Goodwill als fiktiven Kapitalwert im Grunde um die Residualdefinition des Goodwill, nach der sich der Goodwill als Residualgröße nach Abzug des Substanzwerts vom Erfolgswert des Unternehmens ergibt (Top Down-Ansatz). Damit scheint auf den ersten Blick wenig für eine Inhaltsbestimmung des Goodwill gewonnen zu sein, solange der Unternehmenswert nicht als Summe von Investitionsprojektwerten zu erfassen ist.[726] Die Kapitalwertinterpretation des Goodwill lässt sich jedoch rechnerisch mit einer Interpretation als Übergewinnpotential verbinden,[727] womit bei einer differenzierenden Betrachtung der Übergang vom Top-Down auf den Bottom Up-Ansatz erfolgt. Die Ermittlung des Goodwill mittels Diskontierung von erwarteten Übergewinnen kann als quasi-direkte Methode der Goodwill-Messung angesehen werden.[728]

Der Goodwill lässt sich jedenfalls als Barwert der erwarteten Übergewinne interpretieren.[729] Ein Über- oder Residualgewinn (RG_t) ergibt sich allgemein nach Abzug der Kapitalkosten von einer periodisierten Gewinngröße (G_t), wobei sich die Kapitalkosten als Verzinsung des Buchwerts des Nettovermögens zum Periodenbeginn (B_{t-1}) mit dem Kapitalkostensatz (k) ergeben:[730]

$$RG_t = G_t - k * B_{t-1}$$

bewertung), S. 191 f.; kritisch zu den vermeintlichen Vorteilen Ballwieser (Residualgewinnmodell), S. 57 ff.; Schumann (Unternehmensbewertung), S. 27-31. Vgl. hierzu auch Penman/Sougiannis (Equity Valuation); AAA (Goodwill).

726 Vgl. hierzu auch Schultze (Unternehmensbewertung), S. 90 ff.

727 Vgl. Taliento (Goodwill).

728 Vgl. auch Moxter (Goodwill), Sp. 685 ff. Hingegen ordnet Richter (Goodwill), S. 23 die Übergewinninterpretation dem Top Down-Ansatz zu.

729 Vgl. Spacek (Goodwill), S. 36; Ellis (Goodwill), S. 465; Colley/Volcan (Goodwill), S. 35; Preinreich (Theories), S. 179.

730 Vgl. Ewert/Wagenhofer (Rechnungslegung), S. 9; Coenenberg (Jahresabschluss), S. 1132; Revsine/Collins/Johnson (Financial Reporting), S. 247.

Gemäß dem Lücke-Theorem[731] lässt sich der Unternehmenswert (UW_t) auch durch Addition von Bestandsgröße (B_t) und Barwert der zukünftigen Residualgewinne, dem sog. Market Value Added (MVA_t), errechnen.[732] Voraussetzung ist die Beachtung des Kongruenzprinzips, d.h. alle nicht auf einen Transfer mit den Anteilseignern zurückgehenden Ein- und Auszahlungen müssen (ggf. mit ihrer Nettowirkung) GuV-wirksam erfasst werden.[733] Diese Bedingung für sich allein lässt jedoch völlig offen, wie das Nettovermögen adäquat zu bewerten ist.[734] Wird dieses Prinzip eingehalten, ergibt sich auf diese Weise zwar unabhängig von der Definition der Bestandsgröße der Unternehmenswert,[735] doch wird die Höhe des MVA_t als Barwert der Übergewinne beeinflusst; dem MVA_t kommt die Rolle eines bloßen „Lückenfüllers" zu, welcher stets unabhängig von der Höhe von B_t die Lücke zwischen B_t und UW_t auszufüllen vermag. Sind die Größen aber beliebig variierbar, sind sie für sich gesehen aussagelos.[736] Nur der Summe von B_t und MVA_t kommt ein Aussagewert zu, wenn sich die Fehler „der Einzelpositionen gegenseitig kompensieren" und rechnerisch „alle zusammen doch 'barwertrichtig'"[737] sind. „The major problem with this definition…is that the super profit concept is really a method of measuring goodwill rather than defining it."[738]

Folgendes einfaches Beispiel veranschaulicht die Problematik:[739]

$$10 = 4 + 6 = 3 + 7 \; aber \; 4 \neq 3 \; und \; 6 \neq 7$$

---

731 Vgl. grundlegend Lücke (Investitionsrechnungen), S. 313-316; ferner Preinreich (Valuation), S. 220-224. Das Lücke-Theorem bildet nicht nur die Grundlage eines Verfahrens der Unternehmensbewertung, sondern u.a. auch das theoretische Fundament einer anreizverträglichen Entlohnung auf Basis von Residualgewinnen. Vgl. Ewert/Wagenhofer (Interne Unternehmensrechnung), S. 69 ff. Zu Erweiterungsmöglichkeiten des Lücke-Theorems vgl. auch Sierke (Berücksichtigung); Kloock (Investitionsrechnungen), S. 878-882; Pfaff/Pfeiffer/Kunz (Geschäftsbereichs-Controlling).

732 Vgl. z.B. Coenenberg (Bewertung), S. 34 f.

733 Vgl. Ewert/Wagenhofer (Interne Unternehmensrechnung), S. 541 f. Zum Kongruenzprinzip vgl. Münstermann (Kongruenzprinzip); Ordelheide (Bedeutung); Schildbach (Kongruenz); Busse von Colbe (Kongruenzprinzip).

734 Vgl. Van Cauwenberge/De Beelde (Comprehensive Income), S. 8.

735 Vgl. Schultze (Kombinationsverfahren), S. 462 f.

736 Vgl. Ballwieser (Residualgewinnmodell), S. 59; Ballwieser (Unternehmensbewertung), S. 189.

737 Wagner (Kriterien), S. 191.

738 Falk/Gordon (Imperfect Markets), S. 444.

739 Vgl. zum Zahlenbeispiel in einem anderen Kontext Kruschwitz/Löffler (Discounted Cash Flow), S. 39.

oder anders

$$UW_t = B_t^a + MVA_t^a = B_t^b + MVA_t^b \text{ aber } B_t^a \neq B_t^b \text{ und } MVA_t^a \neq MVA_t^b$$

Der Market Value Added wird zumeist dem Goodwill (GW_t) gleichgesetzt. Eine generelle Gleichsetzung ist, wie das einfache Beispiel zeigt, nicht möglich, denn es gilt etwa:

$$UW_t = B_t^a + MVA_t^a = B_t^b + MVA_t^b = S_t + GW_t \text{ aber } B_t^a \neq B_t^b = S_t \text{ und } MVA_t^a \neq MVA_t^b = GW_t$$

Die Bestandsgröße wird i.d.R. als Buchwert des Eigenkapitals bestimmt.[740] Da der Wert des MVA_t mit der Änderung der Buchwertbasis schwankt, spielt es für die Verbindung von Goodwill und Residualgewinnbewertungskonzept sehr wohl eine Rolle, wie die Bestandsgröße abgegrenzt wird, was oftmals übersehen zu werden scheint oder jedenfalls selten problematisiert wird. Unstreitig wirkt sich aber jeder „Bewertungsfehler" beim Nettovermögen auf den gemessenen Wert des Goodwill aus.[741]

Als Bestandsgröße kann jedoch das zum Fair Value bewertete Nettovermögen (V_t^{FV}) definiert werden. Der Unternehmenswert ist demgemäß wie folgt zu bestimmen:

$$UW_t = V_t^{FV} + \sum_{j=t+1}^{\infty} \frac{\widetilde{RG}_j}{(1+k)^{j-t}} = V_t^{FV} + MVA_t$$

Eine solche Definition der Buchwertbasis ist Voraussetzung für die übergewinnbasierte Interpretation der vermeintlichen Residualgröße Goodwill. Wie bereits die Bezeichnung Market Value Added zum Ausdruck bringt, wird hierdurch eine Annahme bezüglich der Zuordnung des Erfolgswerts des Unternehmens getroffen. Mit der Wahl des zum Fair Value bewerteten Nettovermögens als Bestandsgröße wird implizit angenommen, dass jedem im Nettovermögen separat berücksichtigten und am Wertschaffungsprozess beteiligten Vermögenswert genau eine risikoadäquate Rendite zugeordnet werden kann.[742] Der Anteil eines Vermögenswerts am Wert der erwarteten Zahlungsüberschüsse des Unternehmens entspricht daher genau seinem Fair Value. Der über diese Normalrendite hinausgehende Anteil an der gesamten

---

740 Vgl. Gebhardt (Beurteilungsgrößen), S. 73.

741 Vgl. Lander/Reinstein (Models), S. 231; AAA (Goodwill), S. 169.

742 Vgl. Bromwich (Fair Values), S. 36; Richter (Goodwill), S. 24; Holthausen/Watts (Relevance), S. 54.

Rendite (Überrendite) ist hingegen keiner separierbaren Vermögenskomponente zurechenbar und somit Wertdeterminante des Goodwill ($GW_t = MVA_t$).[743] Im Ergebnis kommt sowohl der Bestandsgröße (V_t^{FV}) als auch dem MVA_t (GW_t) Aussagekraft zu, wobei gilt:

$$MVA_t = UW_t - V_t^{FV}$$

Das zum Fair Value bewertete Nettovermögen lässt sich allgemeiner als Substanzwert (S_t) bezeichnen[744]:

$$MVA_t = UW_t - S_t$$

Die Ermittlung des Market Value Added entspricht der Berechnung des Goodwill als Residualgröße:

$$GW_t = UW_t - S_t$$

Daher kann der Goodwill dem Market Value Added gleichgesetzt werden:[745]

$$GW_t = MVA_t$$

Es kann demgemäß eine direkte Verbindung zwischen den Definitionen des Goodwill als Residualgröße und als Übergewinnpotential hergestellt werden.[746] Der Goodwill lässt sich direkt über die Diskontierung der erwarteten Übergewinne *(vgl. Abbildung 15)*,[747] und der Unternehmenswert als Summe von Nettovermögen und Goodwill ermitteln:[748]

$$UW_t = V_t^{FV} + \sum_{j=t+1}^{t+p} \frac{\widetilde{R}G_j}{(1+k)^{j-t}} = V_t^{FV} + MVA_t = V_t^{FV} + GW_t$$

---

743 Vgl. Hendriksen/Breda (Accounting Theory), S. 641; Ewert/Wagenhofer (Rechnungslegung), S. 11; Busse von Colbe (Einheitstheorie), S. 51; Busse von Colbe (Firmenwert), S. 2043.

744 Vgl. Busse von Colbe (Firmenwert), S. 2043.

745 Vgl. Ellis (Goodwill), S. 465; Ewert/Wagenhofer (Rechnungslegung), S. 11.

746 Vgl. hierzu Hodgson/Okunev/Willett (Intangibles), S 141.

747 Vgl. Moxter (Geschäftswertbilanzierung), S. 742; Coenenberg (Bewertung), S. 34.

748 Vgl. Coenenberg (Jahresabschlussanalyse), S. 167; Coenenberg (Jahresabschluss), S. 1131.

Abbildung 15: Goodwill als Market Value Added

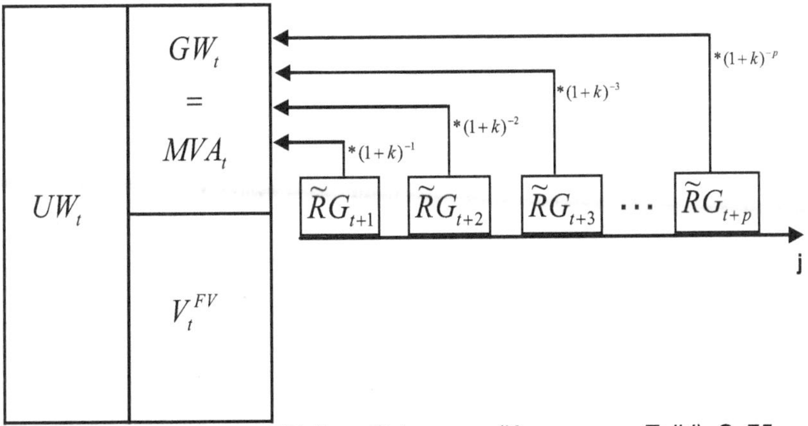

In Anlehnung an: Crasselt/Pellens/Schremper (Konvergenz, Teil I), S. 75.

Im Rahmen des Residualgewinnmodells lässt sich der Unternehmenswert folglich substanzorientiert durch die Bestandteile des Nettovermögens und Goodwill erklären.[749] Hierbei wird der Goodwill zwar (quasi-)direkt ermittelt, stellt aber zunächst weiterhin eine Globalgröße dar.

Auf den ersten Blick setzt die Übergewinndefinition des Goodwill eine periodisierte Gewinngröße zur Berechnung voraus. Startpunkt kann indessen auch ein um die Wertänderung des zum Fair Value angesetzten Nettovermögens korrigierter[750] Free Cash Flow sein:

$$\begin{aligned} RG_t &= FCF_t + \Delta V_{t/t-1}^{FV} - V_{t-1}^{FV} * k \\ &= FCF_t + (V_t^{FV} - V_{t-1}^{FV}) - V_{t-1}^{FV} * k \\ &= FCF_t + V_t^{FV} - (1+k) * V_{t-1}^{FV} \end{aligned}$$

Damit bleibt der Bezug zur zahlungsstromorientierten Unternehmensbewertung mittels DCF-Kalküle erhalten sowie die Prämisse des lediglich eine risikogerechte Verzinsung erzielenden Nettovermögens erfüllt.

Abbildung 16 verdeutlicht den geschilderten Zusammenhang, wobei vereinfachend von einem konstanten $\overline{FCF_{t+1\,bis\,\infty}^{U}}$, einem unveränderten Fair Value des

---

749 Vgl. Coenenberg (Jahresabschlussanalyse), S. 167; Coenenberg (Jahresabschluss), S. 1131; Schultze (Kombinationsverfahren), S. 459; ferner Brief (Goodwill), S. 21.

750 Vgl. Henselmann (Economic Value Added), S. 169.

Nettovermögens (V_j^{FV}) und einem Kapitalkostensatz (k) von 10 % ausgegangen wird.

Abbildung 16: FCF und Goodwill-Bewertung

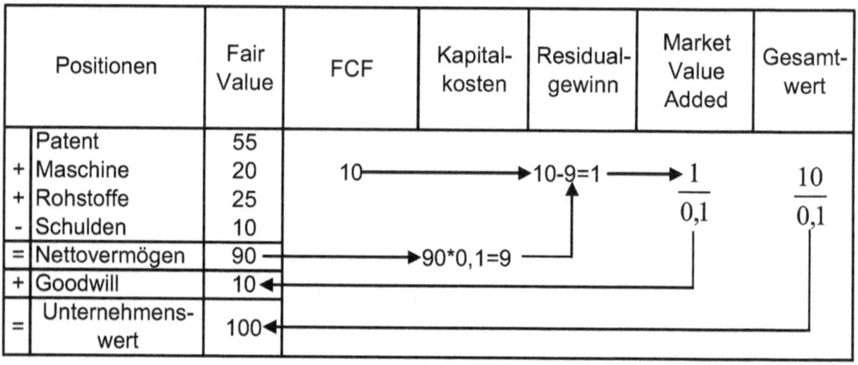

Dem Goodwill ist eine jährliche Zahlung ($\overline{FCF_{t+1\,bis\,\infty}^{GW}}$) von 1 GE zuzuordnen:[751]

$$\overline{FCF_{t+1\,bis\,\infty}^{GW}} = \overline{FCF_{t+1\,bis\,\infty}^{U}} + \Delta V_{t/t-1} - V_{t-1} * k = 10 + 0 - 90 * 0{,}1 = 10 - 9 = 1\,GE$$

Damit beträgt der Wert des Goodwill:

$$GW_t = \frac{\overline{FCF_{t+1\,bis\,\infty}^{GW}}}{k} = \frac{1}{0{,}1} = 10\,GE$$

Der nicht auf den Goodwill, sondern auf die Substanz entfallende Anteil am $\overline{FCF_{t+1\,bis\,\infty}^{U}}$ ($\overline{FCF_{t+1\,bis\,\infty}^{V}}$) determiniert den Wert des Nettovermögens:

$$V_t^{FV} = \frac{\overline{FCF_{t+1\,bis\,\infty}^{V}}}{k} = \frac{\overline{FCF_{t+1\,bis\,\infty}^{U}} - \overline{FCF_{t+1\,bis\,\infty}^{GW}}}{k} = \frac{10-1}{0{,}1} = \frac{9}{0{,}1} = 90\,GE$$

Hinter der Residualgewinnbewertung verbirgt sich offensichtlich eine Zurechnungsregel,[752] nach der die zahlungsstromorientierte Gesamtbewertung auf die Einzelkomponenten heruntergebrochen werden kann. Die nicht dem identifizierbaren Nettovermögen als fiktiver „Normalverzinsung“ zugerechneten Zahlungsströme determinieren den Wert des Goodwill.[753]

---

[751] Vgl. Edey (Business Valuation), S.202 und 209.
[752] Vgl. hierzu Desmond (Business Goodwill), S. 197-200.
[753] Vgl. Reilly (Accounting for Goodwill), S. 33.

Werden die auf den Goodwill entfallenden Zahlungen nach bestimmten Kriterien untergliedert, erscheint es möglich, den Goodwill in seine Komponenten zu zerlegen. Denkbar ist etwa eine Einteilung nach

- Projekten,
- Bereichen (Segmente, Profit Center, CGU etc.),
- betrieblichen Funktionen (Beschaffung, Produktion, Absatz),
- Ursachen (z.B Know How, Standortvorteilen),
- zeitlichem Anfall der $\widetilde{FCF}_j^{GW}$ oder
- einer Kombination mehrerer der genannten Kriterien.[754]

Der Wert einer Goodwill-Komponente bestimmt sich als Barwert der auf sie entfallenden $\widetilde{FCF}_j^{GW}$. Werden etwa je 50 % des $\overline{FCF_{t+1\,bis\,\infty}^{GW}}$ in CGU_A und CGU_B realisiert, wäre im vorstehenden Beispiel bei einem identischen Kalkulationszinssatz der CGU jeder bereichsbezogenen Goodwill-Komponente ($GW_t^{CGU_i}$) ein Wert von 5 GE beizumessen:

$$GW_t^{CGU_A} = GW_t^{CGU_B} = \frac{\overline{FCF_{t+1\,bis\,\infty}^{GW}} * 0{,}5}{k} = \frac{1 * 0{,}5}{0{,}1} = \frac{0{,}5}{0{,}1} = 5\ GE$$

und

$$GW_t^U = GW_t^{CGU_A} + GW_t^{CGU_B} = 5 + 5 = 10\ GE$$

Gleichfalls lässt sich der Goodwill prinzipiell nach allen Kriterien, nach denen die auf ihn entfallenden Zahlungsströme zurechenbar sind, aufspalten. Eine solche Aufspaltung des Goodwill ist freilich dem Anschein der Willkür ausgesetzt, eine ungefähr „richtige" Aufspaltung des Goodwill ist jedoch stets besser als gar keine[755].

Ein weiteres Zahlenbeispiel eines Zwei-Perioden-Unternehmens soll den Zusammenhang und das praktische Vorgehen verdeutlichen. *Abbildung 17* zeigt den erwarteten Zahlungsstrom und Substanzwert sowie die sich bei einem

---

[754] Vgl. hierzu auch Busse von Colbe (Konzernrechnungslegung), S. 659.
[755] Vgl. Busse von Colbe (Konzernrechnungslegung), S. 660.

Kalkulationszinssatz (k) von 10 % ergebenden Unternehmenswerte und Goodwill auf.[756]

Abbildung 17: Problem der FCF-Zuordnung auf Substanz und Goodwill

	31.12.t	*31.12.t+1*	*31.12.t+2*
FCF^U	-	$110\,GE$	$121\,GE$
FCF^S	-	?	?
FCF^GW	-	?	?
Substanzwert	$100\,GE$	$50\,GE$	-
Unternehmenswert	$\frac{110}{1,1}+\frac{121}{1,1^2}=200\,GE$	$\frac{121}{1,1}=110\,GE$	-
Goodwill	$200-100=100\,GE$	$110-50=60\,GE$	-

Damit bleibt die Zurechnung des $\widetilde{FCF}_j^U$ zum Substanzwert ($\widetilde{FCF}_j^S$) und zum Goodwill ($\widetilde{FCF}_j^{GW}$) offen, ein Problem, das sich jedoch „retrograd" lösen lässt. Für den Substanzwert in t+1 muss gelten:

$$S_{t+1} = \frac{\widetilde{FCF}_{t+2}^S}{1,1} = 50\,GE$$

Demzufolge ergibt sich ein $\widetilde{FCF}_{t+2}^S$ i.H.v. 55 GE:

$$\widetilde{FCF}_{t+2}^S = 50 * 1,1 = 55\,GE$$

Da sich der $\widetilde{FCF}_{t+2}^U$ wie folgt zusammensetzt:

$$\widetilde{FCF}_{t+2}^U = \widetilde{FCF}_{t+2}^S + \widetilde{FCF}_{t+2}^{GW} = 55 + \widetilde{FCF}_{t+2}^{GW} = 121\,GE\,,$$

beträgt der $\widetilde{FCF}_{t+2}^{GW}$

$$\widetilde{FCF}_{t+2}^{GW} = 121 - 55 = 66\,GE$$

---

[756] Zur Bestimmung des erwarteten Substanzwertes wäre eine Art Planbilanz [vgl. hierzu Lücke (Planbilanz); Lücke/Hautz (Bilanzen); Zwehl (Untersuchung)] erforderlich.

Gleichfalls muss gelten

$$S_t = \frac{\widetilde{FCF}_{t+1}^S}{1{,}1} + \frac{\widetilde{FCF}_{t+2}^S}{1{,}1^2} = \frac{\widetilde{FCF}_{t+1}^S}{1{,}1} + \frac{55}{1{,}1^2} = 100\ GE$$

und damit gilt auch

$$\widetilde{FCF}_{t+1}^S = 60\ GE$$

Demgemäß lässt sich FCF_{t+1}^{GW} wie folgt bestimmen:

$$\widetilde{FCF}_{t+1}^{GW} = \widetilde{FCF}_{t+1}^U - \widetilde{FCF}_{t+1}^S = 110 - 60 = 50\ GE$$

Abbildung 18 stellt die Aufteilung des Zahlungsstroms auf Goodwill und Substanz dar.

Abbildung 18: Zuordnung des FCF auf Goodwill und Substanz

	31.12.t	*31.12.t+1*	*31.12.t+2*
FCF^U	-	110 *GE*	121 *GE*
FCF^S	-	60 *GE*	55 *GE*
FCF^{GW}	-	50 *GE*	66 *GE*

Diese Aufteilung erfüllt alle notwendigen Bedingungen einer konsistenten Zuordnung:

$$\widetilde{FCF}_{t+1}^U = \widetilde{FCF}_{t+1}^S + \widetilde{FCF}_{t+1}^{GW} = 60 + 50 = 110\ GE$$

$$\widetilde{FCF}_{t+2}^U = \widetilde{FCF}_{t+2}^S + \widetilde{FCF}_{t+2}^{GW} = 55 + 66 = 121\ GE$$

$$S_t = \frac{\widetilde{FCF}_{t+1}^S}{1{,}1} + \frac{\widetilde{FCF}_{t+2}^S}{1{,}1^2} = \frac{60}{1{,}1} + \frac{55}{1{,}1^2} = 100\ GE$$

$$S_{t+1} = \frac{\widetilde{FCF}_{t+2}^S}{1{,}1} = \frac{55}{1{,}1} = 50\ GE$$

$$GW_t = \frac{\widetilde{FCF}_{t+1}^{GW}}{1{,}1} + \frac{\widetilde{FCF}_{t+2}^{GW}}{1{,}1^2} = \frac{50}{1{,}1} + \frac{66}{1{,}1^2} = 100\ GE$$

$$GW_{t+1} = \frac{\widetilde{FCF}_{t+2}^{GW}}{1{,}1} = \frac{66}{1{,}1} = 60\ GE$$

Die $\widetilde{FCF}_{j}^{GW}$ lassen sich auch direkt als residualer Zahlungsüberschuss bestimmen:

$$\widetilde{FCF}_{t+1}^{GW} = \widetilde{FCF}_{t+1}^{U} + \Delta S_{t+1/t} - S_t * k = 110 + (50 - 100) - 100 * 0{,}1 = 50\,GE$$

$$\widetilde{FCF}_{t+2}^{GW} = \widetilde{FCF}_{t+2}^{U} + \Delta S_{t+2/t+1} - S_{t+1} * k = 121 + (0 - 50) - 50 * 0{,}1 = 66\,GE$$

Die Schlussfolgerungen „[d]er Firmenwert ist implizit und nicht separierbar im Ertragswert enthalten“[757] und „[a]lle Versuche, im Geschäft- oder Firmenwert mehr zu sehen als einen aus der Anwendung zweier Bewertungsverfahren resultierenden, in diesem Sinne technischen Unterschiedbetrag, sind zum Scheitern verurteilt“[758] sowie die daraus abzuleitende Konsequenz „[s]eparating goodwill into different components is a complete waste of time“[759] sind keinesfalls zwingend.

Der Goodwill ergibt sich als Barwert der auf ihn entfallenden erwarteten Zahlungsüberschüsse.[760] Diese trivial erscheinende Einsicht ist von außerordentlicher Bedeutung, stellt sie doch die Grundlage für eine zweckadäquate Messung der Goodwill-Komponenten dar. Die auf den Goodwill entfallenden Zahlungen bemessen sich als residualer Zahlungsüberschuss nach „Normalverzinsung“ der zum Fair Value bewerteten Substanz.

Natürlich kann dieser Interpretation des Goodwill in gewissem Sinne Willkür unterstellt werden.[761] Fair Values sind nur in einer Welt der vollkommenen und vollständigen Märkte, in der es keinen Goodwill geben kann, eindeutig definiert,[762] insofern kann das Zurechnungsproblem nur durch Konventionen gelöst werden.[763] Mögliche diesbezügliche Einwände betreffen indessen gleichermaßen jede Form der Einzelbewertung, soweit einzelnen Potentialen ein Anteil am Gesamtwert beigelegt werden soll.[764]

---

757 Krümmel (Kapitalerhaltung), S. 312.
758 Moxter (Probleme), S. 476.
759 PWC (Assets), S. 11.
760 Vgl. hierzu Ballwieser (Unternehmensbewertung a), S. 5758.
761 Vgl. hierzu Hodgson/Okunev/Willett (Intangibles), S. 141; grundlegend Thomas (Allocation Problem), S. 33.
762 Vgl. Barth/Landsmann (Fair Value Accounting), S. 99-102.
763 Vgl. hierzu Hodgson/Okunev/Willett (Intangibles), S. 141.
764 Vgl. hierzu Wagner (Kriterien), S. 191.

Vor allem aber erscheint die Gleichsetzung von Substanz und „Normalertragswert“ angreifbar.[765] Mit einer wie auch immer bewerteten „Substanz“ per se lassen sich mangels „Arbeitsfähigkeit“ streng genommen weder Normalgewinne noch Übergewinne erzielen.[766] Hierzu sind immer auch Goodwill-Komponenten erforderlich: Eine Maschine produziert nicht ohne einen Arbeiter, der sie bedienen kann und auch bedienen will. Der „Technik“ der Einzelbewertung sind jedoch enge Grenzen gesetzt.[767] Daher müsste zumindest angenommen werden, dass sich die zur Erzielung der Normalrendite notwendigen und nicht in der Substanz erfassten positiven und negativen (Quasi-) Goodwill-Komponenten zu einem Wert von Null saldieren.

Im Grunde ist diese Annahme aber nicht zwingend, da der Fair Value auf eine unternehmensexterne (durchschnittliche) Verwendung abzielt[768] und somit nur ein Vergleich mit „dem“ (in der Realität unvollständigen) Markt durchgeführt wird, dessen Resultat der Goodwill ist. „Ein (Über-)Gewinn [d.h. Goodwill] entsteht dann, wenn das Unternehmen den Gegenstand besser als andere Marktteilnehmer nutzen kann.“[769] Da sich der Vergleich mit der Benchmark „Fair Value“ auf jeden einzelnen Vermögenswert und jede einzelne Schuld bezieht,[770] ist die „Arbeitsfähigkeit“ der Vermögensgesamtheit für diesen irrelevant. Freilich bleiben wesentliche Potentiale aufgrund der unvollkommenen und unvollständigen Märkte und der damit verbundenen Grenzen der Einzelbewertung hierbei unberücksichtigt. Letztendlich dürfen an dieser Stelle aber der Rechnungszweck und das erreichbare Rechnungsziel nicht gleichgesetzt werden.[771] Eine komplexe Realität kann nun einmal nicht gänzlich unverzerrt in Zahlen erfasst werden und erfordert mitunter fiktive Einschübe, welche hier, da schließlich „nur“ nach einer Möglichkeit zur zweckadäquaten Interpretation des Goodwill gesucht wird, vertretbar sein dürften.

Der Goodwill ergibt sich nach der Übergewinninterpretation aus einer vertretbaren Annahme,[772] und stellt folglich keinen „Schulfall für unzulässige Modell-

765 Vgl. Hebertinger (Substanzwert a), S. 5547.
766 Vgl. Moxter (Geschäftswertbilanzierung), S. 742.
767 Vgl. Moxter (Geschäftswertbilanzierung), S. 746.
768 Vgl. Streim/Bieker/Esser (Ausschüttungsbilanz), S. 239.
769 Wagenhofer (Fair Value Bewertung), S. 35.
770 Vgl. hierzu auch Wagenhofer (Fair Value Bewertung), S. 35.
771 Vgl. Schneider (Bilanzen im Rechtssinne), S. 1155.
772 Vgl. aber Moxter (Geschäftswertbilanzierung), S. 742; Moxter (Goodwill), Sp. 686 f.

anwendung"[773] dar. Zur Bestimmung eines Unternehmenswerts ist jedenfalls, verglichen mit anderen Methoden der Unternehmensbewertung, „[d]as Residualgewinnmodell...gleichermaßen gut oder schlecht geeignet."[774]

3.4.4.2 Kurz- und langfristiger Goodwill

Unter Rückgriff auf ein Phasen-Modell lässt sich die Berechnung des Unternehmenswerts auf Basis von Residualgewinnen „verfeinern", womit im Ergebnis eine zeitliche Aufteilung des Goodwill erfolgt. Für eine entsprechende Aufspaltung des Goodwill schlägt *Coenenberg* im Rahmen einer ressourcenorientierten Betrachtung[775] ein Zwei-Phasen-Modell vor.[776] Diese Zerlegung des Goodwill soll zwar primär der ressourcenorientierten strategischen Jahresabschlussanalyse dienen,[777] sie kann indessen auch in der externen Kommunikation und der internen Steuerung Verwendung finden.

Bei Anwendung eines Zwei-Phasen-Modells ergibt sich folgendes Bewertungskalkül:[778]

$$UW_t = V_t^{FV} + \sum_{j=t+1}^{t+p} \frac{\widetilde{RG}_j}{(1+k)^{j-t}} + \frac{\overline{RG_{t+p+1\,bis\,\infty}}}{k-g} * \frac{1}{(1+k)^{t+p-t}}$$

Der erwartete Übergewinn lässt sich bei entsprechender Definition durch den auf den Goodwill entfallenden anteiligen Free Cash Flow ersetzen:

---

773 Moxter (Goodwill), Sp. 687.

774 Ballwieser (Residualgewinnmodell), S. 62. Vgl. auch AAA (Goodwill), S. 164. Dies trifft nicht auf die „traditionellen" Übergewinnverfahren zu, bei denen aufgrund der Bestrebungen, einem Interessenausgleich gerecht zu werden, Unternehmenswerte in verzerrter Weise ermittelt werden. Vgl. Schultze (Kombinationsverfahren), S. 463.

775 Zum sog. ressourcenbasierten Ansatz vgl. m.w.N. Bresser (Ressourcenbasierter Ansatz).

776 Vgl. Coenenberg (Jahresabschlussanalyse), S. 167 f.; Coenenberg (Jahresabschluss), S. 1132.

777 Vgl. Coenenberg (Jahresabschlussanalyse), S. 167-171. Zur möglichen steigenden Bedeutung einer ressourcenorientierten Bilanzanalyse im Zusammenhang mit der Umsetzung der Full Goodwill Method vgl. Haaker (Einheitstheorie), S. 456 f.

778 Vgl. Coenenberg (Jahresabschlussanalyse), S. 168; Coenenberg (Jahresabschluss), S. 1132; AAA (Goodwill), S. 163.

$$UW_t = V_t^{FV} + \underbrace{\sum_{j=t+1}^{t+p} \frac{\widetilde{FCF}_j^{GW}}{(1+k)^{j-t}}}_{\substack{\textit{kurzfristiger}\\ \textit{Goodwill}}} + \underbrace{\frac{\overline{FCF_{t+p+1\,bis\,\infty}^{GW}}}{k-g} * \frac{1}{(1+k)^{t+p-t}}}_{\substack{\textit{langfristiger}\\ \textit{Goodwill}}}$$

Der Goodwill wird im Zuge der Berechnung in zwei Bestandteile „zerlegt“:[779] Zum einen wird ein kurzfristiger Goodwill durch Abzinsung der innerhalb eines überschaubaren Prognosehorizonts von p Perioden erwarteten Überrenditen bestimmt. Zum anderen wird mittels Diskontierung der erwarteten Übergewinne nach dem Prognosehorizont ein langfristiger Goodwill errechnet.[780] Hierbei kann nach dem Prognosehorizont von einem konstanten Übergewinn ($\overline{RG_{t+p+1\,bis\,\infty}^{GW}}$ bzw. $\overline{FCF_{t+p+1\,bis\,\infty}^{GW}}$) und einer angemessenen Wachstumsrate (g) ausgegangen werden.[781]

Der Unternehmenswert ergibt sich folglich aus der Summe von Nettovermögen (V_t^{FV}) sowie kurzfristigem (GW_t^{kurz}) und langfristigem Goodwill (GW_t^{lang}):

$$UW_t = V_t^{FV} + GW_t^{kurz} + GW_t^{lang}$$

Während der kurzfristige Goodwill auf aktuell eingeleiteten oder sich zumindest in einer konkreten Umsetzungsphase befindlichen Projekten beruht,[782] stellt der langfristige Goodwill das (latente) Potential für noch nicht initiierte zukünftige Projekte dar.[783] Im Rahmen einer idealtypischen Zuordnung spiegelt der kurzfristige Goodwill Werte wie aktuelle Produktideen o.ä. wider, welche zu aktuellen Wettbewerbsvorteilen[784] und somit zu Übergewinnen führen.[785] Solche Wettbewerbsvorteile haben eine endliche Lebensdauer;[786] wie lange die Übergewinne erzielt werden können, hängt maßgeblich auch von der

---

779 Vgl. im Folgenden Coenenberg (Jahresabschlussanalyse), S. 167 ff.; Coenenberg (Jahresabschluss), S. 1131 ff.
780 Vgl. Coenenberg (Jahresabschlussanalyse), S. 167.
781 Vgl. AAA (Goodwill), S. 163.
782 Vgl. Coenenberg (Jahresabschlussanalyse), S. 167.
783 Vgl. Coenenberg (Jahresabschlussanalyse), S. 168.
784 Vgl. Porter (Wettbewerbsvorteile), S. 37-56.
785 Vgl. Coenenberg (Jahresabschlussanalyse), S. 167; Jennings/LeClere/Thompson II (Goodwill Amortization), S. 20; Holthausen/Watts (Relevance), S. 54.

Wettbewerbssituation ab. In der Tendenz führen Marktkräfte[787] solange zu einem Absinken der im kurzfristigen Goodwill verkörperten Übergewinne, bis langfristig nur noch die Kapitalkosten als „marktübliche" Rendite aufgrund der kurzfristig wirksamen Potentiale verdient werden können. Erfolgt keine Erneuerung des kurzfristigen Goodwill, werden langfristig keine Übergewinne mehr erzielt.[788] Natürlich kann sich die Situation auch schlagartig verändern: „what was originally thought to be a good idea has now become a bad one."[789] Insofern sind negative Übergewinne und somit ein negativer (kurzfristiger) Goodwill denkbar. Ein negativer kurzfristiger Goodwill wird nur in Kauf genommen, soweit erwartungsgemäß aus dem langfristigen Goodwill ein positiver kurzfristiger Goodwill neu entstehen wird.

Der langfristige Goodwill entspricht folglich Potentialen wie der Fähigkeit zur Hervorbringung von neuen und erfolgreichen Produktideen. Er stellt deshalb latente Wettbewerbsvorteile dar, die sich bei andauernder Übergewinnerzielungsabsicht spätestens dann konkretisiert haben müssen, wenn sich die im kurzfristigen Goodwill widerspiegelnden Wettbewerbsvorteile „verflüchtigt" haben.[790]

Als Erneuerungspotential entspricht der langfristige Goodwill im Grunde den Kernkompetenzen eines Unternehmens.[791] Solche Kernkompetenzen i.w.S. sind aufgrund mangelnder Imitierbarkeit als dauerhaft und schwer angreifbar anzusehen,[792] was ihre rechnerische Berücksichtigung als ewige Renten vertretbar erscheinen lässt. Dabei bedarf aber sicherlich auch die Kernkompetenz einer Erhaltung oder eines Ausbaus. Es ist fraglich, ob die noch nicht bestehenden Geschäftsideen, welche zumindest teilweise der Kreativität künftiger Managergenerationen entspringen sollen, auch tatsächlich einmal zu Wettbewerbsvorteilen und damit eventuell zu realisierten Übergewinnen führen werden.[793] Somit darf nicht verkannt werden, dass diese latenten Übergewinnpotentiale schwer planbar und extrem unsicher sind. Dennoch sind sie im Grunde das wichtigste Potential einer langfristig erfolgreichen Unternehmung.

---

786 Vgl. hierzu Hoffmann (Unternehmenswert).
787 Vgl. Porter (Wettbewerbsvorteile), S. 28-36.
788 Vgl. Schultze (Kombinationsverfahren), S. 463 f.
789 Caddy (Intellectual Capital), S. 133.
790 Vgl. Coenenberg (Jahresabschlussanalyse), S. 168.
791 Vgl. hierzu Günther (Steuerung), S. 53; Günther (Controlling), S. 379 f.
792 Vgl. Schumann (Unternehmensbewertung), S. 31.
793 Vgl. Coenenberg/Schutze (Unternehmensbewertung), S. 608.

Es zeigt sich an dieser Stelle eine Verbindung der Übergewinninterpretation zur Intellectuell Capital-Interpretation des Goodwill. Die einzelnen Komponenten des nicht identifizierbaren Intellectual Capital stellen gewissermaßen die „stillen" Werttreiber hinter den erwarteten Übergewinnen dar.[794] Das vorhandene Intellectual Capital determiniert den kurzfristigen Goodwill und ist gleichfalls Basis des langfristigen Goodwill.

Da sich die Werte hinter dem langfristigen Goodwill noch nicht konkretisiert haben und eine Aufspaltung daher kaum möglich erscheint, kann eine gedankliche Verbindung zur nicht mehr spaltbaren Restkomponente des von *Haller* vorgeschlagenen Intangible Assets Statement[795] hergestellt werden *(vgl. Abbildung 12)*. Hierzu ist der Marktwert des Unternehmens dem Unternehmenswert gleichzusetzen. Das Nettovermögen muss unabhängig von der bilanziellen Erfassung alle identifizierbaren Vermögenswerte beinhalten; zu bewerten ist das Nettovermögen zum Fair Value, d.h. alle stillen Reserven und Lasten sind aufzudecken. Als Barwert der Übergewinne im Planungshorizont repräsentiert der kurzfristige Goodwill das nicht identifizierbare Nettovermögen. Der langfristige Goodwill als Barwert der Übergewinne nach dem Planungshorizont kann als eine nicht mehr spaltbare Restkomponente angesehen werden. Folglich kommt der langfristige Goodwill dem nicht spaltbaren Goodwill i.S. des Intangible Assets Statement gleich. Zumindest entsprechen sich rechnerisch die beiden Größen bei einer konsistenten Interpretation *(vgl. Abbildung 19)*.

794 Vgl. Herring/Herring (Goodwill), S. 41.
795 Vgl. Haller (Immaterielle Vermögenswerte), S. 588.

Abbildung 19: Verbindung der Goodwill-Konzepte von Coenenberg und Haller

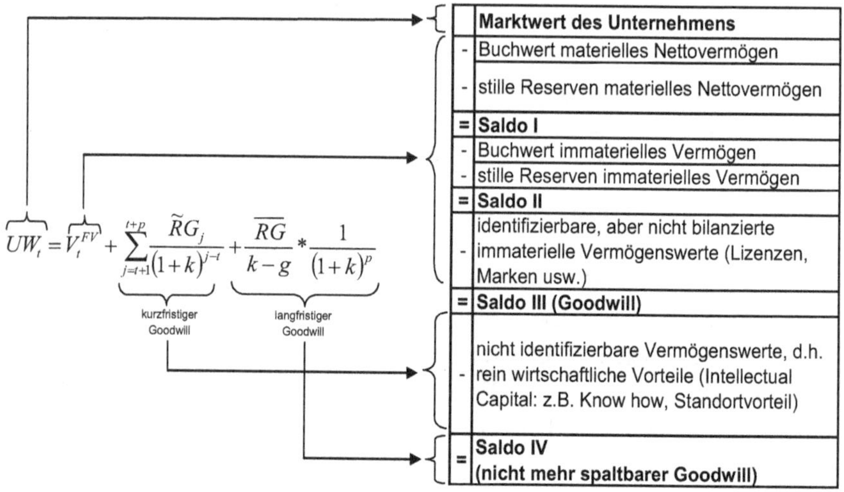

Der Goodwill als Market Value Added kann demnach mit dem Intellectual Capital in Verbindung gebracht werden. Er entspricht als Barwert der künftigen Übergewinne zumindest teilweise dem Wert der nicht identifizierbaren immateriellen Werte.[796] Andererseits ergeben sich die Übergewinne aufgrund des Vorhandenseins dieser Werte;[797] insofern dürfen der sog. »Hidden Assets-View« und der »Excess Earnings-View« als Goodwill-Konzepte[798] nicht unabhängig voneinander gesehen werden. Es gilt vielmehr durch eine Verknüpfung beider Sichtweisen zu ergründen, warum Übergewinne möglich sind.[799]

Jedoch sind an der Entstehung von Übergewinnen nicht nur die nicht identifizierbaren, sondern auch die im Nettovermögen berücksichtigten identifizierbaren materiellen und immateriellen Werte beteiligt. Insofern wird deutlich, dass mit der Gleichsetzung von bestimmten nicht identifizierbaren immateriellen Werten (sog. »Hidden Assets«[800]) und dem Übergewinnpotential die Ebenen der Ursache und Wirkung vermischt werden. Ein Goodwill lässt sich durch eine Einzelbewertung der nicht identifizierbaren Werte jedenfalls nicht synthe-

796 Vgl. hierzu auch Colley/Volcan (Business Combinations), S. 74.

797 Vgl. Pellens/Sellhorn (Goodwill-Bilanzierung), S. 718; Vgl. Herring/Herring (Goodwill), S. 41; ferner bereits Mildebrath (Goodwill), S. 101.

798 Vgl. Colley/Volkan (Goodwill), S. 35 f.; Colley/Volkan (Business Combinatins), S. 74.

799 Vgl. Ma/Hopkins (Goodwill), S. 76.

800 Vgl. Colley/Volkan (Goodwill), S. 36; Colley/Volkan (Business Combinatins), S. 74.

tisch ermitteln,[801] da auf diese Weise nur einzelne Einflussfaktoren und nicht ihre Wirkung gemessen werden können.

Idealtypisch wird aus dem latenten Potential des langfristigen Goodwill ein bestehendes Potential des kurzfristigen Goodwill und aus diesem wiederum ein Vermögenswert. So wird etwa aus dem latenten Potential, mit einer gewissen Wahrscheinlichkeit eine gute Idee haben zu können (langfristiger Goodwill), eine konkrete Idee hervorgebracht (kurzfristiger Goodwill) und durch deren Umsetzung können schließlich Cash Flows generiert werden (Vermögenswert: Kasse).[802] Eventuell wird aus der Idee auch in einem Zwischenschritt ein Patent und somit wiederum ein Teil des Substanzwertes.[803] Hieran zeigt sich, dass allenfalls bei einer äußerst extensiven Erfassung des Nettovermögens der kurzfristige Goodwill in einem eher theoretischen Grenzfall zugunsten des Substanzwerts entfallen könnte.[804] Ein langfristiger Goodwill wäre selbst unter nahezu „perfekten“ Bedingungen der Technik der Einzelbewertung kaum zugänglich, weshalb eine Interpretation des Goodwill als Mehrwert sinnvoll erscheint.

3.4.5 Goodwill als Synergiepotential

Als Differenz zwischen Unternehmens- und Substanzwert kann der Goodwill als Mehr- oder Minderwert charakterisiert werden.[805] Der gedankliche Sprung von einem den Substanzwert überschreitenden (unterschreitenden) „Mehrwert“[806] (Minderwert), welcher durch das Zusammenwirken der einzelnen Substanzkomponenten entsteht, zum Synergiebegriff[807] ist naheliegend. Schließlich bedeutet Synergie wörtlich soviel wie „zusammenwirken“[808] und Synergieeffekte können als »2+2=5«-Effekt bzw. »2+2=3«-Effekt beschrieben werden.[809] Die intuitive Idee hinter dem Synergiebegriff ist simpel: „the whole is

---

801 Vgl. Colley/Volkan (Goodwill), S. 41; a.A.Tearney (Goodwill).

802 Vgl. Coenenberg (Jahresabschlussanalyse), S. 168 f.

803 Vgl. Holthausen/Watts (Relevance), S. 54.

804 Vgl. Coenenberg (Jahresabschlussanalyse), S. 168; ferner Holthausen/Watts (Relevance), S. 54; Tearney (Goodwill).

805 Vgl. Schultze/Hirsch (Unternehmenswertsteigerung), S. 122; kritisch Moxter (Probleme), S. 480 f.

806 Küting (Konsolidierungspraxis), S. 1665.

807 Vgl. z.B. Biberacher (Synergiemanagement), S. 8 f.; Gälweiler (Synergiepotentiale), Sp. 1936-1938; Arbeitskreis (Synergie), S. 968; Küting (Bedeutung), S. 175-178; Wöginger (Synergien), S. 236.

808 Vgl. Welge (Synergie), Sp. 3801.

809 Vgl. Schultze/Hirsch (Unternehmenswertsteigerung), S. 123.

more than the sum of its parts“[810]. Das Synergiepotential eines Unternehmens entspricht demzufolge dem Mehr- oder Minderwert des Ganzen in Bezug auf die Summe seiner Teile.[811] Setzt man die Summe der Teile dem Substanzwert gleich, entsprechen sich Synergiepotential und Goodwill.

Begrifflich sind die Synergieeffekte vom Synergiepotential abzugrenzen: Synergieeffekte lassen sich erwartungsgemäß aufgrund des vorhandenen Synergiepotentials realisieren.[812] Die Synergieeffekte entfalten eine i.w.S. „technische“ Wirkung, die wiederum eine finanzielle Wirkung nach sich zieht. Durch Diskontierung des Erwartungswerts dieser finanziellen Synergiewirkung auf den Betrachtungszeitpunkt erhält man den Wert des Synergiepotentials und damit des Goodwill,[813] Synergiepotentialen kommt somit eine unternehmenswertbeeinflussende Wirkung zu.[814] Je nach Betrachtungsebene stellt das Synergiepotential mehr oder weniger eine sich nach Verrechnung positiver und negativer Verbundwirkungen ergebende Nettogröße dar.[815]

Während identifizierbare immaterielle Werttreiber teilweise mit ihrem Fair Value in den Substanzwert eingehen und nur ihr nicht zurechenbarer anteiliger Mehrwert (Ertragswertbeitrag abzüglich Fair Value) dem Goodwill zugeordnet wird, entzieht sich ein nicht unwesentlicher Teil der immateriellen Werttreiber mangels Identifizierbarkeit einer solchen Einzelbewertung. In der Folge gehen sie vollständig, d.h. mit ihrem Fair Value und einem darüber hinausgehenden Mehrwert, in den Goodwill ein.[816] Der Interpretation des Goodwill als „reines“ Synergiepotential steht insofern auf den ersten Blick entgegen, dass sich Teile des Intellectuall Capital als Werttreiber nicht einzeln als Substanz erfassen lassen.[817] Folglich gehen diese Wertreiber in den Goodwill ein,[818] obgleich nicht ihr gesamter Ertragswertbeitrag ein Resultat des Zusammenwirkens der Substanzkomponenten sein kann. Streng genommen dürfen sie in Höhe ihres Fair Value nicht dem Synergiepotential zugeordnet werden.[819]

---

810 Milgrom/Roberts(Complementarities), S. 184.
811 Vgl. Colley/Volcan (Business Combinations), S. 74; Biberacher (Synergiemanagement), S. 53.
812 Vgl. Hofmann (Synergien), S. 484; Biberacher (Synergiemanagement), S. 53.
813 Vgl. Biberacher (Synergiemanagement), S. 134-144.
814 Vgl. hierzu Biberacher (Synergiemanagement), S. 48.
815 Vgl. Gälweiler (Synergiepotentiale), Sp. 1936 f.; Hofmann (Synergien), S. 484.
816 Vgl. Lorson/Heiden (Intellectual Capital), S. 382 f.
817 Vgl. IDW (IDW RS HFA 16), Rn. 44.
818 Vgl. Alvarez/Biberacher (Goodwill-Bilanzierung), S. 350 f.
819 Vgl. Biberacher (Synergiemanagement), S. 133.

Deutet man indes den auf die nicht identifizierbaren immateriellen Vermögenswerte entfallenden Ertragswertbeitrag in einen durch das Zusammenwirken der Substanzkomponenten entstehenden Effekt um, so kann der Goodwill in vollem Umfang als Synergiepotential interpretiert werden. Hierbei handelt es sich um Synergien zwischen einzelbewerteten Vermögenswerten und Schulden.[820] Die Bestandteile des nicht identifizierbaren Nettovermögens (z.B. Know How) sind quasi als Antwort auf die Frage zu sehen, warum die Synergien zwischen den Vermögenswerten bzw. Übergewinne überhaupt möglich sind.[821] So gesehen stellen sie lediglich „stille Werttreiber"[822] hinter dem Goodwill dar, welche im Zusammenspiel mit der Substanz die erwarteten Synergieeffekte ermöglichen. Es handelt sich um ein Potential, „das selber keine Erträge wirkt, sondern dessen Aufgabe darin besteht, das Betriebsvermögen zur Ertragswirkung zu stimulieren."[823] Die Synergieeffekte führen zu Übergewinnen, welche den Wert des Synergiepotentials determinieren; der Goodwill kann demgemäß vollständig als Synergiepotential erklärt werden.[824]

Bei der Substanz handelt es sich im Grunde um die „offenen Werttreiber" des Unternehmens. Was nicht als Substanz anzusehen ist, stellt „stille Wertreiber" dar und schlägt sich wertmäßig über das Synergiepotential im Goodwill nieder.

3.4.6 Ökonomische Interpretation und Messung des Goodwill

Um den Anforderungen des Rechnungswesens gerecht zu werden, muss der Gesamt-Goodwill in zweckadäquater Weise gemessen werden können, denn „zur bilanziellen Unternehmenswertermittlung brauchte man ein Messverfahren für den originären Geschäfts- oder Firmenwert."[825] Dieses setzt wiederum ein gewisses Verständnis über das Messobjekt voraus,[826] welches mangels Beschäftigung mit der Goodwill-Problematik im täglichen Geschäftsleben selten vorhanden sein dürfte. „Businessmen are not much concerned with the calculation of the goodwill of a company or firm in their everyday affairs." [827] Im

820 Vgl. Kintzele/Kintzele/Kwiatkowski (Goodwill), S. 31.

821 Vgl. hierzu Gynther (Goodwill), S. 255: „To find the true nature of Goodwill, we must seek the answer to the question, 'Why does exess earning power on tangible assets exist?'"

822 Zu den Synergietreibern vgl. Coenenberg/Biberacher (Synergiecontrolling), S. 760 f.

823 Mildebrath (Goodwill), S. 101.

824 Vgl. Hoogendoorn (Financial Statement Model), S. 10.

825 Moxter (Über Bilanztheorien), S. 416.

826 Vgl. Ma/Hopkins (Goodwill), S. 77. Mildebrath (Goodwill), S. 101.

827 Ma/Hopkins (Goodwill), S. 76. Vgl. aber die Einschätzung von Asztély (Ziel), S. 293.

Allgemeinen dürfte gänzlich unklar sein, was der Goodwill überhaupt sein könnte.[828]

„Goodwill is made of numerous elements and is therefore rather difficult to define in concise terms."[829] Die Frage, wie der Goodwill ökonomisch zu interpretieren ist, lässt mehrere, allerdings nur auf den ersten Blick nicht miteinander verbundene Erklärungen zu. „Goodwill is a phantom asset"[830], denn der Goodwill stellt gleichermaßen

- eine Teilgröße des Intellectual Capital,
- den Kapitalwert,
- den Market Value Added und
- das Synergiepotential

eines (Teil-)Unternehmens dar *(Abbildung 20)*. Vor dem Hintergrund dieser »Mannigfaltigkeit« sollte es verständlich sein, dass der Goodwill für ein »Phantom« gehalten wird,[831] tritt er doch gewissermaßen in immer neuem Gewand in Erscheinung,[832] steckt also auf den ersten Blick „voller Merkwürdigkeiten"[833]. „If goodwill was a person, she/he would probably stand trial around the world on numerous counts of complicity in undesirable or criminal acts."[834]

---

828 Vgl. Davis (Goodwill Accounting), S. 77.
829 Owens (Goodwill), S. 282.
830 Herring/Herring (Goodwill), S. 41.
831 Vgl. m.w.N. Hommel (Goodwill), S. 803.
832 Vgl. zur möglichen Substanz des Goodwill auch Mard/Hitchner/Hyden/Zyla (Valuation), S. 79.
833 Moxter (Probleme), S. 480.
834 Kirkham/Arnold (Goodwill Accounting), S. 421.

Abbildung 20: Interpretationsmöglichkeiten des Goodwill

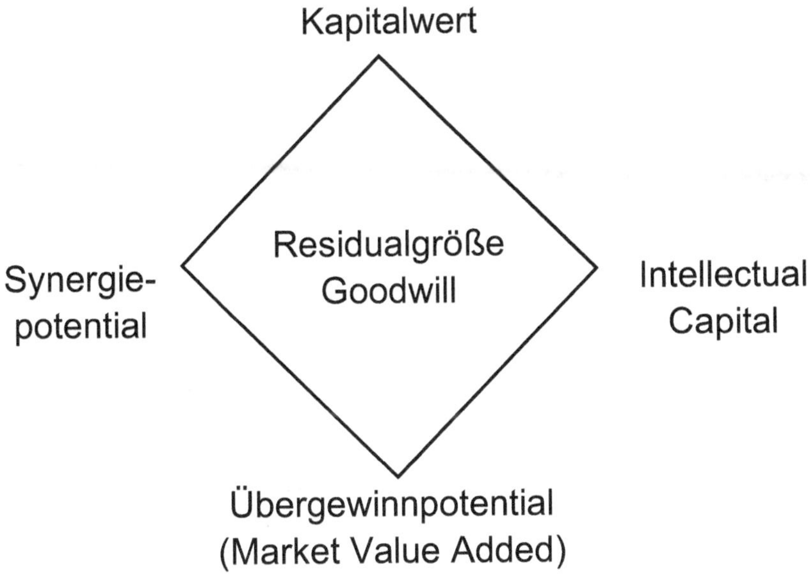

Wenn sich all diese aufgeführten ökonomischen Konzepte in einem Wert treffen, liegt es nahe, sie zusammenzuführen. Werden die Interdependenzen zwischen den verschiedenen ökonomischen Aspekten des Goodwill offen gelegt, ist dieses für ein besseres Verständnis der »Phantomgröße Goodwill« hilfreich.

Bekanntermaßen entspricht der Goodwill dem Barwert der Übergewinne[835] und dieser wiederum dem Kapitalwert des Unternehmens[836]. Zwar wird auch grundsätzlich, wenn auch in einer pauschalen Weise, erkannt, dass die im Goodwill verkörperten „Ertragserwartungen" (= Übergewinnpotentiale oder Kapitalwert) auf dem Intellectual Capital (Know How, Belegschaftsqualität, etc.) als „Wertbestimmungsfaktoren" beruhen,[837] ein Zusammenhang zwischen (stillen) Werttreibern und Synergiepotential wird indessen anscheinend

---

[835] Vgl. Ellis (Goodwill), S. 465.
[836] Vgl. Bierman (Performance Measure), S. 65.
[837] Vgl. Herring/Herring (Goodwill), S. 41.

nicht gesehen. Beim nicht identifizierbaren Intellectual Capital (als stillen Werttreiber) handelt es sich aber um eine Determinante des Synergiepotentials.[838]

Der Goodwill stellt als Kapitalwert einer (fiktiven) Investition in den Substanzwert zugleich den Barwert zukünftiger Übergewinne dar, welche aufgrund von durch das vorhandene Intellectual Capital ermöglichten erwarteten Synergieeffekten realisierbar sind.

Beschränkt man sich auf die Erfassung der Synergiepotentiale und bewertet diese mit dem entsprechend definierten Barwert der Übergewinne ($\widetilde{FCF}_j^{GW}$), kann auf die Einzelbewertung der „stillen Werttreiber" (nicht identifizierbares Intellectual Capital) verzichtet werden. Der genau quantifizierte Einfluss einer Belegschaftsqualität oder einer guten Organisation auf das Synergiepotential und damit auf Goodwill sowie Unternehmenswert kann nicht zuverlässig gemessen werden. Stattdessen bilden Planungsrechnungen über den Ort (und damit das Risiko) und Anfall (Zeitpunkt und Höhe) der erwarteten finanziellen Wirkung der Synergieeffekte die Grundlage für die Abgrenzung und Bewertung der Goodwill-Komponenten. Damit wird ein fast unlösbares durch das „nur" noch schwierige Problem der Synergiebewertung abgelöst.[839] Dieses ist jedoch aus dem Bereich des Akquisitionscontrollings bekannt, und es gibt zumindest erste Lösungsansätze hierfür.[840]

Daraus folgt hinsichtlich der Messung des Goodwill im Rechnungswesen: Zunächst bedarf es einer qualitativen Erfassung der immateriellen Werttreiber (Intellectual Capital) des Unternehmens. Aus der Masse des „inventarisierten" Intellectual Capital sind die identifizierbaren immateriellen Werte zu separieren und als Teil des Substanzwerts zum Fair Value zu bewerten. Aufgrund des Zusammenwirkens von Substanz und nicht identifizierbaren immateriellen Werten werden Synergieeffekte erwartet.

Bevor eine Bewertung der Synergiepotentiale erfolgen kann, müssen die erwarteten Synergieeffekte qualitativ erfasst werden.[841] Die finanzielle Wirkung der Synergieeffekte zeigt sich in Form der darauf zurückgehenden erwarteten Übergewinne. Die Höhe der Übergewinne ist hierbei abhängig von der Definition des Substanzwerts, welcher auf Fair Value-Basis zu ermitteln ist.

---

838 Vgl. Biberacher (Synergiemanagement), S. 133.
839 Vgl. aber zu den Problemen der Synergiebewertung Kräkel (Synergien), S. 5569.
840 Vgl. Wöginger (Synergien), S. 251.

Der Goodwill ist als Synergiepotential zu interpretieren und mit den synergieinduzierten Übergewinnen zu bewerten. Da zur Bestimmung der Übergewinne zuerst festgelegt werden muss, was Substanz ist und wie hoch der Substanzwert ist, bevor die Höhe des Goodwill bestimmt werden kann, verliert der Goodwill im Grunde seinen „Residualwert-Charakter" nicht.[842]

Auf den ersten Blick erscheint auch ein direktes Anknüpfen der Goodwill-Messung an die Übergewinne möglich. Damit allein ist jedoch wenig gewonnen: „to understand the nature of goodwill it is necessary to go beyond the measurement issue to ask why superior earnings exist."[843] Der Umweg über die Synergiedefinition ermöglicht darüber hinaus eine an den „technischen" Synergieeffekten orientierte Untergliederung des Goodwill.

Abbildung 21 stellt die zuvor diskutierten Zusammenhänge dar.

841 Vgl. Hofmann (Synergien), S. 485.
842 Vgl. Kivikas/Wulf (Wissensbilanzierung), S. 51.
843 Ma /Hopkins (Goodwill), S. 76. Vgl. auch bereits Gynther (Goodwill), S. 255.

Abbildung 21: Messung des Goodwill im Rechnungswesen

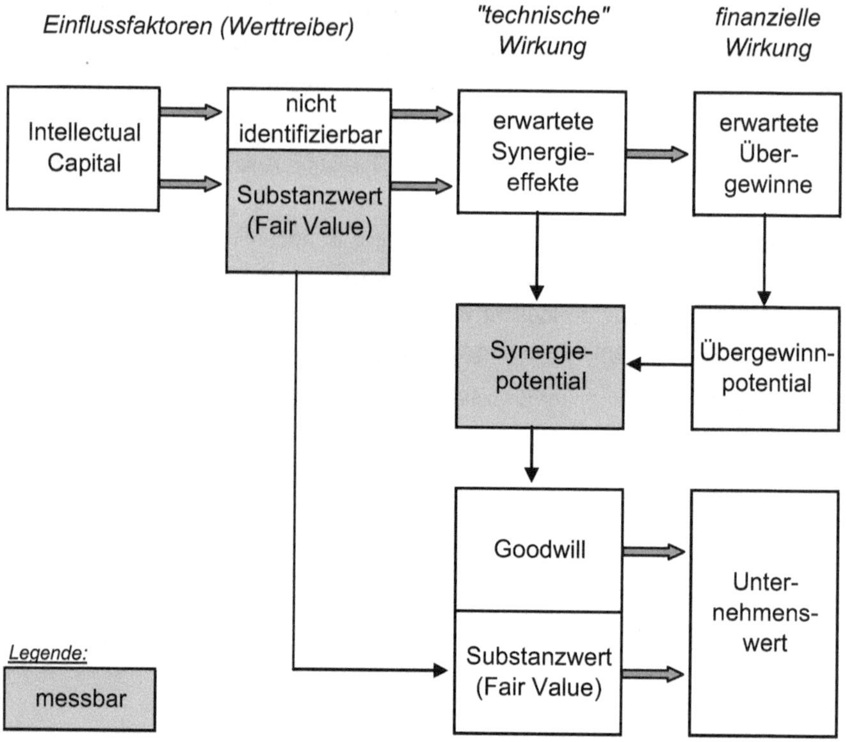

Auch nach dem „Synergiekonzept" bedürfen die Komponenten des Goodwill einer näheren Bestimmung.

3.5 Komponenten des Goodwill nach dem »Synergiekonzept«

3.5.1 Akquisitionsperspektive der Goodwill-Konzepte

Die Goodwill-Bilanzierung nach IFRS hängt im Grunde immer mit einem Unternehmenserwerb zusammen.[844] „Goodwill appears on the balance sheet of a business when it purchases another business for more than the fair value of the specifically identified net assets of the acquired business."[845] Nur wenn ein Goodwill im Rahmen eines Unternehmenszusammenschlusses erworben

[844] Vgl. Hommel (Goodwill), S. 802; Lander/Reinstein (Models), S. 227.
[845] Kintzele/Kintzele/Kwiatkowski (Goodwill), S. 29.

wurde, erhält ein „bezahlter“ Anteil am Goodwill und damit erworbenes Synergiepotential überhaupt Einzug in die Bilanz.[846]

Der Goodwill kann als Spiegelbild des Synergiepotentials eines Unternehmens interpretiert werden.[847] Unabhängig von der Goodwill-Bilanzierung werden Synergien zumeist im Zusammenhang mit Akquisitionen diskutiert.[848] Sie gelten als „der Dreh- und Angelpunkt von Fusionen und Übernahmen“[849]. Zur zweckadäquaten Analyse des Goodwill bezüglich seiner Komponenten nach dem Synergiekonzept bietet sich daher zunächst ein Blick auf die Kaufpreisfindung bei Akquisitionen an.[850] Damit soll nicht verkannt werden, dass im Regelfall Synergieeffekte in Unternehmen auch unabhängig von Akquisitionen auftreten.[851]

Im Rahmen einer Akquisition bilden sich sowohl Käufer als auch Verkäufer eines (Teil-)Unternehmens ein subjektives Urteil über den Wert des Akquisitionsobjekts, d.h. sie führen eine subjektive Unternehmensbewertung aus ihrer jeweiligen Perspektive durch. Die entscheidungsbezogenen Unternehmenswerte stellen die jeweiligen Grenzpreise von Käufer und Verkäufer, bei denen der Kapitalwert der Transaktion gerade Null ist, dar.[852] Eine Transaktion kommt nur zustande, wenn der Grenzpreis des Käufers über dem Grenzpreis des Verkäufers liegt, im Normalfall „pendelt“ sich der Kaufpreis zwischen den Grenzpreisen ein *(vgl. Abbildung 22)*.[853]

---

846 Vgl. Lee (Example), S. 318; Seetharaman/Balachandran/Saravanan (Goodwill), S. 137; Herring/Herring (Goodwill), S. 42; Morrissey (Intangible Costs), S. 198; Zwar führt der Impairment-Only-Approach faktisch zu einem Ansatz von originären Goodwill-Komponenten, der maximal ausgewiesene Betrag wird aber durch die Anschaffungskosten des derivativen Goodwill begrenzt. Vgl. Siegel (Bilanzierung), S. 750. Bei Umsetzung der Full Goodwill Method nach ED IFRS 3 wird jedoch ein nicht vom Mutterunternehmen bezahlter anteiliger Minderheiten-Goodwill aktiviert. Vgl. Pellens/Sellhorn/Amshoff (Konzernbilanzierung). Dieser darf jedoch nicht als originärer Goodwill interpretiert werden. Vgl. Busse von Colbe (Goodwill).

847 Vgl. Johnson/Petrone (Goodwill), S. 295 f.

848 Vgl. z.B. Coenenberg/Biberacher (Synergiecontrolling).

849 Weismüller (Synergien), S. 174. Zur Bedeutung von Synergien als Akquisitionsmotiv vgl. auch Wöginger (Synergien), S. 235; Coenenberg/Biberacher (Synergiecontrolling), S. 756; Busse von Colbe (Synergien), S. 603.

850 Vgl. hierzu auch Thalke Focken (Goodwill), S. 12.

851 Vgl. hierzu Ewert/Wagenhofer (Rechnungslegung), S. 56.

852 Vgl. Moxter (Unternehmensbewertung), S. 9; Ballwieser (Möglichkeiten), S. 52.

853 Vgl. Küting/Weber/Keßler (Auswirkungen), S. 634; Ballwieser (Kaufpreisgestaltung), S. 75; Sieben/Diedrich (Unternehmensakquisitionen), S. 794 ff.; Lorson/Heiden (Intellectual Capital), S. 386; Ma/Hopkins (Goodwill), S. 80.

Abbildung 22: Grenzpreise, Synergiepotential und Kaufpreisfindung

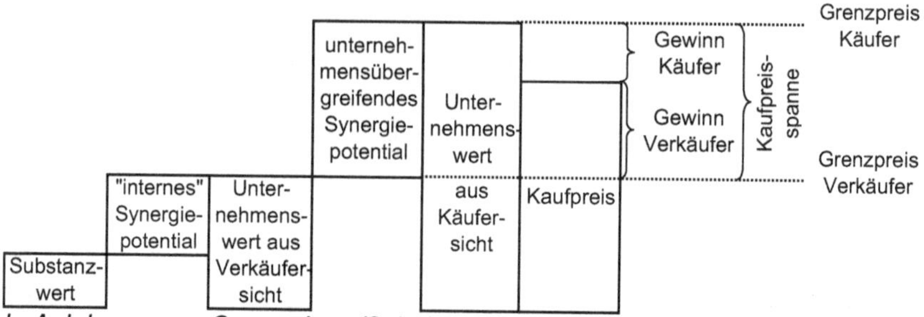

In Anlehnung an: Coenenberg/Schultze (Unternehmensbewertung), S. 611.

Während sich der Unternehmenswert aus Verkäufersicht als Stand Alone- bzw. Going Concern-Wert ermittelt,[854] berücksichtigt der Unternehmenswert aus Sicht des Käufers mögliche Veränderungen bezüglich des Geschäftsbetriebs des Tochterunternehmens sowie die geplante Integration in seinen Geschäftsbetrieb[855].[856]

Vereinfacht kann die Differenz zwischen den Grenzpreisen als unternehmensübergreifendes Synergiepotential interpretiert werden,[857] welches durch das Zusammenwirken der beiden Unternehmen entsteht.[858] Darüber hinaus sollten beide Unternehmen unabhängig von der Akquisition über ein „internes" Synergiepotential, welches den über den Substanzwert hinausgehenden Teil des Stand-Alone-Werts umfasst, verfügen.[859] Ein solches im Tochterunternehmen vorhandenes internes Synergiepotential wird bei einer Akquisition ebenso erworben wie die Substanz und das unternehmensübergreifende Synergiepotential. Dem internen Synergiepotential wird bei Akquisitionen jedoch weit weitaus weniger Aufmerksamkeit geschenkt als dem unternehmensübergreifenden

---

854 Ein Going Concern-Wert geht von der tatsächlichen Geschäftspolitik des Kaufobjekts aus und kann sich somit von einen Stand Alone-Wert, welchem eine optimale Geschäftspolitik zugrunde liegt, unterscheiden.

855 Vgl. Küting (Bedeutung), S. 186; Eisenführ (Preisfindung), S. 469.

856 Vgl. Coenenberg/Schultze/Biberacher (Akquisitionen), S, 198 f.

857 Vgl. Coenenberg/Schultze/Biberacher (Akquisitionen), S, 199.

858 Vgl. Weber (Unternehmensbewertung), S. 99. Hierbei wird von unterschiedlichen Wertanschaungen und Informationsständen von Käufer und Verkäufer abstrahiert. Auch ohne Synergiepotentiale können sich die subjektiven Grenzpreise unterscheiden.

859 Vgl. hierzu Johnson/Petrone (Goodwill), S. 296; Ma/Hopkins (Puzzle-Solving), S. 114. Liegt der Going Concern-Wert unter dem Stand Alone-Wert auf Basis einer optimalen Geschäftsstrategie, umfasst der Grenzpreis des Verkäufers mitunter nicht das gesamte interne Synergiepotential.

Synergiepotential,[860] obgleich es bei der Akquisitionsplanung und -kontrolle ebensowenig vernachlässigt und als problemlos realisierbar eingestuft werden darf.

Die Differenz zwischen dem gezahlten Kaufpreis und dem Substanzwert des erworbenen Unternehmens entspricht als gezahlte Akquisitionsprämie dem bilanzierungsfähigen bezahlten derivativen Goodwill.[861] Als potentieller Inhalt des bezahlten derivativen Goodwill kommt somit sowohl das interne als auch das unternehmensübergreifende Synergiepotential in Frage.[862] Da im Regelfall jedoch nicht der Grenzpreis des Käufers gezahlt und nur ein Teil der Synergiepotentiale entgolten wird, ist der bezahlte derivative Goodwill einer eindeutigen Interpretation nach dem Synergiekonzept kaum zugänglich.[863] Er entspricht in diesem Fall als Teilmenge nicht dem Wert des gesamten erworbenen Synergiepotentials und kann dieses daher auch nicht repräsentieren.[864]

Wurde bei einem Erwerb von 100 % der Anteile die maximale Akquisitionsprämie und somit der Grenzpreis des Käufers entgolten, entsprechen sich zum Erwerbszeitpunkt derivativer Goodwill und Gesamt-Goodwill des Tochterunternehmens. Damit ist allerdings keine Identität von derivativem und dem ursprünglichem originären Goodwill des Tochterunternehmens gegeben[865]. Der originäre Goodwill des Tochterunternehmens reflektiert das vorhandene interne Synergiepotential und somit nur einem Teil des derivativen Goodwill. Letzterer umfasst hingegen auch die erst durch den Zusammenschluss entstehenden unternehmensübergreifenden Synergiepotentiale.

---

860 Vgl. Henning/Lewis/Shaw (Valuation), S. 385. Entsprechend Definiert das *IDW* Synergieeffekte unter Vernachlässigung von internen Synergieeffekten als „Veränderung der finanziellen Überschüsse, die durch den wirtschaftlichen Verbund zweier oder mehrerer Unternehmen entstehen und von der Summe der isoliert entstehenden Überschüsse abweichen" [IDW (IDW S 1), Rn. 43].

861 Vgl. Johnson/Petrone (Goodwill), S. 294; Coenenberg/Schultze (Unternehmensbewertung), S. 611.

862 Vgl. Johnson/Petrone (Goodwill), S. 295 f.

863 Vgl. Ma/Hopkins (Goodwill), S. 80 ff.; Ma/Hopkins (Puzzle-Solving), S. 114.

864 Vgl. Burl (Goodwill Shunting), S. 31.

865 Vgl. hierzu Lorson/Heiden (Intellectual Capital), S. 386.

3.5.2 Goodwill-Konzept von *Wöhe*

In der Literatur wird eine Reihe von Vorschlägen zur Goodwill-Aufspaltung nach dem Synergiekonzept unterbreitet.[866] Einen ersten „richtungweisende[n] Vorschlag“[867] zur Aufspaltung des Goodwill stellt das Goodwill-Konzept von *Wöhe* dar, nach dem sich der Goodwill aus den folgenden drei Komponenten zusammensetzen kann:[868]

(1) dem Wert der nicht bilanzierungsfähigen immateriellen Werte (z.B. Kundenstamm, Organisation etc.),

(2) dem Kapitalisierungsmehrwert, welcher sich aus dem Kombinationsprozess des bilanzierten Vermögens über den Substanzwert hinaus ergibt und

(3) dem Betrag, der ggf. à fonds perdu bezahlt wurde (d.h. ein gezahlter Betrag ohne werthaltige Gegenleistung[869]).

Die in der Komponente (1) zum Ausdruck kommenden nicht bilanzierungsfähigen immateriellen Werte fallen nicht zwingend unter die Goodwill-Definition als Differenz zwischen Erfolgs- und Substanzwert.[870] Die Bestimmung des Goodwill hat vielmehr erst nach der Identifikation und Bewertung aller isolierbaren Vermögenswerte (d.h. des Substanzwerts) zu erfolgen.[871] Soweit die nicht bilanzierungsfähigen immateriellen Werte identifizierbar sind, stellen sie einen Bestandteil des Substanzwerts dar, dementsprechend sind sie nicht dem derivativen Goodwill zuzuordnen. Folglich stellt die erste Komponente zumindest nicht in voller Höhe einen Bestandteil des Goodwill dar, vielmehr ist sie anteilig dem Substanzwert beizuordnen. Nur die nicht dem Substanzwert zugehörigen, nicht identifizierbaren Vermögenswerte dürfen als Komponente des über den Substanzwert hinausgehenden Anteils am Unternehmenswert und somit des Goodwill interpretiert werden.

Der im Rahmen der Komponente (2) angesprochene Kapitalisierungsmehrwert zielt offenbar nur auf die bereits vor der Akquisition vorhandenen Werte ab. Er

---

866 Vgl. etwa Wöhe (Bilanzierung); Johnson/Petrone (Goodwill); Sellhorn (Ansätze); Alvarez/Biberacher (Goodwill-Bilanzierung).

867 Lorson/Heiden (Intellectual Capital), S. 387; ähnlich Sellhorn (Ansätze), S. 888.

868 Vgl. Wöhe (Bilanzierung), S. 99.

869 Vgl. Sellhorn (Ansätze), S. 888; Küppers (Firmenwert), S. 1635.

870 Vgl. Sellhorn (Ansätze), S. 889; Kahle (Goodwill-Bilanzierung, Teil A), S. 849; Hommel (Goodwill), S. 803; Johnson/Petrone (Goodwill), S. 295.

871 Vgl. Lüdenbach/Prusaczyk (Kundenbeziehungen), S. 212.

stellt nach *Wöhe* das Ergebnis des Zusammenwirkens der vorhandenen bilanzierten Vermögenswerte auf den Gesamtwert dar und lässt sich daher als Going Concern- oder Stand Alone-Goodwill interpretieren.[872] Aus der Bezugnahme auf die bilanzierungsfähigen Werte könnte gefolgert werden, dass nur diese im Verbund einen Mehrwert schaffen sollen. Allein von der Bilanzierungsfähigkeit immaterieller Werte wird der Wertschaffungsprozess aber nicht beeinflusst, denn das Entstehen eines Kapitalisierungsmehrwerts ist völlig unabhängig von der Bilanzierungsfähigkeit der Werte.[873] Der Kombinationsprozess bezüglich bilanzierter und nicht bilanzierter Werte sowie zwischen den nicht bilanzierten Werten darf jedoch nicht vernachlässigt werden.[874] Wo der entsprechende (anteilige) Mehrwert zu berücksichtigen ist, ob bei den nicht bilanzierten Werten oder im Kapitalisierungsmehrwert, bleibt unklar.

Komponente (3), welche eine »Bezahlung à fonds perdu« beinhaltet, zeigt eindeutig, dass das Konzept ausschließlich auf einen im Zuge einer Akquisition erworbenen derivativen Goodwill abzielt. Diese Komponente soll offenbar nicht werthaltig sein.[875] Sofern einer Zahlung aber keine „Gegenleistung" gegenübersteht, ist sie aus ökonomischer Sicht als nicht werthaltig anzusehen und damit auch kein Bestandteil des „ökonomischen" Goodwill.[876] Es handelt sich vielmehr um den negativen Kapitalwert der Investition in das erworbene Unternehmen (d.h. um einen ökonomischen Verlust).[877] Dieser würde die sofortige Erfassung einer Goodwill-Wertminderung erfordern.[878]

Den Zahlungen, die nicht dem (finanziellen) Interesse der Anteilseigner dienen, steht keine „investitionsrechnerische" Goodwill-Komponente gegenüber.[879] Problematisch erscheint die qualitative Einordnung von „Überzahlungen", die den (vermeintlichen) nicht-finanziellen Interessen der Anteilseigner

---

872 Vgl. Sellhorn (Ansätze), S. 888.
873 Vgl. Fasselt/Brinkmann (Geschäfts- oder Firmenwert), Rn. 3.
874 „Denn auch für das Intellectual Capital...gilt: (Unternehmens-)Mehrwert entsteht erst durch ihre Kombination", Lorson/Heiden (Intellectual Capital), S. 388. Vgl. auch Günther (Steuerung), S. 55.
875 Vgl. Sellhorn (Ansätze), S. 888.
876 Vgl. hierzu auch Sellhorn (Ansätze), S. 888 f.; Johnson/Petrone (Goodwill), S. 295 f.; Hachmeister/Kunath (Bilanzierung), S. 65; Zimmermann (Signale), S. 386.
877 Vgl. Johnson/Petrone (Goodwill), S. 295 f.
878 Vgl. Busse von Colbe (Einheitstheorie), S. 49; Weber/Wirth (Immaterielle Vermögenswerte), S. 54 f.
879 Vgl. Hachmeister/Kunath (Bilanzierung), S. 65.

dienen sollen, zumal deren Quantifizierung oftmals höchst zweifelhaft ist.[880] Wird der Zahlung ein Wert beigemessen, der „nur“ nicht quantifiziert werden kann, stellt sich die Frage, ob im Zweifel Wertlosigkeit angenommen werden sollte[881] und gar keine Zahlung hätte geleistet werden dürfen.[882]

Unter der Annahme ausschließlich finanzieller Zielgrößen kann es zum Akquisitionszeitpunkt jedenfalls keine Zahlungen à fonds perdu als Bestandteil des Goodwill geben.[883] Damit soll nicht bestritten werden, dass wertlose Zahlungen in der Realität möglich sind.[884] Vielmehr würde jedoch eine Wertvernichtung vorliegen, die nicht Bestandteil des Goodwills ist und eine sofortige Wertminderung nach sich ziehen müsste.[885] So könnten beispielsweise nicht vorhandene Synergiepotentiale bezahlt werden, von denen bei einer vernünftigen Planung keine oder nur geringere Erfolge zu erwarten gewesen wären,[886] was jedoch bedenklich erscheint, da eine Akquisition immer eine sorgfältige Planung voraussetzt.[887] Eine sofortige Wertminderung würde demnach implizieren, „daß in Höhe des [anteiligen] Geschäftswertes eine Fehlinvestition vorgenommen wurde, und daß dies bereits zum Investitionszeitpunkt bekannt gewesen sei – eine bizarre Vorstellung.“[888]

Allerdings können sich Zahlungen für Goodwill-Bestandteile auch erst ex post als nicht werthaltig erweisen,[889] da der Goodwill auf erwarteten Zahlungsüberschüssen beruht und diese nicht immer realisiert werden können.[890] Es ist möglich, „dass der Erwerber im Verlauf des Akquisitionsprozesses Informationen erhält, die seine Wertschätzung ändern.“[891] Bezogen auf den Informationsstand zum Akquisitionszeitpunkt ist den entsprechenden Komponenten

---

880 Vgl. Moxter (Bilanzlehre), S. 388.

881 Vgl. Sellhorn (Ansätze), S. 889.

882 Vgl. Alvarez/Biberacher (Goodwill-Bilanzierung), S. 351.

883 Vgl. Sellhorn (Ansätze), S. 889.

884 Vgl. Alvarez/Biberacher (Goodwill-Bilanzierung), S. 350; Busse von Colbe (Einheitstheorie), S. 59.

885 Vgl. Alvarez/Biberacher (Goodwill-Bilanzierung), S. 353, Abb. 6.

886 Vgl. Coenenberg/Sauter (Unternehmensakquisitionen), S. 692; Kahle (Goodwill-Bilanzierung, Teil A), S. 849; Sellhorn (Ansätze), S. 888 f.; Alvarez/Biberacher (Goodwill-Bilanzierung), S. 350.

887 Vgl. Ordelheide (Geschäftswert), S. 579; McCarthy (Merger), S. 80.

888 Ordelheide (Geschäftswert), S. 579. Vgl. auch Davis (Goodwill Impairment), S. 233.

889 Vgl. Küting/Weber/Kessler (Auswirkungen), S. 640.

890 Vgl. Bühner/Spindler (Synergieerwartungen).

891 Sellhorn (Ansätze), S. 889. Vgl. hierzu auch Schierenbeck (Beteiligungsentscheidung), S. 167; Busse von Colbe (Einheitstheorie), S. 59.

dennoch ex ante ein Wert beizumessen.[892] Zum Zeitpunkt der Akquisition kann der Kapitalwert somit positiv gewesen sein,[893] weshalb in diesem Fall dem verantwortlichen Management keine Verantwortung zukommt.[894]

Es verbleibt als möglicher Goodwill-Bestandteil die zweite Komponente, welche sich bei weiter Auslegung als Going Concern- oder Stand Alone-Synergiepotential interpretieren lässt.[895] Damit umfasst das Konzept von *Wöhe* allerdings nur einen Teil der möglichen Goodwill-Komponenten. Es handelt sich um den vor der Akquisition vorhandenen originären Goodwill des Akquisitionsobjekts bzw. das interne Synergiepotential.[896] Hierbei bleibt mitunter jedoch das eigentliche Akquisitionsmotiv unberücksichtigt, soweit Synergien zwischen dem erwerbenden und dem erworbenen Unternehmen erzielt werden sollen.[897]

Eine solche Stand Alone- und Going Concern-Perspektive ist nur dann gerechtfertigt, wenn der Käufer keine (wesentlichen) Einschnitte in den Geschäftsbetrieb des Akquisitionsobjekts vornehmen möchte.[898] Der Goodwill aus der Akquisitionsperspektive müsste ansonsten noch das durch den Zusammenschluss entstehende Synergiepotential beinhalten.[899] Dieses Problem wird im Grunde auch von *Wöhe* erkannt, wenn er die Werthaltigkeit eines Teils der vermeintlichen Überzahlung einräumt und damit auf das durch die Akquisition entstehende unternehmensübergreifende Synergiepotential anspielt.[900]

Dennoch liegt in der von *Wöhe* eingenommenen Perspektivenmischung (Akquisitions- und gleichzeitige Stand Alone-Perspektive) ein wesentlicher Widerspruch begründet:[901] Bei einer Stand Alone-Betrachtung wird mit den unternehmensübergreifenden Synergiepotentialen das wohl bedeutendste Akquisitionsmotiv[902] einfach ausgeblendet.[903] Dieses muss aber zwingend in einer Analyse der Goodwill-Komponenten aus der Akquisitionsperspektive Berück-

---

892 Vgl. Küting/Weber/Kessler (Auswirkungen), S. 640.
893 Vgl. Busse von Colbe (Einheitstheorie), S. 59.
894 Vgl. Vettinger/Volkart (Goodwill-Regeln).
895 Vgl. Sellhorn (Ansätze), S. 888.
896 Vgl. Thalke Focken (Goodwill), S. 9 f. und 12.
897 Vgl. Busse von Colbe/Falkenhahn (Kapitalkonsolidierung), S. 9.
898 Vgl. Coenenberg/Schultze/Biberacher (Akquisition), S. 198.
899 Vgl. Sellhorn (Ansätze), S. 889; Lorson/Heiden (Intellectual Capital), S. 387.
900 Vgl. Sellhorn (Ansätze), S. 888 f.
901 Vgl. hierzu insbesondere Ma/Hopkins (Goodwill), S. 79 f.
902 Vgl. Coenenberg/Biberacher (Synergiecontrolling), S. 756.
903 Vgl. Coenenberg/Schultze/Biberacher (Akquisition), S. 199.

sichtigung finden,[904] was etwa bei den Goodwill-Konzepten von *Johnson/Petrone*[905] und *Sellhorn* [906] geschieht.[907]

3.5.3 Goodwill-Konzept von *Johnson/Petrone*

Johnson/Petrone spalten im Rahmen der Fragestellung, ob der Goodwill einen Vermögenswert darstellt („Is Goodwill an Asset?") den derivativen Goodwill zunächst in sechs mögliche Komponenten auf:[908]

(1) den Überschuss der Fair Values über die Buchwerte des Nettovermögens, d.h. die stillen Reserven und Lasten der bilanzierten Vermögenswerte und Schulden,

(2) die Fair Values der nicht bilanzierten Vermögenswerte,

(3) die Differenz zwischen dem Stand Alone-Wert (=Going Concern-Wert[909]) des erworbenen Unternehmens und dem Fair Value des Nettovermögens,

(4) den Fair Value des durch die Akquisition entstehenden Synergiepotentials,

(5) eine Überbewertung der durch den Erwerber erbrachten Gegenleistung sowie

(6) Über- oder Unterzahlungen.

Die Komponenten (1) und (2) sowie (5) und (6) können nicht dem Kern-Goodwill zugeordnet werden. Während die beiden ersten beiden Komponenten dem Substanzwert zuzurechnen sind, steht hinter einer Überzahlung (6. Komponente) überhaupt keine werthaltige Position.[910] Dahinter verbirgt sich der negative Kapitalwert der Investition, weil demzufolge mehr als der Grenzpreis des erworbenen Unternehmens bezahlt wurde. Der umgekehrte Fall eines positiven Kapitalwerts liegt bei einer Unterzahlung vor: Es wurde weniger als der Grenzpreis entgolten (Lucky Buy),[911] somit steht hinter dem

---

904 Vgl. Sellhorn (Ansätze), S. 889; Lorson/Heiden (Intellectual Capital), S. 387; ferner Thalke Focken (Goodwill), S. 10.

905 Vgl. Johnson/Petrone (Goodwill).

906 Vgl. Sellhorn (Ansätze), S. 889 f.

907 Vgl. Thalke Focken (Goodwill), S. 10.

908 Vgl. Johnson/Petrone (Goodwill), S. 295; Henning/Lewis/Shaw (Valuation), S. 378 f.

909 Da nicht zwischen einem Going Concern- und einem Stand Alone-Goodwill unterschieden wird, muss von einer optimalen Geschäftsstrategie ausgegangen werden. Vgl. Johnson/Petrone (Goodwill), S. 296.

910 Vgl. Sellhorn (Ansätze), S. 889.

911 Vgl. Sellhorn (Ansätze), S. 889.

Unterzahlungsbetrag tatsächlich ein Ertragswertanteil. Dieser muss jedoch bereits in den Komponenten (3) und (4) bzw. im Substanzwert mit berücksichtigt werden.

Letztendlich verbleiben als „investitionstheoretische" Goodwill-Komponenten (3) und (4),[912] die als Stand-Alone- bzw. internes Synergiepotential[913] und unternehmensübergreifendes Synergiepotential bezeichnet werden können.[914] Beide Komponenten verkörpern im Grunde die Erwartungen über Synergiewirkungen und unterscheiden sich letztendlich nur in der Ebene, in der die Synergieeffekte erzielt werden sollen.[915] Komponente (3) umfasst die Synergiewirkungen zwischen den Vermögenswerten des Tochterunternehmens, während Komponente (4) die Synergiewirkungen zwischen den Vermögensgesamtheiten von Mutter- und Tochterunternehmen beinhaltet. Beiden Komponenten wird in der Literatur Wertrelevanz beigemessen.[916]

3.5.4 Goodwill-Konzept von *Sellhorn*

Unter Bezugnahme auf die Arbeiten von *Wöhe* und *Johnson/Petron* entwickelt *Sellhorn* folgendes „verfeinertes" Goodwill-Konzept, in dem sich der derivative Goodwill aus fünf Komponenten zusammensetzen soll:[917]

(1) Einem Going Concern-Goodwill (≠Stand Alone-Goodwill[918]), welcher sich mit Werttreibern wie Standortvorteilen, Belegschaftsqualität oder Kundenstamm erklären lässt,

(2) einem Synergie-Goodwill als Spiegelbild des durch die Akquisition entstehenden Synergiepotentials,

(3) einem Restrukturierungs-Goodwill, welcher sich aufgrund der Möglichkeiten einer effizienteren Nutzung der im erworbenen Unternehmen vorhandenen Ressourcen und eines damit verbundenen Abbaus vorhandener Ressourcen ergibt,

---

912 Vgl. Streim/Bieker/Hackenberger/Lenz (Goodwill-Bilanzierung), S. 23.

913 Vgl. hirzu auch Weber/Wirth (Immaterielle Vermögenswerte), S. 54.

914 Vgl. Johnson/Petrone (Goodwill), S. 296.

915 Vgl. Hachmeister/Kunath (Bilanzierung), S. 65; Ma/Hopkins (Goodwill), S. 77-80.

916 Vgl. Henning/Lewis/Shaw (Valuation), S. 385; kritisch hierzu Busse von Colbe (Konzernrechnungslegung), S. 659.

917 Vgl. Sellhorn (Ansätze), S. 889 f.

918 Das Vorhandensein der Komponente (3) zeigt, dass sich der Going Concern-Goodwill auf Basis der tatsächlichen und nicht einer optimalen Geschäftsstrategie ergibt.

(4) einem Strategie-Goodwill, der etwa die Möglichkeit der Überwindung von Markteintrittsbarrieren beinhaltet sowie

(5) einem Flexibilitäts-Goodwill, der darin begründet ist, dass ein Erwerber u.a. die Möglichkeit hat, die Anteilsquote zu verändern.

Soweit die Komponente (1) nur stille Werttreiber umfasst und das Ergebnis des Zusammenwirkens des Nettovermögens beinhaltet, lässt sie sich auch als internes Synergiepotential interpretieren. Bemerkenswert erscheint dementsprechend die Unterscheidung zwischen den Komponenten (1) Going Concern- und (3) Restrukturierungs-Goodwill, welche gewissermaßen das „interne Verbesserungspotential" widerspiegelt. Damit wird implizit unterstellt, dass der Going Concern-Wert des erworbenen Unternehmens unter der Prämisse einer unveränderten und ggf. nicht optimalen Geschäftspolitik (Restrukturierungen sind nicht berücksichtigt) errechnet wird. Bei einer solchen Einteilung dürfen der Going Concern- und Stand Alone-Wert nicht gleichgesetzt[919] werden, letzterer muss als „Optimalkalkül" bereits von einer optimalen Strategie ausgehen. Nur wenn im Rahmen der Berechnung des Going Concern-Werts ebenfalls optimale Zahlungsströme zugrunde zu legen sind,[920] entsprechen sich Going Concern- und Stand Alone-Goodwill. Einen Restrukturierungs-Goodwill kann es dann aber nicht geben, er ist Bestandteil eines mittels eines Optimalkalküls ermittelten Going Concern-Goodwill.

Der Restrukturierungs-Goodwill konnte insofern unter den Going Concern-Goodwill subsumiert werden. Werden Restrukturierungen aber bereits im Hinblick auf eine Integration in den Konzernverbund geplant, so erscheint auch eine Zuordnung zum Synergie-Goodwill sachgerecht.[921] Im Ergebnis könnte im Hinblick auf eine höhere Operationalisierbarkeit die Komponente Restrukturierungs-Goodwill zugunsten eines dann als „Optimalwert" verstandenen Going Concern-Goodwill[922] und des Synergie-Goodwill entfallen.

Die Bezeichnung der Komponente (4) ist etwas missverständlich, denn im Grunde handelt es sich beim gesamten Goodwill um eine strategische Grö-

---

919 So beispielsweise Coenenberg/Schultze/Biberacher (Akquisition), S. 198 f.
920 Vgl. Ballwieser/Coenenberg/Schultze (Unternehmensbewertung), Sp. 2416.
921 Vgl. hierzu auch Sellhorn (Ansätze), S. 890.
922 Vgl. Rabianski (Going-Concern Value), S. 188 f.

ße.[923] Die Möglichkeit eines Markteintritts ist jedenfalls kein Selbstzweck; eigentlicher Zweck eines Markteintritts ist mitunter die Realisierung von Mehrwert, d.h. etwa von Synergieeffekten aufgrund von Absatzpotentialen[924]. Da insofern eine trennscharfe Abgrenzung des Strategie-Goodwill vom Going Concern- und Synergie-Goodwill nicht möglich ist,[925] sollte ebenfalls eine Subsumierung unter diesen Goodwill-Bestandteilen erfolgen. Gleiches sollte für den Flexibilitäts-Goodwill gelten, der sich als „synergetische Potentiale aus anfänglich noch nicht determinierten Handlungsflexibilitäten des Managements (z.B. Wachstumsoptionen)“[926] verstehen lässt. Wenn etwa die Möglichkeit einer Aufstockung der Beteiligungsquote zur Überschreitung einer Kontrollgrenze als Realoption interpretiert wird,[927] so geht es doch wohl um den Wert eines Kontrollvorteils bezüglich eines Tochterunternehmens. Kontrolle über ein Tochterunternehmen kann per se keinen finanziellen Wert aufweisen, vielmehr steht der Wert synergetischer Vorteile hinter dem Wert der Beherrschungsmöglichkeit.[928]

Die Schlussfolgerung, dass ein nicht durch Synergie- und Restrukturierungspotentiale erklärbarer Kaufpreis das Vorhandensein von werthaltigen Strategie- und Flexibilitätselementen bedeutet,[929] ist keinesfalls zwingend. Hier wird wohl eher eine bewertungstechnisch orientierte Differenzierung vorgenommen, weil sich solche Komponenten möglicherweise einer „normalen“ Ertragsbewertung entziehen könnten und es somit eines Verfahrens zur Bewertung von Realoptionen bedarf.[930]

Eine Berücksichtigung von Handlungsoptionen erscheint dennoch in bestimmten Fällen erforderlich. So kann etwa ein negativer Kapitalwert einer Akquisition durch die positiven Kapitalwerte von hierdurch erst möglichen Folgeinvestitionen überkompensiert werden.[931] Insbesondere Realoptionen stehen in die-

---

923 Scheinbar in ähnlicher Weise grenzt Reilly (Accounting for Goodwill), S. 33, eine von zukünftigen Ereignisses abhängige „strategische“ Goodwill-Komponente ab, die jedoch offenbar auch Elemente des Synergie-Goodwill beinhaltet.

924 Vgl. Kürsten/Meckl/Krostewitz (M&A-Management), S. 15.

925 Vgl. Sellhorn (Ansätze), S. 890.

926 Wöginger (Synergien), S. 236.

927 Vgl. m.w.N. Dirrigl (Konzepte), S. 423 f.

928 Vgl. Colley/Volcan (Business Combinations), S. 75; Mercer/Crow/Patton (Goodwill Valuation), S. 26.

929 So aber Sellhorn (Ansätze), S. 891.

930 Vgl. Sellhorn (Ansätze), S. 890.

931 Vgl. Sieben/Diedrich (Unternehmensakquisitionen), S. 797-807.

sem Zusammenhang jedoch unter dem Verdacht, weniger als Erklärungs-, sondern eher als Rechtfertigungsmodelle für überhöhte Zahlungen dienlich zu sein.[932] Darüber hinaus lassen sich entsprechende Optionen rechnerisch ebenso mithilfe eines Entscheidungsbaums[933] erfassen.[934] Eine derartig differenzierende Bewertung erfordert freilich zumindest „die Einbeziehung all der Maßnahmen, die nach der Durchführung der in Frage stehenden Akquisition im Rahmen der Gesamtstrategie vorgesehen sind."[935] Eine »starre Planung« führt in der Tat nicht zum „richtigen" Ergebnis.[936] „Damit wird die theoretisch gebotene Optimierung der finanziellen Erfolgsströme unberechtigterweise vernachlässigt."[937]

Die theoretisch nicht unbedingt erforderliche Aussonderung des Strategie- und Flexibilitäts-Goodwill ließe sich vielleicht noch mit besonders großen Identifikations- und Bewertungsproblemen begründen. „Möglicherweise reflektieren beide in besonderem Maße den für den Goodwill gemeinhin als charakteristisch angesehenen Restwert-Charakter."[938] Demgemäß wären diese Komponenten als latente Potentiale am ehesten im Bereich des nicht mehr spaltbaren Goodwill i.S.v. *Haller* und damit im langfristigen Goodwill i.S.v. *Coenenberg* anzusiedeln *(vgl. Abbildung* 19*)*.

3.5.5 Gegenüberstellung der Goodwill-Konzepte

In *Abbildung 23* wird der Zusammenhang der Goodwill-Konzepte von *Wöhe*[939], *Sellhorn*[940] und *Johnson/Petrone*[941] herausgearbeitet. Während nach *Jonson/Petron* im Ergebnis ein gemäß eines Optimalkalküls bestimmter Going Concern-Goodwill (=Stand Alone-Goodwill) und ein Synergie-Goodwill verbleiben, sieht das Konzept von *Sellhorn* darüber hinaus die Komponenten Restrukturierungs-Goodwill, Strategie-Goodwill und Flexibilität vor. Die Restrukturierungskomponente zeigt, dass zumindest der Going Concern-Goodwill – anders als bei *Johnson/Petrone* – nicht als Optimalkalkül verstan-

---

932 Vgl. Ballwieser (Optionspreistheorie), S. 197.
933 Vgl. Ballwieser (Möglichkeiten), S. 58-62.
934 Vgl. Ballwieser (Betriebswirtschaftslehre), S. 10 f.; Dirrigl (Konzepte), S. 426 f.
935 Sieben/Diedrich (Unternehmensakquisitionen), S. 803 f.
936 Vgl. Ballwieser/Coenenberg/Schultze (Unternehmensbewertung), Sp. 2429.
937 Ballwieser/Coenenberg/Schultze (Unternehmensbewertung), Sp. 2429.
938 Sellhorn (Ansätze), S. 891.
939 Vgl. Wöhe (Bilanzierung), S. 99.
940 Vgl. Sellhorn (Ansätze), S. 889 f.

den wird.[942] Dies widerspricht letztendlich der rationalen Bewertungslogik, denn „[z]u bewerten sind aus ökonomischer Sicht nicht irgendwelche künftigen Zahlungen, sondern optimale Zahlungsströme."[943]

Unter der Prämisse, dass sich die mit dem Strategie-Goodwill und der Flexibilitätskomponente angesprochenen Wertkomponenten vollständig mithilfe eines Ertragswertverfahrens erfassen lassen,[944] entsprechen sich die Gesamtwerte der Goodwill-Komponenten nach *Johnson/Petrone* und *Sellhorn*. Anderes gilt für das Konzept von *Wöhe*: Abgesehen davon, dass in seinem Konzept nicht werthaltige Komponenten berücksichtigt bzw. ein Synergie-Goodwill in unzweckmäßiger Weise in solche Komponenten umgedeutet wird, wird mit dem Going Concern-Goodwill nur eine Teilgröße des Akquisitions-Goodwill berücksichtigt *(Abbildung 23)*[945]

Abbildung 23: Vergleich der Goodwill-Konzepte

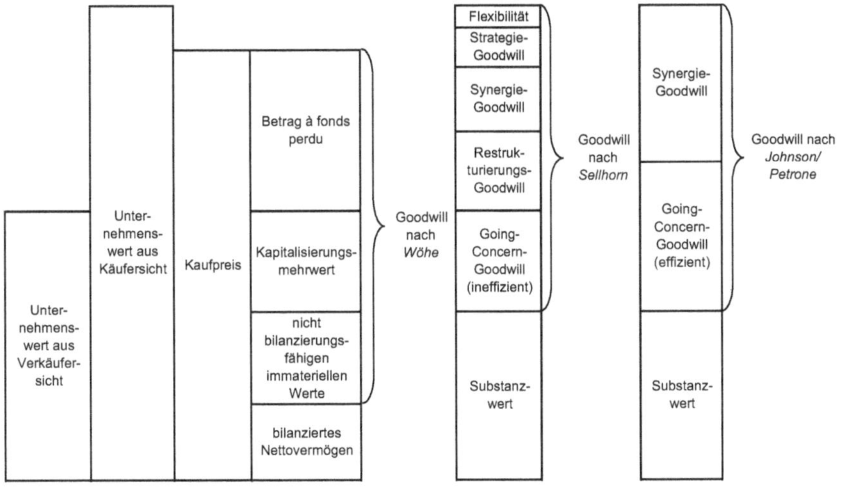

Wie sich zeigt, scheidet das Konzept von *Wöhe* aufgrund seiner Stand Alone- bzw. Going Concern-Perspektive und der damit verbundenen Vernachlässi-

941 Vgl. Johnson/Petrone (Goodwill), S. 295 f.
942 Zur Unterscheidung von „Ist"- und „Soll"-Going Concern-Werten vgl. auch Rabianski (Going-Concern Value), S. 188 f.
943 Ballwieser/Coenenberg/Schultze (Unternehmensbewertung), Sp. 2416.
944 Vgl. Ballwieser (Betriebswirtschaftslehre), S. 10.
945 Vgl. hierzu Ma/Hopkins (Goodwill), S. 79 f.

gung der Integrationsstrategie als akquisitionsbasierte Erklärung der Goodwill-Komponenten aus. Sachgerechter wirken diesbezüglich die Konzepte von *Johnson/Petrone* und *Sellhorn*: beide Konzepte berücksichtigen die geplante Integration des Tochterunternehmens in den Geschäftsbetrieb des Konzerns.[946] Als zweckmäßiger erscheint jedoch das Konzept des Kern-Goodwill von *Johnson/Petrone*, da es zum einen bei der Bemessung des Going Concern-Goodwill von einem aus ökonomischer Sicht relevanten Optimalkalkül ausgeht und zum anderen keine rein bewertungstechnische Differenzierung vornimmt. Außerdem bestehen zwischen den Goodwill-Komponenten zahlreiche Interdependenzen,[947] weshalb eine Begrenzung auf zwei Bestandteile zumindest eher operational erscheint.

3.5.6 Grundgedanken zu einer Fortentwicklung der Goodwill-Konzepte

3.5.6.1 Akquisitionsperspektive

Sofern die Akquisitionsperspektive eingenommen wird, kann eine Unterscheidung des Goodwill in ein dem Akquisitionsobjekt innewohnendes internes Synergiepotential und ein durch den Zusammenschluss entstehendes unternehmensübergreifendes Synergiepotential erfolgen.[948]

Der Wert des Synergiepotentials ergibt sich als Barwert der synergieinduzierten erwarteten Free Cash Flows ($\widetilde{FCF}_j^{SP}$).[949] Idealtypisch setzt sich das erworbene Synergiepotential (SP) aus einer kurzfristigen und einer langfristigen Komponente zusammen:[950]

---

946 Vgl. Busse von Colbe (Bilanzierung); Küting/Wirth (Bilanzierung), S. 174.

947 Vgl. Ma/Hopkins (Goodwill), S. 79.

948 Vgl. Johnson/Petrone (Goodwill), S. 296. Diese Differenzierung entspricht im Übrigen nicht der Unterscheidung von echten und unechten Synergien. Vgl. IDW (IDW S 1), Rn. 44.

949 Zur Bewertung des Synergiepotentials vgl. auch Wöginger (Synergien), S. 251. Auch das *IDW* geht von einem rein zahlungsorientierten Synergiebegriff aus. Vgl. IDW (IDW S 1), Rn. 43.

950 Vgl. hierzu auch Coenenberg (Jahresabschlussanalyse), S. 168; Coenenberg (Jahresabschluss), S. 1132; AAA (Goodwill), S. 163.

$$SP_t = \underbrace{\sum_{j=t+1}^{t+p} \frac{\widetilde{FCF}_j^{SP}}{(1+k)^{j-t}}}_{\text{„kurzfristiges" Synergiepotential}} + \underbrace{\frac{\overline{FCF_{t+p+1\,bis\,\infty}^{SP}}}{k-g} * \frac{1}{(1+k)^{t+p-t}}}_{\text{„langfristiges" Synergiepotential}}$$

Synergien fallen nur an, wenn das Unternehmen Wege gefunden hat, durch den Einsatz der Vermögensgesamtheit (Substanz) in Verbindung mit speziellem Wissen, Technologien, Schaffung von Kundennutzen, Marktbedingungen etc. Überrenditen erzielen zu können.[951] Hinter den Synergien stehen folglich wiederum unternehmensspezifische Wettbewerbsvorteile (Marktstellung und Ressourcenvorteile) als „stille Werttreiber". Soweit das auf temporären Wettbewerbsvorteilen beruhende aktuelle Synergiepotential innerhalb des kurzfristigen Planungshorizonts von p Perioden ausläuft, lässt es sich ggf. aufgrund von schwierig imitierbaren unternehmensspezifischen Ressourcenbündeln (Kernkompetenzen[952] bzw. langfristiges Synergiepotential) bei zielgerichteter Geschäftstätigkeit regelmäßig erneuern.[953] Es handelt sich so gesehen beim langfristigen Synergiepotential um ein latentes Synergiepotential, demnach kann zur Inhaltsbestimmung des erworbenen Goodwill das interne und unternehmensübergreifende Synergiepotential jeweils in ein aktuelles und latentes Synergiepotential differenziert werden *(vgl. Abbildung 24)*.

---

951 Vgl. Schildbach (fair value), S. 854.
952 Vgl. Osterloh/Frost/Wartburg (Kernkompetenzen), S. 2925.
953 Vgl. Coenenberg (Jahresabschlussanalyse), S. 167 f.; Coenenberg (Jahresabschluss), S. 1131 ff.

Abbildung 24: Goodwill aus der Akquisitionsperspektive

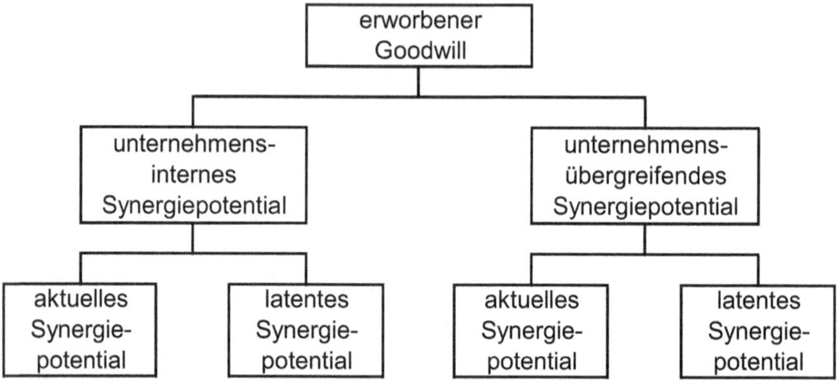

Während die internen Synergieeffekte erwartungsgemäß innerhalb des erworbenen Tochterunternehmens realisiert werden, entsteht unternehmensübergreifendes Synergiepotential sowohl im Tochter- als auch im Mutterunternehmen. Auch wenn eine im strengen Sinne verursachungsgerechte Zurechnung des unternehmensübergreifenden Synergiepotentials zum Mutter- und Tochterunternehmen nicht möglich ist,[954] so kann doch, gewissermaßen nach dem Tragfähigkeitsprinzip, eine Zuordnung nach dem Ort des Anfalls der Synergieeffekte vorgenommen werden[955].

Die im Mutterunternehmen anfallenden Synergieeffekte determinieren im Übrigen bei Existenz vom Minderheitengesellschaftern einen Teil des Mehrheiten-Goodwill, während an den im Tochterunternehmen realisierbaren Synergieeffekten sowohl die Mehr- als auch die Minderheitengesellschafter partizipieren können. Hieran wird wiederum die Multi-Dimensionalität des Goodwill deutlich.

Jedoch stößt eine an den Rechtssubjekten orientierte Unterscheidung der Goodwill-Komponenten ab einem gewissen Grad der Zusammenlegung der Aktivitäten von Mutter- und Tochterunternehmen an ihre Grenzen.[956] Insofern sollte sich eine Einteilung des Goodwill in erster Linie auch an den wirtschaftlichen und nicht ausschließlich an den rechtlichen Gegebenheiten innerhalb

954 Vgl. Ewert/Wagenhofer (Interne Unternehmensrechnung), S. 580; m.w.N. Kräkel (Synergien), S. 5569.
955 Vgl. Hense (Goodwill), S. 259.
956 Vgl. Busse von Colbe (Konzernrechnungslegung), S. 659.

eines Konzerns orientieren. Auch wenn bei der Diskussion um das ökonomische Phänomen Goodwill stets eine an rechtlichen Unternehmen orientierte Akquisitionsperspektive eingenommen wird,[957] ist eine solche Betrachtung keinesfalls zwingend.

Da es sich bei Unternehmen auch um dynamische, offene Systeme handelt, sind sie unabhängig von Akquisitionen zumindest in gewissem Umfang von unternehmensübergreifenden Synergien betroffen.[958] Um eine umfassende Analyse des Goodwill unabhängig vom Akquisitionsprozess zu ermöglichen und um ggf. auch den originären Goodwill des Mutterunternehmens berücksichtigen zu können, sollte eine an der wirtschaftlichen Situation innerhalb eines Konzerns ausgerichtete CGU-Perspektive eingenommen werden.

3.5.6.2 CGU-Perspektive

Die vorgestellten Konzepte zur Goodwill-Aufspaltung betrachten den Goodwill im Zusammenhang mit einer Akquisition und berücksichtigen die rechtlichen Gegebenheiten, indem sie die Sphären von Mutter- und Tochterunternehmen einbeziehen. Indes sollte überlegt werden, ob nicht die rechtliche akquisitionsbezogene Perspektive zugunsten einer wirtschaftlichen CGU-Betrachtung verlassen werden sollte. Schließlich entstehen Synergiepotentiale (=Goodwill) nicht nur durch externen Zukauf von Tochterunternehmen, sondern sie werden vor allem auch intern selbst geschaffen. Im letzteren Fall erscheint eine adäquate Erfassung im Rechnungswesen nicht minder wichtig.[959] Die Akquisitionsperspektive versperrt quasi den Blick auf den originären Goodwill und führt zu dessen Vernachlässigung.[960] Außerdem ist zu konstatieren, dass innerhalb von Konzernen „erworbene Unternehmen in der Regel nicht als ökonomische Einheiten erhalten bleiben, sonden in bestehende [oder neu entstehende] Sparten des Konzerns integriert werden."[961] Hier stößt die Akquisitionsperspektive an ihre Grenzen, da erworbene Unternehmen nicht als autonome Einheiten weiterbetrieben werden.[962] Synergieen werden vielmehr auf der sich von rechtlichen Gegebenheiten lösenden CGU-Ebene realisiert.[963] An diesem

---

957 Vgl. Lee (Example), S. 318.
958 Vgl. Ma/Hopkins (Goodwill), S. 77 ff.; Miller (Goodwill), S. 282 ff.
959 Vgl. hierzu auch Biberacher (Synergiemanagement), S. 134.
960 Vgl. hierzu Lee (Goodwill), S. 80 f.
961 Busse von Colbe (Bilanzierung); ähnlich Küting/Wirth (Bilanzierung), S. 174.
962 Vgl. Vater (M&A Accounting), S. 1848.
963 Vgl. Küting/Wirth (Full Goodwill Approach), S. 7.

Ort der Wertentstehung sollte der Goodwill gemessen werden. Voraussetzung hierfür ist eine entsprechende Interpretation des Goodwill.

Der Goodwill reflektiert die Gesamtheit der Synergiepotentiale eines Unternehmens; Synergien entstehen dabei durch das Zusammenwirken von identifizierbaren (offene Synergietreiber) und nicht identifizierbaren Werten (stille Synergietreiber).[964] Synergieeffekte lassen sich in den verschiedenen Funktionsbereichen realisieren,[965] was eine Einteilung der Synergiepotentiale nach Funktionsbereichen erlaubt.[966] Die kleinste Ebene, auf der funktionsbezogene Synergien evaluiert werden können, ist die der CGU.[967] Eine CGU stellt die kleinste Gruppe von Vermögenswerten dar, die weitgehend unabhängig Cash Flows generieren kann.[968] Zur Generierung weitgehend unabhängiger Cash Flows muss eine CGU einen gesamten Leistungserstellungsprozess umfassen, weshalb in ihr zumindest die Funktionsbereiche Beschaffung, Produktion und Absatz vertreten sein müssen.[969] Somit bietet sich eine entsprechende funktionale Gliederung des Goodwill auf CGU-Ebene an.[970]

Da es sich bei CGU – ebenso wie bei jedem ganzen Unternehmen auch – um dynamische offene Systeme handelt, sind sie wenigstens in gewissem Umfang von Synergien zwischen den CGU betroffen.[971] Auf CGU-Ebene lassen sich dementsprechend bezüglich der Beschaffungs-, Produktions- und Absatzprozesse zum einen CGU-interne und zum anderen CGU-übergreifende Synergiepotentiale identifizieren. Während erstere durch die Verknüpfung der Werte innerhalb einer CGU entstehen, sind letztere auf Interdependenzen zwischen verschiedenen CGU bzw. deren Nettovermögenswerten zurückzuführen.[972] Die Synergiepotentiale auf CGU-Ebene können in ihrer Summe sowohl positive als auch negative Werte annehmen.[973]

---

964 Vgl. zu den Verflechtungen von Unternehmenseinheiten Porter (Wettbewerbsvorteile), S. 416-419.

965 Vgl. Küting (Bedeutung), S. 180; Busse von Colbe (Synergien), S. 602; Günther (Controlling), S. 379 f.

966 Vgl. Coenenberg/Sautter (Unternehmensakquisitionen), S. 701; Bühner/Spindler (Synergieerwartungen), S. 605.

967 Vgl. Coenenberg/Biberacher (Synergiecontrolling), S. 759.

968 Vgl. IAS 36.6.

969 Vgl. Haaker/Paarz (Segmentberichterstattung), S. 196; Haaker (Controlling), S. 352.

970 Vgl. hierzu auch m.w.N. Mildebrath (Goodwill), S. 16.

971 Vgl. Ma/Hopkins (Goodwill), S. 77 ff.; Miller (Goodwill), S. 282 ff.

972 Vgl. für Beispiele Haaker (Goodwill), S. 429-433.

973 Vgl. Haaker (Goodwill), S. 431-434.

Die Zuordnung der CGU-übergreifenden Synergiepotentiale sollte zum Ort ihrer Realisierung erfolgen.[974] Es bestände damit nicht zuletzt Konsistenz zu den Regelungen der Goodwill-Zuordnung zum Zwecke des Impairment-Tests nach IFRS.[975] Somit ließe sich der Gesamt-Goodwill eines Unternehmens (ggf. unter Vernachlässigung bestimmter finanzieller und steuerlicher Synergien sowie bestimmter Risikoeffekte) wie in *Abbildung 25* dargestellt wertadditivitätskonform[976] aufspalten.

Abbildung 25: Funktionale Goodwill-Aufspaltung auf CGU-Ebene

Goodwill-Aufspaltung		Gesamt-Goodwill			Summe
		Synergiepotentiale			
CGU$_i$ \ Funktion		Beschaffung	Produktion	Absatz	
CGU_1	CGU- intern	...	...	...	...
	CGU-übergreifend	...	...	...	...
CGU_2	CGU- intern	...	...	...	...
	CGU-übergreifend	...	...	...	...
⋮		...	...	...	...
CGU_n	CGU- intern	...	...	...	...
	CGU-übergreifend	...	...	...	...
Summe		...	...	...	...

Ein entsprechendes Schema könnte neben Controlling- und Kommunikationszwecken insbesondere bei der Zuordnung des Goodwill auf CGU zum Zwecke des Impairment-Tests Verwendung finden[977]. Nur auf einer solchen quantifizierten Informationsbasis lassen sich die CGU-internen und CGU-übergreifenden Verbundwirkungen zielgerichtet steuern.[978] Darüber hinaus wäre eine Differenzierung in aktuelle und latente Synergiepotentiale sinnvoll.

---

974 Vgl. hierzu Dinstuhl (Unternehmensbewertung), S. 213.

975 Vgl. Haaker (Goodwill).

976 Solange alle (wesentlichen) Synergiepotentiale den CGU zugerechnet werden können, darf Wertadditivität angenommen werden. Vgl. Günther (Controlling), S. 379; Burger/Ulbrich (Beteiligungscontrolling), S. 532, Fn. 1501 und S. 534; Haaker (Da Capo), S. 694. Zum sog. Wertadditivitätstheorem vgl. auch Kruschwitz (Finanzierung), S. 48 und S. 159: „Das Theorem ist von extremer Bedeutung für grundlegende Resultate der Investitions- und Finanzierungtheorie."

977 Vgl. hierzu Haaker (Goodwill), insbesondere S. 429-433.

978 Vgl. Hofmann (Synergie), S. 488 f.

3.6 Abnutzbarkeit des Goodwill

Von grundlegender Bedeutung für die Behandlung des Goodwill im Rechnungswesen ist die Frage, ob er sich als abnutzbarer oder nicht abnutzbarer Wert darstellt, wobei bei abnutzbaren Potentialen eine planmäßige Abschreibung naheliegt.[979]

Die unternehmensindividuelle Kombination der verfügbaren Ressourcen führt zu Übergewinnen aufgrund von Synergieeffekten und somit zu Goodwill.[980] Diese ressourcenorientierte Sichtweise[981] verdeutlicht wiederum, dass der aus der Kombination der Ressourcen als Übergewinnpotential hervorgehende Goodwill als Synergiepotential verstanden werden kann.[982]

Zur Erzielung von Übergewinnen muss sich ein Unternehmen zunächst Wettbewerbsvorteile sichern, was überhaupt erst ab einem gewissen Grad an Marktunvollkommenheit möglich ist.[983] Je funktionsfähiger die für das Unternehmen relevanten Märkte sind, desto eher wirken Wettbewerbskräfte in Richtung eines Konkurrenzgleichgewichts, womit die Wettbewerbsvorteile verloren gehen und keine Überrenditen mehr erzielt werden können.[984] Die Aussicht auf die Erzielung von Übergewinnen lockt nicht zuletzt neue Konkurrenten an und die Wettbewerbsintensität nimmt zu. Als Folge davon geht die besondere Marktstellung des Unternehmens im Zeitablauf verloren, sodass unter diesen Umständen Überrenditen lediglich ein vorübergehend auftretendes Phänomen darstellen können.[985] Insofern kann aus dieser industrieökonomischen Perspektive[986] von einer begrenzten Nutzungsdauer des Goodwill ausgegangen werden, weshalb eine planmäßige Abschreibung geboten erscheint.[987]

Wettbewerbsvorteile gegenüber den Konkurrenten lassen sich auch mit der Existenz unternehmensspezifischer Ressourcen erklären.[988] Geht man davon

---

979 Vgl. Busse von Colbe (Accounting), S. 206 f.
980 Vgl. Busse von Colbe (Firmenwert), S. 2043.
981 Vgl. m.w.N. Mikus/Götze(Unternehmensressourcen).
982 Vgl. Hoogendoorn (Financial Statement Model), S. 10.
983 Vgl. hierzu Falk/Gordon (Imperfect Markets), S. 446-456; Hitz/Kuhner (Neuregelung), S. 281.
984 Vgl. Schultze/Hirsch (Unternehmenswertsteigerung), S. 123 f.; Hoffmann (Unternehmenswert), S. 324.
985 Vgl. Schultze (Kombinationsverfahren), S. 463.
986 Vgl. Tirole (Industrieökonomik).
987 Vgl. IDW (Business Combinations), S. 205 f.
988 Vgl. Bresser (Ressourcenbasierter Ansatz), Sp. 1270; Schumann (Unternehmensbewertung), S. 31.

aus, dass unternehmensspezifische Ressourcen imitiert bzw. substituiert werden können oder technischer Fortschritt, neue Produkte u.ä. zu einem Abschmelzen von Kosten- bzw. Erlösvorteilen führen, ist die Möglichkeit, Überrenditen zu erzielen, tatsächlich zeitlich befristet.[989] Wenn aus den Ressourcen nur auf begrenzte Zeit Übergewinne aufgrund von Synergieeffekten hervorgehen können, ist demzufolge der Goodwill abnutzbar.[990]

Ein aus industrieökonomischer Perspektive begründbares Abschmelzen der Wettbewerbsvorteile erscheint aus ressourcenorientierter Sicht jedoch weniger zwingend.[991] Verfügt ein Unternehmen über Kernkompetenzen, d.h. ein nur schwierig imitierbares unternehmensspezifisches Ressourcenbündel,[992] „schlummern“ darin latente Wettbewerbsvorteile bzw. latentes Synergiepotential (langfristiger Goodwill). Der auf temporären Wettbewerbsvorteilen beruhende kurzfristige Goodwill lässt sich aufgrund der Kenkompetenzen bei zielgerichteter Geschäftstätigkeit regelmäßig erneuern.[993] In der Unterscheidung von kurz- und langfristigem Goodwill werden die Interdependenzen der industrieökonomischen und der ressourcenorientierten Perspektive[994] reflektiert.[995] Gelingt es im Zeitablauf nicht, etwa durch die Umsetzung neuer Geschäftsideen, den langfristigen in kurzfristigen Goodwill zu transformieren, sinken die Überrenditen auf Null[996] und der Unternehmenswert entspricht einem als „Normalertragswert“ angenommenen Substanzwert.[997] Ein bis dato vorhandener Goodwill hat sich zu diesem Zeitpunkt verflüchtigt. Solange aber eine regelmäßige Erneuerung auf Basis der Kernkompetenzen zu erwarten ist, liegt mit dem langfristigen Goodwill jedoch eine dauerhaft werthaltige Komponente vor, welche sich bei entsprechenden Erhaltungsmaßnahmen nicht planmäßig entwertet.

Aus der langfristigen Komponente gehen regelmäßig neue spezifische Synergiepotentiale hervor. Für dieses aktuelle Synergiepotential liegt aufgrund der

---

989 Vgl. Schultze (Kombinationsverfahren), S. 464; Hoffmann (Unternehmenswert), S. 324; Hitz/Kuhner (Neuregelung), S. 281.

990 Vgl. Hitz/Kuhner (Neuregelung), S. 281; Busse von Colbe (Einheitstheorie), S. 51 f.

991 Vgl. hierzu auch Schumann (Unternehmensbewertung), S. 31.

992 Vgl. Osterloh/Frost/Wartburg (Kernkompetenzen), S. 2925.

993 Vgl. Coenenberg (Jahresabschlussanalyse), S. 167 f.; Coenenberg (Jahresabschluss), S. 1131 ff.

994 Vgl. Wernerfelt (Resource-based View).

995 Vgl. Bresser (Ressourcenbasierter Ansatz), Sp. 1269 f. und Sp. 1273 f.

996 Vgl. Schultze (Kombinationsverfahren), S. 463 f.; Carsberg (Goodwill Valuation), S. 13.

997 Vgl. Hebertinger (Substanzwert a), S. 5547.

zeitlich begrenzten Wirkung dessen planmäßige Abschreibung nahe.[998] Zwar ist der exakte Wertverlauf mitunter schwer vorhersehbar, dies gilt jedoch gleichfalls für eine Vielzahl von anderen abnutzbaren Vermögenswerten.[999] Der Wertverlauf des kurzfristigen Goodwill sollte jedenfalls auf Grundlage des jeweiligen Informationsstands hinreichend genau planbar sein.[1000] Auf dieser Grundlage ist etwa ein entsprechender ertragswertorientierter Abschreibungsverlauf bestimmbar.[1001]

Das latente Synergiepotential könnte hingegen als „unbegrenzt haltbar" angesehen werden, was – sofern dieses als Goodwill bezahlt und aktiviert wurde – gegen eine planmäßige Abschreibung spricht,[1002] da der Berechnung „eine unbegrenzte Ertragsdauer zugrunde liegt."[1003] Allerdings bedarf es einer kontinuierlichen Erneuerung, die im Zweifel eher eine Erweiterungs- als eine Ersatzinvestition darstellen könnte und dann aber wiederum eher den Charakter eines originären Goodwill hätte. Eine Klassifikation als derivativer Goodwill „setzt voraus, daß der Erwerber mit der Unternehmung ohne sein Zutun eine Rente von unbegrenzter Dauer zu erzielen glaubt und hierfür einen entsprechenden Kaufpreis zu entrichten bereit ist." [1004] Solange ein originärer Goodwill nicht aktiviert werden soll, scheint eine nach Goodwill-Komponenten differenzierende planmäßige Abschreibung des derivativen Goodwill dessen Wertverlauf am besten abzubilden.[1005]

998 Vgl. Hussey/Ong (Value), S. 36; Busse von Colbe (Einheitstheorie), S. 51 f.
999 Vgl. Hitz/Kuhner (Neuregelung), S. 282; Busse von Colbe (Accounting), S. 206.
1000 A.A. Smith (Goodwill).
1001 Vgl. Smith (Purchased Goodwill), S. 23; grundlegend Bodenhorn (Depreciatian), S. 587.
1002 Vgl. Backman (Business Combinations), S. 44; Schipper (Accounting Standards), S. 64.
1003 Wagner (Firmenwert), S. 482.
1004 Wagner (Firmenwert), S. 482.
1005 Vgl. Sellhorn (Ansätze), S. 890 f.; Colley/Vocan (Business Combinations), S. 74; kritisch Trützschler (Behandlung), S. 409. Die Bestimmung der Nutzungsdauer wird freilich auch von anderen Motiven beeinflusst. Vgl. hierzu Hall (Goodwill Amortization).

4 Konvergenz des internen und externen Rechnungswesens

4.1 Adressatenorientierte Trennung der Rechnungsssysteme

Auch wenn die adressatenorientierte Trennung des Rechnungswesens in ein internes und ein externes Rechnungswesen grundsätzlich als sinnvoll[1006] und zumindest in Bezug auf den handelsrechtlichen Jahresabschluss als notwendig erachtet werden kann,[1007] so wird dieser Gedanke der unterschiedlichen Rechnungen für unterschiedliche Adressaten im Grunde nur inkonsequent verfolgt. Das externe Rechnungswesen soll erstaunlicherweise einer ganzen Reihe unterschiedlicher Adressatengruppen gerecht werden (können).[1008] Soweit es aber notwendig ist, bei der Ausgestaltung der Rechnungen nach internen und externen Adressaten zu differenzieren, erscheint der Verzicht auf eine Differenzierung innerhalb der heterogenen Gruppe der externen Adressaten fragwürdig.

Die implizite Gleichsetzung der Informationsinteressen der externen Adressaten erscheint ebenso begründungsbedürftig wie eine Gleichsetzung der Informationsinteressen von internen und externen Adressaten. So können mitunter nicht unerhebliche Interessenkonflikte zwischen Anteilseignern und Gläubigern bestehen,[1009] da anders als die Kreditgeber nur die Anteilseigner bei begrenztem Verlustrisiko unbegrenzt an den Unternehmenserfolgen teilhaben und somit primar an Informationen über die „Chancen" des Unternehmens interessiert sein dürften.[1010]

Die Konzipierung eines Informationsinstruments bedarf bekanntlich der Bestimmung eines hinreichend genau definierten Adressaten.[1011] Dennoch stellt die Vorstellung eines adressatenneutralen externen Rechnungswesens keine „dogmenhistorische Kuriosität" dar, sondern lebt „in mehr oder weniger versteckter Form" fort.[1012] Die damit verbundene fragwürdige Konstruktion einer »Unternehmung an sich« ist abzulehnen,[1013] wenngleich sie immer noch als

---

[1006] Vgl. Schneider (Abschreibung), S. 34.
[1007] Vgl. Haller (Eignung), S. 270.
[1008] Vgl. hierzu Küpper (Angleichung), S. 151.
[1009] Vgl. Rammert (Kapitalerhaltung), S. 581.
[1010] Vgl. Pellens/Fülbier/Gassen (Rechnungslegung), S. 22.
[1011] Vgl. Moxter (Rechenschaft), S. 94.
[1012] Moxter (Rechnungslegungsmythen), S. 2144 f. (beide Zitate).
[1013] Vgl. Coenenberg (Jahresabschluss), S. 1175; Jaensch (Gewinnüberlegungen), S. 340 f.

vermeintlicher Ausfluss des Subjektivitätsprinzips in der Literatur vertreten wird[1014].

Es erscheint wenig einleuchtend, dass ein Rechnungssystem den Informationsbedürfnissen von Eigen- und Fremdkapitalgebern – trotz deren gegensätzlicher Interessen – gleichermaßen gerecht werden soll, während Eigenkapitalgebern und Management an gänzlich unterschiedlichen Informationen interessiert sein sollen. In diesem Sinne ist eine willkürlich gewählte adressatenorientierte „Trennlinie" der Rechensysteme zu beanstanden und deren Sinnhaftigkeit und Notwendigkeit durchaus zu hinterfragen. Das Management kann im Übrigen als Erfüllungsgehilfe der Eigenkapitalgeber angesehen werden, weshalb gleichgerichtete Informationsinteresen angenommen werden können.

Die IFRS orientieren sich primär an den Informationsinteressen der Investoren und somit an den für die anteilseignerorientierte interne Steuerung maßgeblichen Zielgrößen.[1015] Insofern erscheint eine Überprüfung der Trennung zwischen internen und externen Rechnungswesen bei Anwendung der IFRS geboten, da gleichgerichtete Informationsinteressen der Adressaten anzunehmen sind.

4.2 Grundlagen zur Konvergenz im Rechnungswesen

4.2.1 Begriff der Konvergenz im Rechnungswesens

Für die Bemühungen, welche die (partielle) Aufhebung der (strikten) Trennung von internem und externem Rechnungswesen umfassen, hat sich in der Literatur eine Vielzahl von Begriffen herauskristallisiert.[1016] So wird neben dem Begriff der Konvergenz[1017] auch von einer Harmonisierung[1018], Integration[1019],

---

[1014] Vgl. etwa Klingelhöfer (Controlling); Olbrich (Controlling), S. 44; Olbrich (Fragwürdigkeit), S. 686.

[1015] Vgl. Burger/Buchhart (Integration), S. 552.

[1016] Vgl. Dirrigl (Wertorientierung), S. 542 f.

[1017] Vgl. Küting/Lorson (Konvergenz); Klein (Konvergenz); Haring/Prantner (Konvergenz); Dirrigl (Wertorientierung); Jonen/Lingnau (Rechnungswesen); Ruhwedel/Schultze (Konvergenz); Haaker (Da capo), S. 694 f.; Melcher (Konvergenz); Kahle (Unternehmenssteuerung), S. 774.

[1018] Vgl. Männel (Harmonisierung); Küting/Lorson (Harmonisierung); Hebeler (Harmonisierung); Haeger (Harmonisierung); Strauch (Harmonisierung); Kümpel (Harmonisierung); Müller (Harmonisierung); Coenenberg/Mattner/Schultze (Rechnungswesen), S. 29 ff.

[1019] Vgl. Hax (Integration); Kümpel (Integration); Küpper (Integration); Burger/Buchhart (Integration); Weißenberger (Integration).

Konversion[1020], Vereinheitlichung[1021], Angleichung[1022], Annäherung[1023], Einheit[1024], Einheitlichkeit[1025], einem Zusammenwirken[1026] sowie einer „neutralen" Neuorientierung[1027] des internen und externen Rechnungswesens gesprochen.[1028] Die unterschiedlichen Bezeichnungen können als Synonyme verstanden werden, wobei sie für das beschriebene Phänomen mehr oder weniger treffend sind. Im Rahmen der vorliegenden Abeit wird der Begriff Konvergenz als passender Gegenbegriff zur Divergenz verwendet.

Laut Duden bedeutet „**konvergieren:** a) sich nähern, einander näherkommen, zusammenlaufen; b) demselben Ziel zustreben; übereinstimmen" und „**konvergierend**: sich zuneigend, zusammenlaufend"[1029]. Eine Konvergenz des Rechnungswesens stellt demnach einen gewissen Grad der Annäherung oder Übereinstimmung[1030] der internen und externen Rechnungssysteme dar.

Mit dem Begriff der Konvergenz von internem und externem Rechnungswesen scheint die Aufhebung der Trennung der Rechnungssysteme im Ganzen am treffendsten und umfassendsten beschrieben zu werden. Daher wird im Weiteren von einer Konvergenz im Rechnungswesens und einem Konvergieren der Rechnungssysteme sowie einem konvergenten Rechnungswesen gesprochen.[1031] Letzteres beschreibt ein Rechnungswesen, bei dem der Prozess der Konvergenz bereits bis zu einem gewissen, möglichst optimalen Grad vollzogen wurde.[1032] Die bestehende Möglichkeit der Konvergenz bzw. des Konvergierens werden, unabhängig davon, ob bereits eine Teilannäherung erfolgt ist, als Konvergenzpotential bezeichnet.

Eine Konvergenz kann sich zum einen quasi aus der „Natur der Sache" heraus ergeben: Dies ist etwa der Fall, wenn sich die externen Daten bestimmungsgemäß an den internen Daten orientieren müssen (Management Appro-

---

1020 Vgl. Seeliger/Kaatz (Konversion).
1021 Vgl. Kümpel (Vereinheitlichung).
1022 Vgl. Küpper (Angleichung).
1023 Vgl. Moxter (Rechnungslegungsmythen), S. 2149; Menn (Annäherung).
1024 Vgl. Horváth/Arnaout (Einheit).
1025 Vgl. Coenenberg (Einheitlichkeit).
1026 Vgl. Wagenhofer (Zusammenwirken).
1027 Vgl. Ziegler (Neuorientierung).
1028 Vgl. Dirrigl (Wertorientierung), S. 542; Melcher (Konvergenz), S. 14 ff.
1029 Wissenschaftlicher Rat der Dudenredaktion (Fremdwörterbuch), S. 429 (beide Zitate).
1030 Vgl. Wissenschaftlicher Rat der Dudenredaktion (Fremdwörterbuch), S. 428.
1031 Vgl. Melcher (Konvergenz), S. 16 f.
1032 Vgl. Melcher (Konvergenz), S. 17.

ach[1033]).[1034] Zum anderen kann eine Konvergenz bewusst herbeigeführt werden, indem externe Daten zur internen Steuerung verwendet werden.

4.2.2 Motive für eine Konvergenz im Rechnungswesens

Die möglichen Beweggründe für eine Konvergenz im Rechnungswesen können vielfältiger Natur sein.[1035] Vernachlässigt man ökonomisch wenig begründbare Motive,[1036] sollten sich die möglichen Gründe für eine Angleichung im Wesentlichen auf

- eine Reduzierung der Komplexität des Rechnungswesens,
- eine Verbesserung der Wirtschaftlichkeit des Rechnungswesens,
- eine höhere Zweckmäßigkeit des Rechnungswesens,
- einen Abbau von Kommunikationsproblemen und Zielkonflikten aufgrund intern und extern unterschiedlicher Erfolgs- und Vermögensgrößen innerhalb des Rechnungswesens sowie
- eine Erhöhung der Objektivität des Rechnungswesens

reduzieren. Die genannten Motive sind offensichtlich interdependent; so kann etwa eine Verringerung des Komplexitätsgrades zu einer Kostensenkung führen, Kommunikationsprobleme beseitigen sowie die Nachprüfbarkeit einer Rechnung erhöhen.

Die Regelungen des externen Rechnungswesens nach internationalen Rechnungslegungsstandards haben zwischenzeitlich einen so hohen Komplexitätsgrad erreicht, dass eine Differenzierung in ein eigenständiges internes und externes Rechnungswesen bei weiterer Steigerung der Komplexität kaum mehr beherrschbar erscheint[1037] und folglich die Vereinfachung des Rechnungswesens ein wichtiges Konvergenzmotiv darstellen kann.[1038] Im Zuge der Konver-

---

[1033] Vgl. hierzu Weißenberger/Maier (Management Approach); Wagenhofer (Zusammenwirken), S. 4.

[1034] Vgl. Coenenberg/Mattner/Schultze (Rechnungswesen), S. 33.

[1035] Vgl. etwa Jonen/Lingnau (Rechnungswesen), S. 285 ff.

[1036] So könnte etwa ein „Modetrend" verfolgt werden, d.h. ein Unternehmen steuert auf Basis von IFRS-Daten, weil andere Unternehmen dieses auch tun. Soweit damit jedoch ein positives Signal an die Kapitalgeber gesendet werden soll und in der Folge eine Senkung der Kapitalkosten bezweckt ist, handelt es sich wiederum um ein rein ökonomisches Motiv.

[1037] Vgl. Küpper (Angleichung), S 153.

[1038] Vgl. Hax (Integration), Sp. 759.

genz des Rechnungswesens kann ggf. auf eigenständige interne Rechnungen verzichtet werden, womit eine wesentliche Komplexitätsreduzierung erfolgt, da nun nur noch ein Rechensystem zu „pflegen" ist.[1039]

Der wirtschaftliche Vorteil des (partiellen) Verzichts auf eine eigenständige interne Abrechnung liegt auf der Hand, es lassen sich nämlich Doppelarbeiten vermeiden und somit die Kosten des Rechnungswesens senken.[1040] Die Vorteilhaftigkeit ist zumindest bei einem gleichbleibenden oder sogar steigenden Informationsgehalt eines konvergenten internen Rechnungswesens gegeben.[1041] Bei sinkendem Informationsgehalt „steht dem geringeren Input ein ebenfalls geringerer Output gegenüber"[1042]. Das heißt keinesfalls, dass eine Konvergenz bei geringerem Informationsgehalt eines konvergenten Rechnungswesens unwirtschaftlich sein muss, entscheidend ist immer das Verhältnis von Kosten und Nutzen.[1043] Eine „Maximierung des Informationsgehalts ist ökonomisch ebenso unsinnig wie Maximierung des mengenmäßigen Outputs."[1044] Somit wird der Anforderung der Wirtschaftlichkeit im konvergenten Rechnungswesen bedingt, aber eben nicht zwingend, Rechnung getragen.[1045] Entscheidend ist der Nettonutzen einer Konvergenz von internem und externem Rechnungswesen.

Ein konvergentes Rechnungswesen kann sogar zu erheblichen Verbesserungen der internen Steuerung führen. In diesem Zusammenhang darf nicht übersehen werden, dass das interne Rechnungswesen häufig wenig zweckadäquat ausgestaltet ist und ein Rückgriff auf die Daten des externen Rechnungswesens „auch erhebliche Ansatzpunkte für eine Verbesserung der internen Unternehmenssteuerung bietet."[1046] So könnten etwa die Rechnungslegungsstandards Informationen einfordern, deren Generierung allein für interne Zwecke zu aufwendig wäre.[1047] Folglich ließe sich der Informationsgehalt für interne Steuerungszwecke aufgrund des „kostenlosen Services" des externen Rechnungswesens sogar steigern. Die höhere Zweckmäßigkeit des Rech-

---

[1039] Vgl. Kahle (Unternehmenssteuerung), S. 784.

[1040] Vgl. Pfaff (Controlling), S. 666; Nobach/Zirkler (Controlling), S. 739 f.; Klingelhöfer (Controlling), S. 592; Kahle (Unternehmenssteuerung), S. 784; Pfaff (Notwendigkeit), S. 1077.

[1041] Vgl. Brösel/Müller (Goodwillbilanzierung), S. 42.

[1042] Brösel/Müller (Goodwillbilanzierung), S. 42.

[1043] Vgl. Klein (Konvergenz), S. 70.

[1044] Ordelheide (Bilanzen), S. 525.

[1045] Vgl. Brösel/Müller (Goodwillbilanzierung), S. 42.

[1046] Nobach/Zirkler (Controlling), S. 747.

nungswesens könnte mitunter sogar das Hauptmotiv der Konvergenzbestrebungen sein, zumal sogar positive Folgewirkungen auf die Kapitalkosten möglich wären[1048].

Ein weiteres Motiv liegt in der Reduktion von Kommunikationsproblemen, denn auf ein Nebeneinander zweier sich jeweilig widersprechender Erfolgsgrößen kann in einem vollständig konvergenten Rechnungswesen verzichtet werden.[1049] Damit kann nicht nur die mitunter verwirrende Begriffsvielfalt im Rechnungswesen ein Ende finden.[1050] Bei einer einheitlichen Erfolgsgröße werden vor allem auch die durch Zielgrößenkonflikte bedingten Fehlanreize abgebaut und die „Glaubwürdigkeitskrise des Rechnungswesens“[1051] überwunden. Das Management muss sich nicht mehr zwischen einer Maximierung der internen oder der externen Erfolgsgröße entscheiden,[1052] wobei eine Maximierung der internen Erfolgsgröße erwartet wird, während die Managementleistung anhand des davon abweichenden externen Erfolges beurteilt wird.[1053]

Des Weiteren können die geprüften, standardisierten Daten des externen Rechnungswesens als verlässlicher und weniger manipulationsanfällig als ungeprüfte, „rein interne Daten“ angesehen werden, womit sich im Übrigen auch die Akzeptanz der Steuerungsrechnungen erhöhen kann.[1054]

4.2.3 Konvergenzvoraussetzungen

Maßgeblich für die Ausgestaltung einer Rechnung ist der Rechnungszweck.[1055] Demzufolge muss in einem konvergenten Rechnungswesen in erster Linie eine Übereinstimmung der Rechnungszwecke von internem und externem Rechnungswesen gegeben sein.[1056] Die „formale“ Identität der Rechnungszwecke (Entscheidung und Kontrolle) ist jedoch lediglich eine notwendige und keine hinreichende Bedingung für ein konvergentes Rechnungswesen. Es muss vor allem auch eine (weitgehende) Entsprechung der adressatenori-

---

1047 Vgl. Wagenhofer (Zusammenwirken), S. 15.
1048 Vgl. hierzu m.w.N. Ewert (Rechnungslegung).
1049 Vgl. Küting/Lorson (Einheitsrechnungswesen).
1050 Vgl. Küpper (Buchhaltung), S. 446 ff.; Küpper (Unternehmensplanung), S. 46.
1051 Coenenberg/Mattner/Schultze (Rechnungswesen), S. 29.
1052 Vgl. Hax (Integration), Sp. 759.
1053 Vgl. hierzu Pfaff/Bärtl (Rechnungslegung).
1054 Vgl. Küting/Lorson (Grundsätze, Teil II), S. 2305 f.; Troßmann/Bauermeister (Harmonisierung), S. 636; Heyd (Harmonisierung), S. 203.
1055 Schneider (Betriebswirtschaftslehre, Band 2), S. 45.
1056 Vgl. Klein (Unternehmenssteuerung), S. 19; Küpper (Controlling), S. 134.

entiert, d.h. im Hinblick auf die Informationswünsche der Adressaten, konkretisierten Rechnungszwecke vorliegen.[1057]

Der Gleichartigkeit der Informationswüsche scheinen zunächst die unterschiedlichen Adressatenkreise von internem und externem Rechnungswesen entgegenzustehen.[1058] Eine Adressatenübereinstimmung ist indessen wiederum keine notwendige Voraussetzung für eine Konvergenz. Entscheidend ist stattdessen eine Übereinstimmung der Informationsinteressen und der daraus abgeleiteten zweckgerichteten Informationswünsche der Adressaten des internen und externen Rechnungswesens.[1059]

Folglich ist keine Entsprechung der Adressaten des internen und externen Rechnungswesens notwendig, jedoch es muss ein gleichgerichtetes Informationsinteresse der unterschiedlichen Adressaten bestehen.[1060] Die Informationsinteressen der Adressaten sollten hierbei auf eine Zielgröße gerichtet sein.[1061] Bezogen auf einen bestimmten Rechnungszweck präzisieren sich die zielgrößenbezogenen Informationsinteressen zu Informationswünschen und konkretisieren damit den Rechnungszweck,[1062] aus dem sich wiederum die Rechnungsziele und -inhalte ableiten. Bei den Rechnungszielen (z.B. Reinvermögen, Gewinn) und -inhalten (z.B. Vermögenswerte und Schulden sowie Erträge und Aufwendungen) handelt es sich um die eigentlichen „Konvergenzobjekte", die es zu vereinheitlichen gilt.

Demnach müssen sich die internen und externen Rechnungen an der gleichen Zielgröße orientieren, um zu konsistenten Rechnungszielen zu führen und somit einheitlich ausgestaltet werden zu können.[1063] Hierbei ist es nicht erforderlich, dass die persönlichen Zielsetzungen der Adressaten des internen und externen Rechnungswesens übereinstimmen. Lediglich die Zielgrößen, an denen sie sich orientieren (sollen), müssen identisch sein, d.h., die Rechnungen müssen sich am selben Zielträger orientieren.[1064] In diesem Fall ergibt sich

[1057] Vgl. hierzu Schneider (Betriebswirtschaftslehre, Band 2), S. 45.
[1058] Vgl. Ballwieser/Hettich (Comprehensive Income), S. 86.
[1059] Vgl. Haaker (Da capo), S. 689.
[1060] Vgl. Burger/Buchhart (Integration), S. 551; Haaker (Da capo), S. 689 f.
[1061] Vgl. Moxter (Bilanzierung), S. 37; Moxter (Rechnungslegung), S. 224 ff.
[1062] Vgl. Klein (Unternehmenssteuerung), S. 73; Haaker (Da capo), S. 690.
[1063] Vgl. Burger/Buchhart (Integration), S. 551.
[1064] Vgl. hierzu Moxter (Rechnungslegungstraditionen), S. 501; Haaker (Da capo), S. 690.

eine „Konvergenz von in- und externen Rechnungswesen als Konsequenz der Zielverfolgung"[1065].

In der Realität können jedoch trotz identischer Informationsinteressen und Rechnungszwecke die Möglichkeiten einer Konvergenz, d.h. das Konvergenzpotential stark beschränkt sein, soweit die Rechnungsziele und Rechnungsinhalte des externen Rechnungswesens keine ausreichende Zweckadäquanz aufweisen. Trotz theoretisch hohem Konvergenzpotential kann somit das praktische Konvergenzpotential gering sein.

Ein entsprechendes Missverhältnis zwischen „Ideal" und „Realität" könnte auch in einer unterschiedlichen Gewichtung der Nebenbedingung der Verlässlichkeit im internen und externen Rechnungswesen begründet sein.[1066] Die Anforderung der Verlässlichkeit „erfordert" oder begründet zumindest mitunter enorme Abstriche von der relevanten zahlenmäßigen Abbildung der rechnungszweckabhängigen Informationswünsche der Adressaten.[1067] Da Objektivierungen nicht durch die Messabsicht zu erklären sind, sondern den Rechnungssystemen von außen auferlegt werden,[1068] vermögen sie das Konvergenzpotential zu reduzieren. Der Hauptgrund kann aber auch in einem weit von den Idealbedingungen entfernten Prozess der Verabschiedung von Rechnungslegungsregeln[1069] zu sehen sein, in dem auf eine messtheoretische Herleitung der Regelungen verzichtet wird.

4.2.4 Konvergenzrichtung

Sind die Konvergenzvoraussetzungen in ausreichendem Maße erfüllt,[1070] stellt sich die Frage, ob das interne dem externen Rechnungswesen oder umgekehrt das externe dem internen Rechnungswesen angenähert werden sollte.[1071] Im Ermessen des Unternehmens liegt grundsätzlich nur die Ausgestaltung des internen Rechnungswesens. Das externe Rechnungswesen unter-

---

1065 Ballwieser (Shareholder Value), Sp. 1746.

1066 Vgl. Ordelheide (Wertpotential), S. 529.

1067 Vgl. Ordelheide (Wertpotential), S. 510 f.

1068 Vgl. Zimmermann (Geschäftswerte), 752.

1069 Vgl. Pellens/Fülbier/Gassen (Rechnungslegung), S. 24-28.

1070 Bei einer „perfekten" Erfüllung der theoretischen und praktischen Konvergenzbedingungen liegt quasi eine natürliche Konvergenz vor.

1071 Vgl. Klein (Unternehmenssteuerung), S. 23 ff.; Melcher (Konvergenz), S. 66 ff.; Küting/Lorson (Konvergenz), S. 487. Zu einer umfassenden Untersuchung des Konvergenzbereichs vgl. Dirrigl (Wertorientierung).

liegt – im Unterschied zum internen Rechnungswesen – hingegen festen „Spielregeln", an die sich das bilanzierende Unternehmen zwingend halten muss.[1072] Somit kann bezüglich der Konvergenzrichtung primär von einer Dominanz des externen Rechnungswesens ausgangen werden, d.h., das interne Rechnungswesen hat sich an den Daten des externen Rechnungswesens zu orientieren.[1073]

Allerdings bestehen gewisse Freiheitsgrade bezüglich der Ausgestaltung des externen Rechnungswesens im Bereich der expliziten und vor allem auch der faktischen Wahlrechte.[1074] Diese können entsprechend der Anforderungen des internen Rechnungswesens ausgeübt werden. Werden die Wahlrechte im Hinblick auf ein konvergentes Rechnungswesen genutzt, reduziert sich in diesem Zusammenhang auch das bilanzpolitische Gestaltungspotential, da eine „unangemessene" Wahlrechtsausübung entsprechende Informationsverzerrungen im internen Rechnungswesen nach sich ziehen würde.[1075] Somit wird der bilanzpolitische Spielraum aufgrund der Notwendigkeit einer adäquaten Unternehmenssteuerung faktisch beschnitten.[1076] Die Freiheitsgrade des externen Rechnungswesens sind jedoch, verglichen mit den Gestaltungsmöglichkeiten des internen Rechnungswesens, im Hinblick auf eine Konvergenz des Rechnungswesens von eher untergeordneter Bedeutung. Daher verbleibt den Unternehmen zur Schaffung eines konvergenten Rechnungswesens nur die Anpassung des internen an das externe Rechnungswesen,[1077] der umgekehrten Konvergenzrichtung sind hingegen enge Grenzen gesetzt. Zumindest kurz- bis mittelfristig kann nur eine Annäherung des internen an das externe Rechnungswesen erfolgen.[1078]

Eine Angleichung des externen Rechnungswesens an das interne Rechnungswesen ist zwar denkbar[1079] und lässt sich u.a. auch im Bereich der nach dem Management Approach[1080] auszugestaltenden Segmentberichterstattung

---

1072 Vgl. Küting/Lorson (Konvergenz), S. 488.
1073 Vgl. Klein (Unternehmenssteuerung), S. 23.
1074 Vgl. Clemm (Zweckmäßigkeit), S. 144.
1075 Vgl. Wagenhofer (Zusammenwirken), S. 17 f.
1076 Vgl. Pfaff (Rechnungswesen), S. 667.
1077 Vgl. Klein (Unternehmenssteuerung), S. 23 ff.; Küting/Lorson (Konvergenz), S. 488; Melcher (Konvergenz), S. 67 f.
1078 Vgl. Küting/Lorson (Spannungsfeld), S. 471.
1079 Vgl. Klein (Unternehmenssteuerung), S. 24.
1080 Vgl. Weißenberger (Verhältnis), S. 324 f.

beobachten[1081]. Die Ausgestaltung des externen Rechnungswesens liegt außerhalb dieses engen Einflussbereichs lediglich sehr begrenzt in der Hand des berichtenden Unternehmens. Um eine langfristige Annäherung des externen an das interne Rechnungswesen zu erreichen, könnten Unternehmen allenfalls versuchen, entsprechend auf den Standardsetzungsprozess des IASB einzuwirken.[1082] Inwieweit dieses tatsächlich gelingen kann, erscheint indes fraglich.

Im Grunde sollte bei Erfüllung der Konvergenzvoraussetzungen von einer quasi-automatischen Konvergenz des Rechnungswesens auszugehen sein. Sind die Konvergenzvoraussetzungen trotz übereinstimmender Zielträger und Rechnungszwecke dennoch nicht gegeben, weil das externe Rechnungswesen nicht zweckadäquat ausgestaltet ist, so könnte sich ein neu zu konzipierendes externes Rechnungswesen an einem zweckadäquaten internen Rechnungswesen orientieren. Wird auch das interne Rechnungswesen seinen Zwecken nicht gerecht, müsste sozusagen im Zuge einer „Fresh Start-Konvergenz“ ein gänzlich erneuertes konvergentes Rechnungswesen geschaffen werden.[1083] Wenn der IASB als Standardsetter auch die Belange des Controllings verstärkt berücksichtigen würden, wäre dieses ein erster Schritt zur Schaffung eines „neuen“ konvergenten Rechnungswesens.

4.2.5 Konvergenzbereich

Natürlicher Ausgangspunkt einer Konvergenz des internen und externen Rechnungswesens ist die Übereinstimmung des Abbildungsgegenstandes.[1084] Das externe Rechnungswesen hat grundsätzlich das wirtschaftliche Geschehen des gesamten Unternehmens zahlenmäßig abzubilden. Zwar soll demgegenüber im internen Rechnungswesen (bzw. in der Kostenrechnung) nur der betriebliche Bereich der Leistungserstellung abgebildet werden.[1085] Unterschiede im Abbildungsgegenstand des internen und externen Rechnungswesens sind aber nur vordergründig vorhanden. Es spricht prinzipiell wenig dagegen, auch im internen Rechnungswesen das wirtschaftliche Geschehen des

[1081] Vgl. hierzu exemplarisch Alvarez/Büttner (Operating Segments); Fink/Ulbrich (Segmentberichterstattung).
[1082] Vgl. Kerkhoff/Diehm (Controller), S. 320.
[1083] Vgl. hierzu auch Heintges (Best Practice), S. 623.
[1084] Vgl. Troßmann/Baumeister (Harmonisierung), S. 637.
[1085] Vgl. Hax (Integration), Sp. 760; Coenenberg/Mattner/Schultze (Rechnungswesen), S. 13.

nicht-betrieblichen Bereichs zu erfassen. Außerdem kennt auch das externe Rechnungswesen die Abgrenzung und zahlenmäßige Erfassung von „Leistungsbereichen“,[1086] Die im externen IFRS-Rechnungswesen etwa als produktorientierte Segmente und/oder als CGU abgegrenzt werden.[1087]

Grundsätzlich kann und soll sich ein konvergentes Rechnungswesen auf alle Bereiche eines Unternehmens beziehen und muss sich nicht auf einen bestimmten Leistungsbereich als abzubildenden Kernbereich beschränken.[1088] „Letztendlich hängt die Definition des Kernbereichs von der zugrunde liegenden Führungskonzeption ab; es geht darum, welcher Bereich mit Hilfe des internen Rechnungswesens gesteuert werden soll.“[1089] Mit einer umfassenden Abbildung aller Unternehmensbereiche können mitunter sogar bestehende „Steuerungslücken“ geschlossen werden, soweit die Daten von wesentlichen nicht-betrieblichen Bereichen bisher nicht systematisch im internen Rechnungswesen erfasst und aufbereitet wurden.

Sowohl das interne als auch das externe Rechnungswesen dienen den Rechnungszwecken der Entscheidung und Kontrolle.[1090] In der Literatur wird die Auffassung vertreten, eine Konvergenz sei in erster Linie im Bereich der Kontrollrechnungen möglich.[1091] Da beide Rechnungszwecke jedoch eng miteinander verknüpft sind,[1092] erscheint eine Beschränkung des Konvergenzbereichs auf Kontrollrechnungen wenig sachgerecht,[1093] schließlich müssen auch im konvergenten Rechnungswesen Entscheidungs- und Kontrollgrößen aufeinander abgestimmt werden.[1094] Basieren die internen Kontrolldaten auf dem Zahlenwerk des externen Rechnungswesens, „müssen auch die Plandaten nach denselben Regeln erstellt werden.“[1095] In diesem Zusammenhang ist zudem fraglich, ob bei einer generellen Einschränkung des Konvergenzbereichs auf die Kontrollrechnungen ein ausreichendes Maß an Komplexitätsreduzie-

---

[1086] Vgl. Hax (Integration), Sp. 760.
[1087] Vgl. hierzu Haaker/Paarz (Segmentabgrenzung).
[1088] Vgl. Küpper (Angleichung), S. 151.
[1089] Vgl. Hax (Integration), Sp. 760.
[1090] Vgl. Coenenberg (Kostenrechnung), S. 5.
[1091] Vgl. Klein (Unternehmenssteuerung), S. 19 ff.; Klein (Konvergenz), S. 68 f.; Coenenberg (Einheitlichkeit), S. 2081; Küting/Lorson (Konvergenz), S. 492; Küting/Lorson (Harmonisierung), S. 54.
[1092] Vgl. Ordelheide (Bilanzen), S. 521; Wild (Unternehmensplanung), S. 44 f.
[1093] Vgl. Melcher (Konvergenz), S. 71.
[1094] Vgl. Burger/Buchhart (Integration), S. 552; Heintges (Best Practice), S. 623; Ordelheide (Bilanzen), S. 521.

rung bewirkt und der Anforderung der Wirtschaftlichkeit entsprochen werden kann.[1096] Eine Zusammenführung der internen und externen Kontrollrechnungen sollte daher mit einer Konvergenz der entsprechenden Entscheidungsrechnungen einhergehen, also den gesamten Steuerungsprozess umfassen.

Sogar interne Einzelfallrechnungen sollten unter Wirtschaftlichkeitsaspekten so weit wie möglich mit den externen „Nebenrechnungen“ gleichgeschaltet werden. Solche Rechnungen können vielleicht nicht immer konvergent,[1097] aber oftmals zumindest doch konsistent ausgestaltet werden.

4.2.6 Konvergenzausmaß

Im Hinblick auf die Konvergenzmotive Komplexitätsreduzierung, Wirtschaftlichkeit und Kommunikationsfähigkeit kann bei Erfüllung der Konvergenzvoraussetzungen ein durchweg konvergentes Rechnungswesen als anzustrebendes „Idealziel“ angesehen werden. In der Literatur findet für dieses Idealziel in Bezug auf eine Anpassung des internen an das externe Rechnungswesen die Kurzformel »*Kostenrechnung = Aufwandsrechnung*« Verwendung.[1098] Dies darf natürlich nicht darüber hinwegtäuschen, dass es hierfür immer auch einer entsprechenden Anpassung der zugehörigen Vermögensrechnungen bedarf.

Eine partielle Konvergenz, welche etwa allein die Kontrollrechnungen umfasst, scheidet aufgrund des Abstimmungsbedarfs zwischen Entscheidungs- und Kontrollrechnung de facto aus. Folglich muss eine Konvergenz gleichermaßen auf die Entscheidungs- und Kontrollrechnungen beziehen. Das Ausmaß der Anpassung der Entscheidungs- und Kontrollrechnungen kann dabei eine vollständige oder eine partielle Angleichung, wie auch einen gänzlichen Verzicht auf Abstimmungen vorsehen,[1099] ein Spektrum, innerhalb dessen das Konvergenzausmaß festgelegt werden kann.

Bei einer vollständigen Konvergenz werden idealtypischerweise alle Ansatz- und Bewertungsmethoden aus dem externen Rechnungswesen in das interne Rechnungswesen übernommen, und auf die Verrechnung kalkulatorischer E-

---

[1095] Heintges (Best Practice), S. 623.
[1096] Vgl. Burger/Buchhart (Integration), S. 552.
[1097] Vgl. Melcher (Konvergenz), S. 71 ff.
[1098] So etwa Küting/Lorson (Konvergenz), S. 489. Der wertmäßige Kostenbegriff ist nicht unumstritten, weshalb ein pagatorischer Kostenbegriff propagiert wird, womit sich der Kosten- dem Aufwandsbegriff annähert. Vgl. hierzu Hax (Integration), Sp. 760 f.
[1099] Vgl. Küting/Lorson (Konvergenz), S. 487.

lemente wird gänzlich verzichtet, es wird folglich auf eine vollständig vereinheitlichte Datenbasis zurückgegriffen.[1100] Werden hingegen nicht alle Daten des externen Rechnungswesens ins interne Rechnungswesen übernommen oder Daten für interne Zwecke ergänzt, liegt lediglich eine partielle Konvergenz vor. Eine vollständige Übereinstimmung von internem und externem Rechnungswesen sollte unter realen Bedingungen eher die Ausnahme darstellen.[1101] Indessen gibt es schon aufgrund des identischen Abbildungsgegenstands diverse „natürliche" Verknüpfungen zwischen den Rechnungssystemen,[1102] weshalb ein gänzlicher Verzicht auf Abstimmungen der internen und externen Datenbasis allein aus wirtschaftlichen Gründen nicht sachgerecht wäre.[1103]

In der Literatur wird demgemäß eine partielle Konvergenz des Rechnungswesens (0 % < Konvergenzgrad < 100 %) empfohlen.[1104] Da „eine vollständige Integration von interner und externer Rechnungslegung…ebenso wenig sinnvoll ist wie ein Verzicht auf jegliche Abstimmung"[1105] kann die Intensität der internen Nutzung der Daten des externen Rechnungswesens zwischen 100 % und 0 % liegen. Entsprechend schlägt der Arbeitskreis „Controller und IFRS" der International Group of Controlling in Bezug auf die IFRS-Rechnungslegung die im Folgenden kursorisch dargestellte „Leitlinie" einer partiellen Konvergenz vor:[1106]

- Eine Beschränkung des Konvergenzbereichs auf die Informationssysteme der oberen Hierarchieebenen,
- keine vollständige, sondern eine partielle Konvergenz, d.h. eine Eliminierung, Ergänzung oder Umbewertung „einzelner" Positionen ist möglich, sowie
- eine operative produkt- und prozessorientierte Steuerung auf der Basis eigenständiger interner Größen.

1100 Vgl. International Group of Controlling/Weißenberger (Controlleraufgaben), S. 45.
1101 Vgl. International Group of Controlling/Weißenberger (Controlleraufgaben), S. 50.
1102 Vgl. hierzu Pfaff (Rechnungswesen).
1103 Vgl. International Group of Controlling/Weißenberger (Controlleraufgaben), S. 50.
1104 Vgl. Weißenberger (Integration), S. 411 ff.; International Group of Controlling/Weißenberger (Controlleraufgaben), S. 46 f.
1105 Weißenberger (Integration), S. 412.
1106 Vgl. Weißenberger/Arbeitskreis (Konsequenzen), S. 356; Weißenberger (Integration), S. 412; International Group of Controlling/Weißenberger (Controlleraufgaben), S. 50 ff.; Weißenberger (Ergebnisrechnung), S. 72.

Demzufolge umfasst der Konvergenzbereich die Informationssysteme der oberen Hierarchieebenen, d.h. die Gesamtunternehmens-, Segment- und Geschäftsbereichs- bzw. Profit Center-Ebene,[1107] wobei letztere in der IFRS-Rechnungslegung ihr Gegenstück in den sog. CGU findet[1108]. Damit sind von der CGU-Ebene aufwärts alle Bereiche angesprochen, für die nach IFRS eigenständige Abrechnungen erstellt werden, wobei die CGU-Abrechnung freilich „nur" eine Nebenrechnung zum Zwecke des Impairment-Tests darstellt[1109]. Für diese ist aber die Erstellung separater „Push-Down-CGU-Bilanzen" und Unternehmenswertrechnungen erforderlich.[1110]

Selbst wenn das Mengen- und Wertgerüst der IFRS weitgehend für das interne Rechnungswesen gelten sollen, können dennoch beispielsweise die Berücksichtigung von kalkulatorischen Zinsen[1111] sowie Anpassungen bezüglich des Ansatzes und der Bewertung einzelner Positionen erforderlich sein. So können z.B. im Bereich der unvollständig erfassten Positionen, wie etwa der selbst erstellten immateriellen Vermögenswerte und des Goodwill,[1112] Ergänzungen notwendig erscheinen,[1113] um beispielsweise diese bedeutenden „Investitionsprojekte" im gebundenen Kapital zu berücksichtigen und somit einen sachgerechten Vergleich zwischen intern und extern gewachsenen Geschäftsbereichen zu ermöglichen.[1114]

Der Anpassungsbedarf nimmt auf Ebene der leistungswirtschaftlichen Feinsteuerung weiter zu, da bei kurzfristigen Beschaffungs-, Produktions- und Absatzentscheidungen oftmals eine Berücksichtigung kalkulatorischer Größen (Opportunitätskosten) erforderlich sein dürfte.[1115] Ferner sind Investitionsentscheidungen und -kontrollen mitunter anhand von zahlungsbasierten Kalkülen

---

1107 Vgl. International Group of Controlling/Weißenberger (Controlleraufgaben), S. 50.
1108 Vgl. IAS 36.6; IAS 36.80. Zum CGU-Konzept aus Sicht des Controllings vgl. auch Schmidt (Strukturierung).
1109 Vgl. IAS 36.66 ff.
1110 Vgl. Pellens/Crasselt/Sellhorn (Goodwill-Bilanzierung), S. 136.
1111 Vgl. Lücke (Berechnung).
1112 Vgl. Moxter (Windfalls), S. 238 ff.
1113 Vgl. hierzu Küting/Lorson (Harmonisierung), S. 52.
1114 Vgl. Busse von Colbe (Rechnungswesen im Dienste), S. 716; Pellens/Crasselt/Schremper (Geschäftsbereichs-Goodwills), S. 129; Pellens/Crasselt/Sellhorn (Goodwill-Bilanzierung), S. 143; Weißenberger (Controller), S. 329; Busse von Colbe (Kapitalkosten), S. 15.
1115 Vgl. Pfaff/Weber (Kostenrechnung), S. 162; International Group of Controlling/Weißenberger (Controlleraufgaben), S. 52.

vorzunehmen,[1116] die Möglichkeiten einer Konvergenz nehmen mit der konkretisierung des Entscheidungesproblems ab. Dennoch sollten die Abweichungen weitgehend reduziert werden;[1117] in diesen Bereichen kann zumindest eine Abstimmung mit den externen Nebenrechnungen zur Abbildung von langfristigen Fertigungsaufträgen, der Bilanzierung von Forschungs- und Entwicklungsprojekten, dem Impairment-Test etc. angestrebt werden.[1118] Auf Instrumente wie die Deckungsbeitrags- oder Prozesskostenrechnungen wird nicht in jedem Fall verzichtet werden können.[1119] „Da eine Bilanzrechnung weder in der Lage ist, eine detaillierte Beschreibung des Produktionsprozesses zu liefern noch ziel- und situationsabhängige Opportunitätskosten bereitzustellen, ist eine Kostenrechnung neben einer GuV-Rechnung zur Erfüllung von Planungs- und Kontrollaufgaben unverzichtbar.“[1120] Es wird wohl in diesen begrenzten Teilbereichen des internen Rechnungswesens bei einer, wenn auch mit der externen Datenbasis abgestimmten, eigenständigen Abrechnung bleiben müssen.[1121] „Der Kostenrechnung bleibt die enge Beschränkung auf Fragen der kurzfristigen Unternehmenssteuerung.“[1122]

4.3 Zwischenergebnis

Das Rechnungswesen stellt für seine Adressaten ein bedeutendes Informationssystem dar, welches bislang adressatenorientiert in ein internes und ein externes Rechnungswesen unterschieden wird.[1123] Die Notwendigkeit einer strikten Trennung steht jedoch spätestens aufgrund der Internationalisierung der Rechnungslegung zur Diskussion, wobei Aspekte wie die Wirtschaftlichkeit und Komplexitätsreduzierung wichtige Motive einer Konvergenz im Rechnungswesen darstellen. Natürlich ist eine Angleichung der Rechensysteme ebenso wenig wie eine strikte Trennung „ein Gut an sich“[1124], doch es gibt, wie verdeutlicht wurde, viele gute (ökonomische) Gründe dafür, die strikte Tren-

---

1116 Zum Zusammenhang von zahlungs- und kostenbasierten Investitionskalkülen vgl. Lücke (Zinsen).

1117 Vgl. Kirsch/Steinhauer (Einfluss), S. 432.

1118 Vgl. hierzu etwa Nobach/Zirkler (Controlling), S. 744 ff.; Kirsch (Anforderungen), S. 12-17.

1119 Vgl. Coenenberg/Mattner/Schultze (Rechnungswesen), S. 31.

1120 Schweitzer (Rechnungspolitik), S. 505.

1121 Vgl. Küting/Lorson (Konvergenz), S. 491; Küting (Perspektiven), S. 161.

1122 Küting (Rechnungslegung), S. 3.

1123 Vgl. Hax (Integration), Sp. 758.

1124 Lutz (Auswirkungen), S. 514.

nung zwischen den Rechensystemen so weit wie möglich aufzugeben; die Senkung der Kosten des Rechnungswesens ist nur einer davon.

Voraussetzung für eine Konvergenz von internem und externem Rechnungswesen ist eine Übereinstimmung der maßgeblichen Zielgrößen und Rechnungszwecke. Nur wenn diese in ausreichendem Maße besteht, sind die theoretischen Voraussetzungen für ein konvergentes Rechnungswesen gegeben.

Sind die Konvergenzvoraussetzungen erfüllt, sollte der Konvergenzbereich sowohl die Entscheidungs- als auch die Kontrollrechnungen auf den oberen Hierarchieebenen (Unternehmens-, Segment und Geschäftsbereichsebene) umfassen. Hierbei scheint unter Wirtschaftlichkeits- und Effizienzgesichtspunkten eine möglichst vollständige Anpassung geboten zu sein. Eigenständige interne Rechnungen bleiben dem Bereich der operativen Steuerung vorbehalten, wobei diese möglichst konsistent mit dem externen Rechnungswesen auszugestalten sind.

Da die Ausgestaltung des externen Rechnungswesens den berichtenden Unternehmen von außen auferlegt wird, kann mittelfristig nur eine Annäherung des internen an das externe Rechnungswesen erfolgen. Selbst wenn die theoretischen Konvergenzvoraussetzungen erfüllt sind, d.h. übereinstimmende Zielgrößen und Rechnungszwecke gegeben sind, kann die tatsächliche Ausgestaltung der Regelungen des externen Rechnungswesens einer Konvergenz entgegenstehen bzw. den Ansatz von Überleitungsgrößen erforderlich machen. Sind die Regelungen des externen Rechnungswesens also nicht zweckadäquat, so nützt es auch nichts, dass die theoretischen Konvergenzvoraussetzungen vorliegen. Eine Annäherung ist nur hinsichtlich der tatsächlich vorhandenen Rechnungen, jedoch nicht im Hinblick auf die fiktiven „Idealgrößen" möglich. Bestenfalls können bei unzweckmäßigen Rechnungszielen und -inhalten bestehende Mängel durch den Ansatz weniger kalkulatorischer Größen „geheilt" werden.

5 Konvergenzpotential des externen IFRS-Rechnungswesens

5.1 Messtheoretische Analyse des Konvergenzpotentials

Das Konvergenzpotential der IFRS beschreibt die Möglichkeit einer Annäherung des internen Rechnungswesens an das externe IFRS-Rechnungswesen. Im Rahmen einer Untersuchung des Konvergenzpotentials eines Rechnungslegungssystems gilt es zwischen dem theoretischen dem tatsächlichen Konvergenzpotential zu unterscheiden. Während das theoretische Konvergenzpotential auf einer Gleichartigkeit der messtheoretischen Merkmale beruht und auf den Grad der Übereinstimmung der daraus abzuleitenden Rechnungsziele und -inhalte abzielt, beschreibt das tatsächliche Konvergenzpotential den Grad der Übereinstimmung der Rechnungsziele und -inhalte, wecher sich bei Anwendung der tatsächlichen Regelungen (Ist-Konzept) und einem Soll-Konzept für das interne Rechnungswesen ergäbe.

Nach Maßgabe einer messtheoretischen Vorgehensweise ist zunächst das theoretische und darauf aufbauend das tatsächliche Konvergenzpotential zu untersuchen *(vgl. Abbildung 26)*.

Abbildung 26: Analyse des Konvergenzpotentials

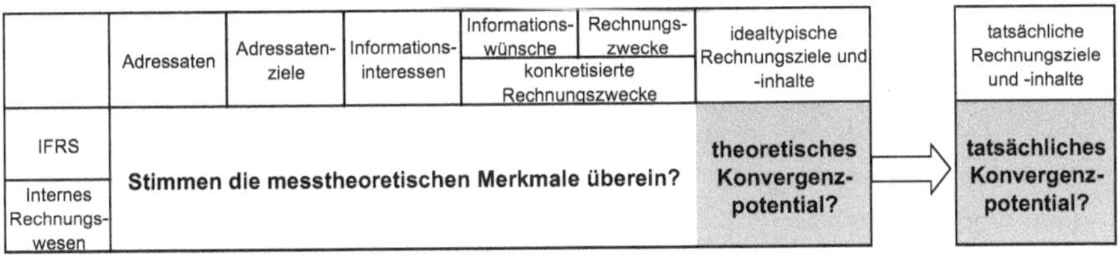

Ausgangspunkt der Konvergenzuntersuchung müssen folglich Überlegungen bezüglich der Adressaten und ihrer Zielvorstellungen sein. Die Untersuchung des Konvergenzpotentials erfordert daher zunächst sowohl für das externe als auch das interne Rechnungswesen die Bestimmung der Adressaten, ihrer Ziele und der sich daraus ergebenden Informationsinteressen. Die Informationsinteressen sind als Informationswünsche bezüglich der Rechnungszwecke zu konkretisieren, aus denen über die Rechnungsziele die Rechnungsinhalte abzuleiten sind. Die Rechnungsziele und -inhalte sind letztendlich die Objekte, auf die sich eine Konvergenz des internen und externen Rechnungswesens beziehen muss.

Die Konvergenzmerkmale lassen sich allerdings zum Teil schwer voneinander abgrenzen: So stellt etwa die Eingrenzung des Kriteriums des Informationsinteresses zu einem zweckbezogenen Informationswunsch lediglich eine Präzisierung im Hinblick auf einen bestimmten Rechnungszweck dar. Die Informationswünsche müssen als Rechnungsziel zahlenmäßig abgebildet werden, wobei schon die Konkretisierung der Informationswünsche kaum ohne eine gedankliche Vorwegnahme des zahlenmäßigen Abbilds (Rechnungsziel) gelingen kann. Im Grunde setzt schon die Eingrenzung der Adressatenziele gewisse Vorstellungen über das zahlenmäßige Abbild voraus. Trotz dieser Überschneidungsprobleme sollen im Folgenden alle Ebenen getrennt voneinander betrachtet werden. Hiermit soll dem Effekt entgegengewirkt werden, dass die Ebene des zahlenmäßigen Abbilds die eigentlich vorgeschalteten Ebenen überlagert und damit quasi zum Selbstzweck wird.[1125]

5.2 Messinstrumente im konvergenten IFRS-Rechnungswesen

Eine Grundvoraussetzung für ein konvergentes Rechnungswesen auf IFRS-Basis ist die interne Verwendbarkeit der mit einem IFRS-Abschluss verbundenen Rechnungssysteme (Messinstrumente). Daher werden zunächst die relevanten (Teil-)Rechensysteme skizziert. Der IFRS-Abschluss besteht aus den Rechnungsinstrumenten GuV, Bilanz, Kapitalflussrechnung, Eigenkapitalveränderungsrechnung, Segmentberichterstattung[1126] und Anhang.[1127] Die technische Konzeption der GuV stimmt grundsätzlich mit der einer internen Betriebsergebnisrechnung überein,[1128] gleiches gilt auch für die Bilanz sowie eine kalkulatorische Vermögens- und Kapitalrechnung. Demnach müssten sich die Kernrechenwerke Bilanz und GuV von ihrer technischen Konzeption her als Basis eines konvergenten Rechnungswesens eignen.

Des Weiteren erfordert die Aufstellung eines IFRS-Abschlusses eine Reihe von Nebenrechnungen wie etwa zum Zwecke des Impairment-Tests eine Push

---

[1125] Vgl. zur Problematik Schneider (Bilanzen im Rechtssinne), S. 1155.
[1126] Die Aufstellung einer Segmentberichterstattung ist jedoch nur für kapitalmarktorientierte Unternehmen verpflichtend.
[1127] Vgl. IAS 1.8.
[1128] Vgl. Pfaff/Weber (Kostenrechnung), S. 153.

Down-Bilanz auf Ebene der CGU,[1129] eine VIU-Berechnung auf Ebene der CGU oder auf Ebene einzelner Vermögenswerte. Die Errechnung eines VIU einer CGU entspricht dabei konzeptionell einer Teilunternehmensbewertung und die Errrechnung des VIU eines Vermögenswerts einem Investitionskalkül für einzelne Investitionsprojekte.

Anhand dieser kursorischen Betrachtung wird deutlich, dass eine Reihe der mit einem IFRS-Abschluss verbundenen Rechnungen auch im internen Rechnungswesen zum Einsatz kommen könnten.

Nachfolgend bezieht sich die Untersuchung bezüglich des Konvergenzpotentials zunächst primär auf die Kerninstrumente Bilanz und GuV.[1130] Später werden vor allem auch die Nebenrechnungen des Goodwill-Impairment-Tests untersucht.

5.3 Adressaten , Adressatenziele und Informationsinteressen

5.3.1 Adressaten- versus Zielträgerorientierung

Das Rechnungswesen dient der Vermittlung von Informationen, die jedoch kein Selbstzweck ist, sondern wiederum immer einem bestimmten Zweck zu dienen hat,[1131] welchem mittels der bereitgestellten Informationen in bestmöglicher Weise nachzukommen ist. Eine zweckadäquate Informationsvermittlung kann nur dann erfolgen, wenn die Adressaten des betrachteten Informationssystems hinreichend genau bestimmt sind.[1132] Aus den theoriegestützt festzulegenden Adressatenzielen sind deren Informationsinteressen und aus diesen wiederum die zu erfüllenden rechnungszweckbezogenen Informationswünsche deduktiv abzuleiten.

Im Hinblick auf die Informationswünsche der Adressaten konkretisieren sich die Rechnungszwecke als Messabsicht und sie ermöglichen so eine Messung des Rechnungszwecks (Informationsziel, Messabsicht) als Rechnungsziel.[1133] Letzteres stellt die Maßgröße dar, die in einem konvergenten Rechnungswe-

---

1129 Vgl. Pellens/Fülbier/Gassen (Rechnungslegung), S. 699. Zum Push Down-Accounting vgl. Cunningham (Push-Down Accounting); Hendriksen/Breda (Accounting Theory), S. 653 f.

1130 Vgl. Streim/Bieker/Esser (Fair Value Accounting), S. 98.

1131 Vgl. Küpper (Struktur), S. 5834.

1132 Vgl. grundlegend Moxter (Rechenschaft), S. 94 f.; Ballwieser (Jahresabschlußverbesserungen), S. 775.

sen sowohl den internen als auch den externen Adressaten gleichermaßen bei der Verfolgung gleichartiger Rechnungszwecke dienen muss. Ihre Festlegung bestimmt so den Inhalt einer Rechnung und somit das Konvergenzpotential.

Demzufolge steht am Anfang jeglicher Konvergenzüberlegungen eine Analyse der Adressaten[1134] und ihrer aus den Zielen abzuleitenden Informationsinteressen.[1135] Die gilt jedoch nur, sofern die Adressaten auch die tatsächlichen Zielträger darstellen, auf deren Ziele die Rechnung auszurichten ist. Vertreten die Adressaten die Ziele Dritter (steht etwa das Management im Dienste der Investoren), treten die Ziele der Adressaten als Determinanten des Informationsinteresses hinter die Ziele der eigentlichen Zielträger zurück. Folglich bilden in diesem Fall die Ziele der Zielträger anstelle der persönlichen Ziele der Adressaten die Bestimmungsfaktoren der Rechnung. So ist etwa im Rahmen einer wertorientierten Steuerung das interne Rechnungswesen auf die „Zielgrößen jener auszurichten, um derentwillen das Unternehmen betrieben wird."[1136] Die persönlichen Ziele des Managements als Adressaten des internen Rechnungswesens sind in diesem Fall gerade nicht maßgeblich für die Rechnungen. Es gilt vielmehr die Zielgöße der Investoren abzubilden, damit diese auftragsgemäß vom Management maximiert werden kann.[1137]

Bei Auftragsbeziehungen ergibt sich folglich das Informationsinteresse der Adressaten nach dem „Grundsatz" der Zielträgerorientierung aus den Zielvorstellungen der Auftraggeber als den tatsächlichen Zielträgern. Damit sind auch die Rechnungszwecke sowie Rechnungsziele und -inhalte nicht durch die Adressaten, sondern durch die eigentlichen Zielträger und deren Ziele sowie den sich daraus ableitenden Informationswünschen geprägt.[1138] Die grundlegende Frage lautet also nicht, für wen die Rechnungen bestimmt sind, sondern „[w]essen Ziel"[1139] mithilfe der Rechnung verfolgt werden soll. Auf diese Weise dominiert gewissermaßen die Zielträgerorientierung über die Adressatenorientierung. Folglich ergibt sich eine Konvergenz des internen und externen Rech-

---

1133 Vgl. Schneider (Bilanztheorien), Sp. 428; Küpper (Struktur), S. 5834.
1134 Vgl. Klein (Unternehmenssteuerung), S. 73.
1135 Vgl. Moxter (Rechnungslegung), S. 226; Ballwieser (Grundsätze), Rn. 75.
1136 Moxter (Rechnungslegungstraditionen), S. 501.
1137 Vgl. hierzu Jaensch (Gewinnüberlegungen), S. 343.
1138 Vgl. Haaker (Da capo), S. 690.
1139 Moxter (Rechnungslegungstraditionen), S. 501.

nungswesens nicht aus der Gleichheit der Adressaten bzw. ihrer Ziele, sondern aus einer übereinstimmenden Zielverfolgung.[1140]

5.3.2 Externes IFRS-Rechnungswesen

5.3.2.1 Adressaten der IFRS

Als Adressaten eines IFRS-Abschlusses gelten gemäß IFRS-Framework zunächst sämtliche Stakeholder-Gruppen des berichtenden Unternehmens. Dazu gehören die aktuellen und potentiellen Investoren, Arbeitnehmer, Kreditgeber, Lieferanten und andere Gläubiger, Kunden, die Regierungen und ihre Institutionen sowie die Öffentlichkeit an sich.[1141] Auch findet das (aktuelle) Management als Adressat im Framework explizit Erwähnung,[1142] folglich könnte auch das potentielle Management einen Adressaten darstellen.

Dieser weite Adressatenkreis soll durch einen IFRS-Abschluss in gleicher Weise mit entscheidungsnützlichen Informationen versorgt werden (können).[1143] Es kann aber bei der Vielzahl unterschiedlicher Adressatengruppen und den damit verbundenen unterschiedlichen Zielvorstellungen[1144] keinesfalls von einer Homogenität der Informationsinteressen ausgegangen werden.[1145] Folglich sind Konflikte bei der Informationsvermittlung vorprogrammiert.[1146] Wollte man allen Informationsinteressen gleichermaßen nachkommen, wäre im Grunde für jede Adressatengruppe ein eigener Ansatz der Informationsbereitstellung erforderlich.[1147] Ein solches Vorgehen erscheint jedoch kaum praktikabel, denn es wäre viel zu aufwendig und komplex, für jede der genannten Adressatengruppen einen separaten Abschluss zu erstellen.

1140 Vgl. Ballwieser (Shareholder Value), Sp. 1746.
1141 Vgl. F. 9(a)-(g).
1142 Vgl. F. 11; Klein (Unternehmenssteuerung), S. 74; Adler/Düring/Schmaltz (Rechnungslegung), Abschnitt 1, Rn. 40.
1143 Vgl. F. 12.
1144 Vgl. Franke/Hax (Finanzwirtschaft), S. 2; Ballwieser/Schmidt (Unternehmensverfassung), S. 645.
1145 Vgl. Küpper (Ethik), S. 26; Wedell (Wertschöpfung), S. 205 f.; a.A. scheinbar Volk (Informationsinteresse), S. 727.
1146 Vgl. Pellens (Rechnungslegungssysteme), Sp. 1547; Moxter (Rechnungslegungstraditionen), S. 501.
1147 Vgl. Wedell (Wertschöpfung), S. 206.

Ein IFRS-Abschluss kann seinen Adressaten nur normierte und typisierte Informationen vermitteln,[1148] daher kann der vordergründig vom IASB bezweckte interessenpluralistische Ansatz der Informationsvermittlung nicht gelingen.[1149] Es bedarf einer Eingrenzung des Adressatenkreises, weil der Versuch einer Verdichtung zu einer allen Interessen gerecht werdenden, in diesem Sinne umfassenden Zielgröße zum Scheitern verurteilt ist.[1150] Daher muss sicherlich eine Wertung über die Vorrangigkeit bestimmter Informationsinteressen erfolgen,[1151] es bedarf der Festlegung eines hinreichend konkretisierten Adressaten,[1152] auf dessen Informationsinteressen sich die Rechnungen beziehen. Ein solches Werturteil wird vom IASB gewissermaßen „versteckt" in Form einer erklärungsbedürftigen Mutmaßung gefällt.[1153] Durch die Unterstellung einer (quasi-)optimalen Befriedigung der Informationsbedürfnisse aller Adressatengruppen bei primärer Orientierung an den Informationsbedürfnissen der Gruppe der (potentiellen) Investoren als Risikokapitalgebern wird der Interessenkonflikt (scheinbar) gelöst.[1154] Eine solche Annahme ist alles andere als unkritisch. Die Zielvorstellungen der übrigen Adressaten dürften sich nämlich schwerlich mit denen der Investoren decken und gehen allenfalls als Nebenbedingungen in das Investorenziel ein.[1155] Das IASB verzichtet in diesem Zusammenhang bemerkenswerterweise auf eine entsprechende Problematisierung seiner kritischen Annahme bezüglich der Informationsinteressen.[1156]

Obwohl ein IFRS-Abschluss auf den ersten Blick einen weit definierten Adressatenkreis bei seinen wirtschaftlichen Entscheidungen unterstützen soll, stellt die Gruppe der (potentiellen) Investoren[1157] den faktischen Hauptadressaten

---

1148 Vgl. Ballwieser (Unternehmen), S. 26.
1149 Vgl. Moxter (Rechnungslegungsmythen), S. 2144 f.
1150 Vgl. Ballwieser (Shareholder Value), Sp. 1746.
1151 Vgl. Moxter (Bilanzlehre), S. 390.
1152 Vgl. Moxter (Rechenschaft), S. 94.
1153 Der informationsökonomische Ansatz hat letztendlich verdeutlicht, warum solche Wertungen bezüglich der Adressateninteressen unumgänglich sind. Vgl. Ballwieser (Jahresabschlußverbesserungen), S. 791.
1154 Vgl. F. 10; Mujkanovic (Fair Value), S. 24; Schildbach (Erfolg), S. 312. *Ballwieser* spricht in diesem Zusammenhang von einem »Kunstgriff«. Vgl. Ballwieser (Informations-GoB), S. 120.
1155 Vgl. hierzu Ballwieser (Shareholder Value), Sp. 1746.
1156 Vgl. Moxter (Rechnungslegungstraditionen), S. 501.
1157 (Aktuelle) Investoren halten bereits Anteile am berichtenden Unternehmen, während potentielle Investoren zumindest als zukünftige Anteilseigner infrage kommen. Ein (aktueller) Investor kann auch gleichzeitig einen potentiellen Investor bezüglich weiterer Anteile darstellen. Im Folgenden wird daher generell von Investoren gesprochen.

dar.[1158] Damit wird eine notwendige und daher im Ergebnis akzeptable Vorentscheidung[1159] für eine allerdings immer noch sehr heterogene Adressatengruppe[1160] mit möglicherweise konfliktären Zielen[1161] getroffen. Eine solche Eingrenzung ist sicherlich unumgänglich, wenngleich sie leider nicht offen dargelegt wird. Dem IASB ist jedenfalls vorzuhalten, dass es sich nicht eindeutig zu dem impliziten Werturteil bekennt und nicht einmal versucht, seine diesbezüglichen Annahmen in fundierter Weise zu begründen.

Außerdem darf mit der Eingrenzung des Adressatenkreises auf die Gruppe der Investoren die Adressatenkonkretisierung noch nicht abgeschlossen sein. „Der" typische Investor muss in eindeutiger Weise charakterisiert werden, um auf die entsprechenden Informationsinteressen schließen zu können, auch unterschiedliche Investoren haben schließlich unterschiedliche Präferenzen[1162] und somit bedarf es einer weitergehenden Konkretisierung „des" Hauptadressaten.[1163] Da vom IASB offensichtlich i.S. einer heuristischen Optimierungsregel vermutet wird, dass die Informationen auf die Adressatengruppe auszurichten sind, die das größte finanzielle Risiko trägt,[1164] müsste die Gruppe der Investoren insbesondere die Anteilseigner (Shareholder) als „wahre Risikoträger"[1165] umfassen. Diese tragen schließlich aufgrund ihres Residualanspruches im Normalfall das größte Einkommensrisiko.[1166] Insofern kann von einer faktischen Shareholder-Orientierung des IFRS-Abschlusses ausgegangen werden.[1167] Als typische Investoren und somit als Hauptadressaten i.S. des

---

1158 Vgl. F.12 i.V.m. F.9 f.; Klein (Unternehmenssteuerung), S. 74; Adler/Düring/Schmaltz (Rechnungslegung), Abschnitt 1, Rn. 39. Auf die „deutsche Eigenart, Adressaten als Anspruchsberechtigte von Interessenten als Interessen Zeigende zu trennen" [Ballwieser (Rahmenkonzepte), S. 341] wird im Rahmen dieser Arbeit verzichtet.

1159 Vgl. Böcking/Wesner (Value Reporting), S. 99; Ballwieser (Informations-GoB), S. 116.

1160 Vgl. Beaver (Financial Reporting), S. 8; Ballwieser (Jahresabschlußverbesserungen), S. 778; Egner (Bilanzen), S. 11; Schmidt/Terberger (Investitions- und Finanzierungstheorie), S. 43 ff.; Volk (Informationsinteresse), S. 724; Brinkmann (Zweckadäquanz), S. 39.

1161 Vgl. Ballwieser/Schmidt (Unternehmensverfassung), S. 645.

1162 Vgl. Schildbach (Jahresabschluß), S. 607.

1163 Vgl. Moxter (Rechenschaft), S. 94 f.

1164 Vgl. F. 10.

1165 Schredelseker (Bilanzinformationen), S. 131.

1166 Vgl. Ballwieser (Informations-GoB), S. 116; Franke/Hax (Finanzwirtschaft), S. 5; Busse von Colbe (Rechnungswesen im Dienste), S. 713.

1167 Eine eindeutige Festlegung auf die Shareholder findet sich etwa in einem vom CFA herausgegebenen Positionspapier. Vgl. CFA (Business Reporting Model), S. 10 sowie mit Hinweis auf die gegenläufigen Tedenzen beim IASB Kampmann/Schwedler (Business Reporting Model), S. 498.

Frameworks lassen sich folglich die Eigenkapitalgeber ableiten.[1168] Entsprechend können im Weiteren die Begriffe Investoren und Anteilseigner (Shareholder) synonym verwendet werden.

Doch auch die Gruppe der Anteilseigner bedarf einer weitergehenden Typisierung.[1169] So könnten etwa ein Teil der Investoren ausschließlich an kurzfristigen Kursgewinnen und ein anderer Teil wiederum an einem langfristigen Dividendeneinkommen interessiert sein.[1170] Desgleichen dürfte für einen stark diversifizierten Investor nur das systematische Risiko von Relevanz sein, während für einen nicht diversifizierten Investor dem unsystematischen Risiko einer Anlage ebenso Bedeutung zukommt.[1171] Selbst wenn solche Interessenkonflikte ausgeblendet werden, ist es aufgrund unterschiedlicher Kenntnisse, Entscheidungsmöglichkeiten etc.[1172] notwendig, sich an den Informationsbedürfnissen eines repräsentativen Investors auszurichten.[1173]

Es stellt sich folglich die Frage, wie sich ein typischer Investor eines IFRS-Abschlusses darstellt, worauf das Framework gewissermaßen einige „versteckte" Hinweise gibt. So wird implizit von sachkundigen, bereitwilligen und sorgfältigen Abschlussadressaten ausgegangen. Auf komplexe, aber relevante Darstellungen darf daher nicht bereits deshalb verzichtet werden, weil sie für bestimmte Adressaten schwer verständlich sein könnten.[1174] Es kann demzufolge zumindest eine gewisse Lernfähigkeit des typischen Adressaten unterstellt werden.[1175]

Unter dem Stichwort „Investoren" werden ferner auch deren Berater als entscheidungsvorbereitende bzw. sogar entscheidungsbefugte Personen genannt.[1176] Daraus lässt sich schlussfolgern, dass für jeden Investor ein hohes Maß an Sachkenntnis und Initiative zu unterzustellen ist. Diesbezügliche Mängel kann der einzelne Investor über das Hinzuziehen von fachkundigen Beratern heilen. Dies erscheint sinnvoll, weil ein wenig sachkundiger Kleinaktionär

[1168] Vgl. Ballwieser (Unternehmen), S. 26.
[1169] Vgl. Mujkanovic (Fair Value), S. 24 und S. 91; Egner (Bilanzen), S. 24.
[1170] Vgl. Busse von Colbe (Shareholder Value), S. 272.
[1171] Vgl. hierzu Ballwieser/Schmidt (Unternehmensverfassung), S. 669 f.
[1172] Vgl. hierzu auch Kraus (Abbildungstreue), S. 183.
[1173] Vgl. Mujkanovic (Fair Value), S. 24; Klein (Konzernabschluss), S. 89.
[1174] Vgl. F. 25.
[1175] Vgl. hierzu auch Mujkanovic (Fair Value), S. 99.
[1176] Vgl. F. 9(a).

in den seltensten Fällen überhaupt einen Jahresabschluss zur Hand nehmen dürfte.[1177] „Der Kleinaktionär kann dies wegen mangelnder Kenntnisse des Geschäfts und auch der Rechnungslegungsregeln gewöhnlich nicht oder will es auch gar nicht.“[1178] Demzufolge kann er keinen direkten, sondern nur einen indirekten, von seinem Berater als direkten Adressaten zu informierenden Adresaten darstellen. Damit tritt die Person des fachkundigen Beraters faktisch als Adressat an die Stelle des Investors, sein Wissenstand ist maßgeblich.

Im Übrigen werden vom typischen IFRS-Adressaten de facto fundierte betriebswirtschaftliche Kenntnisse – etwa aus dem Bereich der Unternehmensbewertung – verlangt.[1179] Der nicht sachkundige (beraterlose) Investor kann schon aufgrund seiner notwendigerweise eher passiven Informationsauswertungsstrategie nicht als eigentlicher Adressat der Rechnungslegung in Betracht kommen.[1180] Für den einzelnen Kleinanleger lohnt sich regelmäßig keine aufwendige Informationsbeschaffung und -auswertung.[1181] Er muss eher eine Buy-and-Hold-Strategie verfolgen, sich am Verhalten der besser informierten Investoren orientieren oder sich fachkundiger Hilfe bedienen.[1182] Bei letztgenannter Möglichkeit – die auch das IASB unterstellt – gehört er faktisch zur Gruppe der fachkundigen Investoren. Angesichts der Komplexität des Regelwerks der IFRS dürfte selbst die Ausrichtung auf einen „durchschnittlichen“ Investor der Realität wenig entsprechen.[1183] Daher darf die Informationsvermittlung keinesfalls aufgrund der Rücksichtsnahme auf Laien eingeschränkt werden.[1184] Folglich kristallisiert sich ein fachkundiger Investor als IFRS-Adressat heraus.[1185]

1177 Vgl. Schneider (Rechnungslegungsstandards), S. 26 f.
1178 Busse von Colbe (Managementkontrolle), S. 19
1179 A.A. Lopatta (Goodwillbilanzierung), S. 160.
1180 Vgl. Wagner (Informations- und Ausschüttungsbemessungsfunktion), S. 756.
1181 Vgl. Ballwieser (Unternehmen), S. 26.
1182 Vgl. hierzu Möller/Hüfner (Bilanzwirkungstheorien), S. 448.
1183 Vgl. hierzu Pellens/Gassen/Neuhaus/Schmidt (Unternehmensberichtserstattung), S. 23 f.; a.A. Hepers (Entscheidungsnützlichkeit), S. 17.
1184 Vgl. F.25. Zum Bild des „naiven“ Laien als Bilanzleser vgl. etwa Moxter (Bilanzlehre), S. 389.
1185 Im Ergebnis auch Mujkanovic (Fair Value), S. 99; Kaiser (Investorensicht), S. 140. Ob der „fachmännische Berater“ den Wissensvorsprung in jedem Fall an die Kleinaktionäre weitergibt, erscheint jedoch fraglich. Vgl. Schneider (Rechnungslegungsstandards), S. 27. Entsprechende Agency-Probleme werden im Folgenden vernachlässigt.

Essentiell für die Adressatenkonkretisierung erscheint zudem die Frage, ob ein (weitgehend) diversifizierter oder ein undiversifizierter Investor als typischer Adressat zugrunde gelegt wird.[1186] Da bei diversifizierten Investoren, zumindest unter bestimmten Prämissen, Risiko- und Zeitpräferenzen miteinander in Einklang zu bringen sind, erscheint einzig die Ausrichtung auf diese Investorengruppe gangbar.[1187]

Im Mittelpunkt des Informationsinteresses der Investoren steht zumeist der Konzernabschluss. Für den Konzernabschluss stellt sich im Zusammenhang mit der Adressatenbestimmung die Frage seiner konzerntheoretischen Interpretation, denn es ist bei Anteilsquoten von unter 100 % aufgrund des Vorhandenseins von Minderheitengesellschaftern an Tochterunternehmen keinesfalls eindeutig, wie weit die Gruppe der Anteilseigner des Konzerns zu fassen ist. Zur Lösung dieses Abgrenzungsproblems stehen mit der Interessen- und der Einheitstheorie zwei grundlegende Konzerntheorien zur Verfügung:[1188]

- Gemäß der Interessentheorie erfolgt die Gestaltung des Konzernabschlusses aus dem Blickwinkel der Anteilseigner des Mutterunternehmens (Mehrheitengesellschafter). Dementsprechend werden Minderheitengesellschafter als Quasi-Fremdkapitalgeber und nicht als Anteilseigner des Konzerns interpretiert.
- Nach der Einheitstheorie[1189] erfolgt die Gestaltung des Konzernabschlusses aus dem Blickwinkel aller Anteilseigner der Konzernunternehmen. Folglich stellen Minderheitengesellschafter quasi den Mehrheitengesellschaftern gleichgestellte Eigenkapitalgeber der wirtschaftlichen Einheit Konzern dar.

Aus interessentheoretischer Sicht kann der Konzernabschluss als erweiterter (Einzel-)Abschluss des Mutterunternehmens interpretiert werden.[1190] Somit stehen die Anteilseigner des Mutterunternehmens sowohl im Einzel- als auch im Konzernabschluss im Vordergrund. Demgegenüber ergibt sich aus ein-

[1186] Vgl. mit Verweis auf den sich daraus ergebenden Unterschied im Wert einer Information Möller/Hüfner (Rechnungslegung), S. 414.

[1187] Vgl. Kuhner (Unternehmensinteresse), S. 262 f.

[1188] Vgl. z.B. Baxter/Spinney (Financial Statement Theory); Pellens/Fülbier/Gassen (Rechnungslegung), S. 638; Nurnberg (Minority Interest), S. 125 ff.

[1189] Vgl. grundlegend Moonitz (Entity Approach). Für einen kurzen Literaturüberblick vgl. Zeff (Entity Theory).

heitstheoretischer Sicht ein unterschiedlicher Adressatenkreis von Einzel- und Konzernabschluss,[1191] da der Konzern als eigenständige rechnungslegende Einheit aufgefasst wird[1192]. Der Kreis der Anteilseigner des Konzerns erhöht sich gegenüber der an den Anteilseignern des Mutterunternehmens orientierten Interessentheorie um die ebenfalls an den Tochterunternehmen beteiligten Minderheitengesellschafter.[1193]

Hauptunterscheidungsmerkmal beider Konzerntheorien ist demzufolge, dass sie auf unterschiedliche Adressatengruppen abzielen.[1194] Die Konzerntheorien können daher primär als Theorien der Adressatenkonkretisierung verstanden werden, denn sie führen zur Konkretisierung der (faktischen) Hauptadressaten:[1195]

- Eine der Interessentheorie folgende Konzernrechnungslegung ist auf die Informationsbedürfnisse der Mehrheitengesellschafter auszurichten, während
- eine der Einheitstheorie folgende Konzernrechnungslegung sowohl auf die Informationsbedürfnisse der Mehrheiten- als auch auf die Informationsbedürfnisse der Minderheitengesellschafter gleichermaßen auszurichten ist.

Da dem IFRS-Konzernabschluss ein fortlaufender Trend in Richtung Einheitstheorie attestiert werden kann,[1196] erscheint es gerechtfertigt, die Gruppe der Mehr- und Minderheitengesellschafter als Anteilseigner des Konzerns und somit als (Haupt-)Adressaten der IFRS-Rechnungslegung anzusehen.[1197] Auch die Minderheitengesellschafter stellen Eigenkapitalgeber mit bloßen Residualansprüchen dar[1198] und gehören eindeutig zur Gruppe der eigentlichen

---

1190 Vgl. Nurnberg (Minority Interest), S. 125; Lührmann (Latente Steuern), S. 43.
1191 Vgl. Schmidt (Full Goodwill Methode), S. 166.
1192 Vgl. Wagenhofer (Rechnungslegung), S. 511; Nurnberg (Minority Interest), S. 125.
1193 Vgl. Lutter/Rimmelspacher (Einheitstheorie), S. 485.
1194 Vgl. Lührmann (Latente Steuern), S. 43
1195 Vgl. Haaker (Einheitstheorie), S. 453 f.; ferner Meyer (Accounting Entity), S. 126.
1196 Vgl. z.B. Hayn (Konzernrechnungslegung); Ebeling/Gassmann (Konzernrechnungslegung), S. 109 f. und 124; mit Bezug zur Neugestaltung des Frameworks Kampmann/Schwedler (Entwurf), S. 526.
1197 Allerdings erschwert diese weite Abgrenzung der Gruppe der Hauptadressaten die Bereitstellung von adressatenspezifischen Informationen. Vgl. Moxter (Rechnungslegung), S. 223.
1198 Vgl. Penman (Valuation), S. 300.

Risikoträger,[1199] haben also einen entsprechenden „Informationsanspruch“ an den IFRS-Konzernabschluss.

Diese Adressatenkonkretisierung ist gewiss nicht unproblematisch, da Mehr- und Minderheitengesellschafter „keine homogene Einheit“[1200] darstellen. Auch wenn beide Gruppen als Anteilseigner des Konzerns interpretiert werden können, so kann das primäre Interesse am jeweiligen Beteiligungsobjekt (d.h. dem rechtlich selbständigen Unternehmen) nicht einfach wegdefiniert werden.[1201] Anlageentscheidungen können nur auf Ebene der einzelnen rechtlich selbständigen Unternehmen und nicht bezüglich des Konzerns als Ganzes getroffen werden.[1202] Gekauft und verkauft werden können lediglich Anteile am rechtlich selbständigen Mutter- oder Tochterunternehmen, jedoch nicht direkt am Konzern als solchem. Auch wenn im Extremfall das gesamte Konzernvermögen am gleichen Leistungsprozess mitwirkt und somit eine wirtschaftliche Einheit bildet, ist dennoch der Zugriff auf den daraus entstehenden Nutzenzufluss von den rechtlichen Strukturen abhängig. In diesem Punkt unterscheiden sich die Interessen der Mehr- und Minderheitengesellschafter grundlegend: „Die Mehrheit hat andere Ansprüche gegen den Konzern als die Minderheit“[1203] und die Möglichkeit der „Zielerreichung...hängt von den rechtlichen Verhältnissen im Konzern ab.“[1204] Die Minderheitengesellschafter sind darüber hinaus an verschiedenen Tochterunternehmen beteiligt,[1205] woraus zudem eine völlig heterogene Interessenlage innerhalb der Gruppe der Minderheitengesellschafter folgen kann.[1206]

Daher müssten Investoren in erster Linie an Informationen bezüglich des Unternehmens interessiert sein, dessen Anteile sie halten bzw. zu erwerben beabsichtigen. Die entsprechenden Informationen sind aber wiederum nicht unabhängig von denen zu beurteilen, die den Konzern als Ganzes betreffen.[1207] Am relevanten Wertenstehungsprozess sind oftmals mehrere rechtlich selb-

---

1199 Vgl. Schredelseker (Bilanzinformationen), S. 131.
1200 Schildbach (Konzernrechnungslegungsvorschriften), S. 394.
1201 Vgl. Pellens (Informationswert), S. 49.
1202 Vgl. Mühlberger (Bilanzierung), S. 1313.
1203 Schildbach (Konzernrechnungslegungsvorschriften), S. 394.
1204 Schildbach (Konzernrechnungslegung, Teil I), S. 161.
1205 Zur Behandlung von Minderheiten im mehrstufigen Konzern vgl. Lührmann/Schruff (Minderheitenanteile).
1206 Zum Eigner-Eigner-Konflikt vgl. auch Schildbach (Markt), S. 74 f.
1207 Vgl. Pawelzik (Prüfung), S. 4; Dusemond/Kessler (Rechnungslegung), S. 156.

ständige Unternehmen innerhalb der wirtschaftlichen Einheit Konzern beteiligt. Insofern ist für die Anteilseigner der rechtlich selbständigen Unternehmen die Abbildung des gesamten Konzerngebildes von Bedeutung.[1208] Dementsprechend steht der Einzelabschluss zumindest nicht im Mittelpunkt des Interesses. Er wird in der Praxis – wenn überhaupt – den Investoren nur nach spezieller Anforderung zugesandt.[1209] Demnach wird auch die unternehmensindividuelle Informationsversorgung in erster Linie durch den Konzernabschluss mit abgedeckt.[1210] Dies gilt jedoch eher für die Mehr- als für die Minderheitengesellschafter, deren Interesse primär auf die finanziellen Daten des Tochterunternehmens gerichtet ist,[1211] jedoch ist auch für sie der Konzernabschluss von Bedeutung.[1212] An dieser Stelle könnte ein sog. Push Down-Accounting den Informationsinteressen der Minderheitengesellschafter entgegenkommen, indem die Informationen der Konzernbilanz auf die Einzelunternehmen heruntergebrochen werden.[1213]

Für den typischen Investor soll annahmegemäß der IFRS-Konzernabschluss eine der wichtigsten Informationsquellen sein.[1214] Als weitergehende Annahme erscheint es zweckmäßig, den IFRS-Abschluss als Haupt- oder gar als einzige Informationsquelle über das berichtende Unternehmen anzunehmen, weshalb dieser die Informationsbedürfnisse seiner Adressaten umfassend zu berücksichtigen hat. In der Realität bilden die Abschlussinformationen jedoch nur einen Teil der verfügbaren Informationen.[1215] Eine solche Prämisse dürfte dennoch aus messtheoretischer Perspektive schon deshalb sinnvoll sein, da der IFRS-Abschluss als Messinstrument bei seiner Ausgestaltung schwerlich das Vorhandensein von verschiedenartigen (individuellen) Informationsquellen be-

---

1208 Vgl. Ballwieser (Unternehmen), S. 26; Beine (Ergebnisausweis), S. 846; Committee (Financial Statements), S. 194.

1209 Vgl. Schneider (Rechnungslegungsstandards), S. 27.

1210 Vgl. Bierman (Proportionate Consolidation), S. 7.

1211 Vgl. Walker (Consolidated Statements), S. 77 f.

1212 Vgl. Pawelzik (Minderheiten), S. 678; Pawelzik (Prüfung), S. 7.

1213 Vgl. Cunningham (Push-Down-Accounting); Colley/Volcan (Business Combinations), S. 75; Hendriksen/Breda (Accounting Theory), S. 653 f; Erhardt (Push-down accounting); ferner Pawelzik (Prüfung), S. 5.

1214 Vgl. F. 6; ferner Dusemond/Kessler (Rechnungslegung), S. 1; Schredelseker (Bilanzinformationen), S. 131.

1215 Vgl. Ijiri (Theory), S. 45. Die eigentliche Bedeutung der Rechnungslegung ist jedoch noch ungeklärt: „Der Nachweis steht aus, ob Rechnungslegungsdaten – als Teilmenge von verfügbaren Informationen über das Unternehmensgeschehen – zu den für den Aktienmarkt relevanten Daten gehören“ [Möller/Hüfner (Rechnungslegung), S. 415].

rücksichtigen kann.[1216] Wenn eine Information nicht durch den Abschluss gegeben wird, wäre im Zweifel zu unterstellen, dass sie nicht bekannt wird. Als Folge müssen die Abschlussdaten umfassend sein, da eine unzweckmäßige Ausgestaltung annahmegemäß nicht mit dem Verweis auf andere Informationsquellen geheilt werden kann. Im Ergebnis führt diese Annahme dazu, dass durch einen IFRS-Abschluss eine für sich gesehen ausreichende Informationsbasis geschaffen werden muss. Folglich müsste die Relevanz der Daten eindeutig im Vordergrund stehen und das Objektivierungserfordernis zurückgedrängt werden.[1217]

5.3.2.2 Ziele der Adressaten der IFRS

Hauptadressat eines IFRS-Abschlusses ist nach den hergeleiteten Annahmen die Gruppe der fachkundigen und gut diversifizierten Investoren, wobei diese auf den Konzernabschluss bezogen sowohl die Mehr- als auch die Minderheitengesellschafter umfasst. Ein solchermaßen charakterisierter Investor steht offensichtlich einem kapitaltheoretischen Idealbild nahe.[1218] Aus kapitaltheoretischer Sicht kann für die Investoren (wie für alle Individuen) zunächst das Ziel der Nutzenmaximierung angenommen werden.[1219] Um dieses abstrakte Ziel abzubilden zu können, bedarf es einer Quantifizierung als monetärer Zielgröße. Der Nutzen entzieht sich allerdings schon deshalb einer uneingeschränkten Quantifizierbarkeit, weil Nutzendeterminanten wie Macht, Prestige u.ä.[1220] schwer in Geldeinheiten zu bemessen sind.[1221] Um dennoch eine gewisse Operationalität zu gewährleisten, verbleibt daher nur eine Beschränkung auf die rein finanziellen Ziele.[1222] Dadurch werden hauptsächlich auch wegen den

[1216] Insofern wird im Folgenden der im Framework F. 12 angesprochenen Messperspektive der Vorzug vor der Informationsperspektive (F. 26) als Sichtweisen der Entscheidungsnützlichkeit gegeben. Die Informationsperspektive ließe keine Vernachlässigung anderer Informationsquellen zu.

[1217] Vgl. Bieker (Unternehmen), S. 1208; Streim/Bieker/Esser (Ausschüttungsbilanz), S. 242.

[1218] Vgl. Kaiser (Investorensicht), S. 140 f.

[1219] Vgl. Schmidt/Terberger (Investitions- und Finanzierungstheorie), S. 40.

[1220] Zur Diskussion nicht-finanzieller Ziele vgl. Heinen (Zielfunktion), S. 24-28.

[1221] Vgl. Moxter (Bilanzlehre), S. 388.

[1222] Vgl. Schmidt/Terberger (Investitions- und Finanzierungstheorie), S. 46 f.; bezogen auf den Jahresabschluss Moxter (Bilanzierung), S. 37. Die Ausblendung nicht-finanzieller Ziele ist bei einer investitionstheoretischen Betrachtung zwar üblich [vgl. Wilhelm (Marktwertmaximierung), S. 518] und i.d.R. sinnvoll, aber nicht in jedem Fall zwingend. Vgl. hierzu Schmidt/Terberger (Investitions- und Finanzierungstheorie), S. 47.

Wechselwirkungen zwischen nicht-finanziellen und finanziellen Zielen zugunsten der Messbarkeit gewisse Verzerrungen in Kauf genommen.[1223]

Als letzte quantifizierbare Zielgröße lässt sich der Nutzen des Konsums identifizieren, welcher mit dem für Konsumzwecke verwendbaren Einkommensstrom gemessen werden kann.[1224] Der Konsumeinkommensstrom ergibt sich als Reihe von möglichen Konsumeinkommenszahlungen und weist drei Dimensionen auf: Breite, zeitliche Struktur und Unsicherheitsgrad.[1225] Die Investoren streben im Hinblick auf die genannten Dimensionen bezüglich ihres individuellen Konsumeinkommensstroms ein Optimum an.[1226] Hierbei gilt grundsätzlich, dass gegenwärtiger Konsum zu Lasten der zukünftigen Konsummöglichkeiten geht et vice versa.[1227]

Investoren haben in diesem Zusammenhang zu entscheiden, „wie sie ihr Vermögen auf Konsum und Investition aufteilen und in welche Anlage sie investieren."[1228] Werden Anteile an einem Unternehmen erworben, erhofft man sich durch den Verzicht auf den (sicheren) Gegenwartskonsum einen höheren zukünftigen (unsicheren) Konsum;[1229] Gleiches gilt für einen Ausschüttungsverzicht.[1230] Das Anlageziel ist hierbei eine nur auf Unternehmensebene mögliche „Maximierung [des Nutzen] eines Entnahmestroms für Konsumzwecke."[1231]

Die Struktur des Ausschüttungsstroms eines Unternehmens an die Investoren wird mit der Geschäftspolitik festgelegt,[1232] auf die der außenstehende Investor keinen direkten Einfluss nehmen kann[1233]. Demzufolge ist das Entscheidungsfeld der Investoren gegenüber dem für den Geschäftsbetrieb des Anla-

---

1223 Vgl. Schmidt/Terberger (Investitions- und Finanzierungstheorie), S. 46 f.; Heinen (Zielfunktion), S. 24; Moxter (Bilanzlehre), S. 388.

1224 Vgl. Moxter (Präferenzstruktur), S. 11; Moxter (Bilanzierung), S. 39.

1225 Vgl. Egner (Bilanzen), S. 30 f.; Schmidt/Terberger (Investitions- und Finanzierungstheorie), S. 50; Moxter (Präferenzstruktur).

1226 Vgl. Moxter (Bilanzierung), S. 38 und 58; Egner (Bilanzen), S. 30 f.; Busse von Colbe (Prognosepublizität), S. 94.

1227 Vgl. Moxter (Betriebswirtschaftliche Gewinnermittlung), S. 6.

1228 Möller/Hüfner (Rechnungslegung), S. 411.

1229 Vgl. Wagner (Informations- und Ausschüttungsbemessungsfunktion), S. 750.

1230 Vgl. hierzu auch Schneider (Rechnungslegungsstandards), S. 26.

1231 Wagner (Theorie), S. 3. In diesem Zusammenhang wäre es zumindest ungenau von einer »Maximierung des Konsumeinkommensstroms« statt von einer »Maximierung des Nutzens des Konsumeinkommensstroms« zu sprechen. Vgl. Schmidt/Terberger (Investitions- und Finanzierungstheorie), S. 54.

1232 Vgl. Busse von Colbe (Shareholder Value), S. 274 ff.; Schmidt/Terberger (Investitions- und Finanzierungstheorie), S. 51 f.

geobjekts relevanten Entscheidungsfeld begrenzt.[1234] Dem Investor obliegt es auf einer „übergeordneten" Ebene,[1235] über das Kaufen, Halten und Verkaufen von Anteilen und ggf. über den weiteren Einsatz des Managements zu entscheiden.[1236] Hierbei orientiert sich der Investor am erwarteten Nettoausschüttungsstrom,[1237] wobei er jedoch oftmals nur mutmaßen kann, ob eine in seinem Sinne optimale und nicht eher eine im Managerinteresse liegende Geschäftspolitik verfolgt wird[1238].

Ein Unternehmen stellt in diesem Kontext für die Investoren nur ein Mittel zum Zweck dar,[1239] und ein aufgrund des Besitzes von Anteilen an Unternehmen zu erwartender Zahlungsstrom dient einzig der Alimentierung von Konsumausgaben.[1240] Der Anteilsbesitz ist damit ein Mittel zur Optimierung des persönlichen Konsumeinkommensstroms der Investoren.[1241] Dieser ist nicht nur von dem mit den betrachteten Anteilen verbundenen (potentiellen) Konsumeinkommen, sondern auch von anderen (potentiellen) Einkommensquellen abhängig.[1242] Spätestens an dieser Stelle werden auch die Probleme einer einvernehmlichen Ausschüttungs- und der dahinter stehenden Geschäftspolitik eines Unternehmens deutlich. Für jeden einzelnen Investor kann im Hinblick auf seinen individuellen Konsumeinkommensstrom eine andere Geschäfts- und Ausschüttungspolitik optimal sein.[1243] In diesem Zusammenhang lösen Investionen auf Investorebene Veränderungen des Konsumeinkommensstroms aus.[1244] Wenn Investoren Unternehmensanteile erwerben, diese halten oder veräußern, sind sie bestrebt, Konsumpotentiale in für ihre individuellen Bedürfnisse in optimaler Weise zu verlagern.[1245] Hierfür benötigen sie Informa-

---

[1233] Vgl. Haaker (Da capo), S. 690.
[1234] Vgl. Jaensch (Gewinnüberlegungen), S. 340.
[1235] Vgl. Haaker (Da capo), S. 690.
[1236] Vgl. Moxter (true and fair view), S. 675; Wagner (Informations- und Ausschüttungsbemessungsfunktion), S. 754; Busse von Colbe (Informationsinstrument), S. 13 f.; Kubin (Aktienkunde), S. 533; F. 9(a) und F. 14.
[1237] Vgl. Moxter (true and fair view), S. 675 f.
[1238] Vgl. hierzu Moxter (true and fair view), S. 678.
[1239] Vgl. Schmidt/Terberger (Investitions- und Finanzierungstheorie), S. 40; Jaensch (Gewinnüberlegungen), S. 352. Vgl. auch Lange (Jahresabschlussinformationen), S. 75.
[1240] Vgl. Moxter (Rechnungslegungstraditionen), S. 501.
[1241] Vgl. Moxter (Bilanzierung), S. 58; Hommel/Schmidt/Wüstemann (Moxter), S. 86.
[1242] Vgl. Wilhelm (Marktwertmaximierung), S. 518.
[1243] Vgl. Schmidt/Terberger (Investitions- und Finanzierungstheorie), S. 53 ff.
[1244] Vgl. Schmidt/Terberger (Investitions- und Finanzierungstheorie), S. 51.
[1245] Vgl. Wagner (Informations- und Ausschüttungsbemessungsfunktion), S. 750. Vgl. grundlegend Wilhelm (Marktwertmaximierung), S. 520 f.

tionen, die einen diesbezüglichen Vergleich mit alternativen Investitionsmöglichkeiten zulassen.[1246]

Von Interesse bei Anlageentscheidungen sind die mit der Anlage verbundenen zukünftigen Zahlungsströme,[1247] leistungswirtschaftliche Prozesse im Unternehmen treten aus der zahlungsstrombezogenen Sicht der Investoren zunächst in den Hintergrund.[1248] Die mit den einzelnen Anlagemöglichkeiten verbundenen (dreidimensionalen) Konsumeinkommensströme (=Nettoausschüttungsströme[1249]) sind allerdings zumeist nicht direkt miteinander vergleichbar,[1250] denn eine direkte Vergleichbarkeit setzt Risikoäquivalenz und zeitliche Uniformität der Zahlungsströme voraus.[1251] Anlageentscheidungen sind somit allein auf Grundlage der (potentiellen) Nettoausschüttungsströme im Regelfall nicht möglich, solange nicht ein dominanter Konsumeinkommensstrom identifiziert werden kann.[1252] Daher ist zumeist eine Verdichtung der (potentiellen) Konsumeinkommensströme zu vergleichbaren Entscheidungswerten notwendig.[1253] Als Dispositionsgrundlage kann dann der als Konsumpotential interpretierbare (eindimensionale) Wert der Anteile Verwendung finden.[1254] Der Anteilswert ergibt sich hierbei als Barwert der auf die Anteile entfallenden zukünftig erwarteten Nettoausschüttungen[1255] und ist somit mit dem erwarteten Ausschüttungsstrom äquivalent.[1256] Auf diese Weise wird der Nutzen des mit dem Anteilsbesitz zusammenhängenden Konsumeinkommensstroms mittels Diskontierung[1257] zu einer zeitpunktbezogenen Barwertgröße komprimiert.[1258] Somit sind Vergleiche mit anderen (potentiellen) Konsumeinkom-

[1246] Vgl. Egner (Bilanzen), S. 31.
[1247] Vgl. Möller/Hüfner (Rechnungslegung), S. 411; Barton (Income Theory), S. 664 f.
[1248] Vgl. Schmidt/Terberger (Investitions- und Finanzierungstheorie), S. 51 f.
[1249] Vgl. Moxter (Standort), S. 35.
[1250] Vgl. Schmidt/Terberger (Investitions- und Finanzierungstheorie), S. 53 f.
[1251] Vgl. Moxter (Standort), S. 35.
[1252] Vgl. Schmidt/Terberger (Investitions- und Finanzierungstheorie), S. 53 f.
[1253] Vgl. Haller/Dietrich (Entscheidungsnützlichkeit), S. 301; Beyhs (Impairment), S. 36 ff.
[1254] Zum Vermögen als Konsumpotential vgl. Moxter (Bilanzierung), S. 38 f.; Schmidt/Terberger (Investitions- und Finanzierungstheorie), S. 48.
[1255] Vgl. Busse von Colbe (Rechnungswesen im Dienste), S. 714; Moxter (Bilanzierung), S. 50.
[1256] Vgl. Bierman (Price-Earnings Ratio), S. 57 f.
[1257] Vgl. Moxter (Standort), S. 35 f.; Barton (Income Theory), S. 665.
[1258] Vgl. Moxter (Betriebswirtschaftliche Gewinnermittlung), S. 24.

mensquellen zu einem bestimmten Zeitpunkt[1259] und optimale Anlagedispositionen möglich.[1260]

Der Anteilswert stellt den relevanten Entscheidungswert dar;[1261] mit dieser Entscheidungsgröße wird der aus normativer Sicht zu stellenden Forderung nach Rationalität entsprochen.[1262] Erkauft wird die Aggregation jedoch mit einem Informationsverlust:[1263] Zeitliche Strukturen der Zahlungen und deren Unsicherheitsgrade sind nicht mehr erkennbar.[1264] Insofern besteht ein Dilemma, da mit der Aggregation zu einem brauchbaren Entscheidungswert wesentliche Informationen verloren gehen. Im Grunde sind diese Informationen für Alternativenvergleiche jedoch nicht zwingend notwendig,[1265] solange diese umfassende Globalgröße auf Akzeptanz stößt.[1266] Unterlässt man aber die Verdichtung, liegt (zunächst) keine vergleichbare Größe vor. Eine Lösung kann dann in der Vermittlung entsprechender Zusatzinformationen gesehen werden.[1267]

Akzeptiert man die grundsätzliche Entsprechung von dem mit den Anteilen verbundenen Konsumnutzen und dem Anteilswert, kann daraus geschlossen werden: Als Faksimile des Nutzens des Konsumeinkommensstroms kann ebenso der Anteilswert als operationale Zielgröße der Investoren maximiert werden.[1268] Eine Maximierung des Werts von Anteilen setzt regelmäßig eine Maximierung des Werts des Unternehmens voraus, um dessen Anteile es sich handelt. Insofern kann eine Maximierung des Unternehmenswerts mit einer Maximierung der Anteilswerte einhergehen.[1269] Der Unternehmenswert ist als Ertragswert[1270] zu ermitteln und stellt im Entscheidungskontext den Grenzpreis

---

1259 Vgl. Schmidt/Terberger (Investitions- und Finanzierungstheorie), S. 53.
1260 Vgl. hierzu Moxter (Bilanzierung), S. 39 f.
1261 Vgl. Beyhs (Impairment), S. 38.
1262 Vgl. z.B. Schildbach (Entscheidung), S. 3.
1263 Vgl. Coenenberg (Gewinnbegriff), S. 451.
1264 Vgl. Hilz (Unternehmenssteuerung), S. 65.
1265 Vgl. Hilz (Unternehmenssteuerung), S. 65.
1266 Die Akzeptanz kann wiederum durch Offenlegung der Zahlungsstruktur und der Risikodeterminanten erhöht werden.
1267 Vgl. Bieker (Fair Value Accounting), S. 222.
1268 Jedoch führt Moxter (Bilanzierung), S. 41 aus: „Zielstrom und Gesamtwert…können nicht stellvertretend füreinander stehen" [Moxter (Bilanzierung), S. 41]. Vgl. ebenfalls Moxter (Präferenzstruktur), S. 15.
1269 Vgl. Barton (Income Theory), S. 671.
1270 Vgl. grundlegend Busse von Colbe (Zukunftserfolg).

dar, zu dem das Unternehmen mit einem Kapitalwert von Null gekauft bzw. verkauft werden könnte.[1271]

In der Zielsetzung der Maximierung des Ertragswerts des Unternehmens kann grundsätzlich Einigkeit innerhalb der Gruppe der Investoren angenommen werden,[1272] was allerdings für seine konkrete Ermittlung nicht zutrifft.[1273] Die Weise, in der ein Unternehmenswert zu bestimmen ist, hängt von der subjektiven Wertauffassung der einzelnen Investoren ab,[1274] „der" Unternehmenswert ist schließlich eine subjektive Größe.[1275] Damit ist die aggregierte Zielgröße des Unternehmenswerts nicht eindeutig definiert, sondern von den individuellen Präferenzen bzgl. des zeitlichen Anfalls und der Risikostruktur des relevanten Zahlungsstroms der einzelnen Investoren abhängig.[1276] Nur bei einem vollkommenen und vollständigen Kapitalmarkt wäre eine Unabhängigkeit von individuellen Präferenzen gegeben.[1277]

Abbildung 27 gibt das Zielsystem der an einem Unternehmen beteiligten Investoren sowie die daraus abgeleiteten Zielgrößen und Zielgrößenänderungen wider.

[1271] Vgl. Moxter (Unternehmensbewertung), S. 9.
[1272] Vgl. Speckbacher (Shareholder Value), S. 632.
[1273] Vgl. Moxter (Gewinnkonzeptionen), S. 218.
[1274] Vgl. Speckbacher (Shareholder Value), S. 632; Moxter (Bilanzierung), S. 42.
[1275] Vgl. zum „Subjektivitätsprinzip der Unternehmensbewertung" Moxter (Unternehmensbewertung), S. 23 f.
[1276] Vgl. Ballwieser/Schmidt (Unternehmensverfassung), S. 650.
[1277] Vgl. z.B. Schmidt/Terberger (Investitions- und Finanzierungstheorie), S. 59; Schildbach (Bilanzgewinn), S. 238 f.

Abbildung 27: Ziele und Zielmaße der Investoren

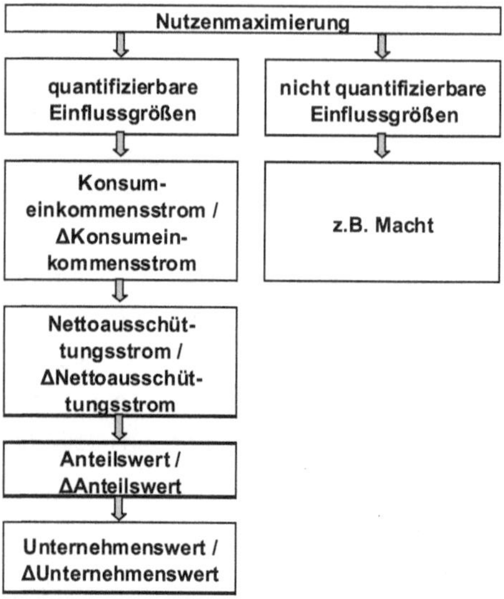

Im Weiteren soll der Unternehmenswert als relevante Zielgröße für die Gruppe der Investoren unterstellt werden, über den die Investoren zu informieren sind.[1278] Es gilt jedoch zu klären, wie „der" Unternehmenswert an eine Vielzahl von Investoren vermittelt werden kann, d.h. das Informationsinteresse der Gruppe der Investoren zu definieren ist.

5.3.2.3 Informationsinteresse der Adressaten der IFRS

Das Informationsinteresse der Investoren ist auf den Unternehmenswert gerichtet,[1279] woaus folgt, dass dieser – soweit möglich – mithilfe eines IFRS-Abschlusses zu messen ist.[1280] Da der Unternehmenswert als Zielgröße jedoch nicht eindeutig definiert ist, sondern von den individuellen Präferenzen der Investoren abhängt, stellt sich die Frage, wie dieser durch ein „öffentliches" Informationsinstrument wie den IFRS-Abschluss an die Gruppe der Investoren zu vermitteln ist. Für individuelle Gegebenheiten ist in einer solchen

---

[1278] Vgl. Beyhs (Impairment), S. 38.
[1279] Vgl. Mujkanovic (Fair Value), S. 361.
[1280] Vgl. Barton (Income Theory), S. 671; Snavely (Current Cost), S. 346.

Rechnung kein Raum,[1281] es bedarf hingegen im Rahmen der externen Rechnungslegung einer sinnvollen Typisierung.[1282] Daher muss zunächst unterstellt werden: „Die Interessen der Adressaten sind auf den typisierten Wert des Unternehmens gerichtet."[1283]

Ein für die Adressatengruppe der Investoren ermittelter Unternehmenswert kann außerhalb von „Modellwelten" lediglich einen kompakten Indikator des eigentlichen Ziels „Konsumnutzen" darstellen.[1284] Zur Vermittlung dieses Indikators an die Gruppe der Investoren sind grundsätzlich zwei Wege denkbar:

- Eine direkte Errechnung eines Unternehmenswerts, bei dessen Ermittlung ein in geeigneter Weise typisierter Investor[1285] zugrunde gelegt und somit ein „Kompromissziel"[1286] wiedergegeben wird[1287] oder ersatzweise
- die Bereitstellung von typischen Informationen, die eine Ermittlung eines „subjektiven" Unternehmenswerts durch den einzelnen Investors ermöglichen.[1288]

Für direkte Informationen über den Unternehmenswerts erscheint gemäß dem Shareholder Value-Konzept die Errechnung eines auf Grundlage von Modellen fingierten Marktwerts des Eigenkapitals sinnvoll.[1289] Die Marktwertmaximierung kann als „immerhin weitgehend im gemeinsamen Interesse"[1290] der Investoren liegendes Ziel angesehen werden.[1291] „Soweit man überhaupt von einem für verschiedene Anteilseigner einheitlichen Erfolgsziel ausgehen kann, bietet sich in erster Linie der Marktwert an."[1292] Dieses Vorgehen ist unter rea-

---

1281 Vgl. Schneider (Renaissance), S. 57; Mujkanovic (Fair Value), S. 293.

1282 Vgl. Mujkanovic (Fair Value), S. 300. Zur Typisierung von Unternehmenswerten im Rahmen der Bilanzierung vgl. auch Henselmann (Unternehmensbewertung), S. 154 f.

1283 Mujkanovic (Fair Value), S. 266.

1284 Vgl. Hommel/Schmidt/Wüstemann (Moxter), S. 85.

1285 Vgl. Nowak (Unternehmensbewertung), S. 60 f.

1286 Vgl. Laux (Unternehmenssteuerung), S. 42.

1287 Vgl. hierzu Mujkanovic (Fair Value), S. 89 ff.

1288 Vgl. Bromwich (Present Value Valuation), S. 587; Ruhwedel/Schultze (Value Reorting), S. 609-613. Vgl. ferner Schildbach (Bilanzgewinn), S. 242 f.; Schildbach (Analyse), S. 248 f.; Schneider (Manipulationen).

1289 Vgl. mit Hinweis auf die damit verbundenen kritischen Annahmen Ballwieser (Shareholder Value), Sp. 1746. Zur Diskussion des Marktwerts als Zielgröße vgl. Wilhelm (Marktwertmaximierung).

1290 Ballwieser/Schmidt (Unternehmensverfassung), S. 673.

1291 Vgl. kritisch zur Marktwertmaximierung Schneider (Marktwertorientierte Unternehmensrechnung).

1292 Küpper (Interne Unternehmensrechnung), S. 995.

len Bedingungen theoretisch zwar nicht absolut „sauber" zu begründen,[1293] führt aber wenigstens zu einer akzeptablen Vereinfachung, für die es kaum praktikable Alternativen geben dürfte.[1294] „However, decisions are made not on a conceptual but at a practical level."[1295] Bei allen berechtigten Einwänden muss man die Schwächen der Marktwertmaximierung mangels operationaler Alternativen wohl akzeptieren, ohne die damit verbundene Problematik aus den Augen zu verlieren.[1296] Es kann schließlich im Rahmen der Bilanzierung nur ein einziger Wert ermittelt und den Adressaten bereitgestellt werden. Ein solcher Wert kann natürlich nicht genau die Zielvorstellungen einzelner Adressaten gleichermaßen widerspiegeln.[1297] Die Maktwertorientierung jedenfalls ist theoretisch fundiert und bezüglich pragmatischer Alternativen konkurrenzlos.[1298] Im Zweifel müssen die Investoren den markttypisierten Unternehmenswert in einen subjektiv relevanten Wert überführen.[1299]

Während bei der ersten Alternative das Ergebnis einer bereits durchgeführten Bewertung den Investoren bereitgestellt wird[1300] und somit streng genommen keine Allgemeingültigkeit angenommen werden kann,[1301] obliegt bei der zweiten Möglichkeit die tatsächliche Bewertung den Investoren[1302]. Die Globalgröße wird gewissermaßen durch Detailinformationen substituiert.[1303] Da auch bei letzterer Möglichkeit die vermittelten Informationen im Hinblick auf ein vorher zu bestimmendes Kalkül der Unternehmensbewertung auszurichten sind,[1304] wird den Investoren auch bei dieser Alternative durch die Art der bereitgestellten Information (implizit) ein Bewertungskalkül vorgegeben. Der Grad, zu dem

---

1293 Vgl. Schmidt/Maßmann (Shareholder Value), S. 19.

1294 Vgl. Hilz (Unternehmenssteuerung), S. 18; Hachmeister (Discounted Cash Flow), S. 19; Kuhner (Unternehmensinteresse), S. 269. Zur Diskussion der Marktwertmaximierung als Konfliktlösung der Investoren vgl. Ballwieser/Schmidt (Unternehmensverfassung), S. 656-662.

1295 Craswell (Surrogates), S. 88.

1296 Vgl. Ballwieser (Moxter), S. 1393 f. und 1404; Haaker (Da capo), S. 695.

1297 Vgl. Schneider (Renaissance), S. 57; Bromwich (Present Value Valuation), S. 587.

1298 Vgl. Gillenkirch/Velthuis (Zielsysteme), Sp. 2034.

1299 Vgl. Coenenberg (Gewinnbegriff), S. 451.

1300 Ergänzend müssten natürlich die Annahmen und Bewertungsparameter offen gelegt und erläutert werden. Vgl. Mujkanovic (Fair Value), S. 302 ff.; Schneider (Manipulationen), S. 49.

1301 Vgl. Hilz (Unternehmenssteuerung), S. 18

1302 Vgl. bezogen auf die Segmentberichterstattung Haaker/Paarz (Segmentberichterstattung), S. 195 f.

1303 Vgl. Moxter (Bilanzlehre), S. 388.

1304 Vgl. Ruhwedel/Schultze (Value Reporting), S. 610; Heumann (Value Reporting), S. 260.

„fertige" Prognosen vorgegeben werden, kann hierbei variieren.[1305] Ob die Subjektivität der Bewertung dadurch auch teilweise verloren geht, mag dahingestellt bleiben, immerhin wird der externe Bewerter in bestimmte Bahnen gelenkt.

Diese beiden Wege bilden denkbare Leitbilder, an denen sich die Informationsvermittlung im IFRS-Abschluss orientieren könnte. Inwieweit „Restriktionen" wie etwa das Objektivierungserfordernis, die „technischen" Grenzen der Rechensysteme o.ä. Abweichungen von den „Idealen" oder Mischungen beider Leitbilder erzwingen, soll zunächst offen bleiben. Dieser Frage wird nachgegangen, wenn die genannten Informationsinteressen im Hinblick auf einen bestimmten Rechnungszweck zu Informationswünschen zu konkretisieren und als Rechnungsziel wiederzugeben sind.

Festzuhalten ist, dass sich das Informationsinteresse der Investoren als Hauptadressaten eines IFRS-Abschlusses auf einen typisierten Unternehmenswert bezieht. Im Hinblick auf eine Konvergenz im Rechnungswesen ist zu überprüfen, ob dieses Informationsinteresse mit den Anforderungen des internen Rechnungswesens im Einklang steht.

5.3.3 Wertorientiertes internes Rechnungswesen

5.3.3.1 Adressaten des internen Rechnungswesens

Hauptadressat des internen Rechnungswesens ist die Gruppe des Managements, d.h. der unternehmerischen Handlungsträger.[1306] Ebenso wie die Investoren stellt auch das Management keine homogene Gruppe dar. Zu denken ist nur an die verschiedenen Hierarchieebenen, auf denen „das" Management angesiedelt ist,[1307] die damit verbundenen unterschiedlichen Handlungsfeldern und die nicht nur daraus erwachsenden unterschiedlichen Interessen.[1308]

1305 Vgl. Schildbach (Bilanzgewinn), S. 242 ff.

1306 Vgl. Ewert/Wagenhofer (Interne Unternehmensrechnung), S. 4; Küpper (Ethik), S. 27. Neben dem Management können auch der Aufsichtsrat, der Wirtschaftsrat, der Betriebsrat und die sonstigen Mitarbeiter dem internen Adressatenkreis zugerechnet werden [vgl. Schweitzer (Rechnungspolitik), S. 490]. Dieser weiten Abgrenzung des internen Adressatenkreises soll hier nicht gefolgt werden.

1307 Vgl. Lücke (Integrationsgedanke), S. 248 f.

1308 Vgl. Küpper (Ethik), S. 27.

Ein konvergentes Rechnungswesen setzt daher eine weitergehende Konkretisierung des relevanten internen Adressatenkreises voraus.[1309] Den verschiedenen Managementebenen sind unterschiedlich große Handlungsfelder zuzuordnen. So ist beispielsweise der Vorstand des Mutterunternehmens für alle Unternehmensbereiche verantwortlich, während ein Segmentverantwortlicher nur für sein Segment, ein Bereichsleiter nur für seinen Bereich und ein Abteilungsleiter nur für seine Produktgruppen zuständig ist. Aus diesem Grund dürften sich die Informationsinteressen mit der nach „oben" zunehmenden Größe des Handlungsfelds und der damit verbundenen zunehmenden Tragweite von Dispositionen zumindest im Detaillierungsgrad der Rechnungen sowie ggf. in ihrem Zeithorizont unterscheiden.[1310] Je größer das Handlungsfeld ist, desto aggregierter und langfristiger dürften der Tendenz nach die benötigten Informationen sein. Der Investor kann hierbei gewissermaßen als die oberste Ebene mit dem weitesten Handlungsfeld interpretiert werden, dessen Informationen das höchste Aggregationsniveau aufweisen sollten *(vgl. Abbildung 28)*.[1311]

[1309] Vgl. grundlegend Moxter (Rechenschaft), S. 94 f.

[1310] Vgl. Breid (Erfolgspotentialrechnung), S. 4; Riebel (Unternehmensplanung), S. 1159; Lorson (Controllingansätze), S. 172.

[1311] Vgl. hierzu auch Wedell (Rechnungswesen, Band 2), S. 18 f.

Abbildung 28: Managementebenen und Handlungsfelder

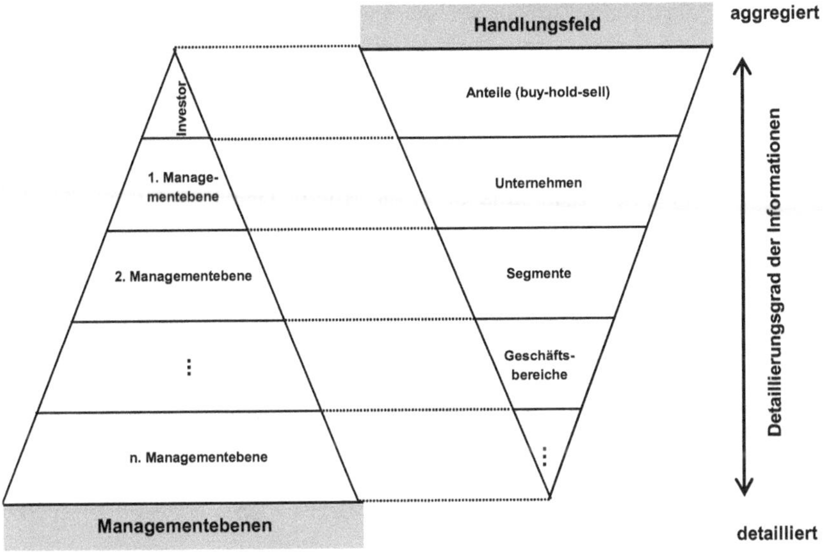

Damit scheint am ehesten das „Top-Management“ (Unternehmens-, Segment- und Bereichsebene) als interner Adressat eines konvergenten Rechnungswesens geeignet zu sein,[1312] da diese ebenso wie die Gruppe der Investoren im Regelfall eher an aggregierten Informationen interessiert sein dürften. Der Eingrenzung des Konvergenzbereichs auf die Informationssysteme der oberen Hierachieebenen entsprechend, entfällt somit eine Betrachtung der unterhalb der Geschäftsbereichebene angesiedelten Managementebenen.

Als typisierter Hauptadressat des (konvergenten) internen Rechnungswesens kann somit das oberste Top-Management angesehen werden. Dieses wird bestrebt sein, seine Zielvorstellungen auf die untergeordneten Hierarchieebenen „durchzudrücken“, womit für diese gleichgerichtete Informationsinteressen angenommen werden können. In diesem Fall unterscheidet sich auf den unterschiedlichen Managementebenen nicht die Art, sondern nur der Detaillierungsgrad der erforderlichen Informationen.

[1312] Vgl. Weißenberger/Arbeitskreis (Konsequenzen), S. 356.

Zudem weist die Prinzipal-Agent-Beziehung zwischen den Investoren und dem Vorstand[1313] die gleiche Struktur auf, wie sie zwischen dem Vorstand und den Geschäftsbereichsebene vorliegt *(vgl. Abbildung 29)*.[1314] Die Investoren sind ebenso wie das Top-Management auf eine getreue Weitergabe von Informationen der „untergeordneten" Instanzen angewiesen.[1315] Der Vorstand wird entsprechend der Kriterien, mit denen er von den Investoren beurteilt wird, von den Geschäftsbereichen Informationen einfordern. Damit sind nicht nur die Beziehungen des Vorstands zum dezentralen Management und diejenigen der Investoren zum Top-Management vergleichbar,[1316] sondern auch das diesbezügliche Informationsinteresse der Investoren und des Top-Managements sind gleichgerichtet.[1317]

Abbildung 29: Prinzipal-Agent-Beziehungen im Unternehmen

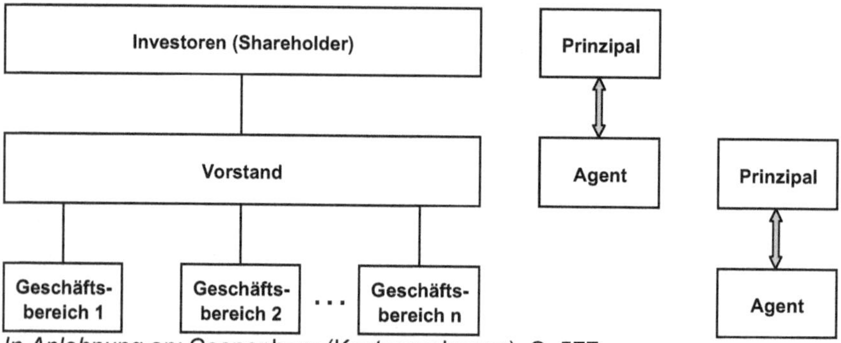

In Anlehnung an: Coenenberg (Kostenrechnung), S. 577.

Aus dieser Beziehung wird ersichtlich, dass „das Top-Management gewissermaßen Eigentümerfunktion über Unternehmensbereiche...ausübt."[1318] Handelt das Top-Management im Interesse der Investoren, sind deren Ziele für das gesamte Rechnungswesen auf allen Hierarchieebenen (Unternehmens- und Bereichsebene) maßgeblich. Insofern ist die Stellung des Top-Managements

---

[1313] Unterstellt werden soll im Folgenden stets die personelle Trennung von Management- und Eigentümerfunktion als umfassenderem Fall. Vgl. Egner (Bilanzen), S. 25.
[1314] Vgl. hierzu Coenenberg (Kostenrechnung), S. 576 f.
[1315] Vgl. Küpper (Ethik), S. 38.
[1316] Vgl. Busse von Colbe (Unternehmenskontrolle), S. 38; Busse von Colbe (Managementkontrolle), S. 17 f.; Ordelheide (Wertpotential), S. 528.
[1317] Vgl. Hebertinger (Wertsteigerungsmaße), S. 191.
[1318] Ewert/Wagenhofer (Interne Unternehmensrechnung), S. 6.

mit der der Investoren vergleichbar und damit ist von vergleichbaren Informationsinteressen auszugehen.

Damit zusammenhängend lässt sich auch eine weitere wichtige Parallele zwischen den externen und internen Informationssystemen erkennen. Während der IFRS-Abschluss eine externe Berichterstattung des Vorstandes an die Investoren darstellt, kann das interne Rechnungswesen auf Geschäftsbereichsebene als interne Berichterstattung der Bereichsleitung an den Vorstand und somit als „kleines Abbild" der externen Berichterstattung interpretiert werden.

5.3.3.2 Ziele der Adressaten des internen Rechnungswesens

Auch für das angestellte Top-Management kann als Ziel die Maximierung ihres persönlichen Nutzens angenommen werden. Bei Ausblendung nichtfinanzieller Ziele kann bei gegebenem „Arbeitsleid" der Nutzen des mit der Tätigkeit im Unternehmen verbundenen persönlichen Konsumeinkommensstroms als vom Management zu maximierende Zielgröße unterstellt werden.[1319] Ein angestellter Manager ist folglich – ähnlich wie die Investoren[1320] – bestrebt, seinen dreidimensionalen Konsumeinkommensstrom im Hinblick auf Breite, zeitliche Verteilung und Unsicherheitsgrad zu optimieren.[1321] Hierbei ist das Management, anders als die Anteilseigner, nur teilweise als Residualanspruchsberechtigter vom erreichten Ergebnis abhängig.[1322]

Dieses Ziel hat bezogen auf den nicht ergebnisabhängigen Anteil des Einkommens, außer der formalen Übereinstimmung als Barwert von Zahlungen,[1323] wenig mit dem der Investoren gemeinsam. Das Konsumeinkommensstreben des Managements steht für sich gesehen sogar im Konflikt mit der Adressatenzielsetzung eines maximalen Unternehmenswerts.[1324] Je höher die Bezüge des Managements ausfallen, desto geringer ist c.p. der Unternehmenswert.[1325] Allerdings drohen dem Management spätestens bei signifikanter Missachtung der Investoreninteressen Sanktionen,[1326] weshalb das Investorenziel zumindest als Nebenbedingung in die Zielfunktion der Manager einge-

---

[1319] Vgl. hierzu Moxter (Präferenzstruktur).
[1320] Vgl. Ballwieser/Schmidt (Unternehmensverfassung), S. 651.
[1321] Vgl. Moxter (Bilanzierung), S. 38.
[1322] Vgl. Busse von Colbe (Rechnungswesen im Dienste), S. 713.
[1323] Vgl. hierzu Volk (Informationsinteresse), S. 727 f.
[1324] Vgl. hierzu auch Schmidt/Maßmann (Shareholder Value), S. 22.
[1325] Vgl. Ballwieser/Schmidt (Unternehmensverfassung), S. 671.
[1326] Vgl. Egner (Bilanzen), S. 26.

hen muss. Des Weiteren kann mit der Entlohnung auch die Motivation des Managers steigen, was sich positiv auf den Unternehmenswert auswirken kann.

Aus einer unterschiedlichen Zielsetzung von Management und Investoren ergeben sich bei Informationsasymmetrien die mit der in *Abbildung 29* skizzierten Prinzipal-Agent-Beziehung verbundenen Probleme, denn es besteht die (latente) Gefahr eines opportunistischen Verhaltens seitens des Managers. Aufgrund seines Informationsvorsprungs ist es dem Management möglich, den Investoren gezielt Informationen vorzuenthalten und unbemerkt entgegen der Investorinteressen zu handeln.[1327] Nur bei gleichgerichteten Zielen wäre diese Situation für die Investoren unschädlich. Entsprechend stellt sich das Verhältnis zwischen dem Vorstand und den Geschäftsbereichsleitern dar.

Im Rahmen einer wertorientierten Unternehmenspolitik sind daher die Ziele des Managements mit denen der Investoren in Einklang zu bringen.[1328] Der typisierte Unternehmenswert ist dem Management als Zielgröße vorzugeben,[1329] denn „die typische Principal-Agent-Beziehung ist am klarsten in dem Auftrag...ausgedrückt, den Marktwert des Unternehmens...zu maximieren."[1330] Eine diesbezügliche Interessengleichschaltung wird durch ein entsprechend ausgestaltetes Anreizsystem angestrebt.[1331] Idealtypisch sollte das Anreizsystem so konzipiert sein, dass das Management trotz Verfolgung seiner eigenen finanziellen Ziele den Unternehmenswert quasi „nebenbei" maximiert.[1332] Das bedeutet, „changes in management wealth must be linked to changes in shareholder wealth."[1333] Problematisch hierbei ist beispielsweise der Interessengegensatz zwischen einem vom Unternehmensbestand abhängigen Management und den hinsichtlich einzelner Anlagen eher „risikofreudigen", weil gut diversifizierten Investoren.[1334] Die Frage, ob das Management

---

1327 Vgl. hierzu etwa Schneider (Grundsätze), S. 1182.
1328 Vgl. Hilz (Unternehmenssteuerung), S. 1; Arbeitskreis (Unternehmenssteuerung), S. 544.
1329 Vgl. Schmidt/Maßmann (Shareholder Value), S. 18.
1330 Jaensch (Gewinnüberlegungen), S. 243.
1331 Vgl. Nowak (Unternehmensbewertung), S. 15.
1332 Vgl. Schildbach (Entwicklungslinien), S. 8; Ballwieser/Schmidt (Unternehmensverfassung), S. 662 ff.; Hebertinger (Wertsteigerungsmaße), S. 26; Schneider (Grundsätze), S. 1183.
1333 Vgl. Stern/Stewart III (Performance), S. 48.
1334 Vgl. Kuhner (Unternehmensinteresse), S. 264.

tatsächlich im Interesse der Investoren handelt, geht jedoch im Grunde weit über die mögliche Einflussnahme eines Anreizsystems hinaus.[1335]

Wenn auch durch ein noch so durchdachtes Anreizsystem keine vollkommene Interessenharmonie zwischen den Investoren und dem Management sichergestell werden dürfte,[1336] sollte in jedem Fall die Information, auf deren Grundlage das Management disponieren soll, auf das Investorenziel ausgerichtet sein. Die Informationsinteressen, die das interne Rechnungswesen prägen, sollten aus den Zielen der Investoren als maßgebliche Zielträger abgeleitet werden und demgemäß auf den Unternehmenswert gerichtet sein.

5.3.3.3 Informationsinteresse der Adressaten des internen Rechnungswesens

Auch wenn die Ziele des Managements als Adressat des internen Rechnungswesens von denen der Investoren abweichen, so folgen daraus nicht zwingend von den Investorenzielen abweichende Informationsinteressen. Die persönlichen Managementziele dürfen, soweit sie nicht in Einklang mit den Investorenzielen stehen, nicht maßgeblich für die Ausgestaltung des internen Rechnungswesens sein. Eine Nutzenmaximierung von Managern kann nicht die Zielsetzung des Rechnungswesens begründen.[1337] Das Management ist im Rahmen einer wertorientierten Unternehmenssteuerung vielmehr dazu angehalten, die Interessen der Investoren als Zielträger des Unternehmens zu verfolgen.[1338] Für die Investoren kann als Zielsetzung die Maximierung des Unternehmenswerts angenommen werden. Das Ziel der Unternehmens- bzw. Marktwertmaximierung wird dem Management von außen vorgegeben[1339] und ist auf sämtlichen nachfolgenden Hierarchieebenen durchzusetzen.[1340] Das gesamte interne Rechnungswesen muss sich folglich an den Zielgrößen und Informationsinteressen der Investoren, „um derentwillen das Unternehmen be-

---

1335 Vgl. hierzu auch Küpper (Ethik); Schweitzer (Gestaltung), S. 5828.
1336 Vgl. kritisch Ballwieser/Schmidt (Unternehmensverfassung), S. 664-671, insbesondere S. 670.
1337 Vgl. Schweitzer (Gestaltung), S. 5828.
1338 Vgl. Kuhner (Unternehmensinteresse), S. 253.
1339 Vgl. Jaensch (Gewinnüberlegungen), S. 343.
1340 Vgl. Strauch (Harmonisierung), S. 183 f. So können etwa Im einfachsten Fall die für die Anteilseigner relevanten Kalkulationszinssätze den unteren Instanzen vorgegeben werden. Vgl. Pfaff/Weber (Kostenrechnung), S. 160 f.

trieben wird“[1341], orientieren. Das Prinzip der Adressatenorientierung[1342], nach dem sich die Informationen an den Zielgrößen und Informationsinteressen der Adressaten zu orientieren haben,[1343] kann hier nicht gelten und wird durch das Prinzip der Zielträgerorientierung[1344] ersetzt. Diesem Prinzip folgend „muss die Sicht der Person (Personen) zugrunde gelegt werden, deren Ziele maßgeblich sein sollen.“[1345]

Folgt das Management dieser Zielvorgabe, ist es an Informationen bezüglich des Unternehmenswerts interessiert. Das Management wird des Weiteren bestrebt sein, das Ziel der Unternehmenswertmaximierung den nachgelagerten Hierarchieebenen aufzuerlegen und entsprechende Informationen einfordern.[1346] Aus der Übereinstimmung des Zielträgers und damit der bestimmenden Zielgröße ergeben sich gleichgerichtete Informationsinteressen der Adressaten des wertorientierten internen Rechnungswesens und des externen IFRS-Rechnungswesens.[1347] Das interne Rechnungswesen bedarf einer entsprechenden Ausgestaltung,[1348] bei der es „die Zielerreichung der Investoren durch die unternehmerische Tätigkeit darstellen“[1349] kann.

5.3.4 Zwischenergebnis

Die IFRS und das interne Rechnungswesen werden im Hinblick auf unterschiedliche Adressatengruppen erstellt.[1350] Die externe Rechnungslegung nach IFRS zielt auf einen (typischen) fachkundigen, diversifizierten Investor, während die konvergenzrelevante interne Rechnung auf das (typisierte) Top-Management[1351] zugeschnitten sein muss. Insofern erscheinen beide Rechensysteme zunächst unvereinbar. Allerdings ist letztendlich nicht die Identität der Adressaten, sondern die Gleichheit der Informationsinteressen relevant,[1352]

[1341] Moxter (Rechnungslegungstraditionen), S. 501.
[1342] Vgl. Moxter (Rechnungslegung), S. 221-226.
[1343] Vgl. Moxter (Grundsätze), S. 1049.
[1344] Vgl. Haaker (Da capo), S. 690.
[1345] Haaker (Da capo), S. 690.
[1346] Vgl. Pfaff/Bärtl (Rechnungslegung), S. 771.
[1347] Vgl. Haaker (Da capo), S. 690.
[1348] Vgl. Pfaff/Bärtl (Akquisition), S. 96.
[1349] Heyd (Harmonisierung), S. 202.
[1350] Vgl. Ballwieser/Hettich (Comprehensive Income), S. 86; Troßmann/Baumeister (Harmonisierung), S. 638; Klingelhöfer (Controlling), S. 590.
[1351] Vgl. Egner (Bilanzen), S. 25.
[1352] Vgl. Klein (Unternehmenssteuerung), S. 11.

welche sich aus den jeweiligen Zielgrößen ergeben[1353]. Die individuellen Ziele der Manager können jedoch von denen der Investoren abweichen.

Eine Konsistenz der Informationsinteressen kann bei einer investororientierten Unternehmenssteuerung dennoch als gegeben angenommen werden. Ausschlaggebend hierfür ist schließlich, auf welchen Zielträger die Rechnungen auszurichten sind. Sowohl für das interne als auch für das externe Rechnungswesen sind die Investorenziele und somit der Unternehmenswert maßgeblich. In der Grundausrichtung der Informationsinteressen auf unternehmenswertrelevante Informationen liegt der Schlüssel zu einer Konvergenz von wertorientierten internen und externen IFRS-Rechnungswesen. Demgemäß kann die Konvergenz von internen und externen Rechnungswesen als Folge einer gleichgerichteten Zielorientierung angesehen werden.[1354] Die Informationsinteressen des Managements stehen mit denen der Investoren im Einklang.[1355] In diesem Sinne wird im Framework auch eine gewisse Nützlichkeit des Abschlusses für das Management angenommen und dieses somit als expliziter Adressat angesehen,[1356] es wird folglich implizit von gleichgerichteten Informationsinteressen von Investoren und Management ausgegangen.[1357]

5.4 Rechnungszwecke und Informationswünsche

5.4.1 Externes IFRS-Rechnungswesen

5.4.1.1 Primärer und sekundärer Rechnungszweck der IFRS

Als Rechnungszwecke eines IFRS-Abschlusses lassen sich primär die Bereitstellung nützlicher Informationen für die Anlageentscheidungen der (potentiellen) Investoren (Entscheidungszweck)[1358] und sekundär die Unterstützung bei der Kontrolle des Managements anhand seiner Performance durch die Investoren (Kontrollzweck)[1359] identifizieren.[1360] Folglich hat ein IFRS-Abschluss im

---

[1353] Vgl. Moxter (Rechnungslegung), S. 224.
[1354] Vgl. Ballwieser (Shareholder Value), Sp. 1746.
[1355] Vgl. Kubin (Aktienkunde), S. 540 f.
[1356] Vgl. F. 11; Klein (Unternehmenssteuerung), S. 74; Adler/Düring/Schmaltz (Rechnungslegung), Abschnitt 1, Rn. 40.
[1357] Vgl. Klein (Unternehmenssteuerung), S. 74.
[1358] Vgl. F. 9(a).
[1359] Vgl. F. 14. Statt vom Kontrollzweck wird im Zusammenhang mit der externen Rechnungslegung üblicherweise vom Rechenschaftszweck gesprochen. Der Begriff „Rechenschaft“ findet jedoch aus zwei Gründen im Rahmen dieser Arbeit keine Verwendung:

Rahmen seines Informationszwecks den Rechnungszwecken Entscheidung und Kontrolle zu dienen. Seine Aufgabe besteht darin, den Investoren entscheidungs- und kontrollnützliche Informationen bezüglich des berichtenden Unternehmens bereitzustellen.[1361]

Aufgrund der Zusammenhänge zwischen dem Entscheidungs- und Kontrollzweck kann allerdings nicht unbedingt von einer Nachrangigkeit des Kontrollzwecks gegenüber dem Entscheidungszweck ausgegangen werden. Die Kontrolle ist ebenso wie die Entscheidung Bestandteil eines zielorientierten Steuerungsprozesses.[1362] Sie dient zunächst der Messung des realisierten Zielerreichungsgrads.[1363] „Damit übernimmt der Jahresabschluss als Nachrechnung für alle Adressaten eine Kontrollfunktion in Bezug auf ihre Zielvorstellungen."[1364] Auf dieser Grundlage wird zum einen das zielgerichtete Handeln des Managements gefördert, da somit das Management beurteilt und ggf. sanktioniert werden kann. Zum anderen hilft die Kontrolle, aktuelle und künftige Entscheidungen besser fundieren zu können.[1365] In diesem Sinne soll bei einer zukünftigen Überarbeitung des Frameworks der Kontrollzweck unter den Entscheidungszweck subsummiert werden,[1366] womit aber nicht zwingend eine Vernachlässigung der »Anreizkontrolle« verbunden sein muss.[1367] Diese setzt

---

Zum einen sollen mögliche Parallelen zum Kontrollzweck des internen Rechnungswesens nicht von vornherein begrifflich ausgeschlossen werden. Damit zusammenhängend wird zum anderen dem weit verbreiteten Trugschluss vorgebeugt, die „Abrechnung", beziehe sich nur auf Vergangenes und sei nicht zukunftsorientiert [so etwa Schmidt (Informationsproduktion), S. 743]. Eine adäquate Rechenschaft muss indessen auch prognoseorientiert sein [vgl. Moxter (Rechnungslegungskonzeptionen), S. 64]. Rechenschaft wird i.d.R. allenfalls mit einem Soll-Ist-Vergleich in Verbindung gebracht. Es sind jedoch gerade die zukünftigen Konsequenzen vergangener und gegenwärtiger Maßnahmen, die eine sachgerechte „Abrechnung" erst möglich machen [vgl. Hax (Bilanzgewinn), S. 646]. Ein solcher Soll-Wird-Vergleich stellt neben dem Soll-Ist-Vergleich gewissermaßen eine „normale" Kontrollart dar [vgl. Schweitzer (Planung), S. 72 ff.] und ist somit eindeutig dem Kontrollzweck zuzuordnen. Vgl. hierzu Lüder (Investitionen), Sp. 854; a.A. Wegmann (Gewinn), S. 103 f.

1360 Vgl. Busse von Colbe (Informationsinstrument), S. 13 f.; Hachmeister (Reporting Financial Performance), S. 373. Traditionell wird die Kontrolle des Managements als die primäre Zwecksetzung der Rechnungslegung angesehen. Vgl. etwa Grinyer/Russel/Walker (Accounting for Goodwill), S. 225.

1361 Vgl. Mujkanovic (Fair Value), S. 5.

1362 Vgl. Klein (Unternehmenssteuerung), S. 13. Zur Bedeutung des Kontrollzwecks vgl. auch Gjesdal (Stewardship); O'Connell (Stewardship Reporting).

1363 Vgl. Hax (Bilanzgewinn), S. 646.

1364 Schweitzer (Rechnungspolitik), S. 494.

1365 Vgl. hierzu etwa Coenenberg (Kostenrechnung), S. 5 f.

1366 Vgl. Dobler/Hettich (Rahmenkonzepte), S. 31; AAA (Conceptual Framework), S. 231 f.

1367 Vgl. hierzu Streim (Vermittlung), S. 14 f.; a.A. Hettich/Dobler (Rahmenkonzepte), S. 32.

grundsätzlich „nur" den separaten Ausweis des »entscheidungsbedingten Ergebnisses« voraus,[1368] wobei jedoch auch dem »umweltbedingten Ergebnis« bei der Managementkontrolle eine (bedingte) Kontrollrelevanz zukommt, da das Management bei seinen Entscheidungen natürlich auch die äußeren Einflüsse auf das entscheidungsbedingte Ergebnis berücksichtigen muss.[1369] In diesem Sinne beinhaltet der Entscheidungszweck gewissermaßen den Kontrollzweck.[1370]

Auf den jeweiligen Rechnungszweck bezogen sind die Informationsinteressen der Investoren zu Informationswünschen zu konkretisieren. Hierbei kann allerdings nur den Informationswünschen eines typischen Investors entsprochen werden. Die vermittelten Informationen müssen schon aus diesem Grunde normiert werden.[1371] Darüber hinaus unterscheiden sich auch die möglichen Entscheidungs- und Kontrollsituationen mitunter erheblich voneinander. Es ist dabei unmöglich, unterschiedliche Entscheidungs- und Kontrollprozesse gleichermaßen mit einem einzigen Informationsinstrument zu unterstützen.[1372] Daher muss für den typisierten „IFRS-Investor" eine typische Entscheidungs- und Kontrollsituation zugrundegelegt werden.

Da ein IFRS-Abschluss kein Instrument der Anspruchsbemessung (Ausschüttungs- und Steuerbemessung) darstellt,[1373] wird er in dieser Hinsicht nicht bei der Erfüllung des Informationszwecks eingeschränkt.[1374] Einem IFRS-Abschluss obliegt allein die Darstellung der Vermögens-, Finanz- und Ertragslage sowie der Veränderung der Vermögens- und Finanzlage des berichtenden Unternehmens,[1375] demnach könnten die „wahren" wirtschaftlichen Lagen widergegeben werden[1376]. Einer „Abkoppelung" der Informationsfunktion von Ansatz- und Bewertungsregelungen als Ausschüttungsdeterminanten im Kon-

---

[1368] Vgl. Hettich/Dobler (Rahmenkonzepte), S. 32.
[1369] Vgl. Laux (Unternehmensrechnung), S. 12.
[1370] Vgl. Streim (Vermittlung), S. 114 f.
[1371] Vgl. Ballwieser (Unternehmen), S. 26.
[1372] Vgl. Busse von Colbe (Prognosepublizität), S. 93.
[1373] Vgl. F.6.
[1374] Vgl. Streim (Vermittlung), S. 115; Streim/Esser (Informationsvermittlung), S. 836; Mujkanovic (Fair Value), S. 53; Pellens (Rechnungslegungssysteme), Sp. 1546 f.
[1375] Vgl. F. 12.
[1376] Vgl. Moxter (Bilanzierung), S. 47. Zu den wirtschaftlichen Effektivlagen vgl. Moxter (Rechnungslegungsmythen).

fliktfall zwischen Information und Anspruchsbemessung („Abkoppelungsthese“[1377]) bedarf es demnach nicht.[1378]

Weil dem IFRS-Abschluss eine reine Informationsfunktion zukommt, erscheint es auch fast widersinnig, wenn relevante Informationen, die ihrer Art nach in die Kerninstrumente des Jahresabschlusses (Bilanz und GuV) gehören, aus Objektivierungserwägungen nur als Zusatzinformationen gegeben werden sollen.[1379] Daher darf die IFRS-Bilanz nicht durch eine „Abkoppelung“ von relevanten Informationen ihrer einzigen Funktion beraubt werden, die „vermeintliche Informationsbilanz“ würde ansonsten „zu einer leeren Hülle“ verkommen.[1380] Entsprechend sind auch die Bestrebungen, alle wirklich relevanten Informationen in ein „Value Reporting“[1381] auszulagern, eher kritisch zu sehen.[1382]

Das Value Reporting findet seine Begründung in der mangelnden Zweckadäquanz der Rechnungslegung,[1383] die wiederum – so die implizite Schlussfolgerung – aufgrund der Informationsverlagerung ins Value Reporting nicht zwingend geheilt werden muss, woraus sich ein wenig überzeugender Zirkelschluss ergibt. Außerdem werden problematische, da unzuverlässige Informationen nicht dadurch weniger problematisch, dass sie an anderer Stelle des Geschäftsberichts als in den Kernrechenwerken[1384] Bilanz und GuV gegeben werden.[1385] Verlässlichkeit und Objektivierung sind in den „außerbilanziellen“ Rechnungen genau so zu beachten wie in den bilanziellen Rechnungen,[1386] denn sie unterliegen genau wie ein zweckadäquater Jahresabschluss „sämtlichen Problemen einer Prognosepublizität“[1387]. Darüber hinaus wird das Value Reporting oftmals im nicht prüfungspflichtigen Teil des Geschäftsberichts platziert[1388] und unterliegt somit keiner externen Überprüfung durch eine unab-

---

1377 Vgl. hierzu m.w.N. Hommel/Schmidt/Wüstemann (Moxter), S. 93.
1378 Vgl. Schildbach (Konzernrechnungslegungsvorschriften), S. 392.
1379 Vgl. allgemein Beermann/Fülling/Sperl (Zusatzinformationen), S. 193.
1380 Bieker (Fair Value Accounting), S. 232 (beide Zitate).
1381 Vgl. exemplarisch Fischer/Klöpfer (Entwicklung), insbesondere für einen Literaturüberblick S. 7.
1382 Vgl. Haaker (IFRS-Informationsbilanz, Teil I), S. 261.
1383 Vgl. Baetge/Kümmel (Reporting), S. 52; Ruhwedel/Schultze (Konvergenz), S. 491; Baetge/Noelle (Shareholder-Value-Reporting), S. 175.
1384 Vgl. Streim/Bieker/Esser (Fair Value Accounting), S. 98.
1385 Vgl. Haaker (IFRS-Informationsbilanz, Teil I), S. 261.
1386 Vgl. Saelzle/Kronner (Informationsfunktion), S. 164; Jacob (Business Reporting), S. 218.
1387 Böcking (Verhältnis), S. 44.
1388 Vgl. Schultze/Fink/Straub (Value Reporting), S. 563.

hängige Instanz.[1389] Auch im Hinblick auf die fehlende Regulierung der „freiwilligen“ Zusatzinformationen erscheint eine solche Berichterstattung problematisch.[1390]

5.4.1.2 Entscheidungszweck der IFRS

Ein IFRS-Abschluss soll seine Adressaten bei ihren wirtschaftlichen Entscheidungen unterstützen, bei den wirtschaftlichen Entscheidungen der (potentiellen) Investoren als Hauptadressaten handelt es sich primär um Investitionsentscheidungen. Sie haben in erster Linie über das Kaufen, Halten und Verkaufen ihrer (potentiellen) Anteile am berichtenden Unternehmen zu entscheiden.[1391] Für entsprechende Entscheidungen ist im Ergebnis allein die Kenntnis des Anteils- bzw. Unternehmenswerts zweckdienlich.[1392] „The primary purpose of financial statements is to present information that will assist in estimating the value of the firm.“[1393]

Im Hinblick auf diese, im Weiteren als Entscheidungszweck der IFRS[1394] bezeichnete primäre Zwecksetzung sind die Informationsinteressen der Investoren zu Informationswünschen zu konkretisieren. Hierfür muss zunächst auf die typische Entscheidungssituation der Investoren eingegangen werden,[1395] es gilt, deren Entscheidungsprozesse systematisch zu ergründen.[1396] Es gilt „Klarheit über die Adressaten sowie über Art und Inhalt der Entscheidungen“ zu schaffen, wobei „die nutzerspezifische Situation außer Acht gelassen und auf Typisierungen zurückgegriffen“ werden muss.[1397]

[1389] Vgl zur Bedeutung der Prüfung für die Verlässlichkeit der Information Rückle (Transparenzdefizite), S. 279.

[1390] Vgl. Rückle (Transparenzdefizite), S. 284. Zur Prüfung des Value Reporting vgl. Hayn/Matena (Value Reporting).

[1391] Vgl. F. 9(a); Ballwieser (Informations-GoB), S. 115; Moxter (Anlegerschutz), S. 263; Kubin (Aktienkunde), S. 533; Wagner (Informations- und Ausschüttungsbemessungsfunktion), S. 754; Ballwieser (Unternehmen), S. 26.

[1392] Vgl. Moxter (Auskunftsverweigerungsrecht), S. 311.

[1393] Snavely (Current Cost), S. 346.

[1394] Üblicherweise wird in diesem Zusammenhang vom Informationszweck bzw. Informationszweck i.e.S. gesprochen. Informationen können indes auch für andere Zwecke als (Investitions-)Entscheidungen (z.B. für Kontrollen) bereitgestellt werden. Insofern ist es zumindest missverständlich, den Begiff Informationszweck zu verwenden.

[1395] Die IFRS zielen auf das Entscheidungs- und Kontrollfeld eines typisierten Investors. Vgl. Baetge/Lienau (Fair Value), S. 323; Baetge/Kümmel (Unternehmensbewertung), S. 12.

[1396] Vgl. Schweitzer (Unternehmensrechnung), Sp. 1920.

[1397] Böcking/Wesner (Value Reporting), S. 103 (beide Zitate).

Typischerweise wird im Rahmen von Anlageentscheidungen dem Marktpreis der (potentiellen) Anteile ein Anteilswert gegenübergestellt.[1398] Anteile, deren Wert über dem Marktpreis liegt, sollten gekauft und Anteile, deren Wert unter dem Marktpreis liegt, dagegen verkauft werden.[1399] Somit stellt der Anteilswert bei gegebenem Marktpreis den relevanten Entscheidungswert dar.[1400] Werden Anteile nicht auf (aktiven) Märkten gehandelt, so tritt an die Stelle des Marktpreises mitunter ein ggf. noch auszuhandelndes Kauf- bzw. Verkaufsangebot. Damit wird faktisch die Ebene einzelner Anteile verlassen, da unterstellt werden kann, dass entsprechende Transaktionen außerhalb aktiver Märkte regelmäßig ganze Unternehmen, Unternehmensteile oder zumindest Anteilspakete betreffen.

Vereinfacht gesehen entsprechen Anteile an einem Unternehmen einem Anteil am Unternehmenswert.[1401] Daher soll zunächst auf eine Unterscheidung von Anteils- und Unternehmensbewertung verzichtet werden.[1402] Insofern können als Ausgangsbasis der Überlegungen zum Entscheidungszweck die Entscheidungssituation bei einem Unternehmenskauf und die hierfür notwendige Informationsbasis dienen. Darauf aufbauend sollen die Unterschiede zwischen einem Unternehmens- und einem einfachen Anteilskauf sowie die damit zusammenhängenden Informationsgrenzen eines Abschlusses herausgearbeitet werden.

Bei einem Unternehmenskauf müssen sich der (potentielle) Käufer und der (potentielle) Verkäufer eines Unternehmens zunächst im Klaren darüber sein, wie viel für das Unternehmen höchstens bezahlt werden darf bzw. welcher Preis mindestens verlangt werden muss.[1403] Eine rationale Entscheidung setzt in diesem Zusammenhang die Kenntnis des jeweiligen Käufer- oder Verkäu-

---

[1398] Vgl. Schredelseker (Bilanzinformationen), S. 131; Ordelheide (Bedeutung), S. 518; Barton (Income Theory), S. 679.

[1399] Vgl. Lange (Jahresabschlußinformationen), S. 169.

[1400] Vgl. Moxter (Interpretation), S. 107.

[1401] Vgl. hierzu auch Moxter (Interpretation), S. 107.

[1402] Zu einer entsprechenden Differenzierung der Bewertungszwecke vgl. Coenenberg/Schultze (Unternehmensbewertung), S. 600, die zwischen einer Bewertung zur Vorbereitung eines Unternehmenskaufs/-verkaufs und einer Bewertung von am Kapitalmarkt gehandelten Anteilen unterscheiden. Nach Brösel (Nebenfunktionen), S. 132 lassen sich beide Zwecke zusammenfassen. Vgl. hierzu auch Ballwieser (Unternehmensbewertung), S. 5.

[1403] Vgl. Coenenberg/Schultze (Methoden), S. 473 f.

fergrenzpreises voraus.[1404] Ein Unternehmenserwerb kommt nur zustande, wenn der subjektive Grenzpreis des (potentiellen) Käufers höher ist als der subjektive Grenzpreis des (potentiellen) Verkäufers.[1405] Der (potentielle) Kaufpreis liegt damit innerhalb der Spanne zwischen den jeweiligen Grenzpreisen.[1406] Zu welchem Preis eine Transaktion tatsächlich erfolgt, hängt nicht zuletzt vom Verhandlungsgeschick und der Verhandlungsposition der Parteien ab.[1407] Die Differenz zwischen dem jeweiligen Grenzpreis und dem gezahlten Kaufpreis stellt den individuellen Gewinn i.S. eines positiven Kapitalwerts der Transaktion dar *(vgl. Abbildung 30)*.[1408]

Abbildung 30: Grenzpreise und Kaufpreis bei Akquisitionen

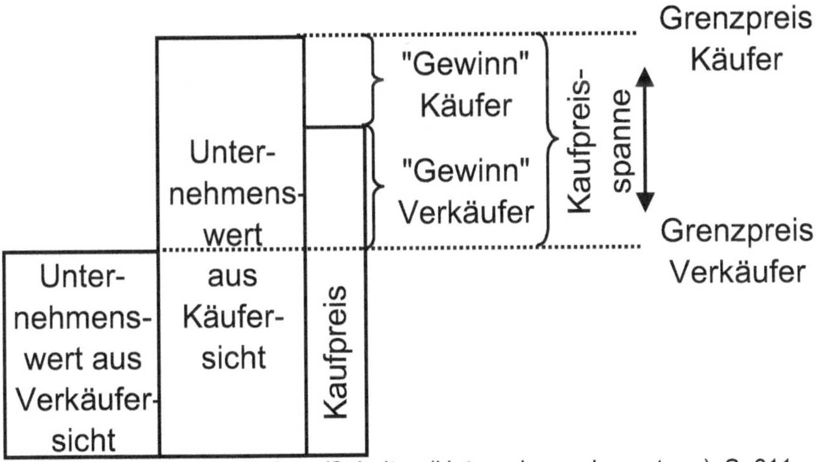

In Anlehnung an: Coenenberg/Schultze (Unternehmensbewertung), S. 611.

Allerdings könnte die ökonomische Preisobergrenze des Käufers auch in den Kosten des „Nachbaues" des Unternehmens gesehen werden, sofern diese geringer als der Ertragswert aus Käufersicht sind.[1409] In diesem Zusammenhang müsste der Fokus allerdings auf einem identischen Nutzenpotential und

1404 Vgl. Ballwieser (Kaufpreisgestaltung), S. 75; ferner Coenenberg/Schultze (Methoden), S. 473.
1405 Vgl. Coenenberg/Schultze (Methoden), S. 496.
1406 Vgl. Wöginger (Synergie-Value-Konzept), S. 206 f.; Ma/Hopkins (Goodwill), S. 80.
1407 Vgl. Ma/Hopkins (Puzzle-Solving), S. 114; Haaker (full goodwill method), S. 25.
1408 Vgl. Wagner (Firmenwert), S. 479.
1409 Vgl. Sieben (Substanzwert), S. 60; Busse von Colbe (Bewertung), S. 44 f.

nicht auf einer Güteridentität liegen.[1410] Für einen „Nachbau“ des Unternehmens wären folglich die damit verbundenen Zahlungsströme maßgeblich, weshalb eine vollständige Berücksichtigung der Kosten für die „Kopie“ aller Goodwill-Komponenten in das Kalkül anzustreben wäre.[1411] Dieses dürfte jedoch kaum praktikabel sein, da Werte wie Mitarbeiterwissen, Managementfähigkeiten etc. kaum voneinander abgrenzbar und bewertbar sind.[1412] Gegen dieses Gedankenkonstrukt sprechen im Zusammenhang mit Unternehmenskäufen neben diesem praktischen Einwand auch theoretische Erwägungen[1413]: Werden Unternehmen etwa aufgrund von Goodwill-Komponenten wie Kernkompetenzen oder Marktzugangsmöglichkeiten erworben, ist das Unternehmen so nicht „nachbaubar“. Kernkompetenzen zeichnen sich insbesondere durch eine mangelnde Imitier- und Substituierbarkeit aus,[1414] auch Marktzugangsmöglichkeiten lassen sich schwerlich „nachbauen“.[1415] Für diese nicht reproduzierbaren Werte können nur Ertragswerte bzw. Ertragswertbeiträge und keine Reproduktionskosten von Interesse sein.[1416] Da sich der „Nachbau“ auch nur auf Unternehmen bzw. Unternehmensteile als Ganzes beziehen kann, ist dieses Gedankengut nicht ohne Weiteres auf die Anteilsbewertung übertragbar. Außerdem markiert der Grenzpreis genau die Trennlinie zwischen einem positiven und negativen Kapitalwert der Investition und ist insofern der ökonomisch relevante Wert für die Investitionsentscheidung.

Festzuhalten ist, dass im Rahmen des Entscheidungszwecks (potentielle) Käufer und Verkäufer des berichtenden Unternehmens an Informationen über die Höhe des Käufer- bzw. Verkäufergrenzpreises interessiert sind.[1417] Damit sind jedoch mindestens zwei Wertkategorien zur Unterstützung von Anlageentscheidungen von Bedeutung. Mit der Ableitung des jeweiligen Grenzpreises als relevantem Informationsziel sind die Informationswünsche der (potentiellen) Investoren beim Kauf und Verkauf ganzer Unternehmen im Hinblick auf eine Abbildung im IFRS-Abschluss noch nicht hinreichend konkretisiert.[1418]

1410 Vgl. Günther (Controlling), S. 89.
1411 Vgl. Ballwieser (Unternehmensbewertung a), S. 5766.
1412 Vgl. Coenenberg/Schultze (Methoden), S. 478.
1413 Vgl. hierzu auch Ballwieser (Unternehmensbewertung a), S. 5766.
1414 Vgl. Osterloh/Frost/Wartburg (Kernkompetenzen), S. 2925.
1415 Vgl. Lewis (Steigerung), S. 58.
1416 Vgl. Busse von Colbe (Bewertung), S. 45.
1417 Vgl. Barth (Valuation-based Accounting Research), S. 10.
1418 Zur Orientierung der Informationswünsche am Grenzpreis vgl. Beyhs (Impairment), S. 38; Lange (Jahresabschlußinformationen), S. 169.

Aus der Entscheidungssituation wird deutlich, dass der IFRS-Abschluss des zu transferierenden Unternehmens kaum für die Bestimmung von Käufer- und Verkäufergrenzpreis gleichermaßen von Nutzen sein kann. Ein IFRS-Abschluss kann sich schließlich nur auf eine der beiden Wertkategorien und nicht auf Käufer- und Verkäuferwert zugleich ausrichten.

Der Käuferwert wird maßgeblich durch die individuellen Integrationsmöglichkeiten des zu kaufenden Unternehmens in den Geschäftsbetrieb des Käufers bestimmt. Für eine Berücksichtigung von derart individuellen (potentiellen) „Verwendungsmöglichkeiten" ist in der externen IFRS-Rechnungslegung jedoch kein Raum. Die Informationen eines IFRS-Abschlusses können sich allenfalls auf den Unternehmenswert auf Stand Alone-Basis beziehen.

Im Rahmen eines IFRS-Abschlusses kann zudem schon objektivitätsbedingt nur über einen Wert berichtet werden, der einschneidende Veränderungen unberücksichtigt lässt (Going Concern-Wert)[1419]. Somit kann nur über das Unternehmen im aktuellen Zustand informiert werden.[1420] Dieser Wert entspricht tendenziell dem Unternehmenswert aus Verkäufersicht[1421] oder einem Käuferwert im Spezialfall einer Going Concern-Strategie. Im Rahmen einer Integrationsstrategie kann ein solcher Wert dem Käufer bestenfalls als Ausgangsbasis seiner Wertermittlung dienen, weil durch die Integration entstehendes Synergiepotential zusätzlich zu berücksichtigen ist.[1422]

Bei dem vom Käufer zum Going Concern-Wert hinzuzurechnenden strategischen Zuschlag[1423] handelt es sich im Übrigen um eine Nettogröße.[1424] Positive Synergien aus der Integration werden hierbei mitunter mit dem Wegfall von Going Concern-Synergiepotentialen erkauft.[1425] Mit steigendem Integrationsgrad und zunehmender Veränderung der Geschäftsstrategie nimmt deshalb die Möglichkeit einer Grenzpreisermittlung durch einfaches Hinzurechnen eines Synergiezuschlags ab.

1419 Vgl. Coenenberg/Schultze/Biberacher (Akquisition), S. 198.
1420 Vgl. zur Informationsproblematik auch Weber (Unternehmensbewertung), S. 100.
1421 Vgl. Coenenberg/Schultze (Methoden), S. 474. Zum Zusammenhang zwischen dem Unternehmenswert aus Verkäufersicht und dem Wert des Unternehmens, „wie es steht und liegt" vgl. Schildbach (Verkäufer).
1422 Vgl. Burger/Ulbrich (Beteiligungscontrolling), S. 173; Weber (Unternehmensbewertung), S. 100 f.; Coenenberg/Schultze (Methoden), S. 474 und 495; Dirrigl (Konzepte), S. 422 f.
1423 Vgl. Dirrigl (Konzepte), S. 423.
1424 Vgl. hierzu auch Hofmann (Synergien), S. 484; Wöginger (Synergy-Value-Konzept), S. 212.

Auf der anderen Seite kann das (potentielle) Verkaufsobjekt bereits in einem Konzernverbund stehen und der Grenzpreis des Verkäufers aufgrund von bei einem Verkauf entfallenden Synergieeffekten über den Stand Alone-Wert hinausgehen.[1426] Auch einen solchen Wert vermag der (Einzel-)Abschluss des zu verkaufenden Unternehmens nicht wiederzugeben. Die aus dem Konzernverbund entstehenden, im Mutterunternehmen realisierbaren Synergieeffekte lassen sich schwerlich im Abschluss des Tochterunternehmens erfassen.

Aus den skizzierten Gedankengängen kann gefolgert werden, dass der zu vermittelnde Wert nur einem Going Concern- und Stand Alone-Wert entsprechen kann. Folglich können zur Konkretisierung des Entscheidungszwecks der IFRS nur Entscheidungssituationen ohne Einfluss auf die Realisierung von unternehmensübergreifenden Synergieeffekten herangezogen werden. Damit ist im Grunde von einem Kauf bzw. Verkauf einfacher Anteile auszugehen. Die für einen Anteilserwerb/-verkauf zugrunde zu legenden Entscheidungsmodelle weisen zwar prinzipiell die gleiche Struktur wie Modelle zur Entscheidungsfindung bei Unternehmenskäufen/-verkäufen auf,[1427] vernachlässigen aber die skizzierten nicht im Jahresabschluss erfassbaren „Besonderheiten" des Erwerbs ganzer Unternehmen.

Der Unterschied zwischen einem Unternehmens- und einem Anteilserwerb liegt in der Kontrollmöglichkeit über das Unternehmen, dessen Anteile erworben wurden.[1428] Die Kontrollmöglichkeit ist eng mit der Realisierbarkeit von Synergieeffekten verbunden,[1429] daher wird für die Kontrollmöglichkeit regelmäßig eine Prämie bezahlt.[1430] Wo exakt die Grenze zwischen einem Unternehmens- und einem Anteilserwerb verläuft, kann nicht allgemeingültig festgelegt werden. Im Grunde handelt es sich um keinen (reinen) Anteilserwerb mehr, sobald ein Anteilspaket eine kritische Anzahl von stimmberechtigten Anteilen überschreitet, ab der Verbundeffekte erzielt werden können.[1431]

1425 Vgl. Haaker (Goodwill), S. 431.
1426 Vgl. Coenenberg/Schultze (Methoden), S. 496.
1427 Vgl. hierzu Wagner (Informations- und Ausschüttungsbemessungsfunktion), S. 756.
1428 Vgl. Burger/Ulbrich (Beteiligungscontrolling), S. 173.
1429 Vgl. Burger/Ulbrich (Beteiligungscontrolling), S. 173; Mercer/Crow/Patton (Goodwill Valuation), S. 26 f; Haaker (full goodwill method), S. 25.
1430 Vgl. DeAngelo (Equity Valuation), S. 93.
1431 Vgl. hierzu Ballwieser (Unternehmensbewertung), S. 6.

Abbildung 31 zeigt eine mögliche Käufergrenzpreisfunktion in Abhängigkeit von der Anteilsquote (Kontrollintensität) auf. Hierbei wird beispielhaft von einer „sprunghaften“ Preisbereitschaft beim Überschreiten einer Anteilsquote von

- 25 % (Sperrminorität),
- 50 % (einfache Mehrheit),
- 75 % (qualifizierte Mehrheit) und
- 100 % (keine „lästigen“ Minderheitengesellschafter)

ausgegangen.[1432]

Abbildung 31: Preisbereitschaft pro Anteil

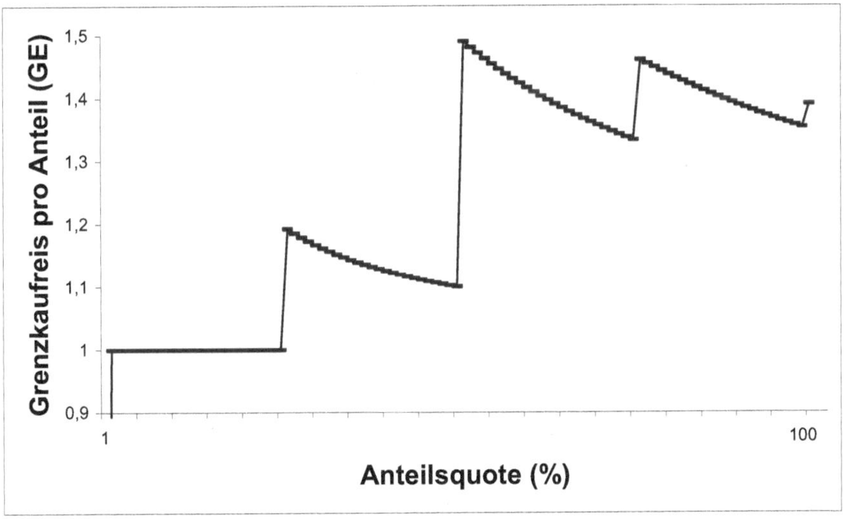

Die Preisbereitschaft pro Anteil steigt sprunghaft an, sobald die Anteilsquote eine „Kontrollgrenze“ überschreitet und ist dann bis zur nächsten „Kontrollgrenze“ rückläufig, da sich der („sprungfixe“) Kontrollvorteil auf mehr Anteile verteilt („Kontrollvorteilsdegression“).[1433] Bei Überschreitung der nachfolgenden „Kontrollgrenze“ erhöht sich die Preisbereitschaft wiederum sprunghaft

[1432] Vgl. hierzu auch Küting/Weber/Keßler (Auswirkungen), S. 626.

[1433] Zu einem in seiner Grundstruktur ähnlichen Funktionsverlauf bei sog. sprungfixen Kosten vgl.; Götze (Kostenrechnung), S. 14 ff.; ferner zum pruduktionswirtschaftlichen Hintergrund von Kostensprüngen Bloech/Bogaschewsky/Götze/Roland (Produktion), S. 79 f.

und weist bis zur Erreichung der folgenden „Kontrollgrenze" einen abnehmenden Verlauf auf usw.

Je nach angestebter Anteilsquote ergibt sich aus der Grenzkaufpreisfunktion der maximale Preis für ein Übernahmeangebot. Dieser müsste zunächst eine geschätzte Angebotsfunktion der aktuellen Anteilseigner gegenübergestellt werden, um zu überprüfen, ob die gewünschte Anteilsquote zu diesem Preis überhaupt erzielt werden kann und inwieweit ein niedrigerer Angebotspreis möglich ist.[1434] Auch müsste in diesem Zuge die Vorteilhaftigkeit alternativer Anteilsquoten überprüft werden.

Abbildung 32 zeigt die von der Anteilsquote abhängige Preisbereitschaft für das gesamte Anteilspaket auf.

Abbildung 32: Preisbereitschaft für das gesamte Anteilspaket

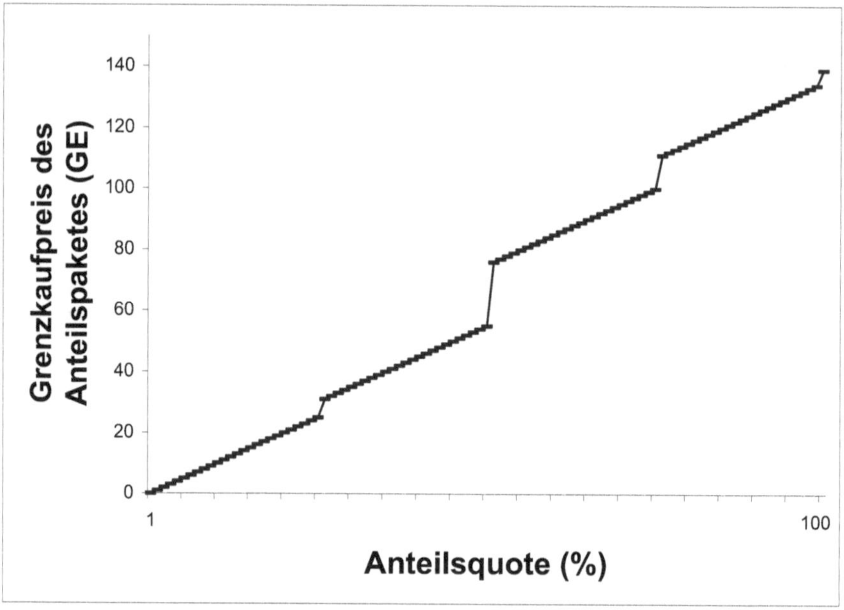

[1434] Vgl. Küting/Weber/Keßler (Auswirkungen), S. 629 f.; Küting (Übernahmeangebot), S. 1751 ff.

Es zeigt sich, dass sich ein Informationsinstrument, welches Kauf- und Verkaufsentscheidungen gleichermaßen unterstützen soll, am einfachen Anteilserwerb zu orientieren hat. Im Beispiel würde ein einfacher Anteilserwerb bei Beteiligungsquoten von unter 25 % vorliegen. Die Anteils- und Unternehmensbewertung weisen in diesem Fall nicht nur die gleiche Struktur auf,[1435] sondern die Unternehmensbewertung dient auch gleichfalls der Anteilsbewertung.[1436]

Im Rahmen der Rechnungslegung erscheint es sinnvoll, die Going Concern-Prämisse zugrunde zu legen.[1437] Daher sind die Informationswünsche bezüglich des Entscheidungszwecks mit der Bereitstellung von Informationen über den aktuellen Going Concern-Wert des berichtenden Unternehmens zu erfüllen. Dieser normierte Unternehmenswert ist ggf. von den Investoren im Hinblick auf ihre individuellen Verhältnisse und Präferenzen zu modifizieren,[1438] sofern die Typisierung der persönlichen Situation einzelner Investoren nicht annähernd gerecht wird[1439]. So sind etwa vom (potentiellen) Unternehmenskäufer die durch einen Anteilserwerb erwarteten Synergiepotentiale bei der Grenzpreisermittlung hinzuzuaddieren.[1440]

Beim Erwerb oder Verkauf von marktgängigen Anteilen stellt der (potentielle) Investor seinen Anteilswert dem Marktpreis der Anteile gegenüber.[1441] Vereinfacht errechnet sich der Anteilswert als typisierter Unternehmenswert pro Anteil.[1442] Ist der Marktpreis der Anteile höher als der Anteilswert, sollten Anteile verkauft, im umgekehrten Fall gekauft werden.[1443] Da der im vermeintlichen Interesse aller Investoren liegende Unternehmenswert unter Rückgriff auf Marktwertmodelle zu ermitteln ist, stellt sich die Frage, inwieweit sich der daraus abgeleitete Anteilswert und Anteilspreis entsprechen.[1444] Es wäre unsinnig über einen direkt am Kurszettel ablesbaren Marktpreis zu berichten.[1445] Wird aber der Marktwert nicht als Marktpreis, sondern auf Grundlage interner Prog-

---

1435 Vgl. Wagner (Informations- und Ausschüttungsbemessungsfunktion), S. 756.
1436 Vgl. Coenenberg/Schultze (Methoden), S. 473.
1437 Vgl. Krümmel (Kapitalerhaltung), S. 313.
1438 Vgl. Mujkanovic (Fair Value), S. 322.
1439 Vgl. Siepe (Kapitalisierungszinssatz), S. 338.
1440 Vgl. Coenenberg/Schultze/Biberacher (Akquisition), S. 201.
1441 Vgl. Schredelseker (Bilanzinformationen), S. 131; Barton (Income Theory), S. 679.
1442 Vgl. Schruff/Haaker (Wahrscheinlichkeiten), S. 537.
1443 Vgl. Lange (Jahresabschlußinformationen), S. 169.
1444 Zur Unterscheidung von Wert und Preis eines Unternehmens vgl. auch Schultze (Unternehmensbewertung), S. 16 ff.; grundlegend Stützel (Wert).
1445 Vgl. auch Holthausen/Watts (Relevance), S. 23.

nosen berechnet,[1446] fließt damit der Informationsstand des Managements in die Berechnung ein und es werden private in öffentliche Informationen transformiert[1447]. Das Marktwertmodell liefert hier „lediglich" den Kalkulationszinssatz, womit die „Kapitalmarktrendite als Typisierungsinstrument"[1448] dient. Eine solche Markttypisierung ist nicht unproblematisch,[1449] aber es mangelt wohl an operationalen Alternativen.[1450] Mit der internen Prognose werden zumindest „private" Informationen vermittelt, die allerdings je nach Informationseffizienz des Marktes bereits im Preis enthalten sein könnten.[1451]

Der Unterschied zwischen Preis und Wert findet jedenfalls Beachtung.[1452] Insofern greift auch nicht der von *Matschke/Brösel* vorgebrachte Einwand, dass „[i]n einer Kauf-/Verkaufsituation...die Zielsetzung 'Marktwertmaximierung' diesen elementaren Wesensunterschied zwischen Wert und Preis" vermischt und „daher in realen Entscheidungssituationen...ihren Sinn" verliert.[1453] Der Einwand wäre nur bei einer Gleichsetzung von Marktwert und Marktpreis berechtigt, die hier ausdrücklich nicht vorgenommen wird.

Jedoch darf der Marktwert lediglich als ein ggf. im Hinblick auf das persönliche Entscheidungsfeld des Investors anzupassender Basiswert verstanden werden.[1454] Auch besteht gewissermaßen ein „Stichtagsproblem": Die Abschlussinformationen beziehen sich auf den Bilanzstichtag und sind strenggenommen bereits bei Veröffentlichung veraltet. Auch diesbezüglich können bestenfalls nur Basisinformationen bereitgestellt werden, die für Anlageentscheidungen im Hinblick auf nach dem Bilanzstichtag eingetretenen Veränderungen zu modifizieren sind. Daraus folgt: „Die Relevanz der Abschlußinformation hängt auch von ihrer Aktualität ab."[1455]

1446 Vgl. Küpper (Marktwertorientierung), S. 518.
1447 Vgl. Böcking/Wesner (Value Reporting), S. 102.
1448 Böcking/Nowak (Typisierungsproblematik), S. 688.
1449 Vgl. Böcking/Nowak (Typisierungsproblematik), S. 690.
1450 Vgl. Ballwieser (Moxter), S. 1404.
1451 Vgl. zu den Graden der Informationseffizienz und zu den Implikationen Wagenhofer/Ewert (Externe Unternehmensrechnung), S. 108-114. Zur Diskussion bezüglich der These eines informationseffizienten Kapitalmarkts vgl. m.w.N. Bak/Bigus (Kapitalmarkteffizienz); ferner kritisch Schneider (Betriebswirtschaftslehre, Band 2), S. 366-375.
1452 Vgl. Stützel (Wert).
1453 Matschke/Brösel (Unternehmensbewertung), S. 31 (beide Zitate).
1454 Vgl. Honko (Probleme), S. 641.
1455 Busse von Colbe (Informationsinstrument), S. 21.

Aus einheitstheoretischer Perspektive müsste der IFRS-Konzernabschluss zur Erfüllung des Entscheidungszwecks den Going Concern-Wert des Konzerns als Ganzes wiedergeben,[1456] wobei der jeweilige auf die Mehr- und Minderheiten entfallende Anteil explizit auszuweisen wäre[1457].

Zusammenfassend kann festgehalten werden, dass der konkretisierte Entscheidungszweck in der Messung eines typisierten Gesamtkonzernwerts zum Bilanzstichtag besteht. In diesem Fall – so die Hypothese[1458] – wird die Anlageentscheidung der Investoren bestmöglich im Rahmen der Möglichkeiten eines einheitstheoretisch geprägten Konzernabschlusses unterstützt.

5.4.1.3 Kontrollzweck der IFRS

Im Rahmen des sekundären Rechnungszwecks soll ein IFRS-Abschluss neben der Fundierung von Anlageentscheidungen auch der Kontrolle des Managements durch die Investoren dienen (Kontrollzweck der IFRS).[1459] Beide Rechnungszwecke stehen in enger Verbindung zueinander, denn die Beurteilung der Managementleistung ist nicht nur Grundlage für Entscheidungen über eine Weiterbeschäftigung oder einen Austausch des Managements, sondern gleichfalls fundamental für die Anlageentscheidungen der Investoren.[1460] Eine Kontrolle hat sich ebenso wie eine Anlageentscheidung an der Zielgröße der Investoren zu orientieren.[1461] Stellt der Wert der Anteile des berichtenden Unternehmens die relevante Zielgröße der Investoren dar, ist für Kontrollzwecke insbesondere die Veränderung des Anteilswerts innerhalb der Kontrollperiode relevant.[1462]

Dieser Anteilswert darf nicht einem eventuell vorhandenen Marktpreis gleichgesetzt werden, sondern ist der anteilige Unternehmenswert i.S. eines Marktwerts, der auf die entsprechenden Anteile entfällt. Demzufolge ist für Investoren letztendlich die Veränderung des Unternehmenswerts ($\Delta UW_{t/t-1}$) von Be-

---

[1456] Vgl. Baxter/Spinney (Financial Statement Theory), S. 36; Haaker (Einheitstheorie), S. 454.

[1457] Vgl. Haaker (Einheitstheorie), S. 453.

[1458] Vgl. hierzu Schneider (Reform), S. 138-145.

[1459] Vgl. F. 14; Busse von Colbe (Informationsinstrument), S. 13 f.

[1460] Vgl. F. 14.

[1461] Vgl. Schneider (Ansätze), Sp. 261; Moxter (Rechnungslegungstraditionen), S. 501 f.

[1462] Vgl. Moxter (Interpretation), S. 107.

deutung.[1463] Diese indiziert die Veränderung des potentiellen Einkommenstroms der Investoren: „The firm`s ability to generate cash will change as its value changes."[1464]

Eine zielorientierte Kontrolle hat demzufolge im Hinblick auf den in einer Periode geschaffenen Unternehmenswert zu erfolgen.[1465] Zu diesem Zweck ist der Unternehmenswert zum Ende der Kontrollperiode (UW_t) dem Unternehmenswert zum Periodenanfang (UW_{t-1}) gegenüberzustellen, um auf diese Weise die Wertentwicklung im Zeitablauf zu verfolgen:[1466]

$$\Delta UW_{t/t-1} = UW_t - UW_{t-1}$$

Der Unternehmenswert ist eine zukunftsbezogene Größe,[1467] insofern ist auch der Kontrollzweck zukunftsbezogen,[1468] obgleich er eine vergangene Periode betrifft und daher gleichermaßen „the historical measure of income"[1469] darstellt.

Eine zielkonforme periodenbezogene Kontrollrechnung hat darüber hinaus die in der Kontrollperiode erfolgten Nettoausschüttungen an die Anteilseigner (NA_t) zu berücksichtigen,[1470] um somit die gesamte Wertschaffung zu erfassen.[1471] Demnach stellt der ökonomische Gewinn ($ÖG_t$) eine idealtypische Kontrollgröße dar, mit deren Hilfe die Leistung des Unternehmens bzw. des Managements gemessen werden kann.[1472] Der ökonomische Gewinn ist definiert als[1473]

$$ÖG_t = NA_t + \Delta UW_{t/t-1} = NA_t + UW_t - UW_{t-1}$$

[1463] Vgl. Moxter (Rechnungslegungsmythen), S. 2144.
[1464] Black (Magic), S. 20.
[1465] Vgl. Mujkanovic (Fair Value), S. 338; Moxter (Rechnungslegungsmythen), S. 2144. Vgl. hierzu auch Mujkanovic (Fair Value), S. 306 f.; Moxter (Rechnungslegungskonzeptionen), S. 64; Hax (Bilanzgewinn), S. 646.
[1466] Vgl. Solomons (Concepts of Income), S. 378 f.
[1467] Vgl. Rückle (Bilanztheorie), Sp. 255.
[1468] Vgl. Moxter (Rechnungslegungskonzeptionen), S. 64.
[1469] Bierman/Davidson (Income Concept), S. 246.
[1470] Vgl. Bierman/Davidson (Business Income), S. 241.
[1471] Vgl. Gebhardt (Beurteilungsgrößen), S. 74; Gebhardt/Mansch (Unternehmenssteuerung), S. 18; Hax (Bilanzgewinn), S. 646.
[1472] Vgl. Hommel (Bilanzrechtskonzeptionen), S. 348.
[1473] Vgl. z.B. Münstermann (Bedeutung), S. 581.

und spiegelt somit den Zielerreichungsgrad des Unternehmens aus Sicht der Investoren direkt wider.[1474] Es werden sowohl die in der Kontrollperiode erfolgten NA_t als auch die interdependenten erwarteten Leistungswirkungen der nachfolgenden Perioden berücksichtigt.[1475] Beide Komponenten zusammen bilden den Vermögenszuwachs aus der Sicht der Anteilseigner ab.[1476]

Der $ÖG_t$ berücksichtigt idealtypisch alle Maßnahmen des Managements mit ihrem Kapitalwert.[1477] Diese Kontrollgröße kann daher auch „eine prohibitive Wirkung" entfalten, da zumindest soweit keine Manipulationen der Abrechnung erfolgen: für die Investoren „nachteilige Maßnahmen von der Geschäftsleitung von vornherein unterlassen werden."[1478] Auf diese Weise dient die Rechnungslegung auch der „Disziplinierung" des Managements.[1479]

Allerdings werden die auf die Managementleistung zurückgehenden Ergebniswirkungen (Aktionseffekte) von zufälligen Umweltentwicklungen (Informationseffekten) überlagert.[1480] Zur Kontrolle des Managements ist der ökonomische Gewinn als Globalgröße daher nur begrenzt geeignet.[1481] Es interessiert insbesondere das „Wie" und „Warum" der Veränderungen des Unternehmenswerts sowie der in der Kontrollperiode erfolgten Ausschüttungen.[1482] Um das Management zu kontrollieren, müssen „diejenigen Komponenten, die das Management hat beeinflussen können, von denjenigen getrennt werden..., die es hat hinnehmen müssen, aber überraschenderweise zur Wertänderung beigetragen haben."[1483] Jedoch darf auch der Informationseffekt im Rahmen einer Managementkontrolle nicht gänzlich vernachlässigt werden. Es gehört schließlich auch zur Leistung des Managements rechtzeitig und adäquat auf Umweltentwicklungen zu reagieren,[1484] eine Fähigkeit, die schließlich erfolgreiche Un-

1474 Vgl. Wagner (Theorie), S. 9.
1475 Vgl. Dirrigl (Wertorientierung), S. 563; Burger/Ulbrich (Beteiligungscontrolling), S. 602 f.; Schmidbauer (Steuerungskonzepte), S. 376; Dirrigl (Beteiligungscontrolling), S. 781.
1476 Vgl. Schmidbauer (Steuerungskonzepte), S. 367.
1477 Vgl. Pellens/Crasselt/Sellhorn (Goodwill-Bilanzierung), S. 147.
1478 Moxter (Interpretation), S. 107 (beide Zitate).
1479 Vgl. Rückle (Transparenzdefizite), S. 275.
1480 Vgl. Neus (Einführung), S. 369 ff.; Solomos (Concepts of Income), S. 379; Bierman/Davidson (Income Concept), S. 240.
1481 Vgl. Moxter (Auskunftsverweigerungsrecht), S. 311 f.
1482 Vgl. Moxter (Standort), S. 36.
1483 Ballwieser (Moxter), S. 1400.
1484 Vgl. Laux (Unternehmensrechnung), S. 12.

ternehmen aus zeichnet[1485] und daher entsprechend in die der Managementbeurteilung dienende Erfolgsgröße einfließen muss. Nur bei einer hinreichenden Kenntnis der Einflussfaktoren ist eine sachgerechte Leistungsbeurteilung möglich. Daher muss das Ergebnis so aufgegliedert werden,[1486] dass eine entsprechende Abweichungsanalyse durchführbar ist.[1487] Der Durchführbarkeit einer Abweichungsanalyse durch unternehmensexterne Adressaten sind aber enge Grenzen gesetzt,[1488] weshalb sie auch einen Bestandteil der externen Berichterstattung darstellen könnte.[1489]

Eine sachgerechte Kontrolle setzt die Planung der zu kontrollierenden Wertschaffung voraus.[1490] Es bedarf einer Soll-Größe, die dem erzielten $ÖG_t$ gegenübergestellt wird. „Ohne eine solche Benchmark würde eine Bezugsgröße fehlen, mit deren Hilfe die Performance eines Unternehmens beurteilt werden kann.“[1491] Wegen der engen Verknüpfung von Planung und Kontrolle[1492] muss die Soll-Größe möglichst mit der Kontrollrechnung im Einklang stehen.[1493] Entsprechend kann die Verzinsung des Unternehmenswerts zum Periodenbeginn (UW_{t-1}) zum Kalkulationszinssatz (k) als erwarteter $\tilde{ÖG}_t$ interpretiert werden:[1494]

$$\tilde{ÖG}_t = UW_{t-1} * k$$

Dieser Plangewinn entspricht als sog. Zeiteffekt dem erwarteten Aufzinsungseffekt aufgrund des zeitlichen Näherrückens der erwarteten Zahlungen.[1495] Als erwarteter Vermögenszuwachs[1496] der Investoren ist der $\tilde{ÖG}_t$ dem $ÖG_t$ als erzieltem Vermögenszuwachs gegenüberzustellen:

1485 Vgl. Busse von Colbe (Planung), S. 202.
1486 Vgl. Mujkanovic (Fair Value), S. 338; Dobler/Hettich (Rahmenkonzepte), S. 32.
1487 Vgl. hierzu Dirrigl (Erfolgspotenzialrechnung); Breid (Erfolgspotentialrechnung), S. 215-229.
1488 Vgl. Bieker (Fair Value Accounting), S. 224.
1489 Vgl. Haaker (IFRS-Informationsbilanz, Teil I), S. 339 f.
1490 Vgl. Wild (Unternehmungsplanung), S. 44.
1491 Wesner (Risikoäquivalenz), S. 38.
1492 Vgl. Wild (Unternehmungsplanung), S. 44 f.
1493 Vgl. Schneider (Bilanzgewinn), S. 472; Hax (Investitionsrechnung), S. 155; Küpper (Controlling), S. 199 f.; Ordelheide (Bilanzen), S. 521.
1494 Vgl. Bierman/Davidson (Income Concept), S. 240; Pellens/Crasselt/Sellhorn (Goodwill-Bilanzierung), S. 141; Revsine (Income), S. 515 f.
1495 Vgl. Moxter (Betriebswirtschaftliche Gewinnermittlung), S. 52 f.
1496 Vgl. Moxter (Betriebswirtschaftliche Gewinnermittlung), S. 53.

$$\Delta \ddot{O}G_t = \ddot{O}G_t - \tilde{\ddot{O}}G_t$$

Es ist eine Aufgabe des Managements, mindestens die Erzielung des erwarteten $\tilde{\ddot{O}}G_t$ sicherzustellen.[1497] Ist dieser nicht realisiert worden, sind die diesbezüglichen Ursachen und Verantwortlichkeiten von Interesse. Dies gilt aber gleichfalls, wenn die Erwartungen übertroffen wurden. Da in einer unsicheren Realität „Faulheit (oder Dummheit) verbunden mit Glück zu derselben Erwartungsänderung führen kann wie Fleiß (oder Intelligenz) verbunden mit Pech"[1498] müssen für eine Beurteilung des Managements die Aktions- und Informationseffekte isoliert werden. Die gemischte Soll-Ist- und Soll-Wird-Abweichung $\Delta \ddot{O}G_t$ muss jedenfalls dem Kontrollzweck entsprechend „zerlegt" werden.[1499] Darauf darf nicht einmal bei einer eher unrealistischen „Punktlandung", bei der sich erwarteter und „realisierter" Erfolg entsprechen ($\Delta \ddot{O}G_t = 0$), verzichtet werden, soweit die Managementleistung sachgerecht kontrolliert werden soll. Dieses hieße nämlich im Zweifel nur, dass sich verschiedene Abweichungen ausgleichen und nicht, dass es überhaupt keine Abweichungen gibt. Soweit die Planung auf Erwartungswerten beruht, können sich dahinter ganz unterschiedliche Wahrscheinlichkeitsverteilungen verbergen.[1500] Je nach Wahrscheinlichkeitsverteilung ist der tatsächliche Eintritt des Erwartungswerts mehr oder weniger ausgeschlossen.[1501]

Aus einheitstheoretischer Perspektive richtet sich die Kontrollgröße sowohl an den Informationswünschen der Mehr- als auch der Minderheitengesellschafter des Konzerns aus. Folglich hat der $\ddot{O}G_t$ neben den Änderungen des Gesamtkonzernwerts die Nettoausschüttungen an Mehr- und Minderheitengesellschafter zu berücksichtigen und separat aufzuzeigen.

Zusammenfassend kann festgehalten werden, dass der konkretisierte Kontrollzweck in der Messung eines typisierten gesamtkonzernbezogenen ökonomischen Gewinns besteht. In diesem Fall – so die Hypothese[1502] – wird die Kontrolle des Managements durch die Investoren bestmöglich im Rahmen der

---

[1497] Vgl. Schmidbauer (Steuerungskonzepte), S. 376.
[1498] Neus (Einführung), S. 372.
[1499] Vgl. ausführlich Haaker (Abweichungsanalyse), S. 94-101.
[1500] Vgl. Pellens/Crasselt/Sellhorn (Solvenztest), S. 273.
[1501] Vgl. hierzu Laux (Unternehmensrechnung), S. 174 ff.
[1502] Vgl. hierzu Schneider (Reform), S. 138-145.

Möglichkeiten eines einheitstheoretisch geprägten Konzernabschlusses unterstützt.

5.4.2 Wertorientiertes internes Rechnungswesen

5.4.2.1 Primärer und sekundärer Rechnungszweck des internen Rechnungswesens

Der Zweck des internen Rechnungswesens besteht darin, zielorientierte Informationen für Entscheidungen und Kontrollen bereitzustellen.[1503] Damit lassen sich ebenso wie bei der IFRS-Rechnungslegung die Entscheidung und Kontrolle als wesentliche Rechnungszwecke identifizieren,[1504] wobei beide Zwecke in Hinblick auf eine zielorientierte Unternehmenssteuerung gewissermaßen gleichrangig sein und sich ergänzen müssen.[1505] Es ließe sich aber dennoch – wie es auch die IFRS vorsehen – ein primärer und sekundärer Zweck festlegen. Die Kontrolle stellt anders als die Entscheidung keinen Selbstzweck dar, denn sie dient zum einen der Fundierung künftiger Entscheidungen und zum anderen der Förderung von zielorientierten Handlungen.[1506] Letzteres umfasst auch die Beeinflussung dezentraler Entscheidungsträger, weshalb wiederum eine logische Verbindung zum Entscheidungszweck besteht. Es geht um die Unterstützung „eigener" und die Beeinflussung „fremder" Entscheidungen, womit also der Entscheidungszweck im Vordergrund steht.[1507] Daher könnte der Entscheidungszweck als primärer Rechnungszweck des internen Rechnungswesens begründet werden, wenngleich, einem aktuellen Forschungstrend folgend,[1508] oftmals der Anreiz- und Kontrollzweck als maßgebliche Zwecke des internen Rechnungswesens angesehen werden[1509]. In diesem Zusammenhang bleibt jedoch weitgehend unklar, auf welcher Grundlage das durch die anreizverträgliche Kontrollrechnung beeinflusste Management seine zielkonformen Entscheidungen überhaupt treffen soll,

---

[1503] Vgl. Coenenberg (Rechnungswesen), Sp. 3687.

[1504] Vgl. Neus (Einführung), S. 359; Coenenberg (Ziele), S. 2; Hax (Investitionsrechnung), S. 155.

[1505] Vgl. Wild (Unternehmungsplanung), S. 44 f.; Sierke (Abweichungsanalysen), S. 276.

[1506] Vgl. Coenenberg (Kostenrechnung), S. 5 f.

[1507] Vgl. Schultze/Weiler (Gestaltung), S. 103.

[1508] "In der jüngeren Vergangenheit ist die Verhaltenssteuerungsfunktion zunehmend in das Blickfeld theoretischer und praktischer Überlegungen gerückt" [Gillenkirch/Schabel (Investitionssteuerung), S. 216].

[1509] Vgl. z.B. Velthuis/Wesner/Schabel (Fair value), S. 459.

wenn das interne Rechnungswesen nur der Verhaltenssteuerung dienen soll und nicht im Hinblick auf die Entscheidungsunterstützung auszugestalten ist.

5.4.2.2 Entscheidungszweck des internen Rechnungswesens

Ein wertorientiertes internes Rechnungswesen ist auf den Wert und die Wertentwicklung des Unternehmens auszurichten.[1510] In diversifizierten Unternehmen liegen die Quellen der Schaffung von Unternehmenswert in erster Linie auf Geschäftsbereichsebene,[1511] weshalb auf dieser Ebene eine unternehmenswertorientierte Steuerung ansetzen sollte.[1512] Es spricht einiges dafür, das interne Rechnungswesen auf die Bereichsebene auszurichten,[1513] da Informationen über die Zusammensetzung des Gesamtunternehmenswerts, also disaggregierten wertrelevanten Informationen, eine große Bedeutung zukommt.[1514] „Jedes strategische Geschäftsfeld, jede Tochtergesellschaft oder jede andere Einheit eines Unternehmens muß periodisch daraufhin geprüft werden, ob sie voraussichtlich einen angemessenen Beitrag zur Steigerung des Shareholder Values eines Unternehmens leistet oder ihn etwa mindert."[1515]

Wenn Unternehmenswert primär auf Ebene der Geschäftsbereiche ensteht, dann lässt sich der Unternehmenswert am besten auf Bereichsebene steigern,[1516] wobei dem internen Rechnungswesen die Aufgabe zukommt, Entscheidungen im Hinblick auf diese Zielsetzung zu unterstützen. „Für Planungsrechnungen ist heute unstreitig, dass sich Unternehmenswertsteigerungen am besten...mit den gängigen Unternehmensbewertungsmethoden abbilden lassen. Die Zielkongruenz ist dabei am besten gewährleistet."[1517] „Dabei ist offensichtlich, dass das spezifische Bewertungsobjekt nicht die Unternehmung insgesamt sein kann,...sondern abgegrenzte Teilbereiche einer Unternehmung."[1518] Demzufolge müssen diversifizierte Unternehmen „bereichsbezogen

---

[1510] Vgl. Hirsch (Berichtswesen), S. 163 und 168.
[1511] Vgl. Alvarez (Segmentanalyse), S. 663.
[1512] Vgl. Günther (Controlling), S. 98 f.
[1513] Vgl. Günther (Controlling), S. 98.
[1514] Vgl. Bärtl (Unternehmenssteuerung), S. 43 f.
[1515] Vgl. Busse von Colbe (Shareholder Value), S. 273.
[1516] Vgl. Rappaport (Shareholder Value); a.A. Albach (Shareholder Value), S. 667 und S. 674.
[1517] Coenenberg/Mattner/Schultze (Steuerung), S. 17 f.
[1518] Dirrigl (Unternehmensbewertung), S. 144.

bewertet und gesteuert werden."[1519] „Als Grundregel gilt, Geschäftsbereiche nach Möglichkeit auf der niedrigsten Aggregationsebene zu definieren"[1520], denn bei einer zu weiten Bereichsabgrenzung könnten durch einen bereichsinternen Wertausgleichseffekt relevante Wertänderungen unerkannt bleiben.

Einzelne Geschäftsbereichen müssen im Hinblick auf die Maximierung des Unternehmenswerts „strategisch ausgerichtet" werden.[1521] Im Rahmen des Entscheidungszwecks geht es gewissermaßen darum, über die Förderungswürdigkeit von Geschäftsbereichen und mitunter über Einschränkung oder Wachstum des Geschäftsbetriebs zu entscheiden.[1522] Der Entscheidungszweck des internen Rechnungswesens weist damit Parallelen zur Fundierung der Anlageentscheidung durch die Investoren als primären Zweck der IFRS auf, bei der es gewissermaßen auch um die Förderungswürdigkeit des Unternehmens und um einen Auf- oder Abbau des Engagements geht. Dieser Zweck spiegelt sich quasi im internen Rechnungswesen im „Kleinen" wider. Bezüglich des Entscheidungszwecks kann folglich konstatiert werden: „Bei der Unterstützung aktueller Entscheidungen stimmen die Informationsbedürfnisse [Informationswünsche] des Entscheidungsträgers recht weitgehend mit denen der Kapitalmarktteilnehmer überein."[1523] Sie betreffen den auf die Geschäftsbereichsebene heruntergebrochenen Wert des Gesamtunternehmens.

Maßgebliche Zielsetzung bleibt jedoch die Maximierung des Unternehmenswerts und nicht – auch wenn im internen Rechnungswesen idealerweise Geschäftsbereichswerte als Zielgrößen Verwendung finden sollten – die Maximierung eines isolierten Geschäftsbereichswerts.[1524] Mitunter bestehen jedoch Interdependenzen zwischen den Geschäftsbereichen, welche sich einer Erfassung in einer periodischen Teilunternehmenswertrechnung entziehen können.[1525] Dennoch ist eine zielkongruente Bewertung der Geschäftsbereiche möglich.[1526] Unter der Prämisse der Wertadditivität[1527] ist eine Maximierung

---

1519 Kuhner (Zielsetzungen), S. 21.
1520 Copeland/Koller/Murrin (Unternehmenswert), S. 364.
1521 Vgl. Hungenberg (Planung), S. 5508 f.
1522 Vgl. Coenenberg (Kostenrechnung), S. 598.
1523 Pellens/Basche/Crasselt (Ergebnisspaltung), S. 610. Vgl. auch Kirsch/Steinhauer (Einfluss), S. 433; Altenburger/Busse von Colbe/Küpper/Loitlsberger/Siegwart (Weiterentwicklung), S. 68.
1524 Vgl. Hungenberg (Planung), S. 5508 f.; Borchers (Beteiligungscontrolling), S. 283.
1525 Vgl. Bärtl/Pfaff (Unternehmenssteuerung); Albach (Shareholder Value), S. 666 f.
1526 Vgl. Arbeitskreis (Unternehmenssteuerung), S. 571.
1527 Vgl. Küting/Lorson (Profitabilität), S. 4; Janschek (Rechnungslegung), S. 772.

eines Teilunternehmenswerts der Maximierung des Gesamtunternehmenswerts (UW_j) äquivalent.[1528] Bei vorhandener Wertadditivität muss für die geschäftsbereichsbezogenen Teilunternehmenswerte ($TUW_j^{GB_i}$) idealtypisch gelten:[1529]

$$UW_j = TUW_j^{GB_1} + TUW_j^{GB_2} + ... + TUW_j^{GB_n}$$

Ein solcher Zusammenhang kann bei weitgehender Autonomie der Geschäftsbereiche[1530] und einer möglichen Zuordnung der Synergiepotentiale zwischen den Geschäftsbereichen – trotz gewisser Interdependenzen – unterstellt werden[1531]. Hierzu müssen die Geschäftsbereiche idealtypisch „von der Beschaffung über die Produktion bis zum Absatz wie selbständige Unternehmen"[1532] agieren, also einen gesamten unabhängigen Leistungserstellungsprozess umfassen.[1533] Unter dieser Bedingung können diversifizierte Unternehmen zu Steuerungszwecken auf Geschäftsbereichsebene bewertet werden.[1534]

In erster Linie gilt es wertschaffende und wertvernichtende Geschäftsbereiche zu identifizieren[1535] und über strategische Maßnahmen bezüglich der einzelnen Geschäftsbereiche zu entscheiden.[1536] Auch wenn die auf Geschäftsbereichsebene mit Hilfe des internen Rechnungswesens zu lösenden Entscheidungsprobleme vielfältiger als das unter Bezugnahme auf einen IFRS-Abschluss zu bewältigende Anlageproblem sind, so ähneln sie sich doch in ihrer Grundstruktur;[1537] die Anlageentscheidungen der Investoren gleichen jedenfalls den intern zu treffenden Beteiligungsentscheidungen.[1538] Auch hier stellen sich mitunter Fragen, welche das Weiterführen oder den Verkauf von

---

1528 Vgl. Hungenberg (Planung), S. 5509.
1529 Vgl. Küting/Lorson (Profitabilität), S. 4.
1530 Vgl. hierzu Arbeitskreis (Erwiderung), S. 381; kritisch Bärtl/Pfaff (Unternehmenssteuerung), S. 372-376.
1531 Vgl. Günther (Controlling), S. 379; ferner Bühner (Management-Wert-Konzept), S. 83 f.; Burger/Ulbrich (Beteiligungscontrolling), S. 532, Fn. 1501 und S. 534.; a.A. Herter (Management), S. 103.
1532 Busse von Colbe (Planung), S. 208.
1533 Vgl. Schneider (Bilanzgewinn), S. 471 f.; Schneider (Bilanz), S. 573.
1534 Vgl. Copeland/Koller/Murrin (Unternehmenswert), S. 363 ff.; Arbeitskreis (Unternehmenssteuerung), S. 569-573; Herter (Management), S. 75.
1535 Vgl. Fey/Mujkanovic (Segmentberichterstattung), S. 262.
1536 Vgl. Dirrigl (Erfolgspotentialrechnung), Sp. 420.
1537 Vgl. hierzu Hilz (Unternehmenssteuerung), S. 44; Franke/Hax (Finanzwirtschaft), S. 141.
1538 Vgl. hierzu Pellens/Basche/Crasselt (Ergebnisspaltung)

Geschäftsbereichen betreffen. Bei einer Verkaufsentscheidung sind die Unternehmenswerte vor und nach dem Verkauf des Tochterunternehmens zu vergleichen.

Neben einer Weiterführung in (weitgehend) unveränderter Form oder einem Verkauf steht natürlich ebenso die Möglichkeit eines Strategiewechsels zur Disposition.[1539] Auch bei der Strategieauswahl bedarf es ähnlicher Entscheidungskalküle wie bei einer Weiterführungs- oder Verkaufentscheidung.[1540] Sie erfordert den Vergleich vom Going Concern-Unternehmenswert und dem Wert des Unternehmens bei Durchführung einer neuen Strategie.

Da Unternehmensstrategien grundsätzlich durch interne Projekte (internes Wachstum) oder durch den Kauf von Unternehmen (externes Wachstum) realisiert werden können,[1541] sind die internen Strategie- und externen Akquisitionsentscheidungen miteinander verbunden. Jede interne Strategiebeurteilung erfordert (soweit vorhanden) auch die Beachtung externer Wachstumsoptionen et vice versa. Beteiligungen stellen eine Sonderform einer strategischen Entscheidung dar,[1542] unter diesem Gesichtspunkt sind strategische Entscheidungen oft als „Make or Buy"-Entscheidungen zu charakterisieren.[1543] Der Kapitalwert der nicht realisierten (zweitbesten) Wachstumsstrategie stellt die Opportunitätskosten dar.

Es erscheint zweckmäßig, im Rahmen des internen Rechnungswesens einen periodischen „Basiswert" für einzelne Geschäftsbereiche zum Ende jeder Abrechnungsperiode bereitzustellen. Damit ist in regelmäßigen Abständen ein Basiswert als Ansatzpunkt zur Aufdeckung von Wertlücken vorhanden.[1544] Der periodische „Basisbereichswert" kann entscheidungsspezifisch modifiziert und der strategischen Entscheidung auf Grundlage des mit ihr verbundenen Wertbeitrags vorgeschaltet werden.[1545] Der periodische Bereichswert bildet sowohl den Ausgangspunkt für strategische Entscheidungen als auch der Ableitung von Soll-Ergebnissen für die Kontrolle der Geschäftsbereiche.[1546] Von den Geschäftsbereichen kann etwa erwartet werden, dass sie einen Wertbeitrag

1539 Vgl. Coenenberg (Gewinnbegriff), S. 455.
1540 Vgl. hierzu auch Ballwieser (Unternehmensbewertung), S. 1.
1541 Vgl. Hense (Goodwill), S. 250 f.
1542 Vgl. Arbeitskreis (Synergie), S. 963.
1543 Vgl. Hense (Goodwill), S. 251.
1544 Vgl. Küting/Lorson (Profitabilität), S. 4.
1545 Vgl. Ferstl (Managervergütung), S. 217.

i.H. der Verzinsung des Bereichswerts zum Beginn der Kontrollperiode erzielen.[1547]

5.4.2.3 Kontrollzweck des internen Rechnungswesens

Im Mittelpunkt des wertorientierten internen Rechnungswesens steht die Messung des in einer Abrechnungsperiode erzielten Wertbeitrags,[1548] wobei aus einheitstheoretischer Perspektive der auf die Konzernmehr- und Konzernminderheitengesellschafter entfallende Wertbeitrag gleichermaßen relevant ist. Sowohl wertschaffende als auch wertvernichtende Entscheidungen werden in diversifizierten Unternehmen vor allem auf Bereichsebene getroffen.[1549] Daher bedarf es insbesondere auf dieser Ebene einer periodischen Kontrolle des erzielten Wertbeitrags.

Die auf Geschäftsbereichsebene getroffenen strategischen Entscheidungen müssen im Hinblick auf den Zielereichungsgrad kontrolliert[1550] und die Wertentwicklung der entsprechenden Projekte im Zeitablauf verfolgt werden können[1551]. Auf dieser Grundlage ist über weitere (Gegen-)Maßnahmen zu entscheiden sowie eine (damit verbundene) Basis für eine sachgerecht ausgestaltete Managementbeurteilung zu schaffen.[1552] Das Bereichsmanagement wird hierbei seine eigenen Handlungen auf die erwartete Auswirkung auf die Beurteilungsgröße ausrichten.[1553]

Im Grunde findet der Kontrollzweck der IFRS im internen Rechnungswesen ebenso wie der Entscheidungszweck sein „kleines Abbild“, soweit es um die Beurteilung der Geschäftsbereiche bzw. des Geschäftsbereichsmanagements geht[1554]. Dem Top-Management kann quasi eine Eignerfunktion bezüglich der Geschäftsbereiche zugebilligt werden,[1555] womit sich zwischen Top-Management und Bereichsleitung ein der Beziehung zwischen Investoren und Top-Management vergleichbares Delegationsverhältnis ergibt[1556]. Für das in-

[1546] Vgl. hierzu grundlegend Barton (Income Theory), S. 677 ff.
[1547] Vgl. Moxter (Betriebswirtschaftliche Gewinnermittlung), S. 53.
[1548] Vgl. Franz/Winkler (Controlling), S. 417.
[1549] Vgl. hierzu Bühner (Profit Center), Sp. 1616.
[1550] Vgl. Schweitzer (Unternehmensrechnung), Sp. 2021.
[1551] Vgl. Dirrigl (Erfolgspotentialrechnung), Sp. 420.
[1552] Vgl. Dirrigl (Erfolgspotentialrechnung), Sp. 420 f. und Sp. 423 f.
[1553] Vgl. Hax (Investitionsrechnung), S. 155.
[1554] Vgl. Coenenberg (Kostenrechnung), S. 598.
[1555] Vgl. Ewert/Wagenhofer (Interne Unternehmensrechnung), S. 6.
[1556] Vgl. Coenenberg (Kostenrechnung), S. 576 f.

terne Rechnungswesen lässt sich demgemäß analog zum externen Rechnungswesen der ökonomische Gewinn als kontrollzweckbezogener Informationswunsch ableiten, er stellt quasi ein Ideal der Periodenerfolgsmessung dar.[1557] Innerhalb des internen Rechnungswesens bezieht sich die kapitaltheoretische Erfolgsgröße allerdings zweckmäßigerweise auf die Geschäftsbereichsebene, auf die sich auch die entsprechenden wertrelevanten Entscheidungen beziehen.[1558]

Die kontrollzweckspezifischen Informationswünsche lassen sich wie folgt als ökonomischer Gewinn eines Geschäfttsbereichs konkretisieren:

$$\ddot{O}G_t^{GB_i} = NA_t^{GB_i} + \Delta TUW_{t/t-1}^{GB_i} = NA_t^{GB_i} + TUW_t^{GB_i} - TUW_{t-1}^{GB_i}$$

Der Bereichskontrolle dient der auf die Kontrollperiode bezogene ökonomische Gewinn eines Geschäftsbereichs ($\ddot{O}G_t^{GB_i}$), der sich als Summe des Nettoabflusses des Geschäftsbereichs an die Investoren oder andere Geschäftsbereiche ($NA_t^{GB_i}$) und der Änderung des Bereichswerts in der Kontrollperiode ($\Delta TUW_{t/t-1}^{GB_i}$) ergibt.[1559] Letztere ergibt sich als Differenz zwischen den Werten des Geschäftsbereichs zum Ende ($TUW_t^{GB_i}$) und zum Beginn ($TUW_{t-1}^{GB_i}$) der Kontrollperiode.

Um die Zielkongruenz zwischen dem erzielten $\ddot{O}G_t^{GB_i}$ und dem Zielerreichungsgrad des Gesamtunternehmens sicherzustellen, muss folgender Zusammenhang zwischen dem ökonomischen Gewinn des Unternehmens ($\ddot{O}G_t^U$) und den Geschäftsbereichsergebnissen ($\ddot{O}G_t^{GBi}$) gelten:

$$\ddot{O}G_t^U = \ddot{O}G_t^{GB_1} + \ddot{O}G_t^{GB_2} + ... + \ddot{O}G_t^{GB_n}$$

In diesem Fall sollte eine Maximierung der $\ddot{O}G_t^{GBi}$ mit einer Maximierung des $\ddot{O}G_t^U$ einhergehen.[1560] Jeder positive (negative) Erfolgsbeitrag zur Bereichskontrollgröße $\ddot{O}G_t^{GB_i}$ wirkt sich betragsgleich positiv (negativ) auf das Gesamt-

---

1557 Vgl. Hax (Investitionsrechnung), S. 163 f.

1558 In diesem Zusammenhang wird kapitaltheoretischen Erfolgskonzepten praktische Anwendbarkeit attestiert. Vgl. Dirrigl (Beteiligungscontrolling), S. 781; Burger/Ulbrich(Beteiligungscontrolling), S. 603; Trützschler/David/Strauch/Tomaszewski (Unternehmensbewertung), S. 391; Bühner (Profit Center), Sp. 1618 f.

1559 Vgl. Haaker (Cotrolling), S. 353.

1560 Vgl. Bühner (Profit Center), Sp. 1616.

unternehmensergebnis aus.[1561] Damit diese Bedingung erfüllt ist, muss neben der Wertadditivität der $TUW_t^{GB_i}$ ($TUW_{t-1}^{GB_i}$) bezüglich des UW_t (UW_{t-1}) auch die Summe der Nettoausschüttungen der Geschäftsbereiche ($NA_t^{GB_i}$) der Nettoausschüttung des Gesamtunternehmens an die Anteilseigner (NA_t^U) entsprechen:[1562]

$$NA_t^U = NA_t^{GB_1} + NA_t^{GB_2} + \ldots + NA_t^{GB_n}$$

Auf Geschäftsbereichsebene können Nettoausschüttungen an andere Geschäftsbereiche (des jeweiligen Mutterunternehmens) oder (je nach rechtlicher Struktur) direkt an die Anteilseigner erfolgen. Die „reinen Transfers" unter den Geschäftsbereichen müssen sich im Ergebnis ausgleichen und zu einem Wert von Null saldieren.

Das nachstehende vereinfachte Beispiel soll diese Zusammenhänge verdeutlichen:

Ein Konzern besteht aus zwei Geschäftsbereichen (GB_1=Mutterunternehmen und GB_2=Tochterunternehmen), für die folgende Teilunternehmenswerte ermittelt wurden:

$$TUW_t^{GB_1} = 1100\ GE$$
$$TUW_{t-1}^{GB_1} = 1000\ GE$$
$$TUW_t^{GB_2} = 1000\ GE$$
$$TUW_{t-1}^{GB_2} = 1000\ GE$$

GB_2 hat 100 GE an GB_1 und weitere 100 GE an die Minderheitengesellschafter ausgeschüttet. An die Gesellschafter von GB_1 wurden 50 GE ausgeschüttet.

Unter der Annahme der Wertadditivität beträgt der Konzernwert zum Ende bzw. zum Beginn der Kontrollperiode

$$UW_t = TUW_t^{GB_1} + TUW_t^{GB_2} = 1100 + 1000 = 2100\ GE$$

$$UW_{t-1} = TUW_{t-1}^{GB_1} + TUW_{t-1}^{GB_2} = 1000 + 1000 = 2000\ GE$$

Die Nettoausschüttungen des Konzerns betragen

[1561] Vgl. Coenenberg (Einheitlichkeit), S. 2080.

[1562] Diese Bedingung gilt es insbesondere zu prüfen, wenn für $NA_t^{GB_i}$ eine Ersatzgröße wie etwa eine Free Cash Flow-Größe herangezogen wird.

$$NA_t^U = NA_t^{GB_1} + NA_t^{GB_2} = (50-100)+(100+100) = 150\,GE,$$

womit sich folgender ökonomischer Gewinn für den Konzern ergibt:

$$ÖG_t^U = NA_t^U + UW_t - UW_{t-1} = 150 + 2100 - 2000 = 250\,GE$$

Dieser lässt sich auch als Summe der ökonomischen Bereichsgewinne bestimmen:

$$ÖG_t^{GB_1} = NA_t^{GB_1} + TUW_t^{GB_1} - TUW_{t-1}^{GB_1} = (50-100)+1100-1000 = 50\,GE$$

$$ÖG_t^{GB_2} = NA_t^{GB_2} + TUW_t^{GB_2} - TUW_{t-1}^{GB_2} = (100+100)+1000-1000 = 200\,GE$$

$$ÖG_t^U = ÖG_t^{GB_1} + ÖG_t^{GB_2} = 50 + 200 = 250\,GE$$

Für Kontrollzwecke muss dem erzielten $ÖG_t^{GBi}$ ein Soll-Wert gegenübergestellt werden und die Abweichung zwischen Soll- und Ist/Wird-Wert einer Analyse unterzogen werden. Als erwarteter $\widetilde{ÖG}_t^{GB_i}$ lässt sich wiederum im Einklang mit der Entscheidungsrechnung als Verzinsung des Bereichswerts zum Periodenbeginn mit den bereichsspezifischen Kapitalkosten (k^{GB_i}) interpretieren:[1563]

$$\widetilde{ÖG}_t^{GB_i} = TUW_{t-1}^{GB_i} * k^{GB_i}$$

Dieser Soll-Wert ist zu Kontrollzwecken und als Ausgangspunkt einer Abweichungsanalyse dem erzielten $ÖG_t^{GBi}$ gegenüberzustellen:

$$\Delta ÖG_t^{GB_i} = ÖG_t^{GB_i} - \widetilde{ÖG}_t^{GB_i}$$

Im Rahmen einer Abweichungsanalyse sind insbesondere die Aktions- und Informationseffekte zu separieren, um eine sachgerechte Kontrolle des Bereichsmanagements zu gewährleisten.[1564]

5.4.3 Zwischenergebnis

Die Entscheidungszwecke des unternehmenswertorientierten internen und externen IFRS-Rechnungswesens erfordern gleichermaßen unternehmenswertbezogene Informationen. Während für die Anlageentscheidungen der Investoren der Wert des Gesamtunternehmens als Spiegelbild der Summe der Anteilswerte des berichtenden Unternehmens relevant ist, sind im internen

---

1563 Vgl. Pellens/Crasselt/Sellhorn (Goodwill-Bilanzierung), S. 141.
1564 Vgl. Dirrigl (Erfolgspotenzialrechnung), Sp. 427 f.

Rechnungswesen von diversifizierten Unternehmen als Basis für unternehmenswertorientierte Entscheidungen insbesondere Bereichswerte von Interesse, deren Maximierung unter der Annahme der Wertadditivität mit einer Maximierung des Gesamtunternehmenswerts einhergeht. Damit weisen die auf den Entscheidungszweck bezogenen Informationswünsche im internen Rechnungswesen offenkundig eine enge Beziehung zu denen des externen Rechnungswesens auf,[1565] vordergründig unterschiedlich erscheinen zunächst nur die Berichtsebenen. Während auf der einen Seite im externen Rechnungswesen der Gesamtunternehmenswert im Fokus des Informationsinteresses liegt, ist das Informationsinteresse im internen Rechnungswesen in erster Linie auf Bereichswerte gerichtet, wobei aus einheitstheoretischer Perspektive jeweils sowohl der Konzernmehr- als auch der Konzernminderheitenanteil gleichermaßen von Relevanz sind.

Jedoch ist auch bezüglich des externen Rechnungswesens eine Bereichsbewertung unter der Prämisse der Wertadditivität einer Bewertung des Gesamtunternehmens in Hinblick auf die Entscheidungs- und Kontrollrelevanz qualitativ mindestens gleichwertig.[1566] Dementsprechend bezieht sich auch die Praxis der externen Finanzanalyse primär auf die Bereichsebene.[1567] Daher erscheint es äußerst sinnvoll, auch im Rahmen der externen Berichterstattung stärker auf die Bereichsebene abzuzielen,[1568] womit sogar eine Identität der Informationswünsche mit dem internen Rechnungswesen bestände. Ähnliches gilt für den Kontrollzweck, dessen Erfüllung sich am ökonomischen Gewinn als idealer Kontrollgröße orientieren sollte.

Damit beziehen sich die Informationswünsche im Hinblick auf den Entscheidungs- und Kontrollzweck sowohl im internen als auch im externen Rechnungswesen auf den Unternehmenswert bzw. den ökonomischen Gewinn. Insofern kann von einer Übereinstimmung der Informationswünsche und einer prinzipiellen Zweckidentität ausgegangen werden.

[1565] Vgl. Pellens/Basche/Crasselt (Ergebnisspaltung), S. 610.

[1566] Vgl. Streim/Bieker/Esser (Ausschüttungsbilanz), S. 240 f.; Bieker (Fair Value Accounting), S. 221.

[1567] Vgl. Kuhner/Lüdtke-Handjery (Unwägbarkeiten), S. 564. Zur Bedeutung der Segmentanalyse vgl. auch Mozes (Analysis), S. 28; McConnell/Pacter (Segment Reporting), S. 32.

[1568] Vgl. hierzu grundlegend Backer/McFarland (Segments of a Business).

Da eine Konvergenz im Rechnungswesen auf eine Angleichung der Rechnungsziele hinausläuft, bestimmt sich die Höhe des Konvergenzpotentials im Hinblick auf eine übereinstimmende Abbildung der konkretisierten Rechnungszwecke als Rechnungsziele.

5.5 Idealtypische Rechnungsziele und Rechnungsinhalte

5.5.1 Rechnungszielbeschränkungen

5.5.1.1 Einwertigkeit und Typisierung des Rechnungsziels

Entscheidungs- und kontrollnützliche Rechnungsziele (Reinvermögen oder Gewinn[1569]) haben sich an den zu Informationswünschen präzisierten Informationsinteressen der Adressaten auszurichten.[1570] Rechnungsziele „müssen...folglich die entsprechenden Zielgrößen abbilden“[1571], wenigstens aber approximieren. Die zielgrößenorientierten Informationsinteressen sind als Informationswünsche auf die Rechnungszwecke Entscheidung und Kontrolle zu beziehen. Demgemäß besteht der Orientierungspunkt bezüglich des Entscheidungs- und Kontrollzwecks in der Messung des entscheidungsrelevanten Unternehmenswerts und des kontrollrelevanten ökonomischen Gewinns.

Spätestens auf der Ebene der Rechnungsziele greifen bezogen auf diese „Messabsichten“ die Informationsbeschränkungen der Einwertigkeit, Typisierung und Going Concern-Perspektive die bereits teilweise im Rahmen der Ableitung der Adressatenziele und Informationsinteressen sowie der konkretisierten Rechnungszwecke angesprochenen wurden. Da sie sich unabhängig von der Anwendungsebene auf die Zweckadäquanz der Rechnungsziele auswirken, sollen sie im Weiteren als Rechnungszielbeschränkungen interpretiert werden. Zu diesen zählt zweifelsohne auch das im Rechnungswesen etablierte Einzelbewertungsprinzip.

Da sich ein IFRS-Abschluss an eine Vielzahl von Investoren mit unterschiedlichen Präferenzen richtet, können durch dieses Informationsinstrument naturgemäß nicht für alle Investoren gleichermaßen entscheidungs- und kontrollre-

---

[1569] Vgl. Rückle (Bilanztheorie), Sp. 254 und 256; Schneider (Rechtsfindung), S. 151.
[1570] Vgl. Rückle (Bilanztheorie), Sp. 252.
[1571] Moxter (Rechnungslegungstraditionen), S. 501.

levante Informationen bereitgestellt werden[1572]. „The demand for information, such as financial reporting, is inherently personal and subjective, depending on the personal attributes of the investor....Hence, the demand for financial information can also vary across investors and decision contexts“[1573]. Durch einen IFRS-Abschluss können als Rechnungsziele bestenfalls Entscheidungs- und Kontrollgrößen bereitgestellt werden, die an den Zielen eines (fiktiven) repräsentativen Investors[1574] ausgerichtetet sind. Es bedarf folglich einer sinnvollen Typisierung[1575] des Rechnungsziels in Hinblick auf den typischen Adressaten bzw. den typischen Zielträger als Bewertungssubjekt.[1576] Hierfür bietet sich eine modellorientierte Typisierung an, mit der Informationswünschen aller Investoren weitgehend entsprochen werden soll.[1577]

Ein Jahresabschluss als allgemeines Informationsinstrument vermag mittels seiner Kerninstrumente Bilanz sowie GuV[1578] bestenfalls einwertige und typisierte Rechnungsziele als Indikatoren abzubilden.[1579] Der Zielstrom muss auf sicherlich nicht immer unproblematische, aber doch wenigstens im „Durchschnitt“ vertretbare Werte kompensiert werden. Ein typisiertes Rechnungsziel kann jedoch immer nur der Tendenz nach „richtig“ sein. „Für alle Mitglieder der Gruppe »Anteilseigner« kann...nur [ein einziges »Vermögen« und] ein einziger »Gewinn« errechnet werden. Diese eine Maßgröße...kann nicht den finanziellen Zielvorstellungen aller Empfänger der Rechnungslegung entsprechen.“[1580] Es handelt sich bestenfalls um eine Kompromissgröße. „Mehr ist einfach nicht zu erreichen, wenn die finanziellen Zielvorstellungen der Empfänger der Rechnungslegung voneinander abweichen.“[1581]

Mithilfe solch einwertiger Größen wären streng genommen lediglich bei gegebener Interessenharmonie für alle Investoren gleichermaßen relevante Ziel-

---

1572 Vgl. Mujkanovic (Fair Value), S. 337; Schneider (Renaissance), S. 57; Schildbach (Eignung), S. 40.
1573 Beaver (Financial Reporting), S. 24.
1574 Vgl. Baetge/Kümmel (Unternehmensbewertung), S. 12.
1575 Vgl. Mujkanovic (Fair Value), S. 337.
1576 Zum „Grundsatz“ der Zielträgerorientierung vgl. Haaker (Da capo), S. 690. Vgl. auch Moxter (Rechnungslegungstraditionen), S. 501.
1577 Vgl. Beaver (Financial Reporting), S. 24; Haller/Dietrich (Entscheidungsnützlichkeit), S. 301.
1578 Vgl. Streim/Bieker/Esser (Fair Value Accounting), S. 98.
1579 Vgl. Hommel/Schmidt/Wüstemann (Moxter), S. 85 und 89.
1580 Schneider (Renaissance), S. 57.
1581 Schneider (Renaissance), S. 57.

größen abbildbar.[1582] In diesem Grenzfall wären sie, jedenfalls unter Vernachlässigung von Manipulationsgefahren, sogar ideal, weil sich Anlageentscheidungen nur auf einer vergleichbaren Datenbasis treffen lassen. Aber selbst in diesem Fall verschleiert ein einwertiges Rechnungsziel die Vielzahl der dahinterstehenden denkbaren Entwicklungen.[1583] „Durch Aggregation von Daten werden nicht nur Informationen verdichtet, sondern auch vernichtet."[1584] Dies muss jedoch unweigerlich akzeptiert werden. Akzeptiert man diese Informationsbeschränkung nicht, verbleibt neben der Bereitstellung einer problematischen einwertigen „Kompromissgröße" im Grunde nur die Auffächerung in die Wertdeterminanten, auf deren Grundlage sich jeder Investor seinen subjektiven Wert ermitteln kann. Die mit der Einwertigkeit verbundene Beschränkung in Hinblick auf die individuellen Informationswünsche einzelner Investoren könnte also durch die Darstellung subjektiver und mehrwertiger Größen ausgeglichen werden,[1585] indem ihnen entsprechende Informationen bezüglich ihres Zielstroms[1586] bereitgestellt werden. Mit einer bilanziellen Informationsbereitstellung hätte eine solche „Rechnung" indes wenig gemeinsam.

Der IASB beschränkt sich laut F. 15 bemerkenswerterweise nicht auf die Vermittlung einwertiger Größen als Informationsziel. Vielmehr sollen den Adressaten im Ergebnis mehrwertige Informationen bezüglich des Einkommensstroms, d.h über dessen Höhe, Zeitpunkt und den Sicherheitsgrad der relevanten Zahlungen,[1587] gegeben werden.[1588] Die Bilanz und GuV nach herkömmlichem Muster können indes nur einwertige Rechnungsziele abbilden.[1589] Mit welchen „Auswertungstricks"[1590] von gegebenen einwertigen Vermögens- oder Gewinngrößen auf die drei Dimensionen des interessierenden Zahlungsstroms geschlossen werden soll, bleibt völlig unklar.[1591] Anders als in der Literatur

---

[1582] Vgl. hierzu Ballwieser (Theorie), S. 114, der auf die unterschiedlichen Vorstellungen der einzelnen Investoren über Vermögen und Gewinn bei unvollkommenen und unvollständigen Märkten verweist. Vgl. hierzu grundlegend Beaver/Demski (Income Measurement).
[1583] Vgl. Schneider (Kapitalmarkteffizienz), S. 31.
[1584] Pellens/Fülbier/Gassen (Unternehmenspublizität), S. 65.
[1585] Vgl. Hommel/Schmidt/Wüstemann (Moxter), S. 89.
[1586] Vgl. Moxter (Bilanzierung), S. 38.
[1587] Vgl. Moxter (Rechnungslegungstraditionen), S. 501.
[1588] Vgl. Ballwieser (Konzeptlosigkeit), S. 733; Ballwieser (IFRS-Rechnungslegung), S. 17.
[1589] Vgl. zur Problematik Kubin (Aktienkunde), S. 538.
[1590] Streim (Generalnorm), S. 402.
[1591] Vgl. Ballwieser (IFRS-Rechnungslegung), S. 131; Schildbach (Erfolg), S. 312; Ballwieser (Limitations), S. 68. Zur Problematik vgl. auch Moxter (Rechnungslegungsmythen), S. 2146 f.

suggeriert wird, genügt es hierfür nicht, dass „alle am Bilanzstichtag im Unternehmen nachweislich existierenden, positiven und negativen Cash Flow-Potenziale in Höhe ihres jeweiligen Barwerts in der Bilanz angesetzt werden."[1592] Damit wird bestenfalls ein Aggregat des Zahlungsstroms bereitgestellt und dies auch nur, wenn alle Potentiale erfasst werden.[1593] Selbst dies ist bei Vernachlässigung des Goodwill bekanntermaßen nicht der Fall.[1594] Die Ausprägungen der Dimensionen des Zahlungsstroms gehen jedenfalls durch die Verdichtung verloren,[1595] denn die Möglichkeiten, auf Grundlage einwertiger Größen auf den dahinter stehenden Zahlungsstrom schließen zu können, dürften äußerst begrenzt sein.[1596] „Die Grenzen...werden schnell deutlich, wenn man versucht, aus den gezeigten Bilanzbeständen Erwartungen über zukünftige Zahlungsströme im Hinblick auf Höhe, zeitliche Struktur und Unsicherheitsgrad zu entwickeln", was kaum besser gelingt, „wenn man die Gewinn- und Verlustrechnung zur Hilfe nimmt."[1597] Insofern besteht nur ein „sehr loser" Zusammenhang zwischen einwertigen Rechnungszielen und den Informationen über den tatsächlich erwarteten Zahlungsstrom.[1598] Über Höhe, zeitliche Struktur und Unsicherheitsgrad des Zahlungsstroms kann mittels Bilanz und GuV im Grunde gar nicht informiert werden.[1599]

Der Ansicht, dass ein umfassender bilanzieller Ausweis der Ein- und Auszahlungspotentiale dem Kriterium der Relevanz genügen kann,[1600] ist dessen ungeachtet zuzustimmen. Um daraus aber auf die Verteilung des Zahlungsstroms zu schließen, wäre eine Vielzahl von zusätzlichen Angaben erforderlich. Gegebenenfalls sind hierfür Angaben über mögliche Bandbreiten von Werten der Abschlussposten[1601] hilfreich, doch sicher nicht ausreichend. Zwar könnten entsprechende finanzplanorientierte Informationen[1602] etwa im An-

---

[1592] Bieker (Fair Value Accounting), S. 191. Vgl. hierzu auch Jones (Measurements), S. 28.
[1593] Vgl. Moxter (Bilanzierung), S. 58.
[1594] Vgl. Moxter (Windfalls), S. 238 ff.
[1595] Vgl. Göppl (Rechnungslegung), S. 571; Hilz (Unternehmenssteuerung), S. 65; Beaver (Future Events), S. 132.
[1596] Vgl. Ballwieser (IFRS-Rechnungslegung), S. 17.
[1597] Ballwieser (Unternehmen), S. 26 (beide Zitate). Ähnlich Ballwieser (Konzeptlosigkeit), S. 733.
[1598] Vgl. Streim (Generalnorm), S. 402.
[1599] Vgl. Schildbach (Zeitbewertung), S. 184.
[1600] Vgl. Bieker (Fair Value Accounting), S. 191.
[1601] Vgl. Baetge/Maresch (IFRS-Abschluss), S. 45; Pellens/Fülbier/Gassen (Unternehmenspublizität), S. 66 f.
[1602] Vgl. grundlegend Moxter (Bilanzierung); Busse von Colbe (Informationsgehalt), S. 110 ff.

hang, Lagebericht oder einem anderen jahresabschlussbezogenen Informationsinstrument bereitgestellt werden, mit bilanz- oder GuV-orientierter Informationsvermittlung hätte dieses aber wenig zu tun.

Bei einwertigen Rechnungszielen kann bestenfalls nur ein einwertiges Aggregat[1603] des dreidimensionalen Zielstroms abgebildet werden. Das in F. 15 beschriebene Informationsziel impliziert folglich eine von Bilanz und GuV losgelöste (zusätzliche) Informationsvermittlung,[1604] wobei es weit über „einen Mindesteinblick durch den Jahresabschluss insgesamt"[1605] hinausgeht. Ein solcher könnte im Übrigen selbst bei einer verzerrten bilanziellen oder GuV-orientierten Darlegung der Rechnungsziele gegeben sein.[1606]

Da eine von Bilanz und GuV abgekoppelte Informationsvermittlung offenbar nicht angestrebt wird, „verbirgt sich hinter...[einem IFRS-Abschluss] möglicherweise ein ganz anderes Konzept"[1607] der Informationsvermittlung. Das IASB lässt offen, mit welchem Informationskonzept der Zweck der Vermittlung von entscheidungs- und kontrollnützlichen Informationen (Informationszweck) tatsächlich erfüllt werden soll.[1608] Es bleibt bei einem eher unklaren Verweis auf die Entscheidungsrelevanz (Entscheidungserheblichkeit).[1609] „Mit dem [pauschalen] Verweis auf die Entscheidungserheblichkeit...ist nichts gewonnen"[1610], solange das dahinterstehende Informationskonzept nicht explizit festgelegt wird.[1611] „Concepts such as usefulness and relevance are much too general. As the...[IASB] presents them, without explication or illustration of application, they provide neither logical nor workable criteria with which to build a basic theory of accounting."[1612] In diesem Zusammenhang läge eine Orientierung an den Auswertungskalkülen der Investoren auf der Hand.[1613]

1603 Vgl. Haller/Dietrich (Entscheidungsnützlichkeit), S. 301.
1604 Vgl. hierzu auch Ballwieser (Generalklausel), S. 1037.
1605 Hommel/Schmidt/Wüstemann (Moxter), S. 96.
1606 Vgl. Moxter (Interpretation), S. 106.
1607 Schildbach (Zeitbewertung), S. 184.
1608 Vgl. kritisch Ballwieser (Konzeptlosigkeit), S. 727-745.
1609 Vgl. Framework F. 26 ff.
1610 Ballwieser (Anforderungen), S. 161. Vgl. auch fast wortgleich Kaiser (Investorensicht), S. 139.
1611 Vgl. Haaker (Wahrscheinlichkeitsproblem), S. 8.
1612 Caplan (Relevance), S. 54.
1613 Vgl. Dirrigl (Wertorientierung), S. 541 f. und 546.

Erstaunlicherweise werden aber mögliche Auswertungskalküle der Investoren vom IASB vernachlässigt.[1614]

Soll den Kerninstrumenten Bilanz und GuV indes eine wirkliche Informationsfunktion zukommen, muss sich der Investor mit „vorgefertigten" Globalwerten zufrieden geben. Mit der Aggregation nimmt der Bilanzierende in gewisser Weise einen Auswertungsschritt der Investoren vorweg: Der Zahlungsstrom wird im Abschluss bereits zu einem typisierten Wert kompensiert.[1615] Auch der (potentielle) Investor müsste zwar für seine Anlageentscheidungen die Informationen zu einem mit alternativen Anlagemöglichkeiten vergleichbaren Globalwert verdichten.[1616] Der mit einem Anteilsbesitz verbundene mehrwertige Zahlungsstrom per se kann nicht unmittelbar mit den Zahlungsströmen alternativer Anlagemöglichkeiten verglichen werden; es bedarf etwa einer risikoadjustierten Diskontierung auf einen vergleichbaren Barwert.[1617] So gesehen wird dieser ansonsten den Investoren obliegende Auswertungsschritt bei der Informationsbereitstellung vorangestellt, allerdings in typisierter und nicht in individueller Weise. Somit werden die Informationsmöglichkeiten bezüglich einer individuell optimalen Informationsversorgung von vornherein beschnitten. Bei heterogenen Interessen kommen regelmäßig „unterschiedliche Personen zu unterschiedlichen Auffassungen über die Höhe"[1618] des Unternehmenswerts. Die geschilderte Typisierungsnotwendigkeit besteht in gleicher Weise für die interne Steuerung und bringt gleichartige Probleme mit sich, wenn einer Vielzahl divergierender Anteilseignerinteressen entsprochen werden muss.[1619]

5.5.1.2 Going Concern-Perspektive

Idealtypisch obliegen einem IFRS-Abschluss die Vermittlung eines typisierten Unternehmenswerts und eines auf dessen Veränderung basierenden ökonomischen Gewinns.[1620] Um ein Mindestmaß an Objektivität zu gewährleisten, dürften jedoch durch einen IFRS-Abschluss „lediglich" Going Concern-Werte publiziert werden.[1621] Hierbei ist das Stichtagsprinzip[1622] wie folgt zu beachten:

[1614] Vgl. Schildbach (Erfolg), S. 312; Ballwieser (Konzeptlosigkeit), S. 734.
[1615] Vgl. kritisch zur Abbildung einwertiger Rechnungsziele Moxter (Standort), S. 36.
[1616] Vgl. Moxter (Standort), S. 35 f.; Moxter (Anlegerschutz), S. 263 f.
[1617] Vgl. Moxter (Standort), S. 35 f.; Haller/Dietrich (Entscheidungsnützlichkeit), S. 301.
[1618] Moxter (Gewinnkonzeptionen), S. 218.
[1619] Vgl. Ballwieser (Wertorientierte Unternehmensführung), Sp. 1617.
[1620] Vgl. Mujkanovic (Fair Value), S. 266.
[1621] Vgl. Mujkanovic (Fair Value), S. 291.

Zukünftige Veränderungen bezüglich der Geschäftstätigkeit dürften nur berücksichtigt werden, soweit die hierfür ursächlichen Maßnahmen bereits eingeleitet wurden.[1623] Damit wird zwar eine einigermaßen klare Regelung zur Erfassung von erweiternden Maßnahmen getroffen und einer willkürlichen Einbeziehung entgegengewirkt.[1624] Die Effekte solcher künftigen, mitunter bereits geplanten Maßnahmen bleiben den Investoren infolgedessen aber verborgen. Damit sind die typisierten Rechnungsziele hinsichtlich der Darstellung entscheidungs- und kontrollrelevanter Werte mehr oder weniger beschränkt. In diesem Zusammenhang muss indessen bedacht werden, dass in einer periodischen Rechnungslegung stets nur ein Stichtagswert publiziert werden kann, welcher bereits bei Veröffentlichung „überholt" sein kann.

Darüber hinaus kann auch kein (fiktiver) Unternehmenswert bei optimaler Geschäftspolitik bereitgestellt werden, womit der Vergleich zwischen dem tatsächlichen Unternehmenswert, der darüber hinaus durchaus vom Going Concern-Wert abweichen kann und einem Wert bei optimaler Geschäftspolitik[1625] nicht vorgenommen werden kann,[1626] weshalb die höchst relevanten Informationen über bisher „versäumte Gelegenheiten"[1627] ausgeklammert bleiben müssen.

5.5.1.3 Einzelbewertungsprinzip

5.5.1.3.1 Einzel- versus Gesamtbewertung

Unter der Annahme einer hinreichenden Zweckadäquanz von einwertigen und typisierten Going Concern-Unternehmenswerten zum Bilanzstichtag erweist sich vor allem der Grundsatz der Einzelbewertung als informationsbeschränkend, weil dieser – in strenger Form angewendet – ausgerechnet die wohl wichtigsten Werttreiber des berichtenden Unternehmens von einer bilanziellen Erfassung ausschließt.[1628] Solange nicht der gesamte Goodwill Berücksichtigung findet, wird eine höchst unvollständige Vermögensgesamtheit ausgewie-

---

1622 Vgl. IDW (IDW S 1), Rn. 22 f.
1623 Vgl. Mujkanovic (Fair Value), S. 292.
1624 Vgl. Ordelheide (Bilanzen), S. 522; Haaker (Da capo), S. 689.
1625 Vgl. hierzu Moxter (Auskunftsverweigerungsrecht), S. 310.
1626 Vgl. hierzu Rabianski (Going-Concern Value), S. 188 f.
1627 Schneider (Reformvorschläge), S. 1385.
1628 Vgl. Clemm (Zweckmäßigkeit), S. 141 f.

sen,[1629] was sich entsprechend auf die Gewinngröße auswirkt[1630]: „Eine betriebswirtschaftlich aussagefähige Gewinnziffer kann nicht durch Einzelbewertung erreicht werden. Sie muß der 'Gesamtbewertung' folgen“[1631]; eine strenge Einzelbewertung dürfte aufgrund der Goodwill-Vernachlässigung die wohl schwerwiegendste Beschränkung der Rechnungsziele darstellen.[1632] Unabhängig von der Bewertungskonzeption (Anschaffungskosten, Wiederbeschaffungswert oder Veräußerungswert) wird auf Einzelbewertungsbasis kein Unternehmenswert approximiert.[1633] Folglich ist auch nicht die wirtschaftliche Entwicklung des Unternehmens im Zeitablauf erkennbar,[1634] weshalb auf dieser Basis sachgerechte Entscheidungen und Kontrollen nur in Grenzfällen möglich sind.[1635]

Aus Sicht der Investoren ergibt sich der Wert eines Unternehmens aufgrund der ihnen erwartungsgemäß durch ihr Engagement zugute kommenden Zahlungen,[1636] wobei der Wert eines Unternehmens als Ganzes zu ermitteln ist. Ein solcher Gesamtwert beinhaltet mehr als einen synthetischen Wert, welcher sich aufgrund des bloßen Zusammenzählens der einzelnen identifizierbaren Substanzkomponenten (Vermögenswerte und Schulden) ergibt.[1637] Die bewertungsrelevanten erwarteten Zahlungsströme werden aber gerade durch das Zusammenwirken der im Unternehmen eingesetzten Vermögenswerte determiniert. Sie umfassen somit auch erwartete Synergieeffekte zwischen den Nettovermögenswerten (Stand Alone-Synergiepotential) und nicht selten auch erwartete Synergieeffekte, welche zwischen dem Bewertungsobjekt und einem nicht in die Bewertung einbezogenen Unternehmen entstehen.[1638] Bewertungsrelevant sind solche Synergieeffekte, die zwar im Verbund mit „dritten“ Objekten generiert, aber erwartungsgemäß im Bewertungsobjekt realisiert werden. Sie verändern entweder mittelbar den Zahlungsstrom zwischen Bewertungsobjekt und Bewertungssubjekt (bzw. Zielträger) oder aber das Risiko

---

1629 Vgl. Bromwich (Fair Values), S. 35; Münstermann (Dynamische Bilanz), S. 527.
1630 Vgl. Coenenberg (Gewinnbegriff), S. 444.
1631 Schneider (Manipulationen), S. 50.
1632 Vgl. Moxter (Funktionsinadäquanz), S. 1012.
1633 Vgl. Moxter (Eigenkapitalmessung), S. 85 ff.
1634 Vgl. Moxter (Windfalls), S. 238 ff.
1635 Vgl. Hommel/Schmidt/Wüstemann (Moxter), S. 89; Chen Chang (Business Income), S. 644.
1636 Vgl. Moxter (Unternehmensbewertung), S. 75; Ballwieser (Unternehmensbewertung b), Sp. 1782.
1637 Vgl. Helbling (Innerer Wert), S. 408.

und damit den Gesamtwert des Bewertungsobjekts;[1639] bei einer reinen Einzelbewertung bleiben solche Verbundwirkungen jedenfalls unberücksichtigt.[1640] Vorteile einer Einzelbewertungskonzeption sind die damit verbundene Offenlegung der Werttreiberstruktur innerhalb der Substanz[1641] sowie eine gewisse Grundobjektivierung[1642].

Die Einzelbewertung wird zumeist mit einer Messung des „Hineingesteckten" in Verbindung gebracht, während es unstrittig ist, dass eine Gesamtbewertung auf das „Herausholbare" abzielt,[1643] was als eine Konsequenz des sog. „cost-per se-is-the-asset syndrome"[1644] angesehen werden kann. Die konsequente Gleichsetzung von Einzelbewertung und Messung des „Hineingesteckten" ist indessen allenfalls bei einer Bewertung zu Anschaffungs- oder Herstellungskosten bzw. zu Wiederbeschaffungswerten gerechtfertigt und selbst in diesem Fall ist sie keinesfalls zwingend.[1645] Bei Vermögenswerten i.S. der IFRS kann diese Gleichsetzung jedenfalls definitionsgemäß keine Gültigkeit haben,[1646] ohne einen erwarteten Zahlungsüberschuss liegt kein Vermögenswert vor.[1647] Der Vermögenswertbegriff[1648] beschreibt eindeutig einen Ertragswertbeitrag[1649], weshalb nicht nur eine entsprechende Interpretation, sondern auch eine entsprechende Bewertung zum vermögenswertindividuellen Ertragswert nahe liegt.[1650] Insofern kann unabhängig vom „ersatzweise" für den nicht zurechenbaren Ertragswertbeitrag herangezogenen Bewertungsmaßstab unterstellt werden, dass eine Messung des „Herausholbaren" angestrebt wird. Auch

---

1638 Vgl. Johnson/Petrone (Goodwill), S. 295 f.

1639 Zumeist steht bei Synergieeffekten die Auswirkung auf den Zahlungsstrom im Mittelpunkt der Betrachtung. Vgl. etwa IDW (IDW S 1), Rn. 43. Entsprechend wird in der nachfolgenden Untersuchung ein Zahlungsstromorientierter Synergiebegriff verwendet.

1640 Vgl. Pellens (Rechnungslegungssysteme), Sp. 1550.

1641 Vgl. Mujkanovic (Fair Value), S. 268.

1642 Vgl. Moxter (Rechnungslegung), S. 23.

1643 Vgl. Ballwieser/Leuthier (Grundprinzipien, Teil I), S. 548; Wagner (Periodenabgrenzung), S. 1179.

1644 Schuetze (Asset), S. 68. Vgl. auch Johnson/Petrone (Goodwill), S. 299 f.

1645 Vgl. Ordelheide (Bilanzen), S. 514.

1646 Vgl. grundlegend Ordelheide (Periodengewinn); ferner Schultze (Unternehmensbewertung), S. 151; Pellens/Fülbier/Gassen (Rechnungslegung), S. 902.

1647 Vgl. Schuetze (Liabilities), S. 14 f.

1648 Vgl. Schuetze (Asset); Samuelson (Assets); Wagner (Assets); Munter/Ratcliffe (Asset); Johnson/Petrone (Goodwill), S. 296-302.

1649 Vgl. Ballwieser (Aussagegehalt), S. 53.

1650 Vgl. hierzu Wüstemann/Bischof (Fair-Value-Bewertung), S. 78.

wenn die Messung allenfalls in Sonderfällen approximativ möglich ist, so zielt die Bewertung dennoch in diese Richtung.[1651]

Im Einzelfall kann durchaus unklar sein, wo eine Einzelbewertung endet und eine Gesamtbewertung beginnt. So handelt es sich etwa bei einer Bewertung einer CGU, welche als zur Erzielung (weitgehend) unabhängiger Cash Flows geeigneter Vermögensverbund definiert ist,[1652] bewertungstechnisch um eine Gesamtbewertung, obwohl sie nur einen Teil eines ganzen Unternehmens umfasst.[1653] Jedoch ist auch ein ganzes Unternehmen oftmals wiederum Teil eines Konzerns, womit deutlich wird, dass der Unterschied zwischen Einzel- und Gesamtbewertung von der zweckbezogen gewählten Bewertungsebene abhängig ist.

5.5.1.3.2 Gemischte Einzel- und Gesamtbewertung

Zur Erfüllung des Informationszwecks müsste sich der IFRS-Abschluss ebenso wie das interne Rechnungswesen bei der Informationsbereitstellung am Gesamtwert des Unternehmens orientieren.[1654] Aus Gründen der Objektivierung wird jedoch der Rechnungszweck (d.h. die Messabsicht[1655]) im Rahmen der Messung als Rechnungsziel quasi in das Korsett von Bilanz und GuV gezwängt, wobei üblicherweise der Grundsatz der Einzelbewertung Beachtung finden soll[1656]. Auch wenn die Berichterstattung damit gewissen „technisch bedingten Aussagegrenzen"[1657] unterliegen mag, ist es dennoch prinzipiell mög-

---

[1651] Vgl. hierzu ausführlich Ordelheide (Bilanzen).

[1652] Vgl. IAS 36.6.

[1653] Demgemäß wird in der Literatur irrtümlicherweise sogar von einem vermeintlichen Verstoß gegen das Gesamtbewertungsprinzip ausgegangen. Vgl. Olbrich (Controlling), S. 43; Klingelhöfer (Cotrolling), S. 595 f.; Olbrich (Fragwürdigkeit); Brösel/Müller (Goodwillbeilanzierung), S. 40. Es wird jedoch gar nicht versucht, den Wert der CGU als Bewertungsobjekt mittels Summierung ihrer Einzelkomponenten synthetisch zu ermitteln. Vielmehr kommt unter Berücksichtigung aller Synergien ein Verfahren der Gesamtbewertung zur Anwendung.

[1654] Zum Informationsinteresse der Investoren am Unternehmenswert vgl. Schildbach (Erfolg), S. 312; Mujkanovic (Fair Value), S. 89 ff.; Baetge/Noelle (Shareholder-Value-Reporting), S. 174; Ruhwedel/Schultze (Value Reporting), S. 605 f.; Ruhwedel/Schultze (Konvergenz), S. 492; Ballwieser/Küting/Schildbach (Fair value), S. 529; Baetge/Kümmel (Reporting), S. 52.

[1655] Vgl. Schneider (Rechtsfindung), S. 149.

[1656] Vgl. Moxter (Gewinnkonzeptionen), S. 220; Moxter (Eigenkapitalmessung), S. 83. Zur Objektivierung mittels „bilanzieller" Einzelbewertung vgl. Moxter (Unternehmensbewertung), S. 35 ff.; Moxter (Betriebswirtschaftliche Gewinnermittlung), S. 90 ff.

[1657] Moxter (Bilanztheorien), S. 670.

lich, innerhalb dieses „Korsetts“ Wert und Wertentwicklung des Unternehmens adäquat abzubilden.[1658]

Unter dem Primat der „reinen“ Einzelbewertung bleibt aber eine Reihe von Erfolgspotentialen unberücksichtigt, da diese keiner separaten Erfassung zugänglich sind.[1659] Der einzelne Ertragswertbeitrag muss indes im Rahmen der Ansatzkonzeption (zumindest in gewissen Grenzen) objektiviert nachweisbar sein.[1660] Damit wird in Abhängigkeit von der tatsächlichen Aktivierungs- und Passivierungskonzeption der Unternehmenswert zumeist nur mehr oder weniger unzureichend approximiert.[1661] Positive und negative Verbundwirkungen bleiben jedenfalls außer Acht,[1662] diese Goodwill-Komponenten sind auf dem Wege der „reinen“ Einzelbewertung nicht erfassbar.[1663]

Sobald der Zusammenhang zwischen Bilanz und GuV Beachtung findet, gelten die damit verbundenen Beschränkungen gleichermaßen für die GuV. „Wenn das bilanzielle Reinvermögen nicht dem Effektivvermögen entspricht, kann auch der bilanzielle Gewinn nicht den Effektivgewinn...bilden.“[1664] Folglich muss für die zweckadäquate Gewinnermittlung zunächst der Unternehmenswert abgebildet werden,[1665] was durch eine synthetische Ermittlung, d.h. durch das einfache Zusammenzählen von Einzelkomponenten, schwerlich gelingen kann. Selbst bei einer Fair Value-Bewertung fängt der Gewinn nur einen Teil der Unternehmenswertänderung ein,[1666] weil bei Vernachlässigung der Goodwill-Änderung ein wesentlicher Wertbeitrag fehlt.[1667] Somit kann auch die ohnehin beschränkt informative Vermittlung von einwertigen, typisierten Rechnungszielen keinesfalls in bestmöglicher Weise erfolgen, solange der Goodwill

[1658] Vgl. Chen Chang (Business Income), S. 643.

[1659] Vgl. Moxter (Rechnungslegungsmythen), S. 2143; Euler (Bilanzrechtstheorie), S. 176 f.; Münstermann (Dynamische Bilanz), S. 527.

[1660] Vgl. Ballwieser (Generalklausel), S. 1043.

[1661] Vgl. Hommel/Schmidt/Wüstemann (Moxter), S. 89. Zur Diskussion vgl. zuletzt Barth (Estimates).

[1662] Vgl. Moxter (Betriebswirtschaftliche Gewinnermittlung), S. 107 f.; Ballwieser (Limitations), S. 61; Hommel/Schmidt/Wüstemann (Moxter), S. 89; Ballwieser (Aussagegehalt), S. 54; Barth/Landsman (Fair Value Accounting), S. 101. Zu den unberücksichtigten Ertragswertkomponenten vgl. auch Moxter (Windfalls), S. 238.

[1663] Vgl. Moxter (Goodwill), Sp. 690.

[1664] Moxter (Rechnungslegungsmythen), S. 2144. Vgl. auch Moxter (Windfalls), S. 238; Schipper/Vincent (Earnings Quality), S. 107.

[1665] Vgl. Moxter (Gewinnkonzeptionen), S. 219.

[1666] Vgl. Kahle (Unternehmenssteuerung), S. 777.

[1667] Vgl. Moxter (Windfalls), S. 238; Ewert/Wagenhofer (Rechnungslegung), S. 16; Hitz (Fair Value Accounting), S. 349.

in der Bilanz fehlt. Im Grunde ist es sogar unmöglich, dieses Rechnungsziel einzelbewertungsorientiert ohne Ausweis des Goodwill überhaupt zu erreichen. „Im Ergebnis akzeptiert das IASB (wohl) die Unvereinbarkeit von [einzelbewertungsorientierter und goodwill-vernachlässigender] Bilanzierung und Gesamtbewertung“[1668]. Dennoch scheint vom IASB eine Unternehmenswertapproximation mit Mitteln angestrebt zu werden, mit denen diese nicht gelingen kann.[1669]

Theoretisch wäre es indessen möglich, auf der Aktivseite der Bilanz den Barwert der erwarteten Einzahlungen auszuweisen und diesem den Barwert der erwartete Auszahlungen gegenüber zu stellen, um als Differenz das „ökonomische“ Eigenkapital als Unternehmenswert zu ermitteln.[1670] Die GuV würde entsprechend die Mehrungen und Minderungen der Barwerte von Ein- und Auszahlungen zeigen und auf diese Weise einen ökonomischen Gewinn ermitteln. Damit ergäbe sich etwa die in *Abbildung 33* dargestellte formale Darstellung von Bilanz und GuV.[1671]

[1668] Wüstemann/Bischof (Fair-Value-Bewertung), S. 78.
[1669] Vgl. hierzu insbesondere Hommel/Schmidt/Wüstemann (Moxter), S. 89.
[1670] Vgl. Tichy/Barborka (Zusatzinformationen), S. 634 f.; Busse von Colbe (Bewertung), S. 51. Vgl. auch Schultze (Unternehmensbewertung), S. 90 f.
[1671] Vgl. Küting (Zukunftsbilanzen), S. 270; Wegmann (Gewinn), S. 71 ff.; Lücke/Hautz (Bilanzen), S. 18-28.

Abbildung 33: Bilanz und GuV als Barwertrechnungen

Bilanz	
Barwert der Einzahlungen	*Barwert der Auszahlungen*
	Eigenkapital (Unternehmenswert)
	(ökonomischer) Gewinn

GuV	
Minderung des Barwerts der Einzahlungen	*Minderung des Barwerts der Auszahlungen*
Mehrung des Barwerts der Auszahlungen	*Mehrung des Barwerts der Einzahlungen*
(ökonomischer) Gewinn	

In Anlehnung an: Küting (Zukunftsbilanzen), S. 270.[1672]

Einer derart weiten Abgrenzung des zu bilanzierenden Potentials wird indes nicht gefolgt,[1673] denn diese zwar höchst relevante, aber wenig verlässliche Art der Vermögens- und Gewinnermittlung wird zumindest für das externe Rechnungswesen als ungeeignet angesehen.[1674] Vielmehr sollen statt einer Gesamtbewertung des Erfolgspotentials einzelne Ein- und Auszahlungspotentiale als Vermögenswerte und Schulden erfasst werden.[1675] Auf diese Weise soll ein Mindestmaß an Objektivität sichergestellt[1676] und ein undifferenzierter Ausweis der Erfolgspotentiale[1677] vermieden werden. Da die positiven und negativen Erfolgswertbeiträge im Hinblick auf den (Gesamt-)Erfolgswert in vielfäl-

---

[1672] In der Darstellung werden offensichtlich Ausschüttungen vernachlässigt, weshalb der ökonomische Gewinn der Unternehmenswertänderung entspricht.

[1673] Vgl. Busse von Colbe (Bewertung), S. 51.

[1674] Vgl. Ballwieser (IFRS-Rechnungslegung), S. 32.

[1675] Vgl. Euler (Bilanzrechtstheorie), S. 176 f.

[1676] Vgl. Euler (Bilanzrechtstheorie), S. 177; Ballwieser (IFRS-Rechnungslegung), S. 32 f.

[1677] Vgl. hierzu Küting (Zukunftsbilanzen), S. 273.

tiger Art und Weise miteinander verknüpft sind und ihr individueller Beitrag zum Ertragswert oftmals unklar ist,[1678] bedarf es gangbarer Kriterien für ihre Abgrenzung.[1679] Die gewählte Aktivierungs- und Passivierungskonzeption determiniert den (potentiellen) Informationsnutzen (bzw. die Informationsgrenzen) von Bilanz und GuV. Bei Einzelbewertung kann von der Ansatz- und Bewertungskonzeption (Anschaffungskosten, Wiederbeschaffungs- oder Veräußerungswerte) der begrenzte Informationsnutzen allenfalls noch „feinjustiert" werden.[1680] Die Hürde zum Unternehmenswert wird selbst durch den Ansatz eines bezahlten Anteils am Goodwill, der keiner planmäßigen Abschreibung unterliegt[1681] oder gar einer „Hochrechnung" um einen Minderheitenanteil am Goodwill nicht genommen[1682]. Hierfür ist eine Aktivierung des gesamten Goodwill erforderlich,[1683] denn nur dann kann die Lücke zwischen Einzel- und Gesamtbewertung geschlossen werden.[1684]

Spätestens mit der „offenen" Bilanzierung eines originären Goodwill würde allerdings die Ebene der „reinen" Einzelbewertung verlassen werden.[1685] Der Goodwill kann nur auf Ebene einer Sachgesamtheit (Unternehmen oder CGU) mittels zukunftserfolgsorientierter Verfahren[1686] ermittelt werden.[1687] Im Grunde liegt mit der Aktivierung eines Goodwill immer eine gemischte Einzel- und Gesamtbewertung und daher keine „reine" Einzelbewertung mehr vor.

1678 Vgl. Kahle (Zukunft), S. 265.
1679 Vgl. Euler (Bilanzrechtstheorie), S. 176.
1680 Vgl. Moxter (Eigenkapitalmessung), S. 85 ff.
1681 Auch bei Anwendung des Impairment-Only-Approach bleibt hierbei der Unternehmenswert eine unbekannte Größe. Vgl. Siegel (Bilanzierung); S. 750.
1682 Vgl. Haaker (Einheitstheorie), S. 455 f.; Haaker (full goodwill method), S. 27.
1683 Vgl. Siegel (Bilanzierung), S. 749.
1684 Vgl. Pellens (Rechnungslegungssysteme), Sp. 1550.
1685 Anders sieht es u.U. bei einer vedeckten Bilanzierung des originären Goodwill gemäß dem Impairment-Only-Approach aus. Hierbei tritt zwar konzeptionsbedingt durch einen Goodwill-„Substitututionseffekt" ein originärer Goodwill an die Stelle eines derivativen [vgl. Haaker (Goodwill), S. 428], der „Kristallisierungskern…, um den herum der originäre in sukzessiver Form bilanziert" [Zimmermann (Signale), S. 389] wird, ist der derivative Goodwill. Damit bemisst sich der bilanzierte Teil des originären Goodwill an getätigten Ausgaben für einen derivativen Goodwill als »quasi-einzelbewerteten Vermögenswert(?)«. Vgl. Zimmermann (Geschäftswerte), S. 752; kritisch hierzu Siegel (Bilanzierung), S. 751.
1686 Diese finden freilich auch bei der Einzelbewertung Anwendung. Man denke nur an die Regelungen des IAS 40. Insofern enthält auch die reine Einzelbewertung Elemente einer Gesamtbewertung.
1687 Vgl. Ruhwedel/Schultze (Value Reporting), S. 611.

Die mit der Einzelbewertung verbundene Informationsbeschränkung gilt im Grunde analog für das interne Rechnungswesen. Auch „interne“ Bilanzen werden unter Beachtung des Einzelbewertungsprinzips erstellt;[1688] „sie vernachlässigen mehr oder weniger stark den (positiven oder negativen) Geschäftswert.“[1689] Da sich das interne Rechnungswesen bezüglich der Erfassung immaterieller Werte oftmals an den Daten des externen Rechnungswesens orientiert,[1690] bleibt auch dort ein originärer Goodwill unberücksichtigt.[1691] Im internen Rechnungswesen wird teilweise sogar eine Eliminierung eines im externen Rechnungswesen erfassten derivativen Goodwill empfohlen.[1692] Jedenfalls wird in beiden Systemen auf eine „reine“ Gesamtbewertung verzichtet und gewissermaßen eine „unreine“ Einzelbewertung vorgenommen.[1693]

Folgendes Beispiel soll den Zusammenhang zwischen Einzel- und Gesamtbewertung verdeutlichen:

Ein Unternehmen verfügt über

- ein Patent (fortgeführte Anschaffungskosten 30 GE, Marktwert 55 GE),
- eine Maschine (Anschaffungskosten 10 GE, Marktwert 20 GE),
- Rohstoffe (Anschaffungskosten 20 GE, Marktwert 25 GE) sowie
- eine Schuld (Buchwert 5 GE, Marktwert 10 GE).

Aus dem Einsatz der genannten Produktionsfaktoren wird ein jährlicher Zahlungsüberschuss i.H.v. 20 GE erwartet, der risikoadjustierte Kalkulationszins beträgt 10 %. Der Gesamtwert des Unternehmens beläuft sich somit auf 200 GE ($=\frac{20\,GE}{0{,}1}$). *Abbildung 34* verdeutlicht den Zusammenhang zwischen Einzel- und Gesamtbewertung, wobei von einem Buchwert des derivativen Goodwill von 5 GE ausgegangen wird.

1688 Vgl. Moxter (Eigenkapitalmessung), S. 83; Moxter (Windfalls), S. 238.
1689 Moxter (Windfalls), S. 241.
1690 Vgl. Haller (Immaterielle Vermögenswerte), S. 578; Schruff/Haaker (Immaterielle Vermögenswerte), Rn. 106.
1691 Vgl. Ballwieser (Unternehmensführung), S. 166.
1692 Vgl. Weber (Rechnungswesen, Band 2), S. 16; Coenenberg (Kostenrechnung), S. 46.
1693 Vgl. grundlegend Moxter (Betriebswirtschaftliche Gewinnermittlung), S. 90-95.

Abbildung 34: Unterschied zwischen Einzel- und Gesamtbewertung

	Positionen	Anschaffungskosten	Marktwerte	Marktwerte + bezahlter Goodwill	Marktwerte + gesamter Goodwill	Gesamtwert
	Goodwill	-	-	5	110	
+	Patent	30	55	55	55	
+	Maschine	10	20	20	20	$\frac{20}{0{,}1}$
+	Rohstoffe	20	25	25	25	
-	Schulden	5	10	10	10	
=	Eigenkapital	55	90	95	200	200
	Marktwert-Buchwert-Lücke	145	110	105	0	-

Die „Lücke" zwischen Einzel- und Gesamtbewertung beläuft sich selbst bei einer Bewertung zu Marktwerten auf 110 GE und vergrößert sich durch eine Anschaffungskostenbewertung auf 145 GE. Auch durch die Aktivierung des derivativen Goodwill lässt sich die Marktwert-Buchwert-Lücke nur unwesentlich verringern.[1694] Wie sich zeigt, kann nur der Ansatz des Gesamt-Goodwill den per se wenig informativen Substanzwert in einen relevanten Unternehmenswert überführen.[1695]

Wie schon der Vergleich von Einzelbewertung zu Buch- und Marktwerten andeutet, ist der Übergang zwischen Einzel- und Gesamtbewertung fließend.[1696] So kann auch versucht werden, Vermögenswerte und Schulden mit ihren Ertragswertbeiträgen zu bewerten oder unter Aufgabe der „strengen" Einzelbewertung CGU als Bewertungseinheiten zu bilanzieren[1697]. Die erste Möglichkeit spiegelt sich etwa im Begriff des Vermögenswerts und der Schuld nach IFRS[1698] sowie im Teilwertbegriff[1699] wider.

1694 Vgl. hierzu Pellens (Rechnungslegungssysteme), Sp. 1550.

1695 Vgl. Mujkanovic (Fair Value), S. 284 f.; ferner Böcker (Bewertung), S. 1953 f.

1696 Vgl. hierzu Schultze (Unternehmensbewertung), S. 153.

1697 Vgl. Barth (Estimates), S. 281; Pellens/Fülbier/Gassen (Rechnungslegung), S. 902 f.; Streim/Bieker/Esser (Ausschüttungsbilanz), S. 239 ff.; Streim/Bieker/Esser (Fair Value Accounting), S. 101; Streim/Bieker/Esser (Informationen), S. 472; Bieker (Fair Value), S. 219-225; Haaker (Controlling), S. 353 f.; Haaker/Paarz (Segmentberichterstattung), S. 195 ff.; Schneider (Bilanzgewinn), S. 471 f.; Schneider (Bilanz), S. 573 f.; Busse von Colbe (Bewertung), S. 51.

1698 Vgl. Ballwieser (Aussagegehalt), S. 53.

1699 Vgl. kritisch Moxter (Betriebswirtschaftliche Gewinnermittlung), S. 109.

5.5.2 Externes IFRS-Rechnungswesen

5.5.2.1 Informationsbereitstellung und -auswertung des IFRS-Abschlusses

5.5.2.1.1 Unternehmenswertorientierte Auswertung

Investoren benötigen vor allem eine solide Informationsbasis für ihre Anlageentscheidungen,[1700] dementsprechend soll die IFRS-Rechnungslegung primär der Fundierung von Investitionsentscheidungen über das Kaufen, Halten und Verkaufen von Anteilen am berichtenden Unternehmen dienen (Entscheidungszweck).[1701] Damit zusammenhängend soll sekundär die Kontrolle des Managements durch die Investoren informativ unterstützt werden (Kontrollzweck), an die sich etwa Entscheidungen über den weiteren Einsatz des Managements anknüpfen können.[1702] Einem IFRS-Abschluss kommen dergestalt seiner Zwecksetzung nach „erhebliche Entscheidungswirkungen"[1703] zu.

In diesem Zusammenhang „wird getreu der fundamentalistischen Logik argumentiert: der Jahresabschluß gilt als wichtigste Informationsquelle zur Ermittlung des (Ertrags-)Werts der Unternehmung."[1704] Entsprechende entscheidungs- und kontrollrelevante Informationen sollten im Idealfall – so weit möglich – direkt aus dem IFRS-Abschluss „ablesbar" oder zumindest leicht aus den Abschlussgrößen transformierbar sein.[1705] Die (potentiellen) Investoren sollen somit direkte oder zumindest indirekte Informationen über den Wert und die Wertentwicklung ihrer Anlage(möglichkeit) erhalten.[1706]

Der Idealvorstellung, relevante Rechnungsziele direkt anhand des IFRS-Abschlusses abzulesen,[1707] dürfte bei Vernachlässigung wesentlicher Potentiale kaum entsprochen werden.[1708] Sollen durch einen Abschluss dennoch

---

[1700] Vgl. Busse von Colbe (Informationsgehalt), S. 96; Hax (Rechnungslegungsvorschriften), S. 190.
[1701] Vgl. Busse von Colbe (Informationsinstrument), S. 13; Busse von Colbe (Informationsgehalt), S. 91.
[1702] Vgl. F. 14.
[1703] Wagenhofer (Rechnungslegung), S. 452.
[1704] Schredelseker (Bilanzinformationen), S. 131.
[1705] Vgl. Schweitzer (Rechnungspolitik), S. 492; Schweitzer (Unternehmensrechnung), Sp. 2021.
[1706] Vgl. Werner/Padberg/Kriete (IFRS-Bilanzanalyse), S. 6.
[1707] Vgl. Schweitzer (Rechnungspolitik), S. 492.
[1708] Vgl. Moxter (Standort), S. 36 f.

relevante Informationen gegeben werden, so muss sich die Informationsvermittlung zumindest an den (möglichen) Auswertungsrechnungen der Investoren, mit denen sie Abschlussdaten in ihre Entscheidungs- und Kontrollgrößen transformieren, orientieren.[1709]

Wie bereits mehrfach angedeutet, kann ein IFRS-Abschluss den Informationsinteressen/-wünschen der Investoren nicht unmittelbar und nur eingeschränkt gerecht werden. Nur bei uneingeschränkter Dominanz der Informationsrelevanz wäre ein Unternehmenswert und dessen Veränderung auszuweisen.[1710] Soweit diese etwa wegen der Objektivierungsnotwendigkeit nicht gegeben ist, müssen die „unvollständigen" Informationen durch die Investoren im Rahmen ihrer Auswertungen „vervollständigt" werden.[1711] Aus diesem Grund stellt das Auswertungskalkül der Investoren einen Ausgangspunkt zur Bestimmung des Rechnungsziels dar und indiziert die Zweckmäßigkeit einer (potentiellen) Abbildungsregel[1712]. Gleichzeitig ergibt sich das zur Ableitung des Unternehmenswerts notwendige Investorenkalkül aus einem gegebenen Rechnungsziel. Nun erfordert die Auswertung auf Grundlage eines bilanzorientierten Rechnungsziels andere Kalküle als ein GuV-orientiertes Rechnungsziel. Das Auswertungskalkül der Investoren ist daher in jedem Fall zwingender Bestandteil einer ganzheitlichen wertorientierten Betrachtung des Rechnungswesens.[1713] Im Grunde kommt den Auswertungskalkülen die Aufgabe zu, ein ausgewiesenes „unvollkommenes" Rechnungsziel mit den im konkretisierten Rechnungszweck zum Ausdruck kommenden Informationswünschen (Messabsicht) in Einklang zu bringen.

Es stellt sich daher zunächst die Frage, welche Auswertungsmodelle bei einer investororientierten Bilanzanalyse in Betracht kommen.[1714] Über die tatsächlichen Kalküle der Investoren und damit auch über die hierfür benötigten Informationen ist einerseits wenig gesichertes Wissen vorhanden,[1715] sie lassen sich andererseits als „adressaten- und zweckspezifisches Auswertungssys-

---

1709 Vgl. Baetge/Kümmel (Reporting), S. 51 f.; Cornell/Landsman (Accounting Valuation), S. 22.

1710 Vgl. Vgl. Moxter (Standort), S. 36 f.

1711 Vgl. Ballwieser (Bilanzanalyse), Sp. 212.

1712 Vgl. Pellens/Fülbier (Immaterielle Vermögensgegenstände), S. 141.

1713 Vgl. Dirrigl (Wertorientierung), S. 542, der in diesem Zusammenhang von einer Aktionärsrechnung spricht.

1714 Vgl. Haaker (Einheitstheorie), S. 456 f.

1715 Vgl. Zülch/Gebhardt (Framework), S. 204.

tem“[1716] deduktiv ableiten[1717] und stellen „mehr oder minder plausible Annahmen“[1718] dar. In Bezug auf die möglichen Auswertungskalküle kann jedoch zweckmäßig unterstellt werden, dass diese investitionstheoretisch geprägt sind.[1719]

Im Hinblick auf die Zwecksetzung der IFRS-Rechnungslegung haben die Auswertungskalküle in erster Linie der Anlageentscheidung der Investoren (Entscheidungszweck)[1720] sowie sekundär der Kontrolle des Managements (Kontrollzweck)[1721] zu dienen, sodass der Entscheidungs- und Kontrollzweck dementsprechend die Auswertungskalküle der Investoren prägen.[1722] Hinsichtlich der durch die Informationswünsche geprägten Rechnungszwecke sind die Abschlussdaten durch die Investoren aufzubereiten.[1723] Dabei gilt, dass je zweckadäquater die Bilanzierungsnormen sind, desto weniger Aufbereitungen erforderlich sind und umgekehrt.

Im Rahmen von Anlageentscheidungen stellt ein (potentieller) Investor typischerweise den Wert der Anteile deren Marktpreis gegenüber.[1724] Ein höherer Marktpreis indiziert hier eine positive Verkaufs- und ein höherer Anteilswert eine positive Kaufentscheidung.[1725] Die Informationswünsche der Investoren im Rahmen des Entscheidungszwecks beziehen sich bei gegebenem Marktpreis folglich auf den Wert ihrer (potentiellen) Anteile am berichtenden Unternehmen,[1726] sodass ein IFRS-Abschluss der Anteilsbewertung zu dienen hat.[1727] Zur Erfüllung des Kontrollzwecks ist vor allem die Veränderung des

---

1716 Pellens (Informationswert), S. 155.
1717 Vgl. hierzu Beaver (Financial Reporting), S. 24.
1718 Schildbach (Konzernrechnungslegung, Teil I), S. 160.
1719 Vgl. Wagner (Informations- und Ausschüttungsbemessungsfunktion), S. 754.
1720 Vgl. F. 9(a); Kubin (Aktienkunde), S. 533; Wagner (Informations- und Ausschüttungsbemessungsfunktion), S. 754.
1721 Vgl. F. 14; Busse von Colbe (Informationsinstrument), S. 13 f.
1722 Vgl. hierzu auch Pellens (Informationswert), S. 155.
1723 Vgl. Schneider (Bilanzanalyse), S. 634.
1724 Vgl. Schredelseker (Bilanzinformationen), S. 131; Barton (Income Theory), S. 679; Ordelheide (Bedeutung), S. 518; Kußmaul (Unternehmensbewertung), S. 62; Haller/Dietrich (Entscheidungsnützlichkeit), S. 301; Barth/Berndt/Geiger/Schickling/Schmitt (Ermittlung), S. 421.
1725 Vgl. Kußmaul (Unternehmensbewertung), S. 62 f.; Lange (Jahresabschlußinformationen), S. 169; grundlegend Moxter (Unternehmensbewertung), S. 9 ff.
1726 Vgl. Moxter (Interpretation), S. 107. Zum Bilanzierungszweck der Anteilsbewertung vgl. auch Moxter (Bilanzlehre Band I), S. 122.
1727 Vgl. Grinyer/Russel/Walker (Accounting for Goodwill), S. 224.

Anteilswerts relevant,[1728] wobei auch die in der Periode erfolgten Ausschüttungen bei der Kontrolle zu berücksichtigen sind.

Vereinfacht kann der Anteilswert als Unternehmenswert pro Anteil verstanden werden,[1729] womit die Bedeutung der Unternehmensbewertung für die Anlageentscheidung und somit für das Investorenkalkül deutlich wird.[1730] Es geht um das Erkennen von Wert-Preis-Differenzen[1731] und demzufolge um die Ermittlung eines Entscheidungswertes, welcher durch das Unternehmen als Ganzes determiniert wird.

Ein IFRS-Abschluss hat demzufolge für die externe investororientierte Unternehmensbewertung relevante Informationen bereitzustellen.[1732] Damit ist ein Anspruch umschrieben, dem auch das Value Reporting gerecht werden soll.[1733] Es zeigt sich, dass IFRS-Rechnungslegung und Value Reporting mit der Orientierung an den Kalkülen der Unternehmensbewertung in dieselbe Richtung zielen. Ein „Outsourcing“ von Informationen in ein Value Reporting erscheint folglich nicht unbedenklich, lässt sich damit doch die Zweckinadäquanz des IFRS-Abschlusses hervorragend rechtfertigen. Insofern ist bei allen Mängeln der Rechnungslegung davor zu warnen, in der Tatsache, dass im Value Reporting „unternehmenswertorientierte Informationen gezeigt und erläutert“[1734] werden sollen, ein inhaltliches Abgrenzungsmerkmal zur Rechnungslegung zu sehen. Entsprechend verschwimmen in der Diskussion oftmals die Grenzen zwischen kapitalmarktorientierter Rechnungslegung und Value Reporting, indem beide Informationssysteme in einem „Business Reporting aufgehen sollen[1735] oder das Value Reporting als Ausgangspunkt einer Neuorientierung der Bilanz dienen soll[1736].

1728 Vgl. Moxter (Interpretation), S. 107; Haller/Dietrich (Entscheidungsnützlichkeit), S. 301.

1729 Vgl. Schruff/Haaker (Wahrscheinlichkleiten), S. 537; hierzu auch Moxter (Interpretation), S. 111.

1730 Vgl. Ballwieser (Limitations), S. 60. Zu den Unterschieden zwischen Unternehmens- und Anteilsbewertung vgl. Lange (Jahresabschlußinformationen)S. 170 f.; Wagner (Informations- und Ausschüttungsbemessungsfunktion), S. 754-757.

1731 Vgl. Wagner (Informations- und Ausschüttungsbemessungsfunktion), S. 755.

1732 Zur Nutzung des Jahresabschlusses als „Bewertungsgrundlage“ vgl. auch Lee (Accounting-Based Valuation), S. 414 f.

1733 Vgl. Ruhwedel/Schultze (Value Reporting), S. 605; Ruhwedel/Schultze (Konvergenz), S. 492; Schultze/Fink/Straub (Value Reporting), S. 564; Arbeitskreis (Value Reporting), S. 2337.

1734 Fischer/Wenzel/Kühn (Value Reporting), S. 1209.

1735 Vgl. Ruhwedel/Schultze (Value Reporting), S. 608.

1736 Vgl. Behr (Rechnungslegung), S. 539.

5.5.2.1.2 Unmittelbare Informationsvermittlung

Eine unmittelbare Vermittlung von entscheidungs- und kontrollrelevanten Informationen muss direkt am Unternehmenswert anknüpfen. Zwar scheint der Unternehmenswert zunächst eher der Anlageentscheidung und weniger der Kontrolle dienlich,[1737] seine periodische Veränderung umfasst aber mit der Entscheidungswirkung der Managementdisposition höchst kontrollrelevante Informationen[1738]. In der Veränderung des Unternehmenswerts schlagen sich neben Umweltentwicklungen in erster Linie auch die Maßnahmen des Managements nieder,[1739] insofern wird die Managementleistung indiziert.[1740] Allerdings muss für Kontrollzwecke zumindest aufgezeigt werden, „wie (und warum) sich der am Geschäftsjahresende erwartete Nettoausschüttungsstrom gegenüber dem zum Geschäftsjahresbeginn erwarteten Nettoausschüttungsstrom verändert hat"[1741].

Der relevante Unternehmenswert kann entweder direkt mittels einer Unternehmenswertrechnung bereitgestellt werden oder es kann eine indirekte Bereitstellung der für dessen Berechnung erforderlichen Parameter erfolgen.[1742] Hierbei darf man sich keinesfalls auf qualitative Indikatoren beschränken, denn „Anlageentscheidungen bedürfen quantitativer Informationen"[1743].

Aufgrund unterschiedlicher Präferenzen der Investoren kann es sich bei einem direkt dargestellten Unternehmenswert nicht um einen für alle Adressaten gleichermaßen relevanten Wert handeln,[1744] er kann allenfalls einem typisierten Informationswunsch entsprechen. „In keinem Fall gutzuheißen wäre eine Berichterstattung, die...nur den Unternehmenswert...und dessen Änderung in der Rechnungsperiode darlegte"[1745] und keine Rückschlüsse auf die Parameter der Berechnung sowie die Ursachen der Wertänderung zuließe. Die Berichtsgrößen sind vielmehr im Hinblick auf ihre Determinanten zu zerlegen.[1746] Daher wäre die direkte Darstellung des Unternehmenswertes gewissermaßen

---

1737 Vgl. Moxter (Auskunftverweigerungsrecht), S. 311 f.
1738 Vgl. Moxter (Windfalls), S. 239.
1739 Vgl. Hax (Investitionsrechnung), S. 164.
1740 Vgl. Moxter (Auskunftsverweigerungsrecht), S. 310.
1741 Moxter (Standort), S. 36.
1742 Vgl. Hommel (Bilanzierung), S. 13; Schildbach (Erfolg), S. 312.
1743 Frank (Non-Financials), S. 48.
1744 Vgl. Beaver (Financial Reporting), S. 24.
1745 Moxter (Bilanzierung), S. 40.
1746 Vgl. Ballwieser (Informations-GoB), S. 119.

um eine indirekte zu ergänzen.[1747] Desgleichen „wäre der ökonomische Gewinn nur in Verbindung mit zahlreichen anderen, nachprüfbaren Einzelinvestitionen zu gebrauchen."[1748] Insofern könnte auch gleich die indirekte Darstellungsweise gewählt und so Informationen über den relevanten Zahlungsstrom und seine Verteilung bereitgestellt werden.[1749] Die dargestellten Daten könnten von den Investoren in einem subjektiven Unternehmenswertkalkül „verarbeitet" werden,[1750] womit jeder Investor den für ihn gültigen Gesamtwert errechnen könnte und sich nicht mit einem nur ungefähr seinen Informationswünschen entsprechenden, direkt dargestellten Kompromisswert zufrieden geben müsste.

Im Rahmen einer indirekten Darstellung sind Informationen über die Breite, die zeitliche Struktur und den Unsicherheitsgrad[1751] des vom Unternehmen an die Investoren fließenden Zahlungsstroms zu geben.[1752] Diese Parameter können von den einzelnen Investoren zu ihrem individuellen Unternehmenswert aggregiert werden.[1753] Entsprechende Informationen lassen sich allerdings nur anhand von Finanzplänen und nicht mittels Bilanz und GuV darstellen.[1754] Die genannten Abschlussinstrumente erlauben hingegen nur eine mittelbare Informationsvermittlung und sollen auf diese Weise ein Minimum an Verlässlichkeit sicherstellen.[1755]

Einer unmittelbaren Informationsvermittlung – sei sie direkt über den Wert des Unternehmens oder indirekt über die Höhe, die zeitliche Struktur und den Sicherheitsgrad – wird dementsprechend im Rahmen eines IFRS-Abschlusses nicht gefolgt.[1756] „Damit scheiden Ideallösungen für das Informationsproblem

1747 Vgl. Mujkanovic (Fair Value), S. 302.
1748 Schneider (Manipulationen), S. 49.
1749 Vgl. Haller/Dietrich (Entscheidungsnützlichkeit), S. 302.
1750 Vgl. Haller/Dietrich (Entscheidungsnützlichkeit), S. 302; Schreiber/Kahle (Periodisierung), S. 4296.
1751 Vgl. Egner (Bilanzen), S. 30 f.; Schmidt/Terberger (Investitions- und Finanzierungstheorie), S. 50; Moxter (Bilanzierung), S. 38; Moxter (Betriebswirtschaftliche Gewinnermittlung), S. 6 ff.; ausführlich Moxter (Präferenzstruktur).
1752 Vgl. Moxter (Standort), S. 35; Moxter (Rechnungslegungsmythen), S. 2146 f.
1753 Vgl. hierzu Moxter (Standort), S. 35 f.; Schreiber/Kahle (Periodisierung), S. 4296.
1754 Vgl. Streim/Esser (Informationsvermittlung), S. 837; Streim (Gewinnermittlungsregeln), S. 338; Schreiber/Kahle (Periodisierung), S. 4296.
1755 Vgl. Haller/Dietrich (Entscheidungsnützlichkeit), S. 302; Schreiber/Kahle (Periodisierung), S. 4296.
1756 Vgl. Schildbach (Erfolg), S. 312.

aus; es bedarf einer [mehr oder weniger] unvollkommenen Lösung“[1757]. Eine solche, durch Einzelbewertung objektivierbare Behelfslösung stellt eine mittelbare Informationsvermittlung durch die Jahresabschlussinstrumente Bilanz und GuV dar.[1758]

5.5.2.1.3 Mittelbare Informationsvermittlung

Durch die Kernelemente des Jahresabschlsses (Bilanz und GuV) können die relevanten unternehmenswertbezogenen Informationen nur mittelbar bereitgestellt werden. Bei einer Beschränkung auf eine mittelbare Informationsvermittlung können relevante Informationen zum einen (quasi) in direkter Weise anhand der Bilanz oder zum anderen in indirekter Weise mittels der GuV dargestellt werden.[1759]

Bei einer bilanzorientierten Erfüllung des Entscheidungs- und Kontrollzwecks müsste das bilanzielle Eigenkapital dem Unternehmenswert angenähert und die Marktwert-Buchwert-Lücke geschlossen werden.[1760] Um den Unternehmenswert bilanziell zu approximieren, müssten jedoch (möglichst) alle ertragswertbildenden Faktoren mit ihrem Ertragswertbeitrag erfasst werden.[1761] Idealtypisch wäre der Unternehmenswert somit direkt anhand der Bilanz ablesbar.

Mit der Annäherung des Buchwerts des Eigenkapitals an den Unternehmenswert geht gemäß Asset/Liability Approach eine Approximation der Unternehmenswertänderung durch den als Eigenkapitaländerung definierten Gewinn[1762] einher.[1763] Je näher das bilanzierte Nettovermögen dem Unternehmenswert kommt, desto eher bildet die Erfolgsgröße die Unternehmenswertänderung ab.[1764] Die Nähe zum Konzept des ökonomischen Gewinns ist hier unver-

---

[1757] Schildbach (Konzernrechnungslegung, Teil I), S. 160. Vgl. hierzu ferner Schildbach (Rechnungslegungsideale), S. 2636 f.

[1758] Vgl. Moxter (true and fair view), S. 676 f.

[1759] Vgl. Streim/Esser (Informationsvermittlung); Streim/Esser (Eignung), S. 139-146; Haller/Dietrich (Entscheidungsnützlichkeit), S. 302; Streim/Bieker/Esser (Ausschüttungsbilanz), S. 231.

[1760] Vgl. Haller/Dietrich (Entscheidungsnützlichkeit), S. 302; Haaker (Wahrscheinlichkeitsproblem), S. 8; kritisch Moxter (Rechnungslegungsmythen), S. 2143 f.; Kahle (Informationsversorgung), S. 99; Kahle (Zukunft), S. 264 f.

[1761] Vgl. Ballwieser (Generalklausel), S. 1037; Moxter (Bilanzlehre, Band I), S. 7.

[1762] Vgl. Cruse/Summers (Economics), S. 84.

[1763] Vgl. Hommel/Schmidt/Wüstemann (Moxter), S. 90.

[1764] Vgl. Ewert/Wagenhofer (Rechnungslegung), S. 16 f.

kennbar,[1765] wobei dieser neben der Unternehmenswertänderung auch die erfolgte Nettoausschüttung an die Anteilseigner beinhaltet. Je weiter das (aufbereitete) bilanzielle Reinvermögen vom Unternehmenswert entfernt ist, desto weniger entspricht der bilanzielle Gewinn einem ökonomischen Gewinn.[1766]

Bilanzen folgen jedoch in aller Regel einer einzelbewertungsorientierten Ansatz- und Bewertungskonzeption.[1767] Da eine separate Erfassung der einzelnen Ein- und Auszahlungspotentiale aber nur begrenzt möglich ist, müssen die bilanziellen Daten von den Investoren im Hinblick auf das Informationsziel »Unternehmenswert« aufbereitet werden.[1768] Hierbei gilt: Je schlechter die bilanzielle Approximation des Unternehmenswerts ist, desto umfassender müssen die Aufbereitungen durch die Investoren zu dessen Herleitung sein.[1769] Als größtes Hindernis einer solchen Aufbereitung erweist sich wohl der Nichtansatz von Teilen des Goodwill,[1770] bei einer dem Einzelbewertungsprinzip immanenten Vernachlässigung des Goodwill werden nämlich wesentliche Erfolgswertkomponenten nicht erfasst[1771].

Von dem beschriebenen Vorgehen einer direkten Informationsbereitstellung, bei der den Investoren mehr oder weniger fertige Prognose- und Bewertungsergebnisse dargelegt werden, ist die indirekte Informationsbereitstellung, bei der nur ein Prognoseindikator geliefert wird, zu unterscheiden.[1772] Im Rahmen einer indirekten Informationsdarstellung muss eine prognosegeeignete Ist-Größe bereitgestellt werden[1773] oder zumindest aus den gegebenen Informationen gewonnen werden können[1774].[1775] Soll eine indirekte Informationsdarstellung durch die GuV erfolgen, so muss der Gewinn Prognosen über zukünftige

[1765] Vgl. Hitz (IFRS-Rechnungslegung), S. 1023 f.; Werner/Padberg/Kriete (IFRS-Bilanzanalyse), S. 6.
[1766] Vgl. Moxter (Rechnungslegungsmythen), S. 2144.
[1767] Vgl. Moxter (Eigenkapitalmessung), S. 83.
[1768] Zum Analyseziel „Effektivvermögensermittlung" vgl. Ballwieser (Bilanzanalyse), Sp. 212 und 217.
[1769] Vgl. Penman (Valuation), S. 82 ff.
[1770] Vgl. Ballwieser (Bilanzanalyse), Sp. 217 f.
[1771] Vgl. Moxter (Windfalls), S. 238.
[1772] Vgl. Schildbach (Wirklichkeit), S. 12; Ernst & Young (Fair Value), S. 8; Kampmann/Schwedler (Business Reporting Model), S. 504; Kampmann (Dokumentationsfunktion), S. 309 f.; Pellens/Fülbier (Immaterielle Vermögensgegenstände), S. 143.
[1773] Vgl. Streim (Gewinnermittlungsregeln), S. 338 f.
[1774] Vgl. Moxter (Auskunftsverweigerungsrecht), S. 318.
[1775] Vgl. Wagner (Periodenabgrenzung), S. 1193; Werner/Padberg/Kriete (IFRS-Bilanzanalyse), S. 4.

nachhaltige Erfolge bzw. Zahlungsüberschüsse zulassen.[1776] Diese müssen von den Investoren geschätzt und diskontiert werden, um den Wert des Unternehmens zu bestimmen.[1777] Zweckgerecht ist folglich ein Gewinn, der bei der Bestimmung des Unternehmenswerts hilfreich ist.[1778]

Abbildung 35 stellt die geschilderten Zusammenhänge dar.

Abbildung 35: Informationsbereitstellung und Auswertungskalküle

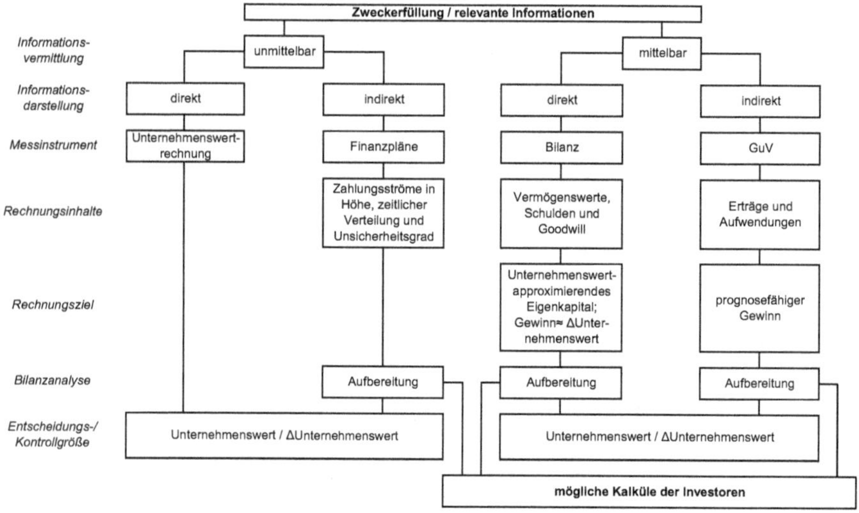

Bei der mittelbaren Informationsvermittlung kann im Rahmen einer bilanzorientierten Informationsdarstellung entweder eine direkte Messung des Unternehmenswerts durch das Rechnungsziel „Eigenkapital" angestrebt (Direkt Valuation-Approach bzw. direkte Unternehmenswertapproximation) oder im Rahmen einer GuV-orientierten Informationsdarstellung ein indirektes, bezogen auf ein Bewertungskalkül inputorientiertes Rechnungsziel gemessen werden (Input-to-Valuation-Approach bzw. indirekte Unternehmenswertapproximation).[1779]

[1776] Vgl. Streim/Esser (Informationsvermittlung), S. 839 f.; Streim/Bieker/Esser (Informationen), S. 475 f.; Moxter (true and fair view), S. 677.

[1777] Vgl. Ballwieser/Küting/Schildbach (Fair value), S. 529.

[1778] Vgl. Wagner (Periodenabgrenzung), S. 1179.

[1779] Vgl. hierzu auch Grinyer/Russel/Walker (Accounting for Goodwill), S. 225, die zwischen einem Valuation-Approach und einem Matching-Approach unterscheiden sowie ferner im Zusammenhang mit empirischen Wertrelevanzstudien Holthausen/Watts (Relevance), S. 11 f., welche eine Differenzierung in eine Direct Valuation Theory und eine Inputs-to-

Wie sich zeigt, stehen die möglichen Auswertungskalküle der Investoren zwischen dem im IFRS-Abschluss ausgewiesenen Rechnungsziel und der Ableitung des Unternehmenswerts bzw. der Unternehmenswertänderung als eigentlichem Informationsziel (Messabsicht).[1780] Im Grunde kommt der Auswertung damit die Aufgabe zu, ein „unvollkommenes" Rechnungsziel in Richtung der als konkretisierten Rechnungszwecke zum Ausdruck gebrachten Wissenswünsche zu modifizieren und somit der Messabsicht näher zu bringen. Je „idealtypischer" ein Rechnungsziel ausgestaltet ist, desto näher kommt es dem konkretisierten Rechnungszweck, womit wiederum die Notwendigkeit von Aufbereitungen abnimmt,[1781] insofern gilt: „Good accounting is consistent with good economic analysis"[1782]. Sowohl die Bilanzierung selbst als auch die Bilanzanalyse haben sich an den Informationswünschen der Investoren auszurichten,[1783] wobei im Rahmen der Bilanzierung mitunter von der Messabsicht abgewichen wird und der Analyse die Aufgabe zukommt, diese Abweichungen auszugleichen.

5.5.2.1.4 Bilanz- und GuV-orientierte Auswertungskalküle

Weichen die Rechnungsziele vom eigentlichen Informationziel ab, müssen die Rechnungsziele von den Investoren im Hinblick auf ihre Auswertungskalküle aufbereitet werden. Die Auswertungskalküle dienen vornehmlich der Entscheidungsfundierung,[1784] aber auch der Managementkontrolle; ihnen kommt damit die Aufgabe zu, das publizierte Rechnungsziel in die relevante Entscheidungs- oder Kontrollgröße zu überführen.

Ein IFRS-Abschluss kann diesbezüglich nur mittelbare Informationen bereitstellen.[1785] Entsprechend lassen sich, je nachdem, ob der Abschluss eher einer direkten oder indirekten Informationsdarstellung folgt, unterschiedliche Auswertungsmodelle und Investorkalküle deduktiv herleiten. Die Kalküle der Investoren müssten sich hierbei aus den Methoden der Unternehmensbewer-

---

Equity-Valuation Theory vornehmen, jedoch (anders als hier) auch das inputorientierte Konzept eines prognosefähigen Gewinns der Direct Valuation Theory zuordnen würden.

1780 Vgl. Cornell/Landsman (Accounting Valuation), S. 22 f.; Haaker (IFRS-Informationsbilanz, Teil I), S. 256.

1781 Vgl. Bierman (Accounting Information), S. 83.

1782 Bierman (Accounting Information), S. 83.

1783 Vgl. Penman (Valuation), S. 281.

1784 Vgl. Ballwieser (Bilanzanalyse), Sp. 212.

1785 Vgl. Moxter (Rechnungslegungstraditionen), S. 503.

tung ableiten.[1786] Demgemäß können sie grob in substanz- und zukunftserfolgsorientierte Kalküle unterschieden werden[1787] und sich entsprechend auf die Bilanz oder die GuV beziehen[1788].

Ein GuV-orientiertes Auswertungskalkül erfordert die Bereitstellung eines möglichst prognosefähigen Gewinns.[1789] Dieser muss eine eindeutige Verbindung zum Unternehmenswert aufweisen[1790] und idealtypisch einem fiktiven uniformen Zahlungsstrom entsprechen, welcher sich bei unveränderten Verhältnissen in den Folgejahren wiederholt ergeben würde (Permanent Earnings[1791]).[1792] Der Zusammenhang zwischen dem prognosefähigen Gewinn und dem Unternehmenswert kann über ein (vereinfachtes) Bewertungskalkül hergestellt werden.

Allerdings ist dieser „durchschnittliche" Gewinn mit Unsicherheit behaftet,[1793] welche das Auswertungskalkül explizit oder implizit berücksichtigen müsste. Die einer prognosefähigen Gewinngröße zugrundeliegenden Wahrscheinlichkeitsverteilungen bleiben den Investoren jedoch verborgen. „Der Gewinn degeneriert so gesehen zu einer Hilfsgröße...; er dient als ein Indikator, der in einfachster Form Ausschüttungserwartungen einfängt und erst mit Zusatzangaben über die Wahrscheinlichkeiten...brauchbar wird"[1794], d.h., ist insofern „mit dem Manko der Einwertigkeit behaftet"[1795].

Um unmittelbar für ein Bewertungskalkül brauchbar zu sein, müsste der nachhaltige Erfolg als – ggf. in pauschaler Weise risikoadjustierter – Erwartungswert der Entnahmeverteilung ermittelt werden.[1796] „Im Idealfall kann ein so er-

---

[1786] Vgl. Ruhwedel/Schultze (Konvergenz), S. 492 f.; Ruhwedel/Schultze (Value Reporting), S. 610.
[1787] Vgl. Ruhwedel/Schultze (Value Reporting), 610.
[1788] Vgl. Baetge/Heumann (Berichterstattung), S. 345.
[1789] Vgl. hierzu Streim/Esser (Informationsvermittlung), S. 840; Engels (Bemerkungen), S. 45 ff.
[1790] Vgl. Beaver (Financial Reporting), S. 69.
[1791] Vgl. Black (Accounting Rules), S. 5.
[1792] Vgl. Moxter (Rechnungslegungstraditionen), S. 502; Moxter (Betriebswirtschaftliche Gewinnermittlung), S. 142 ff.; Moxter (Bilanzlehre, Band I), S. 124; Wagner (Periodenabgrenzung), insbesondere S. 1184; Beaver (Financial Reporting), S. 48 f.; kritisch Schneider (Gewinnermittlung), S. 1054: „Mit welcher Rechtfertigung kann ein Indikator eine Gesetzesaussage über die Zukunft bis in alle Ewigkeit machen?"
[1793] Vgl. Moxter (Auskunftsverweigerungsrecht), S. 313.
[1794] Moxter (Gewinnkonzeptionen), S. 220.
[1795] Moxter (Gewinnwarnungen), S. 221.
[1796] Vgl. Ballwieser (Risiko), S. 114.

mitteltes Ergebnis unmittelbar in die Bewertungsformeln...einfließen."[1797] Ansonsten sind entsprechende Aufbereitungen der Abschlussdaten durch die Investoren erforderlich.[1798] Das Kalkül der Investoren, auf welches die Aufbereitungen zielen, hat notgedrungen stark vereinfacht zu sein.[1799]

Die möglichen GuV-orientierten Kalküle der Investoren könnten etwa folgende Grobstrukturen aufweisen:[1800]

$$UW_t \approx \frac{G_{t\,(prog)}}{k}$$

bzw.

$$UW_t \approx \frac{G_{t\,(prog,risiko)}}{i}$$

Beiden Kalkülen liegt der Versuch zugrunde, den Unternehmenswert (UW_t) mit der Bewertungsformel einer unendlichen Rente zu bestimmen, wobei der (aufbereitete) Gewinn betragsmäßig dieser möglichst angenährt werden soll.[1801] Während das erste Kalkül prinzipiell der Risikozuschlagsmethode entspricht und zur Diskontierung des prognosefähigen „erwartungswertorientierten" Gewinns ($G_{t\,(prog)}$) neben dem risikolosen Zinssatz (i) ein Risikozuschlagssatz (R) zum risikolosen Zinssatz gefunden werden müsste ($k = i + R$), folgt das zweite Kalkül der Sicherheitsäquivalenzmethode,[1802] bei der der Gewinn nach Risikoberücksichtigung ($G_{t\,(prog,risiko)}$) mit dem risikofreien Zinssatz i zu diskontieren ist.[1803] Auf eine Risikoberücksichtigung könnte im Rahmen einer pragmatischen Analyse mit der Begründung verzichten werden, dass die kaufmännischen Gewinnermittlungsregeln bereits diverse „Risikoabschläge" beinhal-

1797 Coenenberg/Deffner/Schultze (Erfolgsspaltung), S. 436.
1798 Vgl. Arbeitskreis (Empfehlungen), S. 1913; Wagner (Periodenabgrenzung), S. 1193.
1799 Vgl. Wagner (Periodenabgrenzung), S. 1194.
1800 Vgl. Wagner (Periodenabgrenzung), S. 1184; Beaver (Finacial Reporting), S. 48; Haaker (Einheitstheorie), S. 456; Black (Accounting Rules), S. 5; Saelzle/Kronner (Informationsfunktion), S. 155; Hilz (Unternehmenssteuerung), S. 59. Den skizzierten Kalkülen entsprechend fordern auch die Finanzanalysten ein nachhaltiges Ergebnis. Vgl. hierzu Barth/Berndt/Geiger/Schickling/Schmitt (Ermittlung). Vgl. aber CFA (Business Reporting Model).
1801 Vgl. Wagner (Periodenabgrenzung), S. 1194 f.
1802 Vgl. hierzu Hilz (Unternehmenssteuerung), S. 59.
1803 Vgl. hierzu Schultze (Unternehmensbewertung), S. 262 ff.

ten,[1804] bei denen es sich allerdings bestenfalls um äußerst „pauschale" Risikoadjustierungen handelt.

Die GuV vermag für die skizzierten Kalküle lediglich die Zählergröße bereitzustellen,[1805] von Relevanz ist jedoch auch der Kalkulationszinssatz als Nennergröße der Bewertungskalküle.[1806] Um das erste Kalkül zu vervollständigen, bedarf es daher einer zusätzlichen Schätzung der Kapitalkosten.[1807] Demzufolge bleibt die GuV-orientierte Informationsdarstellung unvollständig und der Investor ist auf weitergehende Zusatzinformationen angewiesen.[1808]

Der prognosefäfige Gewinn ist jedenfalls mittels Periodisierungsregelungen in heuristischer Weise dem erwarteten ökonomischen Gewinn, d.h. der Verzinsung des Unternehmenswerts anzunähern:[1809]

Aus der Gleichung

$$UW_t \approx \frac{G_{t\,(prog)}}{k}$$

folgt

$$UW_t * k \approx G_{t\,(prog)}$$

Der Unternehmenswert ist hierbei jedoch das unbekannte, durch die Bilanzierung und investororientierte Bilanzanalyse gesuchte Informationsziel.[1810] Daher darf der Gewinn nicht als Verzinsung des gesuchten Unternehmenswerts errechnet werden, sondern ergibt sich als Resultat adäquater Bilanzierungsregeln.[1811] Insbesondere die Ausgestaltung der Periodisierungsregeln ist ausschlaggebend für die Errechnung eines für die skizzierte Bewertungsformel geeigneten Gewinns.[1812]

Es zeigt sich zunächst folgender Widerspruch: Wird bei gegebenem Zinssatz ein „perfekt" prognosefähiger Gewinn ausgewiesen, muss der Bilanzierende zu dessen Ermittlung über alle subjektiven Informationen bezüglich des Unter-

---

1804 Vgl. hierzu Ordelheide (Periodengewinn).
1805 Vgl. Moxter (Bilanzierung), S. 40.
1806 Vgl. Beyhs (Impairment), S. 37.
1807 Vgl. Cornell/Landsman (Accounting Valuation), S. 22; Jenkins/Kane (Equity Valuation), S. 23.
1808 Vgl. Hilz (Unternehmenssteueuerung), S. 70; Haaker (Informationsbilanz, Teil I), S. 256.
1809 Vgl. Wagner (Periodenabgrenzung), S. 1184.
1810 Vgl. Wagner (Periodenabgrenzung), S. 1184.
1811 Vgl. hierzu auch Revsine (Income), S. 517.

nehmenswerts verfügen,[1813] doch er gibt diese nicht direkt an die Investoren weiter. Wird aber der Gewinn in einer außerbilanziellen Nebenrechnung als Verzinsung auf den Unternehmenswert bestimmt, so unterliegt die errechnete Gewinngröße denselben Ermessensspielräumen wie auch der Unternehmenswertberechnung und es gibt somit keinen Grund, warum nicht direkt über den Unternehmenswert berichtet werden sollte.[1814] Daher muss der prognosefähige Gewinn unabhängig vom Unternehmenswert ermittelt werden und darf keine „perfekte" Größe darstellen, er ist vielmehr das Resultat normierter Bilanzierungsregeln. Dementsprechend dürften auch stets Aufbereitungen seitens der Investoren erforderlich sein, um ihr Informationsziel zu approximieren.

Außer einem prognosefähigen Gewinn wird zumindest beim ersten Kalkül ein adäquater (dem Bewertungskalkül entsprechender) Kalkulationszinssatz benötigt.[1815] Mit welchem Kalkulationszinssatz sich die „nicht perfekte" Gewinngröße in einen Unternehmenswert überführen lässt, ließe sich wiederum nur bei Kenntnis des Unternehmenswerts ermitteln.[1816] Schon deshalb bedarf es bei derartigen Auswertungsmodellen einer breiteren Informationsbasis als der Gewinngröße allein, zumindest eine Aufgliederung und Erläuterung des Gewinns wird benötigt.[1817] Erforderlich sind außerdem Zusatzinformationen bezüglich der Unsicherheit des auf eine Gewinngröße komprimierten Zahlungsstroms.[1818] In irgendeiner Weise müssen folglich Informationen direkt oder indirekt zur Berücksichtigung des Risikos gegeben werden, insofern ist eine gewisse „Abkopplung" der Informationsfunktion von der GuV zwingend notwendig.

Wenn ein prognosefähiger Indikatorgewinn nicht direkt bereitgestellt wird, sind entsprechende Aufbereitungen des Gewinns erforderlich, um diesen „herauszufiltern".[1819] Nur dann kann mithilfe des Gewinns über das Investorenkalkül der Unternehmenswert und daraus abgeleitet der Anteilwert ermittelt wer-

---

[1812] Vgl. Wagner (Periodenabgrenzung), S. 1187; Penman/Sougiannis (Equity Valuation).
[1813] Vgl. Bierman/Davidson (Business Income), S. 241.
[1814] Vgl. Bierman/Davidson (Income Concept), S. 241; Wagner (Periodenabgrenzung).
[1815] Vgl. Kahle (Informationsversorgung), S. 99; Kahle (Zukunft), S. 265.
[1816] Vgl. Holthausen/Watts (Relevance), S. 57
[1817] Vgl. Schattke (Expected Income), S. 675.
[1818] Vgl. Moxter (Auskunftsverweigerungsrecht), S. 313.
[1819] Vgl. hierzu Coenenberg/Deffner/Schultze (Erfolgsspaltung).

den.[1820] Somit kann der sich nach Aufbereitungen ergebende „Gewinn im Sinne der Jahresabschlussanalyse...nur ein prognoserelevanter Gewinn“[1821] sein.

Der IASB benennt sein implizit unterstelltes Modell (bzw. Gewinnkonzept) nicht,[1822] sodass sich aus den damit verbundenen Unklarheiten bezüglich des Informationsziels zwangsläufig beachtliche Probleme bei der Auswertung von IFRS-Abschlüssen ergeben müssen.[1823] Der Entwicklungsprozess in der jüngeren Vergangenheit lässt aber einen klaren Trend weg von einem GuV-orientierten in Richtung eines bilanzorientierten Informationskonzepts erkennen.[1824] Eine solche Entwicklung müsste sich auch auf die Auswertungsmodelle der Investoren auswirken.[1825]

Bei einer solchen Ausrichtung sind jedenfalls Bestrebungen zur Schließung der Marktwert-Buchwert-Lücke erkennbar,[1826] die bisher jedoch nur als „ein Tropfen auf den heißen Stein“ angesehen werden können. Dennoch impliziert die Entwicklung zur Informationsbilanz eine substanzorientierte Auswertung der bilanziellen Daten, bei der vor allem das hinter dem Goodwill stehende Potential zu ergründen wäre.[1827] Eine substanzorientierte Analyse erscheint schon allein deshalb konsequent, weil in einer Substanzbewertung „der natürliche Startpunkt einer Analyse auf Basis bilanzieller Daten“[1828] gesehen werden kann.[1829] Auswertungsziel hierbei ist die direkte Approximation des Unternehmenswerts (UW_t) durch das Eigenkapital (EK_t). Das Auswertungsmodell müsste in seiner Grundstruktur von folgendem Zusammenhang ausgehen:[1830]

$$UW_t \approx EK_t \approx V_t^{FV} + GW_t = V_t^{FV} + GWK_t^1 + GWK_t^2 + ... + GWK_t^n$$

Zunächst müsste der Fair Value des Nettovermögens approximiert werden und das zum Fair Value bewertete Nettovermögen (V_t^{FV}) wäre im Rahmen der

---

1820 Vgl. Wagner (Periodenabgrenzung), S. 1193 ff.
1821 Berndt/Jenny (Gewinn), S. 2185.
1822 Vgl. kritisch Ballwieser (IFRS-Rechnungslegung), S. 41; Ballwieser (Konzeptlosigkeit); Ballwieser (Rahmenkonzepte), S. 342 f.; Ballwieser (Geleitwort); Hitz (IFRS-Rechnungslegung), S. 1023.
1823 Vgl. Ballwieser (Unternehmen), S. 26; Ballwieser (IFRS-Rechnungslegung), S. 17.
1824 Vgl. etwa Schildbach (Erfolg), S. 324.
1825 Vgl. hierzu auch Mercer/Cow/Patton (Goodwill Valuation), S. 29.
1826 Vgl. Schultze (Unternehmensbewertung), S. 151.
1827 Vgl. hierzu Coenenberg (Jahresabschluss), S. 1131-1138; Coenenberg (Jahresabschlussanalyse), S. 167-171.
1828 Ruhwedel/Schultze (Konvergenz), S. 492.
1829 Vgl. Penman (Valuation), S. 82 ff.
1830 Vgl. Holthausen/Watts (Relevance), S. 54; Haaker (Einheitstheorie), S. 456 f.

Auswertungen der Investoren um den bilanziell nicht berücksichtigten Teil Goodwill (GW_t) zu ergänzen.[1831] Damit läge das Analyseziel insbesondere in der Ergründung der einzelnen Goodwill-Komponenten (GWK_t^i) und in der Ergänzung des ausgewiesenen Potentials um den nicht-bilanzierungsfähigen Goodwill, auf den mitunter ein Großteil des Erfolgswerts zurückzuführen ist[1832]. Hierbei wird auch die Notwendigkeit einer adäquaten „Zerlegung" der vermeintlichen Residualgröße Goodwill deutlich.[1833]

Ein solches Vorgehen stößt schon aufgrund der unvollständigen Erfassung des Nettovermögens auf diverse Umsetzungsprobleme.[1834] In diesem Zusammenhang könnten Ansätze der ressourcenorientierten Bilanzanalyse[1835] zur Anwendung kommen, um die Marktwert-Buchwert-Lücke zu schließen.[1836] Die zur externen Ermittlung des nicht bilanzierten Goodwill notwendigen Zusatzangaben werden im Geschäftsbericht jedoch kaum vollständig gegeben werden können und auch nicht einmal unternehmensintern vorliegen.[1837]

Nur im Sonderfall einer erwarteten „Normalredite", deren Barwert dem Fair Value des Nettovermögens gleichkommt, könnte auf eine Evaluierung der Goodwill-Komponenenten verzichtet werden, da hier der Unternehmenswert dem Substanzwert entspräche.[1838] In diesem Fall wäre jedoch bereits die Untergrenze des Going Concern-Werts erreicht, bei deren Unterschreitung eine Liquidation des Unternehmens vorteilhaft erscheint.[1839]

Gemäß Asset/Liabilty Approach sollte sich der Gewinn (G_t) als Veränderung des Eigenkapitals ($\Delta EK_{t/t-1}$) und somit des approximierten Unternehmenswertes ($\Delta UW_{t/t-1}$) ergeben:[1840]

1831 Vgl. Bromwich (Fair Values), S. 35.
1832 Vgl. Ballwieser (Unternehmensbewertung a), S. 5758.
1833 Vgl. Busse von Colbe (Konzernrechnungslegung), S. 659 f.; Küting (Bilanzanalyse), S. 126 f.
1834 Vgl. Penman (Valuation), S. 84; Ballwieser (Bilanzanalyse), Sp. 217.
1835 Vgl. Coenenberg (Jahresabschluss), S. 1131-1138; Coenenberg (Jahresabschlussanalyse), S. 167-171.
1836 Zur unternehmenswertorientierten Bilanzanalyse vgl. auch Nissim/Penman (Ratio Analysis).
1837 Vgl. Herring/Herring (Goodwill), S. 44.
1838 Vgl. Holthausen/Watts (Relevance), S. 54. Zu einem möglichen funktionalen Zusammenhang vgl. auch Wysocki (Real Options), S. 17.
1839 Vgl. Holthausen/Watts (Relevance), S. 54.
1840 Vgl. hierzu auch Coenenberg (Gewinnbegriff), S. 443 ff.

$$\Delta UW_{t/t-1} \approx G_t = \Delta EK_{t/t-1} \approx \Delta V_{t/t-1}^{FV} + \Delta GW_{t/t-1} = \Delta V_{t/t-1}^{FV} + \Delta GWK_{t/t-1}^{1} + \Delta GWK_{t/t-1}^{2} + ... + \Delta GWK_{t/t-1}^{n}$$

Es zeigt sich, dass bei einer bilanzorientierten Informationsvermittlung die Trennlinie zwischen Informationsbereitstellung und Informationsauswertung verschwimmt. Aufgrund des notwendigerweise mengen- und wertmäßig umfassenden Potentialausweises entpuppt sich ein bilanzorientiertes Informationskonzept als faktisches »Ganz-oder-gar-nicht-Konzept«,[1841] welches eine weitgehende Entobjektivierung der Bilanz erzwingt. Die Überführbarkeit des bilanziellen Eigenkapitals in einen Unternehmenswert ist bei einem objektivitätsbedingt unvollständigen Potentialausweis mit vielen Unwägbarkeiten verbunden. Es ist völlig unklar, wie ein Investor als Außenstehender im Rahmen seiner Auswertungen die Marktwert-Buchwert-Lücke schließen könnte;[1842] selbst für „Insider“ dürfte dieses nur begrenzt möglich sein. Wird dieser Weg dennoch beschritten, sind die entsprechenden Konsequenzen zu ziehen: Die Entobjektivierung der Bilanz muss zu Gunsten eines (möglichst) vollständigen Potentialausweises in Kauf genommen werden. Ansonsten kann der Buchwert dem Unternehmenswert nicht in für die Investoren erkennbarer Weise angenähert werden.[1843] Im Ergebnis dürfte der Versuch, Relevanz und Verlässlichkeit im Rahmen eines bilanzorientierten Informationskonzeptes quasi gleichberechtigt nebeneinander zu stellen, kaum gelingen;[1844] der Relevanz müsste im Interesse der Investoren stets Vorrang eingeräumt werden[1845].

Im notwendigerweise entobjektivierten Idealfall eines vollständigen Potentialausweises ($EK_t = UW_t$)[1846] bedarf es vordergründig keiner Auswertung der vermittelten Informationen, da alle entscheidungsrelevanten Informationen anhand der Bilanz bereitgestellt werden; auch erscheinen zunächst keine Zusatzinformationen erforderlich zu sein. Hierbei darf aber nicht übersehen werden, dass eine sachgerechte Interpretation des Unternehmenswertes und seiner Veränderung eine Offenlegung seiner Determinanten erfordert.[1847] Außerdem liefert die Veränderung des Unternehmenswerts alleine ein unvollkommenes Bild der Wertschaffung, da auch ein Mittelabfluss an die Anteilseigner

1841 Vgl. Moxter (Gefahren), S. 1031.
1842 Vgl. Penman (Valuation), S. 83 f.
1843 Vgl. Black (Magic), S. 23 f.
1844 Vgl. Schildbach (Rechnungslegungs-System, Teil 1), S. 13. Zum Verhältnis von Wertpotential und Objektivität in der Rechnungslegung vgl. Ordelheide (Wertpotential).
1845 Vgl. Bieker (Unternehmen), S. 1208.
1846 Vgl. kritisch Moxter (Rechnungslegungsmythen), S. 2143.

erfolgt sein könnte, welcher ebenfalls einen Teil des erzielten Wertbeitrags darstellt.[1848]

Die Gleichsetzung von Unternehmenswert und Eigenkapital wird unter „Realbedingungen" nicht unberechtigt als „Bilanzvermögensmythos" bezeichnet.[1849] Zum einen sind Bilanzen zumeist sehr unvollständig,[1850] und es besteht daher „a problem of the imperfect balance sheet."[1851] Beim Versuch den Unternehmenswert anhand einer unvollständigen Bilanz abzulesen, „sieht man sich einer Art Sparschwein gegenüber, von dem niemand mehr so recht weiß, welchen Inhalt es birgt."[1852] Andererseits stößt eine »asset-based valuation« auf zahlreiche Unwägbarkeiten und damit schnell an seine Grenzen.[1853] „Da das Effektivvermögen bilanziell nicht abgebildet wird, kann man die Veränderung eines (irgendwie bereinigten) buchmäßigen Vermögens analysieren, in der Hoffnung, [neben dem Effektivvermögen selbst auch die] Effektivermögensänderungen indiziert zu bekommen."[1854] Wie das buchmäßige Nettovermögen im Hinblick auf dieses Analyseziel „irgendwie bereinigt" werden kann, bleibt indes unklar. Auch die Ansätze einer ressourcenorientierten Bilanzanalyse[1855] zeigen in diesem Zusammenhang nur erste Ansatzpunkte auf.[1856] Dies führt bezüglich einer (externen) substanzorientierten Unternehmensbewertung womöglich zu der Erkenntnis, dass „die Bilanzanalyse dieses Ziel...nicht erfüllen kann"[1857]. Um die Marktwert-Buchwert-Lücke mit Substanz zu füllen,[1858] muss man ihr Ausmaß abschätzen können, was wiederum die Kenntnis der gesuchten Größe, d.h. des Unternehmenswerts oder zumindest des Gesamt-Goodwill, erfordert.[1859] Folglich scheint eine ergänzende Gesamtbewertung

---

[1847] Vgl. Moxter (Bilanzierung), S. 40.
[1848] Vgl. hierzu Gebhardt (Beurteilungsgrößen), S. 74; Gebhardt/Mansch (Unternehmenssteuerung), S. 18; Pfaff/Schultze (Beteiligungscontrolling), S. 131 f.
[1849] So Moxter (Rechnungslegungsmythen), S. 2143.
[1850] Vgl. hierzu Ballwieser (Bilanzanalyse), Sp. 217.
[1851] Penman (Valuation), S. 84.
[1852] Moxter (Windfalls), S. 240.
[1853] Vgl. Penman (Valuation), S. 83.
[1854] Ballwieser (Bilanzanalyse), Sp. 212.
[1855] Vgl. Coenenberg (Jahresabschluss), S. 1131-1138; Coenenberg (Jahresabschlussanalyse), S. 167-171.
[1856] Vgl. Haaker (Einheitstheorie), S. 457.
[1857] Ballwieser (Bilanzanalyse), Sp. 217.
[1858] Vgl. Haaker (Einheitstheorie), S. 457.
[1859] Vgl. hierzu auch Siegel (Bilanzierung), S. 749 f.

des Unternehmens unverzichtbar,[1860] womit der substanzorientierten Bewertung lediglich eine Plausibilisierungsfunktion zukäme.[1861]

Insofern ist ein zweckadäquates bilanzorientiertes Rechnungsziel ein äußerst ehrgeiziges Abbildungsziel, muss es doch – sofern es wirklich angestrebt wird – konsequent verfolgt werden. Folglich müssen sämtliche Potentiale (inklusive des gesamten Goodwill[1862]) adäquat abgebildet werden. Nur dann kann auf eine zusätzliche Gesamtbewertung des Unternehmens verzichtet werden, soweit die Anlageentscheidung der Investoren wirklich durch die Bilanz unterstützt werden soll. Bevor Rückschlüsse im Hinblick auf die Zweckadäquanz und das Konvergenzpotential der IFRS gezogen werden können, bedarf es als Beurteilungsmaßstab der Ableitung eines entsprechenden Idealkonzepts der IFRS.

5.5.2.2 Bilanzorientierte Rechnungsziele und -inhalte

5.5.2.2.1 Erfüllung des Entscheidungszwecks

5.5.2.2.1.1 Unternehmenswertapproximierendes Eigenkapital

Im Rahmen des Entscheidungszwecks kommt einem IFRS-Abschluss die Aufgabe der Fundierung von Anlageentscheidungen über das Kaufen, Halten und Verkaufen von Anteilen am berichtenden Unternehmen zu.[1863] Zur Erfüllung des Entscheidungszwecks mittels einer Bilanz müsste diese als idealtypisches Rechnungsziel den relevanten Unternehmenswert aus der Sicht der Investoren (approximativ) abbilden.[1864] Auf diese Weise kann die Bilanz die für den Entscheidungskontext der Investoren relevante wirtschaftliche Vermögenslage eines Unternehmens widerspiegeln.[1865] Hierbei wäre allerdings auch aus Gründen der Objektivierbarkeit ein typisierter Going Concern-Wert zu ermitteln.[1866] Um ein Minimum an Nachprüfbarkeit zu gewährleisten, müsste das

---

1860 Vgl. Penman (Valuation), S. 83 f.; ferner Ruhwedel/Schultze (Value Reporting), S. 611.

1861 Vgl. Haaker (Einheitstheorie), S. 457.

1862 Vgl. Mujkanovic (Fair Value), S. 284 ff. Vgl. auch Siegel (Bilanzierung), S. 749, der aber im Gegensatz zu Mujkanovic den Ansatz eines originären Goodwill für äußerst problematisch hält.

1863 Vgl. Lochheim (Zuverlässigkeit), S. 126.

1864 Vgl. kritisch Moxter (Rechnungslegungsmythen), S. 2143 f.; Kahle (Informationsversorgung), S. 99.

1865 Vgl. Moxter (Jahresabschluß), S. 19 f.

1866 Vgl. Mujkanovic (Fair Value), S. 291.

Stichtagsprinzip etwa wie folgt Beachtung finden: Zukünftige Veränderungen bezüglich der Geschäftstätigkeit dürften nur berücksichtigt werden, soweit die hierfür ursächlichen Maßnahmen bereits eingeleitet wurden.[1867] Ein solches Vorgehen entspricht grundsätzlich dem Vorgehen bei der Berechnung des VIU im Rahmen des Impairment-Tests nach IAS 36. Auf diese Weise wird eine zumindest der Tendenz nach klare Regelung zur Erfassung von erweiternden Maßnahmen getroffen und einer willkürlichen Einbeziehung entgegengewirkt.[1868] Dieser in ihrer Informationsfunktion mehr oder weniger beschränkten Zielgröße ist das bilanzielle Rechnungsziel anzunähern.

„Capital is the present advantage of a right to receive an expected economic benefit."[1869] Während das Gesamtkapital den Wert des Bruttovermögens zum Ausdruck bringt, reflektiert das Eigenkapital als Nettovermögen den Wert des Unternehmens für die Anteilseigner.[1870] Das (ökonomische) Eigenkapital dient als Maßstab zur Bemessung des „Anspruchs" der Investoren auf das Bruttovermögen des berichtenden Unternehmens und somit der Bemessung des Unternehmenswerts.[1871] Folglich stellt das Eigenkapital das relevante Rechnungsziel zur bilanzorientierten Erfüllung des Entscheidungszwecks dar, welches dem Unternehmenswert anzunähern ist. *Ordelheide* bezeichnet die Möglichkeit einer solchen Annäherung als »Wertpotential«[1872]; das Wertpotential lässt sich vereinfacht anhand der Marktwert-Buchwert-Lücke messen und ein hohes Wertpotential impliziert eine geringe Marktwert-Buchwert-Lücke et vice versa[1873].

Mit dem Eigenkapital soll der Unternehmenswert approximiert werden, jedoch erscheint im Hinblick auf den Konzernabschluss zunächst klärungsbedürftig, was überhaupt als Eigenkapital anzusetzen ist. Das Eigenkapital ist der Residualbetrag, der nach Abzug aller Schulden von der Summe der Vermögenswerte verbleibt.[1874] Abstrahiert man von Grenzfällen[1875], in denen die Abgren-

---

[1867] Vgl. Mujkanovic (Fair Value), S. 292.
[1868] Vgl. Ordelheide (Bilanzen), S. 522.
[1869] Sweeney (Capital), S. 198.
[1870] Vgl. Moxter (Eigenkapitalmessung), S. 83.
[1871] Vgl. Moxter (Eigenkapitalmessung), S. 82 f.
[1872] Vgl. Ordelheide (Wertpotential), S. 510.
[1873] Vgl. Lorson (Auswirkungen), S. 409.
[1874] Vgl. F. 49(c).
[1875] Vgl. Moxter (Eigenkapitalmessung), S. 82.

zung von Eigen- und Fremdkapital problematisch ist,[1876] so stellt sich für den Konzernabschluss bei Beteiligungsquoten von unter 100 % in jedem Fall die Frage nach der Zurechnung von Minderheitenanteilen an Tochterunternehmen zum Eigen- oder Fremdkapital. Hier zeigt die verstärkt einheitstheoretische Ausrichtung der IFRS[1877] die Lösung auf: Nach der Einheitstheorie des Konzernabschlusses stellt auch das Minderheitenkapital einen Bestandteil des Eigenkapitals dar.[1878]

Der Gruppe der Mehr- und Minderheitengesellschaftern als Ganzes sollen im Rahmen einer einheitstheoretischen Informationsvermittlung relevante Informationen über ihre jeweiligen Eigenkapitalpositionen bereitgestellt werden.[1879] Insofern scheint auch offensichtlich, dass aus einheitstheoretischer Perspektive kein Unternehmenswert des Mutterunternehmens, sondern der Gesamtkonzernwert aus Sicht der Mehr- und Minderheitengesellschafter als Gesamtheit der Eigenkapitalgeber approximiert werden soll.[1880] Es muss folglich das gesamte, am Wertschöpfungsprozess beteiligte Konzernnettovermögen im Hinblick auf den Konzernwert abgebildet werden, da dieses im Verbund den auf Mehr- und Minderheiten entfallenden „Nutzen" generiert.[1881]

Hierbei darf jedoch nicht ignoriert werden, dass sich die Anlageentscheidungen der Investoren nur auf das rechtlich selbstständige Unternehmen und nicht direkt auf den Konzern als Ganzes beziehen können.[1882] Das primäre Interesse richtet sich demzufolge auf den Wert des anteiligen Potentials des Anlageobjekts. Daher erscheint ein nach Mehr- und Minderheitengesellschaftern differenzierender Ausweis des Eigenkapitals auch aus einer einheitstheoretischen Perspektive unerlässlich.[1883] Nur so können beide Gruppen den Wert

---

[1876] Zur problematischen Abgrenzung von Eigen- und Fremdkapital nach IFRS vgl. z.B. Zülch/Erdmann/Clark (Abgrenzung); Schildbach (Eigenkapital).

[1877] Vgl. z.B. Pellens/Fülbier/Gassen (Rechnungslegung), S. 669; Hayn (Entwicklungstendenzen).

[1878] Vgl. Pellens/Fülbier/Gassen (Rechnungslegung), S. 669.

[1879] Vgl. Haaker (Einheitstheorie), S. 453. Zum Eigenkapital als Maßstab des Anteilswerts vgl. Moxter (Eigenkapitalmessung), S. 83.

[1880] Vgl. Haaker (Einheitstheorie), S. 454 f.; Haaker (full goodwill method), S. 27; ferner Baxter/Spinney (Financial Statement Theory), S. 36.

[1881] Vgl. Haaker (Einheitstheorie), S. 453 f.

[1882] Vgl. Mühlberger (Bilanzierung), S. 1313.

[1883] Vgl. Haaker (Einheitstheorie), S. 458. A.A. Hinz (Einheitstheorie), S. 283, der aus einheitstheoretischer Sicht einen gesonderten Ausweis weder für erforderlich noch für möglich hält. So auch bereits Schildbach (Konzernrechnungslegungsvorschriften), S. 394. Einen Informationsvorteil bei getrenntem Ausweis sehen hingegen Mühlberger (Bilanziedes auf sie entfallenden Eigenkapitals aus der Konzernbilanz ablesen.[1884] Um die Anlageentscheidung der Minderheitengesellschafter zu fundieren, müsste das Minderheiteneigenkapital allerdings noch nach den einzelnen Tochterunternehmen untergliedert werden. Anders als bei den Mehrheitengesellschaftern zeigt andernfalls das global nach Mehr- und Minderheitenanteil gegliederte Eigenkapital nicht den auf sie entfallenden Wert ihres Beteiligungsobjekts, sondern den Gesamtwert eines Konglomerats von unterschiedlichen Minderheitenbeteiligungen an verschiedenen Tochterunternehmen.

Folgt die Informationsvermittlung der Interessentheorie, so könnte auch ein beteiligungsproportionaler Ansatz der Potentiale eines Tochterunternehmens den Informationsinteressen der Mehrheitengesellschafter gerecht werden, da diese anhand des Eigenkapitals den Wert ihrer Anteile direkt aus der Bilanz ablesen könnten.[1885] „Aus Sicht der Anteilseigner einer Konzernmuttergesellschaft interessieren letztendlich nur das ihnen zuzurechnende Kapital und das daraus verdiente Ergebnis...ohne Minderheitenanteile."[1886] Daher könnte in der Quotenkonsolidierung die konsequenteste Umsetzung der Interessentheorie gesehen werden.[1887] Jedoch lassen sich – auch ohne einen verzerrenden proportionalen Vermögensausweis – durch einen separaten Ausweis von Mehr- und Minderheitenkapital mindestens gleichwertige Informationen vermitteln.[1888] Die damit angesprochene Quotenkonsolidierung folgt ferner nicht dem Kriterium der Kontrollmöglichkeit über das Vermögen,[1889] wonach kein Grund bestände, eine 80 %-Beteiligung anders zu behandeln als eine zu 5 %.[1890] Die Missachtung der Kontrollmöglichkeit zugunsten einer reinen „Anspruchsbetrachtung"[1891] steht jedoch im krassen Widerspruch zu den tatsächlichen wirtschaftlichen Verhältnissen,[1892] da neben der anspruchsorientierten Kapital-

rung), S. 1321; Lutter/Rimmelspacher (Einheitstheorie), S. 485; Warmbold (Entkonsolidierung), S. 52.

1884 Vgl. Haaker (Einheitstheorie), S. 453.

1885 Vgl. Haaker (Einheitstheorie), S. 453; Bierman (Proportionate Consolidation), S. 7 ff.; ferner Black (Accounting Rules), S. 16; Troßmann (Konsolidierung), S. 70.

1886 Pellens/Crasselt/Ruhwedel (Goodwill-Welt).

1887 Vgl. Lührmann (Latente Steuern), S. 44; Wentland (Konzernbilanz), S. 47.

1888 Vgl. Pawelzik (Prüfung), S. 8; Haaker (Einheitstheorie), S. 453 f.; Pawelzik (Minderheiten), S. 678. Zumindest würde damit zusätzlich der Anforderung der Vergleichbarkeit entsprochen werden können. Vgl. Bierman (Proportionate Consolidation), S. 7.

1889 Vgl. Pawelzik (Minderheiten), S. 677.

1890 Vgl. Black (Accounting Rules), S. 16.

1891 Vgl. hierzu Pacter (Consolidation), S. 57.

1892 Vgl. m.w.N. Haaker (Einheitstheorie), S. 453.

sphäre ist auch die leistungswirtschaftliche Vermögensphäre von Interesse ist.[1893]

5.5.2.2.1.2 Vermögenswerte und Schulden als Ertragswertbeiträge

Dem bilanziellen Eigenkapital kommt aus einheitstheoretischer Sicht die Aufgabe zu, den Wert des Gesamtkonzerns aus Sicht der Mehr- und Minderheitengesellschafter zu approximieren. Das bilanzielle Eigenkapital wird in seiner Höhe durch die Aktivierungs- und Passivierungskonzeptionen determiniert. Daraus folgt, „daß jede Entscheidung über Ansatz oder Nichtansatz eines Postens und jede Bewertung von Posten eine explizite oder implizite Annahme über künftige Erträge bzw. künftige Aufwendungen bedeutet“[1894]. Zur Unternehmenswertapproximation durch das Eigenkapital sind (möglichst) alle Ein- und Auszahlungspotentiale als Vermögenswerte und Schulden[1895] anzusetzen und mit ihrem erwarteten Ertragswertbeitrag zu erfassen.[1896] Hierbei sind gemäß einer einheitstheoretischen Informationsvermittlung alle Potenziale unabhängig von der Anteilsquote zu 100 % abzubilden.[1897]

Das Eigenkapital kann jedoch selbst unter der „Idealbedingung“ einer vollständigen Potentialerfassung nur einem typisierten Informationswunsch nachkommen. Einzelne Potentiale können als Aggregat der mit ihnen verbundenen Zahlungsströme keinen Aufschluss über die zeitliche Struktur, die erwartete Periodenhöhe und die Risiken der Zahlungen geben.[1898]

Im Rahmen der Aktivierungs- und Passivierungskonzeption erscheint ein Festhalten am Grundsatz der Einzelbewertung geboten,[1899] da eine substanzorientierte Vermögensdarstellung den Investoren gewisse Einblicke in die Werttreiberstruktur erlaubt,[1900] also auch objektivierend wirkt.[1901] Die einzelnen

---

[1893] Vgl. hierzu Pawelzik (Prüfung), S. 7.
[1894] Moxter (Entziehbarer Gewinn), S. 232; ähnlich Beaver (Future Events), S. 132.
[1895] Vgl. Staubus (Cash Flow Accounting), S. 166.
[1896] Vgl. Streim/Bieker/Esser (Ausschüttungsbilanz), S. 231 f.; Streim/Esser (Informationsvermittlung), S. 837 f.; Hommel (Bilanzrechtskonzeptionen), S. 348; Haaker (Wahrscheinlichkeitsproblem), S. 8; Kahle (Informationsversorgung), S. 99; Chen Chang (Business Income), S. 637; Eggington (Intangible Asset Accounting), S. 198.
[1897] Vgl. hierzu Baxter/Spinney (Financial Statement Theory), S. 35 f.
[1898] Vgl. Bieker (Fair Value Accounting), S. 77.
[1899] Vgl. Moxter (Funktionsinadäquanz), S. 1012, der das Einzelbewertungsprinzip für zwingend halt.
[1900] Vgl. hierzu Mujkanovic (Fair Value), S. 274; Catlett/Olson (Accounting for Goodwill), S. 65.
[1901] Vgl. Mujkanovic (Fair Value), S. 268 ff.

Bilanzpositionen sind als isolierbare positive und negative Ertragswertdeterminanten separat zu bilanzieren (Substanzbewertung[1902]),[1903] Vermögenswerte und Schulden stellen also separierbare Ein- bzw. Auszahlungspotentiale dar.[1904] Unter Relevanzgesichtspunkten ist eine extensive Aktivierungs- und Passivierungskonzeption erforderlich.[1905] So müssten einerseits auf der Aktivseite vor allem möglicht viele („ertragswertsteigernde") immaterielle Werte erfasst,[1906] und andererseits möglichst viele („ertragswertmindernde") Schulden i.w.S. (ggf. unabhängig von rechtlichen Gegebenheiten[1907], mitunter ohne einen Anspruch eines Dritten) passiviert werden[1908].

Eine konzeptionellbedingt unvollständige Einzelbewertung zielt in Richtung einer Ermittlung des Wertes des Unternehmens als Ganzes, auch wenn sich dieser auf diese Weise nicht vollends einfangen lässt.[1909] Die einzelnen positiven und negativen Substanzwertkomponenten als Ertragswertdeterminanten[1910] können aber schwerlich so bewertet werden, dass ihre Summe dem Unternehmenswert entspricht.[1911] Hierzu müsste jeder Vermögenskomponente der Barwert des auf sie zurückgehenden Zahlungsstroms zugeordnet werden können.[1912] Synergien zwischen den Einzelkomponenten können diesen je-

---

1902 Vgl. Sieben/Maltry (Substanzwert), Rn. 801.

1903 Vgl. Kahle (Zukunft), S. 264; Ballwieser (Theorie), S. 113; Ordelheide (Wertpotential), S. 510; Ordelheide (Rechnungswesen), S. 237; Haaker (Wahrscheinlichkeitsproblem), S. 8.

1904 Vgl. Ordelheide (Wertpotential), S. 510; Streim/Bieker/Esser (Fair Value Accounting), S. 99; Ordelheide (Periodengewinn), S. 279 ff.; Ordelheide (Kapital); Ordelheide (Theorie); Ordelheide (Net Present Value); Ordelheide (Rechnungswesen), S. 237 ff.; Haaker (Wahrscheinlichkeitsproblem), S. 8; Ruhwedel/Schultze (Value Reporting), S. 611.

1905 Vgl. Hommel (Bilanzrechtskonzeptionen), S. 348; Streim/Esser (Eignung), S. 140 f.; Schruff/Haaker (Immaterielle Vermögenswerte), Rn. 102; Ordelheide (Wertpotential), S. 510; Haaker (Wahrscheinlichkeitsproblem), S. 8; Pfitzer/Kahre (Risikovorsorge), S. 206; Kahle (Informationsversorgung), S. 99; Kahle (Zukunft), S. 264; Ballwieser (Aussagegehalt), S. 53; Ruhwedel/Schultze (Value Reporting), S. 611.

1906 Vgl. Ballwieser (Aussagegehalt), S. 54.

1907 Vgl. Ballwieser (Generalklausel), S. 1037.

1908 Vgl. Haaker (Wahrscheinlichkeitsproblem), S. 14.

1909 Vgl. Ordelheide (Bilanzen), S. 514.

1910 Vgl. Mujkanovic (Fair Value), S. 282.

1911 Vgl. Alexander/Solomons (Income Measurement), S. 148; Committee (Accounting), S. 539; Ballwieser (Aussagegehalt), S. 56. Natürlich kann der Unternehmenswert immer entsprechend so definiert werden, dass er dem dem Buchwert des Eigenkapitals entspricht. Vgl. Albach (Bilanztheorie); Seicht (Bilanz), S. 558-619. Vgl. hierzu auch Ordelheide (Theorie); Ordelheide (Bilanzen); Ordelheide (Periodengewinn). Damit wird aber schwerlich die Zweckadäquanz der Wertansätze sichergestellt.

1912 Vgl. Corbin (Revolution), S. 627.

doch bestenfalls willkürlich zugerechnet werden.[1913] Greift man zur Bewertung auf Behelfsgrößen wie den Fair Value[1914] zurück, besteht eine Marktwert-Buchwert-Lücke in Höhe des Synergiepotentials, d.h. des Goodwill (bzw. in Höhe der Differenz zwischen Gesamt- und bilanzierten Goodwill).[1915] Daher wird mittels Einzelbewertung kein Unternehmenswert ausgewiesen,[1916] allenfalls wird auf diese Weise die „Untergrenze" des Unternehmenswerts, d.h. ein Zerschlagungswert, offengelegt[1917].

Demzufolge darf der Informationsvorteil einer Full Fair Value-Bilanzierung nicht überschätzt werden.[1918] Fair Value-Bilanzen können für eine Unternehmenswertermittlung allenfalls „gewisse Anhaltspunkte bieten"[1919], denn die auf den nicht aktivierten Goodwill zurückgehenden Zahlungsströme bleiben unberücksichtigt.[1920] Es verbleibt – unabhängig vom Bewertungskonzept – eine Differenz zwischen dem Unternehmenswert und dem mittels Einzelbewertung errechneten Eigenkapital (ggf. inklusive eines anteiligen derivativen und „zufälligen" Teils des originären Goodwill[1921]).[1922] Folglich vermag selbst eine zweckgerechte einzelbewertungsorientierte Ansatz- und Bewertungskonzeption das eigentliche Informationziel nicht zu erreichen.[1923] Eine Darstellung des Unternehmenswerts mittels Einzelbewertung wird unter diesen Bedingungen zu Recht den „Rechnungslegungsmythen" zugerechnet.[1924] Mit dem Ansatz des gesamten Goodwill (inklusives des originären Anteils) könnte indes die Diskrepanz zwischen Einzel- und Gesamtbewertung überwunden werden.[1925]

1913 Vgl. Ballwieser (Aussagegehalt), S. 55.
1914 Vgl. Ballwieser (Aussagegehalt), S. 55.
1915 Vgl. Ballwieser (Limitations), S. 62; Hitz (Fair Value Accounting), S. 336 f.
1916 Vgl. Ballwieser (Wertorientierte Unternehmensführung), Sp. 1618.
1917 Vgl. Moxter (Eigenkapitalmessung), S. 86; Ballwieser (Generalklausel), S. 1037.
1918 Vgl. Moxter (Standort), S. 35; Moxter (Auskunftsverweigerungsrecht), S. 317; Snavely (Current Cost), S. 349 f.; Hitz (Fair Value Accounting), S. 338.
1919 Moxter (Auskunftsverweigerungsrecht), S. 312.
1920 Vgl. Ballwieser (Unternehmensbewertung a), S. 5758.
1921 Vgl. hierzu Siegel (Bilanzierung).
1922 Vgl. z.B. Busse von Colbe (Geschäfts- oder Firmenwert), Sp. 884 f.
1923 Vgl. Moxter (Goodwill), Sp. 685.
1924 Vgl. Moxter (Rechnungslegungsmythen), S. 2143 f.
1925 Vgl. Mujkanovic (Fair Value), S. 285; Bromwich (Fair Values), S. 35; Schildbach (Wirklichkeit), S. 11; Kaiser (Investorensicht), S. 145; Münstermann (Dynamische Bilanz), S. 527; Schneider (Bilanzgewinn), S. 471; Haaker (Goodwill), S. 428; Hettich (Gewinnermittlungsregeln), S. 43; Hansen (Profit), S. 43 f.

5.5.2.2.1.3 Aktivierung des Gesamt-Goodwill

Der Ansatz des Gesamt-Goodwill überführt den per se wenig informativen Substanzwert in einen entscheidungsrelevanten Erfolgswert[1926] und überwindet so den gesamten, von Konventionen festgelegten Grenzbereich zwischen Einzel- und Gesamtbewertung.[1927] Für den originären Goodwill besteht jedoch gemäß IAS 38.48 ein Aktivierungsverbot; mit dem Nichtansatz des originären Goodwill wird die Unvereinbarkeit von Einzel- und Gesamtbewertung begründet,[1928] was wiederum selten in Frage gestellt wird[1929].

Die Vernachlässigung[1930] des originären Goodwill kann zwar als international vorherrschendes Rechnungslegungsprinzip angesehen werden,[1931] welches insbesondere der Objektivierung der Abschlussinformationen dienen soll[1932]. Dennoch stellt dieses Prinzip kein „Naturgesetz“ [1933] dar und findet auch nach geltenden Regelungen nicht durchgehend Beachtung. Nicht zuletzt durch den Impairment-Only-Approach wird es durch den konzeptionsbedingten Goodwill-Substitutionseffekt partiell durchbrochen, da im Zeitablauf ein originärer Goodwill an die Stelle eines derivativen Goodwills tritt.[1934] „Akzeptiert man dies, wäre eine grundsätzliche Ablehnung der Aktivierung eines originären Goodwill kaum mehr zu begründen.“[1935] Die Bewertungsprobleme des Goodwill-Impairment-Tests ähneln im Übrigen denen, die bei der Bewertung des

---

[1926] Vgl. Alexander/Solomons(Income Measurement), S. 149; Döring (Goodwill), Sp. 810.

[1927] Vgl. hierzu auch Ballwieser (Umbruch), S. 296.

[1928] Vgl. etwa Moxter (Rechnungslegungsmythen), S. 2143 f.

[1929] Für Ausnahmen vgl. Hansen (Profit), S. 43 f.; Mujkanovic (Fair Value), S. 285; Bromwich (Fair Values), S. 35; Schneider (Bilanzen im Rechtssinne), S. 1155; Haaker (Grundgedanken, Teil I), S. 260 f.; Hoogendoorn (Financial Statement Model).

[1930] Zu den Problemen der Goodwill-Vernachlässigung vgl. Moxter (Windfalls), S. 238 ff.; Moxter (Rechnungslegungsmythen), S. 2143 f.

[1931] Vgl. Busse von Colbe (Nonamortization-Impairment-Ansatz), S. 877.

[1932] Vgl. Moxter (Auskunftsverweigerungsrecht), S. 311.

[1933] In diesem Sinne gelangt etwa Kahle (Zukunft), S. 265 zu der Auffassung, dass „der originäre Geschäfts- oder Firmenwert bilanziell ermittelt werden kann“. Ähnlich die Anmerkung von Moxter (Standort), S. 35, „daß man den (originären) Geschäfts- oder Firmenwert ...auf diese Weise nicht erfassen kann.“ Er geht von einer „unvermeidlichen Vernachlässigung“ [Moxter (Funktionsinadäquanz), S. 1012] aus. Wüstemann (Institutionenökonomik), S. 64 spricht vom „bilanziell nicht erfaßten originären Geschäftswert als unaufhebbarer Differenz“. Wüstemann/Bischof (Fair-Value-Bewertung) bemerken wiederholt die Unmöglichkeit bzw. Unzweckmäßigkeit einer Erfassung des originären Goodwill. Ferner merkt Ballwieser (Limitations), S. 63 im Hinblick auf Agency-Probleme an: „the recognition of self-produced goodwill is counterproductive“.

[1934] Vgl. hierzu m.w.N. Brösel/Müller (Goodwillbilanzierung), S. 38.

[1935] Mujkanovic (Geschäftswert), S. 826.

originären Goodwill auftreten,[1936] allerdings ohne dass im Ergebnis der gesamte Wert des originären Goodwill zum Ansatz kommt[1937].

Soll der Unternehmenswert bilanziell approximiert werden, ist neben einer umfassenden Substanzbewertung die Aktivierung des Gesamt-Goodwill und dessen periodische „Neubewertung" die logische Konsequenz:[1938] Nur durch die Erfassung des Gesamt-Goodwill können „die bilanzierte Nettosubstanz und die Zielgröße Unternehmenswert in Übereinstimmung"[1939] gebracht und somit das aus messtheoretischer Sicht wünschenswerte Ergebnis einer Zielgrößenapproximation[1940] erreicht werden.[1941] „[I]t is evident that both goodwill and 'separable' intangibles would be represented in enterprise value irrespective of whether they were purchased or internally developed."[1942] Unter Relevanzgesichtspunkten muss daher zumindest die Frage gestellt werden dürfen, weshalb nicht durch den Ansatz eines originären Goodwill die Abbildung eines entscheidungsrelevanten Rechnungsziels angestrebt werden darf.[1943] Damit würde nicht zuletzt auch die Inkonsistenz zur Behandlung eines derivativen Goodwill beseitigt werden.[1944]

Die grundlegende Frage lautet also: „Why is internally generated goodwill not included in the balance sheet?"[1945] Aus dem Entscheidungszweck leitet sich schließlich ab, „daß es keine Positionen geben kann, deren Aktivierung von vorneherein tabu wäre"[1946]. Dies gilt im besonderen Maße auch für den Goodwill, dessen bilanzielle Berücksichtigung die Fundierung von Anlageentschei-

---

1936 Vgl. AAA (Commentary), S. 60.
1937 Vgl. IDW (Business Combinations), S. 206.
1938 Vgl. Holthausen/Watts (Relevance), S. 33.
1939 Mujkanovic (Fair Value), S. 284.
1940 Vgl. Hitz/Kuhner (Neuregelung), S. 281; ferner Coenenberg/Sieben (Unternehmensbewertung), Sp. 4070, die für die Unternehmensbewertung ableiten, „daß die der Bewertung zugrunde zu legenden Ergebnisse inhaltlich den Zielgrößen der Entscheidungsträger entsprechen müssen."
1941 Vgl. Dunse/Hutchison/Goodacre (Trade-related Valuations), S. 241.
1942 Eggington (Intangible Asset Accounting), S. 198.
1943 Vgl. Schneider (Bilanzen im Rechtssinne), S. 1155. Für den Ansatz eines originären Goodwill vgl. Mujkanovic (Fair Value), S. 284-305; Hoogendoorn (Financial Statement Model); Käfer (Zukunftsrechnung), S. 17; Hansen (Profit), S. 43; Chen Chang (Business Income), S. 643; Hax (Bilanzgewinn), S. 650; Solomons (Concepts of Income), S. 382; Bentele (Immaterielle Vermögenswerte), S. 76 f.; Walker (Goodwill).
1944 Vgl. Ma/Hopkins (Goodwill), S. 83 f.; Catlett/Olson (Accounting for Goodwill), S. 66.
1945 Dunse/Hutchison/Goodacre (Trade-related Valuations), S. 241.
1946 Moxter (Erwartungen), S. 622.

dungen durch die Investoren anhand einer Bilanz erst ermöglicht.[1947] Ansonsten erscheint eine bilanzorientierte Entscheidungsfindung kaum empfehlenswert,[1948] da die Investoren „über eine Größe informiert werden, die nicht ihren Informationsbedürfnissen entspricht"[1949]. Insofern „heiligt der Entscheidungszweck die Mittel", zu denen insbesondere der Ansatz des Gesamt-Goodwill zählt.

Aus einheitstheoretischer Sicht müsste zur Approximation eines Gesamt-Konzernwerts neben dem Gesamt-Goodwill des Mutterunternehmens und den auf die Mehrheitenanteile entfallenden anteiligen Goodwill der Tochterunternehmen auch die den an den Tochterunternehmen beteiligten Minderheitengesellschaftern zurechenbaren Goodwills aktiviert werden.[1950] Der Konzern-Goodwill wäre zu jedem Abschlussstichtag in voller Höhe auszuweisen. Folglich müsste der Gesamt-Goodwill zu jedem Abschlussstichtag neubewertet werden, um mittels der Bilanz den Konzernwert in direkter Weise zu messen.[1951] Ein solches Vorgehen entspräche quasi einer jährlichen Anwendung der Fresh Start Method.[1952]

Ebenso wie das Mehr- und Minderheiteneigenkapital sind Mehr- und Minderheiten-Goodwill getrennt auszuweisen.[1953] Damit wird ersichtlich, in welchem Maße Mehr- und Minderheitengesellschafter an den vorhandenen Synergiepotentialen partizipieren. An dieser Stelle darf aber keine Beteiligungsproportionalität angenommen werden. Aufgrund von Kontrollvorteilen dürften die Mehrheitengesellschafter einen höheren Nutzen pro Anteil aus den Synergiepotentialen eines Tochterunternehmens ziehen als die Minderheitengesellschafter.[1954] Für die einzelnen Vermögenswerte und Schulden des Tochterunternehmens erscheint indessen die aus der Kapitalkonsolidierung nach der Neubewertungsmethode bekannte beteiligungsproportionale Zuordnung des auf sie entfallenden Nutzens auf Mehr- und Minderheitengesellschafter[1955] zweckmäßig, sofern für den Einsatz der Substanz eine „Normalrendite" ange-

---

[1947] Zur Bedeutung des Goodwill für Anlageentscheidungen vgl. Kahle (Zukunft), S. 264; Kahle (Rechnungslegung), S. 31.
[1948] Vgl. Hommel/Schmidt/Wüstemann (Moxter), S. 89.
[1949] Kahle (Rechnungslegung), S. 31.
[1950] Vgl. Haaker (Einheitstheorie), S. 455 f.
[1951] Vgl. Holthausen/Watts (Relevance), S. 33.
[1952] Vgl. Haaker (Einheitstheorie), S. 457.
[1953] Vgl. Baxter/Spinney (Financial Statement Theory), S. 36.
[1954] Vgl. Busse von Colbe (Einheitstheorie), S. 49; Treynor (Value of Control), S. 8.

nommen wird[1956].[1957] Für den Goodwill als Barwert der auf Synergien zwischen den Vermögenswerten oder Gruppen von Vermögenswerten[1958] beruhenden, erwarteten Übergewinne kann hingegen keine Beteiligungsproportionalität bezüglich des Mehr- und Minderheitenanteils angenommen werden.[1959] Der Wert des Mehr- und Minderheiten-Goodwill ergibt sich aufgrund der der jeweiligen Gruppe erwartungsgemäß zugutekommenden Synergiepotentiale.[1960] Folglich ist unter Informationsgesichtspunkten ein getrennter Ausweis des Mehr- und Minderheiten-Goodwill stets zu befürworten.[1961]

Unter dem Aspekt der Verlässlichkeit mag der Ansatz eines originären Goodwill äußerst kritisch gesehen werden,[1962] doch mit dem dogmatischen Bestreiten dieser Möglichkeit wird die Verlässlichkeit (bzw. Nachprüfbarkeit oder Objektivierung) zum Maß aller Dinge erhoben.[1963] Jedoch darf die Verlässlichkeit lediglich als eine Nebenbedingung verstanden werden:[1964] Verlässlichkeit per se ist bei fehlender Entscheidungsrelevanz gänzlich bedeutungslos; sie darf zwar nicht vernachlässigt werden, ist aber keinesfalls mit der eigentlichen Zielsetzung zu verwechseln.[1965] Daraus folgt, dass eine Objektivierung der Bilanz kein Selbstzweck sein darf,[1966] stattdessen ist sie dem eigentlichen Rechnungszweck unterzuordnen. Der Ansatz eines originären Goodwill darf nicht von vornherein aufgrund von Objektivierungsproblemen abgelehnt werden, ohne die Relevanz gewürdigt zu haben.

1955 Vgl. Busse von Colbe (Einheitstheorie), S. 46.
1956 Vgl. hierzu auch Wagenhofer (Fair Value Bewertung), S. 35.
1957 Vgl. hierzu auch kritisch Schildbach (Konzernrechnungslegungsvorschriften), S. 394.
1958 Vgl. Johnson/Petrone (Goodwill), S. 295 f.
1959 Vgl. Busse von Colbe (Einheitstheorie), S. 49.
1960 Vgl. Haaker (Einheitstheorie), S. 454; Haaker (full goodwill method), S. 27.
1961 Zwar ließen sich die Werte des Mehr- und Minderheiten-Goodwill bei bekannten Mehr- und Minderheiteneigenkapital und Nettovermögen (für das die oben geschilderte Proportionalitätsannahme gilt) auch retrograd ermitteln. Diese höchst relevante Information sollte aber keinesfalls in „versteckter Weise“ gegeben werden.
1962 Vgl. Siegel (Zeitwertansatz), S. 314, der zwar die grundsätzliche Möglichkeit des Ansatzes eines originären Goodwill anerkennt, ihr aufgrund der bestehenden Objektivierungsprobleme aber keinen Informationsnutzen zugesteht. Vgl. auch Lopatta (Goodwillbilanzierung), S. 1.
1963 So etwa Henselmann (Böcke), S. 286: „Daher kann es nicht Aufgabe einer externen Rechnungslegung sein, den Unternehmenswert darzustellen.“ Jedoch stellt sich die Frage, welche Aufgabe einer informationsorientierten Rechnungslegung überhaupt zukommen soll.
1964 Vgl. Busse von Colbe (Bewertung), S. 48.
1965 Vgl. Moxter (Unternehmensbewertung), S. 51.
1966 Vgl. Moxter (Immaterielle Anlagewerte), S. 1104.

Während die Relevanz als ein Qualitätskriterium bezüglich der Messung des Rechnungszwecks (Messabsicht) durch das Rechnungsziel angesehen werden kann, stellt die Objektivierung eine systemfremde, von außen gesetzte Messrestriktion dar[1967]. Beginnend mit dem Idealfall einer möglichst entscheidungsrelevanten Bilanz, welche den konkretisierten Rechnungszweck bestmöglich als Rechnungsziel abbildet, sind im Hinblick auf die Verlässlichkeit Abstriche von der Messabsicht zu machen, bis im Ergebnis maximale Relevanz unter der Nebenbedingung einer ausreichenden Verlässlichkeit erreicht wird. Im Rahmen von Bilanzierungsfragen bildet die Relevanz das „Auswahlkriterium", während die Verlässlichkeit ein sekundäres „Ausschlusskriterium" bezüglich einer als relevant klassifizierten Information darstellt.[1968] Was verbleibt, wird als entscheidungsnützlich eingestuft. Der Hinweis, dass eine entscheidungsnützliche Information gleichfalls relevant und zuverlässig sein muss, um in ein nicht näher benanntes persönliches Entscheidungsmodell der Investoren einzugehen, ermöglicht für sich genommen hingegen keine operationalen Auswahlentscheidungen bezüglich der Informationsbereitstellung.

In Bezug auf den Goodwill scheint ein Missverhältnis zu Lasten der Relevanz vorzuliegen: „Die Vernachlässigung des Goodwill wiegt schwer"[1969]; im Ergebnis klaffen Eigenkapital und Unternehmenswert weit auseinander.[1970] „Nahezu für alle 'rein betriebswirtschaftlichen' Aufgaben der Eigenkapitalermittlung erscheint das unzweckmäßig."[1971] Zu diesen „rein betriebswirtschaftlichen Aufgaben" zählen sicherlich auch die informative Unterstützung bei Entscheidungen über das Kaufen, Halten und Verkaufen von Anteilen am berichtenden Unternehmen (Entscheidungszweck) und die Kontrolle des Managements durch die Investoren (Kontrollzweck). Zumindest zur Unterstützung von Anlageentscheidungen muss im Sinne der Investoren die Entscheidungsrelevanz und nicht die Verlässlichkeit im Vordergrund stehen.[1972] Schließlich darf nicht verkannt werden, dass ein Übermaß an Objektivierung zu extremen Fehlinformationen führen kann[1973] und Investoren „wegen krasser Fehlinformationen

---

[1967] Vgl. Zimmermann (Geschäftswerte), S. 752.
[1968] Vgl. hierzu Kampmann/Schwedler (Entwurf), S. 529.
[1969] Moxter (Eigenkapitalmessung), S. 87.
[1970] Vgl. hierzu Black (Magic), S. 23 f.
[1971] Moxter (Eigenkapitalmessung), S. 87.
[1972] Vgl. Bieker (Unternehmen), S. 1208; Haaker (Wahrscheinlichkeitsproblem), S. 8 f.; Streim/Bieker/Esser (Ausschüttungsbilanz), S. 242.
[1973] Vgl. Moxter (Gewinnermittlung), S. 134.

ebenso krasse Fehlentscheidungen treffen können"[1974]. „Der für die Objektivierung in Form der Vernachlässigung des Goodwill gezahlte Preis ist hier zu hoch"[1975], denn es kann nicht von einem ausreichenden Maß an Relevanz ausgegangen werden.

Führt eine IFRS-Bilanz aufgrund der Goodwill-Vernachlässigung systembedingt zu fehlerhaften Informationen,[1976] darf sie nicht als Informationsbilanz „vermarktet" werden. Sie stellt unter dieser Bedingung „zur Befriedigung der Informationsbedürfnisse ein nur schwach geeignetes Instrument dar."[1977] Die Erfüllung des Entscheidungszwecks bleibt bei systematischer Goodwill-Vernachlässigung eine leere Versprechung.[1978] Somit darf in einer Informationsbilanz, wie sie die IFRS-Bilanz darstellt, der Gesamt-Goodwill nicht unberücksichtigt bleiben. Entsprechend muss eine Informationsbilanz den Unternehmenswert mittels der ausgewiesenen Vermögenswerte (VW_j^i), Schulden (SCH_j^i) und Goodwill-Komponenten (GWK_j^i) approximieren:

$$EK_j \approx UW_j = (VW_j^1 + VW_j^2 + ... + VW_j^n) - (SCH_j^1 + SCH_j^2 + ... + SCH_j^n) \\ + (GWK_j^1 + GWK_j^2 + ... + GWK_j^n)$$

Wenn der Unternehmenswert idealtypisch direkt der Bilanz zu entnehmen ist,[1979] werden bereits alle entscheidungsrelevanten Informationen bereitgestellt.[1980] Im Idealfall wird demnach bei einem bilanzorientierten Rechnungsziel eine GuV zur Entscheidungsfindung obsolet,[1981] einer GuV kommt so allenfalls noch eine Plausibilisierungsfunktion zu.[1982] Anderes gilt für den Kontrollzweck: Zur Erfüllung des Kontrollzwecks ist eine GuV auch im Rahmen einer idealtypischen bilanzorientierten Betrachtung ein unverzichtbares Informationsinstrument.

[1974] Moxter (Anlegerschutz), S. 266.
[1975] Moxter (Eigenkapitalmessung), S. 87.
[1976] Vgl. Moxter (Windfalls), S. 238 f.
[1977] Ballwieser (Nutzen), S. 24.
[1978] Vgl. Haaker (IFRS-Informationsbilanz, Tei I), S. 257.
[1979] Vgl. Haaker (Goodwill), S. 428.
[1980] Vgl. Mujkanovic (Fair Value), S. 271 und 306.
[1981] Vgl. Mujkanovic (Fair Value), S. 271 und 306.
[1982] Vgl. hierzu auch Mujkanovic (Fair Value), S. 271.

5.5.2.2.2 Erfüllung des Kontrollzwecks

Im Rahmen des Kontrollzwecks gilt es einen kontrollrelevanten Periodenerfolg zu bestimmen. „Der Erfolg einer Unternehmung kann nur daran gemessen werden, in welchem Maße sie das von ihr angestrebte Ziel erreicht hat.“[1983]

Zur adäquaten Managementkontrolle „müssen die Auswirkungen der gegenwärtigen Dispositionen auf das Ergebnis späterer Rechnungsperioden zum Ausdruck kommen.“[1984] „Eine Größe, in der alle zukünftigen Chancen erfasst werden, ist der Gesamtwert der Unternehmung; dies legt nahe, einen Erfolgsmaßstab aus dem Gesamtwert abzuleiten.“[1985] Zu diesem Zweck muss der Erfolg gemäß einer bilanzorientierten Erfolgskonzeption unter Bezug auf die Veränderung des unternehmenswertapproximierenden Eigenkapitals ermittelt werden. Die damit angesprochene Unternehmensentwicklung und die daran gemessene Leistung des Managements spiegeln sich in erster Linie in der Veränderung des Unternehmenswerts wider.[1986] Insofern geht eine die bilanzorientierte Erfüllung des Kontrollzwecks quasi automatisch mit einer bilanzorientierten Erfüllung des Entscheidungszwecks einher[1987]: Ein als Unternehmenswertänderung verstandener Gewinn setzt die (approximative) Ermittlung der Unternehmenswerte zum Beginn und zum Ende der Rechnungsperiode voraus.[1988] Demzufolge gilt: „Wer den Gewinn richtig ermitteln will, muß das Vermögen richtig ermitteln“[1989].

„Der Ertragswert-Zuwachs kann mittels...Bilanzen nicht zuverlässiger berechnet werden als die beiden Ertragswerte, aus denen er sich ergibt.“[1990] Nur bei einem umfassenden Ansatz der Potentiale (inklusive eines originären Goodwill) kann der Unternehmenswert und damit ein ökonomischer Erfolg approxi-

[1983] Hax (Bilanzgewinn), S. 646.
[1984] Hax (Bilanzgewinn), S. 646.
[1985] Hax (Bilanzgewinn), S. 646.
[1986] Vgl. Moxter (Erwartungen), S. 621.
[1987] Vgl. Moxter (Bilanzlehre, Band I), S. 6.
[1988] Vgl. Bierman/Davidson (Business Income), S. 240; Moxter (Rechnungslegungsmythen), S. 2144; Solomos (Concepts of Income), S. 379. Vgl. ausführlich zum Gewinn als Effektivvermögenszuwachs Moxter (Betriebswirtschaftliche Gewinnermittlung), S. 43-89, zu dessen Approximation durch den Gewinn als Bilanzvermögenszuwachs S. 90-126 und zu den diesbezüglichen Grenzen insbesondere S. 107-112.
[1989] Moxter (Bilanzlehre, Band I), S. 6.
[1990] Moxter (Betriebswirtschaftliche Gewinnermittlung), S. 113.

miert werden.[1991] Wenn das Nettovermögen dagegen nur einen schlechten Indikator darstellt, muss dieses auch für dessen Veränderung gelten.[1992] Dies bedeutet, dass eine bilanzorientierte Erfüllung des Kontrollzwecks die Erfüllung des Entscheidungszwecks voraussetzt.

Somit leitet sich ebenso wie aus dem Entscheidungszweck auch aus dem Kontrollzweck ab, dass grundsätzlich keine Potentiale von einer Aktivierung ausgeschlossen werden dürfen.[1993] Eine adäquate Kontrolle des Managements erfordert insbesondere den Ansatz eines Goodwill (inklusive aller originären Komponenten), um die periodische Veränderung des Unternehmenswerts und somit die Managementleistung vollständig zu erfassen.[1994]

Für die Gewinngröße gilt also, dass ihr eine umso größere Kontrollrelevanz zukommt, je näher sie der Idealgröße zur Messung des Zielerreichungsgrads der Investoren kommt.[1995] Daher muss die Erfolgsgröße neben der Unternehmenswertänderung auch die Nettoausschüttung an die Anteilseigner zum Ausdruck bringen.[1996] Daraus kann gefolgert werden, „[d]asjenige Rechnungslegungssystem sei das beste, dessen Gewinnzahlen dem ökonomischen Gewinn am nächsten kämen."[1997] Als Rechnungsziel ist folglich die Approximation des ökonomischen Gewinns anzustreben,[1998] was eine entsprechende (extensive) Ansatz- und Bewertungskonzeption erfordert.[1999]

In der Literatur wird oftmals der Eindruck erweckt, eine GuV sei bei einer bilanziellen Abbildung des Unternehmenswerts überflüssig, da alle relevanten Informationen bereits anhand der Bilanz bereitgestellt werden.[2000] So erübrige sich eine Errechnung des ökonomischen Gewinns schon mit der Darstellung

---

1991 Vgl. Chen Chang (Business Income), S. 643; Mujkanovic (Fair Value), S. 285 f.; Moxter (Windfalls), S. 238 ff.; Moxter (Rechnungslegungsmythen), S. 2144; Schipper/Vincent (Earnings Quality), S. 107; Barth (Estimates), S. 280; Solomons (Concepts of Income), S. 376.

1992 Vgl. Hommel/Schmidt/Wüstemann (Moxter), S. 85.

1993 Vgl. hierzu Moxter (Erwartungen), S. 622.

1994 Vgl. Moxter (Windfalls), S. 238 ff.; Ballwieser (EVA), S. 19.

1995 Vgl. Hitz/Kuhner (Neuregelung), S. 281.

1996 Vgl. Gebhardt/Mansch (Unternehmenssteuerung), S. 18; Bierman/Davidson (Income Concept), S. 240.

1997 Möller/Hüfner (Rechnungslegung), S. 407.

1998 Vgl. hierzu auch Peasnell (Present Value Concept), S. 153; Demski/Sappington (Income Measurement), S. 363.

1999 Vgl. Hommel (Bilanzrechtskonzeptionen), S. 348.

2000 Vgl. Kahle (Informationsversorgung), S. 98; Kahle (Rechnungslegung), S. 30; Wagner (Periodenabgrenzung), S. 1192. Zur Problematik des ökonomischen Gewinns vgl. auch Drukarczyk (Ökonomischer Gewinn).

des Unternehmenswerts. Dies mag vieleicht für den Entscheidungszweck gelten, d.h. die Entscheidungen über das Kaufen, Halten und Verkaufen von Anteilen am berichtenden Unternehmen, Anlageentscheidungen beziehen sich schließlich direkt auf den Unternehmenswert zum Anlagezeitpunkt. Für diese Zwecksetzung gilt also zunächst: „The only information we need is the present value of the firm now"[2001], wodurch der Zusatznutzen einer Approximation des ökonomischen Gewinns tatsächlich nicht auf der Hand liegt.[2002] Dieses Ergebnis ist jedoch keinesfalls automatisch auf den Kontrollzweck übertragbar:[2003] Zwar ist die Feststellung richtig, dass „[d]er ökonomische Gewinn...stets erst zusammen mit dem Ertragswert vor[liegen]"[2004] kann. Die darauf aufbauende Schlussfolgerung, er „enthält gegenüber diesem also keine Zusatzinformationen mehr"[2005], gilt allenfalls für die Interpretation des ökonomischen Gewinns als Ertragswertzinsen.[2006] Dieser ermittelt sich schließlich „lediglich durch arithmetische Umformung in eine unendliche uniforme Reihe"[2007]. Hierbei müssen alle zur Ertragswertberechung notwendigen Informationen bereits vorliegen.[2008]

Zwar mag sich „die Ansicht durchgesetzt [haben], wonach nur die Zinsen auf den Ertragswert ökonomischen Gewinn darstellen."[2009] Dies kann aber nicht für alle Rechnungszwecke gleichermaßen gelten: „'Richtige' Gewinne sind zweckadäquate Gewinne"[2010], was gleichfalls bedeutet, dass ein „richtiger" ökonomischer Gewinn ein zweckmäßiger sein muss;[2011] Rechnungszweck ist hier die Kontrolle, und daraus leitet sich der ökonomische Gewinnbegriff ab.[2012] Die als Ertragswertzinsen ermittelte Größe stellt als Plangewinngröße[2013] überhaupt keine Kontrollgröße dar, da sie „zu einer einseitigen Bezug-

---

2001 Bierman/Davidson (Income Concept), S. 240.
2002 Vgl. Neus (Einführung), S. 372.
2003 Vgl. Mujkanovic (Fair Value), S. 306 f.
2004 Wagner (Theorie), S. 5.
2005 Wagner (Theorie), S. 5.
2006 Vgl. Bierman/Davidson (Income Concept), S. 241.
2007 Vgl. Wagner (Periodenabgrenzung), S. 1184.
2008 Vgl. Wagner (Periodenabgrenzung), S. 1181; Bierman/Davidson (Income Concept), S. 241; Schneider (Gewinnermittlung), S. 1054.
2009 Schildbach (Zeitbewertung), S. 180. *Schildbach* bezieht sich auf Schneider (Bilanzgewinn), S. 463 f.
2010 Moxter (Betriebswirtschaftliche Gewinnermittlung), S. 136.
2011 Vgl. Moxter Betriebswirtschaftliche Gewinnermittlung), S. 151; Koch (Wirtschaftlichkeitsrechnung), S. 391.
2012 Vgl. Mujkanovic (Fair Value), S. 308 f.
2013 Vgl. Moxter (Betriebswirtschaftliche Gewinnermittlung), S. 53.

nahme auf den Ertragswert zu Beginn der Periode mutiert", anstatt die aus dem Kontrollzweck abgeleitete „ursprünglich zweiseitige Orientierung an Unternehmenswerten (zu Beginn und am Ende einer Periode)"[2014] beizubehalten. Anderes gilt für den „erzielten" ökonomischen Gewinn, dem der Plangewinn zu Kontrollzwecken gegenüber zu stellen ist[2015].

Zwar lässt sich mittels Zeitvergleich zweier („Unternehmenswert"-)Bilanzen die Änderung des Unternehmenswerts feststellen,[2016] die Kontrollgröße bleibt damit allerdings unvollständig,[2017] denn mit der erfolgten Nettoausschüttung bleibt ein wesentlicher Teil der Periodenleistung unberücksichtigt.[2018] Über den Gesamterfolg darf auch nicht als Globalgröße berichtet werden,[2019] ohne die Erfolgsbestandteile offenzulegen, wofür es der GuV als eines Informationsinstruments bedarf.

Der GuV kommt demzufolge zur adäquaten Erfüllung des Kontrollzwecks eine nicht zu unterschätzende Bedeutung zu.[2020] Ihre Existenzberechtigung erlangt die GuV bei Verfolgung eines bilanzorientierten Rechnungsziels zum einen daraus, dass die Ergebnisgröße über die bloße Veränderung des Unternehmenswerts hinausgeht, und zum anderen daraus, dass der Kontrollzweck eine separate Darstellung der Erfolgskomponenten erfordert[2021].

Eine Erfolgsspaltung sollte zumindest approximativ eine Trennung in den sog. Informations- und Aktionseffekt[2022] gewährleisten.[2023] Des Weiteren erscheint zur Einschätzung der Manipulationsanfälligkeit der Erfolgskomponenten eine Differenzierung in „Vergangenes" (erfolgter Nettozufluss) und „Zukünftiges" (Veränderung des Unternehmenswerts) notwendig.[2024]

[2014] Dirrigl (Unternehmensbewertung), S. 160 (beide Zitate).
[2015] Vgl. Coenenberg (Gewinnbegriff), S. 449.
[2016] Vgl. Mujkanovic (Fair Value), S. 314.
[2017] Vgl. Mujkanovic (Fair Value), S. 313.
[2018] Vgl. Gebhardt (Beurteilungsgrößen), S. 74; Gebhardt/Mansch (Unternehmenssteuerung), S. 18.
[2019] Vgl. Moxter (Bilanzierung), S. 40.
[2020] Vgl. Mujkanovic (Fair Value), S. 306.
[2021] Vgl. Mujkanovic (Fair Value), S. 314 f.
[2022] Vgl. Breid (Erfolgspotentialrechnung), S. 28.
[2023] Vgl. Bieker (Fair Value Accounting), S. 224.
[2024] Vgl. Mujkanovic (Fair Value), S. 316 f.

Der ökonomische Gewinn gilt aufgrund seiner mangelnden Objektivierbarkeit für das externe Rechnungswesen als wenig geeignete Kontrollgröße.[2025] Dieser auf den Manipulationsspielraum zielende Einwand lässt sich bei Substanziierung durch das Nettovermögen in erster Linie auf den Goodwill übertragen. Man könnte, um zumindest in der Kontrollrechnung ein – wie auch immer bestimmtes – geeignetes Mindestmaß an Objektivierung zu gewährleisten, die Goodwill-Änderungen mit der Begründung unberücksichtigt lassen, dass es ausreiche, „nur“ das »Auf und Ab des Unternehmens«[2026] zu indizieren. Auch wenn hierfür möglicherweise nicht zwingend alle Potentiale erfasst werden müssten, kann dennoch nicht auf die Goodwill-Änderungen verzichtet werden. Dies gilt obgleich eine „umfassende Vermögensrechnungen im Unternehmen niemals in präziser Weise, auf Heller und Pfennig durchführbar“[2027] sein mag. Soweit wesentliche Goodwill-Änderungen unberücksichtigt bleiben, kann die Indikatorfunktion der Gewinngröße nicht sicher gestellt werden. Mit der Vernachlässigung des Goodwill wird die Kontrollgröße weitgehend aussagelos, da ohne die Erfassung seiner Veränderung ein Großteil der (zukunftsbezogenen) positiven und negativen Leistungen des Managements allenfalls dann in die Erfolgsgröße eingehen, wenn der nicht erfasste Goodwill bereits aufgezehrt und der Going Concern-Unternehmenswert den Substanzwert unterschritten hat.[2028] Es muss insofern schon über einen langen Zeitraum enormer Schlendrian betrieben worden sein, bevor eine objektive Gewinngröße, welche die Goodwill-Änderung nicht erfasst, dieses ans Licht bringt.[2029] Folglich darf der Goodwill in einer Kontrollrechnung nicht unberücksichtigt bleiben; „wer einen aussagekräftigen Gewinn ermitteln will, muß die Vermögenskomponenten umfassender berücksichtigen.“[2030] Nur dann werden „komprimierte Informationen…über das (wirkliche) Auf und Ab des Unternehmens“[2031] gegeben. Bei Vernachlässigung des Goodwill „erscheint es bedenklich, auf Grund einer derart unvollständigen Bilanz, Informationen über die wirtschaftliche Unterneh-

[2025] Vgl. Münstemann (Bedeutung), 585 f.; Lippmann (Erfolgsermittlung), S. 75-79; Baetge (Objektivierung), S. 26; Neus (Einführung), S. 373.

[2026] Vgl. grundlegend Schmalenbach (Bilanzlehre), S. 7-10.

[2027] Moxter (Windfalls), S. 240.

[2028] Vgl. hierzu insbesondere Moxter (Windfalls), S. 238 ff.

[2029] Vgl. Moxter (Betriebswirtschaftliche Gewinnermittlung), S. 227.

[2030] Moxter (Windfalls), S. 240.

[2031] Moxter (Windfalls), S. 240.

mensentwicklung gewinnen zu wollen."[2032] „Es ist [bei Goodwill-Vernachlässigung] nicht einmal so, daß man sich auf das Vorzeichen der bilanziell ermittelten Ertragswert-Änderung verlassen könnte"[2033], was zu Fehleinschätzungen der Managementleistung führen kann.[2034]

Zur Erfüllung des Kontrollzwecks hat unter Vernachlässigung von Nettoausschüttungen (NA_t) der auf Grundlage von Erträgen (ER_t) und Aufwendungen (AW_t) errechnete Gewinn (G_t) die Eigenkapitaländerung ($\Delta EK_{t/t-1}$) als Approximation der Unternehmenswertänderung ($\Delta UW_{t/t-1}$) zu erfassen:

$$G_t = ER_t - AW = \Delta EK_{t/t-1} \approx \Delta V_{t/t-1}^{FV} + \Delta GW_{t/t-1_t}^{FV} = \Delta UW_{t/t-1}$$

Aus einheitstheoretischer Perspektive beinhaltet der Konzerngewinn sowohl den auf die Mehrheiten- als auch den auf die Minderheitengesellschafter entfallenden Gewinn i.S. der Änderung des auf sie entfallenden unternehmenswertapproximierenden Eigenkapitals. Für beide Gruppen ist aus denselben Gründen, aus denen sich ein getrennter Ausweis des Mehr- und Minderheiteneigenkapitals ergibt, der Gewinn separat auszuweisen, was ebenfalls für die Änderungen des Mehrheiten- und des Minderheiten-Goodwill innerhalb der GuV gilt.

5.5.2.2.3 Objektivitätsbedingte Goodwill-Vernachlässigung

Bilanzorientierte Kriterien für die Entscheidungs- und Kontrollrelevanz sind die Approximation des Unternehmenswerts durch das bilanzielle Eigenkapital sowie die damit verbundene Annäherung des bilanziellen Gewinns an den ökonomischen Gewinn.[2035] Wie gezeigt wurde, können Unternehmenswert und ökonomischer Gewinn mittels einzelbewertungsorientierter Bilanz und GuV durchaus approximiert werden, sofern der Gesamt-Goodwill sowie seine Veränderung Berücksichtigung finden.[2036] Entsprechend kann aber die bilanzorientierte Rechnungslegung nur bei Aktivierung eines originären Goodwill überhaupt einen ausreichenden Relevanzgrad aufweisen,[2037] damit geht jedoch unvermeidlich eine Entobjektivierung der Bilanz einher.

[2032] Moxter (Windfalls), S. 240.
[2033] Moxter (Betriebswirtschaftliche Gewinnermittlung), S. 113.
[2034] Vgl. Ballwieser (EVA), S. 19.
[2035] Vgl. Ordelheide (Wertpotential), S. 510.
[2036] Vgl. Chen Chang (Business Income), S. 643.
[2037] Zur Problematik vgl. Moxter (Rechnungslegungsmythen), S. 2143 f.

Auf Basis eines objektivierten, aber „lückenhaften" Buchvermögens ist demgegenüber nicht einmal eine systematische Abschätzung der Relation vom Eigenkapital zum Unternehmenswert möglich.[2038] Sofern das Buchvermögen jedoch in einem von den Investoren nicht abschätzbaren Ausmaß vom Informationsziel „Unternehmenswert" abweicht, sollten die Investoren auf dieser unzureichenden Informationsbasis keine Anlageentscheidungen treffen.[2039] Auch eine adäquate Kontrolle ist auf dieser unzulänglichen Datenbasis kaum möglich.[2040] Wird der Goodwill vernachlässigt, werden „Erfolge stets lückenhafte Vermögensvergleiche bleiben."[2041]

Die bilanzorientierte Erfüllung des Entscheidungs- und Kontrollzwecks bleibt eine leere Versprechung, solange die Potentiale des berichtenden Unternehmens nicht umfassend abgebildet und im Hinblick auf ihren Ertragswertbeitrag bewertet werden.[2042] Hier bestätigt sich offenbar die Charakterisierung der bilanzorientierten Informationsvermittlung als »Ganz-oder-gar-nicht-Konzept«, welches konzeptbedingt eine umfassende Bilanzierungskonzeption und damit einhergehend eine weitgehende Entobjektivierung der Bilanz erfordert.

Um jedoch einen Nutzen für Entscheidungen und Kontrollen aufzuweisen, müssen Rechnungslegungsinformationen nicht nur relevant, sondern auch hinreichend verlässlich sein.[2043] Für den Goodwill, insbesondere den originären Goodwill, scheint in diesem Zusammenhang zu gelten, dass man wegen der Entobjektivierung nicht mit ihm, aber unter dem Gesichtspunkt der Entscheidungs- und Kontrollrelevanz auch nicht ohne ihn „leben" kann. Ob jedoch die übliche, sich in der Goodwill-Vernachlässigung widerspiegelnde Übergewichtung der Objektivierung das Spannungsverhältnis im Interesse der Investoren löst, erscheint äußerst fraglich.[2044]

Die mangelnde Verlässlichkeit muss zudem nicht zwingend eine generelle Vernachlässigung des Goodwill nach sich ziehen. Da Goodwill und Goodwill-Änderungen separat ausgewiesen werden können, bleibt den Investoren der entsprechende Einfluss auf Eigenkapital und Gewinn nicht verborgen. Wird

---

2038 Vgl. Black (Magic), S. 23 f.
2039 Vgl. Hommel/Schmidt/Wüstemann (Moxter), S. 89.
2040 Vgl. Moxter (Windfalls), S. 238 ff.
2041 Schildbach (Wirklichkeit), S. 21.
2042 Vgl. Chen Chang (Business Income), S. 643.
2043 Zum Spannungsverhältnis zwischen Relevanz und Verlässlichkeit vgl. Naumann (Spannungsverhältnis); grundlegend Baetge (Objektiverung), S. 167-173.

dem ausgewiesenen Goodwill bzw. seiner Veränderung kein Vertrauen geschenkt, können diese Vermögens- und Erfolgskomponente im Zweifel bei der Auswertung des Abschlusses durch die Investoren unberücksichtigt bleiben;[2045] welchem Auswertungsziel damit gedient wäre, ist jedoch unklar.

In diesem Zusammenhang könnte auch gleich eine mehrdimensionale Vermögens- und Erfolgsdarstellung erfolgen, welche die Positionen dem Verlässlichkeitsgrad nach spaltenweise erfasst[2046] und den originären Goodwill auf der „hintersten" Informationsebene abbildet[2047]. Damit würde aber eine Streichung des naturgemäß wenig verlässlichen originären Goodwill und dessen Änderungen aus der Strukturbilanz geradezu provoziert werden. Schließlich verleitet schon der Begriff „Substanz" zu Trugschlüssen bezüglich des vermeintlich unsubstanziellen Goodwill: „Das schwierig Erfassbare...wird relativiert; es wird bereits von der Terminologie her für 'flüchtig', nebensächlich, eben für 'unsubstanziell' erklärt."[2048] Der Goodwill, so wird zumindest argumentiert, „cannot be exchanged for anything, cannot be used to produce anything, and cannot be used to settle a liability."[2049] Dennoch beinhaltet er die für ein erfolgreiches Unternehmen wichtigsten Potentiale und ist zumindest mittelbar für den Leistungswirtschaftlichen Erfolg verantwortlich.

Ohne eine Berücksichtigung des leider „unsicheren" Gesamt-Goodwill bietet das Vermögen jedoch keine taugliche Grundlage für Anlageentscheidungen, und ein als Vermögensänderung definierter Erfolg wird seiner Indikatorfunktion beraubt.[2050] Hier zeigt sich in aller Deutlichkeit, dass der Ansatz des originären Goodwill bisweilen den kritischen Punkt zwischen einer Rechnung, die einerseits halbwegs verlässlich ist, und einer Rechnung, die andererseits dem ihr zugedachten Zweck dienlich sein kann, markiert.

Sollen der Entscheidungs- und Kontrollzweck in adäquater Weise bilanzorientiert erfüllt werden, darf eine Aktivierung des Goodwill nicht unterbleiben, was

---

2044 Vgl. Bieker (Unternehmen), S. 1208.
2045 Vgl. Mujkanovic (Fair Value), S. 335.
2046 Vgl. Schmidt (Full Goodwill Methode), S. 175-179; Reichelt/Schmidt (Konzernrechnungslegung), S. 55-61; Siegel (Zeitwertansatz), S. 322-325.
2047 Vgl. Reichelt/Schmidt (Konzernrechnungslegung), S. 57.
2048 Moxter (Goodwill), Sp. 685.
2049 Rouse (Standard Setters), S. 140, mit Verweis auf die Ausführungen des SEC-Mitglieds *Walter Schuetze*.
2050 Vgl. Hommel/Schmidt/Wüstemann (Moxter), S. 89 f.; Solomons (Concepts of Income), S. 378; Moxter (Windfalls), S. 238 ff.

jedoch einem wenig verlässlichen Posten Einzug in die Bilanz verschafft. Wenn die daraus resultierende Entobjektivierung nicht hinnehmbar erscheint, verbleibt nur der Rückgriff auf einen GuV-orientierten Ersatzmaßstab, welcher sich seiner Konzeption nach weitaus objektivierter ermitteln lassen könnte.[2051]

5.5.2.3 GuV-orientierte Rechnungsziele und -inhalte

5.5.2.3.1 Erfüllung des Entscheidungszwecks

Wird die direkte bilanzielle Approximation des Unternehmenswerts aufgrund der Aktivierung des unsicheren originären Goodwill trotz seiner unbestrittenen Bedeutung für Anlageentscheidungen[2052] abgelehnt,[2053] erübrigt sich strenggenommen eine bilanzorientierte Informationsdarstellung (direkte Unternehmenswertapproximation).[2054] Unter Vernachlässigung des Goodwill kann ein Unternehmenswert bilanziell nicht approximiert werden.[2055] In diesem Fall verbleibt als „Notbehelf" lediglich eine indirekte, d.h. inputorientierte Unternehmenswertapproximation durch einen prognosefähigen Gewinn.[2056] Der Grundgedanke hinter dieser GuV-orientierten Behelfslösung ist simpel: „Den erzielten Gewinn zu kennen ist nützlich, um den (künftig) erzielbaren Gewinn, also die Ausschüttungserwartungen, beurteilen zu können."[2057]

Demgemäß müsste der Gewinn zukunftsorientiert ermittelt werden,[2058] da eine Gewinngröße, die lediglich Vergangenes darlegt und keine Rückschlüsse über die Zukunft zulässt, allenfalls von historischem Interesse ist[2059]: „[I]t is too late to plan for the past"[2060]. „By any reasonable definition the historical income

---

[2051] Vgl. hierzu Chen Chang (Business Income), S. 643.
[2052] Vgl. hierzu Kahle (Informationsversorgung), S. 98; Streim/Esser (Informationsvermittlung), S. 837 f.; Kahle (Zukunft), S. 264; Streim/Bieker/Hackenberger/Lenz (Goodwill-Bilanzierung), S. 23 f.
[2053] Vgl. etwa Wüstemann/Bischof (Fair-Value-Bewertung), insbesondere S. 89.
[2054] Vgl. Holthausen/Watts (Relevance), S. 32 ff.
[2055] Vgl. Moxter (Funktionsinadäquanz), S. 1012; Holthausen/Watts (Relevance), S. 53 ff. Dies gilt auch bei einer einer gesamtwertorientierten Darstellung, da der Goodwill implizit mit erfasst wird. Vgl. Krümmel (Kapitalerhaltung), S. 312.
[2056] Vgl. Ballwieser (Jahresabschlussverbesserungen), S. 774; Schmidt (Informationsproduktion), S. 747; Beaver (Financial Reporting), S. 49; Beyhs (Impairment), S. 58; Hitz (IFRS-Rechnungslegung), S. 1024; Holthausen/Watts (Relevance), S. 56 ff.
[2057] Moxter (Anlegerschutz), S. 268.
[2058] Vgl. Moxter (Bilanzlehre, Teil I), S. 125.
[2059] Vgl. Schattke (Expected Income), S. 670.
[2060] Barton (Income Theory), S. 678.

measure deals with the events taking place within one time period."[2061] Die Investoren jedoch „do not invest money in firms just because of past financial performance."[2062] Eine rein zukunftsorientierte Gewinnermittlung wäre indessen derart ermessensabhängig,[2063] dass diesbezüglich keinerlei Vorteile gegenüber einem bilanzorientierten Informationskonzept erkennbar sind. Daher muss die Gewinngröße „historisch gesichert" sein, wobei es zumindest eines Bezugs der vergangenheitsbezogenen Erfolge zum aktuellen Entscheidungsproblem bedarf.[2064] Es muss etwa angenommen werden können, dass „sich die gewinnbeeinflussenden Bedingungen des (abgelaufenen) Geschäftsjahres künftig – jedenfalls im Durchschnitt – ständig wiederholen."[2065] Da aber Investitionsprojekte im Regelfall über mehrere Perioden wirken, müssen die entsprechenden ökonomischen Wirkungen auf eine Periode komprimiert werden, damit diese wiederum als repäsentativ für die nachfolgenden Perioden gelten kann. Wichtig ist, dass der erzielte Gewinn nicht sich selbst, sondern die künftigen Ausschüttungen repräsentieren soll.[2066]

Was sich als Gewinn ergibt und ob diese Größe ihren Zwecken gerecht zu werden vermag, wird durch die bilanziellen Ansatz- und Bewertungsvorschriften bestimmt.[2067] Daher müssen Ansatz- und Bewertungsregelungen für die Bilanzposten im Hinblick auf die gewünschten Auswirkungen auf die Erfolgsgröße festgelegt werden. „Die Eignung zur Extrapolation gibt auch den Maßstab zur Beurteilung der Zweckmäßigkeit von Bilanzkonventionen ab."[2068] In Übereinstimmung mit diesem Abbildungsziel sind Ansatz und Bewertung in der Bilanz in den alleinigen Dienst der Gewinnermittlung zu stellen; die Aussagekraft der Bilanz „an sich" ist irrelevant. In diesem Zusammenhang dürfen nur solche Erträge und Aufwendungen (periodisierte Ein- und Auszahlungen) in die Gewinngröße einfließen, denen eine gewisse Nachhaltigkeit beigemessen werden kann, nicht nachhaltige Erfolgsbestandteile dürfen demgegenüber kei-

---

2061 Bierman/Davidson (Income Concept), S. 245.
2062 Barton (Income Theory), S. 665.
2063 Vgl. Moxter (Bilanzlehre, Teil I), S. 125.
2064 Vgl. Little (Historical Costs), S. 849.
2065 Moxter (Bilanzlehre, Band I), S. 124.
2066 Vgl. Schmidt (Rechnungslegung), S. 73, der sich jedoch auf den Free Cash Flow – also gewissermaßen einen Ausschüttungsindikator – bezieht. Vgl. hierzu auch Schildbach (Zeitbewertung), S. 185.
2067 Vgl. Moxter (Standort), S. 31.
2068 Engels (Beurteilung), S. 45; ähnlich Schmidt (Informationsproduktion), S. 747, der auf die Problematik der damit verbundenen Annahmen hinweist.

ne Auswirkungen auf den Gewinn entfalten. Die nachhaltigen Erfolgskomponenten müssen dabei möglichst vollständig erfasst werden.[2069]

Sog. ordentliche Ergebniswirkungen, von denen angenommen werden kann, dass sie sich regelmäßig wiederholen, sind demzufolge zwingender Bestandteil eines prognosefähigen Gewinns.[2070] Außerordentliche positive und negative Ergebniskomponenten, denen vermutlich keine Nachhaltigkeit zukommt, dürfen sich hingegen nicht auf eine prognosefähige Gewinngröße auswirken.[2071] Klassifikationsschwierigkeiten bezüglich des Nachhaltigkeitskriteriums existieren besonders, wenn hinter den außerordentlichen Erfolgen tatsächlich nachhaltige Wertänderungen stehen.[2072] Wird etwa ein unversichertes Gebäude zerstört, so liegt zwar eine Wertminderung vor, welche eine nachhaltig gesunkene Ertragskraft, etwa in Form künftiger Mietzahlungen für ein „Ersatzgebäude", widerspiegeln kann. Wird aber aufgrund der Wertminderung des zerstörten Gebäudes in gleicher Höhe ein Verlust ausgewiesen, repräsentiert dieser wohl kaum den zukünftigen „Durchschnittserfolg".[2073] Insofern wird in Geschäftsjahren, in denen wertmindernde Ereignisse berücksichtigt werden, ein verzerrtes Erfolgsmaß ausgewiesen.[2074]

Um eine zweckadäquate Zuordung der Erfolgsbestandteile vornehmen zu können, muss vom Informationsziel, d.h. vom konkretisierten Rechnungszweck, ausgegangen werden. Die eigentliche Aufgabe eines prognosefähigen Gewinns ist die Unterstützung der Investoren bei der Bewertung des berichtenden Unternehmens.[2075] Der Wert eines Unternehmens bestimmt sich als Zukunftserfolgswert,[2076] und der Gewinn dient als Inputgröße des entsprechenden Bewertungskalküls. Legt man der Gewinnkonzeption das idealtypische Auswertungskalkül

$$UW_t \approx \frac{G_{t\,(prog)}}{k}$$

[2069] Vgl. Streim/Esser (Informationsvermittlung), S.
[2070] Vgl. Moxter (Gewinnwarnungen), S. 221; Moxter (Funktionsinadäquanz), S. 1012.
[2071] Vgl. Moxter (Gewinnkonzeptionen), S. 224; Streim/Bieker/Hackenberger/Lenz (Goodwill-Bilanzierung), S. 22; Arbeitskreis (Empfehlungen), S. 1913; Moxter (Gewinnwarnungen), S. 221; Gaber (Erfolgsausweis), S. 282.
[2072] Vgl. hierzu auch die Diskussion bei Hitz (IFRS-Rechnungslegung), S. 1024.
[2073] Vgl. Bierman/Davidson (Business Income), S. 242.
[2074] Vgl. Holthausen/Watts (Relevance), S. 58.
[2075] Vgl. Ordelheide (Wettbewerb), S. 23.
[2076] Vgl. Busse von Colbe (Zukunftserfolg).

zugrunde,[2077] wird deutlich, dass der prognosefähige Gewinn ($G_{t(prog)}$) charakterlich eher einem Erwartungswert als einem wahrscheinlichsten Wert entsprechen muss.[2078] Während ein wahrscheinlichster Wert regelmäßig keine außerordentlichen Ereignisse zu berücksichtigen hat, müssen diese, soweit sie quasi als repräsentativ für zukünftige außerordentliche Ereignisse angesehen werden, in „normalisierter" Weise in einen Erwartungswert einfließen.[2079] Nur ein „normalisierter" Teil des außerordentlichen Aufwands kann folglich als nachhaltig angesehen werden und darf das Ergebnis belasten. Da jedoch eine Trennung von nachhaltigem und nicht nachhaltigem Aufwand nicht immer eindeutig möglich ist, erweist sich die Konzeption eines prognosefähigen Gewinns bereits im Grundsatz als problematisch.[2080]

Eine reine Zahlungsrechnung würde nicht um die außerordentlichen Effekte bereinigt werden. Folglich treten bei der Berücksichtigung der zugehörigen Zahlungswirkung „Verzerrungen" des zahlungsbasierten Erfolgs auf. Außerdem wird die Erfolgswirkung des außerordentlichen Effekts in den folgenden Perioden nicht in geglätteter Weise erfasst, weshalb ein zahlungsbasierter Erfolg gegenüber einer periodisierten Erfolgsgröße eine wenig brauchbare Schätzgröße des durchschnittlichen Zahlungsstroms darstellt,[2081] sofern derartige außerordentliche Effekte erneut auftreten können.

Entsprechend sind Investitionsauszahlungen zu behandeln, wobei es aber keine Rolle spielen darf, wofür diese getätigt werden. Idealtypisch müsste sogar eine Normalisierung der Investitionsauszahlungen für den Aufbau von originärem Goodwill erfolgen[2082]: Tätigt beispielsweise ein Unternehmen eine Investitionsauszahlung für den Aufbau von Know How, so erhofft man sich durch diesen Potentialaufbau höhere zukünftige Zahlungsüberschüsse,[2083] denen im Rahmen eines prognoseorientierten Gewinnkonzepts bei Realisierung ein normalisierter Anteil an den Investitionsausgaben gegenüberzustellen ist.[2084]

2077 Vgl. Wagner (Periodenabgrenzung), S. 1184.
2078 Vgl. hierzu Bierman/Davidson (Business Income), S. 244; ferner auch Ballwieser (Risiko), S. 101 und S. 114.
2079 Vgl. hierzu Bierman/Davidson (Business Income), S. 244.
2080 Vgl. hierzu Arbeitskreis (Empfehlungen), S. 1914-1916.
2081 Vgl. Engels (Bemerkungen), S. 44-48; Wagner (Periodenabgrenzung), S. 1185 f.; Penman/Sougiannis (Equity Valuation), S. 376.
2082 Vgl. Grinyer/Russel (Goodwill), S. 110.
2083 Vgl. hierzu Schneider (Investition), S. 7 ff. Entsprechende Investitionsauszahlungen werden auch als strategische Kosten bezeichnet. Vgl. Coenenberg (Einheitlichkeit), S. 2083.
2084 Vgl. Grinyer/Russel (Goodwill), S. 110.

Abbildung 36 stellt zur Illustration die Zahlungswirkungen eines entsprechenden Investitionsprojekts dar.

Abbildung 36: Zahlungswirkung eines Investitionsprojekts

	01.01.t	*31.12.t*	*31.12.t+1*	*31.12.t+2*	*31.12.t+3*	*31.12.t+4*
Auszahlungen	$-100\,GE$	-	-	-	-	-
Einzahlungen		$+30\,GE$	$+30\,GE$	$+30\,GE$	$+30\,GE$	$+30\,GE$
Zahlungsbasiertes Ergebnis	-	$-70\,GE$	$+30\,GE$	$+30\,GE$	$+30\,GE$	$+30\,GE$

Der Blick auf das Ergebnis zum 31.12.t offenbart die mit einer rein zahlungsorientierten Betrachtung verbundenen Verzerrungen. Für die Periode t wird ein hoher Verlust i.H.v. $-70\,GE$ ($G_{t\,(zahl)}$) ausgewiesen, obwohl eine auf den ersten Blick vorteilhafte Investition mit späteren Zahlungsüberschüssen durchgeführt wurde.[2085] Bei einer naiven Verarbeitung der Informationen[2086] würde auf Grundlage des Auswertungskalküls bei einem Kalkulationszinssatz (k) von 10 % rechnerisch ein negativer Unternehmenswert (UW_t) i.H.v.

$$UW_t \approx \frac{G_{t\,(zahl)}}{k} = \frac{-70}{0{,}1} = -700\,GE$$

„geschätzt“ werden.[2087] Bei einem positiven Unternehmenswert dürfte demgemäß kein negatives Ergebnis erzielt werden. Bei wachsenden Unternehmen könnte bei zahlungsbasierter Gewinnermittlung aufgrund der verstärkten Investitionstätigkeit trotz lohnender Investitionsprojekte indessen sogar über Jahre hinweg ein negatives Ergebnis ausgewiesen werden.[2088] Zumindest ohne Zusatzinformationen bezüglich der späteren Zahlungsüberschüsse, die je-

---

[2085] Vgl. Streim/Esser (Informationsvermittlung), S. 840.

[2086] Vgl. hierzu kritisch Schmidt (Informationsproduktion), S. 747.

[2087] Für die nachfolgenden Perioden wird der Wert mit $UW_{t+1} \approx \frac{G_{t+1\,(zahl)}}{k} = \frac{30}{0{,}1} = 300\,GE$ hingegen systematisch überschätzt.

doch wiederum eine Entobjektivierung der Berichterstattung bewirken würden, wird offensichtlich kein prognosefähiges Ergebnis bereitgestellt.[2089] Daher bedarf es wenigstens einer entsprechenden Bereinigung des Zahlungsstroms, was bilanzierungstechnisch einer Aktivierung der Investitionsauszahlung gleichkommt *(vgl. Abbildung 37)*.[2090]

Abbildung 37: Aktivierung eines Investitionsprojekts

	01.01.t	*31.12.t*	*31.12.t+1*	*31.12.t+2*	*31.12.t+3*	*31.12.t+4*
Auszahlungen	$-100\,GE$	-	-	-	-	-
Einzahlungen	-	$+30\,GE$	$+30\,GE$	$+30\,GE$	$+30\,GE$	$+30\,GE$
Bilanzansatz	$100\,GE$	$100\,GE$	$100\,GE$	$100\,GE$	$100\,GE$	$100\,GE$
Ertrag	$+100\,GE$	$+30\,GE$	$+30\,GE$	$+30\,GE$	$+30\,GE$	$+30\,GE$
Aufwand	$-100\,GE$	-	-	-	-	-
Ergebnis	-	$+30\,GE$	$+30\,GE$	$+30\,GE$	$+30\,GE$	$+30\,GE$

Der verzerrende Effekt der Investitionsauszahlung wird durch die betragsgleiche Aktivierung eines Einzahlungspotentials behoben.[2091] Damit lässt sich als Grundregel für eine prognosefähige Gewinnermittlung festhalten, dass alle Auszahlungen, welche für Einzahlungspotentiale getätigt werden, grundsätzlich zu aktivieren sind.[2092]

Jedoch führt, trotz der Aktivierung der Investitionsauszahlungen, der Gewinn ($G_{t\,(akt)}$) zu einer – wie nachfolgend noch zu zeigen ist – systematischen Überschätzung des Unternehmenswerts

[2088] Vgl. AAA (Goodwill), S. 164; Stewart III (Accounting), S. 78.
[2089] Vgl. Pellens/Fülbier (Ansätze), S. 56 f.
[2090] Vgl. Engels (Bemerkungen), S. 42.
[2091] Vgl. AAA (Goodwill), S. 164.
[2092] Vgl. Streim/Esser (Informationsvermittlung), S. 840. Da im Rahmen eines GuV-orientierten Informationskonzepts nur der Gewinngröße Relevanz zukommt, sei auf den „Schönheitsfehler" des zum 31.12.t+4 trotz seines vollständigen „Verbrauchs" immer noch mit 100 GE in der Bilanz ausgewiesenen Potentials nur hingewiesen.

$$UW_t \approx \frac{G_{t\,(akt)}}{k} = \frac{30}{0{,}1} = 300\ GE$$

Vergangene, an ihrer Realisation gemessene Erträge können nur insofern bewertungsrelevant sein, als sie Aufschlüsse über zukünftige Erträge zulassen. Werden also Erträge erfasst, muss für diese angenommen werden können, dass sie auch zukünftig (zumindest im Durchschnitt) realisiert werden können.[2093] Gilt die Wiederkehrvermutung für die jährliche Nettoeinzahlung i.H.v. 30 GE, entspricht ein Gewinn in dieser Höhe im Grunde eher einem für die Durchschnittsperiode wahrscheinlichsten Wert, jedoch keinem Erwartungswert.

Gilt die Wiederkehrvermutung[2094] für die mit der Investition verbundenen jährlichen zahlungswirksamen Erträge, muss sie logischerweise auch für die zur Erzielung der Einzahlungen erforderlichen Investitionsauszahlungen gelten. Da die Investitionsausgaben nur alle fünf Jahre anfallen, kann der volle Betrag nicht die im „Durchschnitt" anfallenden Auszahlungen indizieren. Um den schlagartigen Ergebniseinbruch im Investitionszeitpunkt zu vermeiden, sind die Investitionsausgaben zu aktivieren.[2095] Damit darüber hinaus eine „Normalisierung" der Investitionsauszahlungen erreicht werden kann,[2096] sind die aktivierten Investitionsauszahlungen mittels planmäßiger Abschreibungen über die Nutzungsdauer zu verteilen.[2097] „Die Abschreibungen stehen...stellvertretend für die durchschnittlichen Anschaffungskosten"[2098]. Einem auf diese Art und Weise ermittelten Gewinn kann bei gleichbleibenden Bedingungen gewissermaßen Erwartungswertcharakter zugebilligt werden.

Der Gewinn wird durch die Periodisierung gegenüber einer rein zahlungsorientierten Erfolgsermittlung in geglätteter Weise ermittelt.[2099] „In effect, this...calculation corrects the errors from forecasting free cash flow to the horizon to go back the accruals."[2100] Während durch die Aktivierung der Investitionsausgaben sozusagen das Ergebnis zu einem Schätzer des wahrscheinlichsten Werts modifiziert wird, wandelt die planmäßige Abschreibung diesen

[2093] Vgl. Wagner (Periodenabgrenzung), S. 1193.
[2094] Vgl. Moxter (Funktionsinadäquanz), S. 1012.
[2095] Vgl. Streim/Esser (Informationsvermittlung), S. 840.
[2096] Vgl. Engels (Bemerkungen), S. 42.
[2097] Vgl. AAA (Goodwill), S. 164.
[2098] Moxter (Abschreibungen), S. 480.
[2099] Vgl. Revsine/Collins/Johnson (Financial Reporting), S. 42 f.

wahrscheinlichsten Wert zu einem Erwartungswert.[2101] Auf Basis der Rückflüsse ist hierbei die Nutzungsdauer zu schätzen,[2102] weshalb es zweckdienlich erscheint, die Abschreibung nach Maßgabe der aus dem Investitionsprojekt realisierten Erträge zu verrechnen, womit gemäß Matching Principle über die Nutzungsdauer in jeder Periode das anteilige Nettoergebnis des Investitionsprojekts ausgewiesen werden würde.[2103] Im Zweifel können im Sinne der Erfolgsglättung angesichts der Zurechnungsproblematik gleichbleibende Abschreibungsbeträge verrechnet werden *(vgl. Abbildung 38)*.[2104]

Abbildung 38: Planmäßige Abschreibung eines Investitionsprojekts

	01.01.t	*31.12.t*	*31.12.t+1*	*31.12.t+2*	*31.12.t+3*	*31.12.t+4*
Aus-zahlungen	$-100\,GE$	-	-	-	-	-
Ein-zahlungen	-	$+30\,GE$	$+30\,GE$	$+30\,GE$	$+30\,GE$	$+30\,GE$
Bilanzansatz	$100\,GE$	$80\,GE$	$60\,GE$	$40\,GE$	$20\,GE$	$0\,GE$
Ertrag	$+100\,GE$	$+30\,GE$	$+30\,GE$	$+30\,GE$	$+30\,GE$	$+30\,GE$
Aufwand	$-100\,GE$	$-20\,GE$	$-20\,GE$	$-20\,GE$	$-20\,GE$	$-20\,GE$
Ergebnis	-	$+10\,GE$	$+10\,GE$	$+10\,GE$	$+10\,GE$	$+10\,GE$

„Alle Ausgaben, die eine zeitlich begrenzte, über eine Abrechnungsperiode hinausgehende Leistungsbereitschaft schaffen, sind in allen Perioden der Leistungsbereitschaft gleichmäßig als Aufwand zu verrechnen."[2105] Ein solcher

[2100] Penman/Sougiannis (Equity Valuation), S. 377.
[2101] Vgl. hierzu auch Bierman/Davidson (Income Concept), S. 244.
[2102] Vgl. Moxter (Abschreibungen), S. 480.
[2103] Vgl. Pellens/Fülbier (Ansätze), S. 57; Penman/Sougiannis (Equity Valuation), S. 376; AAA (Goodwill), S. 164. Als Nebeneffekt verschwindet auch der in Fn. 2092 angeführte „Schönheitsfehler" aus der Bilanz.
[2104] Vgl. Schneider (Abschreibungsverfahren), S. 375 f. Zur ökonomischen Begründbarkeit der planmäßigen Abschreibung vgl. auch Green/Grinyer/Michaelson (Straight-Line Depreciation).
[2105] Schneider (Abschreibungsverfahren), S. 376.

Gewinn „provides a more realistic picture of past economic activities“[2106] und verspricht eine bessere Prognoseeignung, sofern alles bleibt, wie es ist. Aufgrund des „automatischen Normalisierungseffekts“ ist eine periodisierte Rechnung einer rein zahlungsorientierten Erfolgsermittlung unter praktischen Gesichtspunkten (diese spielen im Bereich der Bilanzierung eine wesentliche Rolle) im Hinblick auf die Ermittlung einer bewertungsrelevanten Gewinngröße möglicherweise überlegen.[2107]

Unter der Annahme eines unveränderten Geschäftsbetriebs und konstanter „Umweltbedingungen, die so gut wie nie vorliegen“[2108], könnte ein Investor auf Grundlage des ausgewiesenen Gewinns ($G_{t\,(prog)}$) bei einen Kalkulationszinssatz (k) von 10 % den Unternehmenswert (UW_t) auf

$$UW_t \approx \frac{G_{t\,(prog)}}{k} = \frac{10}{0{,}1} = 100\,GE$$

schätzen. Ein derartiges Vorgehen zur Schaffung eines prognosefähigen Gewinns wird zwar vereinzelt kritisiert,[2109] im Grundsatz aber akzeptiert und mitunter sogar propagiert[2110].

Wie „ungenau“ diese Approximation des Unternehmenswerts jedoch bereits unter den getroffenen, wenig realistischen Annahmen ist, kann rechnerisch gezeigt werden. Hierfür wird zunächst im Einklang mit der Going Concern-Prämisse angenommen, dass die ökonomischen Bedingungen auch in der Vergangenheit identisch waren und demzufolge zum 31.12.t-1 ebenfalls ein Gewinn i.H.v. 10 GE ausgewiesen und folgender Unternehmenswert bestimmt wurde:

$$UW_{t-1} \approx \frac{G_{t-1\,(prog)}}{k} = \frac{10}{0{,}1} = 100\,GE$$

Das zum 01.01.t durchgeführte Investitionsprojekt (I_{t-1}) hat zum 31.12.t-1 einen Kapitalwert[2111] ($KW_{t-1}^{I_{t-1}}$) von

[2106] Vgl. Revsine/Collins/Johnson (Financial Reporting), S. 42 f.
[2107] Vgl. Penman/Sougiannis (Equity Valuation), S. 376 f.
[2108] Ballwieser (Konzernrechnungslegung), S. 641.
[2109] Vgl. exemplarisch Streim (Vermittlung).
[2110] Vgl. Black (Magic).
[2111] Vgl. Schmidt/Terberger (Investitions- und Finanzierungstheorie), S. 128 ff.

$$KW_{t-1}^{I_{t-1}} = -100 + 30 * \frac{1{,}1^5 - 1}{1{,}1^5 * 0{,}1} = 13{,}72\ GE$$

Wird das Investitionsprojekt bei identischen Rahmenbedingungen alle fünf Perioden wiederholt, ergeben sich beispielsweise für die ersten Folgeinvestitionen bezogen auf t-1 folgende Barwerte:

$$KW_{t-1}^{I_{t+4}} = \frac{13{,}72}{1{,}1^5} = 8{,}52\ GE$$

$$KW_{t-1}^{I_{t+9}} = \frac{13{,}72}{1{,}1^{10}} = 5{,}29\ GE$$

usw.

Der Unternehmenswert ergibt sich als Summe der einzelnen auf t-1 diskontierten Projektkapitalwerte:

$$UW_{t-1} = KW_{t-1}^{I_{t-1}} + KW_{t-1}^{I_{t+4}} + KW_{t-1}^{I_{t+9}} + ... = 13{,}72 + 8{,}52 + 5{,}29...$$

Um den Unternehmenswert zu errechnen, bietet es sich an, die Investitionsprojekte in gleichbleibende Annuitäten ($\overline{Z}$) zu zerlegen:[2112]

$$\overline{Z} = KW_{t-1}^{I_n} * \frac{1{,}1^5 * 0{,}1}{1{,}1^5 - 1} = 13{,}72 * 0{,}264 = 3{,}62\ GE$$

Damit lassen sich UW_{t-1} und UW_{t+4} (es gilt: $UW_{t-1} = UW_{t+4}$) bei einer ständigen identischen Wiederholung des Investitionsprojekts (unendliche „Investitionskette“) wie folgt bestimmen:[2113]

$$UW_{t-1} = UW_{t+4} = \frac{\overline{Z}}{k} = \frac{3{,}62}{0{,}1} = 36{,}20\ GE$$

Es zeigt sich, dass die Annuität $\overline{Z}$ als idealtypischer Prognosegewinn ($G_{t-1(prog)}^{ideal}$) nicht der „bilanztechnischen“ Appoximation ($G_{t-1(prog)}^{approx}$) entspricht:

$$\overline{Z} = G_{t-1(prog)}^{ideal} = 3{,}62\ GE \neq 10\ GE = G_{t-1(prog)}^{approx}$$

Daher weicht der „geschätzte“ auch erheblich vom „tatsächlichen“ Unternehmenswert ab:

[2112] Vgl. hierzu Lücke (Zinsen), S. 37 f.
[2113] Vgl. Götze (Investitionsrechnung), S. 95.

$$UW_{t-1} = UW_{t+4} = \frac{\overline{Z}}{k} = \frac{G^{ideal}_{t-1\,(prog)}}{k} = \frac{3{,}62}{0{,}1} = 36{,}20\,GE \neq 100\,GE = \frac{G^{approx}_{t-1\,(prog)}}{k} = \frac{10}{0{,}1}$$

Die Abweichung lässt sich mit der Vernachlässigung des Zinseffekts[2114] bei der Periodisierung der Investionauszahlungen erklären.[2115] Da diese mittels planmäßiger Abschreibungen zeitlich nach hinten verlagert werden, wird der prognosefähige Gewinn systematisch übeschätzt. Je länger die Nutzungsdauer des Investitonsprojekts währt, desto größer ist die zinsbedingte Verzerrung.[2116]

Für die Folgeperioden wird der auf Grundlage des Gewinns i.H.v. 10 GE approximierte Unternehmenswert zunnächst unter- und dann wiederum überschätzt. Es fehlt quasi ein „Ausgleichsventil"[2117], mit dessen Hilfe Abschreibungsbeträge und Investitionsauszahlung barwertäquivalent werden.[2118] Folglich bedarf es einer „Time-Adjusted Depreciation"[2119], um einen entsprechenden Ausgleich im Hinblick auf eine konstante Gewinnziffer herzustellen.[2120]

Der Investitionsauszahlung kommt zum Investitionszeitpunkt ein Wert von $-100\,GE$ zu. Der Barwert der Abschreibungen zum 31.12.t-1 (BW^{Abschr}_{t-1}) beträgt demgegenüber jedoch nur

$$BW^{Abschr}_{t-1} = -20 * \frac{1{,}1^5 - 1}{1{,}1^5 * 0{,}1} = -75{,}82\,GE$$

Somit beläuft sich die barwertige Abweichung bezogen auf den Investitionszeitpunkt auf

$$\Delta BW_{t-1} = -75{,}82 - (-100) = 24{,}18\,GE$$

Dies entspricht einer auf die jährliche Annuität bezogenen Abweichung ($\Delta\overline{Z}$) von

---

2114 Erfolgt die Berücksichtigung des Risikos im Kalkulationszinssatz, besteht die Abweichung aus einer Zeit- und einer Risikokomponente.

2115 Vgl.Holthausen/Watts (Relevance), S. 57.

2116 Vgl.Holthausen/Watts (Relevance), S. 58.

2117 Lücke (Investitionsrechnungen), S. 314.

2118 Im Lücke-Theorem sind „[d]ie kalkulatorischen Zinsen das'Ausgleichventil', das den Unterschied zwischen den Ergebnissen der Ausgaben-Diskontierungsreihe und der Kosten-Diskontierungsreihe verschwinden läßt" [Lücke (Investitionsrechnungen), S. 314].

2119 Johnson (Concepts of Depreciation), S. 31.

2120 Vgl. Barton (Income Theory), S. 675.

$$\Delta\overline{Z} = \Delta BW_{t-1} * \frac{1{,}1^5 * 0{,}1}{1{,}1^5 - 1} = 24{,}18 * 0{,}264 = 6{,}38\,GE$$

und somit der Differenz zwischen $G_{t-1(prog)}^{approx}$ und $\overline{Z}$:

$$\Delta\overline{Z} = G_{t-1(prog)}^{approx} - \overline{Z} = 10 - 3{,}62 = 6{,}38\,GE$$

Um eine „perfekte" Gewinngröße für die Perioden t-1 und t+4 zu erhalten, müsste eine „perfekte" Abschreibung[2121] i.H.v. $26{,}38\,GE$ verbucht werden ($30 - 26{,}38 = 3{,}62\,GE$), womit allerdings die kumulierten Abschreibungen die Investitionsauszahlungen übersteigen würden ($5 * 26{,}38 = 131{,}90\,GE > 100\,GE$). Diese Abschreibungsverrechnung weist Barwertäquivalenz im Hinblick auf die Anschaffungsauszahlungen auf:

$$BW_{t-1}^{Abschr} = -26{,}38 * \frac{1{,}1^5 - 1}{1{,}1^5 * 0{,}1} = -100\,GE$$

Umgekehrt lässt sich der zweckadäquate Abschreibungsbetrag (AB) bei gegebenem Kalkulationszinssatz und gegebebener Nutzungsdauer aus den Anschaffungsauszahlungen (A) ableiten:

$$AB = A * \frac{1{,}1^5 * 0{,}1}{1{,}1^5 - 1} = -100 * 0{,}264 = -26{,}38\,GE$$

Damit wird deutlich, dass es sich bei der „durchschnittlichen" Abschreibung sozusagen um eine „gewichtete-durchschnittliche" Abschreibung handeln muss. Eine proportionale jährliche Verrechnung der Anschaffungsauszahlungen führt hingegen zu „ungenauen" Ergebnissen.[2122] Dieses Vorgehen darf nicht mit der gleichfalls auf Annuitätenbasis zu bestimmenden Sinking-Fund-Depreciation verwechselt werden, bei der im Rahmen einer Residualgewinnkonzeption zunächst eine sich aus Abschreibungen und Kapitalkosten (welche hier nicht zu berücksichtigen sind) zusammensetzende, konstante Annuität gesucht wird, um nach Abzug der Kapitalkosten den im Zeitablauf zunehmenden und keinen konstanten Abschreibungsbetrag zu berechnen.[2123] Auch handelt es sich nicht um eine Ertragswertabschreibung, welche die Wertminde-

---

[2121] Vgl. Moxter (Abschreibungen), S. 479; Wagner (Periodenabgrenzung), S. 1189 f.

[2122] Vgl. zur Grundproblematik auch Stewart III (Accounting), S. 79 ff.

[2123] Vgl. Crasselt/Pellens/Schremper (Konvergenz), S. 76 f.; Schultze/Hirsch (Unternehmenswertsteigerung), S. 71 f. Nach diesem Konzept ist die Summe der verrechneten

rung (erzielter Zahlungsüberschuss abzüglich Zeiteffekt) abzubilden hätte[2124] und die konzeptionell einem bilanzorientierten Informationskonzept nahe steht.

„Der Rechnungszweck bestimmt den Wertansatz der Abschreibungen."[2125] Grundsätzlich ließe sich zur Kreierung eines prognosefähigen Gewinns die Abschreibungsmethode – allerdings unter Verletzung des pagatorischen Prinzips – zweckentsprechend festlegen. „In prognoseorientierten Rechnungen haben Abschreibungen eine andere Aufgabe als die, die Anschaffungskosten auf die Nutzungsdauer...zu verteilen; infolgedessen besteht in einer solchen Rechnung kein Grund, Abschreibungen zu unterlassen, wenn die Anschaffungskosten bereits vollständig verteilt sind"[2126].

Die Komplexität und Subjektivität der Abschreibungen steigt etwa, wenn Reparaturauszahlungen u.ä. in das Periodisierungskalkül eingehen.[2127] Vor allem ist eine „ideale Abschreibungsmethode"[2128] für eine zweckadäquate Periodisierung nur dann ausreichend, wenn ansonsten konstante Überschüsse unterstellt werden können.[2129] Um die Prognosefähigkeit der Gewinngröße zu gewährleisten, müssten bei einem ungleichmäßigen Einzahlungsprofil auch die Einzahlungen entsprechend „normalisiert" werden, um die „durchschnittlichen einkommenswirksamen Einzahlungen"[2130] als Erträge zu verbuchen. Auch wäre ein analoges Vorgehen für Auszahlungspotentiale geboten,[2131] deren Auszahlungen im Übrigen, ebenso wie die Einzahlungspotentiale, möglichst umfassend bilanziell erfasst[2132] und periodisiert werden müssten.

Um alle Periodisierungen zweckgerecht festzulegen, muss aber wiederum das Zahlungsprofil und somit auch UW_{t-1} bekannt sein. Auf die prognoseorientierte Gewinnermittlung kann bei Kenntnis von UW_{t-1} jedoch im Grunde verzichtet

Abschreibungen im Übrigen geringer und nicht höher als die Anschaffungsauszahlungen. Vgl. Ewert/Wagenhofer (Rechnungslegung), S. 21.

2124 Vgl. hierzu Smith (Purchased Goodwill), S. 23; Schneider (Abschreibungsverfahren), S. 374.

2125 Schneider (Abschreibung), S. 34.

2126 Vgl. hierzu Moxter (Bilanzlehre, Band I), S. 130.

2127 Vgl. Moxter (Abschreibungen), S. 480 ff.

2128 Vgl. Reynolds (Depreciation Method), S. 244.

2129 Vgl. Schultze/Hirsch (Unternehmenswertsteigerung), S. 72 und 78.

2130 Moxter (Bilanztheorien), S. 684.

2131 Moxter (Bilanzlehre, Band I), S. 130.

2132 Vgl. Streim/Esser (Informationsvermittlung), S. 840.

werden.[2133] Auch um den Objektivierungsvorteil einer GuV-orientierten Rechnung nicht zu verspielen, müsste u.a. auf realisierte und nicht auf in bestmöglicher Weise „normalisierte" Erträge zurückgegriffen werden.[2134] „Es kann hier nicht darum gehen...'freie Schätzungen' dieser Rückflußerwartungen zuzulassen."[2135] Eine „perfekte" Gewinngröße wird auf diese Weise jedoch kaum ermittelt, weshalb die entsprechende „Normalisierung" der Erträge auf die Ebene der Auswertungen durch die Investoren verlagert werden muss [2136]: „Hat der Jahresabschlußleser besseres Wissen über die künftigen Erträge, mag er dieses entsprechend verwerten"[2137].

Andererseits könnte bei der Auswertung durch die Investoren ein vom Diskontierungssatz k abweichender „Proportionalitätsfaktor" r Verwendung finden, um $G_{t-1(prog)}$ mit UW_{t-1} konform gehen zu lassen:[2138]

$$UW_{t-1} = \frac{G_{t-1(prog)}}{r} \Rightarrow 36{,}20\,GE = \frac{10}{r} \Rightarrow r = 0{,}276223871$$

Grundbedingung wäre ein gleichbleibend proportionales Verhältnis zwischen Gewinn und Unternehmenswert;[2139] ein auf Dauer konstantes Verhältnis ist bei wachsenden Unternehmen jedoch kaum gegeben.[2140] Um r richtig abzuschätzen zu können, muss daher wiederum das tatsächliche Verhältnis von $G_{t-1(prog)}$ zum UW_{t-1} und somit auch UW_{t-1} bekannt sein. Ansonsten findet sich keine allgemeingültige Definition für r;[2141] es kann hinsichtlich der Investitionsauszahlungen allenfalls festgestellt werden, dass r kleiner als k sein muss und r umso mehr von k abweicht, je länger die Nutzungsdauer des Investitionsprojekts ist,[2142] womit leider wenig gewonnen ist. Man dreht sich offensichtlich bei dem Versuch, $G_{t-1(prog)}$ oder r adäquat festzulegen, im Kreis, da hierfür

---

2133 Vgl. hierzu Wagner (Periodenabgrenzung), S. 1184; Bierman/Davidson (Income Concept), S. 241.

2134 Vgl. Moxter (Abschreibungen), S. 480; Moxter (Bilanztheorien), S. 684.

2135 Moxter (Abschreibungen), S. 480.

2136 Vgl. hierzu Wagner (Periodenabgrenzung), S. 1193 ff.

2137 Moxter (Abschreibungen), S. 480.

2138 Vgl. hierzu Holthausen/Watts (Relevance), S. 57.

2139 Vgl. Treynor (Growth Companies), S. 16, der diese Bedingung in Anlehnung an *Fischer Black* als „Black`sche rule" bezeichnet. Vgl. Black (Magic), S. 23 f.; ferner Cortes/Marsh/Lyon (Corporate Earnings), S. 142 ff.

2140 Vgl. Treynor (Growth Companies), S. 16.

2141 Vgl. Holthausen/Watts (Relevance), S. 57.

2142 Vgl. Holthausen/Watts (Relevance), S. 58.

der UW_{t-1} bekannt sein muss und in diesem Fall beide Parameter keine Zusatzinformationen liefern.[2143]

Sollen mittels $G_{t-1(prog)}$ Zusatzinformationen generiert werden,[2144] müssen „Fehler“ in Kauf genommen werden. Die systematischen Verzerrungen erscheinen im Hinblick auf die zinsbedingten Verzerrungen eher bei „dynamischen“ Unternehmen mit kurzen Investitionslaufzeiten akzeptabel. Jedoch sind insbesondere bei „dynamischen“ Unternehmen wesentliche Änderungen der Umwelt- und Geschäftsbedingungen zu erwarten, weshalb die gesetzte »Alles-bleibt-wie-es-ist«-Annahme äußerst kritisch ist[2145]. Der außenstehende Investor muss wenigstens seine Kenntnisse über die Wettbewerbssituation[2146] zur entsprechenden Aufbereitung der Gewinngröße verwenden. Ob unter diesen instabilen Bedingungen durch eine Periodisierung eine bessere Prognosebasis als durch eine zahlungsorientierte Überschussgröße zu schaffen ist, kann zumindest in Frage gestellt werden.[2147] „Mit welcher Rechtfertigung kann ein Indikator eine Gesetzesaussage über die Zukunft bis in alle Ewigkeit machen?“[2148] Hinzu kommt die Unvollständigkeit der bilanziellen Erfassung von Investitionen in den originären Goodwill, die anders als Investitionen in einen derivativen Goodwill nicht aktiviert werden.[2149] Eine solche Vernachlässigung lässt sich nicht konzeptionell, sondern nur unter Praktikabilitäts- und Objektivitätsgesichtspunkten rechtfertigen.[2150] Um auf eine Aktivierung und planmäßige Abschreibung von Investitionen in den originären Goodwill verzichten zu können, muss allerdings angenommen werden, dass sich die entsprechenden Investitionsauszahlungen in den Personal- und sonstigen Aufwendungen niederschlagen und in einer gewissen Gleichmäßigkeit anfallen.[2151]

Wenn periodisierte Gewinngrößen Zusatzinformationen liefern, d.h. nicht „perfekt” sind, und zugleich eine hohe Prognosekraft aufweisen, ließe sich in

---

[2143] Vgl. Biermann/Davidson (Income Concept), S. 241.
[2144] Vgl. Wagner (Periodenabgrenzung), S. 1185.
[2145] Vgl. hierzu Wagner (Periodenabgrenzung), S. 1188.
[2146] Vgl. Treynor (Growth Companies), S. 15.
[2147] Vgl. Streim (Vermittlung), S. 126 f.
[2148] Schneider (Gewinnermittlung), S. 1054.
[2149] Vgl. Ma/Hopkins (Goodwill), S. 83.
[2150] Vgl. Grinyer/Russel (Goodwill), S. 110; Grinyer/Russel/Walker (Accounting for Goodwill), S. 231.
[2151] Vgl. Grinyer/Russel/Walker (Accounting for Goodwill), S. 229 f.

Anlehnung an *Fischer Black* von »the magic in Earnings«[2152] sprechen: „Even though accountants have not formally recognized the goal of having an earnings figure that measures value, they have done a remarkably good job of achieving this goal. That`s the magic in earnings.“[2153] Solange aber keine eindeutig auf die Prognosefähigkeit abzielende Gewinnkonzeption hinter diesem „magischen Effekt“ zu erkennen ist, sollte im Zweifel statt von einer systematischen Relation zwischen Gewinn und Unternehmenswert von puren Zufälligkeiten ausgangen werden.

Der Blick in die Bilanz sollte sich dieser Konzeption nach kaum lohnen, da der Vermögensausweis zugunsten der periodengerechten Gewinnermittlung systematisch „falsch“ erfolgt.[2154] Das ausgewiesene Nettovermögen dient nur als Verrechnungsposten[2155] und ist daher weit von seinem Zeitwert und erst recht vom Unternehmenswert entfernt.[2156] Zwar könnte einer planmäßigen Abschreibung auf Zeitwertbasis womöglich eine höhere Aussagekraft bezüglich künftiger Auszahlungen zukommen und damit eine (partielle) Zeitbewertung sinnvoll sein.[2157] Allerdings müsste eine Zuschreibung auf den Zeitwert genauso wie eine außerplanmäßige Abschreibung erfolgsneutral erfolgen.[2158] Ansonsten würde der „schlagartige“ Anstieg bzw. das „schlagartige“ Absinken der Gewinngröße ähnlich verzerrend wirken wie eine sofortige aufwandswirksame Erfassung von Investitionsauszahlungen.

2152 Vgl. Black (Magic), S. 23 f.

2153 Black (Magic), S. 24. *Fischer Black* bezieht sich jedoch auf den Zusammenhang zwischen Gewinnen und Marktpreisen. Daher könnte zumindest gefragt werden, ob der ausgewiesene Gewinn tatsächlich die Marktpreispreisentwicklung indiziert, oder ob umgekehrt die Marktpreispreisentwicklung vom ausgewiesenen Gewinn bzw. von der entsprechenden „Gewinnwarnung“ [vgl. hierzu kritisch Moxter (Gewinnwarnungen)] abhängig ist.

2154 Vgl. Miller (Conceptual Framework), S. 26; Chen Chang (Business Income), S. 638.

2155 Vgl. Chen Chang (Business Income), S. 638.

2156 Vgl. Schildbach (Erfolg), S. 320. Allerdings lassen sich Anschaffungs- und Herstellungskosten als „vorsichtige“ Ertragswertbeiträge interpretieren. Vgl. Ordelheide (Periodengewinn). Somit lässt sich der Buchwert des Eigenkapitals als Unternehmenswert interpretieren. Vgl. Ordelheide (Bilanzen), S. 514 ff.; Pellens/Crasselt/Sellhorn (Solvenztest), S. 279. Die damit verbundene Annahme eines Kapitalwerts von Null definiert jedoch den ökonomischen Grund für die Investition in Vermögenswerte einfach weg. Inwieweit damit tatsachlich entscheidungs- und kontrollrelevante Werte dargestellt werden, ist zumindest fraglich.

2157 Vgl. Moxter (Bilanzlehre, Band I), S. 134; Schildbach (Erfolg), S. 317 f. Streim/Leippe (Neubewertung), S. 399, halten die mit einer Zeitbewertung verbundene Erhöhung des jährlichen Abschreibungsbetrags für prognoseungeeignet.

2158 Vgl. Streim/Leippe (Neubewertung), S. 399.

Eine Interpretation des Eigenkapitals als Unternehmenswert ist bei einer solchen Bilanzkonzeption jedenfalls völlig verfehlt.[2159] Daraus folgt zunächst die Einsicht: „Wer den Gewinn richtig ermitteln will, muß das Vermögen falsch ermitteln“[2160]. Der „richtige“ (i.S.v. prognosefähige) Gewinn dient wiederum als Zählergröße eines vereinfachten Barwertkalküls der approximativen Ermittlung des richtigen Vermögens als Entscheidungsgrundlage.[2161] Inwieweit man auf diese Weise dem Effektivvermögen verglichen mit einer „richtigen“ Unternehmensbewertung tatsächlich nahe kommen kann, ist fraglich. Jedenfalls ist der (vermeintlich) prognosefähige Gewinn[2162] bei typisierender Periodisierung wesentlich objektiver als eine direkte Prognose von Zahlungsüberschüssen bzw. eine direkte Unternehmensbewertung.[2163] „Ein solches typisierendes Vorgehen hat den Vorzug, Ermessensspielräume und damit Ermessensmissbräuche...zu begrenzen; zugleich hat das Verfahren aber den Nachteil, dass die im konkreten Fall gegebenen Wiederkehrvermutungen den typisierten erheblich widersprechen können, der Rechnungslegungsadressat mithin irregeführt wird.“[2164] Daraus folgt: „Eine noch so trickreiche Verrechnung vergangener Geschäftsvorfälle kann diesen Blick in die Zukunft nicht ersetzen.“[2165] Dagegen hilft nur eine mehr an subjektiven Erwartungen orientierte Periodisierung, womit allerdings der Objektivierungsvorteil gegenüber einer bilanzorientierten Rechnungslegung abnehmen dürfte. Im Grenzfall einer „perfekten“ Gewinnermittlung werden Sinn und Zweck einer objektivierenden GuV-orientierten Rechnung gänzlich verfehlt.[2166] Je perfekter aber die Prognosefähigkeit der Gewinngröße sein soll, desto überflüssiger wird die Gewinnermittlung, da im Grenzfall der Unternehmenswert und seine Determinanten bekannt sein müssen.[2167]

Auch bei einer einzelbewertungsbasierten sog. periodengerechten Gewinnermittlung besteht das Spannungsverhältnis von Entscheidungsrelevanz und

2159 Vgl. Engels (Bemerkungen), S. 46 f.; Grinyer/Russell (Goodwill), S. 109.
2160 Moxter (Bilanzlehre Band I), S. 6.
2161 Vgl. Wagner (Periodenabgrenzung), S. 1184.
2162 In diesem Zusammenhang spricht Moxter (Rechnungslegungsmythen), S. 2147, von einem Extrapolationsmythos.
2163 Vgl. Engels (Bemerkungen), S. 42.
2164 Moxter (Rechnungslegungsmythen), S. 2147.
2165 Streim (Vermittlung), S. 125.
2166 Vgl. hierzu auch Moxter (Abschreibungen), S. 480.
2167 Vgl. Bierman/Davidson (Income Concept), S. 241.

Verlässlichkeit.[2168] Dies zeigt sich nicht zuletzt schon beim Bilanzansatz: Um einen ausreichenden Aussagegehalt zu erreichen, dürfen etwa unsichere, selbst erstellte immaterielle Potentiale nicht unberücksichtigt bleiben.[2169] Die Notwendigkeit des Ansatzes selbstgeschaffener „goodwill-naher" Ein- und Auszahlungspotentiale zieht allerdings einen hohen Grad der Entobjektivierung nach sich.[2170] Ab einem gewissen Grad der Entobjektivierung stellt sich die Frage, warum nicht gleich bilanzorientiert berichtet werden sollte.

Andererseits könnte man auch schon mit dem konsequenten Versuch der Ermittlung eines prognosefähigen Gewinns die Grenze einer Mindestobjektivität als unterschritten ansehen und dieses Rechnungsziel ebenso wie ein bilanzorientiertes Informationsziel „aufgeben, aber welches Informationsziel verfolgt man dann?"[2171]

Es verbleibt zur Erfüllung des Entscheidungszwecks nur der Versuch, durch typisierte Periodisierungsregeln einen „nachhaltigen" Gewinn zu erhalten und auf ein halbwegs konstantes Verhältnis zwischen bilanziellem Gewinn und Unternehmenswert zu vertrauen;[2172] ein im Vergleich mit einem konsequent umgesetzten bilanzorientierten Informationskonzept unter Relevanzgesichtspunkten sicher zu bemängelndes, aber zumindest doch objektivierbares Vorgehen. „Freilich kann es sich dann zeigen, daß auch die Ermittlung eines extrapolationsfähigen Gewinns so großen Schwierigkeiten ausgesetzt ist, daß man selbst dieses Informationsziel für kaum erfüllbar ansieht."[2173]

5.5.2.3.2 Erfüllung des Kontrollzwecks

Zwar könnte auf Basis einer GuV-orientierten Informationsbereitstellung möglicherweise eine (bedingte) Erfüllung des Entscheidungszwecks anhand der Gewinngröße möglich sein, eine adäquate Erfüllung des Kontrollzwecks erscheint jedoch weit weniger gangbar. Eine brauchbare Kontrollgröße muss die Unternehmenswertänderung indizieren,[2174] um anschließend den diesbezüglichen Einfluss des Managements separieren zu können.[2175] Wie eine unvoll-

---

2168 Vgl. Schreiber/Kahle (Periodisierung), S. 4297; Moxter (Entwicklung), S. 69.
2169 Vgl. Streim/Esser (Informationsvermittlung), S. 837 f.
2170 Vgl. hierzu Grinyer/Russell (Goodwill), S. 110.
2171 Ballwieser (IFRS-Rechnungslegung), S. 39.
2172 Vgl. Black (Magic), S. 24.
2173 Ballwieser (Jahresabschlußverbesserungen), S. 793.
2174 Vgl. Moxter (Rechnungslegungsmythen), S. 2144.
2175 Vgl Streim (Vermittlung), S. 114 f.

ständige Gewinngröße als Differenz zwischen periodisierten Erträgen und Aufwendungen den Wertzuwachs stets korrekt indizieren soll, bleibt unklar.[2176] Gegen die Erfüllbarkeit eines so verstandenen Kontrollzwecks sprechen dieselben Argumente, welche für eine Berücksichtigung der Änderungen des originären Goodwill im Rahmen einer bilanzorientierten Erfüllung des Kontrollzwecks vorgebracht wurden; sie brauchen daher im Einzelnen nicht wiederholt zu werden.[2177] Ohne die entsprechenden Erfolgswirkungen kann jedenfalls eine Gewinngröße keine ausreichende Kontrollrelevanz aufweisen.[2178]

Um Kontrollrelevanz aufzuweisen, könnte die Gewinngröße auch in irgendeiner Weise direkt die positiven und negativen Entscheidungswirkungen der Kontrollperiode signalisieren.[2179] Selbst dieser Anforderung kann ein Gewinn, welcher wesentliche Goodwill-Änderungen nicht berücksichtigt, allenfalls zufällig gerecht werden. Dies gilt sowohl für den absoluten als auch für einen relativen Gewinn, der auf die Gewinnänderung gegenüber den Vorjahren abstellt.[2180] Nur im Grenzfall eines unveränderten originären Goodwill wäre eine adäquate Kontrolle auf Basis eines „unvollständigen" Gewinns[2181] möglich.[2182]

Damit verbleibt nur ein indirektes Anknüpfen der Kontrolle an den Entscheidungszweck,[2183] d.h. an die prognosefähige Gewinngröße. Jedoch kann eine prognosefähige Gewinngröße nicht zugleich eine adäquate Kontrollgröße darstellen. Während eine prognosefähige Gewinngröße um außerordentliche, nicht nachhaltige Ergebniseffekte zu bereinigen ist, müssen diese – sofern sie vom Management zu verantworten sind – zwingend in die Kontrollgröße eingehen.[2184] Eine gewisse Vereinbarkeit beider Erfolgskonzepte ließe sich allenfalls durch einen getrennten Ausweis und mittels Erläuterungen der Ergebniskomponenten bewirken.[2185]

[2176] Vgl. Bierman/Davidson (Business Income), S. 241 f.

[2177] Vgl. Moxter (Rechnungslegungsmythen), S. 2144; Moxter (Windfalls), S. 238 ff.; Chen Chang (Business Income), S. 643.

[2178] Vgl. Hommel/Schmidt/Wüstemann (Moxter), S. 89.

[2179] Vgl. Streim/Esser (Informationsvermittlung), S. 839.

[2180] Moxter (Rechnungslegungsmythen), S. 2144, spricht in diesem Zusammenhang von einem Gewinn- und Vergleichbarkeitsmythos.

[2181] Vgl. Schildbach (Wirklichkeit), S. 21.

[2182] Vgl. Moxter (Rechnungslegungsmythen), S. 2144.

[2183] Vgl. hierzu auch Streim (Vermittlung), S. 114 f.

[2184] Vgl. hierzu Bierman/Davidson (Income Concept), S. 245.

[2185] Vgl. Streim/Bieker/Hackenberger/Lenz (Goodwill-Bilanzierung), S. 22.

Die Kontrollgröße kann sich indessen auch quasi außerbilanziell durch eine Gegenüberstellung der auf Grundlage des prognosefähigen Gewinns ermittelten Unternehmenswerte zum Beginn und zum Ende der Kontrollperiode ergeben. Steigt etwa bei einem Kalkulationszinssatz (k) von 10 % der prognosefähige Gewinn in einer Periode von 110 GE ($G_{t-1(prog)}$) auf 130 GE ($G_{t(prog)}$),[2186] ergeben sich zum Beginn und zum Ende der Periode t folgende Unternehmenswerte:

$$UW_{t-1} \approx \frac{G_{t-1(prog)}}{k} = \frac{110}{0,1} = 1100\,GE$$

$$UW_{t} \approx \frac{G_{t(prog)}}{k} = \frac{130}{0,1} = 1300\,GE$$

Auf dieser Gundlage lässt sich „außerbilanziell" die kontrollrelevante Unternehmenswertänderung bestimmen:

$$\Delta UW_{t/t-1} = UW_t - UW_{t-1} \approx 1300 - 1100 = 200\,GE$$

Da sich die Unternehmenswertänderung auch mittels Diskontierung der Gewinnänderung wie folgt berechnen lässt:

$$\Delta G_{t/t-1(prog)} = G_{t(prog)} - G_{t-1(prog)} = 130 - 110 = 20\,GE$$

$$\Delta UW_{t/t-1} \approx \frac{\Delta G_{t/t-1(prog)}}{k} = \frac{20}{0,1} = 200\,GE\,,$$

kommt der Gewinnänderung per se außerdem eine gewisse Kontrollrelevanz zu,[2187] da sie das „Auf" und „Ab" des Unternehmens indiziert[2188]. Der Gewinnsprung von $110\,GE$ auf $130\,GE$ kann die Unternehmensentwicklung treffend widerspiegeln, sofern $G_{j(prog)}$ der Annuität $\overline{Z}$ nahe kommen kann und somit quasi ein perfekter Prognosegewinn ($G_{j(prog)}^{ideal}$) vorliegen würde. Insofern geht eine Erfüllung des Kontrollzwecks mit einer Erfüllung des Entscheidungszwecks einher. Bei beiden Rechnungszwecken geht es um die Prognosefähigkeit des Gewinns;[2189] da jedoch das Konstrukt des prognosefähigen Gewinns äußerst fragwürdig erscheint, kann die Gewinnänderung, deren Aussa-

2186 Vgl. Drukarczyk (Konzeption), S. 186.
2187 Vgl. Drukarczyk (Konzeption), S. 186.
2188 Vgl. Schmalenbach (Bilanzlehre), S. 9.
2189 Vgl. hierzu Engels (Bemerkungen).

gekraft für Kontrollen auf denselben Annahmen basiert, kaum geeigneter sein. Zudem überlagern sich in der Gewinnänderung Informations- und Aktionseffekte.[2190]

Für einen Erfolgsindikator würde es mitunter ausreichen, wenn dieser in einem systematischen, d.h. einem gleichbleibenden proportionalen Verhältnis zum Unternehmenswert stehen würde.[2191] In diesem Fall würde die Gewinnänderung stets die Unternehmenswertänderung in ihrer Richtung korrekt indizieren. Doch aufgrund der Vernachlässigung der Goodwill-Änderungen wird selbst diese Indikatorfunktion i.d.R. nicht erfüllt werden können.[2192]

Auf denselben Grundgedanken bauen im Übrigen Kennzahlen auf, welche die Veränderung des Residualgewinns ($\Delta RG_{t/t-1} = RG_t - RG_{t-1}$) messen.[2193] Auch ihre Eignung zur Messung des Wertbeitrags einer Periode steht und fällt mit der Prognosefähigkeit der Residualgewinngröße zu Beginn (RG_{t-1}) und zum Ende der Kontrollperiode (RG_t). Gemessen werden kann hiermit jedoch bei nicht konstantem Substanzwert nicht die Unternehmenswertänderung, sondern allenfalls die Veränderung des Goodwill.[2194]

Wenn auch mit der Hilfe einer goodwill-vernachlässigenden Gewinngröße keine direkte Kontrolle der Wertschaffung und der Managementleistung möglich ist und die Aussagekraft der Gewinnänderung von der Prognosefähigkeit bzw. der Proportionalität der Gewinngröße abhängt, so kann sie unter bestimmten Bedingungen eine positive Anreizwirkung auf die Entscheidungsträger ausüben.[2195] Eine anreizorientierte Kontrollgröße erfordert ebenso wie die Berechnung eines prognosefähigen Gewinns eine Aktivierung von Investitionsausgaben, sofern hierdurch ein Einzahlungspotential mit vermutlich positivem Kapitalwert geschaffen wird.[2196] In diesem Fall wird verhindert, dass das Management für wertschaffende Maßnahmen durch negative Erfolgsbeiträge bestraft wird, was im Extremfall die Unterlassung von wertschaffenden Investiti-

---

2190 Vgl. Drukarczyk (Konzeption), S. 186.
2191 Vgl. Black (Magic), S. 23 f.; ferner Bierman (Price-Earnings Ratio), S. 58 f.
2192 Vgl. Moxter (Funktionsinadäquanz), S. 1012.
2193 Vgl. hierzu Coenenberg (Kostenrechnung), S. 630; Coenenberg/Mattner/Schultze (Steuerung), S. 16 f.
2194 Vgl. zu den Grundzusammenhängen Schultze/Hirsch (Unternehmenswertsteigerung), S. 141 ff.
2195 Vgl. Hax (Periodenerfolgsmessung), S. 92-96; Hax (Investitionsrechnung), S. 165-168.
2196 Vgl. Hax (Investitionsrechnung), S. 166.

onsprojekten zur Folge haben könnte.[2197] Von Bedeutung ist hierbei insbesondere auch der Ansatz sogenannter strategischer Kosten,[2198] d.h. von Investitionsausgaben zur Schaffung von originärem Goodwill.[2199] Damit wird wiederum deutlich, dass – den Anforderungen des prognosefähigen Gewinns entsprechend – eine umfassende Aktivierungskonzeption notwendig ist.

Damit die Nicht-Negativität der Projekterfolge auch für die restliche Projektlaufzeit gewährleistet sein kann, sind die Investitionsauszahlungen als planmäßige Abschreibungen über die Laufzeit des Projektes zu verteilen.[2200] Hierfür bietet sich das relative Beitragsverfahren an, d.h. die Abschreibungen werden proportional zu den Projektzahlungsüberschüssen über die Nutzungsdauer verteilt.[2201] Auch wenn diese Methode nur begrenzt praktikabel sein mag,[2202] stellt sie zumindest einen Orientierungspunkt für eine GuV-orientierte Kontrollgröße dar. Es ergibt sich ein tendenziell geglättetes Ergebnis,[2203] welches zudem einem prognosefähigen Gewinn nahe kommen könnte.

Allerdings müssen unter Anreizgesichtspunkten die negativen Entwicklungen umgehend aufgedeckt werden, weshalb bei Fehlentwicklungen außerplanmäßige Abschreibungen vorzunehmen sind.[2204] Diese Vorgehensweise steht jedoch nicht mit einer prognosefähigen Gewinngröße im Einklang, obwohl hierdurch das „Ab" des Unternehmens (i.S. eines gesunkenen Erfolgswerts) zum Ausdruck kommt. Das schlagartige Absinken des Periodengewinns wird sich aber vermutlich nicht regelmäßig wiederholen,[2205] weshalb die entsprechen-

---

[2197] Vgl. Hax (Investitionsrechnung), S. 166 f.; Hachmeister (Performancemaße), Sp. 1393.
[2198] Vgl. Coenenberg (Einheitlichkeit), S. 2083.
[2199] Vgl. Laux (Unternehmensrechnung), S. 405 f.
[2200] Vgl. Hax (Investitionsrechnung), S. 166 f.; Hax (Periodenerfolgsmesssung), S. 93. Vgl. hierzu auch Grinyer (Earned Economic Income); Grinyer (Depreciation).
[2201] Vgl. Hax (Periodenerfolgsmessung), S. 91. Zur Diskussion um eine anreizverträgliche Abschreibung von Investitionsausgaben im Rahmen einer Unternehmenssteuerung auf Basis von Übergewinnen [vgl. bereits Solomons (Divisional Performance), S. 123-159; Bromwich (Divisional Performance), S. 126 f.] vgl. etwa Reichelstein (Investment Decisions); Rogerson (Cost Allocation); Pfaff (Unternehmenssteuerung); Pfaff/Bärtl (Unternehmenssteuerung); Baldenius/Fuhrmann/Reichelstein (EVA); Pfaff/Stefani (Unternehmensführung); Gillenkirch/Schabel (Investitionssteuerung); Pfaff (Value-Based Management); Crasselt (Managementvergütung); Pfaff/Pfeiffer/Kunz (Geschäftsbereichs-Controlling); Pfeiffer (Implementation); Bromwich/Walker (Residual income).
[2202] Vgl. Crasselt (Managementvergütung), S. 129.
[2203] Vgl. Hax (Periodenerfolgsmessung), S. 93.
[2204] Vgl. Hax (Investitionsrechnung), S. 166 f.
[2205] Vgl. hierzu Barker (Financial Performance), S. 165.

den nicht nachhaltigen Erfolgskomponenten zumindest durch einen separaten Ausweis für die Investoren erkennbar gemacht werden müssten[2206].

5.5.2.4 Mischung bilanz- und GuV-orientierter Rechnungsziele und -inhalte

Es wäre denkbar, innerhalb der Berichterstattung die Art der Informationsbereitstellung nach dem Leistungsbezug zu differenzieren. Eine derartige Differenzierung nach einem betrieblichen und einem nicht betrieblichen Bereich ist in der Unternehmensbewertung üblich und hat sich offenbar bewährt.[2207] Während der betriebliche Bereich grundsätzlich ertragswertorientiert zu bewerten ist,[2208] kommt für den nicht betrieblichen Bereich eine Bewertung der einzelnen Substanzkomponenten zum Veräußerungswert in Betracht.[2209] Da ein IFRS-Abschluss unternehmenswertorientierte Informationen zu vermitteln hat, liegt ein entsprechend differenzierendes Informationskonzept nahe: So könnte über den betrieblichen Bereich eines Unternehmens mittels eines GuV-orientierten Rechnungsziels und über den nicht betrieblichen Bereich durch ein bilanzorientiertes Rechnungsziel informiert werden. Geht man von einer ausreichenden Separierbarkeit der Bereiche aus,[2210] erscheint ein solches Vorgehen insofern sinnvoll, als auf den Ansatz eines „unliebsamen" unsicheren (originären) Goodwill verzichtet werden könnte.

Der Wert eines Gutes wird durch seine geplante Verwertung determiniert;[2211] während der Einsatz des betriebsnotwendigen Vermögens indirekt einen Beitrag zum Unternehmenswert leistet, kann das nicht-betriebsnotwendige Vermögen quasi direkt verwertet werden.[2212] Synergieeffekten kommt daher beim nicht betrieblichen Vermögen im Vergleich zum betrieblichen Vermögen eine untergeordnete Bedeutung zu, womit die „Goodwill-Problematik" in einem weitaus geringeren Maße besteht. Im Bereich des nicht betrieblichen Vermögens könnte demzufolge durch eine einzelbewertungsorientierte Fair Value-

2206 Vgl. Streim/Bieker/Hackenberger/Lenz (Goodwill-Bilanzierung), S. 22.
2207 Vgl. IDW (IDW S 1), Rn. 67 ff.
2208 Vgl. IDW (IDW S 1), Rn. 4.
2209 Vgl. IDW (IDW S 1), Rn. 68 f..
2210 Vgl. kritisch Schildbach (Zeitbewertung), S. 184 f.
2211 Vgl. Busse von Colbe (Bewertung), S. 40.
2212 Vgl. Bieker (Bilanzierungschaos), S. 93 f.

Bewertung eine halbwegs akzeptable Wertapproximation erfolgen.[2213] Im betrieblichen Bereich führt im Rahmen eines bilanzorientierten Informationskonzepts hingegen kein Weg an einer Aktivierung des (originären) Goodwill vorbei.

Insofern erzwingt der Wunsch, einerseits auf den Ansatz eines originären Goodwill generell zu verzichten und andererseits möglichst bilanzorientiert berichten zu wollen, ein Mischkonzept. Das bedeutet jedoch, dass in einem Abschluss – abgesehen von den Abschlüssen von Finanzdienstleistern, deren Geschäftsmodell dem nicht betrieblichen Finanzbereich eines Unternehmens entspricht – zwei sich grundsätzlich ausschließende Informationskonzepte nebeneinander Verwendung finden würden, was wiederum wenig zur Kommunikationsfähigkeit, das heißt zur Akzeptanz und Verständlichkeit[2214] beitragen dürfte.

Im Folgenden wird diesem Ansatz nicht weiter nachgegangen und der nicht betriebliche Bereich per Annahme ausgeblendet.

5.5.2.5 Rechnungsziele und -inhalte für nicht kapitalmarktorientierte Unternehmen

Von Bedeutung ist die Frage, ob die Untersuchungsergebnisse zu den Rechnungszielen und -inhalten unabhängig von der Art des Unternehmens gelten. Eine Rechnungslegung nach IFRS gilt als Informationsinstrument kapitalmarktorientierter Unternehmen. Derzeit wird für nicht kapitalmarktorientierte Unternehmen die Notwendigkeit eines separaten Regelwerks (quasi „IFRS-Light“) diskutiert.[2215] In diesem Zusammenhang ist fraglich, ob sich aus messtheoretischer Perspektive eine ausreichende Begründung für unterschiedliche Regelungen für kapitalmarktorientierte und nicht kapitalmarktorientierte Unternehmen finden lässt.[2216] „Kann Eigenkapital, aus eigener Performance bewirkte Eigenkapitaländerung und damit Gewinn oder Verlust für kapitalmarktorientierte Unternehmen etwas anderes bedeuten als für nicht kapitalmarktorientier-

2213 Vgl. Schmidt (Rechnungslegung), S. 338 und S. 190-206; Bieker (Fair Value Accounting), S. 193; Ordelheide (Marktbewertung). Vgl. auch IAS 40 und IAS 39 sowie kritisch Olbrich (Bilanzierung).

2214 Vgl. Klein (Konvergenz), S. 70.

2215 Vgl. Bieker (Unternehmen); Haller/Beiersdorf/Eierle (ED-IFRS for SMEs); Lüdenbach/Hoffmann (Standardentwurf); Naumann (Mittelstand); Kahle/Dahlke (Unternehmen); Ballwieser (Unternehmen).

te Unternehmen?"[2217] Diese Frage ist, sofern die Investoren auch in nicht kapitalmarktorientierten Unternehmen als Hauptadressat gelten sollen, eindeutig zu verneinen,[2218] denn schließlich leiten sich in diesem Fall dieselben Rechnungsziele und -inhalte ab.[2219] „Die Entscheidungs- und Steuerungsrelevanz von Informationen über Eigenkapital, Performance, Gewinn und Verlust macht an der zutreffenden [i.S.v. zweckmäßigen] Abbildung ökonomischer Sachverhalte fest; sie orientiert sich nicht am Grad der »public accountability«. Das Accounting Model muss für alle Unternehmen gleich sein. Für SME`s können nicht grundsätzlich abweichende Ansatz- und Bewertungsregeln gelten."[2220]

Vielleicht sind die obigen Ergebnisse bzgl. der Rechnungsziele und -inhalte für nicht kapitalmarktorientierte Unternehmen sogar noch eindeutiger, denn es „fehlen den Kapitalgebern zwangsläufig Preissignale, die sie zur Entscheidungsbasierung verwenden können. Da die Zahlen der Rechnungslegung in diesem Fall die primäre Datenquelle zur Fundierung von (Des-)Investitionsentscheidungen bilden, muss die Ausgestaltung der Jahresabschlusszahlen insbesondere an der Entscheidungsrelevanz ausgerichtet werden."[2221] Da gerade in solchen Unternehmen die Rechnungslegung der internen Steuerung dient,[2222] liegt eine Ausrichtung an der Relevanz prinzipiell sogar im Eigeninteresse.[2223] Folgt man diesen Gedankengängen, darf es unter Vernachlässigung der „Belastbarkeit" keine „Erleichterungen" für nicht kapitalmarktorientierte Unternehmen geben, im Gegenteil. Allerdings sind in diesem Zusammenhang die Kosten der Rechnungslegung möglicherweise das entscheidende Argument für eine „Entschärfung" der Regelungen für nicht kapitalmarktorientierte Unternehmen.

Im Ergebnis lässt sich eine Differenzierung der Rechnungslegungsnormen nach kapitalmarktorientierten und nicht kapitalmarktorientierten Unternehmen

---

[2216] Vgl. Coenenberg (IFRS); Kahle/Dahlke (Unternehmen), S. 314.
[2217] Coenenberg (IFRS), S. 110.
[2218] Vgl. aber Kirsch/Meth (Adressaten), S. 10 f., die im Grundsatz zwar gleichgerichtete Informationsinteressen der Adressaten annehmen, jedoch eine andere Investortypisierung und eine abweichende Gewichtung der Rechnungszwecke „Entscheidung" und „Kontrolle" andeuten.
[2219] Vgl. Coenenberg (IFRS), S. 112.
[2220] Coenenberg (IFRS), S. 112.
[2221] Streim/Bieker/Esser (Ausschüttungsbilanz), S. 242.
[2222] Vgl. Coenenberg (IFRS), S. 110.

allenfalls erst auf der nachgelagerten, beschränkenden Ebene der Wirtschaftlichkeitsbetrachtung begründen.[2224] Aus messtheoretischer Sicht ist eine Differenzierung abzulehnen, sofern auch im Rahmen der IFRS-Rechnungslegung für nicht kapitalmarktorientierte Unternehmen den Informationswünschen der Anteilseigner entsprochen werden soll.

Wie eine vom *DRSC* durchgeführte Studie zu belegen scheint, kristallisiert sich als Hauptadressat des Jahresabschlusses eines nicht kapitalmarktorientierten Unternehmens neben den aktuellen Gesellschaftern insbesondere das Management heraus, womit eine wesentliche Übereinstimmung mit den Adressaten eines konvergenten unternehmenswertorientierten Rechnungswesens besteht. Allerdings ist daneben die Informationsgewährung für Banken sowie die Ausschüttungsbemessung von Bedeutung, während dem potentiellen Investor als Adressaten eine untergeordnete Bedeutung zukommt;[2225] nicht kapitalmarktorientierte Unternehmen sind typischerweise keine kurzfristigen Kauf-Verkauf-Objekte für potentielle Investoren.

5.5.3 Wertorientiertes internes Rechnungswesen

5.5.3.1 Bilanzorientierte Rechnungsziele und -inhalte

5.5.3.1.1 Erfüllung des Entscheidungszwecks

Zur Erfüllung des Entscheidungszwecks im wertorientierten internen Rechnungswesen sind Unternehmensbewertungskalküle unstreitig geeignet,[2226] weshalb entsprechende Werte für die steuerungsrelevanten Geschäftsbereiche regelmäßig verfügbar gemacht werden sollten. Daher sollten in diversifizierten Unternehmen periodische Geschäftsbereichswerte als Grundlage der Entscheidungsfindung errechnet werden.[2227] Zur Gewährleistung einer Mindestobjektivierung erscheint hierbei eine Vernachlässigung künftiger Maßnahmen geboten, womit nur ein typisierter Basiswert, für den es im Einzelfall einer kontextspezifischen Anpassung bedarf, bereitgestellt wird. Hier liegen

---

[2223] Vgl. aber Kirsch/Meth (Adressaten), S. 11, die für die Adressaten mittelständischer Unternehmen bessere Informationszugangsmöglichkeiten außerhalb der Rechnungslegung sehen.

[2224] Vgl. F. 44; Klein (Konvergenz), S. 70.

[2225] Vgl. DRSC (Ergebnisse), S. 9 f.

[2226] Vgl. Coenenberg/Mattner/Schultze (Steuerung), S. 17 f.; Barton (Income Theory), S. 678.

[2227] Vgl. Günther (Controlling), S. 98.

auch im internen Rechnungswesen die Grenzen einer periodischen nicht auf Einzelfälle abstellenden Entscheidungsrechnung.

Im undifferenzierten Gesamtwert eines Bereiches ($TUW_j^{GB_i}$) gingen jedoch entscheidungsrelevante Informationen über die einzelnen Werttreiber verloren, weshalb idealerweise eine einzelbewertungsorientierte Substantiierung des Bereichswerts erfolgen sollte. Folglich sind zur bilanzorientierten Erfüllung des Entscheidungszwecks – abgesehen von der Berichtsebene – die idealtypischen Rechnungsziele und -inhalte mit denen des externen Rechnungswesens identisch und brauchen an dieser Stelle nicht wiederholt zu werden. Die Abbildung der gesamten Vermögenswerte (GVW_j), Schulden ($GSCH_j$) und des Goodwill (GW_j) bezieht sich allerdings auf die Geschäftsbereichsebene (GB_i):

$$TUW_j^{GB_i} = GVW_j^{GB_i} - GSCH_j^{GB_i} + GW_j^{GB_i}$$

Zur Sicherstellung der Zielkongruenz der Bereichsrechnung, d.h.

$$UW_j = TUW_j^{GB_1} + TUW_j^{GB_2} + ... + TUW_j^{GB_n}$$

muss idealtypisch gelten

$$GVW_j^U = GVW_j^{GB_1} + GVW_j^{GB_2} + ... + GVW_j^{GB_n}$$

$$GSCH_j^U = GSCH_j^{GB_1} + GSCH_j^{GB_2} + ... + GSCH_j^{GB_n}$$

$$GW_j^U = GW_j^{GB_1} + GW_j^{GB_2} + ... + GW_j^{GB_n}$$

Sind diese Wertadditivitätsbedingungen erfüllt, geht nicht nur jede Änderung des Bereichswerts ($TUW_j^{GB_i}$) mit einer entsprechenden Änderung des Unternehmenswerts (UW_j) einher, weshalb Entscheidungen auf Grundlage der Bereichsrechnung mit dem Gesamtziel des Unternehmens kongruent sind. Auch zieht natürlich jede Veränderung von $GVW_j^{GB_i}$, $GSCH_j^{GB_i}$ und $GW_j^{GB_i}$ eine entsprechende Veränderung von GVW_j^U, $GSCH_j^U$ und GW_j^U auf Gesamtunternehmensebene nach sich, was zur Fundierung von zielkonformen Entscheidungen hinsichtlich der „Werttreiberstruktur" von Nutzen sein kann.

5.5.3.1.2 Erfüllung des Kontrollzwecks

Die zweckmäßige Kontrollebene ergibt sich aus der zweckmäßigen Entscheidungsebene, liegt also im wertorientierten internen Rechnungswesen auf Ebene der Geschäftsbereiche. Da eine interne Bereichskontrolle der Überprüfung der Wertschaffung und der damit verbundenen Managementleistung dient, besteht das entsprechende bilanzorientierte Rechnungsziel darin, den ökonomischen Bereichsgewinn zu approximieren. Diese bereichsbezogene Kontrollgröße reflektiert den Erfolg aller auf Bereichsebene durchgeführten Maßnahmen in idealtypischer Weise. Vom Management initiierte Maßnahmen werden bei Durchführung entscheidungsverbunden[2228] mit ihrem Kapitalwert erfasst.[2229] Hierbei könnte zwar – anders als im externen Rechnungswesen – auf eine Einzelbewertung verzichtet werden, unter Objektivierungs- und Transparenzgesichtspunkten sollte dennoch an einer Einzelbewertung festgehalten werden.[2230]

Der ökonomische Bereichsgewinn ergibt sich als Summe der Veränderungen der einzelnen bereichsbezogenen Vermögenspositionen und des Bereichs-Goodwill abzüglich der Veränderung der bereichsbezogenen Schulden zuzüglich des Nettoabfluss an die Anteilseiger oder andere Geschäftsbereiche innerhalb der Kontrollperiode. Bei einer Politik des residualen Mittelabflusses kann der Nettoabfluss eines Geschäftsbereichs ($NA_t^{GB_i}$) durch den auf Bereichsebene erzielten Free Cash Flow (FCF_t^{GBi}) ersetzt werden.[2231] Daher muss neben der Wertadditivität der Bereichswerte gelten:

$$NA_t^U \approx FCF_t^U \approx FCF_t^{GB_1} + FCF_t^{GB_2} + \ldots + FCF_t^{GB_n}$$

Ist diese Bedingung annähernd erfüllt, kann folgender heuristisch-ökonomischer Gewinn[2232] als Kontrollgröße implementiert werden:

$$ÖG_t^{GB_i} = FCF_t^{GB_i} + \Delta TUW_{t/t-1}^{GB_i} = FCF_t^{GB_i} + TUW_t^{GB_i} - TUW_{t-1}^{GB_i}$$

Der Teilunternehmenswert ergibt sich als Summe aus bereichsbezogenem Substanzwert ($S_j^{GB_i}$) und Bereichs-Goodwill ($GW_j^{GB_i}$), weshalb der $ÖG_t^{GB_i}$ die entsprechenden Änderungen umfasst:[2233]

2228 Zum Prinzip der Entscheidungsverbundenheit vgl. Hax (Investitionsrechnung), S. 162.

2229 Vgl. Pellens/Crasselt/Sellhorn (Goodwill-Bilanzierung), S. 147; Crasselt (Shareholder Value Added), S. 169.

2230 Zu den Objektivierungsproblemen des ökonomischen Gewinns als interner Kontrollgröße vgl. Lippmann (Erfolgsermittlung), S. 73 ff.

2231 Vgl. Schultze/Hirsch (Unternehmenswertsteigerungen), S. 141.

2232 Vgl. Ordelheide (Theorie), S. 275 f.

2233 Vgl. Chen Chang (Business Income), S. 643.

$$\ddot{O}G_t^{GB_i} = FCF_t^{GB_i} + S_t^{GB_i} + GW_t^{GB_i} - (S_{t-1}^{GB_i} + GW_{t-1}^{GB_i}) = FCF_t^{GB_i} + \Delta S_{t/t-1}^{GB_i} + \Delta GW_{t/t-1}^{GB_i}$$

Der Bereichssubstanzwert stellt den Saldo aus den gesamten bereichsbezogenen Vermögenswerten ($GVW_j^{GB_i}$) und Schulden ($GSCH_j^{GB_i}$) dar:

$$\ddot{O}G_t^{GB_i} = FCF_t^{GB_i} + \Delta GVW_{t/t-1}^{GB_i} - \Delta GSCH_{t/t-1}^{GB_i} + \Delta GW_{t/t-1}^{GB_i}$$

Dem ökonomischen Gewinn wird zwar nur bei Abstraktion von Manipulationsproblemen eine Kontrollnützlichkeit für das interne Rechnungswesen zugebilligt,[2234] soll aber konsequent unternehmenswertorientiert gesteuert werden, darf auf entsprechende, ihrer Art nach wenig objektivierte Größen keinesfalls verzichtet werden.[2235] „Es will sinnwidrig anmuten, bei solchen rein 'internen' Gewinnberechnungen die aus der Objektivierung zwangsläufig resultierenden Informationseinbußen (Gewinnverzerrungen) hinzunehmen“[2236]. Wenn überhaupt irgendwo, sind Objektivierungsprobleme im internen Rechnungswesen beherrschbar.[2237]

Insofern besteht im Grunde kein Abwägungsproblem bezüglich der Berücksichtigung des Goodwill, auf ihn darf im internen Rechnungswesen sowohl zur Erfüllung des Entscheidungszwecks als auch hinsichtlich des Kontrollzwecks nicht verzichtet werden. Zwar könnte im internen Rechnungswesen auf eine Einzelbewertung verzichtet werden (hiermit wären jedoch Informations- und Transparenzverluste verbunden) und lediglich auf globale Bereichswerte zurückgegriffen werden, in diesen Gesamtwerten wäre der Goodwill aber implizit enthalten.[2238]

Dem erzielten $\ddot{O}G_t^{GB_i}$ ist zu Kontrollzwecken der erwartete $\widetilde{\ddot{O}G}_t^{GB_i}$ ($\widetilde{\ddot{O}G}_t^{GB_i} = TUW_{t-1}^{GB_i} * k^{GB_i}$) gegenüberzustellen, um die Abweichung zu ermitteln und zu analysieren. Primäres Erkenntnisziel der Abweichungsanalyse im Hinblick auf eine Kontrolle des Managements stellt eine Trennung der Aktions- und Informationseffekte dar.[2239] Da für die Substanz eine Normalverzinsung angenommen werden kann, lassen sich erwartete und realisierte Cash Flows

2234 Vgl. etwa Weißenberger (Möglichkeiten), S. 199.
2235 Vgl. Gebhardt (Beurteilungsgrößen), S. 81.
2236 Moxter (Betriebswirtschaftliche Gewinnermittlung), S. 224.
2237 Vgl. Ordelheide (Wertpotential), S. 528 f.
2238 Vgl. Krümmel (Kapitalerhaltung), S. 312; Thornton (Capital Values in Use), S. 343; Catlett/Olson (Accounting for Goodwill), S. 64.

auf Substanz und Goodwill aufteilen und die Abweichungsanalyse entsprechend verfeinern.[2240]

Zumindest unter Vereinfachungs- und Objektivierungsgesichtspunkten käme als Alternative zu einem bilanzorientierten auch ein GuV-orientiertes internes Rechnungswesen in Betracht.

5.5.3.2 GuV-orientierte Rechnungsziele und -inhalte

5.5.3.2.1 Erfüllung des Entscheidungszwecks

Zur Erfüllung des Entscheidungszwecks des internen Rechnungswesens sind die Geschäftsbereichswerte zyklisch zu approximieren.[2241] Eine Teilunternehmensbewertung gilt im Allgemeinen als zu aufwendig, um sie zum Ende einer jeden Abrechnungsperiode zu wiederholen.[2242] Die Bereichswerte könnten daher auch in vereinfachter Weise auf Grundlage eines auf periodisierten Zahlungen beruhenden prognosefähigen Bereichsgewinns errechnet werden.[2243] Ein solches Vorgehen könnte möglicherweise als heuristisches Verfahren bei relativ hohem Objektivierungsgrad und geringen Informationskosten[2244] vorteilhaft sein.[2245] Jedoch stehen IFRS-Bilanzierern aufgrund der Anforderungen des Goodwill-Impairment-Tests periodische Bereichswertrechnungen zur Verfügung, weshalb sich die zusätzlichen Kosten und Objektivierungsprobleme einer direkten Bereichsbewertung in Grenzen halten sollten.[2246]

Beim Konzept des prognosefähigen Gewinns wird auf die standardisierte Periodisierung von Ein- und Auszahlungen vertraut, anstatt direkt auf Zukunftsinformationen zurückzugreifen.[2247] Es kann auf Basis eines prognosefähigen Gewinns lediglich ein standardisierter Ertragswert unter der Prämisse einer unveränderten Geschäftspolitik bei konstanten Rahmenbedingungen berech-

---

2239 Vgl. Breid (Erfolgspotentialrechnung), S. 28 f.; Dirrigl (Erfolgspotenzialrechnung), Sp. 421.
2240 Vgl. hierzu auch Schultze/Hirsch (Unternehmenswertsteigerung).
2241 Vgl. hierzu auch Dirrigl (Unternehmensbewertung).
2242 Vgl. Münstermann (Dynamische Bilanz), S. 530; ferner Arbeitskreis (Erfolgsgrößen), S. 253.
2243 Vgl. Wagner (Periodenabgrenzung), S. 1191.
2244 Vgl. Ordelheide (Bilanzen).
2245 Vgl. Wagner (Periodenabgrenzung), S. 1191 ff.
2246 Vgl. hierzu ausführlich Haaker (Controlling).
2247 Vgl. kritisch Streim (Vermittlung), S. 125 ff.

net werden.[2248] Da diese Annahmen oftmals nicht erfüllt sein dürften, ist es äußerst fraglich, ob das Objektivierungs- und Vereinfachungsstreben den damit verbundenen Informationsverlust im internen Rechnungswesen wirklich rechtfertigen kann.[2249] Wie problematisch sich die Konzeption des prognosefähigen Gewinns darstellt, wurde schon ausführlich erörtert.

Die für den Bereichswert maßgeblichen Zahlungen müssen so periodisiert werden, dass auf dieser Grundlage der Bereichswert in „vereinfachter" Weise zu ermitteln ist. Hierbei bleibt zunächst offen, welchen Einfluss Erfahrung und Zukunftsprognosen auf die Periodisierungen nehmen sollen.[2250] Je genauer aber das eigentliche Rechnungsziel „Prognosegewinn" approximiert wird, desto eher kann auf seine Ermittlung für Entscheidungszwecke verzichtet werden.[2251] Gesucht ist als prognosefähiger Geschäftsbereichsgewinn ($G_{t(Prog)}^{GB_i}$) eine Größe, welche den Bereichswert unter Rückgriff auf ein einfaches Bewertungskalkül approximiert.[2252] Wenn aber gelten soll:

$$TUW_t^{GB_i} = \frac{G_{t(Prog)}^{GB_i}}{k^{GB_i}},$$

dann gilt gleichfalls:[2253]

$$TUW_t^{GB_i} * k^{GB_i} = G_{t(Prog)}^{GB_i} = \left(\sum_{j=t+1}^{\infty} \frac{\widetilde{FCF}_j^{GB_i}}{(1+k)^{j-t}}\right) * k^{GB_i}$$

Um die Prognosefähigkeit von $G_{t(Prog)}^{GB_i}$ und damit eine „perfekte" Approximation des Rechnungsziels sicherzustellen, müsste neben k^{GB_i} das eigentliche Informationsziel $TUW_t^{GB_i}$ bekannt sein.[2254] Im Referenzfall eines „idealen" Prognosegewinns sind Informationsziel ($TUW_t^{GB_i}$) und Rechnungsziel ($G_{t(Prog)}^{GB_i}$) Outputgrößen desselben »Kuppelproduktionsprozesses« der Informationsverdichtung, womit die Kenntnis von $G_{t(Prog)}^{GB_i}$ zum Zweck der Ermittlung von $TUW_t^{GB_i}$ überflüssig wird.[2255] Dies bedeutet auch, dass der Informationswert von $G_{t(Prog)}^{GB_i}$

2248 Vgl. hierzu auch Crasselt (Shareholder Value Added), S. 169 f.
2249 Vgl. Wagner (Periodenabgrenzung), S. 1190.
2250 Vgl. Wagner (Periodenabgrenzung), S. 1192.
2251 Vgl. Wagner (Periodenabgrenzung), S. 1192; Wagner (Revolution), S. 281 f.
2252 Vgl. Wagner (Periodenabgrenzung), S. 1184.
2253 Vgl. Beaver (Financial Reporting), S. 48.
2254 Vgl. Bierman/Davidson (Income Concept), S. 241.
2255 Vgl. Beaver (Financial Reporting), S. 57; Bierman/Davidson (Income Concept), S. 241.

umso mehr abnimmt, je besser diese Größe ihren Zweck erfüllt.[2256] Je mehr Prognoseelemente $G_{t\,(Prog)}^{GB_i}$ beinhaltet, umso eher könnten die Prognosen direkt zur Ermittlung von $TUW_t^{GB_i}$ Verwendung finden.

Wenn in diesem Zusammenhang zur Sicherstellung der Zweckmäßigkeit jedoch das Prognoseelement überwiegen muss, dann „stellt sich jedoch die Frage, warum man den Umweg über periodisierte Größen macht, um über deren Korrektur zu den Zahlungswirkungen zu gelangen."[2257] Schließlich sollen „mit den periodischen Verrechnungen...die Erwartungen über die Entwicklung der künftigen Cash Flows zum Ausdruck"[2258] gebracht werden. Diese Erwartungen müssen zur idealen Festlegung der sachverhaltspezifischen Periodisierung bereits vorliegen. „Es wäre völlig überflüssig, einen Periodengewinn zu ermitteln..., wenn dieser Periodengewinn bereits vor seiner Ermittlung feststeht"[2259] und der Unternehmenswert, der das letztendlich relevante Informationsziel darstellt, bereits vorliegt. „Die unmittelbare Orientierung an den Zahlungen ist wesentlich einfacher und effizienter."[2260]

Im Ganzen erscheint die GuV-orientierte Erfüllung des Entscheidungszwecks mittels einer prognosefähigen Gewinngröße für das interne Rechnungswesen eher zweifelhaft. Dies könnte sich für den Kontrollzweck anders darstellen, der möglicherweise ein höheres Maß Objektivität erfordert.

5.5.3.2.2 Erfüllung des Kontrollzwecks

Kontrollrelevant ist zunächst die wirtschaftliche Entwicklung eines Geschäftsbereichs, bevor daran anknüpfend die Leistung des Bereichsmanagements gemessen werden kann. In diesem Zusammenhang gilt, dass ein guter Erfolgsindikator die Richtung der Wertentwicklung des Unternehmens aufzeigen muss.[2261]

Offensichtlich ist ein „periodengerechter" GuV-orientierter Gewinn daher ein schlechter Erfolgsindikator. Die Richtung, in die er zeigt, stimmt nur mehr oder

---

[2256] Vgl. Wagner (Periodenabgrenzung), S. 1192.
[2257] Küpper (Marktwertorientierung), S. 535. Vgl. aber Penman/Sougiannis (Equity Valuation), S. 377.
[2258] Schmidt (Rechnungslegung), S. 73.
[2259] Moxter (Bilanzlehre), S. 258.
[2260] Küpper (Marktwertorientierung), S. 535.
[2261] Vgl. Schmalenbach (Bilanzlehre), S. 10.

weniger zufällig mit der Richtung der Unternehmensentwicklung überein.[2262] Hauptgrund hierfür ist eine Vernachlässigung des Auf- und Abbaus des originären Goodwill, weshalb auf dieser Grundlage keine sachgerechte Kontrolle des Managements möglich ist.[2263] Auch die Gewinnänderung versagt als Wertschaffungsindikator, soweit die Gewinngröße nicht in einem bestimmten proportionalen Verhältnis zum Bereichswert steht, d.h. im Zweifel prognosefähig ist.

Somit werden „die Brücken zwischen Investitionsrechnung und Bilanzierung nicht überwunden, weil...Vermögen unvollkommen erfasst wird“[2264]. Die Vollständigkeit der Kontrollgewinngröße hängt von der Vollständigkeit des Vermögens ab.[2265] „In wirtschaftlicher Betrachtungsweise erscheint es bedenklich, auf Grund einer derart unvollständigen Bilanz Informationen über die wirtschaftliche Unternehmensentwicklung gewinnen zu wollen.[2266] Selbst im Hinblick auf eine im Grundsatz wünschenswerte Konvergenz im Rechnungswesen darf für Kontrollzwecke nicht auf unvollständige periodisierte Gewinne zurückgegriffen werden.[2267] „Es kann nicht 'im Sinne des Erfinders‘ sein, wenn zur Herstellung einer vermeintlichen Konvergenz der Rechengrößen für die interne Unternehmensrechnung eine gewinnorientierte Ausrichtung von Steuerungsgrößen propagiert wird, deren Mängel gerade die Notwendigkeit zur Entwicklung einer wertorientierten Unternehmensrechnung haben entstehen lassen.“[2268]

Der „Trick zur Ehrenrettung“ periodisierter (Über-)Gewinngrößen, indem einfach die Zwecksetzung des internen Rechnungswesens weg von der der Entscheidungsvorbereitung und Kontrolle der Wertschaffung hin zur „reinen“ Verhaltenssteuerung verlagert wird,[2269] darf nicht darüber hinwegtäuschen, dass

---

2262 Vgl. Moxter (Funktionsinadäquanz), S. 1012.
2263 Vgl. Moxter (Windfalls), S. 238 ff.
2264 Ballwieser (Unternehmensführung), S. 165.
2265 Vgl. Moxter (Funktionsinadäquanz), S. 1012.
2266 Moxter (Windfalls), S. 240.
2267 Vgl. m.w.N. Ballwieser (Moxter), S. 1381.
2268 Dirrigl (Wertorientierung), S. 575. Vgl. auch bereits Solomons (Concepts of Income), S. 374; Rappaport (Shareholder Value); ferner Fernández (EVA).
2269 So wurde zwar treffend festgestellt, dass die „traditionelle“ Kostenrechnung wenig entscheidungsorientiert ist und sich am ehesten für die Verhaltenssteuerung eignet. Vgl. hierzu Pfaff/Weber (Kostenrechnung). Hieraus lässt sich jedoch im Umkehrschluss wohl kaum ableiten, die Verhaltenssteuerung sei die wichtigste Funktion des internen Rechnungswesens, nur weil sie mit der Kostenrechnung besser zu erfüllen sein soll. Schließ-

die Messung des erzielten Wertbeitrags eine unverzichtbare Kontrollinformation darstellt. Erst in einem zweiten Schritt gilt es, den auf die Managementleistung zurückgehenden Erfolg zu separieren.[2270] Die logische erste, mit dem Entscheidungszweck konsistente Frage ist daher, „was für Wert geschaffen wurde" und erst im Anschluss daran stellt sich die Frage, „wer für die Wertschaffung verantwortlich ist". Es ist insofern auch zu bezweifeln, dass die den IFRS zugedachte „Entscheidungsnützlichkeit für externe Investoren als Hemmschuh für die integrierte Performancemessung"[2271] anzusehen ist. Die Abbildungsregeln dürfen sich lediglich nicht – wie bisher üblich – allein an der Anreiznützlichkeit ausrichten, sondern müssen in erster Linie auch Entscheidungs- und Kontrollrelevanz aufweisen;[2272] Anreiznützlichkeit wird zum nachgelagerten Problem einer adäquaten Ergebnisspaltung.[2273]

Dennoch stellt die Anreizkontrolle einen möglichen – wenn auch nicht den einzig möglichen – Rechnungszweck einer internen periodischen Gewinngröße dar.[2274] Diesem lässt sich freilich mit der planmäßigen Verteilung der Investitionsauszahlungen nach dem relativen Beitragsverfahren – also mit einer periodisierten Erfolgsrechnung – entgegenkommen.[2275]

5.5.4 Zwischenergebnis

Zur Erfüllung des Informationszwecks kann grundsätzlich einem bilanz- oder einem GuV-orientierten Informationskonzept gefolgt werden.[2276] Wie gezeigt wurde, erscheint es unter Relevanzgesichtspunkten zweckmäßig, sowohl im internen als auch im externen IFRS-Rechnungswesen ein bilanzorientiertes Informationskonzept anzuwenden. Wird dieser Weg jedoch beschritten, muss konsequenterweise der Gesamt-Goodwill aktiviert werden, womit der per se wenig relevante Substanzwert[2277] in einen entscheidungsrelevanten Erfolgs-

---

lich gehört die Entscheidungsfunktion zu den Basisfunktionen des Managements als Adressaten des internen Rechnungswesens. Vgl. Lücke (Integrationsgedanke), S. 248.

2270 Vgl. Ballwieser (Unternehmensführung), S. 163.

2271 Weißenberger (Ergebnisse), S. 11.

2272 Vgl. Schultze/Weiler (Performancemessung), S. 138.

2273 Vgl. hierzu kritisch Ballwieser (EVA), S. 17 f.

2274 Vgl. Hax (Periodenerfolgsmessung), S. 86.

2275 Vgl. Hax (Periodenerfolgsmessung), S. 88-92; Hax (Investitionsrechnung), S. 165-168.

2276 Vgl. hierzu etwa Barker (Framework), S. 170 ff.; Sprouse (Conceptual Framework), S. 67 f.

2277 Die Einzelbewertung der Substanz erhöht die Transparenz, weil ein Teil der Werttreiberstruktur offengelegt wird. Vgl. Mujkanovic (Fair Value), S. 268.

wert überführt wird.[2278] Der als Eigenkapitaländerung definierte Gewinn indiziert in diesem Fall den Wertbeitrag einer Periode und weist somit einen hohen Grad an Kontrollrelevanz sowie Entscheidungsverbundenheit auf,[2279] da alle zukünftigen Auswirkungen gegenwärtiger und vergangener Dispositionen in die Erfolgsgröße einfließen.[2280]

Im internen Rechnungswesen sollten sich entsprechende Rechnungen direkt auf den Ort der Wertentstehung, also auf die Geschäftsbereichsebene beziehen. Es erscheint im Übrigen gleichfalls sinnvoll, die Entscheidungs- und Kontrollgrößen ebenso im externen Rechnungswesen auf die Bereichs- bzw. Segmentebene auszurichten.[2281] Für die Vielzahl der auf Bereichsebene zu treffenden Einzelentscheidungen, welche theoretisch eigenständige, als Rechnungszwecke präzisierte Informationswünsche erfordern und demnach strenggenommen jeweils eigene Rechnungsziele als zahlenmäßige Abbilder nach sich ziehen müssten,[2282] kann in einer periodischen Abrechnung allerdings nur ein typisierter Bereichswert bereitgestellt werden. Ein solcher typisierter Bereichswert dient im Einzelfall als Ausgangswert und ist ggf. zweckspezifisch zu modifizieren, wobei dieser Basiswert mit dem an die Anteilseigner zu vermittelnden Unternehmenswert identisch bzw. über die Annahme der Wertadditivität verbunden sein sollte.

Der IASB verfolgt ein bilanzorientiertes Informationskonzept, mit dem offenbar eine Approximation des Unternehmenswerts als Informationsziel angestrebt werden soll, weshalb der Ansatz des Gesamt-Goodwill notwendig erscheint; eine Aktivierung des originären Goodwill ist nach IFRS jedoch (noch) nicht vorgesehen. Eine entsprechend konsequente Umsetzung einer bilanzorientierten Informationsdarstellung in der IFRS-Rechnungslegung brächte in der Folge fast zwangläufig ein konvergentes Rechnungswesen mit sich.[2283]

Sollte jedoch weiterhin objektivitätsbedingt auf den Ansatz eines originären Goodwill verzichtet werden, ist im Rahmen eines bilanzorientierten Informationskonzepts eine Konvergenz von internem und externem Rechnungswesen

---

[2278] Vgl. Mujkanovic (Fair Value), S. 284; Hoogendoorn (Financial Statement Model), S. 9 f.
[2279] Vgl. Hax (Investitionsrechnung), S. 162.
[2280] Vgl. Hax (Bilanzgewinn), S. 646.
[2281] Vgl. Schildbach (Erfolg), S. 324.
[2282] Vgl. Schneider (Marktwertorientierte Unternehmensrechnung), S. 1474.
[2283] Vgl. Moxter (Rechnungslegungsmythen), S. 2149.

fraglich, sie scheint „eher ein vorgeschobenes Werbeargument als ein Ideal"[2284] zu sein.

Ohne eine umfassende Goodwill-Bilanzierung verbleibt nur ein GuV-orientiertes Informationskonzept, wobei die Prognosefähigkeit der Gewinngröße eine notwendige Bedingung für die Relevanz der Rechnung darstellt. Jedoch erfordert die Prognoseeignung im Grunde den Ansatz und die planmäßige Abschreibung der für originäre Goodwill-Komponenten getätigten Investitionsausgaben.[2285] Auch der Kontrollzweck kann nur bei Erfassung der wesentlichen Goodwill-Änderungen erfüllt werden. Folglich müssen in eine GuV-orientierte Rechnung ebenso wie in eine bilanzorientierte Rechnung eine Reihe von subjektiven Elementen einfließen; insofern relativiert sich der Objektivierungsvorteil gegenüber einem bilanzorientierten Informationskonzept. Mit der Prognoseeignung des Gewinns sinken zudem der Informationswert und die Sinnhaftigkeit seiner Ermittlung.

Anders als bei einem GuV-orientierten Informationskonzept kann eine konsequente Umsetzung eines bilanzorientierten Informationskonzepts sowohl im externen IFRS-Rechnungswesen als auch im wertorientierten internen Rechnungswesen als zweckadäquat angesehen werden, womit ein hohes Konvergenzpotential bestehen würde; eine inkonsequente Umsetzung führt hingegen in beiden Rechnungssystemen zu einer unzweckmäßigen Ausgestaltung, womit wiederum lediglich die Anwendung eines GuV-orientierten Informationskonzepts verbleibt. Eine Konvergenz von internem und externem Rechnungswesen erscheint aber weit weniger zwingend, soweit im externen Rechnungswesen einem GuV-orientierten Informationskonzept gefolgt wird.

5.6 Implikationen für das Konvergenzpotential der IFRS

5.6.1 Theoretisches Konvergenzpotential

Im Rahmen der vorstehenden Untersuchung wurde aus messtheoretischer Perspektive analysiert, welche Informationen in einem konvergenten Rechnungswesen gefordert werden und welche Möglichkeiten die IFRS-Rechnungslegung in diesem Zusammenhang bietet.

[2284] Schildbach (IAS/IFRS), S. 56.
[2285] Vgl. Grinyer/Russel (Goodwill), S. 110.

Abbildung 39 fasst die Ergebnisse der messtheoretischen Analyse des Konvergenzpotentials zusammen, indem die Soll-Konzepte des internen und externen Rechnungswesens einander gegenübergestellt und im Hinblick auf das theoretische Konvergenzpotential beurteilt werden.

Abbildung 39: Theoretisches Konvergenzpotential der IFRS

Konvergenz-merkmale		Externes IFRS-Rechnungswesen (Soll-Konzept)	Unternehmenswert-orientiertes internes Rechnungswesen (Soll-Konzept)	Theoretisches Konvergenz-potential
Adressaten		Investoren i.S.v. Anteilseignern	Top-Management	*hoch*
Zielträger			Anteilseigner	
Informations-interesse		unternehmenswertbezogen	unternehmenswertbezogen	*hoch*
Rechnungszwecke		Entscheidung und Kontrolle	Entscheidung und Kontrolle	*hoch*
Informations-wünsche:				
konkretisierter Entscheidungszweck		Messung des Unternehmenswert	Messung der Geschäftsbereichswerte	*hoch*
konkretisierter Kontrollzweck		Messung des ökonomischen Gewinns	Messung der ökonomischen Geschäftsbereichsgewinne	*hoch*
Rechnungsziele:				
bilanzorientiert	*Entscheidungs-zweck*	unternehmenswert-approximierendes Eigenkapital	geschäftsbereichswert-approximierendes Eigenkapital	*hoch*
bilanzorientiert	*Kontrollzweck*	ökonomischer Gewinn	ökonomischer Geschäftsbereichsgewinn	*hoch*
GuV-orientiert	*Entscheidungs-zweck*	prognosefähiger Gewinn (bedingt geeignet)	prognosefähiger Geschäftsbereichsgewinn (wenig geeignet)	*eher gering*
GuV-orientiert	*Kontrollzweck*	Kontrollgewinn (Goodwill-Änderung fehlt)	geschäftsbereichsbezogener Kontrollgewinn (Goodwill-Änderung fehlt)	*eher gering*
Rechnungsinhalte:				
bilanzorientiert	*Entscheidungs-zweck*	Vermögenswerte und Schulden als Ertragswertbeiträge sowie Gesamt-Goodwill	geschäftsbereichsbezogene Vermögenswerte und Schulden als Ertragswertbeiträge sowie Geschäftsbereichs-Goodwill	*hoch*
bilanzorientiert	*Kontrollzweck*	Erträge und Aufwendungen als Veränderungen der ertragswertbildenden Potentiale	geschäftsbereichsbezogene Erträge und Aufwendungen als Veränderungen der ertragswertbildenden Potentiale	*hoch*
GuV-orientiert	*Entscheidungs-zweck*	periodisierte Erträge und Aufwendungen; Vermögenswerte und Schulden als "reine" Verrechnungsposten ohne eigenständige Aussagekraft	geschäftsbereichsbezogene periodisierte Erträge und Aufwendungen; Vermögenswerte und Schulden als "reine" Verrechnungsposten ohne eigenständige Aussagekraft	*eher gering (s.o)*
GuV-orientiert	*Kontrollzweck*			

Zur Erfüllung des Entscheidungs- und Kontrollzwecks müssten durch einen IFRS-Abschluss unternehmenswertbezogene Informationen bereitgestellt werden, was auch den gleichgerichteten Zwecken des internen Rechnungswesens entgegenkommt. Bei einer konsequent unternehmenswertorientierten Bilanzierung werden die Grenzen zwischen internem und externem Rechnungswesen automatisch überwunden.[2286] Das theoretische Konvergenzpotential der IFRS wäre bei einer konsequenten bilanzorientierten Informationsbereitstellung besonders hoch, da sich diese durch eine strikte Unternehmenswertorientierung auszeichnet.

In diesem Sinne bemerkt auch *Moxter*:

- *„Rechnungslegung kann ihre Schutzfunktion nur erfüllen, wenn sie Entscheidungen der Adressaten verbessern hilft."*[2287]
- *„Adressatenschutz durch Erfüllung von Informationspflichten erfordert mithin eine strikte Prognoseorientierung der Rechnungslegung."*[2288]
- *„Entgegen dem ersten Anschein gilt dies im übrigen auch, soweit die Rechnungslegung der Rechenschaft [bzw. der Kontrolle] dient"*[2289].
- *„Eine prognoseorientierte externe Rechnungslegung bedeutet die längst überfällige Annäherung von externem und internem Berichtswesen."*[2290]

Damit lässt sich erklären, warum eine Konvergenz im Rechnungswesen als eine logische Folge einer IFRS-Anwendung angesehen wird.[2291] Jedoch darf bei dieser Schlussfolgerung nicht die in der vorstehenden Analyse vernachlässigte, in Teilbereichen erhebliche Diskrepanz zwischen den entwickelten „Ideal-Konzepten" und den tatsächlichen IFRS-Regelungen übersehen werden. Nur wenn die IFRS tatsächlich zweckadäquat i.S. einer bilanzorientierten Informationsvermittlung ausgestaltet sind, ist daraus eine Konvergenz von internem und externem Rechnungswesen die logische Folge daraus. Umgekehrt erscheinen bei Zweckindäquanz der IFRS „Tendenzen, interne Rechnungslegung an den nach derzeitiger externer Rechnungslegung geltenden Kriterien

---

[2286] Vgl. hierzu Mujkanovic (Fair Value), S. 287 f.
[2287] Moxter (Grundsätze), Sp. 1049.
[2288] Moxter (Rechnungslegungskonzeptionen), S. 64. Vgl. ähnlich Moxter (Rechnungslegungsmythen), S. 2148.
[2289] Moxter (Rechnungslegungskonzeptionen), S. 64.
[2290] Moxter (Rechnungslegungsmythen), S. 2149.
[2291] So etwa Fülbier/Hirsch/Meyer (Wirtschaftsprüfung), S. 236.

zu orientieren“[2292], fraglich. Zur Steuerung des Unternehmens ist eine zweckinadäquate IFRS-Rechnungslegung jedenfalls wenig geeignet, soweit die wirtschaftliche Lage des Unternehmens unzureichend aufgezeigt wird.[2293]

Um Rückschlüsse bezüglich der tatsächlichen Konvergenzpotentiale ziehen zu können, reicht es nicht aus, von einer „idealen“ Zweckerfüllung der IFRS auszugehen. Es muss zusätzlich überprüft werden, inwieweit die IFRS ihren Zwecken tatsächlich gerecht werden: je geringer die Zweckadäquanz der IFRS ist, desto geringer ist auch das Konvergenzpotential. Die tatsächlichen Rechnungsziele und -inhalte stellen die einander anzunähernden Konvergenzobjekte dar.

5.6.2 Tatsächliches Konvergenzpotential

5.6.2.1 Zweckadäquanz der IFRS

Die IFRS „verfügen über keinerlei theoretisches Fundament“[2294] und in der Realität werden die Rechnungsziele und -inhalte der IFRS offensichtlich nicht theoretisch hergeleitet.[2295] Darüber hinaus weisen die Regelungen zahlreiche Inkonsistenzen auf. „Manchmal steht der Vermögens- und Schuldenausweis und manchmal der Erfolgsausweis im Mittelpunkt der Regeln, Ziele, die in fast allen Fällen nicht harmonisieren.“[2296] Trotz vordergründiger Investororientierung kommt die IFRS-Rechnungslegung den Informationswünschen der Investoren nicht nach, sie orientiert sich zu wenig an deren Informationswünschen[2297]. Dies soll kursorisch am Beispiel der immateriellen Vermögenswerte demonstriert werden.

Immaterielle Vermögenswerte gelten als die wichtigsten Werttreiber von Unternehmen[2298] und gleichzeitig als die „ewigen Sorgenkinder des Bilanzrechts“[2299], weshalb sich diese Position für eine exemplarische Untersuchung der Zweckadäquanz der IFRS anbietet. Trotz der kaum bestreitbaren Bedeu-

---

2292 Moxter (Rechnungslegungsmythen), S. 2149.
2293 Vgl. Moxter (Rechnungslegungsmythen), S. 2149; Moxter (Gewinnermittlung).
2294 Schildbach (Zukunft), S. 857.
2295 Vgl. Ballwieser (Konzeptlosigkeit).
2296 Schildbach (Rechnungslegungsstandards), S. 267.
2297 Vgl. hierzu auch Penman (Valuation), S. 281.
2298 Vgl. z.B. Hoffmann (Immaterielle Vermögenswerte), Rn. 1; Schruff/Haaker (Immaterielle Vermögenswerte), Rn. 2.
2299 Moxter (Immaterielle Anlagewerte), S. 1102.

tung und der damit einhergehenden Entscheidungs- und Kontrollrelevanz von Informationen über die im bilanzierenden Unternehmen vorhandenen immateriellen Vermögenswerte wird deren Ansatz im Vergleich mit den Ansatzregelungen materieller Vermögenswerte relativ restriktiv gehandhabt.[2300] Eine Reihe von selbst erstellten immateriellen Vermögenswerten darf nicht aktiviert werden. Insgesamt ist hier eine eher lückenhafte Ansatzkonzeption zu konstatieren; die meisten immateriellen Werte werden nicht bilanziell erfasst.[2301] Im Hinblick auf den Informationszweck wäre indessen unabhängig vom konkret verfolgten Informationskonzept eine umfassende bilanzielle Berücksichtigung von immateriellen Potentialen zu fordern.[2302]

Darüber hinaus entsprechen die gezeigten Buchwerte der ansatzfähigen immateriellen Vermögenswerte oftmals nicht deren „ökonomischem" Wert. Zwar besteht im Rahmen der Folgebilanzierung die Möglichkeit einer Neubewertung zum beizulegenden Zeitwert, diese ist aber faktisch ohne Bedeutung.[2303] Angewendet werden darf die Neubewertungsmethode nur auf immaterielle Vermögenswerte, für die ein aktiver Markt vorhanden ist.[2304] Dieser setzt wiederum eine gewisse Homogenität der gehandelten Güter voraus.[2305] Da für immaterielle Vermögenswerte aufgrund ihres einmaligen Charakters selten ein aktiver Markt gegeben und zudem eine Neubewertung aus bilanzpolitischer Sicht unvorteilhaft ist (den höheren planmäßigen Abschreibungen steht „nur" eine erfolgsneutrale Neubewertung gegenüber), stellt eine Bewertung zu fortgeführten Anschaffungs- oder Herstellungskosten den Regelfall dar.[2306] Fortgeführte Anschaffungs- oder Herstellungskosten erweisen sich jedoch bei angenommener Relevanz von Zeitwerten als wenig informativ.[2307] Auch wenn ein solcher Wertansatz zum Anschaffungszeitpunkt „aktuell" sein mag, dürfte im Zeitablauf der Informationswert doch stetig abnehmen.[2308] Zur Unterneh-

[2300] Vgl. Pellens/Fülbier (Immaterielle Vermögensgegenstände), S. 139. Aufgrund der steigenden Bedeutung von immateriellen Werttreibern stellt sich daher die Frage „Have Financial Statements Lost Their Relevance?" [Francis/Schipper (Financial Statements)].

[2301] Vgl. Barth (Valuation-based Accounting Research), S. 19 f.; Schruff/Haaker (Immaterielle Vermögenswerte), Rn. 2.

[2302] Vgl. Hommel (Bilanzrechtskonzeptionen), S. 348; Streim/Esser (Informationsvermittlung), S. 837; Ballwieser (Konzeptlosigkeit), S. 735 f.

[2303] Vgl. Pellens/Fülbier/Gassen (Rechnungslegung), S. 277.

[2304] Vgl. IAS 38.75.

[2305] Vgl. IAS 38.8.

[2306] Vgl. Wagenhofer (IAS/IFRS), S. 362 und 365.

[2307] Vgl. Pellens/Fülbier/Gassen (Rechnungslegung), S. 280.

[2308] Vgl. Staubus (Assets), S. 651.

menswertapproximation eignen sich Anschaffungs- oder Herstellungskosten jedenfalls nicht,[2309] da der individuelle Wertbeitrag des immateriellen Vermögenswerts auf diese Weise kaum approximiert werden dürfte.[2310]

Betrachtet man die Bilanzierung von selbst erstellten immateriellen Vermögenswerten, wird deutlich, dass oftmals nicht einmal ein wesentlicher Teil der tatsächlich angefallenen Herstellungskosten Eingang in die Bilanz findet.[2311] Für eine Aktivierung muss zum einen der Selbsterstellungsprozess das Stadium der Entwicklung erreicht haben[2312], zum anderen müssen die speziellen Ansatzkriterien erfüllt sein[2313]. Forschungskosten und ein wesentlicher Teil der Entwicklungskosten sind somit aufwandswirksam zu erfassen. Eine Nachaktivierung der vor dem Zeitpunkt der erstmaligen Aktivierungsfähigkeit als Aufwand verbuchten Herstellungsausgaben ist untersagt.[2314] Damit tragen die Regelungen des IAS 38 nur äußerst begrenzt zur Schließung der Marktwert-Buchwert-Lücke bei.

Auch werden aufgrund der Ansatz- und Bewertungsvorschriften wesentliche Investitionsausgaben für immaterielle Werte nicht periodisiert,[2315] womit auch dem im Framework F. 28 angedeuteten Maßstab einer prognosefähigen Gewinngröße schwerlich entsprochen werden dürfte.[2316] Desgleichen kann eine Rechnung, welche ökonomisch sinnvolle Investitionen in immaterielle Vermögenswerte durch eine direkte Aufwandsverrechnung „bestraft", dem Kontrollzweck nicht dienlich sein.[2317]

Die Ursache der Marktwert-Buchwert-Lücke liegt allerdings nicht allein in der lückenhaften Ansatzkonzeption sowie der Anschaffungs- und partiellen Herstellungskostenbewertung der identifizierbaren Vermögenswerte.[2318] Haupt-

---

[2309] Vgl. aber Ordelheide (Bilanzen), S. 514 ff.

[2310] Vgl. Pellens/Fülbier/Gassen (Rechnungslegung), S. 904; Ballwieser (Limitations), S. 61. Allerdings lassen sich Anschaffungs- und Herstellungskosten als „vorsichtige" Ertragswertbeiträge interpretieren. Vgl. Ordelheide (Periodengewinn), S. 279-283. Die damit verbundene Annahme eines Kapitalwerts von Null definiert jedoch den ökonomischen Grund für die Investition in Vermögenswerte einfach weg. Inwieweit damit tatsachlich entscheidungs- und kontrollrelevante Werte dargestellt werden, ist zumindest fraglich.

[2311] Vgl. Schreiber (Informationsgewährung), S. 468.

[2312] Vgl. IAS 38.58.

[2313] Vgl. IAS 38.57.

[2314] Vgl. IAS 38.65 i.V.m. IAS 38.71.

[2315] Vgl. Clemm (Zweckmäßigkeit), S. 141.

[2316] Vgl. Pellens/Füllbier (Ansätze), S. 56-64.

[2317] Vgl. Pellens/Füllbier (Immaterielle Vermögensgegenstände), S. 148.

[2318] Vgl. Ballwieser (Limitations), S. 61 f.

grund hierfür ist vielmehr ein anderer: Unabhängig von den sonstigen Ansatz- und Bewertungsvorschriften kann aufgrund des gemäß IAS 38.48 bestehenden Aktivierungsverbots für einen originären Goodwill die Marktwert-Buchwert-Lücke höchstens in Grenzfällen, in denen der originäre Goodwill vollständig aufgezehrt ist, mittels Einzelbewertung geschlossen werden.[2319] Dies hat nicht nur die faktische Nichterfüllung des Entscheidungszwecks, sondern auch des Kontrollzwecks zur Folge. Wird der höchst kontrollrelevante Auf- und Abbau des originären Goodwill nicht in der Erfolgsrechnung erfasst, kann die tatsächliche Leistung des Managements nur unzureichend daran gemessen werden.[2320]

Zwar ist im Hinblick auf die Entscheidungs- und Kontrollrelevanz eine möglichst extensive Aktivierungs- und Bewertungskonzeption für immaterielle Werte zu fordern, eine entscheidungs- und kontrollnützliche Information muss aber auch hinreichend verlässlich sein.[2321] Ob etwa die für die Aktivierung von Entwicklungskosten in IAS 38.57 auferlegte Hürde des Nachweises der Erfüllung der speziellen Ansatzkriterien hierbei wirklich hilfreich ist, darf jedenfalls bezweifelt werden. Die Kriterien sind sehr interpretationsbedürftig und ihre Erfüllung liegt nicht nur in Grenzfällen im Ermessen des Bilanzierenden.[2322] Schon die im Rahmen der Ansatzentscheidung vorzunehmende Abgrenzung der Forschungs- von der Entwicklungsphase im Rahmen eines internen Erstellungsprojekts von immateriellen Vermögenswerten ist mitunter kaum willkürfrei möglich.[2323]

Insgesamt kann hinsichtlich der Regelungen des IAS 38 konstatiert werden: „Die Informationen der Pflichtpublizität über immaterielle Werte eines Unternehmens sind mangelhaft“[2324]. Nicht weniger problematisch als die durch die Regelungen des IAS 38 bedingten Informationsdefizite für externe Adressaten erscheinen die daraus resultierenden Konsequenzen für das interne Rechnungswesen. Orientiert sich dort – wie es in einem konvergenten Rechnungs-

---

[2319] Vgl. Moxter (Rechnungslegungsmythen), S. 2143 f.; Moxter (Funktionsinadäquanz), S. 1012.
[2320] Vgl. Solomons (Concepts of Income), S. 378; Moxter (Windfalls), S. 238 ff.; Moxter (Rechnungslegungsmythen), S. 2144.
[2321] Vgl. F. 31 f.
[2322] Vgl. Schreiber (Informationsgewährung), S. 460 ff.; Schildbach (IAS/IFRS), 2005, S. 48; Burger/Ulbrich/Knoblauch (Reform), S. 737.
[2323] Vgl. Burger/Ulbrich/Knoblauch (Reform), S. 731 f.
[2324] Riegler (Immaterielle Werte), S. 113.

wesen der Fall ist – die Erfassung von immateriellen Vermögenswerten an den Regelungen des externen Rechnungswesens, stellen diese nicht nur die „ewigen Sorgenkinder des Bilanzrechts“[2325], sondern vor allem auch die „Sorgenkinder“ des internen Rechnungswesens dar.[2326] Eine Rechnung, welche die wichtigsten (immateriellen) Potentiale nur unzureichend berücksichtigt, erscheint nicht nur für die externe Berichterstattung als verfehlt, sondern dürfte sich darüber hinaus kaum zur Unternehmenssteuerung eignen.[2327] Eine Konvergenz erscheint auf dieser Basis – wenn überhaut – nur eingeschränkt möglich.[2328]

Um die aufgezeigten „Informationsdefizite“ und deren Bedeutung für die Zweckadäquanz und das Konvergenzpotentials abschätzen zu können, sind nachfolgend mögliche Ansatzpunkte für eine Reform der Bilanzierung immaterieller Vermögenswerte zu erörtern; hiermit wird gleichfalls das Spektrum umrissen, in dem eine auf die immatieriellen Vermögenswerte bezogene Erhöhung des Konvergenzpotentials möglich ist.

5.6.2.2 Möglichkeiten zur Erhöhung der Zweckadäquanz der IFRS

Eine informationsorientierte Rechnungslegung sollte wenigstens keine Inkonsistenzen aufweisen. Die Gleichbehandlung von erworbenen und selbst erstellten immateriellen Vermögenswerten sowie langfristigen materiellen und immateriellen Vermögenswerten[2329] wird mit den Regelungen des IAS 38 jedoch gerade nicht erreicht. Das liegt u.a. an den Konsequenzen der mitunter willkürlichen Trennung zwischen einer Forschungs- und Entwicklungsphase[2330] sowie den kasuistischen Ansatzkriterien, die für eine Aktivierung von Entwicklungskosten erfüllt und belegt werden müssen.[2331] Durch einen von *Burger/Ulbrich/Knoblauch* vorgeschlagenen Verzicht auf die Abgrenzung von Forschungs- und Entwicklungskosten im Rahmen der Ansatzentscheidung sowie einer Neugestaltung der speziellen Ansatzkriterien[2332] ließe sich das

---

2325 Moxter (Immaterielle Anlagewerte), S. 1102.
2326 Vgl. Haller (Immaterielle Vermögensgegenstände), S. 578; Pellens/Fülbier (Immaterielle Vermögensgegenstände), S. 141; Ballwieser (Unternehmensführung), S. 166.
2327 Vgl. Riegler (Controlling), S. 100.
2328 Vgl. Riegler (Controlling), S. 101.
2329 Vgl. Höllerschmid (Forschung), S. 157 f.
2330 Vgl. hierzu Hoffmann (Immaterielle Vermögenswerte), Rn. 34.
2331 Vgl. ausführlich Burger/Ulbrich/Knoblauch (Reform), S. 729-737.
2332 Vgl. IAS 38.57.

Problem der Inkonsistenzen reduzieren. Gleichzeitig könnte so der darauf basierende Ermessensspielraum vermindert und der Bilanzansatz von selbst erstellten immateriellen Vermögenswerten ausgeweitet werden. Auf diese Weise ließe sich eine Erhöhung des Entscheidungs- und Kontrollrelevanz erreichen.[2333]

Insgesamt muss über eine Neuorientierung der Bilanzkonventionen nachgedacht werden: „In the future, the definition of net identifiable assets may not be applicable anymore."[2334] Hierbei darf allerdings nicht übersehen werden, dass die Ansatzbeschränkungen weniger auf der Vermögenswertdefinition, d.h. dem Kriterium der abstrakten Aktivierungsfähigkeit, beruhen,[2335] sondern eher ein Resultat der Ansatzregelungen (konkrete Aktivierungsfähigkeit) sind.

In diesem Zusammenhang könnten die expliziten Ansatzverbote für bestimmte selbst geschaffene immaterielle Vermögenswerte, wie etwa selbst geschaffene Markennahmen und Kundenlisten,[2336] überdacht werden.[2337] Unter der Annahme, dass die Verbote nicht nur klarstellender Natur sind,[2338] sollte hierdurch wiederum eine erhöhte Entscheidungs- und Kontrollrelevanz bewirkt werden können. Die Bilanzierung dieser Vermögenswerte birgt aber schon aufgrund ihrer Art gewisse „Verlässlichkeitsprobleme" in sich, sie weisen schließlich eine enge Verwandtschaft zum originären Goodwill auf.[2339] Ein genereller Ansatz selbst erstellter immaterieller Vermögenswerte könnte dennoch eine Verbesserung im Hinblick auf den Informationsnutzen bewirken.[2340]

Neben der Ausweitung des Mengengerüstes immaterieller Werte könnte auch deren Bewertung überdacht werden.[2341] So wäre de lege ferenda für selbst geschaffene immaterielle Vermögenswerte zumindest eine Nachaktivierung der vor dem Zeitpunkt der erstmaligen Erfüllung aller Ansatzkriterien angefallenen Herstellungskosten zu fordern. Damit bliebe es aber immer noch beim Ansatz von Entwicklungskosten (bzw. de lege ferenda Forschungs- und Ent-

---

2333 Vgl. Burger/Ulbrich/Knoblauch (Reform), S. 737.
2334 Seetharaman/Balachandran/Sarananan (Goodwill), S. 149.
2335 Vgl. hierzu Tollington/Liu (Asset), S. 348.
2336 Vgl. IAS 38.63.
2337 Vgl. hierzu auch Solomons (Accounting Model), S. 47.
2338 Vgl. Schruff/Haaker (Immaterielle Vermögenswerte), Rn. 33.
2339 Vgl. IAS 38.64; Zülch/Burghardt (Projektüberblick), S. 169.
2340 Vgl. AAA (Intagible Assets), S. 314.
2341 Zur Diskussion möglicher Wertansätze vgl. etwa Solomons (Accounting Model), S. 47 f.; Staubus (Assets), S. 651.

wicklungskosten). Jedoch nicht der Anfall von Kosten, sondern der erwartete künftige Nutzenzufluss bestimmt die Vermögenswerteigenschaft.[2342] Kosten bzw. Ausgaben schaffen per se keinen Vermögenswert,[2343] und die Existenz eines Vermögenswerts setzt andererseits keine Kosten bzw. Ausgaben voraus. Schon der Begriff der aktivierten Entwicklungskosten ist insofern irreführend und bestärkt das in solchen Fällen feststellbare sog. „cost-per se-is-the-asset syndrome"[2344].

Die gängige Gleichsetzung von Einzelbewertung und Messung des „Hineingesteckten" im Gegensatz zur allein der Gesamtbewertung zugeschriebenen Messung des „Herausholbaren"[2345] kann bei Vermögenswerten definitionsgemäß keine Gültigkeit haben.[2346] Der Vermögenswertbegriff[2347] beschreibt eindeutig einen Ertragswertbeitrag[2348], weshalb nicht nur eine entsprechende Interpretation, sondern auch eine entsprechende Bewertung zum vermögenswertindividuellen Ertragswert nahe liegt.[2349] Da diese aufgrund von Verbundeffekten nicht ohne Weiteres möglich erscheint[2350], kann entweder das Bewertungsobjekt auf sog. CGU [2351] ausgedehnt[2352] oder mit dem Fair Value ein Ersatzmaßstab herangezogen werden[2353].[2354] Bezüglich des Fair Value könnte unterstellt werden, er sei unter praktischen Gesichtspunkten „the closest approximation to the discounted value of the asset`s future cash flows."[2355] Folglich könnte es im Hinblick auf die Informationsfunktion auch im Bereich der immateriellen Vermögenswerte als zweckmäßig angesehen werden, die An-

---

2342 Vgl. F. 49(a).

2343 Vgl. F. 89 f.

2344 Schuetze (Asset), S. 68.

2345 Vgl. etwa Ballwieser/Leuthier (Grundprinzipien, Teil I), S. 548.

2346 Vgl. grundlegend Ordelheide (Periodengewinn), S. 275-302; ferner Schultze (Unternehmensbewertung), S. 151; Pellens/Fülbier/Gassen (Rechnungslegung), S. 902.

2347 Vgl. Schuetze (Asset); Samuelson (Assets); Wagner (Assets); Johnson/Petrone (Goodwill), S. 296-302.

2348 Vgl. Ballwieser (Aussagegehalt), S. 53.

2349 Vgl. hierzu Wüstemann/Bischof (Fair-Value-Bewertung), S. 78.

2350 Vgl. Moxter (Eigenkapitalmessung), S. 85; Lorson/Heiden (Intellectual Capital), S. 383.

2351 Vgl. IAS 36.6.

2352 Vgl. hierzu Barth (Estimates), S. 281; Haaker (Bereichssteuerung) S. 45; Pellens/Fülbier/Gassen (Rechnungslegung), S. 902; Streim/Bieker/Esser (Ausschüttungsbilanz), S. 239 f.; Bieker (Fair Value Accounting), S. 219 f.

2353 Vgl. Ballwieser (Aussagegehalt), S. 55; Barton (Income Theory), S. 665 und S. 666-671. Die Wiederbeschaffungskosten als Ersatzmaßstab befürwortet etwa Revsine (Income); vgl. mit anderem Ergebnis Dickens/Blackburn (Holding Gains), S. 315-325.

2354 Vgl. hierzu auch Craswell (Surrogates).

2355 Lemke (Asset Valuation), S. 40.

schaffungs- und Herstellungskostenbewertung zugunsten einer Fair Value-Bewertung einzuschränken oder sogar aufzugeben.[2356]

Eine Fair Value-Bewertung impliziert als Relevanzkriterium eine umfassende „mengen- und wertmäßige“ Potentialberücksichtigung.[2357] „If based on this paradigma, a capitalization rule for intangible assets would imply identification of all identifiable intangible assets and valuation at fair value.“[2358] Insofern kann unter Einschluss der Bilanzierung „dem Grunde nach“ von einer Fair Value-Bilanzierung oder Fair Value-Orientierung gesprochen werden. Wunschziel einer Fair Value-Bilanzierung ist die Annäherung des Buchwerts des Eigenkapitals an den Unternehmenswert bzw. eine Minimierung der Marktwert-Buchwert-Lücke.[2359] Aufgrund der mit einer erfolgswirksamen Fair Value-Bewertung einhergehenden erhöhten Volatilität der Ergebnisse dürfte hingegen ein prognosefähiger Gewinn im Rahmen einer fair value-orientierten Bilanzkonzeption einen wenig zweckmäßigen Relevanzmaßstab darstellen.[2360]

Im Hinblick auf die Intention einer Unternehmenswertapproximation dürfen die mit der Fair Value-Konzeption verbundenen Möglichkeiten indes nicht überschätzt werden.[2361] Der vermeintliche Informationsvorteil einer Fair Value-Bilanzierung wird auch bei einer umfassenden Fair Value-Bilanzierung aufgrund der nicht erfassten immateriellen Komponenten des originären Goodwill wesentlich eingeschränkt.[2362] Zwar kann der Fair Value „als aktueller ökonomischer, das heißt einen wirtschaftlichen Alternativenvergleich ausdrückender Wert“[2363] verstanden werden, Vermögens- und Gewinnermittlung werden jedoch allenfalls begrenzt „ökonomischer“[2364], da Werte von unbestrittener Rele-

---

2356 Vgl. hierzu Powell (Intangible Assets), S. 806; kritisch Wenger (Unternehmenserhaltung), S. 170.

2357 Vgl. Haaker (Einheitstheorie), S. 454.

2358 Kuhner (New Economy), S. 7.

2359 Vgl. Hommel (Neubewertungsmethode), S. 290; Vater (Fair Value Accounting), S. 142; Baetge/Noelle (Shareholder-Value-Reporting), S. 179.

2360 Vgl. Schildbach (Rechnungslegungssystem, Teil 1), S. 16; Vater (Fair Value Accounting), S. 142; Schildbach (fair value), S. 855; Wagenhofer (Fair Value Bewertung), S. 36; Mills (Financial reporting), S. 7 f.

2361 Vgl. Ballwieser (Konzeptlosigkeit), S. 740 f.

2362 Vgl. Moxter (Standort), S. 35.

2363 Hitz (Fair Value), S. 109.

2364 Vgl. hierzu auch Hitz (IFRS-Rechnungslegung), S. 1023; Schipper/Vincent (Earnings Quality), S. 107.

vanz unberücksichtigt bleiben[2365]. Ausgerechnet die vorteilhafte Ressourcenkombination als ökonomische Begründung für die Existenz von Unternehmen wird nicht erfasst,[2366] hinzu kommen die mit der Fair Value-Bilanzierung einhergehenden Unwägbarkeiten.[2367] Ob eine durchgängige Fair Value-Bewertung – außerhalb der „marktgängigen" Positionen,[2368] für die nach IAS 38.75 bereits eine Neubewertung zulässig ist – im Bereich der immateriellen Vermögenswerte eine gangbare Alternative darstellt, ist zwar aufgrund guter Gegenargumente bezweifelbar,[2369] doch im Rahmen von Unternehmenszusammenschlüssen heute bereits gängige Praxis.[2370] Doch selbst wenn im Rahmen einer Reform eine Full Fair Value-Bilanzierung vorgeschrieben würde, fehlte zur Unternehmenswertapproximation immer noch der originäre Goodwill.[2371] Allenfalls im Bereich des nicht betriebsnotwendigen Vermögens könnte mittels einer Fair Value-Bewertung eine halbwegs akzeptable Wertapproximation erfolgen.[2372]

Es stellt sich hierbei die Frage, wo die Grenzen einer extensiven Ansatz- und Bewertungskonzeption für immaterielle Vermögenswerte liegen. Um die bestehenden Informationsbeschränkungen im Hinblick auf eine bilanzorientierte Informationsbereitstellung wirklich zu heilen, könnte zwar eine weitergehende Verbreiterung der Bilanzierungsbasis erwogen werden, die in letzter Konsequenz auch (weitere) originäre Goodwill-Komponenten zum Gegenstand haben müsste. Hiermit würde aber eindeutig die Relevanz zu Lasten der Verlässlichkeit in den Vordergrund gestellt werden, was jedoch zumindest im Hinblick auf den Entscheidungszweck für vertretbar gehalten werden könnte.[2373]

2365 Vgl. Vater (Fair Value Accounting), S. 142; Streim/Esser (Informationsvermittlung), S. 837.

2366 Vgl. Ballwieser (Limitations), S. 65 f.

2367 Vgl. exemplarisch Ballwieser/Küting/Schildbach (Fair Value), S. 529-549; Ernst & Young (Fair Value); Baetge/Zülch (Fair Value-Accounting); grundlegend Barth/Landsman (Fair Value Accounting).

2368 Vgl. hierzu die eher optimistische Einschätzung von Siegel (Zeitwertbilanzierung), S. 598 f.

2369 Vgl. kritisch Bieker (Fair Value Accounting), S. 217 f.

2370 Vgl. IAS 38.33 ff.

2371 Vgl. Moxter (Eigenkapitalmessung), S. 87. Den Verzicht auf einen originären Goodwill als spekulative Größe sieht u.a. Siegel (Zeitwertansatz), S. 314 f. und 325 als Informationsvorteil an.

2372 Vgl. Schmidt (Rechnungslegung), S. 338; Bieker (Fair Value Accounting), S. 193.

2373 Vgl. Streim/Bieker/Esser (Ausschüttungsbilanz), S. 242; Bieker (Unternehmen), S. 1208.

Sogar das bestehende Aktivierungsverbot für den selbst geschaffenen Goodwill müsste kritisch hinterfragt werden.[2374] Aus dem Rechnungszweck leitet sich schließlich ab, dass für kein Potential ein generelles Aktivierungsverbot bestehen darf.[2375] Eine solch extensive Ansatzkonzeption stößt jedoch aufgrund der damit verbundenen Objektivierungsprobleme überwiegend auf scharfe Kritik[2376] und sei – so beispielsweise *Wüstemann/Bischof* – „aus vielen guten Gründen abzulehnen“ [2377].

Informationen bezüglich des originären Goodwill sollen nach h.M. allenfalls außerhalb der bilanziellen Rechenwerke – etwa in einem Intangible Asset Statement[2378] – gegeben werden.[2379] Hierbei darf aber wiederum nicht übersehen werden, dass bereits die derzeitigen Regelungen zum Impairment-Only-Approach konzeptionell bedingt zu einem sog. „Goodwill-Substitutionseffekt“ und somit zum Ansatz eines originären Goodwill führen.[2380] Faktisch wird auf diese Weise das angebliche „Quasi-Naturgesetz“ der Nichtbilanzierung des originären Goodwill durchbrochen.[2381] Wird das explizite Aktivierungsverbot des IAS 38.48 sowieso schon umgangen und „[a]kzeptiert man dies, wäre eine grundsätzliche Ablehnung der Aktivierung eines originären Goodwill kaum mehr zu begründen.“[2382] Die mit dem Impairment-Test verbundenen Bewertungsprobleme ähneln im Übrigen denen, die sich bei einer Bewertung des originären Goodwill ergeben würden.[2383] „If a value can be determined for acquired goodwill, it can be determined for internally developed goodwill.“[2384] In eine ähnliche Richtung zielen ferner die aktuellen Änderungsvorschläge des

---

2374 Vgl. Seetharaman/Balachandran/Sarananan (Goodwill), S. 149.

2375 Vgl. hierzu Moxter (Erwartungen), S. 622; Mujkanovic (Geschäftswert), S. 812.

2376 Eine Ausnahme stellt Mujkanovic dar, der sich offen für die Aktivierung eines originären Goodwill ausspricht. Vgl. Mujkanovic (Fair Value), S. 284 ff.; ebenso bereits Hoogendoorn (Financial Statement Model).

2377 Wüstemann/Bischof (Fair-Value-Bewertung), S. 89.

2378 Vgl. Haller (Immaterielle Vermögenswerte), S. 588 f.; kritisch hierzu Ballwieser (Umbruch), S. 299 f.

2379 Vgl. beispielsweise Siegel (Zeitwertansatz), S. 315 und 325 f.

2380 Vgl. z.B. Küting/Weber/Wirth (Goodwillbilanzierung), S. 192; AAA (Goodwill), S. 169.

2381 Vgl. hierzu Busse von Colbe (Nonamortization-Impairment-Ansatz), der „einen scharfen Bruch mit einem bisher nicht angezweifelten Grundsatz der Rechnungslegung“, d.h. der „Nichtbilanzierung des originären Goodwills“[Busse von Colbe (Nonamortization-Impairment-Ansatz), S. 877 (beide Zitate)] anmahnt.

2382 Mujkanovic (Geschäftswert), S. 826.

2383 Vgl. Mujkanovic (Fair Value), S. 359.

2384 Booth (Conceptual Framework), S. 316.

ED IFRS 3, die bei Umsetzung sogar eine Aktivierung des auf die Minderheitengesellschafter entfallenden Goodwill zur Konsequenz hätten.[2385]

Hinsichtlich einer „Auslagerung“ relevanter Informationen über den originären Goodwill in ein außerbilanzielles Berichtsformat (Value Reporting) darf nicht vergessen werden, dass Informationen nicht dadurch verlässlicher werden, dass sie anstelle der Bilanz an anderen Stellen des Geschäftsberichts (wo die Informationen sinnvollerweise zu platzieren wären[2386]) bereitgestellt werden. Auch in außerbilanziellen Rechenwerken kann hinsichtlich des Objektivierungserfordernisses nichts anderes gelten als in der Bilanz[2387] zumal freiwillige Berichtselemente nicht zwingend einer externen Prüfung unterzogen werden.[2388]

In gewisser Hinsicht besteht aufgrund der „Auslagerungsstrategie“ sogar die Gefahr, den IFRS-Abschluss seines einzigen Zwecks – des Informationszwecks – zu berauben.[2389] Das Value Reporting liefert geradezu einen willkommenen Anlass, an einer uninformativen Bilanzierung festzuhalten. Unter diesem Gesichtspunkt sollte das Value Reporting eher als Ansatzpunkt einer Neuorientierung der Bilanz und nicht als ihre Ergänzung[2390] gesehen werden.[2391]

Wenn am ohnehin nicht ganz „reinen“ Einzelbewertungsprinzip[2392] – unter Ergänzung eines (ehemals) derivativen Goodwill[2393] – festhalten werden soll, sind die äußerst ehrgeizigen Informationsziele des IASB durch eine bilanzielle Informationsvermittlung jedenfalls nicht erreichbar; aus ökonomischer Sicht

---

2385 Mit dem Minderheitenanteil wird freilich kein originärer, sondern ein i.w.S. derivativer Goodwill aktiviert. Vgl. Busse von Colbe (Goodwill).

2386 Vgl. Schultze/Fink/Straub (Value Reporting), S. 563.

2387 Vgl. Saelzle/Kronner (Informationsfunktion), S. 164. A.A. scheinbar Reichelt/Schmidt (Konzernrechnungslegung), S. 58, die eine Auslagerung der weniger verlässlichen Informationen über den originären Goodwill befürworten. Konsequenterweise steht Ballwieser (Umbruch), S. 300, einer Berichterstattung über die Höhe und Zusammensetzung des originären Goodwill – „in welcher Form auch immer“ – kritisch gegenüber.

2388 Vgl. Schultze/Fink/Straub (Value Reporting), S. 563.

2389 Vgl. hierzu auch Bieker (Fair Value Accounting), S. 232.

2390 Vgl. etwa Maul/Menniger (intellectual Property), S. 529-533.

2391 So auch Behr (Rechnungslegung), S. 539.

2392 Vgl. Ballwieser (Umbruch), S. 296.

2393 Durch den Impairment-Only-Approach erhält ein originärer Goodwill maximal in Höhe eines ehemals vorhandenen derivativen Goodwill Einzug in die Bilanz. Ob jedoch mit dem „historischen“ Wertansatz ein anhaltender Informationsvorteil verbunden ist, erscheint fraglich. Vgl. hierzu auch Bugeja/Gallery (Goodwill).

werden Goodwill und Eigenkapital unzureichend erfasst.[2394] Dennoch stellt das IASB die Bilanz immer mehr in den Vordergrund der Informationsvermittlung. Insofern muss die Frage diskutiert werden, „warum nicht ergänzend durch einen originären Geschäftswert"[2395] versucht wird, eine informative Bilanzierung zu gewährleisten.[2396] Es darf für den Bilanzansatz keine Rolle spielen, ob der Goodwill erworben oder selbst erstellt wurde.[2397] Wenn überhaupt, muss der gesamte Goodwill aktiviert werden.[2398] Nur dann vermag die Position Goodwill den Wert des nicht auf die Substanz entfallenden Einzahlungspotentials vollständig abzubilden[2399] und die Lücke zwischen dem relevanten Ertragswert und dem per se wenig relevanten, weil auf Basis einer Einzelbewertung ermittelten und somit „unvollständigen" Substanzwert zu schließen.[2400] Es stellt sich in diesem Kontext die Frage, wie viele relevante, aber wenig verlässliche unsichere Erwartungen über die Zukunft ein IFRS-Abschluss wirklich „verträgt".[2401]

5.6.3 Zweckadäquanz und Konvergenzpotential

Nach IFRS werden in Konsistenz mit dem bilanzorientierten Rechnungsziel Vermögenswerte und Schulden als positive und negative Ertragswertbeiträge definiert.[2402] Die sich in den Veränderungen dieser Bestandsgrößen widerspiegelnden Potentialzuflüsse und -abflüsse stellen Aufwendungen und Erträge dar. Erträge (Aufwendungen) werden bei Zunahme (Abnahme) des Vermögens oder Abnahme (Zunahme) der Schulden erfasst.[2403] Demgemäß kann zunächst ein hohes Wertpotential der IFRS angenommen werden, welches

---

[2394] Vgl. Küting (Konsolidierungspraxis), S. 1670.
[2395] Schneider (Bilanzen im Rechtssinne), S. 1155.
[2396] Vgl. Mujkanovic (Geschäftswert), S. 826. Zur Bedeutung des Goodwill für Anlageentscheidungen vgl. Kahle (Zukunft), S. 264.
[2397] Vgl. Eggington (Intangible Asset Accounting), S. 198.
[2398] Vgl. Siegel (Bilanzierung), S. 749. Siegel lehnt den Ansatz eines „flüchtigen" und schwer bestimmbaren originären Goodwill grundsätzlich ab [vgl. Siegel (Zeitwertansatz), S. 325], spricht sich jedoch in Bezug auf den Impairment-Only-Approach gegen ein halbherziges Vorgehen aus. Vgl. Siegel (Bilanzierung), S. 749 f.; ähnlich Mujkanovic (Geschäftswert), S. 826. Zu einer analogen Kritik an der Halbherzigkeit der Full-Goodwill-Methode vgl. Siegel (Zeitwertansatz), S. 320 f.; Haaker (full goodwill method), S. 27; Haaker (Einheitstheorie), S. 455.
[2399] Vgl. Streim/Bieker/Hackenberger/Lenz (Goodwill-Bilanzierung), S. 22.
[2400] Vgl. Mujkanovic (Fair Value), S. 284 f.
[2401] Vgl. Barth (Estimates), S. 271-285.
[2402] Vgl. Ballwieser (Aussagegehalt), S. 53; Haaker (Wahrscheinlichkeitsproblem), S. 8; Ordelheide (Wertpotential), S. 510.
[2403] Vgl. F. 92 und F. 94.

„auch einer wertorientierten Unternehmenssteuerung durch das Management entgegen[kommt]“ [2404].

Wie jedoch am Beispiel der immateriellen Vermögenswerte verdeutlicht wurde, bleibt die IFRS-Bilanz aber „bislang um Längen hinter einer umfassenden Fair Value-Bilanzierung zurück“[2405]. Die Einzahlungspotentiale und deren Veränderungen werden sehr unvollständig erfasst.[2406]

Auf der Passivseite der Bilanz sieht es im Übrigen kaum besser aus, da nur bestimmte negative Wertbeiträge erfasst werden[2407]. Schon die Beschränkung auf bestehende Außenverpflichtungen schließt wesentliche Auszahlungspotentiale von der Passivierung aus.[2408] Als Folge davon werden auch die Auszahlungspotentiale ebenfalls sehr lückenhaft abgebildet.[2409]

Die objektivitätsbedingte Potentialvernachlässigung schränkt ferner die Möglichkeiten einer GuV-orientierten Zweckerfüllung ein, da sie wesentliche zu periodisierende Investitionsausgaben von einer Periodisierung ausschließt.[2410] Hieraus kann geschlussfolgert werden, dass weder das bilanzielle Eigenkapital den Unternehmenswert approximiert noch die GuV einen prognosefähigen Indikatorgewinn liefert.[2411]

2404 Ordelheide (Wertpotential), S. 528.

2405 Pawelzik (Mittelstand), S. 795.

2406 Vgl. Schruff/Haaker (Immaterielle Vermögenswerte), Rn. 102. Gemessen an den handelsrechtlichen Ansatzregelungen wird die Aktivierungskonzeption der IFRS auch als weit empfunden. Vgl. Euler (Bilanzrechtstheorie), S. 185. Vor dem Hintergrund einer (im Vergleich zum Handelsrecht) weitaus restriktiveren Passivierungskonzeption mag dieser Eindruck erweckt werden. Die handelsrechtlichen Regelungen sind aufgrund anderer Zwecke indes ein fragwürdiger Referenzpunkt.

2407 Vgl. Walton (Fair value), S. 339.

2408 Vgl. Moxter (Standort), S. 34.

2409 Vgl. Euler (Bilanzrechtstheorie), S. 185, der richtigerweise erkennt, dass eine restriktive Passivierungskonzeption sowohl einer informationsgeprägten als auch einer vorsichtigen Rechnungslegung zuwider läuft. Vgl. hierzu auch Haaker (Wahrscheinlichkeitsproblem), S. 10; Schruff/Haaker (Wahrscheinlichkeiten); Ordelheide (Wertpotential), S. 520 f. Ebenso wie bei einer ausschüttungsorientierten Gewinnermittlung ein Ansatz einer Rückstellung bei einer Eintrittswahrscheinlichkeit von unter 50 % grundsätzlich nicht unterbleiben darf [vgl. Ballwieser (Nutzen), S. 8], ist eine solche Wahrscheinlichkeitshürde in einer informationsorientierten Rechnungslegung verfehlt. Vgl. Hommel (Rückstellung), S. 748; Haaker (Wahrscheinlichkeitsproblem); Haaker (Wahrscheinlichkeitsberücksichtigung) sowie mit Verweis auf die Notwendigkeit von Werturteilen Ballwieser (IFRS-Rechnungslegung), S. 76 ff. Richtig ist jedoch, dass als Wertansatz in einer informationsorientierten Bilanz ein weniger vorsichtiger Wert (etwa ein Erwartungswert) zu wählen ist. Vgl. Moxter (Standort), S. 34.

2410 Vgl. Hommel/Schmidt/Wüstemann (Moxter), S. 92; Moxter (Standort), S. 33 f.

2411 Vgl. Ballwieser (Wertorientierte Unternehmensführung), Sp. 1618.

Darüber hinaus werden „die Objektivierungsschranken auf Aktiv- und Passivseite imparitätisch angewendet...; die objektivierungsbedingten Aktivierungsgrenzen sind grundsätzlich enger als die objektivierungsbedingten Passivierungsgrenzen."[2412] Damit weist auch der Gewinn „tendenziell in die falsche Richtung, weil er bei günstiger Unternehmensentwicklung die wirtschaftliche Lage zu negativ und bei ungünstiger Unternehmensentwicklung zu positiv anzeigt."[2413]

Das Ergebnis bezüglich der Zweckadäquanz lässt berechtigte Zweifel an der Möglichkeit eines konvergenten Rechnungswesens aufkommen. Was bringt die Feststellung gleichgerichteter Wissenswünsche der Adressaten, von in ihrer Struktur gleichartigen Rechnungszwecken, zweckadäquaten Rechnungsinhalten und theoretisch gleichen Rechnungszielen, wenn die tatsächlichen Rechnungsinhalte in der IFRS-Rechnung unvollständig bleiben und verzerrte Rechnungsziele ausgewiesen werden? Wenn nach IFRS zweckinadäquate Rechnungsziele ermittelt werden, dürften diese für das interne Rechnungswesen kaum brauchbar sein. Hieraus sind folgende Schlüsse zu ziehen:

- Solange die IFRS-Regelungen nicht zweckadäquat ausgestaltet sind, darf aufgrund des geringen Konvergenzpotentials keine vollständige Angleichung des internen an das externe Rechnungswesen erfolgen.
- Nur in Bereichen der IFRS-Bilanzierung, in denen sich eine konsequente Unternehmenswertorientierung abzeichnet, ist das vorhandene Konvergenzpotential im Rahmen der bestehenden Möglichkeiten zu nutzen.

Da sich insbesondere im Bereich der Goodwill-Bilanzierung die Hinwendung zu einer unternehmenswertorientierten Bilanzierung abzeichnet, wird im Weiteren die Goodwill-Bilanzierung nach IFRS im Hinblick auf die Zweckadäquanz und das damit verbundene Konvergenzpotential analysiert, was aufgrund der Bedeutung dieses Bilanzpostens für ein zweckmäßiges und konvergentes Rechnungswesen eine notwendige Vorgehensweise darstellt.

[2412] Moxter (Rechnungslegungskonzeptionen), S. 500.
[2413] Moxter (Rechnungslegungskonzeptionen), S. 500; Moxter (Standort), S. 33.

6 Konvergenzpotential der Goodwill-Bilanzierung nach IFRS

6.1 Grundlagen der Goodwill-Bilanzierung nach IFRS

6.1.1 Konzerntheoretische Basis der Goodwill-Bilanzierung

6.1.1.1 Einheits- versus interessentheoretische Ausrichtung

Die Goodwill-Bilanzierung nach IFRS ist eng mit der bilanziellen Behandlung von Unternehmenszusammenschlüssen verbunden, denn Voraussetzung für die erstmalige Aktivierung eines Goodwill ist stets ein Erwerb im Rahmen eines Unternehmenszusammenschlusses.[2414] Für einen selbst erstellten Goodwill, d.h. unabhängig von einem Unternehmenserwerb generierten originären Goodwill, besteht hingegen ein Aktivierungsverbot.[2415] Eine unterschiedliche bilanzielle Behandlung von derivativem und originärem Goodwill ist durchaus nicht unkritisch zu sehen.[2416]

Unternehmenszusammenschlüsse können in Asset Deals und Share Deals unterschieden werden. Da bei einem Share Deal lediglich Anteile an einer juristischen Person (AG oder GmbH) übertragen werden, bleibt die Rechtspersönlichkeit des Erwerbsobjekts erhalten. Bei einem Asset Deal hingegegen werden im Gegensatz zum Share Deal keine Anteile an einer juristischen Person, sondern eine Sachgesamtheit in Form einer Einzelfirma oder eines (Teil-) Betriebs erworben. Eine bestehende Rechtspersönlichkeit des Erwerbsobjekts geht also durch den Unternehmenszusammenschluss verloren.[2417] Während demgemäß bei einem Share Deal im Einzelabschluss eine Beteiligung ausgewiesen wird, erfolgt im Rahmen eines Asset Deals eine Übernahme der einzelnen Vermögenswerte und Schulden zum Fair Value.[2418] Ein über das Reinvermögen hinausgehender Kaufpreis wird als Goodwill abgebildet.[2419]

Bei der Abbildung im Einzelabschluss ist folglich die Art des Unternehmenszusammenschlusses entscheidend. Ein bilanziell zu erfassender derivativer

---

2414 Vgl. IFRS 3,51(a) i.V.m. IAS 38.48.
2415 Vgl. IAS 38.48.
2416 Vgl. Ma/Hopkins (Goodwill), S. 83 f.
2417 Vgl. Pellens/Fülbier/Gassen (Rechnungslegung), S. 656 f.
2418 Vgl. Coenenberg (Jahresabschluss), S. 616; Pusecher/Schruff (Anschaffungswertprinzip), S. 736.
2419 Vgl. Küppers (Firmenwert), S. 1633.

Goodwill findet nur bei einem Asset Deal Eingang in den Einzelabschluss. Liegt dagegen ein Share Deal vor, führt dieser lediglich im Konzernabschluss zur Erfassung eines derivativen Konsolidierungs-Goodwill, während im Einzelabschluss eine Beteiligung ausgewiesen wird, in deren Wertansatz der erworbene Goodwill jedoch implizit enthalten ist.[2420] Ein im Zuge eines Asset Deal angesetzter Goodwill wird hingegen sowohl im Einzel- als auch im Konzernabschluss abgebildet.[2421] Daher steht in der nachstehenden Untersuchung zur Goodwill-Bilanzierung die Abbildung im Konzernabschluss im Mittelpunkt. Die Goodwill-Bilanzierung im Konzernabschluss kann wiederum durch eine bestimmte konzerntheoretische Sichtweise geprägt sein.[2422]

Wesentlich für die Goodwill-Bilanzierung ist somit die hinter der Erstellung des Konzernabschlusses stehende Konzerntheorie.[2423] Als maßgebliche Theorien zur Ausgestaltung des Konzernabschlusses werden die Interessen- und Einheitstheorie unterschieden.[2424] Beide Konzerntheorien grenzen sich in erster Linie hinsichtlich der Interpretation von Minderheitengesellschaftern, welche an den in den Konzernabschluss einbezogenen Tochterunternehmen beteiligt sind, voneinander ab.[2425] Während bei der Interessentheorie die Gestaltung des Konzernabschlusses aus dem Blickwinkel der Anteilseigner des Mutterunternehmens (Mehrheitengesellschafter) erfolgt und die Minderheitengesellschafter als (Quasi-)Fremdkapitalgeber anzusehen sind, erfolgt die Gestaltung nach der Einheitstheorie aus der Perspektive aller Anteilseigner der Konzernunternehmen.[2426] Da die Minderheitengesellschafter somit quasi den Mehrheitengesellschaftern als Eigenkapitalgeber des Konzerns gleichgestellt sind, ergibt sich eine entsprechende Adressatenkonkretisierung: Sowohl Mehr- als auch Minderheitengesellschafter fallen in die Gruppe der Hauptadressaten eines IFRS-Konzernabschlusses, weshalb dieser entsprechend ihrer Informationsinteressen geprägt sein sollte.[2427] Mit der stärkeren einheitstheoretischen Ausrichtung und der damit verbundenen Orientierung an den Informationsinteressen sowohl der Mehr- als auch der Minderheitengesellschafter weicht der

---

2420 Vgl. Pellens/Fülbier/Gassen (Rechnungslegung), S. 656-663.
2421 Vgl. Pellens/Fülbier/Gassen (Rechnungslegung), S. 660.
2422 Vgl. insbesondere Baxter/Spinney (Financial Statement Theory).
2423 Vgl. Busse von Colbe (Einheitstheorie), S. 43.
2424 Vgl. für eine weiter differenzierende Betrachtung der Konzerntheorien Baxter/Spinney (Financial Statement Theory); Hendler (Einheitstheorie); Hendler/Zülch (Anteile).
2425 Vgl. Lührmann (Latente Steuern), S. 43.
2426 Vgl. Pellens/Fülbier/Gassen (Rechnungslegung), S. 669.

IASB von der bisherigen interessentheoretisch geprägten „unwritten rule“[2428] ab, nach der gilt: „the primary users of consolidated financial statements are the shareholders of the parent and that financial reporting should reflect the needs of that primary user group“[2429]. Nunmehr hat sich ein einheitstheoretischer IFRS-Konzernabschluss sowohl an den Informationswünschen der Mehr- als auch der Minderheitengesellschafter zu orientieren.

6.1.1.2 Konzerntheorie und Konsolidierungsmethode

Die Erstkonsolidierung dient u.a. der Aufdeckung eines Goodwill;[2430] als mögliche Methoden der Erstkonsolidierung kommen grundsätzlich die Quotenkonsolidierung, die Interessenzusammenführungsmethode, die Buchwertmethode, die Neubewertungsmethode, die Full Goodwill Method und die Fresh Start Method in Betracht.[2431] Zwar werden etwa die Interessenzusammenführungsmethode und die Fresh Start Method stets im Zusammenhang mit sog. Zusammenschlüssen unter „Gleichen“ diskutiert,[2432] methodisch könnten sie gleichwohl unabhängig von der Art des Unternehmenszusammenschlusses zur Anwendung kommen.[2433] Ausschlaggebend für die Anwendbarkeit einer Konsolidierungsmethode ist die Zweckadäquanz, d.h. die Relevanz der damit verbundenen „Messergebnisse“ (Rechnungsziele) und nicht die Fiktionen über die rechtliche Form des Unternehmenszusammenschlusses.

Die Konsolidierungsmethoden unterscheiden sich insbesondere im Ausmaß der bilanziell ausgewiesenen auf die Minderheitengesellschafter entfallenden (anteiligen) Potentiale.[2434] Dementsprechend wird in der Literatur eine Verbindung der Konsolidierungsmethoden zu den Konzerntheorien hergestellt.[2435] Nach der Einheitstheorie sollen Vermögen und Schulden möglichst in voller Höhe ausgewiesen werden, womit auch ein rechnerischer Minderheitenanteil

---

2427 Vgl. Haaker (Einheitstheorie), S. 452 f.
2428 Todd (Business Combinations), S. 22.
2429 Todd (Business Combinations), S. 22.
2430 Vgl. Kessler/Beck/Cappell/Mohr (Identifizierung), S. 128.
2431 Für einen Überblick über die Konsolidierungsmethoden vgl. Nurnberg/Sweeney (Methods), S. 19-22.
2432 Vgl. exemplarisch Degener (merger of equals); Nurnberg/Sweeney (Business Combinations), S. 258 ff.
2433 Vgl. Muff (Fresh-Start-Method), S. 84 f.; Esser (Goodwillbilanzierung), S. 163.
2434 Vgl. hierzu Baxter/Spinney (Financial Statement Theory), S. 35.
2435 Vgl. Pellens/Basche/Sellhorn (Full Goodwill Method), S. 1.

mit erfasst wird.[2436] Damit geht ein entsprechend hohes Minderheiten(eigen)kapital einher. Demgegenüber sollen nach der Interessentheorie die rechnerischen Anteile der Minderheitengesellschafter an den Vermögenswerten und Schulden bilanziell je nach Auslegung mehr oder weniger unberücksichtigt bleiben.[2437] Somit spiegeln sich die Konzerntheorien im Ausmaß des Ausweises der auf die Minderheiten entfallenden Potentiale wider. Die Logik liegt hierbei offenbar in der Annahme begründet, dass für Adressaten nur der Ausweis des auf sie entfallenden Potentials relevant sei. Stellen die Minderheitengesellschafter gemäß der Interessentheorie keine Adressaten des Konzernabschlusses dar, soll auf den Ansatz der auf sie entfallenden Potentiale verzichtet werden können. Damit wird jedoch die Tatsache ignoriert, dass der Gesamtwert durch das Mehr- und Minderheitenpotential im Verbund generiert und folglich der Zielerreichungsgrad der Mehrheitengesellschafter auch durch das Minderheitenpotential determiniert wird.[2438] Insofern zielt nur die Einheitstheorie auf die Realität der leistungswirtschaftlichen Verhältnisse.[2439] Die leistungswirtschaftliche Vermögensebene wird nach der Interessentheorie zugunsten einer rein anspruchsbezogenen Kapitalbetrachtung vernachlässigt, obgleich auch aus interessentheoretischer Sicht beiden Aspekten durch einen getrennten Ausweis von Mehr- und Minderheitenkapital entsprochen werden könnte.[2440]

In der Literatur werden die Konsolidierungsmethoden gleichwohl ihrer Tendenz nach den Konzerntheorien zugeordnet *(vgl. Abbildung 40).*[2441]

Abbildung 40: Konzerntheorien und Konsolidierungsmethoden

Interessentheorie ⟷ **Einheitstheorie**

Quoten-konsolidierung	Interessen-zusammen-führungsmethode	Buchwert-methode	Neu-bewertungs-methode	*full goodwill method*	*fresh start method*

In Anlehnung an: Pellens/Basche/Sellhorn (Full Goodwill Method), S. 1.

[2436] Vgl. Busse von Colbe/Falkenhahn (Kapitalkonsolidierung), S. 4.
[2437] Vgl. m.w.N. Hendler/Zülch (Anteile), S. 1158-1161; Küting/Gattung (Konzerntheorien).
[2438] Vgl. Haaker (Einheitstheorie), S. 453 f.
[2439] Vgl. Busse von Colbe (Einheitstheorie), S. 57.
[2440] Vgl. Pawelzik (Prüfung), S. 8.
[2441] Vgl. Pellens/Basche/Sellhorn (Full Goodwill Method), S. 1 f.; Pellens/Fülbier/Gassen (Rechnungslegung), S. 671.

Bezüglich des Potentialausweises unterscheiden sich die Konsolidierungsmethoden wie folgt:

- Im Rahmen der „rein" interessentheoretisch[2442] geprägten **Quotenkonsolidierung** werden die Vermögenswerte und Schulden des Tochterunternehmens nur gemäß der Beteiligungsquote des Mutterunternehmens in den Konzernabschluss übernommen und somit kein Minderheitenkapital ausgewiesen[2443].[2444] Ein erworbener Goodwill wird in Höhe des („bezahlten") Mehrheitenanteils erfasst.[2445]
- Bei der **Interessenzusammenführungsmethode** werden alle ansatzfähigen Vermögenswerte und Schulden mit ihren Buchwerten übernommen, stille Reserven und Lasten werden nicht aufgedeckt, ein Goodwill wird nicht ausgewiesen.[2446] In diesem Punkt besteht ein fundamentaler Unterschied zu den sonstigen Konsolidierungsmethoden,[2447] bei denen nicht bloß zwei bestehende Buchwertbilanzen zusammengefasst werden[2448].
- Nach der **Buchwertmethode** werden alle Vermögenswerte und Schulden des Tochterunternehmens mit ihren Buchwerten übernommen. Die stillen Reserven und Lasten werden entsprechend der Anteilsquote des Mutterunternehmens aufgedeckt.[2449] Das Minderheitenkapital partizipiert nicht an dieser beteiligungsproportionalen Neubewertung und entspricht dem anteiligen Buchwert des Nettovermögens.[2450] Ein Goodwill wird in Höhe des

---

2442 Die Quotenkonsolidierung wird als die konsequenteste Umsetzung der Interessentheorie angesehen. Vgl. Lührmann (Latente Steuern), S. 44; Wentland (Konzernbilanz), S. 47; Pawelzik (Prüfung), S. 6 f.

2443 Vgl. Rosenfield/Rubin (Consolidation), S. 95; Pacter (Consolidation), S. 57.

2444 Vgl. Coenenberg (Jahresabschluss), S. 663 f.; Pellens/Fülbier/Gassen (Rechnungslegung), S. 676; Bierman (Proportionate Consolidation).

2445 Vgl. Bierman (Proportionate Consolidation), S. 15. Denkbar ist auch der Ausweis des gesamten Mehrheiten-Goodwill, womit die Mehrheitengesellschafter bezüglich des Tochterunternehmens in idealtypischer Weise direkt über den Wert ihres Potentials informiert werden würden. Vgl. Haaker (Einheitstheorie), S. 453.

2446 Vgl. Bruns (Kapitalkonsolidierung), S. 2872; Pellens/Fülbier/Gassen (Rechnungslegung), S. 676 f.

2447 Vgl. Knortz (Business Combinations), S. 29. Die Frage „Why is goodwill ignored?", wird bei dieser Methode aus Sicht des Informationszwecks wenig überzeugend mit der Art des Zusammenschlusses zu begründen versucht: „Because if there`s no purchase and the two companies are equals, then, in theory, little goodwill should be created" [Leander (M&A Express), S. 62 (beide Zitate)].

2448 Vgl. Wakefield (Accounting Principle Board), S. 33.

2449 Vgl. Busse von Colbe (Einheitstheorie), S. 45.

2450 Vgl. Pellens/Fülbier/Gassen (Rechnungslegung), S. 672.

„bezahlten" Mehrheitenanteils ausgewiesen und erhöht betragsgleich das Mehrheitenkapital.

- Anders als bei der Buchwertmethode werden bei der **Neubewertungsmethode** die Vermögenswerte und Schulden des erworbenen Unternehmens unabhängig von der Existenz von Minderheitengesellschaftern einheitlich zum Fair Value bewertet,[2451] folglich sind stille Reserven und Lasten vollständig aufzudecken.[2452] Entsprechend erhöht (vermindert) sich das Minderheitenkapital um die anteiligen stillen Reserven (Lasten).[2453] Bezüglich der Bewertung von Vermögenswerten und Schulden erfolgt somit eine Gleichbehandlung von Mehr- und Minderheitenanteilen.[2454] Der Ausweis eines Goodwill bleibt aber auf den „bezahlten" Mehrheitenanteil beschränkt[2455] und wird nicht um einen Minderheitenanteil ergänzt[2456].[2457]
- Bei der (idealtypischen) **Full Goodwill Method** wird neben den Vermögenswerten und Schulden auch der Goodwill des Tochterunternehmens als „normaler" Vermögenswert[2458] in konsistenter Weise zum Fair Value (bzw. Value in Use) bewertet.[2459] Somit wird auch bei Beteiligungsquoten von unter 100 % der Goodwill des Tochterunternehmens vollständig erfasst[2460] und umfasst auch einen Minderheitenanteil.[2461] Verglichen mit der Neubewertungsmethode erhöht sich das Minderheitenkapital gemäß dem bilanzierten anteiligen, auf die Minderheiten entfallenden Goodwill.
- Die sog. **Fresh Start Method**[2462] geht noch einen Schritt weiter und differenziert bei der Konsolidierung nicht zwischen Mutter- und Tochterunternehmen.[2463] Bei beiden Unternehmen findet quasi die Full Goodwill Method

---

2451 Vgl. Gornik-Tomaszewski (Business Combinations), S. 36.
2452 Vgl. Busse von Colbe (Einheitstheorie), S. 45; Ordelheide (Kapitalkonsolidierung, Teil I), S. 240.
2453 Vgl. Busse von Colbe (Kapitalkonsolidierung), S. 2861 f.; Ordelheide (Kapitalkonsolidierung, Teil II), S. 273 f.
2454 Vgl. Busse von Colbe (Einheitstheorie), S. 45.
2455 Vgl. Todd (Business Combinations), S. 20.
2456 Vgl. Busse von Colbe (Einheitstheorie), S. 47.
2457 Vgl. Pacter (Consolidation), S. 58.
2458 Vgl. hierzu kritisch Stibi (Goodwill); Küting/Wirth (Full Goodwill Approach), S. 6.
2459 Vgl. Busse von Colbe/Falkenhahn (Kapitalkonsolidierung), S. 12; Baxter/Spinney (Financial Statement Theory), S. 35 f.; Brücks/Richter (Business Combinations), S. 408.
2460 Vgl. Toppe Shortridge/Smith (Consolidation), S. 25 f.; Heffes (Accounting Changes), S. 16; Todd (Business Combinations), S. 20; Pacter (Consolidation), S. 58.
2461 Vgl. Busse von Colbe (Einheitstheorie), S. 47.
2462 Vgl. Pellens/Sellhorn (Fresh-Start-Method); Pellens/Fülbier/Gassen (Rechnungslegung), S. 677 ff.
2463 Vgl. Nurnberg/Sweeney (Methods), S. 21.

Anwendung, denn sowohl beim Tochter- als auch beim Mutterunternehmen werden die Potentiale (inklusive eines originären Goodwill) vollständig aufgedeckt.[2464] Die Fresh Start Method stellt somit die eigentliche Full Goodwill Method dar[2465] und kann damit als konsequenteste Umsetzung der Einheitstheorie aufgefasst werden.[2466]

Im Zuge der Diskussion um die Ausgestaltung des Konzernabschlusses werden die relativen Zuordnungen der Konsolidierungsmethoden zu den Theorien oftmals als zwingende Zurechnungen missverstanden und beide Aspekte miteinander vermischt. Hingegen wäre eine klare Trennung zwischen Konzerntheorien und Konsolidierungsmethoden wünschenswert.[2467] Die Zuordnung der Konsolidierungsmethoden zu den Konzerntheorien leitet sich keinesfalls eindeutig aus den Informationsinteressen der Mehr- und Minderheitengesellschafter ab.[2468] Da durch einen getrennten Ausweis des Minderheitenkapitals bei Anwendung der angeblich rein einheitstheoretisch geprägten Methoden der Erstkonsolidierung den Mehrheitengesellschaftern aufgrund des „vollen" Potentialausweises mindestens gleichwertige Informationen bereitgestellt werden können,[2469] lassen sich Full Goodwill und Fresh Start Method ebenso interessentheoretisch ableiten.[2470] Umgekehrt erscheint es unter Informationsgesichtspunkten nicht einsichtigt warum die Gesellschafterstämme nach der Einheitstheorie nicht getrennt ausgewiesen werden sollen. Die Auffassung, dass, sofern Minderheitengesellschafter vorhanden sind, eine „Anwendung der beiden Modelle…für die Konsolidierung unterschiedliche Konsequenzen"[2471] haben müsse, ist zumindest nicht zwingend.

Die IFRS-Rechnungslegung entwickelt sich jedenfalls in der jüngeren Vergangenheit weg von einem interessen- und hin zu einem einheitstheoretisch geprägten Abschluss.[2472] Während bisher die einheitstheoretische Neuausrichtung aufgrund der Abschaffung von Buchwert- und Interessenzusammenfüh-

---

2464 Vgl. Schoderbek/Slaubaugh (Business Combinations), S. 273 f.

2465 Es sind auch Zwischenformen denkbar, bei denen bestimmte Potentiale des Mutter- und ggf. auch des Tochterunternehmens unberücksichtigt bleiben.

2466 Vgl. Pellens/Fülbier/Gassen (Rechnungslegung), S. 678.

2467 Vgl. Schwedler (Business Combinations), S. 411 f.

2468 Vgl. Haaker (Einheitszheorie), S. 453 f.; ferner Pawelzik (Minderheiten), S. 694; Pawelzik (Püfung), S. 6 ff.

2469 Vgl. Pawelzik (Prüfung), S. 8.

2470 Vgl. Haaker (Einheitstheorie), S. 453 f.

2471 Vgl. Lührmann (Latente Steuern), S. 43.

2472 Vgl. Pellens/Fülbier/Gassen (Rechnungslegung), S. 669; Hayn/Hayn (Neuausrichtung).

rungsmethode zur alleinigen Anwendung der Neubewertungsmethode geführt hat, könnte mit der nach ED IFRS 3 vorgeschlagenen Full Goodwill Method die Einheitstheorie eindeutig zur die IFRS prägenden Konzerntheorie werden.[2473]

6.1.2 Erstbilanzierung des Goodwill

6.1.2.1 Ansatz und Erstbewertung des Goodwill

6.1.2.1.1 Erstkonsolidierung nach der Neubewertungsmethode

Gemäß IFRS 3.51 ist ein im Zuge eines Unternehmenszusammenschlusses erworbener Goodwill als Vermögenswert in Höhe der Anschaffungskosten anzusetzen. Die Anschaffungskosten des Goodwill bemessen sich hierbei als Überschuss der Anschaffungskosten des erworbenen Unternehmens über das zum Fair Value bewertete anteilige Nettovermögen.[2474] Der Ausweis des Goodwill findet folglich durch den „bezahlten" Mehrheitenanteil eine Begrenzung.[2475] Da die stillen Reserven und Lasten unabhängig von der Beteiligungsquote vollständig aufzudecken und auf dieser Fair Value-Basis ein Minderheitenanteil am Reinvermögen zu ermitteln ist, entspricht die geschilderte Vorgehensweise einer Erstkonsolidierung nach der Neubewertungsmethode.[2476]

Um den Ansprüchen an eine Zweckmäßigkeitsanalyse gerecht werden zu können, ist eine abstrakte Betrachtung der Erstkonsolidierung nach nicht ausreichend. Die nach IFRS vorgeschriebene Anwendung der Neubewertungsmethode wird daher anhand des nachstehenden Beispiels[2477] verdeutlicht.

Die MU AG erwirbt zum Ende des Geschäftsjahres t zum Preis von 880 GE 80 % der Anteile an der börsennotierten TU AG. Anschaffungsnebenkosten sind nicht angefallen. Die Beteiligung an der TU AG wird im Einzelabschluss

---

[2473] Zur Entwicklung des Projekts "Business Combinatons" vgl. Schwedler (Business Combinations).
[2474] Vgl. IFRS 3.51(b).
[2475] Vgl. Todd (Business Combinations), S. 20; Pacter (Consolidation), S. 58.
[2476] Vgl. IFRS 3.36 i.V.m. und IAS 27.22.
[2477] Vgl. Haaker (full goodwill method), S. 23 f.

der MU AG zu Anschaffungskosten bewertet.[2478] *Abbildung 41* stellt die IFRS-Einzelabschlüsse der MU AG und TU AG zum 31.12.t dar:

Abbildung 41: IFRS-Einzelabschlüsse der MU AG und TU AG

IFRS-Bilanz MU AG

sonstiges Vermögen	1000	*Eigenkapital*	1880
Beteiligung an TU	880		

IFRS-Bilanz TU AG

sonstiges Vermögen	900	*Eigenkapital*	710
		Schulden	190

Das zum Fair Value bewertete Vermögen der TU AG beträgt zum Erwerbszeitpunkt 1200 GE (stille Reserven: $300\,GE = 1200 - 900\,GE$) und die Schulden betragen 200 GE (stille Lasten: $10\,GE = 200 - 190\,GE$). Damit ergibt sich für die TU AG folgende Neubewertungsbilanz *(vgl. Abbildung 42)*:

Abbildung 42: Neubewertungsbilanz der TU AG

Neubewertungsbilanz TU AG

sonstiges Vermögen	1200	*Eigenkapital*	1000
		Schulden	200

Bei der Neubewertungsmethode werden die stillen Reserven und Lasten unabhängig von der Beteiligungsquote vollständig aufgedeckt[2479] und die Vermögenswerte und Schulden zum (vollen) Fair Value erfasst.[2480] Der Minderheitenanteil am Reinvermögen partizipiert damit an den aufgedeckten stillen Reserven und Lasten, nicht aber am Goodwill. Dieser wird nur in Höhe des „bezahlten" Mehrheitenanteils ausgewiesen *(vgl. Abbildung 42)*.[2481]

[2478] Vgl. IAS 27.37(a).
[2479] Vgl. Busse von Colbe (Einheitstheorie), S. 45.
[2480] Vgl. IFRS 3.36; Gornik-Tomaszewski (Business Combinations), S. 36.
[2481] Vgl. Busse von Colbe (Einheitstheorie), S. 47; Pacter (Consolidation), S. 58.

Abbildung 43: Erstkonsolidierung nach IFRS 3 (Neubewertungsmethode)

	MU AG	**TU AG**	**Summen-bilanz**	**Konsolidierung** *Soll*	*Haben*	**Konzern**
Goodwill				2) 80		80
sonstiges Vermögen	1000	1200	2200			2200
Beteiligung an TU	880		880		1) 880	0
UB				1) 80	2) 80	0
Eigenkapital:						
Mehrheiten	1880	1000	2880	1) 800 3) 200		1880
Minderheiten					3) 200	200
Schulden		200	200			200

Konsolidierungsbuchungen:

1) *Verrechnung des Beteiligungsbuchwerts ($880\,GE$) mit dem darauf entfallenden Anteil am vollständig neubewerteten Eigenkapital ($0{,}8*1000\,GE$); Entstehung eines aktivischen Unterschiedsbetrags (UB) i.H.v. 80 GE.*

2) *Aktivierung des UB als (Mehrheiten-)Goodwill.*

3) *Gesonderter Ausweis des auf die Minderheiten entfallenden anteiligen neubewerteten Eigenkapitals ($0{,}2*1000\,GE$).*

Der ausgewiesene Minderheitenanteil[2482] partizipiert zwar am gesamten zum Fair Value bewerteten Nettovermögen inklusive der aufgedeckten stillen Reserven und Lasten, nicht jedoch am Goodwill. Somit bleibt ein auf die Minderheiten entfallender Anteil am Goodwill bilanziell unberücksichtigt.[2483]

Ebenso wie ein nicht durch die Anschaffungskosten gedeckter Mehrheitenanteil am derivativen Goodwill[2484] darf auch der auf die Minderheitengesellschafter entfallende Anteil am (i.w.S.) derivativen Goodwill nicht aktiviert werden.[2485] Diese Vernachlässigung des Minderheitenanteils am Goodwill steht im Wider-

---

2482 Der Ausweis des Minderheitenanteils innerhalb des Eigenkapitals lässt sich einheitstheoretisch begründen. Vgl. Oechsle/Schipper (Fremdanteile), S. 347. Zur Behandlung von Minderheitenanteilen im mehrstufigen Konzern vgl. Lührmann/Schruff (Minderheitenanteile).

2483 Vgl. IAS 36.91.

2484 Vgl. hierzu Lücke (Unternehmenswachstum), S. 14 f.

2485 Vgl. Busse von Colbe (Goodwill).

spruch zur einheitstheoretischen Ausrichtung[2486] und zur Gleichbehandlung des Goodwill mit anderen Vermögenswerten[2487].[2488] Dementsprechend plant das IASB, die Regelungen zur Erstkonsolidierung grundlegend zu ändern und eine Anwendung der sog. Full Goodwill Method zuzulassen.[2489]

6.1.2.1.2 Geplante Anwendung der Full Goodwill Method

Bei der nach ED IFRS 3 vorgeschlagenen Full Goodwill Method beschränkt sich die vollständige Neubewertung nicht auf die erworbenen Vermögenswerte und Schulden. Auch der Goodwill als „normaler" Vermögenswert ist zunächst unabhängig von der Existenz von Minderheitengesellschaftern „vollständig" zum Fair Value zu bewerten.[2490] Der Gesamt-Goodwill ergibt sich durch Abzug des zum Fair Value bewerteten identifizierbaren Nettovermögen vom Fair Value des erworbenen Tochterunternehmens als ganzes.[2491] Somit ist auch ein auf die Minderheiten entfallender Anteil am Goodwill zu aktivieren.[2492] Der Minderheitenanteil am Reinvermögen fällt im Vergleich zur Neubewertungsmethode entsprechend höher aus.[2493]

Zur Verdeutlichung des gemäß ED IFRS 3 vorgeschlagenen Vorgehens bei der Erstkonsolidierung soll das in *Abschnitt 6.1.2.1.1* wiedergegebene Beispiel unter folgenden Ergänzungen fortgeführt werden:[2494]

Zum Erwerbszeitpunkt werden die Anteile der TU AG zu einem Preis von 11 GE pro 1 %-Anteil auf einem aktiven Markt gehandelt. Der Fair Value der TU AG beläuft sich zum Erwerbszeitpunkt auf 1100 GE. Davon entfallen 880 GE (80 %) auf die Anteile der Mehrheitengesellschafter und 220 GE (20 %) auf die Anteile der Minderheitengesellschafter, es wurde folglich keine Kontrollprämie gezahlt. Der Annahme des ED IFRS 3.20 folgend entspricht die

---

2486 Vgl. Küting (Bedeutung), S. 177.
2487 Vgl. ED IFRS 3.BC136 ff.
2488 Vgl. Busse von Colbe (Einheitstheorie), S. 47.
2489 Vgl. Küting/Wirth (Full Goodwill Approach).
2490 Vgl. Smyth/Fizi-Gordon (Group Consolidation), S. 38; Janschek (Full Goodwill-Methode), S. 166; Grünberger/Grünberger (Business Combinations Phase II), S. 413; Pacter (Consolidation), S. 58.
2491 Vgl. Cairns (Business Combinations); Holzmann/Robinson (Business Combinations), S. 76.
2492 Vgl. Holzmann/Robinson (Business Combinations), S. 77; Toppe Shortridge/Smith (Consolidation), S. 24; Todd (Business Combinations), S. 20.
2493 Vgl. Stallworth/Digregorio (Earnings Management), S. 14; Toppe Shortridge/Smith (Consolidation), S. 25.
2494 Vgl. Haaker (full goodwill method), S. 24 f.

für die 80 %-Beteiligung erbrachte Gegenleistung dem Fair Value des Mehrheitenanteils.

Aufgrund von im Beispiel vernachlässigten, üblicherweise aber entrichteten Kontrollprämien[2495] darf zur Ermittlung des Minderheiten-Goodwill der Mehrheiten-Goodwill nicht einfach linear hochgerechnet[2496] und somit die Full Goodwill Methode aus rein bewertungstechnischer Sicht als Neubewertungsmethode plus einen weiteren Konsolidierungsschritt verstanden werden.[2497] Vielmehr ist es erforderlich, bei der Ermittlung des Goodwill vom Gesamt-Fair Value einer (fiktiven) 100 %-Beteiligung auszugehen[2498] und Kontrollprämien konsolidierungstechnisch zu berücksichtigen *(vgl. Abbildung 44)*.[2499]

2495 Vgl. Hirschey/Richardson (Goodwill Write-Offs), S. 77; Treynor (Value of Control), S. 8.

2496 Vgl. Pellens/Sellhorn/Amshoff (Konzernbilanzierung), S. 1754; Pellens/Basche/Sellhorn (Full Goodwill Method), S. 4; Janschek (Realisation), S. 191. Zur Unterscheidung der Wertansätze vgl. Mercer/Crow/Patton (Goodwill Valuation), S. 26 f. und danach S. 25, Exhibit 2. Zumindest in der älteren Literatur wird demgegenüber offenbar von einem proportionalen Verhältnis von Mehr- und Minderheiten-Goodwill ausgegangen. Vgl. etwa Baxter/Spinney (Financial Statement Theory), S. 36.

2497 Vgl. für ein entsprechendes Beispiel Pellens/Fülbier/Gassen (Rechnungslegung), S. 674 f.; Morrissey (Intangible Costs), S. 202.

2498 Vgl. Watrin/Strohm/Struffert (Business Combinations Project), S. 25; Holzmann/Robinson (Business Combinations), S. 76.

2499 Vgl. ED IFRS 3.BC139. Zu den konsolidierungstechnischen Möglichkeiten der Erfassung des „vollen" Goodwill vgl. Haaker (full goodwill method), S. 24 ff.; ferner O-ser/Bischof/Hettich (Kapitalkonsolidierung), S. 2180 f.

Abbildung 44: Erstkonsolidierung nach ED IFRS 3 (Full Goodwill Method)

	MU AG	TU AG	Summen-bilanz	Konsolidierung		Konzern
				Soll	*Haben*	
Gesamt-Fair Value TU				1) 1100	2) 1100	0
Goodwill:						
Mehrheiten				3) 80		80
Minderheiten				4) 20		20
sonstiges Vermögen	1000	1200	2200			2200
Beteiligung an TU	880		880		1) 880	0
UB				2) 100	3) 80 4) 20	0
Eigenkapital:						
Mehrheiten	1880	1000	2880	2) 800 2) 200 5) 220	1) 220	1880
Minderheiten					5) 220	220
Schulden		200	200			200

Konsolidierungsbuchungen:

1) *Einbuchung des Gesamt-Fair Value der TU AG ($100*11\,GE$); die Beteiligung wird ausgebucht; das Eigenkapital erhöht sich um $220\,GE$.*

2) *Verrechnung des Gesamt-Fair Value mit dem neubewerteten Eigenkapital des Tochterunternehmens (Mehrheitenanteil=800 GE und Minderheitenanteil=200 GE); Entstehung eines aktivischen UB (=Gesamt-Goodwill) i.H.v. 100 GE.*

3) *Aktivierung des Mehrheiten-Goodwill i.H.v. 80 GE ($880-800\,GE$) zu Lasten des UB.*

4) *Aktivierung des verbleibenden UB als Minderheiten-Goodwill ($100-80\,GE$).*

5) *Gesonderter Ausweis des auf die Minderheiten entfallenden anteiligen Eigenkapitals (nach Goodwill-Berücksichtigung).*

Abbildung 45 verdeutlicht die mit dem Übergang von der Neubewertungsmethode zur Full Goodwill Method einhergehende bilanzielle Ausweitung der auf die Minderheiten entfallenden Potentiale.[2500]

Abbildung 45: Neubewertungsmethode versus Full Goodwill Method

Position	**Neubewertungsmethode IFRS 3**	**Full Goodwill Method ED IFRS 3**
Vermögen	2200 *GE*	2200 *GE*
Schulden	200 *GE*	200 *GE*
Goodwill	80 *GE*	100 *GE*
Eigenkapital	2080 *GE*	2100 *GE*

Trotz der Bezeichnung Full Goodwill Method dürfen die Erwartungen an diese Methode der Erstkonsolidierung bezüglich einer Unternehmenswertapproximation nicht zu hoch sein. Bezogen auf das Mutterunternehmen werden im Konzernabschluss lediglich Buchwerte ausgewiesen.[2501] Die Full Goodwill Method betrifft von der Konzeption her nur die Potentiale des Tochterunternehmens und kommt nach ED IFRS 3 zudem in einer eher halbherzigen Form zur Anwendung.[2502]

Das grundsätzliche Vorgehen bei der Erstkonsolidierung nach ED IFRS 3 aber „entspricht sowohl der Einheitstheorie als auch einer Annäherung an einen konsolidierten Ansatz zum Fair Value des Tochterunternehmens."[2503] Die einheitstheoretische Ausrichtung ist mit einer Fair Value-Orientierung konsistent, da beide Konzepte auf eine Verbreiterung des bilanzierten Potentials abzielen,[2504] daher könnte von der Umsetzung einer „fair value-orientierten Einheitstheorie"[2505] gesprochen werden. Methodisch wird zwar insofern zunächst der

2500 Vgl. *Abbildung 43* und *Abbildung 44*.
2501 Vgl. Peffekoven (Kapitalkonsolidierung), S. 202; Siegel (Zeitwertansatz), S. 320.
2502 Vgl. Haaker (Einheitstheorie), S. 455 f.
2503 Busse von Colbe/Falkenhahn (Kapitalkonsolidierung), S. 5.
2504 Vgl. Toppe Shortridge/Shmith (Consolidation), S. 26; mit dieser Begründung bereits Haaker (Einheitstheorie), S. 454
2505 Vgl. Hayn (Entwicklungstendenzen), S. 436.

Eindruck erweckt, der gesamte Fair Value des Tochterunternehmens finde stets in Form des konsolidierten Potentials Einzug in die Konzernbilanz.[2506] Der erste Anschein, der Fair Value oder gar der Unternehmenswert des Tochterunternehmens würde zum Erstkonsolidierungszeitpunkt in die Konzernbilanz übernommen, täuscht jedoch.[2507] Insbesondere besteht bezüglich des Mehrheiten-Goodwill weiterhin eine faktische Anschaffungskostenrestriktion, nach der eine erfolgsneutrale Abstockung des Mehrheiten-Goodwill verlangt wird, sobald die für den Unternehmenserwerb erbrachte Gegenleistung unter dem Fair Value der Mehrheitenbeteiligung liegt (Lucky Buy).[2508] Ein rationaler Käufer wird jedoch immer bestrebt sein, (weit) weniger als seinen Grenzpreis zu bezahlen.[2509] Geht man davon aus, dass der Fair Value nicht wesentlich vom Käufergrenzpreis abweicht, stellt eine erfolgsneutrale Abstockung des Goodwill den Normalfall dar. Daran ändert auch die nur selten zutreffende Annahme einer Entsprechung von Fair Value der Mehrheitenbeteiligung und der hierfür erbrachten Gegenleistung, d.h. einer Ausgeglichenheit von Leistung und Gegenleistung, wenig.[2510]

Würde sich im Beispiel etwa der Fair Value der Mehrheitenbeteiligung auf 1000 GE belaufen, ergäbe sich zwar zunächst ein Mehrheiten-Goodwill von 200 GE $(=1000-800\,GE)$. Dieser müsste allerdings um 120 GE $(=1000-880\,GE)$ erfolgsneutral auf 80 GE $(=200-120\,GE)$ abgestockt werden, womit der aktivierte Mehrheiten-Goodwill letztendlich seinen Anschaffungskosten i.H.v. 80 GE $(=880-800\,GE)$ entsprechen würde.[2511] Insofern wird das Wertpotential[2512] der Full Goodwill Methode nicht ausgeschöpft.

2506 Vgl. Busse von Colbe/Falkenhahn (Kapitalkonsolidierung), S. 4 f.; Smith/Saemann (Business Combinations), S. 19; Donnelly (Combinations), S. 58; Grünberger/Grünberger (Business Combinations Phase II), S. 413; Morrissey (Intangible Costs), S. 202.

2507 Vgl. Haaker (Einheitstheorie), S. 455; ferner Toppe Shortridge/Shmith (Consolidation), S. 26.

2508 Vgl. ED IFRS 3.61; Pellens/Sellhorn/Amshoff (Konzernbilanzierung), S. 1750. Darüberhinaus bilden die beim Unternehmenserwerb angefallenen Anschaffungsnebenkosten nach ED IFRS 3.27 keinen Bestandteil der erbrachten Gegegenleistung und sind aufwandswirksam zu erfassen. Vgl. Kühne/Schwedler (Änderungen), S. 332 f.; Schwedler (Business Combinations), S. 410; Smyth/Fizi-Gordon (Group Consolidation), S. 39.

2509 Vgl. Ballwieser (Kaufpreisgestaltung), S. 75.

2510 Vgl. ED IFRS 3.20.

2511 Vgl. ED IFRS 3.61; Pellens/Sellhorn/Amshoff (Konzernbilanzierung), S. 1750; Haaker (full goodwill method), S. 23.

2512 Vgl. Ordelheide (Wertpotential), S. 510.

Auch aufgrund der Vielzahl von kritischen Stellungnahmen zum Standardentwurf beabsichtigt das IASB zudem zwischenzeitlich von einer pflichtmäßigen Anwendung der Full Goodwill Method Abstand zu nehmen[2513] und sie als Alternative zur Neubewertungsmethode zur Wahl zu stellen. Ein solches Wahlrecht ist darüber hinaus der Vergleichbarkeit von IFRS-Abschlüssen abträglich.

6.1.2.1.3 Kaufpreisallokation

Die Anschaffungskosten eines Tochterunternehmens sind im Rahmen der Erstkonsolidierung nach der Neubewertungsmethode auf das zum Fair Value zu bewertende Nettovermögen und den erworbenen Goodwill zu verteilen (Kaufpreisallokation).[2514] Der Wertansatz des Goodwill ergibt sich hierbei als Restgröße, welche nach Abzug des anteiligen neubewerteten Nettovermögens von den Anschaffungskosten verbleibt.[2515] Somit ist lediglich ein nicht dem identifizierbaren Nettovermögen zurechenbarer Teil der vom Mutterunternehmen entrichteten Investitionsauszahlung als Goodwill anzusetzen.[2516] Dies hat zur Konsequez, dass bei Beteiligungsquoten von unter 100 % die erworbenen Vermögenswerte und Schulden einerseits in vollem Umfang ausgewiesen werden, während andererseits ein erworbener Goodwill nur beteiligungsproportional, d.h. ohne Ausweis eines auf die Minderheiten entfallenden Anteils, zum Ansatz kommt.[2517] Zudem bleibt aufgrund der Anschaffungskostenrestiktion ein nicht bezahlter Anteil am derivativen Mehrheiten-Goodwill bilanziell unberücksichtigt.[2518]

Der aktivierte Goodwill beinhaltet gemäß der Synergieinterpretation den Wert der erworbenen Synergiepotentiale, welche entweder

- auf erwarteten Synergieeffekten zwischen den Vermögenswerten des erworbenen Tochterunternehmens oder

---

[2513] Vgl. Zülch/Burghardt (Projektüberblick), S. 169.

[2514] Vgl. IFRS 3.36 i.V.m. IFRS 3.51(b); Kessler/Beck/Cappell/Mohr (Identifizierung), S. 125. Zur Kaufpreisallokation nach IFRS 3 vgl. ausführlich Heidemann (Kaufpreisallokation); für die artverwandten Regelungen gemäß SFAS 141 und 142 vgl. Reilly (Business Combination).

[2515] Vgl. IFRS 3.51.

[2516] Vgl. Knechel/McDonald (Business Combination), S 44; Martin/Drews (Intangible Asset Management), S. 18.

[2517] Vgl. Ballwieser (IFRS-Rechnungslegung), S. 177 f.

[2518] Vgl. Lücke (Unternehmenswachtum), S. 14 f., der diesen nicht erfassten Anteil am derivativen Goodwill als „erwarteten derivativen Goodwill“ bezeichnet.

- auf erwarteten Synergieeffekten zwischen dem erworbenen Tochterunternehmen und den „alten" Unternehmenseinheiten

beruhen können.[2519] Im Normalfall werden beide Arten von Synergiepotentialen parallel vorliegen. Da der Gesamtwert der Synergiepotentiale auch einen gegebenenfalls bestehenden Minderheitenanteil[2520] sowie einen nicht bezahlten Mehrheitenanteil umfassen muss und diese Teilmengen nicht im bilanzierten Goodwill enthalten sein können, stellt der ausgewiesene Goodwill jedoch allenfalls einen Indikator des aufgrund des Zusammenschlusses vorhandenen Synergiepotentials dar.[2521]

Der Goodwill soll gleichzeitig eine „stille Substanz" (Hidden Assets) als Summe der nicht identifizierbaren und nicht separat erfassten Vermögenswerte widerspiegeln.[2522] Insofern besteht aufgrund der Abgrenzungsprobleme die Gefahr, dass sich der ausgewiesene „Goodwill...aus einer undurchsichtigen Gemengelage von identifizierbaren und nicht identifizierbaren Vermögensbestandteilen"[2523] zusammensetzt und zu einer reinen Restgröße verkommt, die „externe Bilanzadressaten nicht mehr sinnvoll interpretieren können."[2524] Um die „stille Substanz" und somit die vermeintliche Residualgröße Goodwill zu minimieren, folgt der Ansatz des Nettovermögens bei Unternehmenszusammenschlüssen nach IFRS einer verglichen mit der Vorgehensweise im Rahmen der „gewöhnlichen" Geschäftstätigkeit relativ weiten Aktivierungs- und Passivierungskonzeption.[2525] So sind etwa eine ganze Reihe von immateriellen Vermögenswerten[2526] und Eventualschulden[2527] bei der Erstkonsolidierung ansatzpflichtig, obgleich für sie außerhalb von Unternehmenszusammenschlüssen ein Ansatzverbot besteht.[2528] Hierdurch soll vermieden werden, dass allzu viele Potentiale undifferenziert in den Goodwill eingehen und sich

---

2519 Vgl. IFRS 3.BC130 f. i.V.m. IAS 36.80; Ma/Hopkins (Goodwill), S. 79; Johnson/Petrone (Goodwill), S. 295 f.

2520 Vgl. Küting (Bedeutung), S. 177.

2521 Vgl. hierzu Ma/Hopkins (Goodwill), S. 77-82.

2522 Vgl. IFRS 3.52; Colley/Volkan (Goodwill), S. 36; Colley/Volkan (Business Combinations), S. 74.

2523 Hommel (Goodwillbilanzierung), S. 1944.

2524 Hommel (Goodwillbilanzierung), S. 1943.

2525 Vgl. IFRS 3.36 ff.; Mills (Financial reporting), S. 8 f.

2526 Vgl. etwa Siegrist/Stucker (Kaufpreisallokation).

2527 Vgl. hierzu ausführlich Küting/Wirth (Eventualschulden), S. 146-150.

2528 Vgl. kritisch Hommel/Benkel/Wich (Business Combinations); Schildbach (Enronitis).

mit dem „reinen“ Synergiepotential vermischen.[2529] „Its main objective will be to break down the value of acquired intangibles into different categories on the balance sheet, rather than lumping them together under the meaningless term 'goodwill', as happened in past.“[2530] Der Goodwill wird somit als Teil des erworbenen Synergiepotentials interpretierbar,[2531] womit die mit seiner Behandlung verbundenen Probleme[2532] wenigstens im Hinblick auf seinen ökonomischen Gehalt angegangen werden könnten.

Die im Zuge der Neubewertungsbilanz zu erfassenden identifizierbaren Vermögenswerte, Schulden und Eventualschulden sind zum Fair Value zu bewerten. Insbesondere bezüglich immaterieller Vermögenswerte gestaltet sich die verhältnismäßig extensive Bilanzierungskonzeption im Hinblick auf die Identifikation und Bewertung zum Fair Value als schwierig.[2533] Hierfür ist zumindest eine entsprechende Evaluierung der relevanten Potentiale im Rahmen einer Due Diligence erforderlich.[2534]

Der aktivierungspflichtige Teil des derivative Goodwill, welcher dem nach Abzug des zum Fair Value angesetzten identifizierbaren Nettovermögens verbleibenden Restbetrag der Anschaffungskosten entspricht, wird als Vermögenswert mit unbestimmter Nutzungsdauer angesehen und unterliegt daher keiner planmäßigen Abschreibung,[2535] stattdessen ist ein jährlicher Impairment-Test obligatorisch.[2536] Da beim Impairment-Test Verfahren der dynamischen Investitionsrechnung[2537] zur Anwendung kommen, erfordert dieser auf Vermögenswertebene die Zurechenbarkeit von vermögenswertindividuellen Zahlungsströmen. Als Verkörperung des Synergiepotentials[2538] kann der Goodwill jedoch naturgemäß keine unabhängigen Zahlungsströme generieren

---

2529 Vgl. Pellens/Sellhorn (Goodwill-Bilanzierung), S. 715. Hierdurch kann jedoch, anders als Tearney (Goodwill) zu meinen scheint, keinesfalls auf die Position Goodwill gänzlich verzichtet werden. „Extensive efforts to identify the elements of purchased intangibles may reduce the amount of the unidentified portion that has commonly been labeled as goodwill, but will not eliminate it“ [Colley/Volkan (Goodwill), S. 41].
2530 Simms (Goodwill).
2531 Vgl. Johnson/Petrone (Goodwill), S. 295 f.
2532 Vgl. Fritzemeyer/Pacter (Business Combinations), S. 66.
2533 Vgl. hierzu etwa Quilligan (Intangible Assets); Kunath (Kaufpreisallokation).
2534 Vgl. McGrady (Due Diligence), S. 20 ff. und S. 49.
2535 Vgl. IFRS 3.BC101; McDonnell (Acquisitions), S. 16.
2536 IFRS 3.55; IAS 36.10(b).
2537 Vgl. Götze/Bloech (Investitionsrechnung), 66-130.
2538 Vgl. Johnson/Petrone (Goodwill), S. 295 f.

und somit nicht einzeln bewertet werden.[2539] Dementsprechend ist als aggregierte Bezugsebene des Goodwill-Impairment-Tests eine Gruppe von Vermögenswerten zu identifizieren, bei der eine Zurechnung weitgehend unabhängig generierter Cash Flows möglich ist (sog. CGU[2540]).[2541] Zum Zwecke des Goodwill-Impairment-Tests hat daher bereits zum Erwerbszeitpunkt eine Zuordnung des Goodwill auf goodwill-tragende CGU nach Maßgabe der erwarteten Synergierealisierung zu erfolgen.[2542] Der anteilige Goodwill wird somit in den Folgeperioden als Bestandteil eines Vermögensverbunds bewertet.[2543]

6.1.2.2 Behandlung eines negativen Goodwill

Obgleich im Rahmen eines Unternehmenszusammenschlusses die Anschaffungskosten im Regelfall den Fair Value des erworbenen (anteiligen) Nettovermögens übersteigen dürften, sind in Ausnahmefällen auch Kaufpreise unterhalb des (anteiligen) Substanzwerts möglich,[2544] statt eines positiven Goodwill entsteht in diesem Fall ein negativer Goodwill.[2545] „Seine Ursache kann darin bestehen, daß sich zukünftige erwartete Mindererträge im Kaufpreis niedergeschlagen haben (Badwill). Er kann aber auch auf die Verhandlungsposition des Käufers zurückzuführen sein (Lucky Buy).“[2546]

Der Ausnahmevermutung entsprechend soll bei einem unter dem Wert des auf den Erwerber entfallenden Nettovermögens liegenden Kaufpreises[2547] gemäß IFRS 3.56(a) zunächst eine Überprüfung der entsprechenden Parameter vorgenommen werden.[2548] Implizit wird folglich die Möglichkeit einer fehlerhaften

---

2539 Vgl. Lander/Reinstein (Models), S. 231; Watrin/Strohm/Struffert (Entwicklungen), S. 1456.

2540 Vgl. IAS 36.6. CGU sind als kleinste Gruppen von Vermögenswerten definiert, welche im Verbund – unabhängig von anderen Vermögenswerten oder CGU – Cash Flows erzielen (können). Eine goodwill-tragende CGU setzt sich oftmals aus einer Gruppe von CGU zusammen (IAS 36.81). Im Folgenden wird nicht zwischen einzelnen CGU oder Gruppen von CGU unterschieden.

2541 Vgl. IAS 36.80 f.

2542 Vgl. IAS 36.80; Watrin/Strohm/Struffert (Entwicklungen), S. 1456.

2543 Vgl. Nurnberg/Dittmar (Auditing Considerations), S. 74.

2544 Vgl. Ballwieser/Leuthier (Grundprinzipien, Teil I), S. 548; Moxter (Eigenkapitalmessung), S. 84.

2545 Vgl. Küting/Wirth (Eventualschulden), S. 143-146; ferner für den handelsrechtlichen Einzelabschluss Pusecker/Schruff (Anschaffungswertprinzip) und für den handelsrechtlichen Konzernabschluss Baetge (Unterschiedsbetrag).

2546 Pusecker/Schruff (Anschaffungswertprinzip), S. 735.

2547 Vgl. Pusecker/Schruff (Anschaffungswertprinzip), S. 735.

2548 Vgl. Küting/Wirth (Bilanzierung), S. 177; kritisch zu dieser Vorgehensweise Schildbach (Enronitis).

erstmaligen Ermittlung des Goodwill unterstellt,[2549] welche durch das Vorliegen des „ungewöhnlichen" Falls eines negativen Goodwill signalisiert wird. Würde der IASB nicht von möglichen Bewertungsfehlern ausgehen, wäre die Regelung vollkommen überflüssig, da an den ursprünglichen Bedingungen für Ansatz und Bewertung auch im Rahmen der Überprüfung weiterhin festgehalten wird.[2550] Es deutet auch Einiges darauf hin, dass sich der IASB der enormen Bandbreite möglicher Wertansätze bewusst ist und den Bilanzersteller faktisch dazu auffordert, die Möglichkeiten des weit dehnbaren Regelwerks voll zu nutzen, um sich so des „unliebsamen" negativen Goodwill zu entledigen.[2551] Wird dieser impliziten Bitte eines in den weiten Grenzen des unscharfen Regelwerks oftmals möglichen „Wegdrückens"[2552] dieses einer rationalen Welt fremden Postens[2553] nicht gefolgt, so ist der negative Unterschiedsbetrag als vermeintlicher Lucky Buy ertragswirksam zu vereinnahmen.[2554]

Den negativen Goodwill generell als Lucky Buy zu definieren,[2555] ist insofern zu kritisieren, als ein unter dem Substanzwert liegender Gesamtwert immerhin denkbar ist.[2556] Mitunter kann dem Kaufpreis tatsächlich ein unter dem (anteiligen) Nettovermögen liegender Grenzpreis zugrunde liegen[2557] und entsprechend hohe negative Synergiepotentiale mögen zwischen den erworbenen Vermögenswerten im Kaufpreiskalkül berücksichtigt worden sein. Ist dies der Fall, handelt es sich um eine für die Investoren irreführende „Verwandlung des vorläufigen Badwill in einen Gewinn"[2558], weil der sog. „discount on acquisition"[2559] tatsächlich ein negatives Nettosynergiepotential repräsentiert[2560].[2561]

Ein wesentlicher Grund für Unternehmenszusammenschlüsse ist das Erschließen von Synergiepotentialen,[2562] welche sich zumindest teilweise als

---

2549 Vgl. Kessler/Beck/Cappell/Mohr (Identifizierung), S. 125; Gros (Bilanzierung), S. 1955.
2550 Vgl. Pellens/Fülbier/Gassen (Rechnungslegung), S. 668.
2551 Vgl. hierzu Pellens/Fülbier/Gassen (Rechnungslegung), S. 668.
2552 Vgl. sinngemäß auch Dobler/Gampenrieder (Goodwillbilanzierung, Teil I), S. 395 f.
2553 Vgl. hierzu Siegel/Bareis (Schimäre).
2554 Vgl. IFRS 3.56(b) i.V.m. IFRS 3.57(c); Gornik-Tomaszewski (Business Combinations), S. 36 f.
2555 Vgl. De Moville/Petrie (Bargain Purchase), S. 38.
2556 Vgl. Busse von Colbe (Firmenwert), S. 2044.
2557 Vgl. Busse von Colbe (Firmenwert), S. 2044.
2558 Schildbach (Enronitis).
2559 Leo (Implications), S. 25.
2560 Vgl. Ma/Hopkins (Goodwill), S. 83.
2561 Vgl. Gros (Bilanzierung), S. 1957.
2562 Vgl. Hofmann (Synergien), S. 483.

Goodwill in der Bilanz widerspiegeln[2563]. Es ist keine neue Erkenntnis, dass „es bei der Nutzung jeglicher Synergiepotentiale meistens nicht nur Vorteile gibt"[2564]. Insofern kann der Goodwill auch nur einen Nettosynergiewert wiedergeben.[2565] Der Eindruck, ein Nettosynergiewert müsse stets positiv sein, widerspricht der Realität.[2566] Wie jedoch bereits die Abschaffung der Regelungen des IAS 22 zeigt, welche eine nach der Ursache differenzierende Behandlung eines negativen Unterschiedbetrags vorsahen,[2567] verneint der IASB inzwischen die Existenz negativer Synergiepotentiale. Negative (Netto-)Synergiepotentiale werden daher nicht als möglicher Grund für einen negativen Goodwill gesehen. Dieser denkwidrige Ansatz der Verneinung negativer Synergiepotentiale setzt sich bei der Zuordnung des Goodwill auf CGU fort und zieht mitunter problematische Resultate beim Impairment-Test nach sich.[2568]

Pellens/Fülbier/Gassen sind bei ihrer berechtigten Kritik daher noch recht zurückhaltend, wenn ihnen „die Behandlung eines negativen Unterschiedsbetrags" lediglich „[w]eniger nachvollziehbar erscheint"[2569]. In diesem Zusammenhang kann *Janschek* nur beigepflichtet werden, wenn er dazu anregt, die pauschale Behandlung als Lucky Buy zu überdenken und stattdessen einen „inversen" Impairment-Test einzuführen.[2570]

Da aufgrund der sofortigen ertragswirksamen Vereinnahmung ein negativer Goodwill nicht bilanziell ausgewiesen wird, erübrigt sich jedenfalls nach aktuellen Regelungen die Frage der Wertfortführung. Anders als bei einem positiven Goodwill ist demgemäß auch keine Zuordnung des negativen Goodwill auf CGU zum Zwecke des Impairment-Tests erforderlich.

2563 Vgl. IFRS 3.BC130 f.; Johnson/Petrone (Goodwill), S. 295 f.
2564 Gälweiler (Synergiepotentiale), Sp. 1937.
2565 Vgl. hierzu Sellhorn (Ansätze), S. 889.
2566 Vgl. Hofmann (Synergien), S. 484.
2567 Vgl. IAS 22.61 (revised 1998); Gros (Bilanzierung), S. 1955. Für eine kurze Gegenüberstellung der diesbezüglichen Regelungen des IAS 22 und IFRS 3 vgl. Küting/Wirth (Bilanzierung), S. 176 f.
2568 Vgl. Haaker (Goodwill).
2569 Pellens/Fülbier/Gassen (Rechnungslegung), S. 668 (beide Zitate).
2570 Vgl. Janschek (Full Goodwill-Methode), S. 175. Zum entsprechenden Vorgehen und zu den damit einhergehenden Problemen vgl. Haaker (Goodwill), S. 434.

6.1.2.3 Zuordnung des Goodwill auf CGU

6.1.2.3.1 Goodwill-tragende CGU

Beim Impairment-Test nach IFRS kommen zahlungsstromorientierte Bewertungsverfahren zur Anwendung. Nach dem Grundsatz der Einzelbewertung hat ein Impairment-Test, soweit möglich, auf der Ebene einzelner Vermögenswerte zu erfolgen. Voraussetzung für eine separate Bewertung ist aber eine entsprechende Zurechenbarkeit der vermögenswertbezogenen Zahlungsströme. Diese ist jedoch ab einem gewissen Grad an Leistungsverflechtungen aufgrund der damit verbundenen Zahlungsstrominterdependenzen nicht mehr gegeben.[2571] Die im Rahmen des Wertschöpfungsprozesses realisierbaren Verbundeffekte lassen sich schwerlich zweifelsfrei einzelnen Vermögenswerten als Erfolgsdeterminanten zuordnen.[2572] Daher ist eine direkte zahlungsstromorientierte Einzelbewertung von in einem Leistungsverbund stehenden Vermögenswerten regelmäßig nicht möglich.[2573]

Bezüglich des skizzierten Bewertungsproblems wurden in der Vergangenheit wenig gangbare Lösungsansätze aufgezeigt.[2574] Demgemäß konstatiert *Moxter* treffend: „Obgleich diese Interdependenz schon lange erkannt und anerkannt ist, bleiben die Konsequenzen dieses Sachverhalts in der Bilanzlehre weithin unbeachtet."[2575] Einen intelligenten Lösungsansatz zeigen indessen die IFRS auf: Nach IAS 36 wird das Problem des Auseinanderklaffens von Einzel- und Gesamtbewertung[2576] erkannt und durch die Wahl einer über dem einzelnen Vermögenswert liegenden Bezugsebene (CGU) geheilt.[2577] Immer wenn eine separate Bewertung eines Vermögenswerts nicht möglich ist, soll

---

2571 Vgl. Beyhs (Impairment), S. 96.
2572 Vgl. grundlegend Thomas (Allocation Problem).
2573 Vgl. Beyhs (Impairment), S. 96 f.; Cearns (Impairment), S. 104.
2574 Vgl. aber bereits Schneider (Bilanzgewinn), S. 471 f.
2575 Moxter (Bilanzierung), S. 43.
2576 Vgl. etwa Barker (Framework), S. 175.
2577 Vgl. Haaker (Bereichssteuerung), S. 45 f.; a.A. Olbrich (Controlling), S. 43; Klingelhöfer (Controlling), S. 595 ff.; Olbrich (Fragwürdigkeit), S. 685 f., die einen vermeitlichen Verstoß gegen das Gesamtbewertungsprinzip bemängeln. Ähnlich bereits Münstermann (Dynamische Bilanz), S. 527, der sich auf den Vorschlag von Schneider (Bilanzgewinn), S. 471 f., zur Aufgliederung der Bilanz „als Zusammenstellung von »Abteilungserfolgsrechnungen« in Form selbständiger Leistungserstellungsprozesse" bezieht.

der Impairment-Test auf der nächst höheren CGU-Ebene durchgeführt werden.[2578]

Insbesondere für den Goodwill scheidet eine direkte Einzelbewertung aus.[2579] Als Verkörperung des Synergiepotentials[2580] kann der Goodwill keine unabhängigen Zahlungsströme generieren und somit nicht unabhängig von der Gesamtheit der im betroffenen Leistungsverbund stehenden Potentiale bewertet werden.[2581] Eines der Hauptprobleme des Goodwill-Impairment-Tests stellt daher die sachgerechte Abgrenzung der als Leistungsverbund abzugrenzenden Testebene dar.[2582] Gesucht ist eine hinreichend kleine CGU, welcher der auf Werthaltigkeit zu testende Goodwill zugehörig ist und auf der eine Zahlungsstromzuordnung erfolgen kann.

IAS 36.6 definiert CGU als kleinste identifizierbare Gruppe von Vermögenswerten, die Mittelzuflüsse aus der fortgesetzten Nutzung erzeugen können, die weitestgehend unabhängig von den Mittelzuflüssen anderer Vermögenswerte oder anderer Gruppen von Vermögenswerten sind. Damit weisen CGU zwei grundlegende Charaktereigenschaften auf. Zum einen muss eine CGU absatzmarktorientiert abgegrenzt werden,[2583] denn nur bei vorhandenem Marktbezug besteht überhaupt die Möglichkeit der selbstständigen Cash Flow-Generierung.[2584] Der externe Absatzmarkt muss indes nicht zwingend in Anspruch genommen werden. Besteht ein aktiver Markt für (teilweise) intern weiterverarbeitete Zwischenprodukte, kann der entsprechende Unternehmensbereich schon aufgrund des potentiellen Absatzmarktbezugs als CGU abgegrenzt werden.[2585] Ein aktiver Markt zeichnet sich hierbei gemäß IAS 36.6 durch eine gewisse Homogenität der gehandelten Güter, das Vorhandensein von vertragswilligen Käufern und Verkäufern sowie eine gegebene Preistransparenz aus. Bei tatsächlichem Absatz der CGU-Leistung spielt die „Marktqualität" („aktiv oder nicht") hingegen keine Rolle. Folglich ist das Vorhandensein

---

2578 Vgl. IAS 36.66.
2579 Vgl. Schipper (Accounting Standards), S. 64.
2580 Vgl. Johnson/Petrone (Goodwill), S. 295 f.
2581 IAS 36.81; Lee (Goodwill), S. 80.
2582 Vgl. Ballwieser (IFRS-Bilanzierung), S. 273.
2583 Vgl. Haaker (Controlling), S. 352.
2584 Vgl. IAS 36.69; Hoffmann (Abschreibungen), Rn. 54; Kümpel/Döbel (Identifizierung), S. 23.
2585 Vgl. IAS 36.70.

eines aktiven Marktes kein konstitutives Kriterium einer CGU, sondern nur im Spezialfall einer Zwischenproduktion von Bedeutung.[2586]

Zum anderen müssen die erzielbaren Cash Flows weitgehend unabhängig generiert werden können.[2587] Der Marktbezug ist eine notwendige, aber keine hinreichende Bedingung für die Unabhängigkeit der Cash Flows. Darüber hinaus dürfen definitionsgemäß keine wesentlichen leistungswirtschaftlichen Interdependenzen mit anderen CGU bestehen.[2588] Es bleibt aber unklar, bei welchem Grad von Verflechtungen noch von unabhängigen Mittelzuflüssen ausgegangen werden kann. Idealerweise ist als CGU stets ein gesamter, eigenständiger Leistungsprozess (Beschaffung, Produktion und Absatz) abzugrenzen.[2589]

Die CGU-Definition bezieht sich strenggenommen nur auf die Unabhängigkeit der Mittelzuflüsse.[2590] Eine Beschränkung des Unabhängigkeitskriteriums auf die Cash Inflows wäre indessen verfehlt. Zum einen müssen CGU ihrer Zwecksetzung nach als umfassende Vermögenswerte[2591] verstanden werden, weshalb eine Orientierung am Nettozufluss geboten erscheint. Andererseits ist die Möglichkeit der Erzielung von Einzahlungen in direkter oder zumindest indirekter Weise von den Auszahlungen abhängig. Besteht eine Abhängigkeit der Auszahlungen, ist demzufolge auch immer eine gewisse Interdependenz der Einzahlungen gegeben.

Bei einer CGU-Bewertung handelt es sich trotz der engen Verbindung zum Vermögenswertbegriff keinesfalls um eine Einzelbewertung, da bei ihrer Bewertung Synergien zwischen den einzelnen Vermögenswerten quasi automatisch mit erfasst werden.[2592] Insofern ist eine CGU-Bewertung der Bewertung eines ganzen Unternehmens qualitativ (mindestens) gleichwertig. Darüber hinaus sind bei der Bewertung einer CGU auch Synergieeffekte zwischen den CGU zu berücksichtigen.[2593]

[2586] Vgl. Beyhs (Impairment), S. 102 f.
[2587] Vgl. Kümpel/Döbel (Identifizierung), S. 25.
[2588] Vgl. Kümpel/Döbel (Identifizierung), S. 25 f.
[2589] Vgl. Hoffmann (Abschreibungen), Rn. 54.
[2590] Vgl. IAS 36.6.
[2591] Pellens/Fülbier/Gassen weisen darauf hin, dass es sich bei CGU um die „besseren“ Vermögenswerte handeln könnte. Vgl. Pellens/Fülbier/Gassen (Rechnungslegung), S. 902.
[2592] Vgl. Barth (Estimates), S. 281; Haaker (Bereichssteuerung), S. 45.
[2593] Vgl. IDW (IDW RS HFA 16), Rn. 104.

Alle erworbenen Vermögenswerte und Schulden sowie ein „bezahlter" Goodwill sind zum Erwerbszeitpunkt auf bestehende oder neu abzugrenzende CGU zu verteilen.[2594] Jeder CGU, welche von den Synergien aus einem Unternehmenszusammenschluss profitiert, ist zwingend ein anteiliger Goodwill zuzuordnen.[2595] Bemerkenswerterweise kann gemäß IAS 36.81 auch ein Verbund, bestehend aus mehreren „kleinsten" CGU, von den auf einen anteiligen Goodwill zurückzuführenden Cash Flows profitieren, während den einzelnen „kleinsten" CGU für sich gesehen kein Goodwill zugerechnet werden kann. Dies verdeutlicht wiederum, dass für CGU nur eine relative und keine absolute Unabhängigkeit der Cash Flow bestehen muss. Bei einer absoluten Unabhängigkeit der Zahlungsströme der „kleinsten" CGU wäre stets eine Zurechnung CGU-des idividuellen Goodwill möglich. Eine goodwill-tragende CGU kann somit eine oder mehrere „kleinste" CGU umfassen.[2596] Für die Abgrenzung von goodwill-tragenden CGU gilt nachIAS 36.80(a) der Management Approach:[2597] Eine goodwill-tragende CGU soll der Ebene entsprechen, auf der eine interne Steuerung des Goodwill erfolgt bzw. erfogen soll. Allerdings legt die »Segmentrestriktion« des IAS 36.80(b) eine Obergrenze fest, nach der bei der CGU-Abgrenzung die Segmentebene nicht überschritten werden darf.

Sind mehr als eine goodwill-tragende CGU vom Goodwill-Erwerb betroffen, weil sie erwartungsgemäß von den Synergieeffekten eines Unternehmenszusammenschlusses profitieren, muss noch festgelegt werden, welcher Anteil am bilanziell erfassten Goodwill den einzelnen CGU zugeordnet wird.

6.1.2.3.2 Zuordnungsverfahren

6.1.2.3.2.1 Akquisitionsstrategie als Zuordnungsbasis

Für Zwecke des Goodwill-Impairment-Tests ist ein erwobener Goodwill bereits zum Zeitpunkt der Erstkonsolidierung nach Maßgabe des durch den Unternehmenszusammenschluss erschlossenen Synergiepotentials den CGU oder Gruppen von CGU zuzuordnen, welche erwartungsgemäß von den Synergieeffekten profitieren (goodwill-tragenden CGU).[2598] Die Goodwill-Zuordnung hat

[2594] Vgl. McDonnell (Acquisitions), S. 18.
[2595] Vgl. IAS 36.80.
[2596] Vgl. IAS 36.80 f.; Hachmeister/Kunath (Bilanzierung), S. 68.
[2597] Vgl. Grünberger/Grünberger (Business Combinations), S. 121.
[2598] Vgl. IAS 36.80.

sich folglich am Ort der Realisierbarkeit von durch den Zusammenschluss „entstehenden“ Synergiepotentialen zu orientieren.[2599] Vorgeschrieben ist damit aber lediglich, dass bestimmten, von den Synergien profitierenden CGU ein anteiliger Goodwill zugerechnet werden muss. Nach welcher Zuordnungsregel sich der jeweilige Anteil der betroffenen CGU am erworbenen Goodwill bestimmt, bleibt jedoch völlig offen.[2600]

Mit dem Abstellen auf Synergiepotentiale stehen jedenfalls eindeutig die Akquisitionsmotive im Vordergrund der Zuordnung des Goodwill.[2601] Schließlich gilt: „Synergien sind...der Dreh- und Angelpunkt von Fusionen und Übernahmen.“[2602] Die Aufteilung des Goodwill ergibt sich infolgedessen aus der Akquisitionsstrategie, d.h. der Planung über die Integration des erworbenen Unternehmens in den Geschäftsbetrieb des Konzerns. Vorausgesetzt wird damit implizit eine entsprechend „detailliert“ ausgestaltete Akquisitionsplanung.[2603]

Soweit das Akquisitionsobjekt in den Konzern zu integrieren ist,[2604] wird auch über den Einsatz des erworbenen isolierbaren Nettovermögens innerhalb des ggf. neu strukturierten Geschäftsbetriebs entschieden.[2605] Demgemäß werden die im Rahmen eines Unternehmenszusammenschlusses erworbenen Vermögenswerte entweder innerhalb einer bereits vor der Akquisition vorhandenen oder einer „neu“ hinzukommenden CGU zur Wertschaffung eingesetzt. Dies bedeutet, dass der mit dem einzelnen Vermögenswerten verbundene Wertbeitrag bestimmten CGU zuzuordnen ist. Nach dieser Maßgabe sind sie dann auch unabhängig von ihrer rechtlichen Zugehörigkeit bei späteren Impairment-Tests auf CGU-Ebene zu berücksichtigen. Die Goodwill-Zuordnung kann mitunter losgelöst von der des isolierbaren Nettovermögens vorgenommen werden.[2606]

Für die Goodwill-Zuordnung auf CGU ist lediglich der Ort von Bedeutung, an dem die erworbenen Synergieeffekte erwartungsgemäß realisiert werden kön-

2599 Vgl. Beyhs (Wertminderung), S. 9 f.
2600 Vgl. Dobler (Folgebewertung), S. 27; Beyhs (Wertminderung), S. 10; Wirth (Firmenwertbilanzierung), S. 205.
2601 Vgl. Hachmeister/Kunath (Bilanzierung), S. 68; Wirth (Firmenwertbilanzierung), S. 199 f.
2602 Weismüller (Synergien), S. 174.
2603 Vgl. Alvarez/Biberacher (Goodwill-Bilanzierung), S. 353; Hachmeister/Kunath (Bilanzierung), S. 69.
2604 Vgl. hierzu Wirth (Firmenwertbilanzierung), S. 199 f.
2605 Vgl. Wirth (Firmenwertbilanzierung), S. 199 f.
2606 Vgl. IAS 36.80.

nen. „Knowing where synergies are expected to come from is important when assigning purchased goodwill to reporting units."[2607] Das kann im Ergebnis bedeuten, dass der erworbene Goodwill unabhängig von den erworbenen Netto-Vermögenswerten den CGU zugeordnet und im Zweifel einer CGU zugewiesen wird, in der keinerlei Vermögen des erworbenen Unternehmens eingesetzt wird.[2608] Eindeutig erscheint die Aufteilung des Goodwill allerdings nur, wenn das erworbene Unternehmen als CGU abgegrenzt wird und lediglich diese CGU Nutzen aus dem erworbenen Synergiepotential zieht.[2609] Zurechnungsprobleme ergeben sich hingegen bei mehreren von den Synergien betroffenen CGU.

6.1.2.3.2.2 Ausgangssachverhalt

Um den Ansprüchen an eine Zweckmäßigkeitsanalyse gerecht werden zu können, ist eine abstrakte Betrachtung der Zuordnung des Goodwill auf CGU nicht ausreichend. Die Vorgehensweise der Goodwill-Zuordnung wird daher nachfolgend anhand eines konkreten Zahlenbeispiels entwickelt und analysiert.[2610]

Als Basis der Untersuchung diene folgender Ausgangssachverhalt: Ein Konzern umfasst die Geschäftseinheit „Rasierer", welche als CGU_R abgegrenzt wird. Der Buchwert der CGU_R entspricht mit 400 GE der Summe der zum Fair Value bewerteten identifizierbaren Vermögenswerte. Bei einer fiktiven Investition in die Vermögenswerte zum Fair Value können bei unveränderter Nutzung (Going Concern) zukünftig nur die Kapitalkosten verdient werden. Somit ist kein originärer Goodwill vorhanden, da erwartungsgemäß zukünftig keine Übergewinne erzielt werden können. Der VIU von CGU_R ($VIU^{CGU_R}_{t\,(going\ concern)}$) entspricht daher dem Buchwert bzw. dem Fair Value des Nettovermögens i.H.v. 400 GE.

Um zukünftig Überrenditen erzielen zu können, erwirbt das Konzernmutterunternehmen am 30.12.t für 300 GE 100 % der Anteile an der schuldenfreien

---

[2607] Eldridge (Goodwill Impairment), S. 9.
[2608] Vgl. IAS 36.80; Wirth (Firmenwertbilanzierung), S. 200.
[2609] Vgl. Esser (Goodwillbilanzierung), S. 104.
[2610] Vgl. im Folgenden Haaker (Goodwill), S. 429-434.

Klingen AG, welche Rasierklingen produziert.[2611] Die Gesamtheit der aus Konzernsicht erworbenen Vermögenswerte der neuen Geschäftseinheit „Rasierklingen" werden als eigenständige CGU_K abgegrenzt, der Fair Value der erworbenen Vermögenswerte beträgt 200 GE. Mit 300 GE entsprechen die Anschaffungskosten der Klingen AG dem VIU auf Stand-Alone-Basis ($VIU^{CGU_K}_{t\,(stand\,alone)}$).

Die Vermögenswerte der Klingen AG werden ausschließlich im eigenen Geschäftsbetrieb genutzt. Nach Aufteilung der Vermögenswerte auf die CGU ergibt sich somit folgendes Bild, wobei die Zuordnung des erworbenen Goodwill i.H.v. 100 GE ($300 - 200\,GE$) zunächst offen bleibt *(vgl. Abbildung 46)*:[2612]

Abbildung 46: Konzern vor Zuordnung des Goodwill

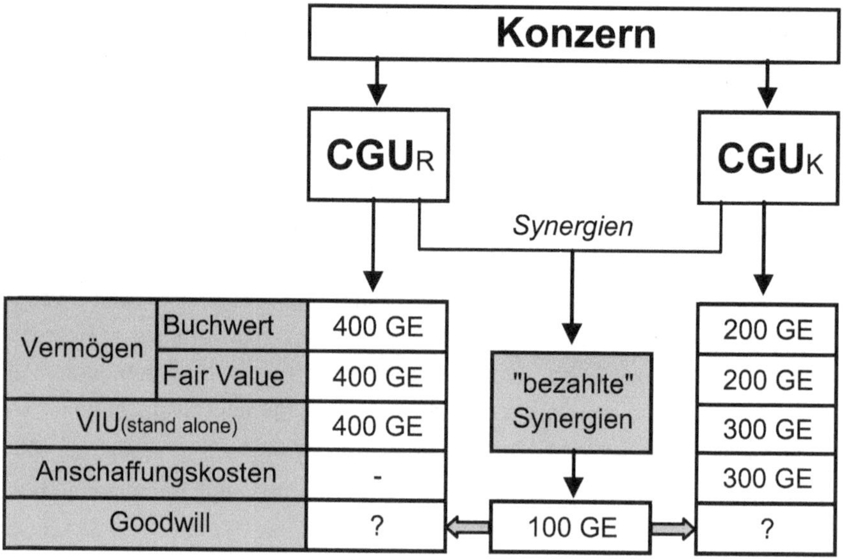

[2611] „A firm that purchases goodwill expects to receive a series of excess incomes as a result of the purchase" [Walker (Financial Statements), S. 182]. Vgl. auch Kintzele/Kintzele/Kwiatkowski (Goodwill), S. 30.

[2612] Die Zurechnung des derivativen Goodwill zu den CGU ist nicht an die Zuordnung von Vermögenswerten gebunden und kann unabhängig von diesen erfolgen. Vgl. IAS 36.80. Mit Vermögen bzw. Vermögenswerten sind im Folgenden die Vermögenswerte exklusive Goodwill gemeint.

Ein eventuell zurechenbarer anteiliger Goodwill soll auf Ebene der als Segmente abzugrenzenden CGU_R und CGU_K getrennt gesteuert werden. Die konkrete Zuordnung des Goodwill auf CGU ist von der verfolgten Akquisitionsstrategie abhängig.

6.1.2.3.2.3 Zuordnung bei einer goodwill-tragenden CGU

Im einfachsten Fall könnte geplant sein, beide CGU unabhängig voneinander zu steuern, da die Produkte von CGU_R und CGU_K keine Kompatibilität aufweisen.[2613] Unter diesen Umständen entspricht der erworbene Goodwill i.H.v. 100 GE dem (ehemals) originären Goodwill des akquirierten Unternehmens. Sieht man von Restrukturierungspotentialen ab,[2614] entspricht der erworbene Goodwill einem »Going Concern-Goodwill«[2615] und ist vollständig der CGU_K zuzurechnen, da erwartungsgemäß nur diese von den erworbenen Synergieeffekten profitiert *(vgl. Abbildung 47)*.[2616]

Abbildung 47: Zuordnung eines CGU-internen »Going Concern-Goodwill«

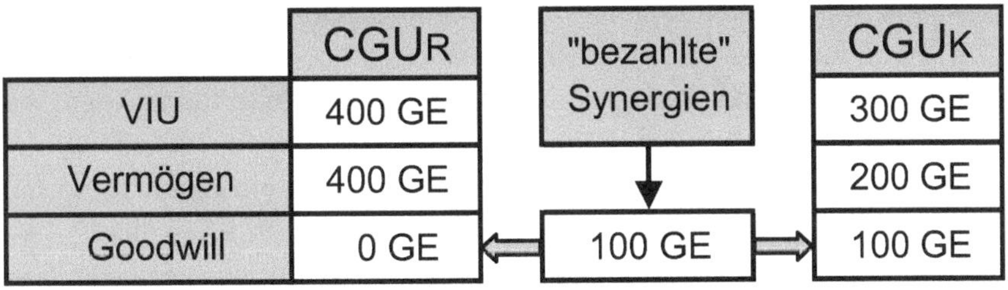

Die Akquisitionsstrategie dürfte sich in vielen Fällen allerdings auch auf die „alten" Unternehmensbereiche (CGU) auswirken, da nicht selten eine Integration des Tochterunternehmens in den Geschäftsbetrieb geplant ist.[2617] Somit stellt sich im Regelfall das Problem eines adäquaten Verteilungsschlüssels für die Zuordnung des Goodwill auf CGU.[2618]

2613 Die Rasierklingen sind also für einen anderen Rasierertyp vorgesehen.
2614 Zur Abgrenzung des »Restrukturierungs-Goodwill« vom »Going Concern-Goodwill« vgl. Sellhorn (Ansätze), S. 889 f.
2615 Vgl. Sellhorn (Ansätze), S. 889; Johnson/Petrone (goodwill), S. 295; IFRS 3.BC130 (a).
2616 Vgl. Hachmeister/Kunath (Bilanzierung), S. 65; Watrin/Strohm/Struffert (Entwicklungen), S. 1458.
2617 Vgl. Küting/Wirth (Bilanzierung), S. 174; Busse von Colbe (Bilanzierung).
2618 Vgl. hierzu auch Hayn/Hughes (Goodwill Impairment), S. 229.

6.1.2.3.2.4 Zuordnung bei mehreren goodwill-tragenden CGU

Eine adäquate Aufteilung von Synergiepotentialen bzw. des Goodwill als deren Faksimile auf mehrere, an der Realisierung der Synergieeffekte beteiligte CGU wird für unmöglich gehalten.[2619] Entsprechende „Zurechnungsprobleme" treten immer dann auf, wenn „vom Gesamtwert einer Kombination auf die Werte ihrer Teile oder Objekte zu schließen ist, die an der Erstellung der Kombination mitgewirkt haben."[2620] Es handele sich bei einer solchen Aufteilung allenfalls um „eine willkürliche Zuordnung, jedoch keinesfalls um eine 'Zurechnung'"[2621]. *Watts* führt hierzu entsprechend aus: „[I]f there are any significant synergies at all among the units, then there is no meaningful way to allocate future cash flows, value, and goodwill among units."[2622] Synergiepotentiale „lassen sich eben nicht den einzelnen...Vermögensgruppen zurechnen."[2623] Zumindest ist eine Aufteilung nicht unproblematisch und erlaubt anscheinend zahlreiche alternative Zuordnungsmöglichkeiten.[2624]

Zunächst kann hierzu angemerkt werden, dass erwartete CGU-interne Synergieeffekte zwischen den Nettovermögenswerten innerhalb einer CGU bei einer CGU-Bewertung quasi automatisch mitberücksichtigt werden.[2625] Für CGU-interne Synergiepotentiale besteht somit kein Zurechnungsproblem, denn es gilt nichts anderes als bei dem Fall von nur einer, von den erwarteten Synergieeffekten profitierenden CGU. Abstrahiert man von Verbundwirkungen mit einer Konzernzentrale[2626] und den Besonderheiten der VIU-Bewertung[2627], ergeben sich „lediglich" bezüglich der CGU-übergreifenden Synergiepotentiale, d.h. den erwarteten Synergieeffekten aufgrund des Zusammenwirkens mehrer CGU, Zuordnungsprobleme.[2628]

2619 Vgl. Ballwieser (IFRS-Rechnungslegung), S. 192 f.
2620 Hörner (Zurechnung), Sp. 4752 (beide Zitate).
2621 Seicht (Werkstätte), S. 34.
2622 Watts (Conservatism, Part I), S. 218. Zur Grundproblematik vgl. Thomas (Allocation Problem).
2623 Münstermann (Dynamische Bilanz), S. 527; ähnlich Wegmann (Gewinn), S. 77 f. Vgl. aber Schneider (Bilanzgewinn), S. 471 f.
2624 Vgl. hierzu auch Dirrigl (Synergieeffekte).
2625 Vgl. Barth (Estimates), S. 281; Haaker (Bereichssteuerung), S. 45.
2626 Vgl. hierzu auch Küting/Lorson (Profitabilität).
2627 Vgl. hierzu kritsch Ballwieser (IFRS-Rechnungslegung), S. 199-204; Hachmeister (Impairment-Test), S. 215-221; Mandl (Berücksichtigung), S. 148-155.
2628 Zur Unterscheidung der Synergiepotentiale vgl. auch Hachmeister/Kunath (Bilanzierung), S. 65.

Da es sich bei CGU – ebenso wie bei jedem Unternehmen als Ganzes auch – um dynamische offene Systeme handelt, sind sie zumeist in gewissem Umfang von CGU-übergreifenden Synergien betroffen.[2629] Jedoch impliziert das CGU-Konzept eine Abgrenzung eines weitgehend selbstständigen Leistungsprozesses[2630] (Beschaffung, Produktion und Absatz) und somit eine Minimierung von Interdependenzen[2631] zwischen den CGU unter bestimmten Nebenbedingungen (z.B. Segmentrestriktion[2632] und Management Approach[2633]), womit die Zurechnungsproblematik von vornherein nur begrenzt zum Tragen kommt. Bei der Berechnung des VIU einer CGU sind im Übrigen alle Synergien, d.h. auch die CGU-übergreifenden, in den bewertungsrelevanten Zahlungsströmen zu berücksichtigen.[2634]

Wenn eine Zuordnung CGU-übergreifender Synergiepotentiale auch nicht in einer im strengen Sinne willkürfreien Weise möglich ist,[2635] kann sie doch zumindest objektiviert und in betriebswirtschaftlich vernünftiger Weise vorgenommen werden, indem die Akquisitionsplanung als Ausgangspunkt herangezogen wird. Eine für die Zuordnung adäquate „Grundlage dürften die im Kaufpreiskalkül berücksichtigten werttreibenden Faktoren sein."[2636] Mit der Planung liegt eine in- und extern nachprüfbare Verteilungsbasis vor. Dennoch wird im Allgemeinen davon ausgegangen, dass eine „Zurechnung des Goodwill auf Einheiten…kaum objektivierbar ist."[2637]

In der Literatur wird eine Vielzahl von denkbaren Zuordnungsschlüsseln für den Goodwill bei mehreren von dem Synergiepotential einer Akquisition betroffenen CGU vorgeschlagen.[2638] Der Verteilungslogik des IAS 36.80 folgend muss hierbei in jedem Fall das Ausmaß bestimmend sein, in dem die goodwilltragenden CGU vom Unternehmenszusammenschluss profitieren,[2639] in diesem Punkt besteht in der Literatur weitgehend Konsens. Die Frage, welche

2629 Vgl. Ma/Hopkins (Goodwill), S. 77 ff.; Miller (Goodwill), S. 282 ff.
2630 Vgl. Schneider (Bilanzgewinn), S. 471 f.
2631 Vgl. Arbeitskreis (Erwiderung), S. 381.
2632 Vgl. IAS 36.80(b).
2633 Vgl. IAS 36.80(a). Vgl. Ballwieser (IFRS-Rechnungslegung), S. 191.
2634 Vgl. IDW (IDW RS HFA 16), Rn. 104.
2635 Vgl. Ewert/Wagenhofer (Interne Unternehmensrechnung),S. 580.
2636 Wirth (Firmenwertbilanzierung), S. 205.
2637 Dobler/Gampenrieder (Goodwillbilanzierung, Teil I), S. 396.
2638 Vgl. exemplarisch Thalke Focken (Goodwill), S. 86-96; Sellhorn (Goodwill Impairment), S. 188 ff.

Aufteilungsregel anzuwenden ist, wird hingegen höchst unterschiedlich beantwortet. Vorgeschlagen wird in diesem Zusammenhang etwa eine Orientierung an den durch die Akquisition ausgelösten relativen Wertsteigerungen der CGU.[2640] Hierzu gibt *Beyhs* ein Beispiel[2641], in dem ein Technologiekonzern einen Reifenproduzenten erwirbt, womit eine Steigerung des Unternehmenswerts von 1000 GE verbunden sein soll. Erwartungsgemäß sollen 300 GE der Wertsteigerung in der CGU „Limousinen“ und 700 GE in der CGU „Nutzfahrzeuge“ realisiert werden. Ein erworbener Goodwill soll demgemäß zu 30 % der CGU „Limousinen“ und zu 70 % der CGU „Nutzfahrzeuge“ zugeordnet werden.

Als Verteilungsbasis erscheint die erzielte Wertsteigerung auf den ersten Blick konsequent. Dieser Zurechnungsschlüssel beinhaltet jedoch einen logischen Fehler: Als Verteilungsmaßstab wird ausgerechnet derjenige Teil des erworbenen Goodwill herangezogen, der nicht „bezahlt“ und demzufolge auch nicht aktiviert wurde. Als Zuordnungskriterium wird die Wertsteigerung zum Akquisitionszeitpunkt, also die Differenz zwischen dem Grenzkaufpreis und dem niedrigeren tatsächlich gezahlten Kaufpreis gewählt.[2642] Dieser Verhandlungserfolg[2643] bzw. Kapitalwert der Akquisition steht allenfalls zufällig in einem entsprechenden Verhältnis zum bezahlten Goodwill, stellt er doch die Differenz zwischen dem Käufergrenzpreis und den erworbenen Vermögenswerten einschließlich eines „bezahlten“ Goodwill dar. Der „bezahlte“ Goodwill entspricht daher gerade nicht dem Kapitalwert bzw. der Wertsteigerung.[2644] Da auf dieser Verteilungsgrundlage im Zweifel auch ein CGU-interner Goodwill einer dritten CGU zugeordnet werden kann, erscheint sie wenig sachgerecht. Entsprechende Probleme lassen sich gegenüber einer Vielzahl denkbarer Verteilungsmöglichkeiten feststellen, was nachfolgend anhand eines Beispiels aufgezeigt wird.

2639 Vgl. Beyhs (Wertminderung), S. 10; Wirth (Firmenwertbilanzierung), S. 205; Hachmeister (Goodwill-Bilanzierung), S. 427.
2640 Vgl. Beyhs (Wertminderung), S. 10.
2641 Vgl. Beyhs (Wertminderung), S. 10.
2642 Vgl. Wagner (Firmenwert), S. 479.
2643 Vgl. Baetge (Akquisitionscontrolling), S. 458; Wagner (Firmenwert), S. 479.
2644 Vgl. Matschke/Brösel (Unternehmensbewertung), S. 427; Brösel/Müller (Goodwillbilanzierung), S. 35.

In Abwandlung des obigen Sachverhalts[2645] wird im Rahmen der Akquisitionsstrategie geplant, das im erworbenen Unternehmen (CGU_K) vorhandene Know How im Rahmen der Produktion von CGU_R zu nutzen, um dadurch die Kosten der Rasiererproduktion zu senken. Der Barwert der erwarteten Einsparungen beträgt 10 GE, der $VIU_t^{CGU_R}$ erhöht sich somit von 400 GE (Stand Alone-Wert) auf 410 GE. CGU_K soll hingegen unverändert weitergeführt werden. Ihr VIU beläuft sich daher gleich bleibend auf 300 GE und entspricht den für den Erwerb der CGU_K entrichteten Anschaffungskosten.

Beide CGU profitieren erwartungsgemäß von den erworbenen Synergiepotentialen. CGU_K ist unverändert ein erworbenes »Going Concern-Synergiepotential« i.H.v. 100 GE zuzurechnen, während CGU_R nunmehr erwartungsgemäß von CGU-übergreifenden Synergiepotentialen i.H.v. 10 GE profitiert. Daher muss ihnen nach IAS 36.80 jeweils zwingend ein Teil des Goodwill zugeordnet werden. Es muss also ein entsprechender Zurechnungsmaßstab gefunden werden, wobei als mögliche Zurechnungsschlüssel z.B.

a) das Synergiepotential (=Gesamt-Goodwill),

b) der Fair Value (= Buchwert) des Vermögens,[2646]

c) der VIU nach Akquisition,

d) der VIU auf Stand Alone-Basis oder

e) der Kapitalwert der Akquisition[2647]

in Betracht kommen *(vgl. Abbildung 48)*.

[2645] Vgl. *Abschnitt 6.1.2.3.2.2.*

[2646] Vgl krisch IDW (Business Combinations), S. 208: „there is no correlation between goodwill and fair value of the assets and liabilities of a cash generating unit in any case."

[2647] Da für die CGU_K ein Kaufpreis in Höhe des VIU entgolten wurde, kann für sie ein Kapitalwert von Null angenommen werden. Die Anschaffungsauszahlungen werden somit vollständig der CGU zugerechnet. Dies entspricht im Ergebnis einer Situation, in der die CGU_K bereits bereits vor der Akquisition vorliegt und die aus Mitteln der CGU_K erworbene Klingen AG in diese Integriert wird.

Abbildung 48: Mögliche Zuordnungsschlüssel für den Goodwill

Verteilungs-schlüssel	Schlüssel-Anteil (SA)		Gesamt-schlüssel (GS)	Schlüsselkoeffi-zient (SK) = SA/GS		Good-will (GW)	anteiliger GW = SK x GW	
	CGU_R	CGU_K		CGU_R	CGU_K		CGU_R	CGU_K
(a)	10	100	110	0,09	0,91	100	9,09	90,91
(b)	400	200	600	0,67	0,33	100	66,67	33,33
(c)	410	300	710	0,58	0,42	100	57,75	42,25
(d)	400	300	700	0,57	0,43	100	57,14	42,86
(e)	10	0	10	1,00	0,00	100	100,00	0,00

Für die unterschiedlichen Verteilungsschlüssel ergeben sich folgende Goodwill-Zuordnungen *(vgl. Abbildung 49)*:

Abbildung 49: Zuordnung eines CGU-übergreifenden »Synergie-Goodwill«

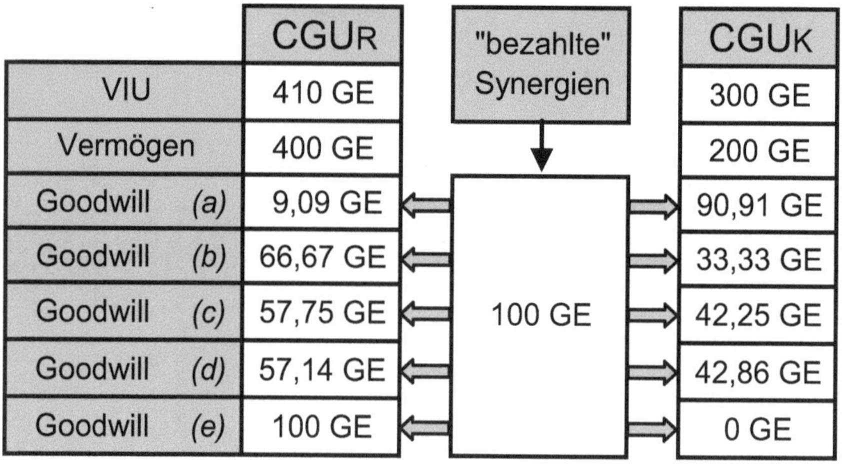

Wie sich zeigt, führen alle Verteilungsschlüssel von (b) bis (e) zu einer unsachgerechten Goodwill-Verteilung. Der Buchwert von Vermögen und Goodwill überschreitet bei CGU_R nämlich in allen diesen Fällen den VIU. Lediglich die Schlüsselgröße (a) „Synergiepotential" führt zu einem ökonomisch sinnvollen Ergebnis, da rationalerweise davon ausgegangen werden kann, dass bezüglich CGU_R nicht mehr Potential bezahlt wird, als zuvor in der Akquisitionsplanung erwartet wurde. Nur durch Verwendung des Verteilungsschlüssels (a)

kann im vorliegenden Fall sichergestellt werden, dass einer CGU nicht mehr Goodwill zugeordnet wird, als tatsächlich vergütet wurde. Erstaunlicherweise orientiert sich gemäß einer *PWC*-Studie lediglich ein eher geringer Teil der IFRS-Bilanzierer bei der Goodwill-Zuordnung tatsächlich an den Synergiepotentialen.[2648] Darum ist zu befürchten, dass in zahlreichen Fällen bereits im Erwerbszeitpunkt einer aussagekräftigen Goodwill-Bilanzierung die Basis entzogen wird.

Eine ökonomisch sinnvolle Zuordnung des Goodwill auf CGU muss auf Grundlage des erwarteten Synergiepotentials vorgenommen werden.[2649] Anhand der Dokumentation der Akquisitionsplanung ist dieses Zuordnungsverfahren auch hinreichend nachprüfbar. Bei der Prüfung des Abschlusses könnte ein Wirtschaftprüfer feststellen, ob bei der Aufteilung der ursprünglichen Planung gefolgt wurde oder bilanzpolitische Motive, welche nicht bestimmend für die Akquisitionsplanung sein sollten, die Zuordnung beeinflusst haben. Die an der Planung orientierte, proportional zum erwarteten Synergiepotential vorzunehmende Zuordnung stellt einen objektivierten und zugleich betriebswirtschaftlich sinnvollen Verteilungsmaßstab dar. Durch alle anderen Verteilungsmaße kann rein „buchungstechnisch“ ein ökonomisch sinnwidriger Impairment provoziert werden.

Bei einer Überschreitung des CGU-Werts durch den Buchwert von Vermögen und Goodwill ist die Differenz als Wertminderung zu erfassen.[2650] Damit kann die den Schlüsselgrößen (b) bis (e) immanente Überdotierung des Goodwill auch für ein sog. Big Bath[2651] genutzt werden, bei dem „bedrohliches“ Abschreibungspotential[2652] auf einen Schlag beseitigt wird.[2653] Aufgrund der fehlenden planmäßigen Abschreibung des Goodwill besteht schließlich ein erhöhtes Impairment-Risiko ertragsschwacher CGU,[2654] dessen es sich gewissermaßen zu entledigen gilt. Andererseits kann eine Zuordnung ohne Bindung an

---

2648 Vgl. PWC (Werthaltigkeit), S. 31.

2649 Vgl. hierzu auch IDW (Business Combinations), S. 208.

2650 Vgl. IAS 36.104.

2651 Vgl. hierzu Levitt (The Numbers Game), S. 2545; Detert/Sellhorn (Bilanzpolitik), S. 249.

2652 „Some entities applying IFRS consider a 'time bomb' which could go off when they least want it to and therefore minimising goodwill will be their objective“ [Spillane (Acquisition Management), S. 26].

2653 Vgl. Pfeil/Vater (Schlaraffenland), S. 264; Pellens/Sellhorn (US-Goodwillbilanzierung), S. 114; Sevin/Schroeder (Earnings Management), S. 49; Pellens/Crasselt/Ruhwedel (Goodwill-Welt); Kahle (Goodwill-Bilanzierung, Teil B), S. 904.

2654 Vgl. Beyer/Zelger (IFRS 3), S. 416.

die Plandaten auch derart vorgenommen werden, dass eine drohende Wertminderung höchstwahrscheinlich durch einen vorhandenen oder neu entstehenden originären Goodwill kompensiert werden kann (»Goodwill-Kompensationseffekt«).[2655] In Zeiten der wirtschaftlichen Krise lässt sich somit der negative bilanzielle Effekt zeitlich hinauszögern, was dem Management zwar einerseits Spielraum für „besonnene", nicht unter „Zwang" durchzuführende Gegenmaßnahmen einräumt, andererseits die Probleme jedoch insbesondere bei einer Selbstüberschätzung des Managements noch verschärfen kann.[2656] In diesem Fall muss darauf vertraut werden, dass das Management, „welches den Ausweis eines Impairment-Verlustes vor sich herschiebt" tatsächlich einmal „vom Markt bestraft werden"[2657] wird und in diesem Bewusstsein handelt. Wenn überhaupt, kann solchen bilanzpolitischen Bestrebungen nur durch eine zwingende Orientierung an der ursprünglichen Akquisitionsplanung Einhalt geboten werden.

Einer Verteilung nach Synergiepotentialen könnte entgegengehalten werden, dass deren Ermittlung zu komplex und aufwendig sei. In diesem Zusammenhang stellt sich jedoch die Frage, ob Unternehmen, denen eine hinreichend genaue Synergieplanung zu aufwendig ist, überhaupt andere Unternehmen kaufen sollten. Bereits zur Kaufpreisfindung müssen notwendigerweise umfassende Kenntnisse über das vorhandene Synergiepotential und dessen quantitative Wirkung auf den Unternehmenswert vorhanden sein.[2658] Das sachgerechte Zuordnungsverfahren „setzt faktisch ein entsprechend ausgestaltetes wertorientiertes Akquisitionscontrolling voraus."[2659] Liegt dieses vor, erfordert die adäquate Goodwill-Zuordnung keine einschneidenden Änderungen des Rechnungswesens.[2660] Wenn ein Unternehmen die erforderlichen Planungssysteme nicht implementiert hat und nicht implementieren kann (oder will), dürfte im Zweifel nicht die Kompetenz für Akquisitionen aufweisen. Sofern in der Praxis die Quantifizierung des Synergiepotentials als zu problematisch an-

2655 Vgl. Hitz/Kuhner (Neuregelung), S. 285; Pellens/Sellhorn (Unternehmen); S. 1685; Hachmeister (Goodwill-Bilanzierung), S. 428; Weißenberger/Haas/Wolf (Goodwill-Controlling), S. 151.

2656 Vgl. Ordelheide (Geschäftswert), S. 584 f.; Kahle (Goodwill-Bilanzierung, Teil B), S. 904.

2657 Teitler-Feinberg (Impairment-Only-Approach), S. 289.

2658 Vgl. Hofmann (Synergien), S. 485; Kümpel/Fischedick (Mergers & Acquisitions), S. 116 f.

2659 Alvarez/Biberacher (Goodwill-Bilanzierung), S. 353.

2660 Vgl. hierzu Beyer/Zelger (IFRS 3), S. 415.

gesehen wird,[2661] dann lässt dieser Umstand möglicherweise auf eine unsachgerechte Akquisitionsplanung bei zahlreichen Unternehmen schließen.

Obgleich für die Goodwill-Zuordnung eine Reihe von unzweckmäßigen Schlüsselgrößen als zulässig gelten, sollte dennoch lediglich die Höhe des in einer CGU entstehenden Synergiepotentials als Verteilungsmaßstab herangezogen werden. Die Unternehmen sollten schon deshalb um eine sachgerechte Zuordnung des Goodwill nach Synergiepotentialen bemüht sein, weil bei falscher Zuordnung die Wahrscheinlichkeit einer „buchungstechnischen" Wertminderung steigen kann.[2662]

6.1.3 Folgebilanzierung des Goodwill

6.1.3.1 Impairment-Only-Approach

Der Goodwill wird vom IASB als ein Vermögenswert mit unbestimmter Nutzungsdauer interpretiert und unterliegt dementsprechend gemäß IFRS 3.55 keiner planmäßigen Abschreibung.[2663] Quasi ersatzweise ist für CGU, denen ein (anteiliger) Goodwill zugeordnet wurde, im Jahresturnus ein Impairment-Test obligatorisch (sog. Impairment-Only-Approach).[2664] Unbeschadet davon ist bei Vorliegen eines Wertminderungsindikators zusätzlich ein unterjähriger Impaiment-Test vorgeschrieben.[2665]

Im Rahmen der Folgebilanzierung ist der Goodwill zu fortgeführten Anschaffungskosten anzusetzen. Die fortgeführten Anschaffungskosten stellen die Anschaffungskosten abzüglich aller bisher angefallenen außerplanmäßigen Wertminderungen dar,[2666] Planmäßige Abschreibungen sind hingegen nicht zu verrechnen[2667] und für den Goodwill besteht außerdem ein striktes Zuschreibungsverbot[2668]. Selbst bei einem späteren Wegfall des Grundes für eine vor-

---

[2661] Vgl. PWC (Werthaltigkeit), S. 31.
[2662] Vgl. Eldridge (Goodwill Impairment), S. 9.
[2663] Vgl. IFRS 3.BC101; Bieker/Esser (Impaiment-Only-Ansatz), S. 451.
[2664] Vgl. IFRS 3.55; IAS 36.10(b). Zum politischen Hintergrund dieser Regelungen vgl. etwa Beresford (Business Combinations); Lopatta/Müßig (Business Combinations); Henselmann (Böcke); Zeff (Lobbying), S. 50 f.; Leander (M&A Express).
[2665] Vgl. IFRS 3.55. Eine nicht abschließende Liste möglicher interner und externer Wertminderungsindikatoren findet sich in IAS 36.12. Vgl. auch IAS 36.13 ff.; Seetharaman/Sreenivasan/Sudha/Yee (Managing), S. 347 ff.
[2666] Vgl. IFRS 3.54.
[2667] Vgl. IFRS 3.55.
[2668] Vgl. IAS 36.124.

genommene außerplanmäßige Goodwill-Abschreibung darf die Wertminderung nicht durch eine Zuschreibung rückgängig gemacht werden. Die Anschaffungskosten abzüglich aller bisherigen Wertminderungen stellen folglich die Wertobergrenze des Goodwill dar.

Dem Zuschreibungsverbot liegt die berechtigte Annahme zugrunde, dass dadurch auch Komponenten des originären Goodwill aktiviert werden könnten.[2669] Das ist zwar insofern konsequent, als ein generelles Aktivierungsverbot für den originären Goodwill besteht.[2670] Bestände die Möglichkeit zur Wertaufholung jedoch nur bei Wegfall eines eindeutig abzugrenzenden Wertminderungsgrundes, könnte die Gefahr der Aktivierung originärer Goodwill-Komponenten hinreichend begrenzt werden.[2671]

Erstaunlicherweise toleriert das IASB auf der anderen Seite die nicht minder große „Gefahr" einer Aktivierung des originären Goodwill, welche konzeptionsbedingt mit dem Impairment-Only-Approach einhergeht.[2672] Schließlich rücken hierbei fast zwangsläufig originäre Goodwill-Komponenten an die Stelle eines ehemals derivativen Goodwill.[2673] Bevor dieses belegt wird, werden nachfolgend die Grundzüge des Goodwill-Impairment-Tests dargestellt.

6.1.3.2 Konzeption des Goodwill-Impairment-Tests

6.1.3.2.1 Impairment-Test von Vermögenswerten

Gemäß IAS 36 sind Vermögenswerte bei Vorliegen eines Wertminderungsindikators im Hinblick auf ihre Werthaltigkeit zu prüfen (Impairment-Test).[2674] Im Zuge des Impairment-Tests ist der Buchwert (BW) eines Vermögenswerts mit dem Recoverable Amount (RA) zu vergleichen, welcher als Maximum von Value in Use (VIU) und Fair Value less Costs to Sell (FVC) definiert ist:[2675]

$$RA = \max\{VIU; FVC\}$$

2669 Vgl. IAS 36.125.
2670 Vgl. IAS 38.48; Dobler/Gampenrieder (Goodwillbilanzierung, Teil I), S. 393; Watrin/Strohm/Struffert (Entwicklungen), S. 1458.
2671 Vgl. Watrin/Strohm/Struffert (Entwicklungen), S. 1458.
2672 Vgl. kritisch Küting (Schlüsselgröße), S. 176 f. m.w.N.
2673 Vgl. Busse von Colbe (Bilanzierung).
2674 Vgl. IAS 36.9 ff.
2675 Vgl. IAS 36.6.

Während der VIU auf das vorhandene vermögenswertindividuelle Nutzenpotential abstellt und somit als (Going-Concern-)Barwert, d.h auf Grundlage der aus dem unveränderten Einsatz des Vermögenswerts zu erwartenden Cash Flows, zu berechnen ist, stellt der FVC einen (markt-)typisierten hypothetischen Veräußerungswert (Exit Value) dar.[2676] Der RA ist der höhere der beiden Werte und ergibt sich aus dem Vergleich der alternativen Verwendungsmöglichkeiten der internen Nutzung oder des Verkaufs, womit für die Bewertung eine bestmögliche Verwendungsentscheidung unterstellt wird.[2677]

Maßgeblich für den Wert eines Vermögenswerts ist in erster Linie sein Nutzenpotential, d.h. sein VIU.[2678] Aus der Sicht eines rationalen Investors kann der Wert eines Vermögenswerts jedoch nicht unter dessen Liquidationswert sinken[2679] der durch den FVC approximiert wird. Liegt der VIU unter dem FVC, erscheint es ökonomisch geboten, den entsprechenden Vermögenswert zu veräußern.[2680] Aus dem FVC wird gewissermaßen in bestimmten Situationen der VIU; er stellt approximativ den Wert der „Nutzungsalternative" Verkauf und somit quasi einen Sonderfall des VIU dar.

Ist der BW eines Vermögenswerts höher als sein RA, besteht ein Wertberichtigungsbedarf in Höhe dieser Differenz, welcher i.d.R. erfolgswirksam als Wertminderungsaufwand (WA) zu erfassen ist:[2681]

$$BW > RA \Rightarrow WA = BW - RA$$

Ist der RA mindestens so hoch wie der BW, so liegt hingegen keine Wertminderung vor:

$$BW \leq RA \Rightarrow WA = 0$$

Grundsätzlich sollte der VIU den FVC betragsmäßig übersteigen und somit den RA repräsentieren. Doch ist eine Ermittlung des VIU für einzelne Vermögenswerte aufgrund mangelnder Zurechenbarkeit der im Leistungsverbund

---

2676 Der Recoverable Amount als rationales Investitionskalkül ergibt sich folglich als höherer Wert der alternativen Verwertungsmöglichkeiten „interne Nutzung" oder „Verkauf", womit eine optimale Verwertungsentscheidung unterstellt wird. Vgl. IAS 36.BCZ9; IDW (IDW RS HFA 16), Rn. 8.

2677 Vgl. IAS 36.BCZ9; IDW (IDW ERS HFA 16), Rn. 8; Dobler (Folgebewertung), S. 27; Lienau/Zülch (value in use), S. 320.

2678 Vgl. Committee (Accounting), S. 539.

2679 Vgl. hierzu auch Siegel/Bareis (Schimäre), S. 1478 f.

2680 Vgl. Mujkanovic (Fair Value), S. 279 f.; Barton (Income Theory), S. 678.

2681 Vgl. IAS 36.59 f.

generierten Zahlungsströme oftmals nicht möglich.[2682] Es reicht im Rahmen des Impairment-Tests jedoch bereits aus, festzustellen, ob der *RA* mindestens so hoch wie der *BW* ist, auf die genaue Höhe des *RA* kommt es in diesem Zusammenhang nicht an. Bei einem den *BW* eines Vermögenswerts übersteigenden *FVC* kann daher der Impairment-Test beendet und auf die Ermittlung des *VIU* verzichtet werden. Liegt der *FVC* allerdings unter dem *BW* eines Vermögenswerts oder ist ein solcher nicht feststellbar, muss zwingend ein *VIU* berechnet werden.[2683] Dies kann und muss nicht notwendigerweise direkt für den betroffenen Vermögenswert geschehen, da Synergien zwischen den Vermögenswerten schwerlich direkt beim Impairment-Test eines Vermögenswerts Berücksichtigung finden können[2684].

Kann im Normalfall den einzelnen Vermögenswerten kein unabhängiger Zahlungsstrom zugerechnet werden, scheidet eine vermögenswertindividuelle *VIU*-Berechnung aus.[2685] In solchen Fällen ist die Bezugsebene des Impairment-Tests auf die kleinste Gruppe von Vermögenswerten auszuweiten, für die eine Zuordnung weitgehend unabhängig generierter Cash Flows möglich ist.[2686] Die so abzugrenzenden Bewertungseinheiten werden als *CGU* bezeichnet.[2687]

Ist ein Impairment-Test auf *CGU*-Ebene durchzuführen, hat wiederum ein Vergleich des *BW* einer *CGU* mit ihrem *RA* zu erfolgen. Ein CGU-bezogener *RA* ist als höherer Wert von CGU-bezogenem *VIU* und *FVC* definiert.[2688] Übersteigt der *BW* einer *CGU* ihren *RA*, besteht ein Wertberichtigungsbedarf in Höhe der Differenz. Hierbei ist zunächst pauschal ein der *CGU* (anteilig) zugerechneter Goodwill abzuwerten. Ein darüber hinaus bestehender Wertberichtigungsbedarf ist buchwertproportional bei den einzelnen Vermögenswerten der *CGU* zu berücksichtigen.[2689] Dabei darf aber der vermögenswertindividuelle

2682 Vgl. Beyhs (Impairment), S. 96; Schruff/Haaker (Immaterielle Vermögenswerte), Rn. 86; Hommel (Bilanzierung), S. 28 f.
2683 Vgl. IAS 36.20; Beyhs (Impairment), S. 95; Cearns (Impairment).
2684 Vgl. Bierman (Recording Obsolescence), S. 235.
2685 Vgl. Beyhs (Impairment), S. 95 ff.
2686 Vgl. IAS 36.66.
2687 Vgl. IAS 36.6.
2688 Vgl. Seetharaman/Sreenivasan/Sudha/Yee (Managing), S. 346.
2689 Vgl. IAS 36.104.

RA nicht unterschritten und der *BW* einzelner Vermögenswerte nicht negativ werden.[2690]

Der Impairment-Test eines Vermögenswerts (z.B. eine in ihrer Leistungskraft gesunkenen Maschine) führt folglich eher zu einer außerplanmäßigen Abschreibung des Goodwill als zu einer Wertminderung des auf Werthaltigkeit zu testenden Postens.[2691] Oftmals wird somit trotz tatsächlicher Wertminderung eines Vermögenswerts angesichts des Wertausgleichs innerhalb einer *CGU* überhaupt keine Wertminderung erfasst werden.[2692]

In der Praxis sollte normalerweise kein *FVC* für die durch Individualität gekennzeichneten *CGU* bestimmbar sein,[2693] d.h. eine Schätzung des *FVC* aufgrund der Besonderheiten von *CGU* nur bedingt in Frage kommen.[2694] Sollte er dennoch ermittelbar sein, dürfte bei fortgeführter Geschäftstätigkeit der *VIU* i.d.R. der höhere Wert sein. Im Folgenden wird daher vereinfachend davon ausgegangen, dass der *VIU* stets den *RA* einer *CGU* repräsentiert.[2695]

6.1.3.2.2 Impairment-Test des Goodwill

Nach Auffassung des IASB stellt der Goodwill einen Vermögenswert mit unbestimmbarer Nutzungsdauer dar und unterliegt daher keiner planmäßigen Abschreibung.[2696] Für *CGU*, denen ein Goodwill zugerechnet wurde, ist stattdessen ein jährlicher Impairment-Test obligatorisch (Impairment-Only-Approach).[2697] Unbeschadet davon ist die Werthaltigkeit bei Vorliegen eines Wertminderungsindikators auch unterjährig zu überprüfen.[2698] Da der Goodwill nach IFRS 3.51(a) als Vermögenswert anzusetzen ist, erscheint es auch bezogen auf den Goodwill geboten, dem Grundsatz der Einzelbewertung folgend einen vermögenswertindividuellen Impairment-Test vorzunehmen. Eine unmittelbare Werthaltigkeitsprüfung dieses Vermögenswerts scheidet jedoch von vornherein aus. Die Werthaltigkeitsprüfung eines Goodwills kann naturgemäß

2690 Vgl. IAS 36.105. D.h. die jeweiligen *VIU* bzw. *FVC* (soweit bestimmbar) stellen die Wertuntergrenzen dar. Vgl. Shoaf/Zaldivar (Goodwill Impairment), S. 33.

2691 Vgl. Shoaf/Zaldivar (Goodwill Impairment), S. 33.

2692 Vgl. Pellens (Rechnungslegungssysteme), Sp. 1551.

2693 Vgl. Bartelheimer/Kückelhaus/Wohlthat (Impairment), S. 24 f.

2694 Vgl. Beyhs (Impairment), S. 97; Hirschey/Richardson (Goodwill Write-Offs), S. 77; Protzek (Impairment Only-Ansatz), S. 498.

2695 Vgl. Beyhs (Impairment), S. 97 f.

2696 Vgl. IFRS 3.BC101.

2697 Vgl. IFRS 3.55.

nur auf der Ebene einer oder mehrerer *CGU* (=goodwill-tragende *CGU*) erfolgen,[2699] da der Goodwill im Kern Synergiepotentiale widerspiegelt,[2700] welche keine unabhängigen Cash Flows generieren können[2701]. Daher sind im Rahmen des Goodwill-Impairment-Tests stets *BW* und *VIU* einer goodwilltragenden *CGU* gegenüberzustellen, um ggf. den Überhang des *BW* über den *VIU* als außerplanmäßige Abschreibung zu erfassen.[2702]

Da beim einstufigen Impairment-Test nach IAS 36 anders als beim zweistufigen Goodwill-Impairment-Test nach US-GAAP keine indirekte „Einzelbewertung" des Goodwill erfolgt,[2703] kann es sich bei einem als Goodwill-Impairment erfassten Betrag im Grunde auch um eine Wertminderung von sonstigen Vermögenswerten handeln.[2704] Der Test erfolgt CGU-bezogen,[2705] ohne eine schlüssige Zuordnung auf Goodwill und identifizierbares Nettovermögen vorzunehmen, weshalb eine beim Goodwill erfasste Wertminderung allenfals als „Gesamtwertminderung" einer CGU und nicht des CGU-Goodwill interpretierbar ist.

[2698] Vgl. IFRS 3.55.

[2699] Vgl. IAS 36.80. Im Folgenden wird vereinfachend nicht zwischen einer einzelnen „kleinsten" *CGU* und einer Gruppe von *CGU* unterschieden.

[2700] Vgl. IFRS 3.BC130 f.; Johnson/Petrone (Goodwill), S. 295 f.

[2701] Vgl. IAS 36.81; Kümpel/Susnja (Goodwillbilanzierung), S. 75.

[2702] Vgl. IAS 36.104 f.

[2703] Hiebei folgt die Goodwill-Ermittlung der zweiten Teststufe sozusagen der Methodik der Erstkonsolidierung auf Ebene der betroffenen Reporting Unit, indem das neubewertete identifizierbare Nettovermögen vom Gesamt-Fair Value der Reporting Unit abgezogen wird, um den impliziten Wert des Goodwill zu erhalten. Vgl. Munter/Holzmann/Robinson (Business Combinations), S. 11 f.; Becker/Sperduto/Riedy (Goodwill Valuation), S. 38 f.; Kolins/Scheuerell (Business Combinations), S. 5. Der implizite Wert des Goodwill wird mit dem Buchwert des Goodwill verglichen, woraus sich ggf die tatsächliche Wertminderung des Goodwill ergibt. Dieser zweiten Teststufe ist jedoch eine erste Teststufe vorgeschaltet, bei der der Fair Value der Reporting Unit dessen Buchwert gegenüberzustellen ist. Nur wenn der Buchwert höher ist, muss die zweite Teststufe durchgeführt werden, weshalb eine Wertminderung des impliziten Goodwill mitunter nicht aufgedeckt werden kann. Vgl. hierzu Eldridge (Goodwill Impairmen), S. 4; Wilson/Heitger (Business Combinations), S. 52 f.; Kahle (Goodwill-Bilanzierung, Teil B), S. 854; Massoud/Raiborn (Goodwill), S. 28; Duangploy/Shelton/Omer (Value Relevance), S. 23 f.; Mercer/Crow/Patton (Goodwill Valuation), S. 24; Christian/McCarthy/Schneider (Goodwill Impairment Testing), S. 7; Casabona (Business Combinations), 40; Bukics/Chapman (Goodwill Impairment Testing), S. 35 f.

[2704] Vgl. hierzu Kühnberger (Firmenwerte), S. 680; ferner IDW (Business Combinations), S. 209; a.A. Küting/Wirth (Richtungswechsel), S. 1850 f., nach deren Auffassung der „Wertberichtigungsbedarf im Wesentlichen auf den Geschäfts- oder Firmenwert zurückzuführen" [Küting/Wirth (Richtungswechsel), S. 1851] sein sollte.

[2705] Vgl. Shoaf/Zaldivar (Goodwill Impairment), S. 33.

Eine nicht selten relevante „Besonderheit“ beim Goodwill-Impairment-Test stellt die Berücksichtigung von Minderheitengesellschaftern dar.[2706] Hierbei treten „buchungstechnische“ Probleme auf, denn ein unter Anwendung der Neubewertungsmethode erstellter Konzernabschluss umfasst lediglich den auf die Mehrheitengesellschafter entfallenden Teil des Goodwill; ein den Minderheitengesellschaftern zurechenbarer Anteil bleibt hingegen konsolidierungstechnisch unberücksichtigt.[2707] Anderes gilt für das Nettovermögen, welches bei der Erstkonsolidierung unabhängig von der Beteiligungsquote zum Fair Value anzusetzen ist.[2708]

Wird ein Impairment-Test auf Ebene einer goodwill-tragenden *CGU* durchgeführt, an der auch Minderheitengesellschafter beteiligt sind, ergibt sich demzufolge ein konzeptionelles Problem.[2709] Während der Buchwert der *CGU* sowohl die Mehrheiten- als auch die Minderheitenanteile des identifizierbaren Nettovermögens umfasst,[2710] wird ein Goodwill nur mit seinem Mehrheitenanteil im Buchwert der *CGU* berücksichtigt.[2711] Hierbei handelt es sich um eine Inkonsistenz von materieller Bedeutung: der im Zuge des Impairment-Tests zu ermittelnde VIU einer CGU stellt einen Wert aus der Sicht beider Anteilseignergruppen dar und beinhaltet folglich implizit einen Minderheiten-Goodwill.[2712] Ein solcher ist mangels bilanziellen Ausweises jedoch nicht im Buchwert der CGU enthalten. Erfolgt keine entsprechende Anpassung der Werte, werden gleichsam „Äpfel mit Birnen“ verglichen werden. Daher ist für den beim Impairment-Test vorzunehmenden Vergleich des Buchwerts mit dem VIU einer *CGU* der aktivierte Goodwill in einer Nebenrechnung um einen nicht aktivierten Minderheitenanteil zu ergänzen. Zu diesem Zweck ist der bilanzierte Mehrheiten-Goodwill auf einen Gesamt-Goodwill hochzurechnen.[2713]

2706 Vgl. Hoffmann (Abschreibungen), Rn 68. Zur Bedeutung und zum Vorgehen im Falle von Minderheitenbeteiligungen vgl. ausführlich Pellens/Sellhorn (Minderheitenproblematik); Wirth (Firmenwertbilanzierung), S. 225-230.

2707 Vgl. IAS 36.91.

2708 Vgl. Küting/Wirth (Bilanzierung), S. 170; Gornik-Tomaszewski (Business Combinations), S. 36.

2709 Vgl. Pellens/Fülbier/Gassen (Rechnungslegung), S. 700.

2710 Vgl. IAS 36.91(a).

2711 Vgl. IAS 36.91(b); Watrin/Strohm/Struffert (Business Combination Project), S. 24; Küting/Wirth (Richtungswechsel), S. 1851; Watrin/Strohm/Struffert (Entwicklungen), S. 1457.

2712 Vgl. Watrin/Strohm/Struffert (Business Combinations Project), S. 24.

2713 Vgl. IAS 36.92.

In diesem Zusammenhang wird bemerkenswerterweise eine proportionale Hochrechnung für zulässig erachtet.[2714] Dieses Vorgehen ist zumindest im Hinblick auf mögliche, allein den Mehrheitengesellschaftern zugute kommende kontrollbedingte Synergievorteile zu bemängeln.[2715] Der Goodwill ist schließlich ein Spiegelbild des Synergiepotentials,[2716] entsprechend stellt der Mehrheiten-Goodwill das den Mehrheitengesellschaftern und der Minderheiten-Goodwill das den Minderheitengesellschaftern zukommende Synergiepotential dar.[2717] Das gesamte Synergiepotential setzt sich aus den im Mutterunternehmen und den im Tochterunternehmen erwarteten Synergieeffekten zusammen.[2718] Schon das „Mengengerüst" des Synergienpotentials der Mehrheitengesellschafter ist höher, da ihnen die im Mutterunternehmens und darüber hinaus ein Teil der im Tochterunternehmen realisierbaren Synergieeffekte zuteil werden können. Die Minderheiten profitieren hingegen lediglich anteilsmäßig von den innerhalb des Tochterunternehmens realisierbaren Synergieeffekten. Aufgrund der Kontrollmöglichkeiten des Mutterunternehmen und der damit verbundenen „Zugriffsmöglichkeiten" auf potentielle Synergieeffekte[2719] darf bezüglich des Goodwill des Tochterunternehmens im Normalfall kein beteiligungsproportionales Verhältnis von Mehr- und Minderheiten-Goodwill angenommen werden.[2720] Daher erscheint die Annahme der Proportionalität von Mehr- und Minderheiten-Goodwill wenig sachgerecht und allenfalls unter Vereinfachungs- und Objektivierungsgesichtspunkten akzeptabel.

Übersteigt der um den Minderheiten-Goodwill ergänzte Buchwert einer *CGU* ihren VIU, ist zunächst eine Abwertung des hochgerechneten Goodwill vorzunehmen und ein darüber hinaus gehender Wertminderungsbedarf zu Lasten der Vermögenswerte zu verbuchen.[2721] Ein auf den Goodwill entfallender Impairment-Bedarf muss hierbei in einer Nebenrechnung auf den Mehrheiten- und Minderheiten-Goodwill aufgeteilt werden. Nur eine Wertminderung des Mehrheiten-Goodwill ist erfolgswirksam zu erfassen. Minderheiten-Goodwill sowie die darauf entfallenden Wertminderungen werden lediglich in einer Ne-

---

[2714] Vgl. mit Verweis auf ein in IAS 36.IE65 gegebenes Beispiel Wirth (Firmenwertbilanzierung), S. 227.
[2715] Vgl. Busse von Colbe (Einheitstheorie), S. 49.
[2716] Vgl. Johnson/Petrone (Goodwill), S. 295 f.
[2717] Vgl. Haaker (Einheitstheorie), S. 454; Haaker (full goodwill method), S. 27.
[2718] Vgl. Bradley/Desai/Kim (Synergistic Gains), S. 4 f.
[2719] Vgl. Mercer/Crow/Patton (Goodwill Valuation), S. 26.
[2720] Vgl. Busse von Colbe (Einheitstheorie), S. 49; Esser (Goodwillbilanzierung), S. 162.

benrechnung und nicht im Konzernabschluss erfasst.[2722] Dieses soll sich bei Verabschiedung des ED IFRS 3 ändern, da eine generelle Anwendung der Full Goodwill Method, d.h. eine „Hochrechnung" des Goodwill um den Minderheitenanteil, vorgesehen ist. Bei der Ableitung des Minderheiten-Goodwill im Rahmen der Full Goodwill Methode gemäß ED IFRS 3 sind jedoch regelmäßig die Synergieverhältnisse zwischen Mehr- und Minderheitengesellschaftern zu berücksichtigen,[2723] womit im Übrigen ein Widerspruch zur proportionalen Hochrechnung im Rahmen des Impairment-Tests bestehen würde[2724].

6.1.3.3 Goodwill-Substitutionseffekt

Die Folgebilanzierung des Goodwill erscheint auch aus konzeptioneller Sicht angreifbar. Unstreitig ist die Nutzungsdauer des derivativen Goodwill oftmals schwerer vorherzusagen als bei den meisten anderen Vermögenswerten.[2725] Eine ausschließliche Anwendung des Impairment-Only-Approach auf den Goodwill führt gleichwohl zu Inkonsistenzen innerhalb des IFRS-Regelwerks.[2726] Im Übrigen kann auch bei abnutzbaren Sachanlagen wie etwa Gebäuden oder Spezialmaschinen die Nutzungsdauer mitunter einen kaum vorhersehbaren Verlauf aufweisen, weshalb jedoch nicht auf deren planmäßige Abschreibung verzichtet wird.[2727] Die Nutzungsdauer des Goodwill ließe

---

2721 Vgl. IAS 36.92 i.V.m. IAS 36.104; Shoaf/Zaldivar (Goodwill Impairment), S. 33.

2722 Vgl. Hoffmann (Abschreibungen), Rn. 69; Pellens/Sellhorn (Minderheitenproblematik), S. 403.

2723 Vgl. Pellens/Sellhorn/Amshoff (Konzernbilanzierung), S. 1754.

2724 Insofern kann es sich bei der Full Goodwill Method im Grunde um keine „pragmatische Behelfslösung" zur technischen Lösung der Minderheiten-Probleme beim Goodwill-Impairment-Test handeln. Vgl. Pellens/Basche/Sellhorn (Full Goodwill Method), S. 4.

2725 Vgl. Nelson (Goodwill), S. 492.

2726 Freilich sind gemäß IAS 38.88 auch andere immaterielle Vermögenswerte, für die eine Begrenzung der Nutzungsdauer nicht vorhersehbar ist, so zu behandeln, als hätten sie eine unbegrenzte Nutzungsdauer. Auf sie ist nach IAS 38.107 f. gleichfalls der Impairment-Only-Approach anzuwenden. Vgl. Grünberger/Grünberger (Business Combinations), S. 120. Wie bereits gezeigt wurde, ist die Nutzungsdauer des aktuellen Synergiepotentials als Wertdeterminten des Goodwill sowohl begrenzt als auch planbar.

2727 Vgl. Busse von Colbe (Accounting), S. 206; Hitz/Kuhner (Neuregelung), S. 282; Kahle (Goodwill-Bilanzierung, Teil B), S. 901. Vgl. zu diesem Vergleich aber Eiteman (Goodwill), S. 48: „I propose that purchased goodwill is not a finitive-lived asset like a building, equipment or a patent...it should be carried at an unamortized amount in the balance sheet as long as there is no evidence that its value has been impaired or that its term of existence has become limited."

sich etwa mittels einer Lebenszyklusrechnung[2728] der entsprechenden Produkte hinreichend genau abschätzen.[2729]

An dieser Stelle ist ein Widerspruch bei der Goodwill-Behandlung zu konstatieren: Der Verzicht auf eine planmäßige Abschreibung aufgrund einer mangelnden Planbarkeit des Wertverlaufs[2730] ist insbesondere vor dem Hintergrund der Goodwill-Zuordnung auf CGU unverständlich, da für die Aufteilung des Goodwill faktisch eine Bewertung des Synergiepotentials und somit die entsprechenden Planungen vorauszusetzen sind. Der Wert des Synergiepotentials hängt schließlich von den Erwartungen bezüglich der Realisierung der Synergieeffekte ab. Mit der planmäßigen Realisierung „it is no longer included in the calculation“[2731], womit der Wert des derivativen Goodwill abnimmt und demzufolge eine geeignete Basis für die Verrechnung planmäßiger Abschreibungen vorliegt.[2732]

Sieht man von diesen Widersprüchen ab, verbleibt immer noch ein viel gewichtigerer Einwand gegen den Impairment-Only-Approach. Trotz der auf den ersten Blick nachvollziehbaren Logik des Ansatzes[2733] mahnt *Busse von Colbe* „einen scharfen Bruch mit einem bisher nicht angezweifelten Grundsatz der Rechnungslegung“, d.h. eine Aushebelung der „Nichtbilanzierung des originären Goodwills“ an.[2734] Der Impairment-Only-Approach führt konzeptionell bedingt zu einem »Goodwill-Substitutionseffekt«, da im Zeitablauf ein originärer Goodwill an die Stelle eines derivativen Goodwill tritt.[2735]

Folgendes vereinfachtes Beispiel soll den Goodwill-Substitutionseffekt verdeutlichen:[2736] Zum 31.12.t erwirbt die Mutter AG 100 % der Anteile an der Tochter GmbH. Die Anschaffungskosten belaufen sich auf 100 GE und entsprechen dem Grenzpreis aus der Sicht der Mutter AG. Aufgrund des Zusammenschlusses erwartet die Mutter AG einen einmaligen Synergieeffekt in t+2, der planmäßig zu einem Übergewinn i.H.v. 121 GE führt. Die Tochter GmbH

2728 Vgl. Schild (Lebenszyklusrechnung).
2729 Vgl. Peemöller/Geiger (Unternehmenserwerbe), S. 285.
2730 Vgl. kritisch Hitz/Kuhner (Neuregelung), S. 281 f.
2731 Gynther (Goodwill), S. 251.
2732 Vgl. hierzu insbesondere Schultze (Information Content), S. 283-287
2733 Vgl. hierzu Ordelheide (Geschäftswert), S. 583 f.; Eiteman (Goodwill), S. 48.
2734 Busse von Colbe (Nonarmortization-Impairment-Ansatz), S. 877 (beide Zitate).
2735 Vgl. etwa Küting/Weber/Wirth (Goodwillbilanzierung), S. 193; AAA (Goodwill), S. 169; IDW (Business Combinations), S. 206.
2736 Vgl. Haaker/Paarz (Vodafone-Diskussion), S. 690.

wird als goodwill-tragende CGU abgegrenzt, das sonstige Nettovermögen der goodwill-tragenden CGU sei mit 0 GE angenommen, der CGU-spezifische Kalkulationszinssatz beträgt 10 %.

Abbildung 50 zeigt einen möglichen bilanziellen Wertverlauf des erworbenen Goodwill auf. Im Rahmen der jährlichen Goodwill-Impairment-Tests zum 31.12. der Geschäftsjahre t, t+1 und t+2 wird kein Impairment-Bedarf festgestellt. Da das erworbene Synergiepotential am 31.12.t+2 verbraucht ist, muss zu diesem Zeitpunkt der erworbene Goodwill vollständig durch originären Goodwill ersetzt worden sein.

Abbildung 50: Goodwill-Substitutionseffekt

	01.01.t	31.12.t	31.12.t+1	31.12.t+2
Bilanzierter Goodwill	-	$100\,GE$	$100\,GE$	$100\,GE$
Wert des derivativen Goodwill	-	$\frac{121}{1{,}1^2} = 100\,GE$	$\frac{121}{1{,}1} = 110\,GE$	$0\,GE$
Δderivativer Goodwill	-	$+100\,GE$	$+10\,GE$	$-110\,GE$
Kassenbestand	$100\,GE$	$0\,GE$	$0\,GE$	$121\,GE$
ΔKassenbestand	-	$-100\,GE$	$0\,GE$	$+121\,GE$
Bilanzielle Wertminderung	-	$0\,GE$	$0\,GE$	$0\,GE$
Wert des originären Goodwill	-	?	?	$>100\,GE$
Wert des Gesamt-Goodwill	-	$>100\,GE$	$>100\,GE$	$>100\,GE$

Selbst bei planmäßiger Nutzung der hinter dem bezahlten Goodwill stehenden Synergiepotentiale und Realisierung der erwarteten Synergieeffekte nimmt der Wert eines derivativen Goodwill im Zeitablauf ab.[2737] Die Abnahme des Wertes umfasst dann den planmäßig realisierten Synergieeffekt abzüglich des auf

[2737] Vgl. Schultze (Information Content), S. 283-287.

dem zeitlichen Näherrücken der erwarteten Zahlungen beruhenden Zeiteffekts.[2738] Wird dennoch trotz planmäßiger Realisierung der erworbenen Synergieeffekte beim bilanzierten Goodwill kein Wertberichtigungsbedarf festgestellt, so hat ein originärer Goodwill den derivativen Goodwill substituiert.[2739] Die damit einhergehende Bilanzierung eines originären Goodwills stellt einen Bruch mit einem bisher international vorherrschenden Rechnungslegungsprinzip dar.[2740] Ein konzeptionell so bedeutsamer Bruch ist jedoch nur gerechtfertigt, wenn damit den Zwecken eines IFRS-Abschlusses gedient ist.[2741]

Nach der hier vertretenen Auffassung ist in einer informativen Rechnungslegung weniger der Umstand zu bemängeln, dass originärer Goodwill aktiviert wird,[2742] als vielmehr die Tatsache, dass im „Normalfall" gemäß IAS 38.48 der originäre Goodwill einem Aktivierungsverbot unterliegt,[2743] hier besteht zumindest eine Inkonsistenz.[2744] Wird das explizite Aktivierungsverbot für den originären Goodwill jedoch sowieso schon umgangen und „[a]kzeptiert man dies, wäre eine grundsätzliche Ablehnung der Aktivierung eines originären Goodwill kaum mehr zu begründen."[2745] Die Bewertungsprobleme des Goodwill-Impairment-Tests wiegen im Übrigen ähnlich schwer wie bei einer Bewertung des originären Goodwill.[2746]

Auch ist das „Mischverhältnis" von erworbenem und selbst generierten Goodwill nicht erkennbar und bleibt den Investoren gänzlich verborgen.[2747] Für Ana-

---

2738 Vgl. Smith (Purchached Goodwill), S. 23.

2739 Da erworbenes Synergiepotential „verbraucht" wurde, beruht der bilanzierte Goodwill somit (teilweise) auf selbst geschaffenen Potentialen. Dies gilt zumindest bei einem konstanten Nettovermögen (ohne Goodwill). Ferner muss der Zeiteffekt, welcher aufgrund des zeitlichen Näherrückens des Einzahlungszeitpunktes zu einer automatischen Werterhöhung des derivativen Goodwill führt [vgl. Gynther (Goodwill), S. 251], geringer sein als der „Potentialverbrauch". Zum Zeiteffekt vgl. Moxter (Betriebswirtschaftliche Gewinnermittlung), S. 53.

2740 Vgl. Busse von Colbe (Nonamortization-Impairment-Ansatz), S. 877. Vgl. auch IAS 38.48 ff.

2741 Die Frage, ob der Goodwill abgeschrieben werden sollte, ist nicht neu. Vgl. exemplarisch Emery (Goodwill); Hasenack (Unhaltbarkeit); Eiteman (Goodwill); Grinyer/Russel/Walker (Accounting for Goodwill).

2742 Zur Kritik vgl. insbesondere Siegel (Bilanzierung), S. 750 sowie die daran angelehnten Darstellungen bei Brösel/Müller (Goodwillbilanzierung), S. 38 f.

2743 Vgl. IDW (Business Combinations), S. 202.

2744 Vgl. auch Massoud/Raiborn (Goodwill), S. 29; AAA (Commentary), S. 60.

2745 Mujkanovic (Geschäftswert), S. 826.

2746 Vgl. AAA (Commentary), S. 60.

2747 Vgl. Ballwieser (Unternehmen), S. 26; Grünberger/Grünberger (Business Combinations), S. 120.

lysezwecke wäre indes eine explizite Trennung von derivativen und originären wünschenswert,[2748] ansonsten vermag ein außenstehender Investor kaum zu beurteilen, was sich hinter dem ausgewiesenen Goodwill verbirgt.[2749] Auf eine solche Trennung könnte allenfalls beim Ansatz des Gesamt-Goodwill verzichtet werden,[2750] da somit eine Gleichbehandlung beider Komponenten erfolgen würde.

Tatsächlich ist bereits unklar, welche ökonomische Ursache sich hinter einer verbuchten Wertminderung verbirgt. Nachfolgend sollen einige im Hinblick auf den Goodwill-Impairment-Test grundlegende Zusammenhänge aufgezeigt werden, um darauf aufbauend den Charakter einer verbuchten Wertminderung zu analysieren.

6.1.3.4 Analyse des erfassten Goodwill-Impairment

6.1.3.4.1 CGU-bezogener Impairment-Bedarf und Zeiteffekt

Der Goodwill-Impairment-Test ist gesamtwertorientiert als Impairment-Test einer CGU durchzuführen.[2751] Da im Grunde nur die Werthaltigkeit der CGU und nicht die des „quasi einzelbewerteten" Goodwill getestet wird, lässt sich ein erfasster Goodwill-Impairment nur als Gesamtwertminderung einer CGU interpretieren, die nicht zwingend (in gleicher Höhe) mit einer Wertminderung des Goodwill einhergehen muss.[2752] Infolgedessen kann die Ursache der als Goodwill-Abschreibung erfassten Wertminderung einer CGU auch in Wertverlusten von einzelnen Vermögenswerten wie etwa Maschinen u.ä. liegen.[2753] Somit könnte der Goodwill-Impairment jedoch zumindest eine gesunkene „Ertragskraft" einer CGU signalisieren.[2754]

2748 Vgl. Schultze (Bonusbanken), S. 21.
2749 Vgl. Rammert (Pooling of interests), S. 624; Weißenberger (Möglichkeiten), S. 206.
2750 Vgl. AAA (Goodwill), S. 169.
2751 Vgl. Shoaf/Zaldivar (Goodwill Impairment), S. 33. Auf die Umsetzung des ursprünglich vorgesehenen konzeptionell überlegenen zweistufigen Testverfahrens, welches eine Quasi-Einzelbewertung des Goodwills vorsah, wurde zu Gunsten eines einstufigen Verfahrens verzichtet. Vgl. Kühnberger (Firmenwerte), S. 679 f.; Hachmeister/Kunath (Bilanzierung), S. 72 f.
2752 Vgl. Kühnberger (Firmenwerte), S. 679 f.
2753 Zur ertragswertorientierten Abschreibung des Goodwill vgl. Smith (Purchased Goodwill), S. 23 f.; Wagner (Firmenwert), S. 481-484.
2754 Vgl. Hayn/Hughes (Goodwill Impairment), S. 229; Duangploy/Shelton/Omer (Value Relevance), S. 27.

Allgemein wird davon ausgegangen, dass ein Goodwill-Impairment regelmäßig eine, ggf. erst ex post als solche erkannte,[2755] Fehlinvestition signalisiert.[2756] Richtig ist, dass es bei einem konstanten Nettovermögen (Buchwert=Fair Value) zu einem Goodwill-Impairment kommt, wenn der VIU und somit der Barwert der zukünftigen Überrenditen unter den ursprünglich bezahlten Wert sinkt *(vgl. Abbildung 51).*[2757]

Abbildung 51: Goodwill-Impairment-Bedarf

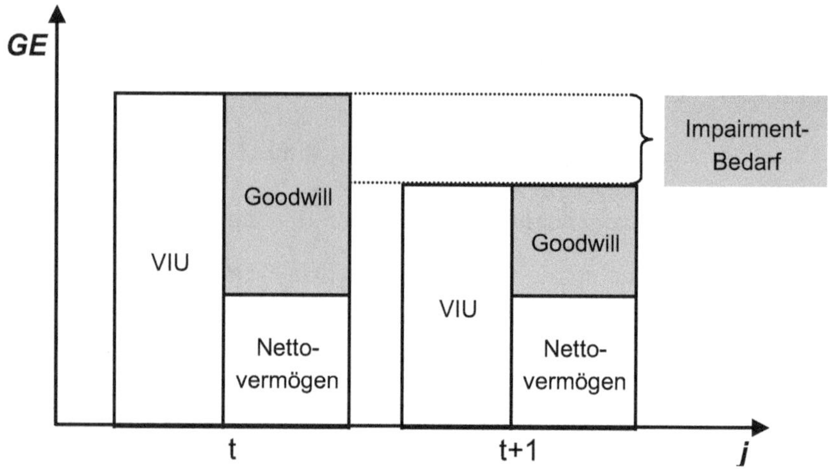

Sinkt jedoch der Wert des Nettovermögens unter den Buchwert, kann es – wie bereits erläutert würde – gleichfalls zu einem Goodwill-Impairment kommen, obwohl der Goodwill im Wert unverändert geblieben ist *(vgl. Abbildung 52).*

[2755] Auch wenn sich ein Unternehmenszusammenschluss im Nachhinein als Fehlinvestition erweist, so kann auf Grundlage des Informationsstands zum Akquisitionszeitpunkt dennoch ein posiver Kapitalwert vorgelegen haben. Vgl. Küting/Weber/Keßler (Auswirkungen), S. 640; Busse von Colbe (Einheitstheorie), S. 59.

[2756] Vgl. z.B. Zülch/Lienau/Willeke (IDW ERS HFA 16), S. 109.

[2757] Vgl. Schultze/Hirsch (Unternehmenswertsteigerung), S. 149. Hierbei wird vereinfachend von einer Bezahlung des Käufergrenzpreises ausgegangen. Zusätzlich wird im Folgenden zunächst ein unveränderter Kalkulationszinssatz unterstellt.

Abbildung 52: Goodwill-Impairment aufgrund gesunkenen Nettovermögens

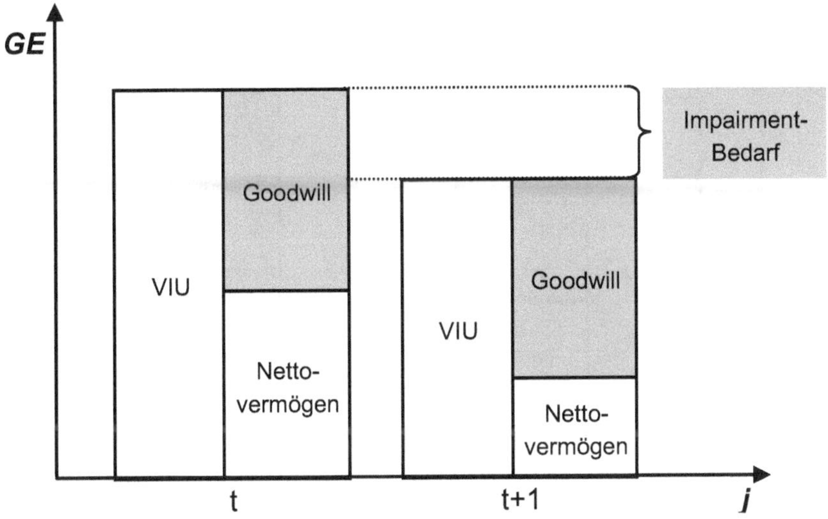

Soweit der Impairment-Bedarf den ausgewiesenen Goodwill nicht übersteigt, wird dieser in vollem Umfang durch eine Goodwill-Abschreibung gedeckt, während beim tatsächlich wertgeminderten Nettovermögen keine Abschreibungen erfasst werden.

Ein Effekt, der Wertminderungen „überlagert“, ist der reine Zinseffekt aufgrund des zeitlichen Näherrückens der erwarteten Überrenditen (Zeiteffekt).[2758] Hierdurch kommt es in den Perioden vor der Realisierung der Überrenditen zu einer automatischen Werterhöhung des Goodwill im Zeitablauf *(vgl. Abbildung 53)*.[2759]

2758 Vgl. Moxter (Betriebswirtschaftliche Gewinnermittlung), S. 53.
2759 Vgl. Gynther (Goodwill), S. 251; Smith (Purchased Goodwill), S. 23.

Abbildung 53: Zeiteffekt und Goodwill

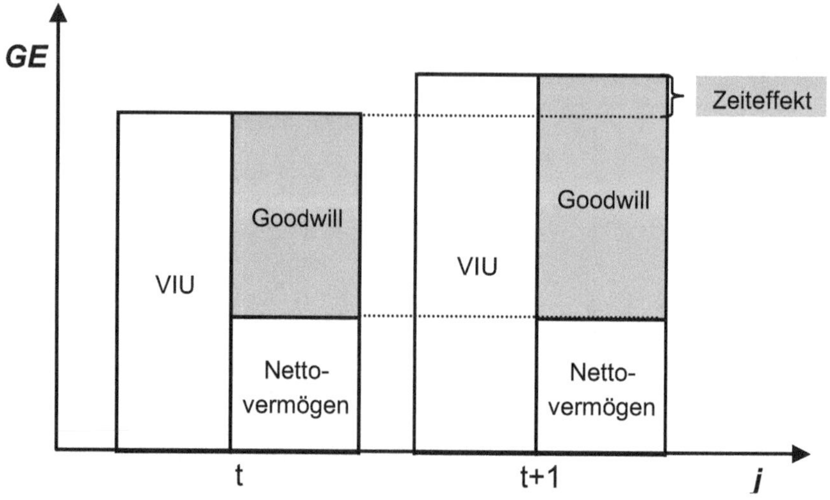

Die dargestellte Erhöhung des Goodwill um den Zeiteffekt wird c.p. bilanziell nicht erfasst. Jedoch vermag sie, ebenso wie die Schaffung von originärem Goodwill, in bestimmten Fällen bilanzielle Wertminderungen zu kompensieren. Sie darf indes nicht mit der Schaffung von „neuem“, d.h. originärem Goodwill verwechselt werden. Erwartet etwa das Unternehmen aufgrund eines Unternehmenszusammenschlusses für die Periode t+2 einen Übergewinn i.H.v. 121 GE, so beträgt der Wert des erworbenen Goodwill in t bei einem Kalkulationszinssatz von 10 % 100 GE $(= \frac{121}{1,1^2})$. In t+1 beläuft sich der Wert des erworbenen Goodwill auf 110 GE $(= \frac{121}{1,1})$ und ist somit um den Zeiteffekt von 10 GE $(= 100 * 0,1)$ gewachsen. Der Wertzuwachs betrifft jedoch das „alte“ derivativ erworbene Potential und stellt somit kein „neues“ originäres Potential dar.

Wird dieses erworbene Potential in t+2 planmäßig realisiert, so findet eine logische Sekunde nach einer erneuten Wertsteigerung i.H. des Zeiteffekts $(110 * 0,1 = 11\,GE)$ auf 121 GE eine sofortige Wertminderung des derivativen Goodwill um 121 GE auf 0 GE statt. Die 121 GE bilden nunmehr den Kassenbestand; für die Zukunft werden keine Überrenditen mehr erwartet. Damit wird wiederum deutlich, dass ein Goodwill-Impairment auch auf einer planmäßigen Realisierung der Überrenditen beruhen kann[2760] und nicht zwingend eine Fehlinvestition signalisieren muss *(vgl. Abbildung 54)*. Selbstverständlich muss ein erfolgreiches Unternehmen stets neues Übergewinnpotential generieren,[2761] weshalb der Impairment-Test in diesem Fall doch ein Versäumnis des Managements aufdecken würde.

Abbildung 54: Planmäßige Wertminderung des Goodwill

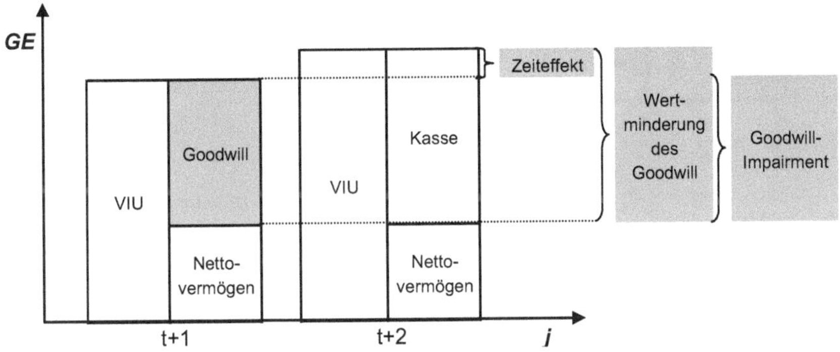

Es ergibt sich eine Wertminderung i.H. des planmäßig realisierten Synergieeffekts abzüglich des damit zusammenhängenden Zeiteffekts.[2762] Zur Verbuchung einer Wertminderung käme es auch, wenn der realisierte Betrag ausgeschüttet würde *(vgl. Abbildung 55)*.

2760 Vgl. Gynther (Goodwill), S. 251.
2761 Vgl. Coenenberg/Schultze (Unternehmenswert), S. 608.
2762 Vgl. Smith (Purchased Goodwill), S. 23.

Abbildung 55: Erwartete Wertminderung des Goodwill

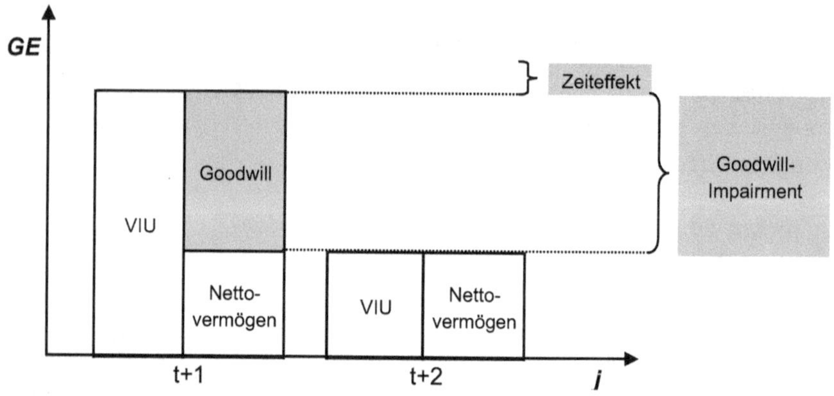

Auf Basis dieser skizzierten grundlegenden Zusammenhängen kann eine Charakterisierung einer verbuchten Wertminderung des Goodwill vorgenommen werden.

6.1.3.4.2 Charakter des verbuchten Goodwill-Impairment

In der Literatur werden mögliche Gründe für eine außerplanmäßige Abschreibung des Goodwill herausgearbeitet und interpretiert. *Schultze u.a.* kommen bei ihrer Analyse der erfassten Goodwill-Wertminderung zu den nachfolgend dargestellten möglichen Ursachen. Die verbuchte Wertminderung des Goodwill soll etwa auf

(1) einer Überzahlung (d.h. Kaufpreis > Käufergrenzpreis),[2763]

(2) einer negativen Abweichung von der ursprünglichen Planung bezüglich der in der für die Zukunft erwarteten Übergewinne (negative Soll-Wird-Abweichung),

(3) einer planmäßigen Realisierung der Übergewinne (Soll = Ist) und/oder

(4) einem Anstieg des Buchwerts relativ zum VIU aufgrund von mitunter lohnenden Investitionen

beruhen können.[2764]

[2763] Vgl. Herring/Herring (Goodwill), S. 43.

[2764] Vgl. Schultze (Information Content), S. 282-294; Coenenberg/Schultze (Unternehmensbewertung), S. 615 f.; Coenenberg (Bewertung), S. 41 f.; Schultze/Hirsch (Unterneh-

Bei einer Überzahlung müsste der Erwerber im Rahmen des Unternehmenszusammenschlusses mehr als den entscheidungsrelevanten Grenzpreis entrichtet haben. In diesem Zusammenhang darf jedoch davon ausgehen, dass bedeutende Investitionen wie der Kauf eines Unternehmens vernünftigerweise sorgfältig geplant werden.[2765] Ein Goodwill-Impairment aufgrund einer Überzahlung (Fall 1) bedeutet folglich, „daß in Höhe [des wertgeminderten Anteils] des Geschäftswertes eine Fehlinvestition vorgenommen wurde, und daß dies bereits zum Investitionszeitpunkt bekannt gewesen sei – eine bizarre Vorstellung."[2766]

Sicher kann sich ex post – mitunter noch in der Akquisitionsphase – auf der Grundlage eines veränderten Informationsstands eine Wertminderung abzeichnen.[2767] Dann stellt sich aber erst im Nachhinein heraus, dass aus Sicht des neuen Informationsstandes (ex post) eine Überbewertung stattgefunden hat und ein Teil des vergüteten Wertes erwartungsgemäß nicht realisiert werden kann.[2768] Das heißt aber nicht, dass auch aus Sicht des Informationsstandes bei Kaufpreisfindung (ex ante) bereits eine Überzahlung stattgefunden hat.[2769] Vielmehr liegt eine dem Fall (2) zurechenbare negative Soll-Wird-Abweichung von den ursprünglichen Plandaten vor, die im Übrigen auch nicht unbedingt vom Management zu verantworten ist, soweit sie einen reinen Informationseffekt darstellt.[2770]

Im 2. Fall liegt eine negative Soll-Wird-Abweichung bezüglich der ursprünglich erwarteten Synergieeffekte vor.[2771] Die aufgrund einer negativen Soll-Wird-

---

menswertsteigerung), S. 147-153; Pfaff/Schultze (Beteiligungscontrolling), S. 134-138, wobei sich die Ausführungen teilweise auf einen zweistufig ausgestalteten Impairment-Test beziehen. Vgl. ferner Hillmer (Innovationen), S. 325 f. sowie bereits Gynther (Goodwill), S. 251.

2765 Vgl. Ballwieser (Kaufpreisgestaltung), S. 75; Ordelheide (Geschäftswert), S. 579. Allerdings könnten sogar Faktoren wie die Erfüllung der Voraussetzungen zur Anwendung einer bestimmten Bilanzierungsmethode die Höhe der gezahlten Akquisitionsprämie beeinflussen. Vgl. hierzu z.B. Ayers/Lefanowicz/Robinson (Pooling Method).

2766 Ordelheide (Geschäftswert), S. 579.

2767 Vgl. Sellhorn (Ansätze), S. 889. Zu den Gründen für Überzahlungen vgl. auch Reilly/Schweihs (Acquisition Transaktions).

2768 Vgl. Madrian/Kröber/Schulte (Akquisitionscontrolling), S. 345.

2769 Vgl. Küting/Weber/Keßler (Auswirkungen), S. 640; Busse von Colbe (Einheitstheorie), S. 59.

2770 Vgl. Vettinger/Volkart (Goodwill-Regeln). Hiermit liegt keine Soll-Ist-Abweichung, sondern eine Soll-Wird-Abweichung vor. Eine Soll-Ist-Abweichung liegt erst vor, wenn ex ante geplante Cash Flows ex post nicht realisiert wurden.

2771 Vgl. Gynther (Goodwill), S. 251.

Abweichung zu erfassende Wertminderung indiziert ebenso wie bei einer Überzahlung eine Wertminderung, welche entweder auf gesunkenen erwarteten Zahlungsüberschüssen oder gestiegenen Kapitalkosten beruhen kann.[2772] Die Soll-Wird-Abweichung wird stets von einem anteiligen Zeiteffekt, d.h. dem Effekt der Aufzinsung aufgrund des zeitlichen Näherrückens des Zeitpunktes der planmäßigen Realisierung der erwarteten Übergewinne, überlagert.[2773] Durch den Zeiteffekt steigt der Wert des Goodwill quasi automatisch im Zeitablauf[2774] und wirkt somit dem wertmindernden Effekt entgegen.

Ähnliches gilt für die planmäßige Realisierung der Synergieeffekte (3. Fall). Eine damit verbundene Wertminderung ergibt sich als planmäßig realisierter Synergieeffeekt abzüglich der bisher aufgelaufenen Zeiteffekte.[2775] Der Teil des Zeiteffekts, der sich auf den für das Geschäftsjahr erwarteten Übergewinn bezieht, führt für eine logische Sekunde zu einer Werterhöhung des Goodwill, bevor das entsprechende Potential durch die Realisation des Übergewinns „verbraucht“ wird. Der kumulierte Betrag der aufgelaufenen Zeiteffekte wird c.p. nicht als „planmäßige“ Wertminderung erfasst, da auch keine entsprechende Wertsteigerung verbucht wurde. Wird beispielsweise in t ein für t+2 erwarteter Synergieeffekt i.H.v. 121 GE bei einem Kalkulationszinssatz von 10 % für 100 GE erworben, bleiben die Anschaffungsauszahlungen von 100 GE für die Wertminderung maßgeblich. Bei planmäßiger Realisierung in t+2 wird nur eine Wertminderung in Höhe des in t erworbenen Potentials (100 GE) erfasst, obwohl das Potential inklusive des aufgelaufenen Zeiteffekts einen Wert von 121 GE hat ($=100*1{,}1*1{,}1$). Wird dieser Betrag in t+2 kassenwirksam erfasst, ergibt sich ein Periodengewinn i.H.v. 21 GE ($\Delta Kasse - Abschreibung\ des\ Goodwill = 121 - 100$). Dieser buchmäßige Gewinn entspricht keiner Wertschaffung, sondern lediglich einer Wertrealisierung.

Auch eine unplanmäßige Realisierung der Übergewinne (Soll-Ist-Abweichung) kann einem planmäßigen Wertverlauf des Goodwill gleichkommen. Es ist in der Realität oftmals ausgeschlossen, den Erwartungswert von 121 GE tatsächlich zu realisieren.[2776] Wird etwa in t+2 ein Übergewinn von 150 GE oder 90 GE realisiert, bleibt hiervon c.p. der Wertverlauf des Goodwill unberührt. Ob

---

[2772] Vgl. Schultze (Information Content), S. 282 f.; Gynther (Goodwill), S. 251.
[2773] Vgl. ausführlich Moxter (Betriebswirtschaftliche Gewinnermittlung), S. 52 ff.
[2774] Vgl. Gynther (Goodwill), S. 251.
[2775] Vgl. Smith (Purchased Goodwill), S. 23.

es sich bei einer Realisation von 90 GE, obwohl eine unplanmäßige Soll-Ist-Abweichung vorliegt, um einen planmäßigen oder einen unplanmäßigen Werteverzehr handelt, ist fraglich. Das buchmäßige Ergebnis würde sich jedenfalls statt auf +21 GE nur auf -10 GE belaufen.

Insbesondere der 4. Fall erscheint erklärungsbedürftig, soweit die Wertminderung auf lohnenden Investitionsprojekten beruhen soll. Es ist richtig, dass eine Verringerung des Abstandes zwischen dem Buchwert des Nettovermögens und dem VIU zu einer außerplanmäßigen Abschreibung des Goodwill führen kann. Allerdings ist nur der absolute und kein relativer Abstand zwischen den beiden Werten von Bedeutung. Hierzu ein einfaches Zahlenbeispiel *(vgl. Abbildung 56)*:

Abbildung 56: Verhältnis des Buchwerts zum VIU einer CGU

	Buchwert des Nettovermögens	VIU der CGU	Buchwert des Goodwill	Buchwert der CGU	Wert des Goodwill	"Abschreibungspuffer"
31.12.t	60	100	40	100	40	0
31.12.t+1	900	1000	40	940	100	60

Trotz Erhöhung des relativen Verhältnisses des Buchwertes des Nettovermögewns zum VIU von $\frac{6}{10}$ auf $\frac{9}{10}$ besteht kein Impairment-Bedarf. Es kommt in diesem Zusammenhang nämlich nur auf das relative Verhältnis des Buchwerts der CGU (inklusive des Buchwerts des Goodwill) zum VIU an, das nicht größer als 1 sein darf, da ansonsten der Buchwert der CGU den VIU überschritte. Im Beispiel ist dieses Verhältnis dagegen von 1 auf 0,94 gesunken, womit sogar ein zusätzlicher Abschreibungspuffer generiert wurde.

Wie genau jedoch lohnende Investitionsprojekte dieses Verhältnis auf Beträge, die größer als 1 sind, bringen und somit eine Wertminderung herbeiführen sollen, bedarf einer Klärung. Eine lohnende Investition weist sicherlich einen positiven Kapitalwert auf.[2777] Wenn der Buchwert der CGU durch die Investion nicht sinken soll, müssen die Investitionsauszahlungen jedenfalls aktivierbar sein. Wird die Anschaffungsauszahlung des Investitionsobjekts aktiviert, so findet in dieser Höhe ein Aktivtausch statt (*per Vermögenswert an Kasse*),

[2776] Vgl. Ballwieser (Risiko), S. 101.

womit der Buchwert des Nettovermögens unverändert bleibt. Der VIU und somit der Wert des Goodwill verändert sich hingegen um den Kapitalwert der Investition.[2778] *Abbildung 57* zeigt die Auswirkungen eines aktivierbaren Investitionsprojekts bei einem Kapitalwert von 0 sowie bei einem positiven und negativen Kapitalwert von 1 auf den Goodwill-Impairment-Bedarf auf.

Abbildung 57: Investitionen und Goodwill-Impairment

Buchwertbilanz

Goodwill	10	Eigenkapital	110
Vermögenswerte	90		
Kasse	10		

Marktwertbilanz

Goodwill	10	Eigenkapital	110
Vermögenswerte	90		
Kasse	10		

Investitionsauszahlung i.H.v.10:
(a) Ertragswert = 10; Kapitalwert = 0
(b) Ertragswert = 11; Kapitalwert = 1
(c) Ertragswert = 9; Kapitalwert = -1

Buchwertbilanz (a)

Goodwill	10	Eigenkapital	110
Vermögenswerte	100		
Kasse	0		

Marktwertbilanz (a)

Goodwill	10	Eigenkapital	110
Vermögenswerte	100		
Kasse	0		

VIU	110
Gesamtbuchwert	110
Impairment	0

Buchwertbilanz (b)

Goodwill	10	Eigenkapital	110
Vermögenswerte	100		
Kasse	0		

Marktwertbilanz (b)

Goodwill	11	Eigenkapital	110
Vermögenswerte	100	Jahresüberschus	1
Kasse	0		

VIU	111
Gesamtbuchwert	110
Impairment	0

Buchwertbilanz (c)

Goodwill	9	Eigenkapital	110
Vermögenswerte	100	Jahresfehlbetrag	-1
Kasse	0		

Marktwertbilanz (c)

Goodwill	9	Eigenkapital	110
Vermögenswerte	100	Jahresfehlbetrag	-1
Kasse	0		

VIU	109
Gesamtbuchwert	110
Impairment	-1

Es zeigt sich, dass lediglich eine Investition mit einem negativen Kapitalwert – jedenfalls soweit nicht in einem zur Kompensation der Wertminderung ausreichenden Maße nicht bilanzierter originärer Goodwill vorhanden ist[2779] – zu einem ökonomisch gebotenen Goodwill-Impairment führen kann. Kapitalwert-

[2777] Vgl. Gerke/Bank (Finanzierung), S. 83 f.
[2778] Vgl. hierzu auch Schultze (Unternehmensbewertung), S. 91 f.
[2779] Vgl. hierzu Hitz/Kuhner (Neuregelung), S. 285.

neutrale Investitionen und lohnende Investitionsprojekte mit einem positiven Kapitalwert lösen hingegen keinen Impairment-Bedarf aus.

Das Ergebnis gilt jedoch nur für den Investitionszeitpunkt. *Schultze* weist im Rahmen einer Mehrperiodenbetrachtung die Möglichkeit eines Goodwill-Impairments trotz insgesamt vorteilhafter Investitionstätigkeit nach.[2780] Der Effekt beruht offenbar auf der „frühen" Realisation von Übergewinnen, deren Betrag nicht im selben Maße durch den Barwert späterer Übergewinne gedeckt ist. Insofern handelt es sich um den Überhang des planmäßigen Werteverzehrs über neu generierten Goodwill sowie den Zeiteffekt. Streng genommen handelt es sich wohl um den 3. Fall, da hinter der Wertminderung eine planmäßige Realisierung der Übergewinne steht, wobei Folgeinvestitionen und Zeiteffekt die „kurzfristige Wertminderung" rückgängig machen können. An dieser Stelle greift jedoch das Zuschreibungsverbot des IAS 36.124 und verhindert eine Wertaufholung des derivativen Goodwill. Ob damit tatsächlich einer Aktivierung von originärem Goodwill entgegengewirkt wird[2781] oder eine Berichtigung einer kurzfristigen Wertminderung des derivativen Goodwill verhindert wird, ist von den ursprünglichen, der Bemessung des Unternehmenskaufpreises zugrundegelegten Planungen abhängig.

Im Ergebnis machen die Anschaffungskostenrestriktion i.V.m. der undurchschaubaren Vermengung von derivativem mit originärem Goodwill für externe Adressaten eine sinnvolle Interpretation einer Wertminderung des Goodwill kaum möglich;[2782] verzerrend wirkt insbesondere das strikte Zuschreibungsverbot.[2783] Ein Aufbau von originärem Goodwill wird nur so weit bilanziell berücksichtigt, als durch ihn ein derivativer Goodwill ersetzt wird. Überaus kritisch erscheint in diesem Zusammenhang speziell die Tatsache, dass je nach Höhe eines „still" vorhandenen, über die Anschaffungskosten hinausgehenden originären Goodwill eine kritische Unternehmensentwicklung erst viel zu spät offengelegt wird.[2784] *Abbildung 58* zeigt die Konsequenzen einer entsprechenden Wertentwicklung auf.

[2780] Vgl. Schultze (Information Content), S. 287-291.
[2781] Vgl. IAS 36.125.
[2782] Zu den Implikationen für die externe und interne Analyse vgl. Schultze (Information Content), S. 292 ff.
[2783] Vgl. IAS 36.124.
[2784] Vgl. Siegel (Bilanzierung), S. 750.

Abbildung 58: Ökonomische versus buchmäßige Wertminderung des Goodwill

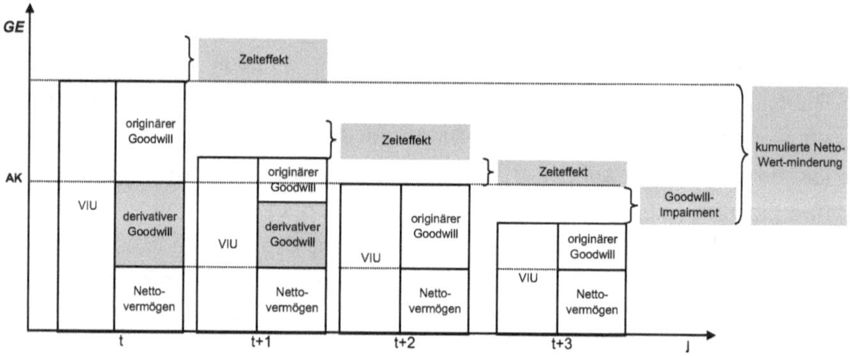

Die dargestellte Entwicklung verdeutlicht, wie ein zum Akquisitionszeitpunkt t vorhandener und ein nach der Akquisition neu geschaffener originärer Goodwill sowie der Zeiteffekt den Goodwill-Impairment und somit das Signal einer Wertminderung des derivativen Goodwill „verzögert". Im Extremfall wird sie, selbst wenn sich der Gesamt-Goodwill dauerhaft abbaut, überhaupt nicht signalisiert. Der erfassten Wertminderung steht zudem insgesamt eine viel höhere kumulierte Netto-Wertminderung (=Gesamte Wertminderung abzüglich Schaffung von originärem Goodwill und Zeiteffekt) gegenüber. Damit wird deutlich, dass nicht nur ein erfasster Impairment nicht zwingend mit einer Fehlinvestition gleichzusetzen ist, sondern auch, dass ein Impairment eine Fehlinvestition oftmals erst viel zu spät oder im Extremfall überhaupt nicht signalisiert. Im Übrigen wird trotz verbuchter Wertminderung in t+3 immer noch ein bilanzieller Goodwill i.H. des originären Goodwill ausgewiesen, obwohl bereits in t+2 der derivative Goodwill vollständig verbraucht ist.

Im Ergebnis lässt sich eine verbuchte Wertminderung des Goodwill kaum eindeutig interpretieren. Hinzu kommt der Einfluss des Kalkulationszinssatzes auf den Wert des Goodwill.[2785] Da sich der VIU als Barwert berechnet, wirken sich neben Änderungen des Zahlungsstroms auch Zinssatzänderungen auf den ermittelten Wertminderungsbedarf aus. Demgemäß bemerken *Hitz/Kuhner*, es sei „durchaus vorstellbar, dass Goodwillabschreibungen allein wegen einer Veränderung der branchenspezifischen Beta-Faktoren vorgenommen werden

[2785] Vgl. Gynther (Goodwill), S. 251. Schultze (Information Content), S. 283.

müssen“[2786], welche wohl nicht ausschließlich dem Management anzulasten sind.[2787] Folglich wirkt sich auch der Zinsänderungseffekt[2788] entsprechend auf den Impairment-Bedarf aus, ohne dass sich an den Erwartungen bezüglich der zukünftigen Zahlungsüberschüsse etwas geändert haben muss.[2789] Besonders problematisch erscheint in diesem Zusammenhang wiederum die Wirkung des strengen Zuschreibungsverbots für den Goodwill[2790]: „a temporary fluctuation of interest rates could cause a permanent impairment of goodwill.“[2791] Darüber hinaus können etwa das Bewertungsverfahren des VIU zu rein rechentechnischen[2792] und die Zuordnung auf CGU zu rein „buchungstechnischen“ Abschreibungen[2793] führen.

6.2 Zweckadäquanz der Goodwill-Bilanzierung nach IFRS

6.2.1 Zweckadäquanz der Konzerntheorie

„Ein klassisches Grundlagenproblem für die Aufstellung von Konzernabschlüssen bildet die Frage, ob sie der Einheits- oder der Interessentheorie folgen soll.“[2794] Diese Frage stellt sich grundsätzlich analog für das interne Konzernrechnungswesen.[2795] Anwendung können in diesem Zusammenhang die Einheits- oder die Interessentheorie finden, wobei die Konzernrechnungslegung nach IFRS in immer stärkerem Maße der Einheitstheorie folgt.[2796]

Gemäß der nunmehr dominierenden einheitstheoretischen Ausrichtung ist der IFRS-Konzernabschluss an den Informationsbedürfnissen der Mehr- und Minderheitengesellschafter als gleichberechtigten Anteilseignern auszurichten, während nach der bisher vorherrschenden interessentheoretischen Ausrichtung allein die Informationsinteressen der Mehrheitengesellschafter im Vordergrund standen[2797].[2798] Entsprechend müssten die rechnerisch auf die Min-

---

[2786] Hitz/Kuhner (Neuregelung), S. 285.
[2787] Vgl. Dolny (Controlling), S. 231 f.; mit stärkerer Fokussierung auf die Anreizwirkung Schmidtbauer (Beteiligungs-Controlling), S. 285 f.
[2788] Vgl. Moxter (Betriebswirtschaftliche Gewinnermittlung), S. 54 ff.
[2789] Vgl. Becker/Sperduto/Riedy (Goodwill Valuation), S. 39.
[2790] Vgl. IAS 36.124.
[2791] Vgl. Lewis/Lippitt/Mastracchio (Business Combinations), S. 28.
[2792] Vgl. Trützschler/David/Strauch/Tomaszewski (Unternehmensbewertung), S. 397 f.
[2793] Vgl. Haaker (Goodwill), S. 429-434.
[2794] Busse von Colbe (Einheitstheorie), S 43.
[2795] Vgl. Kajüter (Kostenrechnung), S. 23-27; Troßmann (Konsolidierung).
[2796] Vgl. Küting/Gattung (Konzerntheorien), S. 505;
[2797] Vgl. Todd (Business Combinations), S. 22.

derheiten entfallenden Potentiale ebenso wie die Mehrheiten-Potentiale vollständig abgebildet werden.

Bezogen auf die interne Konzernsteuerung lässt sich eine interessentheoretische Ausrichtung als Steuerung im Hinblick auf die Maximierung der Anteilswerte der Mehrheitengesellschafter und eine einheitstheoretische Ausrichtung folglich als Steuerung im Hinblick auf die Maximierung der Anteilswerte der am Konzern beteiligten Mehrheiten- und Minderheitengesellschafter interpretieren. Entsprechend hat sich ein einheitstheoretisch orientiertes internes Rechnungswesen auf den Gesamtkonzernwert und ein interessentheoretisch orientiertes internes Rechnungswesen auf den Wert des Mutterunternehmens zu beziehen.

Unter praktischen Gesichtspunkten sollten jedoch alle unter der Kontrolle der Konzernleitung stehenden Werte im Rahmen der Steuerung zu berücksichtigen sein. Somit bezieht sich die Steuerung auf den Wert der gesamten in den Kontrollbereich des Konzerns fallenden Ressourcen.[2799] Insofern erscheint eine einheitstheoretische Perspektive den Anforderungen des internen Rechnungswesens entgegen zu kommen, da Minderheitenpotentiale nicht mit interessentheoretischer Begründung unberücksichtigt bleiben dürfen.

Die Ausrichtung an der Einheitstheorie impliziert jedoch einen Konflikt zwischen den Interessen der Mehr- und Minderheitengesellschafter.[2800] Während die Mehrheitengesellschafter die Geschäftspolitik in ihrem Sinne bestimmen, stellen die (z.T. auch rechtlich gesicherten) Interessen der Minderheiten Nebenbedingungen dar, welche von den Mehrheitengesellschaftern zu beachten sind.[2801]

6.2.2 Zweckadäquanz der Konsolidierungsmethode

6.2.2.1 Zweck der Kapitalkonsolidierung

Der technische Zweck der Kapitalkonsolidierung ist zweifelsohne die Verrechnung von Kapitalverflechtungen innerhalb der wirtschaftlichen Einheit »Kon-

2798 Vgl. Haaker (Einheitstheorie), S. 453.
2799 Vgl. Penman (Net Asset Value), S. 334.
2800 Vgl. hierzu Schmidt (Full Goodwill Methode), S. 169.
2801 Vgl. Smolinski (Adjunct Method), S. 173 f.

zern«.[2802] Die bei einer rein additiven Zusammenführung der Einzelabschlüsse der Konzernunternehmen in der Summenbilanz entstehenden Doppelerfassungen sollen bereinigt werden.[2803] Dieser rein technische Zweck wird in der Literatur teilweise mit der obersten Zwecksetzung der Kapitalkonsolidierung gleichgesetzt[2804] und somit als Beurteilungsmaßstab hinsichtlich der Zweckerfüllung der Konsolidierungsmethode missverstanden. Demgemäß sollen Ansatz- und Bewertungsfragen als Fragen einer zweckadäquaten Informationsvermittlung bei der Wahl eines „zweckmäßigen" Konsolidierungsverfahrens nachrangig sein,[2805] womit die Kapitalkonsolidierung im Extremfall von solchen materiellen Fragen freizuhalten wäre.[2806] Eine derart formale Sichtweise greift natürlich zu kurz und erinnert an Zwecksetzungen wie »der Zweck der Erfolgsrechnung sei die Erfolgsermittlung«.[2807] Die formale Zwecksetzung der Kapitalkonsolidierung stellt gleichfalls eine Leerformel dar, solange sie nicht in den Dienst des eigentlichen Rechnungszwecks und damit der Informationswünsche der Adressaten gestellt wird.[2808]

Genauso wie bei der Erfolgsermittlung muss bei der Kapitalkonsolidierung der Rechnungszweck prägend sein,[2809] weder die Erfolgsermittlung noch die Kapitalkonsolidierung sind Selbstzweck, sie sind dem Rechnungszweck entsprechend auszugestalten. Aufgrund der Verbindung zwischen Vermögens- und Erfolgsrechnung[2810] dürfen natürlich Ansatz- und Bewertungsfragen bei der Frage einer zweckadäquaten Gewinnermittlung[2811] nicht ausgeklammert werden. Ähnliches gilt selbstverständlich auch für die Ausgestaltung einer zweckadäquaten Kapitalkonsolidierung.[2812]

2802 Vgl. z.B. Busse von Colbe (Kapitalkonsolidierung), S. 2858 f.

2803 Vgl. Busse von Colbe/Ordelheide/Gebharrdt/Pellens (Konzernabschlüsse), S. 197; Baetge/Kirsch (Konzernrechnungslegung), S. 18 f.

2804 Vgl. etwa Peffekoven (Kapitalkonsolidierung); Peffekoven (Methoden).

2805 Vgl. Peffekoven (Kapitalkonsolidierung), S. 187 f.; Peffekoven (Methoden), S. 2 ff.

2806 Vgl. Lopatta (Goodwillbilanzierung), S. 116.

2807 Vgl. kritisch Schneider (Reform), S. 137; Schneider (Rechtsfindung), S. 144, der herausstellt, dass die Zwecksetzung der Gewinnermittlung per se „noch nicht zu einem deduktionsfähigen Jahresabschlußzweck" führt, „solange nicht klargestellt wird, weshalb ein Gewinn ermittelt werden soll."

2808 Vgl. Haaker (Einheitstheorie), S. 452 f.; Smigic (Business Combinations), S. 229.

2809 Vgl. Jaensch (Gewinnüberlegungen), S. 335.

2810 Vgl. Leffson (Aussagefähigkeit), S. 386.

2811 Vgl. Hettich (Gewinnermittlungsregeln).

2812 Vgl. Smigic (Business Combinations); Haaker (Einheitstheorie).

Vor diesem Hintergrund sind die Konsolidierungsmethoden im Hinblick auf ihren Beitrag zur Erfüllung des Entscheidungs- und Kontrollzwecks (Informationszweck) und nicht lediglich im Hinblick auf ihre Eignung zur Eliminierung von Kapitalverflechtungen zu beurteilen. Letzteres ist genauso eine „technische" Selbstverständlichkeit wie die Tatsache, dass eine GuV einen Erfolg oder eine Bilanz das Reinvermögen zu ermitteln hat, und bildet aus den selben Gründen ebenso wenig einen sinnvollen Beurteilungsmaßstab.

6.2.2.2 Erfüllung des Informationszwecks

6.2.2.2.1 Bilanzorientierte Erfüllung des Informationszwecks

Durch die Konsolidierungsmethode werden die Möglichkeiten und Grenzen des Konzernabschlusses zur Erfüllung des Entscheidungs- und Kontrollzwecks maßgeblich geprägt. Der IFRS-Konzernabschluss zeichnet sich durch eine verstärkt einheitstheoretische Ausrichtung in Verbindung mit einer zunehmenden Fair Value-Orientierung aus.[2813] Aus einheitstheoretischer Perspektive bilden sowohl die Mehr- als auch die Minderheitengesellschafter die Gruppe der maßgeblichen Hauptadressaten.[2814] Wunschziel einer Fair Value-Orientierung ist die Annäherung des Buchwerts des Eigenkapitals an den Unternehmenswert.[2815]

Die Anforderung an eine informative Konzernrechnungslegung aus der Sicht einer „fair value-orientierten Einheitstheorie"[2816] müsste demzufolge lauten: Das Konzerneigenkapital inklusive des Minderheitenkapitals soll dem Wert des Konzerns als Ganzes angenähert (»Wertpotential«) und die konzernbezogene Marktwert-Buchwert-Lücke minimiert werden.[2817] Bei einem als Eigenkapitalveränderung definierten Erfolg wird mit der Approximation der Konzernwertänderung das Jahresergebnis einem ökonomischen Konzerngewinn angenähert.[2818]

[2813] Vgl. Kühne/Schwedler (Änderungen), S. 330; Schwedler (Business Combinations), S. 411.

[2814] Vgl. Haaker (Einheitstheorie), S. 453.

[2815] Vgl. Hommel (Neubewertungsmethode), S. 290; Vater (Fair Value Accountung), S. 142; Baetge/Noelle (Shareholder-Value-Reporting), S. 179

[2816] Hayn (Entwicklungstendenzen), S. 436.

[2817] *Ordelheide* bezeichnet diese Möglichkeit einer Annäherung als Wertpotential. Vgl. Ordelheide (Wertpotential), S. 510. Das Wertpotential lässt sich vereinfacht anhand der Marktwert-Buchwert-Lücke messen. Vgl. Lorson (Auswirkungen), S. 409.

[2818] Vgl. hierzu Hitz (IFRS-Rechnungslegung), S. 1023 f.

Die Gruppen der Mehr- und Minderheitengesellschafter als Ganzheit (Einheitstheorie) sollten an einem „vollen“ Potentialausweis interessiert sein, wobei die Möglichkeiten der Konsolidierungsmethoden diesem Interesse gerecht zu weden jedoch begrenzt sind.

Da bei der Quotenkonsolidierung nur ein Mehrheitenkapital ausgewiesen wird,[2819] erscheint sie ebenso zweckinadäquat wie die Interessenzusammenführungsmethode, bei der lediglich die Buchwertbilanzen von Mutter- und Tochterunternehmen zu einer Konzernbilanz vereinigt werden[2820]. Beide Methoden sind somit unzweckmäßig und werden daher nicht weiter betrachtet.

Kaum besser sieht es bei der Buch- und Neubewertungsmethode aus: Die Buchwertmethode führt lediglich zum Ausweis von „verstümmelten“ Fair Values, d.h. neben den Buchwerten werden nur die anteiligen, auf die Mehrheitengesellschafter entfallenden stillen Reserven und Lasten ausgewiesen.[2821] Der Informationsnutzen derart verzerrter Werte dürfte jedenfalls begrenzt sein.[2822]

Anders als bei der Buchwertmethode werden bei der Neubewertungsmethode zwar die Vermögenswerte und Schulden des erworbenen Unternehmens einheitlich, also inklusive der Minderheitenanteile, zum Fair Value bewertet.[2823] Der Ausweis eines Goodwill bleibt aber auf den „bezahlten“ Mehrheitenanteil beschränkt, womit auf einen Ausweis von wesentlichen Minderheitenpotentialen vollständig verzichtet wird.[2824] Geht man rationalerweise von einem Kaufpreis unterhalb des Grenzpreises der Mehrheitenbeteiligung aus, wird auch der Mehrheiten-Goodwill nur partiell erfasst, weshalb auch nicht der Wert der Mehrheitenbeteiligung zum Ansatz kommt.[2825]

Wie bei der Neubewertungsmethode werden auch nach der Full Goodwill Method stille Reserven und Lasten ausschließlich beim erworbenen Tochterun-

---

2819 Vgl. Bierman (Proportionate Consolidation), S. 15; Pacter (Consolidation), S. 57.

2820 Vgl. hierzu Wakefield (Accounting Principle Board), S. 33, der sich jedoch für eine Anwendung dieser Methode ausspricht.

2821 Vgl. Busse von Colbe (Einheitstheorie), S. 45.

2822 Vgl. Mujkanovic (Vorschläge), S. 644.

2823 Vgl. Busse von Colbe (Einheitstheorie), S. 45.

2824 Vgl. Pacter (Consolidation), S. 58.

2825 Vgl. AAA (Business Combinations), S. 302. Vgl. aber Krüger/Thiere (Dependenzen), S. 196 f., die scheinbar von einer „Identität zwischen dem ausgewiesenen (bilanziellen) Vermögen und dem Barwert der zukünftigen Gewinne der Tochtergesellschaft“ ausgehen.

ternehmen aufgedeckt und der Mehrheiten-Goodwill bilanziert, ergänzend wird aber auch ein auf die Minderheiten entfallender Goodwill aktiviert.[2826] Hinsichtlich des Mutterunternehmens werden jedoch die Buchwerte beibehalten, und ein vorhandener originärer Goodwill bleibt außer Ansatz.[2827] Folglich stehen die „neuen" Werte des Tochterunternehmens mit ihrem Fair Value in der Konzernbilanz, während die „alten" Werte des Mutterunternehmens weiterhin zu fortgeführten Anschaffungs- oder Herstellungskosten ausgewiesen werden;[2828] somit wird methodisch bedingt bestenfalls „halb" informiert.[2829] Schon deshalb schlägt die Annäherung des Konzerneigenkapitals an den Konzernwert fehl. Insofern ist auch bezüglich der Full Goodwill Method zu beanstanden, „daß diese auf halbem Wege stehenbleibt"[2830]. Es wird bestenfalls eine Approximation der konsolidierten Potentiale an den Wert des Tochterunternehmens erreicht.[2831] Die gemäß ED IFRS 3 vorgeschlagene Anwendung der Full Goodwill Method ist jedoch aufgrund ihrer inkonsequenten Umsetzung weit von einer idealtypischen Variante der Full Goodwill Method und damit auch weit von einer Approximation des Werts des Tochterunternehmens entfernt.[2832] Sowohl der Mehr- als auch der Minderheiten-Goodwill werden nicht in voller Höhe erfasst.

Immerhin findet bei der Full Goodwill Method der Minderheiten-Goodwill Berücksichtigung. Hinter diesem Posten verbergen sich die den Minderheiten zugute kommenden erwarteten Synergieeffekte. Es werden insofern mehr aus einheitstheoretischer Sicht entscheidungsrelevante Potentiale ausgewiesen,[2833] was die Lücke zwischen Buch- und Konzernwert zumindest etwas zu schließen hilft.

Eine vollständige Potentialerfassung ist methodisch bedingt nur bei einer Kapitalkonsolidierung nach der Fresh Start Method möglich.[2834] Lediglich eine idealtypische Anwendung der Fresh Start Method, bei der das Nettovermögen des Mutterunternehmens zum Fair Value ausgewiesen und der gesamte, also

---

2826 Vgl. Busse von Colbe (Einheitstheorie), S. 47; Busse von Colbe/Falkenhahn (Kapitalkonsolidierung), S. 12.
2827 Vgl. Krüger/Thiere (Dependenzen), S. 198.
2828 Vgl. Nurnberg/Sweeney (Fair Values), S. 388.
2829 Vgl. Siegel (Zeitwertansatz), S. 320; Peffekoven (Kapitalkonsolidierung), S. 202.
2830 Rammert (Pooling of interests), S. 624.
2831 Vgl. Busse von Colbe/Falkenhahn (Kapitalkonsolidierung), S. 5.
2832 Vgl. Haaker (Einheitstheorie), S. 455 f.
2833 Vgl. Esser (Goodwillbilanzierung), S. 162; Hendler (Einheitstheorie), S. 88 f.

auch der originäre Goodwill aktiviert wird, vermag eine Approximation des Konzernwerts zum Zeitpunkt der Erstkonsolidierung zu ermöglichen *(vgl. Abbildung 59)*.[2835]

Abbildung 59: Informationsgehalt der Konsolidierungsmethoden

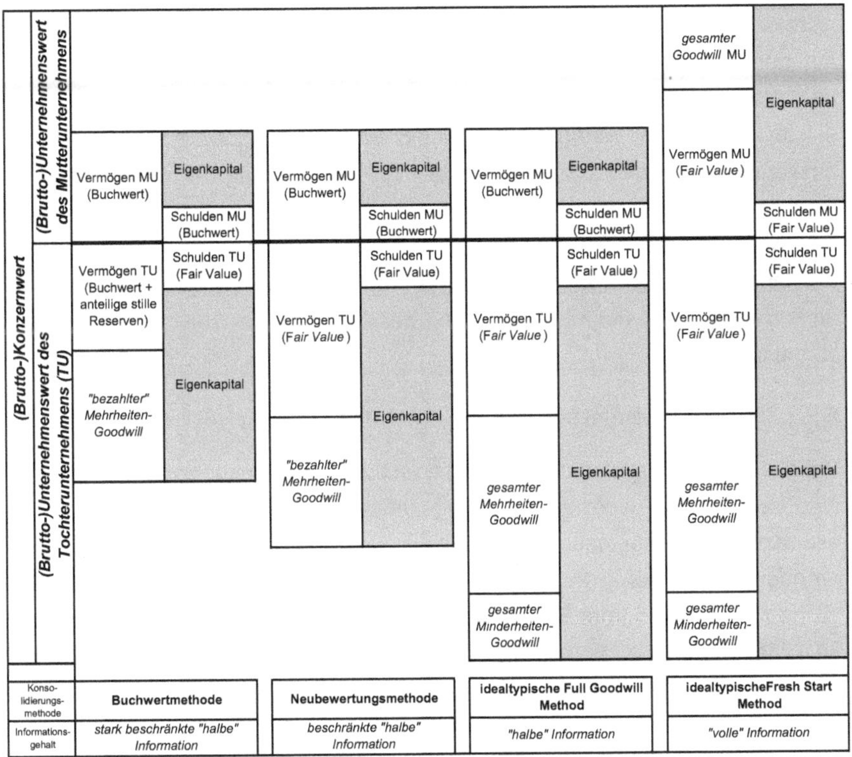

In Anlehnung an: Haaker (Einheitstheorie), S. 455.

Im aufgezeigten Spektrum läge die nach ED IFRS 3 vorgeschlagene Variante der Full Goodwill Method zwischen der Neubewertungsmethode und einer idealtypischen Umsetzung der Full Goodwill Method, womit sie die mit der letztgenannten Methode verbundene »halbe Information« letztendlich nicht zu erreichen vermag.

[2834] Vgl. Schoderbek/Slaubaugh (Business Combinations), S. 273.

[2835] Vgl. Muff (Fresh-Start-Methode), S. 120; Esser (Goodwillbilanzierung), S. 165; Pellens/Sellhorn (Fresh-Start-Methode), S. 2131; Schoderbek/Slaubaugh (Business Combinations), S. 273 f.; Haaker (Einheitstheorie), S. 455 f.; ferner Rammert (Pooling of interests), S. 624; Busse von Colbe (Konzernrechnungslegung), S. 665.

Der Positivbefund im Hinblick auf die Informationsrelevanz ist selbst für die Fresh Start Method (»volle Information«) bezüglich der Folgeperioden stark zu relativieren, soweit sie nur bei der Erstkonsolidierung zur Anwendung kommt. Gleiches gilt für den relativen Informationsvorteil der Full Goodwill Method (»halbe Information«); insbesondere darf der Goodwill in den Folgeperioden nicht zugeschrieben werden,[2836] ein eventueller Informationsvorteil ist daher auf den Zeitpunkt der Erstkonsolidierung begrenzt.[2837] Infolgedessen nimmt bei beiden Methoden der Informationsvorteil im Zeitablauf ab und geht also sukzessiv verloren. Als Lösung für dieses Problem des sukzessiven Informationsverlustes käme theoretisch eine jährliche Anwendung der Fresh Start Method in Betracht. Mit einer symmetrischen Ausgestaltung des jährlichen Goodwill-Impairment-Tests könnte eine ähnliche Informationsrelevanz erreicht werden,[2838] ohne sich aufgrund des Rückgriffs auf die Bereichsebene (CGU) an rechtliche Unternehmensstrukturen des Unternehmenserwerbs ausrichten zu müssen.

6.2.2.2.2 GuV-orientierte Erfüllung des Informationszwecks

Bei allen im vorhergehenden Abschnitt analysierten Konsolidierungsmethoden wird der Anschaffungsvorgang erfolgsneutral abgebildet.[2839] Somit genügen alle Konsolidierungsmethoden zumindest den Mindestanforderungen einer prognoseorientierten Erfolgsgröße, da eine sprunghafte Veränderung des Gewinns zum Zeitpunkt der Erstkonsolidierung vermieden wird. Dies ist nicht nur im Hinblick auf den Entscheidungs-, sondern auch bezüglich des Kontrollzwecks sachgerecht. Nicht in dieser Höhe periodisch wiederkehrende Effekte fließen auf diese Weise nicht in den Prognosegewinn ein,[2840] und ein Unternehmenskauf als (vermutlich) lohnende Investition wird nicht durch ein negatives Ergebnis „bestraft"[2841]. Allerdings spiegelt die Erfolgsgröße bei einem positiven Kapitalwert der Akquisition nicht die positive Managementleistung wider[2842].

[2836] Vgl. IAS 36.124.
[2837] Vgl. Peffekoven (Kapitalkonsolidierung), S. 202.
[2838] Vgl. Ruhwedel/Schultze (Value Reporting), S. 612.
[2839] Vgl. hierzu die Darstellungen und Erläuterungen der Konsolidierungsmethoden bei Pellens/Fülbier/Gassen (Rechnungslegung), S. 671-679.
[2840] Vgl. Streim/Esser (Eignung), S. 146.
[2841] Vgl. Hax (Investitionsrechnung), S. 166.
[2842] Vgl. Streim/Esser (Eignung), S. 145.

Da im Rahmen einer GuV-orientierten Informationsvermittlung der Bilanz lediglich eine Verrechnungsfunktion zukommt, sind die konkreten bilanziellen Wertansätze zum Zeitpunkt der Erstkonsolidierung zunächst zwar irrelevant, in indirekter Weise wirken sie sich jedoch etwa aufgrund von Abschreibungen auf die Gewinngröße der nachfolgenden Perioden aus.[2843] Bei allen Konsolidierungsmethoden werden in diesem Zusammenhang auch (je nach Methode mehr oder weniger) nicht vom Mutterunternehmen „bezahlte" und teilweise auf die Minderheiten entfallende Potentiale bilanziell berücksichtigt, welche somit zu späteren Erfolgswirkungen führen können. Dies betrifft im Einzelnen[2844]

- bei Anwendung der Buchwertmethode den Minderheitenanteil am Buchwert des Nettovermögens des Tochterunternehmens,
- bei Anwendung der Neubewertungsmethode den Minderheitenanteil am Fair Value des Nettovermögens des Tochterunternehmens,
- bei Anwendung der Full Goodwill Method zusätzlich den Minderheitenanteil am Goodwill des Tochterunternehmens sowie ggf. einen nicht bezahlter Anteil am Mehrheiten-Goodwill und
- bei Anwendung der Fresh Start Method zusätzlich die stillen Reserven und Lasten sowie den originären Goodwill des Mutterunternehmens[2845].

Entsprechend der aufgedeckten Potentiale können künftige Periodenergebnisse etwa durch deren Abschreibungen belastet werden.

Die umfassende Aufdeckung des Minderheitenpotentials scheint aus einheitstheoretischer Perspektive zwingend geboten. Zu differenzieren ist in diesem Zusammenhang zwischen dem Mehr- und Minderheitenergebnis. Die zukünftigen Minderheitenergebnisse werden bei der Neubewertungs- und in noch stärkerem Maße bei der Buchwertmethode in verzerrter Weise ermittelt, da die nichtberücksichtigten auf die Minderheiten entfallenden fiktiven Investitionsausgaben bezüglich des „erworbenen" Minderheiten-Goodwill und bei der Buchwertmethode darüber hinaus der stillen Reserven und Lasten nicht periodisiert werden. Soweit das Minderheitenergebnis gesondert angegeben wer-

---

2843 Daher wird auch von einer erfolgswirksamen Kapitalkonsolidierung gesprochen.

2844 Die Quotenkonsolidierung und die Interessenzusammenführungsmethode werden nicht weiter untersucht.

2845 Vgl. Watrin/Strohm/Struffert (Business Combinations Project), S. 25; Busse von Colbe (Konzernrechnungslegung), S. 665. Unterstellt wird freilich eine idealtypische Form der Konsolidierungsmethode.

den muss,[2846] ließe sich zwar wenigstens ein „sauberes" Mehrheitenergebnis ermitteln, das Minderheitenergebnis bliebe aber weitgehend aussagelos.

Eine Einengung des Konzernergebnisses auf den Mehrheitenanteil wäre jedoch verfehlt,[2847] „weil sie der [einheitstheoretischen] Konzeption des Konzernabschlusses und dessen Zweck widerspricht."[2848] Aus einheitstheoretischer Sicht kann sich der prognosefähige Gewinn nicht allein auf den Mehrheitenanteil beziehen, soweit er der Bestimmung des Konzernwerts aus der Sicht aller Anteilseignergruppen dienen soll.[2849] Daher darf ein fiktiver Erwerb nicht nur für den Anteil der Minderheiten am Buchwert des Nettovermögens (Buchwertmethode) bzw. am Fair Value des Nettovermögens (Neubewertungsmethode) angenommen werden. Auch der Anteil der Minderheiten am derivativen Goodwill muss als fiktive Investitionsauszahlung aktiviert werden. In diesem Sinne bemerkte bereits *Moonitz* bezüglich einer unsachgerechten Behandlung des Mehrheiten-Goodwill als „Lückenfüller"[2850]: „it makes goodwill a function of the number of shares acquired, not a function of any attribute such as superior earning power of either a legal or an economic entity."[2851] Im Ergebnis erscheint somit nur die Full Goodwill Method zweckadäquat, da die fiktiven Auszahlungen für einen Minderheiten-Goodwill aktiviert werden.

Der Ansatz eines Minderheiten-Goodwill steht jedoch nur im Einklang mit einer prognosefähigen Gewinngröße, wenn der Goodwill einer planmäßigen Abschreibung unterliegt. Soweit der Goodwill nur außerplanmäßig abgeschrieben wird, was nach dem Impairment-Only-Approach der Fall ist, erhöht sich mit dem Minderheitenanteil des Goodwill die Volatilität und somit die Verzerrung des Prognosegewinns.[2852]

Die Fresh Start Method erfasst beim Mutterunternehmen eine Reihe von nicht im Rahmen des Unternehmenszusammenschlusses erworbenen Potentialen (stille Reserven und Lasten sowie einen originärer Goodwill).[2853] Eine Aktivierung und Periodisierung von für den Aufbau von originärem Goodwill getätig-

---

2846 Vgl. IAS 27.33.
2847 Vgl. Beine (Ergebnisausweis), S. 946 f.
2848 Beine (Ergebnisausweis), S. 949.
2849 Vgl. hierzu Nurnberg (Minority Interest), S. 144.
2850 Vgl. Moonitz (Entity Approach), S. 240.
2851 Moonitz (Entity Approach), S. 241.
2852 Vgl. Dobler/Gampenrieder (Goodwillbilanzierung, Teil II), S. 434; Haaker (Einheitstheorie), S. 458.
2853 Vgl. Nurnberg/Grube (Business Combinations), S. 785.

ten Auszahlungen steigert grundsätzlich sowohl die Prognosefähigkeit als auch die Anreizverträglichkeit.[2854] Bei der Fresh Start Method stellt sich die Situation jedoch anders da: Die Investitionsausgaben für einen originären Goodwill sind in vergangenen Perioden angefallen und bereits aufwandswirksam erfasst worden. Durch die „erfolgsneutrale Aufdeckung" des originären Goodwill des Mutterunternehmens im Rahmen der Erstkonsolidierung ergibt sich über die Abschreibungen nochmals eine negative Erfolgswirkung. Diese Doppelbelastung könnte der Prognosefähigkeit der Gewinngröße abträglich sein.[2855] Insofern erscheint die üblicherweise im Zusammenhang mit der Fresh Start Method getroffene Annahme, es handele sich um „a new entity without an earning history"[2856], verfehlt, dem früheren Ertragsverlauf kommt nämlich durchaus Relevanz zu.[2857] Das Problem der Doppelerfassung von Aufwendungen kann in diesem Zusammenhang wiederum auch als eine Auswirkung des in IAS 38.48 kodifizierten Aktivierungsverbots für einen originären Goodwill angesehen werden.

Sollte im Rahmen einer weniger konsequenten Umsetzung der Fresh Start Method auf die Aktivierung des originären Goodwill verzichtet werden,[2858] könnte indessen die Neuadjustierung des Nettovermögens auf Fair Value-Basis aufgrund der zeitnäheren Bewertung eventuell mittels der verrechneten planmäßigen Abschreibungen die Prognosefähigkeit des Gewinns der nachfolgenden Perioden erhöhen.[2859]

Grundsätzlich liegt unabhängig davon, ob vorhandene Werte erworben wurden, bei deren Verzehr eine Wertvernichtung vor, die bei der Managementbeurteilung entsprechend berücksichtigt werden muss.[2860] Dieses spricht wiederum für die Fresh Start Method, da nach dieser Methode sämtliche Potentiale

---

2854 Vgl. Grinyer/Russel (Goodwill), S. 110.

2855 Vgl. hierzu Pellens/Sellhorn (Fresh-Start-Methode), S. 2131.

2856 Nurnberg/Grube (Business Combinations), S. 785.

2857 Vgl. hierzu auch Wakefield (Accounting Principle Board), S. 33, der aus diesem Grund jedoch die Interessenzusammenführungsmethode befürwortet.

2858 Vgl. Pellens/Sellhorn (Fresh-Start-Methode), S. 2126; Telkamp/Bruns (Pooling-of-interests-Methode), S. 745; Pellens/Fülbier/Gassen (Rechnungslegung), S. 678; Busse von Colbe (Goodwill); Watrin/Strohm/Struffert (Business Combinations Project), S. 25.

2859 Vgl. hierzu Moxter (Bilanzlehre, Band I), S. 128.

2860 Vgl. Alvarez/Biberacher (Goodwill-Bilanzierung), S. 352; Weismüller (Synergien), S. 174 f.

des Konzerns aufgedeckt und somit auch deren „Vernichtung“ bilanziell erfasst werden können.[2861]

Nach IFRS ist aktuell ausschließlich eine Anwendung der Neubewertungsmethode vorgesehen. Ein Minderheitenanteil am Goodwill sowie originärer Goodwill und stille Reserven und Lasten des Mutterunternehmens bleiben folglich außer Ansatz. Sollte die gemäß ED IFRS 3 vorgeschlagene Full Goodwill Method umgesetzt werden, würde es nach IFRS zur Aktivierung eines Minderheiten-Goodwill kommen. Da gemäß Impairment-Only-Approach ein Goodwill nach IFRS keiner planmäßigen, sondern ausschließlich einer außerplanmäßigen Abschreibung unterliegt, schadet die Full Goodwill Method im Ergebnis jedoch der Prognoseeignung der Gewinnziffer. Die fiktiven Ausgaben für den Minderheiten-Goodwill werden nicht mittels planmäßiger Abschreibungen periodisiert. Aufgrund von außerplanmäßigen Abschreibungen kann es zudem zu verzerrenden Ergebnissprüngen kommen.[2862] Der Ansatz eines Minderheiten-Goodwill führt im Zusammenhang mit dem Impairment-Only-Approach allenfalls im Rahmen eines bilanzorientierten und keinesfalls bei einem GuV-orientierten Informationskonzept zu relevanteren Informationen.[2863]

6.2.3 Zweckadäquanz der Erstbilanzierung des Goodwill

6.2.3.1 Bilanzorientierte Erfüllung des Informationszwecks

6.2.3.1.1 Erfüllung des Entscheidungszwecks

Nach IFRS 3 ist im Rahmen der Erstkonsolidierung zwingend die Neubewertungsmethode anzuwenden.[2864] Eine Anwendung der “goodwill-freien“ Interessenzusammenführungsmethode,[2865] die bis zum Inkrafttreten des zum 31.03.2004 veröffentlichten IFRS 3 unter bestimmten Bedingungen zulässig war, wurde dadurch untersagt.[2866] Der IASB „has attempted to better reflect

---

[2861] Vgl. Pellens/Sellhorn (Fresh-Start-Methode), S. 2130.
[2862] Vgl. Dobler/Gampenrieder (Goodwillbilanzierung, Teil II), S. 434.
[2863] Vgl. Haaker (Einheitstheorie), S. 458.
[2864] Vgl. IAS 27.22.
[2865] Vgl. IAS 22.77-22.81.
[2866] Vgl. etwa Watrin/Strohm/Struffert (Business Combinations Project), S. 22 f.; Watrin/Strohm/Struffert (Entwicklungen), S. 1451 f; ferner für die entsprechende US-GAAP-Entwicklung Moehrle/Reynolds-Moehrle (Goodwill Amortization). Zur Kritik an der Interessenzusammenführungsmethode vgl. auch bereits Sapienza (Pooling Theory); Briloff (Dirty Pooling).

the economic of the exchange of value that takes place in business combinations."[2867] Dies ist jedoch allenfalls in begrenztem Maße gelungen.

Im Rahmen der Erstbilanzierung nach IFRS ist ein derivativer Goodwill als Vermögenswert ansatzpflichtig und zu Anschaffungskosten zu bewerten.[2868] Die Anschaffungskosten des Goodwill ergeben sich hierbei als Restbetrag, nachdem von den gesamten Anschaffungskosten des Unternehmenserwerbs das – verglichen mit der Ansatzkonzeption außerhalb von Unternehmenszusammenschlüssen – relativ umfassend auszuweisende und zum Fair Value bewertete (anteilige) Nettovermögen abgezogen wurde.[2869] Hierbei sind identifizierbare immaterielle Vermögenswerte und Eventualschulden unabhängig von einer Wahrscheinlichkeitshürde allein aufgrund der verlässlichen Bewertbarkeit ansatzpflichtig.[2870] Die damit einhergehende umfassende Abspaltung der immateriellen Vermögenswerte und Eventualschulden aus der Globalgröße Goodwill führt nicht nur zu einer erhöhten Transparenz, sondern ermöglicht auch eine individuelle Wertfortführung der einzelnen Potentiale.[2871]

Wie bereits dargelegt wurde, vermag eine Kapitalkonsolidierung nach der Neubewertungsmethode nur bei Beteiligungsquoten von 100 % und einer Zahlung des Grenzpreises das erworbene Potential des Tochterunternehmens vollständig abzubilden.[2872] Die Potentiale des Mutterunternehmens werden jedoch selbst in diesem „Idealfall" nur unvollständig und in verzerrter Weise erfasst.[2873] Auch ein erworbener Goodwill wird nach dieser Methode der Erstkonsolidierung nur in Höhe des bezahlten Mehrheitenanteils ausgewiesen.[2874] Soweit der Kaufpreis unterhalb des Grenzpreises liegt, wird der Mehrheiten-Goodwill nicht in voller Höhe aktiviert.[2875] Bei Beteiligungsquoten von unter 100 % bleibt somit zumindest der auf die Minderheitengesellschafter entfallende Anteil am erworbenen Goodwill unberücksichtigt.[2876] Folglich wird jedenfalls

---

2867 Ellis (Goodwill), S. 471.
2868 Vgl. IFRS 3.51.
2869 Vgl. IFRS 3.51(b); Watrin/Strohm/Struffert (Business Combinations Project), S. 23.
2870 Vgl. IFRS 3.36 ff.
2871 Vgl. Streim/Bieker/Hackenberger/Lenz (Goodwill-Bilanzierung), S. 24.
2872 Vgl. ausführlich Haaker (Einheitstheorie), S. 455 f.
2873 Vgl. Peffekoven (Kapitalkonsolidierung), S. 202.
2874 Vgl. Todd (Business Combinations), S. 20.
2875 Vgl. hierzu Lücke (Unternehmenswachstum), S. 14 f.
2876 Vgl. Haaker (full goodwill method), S. 22 und 24.

mit dem Minderheiten-Goodwill ein relevantes Potential des Tochterunternehmens nicht ausgewiesen.[2877]

Die Vernachlässigung des Minderheiten-Goodwill ist methodisch bedingt und der Mehrheitenanteil am Goodwill wird darüber hinaus regelmäßig unvollständig erfasst, da ein rationaler Käufer im Regelfall weniger als seinen Grenzpreis bezahlen wird[2878]. Selbst wenn wenn eine 100 %-Beteiligung erworben wird, kommt es demzufolge lediglich zu einer mehr oder weniger unvollständigen Erfassung des Goodwill. Somit wird das bilanziell erfasste Potential im Normalfall nur unzureichend an den Wert des Tochterunternehmens angenähert und die diesbezügliche Marktwert-Buchwert-Lücke allenfalls zufällig geschlossen.

Nach den aktuellen Änderungsvorschlägen zum IFRS 3 (ED IFRS 3) soll künftig auch der auf die Minderheiten entfallende Goodwill im Rahmen einer Erstkonsolidierung nach der Full Goodwill Method erfasst werden.[2879] Diese Methode ist grundsätzlich geeignet, mittels des konsolidierten Potentials die Lücke zwischen Buch- und Unternehmenswert des Tochterunternehmens zu schließen.[2880] Bei der konkreten Umsetzung des ED IFRS 3 handelt es sich jedoch um keine „idealtypische" Full Goodwill Method, bei der die konsolidierten Potentiale den Unternehmenswert des Tochterunternehmens approximieren.[2881] Es bleibt gemäß ED IFRS 3.61 vielmehr bei einer „pagatorischen Obergrenze"[2882] bzw. einer „faktische[n] Anschaffungskostenrestriktion"[2883], denn ein zunächst über den Anschaffungskosten liegender Goodwill wird „in einem nachfolgenden Schritt an die pagatorische Basis angepasst."[2884]

2877 Vgl. Streim/Bieker/Hackenberger/Lenz (Goodwill-Bilanzierung), S. 23.

2878 Ma/Hopkins (Goodwill), S. 80 f.

2879 Vgl. Busse von Colbe/Falkenhahn (Kapitalkonsolidierung), S. 5.

2880 Vgl. Busse von Colbe/Falkenhahn (Kapitalkonsolidierung), S. 5; Haaker (Einheitstheorie), S. 455; Haaker (full goodwill method), S. 27. Vgl. auch Siegel (Zeitwertansatz), S. 320, der allerdings die Full Goodwill Method nicht als Erweiterung um den Minderheiten-Goodwill, sondern als Erweiterung um den originären Goodwill des Tochterunternehmens interpretiert. Beim übernommenen Minderheiten-Goodwill handelt es sich jedoch um einen derivativen und nicht um einen originären Goodwill. Vgl. Busse von Colbe (Goodwill); Busse von Colbe (Einheitstheorie), S. 57; Busse von Colbe/Ordelheide/Gebhardt/Pellens (Konzernabschlüsse), S. 238; Haaker (full goodwill method), S. 22; a.A. Teitler-Feinberg (Schlepptau), S. 21; Teitler (Aktivierung).

2881 Vgl. Haaker (Einheitstheorie), S. 455 f.

2882 Pellens/Sellhorn/Amshoff (Konzernbilanzierung), S. 1749.

2883 Haaker (full goodwill method), S. 27.

2884 Busse von Colbe/Falkenhahn (Kapitalkonsolidierung), S. 13.

Selbst wenn eine „idealtypische" Full Goodwill Method zur Anwendung käme, würde bestenfalls „halb" informiert werden,[2885] denn das Vermögen des Mutterunternehmens wird weiterhin lediglich unvollständig erfasst.[2886] Nur im Rahmen einer „idealtypischen" Fresh Start-Konsolidierung würde – unter Ausweis des Gesamt-Goodwill sowohl des Tochterunternehmens als auch des Mutterunternehmens[2887] – neben dem Wert des konsolidierten Tochterunternehmens auch der Wert des Mutterunternehmen und somit der Wert des Gesamtkonzerns zum Zeitpunkt der Erstkonsolidierung bilanziell approximiert werden.[2888] Dieses Informationsziel wird jedoch auch nach dieser Methode im Rahmen der Folgebilanzierung nicht mehr erreicht, da die umfassende Neubewertung nicht wiederholt stattfindet und die Werte lediglich „buchmäßig" fortgeschrieben werden.[2889]

6.2.3.1.2 Erfüllung des Kontrollzwecks

Mit der Begrenzung des aktivierten Goodwill auf die vom Mutterunternehmen entrichteten Anschaffungskosten wird im Rahmen der Erstbilanzierung nicht der mit der Entscheidung zum Erwerb des Tochterunternehmens verbundene Wertbeitrag signalisiert. Der aus der Investition in die Anteile des Tochterunternehmens resultierende Kapitalwert bzw. der Verhandlungserfolg[2890] kommt nicht durch die Gewinngröße zum Ausdruck, weshalb der Gewinn nicht die Leistung des für die Akquisition verantwortlichen Managements widerspiegelt. Deshalb wird dem Prinzip der Entscheidungsverbundenheit nicht entsprochen.[2891]

Zwar erfolgt die Erfassung des Anschaffungsvorgangs wenigstens erfolgsneutral, ohne, wie es bei Investitionen in einen originären Goodwill der Fall ist, einen „künstlichen" Verlust anzuzeigen.[2892] Jedoch wird auf diese Weise nicht

---

[2885] Vgl. Siegel (Zeitwertansatz), S. 320; Haaker (full goodwill method), S. 27; Haaker (Einheitstheorie), S. 455.

[2886] Vgl. Peffekoven (Kapitalkonsolidierung), S. 202.

[2887] Vgl. Pellens/Sellhorn (Fresh-Start-Methode), S. 2126, die darauf hinweisen, dass nur in diesem Fall eine konsequente Umsetzung der Fresh Start Method gegeben ist. Vgl. ebenfalls Muff (Fresh-Start-Methode), S. 120; Mujkanovic (Kapitalkonsolidierung), S. 536; Haaker (Einheitstheorie), S. 452.

[2888] Vgl. Siegel (Zeitwertansatz), S. 321; Haaker (Einheitstheorie), S. 455 f.; Muff (Fresh-Start-Methode), S. 120.

[2889] Vgl. Peffekoven (Kapitalkonsolidierung), S. 202.

[2890] Vgl. Baetge (Akquisitionscontrolling), S. 458 f.; Wagner (Firmenwert), S. 479.

[2891] Vgl. Hax (Investitionsrechnung), S. 164.

[2892] Vgl. Hax (Investitionsrechnung), S. 166.

nur ein zumeist positives Akquisitionsergebnis „unterdrückt“, sondern mitunter auch der sofortige Ausweis eines negativen Akquisitionsergebnisses verhindert,[2893] die Erfolgsneutralität gilt schließlich zunächst auch bei einem negativen Kapitalwert.[2894] Folglich könnten sogar nicht werthaltige Posten erfasst werden, welche unter ökonomischen Gesichtspunkten gar nicht zum Ansatz kommen dürften.[2895] Schließt man allerdings eine von vornherein bekannte und bewusst erfolgte Überzahlung aus,[2896] so ergibt sich der negative Kapitalwert erst auf Grundlage eines gegenüber dem Zeitpunkt der Akquisitionsentscheidung geänderten Informationstands[2897]. Der im Nachhinein negative Kapitalwert sollte dann aber aufgrund entsprechender Wertminderungsindikatoren zeitnah, spätestens jedoch – soweit das Management dies nicht durch eine geschickte Zuordnung auf CGU kompensieren kann – beim pflichtmäßigen jährlichen Impairment-Test aufgedeckt werden können und zur Verbuchung einer entsprechenden Wertminderung führen.

6.2.3.2 GuV-orientierte Erfüllung des Informationszwecks

6.2.3.2.1 Erfüllung des Entscheidungszwecks

Einen GuV-orientierten Maßstab der Entscheidungsrelevanz stellt die Prognosefähigkeit der Gewinngröße dar.[2898] Anhand dieses Relevanzkriteriums ist die Zweckmäßigkeit der Erstbilanzierung des Goodwill im Rahmen eines GuV-orientierten Informationskonzepts zu beurteilen.[2899] In diesem Zusammenhang stellt sich zunächst die Zuordnung des Gesamt-Goodwill auf CGU als Vorteil dar, da hierduch „die Abschreibungsdauer und -methoden entsprechend diffe-

---

[2893] Zur Messung des Erfolgs einer Akquisition vgl. Baetge (Akquisitionscontrolling), S. 454-464 sowie zu den diesbezüglichen „Messfehlern“ Meeks/Meeks (Profitability Measures); Mahajan (Profitability Measures).

[2894] Vgl. Streim/Bieker/Hackenberger/Lenz (Goodwill-Bilanzierung), S. 23.

[2895] Vgl. Esser (Goodwillbilanzierung), S. 149.

[2896] Vgl. Ordelheide (Geschäftswert), S. 579.

[2897] Vgl. Busse von Colbe (Einheitstheorie), S. 59.

[2898] Vgl. Streim/Esser (Informationsvermittlung), S. 839 f.; ausführlich Wagner (Periodenabgrenzung).

[2899] Vgl. Engels (Bemerkungen), S. 45.

renziert und damit die Periodisierung der Ergebnisse verbessert werden"[2900] könnten.[2901]

Die Prognosefähigkeit des Gewinns darf sich nicht auf den Gewinn selbst, sondern nur auf den bewertungsrelevanten Zahlungsstrom beziehen.[2902] In Form eines prognosefähigen Gewinns soll der Zahlungsstrom zu einer Größe verdichtet werden, welche repräsentativ für die Zahlungsüberschüsse zukünftiger Perioden steht.[2903] Er dient als Inputgröße für das Investorenkalkül[2904] zur Berechnung des Unternehmenswerts und stellt idealtypisch die Zählergröße eines Barwertkalküls dar.[2905] Der prognosefähige Gewinn ergibt sich folglich durch eine entsprechende „Bereinigung der Zahlungsströme"[2906], welche auf eine Isolierung der nachhaltigen Gewinnkomponenten abzielt.[2907] Es stellt sich im Zusammenhang mit der Bilanzierung des Goodwill die Frage, ob die Regelungen zu einer zweckadäquaten „Bereinigung" beitragen.

Bereinigt wird ein Zahlungsstrom insbesondere durch die Aktivierung und Verteilung von Investitionsausgaben mittels planmäßiger Abschreibungen.[2908] Aufgrund der „'Ballung' von Ausgaben [wird] Realvermögen gebildet, das erst in künftigen Perioden zu erwarteten Einzahlungen führt."[2909] Der Gewinn wird in Höhe des aktivierten Investitionsbetrags nicht einmalig und sprunghaft, sondern „durch die glättende Wirkung einer Abschreibungsverteilung über die Nutzungsdauer"[2910] gleichmäßig belastet. Somit werden die „durchschnittlichen" Effekte von langfristig wirksamen Investitionen auf den Zahlungsstrom mittels Periodisierung in vereinfachter Weise berücksichtigt, wodurch eine gewisse Repräsentativität für die Folgeperioden unterstellt werden kann.[2911] Da Investitionen in den originären Goodwill gemäß IAS 38.48 einem Aktivierungs-

---

2900 Vgl. Busse von Colbe (Konzernrechnungslegung), S. 660.
2901 Vgl. Busse von Colbe (Konzernrechnungslegung), S. 659 f.; Colley/Volcan (Business Combinations), S. 74; Ordelheide (Geschäftswert), S. 588; kritisch Trützschler (Behandlung), S. 409.
2902 Vgl. Moxter (Bilanzlehre, Band I), S. 123 f.
2903 Vgl. Moxter (Rechnungslegungstraditionen), S. 502; Moxter (Auskunftsverweigerungsrecht), S. 313.
2904 Vgl. Moxter (Rechnungslegungsmythen), S. 2147.
2905 Vgl. Wagner (Periodenabgrenzung), S. 1184.
2906 Engels (Bemerkungen), S. 42.
2907 Vgl. Moxter (Gewinnwarnungen), S. 222.
2908 Vgl. Engels (Bemerkungen), S. 41 f.
2909 Wagner (Periodenabgrenzung), S. 1185 f.
2910 Wagner (Periodenabgrenzung), S. 1186.
2911 Vgl. Wagner (Periodenabgrenzung), S. 1186.

verbot unterliegen, belasten sie sofort das Ergebnis und können folglich nicht normalisiert werden.[2912]

Das Aktivierungsgebot für einen erworbenen Goodwill steht demgegenüber mit einer GuV-orientierten Erfüllung des Entscheidungszwecks im Einklang und kann aus diesem Grunde als zweckadäquat angesehen werden.[2913] Mit dem derivativen Goodwill werden wesentliche Investitionsausgaben aktiviert, womit es zu keiner „sprunghaften" Gewinnverzerrung kommt.[2914] Bei Nichtaktivierung würde das abrupte Absinken des Ergebnisses fälschlicherweise eine signifikante Verminderung der zukünftig im „Durchschnitt" zu erwartenden Zahlungsüberschüsse signalisieren.[2915]

Ein Aktivierungsgebot besteht indessen ausschließlich für den Mehrheiten- und nicht gleichermaßen für den aus einheitstheoretischer Sicht ebenso relevanten Minderheiten-Goodwill.[2916] Die fiktiven Investitionsausgaben für einen Minderheiten-Goodwill werden nicht aktiviert und können daher nicht entsprechend periodisiert werden. Immerhin wird das Ergebnis zum Akquisitionszeitpunkt nicht belastet, da in Höhe des erworbenen Minderheiten-Goodwill keine tatsächlichen Auszahlungen getätigt werden.

Bezüglich einer „periodengerechten" Gewinnermittlung wird jedoch auch die nach ED IFRS 3 vorgeschlagene Full Goodwill Method keinerlei Abhilfe schaffen, solange – wie für den Mehrheitenanteil auch – keine planmäßigen Abschreibungen auf den Goodwill verrechnet werden, was zudem die Volatilität des Periogenergebnisses erhöht.[2917]

6.2.3.2.2 Erfüllung des Kontrollzwecks

Im Rahmen einer GuV-orientierten Erfüllung des Kontrollzwecks hat der Gewinn möglichst alle wesentlichen positiven und negativen Entscheidungswirkungen zum Ausdruck zu bringen.[2918] Eine hierfür idealerweise anzustrebende Approximation der Unternehmenswertänderung[2919] ist mit einer unvollständi-

2912 Vgl. Grinyer/Russel (Goodwill), S. 110.
2913 Vgl. Streim/Bieker/Hackenberger/Lenz (Goodwill-Bilanzierung), S. 27;
2914 Vgl. Moxter (Goodwill), Sp. 690.
2915 Vgl. Streim/Bieker/Hackenberger/Lenz (Goodwill-Bilanzierung), S. 25; Streim/Esser (Informationsvermittlung), S. 840; Moxter (Auskunftsverweigerungsrecht), S. 314.
2916 Vgl. hierzu Nurnberg (Minority Interest), S. 144.
2917 Vgl. Dobler/Gampenrieder (Goodwillbilanzierung, Teil II), S. 434.
2918 Vgl. Hax (Investitionsrechnung), S. 162; Streim/Esser (Informationsfunktion), S. 839.
2919 Vgl. Hax (Bilanzgewinn), S. 646 ff.

gen GuV-orientierten Gewinngröße jedoch nicht möglich[2920] und muss einem bilanzorientierten Informationskonzept vorbehalten bleiben.

Wird aufgrund einer Auszahlung ein Nettoeinzahlungspotential geschaffen, so müsste dieses aktiviert werden.[2921] Durch den Erwerb eines Goodwill verfügt ein Unternehmen über ein entsprechendes Potential, welches auch im Rahmen einer kontrollrelevanten Rechnung aktiviert werden muss. Dasselbe müsste entgegen dem Akivierungsverbot des IAS 38.48 für Investitionen in den originären Goodwill gelten, um sie nicht durch eine sofortige Aufwandserfassung zu diskriminieren.[2922]

Mit der Aktivierung des erworbenen Goodwill zu Anschaffungskosten wird die Akquisitionsentscheidung jedoch lediglich verlustfrei gehalten. Somit wird das Management für lohnende Investitionen zwar wenigstens nicht „bestraft“.[2923] Ein positiver Kapitalwert (Grenzpreis abzüglich gezahlter Kaufpreis)[2924] wird allerdings – von Kaufpreisen unterhalb des Substanzwerts abgesehen – nicht im Rahmen des Erfolgsausweises „belohnt“.

Im Falle einer „Überzahlung“ wird das Management aufgrund der Anschaffungskostenbewertung zunächst nicht durch einen niedrigeren Erfolg bestraft.[2925] Solche Fehlmaßnahmen, bei denen quasi schon im Akquisitionszeitpunkt von einem negativen Kapitalwert auszugehen ist, sollten jedoch eher die Ausnahme darstellen.[2926] Natürlich kann sich die Einschätzung über die Werthaltigkeit mit dem Informationsstand noch während des Akquisitionsprozesses ändern[2927] und sich ein im Zuge der Erstkonsolidierung auszuweisender Goodwill als nicht werthaltig erweisen. Damit einhergehend sollten aber entsprechende Wertminderungsindikatoren einen sofortigen Impairment-Test erzwingen bzw. spätestens im Rahmen des obligatorisch im Jahresturnus vorzunehmenden Goodwill-Impairment-Tests ein negativer Kapitalwert der Akquisition signalisiert werden.

2920 Vgl. Moxter (Rechnungslegungsmythen), S. 2144.
2921 Vgl. Hax (Investitionsrechnung), S. 166.
2922 Vgl. Laux (Unternehmensrechnung), S. 405 f.
2923 Vgl. Streim/Bieker/Hackenberger/Lenz (Goodwill-Bilanzierung), S. 26.
2924 Vgl. Brösel/Müller (Goodwillbilanzierung), S. 38.
2925 Vgl. Streim/Bieker/Hackenberger/Lenz (Goodwill-Bilanzierung), S. 26.
2926 Vgl. Ordelheide (Geschäftswert), S. 579.
2927 Vgl. Sellhorn (Ansätze), S. 889.

6.2.3.3 Zweckadäquanz der Behandlung eines negativen Goodwill

6.2.3.3.1 Bilanzorientierte Erfüllung des Informationszwecks

Ein negativer Goodwill entsteht, wenn der im Rahmen eines Unternehmenszusammenschlusses gezahlte Kaufpreis den (anteiligen) Wert des erworbenen Nettovermögens unterschreitet.[2928] Als mögliche Ursachen eines negativen Goodwill kommen zum einen im Kaufpreis berücksichtigte negative Synergiepotentiale[2929] (Badwill) und zum anderen eine entsprechend positive Verhandlungsposition des Käufers in Betracht (Lucky Buy).[2930] Gemäß IFRS 3 wird faktisch unterstellt, dass ein negativer Goodwill stets einen Lucky Buy widerspiegelte.[2931] Daher ist dieser gemäß IFRS 3.56 nach nochmaliger Überprüfung der Berechnungsparameter erfolgswirksam zu vereinnahmen.

Soweit es sich tatsächlich um einen Lucky Buy[2932] handelt, erscheint die sofortige ertragswirksame Erfassung des negativen Goodwill[2933] auf den ersten Blick im Rahmen einer bilanzorientierten Betrachtung sachgerecht. Jedoch wird damit regelmäßig nur ein Teil des Verhandlungserfolgs[2934] (Kapitalwerts) erfasst, da der Käufergrenzpreis im Normalfall den Substanzwert überschreitet. Diese unzweckmäßige Begrenzung der Ertragsvereinnahmung durch die Höhe des Substanzwerts hat zur Folge, dass der Unternehmenswert zumeist unzureichend approximiert und dem Entscheidungszweck nur wenig entsprochen wird. Im Einklang mit dem Kontrollzweck führt im Falle eines negativen Goodwill der positive Kapitalwert der Akquisition zu einer sofortigen Erfolgsvereinnahmung, womit grundsätzlich das Prinzip der Entscheidungsverbundenheit Beachtung findet.[2935] Wie hoch der Erfolg bzw. Kapitalwert aber tatsächlich ist, bleibt den Investoren jedoch gänzlich verborgen, da nur ein „zufälliger" Teil des ökonomisch relevanten Verhandlungsergebnisses vereinnahmt werden darf.

[2928] Vgl. Dobler (Folgebewertung), S. 26.
[2929] Vgl. Ma/Hopkins (Goodwill), S. 83.
[2930] Vgl. Pusecker/Schruff (Anschaffungswertprinzip), S. 735.
[2931] Vgl. IFRS 3.57(c); McDonnell (Acquisitions), S. 18.
[2932] Um einen Lucky Buy handelt es sich im Grunde immer, wenn weniger als der Grenzpreis bezahlt wird und nicht erst dann, wenn der Kaufpreis unterhalb des Substanzwerts liegt.
[2933] Vgl. IFRS 3.56(b). Eine gemäß IFRS 3.56(a) zunächst vorgesehene Überprüfung der Bewertungsparameter erübrigt sich, soweit „richtig" bilanziert wurde.
[2934] Vgl. Baetge (Akquisitionscontrolling), S. 458.
[2935] Vgl. Hax (Investitionsrechnung), S. 162.

Außerdem wird im Zeitpunkt der Erstkonsolidierung nur in diesem eher seltenen Fall eines negativen Goodwill eine erfolgreiche Akquisition durch ein positives Ergebnis signalisiert. Im Hinblick auf die Erfüllung des Informationszwecks sollte unabhängig davon, ob der Kaufpreis den Substanzwert unter- oder überschreitet, eine Erfolgsvereinnahmung in Höhe des Kapitalwerts erfolgen. Die Bilanz würde dann den entscheidungsrelevanten Unternehmenswert des Tochterunternehmens approximieren und die GuV in entscheidungsverbundener Weise den Kapitalwert der Investition bei der Erfolgsermittlung berücksichtigen.[2936]

Wenn es sich beim negativen Goodwill hingegen nicht um das Resultat eines Lucky Buy, sondern um ein im Kaufpreiskalkül berücksichtigtes negatives Synergiepotential handelt,[2937] stellt die Ertragsvereinnahmung des Badwill eine reine Irreführung der Investoren dar.[2938] Zunächst wird statt eines Unternehmenswerts bei planmäßiger Fortführung der Geschäftstätigkeit bzw. einer Integration in den Geschäftsbetrieb des Erwerbers ein höherer fair value-orientierter Substanzwert (≈Zerschlagungswert) approximiert. Zwar kann dieser als ökonomischer Mindestwert des Unternehmens interpretiert werden,[2939] der Going-Concern-Annahme wird damit jedoch nicht entsprochen. Auch wenn dieser Widerspruch auf den ersten Blick noch vertretbar erscheinen mag, so hat diese Vorgehensweise jedenfalls negative Auswirkungen auf den Kontrollzweck. Schließlich übersteigt die Höhe des ausgewiesenen Ertrags den Kapitalwert der Akquisition; selbst bei einem negativen Kapitalwert wird ein Ertrag realisiert und fälschlicherweise eine erfolgreiche Akquisition signalisiert. Unter Informationsgesichtspunkten erscheint infolgedessen eine zwischen einem „Lucky Buy“ und einem „Badwill“ differenzierende Behandlung des negativen Goodwill zwingend geboten.

Anders als bei einer Überzahlung, die zum Ausweis eines positiven Goodwill führt, wird der Fehler einer erfolgswirksamen Realisierung eines „Badwill“ auch nicht unbedingt in den Folgeperioden korrigiert. Da als Folge des Unternehmenszusammenschlusses kein Goodwill ausgewiesen wird und somit auch

---

[2936] Vgl. hierzu auch Mujkanovic (Fair Value), S. 284 ff.

[2937] Vgl. Ma/Hopkins (Goodwill), S. 83.

[2938] Vgl. Gros (Bilanzierung), S. 1957. Verschärft wird das Problem dadurch, dass durch den bilanzpolitischen Spielraum beim Ansatz von immateriellen Vermögenswerten und Eventualschulden der als Ertrag zu vereinnahmende negative Goodwill in seiner Höhe mehr oder weniger beliebig gesteuert werden kann. Vgl. Schildbach (Enronitis).

kein obligatorischer Impairment-Test der von der Akquisition betroffenen CGU im Jahresturnus vorgeschrieben ist, kann keinesfalls von einem automatischen Ausgleich in der Folgeperiode ausgegangen werden. Wenigstens besteht in den nachfolgenden Perioden ein erhöhtes Impairment-Risiko,[2940] womit jedoch im Grunde kein Ausgleich, sondern eher ein zweites Fehlsignal droht. Da kein negativer Goodwill ausgewiesen wird, übersteigt der VIU und damit möglicherweise auch der RA den Buchwert der betroffenen CGU. Eine sich daraus ergebende Wertminderung kann fälschlicherweise als Signal einer Fehlinvestition missverstanden werden, während sie nur das technische Resultat einer vorhergehenden Ertragsbuchung ist.

6.2.3.3.2 GuV-orientierte Erfüllung des Informationszwecks

Auch im Rahmen eines GuV-orientierten Informationskonzepts ist die sofortige erfolgswirksame Erfassung eines negativen Goodwill kritisch zu sehen. Das sprunghafte Ansteigen des Gewinns bewirkt, unabhängig von der konkreten Ursache des negativen Goodwill, eine Verzerrung des prognosefähigen Gewinns. Es wäre im Hinblick auf die Prognosefähigkeit sicher zweckmäßiger, ihn über seine „Wirkungsdauer“ verteilt erfolgswirksam aufzulösen.[2941]

Im Hinblick auf den Kontrollzweck führt die Vorgehensweise bei einem Lucky Buy zwar zu einem „richtigen“ Signal, wobei offen bleibt, wie hoch der ökonomische Erfolg tatsächlich ist. Liegt die Ursache aber in der Existenz von negativen Synergiepotentialen, läuft die erfolgswirksame Realisation dem Kontrollzweck zuwider.

Da aufgrund der sofortigen ertragswirksamen Vereinnahmung die Folgebewertung für einen negativen Goodwill entfällt, wird nachfolgend nur die bilanzielle Behandlung eines positiven Goodwill untersucht.

[2939] Vgl. ausführlich Siegel/Bareis (Schimäre).
[2940] Vgl. McDonnell (Acquisitions), S. 18.
[2941] Vgl. Baetge/Hayn/Ströher (IFRS 3), Rn. 181.

6.2.4 Zweckadäquanz der Folgebilanzierung des Goodwill

6.2.4.1 Bilanzorientierte Erfüllung des Informationszwecks

6.2.4.1.1 Erfüllung des Entscheidungszwecks

Im Rahmen der Folgebewertung wird ein erworbener Goodwill nicht planmäßig, sondern ausschließlich außerplanmäßig abgeschrieben (Impairment-Only-Approach).[2942] Hierbei ist ein bilanzierter Goodwill im Jahresturnus und ggf. zusätzlich bei Vorliegen eines Wertminderungsindikators auf seine Werthaltigkeit hin zu prüfen.[2943] Bekanntermaßen führt diese Vorgehensweise zu einem „Goodwill-Substitutionseffekt", bei dem ein derivativer Goodwill nach und nach durch originäre Goodwill-Komponenten ersetzt wird.[2944]

Die durch die Höhe eines ehemals erworbenen Goodwill begrenzte Erfassung von originärem Goodwill erscheint im Rahmen eines bilanzorientierten Informationskonzepts vordergründig adäquat[2945] und demzufolge „die planmäßige Abschreibung des Firmenwerts nicht begründet."[2946] Zumindest auf den ersten Blick erweckt der Impairment-Only-Approach tatsächlich den Eindruck, „[e]s könnte sich um einen (intelligenten) Ansatz handeln, die Marktwert-Buchwert-Lücke zu reduzieren"[2947].[2948] So soll gelten: „This approach will give investors a better measure of the goodwill`s economic value"[2949]. Von einem diesbezüglichen „Quantensprung"[2950] kann aber keine Rede sein, die Vermögensmessung beim Impairment-Test erfolgt lediglich asymmetrisch und bildet nur Wertminderungen, jedoch keine Wertsteigerungen ab.[2951] „Shouldn`t goodwill have the opportunity for increase in value as well as impairment write-down?"[2952] So gesehen, dürfte der Impairment-Only-Approach als ein allzu halbherziger Schritt in Richtung einer unternehmenswertorientierten Bilanzie-

---

2942 Vgl. IFRS 3.55.
2943 IAS 36.9 f.
2944 Vgl. Brösel/Klassen (Auswirkungen), S. 463-466; Moehrle/Reynolds-Moehrle (Goodwill Amortization), S. 38; Pfeil/Vater (Goodwill, Teil 1), S. 589.
2945 Vgl. Zimmermann (Geschäftswerte), S. 752.
2946 Schildbach (Konzernrechnungslegungsvorschriften), S. 393.
2947 Lorson/Heiden (Intellectual Capital), S. 395.
2948 Vgl. hierzu Siegel (Good), S. 39.
2949 McKenney (Business Combinations); ähnlich Hrisak (Business Combination), S. 10.
2950 Lorson/Heiden (Intellectual Capital), S. 395.
2951 Vgl. Hitz/Kuhner (Neuregelung), S. 280; Hommel (Goodwillbilanzierung), S. 1948; Haaker (Goodwill), S. 428; Streim/Bieker/Hackenberger/Lenz (Goodwill-Bilanzierung), S. 25
2952 Siegel (Good), S. 40.

rung verstanden werden.[2953] Es fehlen die relevanten Informationen über die Werterhöhungen des Goodwill, welche über die ursprünglichen Anschaffungskosten hinaus erzielt[2954] und durch Anschaffungskostenrestriktion sowie Zuschreibungsverbot „unterdrückt" werden.[2955] Zur Unternehmenswertapproximation müsste der Goodwill auch ohne Einschränkungen zugeschrieben werden dürfen, wenn sich der Unternehmenswert erhöht.[2956]

Der Goodwill wird nur unvollständig erfasst,[2957] bestenfalls erhält ein originärer Goodwill in Höhe eines ehemals derivativen Goodwill Einzug in die Bilanz.[2958] Zwar erscheint es mitunter „besser zumindest einen Teil des originären Goodwills anzusetzen als gar keinen"[2959], soll aber tatsächlich ein Unternehmenswert approximiert werden, muss der gesamte originäre Goodwill aktiviert werden.[2960] Dieser Vorgehensweise steht jedoch das in IAS 38.48 kodifizierte explizite Ansatzverbot für einen originären Goodwill entgegen.

Wenn die Approximation des Unternehmenswerts bereits bei der Erstbilanzierung fehlschlägt, dann wird sie aufgrund des Zuschreibungsverbots des derivativen Goodwill[2961] kaum bei der Folgebilanzierung gelingen, sondern das Gegenteil dürfte der Fall sein. Im Zeitablauf nimmt die Marktwert-Buchwert-Lücke bei wachsenden Unternehmen stetig zu, womit dem Entscheidungszweck wenig gedient wird.[2962] Sich an einem einmal erworbenen anteiligen Goodwill „festzuklammern", der zwischenzeitlich möglicherweise nicht einmal mehr vorhanden ist und dessen ursprünglichem Wertansatz keinerlei Bedeu-

---

2953 Vgl. Siegel (Bilanzierung), S. 749 f.
2954 Vgl. Vettinger/Volkart (Goodwill-Regeln).
2955 Vgl. Streim/Bieker/Hackenberger/Lenz (Goodwill-Bilanzierung), S. 25; Haaker (Goodwill), S. 428.
2956 Vgl. Schildbach (Konzernrechnungslegungsvorschriften), S. 393.
2957 Vgl. IDW (Business Combinations), S. 206.
2958 Vgl. Siegel (Bilanzierung), S. 750. Hierin scheint zumindest Zimmermann (Geschäftswerte), S. 752 einen Informationsvorteil zu sehen. Vgl. hingegen Siegel (Bilanzierung), S. 749 f.; ähnlich Mujkanovic (Geschäftswert), S. 826.
2959 Zimmermann (Geschäftswerte), S. 752.
2960 Vgl. Pellens/Sellhorn (Unternehmen), S. 1685; Bromwich (Fair Values), S. 35; Haaker (Goodwill), S. 428; Esser (Goodwillbilanzierung), S. 159.
2961 Vgl. IAS 36.124.
2962 Vgl. Hommel (Goodwillbilanzierung), S. 1948.

tung mehr zukommt, ist zweckwidrig,[2963] ein Vorgehen, das sich allenfalls mit Objektivierungsbestrebungen erklären lässt.[2964]

Auf diese Weise sind die äußerst ehrgeizigen Informationsziele des IASB durch eine bilanzielle Informationsvermittlung jedenfalls nicht erreichbar,[2965] denn Goodwill und Eigenkapital werden unvollständig erfasst[2966]. Zur bilanzorientierten Erfüllung des Entscheidungszwecks müsste hingegen auch jede Erhöhung des Goodwill Berücksichtigung finden,[2967] die über einen eher zufälligen Anteil des ansonsten unbekannten originären Goodwill hinausgeht.[2968] „Wenn schon, dann muss es aber der ganze Geschäftswert sein!“[2969] Nur dann vermag die Position Goodwill den Wert des nicht auf die Substanz entfallenden Einzahlungspotentials vollständig abzubilden[2970] und die Lücke zwischen dem relevanten Ertragswert und dem per se wenig relevanten Substanzwert zu schließen.[2971]

„Der Impairment-Only-Ansatz führt darüber hinaus auch zu keiner systematischen Annäherung von Buch- und Marktwerten“[2972], weshalb das Ausmaß der Buchwert-Marktwert-Lücke nicht zum Ausdruck gebracht wird.[2973] Wenn das Buchvermögen aber „mehr oder weniger zufällig, in einem vom Jahresabschlussadressaten nicht erkennbaren Ausmaß vom gesuchten Effektivvermögen abweicht“, ist der Investor „gut beraten, seine Investitionsentscheidungen nicht anhand der bilanziellen Vermögenslage zu treffen.“[2974] Auch wenn der Impairment-Only-Approach zu einer mitunter besseren Wertapproximation führen mag, laufen im Ergebnis Anschaffungskostenrestriktion und Zuschreibungsverbot einer entscheidungsrelevanten Goodwill-Bilanzierung zuwider.[2975] Inwieweit auf diese Weise ein relevanter Buchwert gezeigt werden soll, bleibt unklar.[2976] Es kann allenfalls geschlussfolgert werden, dass der Unterneh-

---

2963 Vgl. Siegel (Bilanzierung), S. 751.
2964 Vgl. Zimmermann (Geschäftswerte), S. 752.
2965 Vgl. Hommel (Goodwillbilanzierung), S. 1948.
2966 Vgl. Küting (Konsolidierungspraxis), S. 1670.
2967 Vgl. Schildbach (Konzernrechnungslegung, Teil II), S. 204.
2968 Vgl. Siegel (Bilanzierung), S. 749 f.
2969 Siegel (Bilanzierung), S. 749.
2970 Vgl. Streim/Bieker/Hackenberger/Lenz (Goodwill-Bilanzierung), S. 22.
2971 Vgl. Mujkanovic (Fair Value), S. 284 f.
2972 Hense (Goodwill), S. 257.
2973 Vgl. hierzu auch Black (Magic), S. 23 f.
2974 Hommel/Schmidt/Wüstemann (Moxter), S. 89 (beide Zitate).
2975 Vgl. Streim/Bieker/Hackenberger/Lenz (Goodwill-Bilanzierung), S. 25.
2976 Vgl. Mercer/Crow/Patton (Goodwill Valuation), S. 29.

menswert mindestens dem Buchwert des Eigenkapitals (inklusive eines durch die Anschaffungskosten nach oben begrenzten Anteils am originären Goodwill) entspricht.[2977] Soweit der Unternehmenswert den Buchwert des Eigenkapitals um ein Vielfaches übersteigt, was der Investor nicht durch einen IFRS-Abschluss erfährt, ist diese Information für Anlageentscheidungen wohl weitgehend nutzlos.[2978]

An dieser Stelle vermag eine Kapitalkonsolidierung nach der Full Goodwill Method oder der Fresh Start Method als vorteilhafter gesehen werden. Sowohl bei der Full Goodwill Method als auch bei der Fresh Start Method ist der Informationsvorteil indessen nur begrenzt wirksam,[2979] lediglich zum Zeitpunkt der Erstkonsolidierung wird der Wert des Tochterunternehmens bzw. des Gesamtkonzerns approximiert. Eine jährliche (partielle) unternehmenswertorientierte Bilanzierung ist nach diesen Methoden nicht vorgesehen,[2980] weshalb der Informationsvorteil mit der Zeit zumindest abnehmen dürfte.

Im Grunde würde nur eine zu jedem Abschlussstichtag stattfindende Anwendung der Fresh Start Method zu einer bilanzorientierten Erfüllung des Entscheidungszwecks führen.[2981] Nur in diesem Fall würde das aus einheitstheoretischer und bilanzorientierter Sicht entscheidungsrelevante Rechnungsziel einer bilanziellen Approximation des Gesamtkonzernwerts erreicht werden.

6.2.4.1.2 Erfüllung des Kontrollzwecks

Eine kontrollrelevante Erfolgsgröße sollte alle (wesentlichen) positiven und negativen Entscheidungswirkungen der Kontrollperiode zum Ausdruck bringen.[2982] Aufgrund der asymmetrischen Ausgestaltung des Goodwill-Impairment-Tests können jedoch lediglich Wertminderungen und keine Wert-

---

2977 Vgl. Padberg/Kriete (Kapitalmarktrelevanz), S. 74; Kriete/Padberg (IAS/IFRS-Bilanzierung), S. 233 f.; Padberg (Goodwill-Bilanzierung), S. 222.

2978 Vgl. Hommel (Goodwillbilanzierung), S. 1948. Die Situation entspricht einem Hochsprungwettbewerb, bei dem die Messlatte bei einem Meter fixiert wird. Egal, ob ein Wettkämpfer 1,05 m oder 2,05 m hochspringt, er überwindet die Messlatte. Wie hoch der einzelne Wettkämpfer springt und wer der Beste ist, lässt sich auf diese Weise nicht feststellen. Nur ein besonders schlechter Sprung von unter einem Meter kann erkannt werden.

2979 Vgl. Peffekoven (Kapitalkonsolidierung), S. 202; Haaker (Einheitstheorie), S. 456.

2980 Vgl. Reichelt/Schmidt (Konzernrechnungslegung), S. 58.

2981 Vgl. hierzu auch Haaker (Einheitstheorie), S. 457; ferner Mujkanovic (Kapitalkonsolidierung), S. 539 und 540.

2982 Vgl. Laux (Unternehmensrechnung), S. 136; Hax (Investitionsrechnung), S. 162; Streim/Esser (Eignung), S. 145.

erhöhungen des Goodwill erfolgswirksam erfasst werden.[2983] Damit bleibt auch der auf die Managementleistung zurückgehende Anteil an einer Wertschaffung unberücksichtigt. Lediglich die erfolgreichen Bemühungen, einen Goodwill in Höhe eines erworbenen Anteils mittels Schaffung von originärem Goodwill zu erhalten, führen – allerdings in ihrem genauen Ausmaß für Außenstehende nicht erkennbar – zu einer verdeckten Erfolgswirkung, indem Wertminderungen des derivativen Goodwill durch Werterhöhungen des originären Goodwill kompensiert werden.[2984]

Die Höhe dieses Kompensationseffekts ist aufgrund der impliziten Verrechnung der Wertsteigerung des originären Goodwill mit der Wertminderung des erworbenen Goodwill für die Investoren kaum nachvollziehbar. Unter Kontrollgesichtspunkten wäre daher eine separate Fortführung der originären und derivativen Goodwill-Komponenten wünschenswert.[2985]

Auch wenn die Intention des Impairment-Only-Approaches in der erfolgswirksamen Abbildung einer Unternehmenswertminderung liegen mag,[2986] so wird auch dieses Abbildungsziel tatsächlich nur in Ausnahmefällen erreicht. Es darf hierbei schließlich nicht vergessen werden, dass eine Wertvernichtung auch dann vorliegt, wenn das entsprechende Potential nicht im Rahmen einer Akquisition bezahlt, sondern selbst geschaffen wurde. „Da die Abschreibung durch die Anschaffungskosten [des derivativen Goodwill] nach oben begrenzt ist, kann der Ertragswert nur insoweit abgeschrieben werden, als dafür ein Kaufpreis entrichtet wurde."[2987] Abgeschrieben wird auch nur, soweit der „Abschreibungspuffer" verbraucht wurde. Ein Goodwill-Impairment-Test fördert daher die negativen Auswirkungen der Managementdisposition oftmals viel zu spät und auch nur in Extremsituationen zu Tage.[2988] Dem Prinzip der Entscheidungsverbundenheit[2989] wird jedenfalls nicht entsprochen, wenn Schlendrian erst nach mehreren Perioden oder mitunter überhaupt nicht durch den Impairment-Test aufgedeckt wird.[2990]

2983 Vgl. Hitz/Kuhner (Neuregelung), S. 280.
2984 Vgl. Weißenberger (Möglichkeiten), S. 207.
2985 Vgl. Schultze (Bonusbanken), S. 23.
2986 Vgl. Hitz/Kuhner (Neuregelung), S. 280.
2987 Wagner (Firmenwert), S. 484.
2988 Vgl. Siegel (Bilanzierung), S. 750.
2989 Vgl. Hax (Investitionsrechnung), S. 162.
2990 Vgl. Haaker (Goodwill), S. 428 f.

Das Zahlenbeispiel in *Abbildung 60* verdeutlicht, dass eine Wertschaffung durch den Goodwill-Impairment-Test nur unzureichend abgebildet wird, wobei vom Erwerb eines Synergiepotentials, welches in t+2 einen Übergewinn i.H.v. $121\,GE$ erwarten lässt, zum Preis von $80\,GE$ in t und von Kapitalkosten i.H.v. 10 % ausgegangen wird.

Abbildung 60: Goodwill-Impairment und Wertschaffung

	01.01.t	31.12.t	31.12.t+1	31.12.t+2
bilanzierter Goodwill	-	$80\,GE$ (Anschaffungs-kosten)	$80\,GE$	$80\,GE$
Wert des derivativen Goodwill	-	$\frac{121}{1{,}1^2} = 100\,GE$ (Grenzpreis)	$\frac{121}{1{,}1} = 110\,GE$	$0\,GE$
Δderivativer Goodwill	-	$+100\,GE$	$+10\,GE$	$-110\,GE$
Kassenbestand	$100\,GE$	$20\,GE$	$20\,GE$	$141\,GE$
ΔKassenbestand	-	$-80\,GE$	$0\,GE$	$+121\,GE$
Wert des originären Goodwill	-	$0\,GE$	$50\,GE$	$120\,GE$
Δoriginärer Goodwill	-	-	$+50\,GE$	$+70\,GE$
bilanzielle Wertminderung	-	$0\,GE$	$0\,GE$	$0\,GE$
bilanzieller Gewinn	-	$0\,GE$	$0\,GE$	$+121\,GE$
ökonomischer Gewinn	-	$100-80 = 20\,GE$	$10+50 = 60\,GE$	$121-110+70 = 81\,GE$

Abbildung 61 zeigt anhand einer Modifikation des Zahlenbeispiels auf, dass auch eine Wertvernichtung nicht zwingend angezeigt wird.

Abbildung 61: Goodwill-Impairment und Wertvernichtung

	01.01.t	31.12.t	31.12.t+1	31.12.t+2
bilanzierter Goodwill	-	$80\ GE$	$80\ GE$	$80\ GE$
Wert des derivativen Goodwill	-	$\frac{121}{1{,}1^2} = 100\ GE$	$\frac{55}{1{,}1} = 50\ GE$	$0\ GE$
Δderivativer Goodwill	-	$+100\ GE$	$-50\ GE$	$-50\ GE$
Kassenbestand	$100\ GE$	$20\ GE$	$20\ GE$	$60\ GE$
ΔKassenbestand	-	$-80\ GE$	$0\ GE$	$+40\ GE$
Wert des originären Goodwill	$200\ GE$	$200\ GE$	$150\ GE$	$110\ GE$
Δoriginärer Goodwill	-	$0\ GE$	$-50\ GE$	$-40\ GE$
bilanzielle Wertminderung	-	$0\ GE$	$0\ GE$	$0\ GE$
bilanzieller Gewinn	-	$0\ GE$	$0\ GE$	$+40\ GE$
ökonomischer Gewinn	-	$100-80$ $=20\ GE$	$-50-50$ $=-100\ GE$	$40-50-40$ $=-50\ GE$

Die vereinfachten Zahlenbeispiele illustrieren wiederum, dass der Kontrollzweck nicht erfüllt werden kann, wenn der Auf- und Abbau des originären Goodwill nicht erfolgswirksam berücksichtigt wird.[2991]

[2991] Vgl. Moxter (Windfalls), S. 238 ff.; Moxter (Rechnungslegungsmythen), S. 2144.

6.2.4.2 GuV-orientierte Erfüllung des Informationszwecks

6.2.4.2.1 Erfüllung des Entscheidungszwecks

Aufgrund der mit dem Impairment-Only-Approach einhergehenden Ergebnisvolatilität[2992] und der fehlenden Verteilung von wesentlichen Investitionsausgaben über die Nutzungsdauer kann man zunächst annehmen, dass die Regelungen zur Folgebilanzierung des Goodwill konträr zur Prognosefähigkeit des Gewinns stehen.[2993] Das von der planmäßigen Abschreibung „befreite" Ergebnis wird prozyklisch, also gerade bei anhaltend ungünstiger wirtschaftlicher Entwicklung mit hohen Wertminderungsaufwendungen belastet.[2994] Zwar wäre es möglich, die volatilitätsbedingten Verzerrungen durch einen getrennten Ausweis der Wertminderungsaufwendungen offenzulegen, womit dieser bei den Abschlussauswertungen der Investoren herausgerechnet werden könnte.[2995] Damit sind die Regelungen jedoch für die Prognosefähigkeit der Gewinngröße bestenfalls weniger schädlich, aber immer noch wenig förderlich. Es verbliebe immer noch das Problem der fehlenden planmäßigen Verteilung der Investitionsausgaben bezüglich des derivativen Goodwill,[2996] welche somit im Rahmen der Auswertungsrechnungen der Investoren quasi „nachgebucht" werden müssten,[2997] um eine prognosefähige Gewinngröße zu erhalten.

„A firm that purchases Goodwill expects to receive a series of excess incomes as a result of the purchase. This anticipated income will find its way into the profit-and-loss statement as the income is realized"[2998]. Werden diesen Erträgen keine planmäßigen Abschreibungen gegenübergestellt,[2999] enthält die Gewinngröße keinen systematisch zugerechneten Anteil an den entsprechenden Investitionsausgaben der Akquisition.[3000] Eine so verstandene „Normalisierung" des Gewinns findet nicht statt, womit der Gewinn seine Prognosefä-

---

[2992] Vgl. Huefner/Largay III (Goodwill Accounting), S. 35; Reilly (Accounting for Goodwill), S. 35.

[2993] Vgl. Saelzle/Kronner (Informationsfunktion), S. 162; Esser (Goodwillbilanzierung), S. 184; Haaker (Goodwill), S. 428.

[2994] Vgl. Dobler (Folgebewertung), S. 29.

[2995] Vgl. Streim/Bieker/Hackenberger/Lenz (Goodwill-Bilanzierung), S. 26 und 27.

[2996] Vgl. Moxter (Goodwill), Sp. 690.

[2997] Vgl. Lachnit/Müller (Bilanzanalytische Behandlung), S. 545.

[2998] Walker (Financial Statements), S. 182.

[2999] Vgl. Hake (Impairment), S. 392.

[3000] Vgl. Munter/Holzmann/Robinson (Business Combinations), S. 10.

higkeit einbüßen dürfte.[3001] „Durch die Abschaffung der planmäßigen Goodwillabschreibungen wird die Prognose...deutlich schwieriger“[3002]. Die hierfür notwendige Beachtung des Matching Principle erfolgt nicht,[3003] denn „Nonamortization would violate the matching principle.“[3004] Um einen entsprechenden Effekt auf den Periodengewinn zu haben, muss der erworbene Goodwill planmäßig abgeschrieben werden.[3005] Nur in Fällen, in denen kein originärer Goodwill geschaffen wird, kann – unter Vernachlässigung von Zeiteffekten bezüglich der derivativen Goodwill-Komponenten – die vermeintlich außerplanmäßige Goodwill-Abschreibung einer planmäßigen gleichkommen.[3006]

In der Literatur wird demgegenüber die planmäßige Abschreibung des erworbenen Goodwill als Grund für einen verzerrten Erfolgsausweis gesehen, da die Ausgaben für den „Erhalt“ eines Goodwill nicht aktiviert werden dürfen und somit sowohl planmäßige Abschreibungen des derivativen als auch Investitionsausgaben zur Schaffung von originären Goodwill das Ergebnis doppelt belasten würden;[3007] dieses könne durch den Impairment-Only-Approach vermieden werden.[3008] Demgemäß wird angenommen, der Impairment-Only-Approach „provide more meaningful timing of the goodwill`s impact on corporate earnings.“[3009] Hierbei wird jedoch nicht berücksichtigt, dass beispielsweise die Aufwendungen für den originären Goodwill nicht stellvertretend für die Abschreibung von aktiviertem Goodwill stehen können, sobald der originäre Goodwill aufgrund von Investitionen viel stärker anwächst, als sich ein vorhandener Goodwill abbaut.

Bei dieser Argumentation gegen eine planmäßige Goodwill-Abschreibung wird im Grunde auch verkannt, dass die Ursache der Verzerrung – zumindest so-

---

[3001] Vgl. für eine kurze Abschreibungsdauer des Goodwill exemplarisch Ojala (Goodwill), S. 32. Zu einem anderen Ergebnis kommen etwa Moehrle/Reynolds-Moehrle/Wallace (Earning Numbers), S. 254.

[3002] Vgl. Pellens/Crasselt/Ruhwedel (Goodwill-Welt).

[3003] Vgl. Protzek (Impairment Only-Ansatz), S. 497.

[3004] Schoderbek/Slaubaugh (Business Combinations), S. 280. Vgl. auch Grinyer/Russel/Walker (Accounting for Goodwill), S. 231.

[3005] Vgl. Seetharaman/Balachandran/Saravanaban (Goodwill), S. 137.

[3006] Vgl. Schultze (Information Content), S. 283-287.

[3007] Vgl. Kuhner (Zielsetzungen), S. 19; Schildbach (Konzernrechnungslegungsvorschriften), S. 393; Pellens/Sellhorn (Fresh-Start-Methode), S. 2131; Kahle (Goodwill-Bilanzierung, Teil B), S. 901.

[3008] Vgl. Kuhner (Zielsetzungen), S. 19.

[3009] McKenney (Business Combinations).

weit der Wertverlauf hinreichend genau approximiert werden kann[3010] – nicht in der planmäßigen Abschreibung des erworbenen Goodwill, sondern im Aktivierungsverbot für einen selbst erschaffenen Goodwill liegt.[3011] Ebenso wie die Ausgaben für den Erwerb eines derivativen Goodwill müssten im Hinblick auf die Prognosefähigkeit des Gewinns die Ausgaben zur Schaffung eines originären Goodwill periodisiert werden.[3012] Wurden Investitionsausgaben für die Generierung originärer Goodwill-Komponenten getätigt, so müssten diese ebenfalls aktiviert und über die Nutzungsdauer abgeschrieben werden.[3013] Hierauf könnte allenfalls verzichtet werden, wenn die Auszahlungen zur Schaffung von originärem Goodwill in einer gewissen Regelmäßigkeit aufwandswirksam erfasst werden und die Ergebniswirkung somit einer zweckdienlichen Aktivierung und planmäßigen Abschreibung gleichkommen könnte.[3014]

Die aufgrund des Impairment-Only-Approach stattfindende indirekte Aktivierung von Teilen des originären Goodwill umfasst jedoch nur einen „zufälligen" Teil der Erfolgswertwirkung der Ausgaben[3015] und nicht die Ausgaben selbst, eine Periodisierung dieses ehemals derivativen Teils des Goodwill erfolgt hier nicht.

Erstaunlicherweise kommen *Streim/Bieker/Hackenberger/Lenz*[3016] dennoch zu dem Ergebnis, dass der Impairment-Only-Approach grundsätzlich die Prognoseeignung des Gewinns positiv beeinflusst.[3017] In den Gewinn müssten schließlich die hinter der Wertminderung stehenden nachhaltigen negativen Entwicklungen vollständig einfließen.[3018] Zu unterscheiden seien in diesem Zusammenhang zwei Fallkonstellationen:[3019]

- Wertminderungen infolge eines einmaligen oder seltenen Ereignisses (z.B. ein erwarteter temporärer Engpass eines Lieferanten) und

---

[3010] Vgl. hierzu Sellhorn (Ansätze), S. 892.
[3011] Vgl. Pellens/Sellhorn (Fresh-Start-Methode), S. 2131.
[3012] Vgl. Grinyer/Russel (Goodwill), S. 110.
[3013] Vgl. Baetge/Beermann (Bilanzierung), S. 164.
[3014] Vgl. Grinyer/Russel/Walker (Accounting for Goodwill), S. 229 f.
[3015] Vgl. Siegel (Bilanzierung), S. 750.
[3016] Vgl. Streim/Bieker/Hackenberger/Lenz (Goodwill-Bilanzierung).
[3017] Vgl. Streim/Bieker/Hackenberger/Lenz (Goodwill-Bilanzierung), S. 27. Vgl. auch Esser (Goodwillbilanzierung), S. 183-187.
[3018] Vgl. Streim/Bieker/Hackenberger/Lenz (Goodwill-Bilanzierung), S. 26 f.; Streim/Esser (Informationsvermittlung), S. 840.
[3019] Vgl. Streim/Bieker/Hackenberger/Lenz (Goodwill-Bilanzierung), S. 26; Esser (Goodwillbilanzierung), S. 185.

- Wertminderungen infolge einer nachhaltigen Veränderung der Geschäftsaussichten (z.B. eine nachteilige Entscheidung einer Regulierungsbehörde).

Demnach wären „Veränderungen und Schwankungen in der Ertragskraft einer Unternehmung...etwas sehr Verschiedenes“[3020] und sollten unterschiedlich behandelt werden. Während Einmaleffekte aufgrund fehlender Nachhaltigkeit bezüglich der langfristigen Ertragsaussichten nicht in die prognosefähige Gewinngröße eingehen dürfen,[3021] müssen nachhaltige Effekte grundsätzlich in die Gewinnberechnung einfließen.[3022]

Diese zunächst plausible differenzierende Behandlung muss jedoch näher hinterfragt werden, im Grunde beruhen beide Fälle nämlich auf einmaligen oder seltenen Ereignissen. Entsprechend stellen *Saelzle/Kronner* fest: „Typischerweise werden unregelmäßig eintretende Ereignisse den Wertverlust des Goodwill auslösen“[3023]. Die Effekte unterscheiden sich jedoch in ihrer Wirkung auf den Zahlungsstrom. Ein drohender Lieferantenengpass dürfte allenfalls für die folgende Periode absehbar sein und senkt – solange der Absatz aufgrund der Verärgerung von Abnehmern nicht langfristig zurückgeht – „nur“ den Zahlungsüberschuss der betroffenen Folgeperiode, da der Engpass beseitigt oder ein neuer Lieferant gefunden werden kann. Hingegen wirkt sich eine Entscheidung der Regulierungsbehörde langfristig auf den Zahlungsüberschuss aus, wenn dadurch etwa Monopolrenten verloren gehen.

Da der Gewinn aber nicht sich selbst, sondern einen „durchschnittlichen“ zukünftigen Zahlungsüberschuss prognostizieren soll, sind grundsätzlich alle Wertminderungen, die ihre Ursache in sinkenden Zahlungsüberschüssen haben, für die „Durchschnittsbildung“ relevant. Das relevante, mit Hilfe des prognosefähigen Gewinns zu bestimmende Informationsziel bildet der als Barwert der Zahlungsüberschüsse zu berechnende Unternehmenswert.[3024] In beiden Situationen sinkt der Barwert des Zahlungsüberschusses, womit sich auch beide Fälle zwingend auf den prognosefähigen Gewinn auswirken müssten. Insofern erscheint auf den ersten Blick die Erfassung einer Wertminderung sogar unabhängig von der konkreten Ursache zweckmäßig.

[3020] Schmalenbach (Bilanzlehre), S. 8.
[3021] Vgl. Esser (Goodwillbilanzierung), S. 185.
[3022] Vgl. Streim/Bieker/Hackenberger/Lenz (Goodwill-Bilanzierung), S. 26.
[3023] Saelzle/Kronner (Informationsfunktion), S. 160.

Beide Effekte führen zwar zu einer Verminderung des Ertragswerts und müssen daher in den prognosefähigen Gewinn i.S. einer Inputgröße für das Barwertkalkül der Investoren einfließen. Dieses darf aber nicht in Höhe des vollen Wertminderungsbetrags geschehen, sondern nur in Form einer „durchschnittlichen" Zahlungsstromverringerung. Senkt also ein bestimmtes Ereignis den durchschnittlichen Zahlungsstrom für die nachfolgenden Perioden von bisher 10 GE auf 8 GE, sinkt bei einem Kalkulationszinssatz i.H.v. 10 % der Wert von 100 GE $(=\frac{10}{0{,}1})$ auf 80 GE $(=\frac{8}{0{,}1})$. Statt der durch den Goodwill-Impairment-Test angezeigten Wertminderung von -20 GE (Erfolg c.p. $10-20=-10\,GE$) dürfte lediglich die durchschnittliche Zahlungsstromänderung von -2 GE (Erfolg c.p. $10-2=8\,GE$) den prognosefähigen Gewinn belasten. Als direkte Inputgröße eines Investorenkalküls[3025] eignet sich die durch die volle Wertminderung des Goodwill verzerrte Gewinngröße offensichtlich nicht; in schlechten Jahren wird keine prognosefähige Gewinngröße errechnet.[3026]

Bei weniger strengen Maßstäben für eine prognosegeeignete Gewinngröße kann die Anforderung der Prognosefähigkeit mit der „Vergleichbarkeit" im *Schmalenbachschen* Sinne gleichgesetzt werden.[3027] Demnach würde es ausreichen, „aus den...Gewinnen für die Zukunft lernen"[3028] und das „Auf und Ab" des Unternehmens aus der Sicht der Anteilseigner[3029] rechtzeitig erkennen zu können.[3030] Aufgrund der asymmetrischen Erfassung der Wertänderung wird das „Auf des Unternehmens" allerdings nicht gezeigt, d.h. es bleibt gänzlich ausgeblendet. Bei Vernachlässigung des Goodwill lässt sich das Auf und Ab des Unternehmens nicht indizieren.[3031]

Zu Recht bemängeln *Streim/Bieker/Hackenberger/Lenz* daher die mit dem strengen Zuschreibungsverbot des Goodwill[3032] verbundene fehlende Berücksichtigung von nachhaltigen Verbesserungen der Ertragskraft.[3033] Zweifelsoh-

---

3024 Vgl. Wagner (Periodenabgrenzung), S. 1184.
3025 Vgl. hierzu Wagner (Periodenabgrenzung), S. 1184.
3026 Vgl. Holthausen/Watts (Relevance), S. 58.
3027 Vgl. Engels (Bemerkungen), S. 45.
3028 Engels (Bemerkungen), S. 45.
3029 Vgl. Kloock (Dynamische Bilanz), Sp. 395.
3030 Vgl. Schmalenbach (Bilanzlehre), S. 9 f.
3031 Vgl. Moxter (Rechnungslegungsmythen), S. 2144.
3032 Vgl. IAS 36.124.
3033 Vgl. Streim/Bieker/Hackenberger/Lenz (Goodwill-Bilanzierung), S. 26; Esser (Goodwillbilanzierung), S. 186 f.

ne handelt es sich bei der erzielten Wertsteigerung um eine prognoserelevante Information bezüglich der zukünftigen Entwicklung. Aber auch die Wertaufholung dürfte analog zur Wertminderung nicht in voller Höhe in eine prognosefähige Gewinngröße einfließen.

Vordergründig scheint es so, als ob der Impairment-Only-Approach zumindest dazu beitrüge, dass sich „negative Kräfte in ihrer Gesamtwirkung rechtzeitig offenbaren“[3034], „because the write-offs signal a loss in economic value.“[3035] Jedoch ist der Bereich, in dem das „Ab“ korrekt indiziert werden kann, auf das erworbene Unternehmen bzw. auf die von der Akquisition betroffenen CGU beschränkt. CGU, denen kein Goodwill zugeordnet wurde, können bei einer Wertminderung des originären Goodwill nicht mit einer Wertminderung belastet werden.

Die Bedingungen unter denen eine Wertminderung korrekt angezeigt wird, sind sehr restriktiv. Bezogen auf die goodwill-tragenden CGU werden Wertminderungen nur zutreffend erfasst, wenn etwa

- das Unternehmen zum Grenzpreis erworben wurde,
- der Goodwill der von der Akquisition berührten CGU, denen ein Teil des erworbenen Goodwill i.H. des auf sie entfallenden Synergiepotentials zugeordnet wurde, vor der Akquisition einen Wert i.H.v. Null aufweist und
- lediglich originärer Goodwill i.H. eines ehemals derivativen Goodwill geschaffen wird, so dass der Gesamt-Goodwill den Buchwert des Goodwill nicht überschreitet.

In diesem Grenzfall schlägt sich eine Wertminderung der CGU umgehend betragsgleich in einer Wertminderung des Goodwill nieder.

In den Perioden, welche einer Wertminderung folgen, wird darauf folgend ein irreführendes Signal gegeben. Bei einer Erfassung der Wertminderung i.H.v. -20 GE, ergibt sich ein Periodenergebnis i.H.v. -10 GE ($=10-20\,GE$). Dies führt im Zeitablauf zu folgenden Periodenergebnissprüngen *(vgl. Abbildung 62)*:

…→10 GE→10 GE→-10 GE→8 GE→8 GE→…

[3034] Schmalenbach (Bilanzlehre), S. 10.
[3035] Huefner/Largay III (Goodwill Accounting), S. 35.

Abbildung 62: Goodwill-Impairment als Wertveränderungsindikator

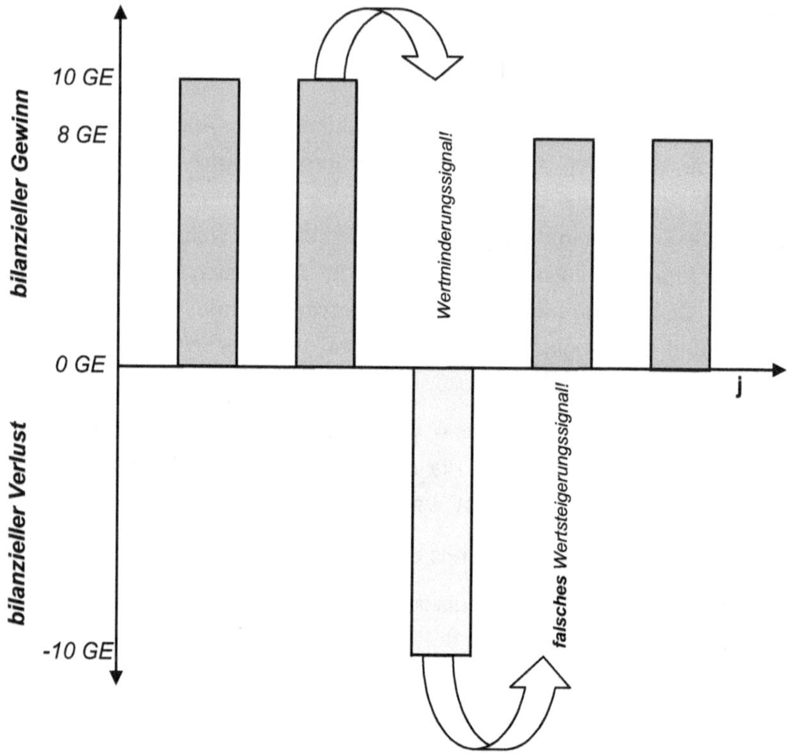

Auch wenn der Gewinnsprung von 10 GE auf -10 GE ein Indikator für einen Rückgang späterer Einzahlungsüberschüsse, also das Ab des Unternehmens darstellt und insofern indirekt prognoserelevant ist,[3036] so ist doch der darauf folgende Gewinnsprung von -10 GE auf 8 GE ein irreführendes Fehlsignal, schließlich gibt es kein „Auf" des Unternehmens. Statt -10 GE müsste eine prognosefähige Gewinngröße schon in der Periode der Wertminderung einen Gewinn von 8 GE ausweisen, wodurch Ergebnissprünge nach einer Wertminderung vermieden würden. Somit kann festgehalten werden, dass in den Goodwill-Impairment zwar die Erwartungen über zukünftige Erfolge eingehen, jedoch wenig über die genaue wertmäßige Wirkung von wertmindernden Er-

[3036] Vgl. Schultze (Information Content), S. 293 f.; vgl. aber Barker (Financial Performance), S. 165.

eignissen aussagt wird.[3037] Einem für einen Indikatorgewinn notwendigen konstanten Verhältnis zwischen Gewinnziffer und Unternehmenswert[3038] wird durch den Goodwill-Impairment-Test entgegengewirkt.

6.2.4.2.2 Erfüllung des Kontrollzwecks

Aufgrund der asymmetrischen Ausgestaltung des Goodwill-Impairment-Test stellt der Gewinn eine schlechte Maßgröße für die Wertschaffung dar; da durch den Impairment-Only-Approach auch keine Proportionalität der Gewinngröße zum Unternehmenswert[3039] hergestellt werden kann, ist auch die Gewinnänderung ein schlechter Indikator der Wertschaffung.

Bei einer planmäßigen Abschreibung des Goodwill wird jedoch die Erhaltung des Goodwill „doppelt bestraft", da einerseits die entsprechenden Investitionsausgaben zur Schaffung eines originären Goodwill und andererseits der jährliche Abschreibungsbetrag das Ergebnis belasten.[3040] Verglichen mit dieser Vorgehensweise erscheint der Impairment-Only-Approach immerhin insofern zweckmäßig, als „nur" die Ausgaben zur Schaffung des originären Goodwill das Ergebnis belasten.[3041]

Allerdings werden die positiven Wirkungen der Dispositionen des Managements, welche über einen mindestens zu erwartenden Ersatz[3042] eines ehemals derivativen Goodwill hinausgehen, nicht berücksichtigt. Umgekehrt bleibt auch ein Verzehr von nicht bilanzierungsfähigem Goodwill außen vor.[3043] Es zeigt sich, dass aufgrund der mit einem asymmetrisch ausgestalteten Impairment-Test einhergehenden Vernachlässigung des Goodwill keine sachgerechte Kontrolle der Managementleistung möglich ist.[3044]

6.2.5 Zweckadäquanz der Zuordnung des Goodwill auf CGU

Wie dargelegt wurde, wird dem Entscheidungs- und Kontrollzweck mit den Regelungen zum Goodwill-Impairment-Test wenig Rechnung getragen. Damit

---

[3037] Vgl. Barker (Financial Performance), S. 165.
[3038] Vgl. Black (Magic), S. 23 f.
[3039] Vgl. Treynor (Growth Companies), S. 16.
[3040] Vgl. Schildbach (Konzernrechnungslegungsvorschriften), S. 393; Kuhner (Zielsetzungen), S. 19.
[3041] Vgl. Hitz/Kuhner (Neuregelung), S. 282; Weißenberger (Möglichkeiten), S. 207.
[3042] Vgl. Coenenberg/Schultze (Unternehmensbewertung), S. 608.
[3043] Vgl. Moxter (Rechnungslegungsmythen), S. 2144.
[3044] Vgl. Moxter (Windfalls), S. 238 ff.; Herring/Herring (Goodwill), S. 43.

dem Goodwill-Impairment-Test dennoch eine gewisse Zweckdienlichkeit zugesprochen werden könnte, müsste er bei einer eingetretenen Wertminderung des Goodwill und zwar spätestens bei Unterschreitung der Anschaffungskosten zwingend zu einer außerplanmäßigen Abschreibung führen; ansonsten hätte eine Wertberichtigung selbstverständlich zu unterbleiben. Er müsste also wenigstens einen eingeschränkt aussagekräftigen Indikator für eine Wertminderung bzw. eine Fehlakquisition im beschriebenen Sinne darstellen. In diesem Fall stellen erfasste Wertminderungen des Goodwill „für den Kapitalmarkt zumindest in der Retrospektive einen weiteren Anhaltspunkt dafür dar, dass die mit den M&A-Motiven verbundene Kaufpreiszahlung rückwirkend als nicht wertschaffend angesehen werden kann“[3045]; insofern liegt ein Indikator für eine negative Managementleistung vor.[3046] Kann damit auch in irgendeiner Form auf den Erfolg zukünftiger Akquisitionen oder zukünftiger Erfolgsquellen geschlossen werden, wäre nicht nur dem Kontroll-, sondern auch dem Entscheidungszweck gedient.[3047] Insofern kann dem Goodwill-Impairment eine begrenzte Indikatorfunktion zukommen.

Bekanntermaßen kann die Indikatorfunktion aber durch eine geschickte Zuordnung des Goodwill auf CGU gänzlich unterlaufen werden.[3048] Bei einer entsprechenden Verteilung des derivativen Goodwill im Erwerbszeitpunkt kann eine Wertberichtigung bei eingetretenen Wertminderungen bereits im Vorfeld abgewendet werden, indem ein derivativer Goodwill vor allem solchen CGU zugeordnet wird, in denen seine Wertminderung durch vorhandenen oder neu entstehenden originären Goodwill kompensiert werden kann (»Goodwill-Kompensationseffekt«).[3049] Eines der Hauptprobleme bei der Goodwill-Zuordnung besteht demnach in der Festlegung einer adäquaten Zuordnungsregel.[3050] Zunächst ist dabei eine Vielzahl möglicher Verteilungsschlüssel denkbar.[3051]

Die Kritik am Abschreibungspuffer darf jedoch nicht den Eindruck erwecken, es handele sich hierbei um ein allein durch die Gestaltungsmöglichkeiten bei

---

3045 Biberacher/Wotschofsky (Mergers & Acquisitions), S. 27.
3046 Vgl. Protzek (Impairment Only-Ansatz), S. 500.
3047 Vgl. hierzu Schultze (Information Content), S. 292 ff.; Pfaff/Schultze (Beteiligungscontrolling), S. 134-137; kritisch Barker (Financial Performance), S. 165.
3048 Vgl. Hitz/Kuhner (Neuregelung), S. 283.
3049 Vgl. Hitz/Kuhner (Neuregelung), S. 285; Pellens/Sellhorn (Unternehmen), S. 1685.
3050 Vgl. Ballwieser (IFRS-Bilanzierung), S. 273; Mc Donnell (IAS 36), S. 18.
3051 Vgl. Castedello (IDW ERS HFA 16), S. 144.

der Goodwill-Zuordnung hervorgebrachtes Problem. Auch ohne eine entsprechend motivierte Zuordnung des Goodwill wird das Prinzip der Entscheidungsverbundenheit[3052] aufgrund der asymmetrischen Ausgestaltung des Goodwill-Impairment-Tests verletzt.[3053] Positive Entscheidungswirkungen, die über eine Erhaltung des Goodwill hinausgehen, bleiben bilanziell unberücksichtigt,[3054] während die negativen Entscheidungswirkungen viel zu spät und zumeist nur in Extremsituationen (der Wert des Gesamt-Goodwill sinkt unter den Wert des ursprünglich bezahlten Goodwill[3055]) zum Ausdruck gebracht werden.[3056] Dieser Mangel tritt allerdings bei jeder Goodwill-Vernachlässigung auf[3057] und ist folglich kein spezielles Problem des Goodwill-Impairment-Tests.

Andererseits ist es denkbar, dass trotz „korrekter" Anwendung der Zurechnungsregelungen ein ökonomisch unsinniger Goodwill-Impairment „buchungstechnisch" erzeugt und somit in unbegründeter Weise eine Fehlakquisition signalisiert wird. Dieser bisher wenig beachtete Effekt sollte sich in vielen Fällen – ebenso wie die Schaffung eines bilanzpolitisch motivierten »Goodwil-Kompensationseffekt« – durch eine Zuordnung proportional zum durch die Akquisition entstehenden Synergiepotential vermeiden lassen.[3058] Dies gilt leider nur, solange es der (impliziten) Annahme des IASB entsprechend keine negativen Nettosynergiepotentiale auf CGU-Ebene gibt, was in der Realität keinesfalls zwingend ist.[3059] Auch dieser Zurechnungsschlüssel ist kein Garant für eine zweckmäßige Zuordnung des Goodwill, wie nachfolgend anhand einer Weiterführung des Beispiels aus *Abschnitt 6.1.2.3.2.2* gezeigt wird.[3060]

Der Sachverhalt stellt sich wie folgt dar: Bereits in der Akquisitionsplanung wird berücksichtigt, dass sich aufgrund einer Preissenkung der von CGU_R hergestellten Rasierer deren Absatzmenge erhöht. Der höhere mengenmäßige Absatz wird aber bezogen auf den Rasierer-Umsatz durch den Effekt der

---

[3052] Dieses „besagt, daß der Erfolgsausweis in unmittelbarer Verbindung und somit auch in zeitlicher Nähe zu den Entscheidungen stehen sollte, auf die der Erfolg zurückzuführen ist" [Hax (Investitionsrechnung), S. 162].
[3053] Vgl. Haaker (Goodwill), S. 429.
[3054] Vgl. Haaker (Goodwill), S. 428.
[3055] Auch hierbei wird ein konstantes Nettovermögen (ohne Goodwill) unterstellt.
[3056] Vgl. Siegel (Bilanzierung), S. 750; Haaker (Goodwill), S. 428 f.; ferner Moxter (Windfalls), S. 239.
[3057] Vgl. insbesondere Moxter (Windfalls), S. 238 ff.
[3058] Vgl. *Abschnitt 6.1.2.3.2.4*.
[3059] Vgl. Hofmann (Synergien), S. 484; Biberacher (Synergiecontrolling), S. 292.
[3060] Vgl. Haaker (Goodwill), S. 431-434.

Preissenkung überkompensiert, und es werden in der Folge zukünftig von CGU_R nicht mehr die bereichsspezifischen Kapitalkosten verdient. Der VIU der CGU_R sinkt daher von 400 GE auf 350 GE und ist somit geringer als der Buchwert der CGU (400 GE).

Durch den erhöhten Absatz der Rasierer steigt jedoch laut Planung die Nachfrage nach dem Komplementärgut Rasierklingen,[3061] hierdurch erhöht sich der VIU der CGU_K von 300 auf 450 GE. Das Absinken des VIU von CGU_R ist Teil des Akquisitionsplans und wird bewusst in Kauf genommen.[3062] Die positiven Synergien bei CGU_K werden quasi mit negativen Synergien bei CGU_R erkauft. Da insgesamt eine Wertsteigerung des Konzerns um 100 GE ($= VIU_t^{CGU_K} - AK_t + (VIU_{t\,(nachher)}^{CGU_R} - VIU_{t\,(vorher)}^{CGU_R}) = 450 - 300 + (350 - 400)\ GE$) erreicht wird, stellt die Akquisition einen Erfolg dar.[3063]

Trotz dieser Interdependenzen werden die Goodwill der CGU_K und CGU_R im internen Rechnungswesen getrennt durch das Management überwacht,[3064] auch wird über die CGU als eigenständige Segmente berichtet.[3065] Daher sind sie nach IAS 36.80 auch zum Zwecke des Goodwill-Impairment gesondert zu behandeln und dürfen nicht zu einer goodwill-tragenden CGU aggregiert werden.[3066] Da nur die CGU_K von den Synergien des Zusammenschlusses Nutzen ziehen soll, ist gemäß IAS 36.80 nur ihr zum Zwecke des Impairment-Tests ein anteiliger Goodwill zuzuordnen, der CGU_R hingegen nicht.[3067]

Aufgrund des erwarteten Renditerückgangs bei CGU_R muss gleich im Anschluss an die Akquisition ein Impairment-Test durchgeführt werden, da ein

---

[3061] Vgl. Porter (Wettbewerbsvorteile), S. 552.

[3062] Vgl. Porter (Wettbewerbsvorteile), S. 553.

[3063] Zur Ermittlung des Akquisitionserfolgs vgl. Baetge (Akquisitionscontrolling), S. 454-461.

[3064] „Als Grundregel gilt, Geschäftsbereiche nach Möglichkeit auf der niedrigsten möglichen Aggregationsebene zu definieren" [Copeland/Koller/Murrin (Unternehmenswert), S. 364].

[3065] Natürlich bietet es sich bei den Komplementärgütern „Rasierer und Klingen" an, sie zu einem Segment zusammenzufassen. Da das Beispiel nur zur Herausarbeitung eines auch bei anderen Verbundsbeziehungen denkbaren Effekts dienen soll, wird die Zusammenfassung im Folgenden nicht weiter problematisiert.

[3066] An dieser Stelle wird ein weiteres Problem deutlich: Da die Zahlungsströme der beiden CGU aufgrund der Komplementarität der Produkte offensichtlich interdependent sind, wird mit der Nicht-Aggregation im Grunde dem idealtypischen CGU-Konzept widersprochen. Demgegenüber folgt die Überprüfung der Unabhängigkeit der Zahlungsströme aber faktisch dem internen Berichtswesen. Vgl. Lüdenbach/Frowein (Goodwill-Impairment-Test), S. 219.

[3067] Vgl. Hachmeister/Kunath (Bilanzierung), S. 73.

Wertminderungsindikator vorliegt.[3068] Für CGU_R ergibt sich ein Wertberichtigungsbedarf i.H.v. 50 GE $(VIU_t^{CGU_R} - BW_t^{CGU_R} = 350 - 400 = -50\ GE)$,[3069] um welchen der BW der Vermögenswerte proportional abzustocken ist.[3070] Für CGU_K besteht hingegen kein Wertberichtigungsbedarf, da der VIU i.H.v 450 GE den BW von Goodwill (= 100 GE) und Vermögenswerten (= 200 GE) um 150 GE überschreitet *(vgl. Abbildung 63)*.

Abbildung 63: Negativer Goodwill und Impairment-Bedarf

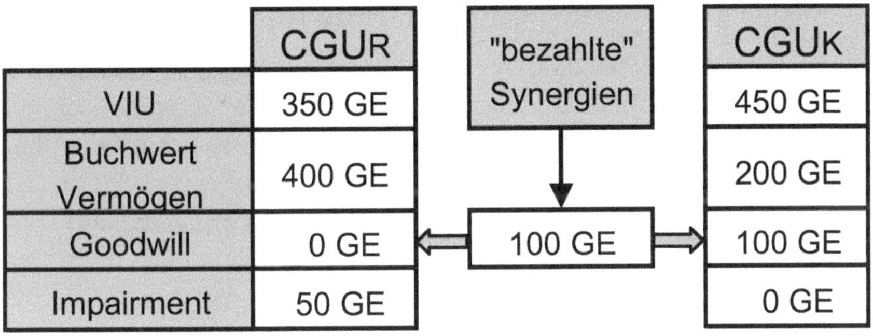

Die bilanzielle Wertminderung i.H.v. 50 GE kann als ein rein „buchungstechnischer" Effekt angesehen werden. Ökonomisch erscheint sie sinnlos, wenn sie eine Fehlinvestition signalisieren soll. Eine solche partielle Wertminderung ist vielmehr als ein Teil einer erfolgreichen Gesamtstrategie zu verstehen.[3071] Der undifferenzierte Ausweis einer Wertminderung ist insofern der Entscheidungs- und Kontrollfunktion des IFRS-Abschlusses abträglich, weil eine Nichterfüllung der mit der Akquisition verbundenen Erwartungen (noch) nicht abzusehen ist und somit keinerlei Anzeichen für eine Fehlinvestition vorliegen.

[3068] Vgl. IAS 36.66 i.V.m. IAS 36.7-17.

[3069] Wäre bei CGU_R ein originärer Going-Concern-Goodwill von mehr als 50 GE vorhanden, würde hingegen kein Wertberichtigungsbedarf bestehen.

[3070] Vgl. IAS 36.104. Hierbei wird unterstellt, dass der FVC der CGU_R sowie die Summe der vermögenswertindividuellen Recoverable Amounts jeweils geringer sind als der VIU der CGU_R.

[3071] Vgl. Vettinger/Volkart (Goodwill-Regeln).

Im Zweifel unterbleibt aufgrund der Wertberichtigung beispielsweise ein günstiger Anteilserwerb[3072] und/oder es erfolgt eine negative Fehleinschätzung bezüglich der Leistung des Managements, welche entsprechende Konsequenzen[3073] nach sich ziehen kann.[3074] Das Management des berichtenden Unternehmens sollte zwar bestrebt sein, die Situation entsprechend zu erläutern, dieses dürfte den Mangel aber schwerlich heilen, da grundsätzlich die Informationen in den Rechenwerken von größerer Relevanz sein dürften als Anhangsinformationen.[3075] Außerdem hätte die „ungetreue" Wertberichtigung bei entsprechender Kenntnisnahme der Investoren den Charakter eines *Big Bath*[3076].

Zur Abwendung des Goodwill-Impairment könnte ein negativer Goodwill auf Bereichsebene zum Ansatz kommen.[3077] Auf diese Weise würde der Buchwert der CGU_R auf 350 GE korrigiert werden, womit kein Impairment-Bedarf bestände. Jedoch müsste zur Wahrung des Anschaffungskostenprinzips im Gegenzug der Goodwill von CGU_K um 50 GE erhöht werden *(vgl. Abbildung 64)*.

[3072] Es kann angenommen werden, dass (potentielle) Investoren bei ihren Anlageentscheidungen entsprechend auf Abschlussdaten reagieren. Vgl. Busse von Colbe (Informationsinstrument), S. 28.

[3073] Vgl. hierzu F.14.

[3074] Darüber hinaus könnte ein besonders gut informierter Anleger, der von der „Unsinnigkeit" des Impairments weiß, die Reaktionen der anderen Investoren antizipieren. So könnte er seinen Informationsvorteil noch erhöhen und entsprechende Anlageentscheidungen zu Lasten der schlechter informierten Investoren treffen. Vgl. hierzu Schredelseker (Bilanzinformationen), S. 139 f.

[3075] Zu entsprechenden empirischen Ergebnissen vgl. auch Davis-Friday/Folami/Liu/Mittelstaedt (Value Relevance), S. 403-423; Choi/Collins/Johnson (Valuation), S. 351-383. Gemäß IAS 40.30 besteht für als Finanzanlagen gehaltene Immobilien ein Wahlrecht zwischen einer Folgebewertung zum Fair Value oder zu fortgeführten Anschaffungs- oder Herstellungkosten. Sofern sich das bilanzierende Unternehmen für einen Bilanzansatz zu fortgeführten Anschaffungs- oder Herstellungkosten entscheidet, muss nach IAS 40.79(e) der Fair Value im Anhang angegeben werden. Somit wird bei Wahl des Anschaffungskostenmodells sowohl über die fortgeführten Anschaffungs- oder Herstellungskosten als auch über den Fair Value informiert. Ein Bilanzansatz zum Fair Value gilt in diesem Zusammenhang dennoch als informativer, obwohl die Informationen über die fortgeführten Anschaffungs- oder Herstellungkosten nicht publiziert werden. Hieran zeigt sich der geringere Stellenwert des Anhangs gegenüber den Kernrechenwerken Bilanz und GuV.

[3076] Vgl. Levitt (The Number Game), S. 2545.

[3077] Vgl. kritisch zum „negativen Goodwill" Siegel/Bareis (Schimäre). Die vorgebrachten Argumente gegen die Existenz eines „negativen Goodwill" gehen vom Gesamt-Goodwill im Rahmen eines handels- und steuerrechtlichen Jahresabschlusses aus und sind nur begrenzt auf den Goodwill im IFRS-Abschluss und keinesfalls auf den Goodwill einer CGU übertragbar.

Abbildung 64: Negativer Goodwill auf CGU-Ebene

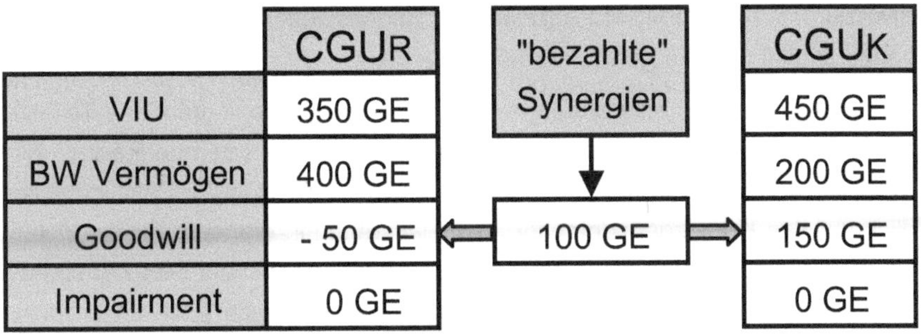

Ein solches, nicht durch die Regelungen der IFRS gedecktes Vorgehen[3078] führt jedoch aufgrund der asymmetrischen Ausgestaltung des Impairment-Tests zu weiteren Unklarheiten im Rahmen der Folgebilanzierung. Konsequenterweise müsste eine dem Impairment-Only-Approach entsprechende Regelung auch auf den negativen Goodwill Anwendung finden.[3079] Um das bilanzpolitische Gestaltungspotential zu begrenzen, müsste die Auflösung des im Rahmen der Goodwill-Zurechnung aufgedeckten negativen Goodwill-Anteils dann aber erfolgsneutral gegen dessen positiven Anteil erfolgen, denn ansonsten könnten beliebig Gewinne „herbeigezaubert“ werden.[3080] Auch dürfte der positive Anteil nur in Höhe des Netto-Goodwills erfolgswirksam wertgemindert werden. Der restliche positive Anteil wäre bei einem bestehenden Wertberichtigungsbedarf erfolgsneutral gegen den „negativen Goodwill“ auszubuchen. Derartige Probleme finden ihre Begründung in der inkonsequenten Umsetzung eines bilanzorientierten Informationskonzepts, hier konkret in der asymmetrischen Ausgestaltung des Goodwill-Impairment-Tests, welche die Wertsteigerung „unterdrückt“.

6.3 Implikationen für das Konvergenzpotential

Wie gezeigt wurde, ist die Goodwill-Bilanzierung aufgrund der Vernachlässigung von wesentlichen Goodwill-Komponenten allenfalls eingeschränkt in der Lage, dem Entscheidungs- und Kontrollzweck mittels einer bilanz- oder GuV-orientierten Informationsvermittlung gerecht zu werden. Da diese Zwecke nur

---

[3078] Vgl. bezogen auf die verwandten Regelungen der US-GAAP Küting/Wber/Wirth (Goodwillbilanzierung), S. 188; Hitz/Kuhner (Neuregelung), S. 285; Richter (Goodwill), S. 143 f.

[3079] Vgl. Janschek (Full Goodwill-Methode), S. 175.

in begrenztem Maße erfüllt werden, ist das mit einer Nutzung der Goodwill-Bilanzierung nach IFRS im internen Rechnungswesen verbundene Konvergenzpotential als eher gering einzuschätzen.

Immerhin kommt die mit dem Impairment-Only-Approach verbundene Teilaktivierung des originären Goodwill den Anforderungen des internen Rechnungswesens – wenn auch nur in begrenztem Maße – entgegen.[3081] Positiv im Hinblick auf das Konvergenzpotential erscheint weiterhin die auch für die Unternehmenssteuerung erforderliche Zuordnung des Goodwill auf Geschäftsbereiche (CGU).[3082] Soweit die Zuordnung nicht bilanzpolitisch motiviert ist, sondern zum Ort der Wertgenerierung erfolgt,[3083] können die Goodwill-Informationen im Rahmen einer wertorientierten Bereichssteuerung Verwendung finden.[3084] Der Informationsnutzen findet allerdings auch in diesem Zusammenhang wiederum aufgrund der Asymmetrie bei der Wertermittlung im Rahmen der Folgebewertung des Goodwill eine Begrenzung. Dies gilt jedoch nur für die Abbildung im veröffentlichten IFRS-Abschluss, innerhalb der unveröffentlichten Nebenrechnungen des Goodwill-Impairment-Tests findet hingegen in Form von Teilunternehmensbewertungen eine symmetrische Wertermittlung statt. Da in diesem Bereich ein hohes Konvergenzpotential zu erwarten ist, ist die Nutzung der Nebenrechnungen des Goodwill-Impairment-Tests nach IFRS in der wertorientierten Steuerung Gegenstand der nachfolgenden Analyse.

[3080] Vgl. hierzu Hitz/Kuhner (Neuregelung), S. 285.
[3081] Vgl. Weißenberger (Möglichkeiten), S. 207.
[3082] Vgl. Busse von Colbe/Ordelheide/Gebhardt/Pellens (Konzernabschlüsse), S. 237.
[3083] Vgl. Hense (Goodwill), S. 259.
[3084] Vgl. hierzu etwa Pellens/Crasselt/Sellhorn (Goodwill-Bilanzierung); Pellens/Crasselt/Schremper (Geschäftsbereichs-Goodwills).

7 Steuerung auf Basis des Goodwill-Impairment-Tests nach IFRS[3085]

7.1 Grundüberlegungen zur Nutzung des Goodwill-Impairment-Tests

Im Rahmen einer wertorientierten periodischen Erfolgsrechnung muss idealtypischerweise der Wertbeitrag (inklusive der Unternehmenswertänderung) einer Periode gemessen werden.[3086] In einer vermeintlich praktikableren Form könnte diese „Maximalanforderung" dahingehend abgeschwächt werden, dass zumindest die Richtung der Wertänderung des Unternehmens durch die Erfolgsgröße signalisiert werden soll.[3087] Somit muss bei einer Unternehmenswertsteigerung ein positives und bei einem gesunkenen Unternehmenswert ein negatives Ergebnis angezeigt werden.[3088]

Schmalenbach brachte diese Anforderung an eine periodische Erfolgsgröße wie folgt zum Ausdruck: „Gut gerechnet ist ein Erfolg, wenn positive und negative Kräfte sich in ihrer Gesamtwirkung rechtzeitig offenbaren. Schlecht gerechnet ist ein Erfolg, dessen Ziffern noch einen Aufstieg vortäuschen, während das Kräfteverhältnis sich bereits in der Richtung des Abstiegs verschoben hat; und umgekehrt."[3089]

Offensichtlich ist diese Indikatorfunktion bei Erfüllung der „Maximalanforderung" einer Messung des Wertbeitrags – zumindest bei Vernachlässigung von Ausschüttungen – stets erfüllt. Wenn die tatsächliche Unternehmenswertänderung anhand der Erfolgsgröße gemessen wird, dann zeigt das Vorzeichen des Erfolgs immer auch die Richtung der Unternehmenswertänderung an; umgekehrt sagt das Vorzeichen eines Indikatorerfolgs jedoch noch nichts über dessen Höhe der Unternehmenswertänderung aus. Abgesehen von dem daher mit einem Übergang auf die abgeschwächte Anforderung verbundenen Informationsverlust[3090] kann eine systematische Erfüllung der abgeschwächten An-

---

[3085] Die Ausführungen erfolgen in teilweise in enger Anlehnung an Haaker (Controlling) und Haaker (Abweichungsanalyse).

[3086] Vgl. hierzu Arbeitskreis (Erfolgsgrößen); Gillenkirch/Thamm/Tünker (Integration), S. 1 ff.; Crasselt/Schmidt (Performancekennzahlen), S. 222; Dirrigl (Investitionsrechnung), S. 3; Wagenhofer (Share Holder Value-Konzept), S. 644.

[3087] Vgl. Gillenkirch/Thamm/Tünker (Integration), S. 1.

[3088] Vgl. Coenenberg (Einheitlichkeit), S. 2080.

[3089] Schmalenbach (Bilanzlehre), S. 10.

[3090] Vgl. Schildbach (Wirklichkeit), S. 21.

forderung nur sichergestellt werden, wenn auch die „Maximalanforderung“ erreicht wird. Fehlen wesentliche Potentiale und deren Veränderung, sind immer Situationen denkbar, in denen bei gesunkenem Unternehmenswert ein positives oder bei gestiegenem Unternehmenswert ein negatives Ergebnis angezeigt wird.[3091]

Dieses trifft nicht selten auf die in der Bereichssteuerung etablierten Residualgewinnkonzepte „EVA & Co.“[3092] zu. Sie können trotz eines gesunkenen (gestiegenen) Unternehmenswerts positiv (negativ) sein,[3093] womit sie zur „Kontrolle der Betriebsgebarung“[3094] wenig geeignet erscheinen.[3095] Da EVA „regelmäßig nicht die Wertänderung einer Periode...anzeigt“[3096], „sollte im Zweifelsfall auf einen Einsatz ganz verzichtet werden“[3097].

Auch ein „ΔEVA & Co.“[3098] versagt mangels Proportionalität zur Wertänderung. Hier zeigt sich wiederum das Versagen einer GuV-orientierten gegenüber einer bilanzorientierten Informationsvermittlung.[3099] Es kann nur auf die Nachhaltigkeit einer beispiellosen Vermarktung ensprechender Kennzahlen-Produkte zurückzuführen sein, wenn heute immer noch geglaubt wird, es könne mit EVA und ihresgleichen tatsächlich die Unternehmenswertsteigerung zuverlässig indiziert oder sogar gemessen werden.

Geeigneter für einen Einsatz in der wertorientierten Bereichssteuerung erscheinen daher „bilanzorientierte“ Kennzahlen, welche die Veränderung der Vermögensposition der Anteilseigner möglichst vollständig zum Ausdruck bringen,[3100] denn „wer einen aussagekräftigen Gewinn ermitteln will, muß die

---

[3091] Vgl. Moxter (Windfalls), S. 238 ff.

[3092] Richter/Honold (EVA & Co), S. 265. Ein Überblick über die sog. wertorientierten Kennzahlen findet sich bei Meyers (Measure).

[3093] Vgl. Richter/Honold (EVA & Co); Schmidbauer (EVA-Konzept); Dirrigl (Investitionsrechnung), S. 21 f; zur ähnlichen Problematik der Kennzahl ERIC vgl. Kesten (ERIC), S. 129. Zum Konzept von ERIC vgl. Velthuis (Value Based Management); Velthuis (Entwurf). Eine vergleichende Analyse von ERIC und EVA erfolgt etwa bei Kunz/Pfeiffer/Schneider (E_RIC^{TM} versus EVA^{TM}).

[3094] Schmalenbach (Dynamische Bilanz), S. 36.

[3095] „Statt sich mit den Schwierigkeiten bei der Prognose künftiger Zahlungssalden auseinanderzusetzen, wird von Performance Messung gesprochen“ [Schneider (Marktwertorientierte Unternehmensrechnung), S. 1476].

[3096] Ballwieser (EVA), S. 17.

[3097] Kesten (Unternehmensbewertung), S. 97.

[3098] Vgl. Coenenberg/Mattner/Schultze (Steuerung), S. 16 f.

[3099] Vgl. hierzu auch Dirrigl (Wertorientierung), S. 575; Ballwieser (EVA), S. 15.

[3100] Vgl. Mujkanovic (Fair Value), S. 343 f.

Vermögenskomponenten umfassender berücksichtigen."[3101] Als ideale bereichsbezogene Gewinngrößen kämen daher der ökonomische Gewinn[3102] bzw. der ökonomische Residualgewinn[3103] in Betracht.[3104] Diese kapitaltheoretischen Erfolgsgrößen vermitteln „der Unternehmensleitung komprimierte Informationen…über das (wirkliche) Auf und Ab des Unternehmens"[3105].

Der *Arbeitskreis »Wertorientierte Führung in mittelständischen Unternehmen« der Schmalenbachgesellschaft für Betriebswirtschaft e.V.* sieht jedoch einer Anwendbarkeit kapitaltheoretischer Erfolgskonzepte in der Praxis enge Grenzen gesetzt: „Der ökonomische Residualgewinn als Idealkonzept ist für den praktischen Einsatz sicher in allen Fällen, in denen nicht eine kontinuierliche Unternehmensbewertung fester Bestandteil des Controllings ist, außerhalb des Erreichbaren."[3106] Dem könnte aus Sicht der Unternehmenspraxis wohl zugestimmt werden, die periodische Ermittlung eines komplexen Unternehmenswerts kann als zu aufwendig und damit wenig praktikabel angesehen werden.[3107] Allerdings gehören nunmehr für IFRS-Bilanzierer aufgrund des Goodwill-Impairment-Tests Teilunternehmensbewertungen zum alljährlichen Pflichtprogramm.[3108] Diesbezüglichen „Einwänden, die bisher eine Bestimmung…verhinderten, wird aufgrund der Forderung in IAS 36 nach entsprechenden Informationen die Basis entzogen."[3109] Insofern bieten die Bilanzierungsregeln eine Gelegenheit, ein wirklich unternehmenswertorientiertes Bereichssteuerungssystem zu implementieren.

In Verbindung mit dem Goodwill-Impairment-Test ist für bestimmte Unternehmensbereiche (CGU) jährlich ein VIU zu ermitteln, d.h. gewissermaßen eine „kleine Unternehmensbewertung"[3110] durchzuführen. Ein Rückgriff des Controllings auf diese durch die Jahresabschlussprüfung plausibilisierten Unterneh-

---

[3101] Moxter (Windfalls), S. 240.

[3102] Vgl. Hax (Investitionsrechnung), S. 163 ff.; Lippmann (Erfolgsermittlung).

[3103] Vgl. Laux (Unternehmensrechnung), S. 159; Arbeitskreis (Erfolgsgrößen), S. 245 f.

[3104] Vgl. hierzu bereits Schneider (Bilanzgewinn), S. 467-472; Schneider (Bilanz), S. 573 f.; Münstermann (Dynamische Bilanz), S. 528-531. Vgl. ferner Bühner (Profit Center), Sp. 1618 f.; Scapens (Profit Measurement).

[3105] Moxter (Windfalls), S. 240.

[3106] Arbeitskreis (Erfolgsgrößen), S. 253.

[3107] Vgl. Arbeitskreis (Unternehmenssteuerung), S. 573; Münstermann (Dynamische Bilanz), S. 530 f.; Clemm (Zweckmäßigkeit), S. 144 ff. Vgl. aber Schneider (Bilanz) S. 573 sowie Göppl (Rechnungslegung), S. 574.

[3108] Vgl. auch Gebhardt (Beurteilungsgrößen), S. 76.

[3109] Hachmeister (Goodwill-Bilanzierung), S. 430.

[3110] Pfeil/Vater (Unternehmensbewertung), S. 66.

menswertrechnungen bietet sich geradezu an.[3111] Unternehmen werden gleichsam automatisch dazu angehalten, im Jahresturnus den Unternehmenswert auf Bereichsebene zu überwachen.[3112]

Im Folgenden wird untersucht, ob mit dem Impairment-Only-Approach den nach IFRS bilanzierenden Unternehmen „quasi ein ideales Controlling-Instrument verordnet"[3113] wurde.[3114] Dafür spricht zunächst die Tatsache, dass zum Zwecke des Goodwill-Impairment-Tests

- Unternehmensbereiche (CGU) abgegrenzt und
- jährlich mit ihrem VIU bewertet werden müssen.[3115]

Diese Parameter (CGU und VIU) sind im Hinblick auf ihre „Einsatzfähigkeit" in der wertorientierten Bereichssteuerung zu untersuchen.

7.2 Eignung des VIU einer CGU für die wertorientierte Bereichssteuerung

7.2.1 Bereichsabgrenzung nach dem CGU-Konzept

Eine unternehmenswertorientierte Unternehmenssteuerung setzt zweckmäßigerweise direkt auf der Ebene der Wertentstehung, also primär bei den Geschäftsbereichen an. Fundamental für die wertorientierte Unternehmenssteuerung ist demzufolge die Bereichsabgrenzung, denn nur auf Basis einer zweckentsprechenden Bereichsabgrenzung ist eine sachgerechte Planung und Kontrolle möglich. Daher gilt es in erster Linie zu klären, ob eine CGU einen für die interne Steuerung geeigneten Bereich darstellt.

Die Abgrenzung der goodwill-tragenden CGU hat sich an der internen Bereichssteuerung zu orientieren,[3116] muss also grundsätzlich für die Unternehmenssteuerung geeignet sein. Da diese Feststellung aber offensichtlich in ei-

---

[3111] Gl. A. Pfaff/Schultze (Beteiligungscontrolling), S. 128. Vgl. auch Hense (Goodwill), S. 257.

[3112] Vgl. Hütten/Lorson (Goodwillbilanzierung), S. 33. Vgl. ferner Hense (Goodwill), S. 258 f.; Henselmann (Böcke), S. 286; Pellens/Crasselt/Ruhwedel (Goodwill-Welt).

[3113] Pellens/Sellhorn, (US-Goodwillbilanzierung), S. 114 (im Original hervorgehoben).

[3114] Zur Fragestellung vgl. auch Hense (Goodwill), S. 250.

[3115] Zur praktischen Anwendung der Impairment-Test-Daten in der Unternehmenssteuerung vgl. Deloitte (Goodwill); Pellens/Epstein/Barth/Ruhwedel/Sellhorn (Goodwill Impairment Test).

[3116] Vgl. IAS 36.69; IAS 36.80; Schultze/Hirsch (Unternehmenswertsteigerung), S. 118; Hense (Goodwill), S. 260; Kümpel/Döbel (Identifizierung), S. 27 f.

nen Zirkelschluss mündet, ist es notwendig, das Wesen einer CGU zu hinterfragen.[3117]

Investitionen weisen eine leistungs- und eine finanzwirtschaftliche Dimension auf; im Allgemeinen wird der Investitionsbegriff allerdings auf den finanzwirtschaftlichen Zahlungsaspekt eingeengt.[3118] Der leistungswirtschaftliche Aspekt der Bereitschaft zur Leistungserstellung durch Umwandlung von Zahlungsmitteln in Vermögenswerte wird hingegen vernachlässigt,[3119] obwohl zur Prognose der bewertungsrelevanten Zahlungsströme wiederum umfassende Kenntnisse der leistungswirtschaftlichen Cash Flow-Determinanten – d.h. des Vermögens – erforderlich sind[3120].

Eine CGU berücksichtigt beide Dimensionen: IAS 36.6 definiert CGU als kleinste identifizierbare Gruppe von Vermögenswerten, die Mittelzuflüsse aus der fortgesetzten Nutzung erzeugen können, die weitestgehend unabhängig von den Mittelzuflüssen anderer Vermögenswerte oder anderer Gruppen von Vermögenswerten sind. Daraus geht hervor, dass CGU vermögensbasiert und insofern leistungswirtschaftlich orientiert sind. Zugleich ist eine CGU über die Eigenschaft, Cash Flows zu generieren, gleichermaßen finanzwirtschaftlich orientiert.[3121] Damit erfüllt eine CGU die aus Sicht der internen Steuerung zu fordernde Verknüpfung der Vermögens- und Cash Flow-Sphäre.[3122]

Mit der Möglichkeit, Cash Flows zu generieren, wird für die CGU die Existenz eines externen Absatzmarktes vorausgesetzt, wobei dieser bei Zwischenprodukten nicht zwingend in Anspruch genommen werden muss;[3123] CGU sind demzufolge absatzmarktorientiert abzugrenzen.[3124] Die mit der Absatzmöglichkeit verbundenen Einzahlungen müssen unabhängig von anderen CGU erzielt werden können. Hierbei kann es nicht nur auf die weitgehende Unabhängigkeit der Einzahlungen ankommen, auch die Auszahlungen müssen möglichst unverbunden sein. Einzahlungen können nur erzielt werden, wenn Auszahlungen in Kauf genommen werden; somit ist auch die Unverknüpftheit

---

[3117] Zum CGU-Konzept vgl. auch Cearns (Impairment); Beyhs (Impairment), S. 98-117; Klingels (cash generating unit); Kümpel/Döbel (Identifizierung).

[3118] Vgl. Schneider (Finanzierung), S. 8 f.

[3119] Vgl. Schneider (Finanzierung), S. 9.

[3120] Vgl. Küpper (Kapazität), S. 118; Küpper (Cash Flow), S. 107.

[3121] Vgl. Haaker/Paarz (Segmentberichterstattung), S. 196

[3122] Vgl. Küpper (Cash Flow), S. 106 f.

[3123] Vgl. IAS 36.70 f.

[3124] Vgl. hierzu auch Graumann (Durchführung), S. 371 f.

der Auszahlungen von Bedeutung für die CGU-Abgrenzung.[3125] Bestehen Interdependenzen zwischen den Auszahlungen, sind auch die Einzahlungen mittelbar verbunden. Zur Generierung weitgehend unabhängiger Cash Flows muss eine CGU folglich einen gesamten Leistungserstellungsprozess umfassen;[3126] andernfalls ist die Zurechnung unabhängiger Cash Flows nicht möglich.

Bei einer idealtypischen CGU-Abgrenzung wäre demgemäß wie folgt vorzugehen: Ausgehend vom Zahlungsstrom des Absatzes sind sämtliche, bezüglich der Zahlungsströme verbundene, am Absatz-, Produktions- und Beschaffungsprozess beteiligte Vermögenswerte (VW) einzubeziehen *(vgl. Abbildung 65)*.[3127] Vernachlässigt man die Auszahlungen bei der Unabhängigkeitsprüfung, ist zu bezweifeln, dass ein wirklich („einzel"-)bewertbarer Bereich abgegrenzt wird. Mit der Unverbundenheit der Einzahlungen, wie sie bereits bei einer absatzmarktorientierten CGU-Abgrenzung gegeben sein kann, ist erst die Hälfte des Zurechnungsproblems gelöst, auch die Auszahlungen unterschiedlicher CGU dürfen nicht wesentlich voneinander abhängig sein. Zwar lassen sich zwar alle Gemeinauszahlungen irgendwie den CGU zuordnen, bei Verzicht auf eine Minimierung der Interdependenzen durch eine Orientierung an den leistungswirtschaftlichen Strukturen verliert das CGU-Konzept aber seinen „bewertungstechnischen" Sinn.

Abbildung 65: Leistungs- und finanzwirtschaftliches CGU-Konzept

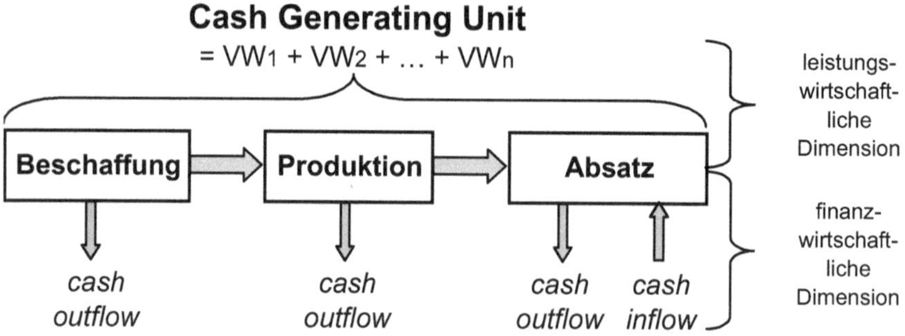

Quelle: Haaker (Controlling), S. 352.

[3125] A.A. Castedello (IDW ERS HFA 16), S. 139.

[3126] Vgl. Schneider (Bilanzgewinn), S. 471 f.; Schneider (Billanz), S. 573; Küting/Weber/Wirth (Tochterunternehmen), S. 876; Beyhs (Impairment), S. 100 ff.; Haaker/Paarz (Segmentberichterstattung), S. 196; Busse von Colbe (Informationsgehalt), S. 95.

Vermögenswerte stellen als Einzahlungspotentiale[3128] einzeln bewertbare Investitionsprojekte dar;[3129] bei der Bildung von CGU werden also interdependente Investitionsprojekte zu einem Investitionsbündel zusammengefasst.[3130] Auf dieser Ebene können die Synergien (=Goodwill) zwischen den Investitionsprojekten Berücksichtigung finden.[3131] Damit dürfte die Wertadditivität der abgegrenzten Unternehmenseinheit zu gewährleisten sein,[3132] weshalb die Summe der bewerteten CGU den Gesamtwert des Unternehmens ergeben kann.[3133]

Das CGU-Konzept stellt somit das Ideal eines zu bewertenden Unternehmensbereichs[3134] und deshalb auch eine geeignete Basis einer wertorientierten Bereichssteuerung dar.[3135] Den absatzmarktbezogenen leistungsunabhängigen Bereichen können als (unechte) Profit Center oder Investment Center Verantwortungen zugewiesen werden.[3136] Die Ergebnisverantwortung der CGU zieht konsequenterweise eine entsprechende Kontrolle der Wertschaffung auf dieser Ebene nach sich. Der Wert einer CGU kann wiederum mittels ihres VIU gemessen werden.

7.2.2 Bereichsbewertung zum VIU

Während dem auf Autonomie und Marktbezug basierenden CGU-Konzept eine uneingeschränkte Eignung für die wertorientierte Bereichssteuerung attestiert werden kann,[3137] erscheint eine Bewertung mit dem VIU in diesem Zusammenhang nicht unproblematisch. Zwar folgt die Ermittlung des VIU gemäß

3127 Vgl. Haaker/Paarz (Segmentberichterstattung), S. 196.

3128 Vgl. Ordelheide (Wertpotential), S. 510.

3129 Vgl. Hommel (Neubewertungsmethode), S. 290.

3130 Vgl. Kah (Profitcenter-Steuerung), S. 150 f.; Dirrigl (Unternehmensbewertung), S. 154.

3131 Vgl. Weissenberger/Blome (Fair Value-Bewertung), S. 12.

3132 Vgl. Lorson (Auswirkungen), S. 410.

3133 Vgl. Haaker/Paarz (Segmentberichterstattung), S. 196; Streim/Bieker/Esser (Ausschüttungsbilanz), S. 240 f.

3134 Vgl. Haaker/Paarz (Segmentberichterstattung), S. 196 f.

3135 *Busse von Colbe* spricht anschaulich von »Zahlungsstrom verursachenden Geschäftseinheiten«. Vgl. Busse von Colbe (Firmenwert), S. 2050.

3136 Vgl. Bühner (Profit Center), Sp. 1612-1621; Streim (Profit Center-Konzeption).

3137 Vgl. ausführlich Haaker (Controlling), S. 352; Haaker/Paarz (Segmentberichterstattung), S. 196; Haaker (Bereichssteuerung), S. 45 f.; Haaker (Da Capo), S. 693 f.; a.A. Olbrich (Controlling), S. 43; Klingelhöfer (Controlling), S. 595 f.; Olbrich (Fragwürdigkeit), S. 685 f.; Brösel/Müller (Goodwillbilanzierung), S. 40, die aufgrund eines vermeintlichen Verstoßes gegen den Grundsatz der Gesamtbewertung eine Nutzung von bewerteten CGU im Rahmen der wertorientierten Steuerung strikt ablehnen.

IAS 36 weitgehend investitionstheoretisch fundierten Grundsätzen,[3138] es sind in den Bewertungsregelungen aber einige „Mängel“ und „technische Widersprüche“ zu beanstanden.[3139] Entgegen dem theoretischen Ideal einer „strategischen" Unternehmensbewertung bleiben vor allem noch nicht eingeleitete Erweiterungsinvestitionsprojekte und Restrukturierungsmaßnahmen sowie Finanzierungs- und Steuerwirkungen bei der Berechnung des VIU unberücksichtigt.[3140]

Entsprechend sind bei Anwendung des Erwartungswertansatzes unter Rückgriff auf die Risikozuschlagsmethode[3141] die erwarteten Free Cash Flows einer CGU ($\widetilde{FCF}_j^{CGU_i}$) und ein ggf. unter Verwendung des CAPM bestimmter gewichteter durchschnittlicher Kapitalkostensatz[3142] ($WACC^{CGU_i} = k^{CGU_i}$)[3143] vor Steuern und Finanzierung zu ermitteln.[3144] Der erwartete $\widetilde{FCF}_j^{CGU_i}$ darf darüber hinaus nur auf die aktuelle Ertragskraft abstellen und keine künftigen Erweiterungsinvestitionen oder Restrukturierungen berücksichtigen,[3145] sofern noch keine Einleitung der künftigen Maßnahmen erfolgt ist.[3146]

Insbesondere die Vernachlässigung von künftigen Erweiterungsinvestitionen zielt auf einen Kompromiss bezüglich des Prognoseproblems ab.[3147] „Die Zukunft ist nicht nur unsicher, sondern vor einer Entscheidung, dies zu tun und jenes zu unterlassen, existiert eine Zukunft noch gar nicht“[3148]. Demgemäß bilden die neu hinzugekommenen konkretisierten Entscheidungsalternativen die Grenze dessen, was sich an zukünftigen Erwartungen „bewertungstechnisch“ erfassen lässt.[3149] Eine Bewertung hat demnach eine „natürliche Gren-

---

3138 Vgl. Bieker/Esser (Impairment-Only-Ansatz), S. 456.

3139 Vgl. im Einzelnen Ballwieser (IFRS-Rechnungslegung), S. 199-204; Hachmeister (Impairment-Test), S. 215-221; Mandl (Berücksichtigung), S. 148-155.

3140 Vgl. Ballwieser (IFRS-Bilanzierung), S. 276-279.

3141 Vgl. IDW (IDW RS HFA 16), Rn. 27 f.

3142 Vgl. IDW (IDW RS HFA 16), Rn. 30.

3143 Vgl. Eiteman (Cost of Capital).

3144 Vgl. Lienau/Zülch (value in use), S. 323 ff.

3145 Vgl. IAS 36.39 i.V.m. IAS 36.44; Vgl. IDW (IDW RS HFA 16), Rn. 104.

3146 Vgl. IDW (IDW RS HFA 16), Rn. 105.

3147 Zur Prognoseproblematik vgl. Kuhner (Prognosen).

3148 Schneider (Marktwertorientierte Unternehmensrechnung), S. 1478.

3149 Vgl. aber Münstermann (Dynamische Bilanz), S. 530, der „in der Gründungsentscheidung, die den Rahmen für alle weiteren unternehmerischen Entscheidungen absteckt, letztendlich die Ursache aller künftigen Erfolge“ sieht. Vor dem Hintergrund, dass auch der Rahmen für die Gründungsentscheidung durch vorangegangene, in diesem Sinne ursächliche Entscheidungen abgesteckt wurde, erscheint ein Abstellen auf die getroffeze", die man mit der Vernachlässigung von Erweiterungsinvestitionen jedoch noch unterschreitet, da nicht auf die Entscheidungen selbst, sondern auf das zeitlich nachgelagerte Einleiten der Maßnahmen abgestellt wird[3150].

Die „Besonderheiten" erfordern eine eventuell entsprechende Bereinigung oder besser einen separaten Ausweis der auf die künftigen Maßnahmen entfallenden Cash Flows in den internen Planungsrechnungen.[3151] Obwohl die finanziellen Wirkungen von geplanten Ersatzinvestitionen und innerhalb einer CGU realisierbaren Synergieeffekten[3152] zwingend in den VIU eingehen müssen,[3153] sollten die damit verbundenen Cash Flows für eine interne Analyse ebenfalls gesondert ausgewiesen werden[3154].

Die marktorientierte Ermittlung des Diskontierungssatzes kann aufgrund der im Rahmen einer wertorientierten Steuerung notwendigen Typisierung und auch als Versuch der Gewährleistung einer Mindestobjektivierung[3155] als zweckmäßig angesehen werden.[3156] Auch die oben angedeuteten „Besonderheiten" des VIU erscheinen unter Vereinfachungs- und Kostengesichtspunkten durchaus akzeptabel. Die vermeintlichen „Mängel" bringen im Übrigen auch gewisse Vorteile mit sich: Mit dem Abstellen auf die Einleitung bei der Berücksichtigung „neuer" Erweiterungsinvestitionsprojekte wurde zwar der späteste noch vertretbar erscheinende Zeitpunkt gewählt, zu dem die bis dahin „künstlich" beibehaltene Going Concern-Prämisse aufgehoben und nicht länger „be-

---

nen Entscheidungen als Verursachungskriterium durchaus sinnvoll. Auch die der Gründungsentscheidung vorangegangene Entscheidung war im Übrigen nur möglich, weil vorher eine Entscheidung getroffen wurde usw. Zur Problematik vgl. auch Shwayder (Economic Income), S. 30.

3150 Vgl. IDW (IDW RS HFA 16), Rn. 105.

3151 Vgl. IDW (IDW RS HFA 16), Rn. 104.

3152 Dies schließt erwartete Synergieeffekte aufgrund des Zusammenwirkens mit anderen CGU ein, sofern der entsprechende (anteilige) Goodwill keiner anderen CGU zugeordnet wurde. Vgl. für Beispiele Haaker (Goodwill), S. 429-434.

3153 Vgl. IDW (IDW RS HFA 16), Rn. 104 f.

3154 Vgl. Hachmeister (Goodwill-Bilanzierung), S. 431.

3155 Vgl. Mandl (Berücksichtigung), S. 155; kritisch hierzu Ballwieser (Kalkulationszinssatz), S. 738.

3156 Vgl. ausführlich Haaker (Da capo), S. 690-694; Haaker (Bereichssteuerung), S. 46 f.; a.A. Klingelhöfer (Controlling), S. 592-595; Olbrich (Controlling); Olbrich (Fragwürdigkeit), S. 686 f., die aufgrund eines Verstoßes gegen das Subjektivitätsprinzips eine Nutzung des VIU im Rahmen der wertorientierten Steuerung strikt ablehnen.

wertungsrelevantes Wissen vernachlässigt wird"[3157], in Verbindung damit wird jedoch wiederum eine gewisse Objektierung erreicht.[3158]

Im Ergebnis stehen die Regelungen des IAS 36 mit den Anforderungen der Unternehmenssteuerung im Einklang. Sie schaffen nicht zuletzt eine klare Basis bezüglich der Erfassung von Erweiterungsinvestitionen und wirken somit einer willkürlichen Einbeziehung entgegen.[3159] Auf diese Weise werden zwar weder die wertschaffende Idee noch die sich anschließende wertschaffende Entscheidung, jedoch zumindest die daran anknüpfende wertschaffende Maßnahme als Erfolgsgrund angesehen.[3160] Da die Erfolgsberücksichtigung aber in zeitlicher Nähe zur erfolgsbegründenden Entscheidung steht, wird damit auch dem Prinzip der Entscheidungsverbundenheit in ausreichendem Maße entsprochen.[3161]

Zugrunde gelegt werden kann der Berechnung des VIU ein Zwei-Phasen-Modell mit einer grundsätzlich auf fünf Jahre beschränkten ersten Detailplanungsphase und einer angemessenen CGU-spezifischen Wachstumsrate (g^{CGU_i}) für den konstanten $\overline{FCF^{CGU_i}_{t+6\ bis\ \infty}}$ (ewige Rente) in der zweiten Bewertungsphase.[3162] Demgemäß weist das Kalkül zur Ermittlung des VIU einer CGU zum 31.12.t (t=Jahr: z.B 2007) folgende Grundstruktur auf:

$$VIU_t^{CGU_i} = \sum_{j=t+1}^{t+5} \frac{\widetilde{FCF}_j^{CGU_i}}{(1+k^{CGU_i})^{j-t}} + \frac{\overline{FCF^{CGU_i}_{t+6\ bis\ \infty}}}{k^{CGU_i} - g^{CGU_i}} * \frac{1}{(1+k^{CGU_i})^{t+5-t}}$$

Die Grundstruktur der Berechnung entspricht offensichtlich – abgesehen von den oben skizzierten „Besonderheiten" – einem „normalen" (Teil-)Unternehmensbewertungskalkül. Eine Beschränkung der Detailplanungsphase auf fünf Jahre beruht auf der Annahme, dass Unternehmen lediglich für diesen Zeitraum detaillierte Planungsrechnungen erstellen können.[3163] Der hierbei anwendbare Expected Cash Flow Approach[3164] gewährleistet einen sachge-

---

3157 Ballwieser (IFRS-Bilanzierung), S. 276.
3158 Vgl. hierzu Kirsch (Objektivierung).
3159 Vgl. grundlegend Ordelheide (Bilanzen), S. 522. Zur Problematik vgl. auch Shwayder (Economic Income), S. 30.
3160 Vgl. hierzu auch Schneider (Bilanzgewinn), S. 471.
3161 Vgl. Haaker (Da capo), S. 689. Zum Prinzip der Entscheidungsverbundenheit vgl. Hax (Investitionsrechnung), S. 162.
3162 Vgl. IDW (IDW RS HFA 16), Rn. 104.
3163 Vgl. Schneider (Manipulationen), S. 48.
3164 Vgl. IAS 36.A7 ff.

rechten Umgang mit Unsicherheiten durch Berücksichtigung der möglichen Umweltzustände.[3165] Die gesamte Wahrscheinlichkeitsverteilung fließt in synthetischer Weise in den Erwartungswert ein.[3166] Bei Ansatz eines wahrscheinlichsten Werts blieben hingegen Informationen über mögliche Umweltzustände unberücksichtigt,[3167] die in unbestimmter Weise im Diskontierungssatz verarbeitet werden müssten. Im Gegensatz zum wahrscheinlichsten Wert berücksichtigt der Erwartungswert die Verteilung der erwarteten Zahlungsüberschüsse vollständig,[3168] wobei das „übliche" Verfahren der Risikozuschlagsmethode angewendet werden kann[3169].

Mit dem $VIU_t^{CGU_i}$ steht für die Bereichssteuerung eine zukunftsorientierte Zielgröße zur Verfügung, welche sich durch eine marktorientierte Risikoberücksichtigung auszeichnet und sich in die steuerungsrelvanten Determinanten FCF und Kapitalkosten zerlegen lässt.[3170] Jedoch handelt es sich beim VIU um keinen idealtypischen strategischen Unternehmenswert[3171].[3172] Daher könnte für die interne Steuerung ein entsprechender Anpassungsbedarf bestehen, wobei dieser im Spannungsfeld von Kosten und Nutzen abzuwägen wäre. Wie sich zeigt, bedürfen die „Besonderheiten" des VIU im Hinblick auf eine wertorientierte Bereichssteuerung einer differenzierten Beurteilung. Da auf bewertungstechnische Detailfragen im Rahmen der Themenstellung dieser Arbeit nicht näher eingegangen werden kann,[3173] mag für die weitere Untersuchung der Hinweis genügen, dass man sich über das „Zustandekommen" des VIU bei der Interpretation einer VIU-basierten Kontrollrechnung und Abweichungsanalyse im Klaren sein muss, um Ergebnisse und Abweichungen sachgerecht interpretieren zu können.

3165 Vgl. Dirrigl (Erfolgspotenzialrechnung), Sp. 423.
3166 Vgl. Ballwieser (Risiko), S. 101.
3167 Vgl. Ballwieser (Risiko), S. 101.
3168 Vgl. Mujkanovic (Fair Value), S. 298 f.
3169 Vgl. hierzu etwa Hachmeister (Diskontierung). Zur Anwendung kommen können grundsätzlich die Risikozuschlagsmethode oder alternativ die Sicherheitsäquivalenzmethode. Im Weiteren wird nur die Risikozuschlagsmethode betrachtet.
3170 Vgl. Götze/Mikus (Risikomanagement), S. 391.
3171 Vgl. Dirrigl (Konzepte).
3172 Somit besteht auch eine gewisse Gefahr einer verfahrensbedingten und ökonomisch nicht begründbaren Abschreibung. Vgl. Trützschler/David/Strauch/Tomaszewski (Unternehmensbewertung), S. 383.
3173 Vgl. hierzu etwa Ballwieser (IFRS-Bilanzierung); Hachmeister (Cashflow-Schätzungen); Hachmeister (Impairment-Test); Mandl (Berücksichtigung); Lüdenbach/Hoffmann (Implementierung); Lienau/Zülch (value in use); Klingelhöfer (Controlling).

7.3 Bereichssteuerungskonzept auf Basis des VIU einer CGU

7.3.1 Ökonomischer Gewinn auf Basis des VIU einer CGU

Eine wertorientierte Steuerung von diversifizierten Unternehmen hat zweckmäßigerweise auf Ebene der Wertschaffung zu erfolgen, damit steht die Geschäftsbereichsebene im Fokus eines wertorientierten Steuerungssystems. Auf dieser Ebene ist eine verbundene zielorientierte Planungs- und Kontrollrechnung zu implementieren. Wenn das Unternehmensziel die Steigerung des Unternehmenswertes bzw. dessen Faksimile, die Steigerung der barwertigen erwarteten Ausschüttungen an die Anteilseigner, darstellt,[3174] ist dieses bei der Planung und Kontrolle auf Bereichsebene entsprechend zu berücksichtigen, denn „Planen und Kontrollieren kann man stets nur im Hinblick auf ein Ziel."[3175] Ein Rückgriff der internen Steuerung auf die jährlich im Rahmen des Goodwill-Impairment-Tests obligatorisch zu ermittelnden Daten bietet sich daher geradezu an.[3176] Der VIU stellt schließlich den internen Erfolgswert einer CGU, also einen geschäftsbereichsbezogenen Unternehmenswert dar.

Zur Entscheidungsfindung sind Verfahren der Unternehmensbewertung unstreitig geeignet,[3177] weshalb der VIU einer CGU als Basiswert in der strategischen Planung Verwendung finden sollte.[3178] Wegen der engen Verknüpfung von Planung und Kontrolle[3179] sollte der VIU bzw. seine Änderung möglichst auch der Kontrollrechnung zugrunde gelegt werden.[3180] Eine zielkonforme periodenbezogene Kontrollrechnung hätte neben der Unternehmenswertänderung auch die in der entsprechenden Periode erfolgten Ausschüttungen an die Anteilseigner in angemessener Weise zu berücksichtigen, um den gesamten Wertbeitrag einer CGU zu messen.[3181] Demzufolge stellt der ökonomische Gewinn eine idealtypische Kontrollgröße dar, dabei ist der ökonomische Ge-

---

3174 Vgl. Busse von Colbe (Rechnungswesen im Dienste), S. 713 f.; Busse von Colbe (Unternehmensführung), S. 17; Busse von Colbe (Shareholder Value), S. 274.
3175 Schneider (Ansätze), Sp. 261.
3176 Vgl. Arnegger/Feldhaus (Relevanz), S. 212.
3177 Vgl. Coenenberg/Mattner/Schultze (Steuerung), S. 17 f.; Barton (Income Theory), S. 678.
3178 Vgl. Schultze/Hirsch (Unternehmenswertsteigerung), S. 139.
3179 Vgl. Wild (Unternehmungsplanung), S. 44 f.
3180 Vgl. Schneider (Bilanzgewinn), S. 472; Hax (Investitionsrechnung), S. 155; Küpper (Controlling), S. 199 f.
3181 Vgl. Schultze (Bonusbanken), S. 8; Pfaff/Schultze (Beteiligungscontrolling), S. 131 f.

winn eines Unternehmens ($\ddot{O}G_t^U$) als Summe von Nettoausschüttungen (NA_t^U) und Unternehmenswertänderungen ($\Delta UW_{t/t-1} = UW_t - UW_{t-1}$) definiert:[3182]

$$\ddot{O}G_t^U = NA_t^U + \Delta UW_{t/t-1}$$

Der $\ddot{O}G_t^U$ spiegelt somit den Zielerreichungsgrad des Unternehmens direkt wider.[3183]

Zu unterscheiden ist der dargestellte ökonomische „Kontrollgewinn“ von der Definition des ökonomischen Gewinns als Verzinsung des Erfolgskapitals mit dem Kalkulationszinssatz k:

$$\widetilde{\ddot{O}G}_t^U = UW_{t-1} * k$$

Diese Erfolgsgröße spiegelt im Übrigen eine bestimmte Kapitalerhaltungskonzeption wider,[3184] die bei der Vermittlung von Informationen über die Veränderung der wirtschaftlichen Situation jedoch gegenstandslos[3185] bzw. mitunter schädlich ist[3186]. Bei der Informationsvermittlung muss der Denkstil der Unternehmenserhaltung[3187] aufgegeben werden,[3188] relevante Informationen sind allein im Hinblick auf den Zielerreichungsgrad zu geben.[3189] Für sich gesehen stellt Kapitalerhaltung – wenn überhaupt – allenfalls ein Kompromissziel dar.[3190] Es kann oftmals dem tatsächlichen Interesse der Investoren entsprechen, das vermeintlich in ihrem Sinne zu erhaltende Kapital eines Unternehmens zugunsten einer besseren Verwendung abzubauen.[3191] Der $\widetilde{\ddot{O}G}_t^U$ kann indessen als erwarteter ökonomischer Gewinn dem erzielten $\ddot{O}G_t^U$ zu Kontrollzwecken gegenübergestellt werden.

3182 Vgl. z.B. Münstermann (Bedeutung), S. 581.
3183 Vgl. Wagner (Theorie), S. 9.
3184 Vgl. Schneider (Gewinn), S. 614-617; Busse von Colbe (Substanzerhaltung), Sp. 5314.
3185 Vgl. Mujkanovic (Fair Value), S. 313. Kapitalerhaltung ist nur unter den Gesichtspunkten des Gläubigerschutzes und der steuerlichen Gewinnermittlung von Bedeutung. Vgl. Hax (Periodenerfolgsmessung), S. 87 f. Im Hinblick auf Entscheidung und Kontrolle ist sie demnach obsolet. Zum ökonomischen Gewinn als Konzept der Kapitalerhaltung vgl. Schneider (Gewinn). Neben der Kapitalerhaltung kann auch eine Erhaltung der Substanz angestrebt werden. Vgl. hierzu Schruff/Lefhalm (Inflation), Rn. 33-46.
3186 Vgl. Hax (Periodenerfolgsmessung), S. 88.
3187 Vgl. Wagner (Periodenabgrenzung), S. 1181.
3188 Vgl. Jaensch (Gewinnüberlegungen), S. 341 f.
3189 Vgl. Schneider (Ansätze), Sp. 261.
3190 Vgl. Sieben/Schildbach (Kapitalerhaltung), Sp. 1512 ff.
3191 Vgl. Kuhner (Unternehmensinteresse), S. 253.

Die Regelungen des Goodwill-Impairment-Tests nach IFRS kommen einer solchen ökonomischen Erfolgskonzeption entgegen. Der Impairment-Test stellt den VIU einer CGU zum Beginn ($VIU_{t-1}^{CGU_i}$) und zum Ende eines Geschäftsjahres ($VIU_t^{CGU_i}$) zur Verfügung.[3192] Zwar ist ein jährlicher Impairment-Test bei CGU, denen kein Goodwill zugeordnet wurde, nicht obligatorisch, einer freiwilligen jährlichen Ermittlung steht aber bei einem positiven Informationsnutzen nichts entgegen.[3193]

Werden der $VIU_t^{CGU_i}$ und $VIU_{t-1}^{CGU_i}$ einander gegenübergestellt, ergibt sich als Differenz eine periodenbezogene Kontrollgröße.[3194] Mit ihr kann die Wertentwicklung einer CGU im Zeitablauf verfolgt werden, bildet sie doch einen Ausgangspunkt für eine Analyse der Erfolgswirkung von in der Kontrollperiode getroffenen Entscheidungen.[3195] Hierbei handelt es sich um eine Größe, bei der ein auf aktuellen Erwartungen beruhender Erfolgswert mit einem auf früheren Erwartungen basierenden Erfolgswert verglichen wird.[3196] Eine solche Gegenüberstellung zweier Erfolgswerte ist ein konstitutives Merkmal kapitaltheoretischer Gewinnkonzeptionen.[3197]

Ein heuristisch-ökonomischer Gewinn[3198] auf Basis des VIU einer CGU ($ÖG_t^{VIU,CGU_i}$) kann unter Vernachlässigung der transferbedingten Mittelzu- und -abflüsse approximativ wie folgt ermittelt werden:

$$ÖG_t^{VIU,CGU_i} \approx \Delta VIU_{t/t-1}^{CGU_i} = VIU_t^{CGU_i} - VIU_{t-1}^{CGU_i}$$

Die jährliche Veränderung des VIU indiziert den $ÖG_t^{VIU,CGU_i}$, sofern keine finanziellen Mittel im Rahmen von „Einlagen" („Entnahmen") der Anteilseigner oder anderer CGU zugeflossen (abgeflossen) sind. Transferbedingt abgeflossene finanzielle Mittel wurden von der CGU erwirtschaftet und sind somit dem $ÖG_t^{VIU,CGU_i}$ hinzuzurechnen. Von außen zugeflossene finanzielle Mittel sind bereits im $VIU_t^{CGU_i}$ i.H. eines sich aus ihrer Verwendung ergebenen Ertragswerts

[3192] Hierbei wird unterstellt, dass als Testzeitpunkt in sinnvoller Weise der Abschlussstichtag gewählt wird.
[3193] Vgl. Gebhardt (Beurteilungsgrößen), S. 76.
[3194] Vgl. Leffson (Aussagefähigkeit), S. 378 f.; Schultze/Hirsch (Unternehmenswertsteigerung), S. 139 ff.
[3195] Vgl. Breid (Erfolgspotentialrechnung), S. 28.
[3196] Vgl. Dirrigl (Unternehmensbewertung), S. 157 f.
[3197] Vgl. Clemm (Zweckmäßigkeit), S. 142.
[3198] Vgl. Ordelheide (Theorie), S. 275 f.

berücksichtigt und daher in Abzug zu bringen.[3199] Sie schlagen sich idealtypisch nach Abzug der „Einlage" mit einem ihrer Verwendung entsprechenden Kapitalwert im $\ddot{O}G_t^{VIU,CGU_i}$ nieder.

In der Kontrollgröße kann gegebenenfalls eine entsprechende Cash Flow- oder Erfolgsgröße Berücksichtigung finden.[3200] Da sich die CGU-Abgrenzung von den rechtlichen Strukturen lösen kann, ist deren Bestimmung jedoch nicht unproblematisch. Bei einer Politik des residualen Mittelabflusses kann der transferbedingte Nettoabfluss durch den Free Cash Flow der CGU ($FCF_t^{CGU_i}$) ersetzt werden.[3201] Unter der Annahme, dass der $FCF_t^{CGU_i}$ alle notwendigen und sinnvollen Investitionstätigkeiten bereits berücksichtigt, steht er grundsätzlich zur Ausschüttung an die Anteilseigner zur Verfügung.[3202] Der $\ddot{O}G_t^{VIU,CGU_i}$ kann somit definiert werden als:[3203]

$$\ddot{O}G_t^{VIU,CGU_i} = FCF_t^{CGU_i} + \Delta VIU_{t/t-1}^{CGU_i} = FCF_t^{CGU_i} + VIU_t^{CGU_i} - VIU_{t-1}^{CGU_i}$$

Mit dem $\ddot{O}G_t^{VIU,CGU_i}$ liegt eine umfassende periodenbezogene Kontrollgröße vor.[3204] In dieser Definition des ökonomischen Gewinns besteht indes kein direkter Bezug zum Kapitaleinsatz,[3205] womit seine Kontrollrelevanz bei Bereichen mit Investitionsverantwortung beschränkt ist.[3206] Um die Aussagekraft der Kennzahl in diesem Zusammenhang zu erhöhen, kann in einem zweiten Schritt noch der Abzug der Verzinsung des $VIU_{t-1}^{CGU_i}$ zum CGU-spezifischen Kalkulationszinssatz (k^{CGU_i}) erfolgen, wodurch man eine Approximation des ökonomischen Residualgewinns ($\ddot{O}RG_t^{CGU_i}$) erhält. Damit wird beim $\ddot{O}RG_t^{CGU_i}$ auf Basis des VIU $\ddot{O}RG_t^{VIU,CGU_i}$ – anders als beim $\ddot{O}G_t^{VIU,CGU_i}$ – ein direkter Bezug

---

3199 Vgl. Neus (Einführung), S. 369.

3200 Vgl. auch Dirrigl (Unternehmensbewertung), S. 159.

3201 Vgl. Schultze/Hirsch (Unternehmenswertsteigerung), S. 141.

3202 Vgl. Schultze (Kombinationsverfahren), S. 461. Zum Zusammenhang zwischen ökonomischem Gewinn, Ausschüttungen und Investition vgl. Lücke (Unternehmenswachsum), S. 12 ff.

3203 Vgl. Pellens/Crasselt/Sellhorn (Goodwill-Bilanzierung), S. 147.

3204 Aufgrund des Periodenbezugs kann der ökonomische Gewinn als periodisierte Erfolgsgröße interpretiert werden. Vgl. Dirrigl (Beteiligungscontrolling), S. 781; a.A Hax (Periodenerfolgsmessung), S. 82, der den ökonomischen Gewinn als „antizipative Abschätzung des Totalerfolgs" charakterisiert. Vgl. auch Barton (Income Theory), S. 672 f.

3205 Vgl. Dirrigl (Unternehmensbewertung), S. 161.

3206 Vgl. hierzu Mauriel/Anthony (Investment Center Performance), S. 105.

zum Kapitaleinsatz hergestellt und ein Mehrwert ausgewiesen.[3207] Der $\ddot{O}RG_t^{VIU,CGU_i}$ ermittelt sich wie folgt:[3208]

$$\ddot{O}RG_t^{VIU,CGU_i} = \ddot{O}G_t^{VIU,CGU_i} - VIU_{t-1}^{CGU_i} * k^{CGU_i}$$

Der $\ddot{O}RG_t^{CGU_i}$ reflektiert den $\ddot{O}G_t^{CGU_i}$ nach Bereinigung um den reinen Zinseffekt aufgrund des zeitlichen Näherrückens der erwarteten Zahlungen (Zeiteffekt[3209]). Die Verzinsung des $VIU_{t-1}^{CGU_i}$ zum Kalkulationszinssatz kann somit auch als erwarteter $\widetilde{\ddot{O}G}_t^{VIU,CGU_i}$ interpretiert werden,[3210] wobei die Höhe des $\ddot{O}RG_t^{VIU,CGU_i}$ bei antizipiertem Wertverlauf Null beträgt[3211]; der $\ddot{O}RG_t^{VIU,CGU_i}$ beinhaltet einen „Soll-Ist/Wird-Vergleich". Dem Kontrollzweck entsprechend wird der erwartete $\widetilde{\ddot{O}G}_t^{VIU,CGU_i}$ mit dem erzielten $\ddot{O}G_t^{VIU,CGU_i}$ verglichen. Der $\ddot{O}RG_t^{VIU,CGU_i}$ kann folglich auch als Gesamtabweichung zwischen dem Soll- und Ist/Wird-Erfolg ($\Delta\ddot{O}G_t^{VIU,CGU_i}$) interpretiert werden:

$$\ddot{O}RG_t^{VIU,CGU_i} = \ddot{O}G_t^{VIU,CGU_i} - \widetilde{\ddot{O}G}_t^{VIU,CGU_i} = \Delta\ddot{O}G_t^{VIU,CGU_i}$$

Ein $\ddot{O}RG_t^{VIU,CGU_i}$ entsteht nur, wenn der erzielte $\ddot{O}G_t^{VIU,CGU_i}$ die erwartete Verzinsung des „Kapitaleinsatzes" $VIU_{t-1}^{CGU_i}$ ($\widetilde{\ddot{O}G}_t^{VIU,CGU_i}$) übersteigt.[3212] Die damit verbundene Eliminierung des Zeiteffekts als »Quasi-Scheingewinn«[3213] verhindert zum einen, dass Untätigkeit nicht durch einen Erfolgsausweis belohnt wird,[3214] ansonsten käme es nämlich zu einer Doppelzählung des hinter dem aufzinsungsbedingten Vermögenszuwachs stehenden Leistungseffekts.[3215] Zudem kann ein auf dem zeitlichen Näherrücken von erwarteten Einzahlungsüberschüssen beruhender Erfolgsbestandteil den negativen Effekt von nachteiligen Maßnahmen (Aktionseffekt) überlagern und verschleiern.[3216] Damit verbleiben bezüglich des $\ddot{O}RG_t^{VIU,CGU_i}$ verglichen mit dem $\ddot{O}G_t^{VIU,CGU_i}$ „lediglich" die Auswir-

---

3207 Vgl. Dirrigl (Unternehmensbewertung), S. 161.
3208 Vgl. Schultze/Hirsch (Unternehmenswertsteigerung), S. 141.
3209 Vgl. Moxter (Betriebswirtschaftliche Gewinnermittlung), S. 53.
3210 „Der Zeiteffekt ist also immer Plangewinn" [Moxter (Betriebswirtschaftliche Gewinnermittlung), S. 53]; vgl. auch Küpper (Erfolgsplanung), Sp. 436.
3211 Vgl. Laux (Unternehmensrechnung), S. 170.
3212 Vgl. Arbeitskreis (Erfolgsgrößen), S. 245.
3213 Vgl. Moxter (Betriebswirtschaftliche Gewinnermittlung), S. 53.
3214 Vgl. Hebertinger (Wertsteigerungsmaße), S. 94; Laux (Unternehmensrechnung), S. 169.
3215 Vgl. Moxter (Betriebswirtschaftliche Gewinnermittlung), S. 53 f.; Laux (Unternehmensrechnung), S. 170.
3216 Vgl. Laux (Unternehmensrechnung), S. 169.

kungen des Zufalls[3217] sowie des Zinsänderungseffekts[3218] als verzerrende Einflussfaktoren. Allerdings spiegelt auch der Zeiteffekt einen relevanten Wertzuwachs wider, weshalb im Rahmen der weiteren Untersuchung der $ÖG_t^{VIU,CGU_i}$ als Zielgröße zugrundegelegt und der $ÖRG_t^{VIU,CGU_i}$ als Soll-Ist/Wird-Abweichung ($\Delta ÖG_t^{VIU,CGU_i}$) und nicht als eigenständiges Erfolgsmaß interpretiert wird.

7.3.2 Beurteilung des ökonomischen Gewinns auf Basis des VIU einer CGU

7.3.2.1 Anforderungen an eine unternehmenswertorientierte Steuerungsrechnung

Steuerung stellt die verbundene zielorientierte Planung und Kontrolle dar.[3219] Planung dient zum einen als Grundlage des Entscheidungsprozesses (Entscheidungsfindung und Entscheidungsvollzug)[3220], zum anderen leiten sich aus den Plandaten Soll-Größen für den Kontrollprozess, also den Soll-Ist/Wird-Vergleich und die daran anknüpfende Abweichungsanalyse, ab. Die Steuerung ist auf die Zielgrößen der maßgeblichen Zielträger des Unternehmens auszurichten.[3221] Akzeptiert man demgemäß den Unternehmenswert als maßgebliche Zielgröße einer wertorientierten Steuerung, lässt sich diese als unternehmenswertorientierter Entscheidungs- und Kontrollprozess umschreiben. Diesem unternehmenswertorientierten Entscheidungs- und Kontrollprozess gilt es mithilfe einer unternehmenswertorientierten Steuerungsrechnung eine zweckadäquate Informationsgrundlage zu schaffen.

Notwendige, aber nicht hinreichende Voraussetzung einer adäquaten unternehmenswertorientierten Steuerungsrechnung ist die Entscheidungs- und Kontrollrelevanz der vermittelten Informationen.[3222] Relevanz bedeutet für eine Entscheidungsrechnung, dass sie sich auf den Unternehmenswert bzw. die erwartete Entscheidungswirkung auf den Unternehmenswert beziehen

[3217] Vgl. Neus (Einführung), S. 372 f.
[3218] Vgl. Moxter (Betriebswirtschaftliche Gewinnermittlung), S. 54-57.
[3219] Vgl. Klein (Unternehmenssteuerung), S. 13.
[3220] Vgl. Coenenberg (Kostenrechnung), S. 5.
[3221] Vgl. Moxter (Rechnungslegungstraditionen), S. 501.
[3222] Vgl. Caplan (Relevance), S. 51.

muss,[3223] während eine relevante Kontrollrechnung dagegen auf die Änderung des Unternehmenswerts auszurichten ist.[3224]

Die Entscheidungs- und Kontrollrelevanz stellen die Grundvoraussetzungen eines zielgerichteten Steuerungssystems dar. Ohne Entscheidungs- und Kontrollrelevanz kann eine Steuerungsrechnung keine Zweckadäquanz aufweisen. Ergänzt wird diese Grundanforderung jedoch noch um die Anforderung der hinreichenden Verlässlichkeit (bzw. Objektivität).[3225] Auch sind etwa

- die Notwendigkeit einer zielorientierten Abstimmung des Entscheidungs- und Kontrollprozesses,
- menschliches (mitunter opportunistisches) Verhalten,
- Grenzen bzgl. der individuellen Informationsverarbeitung sowie
- wirtschaftliche Zwänge

als reale Nebenbedingungen bei der Ausgestaltung von Steuerungsrechnungen zu beachten. Da hier eine periodische Steuerungsrechnung betrachtet wird, kommt – verbunden mit den genannten Restriktionen – der Standardisierung der Rechnung eine entscheidende Bedeutung zu.

In der Literatur wurden Anforderungen für Steuerungsgrößen herausgearbeitet, welche einer Operationalisierung zugänglich sind.[3226] Nach *Klein* hat eine steuerungsorientierte Kontrollrechnung typischerweise folgenden Anforderungen gerecht zu werden:[3227]

- Analysefähigkeit,
- Anreizverträglichkeit,
- Kommunikationsfähigkeit sowie
- Wirtschaftlichkeit.

[3223] Vgl. Coenenberg/Mattner/Schultze (Steuerung), S. 17 f.
[3224] Vgl. Franz/Winkler (Controlling), S. 417.
[3225] Vgl. Ordelheide (Wertpotential), S. 528 f.
[3226] Vgl. etwa Coenenberg (Kostenrechnung), S. 575-579; Küpper (Unternehmensplanung), S. 42 f.
[3227] Vgl. im Folgenden Klein (Unternehmenssteuerung), S. 63-71; Klein (Konvergenz), S. 69 f.; Coenenberg (Einheitlichkeit), S. 2080 f.

Zwar besteht bei jeder Auswahl, Definition und Interpretation von Anforderungen die Gefahr einer gewissen Willkür,[3228] der dargestellte Kriterienkatalog kann bei einer entsprechenden Interpretation jedoch sämtliche Grund- und Nebenanforderungen umfassen und somit als zweckmäßig angesehen werden; insbesondere die Grundanforderungen der Relevanz und Verlässlichkeit sind in den Kriterien implizit enthalten.

7.3.2.2 Analysefähigkeit

Eine Kontrollrechnung muss eine sachgerechte Beurteilung der wirtschaftlichen Situation gewährleisten, aus der sich ein eventueller Handlungsbedarf ableiten lässt; zu diesem Zweck muss sie analysefähig sein. Dieses setzt vor allem Kontrollrelevanz und Vergleichbarkeit ihres Ergebnisses[3229] sowie die Möglichkeit einer kontrollzweckspezifischen Abweichungsanalyse voraus[3230]. Insbesondere müssen in diesem Zusammenhang auch Ursachen und Verantwortlichkeiten von Abweichungen ergründet werden können.[3231] Der Abweichungsanalyse kommt die Aufgabe zu, relevante Teilergebnisse aus der Ergebnisgröße zu separieren und Abweichungen von erwarteten Soll-Werten zu erklären.[3232]

Als kontrollrelevant kann eine Erfolgsgröße angesehen werden, welche Aufschlüsse über den erreichten Zielerreichungsgrad innerhalb der Kontrollperiode gibt.[3233] Der $\ddot{O}G_t^{VIU,CGU_i}$ ist daher in höchstem Maße als relevant anzusehen,[3234] spiegelt er doch approximativ den Beitrag zum Unternehmensziel wider.[3235]

Die Kontrollgröße auf CGU-Ebene muss auch eine objektbezogene Vergleichbarkeit mit anderen CGU erlauben[3236] und für Vergleiche im Zeitablauf geeignet sein. Aufgrund der Stetigkeit der CGU-Abgrenzung,[3237] der gleich bleiben-

---

3228 Vgl. Klein (Konvergenz), S. 69.
3229 Vgl. Klein (Konvergenz), S. 69.
3230 Vgl. Wild (Unternehmungsplanung), S. 45.
3231 Vgl. Betz (Abweichungsanalysen), S. 477.
3232 Vgl. Götze (Kostenrechnung), S. 205.
3233 Vgl. Hax (Bilanzgewinn), S. 646.
3234 Vgl. Pellens/Crasselt/Sellhorn (Goodwill-Bilanzierung), S. 148.
3235 Vgl. hierzu auch Küpper (Unternehmensplanung), S. 42.
3236 Vgl. hierzu auch Mujkanovic (Fair Value), S. 315.
3237 Vgl. IAS 36.72.

den Ermittlungsmethode des VIU und des festen Ermittlungszeitpunktes[3238] ist die zeitliche Vergleichbarkeit gewährleistet. Die Wahl eines konzerneinheitlichen Testzeitpunkts für alle CGU – am zweckmäßigsten erscheint hierbei der Abschlussstichtag – sichert die objektbezogene Vergleichbarkeit zwischen den CGU, ein Vorgehen, das einer *Deloitte*-Studie zufolge auch der Praxis der IFRS-Bilanzierung entspricht.[3239]

Vor allem ist ein Vergleich des erwirtschafteten $\ddot{O}G_t^{VIU,CGU_i}$ mit dem erwarteten $\tilde{\ddot{O}}G_t^{VIU,CGU_i}$ als Soll-Vorgabe möglich.[3240] Der erwartete $\tilde{\ddot{O}}G_t^{VIU,CGU_i}$ als Benchmark entspricht der Verzinsung des $VIU_{t-1}^{CGU_i}$ zum Kalkulationszinssatz k^{CGU_i}.[3241] Nicht nur die Abweichung des $\ddot{O}G_t^{VIU,CGU_i}$ von dieser Sollgröße als Ganzes[3242] sondern auch deren Ursachen sind von Interesse,[3243] was eine Abweichungsanalyse zwingend erforderlich macht.[3244] Da die hierfür maßgeblichen Einflussgrößen auf den VIU (erwarteter Cash Flows, Basiszins, Risikokomponente etc.) dokumentiert sein müssen, ist die Abweichung ($\Delta\ddot{O}G_t^{VIU,CGU_i}$) einer diesbezüglichen Abweichungsanalyse zugänglich.[3245] Auf dieser Grundlage können beispielsweise strategische Entscheidungen beurteilt und gegebenenfalls revidiert werden.

„Der Gewinn einer Unternehmung setzt sich zusammen aus äußeren und inneren Einflüssen, aus Markt- und Betriebseinflüssen. Die Markteinflüsse kann man wiederum als Wirkungen eines doppelten Spiels erkennen."[3246] Zur Leistungsbeurteilung des CGU-Managements „sind beeinflussbare von nicht beeinflussbaren Faktoren zu trennen"[3247], was bezüglich des $\ddot{O}G_t^{VIU,CGU_i}$ durchaus möglich ist.[3248] In diesem Zusammenhang müssen Informationseffekte, welche auf dem Eintritt von Umweltzuständen und den veränderten Erwartungen bezüglich möglicher Umweltzustände beruhen, sowie Aktionseffekte, deren Ursachen in der Disposition des Managements liegen, unterschieden werden.

3238 Vgl. IAS 36.96.
3239 Vgl. Deloitte (Goodwill), S. 6.
3240 Vgl. hierzu auch Streim (Profit Center-Konzeption), S. 30 f.
3241 Vgl. Küpper (Erfolgsplanung), Sp. 436.
3242 Vgl. hierzu auch Wegmann (Gewinn), S. 104.
3243 Vgl. Dirrigl (Erfolgspotenzialrechnung), Sp. 421.
3244 Vgl. Wegmann (Gewinn), S. 102.
3245 Vgl. Breid (Erfolgspotentialrechnung), S. 29.
3246 Schmalenbach (Bilanzlehre), S. 7.
3247 Ballwieser (Moxter), S. 1405.

Die Abweichungsanalyse hat daher insbesondere auch im Hinblick auf eine Quantifizierung von Informations- und Aktionseffekten zu erfolgen,[3249] damit eine sachgerechtere Managementbeurteilung möglich ist.[3250] Auch sollte in diesem Zusammenhang etwa ein „Herunterbrechen" des Erfolgs auf einzelne Investitionsprojekte möglich sein, um deren Vorteilhaftigkeit im Zeitablauf zu kontrollieren.[3251]

7.3.2.3 Anreizverträglichkeit

In einem Unternehmen bestehen (potentielle) Zielkonflikte zwischen der Unternehmensleitung und den dezentralen Entscheidungsebenen (CGU). Weiter sind Informationen über die Geschäftstätigkeit asymmetrisch zugunsten des CGU-Managements verteilt. Die sich daraus ergebenden Prinzipal-Agent-Probleme[3252] können mit Hilfe einer anreizverträglichen Kontrollrechnung vermindert werden.[3253] Zu diesem Zweck muss die Kontrollrechnung in erster Linie Zielkongruenz aufweisen, d.h. einen Anreiz zu unternehmenszielkonformem Verhalten geben. Dies setzt voraus, dass ein positives (negatives) CGU-Ergebnis mit einem positiven (negativen) Gesamtunternehmensergebnis einhergeht.[3254] Folglich ist eine Ausrichtung der Kontrollrechnung auf das oberste Unternehmensziel erforderlich.[3255]

Aber auch wenn eine Kontrollrechnung Zielkongruenz aufweist, besteht zumindest latent die Gefahr, dass eine Rechnung manipuliert und ein nicht zielkonformes Verhalten verschleiert wird. Daher muss der subjektive Ermessensspielraum hinreichend begrenzt sein, um die Möglichkeit von Manipulationen der Kontrollrechnung auf ein akzeptables Minimum zu beschränken.[3256] Die Restriktion der Objektivierung wirkt sich regelmäßig negativ auf die Zielkongruenz aus. Die Anforderungen der Zielkongruenz und Objektivität sind

---

[3248] Vgl. Jaensch (Gewinnüberlegungen), S. 344.
[3249] Vgl. Breid (Erfolgspotentialrechnung), S. 28 f.; Pellens/Crasselt/Sellhorn, (Goodwill-Bilanzierung), S. 147.
[3250] Vgl. Dirrigl (Erfolgspotenzialrechnung), Sp. 427 f.
[3251] Vgl. Kah (Profitcenter-Steuerung), S. 151.
[3252] Vgl. Schneider (Grundsätze), S. 1182.
[3253] Vgl. Ballwieser/Hettich (Comprehensive Income), S. 86.
[3254] Vgl. Coenenberg (Einheitlichkeit), S. 2080.
[3255] Vgl. Küpper (Unternehmensplanung), S. 42.
[3256] Vgl. Klein (Konvergenz), S. 69.

somit gegeneinander abzuwägen, wobei die Objektivität immer nur als eine Nebenbedingung in Bezug auf die Zielkongruenz verstanden werden darf.[3257]

Jedoch ist aus Sicht des Gesamtunternehmens nicht die Maximierung der einzelnen $\ddot{O}G_t^{VIU,CGU_i}$, sondern des ökonomischen Gewinns des Gesamtunternehmens ($\ddot{O}G_t^{U}$) entscheidend.[3258] Das Unternehmensziel $\ddot{O}G_t^{U}$ kann durch einen ökonomischen Gewinn des Gesamtunternehmens auf Basis des VIU ($\ddot{O}G_t^{VIU,U}$) approximiert werden.[3259] Um hinreichende Zielkongruenz als Bereichskontrollgröße aufzuweisen, sollte die Summe der $\ddot{O}G_t^{VIU,CGU_i}$ annähernd dem $\ddot{O}G_t^{VIU,U}$ entsprechen. Auf diese Weise kann (weitgehend) sichergestellt werden, dass eine Maximierung der Bereichszielgröße zu einer Maximierung des Gesamtziels führt.[3260] Daher muss für jedes Berichtsjahr (j) gelten:

$$\ddot{O}G_j^{U} \approx \ddot{O}G_j^{VIU,U} \approx \ddot{O}G_j^{VIU,CGU_1} + \ddot{O}G_j^{VIU,CGU_2} + \ldots + \ddot{O}G_j^{VIU,CGU_n}$$

Um dieses zu gewährleisten, muss die Summe der VIU der CGU ($VIU_j^{CGU_i}$) etwa dem VIU des Gesamtunternehmens (VIU_j^{U}) entsprechen:

$$VIU_j^{U} \approx VIU_j^{CGU_1} + VIU_j^{CGU_2} + \ldots + VIU_j^{CGU_n}$$

Diese als Wertadditivität[3261] bezeichnete Eigenschaft dürfte der $VIU_j^{CGU_i}$ annähernd aufweisen, das CGU-Konzept ermöglicht eine entsprechende Bereichsabgrenzung.[3262] Hierbei finden CGU-übergreifende Synergien und zahlungswirksame „Gemeinkosten" über die Zurechnung von Goodwill und gemeinschaftlichen Vermögenswerten auf CGU-Ebene Berücksichtigung.[3263] Damit verbunden sind Verbundwirkungen wertadditivitätskonform in den Zahlungsströmen zu erfassen.[3264] Die Berücksichtigung der nicht den CGU zuzuordnenden Komponenten könnte ansonsten über einen Restposten „Zentrale" er-

---

3257 Vgl. Moxter (Unternehmensbewertung), S. 51.

3258 Vgl. hierzu auch Borchers (Beteiligungscontrolling), S. 283.

3259 Der „nicht-betriebliche" Bereich soll im Folgenden ausgeklammert bleiben. Zur Bilanzierung des typischerweise nicht-betrieblichen Vermögens vgl. IAS 39 und IAS 40. Zum Bezug der Bilanzierung von Finanzinstrumenten zur Unternehmensbewertung vgl. Ordelheide (Marktbewertung).

3260 Vgl. Bühner (Profit Center), Sp. 1616.

3261 Vgl. Küting/Lorson (Profitabilität), S. 4. Vgl. grundlegend Breuer (Wertadditivität); Franke/Hax (Finanzwirtschaft), S. 333 ff.; Laux (Unternehmenssteuerung), S. 193 ff.

3262 Vgl. Lorson (Auswirkungen), S. 410.

3263 Vgl. IAS 36.80 ff. und IAS 36.100 ff.

3264 Vgl. IDW (IDW RS HFA 16), Rn. 104; Burger/Ulbrich (Beteiligungscontrolling), S. 534.

folgen.[3265] Eine alternative Möglichkeit zur Herstellung der Wertadditivität bestände in einer mehrstufigen Gesamtwertrechnung,[3266] bei der die nicht zurechenbaren Ertragswertdifferenzen auf der jeweils nächsthöheren „Zurechnungsebene" erfasst werden.[3267] Da IAS 36.80 bei der Zusammenfassung mehrerer CGU zu einer goodwill-tragenden CGU implizit ein ähnliches Vorgehen vorsieht, aber hierbei aufgrund des ansonsten drohenden „Wertausgleichs" eine Aggregation nicht bis zur Unternehmens-, sondern nur bis zur Segmentebene zulässt, wird dieser Verfahrensweise bereits bestmöglich entsprochen.

Im Hinblick auf die Zielkongruenz sind jedoch die Restriktionen bei der VIU-Berechnung bezüglich Erweiterungsinvestitionen, Restrukturierungen, Finanzierung[3268] und Steuern zu beachten.[3269] Hier könnte zwar ein eventueller Anpassungsbedarf gesehen werden,[3270] die Abweichung des VIU_j^U vom strategischen Unternehmenswert erscheint aber für eine periodische Erfolgskontrolle im Ganzen akzeptabel.[3271] Außerdem wären wohl auch bei einer originär zu Steuerungszwecken erstellten periodischen Unternehmenswertrechnung entsprechende Vereinfachungen notwendig.[3272]

Weiter müsste die Summe der Free Cash Flows der CGU ($FCF_j^{CGU_i}$) ungefähr dem FCF des Unternehmens (FCF_j^U) und dieser wiederum etwa dem Nettoabfluss an die Anteilseigner (NA_j^U) entsprechen:[3273]

$$NA_j^U \approx FCF_j^U \approx FCF_j^{CGU_1} + FCF_j^{CGU_2} + ... + FCF_j^{CGU_n}$$

Da auch diese Annahme vertretbar erscheint, kann der $ÖG_t^{VIU,CGU_i}$ als höchst zielkongruent eingeschätzt werden, sodass der $ÖG_t^{VIU,CGU_i}$ als guter Erfolgsindi-

---

[3265] Vgl. hierzu Arbeitskreis (Unternehmenssteuerung), S. 572; Küting/Lorson (Profitabilität), S. 4 ff.; Copeland/Koller/Murrin (Unternehmenswert), S. 366-369.

[3266] Vgl. Janschek (Rechnungslegung), S. 771 f.

[3267] Vgl. Seicht (Bilanz), S. 579 f.; Seicht (Werkstätte), S. 34 f.

[3268] Ob die Kapitalstruktur in der Bereichssteuerung Berücksichtigung finden sollte, ist fraglich. Vgl. Ewert/Wagenhofer (Rechnungslegung), S. 56

[3269] Vgl. hierzu Brücks/Kerkhoff/Richter (Impairmenttest), S. 5; Castedello (IDW ERS HFA 16), S. 141 f.

[3270] Vgl. Pfaff/Schultze (Beteiligungscontrolling), S. 128; Wagenhofer (Zusammenwirken), S. 16; Hachmeister (Goodwill-Bilanzierung), S. 430 f.

[3271] Vgl. m.w.N. Haaker (Da capo).

[3272] Vgl. hierzu auch Gebhardt (Beurteilungsgrößen), S. 76.

kator angesehen werden kann. Jeder positive (negative) Beitrag zur Bereichskontrollgröße $\ddot{O}G_t^{VIU,CGU_i}$ wirkt sich ungefähr in gleicher Höhe positiv (negativ) auf die Gesamtzielgröße $\ddot{O}G_t^{VIU,U}$ und der $\ddot{O}G_t^{VIU,U}$ ist wiederum ein guter Indikator für das Unternehmensziel $\ddot{O}G_t^{U}$.

Vom Management initiierte Investitionen schlagen sich ungefähr mit ihrem Kapitalwert als Zielbeitrag im $\ddot{O}G_t^{VIU,CGU_i}$ nieder,[3274] womit dem Prinzip der Entscheidungsverbundenheit unter praktischen Gesichtspunkten in idealer Weise entsprochen wird.[3275] Doch „Investitionen führen ja nicht unmittelbar zu Kapitalwerten, sondern nur in Verbindung mit zukünftigen Maßnahmen“[3276]. Daher bedarf es wohl zumindest einer Ergänzung um eine die Realisierung der erwarteten Erfolge im Einzelnen kontrollierende Rechnung[3277] und ein entsprechendes Management der Konsequenzen[3278]. Das bedeutet nicht, dass bei der Anwendung des $\ddot{O}G_t^{VIU,CGU_i}$ flankierende Kontrollgrößen[3279] extra implementiert werden müssen. Ein entsprechender Soll-Ist- sowie ein Soll-Wird-Vergleich bezüglich erwarteter $\widetilde{FCF}_j^{CGU_i}$ und realisierter $FCF_j^{CGU_i}$ sowie eine entsprechende Abweichungsanalyse, welche auch den Anteil der Managementleistung zu separieren hat, sind jedoch zwingend notwendig.

Problematisch erscheint, dass es sich beim VIU um einen subjektiven Erfolgswert handelt.[3280] Den Restriktionen bei der VIU-Berechnung kann zwar eine gewisse Objektivierungsfunktion zugesprochen werden,[3281] aber dennoch sind Erfolgswertberechnungen nur in eingeschränktem Maße objektivierbar.[3282] „Die jährliche Wiederholung der Ertragswertrechnung setzt dem mißbräuchlichen Ermessen bei der Ertragswertrechnung [allerdings gewisse]

3273 Die transferbedingten Mittelflüsse zwischen den CGU müssen sich ausgleichen und per Saldo Null sein.
3274 Vgl. Pellens/Crasselt/Sellhorn (Goodwill-Bilanzierung), S. 147; Leffson (Aussagefähigkeit), S. 379; Neus (Einführung), S. 369.
3275 Vgl. Hax (Investitionsrechnung), S. 162 ff.
3276 Laux/Liermann (Organisation), S. 548.
3277 Vgl. Küpper (Unternehmensplanung), S. 43.
3278 Vgl. Hense (Goodwill), S. 258.
3279 Vgl. Schmidbauer (Steuerungskonzepte), S. 377.
3280 Vgl. Hax (Periodenerfolgsmessung), S. 81.
3281 Vgl. hierzu auch Lienau/Zülch (value in use), S. 323; grundlegend Moxter (Missverständnisse), S. 135.
3282 Vgl. Kümmel (Grundsätze), S. 260.

Grenzen."[3283] Abweichungen zwischen Soll und Ist bzw. Soll und Wird müssen von den Verantwortlichen schließlich begründet werden.[3284] Zumindest im Rahmen eines Soll-Ist-Vergleichs findet eine empirische Überprüfung der prognostizierten Cash Flows statt,[3285] die insbesondere auch bei der Plausibilisierung der aktuellen Prognose hilfreich sein kann.[3286]

Daneben unterliegt der VIU als Teil der Jahresabschlussrechnungen einer Prüfung durch einen Wirtschaftsprüfer.[3287] Dennoch ist der Ermessensspielraum mit der Prüfung keinesfalls ausgeschaltet, da „im Regelfall eine Bandbreite vertretbarer Werte vorliegen"[3288] wird.[3289] Solange der ermittelte VIU innerhalb dieser Bandbreite liegt,[3290] dürfte dieser Wert vom Prüfer regelmäßig akzeptiert werden.[3291] Der Ermessensspielraum wird folglich nur – je nach Umfang der Bandbreite vertretbarer Werte – mehr oder weniger beschränkt und nicht gänzlich ausgeschaltet.[3292] Auch wenn sich der VIU als exakter Punktwert „als materiell kaum prüfbar darstellt"[3293], Fehlschätzungen oder Manipulationen größeren Ausmaßes sollten aber dennoch aufgedeckt werden können,[3294] weshalb konstatiert werden kann: „Der Wirtschaftsprüfer kann bei der Unternehmensbewertung für das Impairment groben Unfug verhindern, einfachen Unfug in der Regel nicht."[3295]

Immerhin dürfte durch die Prüfung die sachgerechte Anwendung von vorgegebenen normierten Modellen und Daten gewährleistet sein.[3296] Somit vermag der Wirtschaftsprüfer aber nur die Plausibilität der Berechnungen zu prü-

---

3283 Schneider (Gewinn), S. 615.
3284 Vgl. Mujkanovic (Fair Value), S. 347.
3285 Vgl. Küpper (Unternehmensplanung), S. 43;
3286 Vgl. IDW (IDW RS HFA 16), Rn. 104.
3287 Darüber hinaus könnte ein gesonderter Prüfungsauftrag erteilt werden. Vgl. Hense (Goodwill), S. 258.
3288 Fey/Mujkanovic (Abschreibungen), S. 218.
3289 Vgl. Mujkanovic (Fair Value), S. 349.
3290 Vgl. Clemm (Zweckmäßigkeit), S. 147.
3291 Vgl. Baetge (Januskopf); Mujkanovic (Fair Value), S. 349.
3292 Zu den Problemen einer Prognoseprüfung vgl. Arbeitskreis (Prognoseprüfung), S. 105-111.
3293 Drukarczyk (Konzeption), S. 187; vgl. auch Henselmann (Prüfung), S. 339.
3294 Vgl. Egner (Bilanzen), S. 152.
3295 Henselmann (Prüfung), S. 339.
3296 Zu den Grenzen einer objektivierenden Normierung vgl. Schildbach (Eignung), S. 41; Schildbach (fair value), S. 851.

fen.[3297] Er hat sozusagen „weiche Informationen mittels seines Testats zu härten."[3298] Die Prognose der FCF ist und bleibt in jedem Fall problematisch.[3299]

Die Frage ist hier, ob die verbleibende Subjektivität noch vertretbar erscheint. Im Rahmen des Kontrollzwecks des externen Rechnungswesens nach IFRS[3300] wird die Subjektivität des VIU offensichtlich akzeptiert, was für eine Anwendbarkeit im internen Rechnungswesen spricht. Wenn überhaupt, ist eine prognoseorientierte Rechnung im internen Rechnungswesen gangbar.[3301] Nur dort können die mit einer Unternehmensbewertung einhergehenden Objektivierungsprobleme mittels organisatorischer Maßnahmen eingedämmt werden,[3302] so ließe sich etwa durch den gezielten Einsatz von Vertrauenspersonen das Problem reduzieren.[3303] Es bliebe aber bei der Identität von dezentralem Entscheidungsträger und Datenlieferant.[3304] Selbst bei Schätzungen nach bestem Wissen und Gewissen kann eine solche Personalunion wegen der erforderlichen Selbsteinschätzung problematisch sein.[3305] So müssen bei Prognosen u.a. auch die eigenen Fähigkeiten Berücksichtigung finden, auf Fehlentwicklungen erfolgreich reagieren zu können.[3306] Damit besteht die Gefahr einer Selbstüberschätzung und somit einer unangemessenen Beachtung negativer Entwicklungen.[3307] Eine Lösung kann daher auch in der strikten personellen Trennung von Entscheidungsträger und Rechnungsersteller gesehen werden.[3308] Entsprechend könnte beispielsweise organisatorisch eine unabhängige Stabsstelle eingerichtet werden, die für die Cash Flow-Prognose zuständig ist.[3309] Zumindest kann diese die Annahmen über das in IAS 36 gefor-

---

[3297] Vgl. Arbeitskreis (Prognoseprüfung), S. 111; Mujkanovic (Fair Value), S. 349. Vgl. ferner Ballwieser (Informations-GoB), S. 118; Ballwieser (Grundsätze), Rn. 83.
[3298] Hitz/Kuhner (Neuregelung), S. 285 (im Original hervorgehoben).
[3299] Vgl. Mujkanovic (Fair Value), S. 343; Kuhner (Prognosen).
[3300] Vgl. Framework F. 14.
[3301] Vgl. Schneider (Bilanz), S. 574; Küpper (Interne Unternehmensrechnung), S. 997.
[3302] Vgl. Ordelheide (Wertpotential), S. 529; Wagenhofer (Zusammenwirken), S. 15.
[3303] Vgl. Ordelheide (Wertpotential), S. 529.
[3304] Vgl. Hax (Investitionsrechnung), S. 164 f.
[3305] Vgl. Clemm (Zweckmäßigkeit), S. 147.
[3306] Vgl. Clemm (Zweckmäßigkeit), S. 147.
[3307] Vgl. Ordelheide (Geschäftswert), S. 584.
[3308] Vgl. Hax (Investitionsrechnung), S. 165.
[3309] Damit stände dieser Stelle aber immer noch ein ähnlich großer Ermessensspielraum offen. Vgl. Schildbach (fair value), S. 850. Dieses ist insbesondere aufgrund des für die Datengewinnung notwendigen „guten Kontakts" zur betroffenen CGU nicht unproblematisch. Vgl. hierzu auch Hirsch (Berichtswesen), S. 168.

derte Maß hinaus normieren[3310] und/oder die gelieferten Detailpläne in einem Prognosemodell verarbeiten.[3311] In diesem Zusammenhang kann eine entsprechende Stelle aber als Spionageabteilung[3312] missverstanden werden, womit ein negatives Kontrollklima[3313] entsteht und Probleme bei der Kommunikation vorprogrammiert sind. Dennoch bedarf es einer internen Überwachung des Planungsprozesses;[3314] auf diese Weise kann das Subjektivitätsproblem weiter eingedämmt, aber keinesfalls ausgeschaltet werden. Bei allen Maßnahmen gilt es zudem sicherzustellen, die „Informationsvorteile an Ort und Stelle zu nutzen“[3315]. Da auf Geschäftsbereichsebene der höchste Informationsstand besteht, müssen die entsprechenden Entscheidungsträger zwingend am Prognoseprozess maßgeblich mitwirken,[3316] wobei getroffene Vorkehrungen eine möglichst unverzerrte Wiedergabe des Informationstandes sicherstellen müssen[3317]. Auf die weitergehenden Möglichkeiten eines mit dem $\ddot{O}G_t^{VIU,CGU_i}$ verbundenen Anreizsystems sei an dieser Stelle nur hingewiesen.[3318]

7.3.2.4 Kommunikationsfähigkeit

Da eine Kontrollrechnung Individuen dienen soll, hat sie auch die für Menschen spezifischen Kommunikationseigenschaften zu berücksichtigen, d.h. sie ist kommunikationsfähig auszugestalten.[3319] Eine kommunikationsfähige Kontrollrechnung muss vor allem verständlich sein und auf Akzeptanz bei ihren Nutzern stoßen,[3320] bei fehlender Akzeptanz kann eine Kontrollrechnung demotivierend wirken und bei mangelnder Verständlichkeit bewirkt sie im Zweifel kein zielkonformes Verhalten.[3321] Dabei gilt im Allgemeinen, dass nur diejeni-

---

3310 Vgl. Siefke (Rechnungswesen), S. 80.

3311 Vgl. mit Hinweis auf den Widerspruch zur Idee der Dezentralisierung Baetge/Siefke, (Rechnungslegung), S. 698, Fn. 71.

3312 Vgl. hierzu auch Borchers (Beteiligungscontrolling), S. 284 f.

3313 Vgl. Streim (Profit Center-Konzeption).

3314 Vgl. Hense (Goodwill), S. 258.

3315 Schneider (Grundsätze), S. 1187.

3316 Vgl. Küpper (Unternehmensplanung), S. 42.

3317 Vgl. Hachmeister (Shareholder Value), S. 830.

3318 Vgl. Schultze/Weiler (Performancemessung); Schultze (Bonusbanken); Hebertinger (Wertsteigerungsmaße), S. 94 f.; Schultze/Hirsch (Unternehmenswertsteigerung), S. 141 ff., wobei vom ÖRG ausgegangen wird, um den reinen Zinseffekt (Zeiteffekt), d.h. die Untätigkeit des Managers, nicht zu belohnen.

3319 Vgl. Coenenberg (Einheitlichkeit), S. 2080.

3320 Vgl. Klein (Konvergenz), S. 70.

3321 Vgl. Kunz/Pfeiffer (Performancemaße), Sp. 1337.

gen Informationen, welche auch verständlich sind, akzeptiert werden.[3322] Außerdem muss eine Rechnung, um akzeptiert zu werden, als „gerecht" empfunden werden. Daher gilt es, „Komplexität beherrschen und Verantwortung adressierbar halten"[3323] zu können. Der letztere Punkt bedeutet nicht zwingend, dass etwa relevante externe Marktentwicklungen nicht in das Ergebnis einfließen dürfen, sondern dass sie im Rahmen einer Abweichungsanalyse isolierbar sein müssen.[3324]

Die Anwendung des $\ddot{O}G_t^{VIU}$ bedeutet trotz des Ursprungs des VIU im externen Rechnungswesen eine Abweichung von herkömmlichen Steuerungsgrößen. Allerdings beruht das ökonomische Denken auch im privaten Bereich auf Zahlungen,[3325] weshalb die zahlungsstromorientierte Sichtweise im Allgemeinen alles Andere als befremdlich sein dürfte. Dennoch sind unternehmenswertorientierte Rechnungen äußerst komplex[3326] und erfordern gewisse Lernprozesse[3327]. Der Impairment-Test setzt generell den Erwerb nicht unbeträchtlicher Fachkenntnisse voraus.[3328] Aufgrund der mit einem Impairment einhergehenden Konsequenzen besteht für das verantwortliche Management generell die Notwendigkeit, den Impairment-Test bei der Steuerung zu berücksichtigen und schon deshalb mit dem VIU vertraut zu sein.[3329] Daher sind die entsprechenden Fachkenntnisse beim betroffenen Management vorauszusetzen. Wenn das Verständnis für das Steuerungskonzept trotz allem nicht vorhanden ist, müssten entsprechende Schulungen durchgeführt werden.[3330]

Es gilt in jedem Fall zu beachten, dass als ungerecht empfundene Beurteilungsmaßstäbe trotz hinreichender Verständlichkeit nicht akzeptiert werden dürften.[3331] Daher könnte gegebenenfalls „Aufklärungsarbeit" über den $\ddot{O}G_t^{VIU,CGU_i}$ notwendig sein. Hierbei muss etwa klargestellt werden, dass ein Manager im Wesentlichen nur für solche Ergebnisbestandteile verantwortlich

---

[3322] Vgl. Lorson (Controllingansätze), S. 174; Pfaff/Weber (Kostenrechnung), S. 161; Arbeitskreis (Unternehmenssteuerung), S. 545.
[3323] Lutz (Auswirkungen), S. 511.
[3324] Vgl. Lutz (Auswirkungen), S. 514.
[3325] Vgl. Küpper (Cash Flow), S. 103.
[3326] Vgl. Baetge/Siefke (Rechnungslegung), S. 699.
[3327] Vgl. hierzu auch Mujkanovic (Fair Value), S. 357.
[3328] Vgl. Kümpel/Susnja (Goodwillbilanzierung), S. 79.
[3329] Vgl. Wiemer (Umbruch), S. 350.
[3330] Vgl. Herter (Management), S. 195; Lorson, (Controllingansätze), S. 174.
[3331] Vgl. Diedrich (Erfolgsgrößen), Sp. 410.

gemacht wird, die er auch zu beeinflussen vermochte.[3332] In diesem Zusammenhang erhöht auch die objektivierende Jahresabschlussprüfung die Akzeptanz eines auf dem VIU aufbauenden Kontrollsystems.[3333]

7.3.2.5 Wirtschaftlichkeit

Eine Kontrollrechnung hat wirtschaftlich zu sein, was voraussetzt, das Verhältnis von Kosten und Nutzen zu beachten, womit die anderen Anforderungen eine Begrenzung finden.[3334] Ein Steuerungskonzept auf Basis des VIU erscheint in höchstem Maße wirtschaftlich, da im Wesentlichen ein Rückgriff auf vorhandene Rechnungslegungsdaten erfolgt.[3335] Im Gegensatz zur Implementierung eines vergleichbaren, nicht auf Daten des externen Rechnungswesens fußenden Steuerungssystems entfallen folgende Arbeitsschritte zur Bestimmung der Teilunternehmenswerte:[3336]

- Abgrenzung der Geschäftsbereiche (CGU),
- jährliche Generierung der Geschäftsbereichsdaten (Kapitalkosten, Cash Flows etc.),
- jährliche Bewertung der Geschäftsbereiche (VIU).

Hieran werden auch die mit dem Goodwill-Impairment-Test verbundenen Kosten und die mit einem Verzicht auf die Nutzung im internen Rechnungswesen einhergehende Ressourcenverschwendung deutlich. Erschien es Unternehmen bislang als zu kostspielig, eine unternehmenswertorientierte Rechnung allein zu Controlling-Zwecken zu implementieren, steht diese nunmehr „kostenlos“ zur Verfügung.[3337] Zusätzlicher Ermittlungsaufwand entsteht allerdings bei CGU, denen kein Goodwill zugeordnet wurde, sowie durch den Verzicht, die Ausnahmetatbestände bei goodwill-tragenden CGU in Anspruch zu nehmen.[3338] Es kann aber aufgrund der Kontrollrelevanz und Zielkongruenz des

---

3332 Vgl. hierzu Kunz/Pfeiffer (Performancemaße), Sp. 1337.
3333 Vgl. Küting/Lorson (Grundsätze, Teil II), S. 2305 f.
3334 Vgl. Klein (Konvergenz), S. 70.
3335 So auch Schultze (Bonusbanken), S. 20.
3336 Vgl. Copeland/Koller/Murrin (Unternehmenswert), S. 364; Küting/Lorson (Profitabilität), S. 6.
3337 Vgl. Wagenhofer (Zusammenwirken), S. 15.
3338 Vgl. IAS 36.99.

$\ddot{O}G_t^{VIU,CGU_i}$ angenommen werden, dass der Nutzen die zusätzlichen Kosten übersteigen wird.[3339]

7.3.2.6 Erfüllung der Anforderungen

Der $\ddot{O}G_t^{VIU,CGU_i}$ erfüllt weitgehend die Anforderungen an eine steuerungsorientierte Kontrollrechnung.[3340] Er ist analysefähig, bei entsprechenden Maßnahmen (z.B. Schulungsprogramme, „Aufklärungsarbeit") auch kommunikationsfähig und wegen des weitgehenden Rückgriffs auf sowieso vorhandene Rechnungslegungsdaten äußerst wirtschaftlich.

Bezüglich der Anreizverträglichkeit ist eine hohe Zielkongruenz festzustellen. Allerdings stellt die mangelnde Objektivierbarkeit trotz Abschlussprüfung und organisatorischer Maßnamen ein Problem dar, welches gegen eine Implementierung spricht. Deshalb vermag der $\ddot{O}G_t^{VIU,CGU_i}$ möglicherweise bestehende Kontrollsysteme wohl eher zu ergänzen als zu ersetzen,[3341] ansonsten wäre zumindest eine die Realisierung der Free Cash Flows im Einzelnen kontrollierende Rechnung zu fordern. Eine solche Realisationskontrolle kann im Rahmen einer operativen Abweichungsanalyse erfolgen, welche in Verbindung mit einer strategischen Abweichungsanalyse einen zwingenden Bestandteil einer unternehmenswertorientierten Bereichssteuerung darstellt.

7.4 Kontrolle und Abweichungsanalyse auf Basis des VIU einer CGU

7.4.1 Kontrolle und Gesamtabweichung

Der erwartete $\tilde{\ddot{O}G}_t^{VIU,CGU_i}$ als Soll-Größe kann zu Kontrollzwecken dem (quasi-) realisierten $\ddot{O}G_t^{VIU,CGU_i}$ als Ist-Wird-Größe gegenübergestellt werden:[3342]

$$\Delta\ddot{O}G_t^{VIU,CGU_i} = \ddot{O}G_t^{VIU,CGU_i} - \tilde{\ddot{O}G}_t^{VIU,CGU_i}$$

3339 Vgl. Pellens/Crasselt/Sellhorn (Goodwill-Bilanzierung), S. 148.

3340 Vgl. auch Schultze (Bonusbanken), S. 21.

3341 Vgl. Pellens/Crasselt/Sellhorn, (Goodwill-Bilanzierung), S. 148; Münstermann (Dynamische Bilanz), S. 531.

3342 Vgl. Coenenberg (Gewinnbegriff), S. 449; Dirrigl (Erfolgspotenzialrechnung), Sp. 421.

Der mit dem Plangewinn[3343] ($\tilde{\ddot{O}}G_t^{VIU,CGU_i}$) zu vergleichende $\ddot{O}G_t^{VIU,CGU_i}$ beruht teilweise auf Erwartungen, nur der realisierte $FCF_t^{CGU_i}$ stellt eine Ist-Größe dar,[3344] sodass kein reiner Soll-Ist-Vergleich vorliegt;[3345] vielmehr handelt es sich um einen kombinierten Soll-Ist- sowie Soll-Wird-Vergleich[3346]. Während die Soll-Größe den ursprünglichen Planungswert darstellt, handelt es sich bei der Wird-Größe um eine in der Kontrollperiode ggf. revidierte Schätzung.[3347] Für die nachfolgende Periode stellt die Wird-Göße dann eine Soll-Größe dar.

Bei sicheren Erwartungen würden sich lediglich durch die nicht in der ursprünglichen Planung vorgesehenen bzw. nicht im $VIU_{t-1}^{CGU_i}$ berücksichtigten[3348] und in der Rechnungsperiode neu initiierten Investitionsprojekte entsprechend der Projektkapitalwerte negative oder positive Abweichungen zwischen erwarteten $\tilde{\ddot{O}}G_t^{VIU,CGU_i}$ und erzielten $\ddot{O}G_t^{VIU,CGU_i}$ ergeben.[3349] Grundsätzlich liegt die Verantwortung für Erfolg und Misserfolg der Investitionsprojekte bei der investierenden CGU.[3350] Die Abweichung ($\Delta\ddot{O}G_t^{VIU,CGU_i}$) spiegelt als reiner Aktionseffekt in diesem Fall folglich die Leistung der CGU bzw. ihrer Entscheidungsträger wider. Liegt im Sicherheitsfall keine Abweichung vor, so entspricht der $\ddot{O}G_t^{VIU,CGU_i}$ dem Zeiteffekt, weshalb die erzielte Wertschaffung keine „neue" CGU- bzw. Managementleistung beinhaltet.[3351]

Bei der Interpretation der Gesamtabweichung ($\Delta\ddot{O}G_t^{VIU,CGU_i}$) in einer sich durch Unsicherheit auszeichnenden Realität ist hingegen Vorsicht geboten,[3352] es gehen im Normalfall auch Zufallseffekte in die Erfolgsgröße ein. Selbst wenn

---

3343 Vgl. Moxter (Betriebswirtschaftliche Gewinnermittlung), S. 53. Der Plangewinn entspricht dem jährlichen Wachstum des Barwerts um die erwartete Rendite. Vgl. Barton (Income Theory), S. 674.

3344 Vgl. Hax (Investitionsrechnung), S. 164; Küpper (Erfolgsplanung), Sp. 435.

3345 Vgl. Leffson (Aussagefähigkeit), S. 379.

3346 Vgl. Lüder (Investitionen), Sp. 854. Zu den Kontrollarten vgl. auch Schweitzer (Planung), S. 72 ff.

3347 Vgl. Lüder (Investitionen), Sp. 854.

3348 Vgl. Bierman/Davidson (Income Concept), S. 246.

3349 Vgl. Neus (Einführung), S. 369 f.; Leffson (Aussagefähigkeit), S. 379; Laux (Unternehmensrechnung), S. 167. Die Sicherheit der Erwartungen bezieht auf die Rückflüsse einzelner Investitionsprojekte und herrscht ab dem Zeitpunkt der Initiierung des Investitionsprojekts.

3350 Vgl. Solaro (Investitionskontrolle), Sp. 968.

3351 Vgl. Hebertinger (Wertsteigerungsmaße), S. 82 f.; Laux (Unternehmensrechnung), S. 167 f. Allerdings muss in der Realität auch die Realisierung der erwarten FCF sichergestellt werden. Vgl. Laux/Liermann (Organisation), S. 548.

keine Abweichungen vorliegen, ist daher die adäquate Zerlegung des $\Delta \ddot{O}G_t^{VIU,CGU_i}$ und die Interpretation der Teilabweichungen im Hinblick auf ihre Ursachen und Verantwortlichkeiten im Rahmen einer wertorientierten Kontrollrechnung unverzichtbar.[3353]

7.4.2 Erwartete operative und strategische Wertbeiträge

Die Ermittlung von Teilabweichungen impliziert zunächst eine entsprechende Aufspaltung der erwarteten Erfolgsgröße. Der erwartete $\widetilde{\ddot{O}G}_t^{VIU,CGU_i}$ als Verzinsung des $VIU_{t-1}^{CGU_i}$ ($\widetilde{\ddot{O}G}_t^{VIU,CGU_i} = VIU_{t-1}^{CGU_i} * k^{CGU_i}$) lässt sich auch wie folgt bestimmen:

$$\begin{aligned}\widetilde{\ddot{O}G}_t^{VIU,CGU_i} &= \widetilde{FCF}_t^{CGU_i} + \Delta\widetilde{VIU}_{t/t-1}^{CGU_i}\\ &= \widetilde{FCF}_t^{CGU_i} + \widetilde{VIU}_t^{CGU_i} - VIU_{t-1}^{CGU_i}\end{aligned}$$

mit[3354]

$$\widetilde{VIU}_t^{CGU_i} = (VIU_{t-1}^{CGU_i} - \frac{\widetilde{FCF}_t^{CGU_i}}{(1+k^{CGU_i})}) * (1+k^{CGU_i})$$

Diese Soll-Größe kann nun in Hinblick auf die operative und strategische Bereichssteuerung[3355] aufgespalten werden. Eine operative Steuerung kann sich auf den realisierten $FCF_t^{CGU_i}$ der Kontrollperiode (vergangenheitsbezogene „Wertrealisierung") und eine strategische Steuerung auf die Veränderung des VIU – als Spiegelbild der Änderungen der erwarteten zukünftigen $\widetilde{FCF}_j^{CGU_i}$ (zukunftsbezogene „Wertschaffung")[3356] – beziehen.[3357] Auf diese Weise werden die sicher realisierten von den unsicheren zukunftsbezogenen Wertbeiträgen getrennt.[3358] Dabei ist jedoch zu beachten, dass der „operative" $FCF_t^{CGU_i}$ beispielweise auch durch Investitionsauszahlungen beeinflusst wird, welche di-

---

3352 Vgl. grundlegend Laux/Liermann (Erfolgskontrolle), S. 99-105.

3353 Vgl. Ballwieser (Moxter), S. 1400 und 1405; Ballwieser (Unternehmensführung), S. 163; Dirrigl (Erfolgspotenzialrechnung), Sp. 421; Dirrigl (Wertorientierung), S. 559.

3354 Vgl. Bierman/Davidson (Income Concept), S. 240.

3355 Vgl. Dirrigl (Konzern-Controlling), S. 433 f.

3356 Die Veränderung des VIU spiegelt darüber hinaus neben dem Zeiteffekt auch den sog. Zinsänderungseffekt wider. Vgl. Moxter (Betriebswirtschaftliche Gewinnermittlung), S. 54 ff.

3357 Zur Unterscheidung von vergangenheitsbezogener „Wertrealisierung" und zukunfsbezogener „Wertschaffung" vgl. auch O'Hanlon/Peasnell (Value-Creation), S. 234.

3358 Vgl. Burger/Ulbrich (Beteiligungscontrolling), S. 606.

rekte Auswirkungen auf die „strategischen" erwarteten $\widetilde{FCF}_j^{CGU_i}$ haben. Der „operative" $FCF_t^{CGU_i}$ umfasst insofern auch strategische Elemente, weshalb stets eine simultane Betrachtung beider Wertbeitragsarten erforderlich ist.

Der $VIU_{t-1}^{CGU_i}$ beinhaltet als Erwartungsgröße den abgezinsten, für die Kontrollperiode t auf Grundlage des Informationsstands t-1 erwarteten $\widetilde{FCF}_t^{CGU_i}$. In der Soll-Größe $\widetilde{ÖG}_t^{VIU,CGU_i}$ schlägt sich diese „operative" Komponente ($=\frac{\widetilde{FCF}_t^{CGU_i}}{(1+k^{CGU_i})}$) des $VIU_{t-1}^{CGU_i}$ zum einen positiv als erwarteter Nettozahlungsüberschuss mit ihrem aufgezinsten Betrag nieder:

$$\frac{\widetilde{FCF}_t^{CGU_i}}{(1+k^{CGU_i})} * (1+k^{CGU_i}) = \widetilde{FCF}_t^{CGU_i}$$

Zum anderen ist der diskontierte $\widetilde{FCF}_t^{CGU_i}$ (d.h. $\frac{\widetilde{FCF}_t^{CGU_i}}{(1+k^{CGU_i})}$) erwartungsgemäß nicht (mehr) im $\widetilde{VIU}_t^{CGU_i}$ enthalten.[3359] Der entsprechende Betrag ist demzufolge als negative Komponente im erwarteten $\Delta\widetilde{VIU}_{t/t-1}^{CGU_i}$ und somit im erwarteten $\widetilde{ÖG}_t^{VIU,CGU_i}$ berücksichtigt. Folglich lässt sich die Differenz zwischen $\frac{\widetilde{FCF}_t^{CGU_i}}{(1+k^{CGU_i})}$ und $\widetilde{FCF}_t^{CGU_i}$ als erwarteter operativer Wertbeitrag der Kontrollperiode ($\widetilde{OW}_t^{CGU_i}$) interpretieren:

$$\widetilde{OW}_t^{CGU_i} = \widetilde{FCF}_t^{CGU_i} - \frac{\widetilde{FCF}_t^{CGU_i}}{(1+k^{CGU_i})}$$

Der erwartete $\widetilde{OW}_t^{CGU_i}$ entspricht somit der Verzinsung des auf den Periodenanfang (t-1) bezogenen $\widetilde{FCF}_t^{CGU_i}$:[3360]

$$\widetilde{OW}_t^{CGU_i} = \frac{\widetilde{FCF}_t^{CGU_i}}{(1+k^{CGU_i})} * k^{CGU_i}$$

3359 Vgl. Bierman/Davidson (Income Concept), S. 240; Gynther (Goodwill), S. 251.

3360 Da sich die erwarteten zukünftigen $\widetilde{FCF}_j^{GCU_i}$ an den Bestimmungen zur VIU-Ermittlung nach IAS 36 zu orientieren haben, dürfen sie grundsätzlich keine Erweiterungsinvestitionen und Restrukturierungsmaßnahmen berücksichtigen. Vgl. IDW (IDW RS HFA 16), Rn. 105.

Daneben berücksichtigt der erwartete $\widetilde{\ddot{O}G}_t^{VIU,CGU_i}$ den erwarteten strategischen Wertbeitrag der Kontrollperiode ($\widetilde{SW}_t^{VIU,CGU_i}$). Dieser stellt die Verzinsung des um den Barwert der operativen Komponente $\widetilde{FCF}_t^{CGU_i}$ bereinigten $VIU_{t-1}^{CGU_i}$ dar:[3361]

$$\widetilde{SW}_t^{VIU,CGU_i} = (VIU_{t-1}^{CGU_i} - \frac{\widetilde{FCF}_t^{CGU_i}}{(1+k^{CGU_i})}) * k^{CGU_i}$$

bzw.

$$\widetilde{SW}_t^{VIU,CGU_i} = \widetilde{VIU}_t^{CGU_i} - (VIU_{t-1}^{CGU_i} - \frac{\widetilde{FCF}_t^{CGU_i}}{(1+k^{CGU_i})})$$

mit

$$\widetilde{VIU}_t^{CGU_i} = (VIU_{t-1}^{CGU_i} - \frac{\widetilde{FCF}_t^{CGU_i}}{(1+k^{CGU_i})}) * (1+k^{CGU_i})$$

Gemäß dieser Aufspaltung des erwarteten $\widetilde{\ddot{O}G}_t^{VIU,CGU_i}$ in einen operativen und einen strategischen Wertbeitrag lassen sich die entsprechenden „realisierten“ Wertbeiträge und die zugehörigen Teilabweichungen bestimmen.

7.4.3 „Realisierte“ operative und strategische Wertbeiträge

Die „realisierten“ operativen ($OW_t^{CGU_i}$) und strategischen Wertbeiträge (SW_t^{VIU,CGU_i}) können folgendermaßen ermittelt werden:

$$OW_t^{CGU_i} = FCF_t^{CGU_i} - \frac{\widetilde{FCF}_t^{CGU_i}}{(1+k^{CGU_i})}$$

und

$$SW_t^{VIU,CGU_i} = VIU_t^{CGU_i} - (VIU_{t-1}^{CGU_i} - \frac{\widetilde{FCF}_t^{CGU_i}}{(1+k^{CGU_i})})$$

Im Rahmen einer wertorientierten Abweichungsanalyse sind die entsprechenden operativen Soll-Ist- und strategischen Soll-Wird-Abweichungen zu berechnen und zu analysieren.

3361 Vgl. hierzu Bierman/Davidson (Income Concept), S. 240.

7.4.4 Operative und strategische Abweichungen

Durch Gegenüberstellung der erwarteten und realisierten Wertbeiträge der Kontrollperiode lassen sich die operativen ($\Delta OW_t^{CGU_i}$) und strategischen Teilabweichungen ($\Delta SW_t^{VIU,CGU_i}$) bestimmen:

$$\Delta OW_t^{CGU_i} = OW_t^{CGU_i} - \widetilde{O}W_t^{CGU_i}$$

und

$$\Delta SW_t^{VIU,CGU_i} = SW_t^{VIU,CGU_i} - \widetilde{S}W_t^{VIU,CGU_i}$$

Zweckmäßiger erscheint jedoch, zur Bestimmung der operativen Abweichung direkt am realisierten $FCF_t^{CGU_i}$ als empirisch beobachtbarer Ist-Größe anzusetzen:

$$\begin{aligned}\Delta OW_t^{CGU_i} &= OW_t^{CGU_i} - \widetilde{O}W_t^{CGU_i}\\ &= (FCF_t^{CGU_i} - \frac{\widetilde{F}CF_t^{CGU_i}}{(1+k^{CGU_i})}) - (\widetilde{F}CF_t^{CGU_i} - \frac{\widetilde{F}CF_t^{CGU_i}}{(1+k^{CGU_i})})\\ &= (FCF_t^{CGU_i} - \widetilde{F}CF_t^{CGU_i}) - (\frac{\widetilde{F}CF_t^{CGU_i}}{(1+k^{CGU_i})} - \frac{\widetilde{F}CF_t^{CGU_i}}{(1+k^{CGU_i})})\\ &= FCF_t^{CGU_i} - \widetilde{F}CF_t^{CGU_i}\end{aligned}$$

Als separierbarer Anteil an der erwarteten Soll-Größe $\widetilde{Ö}G_t^{VIU,CGU_i}$ kann im Rahmen einer operativen Kontrolle der erwartete $\widetilde{F}CF_t^{CGU_i}$ also direkt dem tatsächlich realisierten $FCF_t^{CGU_i}$ (Ist-Bestandteil der Ist/Wird-Größe $ÖG_t^{VIU,CGU_i}$) gegenübergestellt werden.[3362] Die operative Abweichung ergibt sich im Rahmen dieses reinen Soll-Ist-Vergleichs wie folgt:

$$\Delta OW_t^{CGU_i} = \Delta FCF_t^{CGU_i} = FCF_t^{CGU_i} - \widetilde{F}CF_t^{CGU_i}$$

Während sich der $\widetilde{F}CF_t^{CGU_i}$ (Soll-Größe) als Erwartungswert aufgrund der mit ihren Eintrittswahrscheinlichkeiten gewichteten möglichen Umweltzustände und der für die einzelnen Szenarien erwarteten Zahlungsüberschüsse ergibt, beruht der $FCF_t^{CGU_i}$ (Ist-Größe) auf dem tatsächlich eingetretenen Umweltzu-

---

[3362] Vgl. hierzu Dirrigl (Wertorientierung), S. 563 f.; Coenenberg/Schultze (Unternehmensbewertung), S. 612 f.

stand.[3363] Diese Größen können sich im Normalfall selbst bei ansonsten unveränderten Erwartungen nicht entsprechen. Bezüglich des realisierten $FCF_t^{CGU_i}$ und des erwarteten $\widetilde{FCF}_t^{CGU_i}$ sollte es daher immer Abweichungen geben.[3364] Folgende Beispiele sollen dies verdeutlichen:[3365]

- Der Erwartungswert beim Würfeln beträgt 3,5 Augen (=1/6*(1+2+3+4+5+6)). Es ist jedoch nicht möglich, tatsächlich 3,5 Augen zu würfeln.
- Wird erwartungsgemäß beim Eintritt von Umweltzustand U_1 mit einer Wahrscheinlichkeit w_1 = 40 % ein FCF von 10 GE, bei U_2 mit w_2 = 10 % ein FCF von 60 GE und bei U_3 mit w_3 = 50 % ein FCF von 100 GE erzielt, ergibt sich ex ante ein erwarteter FCF von 60 GE.[3366] Der realisierte FCF kann aber ex post je nach tatsächlich eingetretenem Umweltzustand entweder 10, 60 oder 100 GE betragen. Eine Übereinstimmung zwischen erwarteter Soll- und realisierter Ist-Größe ist im konstruierten Beispiel nur (zufällig) mit einer geringen Wahrscheinlichkeit (10 %) zu erwarten. Bei einer geringfügigen Änderung der Parameter ist sie (wie in der Realität) ausgeschlossen, weshalb die Ist- und Soll-Größen nahezu immer unterschiedlich sein sollten.

Darüber hinaus ändern sich mit dem Informationsstand auch die Erwartungen bezüglich möglicher Umweltzustände. Solche zufallsbedingten Abweichungen aufgrund von im Zeitablauf veränderlichen Erwartungen werden auch im Rahmen einer strategischen Kontrolle miterfasst, bei der der erzielte SW_t^{VIU,CGU_i} dem erwarteten $\widetilde{SW}_t^{VIU,CGU_i}$ gegenüberzustellen ist (Soll-Wird-Vergleich):[3367]

3363 Vgl. hierzu Laux (Unternehmensrechnung), S. 172 f.; Wesner (Risikoäquivalenzprinzip), S. 47.

3364 Vgl. Neus (Einführung), S. 370; Ballwieser (Risiko), S. 101.

3365 Vgl. hierzu auch Laux (Unternehmensrechnung), S. 174-178. Zur mathematisch orientierten Analyse der „Fehler" bei Mess- und Schätzwerten mittels einer sog. „Fehlerrechnung" vgl. Bloech (Fehlerrechnung).

3366 $10 * 0{,}4 + 60 * 0{,}1 + 100 * 0{,}5 = 60\ GE$.

3367 Vgl. hierzu auch Neus (Einführung), S. 370; Bierman/Davidson (Income Concept), S. 240.

$$\Delta SW_t^{VIU,CGU_i} = SW_t^{VIU,CGU_i} - \widetilde{S}W_t^{VIU,CGU_i}$$

$$= (VIU_t^{CGU_i} - (VIU_{t-1}^{CGU_i} - \frac{\widetilde{F}CF_t^{CGU_i}}{(1+k^{CGU_i})})) - (\widetilde{V}IU_t^{CGU_i} - (VIU_{t-1}^{CGU_i} - \frac{\widetilde{F}CF_t^{CGU_i}}{(1+k^{CGU_i})}))$$

$$= (VIU_t^{CGU_i} - \widetilde{V}IU_t^{CGU_i}) - ((VIU_{t-1}^{CGU_i} - \frac{\widetilde{F}CF_t^{CGU_i}}{(1+k^{CGU_i})}) - (VIU_{t-1}^{CGU_i} - \frac{\widetilde{F}CF_t^{CGU_i}}{(1+k^{CGU_i})}))$$

$$= VIU_t^{CGU_i} - \widetilde{V}IU_t^{CGU_i}$$

Im Ergebnis ergibt sich die strategische Abweichung mittels eines Soll-Wird-Vergleichs, d.h. einer Gegenüberstellung von $VIU_t^{CGU_i}$ (Wird-Größe) und $\widetilde{V}IU_t^{CGU_i}$ (Soll-Größe):

$$\Delta SW_t^{VIU,CGU_i} = \Delta VIU_t^{CGU_i} = VIU_t^{CGU_i} - \widetilde{V}IU_t^{CGU_i}$$

wobei:

$$\widetilde{V}IU_t^{CGU_i} = (VIU_{t-1}^{CGU_i} - \frac{\widetilde{F}CF_t^{CGU_i}}{(1+k^{CGU_i})}) * (1+k^{CGU_i})$$

Auch die Größen $VIU_t^{CGU_i}$ und $\widetilde{V}IU_t^{CGU_i}$ werden sich im Unsicherheitsfall kaum entsprechen.[3368] Vielmehr stellen zufallsbedingte Abweichungen, d.h. umweltbedingte Erwartungsänderungen, den Normalfall dar. Die für die operative und strategische Erfolgskomponente skizzierten Zufallselemente bilden den sog. Informationseffekt.[3369] Daneben haben aber vor allem auch Maßnahmen des Managements bzw. Leistungen der Unternehmenseinheiten (CGU_i) positive oder negative Auswirkungen auf den $\ddot{O}G_t^{VIU,CGU_i}$ und beeinfussen somit als Aktionseffekt die Höhe der Gesamtabweichung $\Delta \ddot{O}G_t^{VIU,CGU_i}$ ($= \Delta FCF_t^{CGU_i} + \Delta VIU_t^{VIU,CGU_i}$).[3370] Während die entsprechenden Aktionen im $VIU_t^{CGU_i}$ sowie $FCF_t^{CGU_i}$ berücksichtigt werden, sind sie noch nicht in der Erwartungsgröße $VIU_{t-1}^{CGU_i}$ und somit auch nicht im $\widetilde{V}IU_t^{CGU_i}$ sowie $\widetilde{F}CF_t^{CGU_i}$ enthalten.[3371] Folglich schlagen sie sich – der Anforderung der Entscheidungsverbundenheit entsprechend[3372] – approximativ mit ihrem Wertbeitrag im Ge-

[3368] Vgl. Bierman/Davidson (Income Concept), S. 240.
[3369] Vgl. Neus (Einführung), S. 370.
[3370] Vgl. Barton (Income Theory), S. 673.
[3371] Vgl. Bierman/Davidson (Income Concept), S. 246.
[3372] Vgl. Hax (Investitionsrechnung), S. 164.

samtergebnis ($\ddot{O}G_t^{VIU,CGU_i}$) und somit in der Gesamtabweichung ($\Delta\ddot{O}G_t^{VIU,CGU_i}$) nieder.

Die Aktions- und Informationseffekte überlagern sich, doch sollte im Zweifel aber wenigstens angenommen werden dürfen, dass der Erfolg eher von der CGU- und Managementleistung als vom puren Zufall abhängig ist. Es gehört schließlich auch zur CGU- bzw. Managementleistung, rechtzeitig auf Veränderungen bezüglich der erwarteten Umweltentwicklung zu reagieren und ggf. wirksame Gegenmaßnahmen einzuleiten.[3373]

Im Rahmen einer Abweichungsanalyse sind insbesondere die Informations- und Aktionseffekte zu separieren, um eine kontrollzweckspezifische Auswertung zu ermöglichen.[3374] Hierbei können sich die zweckbezogenen Auswertungen auf die Leistung des Managements im speziellen oder der gesamten CGU im Allgemeinen beziehen.[3375] Die CGU-Leistung ist vor allem auch im Zusammenhang mit der Überprüfung der Förderungswürdigkeit einer CGU von Interesse,[3376] da innerhalb eines diversifizierten Unternehmens sichergestellt werden muss, dass das „Kapital den rentabelsten Verwendungsmöglichkeiten zufließt."[3377] Für deren spezifische Beurteilung ist daher auch ein Herunterbrechen des Wertbeitrags auf einzelne Investitionsprojekte erforderlich.[3378] Gemäß IAS 36.39 i.V.m. IAS 36.44 ist im Rahmen der VIU-Berechnung lediglich auf das zum Bewertungsstichtag vorhandene Erfolgspotential abzustellen. Somit sind in den erwarteten $\widetilde{FCF}_j^{CGU_i}$ nur erhaltende und keine erweiternden Maßnahmen zu berücksichtigen;[3379] Erweiterungsinvestitionen sind erst bei Ingangsetzung der Projekte und einem damit zusammenhängenden erfolgten Mittelabfluss zu erfassen.[3380] Diese „späte" Erfassung von Erweiterungsinvestitionen erleichtert im Rahmen einer Abweichungsanalyse die Gegenüberstellung des anteiligen operativen ($\subset \Delta FCF_t^{CGU_i}$) und strategischen Aktionseffekts ($\subset \Delta VIU_t^{CGU_i}$) der entsprechenden Investitionsprojekte,

[3373] Vgl. Laux (Unternehmensrechnung), S. 12.
[3374] Vgl. Dirrigl (Erfolgspotenzialrechnung), Sp. 427 f.; Breid (Erfolgspotentialrechnung), S. 28 f.; Pellens/Crasselt/Sellhorn (Goodwill-Bilanzierung), S. 147.
[3375] Vgl. Pellens/Basche/Crasselt (Ergebnisspaltung), S. 607 f.
[3376] Vgl. Coenenberg (Kostenrechnung), S. 598.
[3377] Hax (Bilanzgewinn), S. 645.
[3378] Vgl. Kah (Profitcenter-Steuerung), S. 151.
[3379] Vgl. IDW (IDW RS HFA 16), Rn. 104; kritisch Lüdenbach/Hoffmann (Implementierung), S. 1075 f.

d.h. den Anschaffungsauszahlungen kann also im Rahmen der Abweichungsanalyse der Ertragswert des Investitionsprojekts gegenübergestellt und ihr Kapitalwert errechnet werden.

7.5 Vorgehensweise bei der Bereichssteuerung auf Basis des VIU einer CGU

7.5.1 Ausgangssachverhalt

Um das Potential einer Umsetzung des entwickelten Steuerungskonzepts auf Basis des VIU einer CGU zu verdeutlichen, wird die Vorgehensweise nachfolgend anhand eines konkreten Zahlenbeispiels untersucht. Hierbei wird die vorstehende Analyse insbesondere um eine Separation der Informations- und Aktionseffekte erweitert. Als Basis der Untersuchung diene folgender Ausgangssachverhalt: Für die goodwill-tragende CGU_1 wurden für die Geschäftsjahre t-1 und t die für den gemäß Konzernrichtlinien zum Ende eines jeden Geschäftsjahres durchzuführenden obligatorischen Goodwill-Impairment-Test notwendigen Daten generiert.[3381] Gemäß dieser CGU-bezogenen Abrechnungen werden für die Perioden t bis t+2 folgende FCF erwartet bzw. realisiert *(vgl. Abbildung 66)*:[3382]

Abbildung 66: FCF im Planungszeitraum

	t	*t+1*	*t+2*
Informationsstand 31.12.t-1	110 *GE* *(Soll)*	121 *GE* *(Soll)*	0 *GE* *(Soll)*
Informationsstand 31.12.t	100 *GE* *(Ist)*	110 *GE* *(Wird)*	48,4 *GE* *(Wird)*

[3380] Vgl IDW (IDW RS HFA 16), Rn. 105.

[3381] Zwar kann gemäß IAS 36.96 der obligatorische Goodwill-Impairment-Test „im Laufe der Berichtsperiode jederzeit durchgeführt werden", die Mehrzahl der Unternehmen wählt laut einer *Deloitte*-Studie als Testzeitpunkt jedoch den Bilanzstichtag. Vgl. Deloitte (Goodwill), S. 6.

[3382] Vgl. hierzu auch Herter (Management), S. 175. Aus Gründen der Übersichtlichkeit werden vereinfachend nur drei Perioden betrachtet. Das Beispiel lässt sich analog auf einen längeren (ggf. unendlichen) Betrachtungszeitraum übertragen. Vgl. hierzu Bieker/Esser (Impairment-Only-Ansatz), S. 456.

Dem für die Kontrollperiode t erwarteten $\widetilde{FCF}_{t\,(Soll)}^{CGU_1}$ liegen nachstehende Plandaten auf Basis des Informationsstands zum 31.12.t-1 zugrunde *(vgl. Abbildung 67)*:[3383]

Abbildung 67: FCF-Erwartungen für die Kontrollperiode

Informationsstand 31.12.t-1	*Umweltzustand U_i*	$\widetilde{FCF}_{t\,(U_i)}^{CGU_i}$	*Eintrittswahrscheinlichkeit*
	U_1	$120\,GE$	*80 %*
	U_2	$-40\,GE$	*10 %*
	U_3	$180\,GE$	*10 %*

Der spezifische risikoadjustierte Kalkulationszinssatz vor Steuern[3384] der betrachteten CGU_1 beträgt unverändert 10 %. Gemäß IAS 36.44 sind in den erwarteten $\widetilde{FCF}_j^{CGU_1}$ nur Erhaltungs- und keine Erweiterungsinvestitionen berücksichtigt. Demgegenüber umfasst der realisierte $FCF_{t\,(Ist)}^{CGU_1}$ die für zwischenzeitlich eingeleitete Erweiterungsinvestitionen getätigten Auszahlungen. Folglich beinhaltet die entsprechende Abweichung ($\Delta FCF_t^{CGU_1} = FCF_t^{CGU_1} - \widetilde{FCF}_t^{CGU_1}$) quasi eine „methodisch erzwungene" Komponente.

Es liegen zum Abschlussstichtag der Kontrollperiode (31.12.t) folgende geprüfte bzw. plausibilisierte Informationen vor:

- Der realisierte $FCF_{t\,(Ist)}^{CGU_1}$ ist u.a. das Resultat des Eintretens des erwarteten Umweltzustands U_1. Dieser hatte mit einer Wahrscheinlichkeit von 80 % einen $\widetilde{FCF}_{t\,(U_1)}^{CGU_1}$ i.H.v. 120 GE erwarten lassen.
- Entgegen den bisherigen Erwartungen (Informationsstand zum 31.12.t-1) wird aufgrund verbesserter wirtschaftlicher Rahmenbedingungen für t+2 ein um 12,1 GE höherer Zahlungsüberschuss bezogen auf eine seit t-4 marktreife Produktvariante erwartet (Informationsstand zum 31.12.t).

3383 120*0,8+(-40)*0,1+180*0,1=110 GE

3384 Gemäß IAS 36.55 ist zur VIU-Berechnung ein Zinssatz vor Steuern zu verwenden. Vgl. kritisch Olbrich (Controlling), S. 43. Zu den praktischen Problemen der Steuerberücksichtigung vgl. im Einzelnen Haring (Kapitalkosten), S. 237 ff. und 250.

- Aufgrund einer vom Management in t verschuldeten Fristüberschreitung musste eine Vertragsstrafe i.H.v. 5 GE gezahlt werden.
- Zum Ende der Periode t wurde eine erfolgversprechende Investitionsgelegenheit genutzt und 15 GE investiert. Die durchgeführte Erweiterungsinvestition führt in t+2 erwartungsgemäß zu einem Einzahlungsüberschuss von 24,2 GE.
- Weiter lassen ein in der Periode t aufgedeckter Schlendrian in Verbindung mit negativen Umweltentwicklungen gegenüber der ursprünglichen Planung (Informationsstand 31.12.t-1) für die Periode t+1 einen um 11 GE geringeren Zahlungsüberschuss erwarten. Die in der Peiode t eingeleiteten Gegenmaßnahmen wirken erwartungsgemäß erst in t+2 positiv und führen zu einer Erhöhung des Einzahlungsüberschusses um 12,1 GE.

Es soll eine wertorientierte Kontrolle und Abweichungsanalyse auf Basis der für den Goodwill-Impairment-Test von CGU_1 generierten Daten für die Kontrollperiode t vorgenommen werden, bei der die vorliegenden Informationen Berücksichtigung finden sollen.

7.5.2 Kontrolle und Gesamtabweichung

Zunächst ist im Rahmen des jährlichen Goodwill-Impairment-Tests der VIU der CGU_1 zum 31.12.t zu berechnen. Der VIU zum 31.12.t-1 kann den Aufzeichnungen des Vorjahres entnommen werden. Die Werte ergeben sich auf Grundlage des jeweiligen Informationsstands:[3385]

$$VIU_{t-1}^{CGU_1} = \frac{\widetilde{FCF}_{t\,(Soll)}^{CGU_1}}{(1+k^{CGU_1})} + \frac{\widetilde{FCF}_{t+1\,(Soll)}^{CGU_1}}{(1+k^{CGU_1})^2} + \frac{\widetilde{FCF}_{t+2\,(Soll)}^{CGU_1}}{(1+k^{CGU_1})^3}$$
$$= \frac{110}{1{,}1} + \frac{121}{1{,}1^2} + \frac{0}{1{,}1^3} = 200\,GE$$

$$VIU_{t}^{CGU_1} = \frac{\widetilde{FCF}_{t+1\,(Wird)}^{CGU_1}}{(1+k^{CGU_1})} + \frac{\widetilde{FCF}_{t+2\,(Wird)}^{CGU_1}}{(1+k^{CGU_1})^2}$$
$$= \frac{110}{1{,}1} + \frac{48{,}4}{1{,}1^2} = 140\,GE$$

[3385] Ob der Rückgang des VIU um 60 GE zu einer Wertminderung des Goodwill im IFRS-Abschluss zum 31.12.t führt, ist von der Höhe des Buchwerts der CGU abhängig. Nur wenn dieser 140 GE überschreitet wird in Höhe der Differenz zwischen Buchwert und

Darauf aufbauend können der „realisierte" $\ddot{O}G_t^{VIU,CGU_1}$ und der erwartete $\widetilde{\ddot{O}G}_t^{VIU,CGU_1}$ bestimmt sowie die Gesamtabweichung zwischen diesen Globalgrößen ($\Delta\ddot{O}G_t^{VIU,CGU_1}$) ermittelt werden:

- *„realisierter" $\ddot{O}G_t^{VIU,CGU_1}$ (Ist/Wird-Größe):*

$$\begin{aligned}\ddot{O}G_t^{VIU,CGU_1} &= FCF_{t\,(Ist)}^{CGU_1} + VIU_t^{CGU_1} - VIU_{t-1}^{CGU_1} \\ &= 100 + 140 - 200 = 40\ GE\end{aligned}$$

- *erwarteter $\widetilde{\ddot{O}G}_t^{VIU,CGU_1}$ (Soll-Größe):*

$$\begin{aligned}\widetilde{\ddot{O}G}_t^{VIU,CGU_1} &= VIU_{t-1}^{CGU_1} * k^{CGU_1} \\ &= 200 * 0{,}1 = 20\ GE\end{aligned}$$

oder

$$\begin{aligned}\widetilde{\ddot{O}G}_t^{VIU,CGU_1} &= \widetilde{FCF}_{t\,(Soll)}^{CGU_1} + \Delta\widetilde{VIU}_{t/t-1}^{CGU_1} \\ &= \widetilde{FCF}_{t\,(Soll)}^{CGU_1} + \widetilde{VIU}_t^{CGU_1} - VIU_{t-1}^{CGU_1} \\ &= 110 + 110 - 200 = 20\ GE\end{aligned}$$

wobei

$$\begin{aligned}\widetilde{VIU}_t^{CGU_1} &= (VIU_{t-1}^{CGU_1} - \frac{\widetilde{FCF}_{t\,(Soll)}^{CGU_1}}{(1+k^{CGU_1})}) * (1+k^{CGU_1}) \\ &= (200 - \frac{110}{1{,}1}) * 1{,}1 = 110\ GE\end{aligned}$$

bzw.

$$\begin{aligned}\widetilde{VIU}_t^{CGU_1} &= \frac{\widetilde{FCF}_{t+1\,(Soll)}^{CGU_1}}{(1+k^{CGU_1})}) + \frac{\widetilde{FCF}_{t+2\,(Soll)}^{CGU_1}}{(1+k^{CGU_1})^2} \\ &= \frac{121}{1{,}1} + \frac{0}{1{,}1^2} = 110\ GE\end{aligned}$$

- *Soll-Ist/Wird-Vergleich und Gesamtabweichung ($\Delta\ddot{O}G_t^{VIU,CGU_1}$):*

$$\begin{aligned}\Delta\ddot{O}G_t^{VIU,CGU_1} &= \ddot{O}G_t^{VIU,CGU_1} - \widetilde{\ddot{O}G}_t^{VIU,CGU_1} \\ &= 40 - 20 = +20\ GE\end{aligned}$$

VIU der CGU eine Abwertung des Goodwill und ggf. der Vermögenswerte vorgenommen. Vgl. IAS 36.104.

Die positive Gesamtabweichung i.H.v. $+20\,GE$ zeigt approximativ die Wertschaffung nach Verzinsung des $VIU_{t-1}^{CGU_1}$ (Zeiteffekt) als „quasi eingesetztes Kapital" auf und entspricht einem ökonomischen Residualgewinn[3386] auf Basis des VIU; sie bedarf für Kontrollzwecke einer differenzierenden Betrachtung.

7.5.3 Operative und strategische Abweichungen

Zunächst lässt sich die Gesamtabweichung i.H.v. $+20\,GE$ in eine operative und strategische Abweichung unterteilen:

- *operative Abweichung* ($\Delta OW_t^{CGU_1} = \Delta FCF_t^{CGU_1}$):

$$\begin{aligned}\Delta FCF_t^{CGU_1} &= FCF_{t\,(Ist)}^{CGU_1} - \widetilde{FCF}_{t\,(Soll)}^{CGU_1}\\ &= 100 - 110 = -10\,GE\end{aligned}$$

- *strategische Abweichung* ($\Delta SW_t^{VIU,CGU_1} = \Delta VIU_t^{CGU_1}$):

$$\begin{aligned}\Delta VIU_t^{CGU_1} &= VIU_t^{CGU_1} - \widetilde{VIU}_t^{CGU_1}\\ &= 140 - 110 = +30\,GE\end{aligned}$$

Somit lässt sich die Gesamtabweichung wie folgt erklären:

$$\begin{aligned}\Delta \ddot{O}G_t^{VIU,CGU_1} &= \Delta OW_t^{CGU_1} + \Delta SW_t^{VIU,CGU_1}\\ &= \Delta FCF_t^{CGU_1} + \Delta VIU_t^{CGU_1}\\ &= (-10) + 30 = +20\,GE\end{aligned}$$

Zur Beurteilung der CGU-Leistung bzw. der Leistung des CGU-Managements müssen die Teilabweichungen im Zusammenhang mit den erwarteten und „realisierten" Wertbeiträgen betrachtet werden.[3387]

7.5.4 Erwartete operative und strategische Wertbeiträge

Der erwartete $\widetilde{\ddot{O}G}_t^{VIU,CGU_1}$ ergibt sich auch als Summe der erwarteten operativen ($\widetilde{OW}_t^{CGU_1}$) und strategischen Wertbeiträge ($\widetilde{SW}_t^{VIU,CGU_1}$):

[3386] Vgl. Laux (Unternehmensrechnung), S. 169 ff.

[3387] Die operativen und strategischen Teilabweichungen lassen sich auch als Differenz zwischen den nachfolgend zu berechnenden realisierten und erwarteten Wertbeiträgen bestimmen. Das gewählte Vorgehen bei der operativen Kontrolle hat aber den Vorteil eines direkten Soll-Ist-Vergleichs bezüglich des Zahlungsüberschusses. Ein solcher ist auch zur Plausibilisierung der getroffenen Annahmen für die aktuelle Prognose notwendig. Vgl. IDW (IDW RS HFA 16), Rn. 104.

$$\widetilde{\ddot{O}G}_t^{VIU,CGU_1} = \widetilde{O}W_t^{CGU_1} + \widetilde{S}W_t^{VIU,CGU_1}$$

Diese werden wie folgt ermittelt:

- *erwarteter* $\widetilde{O}W_t^{CGU_1}$:

$$\widetilde{O}W_t^{CGU_1} = \frac{\widetilde{FCF}_{t\,(Soll)}^{CGU_1}}{(1+k^{CGU_1})} * k^{CGU_1}$$
$$= \frac{110}{1{,}1} * 0{,}1 = 10\ GE$$

bzw.

$$\widetilde{O}W_t^{CGU_1} = \widetilde{FCF}_{t\,(Soll)}^{CGU_1} - \frac{\widetilde{FCF}_{t\,(Soll)}^{CGU_1}}{(1+k^{CGU_1})}$$
$$= 110 - \frac{110}{1{,}1} = 10\ GE$$

- *erwarteter* $\widetilde{S}W_t^{VIU,CGU_1}$:

$$\widetilde{S}W_t^{VIU,CGU_1} = (VIU_{t-1}^{CGU_1} - \frac{\widetilde{FCF}_{t\,(Soll)}^{CGU_1}}{(1+k^{CGU_1})}) * k^{CGU_1}$$
$$= (200 - \frac{110}{1{,}1}) * 0{,}1 = 10\ GE$$

bzw.

$$\widetilde{S}W_t^{VIU,CGU_1} = \widetilde{VIU}_t^{CGU_1} - (VIU_{t-1}^{CGU_1} - \frac{\widetilde{FCF}_{t\,(Soll)}^{CGU_1}}{(1+k^{CGU_1})})$$
$$= 110 - (200 - \frac{110}{1{,}1}) = 10\ GE$$

Die beiden erwarteten Wertbeiträge bilden zusammen den erwarteten $\widetilde{\ddot{O}G}_t^{VIU,CGU_1}$:

$$\widetilde{\ddot{O}G}_t^{VIU,CGU_1} = \widetilde{O}W_t^{CGU_1} + \widetilde{S}W_t^{VIU,CGU_1}$$
$$= 10 + 10 = 20\ GE$$

7.5.5 „Realisierte" operative und strategische Wertbeiträge

Der „realisierte" $\ddot{O}G_t^{VIU,CGU_1}$ umfasst die „realisierten" operativen ($\ddot{O}G_t^{VIU,CGU_1}$) und strategischen (SW_t^{VIU,CGU_1}) Wertbeiträge:

$$\ddot{O}G_t^{VIU,CGU_1} = OW_t^{CGU_1} + SW_t^{VIU,CGU_1}$$

Auf Grundlage der erwarteten Wertbeiträge sowie der zugehörigen Abweichungen lassen sich retrograd die tatsächlich „realisierten" operativen und strategischen Wertbeiträge wie folgt ermitteln:

$$
\begin{aligned}
OW_t^{CGU_1} &= \widetilde{O}W_t^{CGU_1} + \Delta FCF_t^{CGU_1} \\
&= 10 + (-10) = 0\ GE
\end{aligned}
$$

$$
\begin{aligned}
SW_t^{VIU,CGU_1} &= \widetilde{S}W_t^{VIU,CGU_1} + \Delta VIU_t^{CGU_1} \\
&= 10 + 30 = 40\ GE
\end{aligned}
$$

Die „realisierten" Wertbeiträge lassen sich ebenso in direkter Weise bestimmen:

$$
\begin{aligned}
OW_t^{CGU_1} &= FCF_{t\,(Ist)}^{CGU_1} - \frac{\widetilde{F}CF_{t\,(Soll)}^{CGU_1}}{(1+k^{CGU_1})} \\
&= 100 - \frac{110}{1{,}1} = 0\ GE
\end{aligned}
$$

$$
\begin{aligned}
SW_t^{VIU,CGU_1} &= VIU_t^{CGU_1} - (VIU_{t-1}^{CGU_1} - \frac{\widetilde{F}CF_{t\,(Soll)}^{CGU_1}}{(1+k^{CGU_1})}) \\
&= 140 - (200 - \frac{110}{1{,}1}) = 40\ GE
\end{aligned}
$$

Es wird deutlich, dass sich der gesamte $\ddot{O}G_t^{VIU,CGU_1}$ aufgrund des strategischen Wertbeitrags ergibt:

$$
\begin{aligned}
\ddot{O}G_t^{VIU,CGU_1} &= OW_t^{CGU_1} + SW_t^{VIU,CGU_1} \\
&= 0 + 40 = 40\ GE
\end{aligned}
$$

7.5.6 Interpretation der Teilergebnisse und -abweichungen

Auf den ersten Blick scheint eine insgesamt wertsteigernde langfristige Geschäftspolitik zu Lasten des gegenwärtigen Zahlungsüberschusses betrieben worden zu sein. Es wurde im gewissen Sinne auf sichere Ergebnisbeiträge verzichtet, um barwertig höhere, aber unsichere Erfolge zu erzielen.[3388] Auch wenn insgesamt ein Mehrwert ($+40\ GE$ statt der erwarteten $+20\ GE$) geschaffen wurde, so darf dennoch nicht übersehen werden, dass sich der $OW_t^{CGU_1}$ und SW_t^{VIU,CGU_1} bezüglich der Sicherheit qualitativ unterscheiden. Während ersterer Erfolgsbestandteil auf realisierten, empirisch beobachteten Zahlungen

[3388] Vgl. hierzu auch Wagner (Informations- und Ausschüttungsbilanz), S. 750.

beruht, spiegelt letzterer unsichere Erwartungen über die Zukunft wider.[3389] Natürlich ist das erzielte Ergebnis – trotz seiner Unsicherheit – grundsätzlich sehr positiv zu bewerten, denn unsichere „Investitionen sind ein unverzichtbarer Bestandteil der unternehmerischen Tätigkeit“[3390] und die damit verbundenen Auswirkungen auf zukünftige Perioden von außerordentlicher Bedeutung.[3391]

Der SW_t^{VIU,CGU_1} ist jedenfalls aufgrund der Planungsunsicherheit äußerst manipulationsanfällig. Auch ist dieser Erfolgsbestandteil keinesfalls resistent gegenüber einer Selbstüberschätzung der verantwortlichen Entscheidungsträger.[3392] Allerdings handelt es sich um eine im Rahmen der Jahresabschlussprüfung plaubilisierte Größe. Die Prüfung in Verbindung mit organisatorischen Maßnahmen kann das bestehende Manipulationsproblem zwar nicht beheben, aber doch immerhin reduzieren.[3393]

Während das erwartete operative Ergebnis um $-10\,GE$ „verfehlt“ wurde ($0\,GE$ statt der erwarteten $10\,GE$ $\rightarrow$ Soll-Ist-Vergleich), wurden die Erwartungen hinsichtlich des strategischen Erfolges um $+30\,GE$ übertroffen ($40\,GE$ statt der erwarteten $10\,GE$ $\rightarrow$ Soll-Wird-Vergleich). Für genauere Rückschlüsse bezüglich der Leistung der CGU_1 und ihres Managements bedarf es einer tiefer gehenden Betrachtung. Die operativen und strategischen Abweichungen müssen möglichst auf ihre Ursachen heruntergebrochen, auf Interdependenzen überprüft und als Informations- und Aktionseffekt klassifiziert werden.

Abbildung 68 zeigt eine Möglichkeit der Auswertung der im Rahmen der Kontrolle und Abweichungsanalyse gewonnenen Informationen auf.[3394]

3389 Vgl. Moxter (Betriebswirtschaftliche Gewinnermittlung), S. 226.
3390 Götze (Risikoanalyse), S. 203.
3391 Vgl. Hax (Bilanzgewinn), S. 646.
3392 Diese Gefahr einer Fremd- oder Selbsttäuschung besteht insbesondere in Zeiten der wirtschaftlichen Krise.
3393 Vgl. m.w.N. Haaker (Controlling), S. 355 f.
3394 Zu den Abweichungsursachen vgl. *Abschnitt 7.5.1*.

Abbildung 68: Kontrolle und Abweichungsanalyse

Wertbeitrag der CGU_1 in Periode t	operativer Wertbeitrag			strategischer Wertbeitrag				$ÖG^{VIU}$
Soll	10			10				20
Ist/Wird	0			40				40
Abweichungs-analyse	operative Abweichung			strategische Abweichung				Gesamt-abweichung
	-10			30				20
Abweichungs-ursache	*Eintritt Umwelt-zustand (120-110)*	*Vertrags-strafe*	*Erwei-terungs-investition (Anschaf-fungsaus-zahlungen)*	*Ertragswert der Erwei-terungs-investition ($24{,}2/1{,}1^2$)*	*Gegen-maßnahmen ($12{,}1/1{,}1^2$)*	*"Fehlent-wicklung": Schlendrian und Umwelt-entwicklungen (-11/1,1)*	*Erwartungs-änderungen ($12{,}1/1{,}1^2$)*	Summe
Wirkung	10	-5	-15	20	10	-10	10	20
reiner Informations-effekt	10					? ↑	10	20
reiner Aktionseffekt		-5	-15 ←→	20	10 ↘	? ↑		10
gemischter Effekt					↓ ?	-10		-10

Die Abweichung der realisierten $FCF_t^{CGU_1}$ vom $\widetilde{FCF}_t^{CGU_1}$ als Erwartungswert aufgrund des Eintretens des Umweltzustands U_1 ($+10\,GE$ in Periode t) stellt einen Zufallseffekt dar und ist somit als reiner Informationseffekt zu klassifizieren. Diese Teilabweichung kann daher nicht erneut als Leistung der CGU_1 oder dessen Managements gelten.[3395] Da eine solche Entwicklung auch mit der ursprünglichen Planung im Einklang steht,[3396] sind hieraus keine Konsequenzen zu ziehen. Auch der Informationseffekt im Hinblick auf die Erwartungsänderung ($+12{,}1\,GE$ in Periode t+2) i.H.v. $+10\,GE$ kann nicht der CGU_1 bzw. dem verantwortlichen Management „gutgeschrieben" werden. Eventuell bedarf es aber einer Überprüfung des Planungs- und Prognoseverfahrens.

Als reiner Aktionseffekt ist die Vertragsstrafe i.H.v. $5\,GE$ hingegen eindeutig der CGU_1 und deren Management anzulasten.

Bei der Interpretation der anderen Teilabweichungen sind die in der *Abbildung 68* als durchgezogene Pfeile angedeuteten Interdependenzen zu berücksichtigen. So berührt die Erweiterungsinvestition sowohl die operative (Anschaffungsauszahlung $=-15\,GE$) als auch die strategische Sphäre (Ertragswert

[3395] Vgl. Neus (Einführung), S. 370.

[3396] Das Eintreten von U_1 wurde offenbar in vernünftiger Weise mit einer Wahrscheinlichkeit von 80 % in der Planung berücksichtigt.

$=+20\,GE$) und beeinflusst somit die entsprechenden Abweichungen. Per Saldo geht die Investitionsmaßnahme mit ihrem Kapitalwert i.H.v. $+5\,GE$ ($=20-15\,GE$) in die Gesamtabweichung und somit als leistungsabhängiger Aktionseffekt in den $\ddot{O}G_t^{VIU,CGU_1}$ ein.[3397]

Auch darf der geplante Erfolg der Gegenmaßnahmen i.H.v. $+10\,GE$ ($12{,}1\,GE$ in Periode t+2) als vermeintlich reiner Aktionseffekt nicht isoliert von der zumindest teilweise der CGU_1 anzulastenden Erfolgswirkung der erwarteten Fehlentwicklung i.H.v. $-10\,GE$ ($-11\,GE$ in Periode t+1) beurteilt werden. Diese Abweichung stellt schließlich einen gemischten Informations- und Aktionseffekt dar. Infolge dessen darf die Zuordnung zum Aktions- und Informationseffekt streng genommen nur als relative und nicht als absolute Zuordnung verstanden werden, was die gestrichelten Pfeile in *Abbildung 68* zu Ausdruck bringen sollen. Bei entsprechenden Ergebnisbestandteilen muss ferner bedacht werden, dass der Erfolg von Gegenmaßnahmen von den Verantwortlichen oftmals überschätzt werden dürfte.[3398]

Zumindest im Rahmen der operativen Abweichungsanalyse sollte im Hinblick auf „die leistungswirtschaftliche Feinsteuerung“[3399] auch den hier vernachlässigten Preis- und Mengenabweichungen im Beschaffungs- und Absatzbereich Aufmerksamkeit geschenkt werden.[3400] Das hierfür geeignete Instrumentarium der Kosten- und Erlösabweichungsanalyse[3401] ist bereits für den Bereich der Kostenrechnung und -analyse entwickelt worden.[3402] Auf eine entsprechende operative Erweiterung der Abweichungsanalyse soll daher im Weiteren verzichtet werden, stattdessen erscheint es notwendig, die strategische Abweichungsanalyse genauer zu beleuchten.

Als Erweiterung der strategischen Abweichungsanalyse müssten unter realen Bedingungen Zinssatzänderungen (Zeit- und Risikokomponente) Berücksichti-

---

3397 Vgl. Neus (Einführung), S. 372.

3398 Vgl. Ordelheide (Geschäftswert), S. 584.

3399 Neus (Einführung), S. 372. Für die leistungswirtschaftliche Feinsteuerung werden periodisierte Rechnungen gegenüber zahlungsorientierten Rechnungen als zweckmäßiger angesehen. Vgl. Pfaff/Weber (Kostenrechnung), S. 162.

3400 Vgl. Sierke (Abweichungsanalysen), S. 284 ff.; Solaro (Investitionskontrolle), Sp. 967; Baetge (Akquisitionscontrolling), S. 462; Weismüller (Akquisitionscontrolling), Rn. 1347 und 1381.

3401 Vgl. Betz (Abweichungsanalysen).

3402 Vgl. z.B. Götze (Kostenrechnung), S. 206-221.

gung finden,[3403] womit sich jedoch die Komplexität der Analyse erhöht.[3404] Zur Komplexitätsreduzierung kann jedoch eine globale Abweichungsanalyse unter Verzicht auf eine Einzelbetrachtung mit Bezug auf eine sog. Trägheitsprojektion[3405] erfolgen.[3406] Das grundsätzliche Vorgehen bei einer globalen Abweichungsanalyse soll unter Rückgriff auf das obige Beispiel aufgezeigt werden, wobei zunächst von Zinsänderungseffekten abstrahiert wird.

7.5.7 Abweichungsanalyse unter Bezugnahme auf eine Trägheitsprojektion

7.5.7.1 Vernachlässigung von Zinsänderungseffekten

Bei einer Wertermittlung auf Basis einer sog. Trägheitsprojektion wird von einer hypothetisch unveränderten Geschäftspolitik bei „tatsächlicher", d.h. auf Basis des aktuellen Informationsstands erwarteter, Umweltentwicklung ausgegangen.[3407] Auch bei einer Abweichungsanalyse unter Bezugnahme auf eine solche Trägheitsprojektion ist eine Unterscheidung von operativen und strategischen Abweichungen erforderlich.

Im Rahmen der operativen Abweichungsanalyse sind der erwartete $\widetilde{FCF}_{t\,(Soll)}^{CGU_1}$ ($=110\,GE$), der realisierte $FCF_{t\,(Ist)}^{CGU_1}$ ($=100\,GE$) und der gemäß einer Trägheitsprojektion ermittelte $\overline{FCF}_{t\,(Träg)}^{CGU_1}$ ($=120\,GE$) einander gegenüberzustellen. Letzterer stellt den fiktiven FCF der Periode t dar, welcher sich ohne Aktion der CGU_1 bzw. des Managements (hier: ungeplante Erweiterungsinvestition und Vertragsstrafe) ergeben hätte. Daher wird als Abweichung vom Soll-Wert nur der Effekt aufgrund des Eintretens eines erwarteten Umweltzustands U_1 ($+10\,GE$) berücksichtigt.

3403 Vgl. Dirrigl (Erfolgspotenzialrechnung), Sp. 423-431; ferner Hebertinger (Wertsteigerungsmaße), S. 83 ff.

3404 Eine zu „genaue" Berücksichtigung von Zinsänderungen kann zu Akzeptanzproblemen führen. Vgl. Burger/Ulbrich (Beteiligungscontrolling), S. 545.

3405 Vgl. Ballwieser (Komplexitätsreduzierung), S. 78-82.

3406 Vgl. Breid (Erfolgspotentialrechnung), S. 215-228; Dirrigl (Erfolgspotenzialrechnung), Sp. 423-431; Schmidbauer (Beteiligungs-Controlling), S. 279-287; Dolny (Controlling), S. 226-240

3407 Vgl. Ballwieser/Leuthier (Grundprinzipien, Teil II), S. 605. Aufgrund der Vernachlässigung künftiger Erweiterungsinvestitionen unterstellt der VIU in gewisser Hinsicht auch eine mehr oder weniger unveränderte Geschäftspolitik.

Der operative Informationseffekt ($OIE_t^{CGU_1}$) und der operative Aktionseffekt ($OAE_t^{CGU_1}$) bestimmen sich wie folgt:

$$\begin{aligned} OIE_t^{CGU_1} &= \overline{F}CF_{t\,(Träg)}^{CGU_1} - \widetilde{F}CF_{t\,(Soll)}^{CGU_1} \\ &= 120 - 110 = +10\,GE \end{aligned}$$

und

$$\begin{aligned} OAE_t^{CGU_1} &= FCF_{t\,(Ist)}^{CGU_1} - \overline{F}CF_{t\,(Träg)}^{CGU_1} \\ &= 100 - 120 = -20\,GE \end{aligned}$$

Zunächst müssen für die strategische Abweichungsanalyse der „aktuelle" $VIU_t^{CGU_1}$ und der erwartete $\widetilde{V}IU_t^{CGU_1}$ ermittelt werden:

$$\begin{aligned} VIU_t^{CGU_1} &= \frac{\widetilde{F}CF_{t+1\,(Wird)}^{CGU_1}}{(1+k^{CGU_1})} + \frac{\widetilde{F}CF_{t+2\,(Wird)}^{CGU_1}}{(1+k^{CGU_1})^2} \\ &= \frac{110}{1{,}1} + \frac{48{,}4}{1{,}1^2} = 140\,GE \end{aligned}$$

und

$$\begin{aligned} \widetilde{V}IU_t^{CGU_1} &= \frac{\widetilde{F}CF_{t+1\,(Soll)}^{CGU_1}}{(1+k^{CGU_1})} + \frac{\widetilde{F}CF_{t+2\,(Soll)}^{CGU_1}}{(1+k^{CGU_1})^2} \\ &= \frac{121}{1{,}1} + \frac{0}{1{,}1^2} = 110\,GE \end{aligned}$$

Weiter ist ein fiktiver VIU unter der Prämisse einer unveränderten Geschäftspolitik bei veränderten Umweltbedingungen (Trägheitsprojektion) zu ermitteln ($\overline{V}IU_{t\,(Träg)}^{CGU_1}$). Hierbei kann verglichen mit dem erwarteten $\widetilde{V}IU_t^{CGU_1}$ nur die Erwartungsänderung ($+12{,}1\,GE$ in Periode t+2) *(Möglichkeit I.)* oder zusätzlich auch die erwartete „Fehlentwicklung" ($-11\,GE$ in Periode t+1) *(Möglichkeit II.)* Berücksichtigung finden:

$$\begin{aligned} \overline{V}IU_{t\,(Träg\,I)}^{CGU_1} &= \frac{\widetilde{F}CF_{t+1\,(Träg)}^{CGU_1}}{(1+k^{CGU_1})} + \frac{\widetilde{F}CF_{t+2\,(Träg)}^{CGU_1}}{(1+k^{CGU_1})^2} \\ &= \frac{121}{1{,}1} + \frac{12{,}1}{1{,}1^2} = 120\,GE \end{aligned}$$

oder

$$\overline{VIU}_{t\,(Träg\,II)}^{CGU_1} = \frac{\widetilde{FCF}_{t+1\,(Träg)}^{CGU_1}}{(1+k^{CGU_1})} + \frac{\widetilde{FCF}_{t+2\,(Träg)}^{CGU_1}}{(1+k^{CGU_1})^2}$$
$$= \frac{110}{1,1} + \frac{12,1}{1,1^2} = 110\,GE$$

Der strategische Informationseffekt ($SIE_t^{CGU_1}$) und der strategische Aktionseffekt ($SAE_t^{CGU_1}$) bestimmen sich bei beiden alternativen Vorgehensweisen wie folgt:

- *Möglichkeit I:*

$$SIE_t^{CGU_1} = \overline{VIU}_{t\,(Träg\,I)}^{CGU_1} - \widetilde{VIU}_t^{CGU_1}$$
$$= 120 - 110 = +10\,GE$$

und

$$SAE_t^{CGU_1} = VIU_t^{CGU_1} - \overline{VIU}_{t\,(Träg\,I)}^{CGU_1}$$
$$= 140 - 120 = +20\,GE$$

oder

- *Möglichkeit II:*

$$SIE_t^{CGU_1} = \overline{VIU}_{t\,(Träg\,II)}^{CGU_1} - \widetilde{VIU}_t^{CGU_1}$$
$$= 110 - 110 = 0\,GE$$

und

$$SAE_t^{CGU_1} = VIU_t^{CGU_1} - \overline{VIU}_{t\,(Träg\,II)}^{CGU_1}$$
$$= 140 - 110 = +30\,GE$$

Der Unterschied zwischen *Möglichkeit I* und *Möglichkeit II* ergibt sich aufgrund der Zuordnungsalternativen der in *Abbildung 68* als „gemischter Effekt" verbuchten Abweichung i.H.v. $-10\,GE$ (I.) zum Aktionseffekt bzw. (II.) zum Informationseffekt.

Wird gemäß der Möglichkeit I die Fehlentwicklung als Aktionseffekt dem Verantwortungsbereich des Managements zugerechnet und „belohnt" dieses nicht nur einseitig für die erwartungsgemäß erfolgreichen Gegenmaßnahmen, ergeben sich als Informations- ($IE_t^{CGU_1}$) und Aktionseffekte ($AE_t^{CGU_1}$):

$$IE_t^{CGU_1} = OIE_t^{CGU_1} + SIE_t^{CGU_1}$$
$$= 10 + 10 = 20\,GE$$

und

$$\begin{aligned} AE_t^{CGU_1} &= OAE_t^{CGU_1} + SAE_t^{CGU_1} \\ &= (-20) + 20 = 0\,GE \end{aligned}$$

Damit setzt sich die Gesamtabweichung wie folgt zusammen:

$$\begin{aligned} \Delta \ddot{O}G_t^{VIU,CGU_1} &= IE_t^{CGU_1} + AE_t^{CGU_1} \\ &= 20 + 0 = 20\,GE \end{aligned}$$

Außer den bisher analysierten Änderungen der erwarteten $\widetilde{FCF}_j^{CGU_1}$ unterliegt auch der erwartete Kalkulationszinssatz (k^{CGU_1}) Veränderungen im Zeitablauf.[3408] Nachfolgend wird die Annahme eines unveränderten Kalkulationszinssatzes (Zeit- und Risikokomponente) aufgehoben und eine entsprechende Berücksichtigung im Rahmen der Abweichungsanalyse untersucht.

7.5.7.2 Berücksichtigung von Zinsänderungseffekten

Neben den erwarteten $\widetilde{FCF}_j^{CGU_1}$ wirkt sich insbesondere der geschätzte Kalkulationszinssatz (k^{CGU_1}) auf die Höhe des $\widetilde{VIU}_t^{CGU_1}$ aus.[3409] „Sein Hebeleffekt ist bekannt und berüchtigt: Schon geringe Verminderungen des Zinssatzes können den Wert des Unternehmens überproportional erhöhen; Erhöhungen des Zinssatzes senken den Unternehmenswert."[3410] Die Höhe von $\Delta \ddot{O}G_t^{VIU,CGU_1}$ ist folglich auch von den Änderungen des Kalkulationszinssatzes gegenüber dem ursprünglich geschätzten Kalkulationszinssatzes abhängig.[3411] Während eine Senkung des Kalkulationszinssatzes eine positive Abweichung erhöht, führt eine Erhöhung des Kalkulationszinssatzes zu einer Verminderung einer positiven Abweichung.[3412]

Der Kalkulationszinssatz setzt sich gemäß der Risikozuschlagsmethode[3413] aus einem risikolosen Basiszinssatz und einem Risikozuschlag zusammen.[3414]

[3408] Vgl. Barton (Income Theory), S. 674; Moxter (Betriebswirtschaftliche Gewinnermittlung), S. 54.

[3409] Vgl. Moxter (Gewinnkonzeptionen), S. 218; Hebertinger (Wertsteigerungsmaße), S. 83; Kramer/Keilus (Investitionskontrolle), S. 280.

[3410] Ballwieser (Kalkulationszinsfuß), S. 736. Zur Auswirkung einer Zinssatzänderung in Abhängigkeit von den Ausgangsparametern vgl. Bloech (Investitionsmodelle), S. 43-62.

[3411] Vgl. Barton (Income Theory), S. 673.

[3412] Vgl. Barton (Income Theory), S. 673.

[3413] Vgl. hierzu etwa Schultze (Unternehmensbewertung), S. 262 ff.

[3414] Vgl. Ballwieser (Kalkulationszinsfuß), S. 737 ff.

Während die erste Komponente der Berücksichtigung der Zeitpräferenz dient, spiegelt die Risikokomponente eine (typisierte) Risikopräferenz wider. Es ist davon auszugehen, dass sich beide Komponenten im Regelfall von Periode zu Periode verändern, daher darf nicht von einem im Zeitablauf konstanten CGU-spezifischen Kalkulationszinssatz ausgegangen werden.[3415] Damit werden die als Informations- und Aktionseffekte zu klassifizierenden, zahlungsstrombedingten Teilabweichungen von Abweichungen aufgrund im Zeitablauf veränderlicher Zeitwert- und Risikobewertungen überlagert.[3416]

Nach *Moxter* stellt der Zinsänderungseffekt trotz des damit einhergehenden Wertänderungseffekts einen Scheingewinn (-verlust) dar[3417] und wäre demgemäß nicht in die Leistungsbeurteilung einzubeziehen.[3418] Eine Änderung des risikofreien Marktzinssatzes kann das Management sicher nicht zu verantworten haben.[3419] Für eine Änderung der im Kalkulationszinssatz zum Ausdruck kommenden Risikoposition der CGU hingegen trägt das Management – auch bei einer marktinduzierten Risikobewertung – zumindest eine Mitverantwortung, sofern sich die Risikoposition etwa durch Investitionsentscheidungen verändert hat.[3420] Folglich ist der Zinsänderungseffekt ein zwingender Bestandteil einer umfassenden Kontrolle und Abweichungsanalyse.[3421] Zwar spricht auch die Vermeidung von Akzeptanz- und Kommunikationsproblemen für eine gewisse Egalisierung des Kalkulationszinssatzes im Rahmen der Kontrollrechnung,[3422] eine solche lässt sich aber schwerlich über einen längeren Zeitraum rechtfertigen. Selbst der Kenntnis des Effektes der Änderung des risikolosen Zinssatzes kommt ein gewisser Informationswert zu. Damit besteht die Notwendigkeit, die beiden Zinsänderungseffekte zu separieren,[3423] um so eine Gegenüberstellung der Ergebnisse mit bzw. ohne Zinsänderung zu ermöglichen.

[3415] Vgl. Dirrigl (Unternehmensbewertung), S. 174.
[3416] Vgl. Dirrigl (Erfolgspotentialrechnung), Sp. 425 f.; ferner Moxter (Gewinnkonzeptionen), S.218.
[3417] Vgl. Moxter (Betriebswirtschaftliche Gewinnermittlung), S. 56 f.
[3418] Vgl. hierzu auch Moxter (Gewinnkonzeptionen), S. 218.
[3419] Vgl. Dirrigl (Wertorientierung), S. 559.
[3420] Vgl. Dolny (Controlling), S. 231 f.; Burger/Ulbrich (Beteiligungscontrolling), S. 607 f.
[3421] Vgl. Dirrigl (Wertorientierung), S. 559.
[3422] Vgl. Burger/Ulbrich (Beteiligungscontolling), S. 545.
[3423] Vgl. Burger/Ulbrich (Beteiligungscontrolling), S. 607.

Wie bereits *Bloech* nachgewiesen hat, ist die Höhe des Zinsänderungseffekts auch von der Höhe des ursprünglichen Zinssatzes abhängig.[3424] Bei niedrigen Zinssätzen ist der Effekt einer gleichgroßen Zinsänderung c.p. stärker als bei höheren Ausgangszinssätzen.[3425] Eine Berücksichtigung der Zinsänderungseffekte im Rahmen der Abweichungsanalyse erscheint demzufolge umso wichtiger, je niedriger der ursprünglich erwartete Zinssatz ist.[3426]

Die Berücksichtigung von Zinsänderungseffekten im Rahmen einer strategischen Abweichungsanalyse soll anhand einer Erweiterung des in *Abschnitt 7.5.7.1* dargelegten Beispiels einer strategischen Abweichungsanalyse unter Bezugnahme auf eine Trägheitsprojektion untersucht werden. Nunmehr wird zusätzlich angenommen, dass der Kalkulationszinssatz zum 31.12.t ($k_{M_t,R_t}^{CGU_1}$) 12 % statt der ursprünglich angenommenen 10 % ($k_{M_{t-1},R_{t-1}}^{CGU_1}$) beträgt. Die Erhöhung des Zinssatzes um 2 % gegenüber dem Informationsstand zum 31.12.t-1 beruht zu jeweils einem Prozentpunkt auf einer Steigerung des risikofreien Zinssatzes (M) und des Risikozuschlags (R).

Der VIU der CGU_1 auf Basis des aktuellen Informationsstandes zum 31.12.t (Wird-FCF und $k_{M_t,R_t}^{CGU_1} = 12\,\%$) beläuft sich somit auf

$$VIU_{t\,(k_{M_t,R_t}^{CGU_1})}^{CGU_1} = \frac{\widetilde{FCF}_{t+1\,(Wird)}^{CGU_1}}{(1+k_{M_t,R_t}^{CGU_1})} + \frac{\widetilde{FCF}_{t+2\,(Wird)}^{CGU_1}}{(1+k_{M_t,R_t}^{CGU_1})^2}$$
$$= \frac{110}{1{,}12} + \frac{48{,}4}{1{,}12^2} = 136{,}80\ GE$$

Wäre bei der Planung der Soll-FCF bereits mit dem „neuen" Kalkulationszinssatz ($k_{M_t,R_t}^{CGU_1}$) gerechnet worden, hätte sich folgender Soll-Wert ergeben:

$$\widetilde{VIU}_{t\,(k_{M_t,R_t}^{CGU_1})}^{CGU_1} = \frac{\widetilde{FCF}_{t+1\,(Soll)}^{CGU_1}}{(1+k_{M_t,R_t}^{CGU_1})} + \frac{\widetilde{FCF}_{t+2\,(Soll)}^{CGU_1}}{(1+k_{M_t,R_t}^{CGU_1})^2}$$
$$= \frac{121}{1{,}12} + \frac{0}{1{,}12^2} = 108{,}04\ GE$$

[3424] Vgl. Bloech (Investitionsmodelle), S. 43-62. Das Ausmaß des „Fehlers" ist wiederum abhängig vom Ertragsverlauf und Planungshorizont des Barwertkalküls.

[3425] Vgl. Bloech (Investitionsmodelle), S. 50.

[3426] Vgl. Sierke (Abweichungsanalysen), S. 288.

Somit ergibt sich unter Rückgriff auf die ursprüngliche Planung bei Angleichung an den aktuellen Kalkulationszinssatz $k_{M_t,R_t}^{CGU_1}$ eine strategische Gesamtabweichung von

$$\begin{aligned}\Delta VIU_{t(k_{M_t,R_t}^{CGU_1})}^{CGU_1} &= VIU_{t(k_{M_t,R_t}^{CGU_1})}^{CGU_1} - \widetilde{VIU}_{t(k_{M_t,R_t}^{CGU_1})}^{CGU_1} \\ &= 136{,}80 - 108{,}04 = +28{,}76\ GE\end{aligned}$$

Mithilfe einer konsistenten Trägheitsprojektion des VIU ($\overline{VIU}_{t(k_{M_t,R_t}^{CGU_1})}^{CGU_1}$) lassen sich für die entsprechende Parameterkonstellation der strategische Informationseffekt ($SIE_{t(k_{M_t,R_t}^{CGU_1})}^{CGU_1}$) und der strategische Aktionseffekt ($SAE_{t(k_{M_t,R_t}^{CGU_1})}^{CGU_1}$) feststellen. Eine Trägheitsprojektion gemäß der Möglichkeit I auf Grundlage von $k_{M_t,R_t}^{CGU_1}$ ergibt folgenden VIU:

$$\begin{aligned}\overline{VIU}_{t(k_{M_t,R_t}^{CGU_1})}^{CGU_1} &= \frac{\widetilde{FCF}_{t+1\,(Träg)}^{CGU_1}}{(1+k_{M_t,R_t}^{CGU_1})} + \frac{\widetilde{FCF}_{t+2\,(Träg)}^{CGU_1}}{(1+k_{M_t,R_t}^{CGU_1})^2} \\ &= \frac{121}{1{,}12} + \frac{12{,}1}{1{,}12^2} = 117{,}68\ GE\end{aligned}$$

Somit betragen die strategischen Informations- ($SIE_{t(k_{M_t,R_t}^{CGU_1})}^{CGU_1}$) und Aktionseffekte ($SAE_{t(k_{M_t,R_t}^{CGU_1})}^{CGU_1}$) auf Basis von $k_{M_t,R_t}^{CGU_1}$

$$\begin{aligned}SIE_{t(k_{M_t,R_t}^{CGU_1})}^{CGU_1} &= \overline{VIU}_{t(k_{M_t,R_t}^{CGU_1})}^{CGU_1} - \widetilde{VIU}_{t(k_{M_t,R_t}^{CGU_1})}^{CGU_1} \\ &= 117{,}68 - 108{,}04 = +9{,}64\ GE\end{aligned}$$

und

$$\begin{aligned}SAE_{t(k_{M_t,R_t}^{CGU_1})}^{CGU_1} &= VIU_{t(k_{M_t,R_t}^{CGU_1})}^{CGU_1} - \overline{VIU}_{t(k_{M_t,R_t}^{CGU_1})}^{CGU_1} \\ &= 136{,}80 - 117{,}68 = +19{,}12\ GE\end{aligned}$$

Die gesamte strategische Abweichung unter Verwendung von $k_{M_t,R_t}^{CGU_1}$ setzt sich somit wie folgt zusammen:

$$\begin{aligned}\Delta VIU_{t(k_{M_t,R_t}^{CGU_1})}^{CGU_1} &= SIE_{t(k_{M_t,R_t}^{CGU_1})}^{CGU_1} + SAE_{t(k_{M_t,R_t}^{CGU_1})}^{CGU_1} \\ &= 9{,}64 + 19{,}12 = +28{,}76\ GE\end{aligned}$$

Da die Änderung des Kalkulationszinssatzes auf zwei unterschiedlichen Ursachen beruht und teilweise gänzlich außerhalb des Einflussbereichs des Managements liegt, müssen die diesbezüglichen Teileffekte separiert werden. Ein Problem ist hierbei, dass eine Barwertfunktion in Bezug auf den Kalkulationszinssatz nicht linear verläuft.[3427] Eine im Beispiel zuerst vorzunehmende Änderung des Kalkulationszinssatzes von 10 % auf 11 % hat absolut einen größeren Effekt auf den Barwert als eine Änderung von 11 % auf 12 %.[3428] Eine Entscheidung darüber, ob zuerst die Änderung des risikolosen Zinssatzes (M) oder der Risikokomponente (R) zu berücksichtigen ist, ist nicht willkürfrei möglich und wirkt sich auf die Höhe der Teileffekte aus.[3429] Wie noch gezeigt wird, erscheint es für eine klare Zuordnung zum Informations- und Aktionseffekt zweckmäßig, zuerst die Änderung des risikofreien Zinssatzes zu berücksichtigen.

Um die Zinsänderungseffekte in die strategische Abweichungsanalyse einbeziehen zu können, bedarf es einer Berechnung der entsprechenden „Übergangswerte“. Die Wird- und Soll-Werte sowie der Trägheitsprojektionswert auf Grundlage des Kalkulationszinssatzes $k^{CGU_1}_{M_t,R_{t-1}} = 11\,\%$ werden nachstehend ermittelt:

$$VIU^{CGU_1}_{t\,(k^{CGU_1}_{M_t,R_{t-1}})} = \frac{\widetilde{FCF}^{CGU_1}_{t+1\,(Wird)}}{(1+k^{CGU_1}_{M_t,R_{t-1}})} + \frac{\widetilde{FCF}^{CGU_1}_{t+2\,(Wird)}}{(1+k^{CGU_1}_{M_t,R_{t-1}})^2}$$

$$= \frac{110}{1{,}11} + \frac{48{,}4}{1{,}11^2} = 138{,}38\;GE$$

$$\widetilde{VIU}^{CGU_1}_{t\,(k^{CGU_1}_{M_t,R_{t-1}})} = \frac{\widetilde{FCF}^{CGU_1}_{t+1\,(Soll)}}{(1+k^{CGU_1}_{M_t,R_{t-1}})} + \frac{\widetilde{FCF}^{CGU_1}_{t+2\,(Soll)}}{(1+k^{CGU_1}_{M_t,R_{t-1}})^2}$$

$$= \frac{121}{1{,}11} + \frac{0}{1{,}11^2} = 109{,}01\;GE$$

$$\overline{VIU}^{CGU_1}_{t\,(k^{CGU_1}_{M_t,R_{t-1}})} = \frac{\widetilde{FCF}^{CGU_1}_{t+1\,(Träg)}}{(1+k^{CGU_1}_{M_t,R_{t-1}})} + \frac{\widetilde{FCF}^{CGU_1}_{t+2\,(Träg)}}{(1+k^{CGU_1}_{M_t,R_{t-1}})^2}$$

$$= \frac{121}{1{,}11} + \frac{12{,}1}{1{,}11^2} = 118{,}83\;GE$$

Die gesamte strategische Abweichung für $k^{CGU_1}_{M_t,R_{t-1}}$ beträgt

$$\Delta VIU^{CGU_1}_{t\,(k^{CGU_1}_{M_t,R_{t-1}})} = VIU^{CGU_1}_{t\,(k^{CGU_1}_{M_t,R_{t-1}})} - \widetilde{VIU}^{CGU_1}_{t\,(k^{CGU_1}_{M_t,R_{t-1}})}$$

$$= 138{,}38 - 109{,}01 = +29{,}37\;GE$$

[3427] Vgl. z.B. Perridon/Steiner (Finanzwirtschaft), S. 48 f.
[3428] Vgl. Bloech (Investitionsmodelle), S. 43-62.
[3429] Vgl. Dirrigl (Erfolgspotenzialrechnung), Sp. 426.

Es ergeben sich als strategische Teilabweichungen auf Basis von $k_{M_t,R_{t-1}}^{CGU_1}$:

$$SIE_{t\,(k_{M_t,R_{t-1}}^{CGU_1})}^{CGU_1} = \overline{V}IU_{t\,(k_{M_t,R_{t-1}}^{CGU_1})}^{CGU_1} - \widetilde{V}IU_{t\,(k_{M_t,R_{t-1}}^{CGU_1})}^{CGU_1}$$
$$= 118{,}83 - 109{,}01 = +9{,}82\ GE$$

und

$$SAE_{t\,(k_{M_t,R_{t-1}}^{CGU_1})}^{CGU_1} = VIU_{t\,(k_{M_t,R_{t-1}}^{CGU_1})}^{CGU_1} - \overline{V}IU_{t\,(k_{M_t,R_{t-1}}^{CGU_1})}^{CGU_1}$$
$$= 138{,}38 - 118{,}83 = +19{,}55\ GE$$

Somit setzt sich die gesamte strategische Abweichung wie folgt zusammen:

$$\Delta VIU_{t\,(k_{M_t,R_{t-1}}^{CGU_1})}^{CGU_1} = SIE_{t\,(k_{M_t,R_{t-1}}^{CGU_1})}^{CGU_1} + SAE_{t\,(k_{M_t,R_{t-1}}^{CGU_1})}^{CGU_1}$$
$$= 9{,}82 + 19{,}55 = +29{,}37\ GE$$

Um die einzelnen, für sich gesehen nur begrenzt aussagefähigen Abweichungsanalysen auf Basis von $k_{M_{t-1},R_{t-1}}^{CGU_1} = 10\,\%$, $k_{M_t,R_{t-1}}^{CGU_1} = 11\,\%$ und $k_{M_t,R_t}^{CGU_1} = 12\,\%$ zu verbinden und die entsprechenden Zinsänderungen in das Gesamtbild einzuordnen, können diese in einer Matrix einander gegenübergestellt werden. Ausgehend vom VIU auf Basis von Soll-FCF und $k_{M_{t-1},R_{t-1}}^{CGU_1} = 10\,\%$ $(\widetilde{V}IU_{t\,(k_{M_{t-1},R_{t-1}}^{CGU_1})}^{CGU_1})$ können auf verschiedenen Pfaden sukzessive Anpassungen der Bewertungsparameter vorgenommen werden, bis der VIU auf Basis von Wird-FCF und $k_{M_t,R_t}^{CGU_1} - 12\,\%$ $(VIU_{t\,(k_{M_t,R_t}^{CGU_1})}^{CGU_1})$ erreicht ist.[3430] In Anlehnung an eine von *Dirrigl* als Grundstruktur einer erfolgspotentialorientierten Abweichungsanalyse vorgeschlagenen Vorgehensweise bietet sich die in *Abbildung 69* aufgezeigte Darstellungsweise zur Ermittlung und Interpretation der Teilabweichungen an.[3431]

[3430] Vgl. Dirrigl (Erfolgspotenzialrechnung), Sp. 426.
[3431] Vgl. Dirrigl (Erfolgspotenzialrechnung), Sp. 425 ff.

Abbildung 69: Vorgehensweise bei einer strategischen Abweichungsanalyse

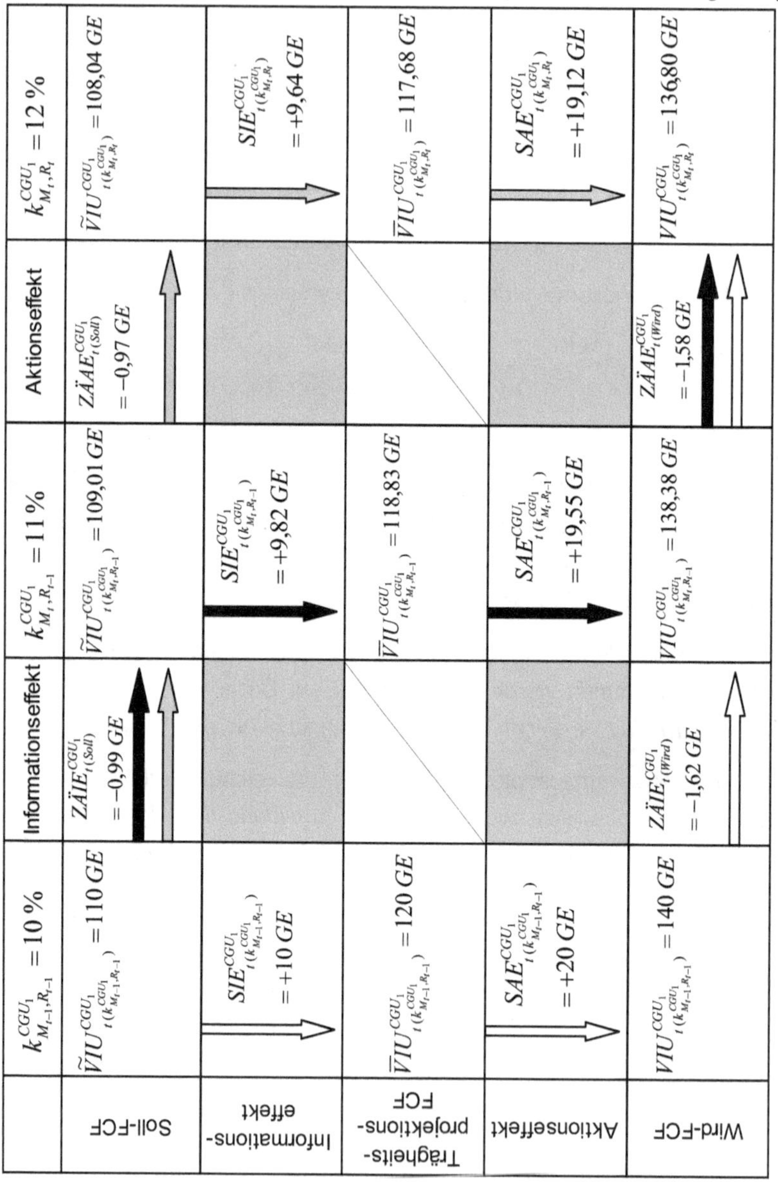

Die Zinsänderungseffekte ($Z\ddot{A}$) aufgrund des Übergangs von $k_{M_{t-1},R_{t-1}}^{CGU_1} = 10\,\%$ auf $k_{M_t,R_{t-1}}^{CGU_1} = 11\,\%$ sind, da sie annahmegemäß auf einer Änderung des risikofreien Zinssatzes (M) beruhen, als Zinsänderungs-Informationseffekte zu klassifizieren ($Z\ddot{A}IE$). Die Auswirkungen des Wechsels auf die aktuelle Risikoposition von $k_{M_t,R_{t-1}}^{CGU_1} = 11\,\%$ auf $k_{M_t,R_t}^{CGU_1} = 12\,\%$ können hingegen als Zinsänderungs-Aktionseffekte ($Z\ddot{A}AE$) interpretiert werden. Damit wird implizit unterstellt, dass die Änderung der Risikokomponente primär von der Geschäftspolitik abhängig ist.[3432] Sicherlich erscheint eine solche Klassifikation zunächst sehr „pauschal"[3433] und vernachlässigt, dass ein Teil der Risikoänderung, gemessen an einer Änderung des β-Faktors und damit an der relativen Stellung zum Marktportfolio, einen marktinduzierten Informationseffekt beinhalten kann.[3434] Nur die auf Maßnahmen des Managements zurückgehende Änderung des β-Faktors und nicht der auf einer Änderung der Rendite des Marktportfolios (Informationseffekt) beruhende Risikoeffekt stellt einen Aktionseffekt dar.[3435]

Es ist jedoch Aufgabe des Managements, die Risikowirkung bei seinen strategischen Entscheidungen zu berücksichtigen; im Zweifel hat es nach der hier vertretenen Auffassung auch die marktinduzierte zu verantworten.[3436] Mit einer solchen Zuordnung werden gewisse Anreize zur Berücksichtigung von Risikowirkungen strategischer Maßnahmen gesetzt.[3437] Insofern ist nicht nur eine Berücksichtigung der aktionsbezogenen Risikowirkung bei der Managementbeurteilung geboten,[3438] sondern auch die Zuordnung des marktinduzierten Risikoeffekts zum Aktionseffekt vertretbar.[3439] Hält man eine Trennung der Teileffekte innerhalb des Risikoffekts nicht für zwingend notwendig,[3440] ist demzufolge am ehesten eine Klassifikation als Aktionseffekt zu begründen. Im Übrigen wird bei der Abweichungsanalyse der größere Effekt der Zinsänderung von 10 % auf 11 % als Änderung des risikofreien Zinssatzes und somit als Informationseffekt verbucht. Der geringere Effekt der Zinsänderung von

3432 Vgl. Barton (Income Theory), S. 673; ferner Kramer/Keilus (Investitionskontrolle), S. 280.
3433 Vgl. Breid (Erfolgspotentialrechnung), S. 225.
3434 Vgl. Dolny (Controlling), S. 231 ff.; Burger/Ulbrich (Beteiligungscontrolling), S. 607 f.
3435 Vgl. Dolny (Controlling), S. 231 f.
3436 Vgl. Laux (Unternehmensrechnung), S. 12.
3437 Vgl. Schmidbauer (Beteiligungs-Controlling), S. 286; Breid (Erfolgspotentialrechnung), S. 225.
3438 Vgl. Dolny (Controlling), S. 231.
3439 Vgl. aber Dolny (Controlling), S. 232 f.
3440 Vgl. Dolny (Controlling), S. 232.

10 % auf 11 % verbleibt als risikoänderungsbedingter Aktionseffekt. Insofern wurde gleichsam bereits ein heuristischer Abschlag beim Aktionseffekt zugunsten des Informationseffekts vorgenommen.

Wie *Abbildung 69* zeigt, ergeben sich bezüglich der auf den Schätzungen der Soll- und Wird-FCF beruhenden VIU-Berechnungen folgende $Z\ddot{A}IE$ und $Z\ddot{A}AE$:

$$Z\ddot{A}IE^{CGU_1}_{t\,(Soll)} = \widetilde{VIU}^{CGU_1}_{t\,(k^{CGU_1}_{M_t,R_{t-1}})} - \widetilde{VIU}^{CGU_1}_{t\,(k^{CGU_1}_{M_{t-1},R_{t-1}})}$$
$$= 109{,}01 - 110 = -0{,}99\ GE$$

$$Z\ddot{A}AE^{CGU_1}_{t\,(Soll)} = \widetilde{VIU}^{CGU_1}_{t\,(k^{CGU_1}_{M_t,R_t})} - \widetilde{VIU}^{CGU_1}_{t\,(k^{CGU_1}_{M_t,R_{t-1}})}$$
$$= 108{,}04 - 109{,}01 = -0{,}97\ GE$$

$$Z\ddot{A}IE^{CGU_1}_{t\,(Wird)} = VIU^{CGU_1}_{t\,(k^{CGU_1}_{M_t,R_{t-1}})} - VIU^{CGU_1}_{t\,(k^{CGU_1}_{M_{t-1},R_{t-1}})}$$
$$= 138{,}38 - 140 = -1{,}62\ GE$$

$$Z\ddot{A}AE^{CGU_1}_{t\,(Wird)} = VIU^{CGU_1}_{t\,(k^{CGU_1}_{M_t,R_t})} - VIU^{CGU_1}_{t\,(k^{CGU_1}_{M_t,R_{t-1}})}$$
$$= 136{,}80 - 138{,}38 = -1{,}58\ GE$$

Auf eine Isolierung der $Z\ddot{A}$ bei den Trägheitsprojektionswerten kann mangels Aussagefähigkeit verzichtet werden. Entsprechend ist dieser Pfad in *Abbildung 69* nicht belegt, womit immer noch drei verschiedene Reihenfolgen, in denen die Teilabweichungen sukzessiv bestimmt werden können, möglich sind.

Während der mit weißen Pfeilen gekennzeichnete Pfad in den ersten beiden Schritten die reinen FCF-Abweichungen auf Grundlage der ursprünglichen Kalkulationszinssätze ermittelt und die Zinsänderungen erst danach erfasst, wird beim grauen Pfad zunächst der reine Zinsänderungseffekt berücksichtigt,[3441] um anschließend die FCF-Abweichungen auf Grundlage des neuen Kalkulationszinssatzes zu bestimmen.[3442] Bei beiden Vorgehensweisen werden Informations- und Aktionseffekte sozusagen „durcheinander" bestimmt. Zu einer diesbezüglich konsequenten Vorgehensweise führt hingegen lediglich der mit schwarzen Pfeilen gekennzeichnete mittlere Pfad. Hierbei werden zunächst beide Informationseffekte ($Z\ddot{A}IE^{CGU_1}_{t\,(Soll)} = -0{,}99\ GE$ sowie $SIE^{CGU_1}_{t\,(k^{CGU_1}_{M_t,R_{t-1}})} = +9{,}82\ GE$) und danach beide Aktionseffekte ($SAE^{CGU_1}_{t\,(k^{CGU_1}_{M_t,R_{t-1}})} = +19{,}55\ GE$ sowie $Z\ddot{A}AE^{CGU_1}_{t\,(Wird)} = -1{,}58\ GE$) berechnet. Wählt man diese Vorgehensweise, er-

[3441] Vgl. Moxter (Betriebswirtschaftliche Gewinnermittlung), S. 54 f.

gibt sich in den ersten beiden Schritten ein strategischer Informationseffekt i.H.v.

$$\begin{aligned} SIE_t^{CGU_1} &= Z\ddot{A}IE_{t\,(Soll)}^{CGU_1} + SIE_{t\,(k_{M_t,R_{t-1}}^{CGU_1})}^{CGU_1} \\ &= (-0{,}99) + 9{,}82 = 8{,}83\ GE \end{aligned}$$

und im dritten und vierten Schritt als strategischer Aktionseffekt

$$\begin{aligned} SAE_t^{CGU_1} &= SAE_{t\,(k_{M_t,R_{t-1}}^{CGU_1})}^{CGU_1} + Z\ddot{A}AE_{t\,(Wird)}^{CGU_1} \\ &= 19{,}55 + (-1{,}58) = 17{,}97\ GE \end{aligned}$$

Die strategische Gesamtabweichung setzt sich demgemäß wie folgt zusammen:

$$\begin{aligned} \Delta VIU_t^{CGU_1} &= SIE_t^{CGU_1} + SAE_t^{CGU_1} \\ &= 8{,}83 + 17{,}97 = +26{,}80\ GE \end{aligned}$$

Hierbei ist von Bedeutung, dass je nach eingeschlagenem Pfad die Teilabweichungen aufgrund der Interdependenzen zwischen ihnen unterschiedlich hoch sind,[3443] auch ist die Zuordnung des Risikoeffekts zum Aktionseffekt eher pragmatisch erfolgt. Im Rahmen einer verfeinerten Analyse könnten die gemischten Abweichungen „zweiter Ordnung" isoliert[3444] und separat beurteilt sowie der Risikoeffekt weiter aufgespalten werden. Jedoch ist es unter wirtschaftlichen Gesichtspunkten nicht unbedingt sinnvoll, jede Teilabweichung zu analysieren.[3445]

7.6 Weiterentwicklung zu einer mehrperiodischen „Projektabrechnung"

Mitunter kann es auch notwendig sein, den Wertbeitrag mehrerer Perioden zu kontrollieren. So kann es bezüglich einer CGU etwa darum gehen, den gesamten Wertbeitrag seit dem Zeitpunkt eines Beteiligungserwerbs, einer strategischen Neuausrichtung, eines Managementwechsels, der Gründung eines Tochterunternehmens, der Einführung von neuartigen Produkten oder Techno-

[3442] Vgl. Dirrigl (Erfolgspotenzialrechnung), Sp. 426.
[3443] Vgl. Dirrigl (Erfolgspotenzialrechnung), Sp. 427.
[3444] Vgl. Kramer/Keilus (Investitionskontrolle), S. 280.
[3445] Vgl. Küpper (Industrielles Controlling), S. 945.

logien, beurteilen zu können. Zu diesem Zweck ist eine mehrperiodische „Projektabrechnung" erforderlich.[3446]

Soll statt des von einer CGU generierten Wertbeitrags einer einzelnen Periode der Wertbeitrag mehrerer Perioden kontrolliert und analysiert werden, müssen – anders als bei einer nur auf eine Periode abstellenden Abrechnung – die seit Beginn des Abrechnungszeitraums bis zum Beginn der Kontrollperiode realisierten FCF in der Kontrollrechnung Berücksichtigung finden.[3447]

Der $ÖG_t^{VIU,CGU_i}$ schaut jedoch nicht über den Beginn der Kontrollperiode hinaus in die Vergangenheit und lässt die Vorperioden unberücksichtigt. Eine mit dieser Kontrollgröße verbundene Beschränkung auf die in der Kontrollperiode erzielten operativen ($OW_t^{CGU_i}$) und strategischen Wertbeiträge (SW_t^{VIU,CGU_i}) sowie die zugehörigen Erwartungen und Abweichungen ist zur Beurteilung des Erfolges des gesamten bisherigen „Projektverlaufs" jedoch nicht ausreichend. Auch die in den Vorperioden realisierten FCF müssen zweckentsprechend berücksichtigt und jedenfalls mittels Aufzinsung auf den Kontrollzeitpunkt bezogen werden, denn nur auf diese Weise kann der Erfolg des bisherigen „Projektverlaufs" umfassend gewürdigt werden. Das bedeutet für die Kontrolle und Abweichungsanalyse, dass zwischen den bisherigen seit Abrechnungsbeginn realisierten Werten (d.h., den bereits realisierten FCF) und dem zwar geschaffenen, aber erst zukünftig erwartungsgemäß als FCF realisierbaren, strategischen Wertbeitrag unterschieden werden muss.

Wird als Projektbeginn der Zeitpunkt des Erwerbs eines Tochterunternehmens gewählt, könnte gleichfalls erwogen werden, einen Verhandlungserfolg[3448] (d.h. den Kapitalwert des Unternehmenserwerbs) zu berücksichtigen, was in diesem Zusammenhang jedoch problematisch erscheint.[3449] Dagegen könnte die Investitionsauszahlung mittels Aufzinsung auf den Kontrollzeitpunkt bezogen werden, womit bei Gegenüberstellung mit den seither realisierten, aufgezinsten FCF gleichsam die sukzessive Annäherung an einen „Break Even Point" überwacht werden könnte.

[3446] Zur Notwendigkeit einer entsprechenden Rechnung vgl. auch Schüler/Krotter (Steuerungsgrößen), S. 437.
[3447] Vgl. hierzu Gebhardt (Beteiligungscontrolling), S. 2228-2231; Bergmann (Beurteilung), S. 173-191.
[3448] Vgl. Baetge (Akquisitionscontrolling), S. 458 f.
[3449] Vgl. Dolny (Controlling), S. 240 f.

O'Hanlon/Peasnell stellen mit dem EVC (Excess Value Created) ein entsprechendes Erfolgsmaß auf Basis von Residualgewinnen (RG) zur Verfügung.[3450] Der EVC unterscheidet im Rahmen einer Mehrperiodenbetrachtung explizit zwischen einer zukunftsbezogenen „Wertschaffung" (=Barwert der künftigen RG) und einer vergangenheitsbezogenen „Wertrealisierung" (=bisher realisierte, „angesparte" und zum Kalkulationszinssatz verzinste RG).[3451] Auf diesen Erkenntnissen aufbauend ließe sich eine auf dem $\ddot{O}G_t^{VIU,CGU_i}$ basierende Kontrolle und Abweichungsanalyse zu einer mehrperiodischen „Projektabrechnung" erweitern. Entsprechende Überlegungen zielen zum einen in Richtung einer bereits von *Gebhardt* vorgeschlagenen und von *Pellens/Crasselt/Sellhorn* im Zusammenhang mit der Goodwill-Bilanzierung diskutierten[3452] periodenübergreifenden Projektstandsrechnung[3453] ab, und finden sich zum anderen insbesondere auch in Vorschlägen zur Ausgestaltung von Anreizsystemen wieder. *Schultze* schlägt ein auf den Grundgedanken von *O'Hanlon/Peasnell* aufbauendes und auf dem ökonomischen Residualgewinn basierendes, anreizkompatibles Entlohnungssystem mittels einer sog. Bonusbank unter Bezugnahme auf den Goodwill-Impairment-Test[3454] vor.[3455] Zwar sollen in diesem Zusammenhang (periodisierte) RG zur Bemessung der Wertbeiträge herangezogen werden, ein entsprechendes Anreizsystem könnte indessen grundsätzlich auch zahlungsbasiert in adäquater Weise ausgestaltet werden[3456] und ließe sich folglich mit dem auf Basis von FCF ermittelten $\ddot{O}G_t^{VIU,CGU_i}$ verknüpfen.

3450 Vgl. O'Hanlon/Peasnell (Value-Creation), S. 233 f.; ferner Ohlson (Discussion). Zu einer – allerdings nicht mit der VIU-Ermittlung kompatiblen – Erweiterung um Fremdfinanzierungs- und Steuerwirkungen vgl. Schüler/Krotter (Steuerungsgrößen), S. 433-436.

3451 Vgl. O'Hanlon/Peasnell (Value-Creation), S. 234; Schultze (Bonusbanken), S. 6; Schultze/Weiler (Performancemessung), S. 139.

3452 Vgl. Pellens/Crasselt/Sellhorn (Goodwill-Bilanzierung), S. 145 ff., die sich allerdings auf eine „Akquisitionsnachrechnung" beziehen. Eine goodwill-tragende CGU muss aber nicht zwingend einem Akquisitionsobjekt gleichkommen. Vgl. Hachmeister (Goodwill-Bilanzierung), S. 431.

3453 Vgl. Gebhardt (Beteiligungscontrolling), S. 2228-2231; Bergmann (Beurteilung), S. 173-191; Kempen (Projektstandsrechnung); Burger/Ulbrich (Beteiligungscontrolling), S. 594 ff.

3454 Vgl. Schultze (Bonusbanken), S. 23; Schultze/Weiler (Performancemessung), S. 153 f.

3455 Vgl. Schultze (Bonusbanken), S. 7-22; Schultze/Weiler (Performancemessung), S. 138-155.

3456 Vgl. Schultze (Bonusbanken), S. 4 f.; grundlegend Gillenkirch/Schabel (Investitionssteuerung).

7.7 Einbindung des VIU einer CGU in den wertorientierten Steuerungsprozess

Wie gezeigt wurde, lassen sich auf Grundlage der Daten des Goodwill-Impairment-Tests nach IFRS ohne wesentliche Mehrarbeit kapitaltheoretische Erfolge für einzelne CGU im Jahresturnus bestimmen. Der auf dieser Basis zu ermittelnde $\ddot{O}G_t^{VIU,CGU_i}$ als umfassende Kontrollgröße erfüllt im Wesentlichen die Anforderungen an eine unternehmenswertorientierte Bereichskontrolle und ist einer entsprechenden Abweichungsanalyse zugänglich.

Als mit der Kontrollgröße im Einklang stehende rechnerische Entscheidungsgrundlage kann wiederum der $VIU_{t-1}^{GCU_i}$ herangezogen werden. Damit liegt ein periodisch zu ermittelnder Basiswert vor, auf dessen Grundlage strategische Möglichkeiten evaluiert und verglichen werden können.[3457]

Aus dem $VIU_{t-1}^{GCU_i}$ lässt sich andererseits in konsistenter Weise ein Plangewinn als Soll-Ergebnis ableiten.[3458] Dieser erwartete $\tilde{\ddot{O}G}_t^{VIU,CGU_i}$ ergibt sich als Verzinsung des $VIU_{t-1}^{GCU_i}$, und zu Kontrollzwecken kann der „realisierte" $\ddot{O}G_t^{VIU,CGU_i}$ (Ist-Wird-Größe) dem erwarteten $\tilde{\ddot{O}G}_t^{VIU,CGU_i}$ (Soll-Größe) gegenübergestellt werden. Die bei diesem jährlichen Soll-Ist/Wird-Vergleich festgestellten Abweichungen lassen sich in eine operative Abweichung (Soll-Ist-Abweichung) und eine strategische Abweichung (Soll-Wird-Abweichung) aufspalten. Im Rahmen der Abweichungsanalyse können die einzelnen Abweichungsursachen mit ihren Wirkungen als Informations- oder Aktionseffekte klassifiziert werden. Auf dieser Grundlage kann eine sachgerechte Beurteilung der CGU bzw. des CGU-Managements erfolgen und ein eventueller Handlungsbedarf abgeleitet werden. Vereinfacht kann die Abweichungsanalyse auch global mit Bezug auf eine Trägheitsprojektion vorgenommen werden, wobei neben zahlungsstrombezogenen Abweichungen auch Zinsänderungseffekte zu berücksichtigen sind.

Abbildung 70 stellt die Zusammenhänge im Hinblick auf eine Einbindung der im Zuge des Goodwill-Impairment-Tests zu generierenden Daten in den Steuerungsprozess dar.

[3457] Vgl. Barton (Income Theory), S. 677 f.
[3458] Vgl. hierzu Barton (Income Theory), S. 677 f.

Abbildung 70: Einbindung des VIU einer CGU in den Steuerungsprozess

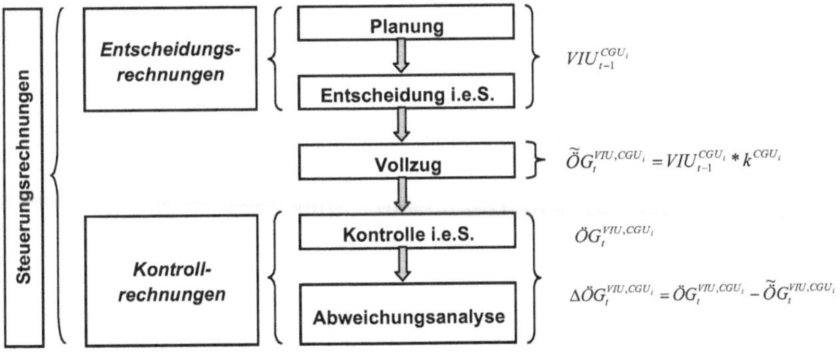

Da eine derart zielkongruente und gleichzeitig hinreichend analysefähige Steuerungsrechnung aufgrund Ihrer Komplexität und des damit einhergehenden Erstellungsaufwands in der Praxis eher die Ausnahme darstellen dürfte, scheint mit dem Goodwill-Impairment-Test den nach IFRS bilanzierenden Unternehmen „quasi ein ideales Controlling-Instrument verordnet“[3459] worden zu sein. Dieses ließe sich prinzipiell zu einer mehrperiodischen „Projektabrechnung“ weiterentwickeln und möglicherweise mit einem anreizkompatiblen Entlohnungssystem mittels einer sog. Bonusbank verbinden[3460].

Problematisch bleibt jedoch die Manipulationsanfälligkeit der Berechnung, welche maßgeblich auf Prognosen beruht.[3461] Aufgrund der Einbeziehung in die Abschlussprüfung und der jährlichen Wiederholung der Bewertung in Verbindung mit einer Abweichungsanalyse (auf die auch der Prüfer zurückgreifen könnte) sollte dem Manipulationsproblem jedoch in gewissem Umfang quasi automatisch entgegengewirkt werden können.[3462] Eine Einschränkung des Manipulationsspielraums bewirkt im Übrigen eine Gegenüberstellung der Soll- und Ist-FCF sowie der Soll- und Wird-FCF für die einzelnen Planungsperionden, welche faktisch die Möglichkeiten von willkürlichen Über- und Unterschätzungen begrenzt.[3463] In Verbindung mit weiteren organisatorischen Maßnahmen sollte ein vertretbares Mindestmaß an Objektivität sichergestellt werden können.[3464]

[3459] Pellens/Sellhorn (US-Goodwillbilanzierung), S. 114.
[3460] Vgl. Schultze/Weiler (Performancemessung), S. 138-155.
[3461] Vgl. Wagner (Kriterien), S. 190.
[3462] Vgl. hierzu auch Hachmeister (Goodwill-Bilanzierung), S. 430.
[3463] Vgl. hierzu Herter (Management), S. 175.
[3464] Vgl. hierzu Ordelheide (Wertpotential), S. 528 f.

Daneben muss auch die Frage gestellt werden, ob der Objektivität gegenüber der Relevanz ein derart starkes Gewicht beigemessen werden darf.[3465] Unternehmenswerte sind Zukunftswerte und eine unternehmenswertorientierte Steuerung kann daher nicht ohne die schwer objektivierbaren Zukunftswerte auskommen.[3466] „Es will sinnwidrig anmuten, bei solchen rein 'internen' Gewinnberechnungen die aus der Objektivierung zwangsläufig resultierenden Informationseinbußen (Gewinnverzerrungen) hinzunehmen“[3467].

7.8 Implikationen für das konvergente Rechnungswesen

Die Diskussion um die Nutzung des Goodwill Impairment-Test hat gezeigt, dass sich bei Verwendung der hierfür erforderlichen geprüften „Nebenrechnungen“ ohne wesentlichen Mehraufwand eine zweckadäquate Ausgestaltung der wertorientierten Bereichssteuerung erreichen lässt. Da für das investororientierte externe Rechnungswesen gleichgerichtete Informationen erforderlich sind und eine segmentierte Berichterstattung grundsätzlich informativer ist, stellt sich die Frage, ob nicht eine analoge Vorgehensweise auch für das externe Rechnungswesen zweckmäßig wäre. Sollte dieses der Fall sein, wäre ein wirklich konvergentes Rechnungswesen die logische Folge einer entsprechenden Neuorientierung des externen Rechnungswesens als „Informationsbilanz“.

[3465] Vgl. Küpper (Controlling 2001), S. 240.
[3466] Vgl. Gebhardt (Beurteilungsgrößen), S. 81.
[3467] Moxter (Betriebswirtschaftliche Gewinnermittlung), S. 224.

8 Zweckadäquate Ausgestaltung einer IFRS-Informationsbilanz[3468]

8.1 Begriff der Informationsbilanz

Für eine Bilanz[3469], der als alleinige Aufgabe die Informationsvermittlung zukommt, kann, sofern diese Aufgabe – anders als bei einer IFRS-Bilanz – konsequent verfolgt wird, der Begriff „Informationsbilanz"[3470] Verwendung finden.[3471] Informationsbilanzen zeichnen sich durch eine Gegenüberstellung von Vermögen und Schulden zur zweckadäquaten Ermittlung des Reinvermögens aus, sie sind folglich vermögensorientiert.[3472] Im Mittelpunkt der Informationsvermittlung stehen das „betriebswirtschaftliche" Eigenkapital und dessen Veränderung.[3473] Dreh- und Angelpunkt einer investororientierten Informationsbilanz ist folglich eine möglichst lückenlose Erfassung aller Ein- und Auszahlungspotentiale sowie deren ertragswertorientierte Bewertung,[3474] andernfalls böte die Bilanz keine ausreichende Entscheidungs- und Kontrollbasis.[3475] Eine Informationsbilanz kann sich grundsätzlich auf ein Unternehmen (bzw. einen Konzern) als Ganzes oder auf einzelne Bereiche (Segmente oder CGU) beziehen. Hinsichtlich ihrer Ausgestaltung gilt, „dass ein so komplexer Sachverhalt wie die wirtschaftliche Unternehmenslage auch komplexe Informationsinstrumente erfordert"[3476].

Da mit der Fokussierung auf die Informationsvermittlung die Nebenbedingung der Objektivität zugunsten der Entscheidungs- und Kontrollrelevanz stark zurückgedrängt wird, bietet sich insbesondere ein Einsatz im internen Rechnungswesen an. Wenn überhaupt, ist eine entobjektivierte Bilanz im internen

---

3468 Die Ausführungen erfolgen teilweise in enger Anlehnung an Haaker (Informationsbilanz, Teil II).

3469 I.w.S. kann unter den Begriff Bilanz die Gesamheit der periodisch zu erstellenden Abschlussinstrumente subsumiert werden. Vgl. Weber/Rogler (Rechnungswesen, Band 1), S. 45 f.

3470 Streim/Esser (Informationsvermittlung), S. 837.

3471 Da es sich bei Informationen um zweckorientiertes Wissen handelt [Vgl. Wittmann (Information), S. 13], stellt eine Informationsbilanz ihrer Zwecksetzung nach ein Entscheidungs- und Kontrollinstrument dar.

3472 Vgl. hierzu auch Moxter (Statische Bilanz), Sp. 1852.

3473 Vgl. Moxter (Eigenkapitalmessung), S. 80.

3474 Vgl. Streim/Bieker/Esser (Ausschüttungsbilanz), S. 231 f.

3475 Vgl. Hommel/Schmidt/Wüstemann (Moxter), S. 89.

3476 Moxter (Funktionsinadäquanz), S. 1014.

Rechnungswesen gangbar, denn dort kann die mit einer Informationsbilanz einhergehende Entobjektivierung am ehesten beherrschbar gemacht werden[3477].

Insofern handelt es sich bei einer Informationsbilanz primär um eine interne Informationsbilanz, denn „[b]etriebswirtschaftliche, also nicht objektivierte Bilanzziehung ist in einem strengen Sinne interne Gewinnermittlung.“[3478] Doch auch eine informative Bilanzierung im Rahmen der externen Berichterstattung erfordert eine Zurückdrängung der Objektivität.[3479] Werden externe Informationsbilanzen erstellt, folgt daraus eine automatische Konvergenz von internem und externem Rechnungswesen.[3480]

Eine IFRS-Bilanz hingegen misst der Objektivierung ein zu hohes Gewicht bei und hat aufgrund der daraus folgenden mangelhaften Informationsvermittlung die Bezeichnung Informationsbilanz kaum verdient.[3481] Auch ein konvergentes Rechnungswesen ist auf dieser Basis kaum sinnvoll[3482] und muss sich auf die Nebenrechnungen beschränken.

8.2 Ausgestaltung von Informationsbilanzen

8.2.1 Entobjektivierungsnotwendigkeit

Trotz der Problematik eindeutiger Werturteile lässt sich die These ableiten, „daß sich eine der Informationsfunktion dienende Bilanz an einer Art von Ertragswertbilanzierung orientieren sollte“[3483]. Dies bedeutet, dass man bereit sein muss, einen originären Goodwill explizit oder zumindest implizit im vollen Umfang abzubilden.[3484]

Mit dem Ansatz eines originären Goodwill überschreitet man in diesem Zusammenhang die Grenzen der „traditionellen“ Bilanzierung in Richtung einer entscheidungs- und kontrollrelevanten unternehmenswertorientierten Informa-

3477 Vgl. Ordelheide (Wertpotential), S. 529.
3478 Moxter (Gewinnermittlung), S. 134 (Hervorhebung im Original).
3479 Vgl. Bieker (Unternehmen), S. 1208.
3480 Vgl. Moxter (Rechnungslegungsmythen), S. 2149.
3481 Vgl. etwa Streim/Esser (Informationsvermittlung), S. 837.
3482 Vgl. Dirrigl (Wertorientierung), S. 575.
3483 Pellens/Fülbier (Rechnungslegungsregulierung), S. 584.
3484 Bei einer Gesamtbewertung wird der Goodwill implizit mit erfasst. Vgl. Krümmel (Kapitalerhaltung), S. 312.

tionsbilanz.[3485] Der Preis hierfür liegt in einer weitgehenden Entobjektivierung der Bilanzierung; will man diesen Preis nicht „bezahlen", muss letztendlich auf eine informative Bilanzierung verzichtet werden.[3486]

8.2.2 Informationsbilanzkonzepte

8.2.2.1 Ansatz des Gesamt-Goodwill

Mujkanovic schlägt im Hinblick auf die Erfüllung des Entscheidungs- und Kontrollzwecks (=Informationszweck) den Ansatz eines originären Goodwill auf Ebene des Gesamtunternehmens vor, mit dem er den Substanzwert in einen entscheidungs- und kontrollrelevanten Unternehmenswert überführen möchte.[3487] Am Grundsatz der Einzelbewertung wird zur Ermittlung des Substanzwerts festgehalten[3488] und der originäre Goodwill als Differenz zwischen Erfolgs- und Substanzwert bestimmt[3489].

Mit dem Ausweis der Substanz sollen informative Einblicke in die „Werttreiberstruktur" gegeben werden,[3490] sodass den Informationen über einzelne (Netto-)Vermögenspositionen Entscheidungsrelevanz zukommen kann.[3491] Das damit verbundene Festhalten an einer objektivierenden Einzelbewertung[3492] erlaubt eine differenzierende externe Analyse. Wird dem ausgewiesenen Goodwill kein Vertrauen geschenkt, so kann dieser im Zweifel bei der Auswertung des Abschlusses durch die Investoren unberücksichtigt bleiben.[3493]

An dieser Stelle könnte auch eine mehrdimensionale Vermögens- und Erfolgsdarstellung erfolgen, welche die Positionen dem Verlässlichkeitsgrad

---

3485 Vgl. Mujkanovic (Geschäftswert), S. 822.

3486 Vgl. Bieker (Fair Value Accounting), S. 234.

3487 Vgl. Mujkanovic (Fair Value), S. 284 ff. Vgl. auch Pellens/Füllbier/Gassen (Rechnungslegung), S. 903 f.; Hoogendoorn (Financial Statement Model); kritisch Ballwieser (Unternehmensführung), S. 164; Clemm (Zweckmäßigkeit), S. 131-151.

3488 Vgl. Mujkanovic (Fair Value), S. 272 ff.

3489 Vgl. Mujkanovic (Fair Value), S. 286. An der Ermittlungsweise wird deutlich, dass sich die Ausführungen offensichtlich auf einen Gesamt-Goodwill und nicht auf den originären Goodwill beziehen bzw. von der Existenz eines derivativen Goodwill abstrahiert wird.

3490 Vgl. Mujkanovic (Fair Value), S. 268.

3491 Vgl. Miller (Goodwill), S. 291; Grinyer/Russel (Goodwill), S. 108; vgl. aber Wagner (Kriterien), S. 190 f.

3492 Vgl. Pellens/Füllbier/Gassen (Rechnungslegung), S. 903; kritisch Moxter (Geschäftswertbilanzierung), S. 742.

3493 Vgl. Mujkanovic (Fair Value), S. 335.

nach spaltenweise erfasst[3494] und den originären Goodwill auf der „hintersten“ Informationsebene abbildet[3495]. Damit würde aber eine Streichung des naturgemäß wenig verlässlichen originären Goodwill und dessen Änderungen aus der Strukturbilanz geradezu provoziert werden. Schließlich verleitet schon der Begriff „Substanz“ zu Trugschlüssen bezüglich des vermeintlich unsubstanziellen Goodwill, da der Goodwill bei einer Negativabgrenzung schon begrifflich für für nicht substanziell erklärt wird.[3496]

Ohne eine Berücksichtigung des „unsicheren“ Gesamt-Goodwill bietet das Vermögen jedoch keine taugliche Grundlage für Anlageentscheidungen und ein als Vermögensänderung definierter Erfolg wird seiner Indikatorfunktion beraubt.[3497] Hier zeigt sich wiederum in aller Deutlichkeit, dass der Ansatz des originären Goodwill bisweilen den kritischen Punkt zwischen einer verlässlichen und einer relevanten Rechnung bildet.

Auch wenn den Investoren gewiss die Möglichkeit einer differenzierenden Behandlung von Substanz und Goodwill eingeräumt werden sollte, dürfen jedenfalls keine falschen Vorstellungen bezüglich der Sicherheit der Substanz mittels einer Mehrspaltenbilanz heraufbeschworen werden.

Mit der Streichung des „spekulativen“ originären Goodwill aus der Strukturbilanz wird man in jedem Fall dem „alte[n] Vorurteil von der sicheren Substanz und dem unsicheren Goodwill“[3498] voll gerecht. Schießlich gilt der „Substanzwert...als eine Art Kernwert des Unternehmens, der recht verläßlich ermittelbar sei“, während demgegenüber der Goodwill „für flüchtig, für wenig substantiiert in der Sache wie in der Berechnung“ erachtet wird, der aufgrund seiner spekulativen Natur „einen bloßen Hoffnungswert“ darstelle.[3499]

Dabei wird Folgendes verdrängt: Auch die Substanz repräsentiert in einer Informationsbilanz ebenso wie der Goodwill im Grunde nur „Hoffnungen“ auf Zahlungsüberschüsse und ist demzufolge ebenfalls spekulativer Natur.[3500] Der Substanzwert ergibt sich im Grunde nur aufgrund einer Annahme darüber,

---

3494 Vgl. Schmidt (Full Goodwill Method), S. 175-179; Reichelt/Schmidt (Konzernrechnungslegung), S. 55-61; Siegel (Zeitwertansatz), S. 322-325.

3495 Vgl. Reichelt/Schmidt (Konzernrechnungslegung), S. 57.

3496 Vgl. Moxter (Goodwill), Sp. 685.

3497 Vgl. Hommel/Schmidt/Wüstemann (Moxter), S. 89 f.; Herring/Herring (Goodwill), S. 43; Moxter (Windfalls), S. 238 ff.; Solomons (Concepts of Income), S. 378.

3498 Schildbach (Konzernrechnungslegungsvorschriften), S. 394.

3499 Moxter (Probleme), S. 474 (alle Zitate).

welcher Teil der vom gesamten Unternehmen erwirtschafteten zukünftigen Zahlungsüberschüsse auf das separierbare Nettovermögen zurückgeht. Daraus folgt, dass analog zum Goodwill die „Substanz ohne Ertrag...wertlos“ ist und man ebenso wie beim Goodwill „die Ertragskraft der Substanz...nicht ohne Prüfung unterstellen“ darf.[3501] Insofern greift das „Verflüchtigungsargument“ nicht, da es selbst materielle Vermögenswerte (etwa Spezialmaschinen) in gleicher Weise wie die Goodwill-Komponenten betreffen kann.[3502]

Im Übrigen würden die Vorurteile gegen den Goodwill schon weniger „genährt“ werden, wenn statt der Verwendung des (ab-)wertenden Begriffs des Hoffnungswerts etwa von einem Planwert oder einem erwarteten Wert gesprochen würde; in anderen Bereichen, in denen es sich nicht mehr oder weniger um „erhoffte“ Werte handelt (z.B. bei der Unternehmensbewertung oder der Investitionsrechnung), findet ein solche „begriffliche Diskriminierung“ jedenfalls nicht statt.

Sicherlich ist die Wahrscheinlichkeit, „nur“ die hinter der Substanz stehenden Cash Flows zu realisieren, höher als die Wahrscheinlichkeit einer Realisation der gesamten hinter Substanz und Goodwill als Gesamtwert stehenden Cash Flows. Dies gilt aber gleichermaßen für die Wahrscheinlichkeit, „nur“ die hinter dem Goodwill stehenden Cash Flows zu erzielen, was zu der impliziten und bereits erörterten Annahme führt, dass sich erst einmal die Substanz zur „Normalrendite“ verzinst, bevor der Goodwill überhaupt Zahlungsüberschüsse generiert.

Richtig ist im Übrigen, dass die Komponenten der Substanz mit einer gewissen Verlässlichkeit abgrenzbar sowie separat bewertbar sind.[3503] Die zu Zeitwerten angesetzte Substanz kann mitunter auch einem Liquidationswert als Worst Case-Szenarium[3504] nahe kommen und gleichsam einer Wertuntergrenze entsprechen. Dieses Szenarium, in dem einem Goodwill kein Wert zukommt[3505], spielt allerdings bei planmäßiger Fortführung der Geschäftstätigkeit

[3500] Vgl. Zimmermann (Geschäftswerte), S. 752.
[3501] Ballwieser (Residualgewinnmodell), S. 58 f. (beide Zitate).
[3502] Vgl. Streim/Esser (Informationsvermittlung), S. 837.
[3503] Vgl. hierzu relativ optimistisch bezüglich des Bewertungsproblems Siegel (Zeitwertbilanzierung), S. 598 f.
[3504] Vgl. Bieker (Fair Value Accounting), S. 225.
[3505] Vgl. Holthausen/Watts (Relevance), S. 33; Moxter (Goodwill), Sp. 690; Dogra (Goodwill), S. 27.

keine Rolle.[3506] Unabhängig vom gewählten Wertmaßstab ist ein Substanzwert im Fortführungsfall zumeist betragsmäßig weit vom Gesamtwert des Unternehmens entfernt.[3507]

Solange der Goodwill als undifferenzierte Größe gesehen wird, liegen die „Vorteile" der Substanz neben der Greifbarkeit ihrer Komponenten in der mit einer Einzelbewertung verbundenen Transparenz.[3508]

Die für Investitionsentscheidungen und Kontrollen relevanten Informationen müssen (notgedrungen) in typisierter Weise vermittelt werden.[3509] Mit der Darstellung eines typisierten (mit Substanz „unterfütterten" und „objektiviert" ermittelten) Unternehmenswerts und dessen Änderungen soll nach *Mujkanovic* den Informationsinteressen der Investoren in bestmöglicher Weise entsprochen werden.[3510] Da sich eine Informationsbilanz auch aufgrund mangelnder Transparenz nicht auf einen Globalausweis von Unternehmenswert und Unternehmenswertänderung beschränken darf,[3511] sieht *Mujkanovic* neben der „Substanzfundierung" gewisse Zusatzinformationen bezüglich der Ermittlung des Goodwill[3512] sowie eine differenzierende Erfolgsdarstellung vor[3513]. Dem Erfolg kommt die Aufgabe zu, die kontrollrelevante Unternehmenswertänderung aufzuzeigen.[3514]

Sieht man von Objektivierungsproblemen ab, liegt eine Schwäche des Konzepts in der globalen bilanziellen Abbildung des Gesamt-Goodwill.[3515] Zwar sollen seine Ermittlung und Bestimmungsfaktoren grob erläutert werden,[3516] eine möglichst genaue Quantifizierung der Goodwill-Komponenten ist jedoch nicht vorgesehen.[3517] Diese Position ist indes zu bedeutend, um sie undifferenziert zu bilanzieren.[3518] Neben der Höhe und Veränderung des Goodwill

3506 Vgl. Pellens (Rechnungslegungssysteme), Sp. 1549.
3507 Vgl. Moxter (Eigenkapitalmessung), S. 84 ff.
3508 Vgl. Coenenberg/Schultze (Unternehmensbewertung), S. 607 ff.; kritisch Ballwieser (Residualgewinnmodell), S. 57 f.
3509 Vgl. Mujkanovic (Fair Value), S. 358.
3510 Vgl. Mujkanovic (Fair Value), S. 266; Hoogendoorn (Financial Statement Model); vgl. hierzu auch Moxter (Standort), S. 35 f.
3511 Vgl. Moxter (Bilanzierung), S. 40 (beide Zitate).
3512 Vgl. Mujkanovic (Fair Value), S. 302 ff.; kritisch hierzu Ballwieser (Umbruch), S. 300.
3513 Vgl. Mujkanovic (Fair Value), S. 306 ff.
3514 Vgl. Mujkanovic (Fair Value), S. 322 und 338.
3515 Vgl. Busse von Colbe (Konzernrechnungslegung), S. 660.
3516 Vgl. Mujkanovic (Fair Value),S. 302-305.
3517 Vgl. Mujkanovic (Fair Value), S. 304 f.
3518 Vgl. Ordelheide (Geschäftswert), S. 588.

sind vor allem auch seine Zusammensetzung und Risikodeterminanten von außerordentlicher Relevanz.[3519]

Da die betriebliche Substanz nach *Mujkanovic* als Summe von Rekonstruktionswerten zu ermitteln ist,[3520] lässt sich der Goodwill freilich nicht einfach als Übergewinnpotential,[3521] d.h. als Barwert des über die „Normalverzinsung" der Substanz zu Marktwerten hinausgehenden Erfolges interpretieren.[3522] Auf dieser Basis wäre grundsätzlich eine entsprechende Aufspaltung der „Residualgröße Goodwill" nach Ursachen möglich.[3523] Zumindest ließe sich der Goodwill nach Bereichen differenzieren, in denen die Übergewinne erwartungsgemäß realisiert werden,[3524] was ohnehin bereits der Goodwill-Impairment-Test nach IFRS verlangt[3525].

Die Wahl der Unternehmens- statt der Bereichsebene stellt im Übrigen die zweite Schwäche des Konzepts dar. Auf Bereichsebene lassen sich Teilunternehmenswerte aufgrund des geringeren Aggregationsniveaus „objektiver" ermitteln.[3526] Vor allem besteht – verglichen mit einer Berichterstattung auf Unternehmensebene – der Vorteil einer ungleich höheren Transparenz. Aufgrund der damit einhergehenden Ermessensspielräume lehnt *Mujkanovic* jedoch die Zuordnung des Goodwill auf Bereiche[3527] und somit faktisch die Anwendung seiner Informationsbilanz auf Bereichsebene ab. Dabei werden Goodwill und Substanz schon im Rahmen der bestehenden IFRS zum Zwecke des Impairment-Tests auf sog. CGU oder Gruppen von CGU verteilt.[3528] CGU stellen als kleinste Gruppe von Vermögenswerten, welche im Verbund – unabhängig von anderen Vermögenswerten oder CGU – Cash Flows erzielen (können)[3529], wegen der dazu notwendigen Autonomie und des dazu notwendigen Marktbe-

---

3519 Vgl. Duhr (Geschäftswertberichterstattung), S. 977 f.

3520 Vgl. Mujkanovic (Fair Value), S. 278 f.; kritisch Bieker (Fair Value Accounting), S. 230. Nach *Revsine* besteht die Möglichkeit, den ökonomischen Gewinn durch einen auf Grundlage von Reproduktionswerten ermittelten Gewinn zu approximieren. Vgl. Revsine (Income), S. 520.

3521 Vgl. Ellis (Goodwill), S. 465; Spacek (Goodwill), S. 39.

3522 Vgl. Moxter (Geschäftswertbilanzierung), S. 742.

3523 Vgl. hierzu grundlegend Sellhorn (Ansätze), S. 888-892; Wöhe (Bilanzierung), S. 99; Johnson/Petrone (Goodwill), S. 295 f.

3524 Vgl. Busse von Colbe (Konzernrechnungslegung), S. 659.

3525 Vgl. IAS 36.80.

3526 Vgl. Streim/Bieker/Esser (Ausschüttungsbilanz), S. 240 f.

3527 Vgl. Mujkanovic (Fair Value), S. 347.

3528 Vgl. IAS 36.80.

3529 Vgl. IAS 36.6.

zugs „ideale“ Berichtseinheiten dar, CGU erfüllen schließlich alle an eine Teilunternehmensbewertung zu stellenden Anforderungen.[3530] Wie bereits an anderer Stelle dargelegt, lässt sich die vollständige Goodwill-Zuordnung auf CGU durch ein Anknüpfen an interne Planungsrechnungen objektiviert und in betriebswirtschaftlich fundierter Weise vornehmen.[3531] Vorbehalte gegen eine „Segmentierung“ des Goodwill sind demzufolge unbegründet.

8.2.2.2 CGU-basierte Segmentberichterstattung

Segmentierte Berichtsformate sind grundsätzlich die informativeren[3532] und CGU stellen quasi ideale Berichtseinheiten dar. Dementsprechend schlagen *Haaker/Paarz* eine CGU-basierte Segmentberichterstattung vor;[3533] das eigentliche Informationsziel sehen sie hierbei in der Vermittlung von Teilunternehmenswerten auf Segment- bzw. CGU-Ebene[3534].

Im Rahmen der CGU-Bewertung sind erwartete Synergieeffekte in den erwarteten Cash Flows zu berücksichtigen.[3535] Unter der bei vollständiger Synergiezuordnung vertretbaren Prämisse der Wertadditivitätskonformität von bewerteten CGU[3536] ist im Hinblick auf die Entscheidungs- und Kontrollrelevanz eine CGU-Bewertung einer Bewertung des Gesamtunternehmens qualitativ mindestens gleichwertig.[3537] Da sich die Segmentabgrenzung an der CGU-

---

3530 Vgl. Haaker (Cotrolling), S. 352; Haaker/Paarz (Segmentberichterstattung), S. 196 f.

3531 Vgl. Haaker (Goodwill), S. 429-434; a.A. Watts (Conservatism, Part I), S. 218.

3532 Vgl. Backer/McFarland (Segments of a Business); Hacker (Segmentberichterstattung); Ballwieser (Limitations), S. 70 ff.; ferner aus Sicht der Finanzanalyse DVFA (DVFA-Grundsätze), S. 12.

3533 Vgl. Haaker/Paarz (Segmentberichterstattung), S. 194-199.

3534 Vgl. Haaker/Paarz(Segmentberichterstattung), S. 195.

3535 Vgl. IDW (IDW RS HFA 16), Rn. 104.

3536 Vgl. Günther (Controlling), S. 379; Haaker (Da capo), S. 693 f. und Haaker (Bereichssteuerung), S. 45 f.; ferner Lorson (Auswirkungen), S. 410; a.A. Klingelhöfer (Controlling), S. 595 f. sowie Olbrich (Fragwürdigkeit), S. 685 f. und Olbrich (Controlling), S. 43; Brösel/Müller (Goodwillbilanzierung), S. 40; Brösel/Klassen (Auswirkungen), die bei einer CGU-Bewertung einen Verstoß gegen das Gesamtbewertungsprinzip konstatieren und die Annahme der Wertadditivität nicht gelten lassen.

3537 Vgl. Streim/Bieker/Esser (Ausschüttungsbilanz), S. 240 f.; Haaker (Bereichssteuerung), S. 45; relativierend hierzu Bieker (Fair Value Accounting), S. 221.

Abgrenzung orientieren soll,[3538] wäre auch ein direktes Anknüpfen der Teilunternehmensbewertung an den Goodwill-Impairment-Test möglich.[3539]

So weit soll indessen nicht gegangen werden; zwar soll sich die Segmentabgrenzung an der Möglichkeit einer Teilunternehmensbewertung orientieren, die tatsächliche Bewertung soll jedoch den Investoren vorbehalten bleiben.[3540] Den Investoren sollen „lediglich" die hierfür notwendigen Indikatoren verfügbar gemacht werden,[3541] „denn die externe Rechnungslegung kann und soll keine Teilunternehmenswerte bereitstellen."[3542] Einzelnen Investoren steht somit – „nur" begrenzt durch die Datenbasis – offen, wie sie ihren individuellen Unternehmenswert berechnen. Da bloß die Möglichkeiten einer zweckadäquaten Segmentabgrenzung Gegenstand der Untersuchung sind, bleibt die Frage, welche Daten tatsächlich zu publizieren sind, ausgeklammert. Auf Segment- bzw. CGU-Ebene dürfte sich die Art der Vermittlung von relevanten Informationen analog zur Unternehmensebene darstellen.

8.2.2.3 Bilanz der „kleinen Unternehmenswerte"

Den vor allem durch Objektivierungserwägungen begründbaren Einwand gegen die Bereitstellung von Teilunternehmenswerten[3543] lässt *Bieker* nicht gelten. Er setzt sich für eine Gleichsetzung von Bilanzierung und Unternehmensbewertung ein,[3544] und möchte unter Bezugnahme auf den Goodwill-Impairment-Test[3545] in letzter Konsequenz tatsächlich „kleine Unternehmenswerte"[3546] publizieren.

Bieker schlägt zur Erfüllung des Entscheidungszwecks eine Bilanz vor, die sich statt aus einzelnen Vermögenswerten aus bewerteten CGU zusammen-

---

[3538] Vgl. Haaker/Paarz (Segmentberichterstattung), S. 196 f.; ferner Ulbrich (Segmentberichterstattung), S. 114 f.

[3539] Vgl. Ruhwedel/Schultze (Value Reporting), S. 612. Daraus folgt: „Der impairment test offenbart ein erhebliches Wertpotential" [Lorson (Auswirkungen), S. 410]. Zum Wertpotential-Konzept vgl. Ordelheide (Wertpotential), S. 510.

[3540] Vgl. Ballwieser/Küting/Schildbach (Fair Value), S. 529; Coenenberg/Deffner/Schultze (Erfolgsspaltung), S. 436.

[3541] Vgl. Haaker/Paarz (Segmentberichterstattung), S. 195 f.

[3542] Haaker/Paarz (Segmentberichterstattung), S. 196.

[3543] Vgl. etwa Henselmann (Böcke), S. 286.

[3544] Vgl. Bieker (Fair Value Accounting), S. 231.

[3545] Vgl. Bieker (Fair Value Accounting), S. 219 f.

[3546] Pfeil/Vater sprechen im Zusammenhang mit dem Goodwill-Inpairment-Test von einer »kleinen Unternehmensbewertung« [Pfeil/Vater (Unternehmensbewertung), S. 66].

setzt.[3547] Mittels der entsprechenden Wertänderungen und deren Aufspaltung in Aktions- und Informationseffekt soll gleichfalls eine Managementkontrolle möglich sein.[3548]

Da über „objektiviert“ ermittelte und typisierte Teilunternehmenswerte statt über einen Gesamtunternehmenswerts berichtet werden soll, erscheint diese Konzeption zunächst gegenüber dem Konzept von *Mujkanovic* vorteilhaft. Allerdings will *Bieker* das Einzelbewertungsprinzip für diesen Zweck aufgeben. Damit gehen die Informationen zur „Werttreiberstruktur“ nicht direkt in die CGU-Informationsbilanz ein, an denen die Investoren auch ein besonderes Interesse haben dürften[3549]. Immerhin soll die CGU-Informationsbilanz um eine „Zerschlagungsbilanz“ ergänzt werden, womit im Zusammenspiel mit Zusatzinformationen eine gewisse Grundobjektivierung bezweckt wird.[3550]

Ein Rückgriff auf zwei Rechenwerke erscheint indessen wenig zweckmäßig und überflüssig.[3551] Es sollte unter Informationsgesichtspunkten besser, so wie es *Mujkanovic* für das Gesamtunternehmen vorschlägt, eine Substanzbewertung auf Ebene der CGU erfolgen, die durch Ansatz eines CGU-Goodwill in einen CGU-Wert überführt wird.[3552] Den expliziten Ausweis eines Goodwill jedoch lehnt *Bieker* trotz der unbestrittenen Bedeutung dieser Position für In-

---

[3547] Vgl. Bieker (Fair Value Accounting), S. 219-225. Vgl. auch Pellens/Füllbier/Gassen (Rechnungslegung), S. 902 f.; Streim/Bieker/Esser (Ausschüttungsbilanz), S. 239 ff.; Barth (Estimates), S. 281; ferner zur Grundidee bereits Busse von Colbe (Informationsgehalt), S. 95 f.; Busse von Colbe (Bewertung), S. 51; Schneider (Bilanzgewinn), S. 471 f.; Schultze (Unternehmensbewertung), S. 90 ff. Zu im Grundsatz ähnlichen Vorschlägen für das interne Rechnungswesen vgl. Pellens/Crasselt/Sellhorn (Goodwill-Bilanzierung), S. 147 f.; Schultze/Hirsch (Unternehmenswertsteigerung), S. 139 ff.; Haaker (Controlling); Pfaff/Schultze (Beteiligungscontrolling), S. 129-134; Haaker (Da capo), S. 687 ff.; Haaker (Abweichungsanalyse), S. 88 ff.

[3548] Vgl. Bieker (Fair Value Accounting), S. 223 f

[3549] Vgl. Grinyer/Russel (Goodwill), S. 108.

[3550] Vgl. Bieker (Fair Value Accounting), S. 225-230.

[3551] Eine „Mehrspaltenbilanz“ schließt *Bieker* ausdrücklich aus. Vgl. Bieker (Fair Value Accounting), S. 226.

[3552] Der ursprüngliche Entwurf des IFRS 3 i.V.m. IAS 36 sah einen zweistufigen Goodwill-Impairment-Test und somit eine jährliche Substanzbewertung auf Fair Value-Basis auf Ebene der CGU vor. Bei diesem wurde zur Berechnung eines impliziten Goodwill das Kalkül der Erstkonsolidierung zu jedem Bewertungsstichtag wiederholt. Vgl. Nurnberg (Goodwill Testing), S. 29; Kolins/Scheuerell (Business Combinations), S. 5; Casabona, Patrick A. (Business Combinations), S. 40. Hierauf wurde jedoch zugunsten eines weniger „komplexen“ einstufigen Tests verzichtet. Vgl. Bieker/Esser (Impairment-Only-Ansatz), S. 452 f. Zum zweistufigen Goodwill-Impairment-Tests nach US-GAAP vgl. etwa Christian/McCarthy/Schneider(Goodwill Impairment Testing), S. 7.

vestitions-[3553] und Kontrollentscheidungen[3554] ab.[3555] Bemerkenswerterweise sieht er aufgrund des Verzichts auf einen expliziten Ausweis des Goodwill die Diskussion um die nicht abschließend geklärten Probleme einer zweckadäquaten Bilanzierung des Goodwill als obsolet an.[3556] Oder anders ausgedrückt: Was bilanziell nicht separat erfasst wird, bereitet auch keine spezifischen Bilanzierungsprobleme. An dieser Stelle wird ein in seiner Bedeutung kaum zu überschätzendes, aber gewiss auch schwieriges Problem verdrängt, anstatt sich diesem zu stellen. Es sollte wenigstens versucht werden, eine adäquate Lösung des „Goodwill-Problems" zu finden. Immerhin wird für die „Problemverdrängungsstrategie in Sachen Goodwill" auch eine Begründung geliefert: *Bieker* charakterisiert den Goodwill als nicht „stand alone" ermittelbares Ausgleichsventil zwischen den nicht kompatiblen Verfahren der Einzel- und Gesamtbewertung. Da schließlich über den Teilunternehmenswert berichtet wird, stellt der Goodwill einen reinen „Lückenfüller"[3557] ohne eigentliche Informationsrelevanz dar.[3558] Es handelt sich somit um eine „bloße Saldogröße..., die keinerlei materielle, sondern lediglich buchhalterische Bedeutung hat."[3559]

Die Einwendungen gegen einen expliziten Ausweis des Goodwill in einer ohnehin entobjektivierten Bilanz sind bei näherer Überprüfung jedoch wenig überzeugend. Ein kausaler Zusammenhang zwischen einer Eignung zur Stand Alone-Bewertbarkeit und dem (potentiellen) Informationsgehalt eines Postens besteht wohl kaum[3560] und der „Lückenfüller-Einwand" hat nur Bestand, wenn der Goodwill nicht in seine Komponenten aufgespalten wird, solche lassen sich dagegen nach *Küting* in einer „Bilanz des Goodwill"[3561] durchaus zeigen. Auch wenn der relevante Gesamtwert hiervon unberührt bleibt,[3562] ist eine inhaltlich zutreffende Abbildung der einzelnen Substanz- und Goodwill-Komponenten einem globalen oder verzerrten Ausweis der Ertragswertkom-

---

3553 Vgl. Kahle (Zukunft), S. 264.
3554 Vgl. Moxter (Windfalls), S. 238 ff.
3555 Vgl. Bieker (Fair Value Accounting), S. 230.
3556 Vgl. Bieker (Fair Value Accounting), S. 230.
3557 Schildbach (Wirklichkeit), S. 11.
3558 Vgl. Bieker (Fair Value Accounting), S. 230.
3559 Wagner (Firmenwert), S. 479.
3560 Zur Relevanz der Position Goodwill vgl. auch Streim/Bieker/Hackenberger/Lenz (Goodwill-Bilanzierung), S. 22 ff.
3561 Küting (Bilanzanalyse), S. 127.
3562 Vgl. Grinyer/Russel (Goodwill), S. 108.

ponenten stets überlegen und keinesfalls unerheblich.[3563] Entsprechend führt *Busse von Colbe* aus: „Sicherlich ist eine genaue Zuordnung auf die einzelnen Komponenten nicht immer möglich, doch entsteht das Problem auch bei Erwerb von Sachgesamtheiten und deren getrennter Bilanzierung. Schlechter als bei undifferenzierter Bilanzierung...des Goodwills kann die Information auch bei schätzungsweiser Spaltung nicht werden, sondern nur besser."[3564]

8.2.2.4 Goodwill-Bilanz

Küting schlägt vor, in einer „Goodwill-Bilanz" neben dem Zeitwert der Vermögenswerte und Schulden die Komponenten des Goodwill separat auszuweisen.[3565] Einen globalen Ausweis dieses vermeintlich „nebulösen" Postens hält er zutreffenderweise für unzureichend.[3566]

Indem *Küting* die Goodwill-Bilanz einer Analyse der Erstkonsolidierung gleichsetzt, wird deutlich, dass er sich nur auf den derivativen Goodwill bezieht.[3567] „Mit einem differenzierten Ausweis derivativer Firmenwerte in der Bilanz...wird die Diskrepanz zwischen Bilanz- und Börsenwert [bzw. Unternehmenswert] des Eigenkapitals freilich noch nicht verringert. Das könnte aber durch eine Berichterstattung über solche immaterielle Werte erreicht werden, die im Unternehmen selbst erzeugt werden"[3568]. Da sich die Einzeldarstellung der Goodwill-Komponenten demzufolge auf den Gesamt-Goodwill übertragen lässt, kann sie in ein Informationsbilanzkonzept integriert werden.[3569]

8.2.3 Beurteilung der Informationsbilanzkonzepte

In diversifizierten Unternehmen sollten sich die Informationsbilanzen primär auf die CGU-Ebene beziehen. Auf dieser Berichtsebene werden Werte ge-

---

3563 Vgl. Herring/Herring (Goodwill), S. 42; ferner Streim/Bieker/Hackenberger/Lenz (Goodwill-Bilanzierung), S. 23 und 24.

3564 Busse von Colbe (Konzernrechnungslegung), S. 660.

3565 Vgl. Küting (Bilanzanalyse), S. 126 f.

3566 Vgl. Küting (Bilanzanalyse), S. 126 f.; Wirth (Firmenwertbilanzierung), S. 184.

3567 Vgl. Küting (Bilanzanalyse), S. 126. Hierbei wird eine Kapitalkonsolidierung nach der Neubewertungsmethode unterstellt. Zur Unternehmenswertorientierung der Konsolidierungsmethoden vgl. Haaker (Einheitstheorie), S. 455 f.

3568 Busse von Colbe (Konzernrechnungslegung), S. 660.

3569 Auf die Anwendbarkeit der Goodwill-Bilanz im Rahmen der externen Berichterstattung über den Goodwill weist auch Wirth (Firmenwertbilanzierung), S. 184 hin, allerdings bezieht er sich auf einen derivativen Goodwill.

schaffen und vernichtet.[3570] Folglich sollten diversifizierte Unternehmen auch auf Ebene der CGU bewertet und gesteuert werden.[3571] Mit dem separaten Ausweis der Substanz- und Goodwill-Komponenten wird hierbei das mit einer Gesamtbewertung verbundene Transparenzdefizit ausgeglichen.

Die von *Mujkanovic* und *Bieker* vorgeschlagenen Informationsbilanzkonzepte weisen im Vergleich zueinander jeweils Vor- und Nachteile auf. Bei *Mujkanovic* erscheint die Substanzfundierung und bei *Bieker* die CGU-Berichtsebene vorteilhaft. Insofern bietet es sich an, beide Konzepte entsprechend miteinander zu verbinden. Bei einer Kombination der Vorteile verbliebe allerdings das Problem einer Globalbetrachtung des Goodwill. *Küting* zeigt indes die grundsätzliche Möglichkeit einer Komponentenbilanzierung des Goodwill auf. Integriert man diesen Vorschlag in die einzelbewertungsorientierte CGU-Informationsbilanz, wird auch diesem Problem begegnet. Zudem gilt, dass eine umfassende Kontrollgröße i.S. der Investoren neben der Wertveränderung auch den erfolgten Nettoabfluss an die Investoren zu berücksichtigen hat[3572] und somit einem ökonomischen Gewinn entsprechen müsste[3573].

Abbildung 71 stellt die möglichen Informationsbilanzkonzepte einander gegenüber.

[3570] Vgl. Alvarez (Segmentanalyse), S. 663.
[3571] Vgl. Kuhner (Zielsetzungen), S. 21.
[3572] Vgl. Gebhardt/Mansch (Unternehmenssteuerung), S. 18.
[3573] Vgl. Münstermann (Bedeutung), S. 581.

Abbildung 71: Beurteilung der Informationsbilanzkonzepte

Informations-bilanzkonzept	Berichtsebene	Bilanzierungskonzept	Informationsziele
Ansatz des Gesamt-Goodwill (Mujkanovic)	Gesamt-unternehmen	einzelbewertungsbasierte Substanzbewertung sowie Ansatz des Gesamt-Goodwill als "Lückenfüller"	Unternehmenswert und Unternehmenswert-änderung
Beurteilung	-	+(-)	+
Bilanz der "kleinen Unternehmens-werte" (Bieker)	CGU	gesamtbewertungsbasiert, keine Substanzfundierung sowie Verzicht auf einen expliziten Ausweis des Goodwill	CGU-Wert und CGU-Wertänderung
Beurteilung	+	-	+
kombiniertes Konzept mit Goodwill-Aufspaltung	CGU	einzelbewertungsbasierte Substanzbewertung sowie expliziter Ausweis der Goodwill-Komponenten	CGU-Wert und ökonomischer CGU-Gewinn
Beurteilung	+	+	+

Legende:

+	(eher) positiv
-	(eher) negativ

Eine einzelbewertungsbasierte Informationsbilanz auf Ebene der CGU unter differenzierender Erfassung der Goodwill-Komponenten stellt das Idealkonzept einer Informationsbilanz dar.

8.3 Konzeption einer einzelbewertungsorientierten CGU-Informationsbilanz

8.3.1 Erfassung der Substanz- und Goodwill-Komponenten

8.3.1.1 Bilanzierung der Substanz

8.3.1.1.1 Ansatzkonzeption

Wie gezeigt wurde, sind CGU nicht nur die „'besseren' Vermögenswerte“[3574], sondern stellen vor allem auch die besseren Berichtseinheiten im Rahmen einer Informationsbilanz dar.[3575] Am einzelbewertungsbasierten Ausweis der Substanz sollte auch auf dieser „idealen“ Berichtsebene festgehalten und die-

---

[3574] Pellens/Füllbier/Gassen (Rechnungslegung), S. 902.

se durch Ergänzung um einen CGU-spezifischen Goodwill in den CGU-Wert überführt werden. Hierbei muss versucht werden, Goodwill, „Vermögenswerte und Schulden…in aus Investorensicht relevanter Weise“[3576] zu erfassen.

Die CGU-Informationsbilanz erfordert eine extensive Aktivierungs- und Passivierungskonzeption, nach der alle wesentlichen Ein- und Auszahlungspotentiale bilanziell erfasst werden.[3577] Ansatzverbote, spezielle Ansatzkriterien und Wahrscheinlichkeitshürden stehen einer informativen Ansatzkonzeption entgegen. Im Ergebnis müssen alle isolierbaren Vermögenswerte und Schulden innerhalb des CGU-Substanzwerts ansatzpflichtig sein.

8.3.1.1.2 Bewertungskonzeption

Die Ein- und Auszahlungspotentiale wären idealerweise mit ihrem Ertragswertbeitrag auszuweisen.[3578] Einer Ertragswertbewertung einzelner Positionen sind aufgrund von Synergieeffekten jedoch enge Grenzen gesetzt,[3579] weshalb ein marktorientierter Fair Value als Ersatzwert für den Ertragswertbeitrag der separierbaren Substanzkomponenten herangezogen werden könnte.[3580] Der Wertansatz der einzelnen Potentiale vernachlässigt in der Folge die Differenz zwischen dem individuellen Ertragswertbeitrag und dem Fair Value, womit die Verbundwirkungen nicht auf der Ebene des identifizierbaren Nettovermögens erfasst werden.[3581] Eine Fair Value-Bewertung der Substanzkomponenten (d.h. der Vermögenswerte und Schulden) steht jedoch mit der übergewinnorientierten Synergieinterpretation und Aufspaltung des CGU-Goodwill im Einklang. Damit wird die „Berücksichtigung des Interdependenzproblems“[3582] zweckmäßigerweise auf die Ebene des Goodwill verlagert.[3583]

3575 Vgl. Haaker/Paarz (Segmentberichterstattung), S. 196 f.
3576 Bieker (Fair Value Accounting), S. 230.
3577 Vgl. Streim/Esser (Informationsvermittlung), S. 837; Streim/Bieker/Esser (Ausschüttungsbilanz), S. 231 f.
3578 Vgl. Committee (Accounting), S. 539.
3579 Vgl. Riegler (Controlling), S. 95.
3580 Vgl. Ballwieser (Aussagegehalt), S. 55.
3581 Vgl. Kollaritsch (Service Potential Value), S. 59.
3582 Bieker (Fair Value Accounting), S. 230. Vgl. auch Bierman (Recording Obsolescence), S. 235.
3583 Vgl. Hoogendoorn (Financial Statement Model), S. 12.

8.3.1.2 Bilanzierung des Goodwill

8.3.1.2.1 Ansatz des Übergewinnpotentials als Goodwill

Informationsziele in einer CGU-Informationsbilanz sind die Gesamtwerte und Gesamtwertänderungen auf CGU-Ebene. Der Gesamtwert einer CGU geht sowohl auf die ausgewiesene Substanz als auch auf den Goodwill zurück,[3584] somit ist der Goodwill ein bewertbarer Teil des Gesamtwerts,[3585] soweit die entsprechenden Zahlungsströme isolierbar sind. Die Abbildung des Goodwill muss das Verfahren seiner Ermittlung berücksichtigen: „Accounting presentation of goodwill must be consistent with the measurement technique used in valuing the goodwill."[3586]

Der Substanzwert ergibt sich als Summe der zum Fair Value bewerteten Vermögenswerte abzüglich der Schulden. Für die separierbaren Substanzwertkomponenten kann eine marktübliche und risikoäquivalente „Normalrendite" angenommen werden.[3587] Folglich entspricht annahmegemäß der Barwert der auf die Substanz zurückgehenden, künftigen erwarteten Zahlungsüberschüsse der Summe der Fair Values der einzelnen Vermögenswerte und Schulden.[3588] Damit lässt sich ein Teil der erwarteten Zahlungsüberschüsse hinreichend verlässlich der Substanz zuordnen. Nicht der Substanz zugeordnete, über die „Normalrendite" der Substanz hinausgehende Zahlungen (Überrenditen) sind annahmegemäß auf den Goodwill zurückzuführen.[3589] Der Goodwill ergibt sich demzufolge durch Abzinsung der erwarteten Überrenditen[3590], d.h. als Barwert der nicht der Substanz zurechenbaren residualen Zahlungsüberschüsse[3591].

Somit kann der Goodwill aus Sicht der Substanz auch als Synergiepotential interpretiert werden, in dieser Sicht spiegelt der Goodwill durch Synergieeffekte erzielbare Übergewinne wider.[3592] Diese fallen nur an, wenn das Unternehmen Wege gefunden hat, durch den Einsatz der Vermögensgesamtheit (Substanz) in Verbindung mit speziellem Wissen, Technologien, Schaffung von

---

[3584] Vgl. hierzu Ballwieser (Unternehmensbewertung a), S. 5758.
[3585] Vgl. Eiteman (Goodwill), S. 47.
[3586] Smith (Purchased Goodwill), S. 23.
[3587] Vgl. Schildbach (fair value), S. 854.
[3588] Vgl. Holthausen/Watts (Relevance), S. 54.
[3589] Vgl. Reilly (Accounting for Goodwill), S. 33.
[3590] Vgl. Ellis (Goodwill), S. 465.
[3591] Vgl. Busse von Colbe (Konzernrechnungslegung), S. 658.
[3592] Vgl. Hoogendoorn (Financial Statement Model), S. 10.

Kundennutzen, Marktbedingungen etc. Überrenditen erzielen zu können.[3593] Hinter den Synergien stehen folglich wiederum unternehmensspezifische Wettbewerbsvorteile (Marktstellung und Ressourcenvorteile) als „stille Werttreiber".

Der Goodwill beruht auf temporären Wettbewerbsvorteilen (kurzfristiger Goodwill), welche sich ggf. aufgrund von schwierig imitierbaren unternehmensspezifischen Ressourcenbündeln (Kernkompetenzen[3594] bzw. langfristiger Goodwill) bei zielgerichteter Geschäftstätigkeit regelmäßig erneuern lassen.[3595] Gelingt es nicht im Zeitablauf – etwa durch die Umsetzung neuer Geschäftsideen –, lang- in kurzfristigen Goodwill zu transformieren, sinken die Überrenditen auf Null[3596] und der Unternehmenswert entspricht einem als „Normalertragswert" angenommenen Substanzwert.[3597]

Offensichtlich kann mittels des Residualgewinnmodells der Unternehmensbewertung eine theoretisch fundierte Erklärung der „Differenzgröße" Goodwill erfolgen.[3598] Die Definition der Bestandsgröße als Fair Value des Nettovermögens innerhalb des Residualgewinnmodells ist „unschädlich" für die Berechnung des Gesamtwerts der CGU[3599], gibt aber der Gleichsetzung von Goodwill und Übergewinnpotential erst einen Sinn. Veränderungen des Fair Value müssen jedoch bei der Definition der Überrenditen berücksichtigt werden.[3600] Nur bei einer entsprechenden Festlegung der Bestandsgröße ergibt sich ein Barwert der Übergewinne, der als Goodwill interpretiert werden kann.

Im Zusammenhang mit der Goodwill-Interpretation ist die Höhe der Bestandsgröße von entscheidender Bedeutung.[3601] Zwar ist der Gesamtwert (V) bei einer Berechnung nach dem Residualgewinnmodell unabhängig von der Bestandsgröße (B),[3602] dies gilt aber nicht für die Höhe des Barwerts der Über-

---

[3593] Vgl. Schildbach (fair value), S. 854.
[3594] Vgl. Osterloh/Frost/Wartburg (Kernkompetenzen), S. 2925.
[3595] Vgl. Coenenberg (Jahresabschlussanalyse), S. 167 f.; Coenenberg (Jahresabschluss), S. 1131 ff.
[3596] Vgl. Schultze (Kombinationsverfahren), S. 463 f.
[3597] Vgl. Hebertinger (Substanzwert a), S. 5547.
[3598] Vgl. hierzu Schultze (Kombinationsverfahren), S. 462.
[3599] Vgl. Ballwieser (Residualgewinnmodell), S. 55. Auch das Lücke-Theorem setzt nicht zwingend eine Bewertung zu pagatorischen Anschaffung- und Herstellungskosten voraus. Vgl. Terstege (Erfolgsrechnungen), S. 595-598; m.w.N. Lücke (Zinsen), S. 44-49.
[3600] Vgl. Henselmann (Economic Value Added), S. 169.
[3601] Vgl. hierzu auch Schultze (Kombinationsverfahren), S. 463.
[3602] Vgl. Schultze (Kombinationsverfahren), S. 462 f.

gewinne (MVA), welcher die Lücke zwischen B und V stets ausfüllen muss. Die Beliebigkeit in der Verteilbarkeit von V auf B und MVA macht sowohl B als auch MVA aussagelos,[3603] es sei denn, B wird auf Fair Value-Basis „geeicht". Das folgende simple Beispiel dient nochmals der Veranschaulichung:[3604]

$$10 = 4 + 6 = 3 + 7 \; aber \; 4 \neq 3 \; und \; 6 \neq 7$$

oder anders

$$V = B_a + MVA_a = B_b + MVA_b \; aber \; B_a \neq B_b \; und \; MVA_a \neq MVA_b$$

Die Höhe des Goodwill kann im Beispiel jedoch wohl kaum je nach Belieben 6 oder 7 GE betragen, sie ist nach der Übergewinninterpretation „eindeutig" 6 GE, wenn das zum Fair Value bewertete Nettovermögen 4 GE beträgt.[3605]

Der Goodwill nach der Übergewinninterpretation ergibt sich aus einer im Zusammenhang mit einer Informationsbilanz vertretbaren Annahme,[3606] die zur Aufspaltung des Goodwill erforderlich ist. Zur Bestimmung des CGU-Werts ist jedenfalls, verglichen mit anderen Methoden der Unternehmensbewertung, in gleicher Weise zur Bestimmung des Gesamtwerts geeignet,[3607] und eine darauf basierende Aufgliederung des Goodwill ist einem undifferenzierten Ausweis stets überlegen[3608].

8.3.1.2.2 Komponentenbilanzierung des Goodwill

Auf CGU-Ebene umfasst der Goodwill sowohl durch das Zusammenwirken der Vermögenswerte einer CGU (CGU-internes Synergiepotential) als auch aufgrund des Zusammenwirkens mit anderen CGU (CGU-übergreifendes Synergiepotential) realisierbare Synergieeffekte.[3609] Soweit sich Ursachen für die auf Synergien basierenden Überrenditen bzw. der Ort der Realisierung der Syner-

---

[3603] Vgl. Ballwieser (Residualgewinnmodell), S. 59.

[3604] Zum Zahlenbeispiel in einem anderen Kontext vgl. Kruschwitz/Löffler (Discounted Cash Flow), S. 39.

[3605] Zur Abhängigkeit der Goodwill-Interpretation von der Ermittlungsmethode vgl. auch Moxter (Goodwill), Sp. 684.

[3606] Vgl. aber Moxter (Geschäftswertbilanzierung), S. 742; Moxter (Goodwill), Sp. 686 f.

[3607] Vgl. Ballwieser (Residualgewinnmodell), S. 62. Dies trifft nicht auf die „traditionellen" Übergewinnverfahren zu, bei denen aufgrund der Bestrebungen, einem Interessenausgleich gerecht zu werden, Unternehmenswerte in verzerrter Weise ermittelt werden. Vgl. Schultze (Kombinationsverfahren), S. 463.

[3608] Vgl. Busse von Colbe (Konzernrechnungslegung), S. 660.

[3609] Vgl. auch Hachmeister/Kunath (Bilanzierung), S. 65.

gieeffekte identifizieren lassen, kann eine entsprechende Aufspaltung des Goodwill in seine Komponenten (GWK) vorgenommen werden.[3610]

Abbildung 72 zeigt eine mögliche Einteilung des Goodwill einer CGU nach den Funktionsbereichen, in denen die mit den Synergien verbundenen Übergewinne erwartungsgemäß realisiert werden. Hierbei wird innerhalb der Komponenten auch nach CGU-internen und CGU-übergreifenden Synergiepotentialen unterschieden.

Abbildung 72: Aufspaltung des CGU-Goodwill

Goodwill-Aufspaltung		CGU-Goodwill			Summe
		Synergiepotentiale			
GWK_i \ Funktion		Beschaffung	Produktion	Absatz	
GWK_1	CGU-intern	...	...	...	...
	CGU- übergreifend	...	...	...	...
GWK_2	CGU-intern	...	...	...	...
	CGU- übergreifend	...	...	...	...
⋮		...	...	...	...
GWK_n	CGU-intern	...	...	...	...
	CGU- übergreifend	...	...	...	...
Summe		...	...	...	...

Die Goodwill-Komponenten stellen Nettopotentiale dar, welche immer auch negative Effekte umfassen und auf CGU-Ebene per Saldo zu einem insgesamt negativen Netto-Goodwill führen können.[3611] Das Vorhandensein von Wechselwirkungen zwischen negativen und positiven Synergiepotentialen stellt bei der Abgrenzung und Bewertung der einzelnen Goodwill-Komponenten eine besondere Herausforderung dar.[3612]

8.3.2 Grundstruktur einer CGU-Informationsbilanz

Aus Objektivierungs- und Vereinfachungserwägungen kann sich eine CGU-Informationsbilanz an den Regelungen des IAS 36 zur VIU-Berechnung orientieren. Die Aktivseite der CGU-Informationsbilanz zeigt dementsprechend den

---

3610 Vgl. Busse von Colbe (Konzernrechnungslegung), S. 659.
3611 Vgl. Haaker (Goodwill), S. 431-434.
3612 Vgl. Gälweiler (Synergiepotentiale), Sp. 1936 f.

VIU der Güterkombination der CGU.[3613] Aufgrund des Ausweises der einzelnen zum Fair Value angesetzten Vermögenswerte und der gemäß *Abbildung 72* eingeteilten Goodwill-Komponenten wird die „Werttreiberstruktur" innerhalb einer CGU erkennbar.

Nach Abzug der Schulden (soweit zurechenbar) ergibt sich der Wert des CGU-Eigenkapitals, d.h. der Wert der CGU aus der Sicht der Anteilseigner[3614]. In der CGU-Informationsbilanz wird nicht nur der Wert des CGU-Eigenkapitals als anteiliger (typisierter) Entscheidungswert, sondern auch dessen Veränderung als Wertschaffungsindikator abgebildet.[3615] Mit der Eigenkapitaländerung wird allerdings nur ein Teil der Periodenleistung erfasst. Für eine zielorientierte Kontrolle muss darüber hinaus der Nettofinanzmittelabfluss an die Anteilseigner oder andere CGU erkennbar sein; der Netto-Abfluss ist ein Teil der CGU-Leistung. Eigenkapitalveränderung und Netto-Abfluss addieren sich zu einem heuristisch-ökonomischen Gewinn[3616], der approximativ den periodenbezogenen Wertbeitrag einer CGU abbildet *(vgl. Abbildung 73)*.[3617]

Abbildung 73: Grundstruktur einer CGU-Informationsbilanz

CGU-Informationsbilanz zum 31.12.t			
Goodwill-Komponente $_1$	…	*Eigenkapital t-1*	…
Goodwill-Komponente $_2$	…	*ΔEigenkapital*	…
		+Netto-Abfluss	…
⋮	…	*ÖG*	…
		Eigenkapital t	…
Goodwill-Komponente $_n$	…	Schuld$_1$	…
Vermögenswert$_1$	…	Schuld$_2$	…
Vermögenswert$_2$	…		
⋮	…	⋮	…
Vermögenswert$_n$	…	Schuld$_n$	…

3613 Vgl. Moxter (Eigenkapitalmessung), S. 83.
3614 Vgl. Moxter (Eigenkapitalmessung), S. 83 und 87 f.
3615 Vgl. Moxter (Eigenkapitalmessung), S. 80.
3616 Vgl. Ordelheide (Theorie), S. 275 f.
3617 Vgl. Gebhardt/Mansch (Unternehmenssteuerung), S. 18.

Aus einheitstheoretischer Perspektive stellen Minderheitengesellschafter den Mehrheitengesellschaftern gleichgestellte Anteilseigner des Konzerns als wirtschaftliche Einheit dar.[3618] Sind Minderheitengesellschafter an einer CGU beteiligt,[3619] ist der auf sie entfallende Anteil am Eigenkapital sowie am Erfolg in der CGU-Informationsbilanz zu berücksichtigen. Hierbei sollten Mehr- und Minderheitenanteile am Eigenkapital, Erfolg und Goodwill separat ausgewiesen werden *(vgl. Abbildung 74)*.

Abbildung 74: CGU-Informationsbilanz bei Minderheitengesellschaftern

CGU-Informationsbilanz zum 31.12.t			
Goodwill:	...	Eigenkapital t-1	...
Mehrheiten-Goodwill	...	*Mehrheitenkapital*	...
Goodwill-Komponente$_1$	...	*Minderheitenkapital*	...
Goodwill-Komponente$_2$	...	ΔEigenkapital	...
		Mehrheitenkapital	...
⋮	...	*Minderheitenkapital*	...
		+Netto-Abfluss	...
Goodwill-Komponente$_n$	...	*Mehrheitengesellschafter*	...
Minderheiten-Goodwill	...	*(davon andere CGU)*	...
Goodwill-Komponente$_1$	...	*Minderheitengesellschafter*	...
Goodwill-Komponente$_2$	...	ÖG	...
		Mehrheitenerfolg	...
⋮	...	*Minderheitenerfolg*	...
		Eigenkapital t-1	...
Goodwill-Komponente$_n$	...	*Mehrheitenkapital*	...
Vermögenswert$_1$	...	*Minderheitenkapital*	...
Vermögenswert$_2$	...	Schuld$_1$	...
		Schuld$_2$	...
⋮	...	⋮	...
Vermögenswert$_n$	...	Schuld$_n$	...

8.3.3 Grundstruktur CGU-Informations-GuV

Ergänzt werden kann die CGU-Informationsbilanz um eine GuV, welche die Goodwill- und Nettovermögensänderungen im Einzelnen aufgliedert. Die CGU-Informations-GuV ermittelt unter Berücksichtigung des erfolgten Netto-Abflusses den ökonomischen Gewinn[3620] einer CGU auf Basis des VIU

[3618] Vgl. Pellens/Fülbier/Gassen (Rechnungslegung), S. 669.
[3619] Vgl. Pellens/Sellhorn (Minderheitenproblematik).
[3620] Vgl. Münstermann (Bedeutung), S. 581.

($\ddot{O}G_t^{VIU,CGU_i}$). Durch weiteren Abzug der Verzinsung des CGU-Eigenkapitals zum Periodenbeginn (=Zeiteffekt bzw. erwarteter $\widetilde{\ddot{O}G}_t^{VIU,CGU_i}$)[3621] erhält man den ökonomischen Residualgewinn[3622] der CGU auf Basis des VIU ($\ddot{O}RG_t^{VIU,CGU_i}$) *(vgl. Abbildung 75).*[3623] Erst der Abzug dieses Plangewinns liefert einen geeigneten Kontrollmaßstab.[3624] „Einer der wesentlichen Nachteile der Rechnungslegung in der jetzt existierenden Form ist das Fehlen von Plandaten."[3625]

Abbildung 75: Grundstruktur einer CGU-Informations-GuV

CGU-Informations-GuV zum 31.12.t	
ΔGoodwill-Komponente$_1$	...
+ ΔGoodwill-Komponente$_2$	...
+ ⋮	...
+ ΔGoodwill-Komponente$_n$	...
+ ΔVermögenswert$_1$	...
+ ΔVermögenswert$_2$	...
+ ⋮	... ...
+ ΔVermögenswert$_n$	...
- ΔSchuld$_1$	...
- ΔSchuld$_2$	...
- ⋮	...
- ΔSchuld$_n$	...
= ΔEigenkapital	...
+ Netto-Abfluss	...
= *ÖG*	...
- *erwarteter ÖG*	...
= *ÖRG*	...

3621 Vgl. Moxter (Betriebswirtschaftliche Gewinnermittlung), S. 52 f.
3622 Vgl. Laux (Unternehmensrechnung), S. 159.
3623 Vgl. hierzu auch Hoogendoorn (Financial Statement Model), S. 14; grundlegend zum Zusammenhang zwischen „buchhalterischen" und ökonomischen Gewinnkonzepten Hansen (Profit); Solomons (Concepts of Income), Schneider (Bilanzgewinn), Münstermann (Bedeutung); Scapens (Measure Profit); Shwayder (Economic Income); Revsine (Income); Black (Magic); Chen Chang (Business Income); Coenenberg (Gewinnbegriff); Clemm (Zweckmäßigkeit), S. 142-151; Peasnell (Present Value Concept); Barton (Income Theory); Bierman/Davidson (Income Concept); Moxter (Gewinnkonzeptionen); Lücke/Hautz (Bilanzen).
3624 Vgl. Wesner (Risikoäquivalenz), S. 38.
3625 Janschek (Rechnungslegung), S. 775.

Warum die Vermögensänderungen im Einzelnen ausgewiesen werden, erscheint erklärungsbedürftig. Entsprechend führt *Wagner* aus: „Bei Bekanntheit des ökonomischen Gewinns in Form von Barwertdifferenzen zweier Zeitpunkte ist es zwar durchaus denkbar, die Barwertdifferenz auch durch Einzelbewertung 'nachzubilden'. Die Nachbildung von bekannten Ertragswerten durch Einzelbewertung wäre dann allerdings überflüssig, da in diesem Fall niemand auf die Idee käme, den Wert der einzelnen Vermögensgegenstände noch zu ermitteln."[3626] Jedoch ist aus Sicht der Investoren auch Art und Ursache der Wertänderung von Interesse,[3627] was eine mit der Bilanzgliederung konsistenten Untergliederung vom Nettosubstanz- und Goodwill-Änderungen sowie des Nettoabflusses begründet.[3628]

Die Änderungen der einzelnen Positionen sind einer individuellen Interpretation zugänglich und könnten ergänzend in einer Art „Potentialänderungsspiegel" detailliert dargestellt werden. Idealtypisch verkörpern die Goodwill-Komponenten den (fiktiven) Kapitalwert von Investitionen in die Substanz, womit sich grundsätzlich dessen Entwicklung verfolgen ließe.

Sind Minderheitengesellschafter an der CGU beteiligt, ist eine Untergliederung der Goodwill-Änderung sowie der Erfolgsbestandteile nach Mehr- und Minderheitenanteilen erforderlich *(vgl. Abbildung 76)*.

[3626] Wagner (Kriterien), S. 190 f.
[3627] Vgl. Mujkanovic (Fair Value), S. 306 f. und S. 314 f.
[3628] Vgl. Mujkanovic (Fair Value), S. 316 f.

Abbildung 76: CGU-Informations-GuV bei Minderheitengesellschaftern

	CGU-Informations-GuV zum 31.12.t	
	ΔGoodwill	...
	ΔMehrheiten-Goodwill	...
	ΔGoodwill-Komponente $_1$	...
	ΔGoodwill-Komponente $_2$	...
	⋮	...
	ΔGoodwill-Komponente $_n$	...
	ΔMinderheiten-Goodwill	...
	ΔGoodwill-Komponente $_1$	...
	ΔGoodwill-Komponente $_2$	...
	⋮	...
	ΔGoodwill-Komponente $_n$	...
+	**ΔVermögenswert** $_1$	...
+	**ΔVermögenswert** $_2$	...
	⋮	...
+	**ΔVermögenswert** $_n$	...
-	**ΔSchuld** $_1$	...
-	**ΔSchuld** $_2$	...
	⋮	...
-	**ΔSchuld** $_n$	...
=	**ΔEigenkapital**	...
	ΔMehrheitenkapital	...
	ΔMinderheitenkapital	...
+	**Netto-Abfluss**	...
	Mehrheitengesellschafter	...
	(davon andere CGU)	...
	Minderheitengesellschafter	...
=	*ÖG*	...
	Mehrheitenerfolg	...
	Minderheitenerfolg	...
-	*erwarteter ÖG*	...
	erwarteter Mehrheitenerfolg	...
	erwarteter Minderheitenerfolg	...
=	*ÖRG*	...
	residualer Mehrheitenerfolg	...
	residualer Minderheitenerfolg	...

Damit wird jedoch, verglichen mit einer „normalen" GuV, die Ertrags- und Aufwandsstruktur („Erfolgsquellen") nicht gezeigt. Ähnliche Informationen können – allerdings in zahlungsbasierter Weise – im Rahmen einer Kapitalflussrechnung gegeben werden.[3629]

[3629] Vgl. Moxter (Rechnungslegung), S. 251-265; grundlegend bereits Busse von Colbe (Informationsgehalt), S. 82-114; Moxter (Bilanzierung).

8.3.4 Grundstruktur einer CGU-Informationskapitalflussrechnung

Da zur Ermittlung des VIU einer CGU sowieso entsprechend segmentierte prognoseorientierte Kapitalflussrechnungen erstellt werden müssen,[3630] können diese auch gleich einen Bestandteil einer informativen Bilanzierung bilden.[3631] Eine prognoseorientierte Kapitalflussrechnung weist einen unmittelbaren Zielbezug auf[3632] und erscheint deshalb als eine sinnvolle Ergänzung von CGU-Informationsbilanz und –GuV geeignet.

Stellt eine CGU-Informationskapitalflussrechnung die Zahlungen als Soll- sowie Ist- und Wird-Größen dar,[3633] lassen sich die Prognosen der Vorjahre überprüfen und die aktuellen Prognosen plausibilisieren.[3634] Auf diese Weise wird auch ein Mindestmaß an Zuverlässigkeit sichergestellt, denn es „würden Zweifel an der Fähigkeit eines Managements auftauchen, das immer in die falsche Richtung prognostiziert“[3635]. Im Zweifelsfall könnte dies sogar eine Entlassung des Managements nach sich ziehen.[3636] Darüber hinaus besteht die „Gefahr, daß die Planung auch intern nicht ernst genommen und damit eines der wesentlichen internen Steuerungsinstrumente ad absurdum geführt wird.“[3637] Es erfolgt somit eine faktische Einschränkung des Manipulationsspielraums, da die Möglichkeiten von willkürlichen Über- und Unterschätzungen begrenzt werden.[3638] Auch wird die Ein- und Auszahlungsstruktur („Erfolgsquellen“) offengelegt *(vgl. Abbildung 77).*

3630 Zur Unternehmensbewertung auf Basis von Kapitalflussrechnungen vgl. auch Schultze/Meyer (Kapitalflussrechnung).

3631 Vgl. Mujkanovic (Fair Value), S. 318; ferner Janschek (Rechnungslegung), S. 772.

3632 Vgl. Moxter (Rechnungslegung), S. 251.

3633 Während eine Soll-Größe den ursprünglichen Planwert darstellt, handelt es sich bei einer Wird-Größe um eine in der Kontrollperiode ggf. revidierte Schätzung. Vgl. hierzu Lüder (Investitionen), Sp. 854. Für die nachfolgende Periode stellt die Wird-Göße dann eine Soll-Größe dar. Vgl. Herter (Management), S. 175. Zu den Kontrollarten vgl. auch Schweitzer/Küpper (Systeme), S. 34 f.

3634 Vgl. Baetge/Noelle (Shareholder-Value-Reporting), S. 178; Mujkanovic (Fair Value), S. 318; kritisch hierzu Engels (Bemerkungen), S. 43.

3635 Altenburger/Busse von Colbe/Küpper/Loitlsberger/Siegwart (Weiterentwicklung), S. 76.

3636 Vgl. Janschek (Rechnungslegung), S. 777 f.

3637 Janschek (Rechnungslegung), S. 778.

3638 Vgl. Herter (Management), S. 175.

Abbildung 77: Grundstruktur einer CGU-Informationskapitalflussrechnung

CGU-Informationskapitalflussrechnung zum 31.12.t																
Periode	**t**			**t+1**			**t+2**				**t+n**			**t+n+1**		
Informations-stand	**t-1**	**t**	**Δ**	**t-1**	**t**	**Δ**	**t-1**	**t**	**Δ**		**t-1**	**t**	**Δ**	**t-1**	**t**	**Δ**
Operativer Bereich:																
Umsatzeinzahlungen	...	...	...	...	...	...	...	...	...		...	...	...	...	...	...
sonstige Einzahlungen	...	...	...	...	...	...	...	...	...		...	...	...	...	...	...
Materialauszahlungen	...	...	...	...	...	...	...	...	...		...	...	...	...	...	...
Personalauszahlungen	...	...	...	...	...	...	...	...	...		...	...	...	...	...	...
⋮																
Investitionsbereich:										...						
Investitionen:																
Ersatzinvestitionen	...	...	...	...	...	...	...	...	...		...	...	...	...	...	...
Erweiterungsinvestitionen		...	...													
Desinvestitionen:	...	...	...	...	...	...	...	...	...		...	...	...	...	...	...
FCF:																
Soll-FCF	...			...			...				...			...		
Ist-FCF		...	...													
Wird-FCF					...	...		...	...			...	...		...	...
davon Substanz	...	...	...	...	...	...	...	...	...		...	...	...	...	...	...
davon Goodwill	...	...	...	...	...	...	...	...	...		...	...	...	...	...	...

Die CGU-Informationskapitalflussrechnung sollte das Zustandekommen der Free Cash Flows einer CGU über den Planungszeitraum (von t bis t+n) sowie der zur Berechnung einer ewigen Rente repräsentativen Periode (t+n+1) auf Grundlage des Informationsstands zum Beginn (Informationsstand t-1; Soll-$\widetilde{FCF}_j^{CGU_i}$) und zum Ende der Kontrollperiode (Informationsstand t; Ist-$FCF_t^{CGU_i}$ bzw. Wird-$\widetilde{FCF}_j^{CGU_i}$) aufzeigen. Auf dieser Basis kann die Realisierung von in den Vorperioden geschaffenen Werten verfolgt werden.[3639] Weiter erscheint

[3639] Vgl. Janschek (Rechnungslegung), S. 772.

eine Separierung der auf Goodwill und Substanz zurückzuführenden Zahlungen zweckmäßig.[3640]

Der $FCF_t^{CGU_i}$ kann bei Annahme einer residualen Ausschüttungspolitik unter Vernachlässigung von „Kassenhaltung" dem Netto-Abfluss an die Anteilseigner oder andere CGU gleichgesetzt werden.[3641] Insofern besteht Konsistenz zwischen dem Ist-$FCF_t^{CGU_i}$ und dem in der Informationsbilanz und -GuV gezeigten Netto-Abfluss.

Die Wird-$\widetilde{FCF}_j^{CGU_i}$ bilden letztendlich die Basis zur Bestimmung des in der CGU-Bilanz ausgewiesenen Werts des CGU-Eigenkapitals. Soweit sich die erwarteten $\widetilde{FCF}_j^{CGU_i}$ an den Regelungen zur VIU-Ermittlung nach IAS 36 orientieren, fließen auch dessen „Besonderheiten" wie etwa eine Vernachlässigung von nicht eingeleiteten Erweiterungsinvestitionen in die Berechnungsgrundlage des CGU-Eigenkapitals ein.[3642] Bei mit Hilfe der Informationsbilanz zu treffenden Entscheidungen und Kontrollen muss man sich dessen bewusst sein.

Da es sich um eine prognoseorientierte Kapitalflussrechnung handelt, erscheinen erläuternde Zusatzinformationen notwendig. Hierbei wären neben Angaben zur Verteilung der FCF insbesondere die interdependenten Beziehungen zwischen den Abweichungen der Ist-$FCF_t^{CGU_i}$ und der Wird-$\widetilde{FCF}_j^{CGU_i}$ von den Soll-$\widetilde{FCF}_j^{CGU_i}$ zu erläutern.[3643] Neu initiierte Investitionsprojekte mindern den Ist-$FCF_t^{CGU_i}$ in Höhe der Anschaffungsauszahlungen und führen zu einer entsprechenden Soll-Ist-Abweichung. Gleichzeitig verändern sich durch die Investitionsmaßnahme die erwarteten $\widetilde{FCF}_j^{CGU_i}$. Der Barwert der mit dem Investitionsprojekt verbundenen Soll-Wird-Abweichung stellt dessen Ertragswert dar. Durch Subtraktion der Anschaffungsauszahlung (projektbezogene Soll-Ist-Abweichung) vom Ertragswert (projektbezogene Soll-Wird-Abweichung) ergibt sich der Kapitalwert des Investitionsprojekts, welcher der Wirkung der Investitionsmaßnahme auf den $ÖG_t^{VIU,CGU_i}$ entspricht.[3644] Solche auf konkrete Handlungen des Managements zurückzuführende Ergebniswirkungen werden aller-

---

3640 Vgl. hierzu auch Biberacher (Synergiemanagement), S. 438-444.
3641 Vgl. Schultze/Hirsch (Unternehmenswertsteigerung), S. 141.
3642 Vgl. hierzu *Abbildung 77*, in der die entsprechenden Informationen im Investitionsbereich nicht vorgesehen sind, d.h. die relevanten Felder grau markiert sind.
3643 Vgl. Dirrigl (Wertorientierung), S. 563.

dings von auf zufälligen Ereignissen basierenden Ergebniswirkungen überlagert,[3645] folglich ist eine Globalbetrachtung des $\Delta \ddot{O}G_t^{VIU,CGU_i}$ für Kontrollzwecke nicht ausreichend.

8.3.5 Ergänzende Abweichungsanalyse

Der $\ddot{O}RG_t^{VIU,CGU_i}$ $(= \Delta \ddot{O}G_t^{VIU,CGU_i})$ entspricht der Abweichung zwischen erwartetem $\widetilde{\ddot{O}G}_t^{VIU,CGU_i}$ und erzieltem $\ddot{O}G_t^{VIU,CGU_i}$; diese Abweichung $\Delta \ddot{O}G_t^{VIU,CGU_i}$ sollte für Kontrollzwecke einer Abweichungsanalyse unterzogen werden.[3646] Hierbei müssen auf Umweltveränderungen zurückgehende Ergebniswirkungen (Informationseffekte) von den Wirkungen auf das Ergebnis getrennt werden, die auf die Leistung des Managements zurückgehen (Aktionseffekte).[3647] Die Ergebnisse dieser Analyse könnten als „Anhängsel" der GuV publiziert werden *(vgl. Abbildung 78)*.[3648]

[3644] Vgl. Pellens/Crasselt/Sellhorn (Goodwill-Bilanzierung), S. 147.
[3645] Vgl. Neus (Einführung), S. 370.
[3646] Vgl. Haaker (Da capo), S. 688.
[3647] Vgl. Dirrigl (Wertorientierung), S. 559.
[3648] Zur Abweichungsanalyse bezüglich des ÖG einer CGU vgl. ausführlich Haaker (Abweichungsanalyse). Mit wertorientierten Abweichungsanalysen setzen sich insbesondere Breid (Erfolgspotentialrechnung), S. 215-228 sowie Dirrigl (Erfolgspotentialrechnung) auseinander.

Abbildung 78: Abweichungsanalyse als Bestandteil der CGU-Informations-GuV

CGU-Informations-GuV zum 31.12.t	
⋮	...
= *ÖG* ^{VIU}	...
- *erwarteter ÖG* ^{VIU}	...
= *ÖRG* ^{VIU} (= ΔÖG ^{VIU})	...
= ΔCash Flow	...
davon Aktionseffekt	...
davon Informationseffekt	...
+ ΔRisiko-Zinskomponente	...
davon Aktionseffekt	...
davon Informationseffekt	...
+ Δrisikoloser Zins	...

Die Abweichungsanalyse kann nur im Zusammenhang mit der Informationskapitalflussrechnung sowie Angaben zum Diskontierungssatz (Zeit- und Risikokomponente) und zahlreichen Informationen zur bisherigen bzw. geplanten Geschäftstätigkeit begründet werden.

Trotz der mit einer solchen „Zerlegung" der Erfolgsgröße verbundenen Verlässlichkeitsprobleme darf darauf nicht verzichtet werden, denn ohne eine Darstellung der auf Informations- und Aktionseffekte basierenden Abweichungen kann dem Kontrollzweck nicht adäquat nachgekommen werden.[3649] Da eine derartige Abweichungsanalyse durch externe Adressaten kaum durchführbar ist,[3650] stellt eine Bereitstellung der entsprechenden Informationen einen unverzichtbaren Bestandteil einer wirklich kontrollrelevanten Rechnung dar. Andererseits bringt die Darstellung der Abweichungsanalyse auch besondere Probleme mit sich. Soweit eine direkte Offenlegung der Managementleistung (Aktionseffekt) erfolgen soll, ist eine Abweichungsanalyse erhöhten Ma-

---

[3649] Vgl. Dirrigl (Erfolgspotenzialrechnung), Sp. 421; Breid (Erfolgspotentialrechnung), S. 28 f.

[3650] Vgl. Bieker (Fair Value Accounting), S. 224.

nipulationsgefahren ausgesetzt. Eine Prüfung kann hier allenfalls die Plausibilität sicherstellen.

8.3.6 Berichtsebenen, Berichtsformate und Berichtsdimensionen

Der Gesamtunternehmenswert und seine Veränderung bilden die für die Investoren maßgeblichen Zielgrößen. Trotz der Fokussierung der Berichterstattung auf die CGU-Ebene bedarf es daher in jedem Fall auch einer Berücksichtigung der Gesamtunternehmensperspektive; die CGU-Informationsbilanz und -GuV müssen daher noch zu gesamtunternehmensbezogenen Rechnungen aggregiert werden.[3651] Dieses sollte sowohl in Form einer einzelbewertungsorientierten Gesamtunternehmensbilanz als auch in Form einer CGU-bezogenen Gesamtwertbilanzierung (Bilanz der „kleinen Unternehmenswerte") erfolgen.[3652] Damit wäre ein Informationsbilanzkonzept geschaffen, bei der sich der Investor ausgehend vom Gesamtkonzernwert je nach gewünschtem Detaillierungsgrad der Informationen den CGU-Werten und dessen Werttreibern quasi aus der Vogelperspektive nähern könnte, um auf dieser Berichtsebene bei Bedarf in die Substanz- und Goodwill-Komponenten „hineinzoomen" und ggf. qualitative Zusatzinformationen einbeziehen zu können.[3653] Auch sollten mehr- oder minderheitenbezogene Informationen optional ein- und ausgeblendet werden können.

Eine solche Berichterstattung kann das „Papierformat" allein sicher nicht bewältigen, technische Umsetzungsprobleme von entsprechenden EDV-Konzepten sind aber kaum zu erwarten. Würde die Berichterstattung noch um eine zuschaltbare mehrdimensionale Bilanzierung ergänzt,[3654] könnte auch der „vorsichtige" Anleger seine „sicheren" Informationen identifizieren und separieren, um wie gewohnt zu versuchen, auf der Basis zwar unzureichend relevanter, aber beruhigend zuverlässiger Daten seine Anlageentscheidungen zu treffen[3655]. Damit wäre das Grundproblem der Entobjektivierung zwar nicht gelöst, immerhin jedoch relativiert.

[3651] Vgl. hierzu Pellens/Füllbier/Gassen (Rechnungslegung), S. 903, Streim/Bieker/Esser (Ausschüttungsbilanz), S. 240; Bieker (Fair Value Accounting), S. 220 f.

[3652] Vgl. Pellens/Füllbier/Gassen (Rechnungslegung), S. 902 ff.

[3653] Vgl. Pellens (Unternehmensberichterstattung), S. 498.

[3654] Vgl. Reichelt/Schmidt (Konzernrechnungslegung), S. 59-61; Schmidt (Full Goodwill Methode), S. 175-179.

[3655] Vgl. hierzu auch Janschek (Rechnungslegung), S. 773 f.

8.4 Entobjektivierte Informationsbilanzen im externen Rechnungswesen?

„In der traditionellen Bilanz wird das Vermögen einer Unternehmung verglichen mit deren Erfolgswert unvollständig wiedergegeben."[3656] Dies gilt – insbesondere im Bereich der immateriellen Vermögenswerte – auch für die angeblich informative IFRS-Bilanz, welche sich tatsächlich durch eine eher „vorsichtige" Bilanzierung auszeichnet.[3657] „Im Rahmen der Informationsfunktion aber läßt sich Vorsicht und einseitig pessimistische Bewertung schwerlich rechtfertigen."[3658] Das „Vorsichtsprinzip" i.S. der IFRS soll den Optimismus von Schätzungen begrenzen,[3659] wobei in einer symmetrischen Berichterstattung die Chancen gleichermaßen berücksichtigt werden müssen.

Für eine informationsorientierte Rechnungslegung gilt der „Grundsatz der Unbeachtlichkeit des Vorsichtsprinzips"[3660]. Eine vorsichtige Bilanzierung zeigt sich zum einen auf der Ansatzebene in einer Negierung selbst geschaffener Werte und zum anderen auf der Bewertungsebene im Verzicht auf ertragswertorientierte Kalküle.[3661] In diesem Zusammenhang besteht für die IFRS-Rechnungslegung Reformbedarf. Ob man hierbei bis zu „angewandter Futurologie"[3662] einer Unternehmensbewertung gehen darf, erscheint zwar fraglich. „Lehnt man jedoch ab, die klassische Bilanz zu einer bereichsorientierten [und ertragswertorientierten] Rechnung weiterzuentwickeln, weil der in dem Verzicht auf Verlässlichkeit zum Ausdruck kommende 'Preis' als zu hoch angesehen wird, kann man...nur zu dem Schluss kommen, dass die Versuche, eine 'Informationsbilanz' im Sinne der Interessen der Rechnungslegungsadressaten zu konzipieren, als gescheitert zu bezeichnen sind."[3663] Mit den Worten von *Dieter Schneider* ausgedrückt heißt das: „Man treibt den Teufel mit dem Beelzebub aus, indem man die Nachprüfbarkeit zum obersten Grundsatz er-

---

3656 Schildbach (Konzernrechnungslegung, Teil II), S. 203.
3657 Vgl. Schildbach (Rechnungslegungs-System, Teil 1), S. 15.
3658 Schildbach (Konzernrechnungslegung, Teil 2), S. 204; vgl. auch Ballwieser (Informations-GoB), S. 117 f.
3659 Vgl. Naumann (Spannungsverhältnis), S. 48; Lorchheim (Zuverlässigkeit), S. 129.
3660 Ballwieser (Informations-GoB), S. 117.
3661 Vgl. Ballwieser (Goodwill), S. 480.
3662 Clemm (Zweckmäßigkeit), S. 145.
3663 Bieker (Fair Value Accounting), S. 234.

hebt"[3664]. Es darf schließlich nicht vergessen werden: „Objectivity without relevance is not much of a virtue."[3665]

„Jede öffentliche Rechnungslegung, die versucht ökonomisch begründete Aussagen zu geben, enthält Ermessens- und damit Manipulationsspielräume."[3666] Mit Hilfe einer Informationsbilanz in Verbindung mit einer Informations-GuV sowie einer Informationskapitalflussrechnung auf CGU-Ebene können unter weitgehender Zurückdrängung der Objektivierung[3667] höchst entscheidungs- und kontrollrelevante Informationen vermittelt werden. Doch geht das Konzept einer Informationsbilanz wegen der Entobjektivierung mit gewissen Gefahren einher, da der Bilanzierende seinen Informationsvorsprung zu Lasten der Investoren nutzen kann.[3668]

Auch eine Einbeziehung in die Pflichtprüfung kann allenfalls zur Vermeidung von „groben Fehleinschätzungen" beitragen.[3669] Dementsprechend folgert *Coenenberg*: „Die direkte Ermittlung des Shareholder Value bzw. seiner Veränderung kann nicht Aufgabe der Bilanzierung selbst sein"[3670]. Wird aber die Darstellung dieser Rechnungsziele in außerbilanzielle Ergänzungsrechnungen verlagert,[3671] sind bestehende Objektivierungsprobleme nicht gelöst, sondern allenfalls verschoben. Sie verstärken sich sogar, soweit eine Publikation im nicht prüfungspflichtigen Teil des Geschäftsberichts[3672] vorgesehen ist und keine freiwillige Prüfung erfolgt.

Eine Informationsbilanz im externen Rechnungswesen „bedeutete die längst überfällige Annäherung von externem und internem Berichtswesen."[3673] Ob ein solcher Ansatz nur im Rahmen des internen Rechnungswesens oder tatsächlich auch im externen Rechnungswesen zur Anwendung kommen kann,[3674]

[3664] Schneider (Teilwertlehren), S. 306.
[3665] Solomons (Concepts of Income), S. 378.
[3666] Schneider (Manipulationen), S. 50.
[3667] Vgl. grundlegend Baetge (Objektivierung).
[3668] Im Hinblick auf entsprechende Gefahren merkt *Baetge* kritisch an: „Der IASB dürfte – wenn er seine eigenen Grundsätze ernst nähme – signifikante Mängel bei der Zuverlässigkeit nicht zugunsten einer angeblich hohen Entscheidungsrelevanz akzeptieren" [Baetge (Januskopf)].
[3669] Vgl. Egner (Bilanzen), S. 152.
[3670] Coenenberg (Jahresabschluss), S. 1220.
[3671] Vgl. Günther (Rechnungslegung), Sp. 2668 f.
[3672] Vgl. Schultze/Fink/Straub (Value Reporting), S. 563.
[3673] Moxter (Rechnungslegungsmythen), S. 2149.
[3674] Vgl. hierzu Ordelheide (Wertpotential), S. 528 f.; Clemm (Zweckmäßigkeit), S. 142-148.

muss vor allem im Hinblick auf die Relevanz entschieden werden,[3675] denn im Hinblick auf Anlageentscheidungen „muss der Adressat als rationaler Entscheidungsträger behandelt werden, der auch komplexe Bewertungsverfahren in der Rechnungslegung beachten kann“[3676].

Der Anreiz einer Manipulation ist dessen ungeachtet in einer kaum prüfbaren Rechnung stets gegeben[3677] und insbesondere in Zeiten einer wirtschaftlichen Krise sicher nicht auszuschließen.[3678] Davor schützt jedoch auch keine traditionelle Bilanzierung, in der zudem „merkwürdige Scheinobjektivierungen“[3679] vorherrschen. Beispielsweise kann im Rahmen der IFRS der Bilanzierende oftmals frei über eine Aktivierung von Entwicklungskosten entscheiden.[3680] Auf der Passivseite eines IFRS-Abschlusses sieht es kaum besser aus: Je nachdem, ob man die Wahrscheinlichkeit eines Prozessverlusts „salomonisch“ auf knapp über oder knapp unter 50 % festlegt,[3681] kann mitunter entweder ein sehr schlechtes oder ein sehr gutes Jahresergebnis „erzielt“ werden.[3682] Insofern muss die Alternative einer entobjektivierten CGU-Informationsbilanz diskutiert werden dürfen, „denn auch im Rechnungswesen ist Erkenntnisfortschritt nur über einen Versuchs- und Irrtumspfad zu erlangen.“[3683] Da mit Hilfe eines IFRS-Abschlusses kaum die für fundierte Anlageentscheidungen relevanten Informationen gewonnen werden können,[3684] sollten neue Konzepte erwogen werden. Eine entobjektivierte Informationsbilanz bedeutet der Maxime „Mehr Information wagen“[3685]. zu folgen. „Es gilt nicht, diese zu verhindern,

---

[3675] Vgl. Bieker (Unternehmen), S. 1208.

[3676] Baetge (Januskopf). *Baetge* weist in diesem Zusammenhang jedoch primär auf die „Gefahr der Ausnutzung der Informationsasymmetrie durch ein unlauteres Management“ und den damit verbundenen Verlust an Entscheidungsnützlichkeit hin.

[3677] Vgl. Baetge (Januskopf).

[3678] Vgl. Bieker (Fair Value Accounting), S. 222. In solchen Zeiten besteht ferner die Gefahr einer Überschätzung der positiven Wirkung von „Gegenmaßnahmen”. Vgl. Ordelheide (Geschäftswert), S. 584; ferner Clemm (Zweckmäßigkeit), S. 146 f.; AAA (Conceptual Framework), S. 236.

[3679] Moxter (Rahmenkonzept-Entwurf).

[3680] Vgl. ausführlich Burger/Ulbrich/Knoblauch (Reform).

[3681] Vgl. Schruff (Liabilities), S. 3497.

[3682] Vgl. Brücks/Richter (Business Combinations), S. 411. Zur Wahrscheinlichkeitsproblematik im Bereich der Rückstellungsbilanzierung vgl. Schruff/Haaker (Wahrscheinlichkeiten).

[3683] Schneider (Reformvorschläge), S. 1371.

[3684] Vgl. hierzu Ballwieser (Unternehmen), S. 26.

[3685] Zimmermann (Geschäftswerte), S. 753.

sondern neue geschlossene und konsistente Lösungen zu suchen“, obgleich ein „Wagnis immer das Risiko des Scheiterns in sich trägt.“ [3686]

Damit müssen im Übrigen nicht die Prinzipien der seit über 500 Jahren nachweislich bestehenden Doppelten Buchhaltung aufgegeben werden.[3687] Eine Buchung *„per Goodwill an Ertrag“* widerspricht diesem System nicht; auch ist eine „vorsichtige“ Bilanzierung keinesfalls systemimmanent. Bereits in der im Jahre 1494 von *Luca Pacioli* veröffentlichten grundlegenden Darstellung zur doppelten Buchhaltung[3688] sind Ansätze einer extensiven, rein subjektiven Ansatz- und Bewertungskonzeption erkennbar:[3689] „Du mußt bei diesen erfasten Posten jede Sache genau unterscheiden, wie Du es im Inventar gemacht hast, und ihnen für Dich den gewöhnlichen Preis beilegen. Schlage ihn lieber zu fett als zu mager an“[3690].

An dieser Stelle ließe sich allerdings einwenden, dass damit möglicherweise einem anderen Rechnungszweck als dem Informationszweck i.S. der IFRS gedient werden sollte. Es darf dann aber auch nicht übersehen werden, dass mit einer „vorsichtigen“, wohl eher dem Rechnungszweck der Ausschüttungsbemessung zuträglichen Bilanzierung dem Entscheidungs- und Kontrollzweck der IFRS nicht entsprochen werden kann,[3691] da Investoren aufgrund ihrer unbegrenzten Erfolgsteilhabe bei begrenzter Haftung auch, ja vor allem, an Informationen über die „Chancen“ einer Unternehmenswertsteigerung des berichtenden Unternehmens Interesse haben[3692]. Aus diesem Informationsinteresse lässt sich eine ertragswertorientierte und keine „vorsichtige“ Bilanzierungsweise ableiten,[3693] denn „vorsichtige“ und objektivierte „Bilanzen sind für...die Bestimmung der 'performance‘ und die Ermittlung des Unternehmenswertes nicht nur entbehrliche, sondern, und vor allem, irreführende Informationsinstrumente.“[3694]

[3686] Zimmermann (Geschäftswerte), S. 753 (beide Zitate).
[3687] Vgl. Penndorf (Luca Pacioli); Bloech (Luca Pacioli); ferner Sangster/Stoner/McCarthy (Luca Pacioli).
[3688] Vgl. Bloech (Luca Pacioli), S. 387.
[3689] Vgl. Bloech (Luca Pacioli), S. 389.
[3690] Penndorf (Luca Pacioli), S. 105.
[3691] Vgl. hierzu Streim/Bieker/Esser (Ausschüttungsbilanz).
[3692] Vgl. Pellens/Fülbier/Gassen (Rechnungslegung), S. 22.
[3693] Vgl. Pellens/Fülbier (Rechnungslegungsregulierung), S. 584.
[3694] Moxter (Über Bilanztheorien), S. 416.

9 Zusammenfassung

Das Rechnungswesen der Unternehmen bildet ein bedeutendes, vorwiegend quantitatives Informationsinstrument. Es hat das wirtschaftliche Unternehmensgeschehen in Zahlen abzubilden und stellt somit ein Messinstrument dar, welches seinen Adressaten auf den jeweiligen Rechnungszweck bezogen adäquate Informationen zu vermitteln hat.

Traditionell ist das Rechnungswesen in Deutschland zweigeteilt in ein Informationssystem für unternehmensinterne Adressaten (internes Rechnungswesen) und ein Informationssystem für unternehmensexterne Adressaten (externes Rechnungswesen). Diese Trennung erscheint zwar zunächst aufgrund unterschiedlicher Adressaten sinnvoll, verursacht jedoch auch Kosten und Kommunikationsprobleme. Unter diesen Gesichtspunkten drängt sich die Frage auf, ob eine Konvergenz von internem und externem Rechnungswesen hergestellt werden kann. Bei Anwendung handelsrechtlicher Rechnungslegungsgrundsätze sind aufgrund unterschiedlicher Zwecksetzungen indes einer solchen Konvergenz im Rechnungswesen enge Grenzen gesetzt; durch die Anwendung der informationsorientierten IFRS-Regelungen hingegen ist als Folge der gleichgerichteten Zwecksetzungen ein konvergentes Rechnungswesen denkbar, wobei eine Konvergenz aufgrund fester Regelungen des externen Rechnungswesens in erster Linie durch eine Nutzung der IFRS-Abschlussdaten im internen Rechnungswesen erreicht werden kann. Das Konvergenzpotential der IFRS ist hierbei eine Funktion der Zweckidentität zwischen den IFRS und dem internen Rechnungswesen sowie der tatsächlichen Zweckadäquanz der IFRS.

Der Goodwill reflektiert die wichtigsten Erfolgspotentiale eines Unternehmens; Potentiale wie Know How, Standortvorteile, Effizienz der Organisation, Mitarbeiterqualität etc. schlagen sich also gleichsam in seinem Wertansatz nieder. Wesentlich für die Zweckadäquanz und damit für das Konvergenzpotential der IFRS ist daher die Messung des Goodwill. Wie sich schon anhand seiner unterschiedlicher Arten (originär versus derivativ, positiv versus negativ, unternehmens- versus bereichsbezogen sowie mehr- versus minderheitenbezogen) und deren Kombinationsmöglichkeiten zeigt, gestaltet sich die Messung des Goodwill äußerst schwierig. Um diese recht nebulöse Position adäquat abzubilden, heißt es zunächst den Charakter des Goodwill zu ergründen. „Aus der

Erkenntnis seines Wesens lassen sich logisch seine Behandlungsgrundsätze ableiten."[3695] Jedoch stellt der Goodwill quasi ein „phantom asset"[3696] dar: Er lässt sich gleichermaßen als Teilgröße des Intellectual Capital, als (fiktiver) Kapitalwert des Unternehmens, als Übergewinnpotential und als Synergiepotential erklären. Jedoch ist es möglich, folgende gedankliche Verknüpfung der Definition des ökonomischen Phänomens Goodwill zugrunde zu legen: Die Residualgröße Goodwill stellt einen fiktiven Kapitalwert einer Investition in den Substanzwert dar. Der Goodwill entspricht damit dem Barwert der erwarteten Übergewinne, welche aufgrund von Synergieeffekten erzielt werden können. Das Synergiepotential beruht wiederum auf dem Kombinationsprozess des identifizierbaren Nettovermögens (Substanz, offene Werttreiber) und dem nicht identifizierbaren Intellectual Capital (stille Werttreiber), wobei die stillen Werttreiber wertmäßig vollständig in das Synegiepotential eingehen. Das Übergewinnpotential ist messbar und die Ursachen von Synergien sind evaluierbar, weshalb eine zweckentsprechende Abbildung im Rechnungswesen möglich ist.

Als Messinstrumente sollten das externe IFRS-Rechnungswesen und das wertorientierte interne Rechnungswesen theoretisch zu ähnlichen „Messergebnissen" führen. Aus den gleichgerichteten Informationsinteressen der Adressaten bzw. Zielträger leiten sich konforme rechnungszweckbezogene Informationswünsche und somit übereinstimmende Rechnungsziele und -inhalte ab. Wie sich bei der Ableitung der Informationswünsche zeigt, müssten sowohl das interne als auch das externe Rechnungswesen im Hinblick auf den Entscheidungs- und Kontrollzweck unternehmenswertorientiert ausgestaltet werden. Hier kann einem bilanz- oder GuV-orientierten Informationskonzept gefolgt werden, wobei nach letzterem allenfalls eine indirekte Unternehmensapproximation mittels eines prognosefähigen Gewinns möglich wäre. Ob ein prognosefähiger Gewinn als Inputgröße eines vereinfachten Unternehmensbewertungskalküls dienen kann, hängt zum einen von der Gültigkeit der kritischen »Alles-bleibt-wie-es-ist«-Annahme und zum anderen von der Zielkonformität der Periodisierungen ab, welche eine umfassende Aktivierungs- und Passivierungskonzeption erfordert und sich kaum durch standardisierte Periodisierungsregelungen herstellen lässt.

[3695] Mildebrath (Goodwill), S. 101.
[3696] Herring/Herring (Goodwill), S. 41.

Im Rahmen eines bilanzorientierten Informationskonzepts kann hingegen eine direkte Approximation des Unternehmenswerts erfolgen, was jedoch eine konsequente Umsetzung des Konzepts zur Voraussetzung hat: der Gesamt-Goodwill muss aktiviert werden, was wiederum eine weitgehende Entobjektivierung der Bilanz bewirkt. Auf diese Weise kann über entscheidungsrelevate Untenehmenswerte und kontrollrelevante ökonomische Gewinne auf Gesamtunternehmens- oder Geschäftsbereichsebene berichtet werden, daher besteht ein hohes theoretisches Konvergenzpotential der IFRS.

Jedoch sind die IFRS, wie etwa anhand der Regelungen im Bereich der immateriellen Vermögenswerte nachgewiesen werden kann, in ihrer tatsächlichen Ausgestaltung wenig zweckadäquat. Der Hauptgrund hierfür liegt in der Vernachlässigung von relevanten Goodwill-Komponenten, weshalb wesentliche Unternehmenswertdeterminanten und deren Änderungen bilanziell unberücksichtigt bleiben. Der Schlüssel zu einem konvergenten Rechnungswesen liegt in einer umfassenden Aktivierung des Goodwill. Da aber gemäß IAS 38.48 für den originären Goodwill ein striktes Aktivierungsverbot besteht, dürfte eine Konvergenz nur eingeschränkt möglich sein.

Eine Analyse der Regelungen zur Goodwill-Bilanzierung im Einzelnen bestätigt im Wesentlichen dieses Ergebnis: Zwar wird aufgrund des Impairment-Only-Approachs in begrenztem Maße originärer Goodwill ausgewiesen, wesentliche Teile des Goodwill werden aber nicht bilanziell erfasst. Damit stehen die Regelungen einer Erfüllung des Entscheidungs- und Kontrollzwecks entgegen. Es kann weder ein entscheidungsrelevanter Unternehmenswert noch ein kontrollrelevanter ökonomischer Gewinn ausgewiesen werden. Auch die geplante Anwendung der sog. Full Goodwill Method, bei der zusätzlich auch ein auf die Minderheitengesellschafter entfallender anteiliger Goodwill aktiviert wird, vermag in diesem Zusammenhang die Zweckadäquanz nur geringfügig zu erhöhen.

Zwar erfolgt die Berichterstattung über den Goodwill in der Weise asymmetrisch, dass nur die Wertminderungen und keine Wertsteigerungen bilanziell erfasst werden, dies gilt jedoch nicht für die zum Zwecke des Impairment-Tests erforderlichen außerbilanziellen Nebenrechnungen. Im Rahmen des Goodwill-Impairment-Tests ist für goodwill-tragende CGU pflichtmäßig der VIU ($VIU_j^{CGU_i}$) im Jahresturnus zu ermitteln, welcher implizit den Gesamt-CGU-Goodwill beinhaltet. Es liegt nahe, diese geprüften, bereichsbezogenen Unternehmenswerte in der wertorientierten Bereichssteuerung zu verwenden. Auf dieser Grundlage lassen sich ohne wesentlichen Mehraufwand heuristisch-ökonomische Bereichsgewinne ($\ddot{O}G_j^{VIU,CGU_i}$) bestimmen. Den nach IFRS bilanzierenden Unternehmen scheint aufgrund der Zielkongruenz und Analysefähigkeit des $\ddot{O}G_j^{VIU,CGU_i}$ „quasi ein 'ideales Controlling-Instrument' verordnet“[3697] worden zu sein. Mittels des $\ddot{O}G_j^{VIU,CGU_i}$ kann eine jährliche wertorientierte Kontrolle und Abweichungsanalyse erfolgen, bei der neben operativen auch strategische Wertbeiträge berücksichtigt werden. Weiterhin sind eine Erweiterung zu einer mehrperiodischen „Projektabrechnung“ sowie eine Verknüpfung mit einem anreizkompatiblen Entlohnungssystem denkbar.

Auch könnte ein solches Steuerungskonzept als Vorbild für die externe Berichterstattung fungieren, wobei das Einzelbewertungsprinzip insofern beachtet werden sollte, als ein fair value-orientierter Substanzwert auf CGU-Ebene ausgewiesen und mittels Ansatz des Gesamt-Goodwill der CGU in einen entscheidungs- und kontrollrelevanten CGU-Wert überführt wird. Soweit möglich, sollten hierbei die einzelnen Goodwill-Komponenten separat ausgewiesen und der Inhalt des Goodwill aufgezeigt werden.

Mittels einer CGU-Informationsbilanz können unter weitgehender Zurückdrängung der Objektivität höchst entscheidungs- und kontrollrelevante Informationen vermittelt werden. Ob damit das notwendige Mindestmaß an Zuverlässigkeit zugunsten der Entscheidungs- und Kontrollrelevanz unterschritten wird und eine CGU-Informationsbilanz zumindest für das externe Rechnungswesen als nicht mehr vertretbar erscheint, kann nur durch Wertungen entschieden werden. Das Dilemma besteht darin, dass eine zweckadäquate, bilanzorientierte Informationsvermittlung den Ansatz des Gesamt-Goodwill und somit eine weitgehende Entobjektivierung des Jahresabschlusses erzwingt. Wird die im Rahmen eines bilanzorientierten Informationskonzepts unumgängliche Entobjektivierung nicht akzeptiert, muss das Konzept einer Informationsbilanz aufgegeben werden. Eine Bilanz, in der wesentliche Goodwill-Komponenten vernachlässigt werden, ist für Anlage- und Kontrollentscheidungen weitgehend nutzlos. Auch eine Auslagerung der relevanten Informationen in eine außerbilanzielle Berichterstattung stellt nur eine „Scheinlösung“ dar. Dass entsprechende entobjektivierte Informationen außerbilanziell bereitgestellt werden sol-

[3697] Pellens/Sellhorn (US-Goodwillbilanzierung), S. 114.

len, erhöht nicht gleichzeitig ihre Verlässlichkeit. Das Gegenteil dürfte sogar der Fall sein, wenn sie nicht in die Abschlussprüfung einbezogen werden.

Jüngere Entwicklungen in der IFRS-Rechnungslegung können als »unternehmenswertorientiert« charakterisiert werden: Mit der Ausweitung der Fair Value-Bilanzierung, dem Goodwill-Impairment-Test, der einheitstheoretischen Ausrichtung etc. steuert das IASB – allerdings im Hinblick auf das mögliche Informationsziel einer bilanziellen Unternehmenswertapproximation recht halbherzig – in Richtung Informationsbilanz. Die bilanzorientierte Informationsvermittlung erfordert als »Ganz-oder-gar-nicht-Konzept« jedoch eine konsequente Umsetzung: Der Goodwill, auch der originäre, darf nicht vernachlässigt werden, denn nur dann kann mit Bilanzen tatsächlich informiert und ein konvergentes Rechnungswesen hergestellt werden.

Die im Rahmen dieser Arbeit aufgezeigten Ansatzpunkte für die Ausgestaltung eines konvergenten unternehmenswertorientierten Rechnungswesens zeichnen sich aufgrund der umfassenden Berücksichtigung des Goodwill durch eine weitgehende Entobjektivierung aus. Auch wenn daher gewisse Bedenken gerade im Hinblick auf die Aktivierung eines originären Goodwill im Rahmen der externen Berichterstattung durchaus verständlich sind, so muss doch ein solcher, aus den Informationszwecken abgeleiteter Ansatz ernsthaft erwogen werden. Andernfalls kann der Versuch nicht gelingen, den Investoren mittels Bilanzen entscheidungs- und kontrollrelevante Informationen zu vermitteln. Die vorliegende Arbeit darf daher auch als Plädoyer für eine Aktivierung des gesamten Goodwill verstanden werden.

Literaturverzeichnis

AAA – American Accounting Association's Financial Accounting Standards Committee **(Business Combinations)**: Response to FASB Inviting to Comment on Methods of Accounting for Business Combinations: Recommendation of the G4+1 for Achieving Convergence, in: Accounting Horizons 1999, S. 299-303.

AAA – American Accounting Association's Financial Accounting Standards Committee **(Commentary)**: Commentary on the IASB's Exposure Draft on Business Combinations, in: Accounting Horizons 2003, S. 55-64.

AAA – American Accounting Association's Financial Accounting Standards Committee **(Conceptual Framework)**: The FASB's Conceptual Framework for Financial Reporting: A Critical Analysis, in: Accounting Horizons 2007, S. 229-238.

AAA – American Accounting Association's Financial Accounting Standards Committee **(Goodwill)**: Equity Valuation Models and Measuring Goodwill Impairment, in: Accounting Horizons 2001, S. 161-170.

AAA – American Accounting Association's Financial Accounting Standards Committee **(Intangible Assets)**: Response to IASC Exposure Draft E60, "Intangible Assets", in: Accounting Horizons 1998, S. 312-316.

Adler, Hans/**Düring**, Walter/**Schmaltz**, Kurt **(Rechnungslegung)**: Rechnungslegung nach Internationalen Standards, Stuttgart 2003.

Adler, Hans/**Düring**, Walter/**Schmaltz**, Kurt **(Rechnungslegung und Prüfung)**: Rechnungslegung und Prüfung der Unternehmen, 6. Auflage, Stuttgart 1995.

Albach, Horst **(Bilanztheorie)**: Grundgedanken einer synthetischen Bilanztheorie, in: ZfB 1965, S. 21-31.

Albach, Horst **(Shareholder Value)**: Shareholder Value und Unternehmenswert – Theoretische Anmerkungen zu einem aktuellen Thema, in: ZfB 2001, S. 643-674.

Alexander, David **(Benchmark)**: A Benchmark for the Adequacy of Published Financial Statements, in: Accounting and Business Research Summer/1999, S. 239-253.

Alexander, Sidney S./**Solomons**, David **(Income Measurement)**: Income Measurement in a Dynamic Economy, in: Baxter, W. T./Davidson, Sidney (Hrsg.): Studies in Accounting Theory, London 1962, S. 126-200.

Altenburger, Otto A./**Busse von Colbe**, Walther/**Küpper**, Hans-Ulrich/**Loitlsberger**, Erich/**Siegwart**, Hans **(Weiterentwicklung)**: Vorschläge zur Weiterentwicklung des internen und des externen Rechnungswesens, in: BFuP 2001, S. 67-76.

Alvarez, Manuel **(Segmentanalyse)**: Finanzielle und strategische Segmentanalyse – Kernelement einer kapitalmarktorientierten Unternehmensanalyse, in: FB 2004, S. 649-663.

Alvarez, Manuel/**Büttner**, Manuel **(Operating Segments)**: ED 8 Operating Segments – Der neue Standardentwurf des IASB zur Segmentberichterstattung im Kontext des „Shortterm Convergence Project" von IASB und FASB, in: KoR 2006, S. 307-318.

Alvarez, Manuel/**Biberacher**, Johannes **(Goodwill-Bilanzierung)**: Goodwill-Bilanzierung nach US-GAAP – Anforderungen an Unternehmenssteuerung und -berichterstattung, in: BB 2002, S. 346-353.

Andriessen, Daniel **(IC Theory)**: Weightless Wealth: Four Modifications to Standard IC Theory, in: Journal of Intellectual Capital 2001, S. 204-214.

Andriessen, Daniel **(IC Valuation)**: IC Valuation and Measurement: Classifying the State of the Art, in: Journal of Intellectual Capital 2004, S. 230-242.

Andriessen, Daniel **(Intellectual Capital)**: On the Metaphorical Nature of Intellectual Capital: a Textual Analysis, in: Journal of Intellectual Capital 2006, S. 93-110.

Arbeitskreis DVFA/Schmalenbach-Gesellschaft e.V., Dreieich/Köln **(Empfehlungen)**: Empfehlungen zur Ermittlung prognosefähiger Ergebnisse, in: DB 2003, S. 1913-1917.

Arbeitskreis „Die Unternehmung im Markt (Arbeitskreis Hax)" **(Synergie)**: Synergie als Bestimmungsfaktor des Tätigkeitsbereiches (Geschäftsfelder und Funktionen) von Unternehmungen, in: ZfbF 1992, S. 963-973.

Arbeitskreis „Externe und Interne Überwachung der Unternehmung" der Schmalenbachgesellschaft für Betriebswirtschaft e.V. **(Prognoseprüfung)**: Probleme der Prognoseprüfung, in: DB 2003, S.105-111.

Arbeitskreis „Externe Unternehmensrechnung" der Schmalenbachgesellschaft für Betriebswirtschaft e.V. **(Value Reporting)**: Grundsätze für das Value Reporting, in: DB 2002, S. 2337-2340.

Arbeitskreis „Finanzierung" der Schmalenbachgesellschaft für Betriebswirtschaft e.V. **(Erwiderung)**: Erwiderung zu der Stellungnahme von Oliver Bärtl und Dieter Pfaff, in: ZfbF 1997, S. 379-381.

Arbeitskreis „Finanzierung" der Schmalenbachgesellschaft für Betriebswirtschaft e.V. **(Unternehmenssteuerung)**: Wertorientierte Unternehmenssteuerung mit differenzierten Kapitalkosten, in: ZfbF 1996, S. 543-578.

Arbeitskreis „Immaterielle Werte im Rechnungswesen" der Schmalenbachgesellschaft für Betriebswirtschaft e.V. **(Erfassung)**: Erfassung immaterieller Werte in der Unternehmensberichterstattung vor dem Hintergrund handelsrechtlicher Rechnungslegungsnormen, in: Horváth, Péter/Möller, Klaus (Hrsg.): Intangibles in der Unternehmenssteuerung – Strategien und Instrumente zur Wertsteigerung des immateriellen Kapitals, München 2004, S. 221-250.

Arbeitskreis „Immaterielle Werte im Rechnungswesen" der Schmalenbachgesellschaft für Betriebswirtschaft e.V. **(Intangibles)**: Corporate Reporting on Intangibles – A Proposal from a German Background, in: Ballwieser, Wolfgang (Hrsg.): Current Issues in Financial Reporting and Financial Statement Analysis, Düsseldorf 2005, S. 65-100.

Arbeitskreis „Immaterielle Werte im Rechnungswesen" der Schmalenbachgesellschaft für Betriebswirtschaft e.V. **(Kategorisierung)**: Kategorisierung und bilanzielle Erfassung immaterieller Werte, in: DB 2001, S. 989-995.

Arbeitskreis „Wertorientierte Führung in mittelständischen Unternehmen" der Schmalenbachgesellschaft für Betriebswirtschaft e.V. **(Erfolgsgrößen)**: Möglichkeiten zur Ermittlung periodisierter Erfolgsgrößen in Kompatibilität zum Unternehmenswert, in: FB 2004, S. 241-253.

Arnegger, Martin/**Feldhaus**, Christina **(Relevanz)**: Relevanz des Goodwill-Impairment-Tests nach IAS 36 für die Verhaltenssteuerung, in: IRZ 2007, S. 205-213.

Asztély, S. **(Ziel)**: Das Ziel des Jahresabschlusses, in: ZfB 1967, S. 291-313.

Ayers, Benjamin/**Lefanowicz**, Craig E./**Robinson**, John R. **(Pooling Method)**: Do Firms Purchase the Pooling Method?, in: Review of Accounting Studies 2002, S. 5-32.

Backer, Morton/**McFarland**, Walter B. **(Segments of a Business)**: External Reporting for Segments of a Business – A Research Study in Management Reporting, New York 1968.

Backman, Jules **(Business Combinations)**: An Economist Looks at Accounting for Business Combinations, in: Financial Analysts Journal July-August/1970, S. 39-48.

Bärtl, Oliver **(Unternehmenssteuerung)**: Wertorientierte Unternehmenssteuerung – Zum Zusammenhang von Kapitalmarkt, externer und interner Rechnungslegung, Frankfurt am Main u.a. 2001.

Bärtl, Oliver/**Pfaff**, Dieter **(Unternehmenssteuerung)**: Wertorientierte Unternehmenssteuerung mit differenzierten Kapitalkosten – Stellungnahme zum Beitrag des Arbeitskreises „Finanzierung" der Schmalenbach-Gesellschaft – Deutsche Gesellschaft für Betriebswirtschaft e.V., in: ZfbF 1997, S. 370-378.

Baetge, Jörg **(Akquisitionscontrolling)**: Akquisitionscontrolling: Wie ist der Erfolg einer Akquisition zu ermitteln?, in: Claussen, Carsten P./Hahn, Oswald/Kraus, Willy (Hrsg.): Umbruch und Wandel: Herausforderungen zur Jahrhundertwende, Festschrift für Prof. Dr. Carl Zimmerer zum 70. Geburtstag, München u.a. 1997, S. 448-468.

Baetge, Jörg **(Januskopf)**: Januskopf: DCF-Verfahren in der Unternehmensbewertung und in der Bilanzierung, in: BB-Special 7/2005, S. I.

Baetge, Jörg **(Objektivierung)**: Möglichkeiten der Objektivierung des Jahreserfolges, Düsseldorf 1970.

Baetge, Jörg **(Unterschiedsbetrag)**: Der negative Unterschiedsbetrag aus der Kapitalkonsolidierung nach HGB, IAS und US-GAAP, in: Forster, Karl-Heinz (Hrsg.): Aktien- und Bilanzrecht, Festschrift für Bruno Kropff, Düsseldorf 1997, S. 349-370.

Baetge, Jörg/**Beermann**, Thomas **(Bilanzierung)**: Die Bilanzierung von Vermögenswerten in der Bilanz nach International Accounting Standards und der dynamischen Bilanztheorie Schmalenbachs, in: BFuP 1998, S. 154- 168.

Baetge, Jörg/**Beermann**, Thomas **(Neubewertung)**: Die Neubewertung des Sachanlagevermögens nach International Accounting Standards (IAS), in: StuB 1999, S. 341-348.

Baetge, Jörg/**Hayn**, Sven/**Ströher**, Thomas **(IFRS 3)**: IFRS Unternehmenszusammenschlüsse (Business Combinations), in: Baetge, Jörg/Wollmert, Peter/Kirsch, Hans-Jürgen/Oser, Peter/Bischof, Stefan (Hrsg.): Rechnungslegung nach IFRS, 2. Auflage, Stuttgart, 3. Ergänzungslieferung, Dezember 2006.

Baetge, Jörg/**Heumann**, Rainer **(Berichterstattung)**: Wertorientierte Berichterstattung, in: DB 2006, S. 345-350.

Baetge, Jörg/**Heumann**, Rainer **(Erfolgsspaltung)**: Erfolgsspaltung nach den Regelungen des International Accounting Standards Board, in: Bensberg, Frank/Brocke, Jan von/Schultz, Martin B. (Hrsg.): Trendberichte zum Controlling, Festschrift für Heinz Lothar Grob, Heidelberg 2004, S. 267-283.

Baetge, Jörg/**Kirsch**, Hans-Jürgen **(Konzernrechnungslegung)**: Grundlagen der Konzernrechnungslegung, in: Baetge, Jörg (Hrsg.): Konzernrechnungslegung und -prüfung – Vorträge und Diskussionen zum neuen Recht, Düsseldorf 1990, S. 1-34.

Baetge, Jörg/**Kirsch**, Hans-Jürgen/**Thiele**, Stefan **(Bilanzen)**: Bilanzen, 8. Auflage, Düsseldorf 2005.

Baetge, Jörg/**Kümmel**, Jens **(Reporting)**: Shareholder Value Reporting mit Hilfe wertorientierter Unternehmenskennzahlen, in: Rathgeber, Andreas/Tebroke, Hermann-Josef/Wallmeier, Martin (Hrsg.): Finanzwirtschaft, Kapitalmarkt und Banken – Festschrift für Professor Dr. Manfred Steiner zum 60. Geburtstag, Stuttgart 2003, S. 47-66.

Baetge, Jörg/**Kümmel**, Jens **(Unternehmensbewertung)**: Unternehmensbewertung in der externen Rechnungslegung, in: Richter, Frank/Schüler, Andreas (Hrsg.): Kapitalgeberansprüche, Marktwertorientierung und Unternehmenswert, Festschrift für Prof. Dr. Dr. h.c. Jochen Drukarczyk zum 65. Geburtstag, München 2003, S. 1-17.

Baetge, Jörg/**Lienau**, Achim **(Fair Value)**: Fair Value auf der Passivseite der Bilanz?, in: Bieg, Hartmut/Heyd, Reinhard (Hrsg.): Fair Value – Bewertung in Rechnungswesen, Controlling und Finanzwirtschaft, München 2005, S. 309-331.

Baetge, Jörg/**Maresch**, Daniela **(IFRS-Abschluss)**: Zeigt ein IFRS-Abschluss die wirtschaftliche Lage besser als ein HGB-Abschluss?, in: Marten, Kai-Uwe/Quick, Reiner/Ruhnke, Klaus (Hrsg.): Abbildung der tatsächlichen wirtschaftlichen Lage – HGB oder IFRS?, Düsseldorf 2006, S. 21-48.

Baetge, Jörg/**Noelle**, Jennifer **(Shareholder-Value-Reporting)**: Shareholder-Value-Reporting sowie Prognose- und Performancepublizität, in: KoR 2001, S. 174-180.

Baetge, Jörg/**Siefke**, Michael **(Rechnungslegung)**: Läßt sich die offenzulegende Rechnungslegung so gestalten, daß sie eine zielkonforme Konzernsteuerung ermöglicht?, in: Altenburger, Otto A./Janschek, Otto/Müller, Heinrich (Hrsg.): Fortschritte im Rechnungswesen – Vorschläge für Weiterentwicklungen im Dienste der Unternehmens- und Konzernsteuerung durch Unternehmensorgane und Eigentümer, Gerhard Seicht zum 60. Geburtstag, Wiesbaden 1999, S. 675-704.

Baetge, Jörg/**Zülch**, Henning **(Fair Value-Accounting)**: Fair Value-Accounting, in: BFuP 2001, S. 543-562.

Bak, Jacek/**Bigus**, Jochen **(Kapitalmarkteffizienz)**: Kapitalmarkteffizienz versus zwingender Anlegerschutz im Aktienrecht, in: ZBB 2006, S. 430-443.

Baldenius, Tim/**Fuhrmann**, Gregor/**Reichelstein**, Stefan **(EVA)**: Zurück zu EVA, in: BfuP 1999, S. 53-65.

Baldenius, Tim/**Reichelstein**, Stefan **(Managerial Accounting)**: Managerial Accounting, in: Köhler, Richard/Küpper, Hans-Ulrich/Pfingsten, Andreas (Hrsg.): Handwörterbuch der Betriebswirtschaft, 6. Auflage, Stuttgart 2007, Sp. 1109-1117.

Ballwieser, Wolfgang **(Anforderungen)**: Anforderungen des Kapitalmarkts an Bilanzansatz- und Bilanzbewertungsregeln, in: KoR 2001, S. 160-164.

Ballwieser, Wolfgang **(Aussagegehalt)**: Das Verhältnis von Aussagegehalt und Nachprüfbarkeit amerikanischer Rechnungslegung, in: WPK-Mitteilungen-Sonderheft Juni/1997, S. 51-56.

Ballwieser, Wolfgang **(Betriebswirtschaftslehre)**: Unternehmensbewertung aus der Sicht der Betriebswirtschaftslehre, in: Baetge, Jörg (Hrsg.): Unternehmensbewertung im Wandel, Düsseldorf 2001, S. 1-24.

Ballwieser, Wolfgang **(Bilanzanalyse)**: Bilanzanalyse, in: Chmielewicz, Klaus/Schweitzer, Marcell (Hrsg.), Handwörterbuch des Rechnungswesens, 3. Auflage, Stuttgart 1993, Sp. 211-221.

Ballwieser, Wolfgang **(EVA)**: Einige Bemerkungen zu EVA im Rahmen des Value Reporting, in: Kirsch, Hans-Jürgen/Thiele, Stefan (Hrsg.): Rechnungslegung und Wirtschaftsprüfung, Festschrift zum 70. Geburtstag von Prof. Dr. Dr. h.c. Jörg Baetge, Düsseldorf 2007, S. 3-23.

Ballwieser, Wolfgang **(Geleitwort)**: Geleitwort, in: Hettich, Silvia: Zweckadäquate Gewinnermittlungsregeln, Frankfurt am Main 2006.

Ballwieser, Wolfgang **(Generalklausel)**: Sind mit der neuen Generalklausel zur Rechnungslegung auch neue Prüfungspflichten verbunden?, in: BB 1985, S. 1034-1043.

Ballwieser, Wolfgang **(Geschäftswert)**: Geschäftswert, in: Busse von Colbe, Walther/Pellens, Bernhard (Hrsg.): Lexikon des Rechnungswesens, 4. Auflage, München/Wien 1998, S. 283-286.

Ballwieser, Wolfgang **(Goodwill)**: Accounting Treatments for Goodwill and Other Intangible Assets in Germany, in: Issues in Accounting Education Fall/1996, S. 479-481.

Ballwieser, Wolfgang **(Grundsätze)**: Grundsätze ordnungsmäßiger Buchführung, in: Castan, Edgar/Böcking, Hans-Joachim/ Heymann, Gerd/Pfitzer,Norbert/Scheffler, Eberhard (Hrsg.): Beck`sches Handbuch der Rechnungslegung, München 1987, Band 1, Abschnitt B 105 (Stand Dezember 2005).

Ballwieser, Wolfgang **(Informations-GoB)**: Informations-GoB – auch im Lichte von IAS und US-GAAP, in: KoR 2002, S. 115-121.

Ballwieser, Wolfgang **(IFRS-Bilanzierung)**: Unternehmensbewertung in der IFRS-Bilanzierung, in: Börsig, Clemens/Wagenhofer, Alfred (Hrsg.): IFRS in Rechnungswesen und Controlling, Stuttgart 2006, S. 265-282.

Ballwieser, Wolfgang **(IFRS-Rechnungslegung)**: IFRS-Rechnungslegung – Konzept, Regeln und Wirkungen, München 2006.

Ballwieser, Wolfgang **(Jahresabschlußverbesserungen)**: Zur Begründbarkeit informationsorientierter Jahresabschlußverbesserungen, in: ZfbF 1982, S. 772-793.

Ballwieser, Wolfgang **(Kalkulationszinsfuß)**: Der Kalkulationszinsfuß in der Unternehmensbewertung: Komponenten und Ermittlungsprobleme, in: WPg 2002, S. 736-743.

Ballwieser, Wolfgang **(Kaufpreisgestaltung)**: Bewertung von Unternehmen und Kaufpreisgestaltung, in: Ballwieser, Wolfgang/Beyer, Sven/Zelger, Hansjörg (Hrsg.): Unternehmenskauf nach IFRS und US-GAAP – Purchase Price Allocation, Goodwill und Impairment-Test, Stuttgart 2005, S. 73-90.

Ballwieser, Wolfgang **(Komplexitätsreduzierung)**: Unternehmensbewertung und Komplexitätsreduzierung, 3. Auflage, Wiesbaden 1990.

Ballwieser, Wolfgang **(Konzeptlosigkeit)**: Die Konzeptlosigkeit des International Accounting Standards Board (IASB), in: Crezelius, Georg/Hirte, Heribert/Vieweg, Klaus (Hrsg.): Gesellschaftsrecht, Rechnungslegung, Sportrecht, Festschrift für Volker Röhricht zum 65. Geburtstag, Köln 2005, S. 727-745.

Ballwieser, Wolfgang **(Konzernrechnungslegung)**: Konzernrechnungslegung und Wettbewerb, in: DBW 2001, S. 640-657.

Ballwieser, Wolfgang **(Limitations)**: The Limitations of Financial Reporting, in: Leuz, Christian/Pfaff, Dieter/Hopwood, Anthony (Hrsg.): The Economics and Politics of Accounting – International Perspectives on Research Trends, Policy, and Practice, New York 2004, S. 58-77.

Ballwieser, Wolfgang **(Möglichkeiten)**: Möglichkeiten der Komplexitätsreduzierung bei einer prognose-orientierten Unternehmensbewertung, in: ZfbF 1980, S. 50-73.

Ballwieser, Wolfgang **(Moxter)**: Adolf Moxter und der Shareholder Value-Ansatz, in: Ballwieser, Wolfgang/Böcking, Hans-Joachim/Drukarczyk, Jochen/Schmidt, Reinhard H. (Hrsg.): Bilanzrecht und Kapitalmarkt, Festschrift zum 65. Geburtstag von Professor Dr. Dr. h.c. Adolf Moxter, Düsseldorf 1994, S. 1377-1405.

Ballwieser, Wolfgang **(Nutzen)**: Zum Nutzen handelsrechtlicher Rechnungslegung, in: Ballwieser, Wolfgang/Moxter, Adolf/Nonnenmacher, Rolf (Hrsg.): Rechnungslegung – warum und wie, Festschrift für Hermann Clemm zum 70. Geburtstag, München 1996, S. 1-25.

Ballwieser, Wolfgang **(Optionspreistheorie)**: Unternehmensbewertung und Optionspreistheorie, in: DBW 2002, S. 184-201.

Ballwieser, Wolfgang **(Rahmenkonzepte)**: Rahmenkonzepte der Rechnungslegung: Funktionen, Vergleich, Bedeutung, in: Der Konzern 2003, S. 337-348.

Ballwieser, Wolfgang **(Rechnungswesen)**: Das Rechnungswesen im Lichte ökonomischer Theorie, in: Ordelheide, Dieter/Rudolph, Bernd/Büsselmann, Elke (Hrsg.): Betriebswirtschaftslehre und ökonomische Theorie, Stuttgart 1991, S. 97-124.

Ballwieser, Wolfgang **(Residualgewinnmodell)**: Das Residualgewinnmodell für Zwecke der Unternehmensbewertung, in: Albrecht, Peter/Lorenz, Egon/Rudolf, Bernd (Hrsg.): Risikoforschung und Versicherung, Festschrift für Elmar Helten zum 65. Geburtstag, Karlsruhe 2004, S. 51-64.

Ballwieser, Wolfgang **(Risiko)**: Die Wahl des Kalkulationszinsfußes bei der Unternehmensbewertung unter Berücksichtigung von Risiko und Geldentwertung, in: BFuP 1981, S. 97-114.

Ballwieser, Wolfgang **(Shareholder Value)**: Shareholder Value, in: Küpper, Hans-Ulrich/Wagenhofer, Alfred (Hrsg.): Handwörterbuch Unternehmensrechnung und Controlling, 4. Auflage, Stuttgart 2002, Sp. 1745-1754.

Ballwieser, Wolfgang **(Theorie)**: Die Entwicklung der Theorie der Rechnungslegung in den USA, in: ZfbF-Sonderheft 32/1993, S. 107-138.

Ballwieser, Wolfgang **(Umbruch)**: Rechnungslegung im Umbruch - Entwicklungen, Ziele, Missverständnisse, in: ST 2002, S. 295-304.

Ballwieser, Wolfgang **(Unternehmen)**: IFRS auch für nicht kapitalmarktorientierte Unternehmen, in: IRZ 2006, S. 23-30.

Ballwieser, Wolfgang **(Unternehmensbewertung)**: Unternehmensbewertung, Stuttgart 2004.

Ballwieser, Wolfgang **(Unternehmensbewertung a)**: Unternehmensbewertung, in: Handelsblatt (Hrsg.): Wirtschaftslexikon – Das Wissen der Betriebswirtschaftslehre, Band 11, Stuttgart 2006, S. 5758-5768.

Ballwieser, Wolfgang **(Unternehmensbewertung b)**: Unternehmensbewertung, in: Köhler, Richard/Küpper, Hans-Ulrich/Pfingsten, Andreas (Hrsg.): Handwörterbuch der Betriebswirtschaft, 6. Auflage, Stuttgart 2007, Sp. 1781-1789.

Ballwieser, Wolfgang **(Unternehmensführung)**: Wertorientierte Unternehmensführung: Grundlagen, in: ZfbF 2000, S. 160-166.

Ballwieser, Wolfgang **(Wertorientierte Unternehmensführung)**: Wertorientierte Unternehmensführung, in: Schreyögg, Georg/Werder, Axel v. (Hrsg.): Handwörterbuch Unternehmensführung und Organisation, 4. Auflage, Stuttgart 2004, Sp. 1615-1623.

Ballwieser, Wolfgang **(Wertorientierung)**: Wertorientierung und Betriebswirtschaftslehre: Von Schmalenbach bis heute, in: Macharzina, Klaus/Neubürger, Heinz-Joachim (Hrsg.): Wertorientierte Unternehmensführung, Stuttgart 2002, S. 69-98.

Ballwieser, Wolfgang/**Coenenberg**, Adolf Gerhard/**Schultze**, Wolfgang **(Unternehmensbewertung)**: Unternehmensbewertung, erfolgsorientierte, in: Ballwieser, Wolfgang/Coenenberg, Adolf Gerhard/Wysocki, Klaus von (Hrsg.): Handwörterbuch der Rechnungslegung und Prüfung, 3. Auflage, Stuttgart 2002, Sp. 2412-2432.

Ballwieser, Wolfgang/**Hettich**, Silvia **(Comprehensive Income)**: Das IASB-Projekt „Reporting Comprehensive Income": Bedeutung für das Controlling, in: ZfCM-Sonderheft 2/2004, S. 79-88.

Ballwieser, Wolfgang/**Küting**, Karlheinz/**Schildbach**, Thomas **(Fair value)**: Fair value – erstrebenswerter Wertansatz im Rahmen einer Reform der handelsrechtlichen Rechnungslegung?, in BFuP 2004, S. 529-549.

Ballwieser, Wolfgang/**Leuthier**, Rainer **(Grundprinzipien, Teil I)**: Betriebswirtschaftliche Steuerberatung: Grundprinzipien, Verfahren und Probleme der Unternehmensbewertung (Teil I), in: DStR 1986, S. 545-551.

Ballwieser, Wolfgang/**Leuthier**, Rainer **(Grundprinzipien, Teil II)**: Betriebswirtschaftliche Steuerberatung: Grundprinzipien, Verfahren und Probleme der Unternehmensbewertung (Teil II), in: DStR 1986, S. 604-610.

Ballwieser, Wolfgang/**Schmidt**, Reinhard H. **(Unternehmensverfassung)**: Unternehmensverfassung, Unternehmensziele und Finanztheorie, in: Bohr, Kurt/Drukarczyk, Jochen/Drumm, Hans-Jürgen/Scherrer, Gerhard (Hrsg.): Unternehmensverfassung als Problem der Betriebswirtschaftslehre, Berlin 1981, S. 645-682.

Barker, Richard **(Financial Performance)**: Reporting Financial Performance, in: Accounting Horizons 2004, S. 157-172.

Barker, Richard **(Framework)**: Balance Sheet Oriented Financial Reporting: Applying the Conceptual Framework of the IASB, in: Börsig, Clemens/Wagenhofer, Alfred (Hrsg.): IFRS in Rechnungswesen und Controlling, Stuttgart 2006, S. 169-176.

Barth, Mary E. **(Estimates)**: Including Estimates of the Future in Today's Financial Statements, in: Accounting Horizons 2006, S. 271-285.

Barth, Mary E. **(Valuation-based Accounting Research)**: Valuation-based Accounting Research: Implications for Financial Reporting and Opportunities for Future Research, in: Accounting and Finance 2000, S. 7-31.

Barth, Mary E./**Landsman**, Wayne R. **(Fair Value Accounting)**: Fundamental Issues Related to Using Fair Value Accounting for Financial Reporting, in: Accounting Horizons 4/1995, S. 97-108.

Barth, Norbert/**Berndt**, Helmut/**Geiger**, Klaus M./**Schickling**, Michael/**Schmitt**, Günter **(Ermittlung)**: Ermittlung wertorientierter Ergebnisse (Value-based Earnings), in: FB 2006, S. 421-427.

Bartelheimer, Jörn/**Kückelhaus**, Markus/**Wohlthat**, Andreas **(Impairment)**: Auswirkungen des Impairment of Assets auf die interne Steuerung, in: ZfCM-Sonderheft 2/2004, S. 22-30.

Barton, A. D. **(Income Theory)**: Expectations and Achievements in Income Theory, in: The Accounting Review October/1974, S. 664-681.

Baumann, Karl-Heinz **(Rechnungswesen)**: Das Rechnungswesen als Instrument zur Steuerung und Kontrolle von US-Tochtergesellschaften deutscher Unternehmen, in: ZfbF 1986, S. 425-432.

Baxter, George C./**Spinney**, James C. **(Financial Statement Theory)**: A Closer Look at Consolidated Financial Statement Theory, in: CA magazin January/1975, S. 31-36.

Beaver, William H. **(Financial Reporting)**: Financial Reporting: An Accounting Revolution, 3. Auflage, Upper Saddle River 1998.

Beaver, William H. **(Future Events)**: Problems and Paradoxes in the Financial Reporting on Future Events, in: Accounting Horizons December/1991, S. 122-134.

Beaver, William H./**Demski**, Joel S. **(Income Measurement)**: The Nature of Income Measurement, in: The Accounting Review January/1979, S. 38-46.

Becker, Brian C./**Sperduto**, Kim/**Riedy**, Marian K. **(Goodwill Valuation)**: An Examination of Goodwill Valuation Methodologies, in: The Corporate Governance Advisor July-August/2002, S. 35-40.

Becker, Gernot M. **(Rechnungswesen)**: Das interne Rechnungswesen auf dem Prüfstand, in: WISU 1998, S. 1100-1104.

Becker, Gernot M. **(Shareholder Value)**: Marktwertorientiertes Rechnungswesen, Shareholder Value Management und Controlling, in: WISU 2000, S. 53-55.

Beermann, Klaus/**Fülling**, Friedhelm/**Sperl**, Andreas **(Zusatzinformationen)**: Zusatzinformationen zum Jahresabschluß, in: Baetge, Jörg/Moxter, Adolf/Schneider, Dieter (Hrsg.): Bilanzfragen, Festschrift zum 65. Geburtstag von Prof. Dr. Ulrich Leffson, Düsseldorf 1976 , S. 191-203.

Behr, Giorgio **(Rechnungslegung)**: Neuerungen und Trends in der Rechnungslegung, in: ST 2002, S. 535-540.

Beine, Frank **(Ergebnisausweis)**: Ergebnisausweis im Konzernabschluß, in: DB 1996, S. 945-949.

Benston, George J./**Bromwich**, Michael/**Wagenhofer**, Alfred **(Accounting Standards)**: Principles- Versus Rules-Based Accounting Standards: The FASB's Standard Setting Strategy, in: Abacus 2006, S. 165-188.

Bentele, Martina **(Immaterielle Vermögenswerte)**: Immaterielle Vermögenswerte in der Unternehmensberichterstattung, Frankfurt am Main 2004.

Beresford, Dennis R. **(Business Cobinations)**: Congress Looks at Accounting for Business Combinations, in: Accounting Horizons 2001, S. 73-86.

Bergmann, Jörg **(Beurteilung)**: Shareholder Value-orientierte Beurteilung von Teileinheiten im internationalen Konzern, Aachen 1996.

Berndt, Thomas/**Jenny**, Gerhard **(Gewinn)**: Gewinn oder nicht Gewinn? – Bedeutung des Other Comprehensive Income bei der Bestimmung der Eigenkapitalrentabilität, in: BB 2006, S. 2179-2185.

Betz, Stefan **(Abweichungsanalysen)**: Abweichungsanalysen als Instrument des Risikomanagements, in: Götze, Uwe/Henselmann, Klaus/Mikus, Barbara (Hrsg.): Risikomanagement, Heidelberg 2001, S. 475-492.

Beyer, Sven/**Zelger**, Hansjörg **(Goodwill-Bilanzierung)**: Neuregelung der Goodwill-Bilanzierung, in: Going Public 3/2006, S. 46-47.

Beyer, Sven/**Zelger**, Hansjörg **(IFRS 3)**: Goodwill-Bilanzierung nach IFRS 3 – Herausforderungen für Transaktionsgestaltung und Kapitalmarktkommunikation, in: M&A 10/2004, S. 415-417.

Beyhs, Oliver (**Impairment)**: Impairment of Assets nach International Accounting Standards, Frankfurt am Main u.a. 2002.

Beyhs, Oliver (**Wertminderung)**: Wertminderung von Goodwill nach IFRS, in: Accounting 11/2005, S. 9-11.

Biberacher, Johannes **(Synergiecontrolling)**: Synergiecontrolling – Bindeglied zwischen Akquisitionszielen und Realisierung, in: ZfCM 2005, S. 291-297.

Biberacher, Johannes **(Synergiemanagement)**: Synergiemanagement und Synergiecontrolling, München 2003.

Biberacher, Johannes/**Wotschofsky**, Stefan **(Mergers & Acquisitions)**: Mergers & Acquisitions als Instrument einer wertorientierten Strategie? – Planung, ein zweites Problemfeld jenseits der Integration, in: UM 2003, S. 20-27.

Bieker, Markus **(Bilanzierungschaos)**: Ende des Bilanzierungschaos in Sicht? – Stellungnahme zum IASB-Diskussionspapier "Fair Value Measurements" (Teil I), in: PiR 2007, S. 91-97.

Bieker, Markus **(Fair Value Accounting)**: Ökonomische Analyse des Fair Value Accounting, Frankfurt am Main 2006.

Bieker, Markus **(Unternehmen)**: IFRS für kleine und mittlere Unternehmen – Überblick über die zentralen Inhalte des Standardentwurfs für die Rechnungslegung nicht kapitalmarktorientierter Unternehmen nach IFRS, in: DB 2007, S. 1206-1211.

Bieker, Markus/**Esser**, Maik **(Impairment-Only-Ansatz)**: Der Impairment-Only-Ansatz des IASB: Goodwillbilanzierung nach IFRS 3 „Business Combinations", in: StuB 2004, S. 449-458.

Bierman, Harold Jr. **(Accounting Information)**: In Defense of Accounting Information, in: Financial Analysts Journal May-June/1992, S. 81-83.

Bierman, Harold Jr. **(Measurement)**: Measurement and Accounting, in: The Accounting Review July/1963, S. 501-507.

Bierman, Harold Jr. **(Performance Measurement)**: Note Another Incorrect Performance Measurement, in: Managerial and Decision Economics February/1990, S. 65-68.

Bierman, Harold Jr. **(Price-Earnings Ratio)**: The Price-Earnings Ratio – An Important But Imperfect Tool, in: The Journal of Portfolio Management Summer/2002, S. 57-60.

Bierman, Harold Jr. **(Proportionate Consolidation)**: Proportionate Consolidation and Financial Analysis, in: Accounting Horizons December/1992, S. 5-17.

Bierman, Harold Jr. **(Recording Obsolescence)**: Recording Obsolescence, in: Journal of Accountancy Research Autumn/1964, S. 229-235.

Bierman, Harold Jr./**Davidson**, Sidney **(Income Concept)**: The Income Concept – Value Increment or Earning Predictor, in: The Accounting Review April/1969, S. 239-246.

Bischof, Stefan **(percentage of completion-Methode)**: Anwendbarkeit der percentage of completion-Methode nach IAS und US-GAAP im internen Rechnungswesen, in: Krp 1998, S. 8-15.

Black, Fischer **(Accounting Rules)**: Choosing Accounting Rules, in: Accounting Horizons December/1993, S. 1-17.

Black, Fischer **(Magic)**: The Magic in Earnings: Economic Earnings versus Accounting Earnings, in: Financial Analysts Journal November-December/1980, S. 19-24.

Bloech, Jürgen **(Fehlerrechnung)**: Die Fehlerrechnung als Hilfsmittel der betrieblichen Planung, in: ZfbF 1969, S. 347-365.

Bloech, Jürgen **(Investitionsmodelle)**: Untersuchung der Aussagefähigkeit mathematisch formulierter Investitionsmodelle mit Hilfe einer Fehlerrechnung, Dissertation, Göttingen 1966.

Bloech, Jürgen **(Luca Pacioli)**: Luca Pacioli – 500 Jahre Doppelte Buchhaltung, in: ZP 1994, S. 387-389.

Bloech, Jürgen **(Standort)**: Industrieller Standort, in: Schweitzer, Marcell (Hrsg.): Industriebetriebslehre, 2. Auflage, München 1994, Kapitel 2, S. 61-147.

Bloech, Jürgen/**Bogaschewsky**, Ronald/**Götze**, Uwe/**Roland**, Folker **(Produktion)**: Einführung in die Produktion, 4. Auflage, Heidelberg 2001.

Bloech, Jürgen/**Götze**, Uwe/**Sierke**, Bernt R. A. **(Rechnungswesen)**: Vom Entscheidungsorientierten Rechnungswesen zum Managementorientierten Rechnungswesen, in: Bloech, Jürgen/Götze, Uwe/Sierke, Bernt R. A. (Hrsg.): Managementorientiertes Rechnungswesen – Konzepte und Analysen zur Entscheidungsvorbereitung, Wiesbaden 1992, S. 1-20.

Bodenhorn, Diran **(Depreciation)**: An Economist Looks at Industrial Accounting and Depreciation, in: The Accounting Review October/1961, S. 583-588.

Böcker, Philipp **(Bewertung)**: Bewertung und Bilanzerfordernis, in: DB 2002, S. 1949-1955.

Böcking, Hans-Joachim **(Verhältnis)**: Zum Verhältnis von Rechnungslegung und Kapitalmarkt: Vom „financial accounting" zum „business reporting", in: ZfbF-Sonderheft 40/1998, S. 17-53.

Böcking, Hans-Joachim/**Nowak**, Karsten **(Typisierungsproblematik)**: Der Beitrag der Discounted Cash Flow-Verfahren zur Lösung der Typisierungsproblematik bei Unternehmensbewertungen, in: DB 1998, S. 685-690.

Böcking, Hans-Joachim/**Wesner**, Peter **(Value Reporting)**: Value Reporting und Corporate Governance – Anreizkompatible Vergütung, Performancemessung und Unternehmensüberwachung, in: WPg-Sonderheft 2004, S. 98-107.

Booth, Brian **(Conceptual Framework)**: The Conceptual Framework as a Coherent System for the Development of Accounting Standards, in: Abacus 2003, S. 310-324.

Borchers, Stefan **(Beteiligungscontrolling)**: Beteiligungscontrolling, in: DBW 1999, S. 282-285.

Boyd, Thoman/**McCarthy**, Irene N. **(Goodwill Amortization)**: Financial Statement Effects of Goodwill Amortization, in: Bank Accounting & Finance June/2002, S. 10-13.

Bradley, Michael/**Desai**, Anand/**Kim** E. Han **(Synergistic Gains)**: Synergistic Gains from Corporate Acquisitions and Their Division between the Stockholders of the Target and Acquiring Firms, in: Journal of Financial Economics 1988, S. 3-40.

Breid, Volker **(Erfolgspotentialrechnung)**: Erfolgspotentialrechnung, Stuttgart 1994.

Bresser, Rudi K. F. **(Ressourcenbasierter Ansatz)**: Ressourcenbasierter Ansatz, in: Schreyögg, Georg/Werder, Axel v. (Hrsg.): Handwörterbuch Unternehmensführung und Organisation, 4. Auflage, Stuttgart 2004, Sp. 1269-1278.

Breuer, Wolfgang **(Wertadditivität)**: Die Wertadditivität von Marktbewertungsfunktionen, in: WISU 1997, S. 1148-1153.

Brief, Richard P. **(Goodwill)**: An Econometric Analysis of Goodwill: Some Findings in a Search for Valuation Rules, in: The Accounting Review 1969, S. 20-26.

Briloff, Abraham J. **(Dirty Pooling)**: Dirty Pooling, in: The Accounting Review July/1967, S. 489-496.

Brinkmann, Jürgen **(Zweckadäquanz)**: Zweckadäquanz der Rechnungslegung nach IFRS – Eine Untersuchung aus deutscher Sicht, Berlin 2006.

Brösel, Gerrit **(Nebenfunktionen)**: Eine Systematisierung der Nebenfunktionen der funktionalen Unternehmensbewertung, in: BFuP 2006, S. 128-143.

Brösel, Gerrit/**Klassen**, Thomas R. **(Auswirkungen)**: Zu möglichen Auswirkungen des IFRS 3 und des IAS 36 auf das M&A-Management, in: Keuper, Frank/Häfner, Michael/Glahn, Carsten von (Hrsg.): Der M&A-Prozess – Konzepte, Ansätze und Strategien für die Pre- und Post-Phase, Wiesbaden 2006, S. 445-476.

Brösel, Gerrit/**Müller**, Sven **(Goodwillbilanzierung)**: Goodwillbilanzierung nach IFRS aus der Sicht des Beteiligungscontrollings, in: KoR 2007, S. 34-42.

Bromwich, Michael **(Divisional Performance)**: Measurement of Divisional Performance: A Comment and an Extension, in: Accounting and Business Research Spring/1973, S. 123-132.

Bromwich, Michael **(Fair Values)**: Aspects of the Future in Accounting: The Use of Market Prices and "Fair Values" in Financial Reports, in: Leuz, Christian/Pfaff, Dieter/Hopwood, Anthony (Hrsg.): The Economics and Politics of Accounting – International Perspectives on Research Trends, Policy, and Practice, New York 2004, S. 32-57.

Bromwich, Michael **(Present Value Valuation)**: The Use of Present Value Valuation Models in Published Accounting Reports, in: The Accounting Review 1977, S. 587-596.

Bromwich, Michael/**Walker**, M. **(Residual Income)**: Residual Income Past and Future, in: Management Accounting Research 1998, S. 391-419.

Brown, Gordon T. **(Free Cash Flow)**: "Free Cash Flow" Appraisal...A Better Way?, in: The Appraisal Journal 1996, S. 171-182.

Brücks, Michael/**Kerkhoff**, Guido/**Richter**, Michael **(Impairmenttest)**: Impairmenttest für den Goodwill nach IFRS – Vergleich mit den Regelungen nach US-GAAP: Gemeinsamkeiten und Unterschiede, in: KoR 2005, S. 1-7.

Brücks, Michael/**Richter**, Michael **(Business Combinations)**: Business Combinations (Phase II), in: KoR 2005, S. 407-415.

Brunovs, Rudolf/**Kirsch**, Robert J. **(Goodwill Accounting)**: Goodwill Accounting in Selected Countries and the Harmonization of International Accounting Standards, in: Abacus 1991, S. 135-161.

Bruns, Hans-Georg **(Kapitalkonsolidierung)**: Kapitalkonsolidierung, Interessenzusammenführungsmethode, in: Handelsblatt (Hrsg.): Wirtschaftslexikon – Das Wissen der Betriebswirtschaftslehre, Band 06, Stuttgart 2006, S. 2869-2875.

Bruns, Hans-Georg/**Horváth**, Péter **(Auswirkungen)**: Auswirkungen der IFRS auf das Controlling – Interview mit Prof. Dr. Hans-Georg Bruns, International Accounting Standards Board, London, in: Controlling 2004, S. 647-649.

Bruns, Hans-Georg/**Thuy**, Michel G./**Zeimes**, Markus **(Bilanzierung)**: Die Bilanzierung von immateriellen Vermögenswerten des Anlagevermögens und Goodwill im Konzernabschluss – Gemeinsamkeiten und Unterschiede der deutschen, US-amerikanischen und internationalen Rechnungslegung, in: Controlling 2003, S. 137-142.

Bryer, R. A. **(Accounting for Goodwill)**: A Political Economy of SSAP22: Accounting for Goodwill, in: The British Accounting Review 1995, S. 283-310.

Bühner, Rolf **(Management-Wert-Konzept)**: Das Management-Wert-Konzept, Stuttgart 1990.

Bühner, Rolf **(Profit Center)**: Profit Center, in: Chmielewicz, Klaus/Schweitzer, Marcell (Hrsg.), Handwörterbuch des Rechnungswesens, 3. Auflage, Stuttgart 1993, Sp. 1612-1621.

Bühner, Rolf/**Spindler**, Hans-Joachim **(Synergieerwartungen)**: Synergieerwartungen bei Unternehmenszusammenschlüssen, in: DB 1986, S. 601-606.

Bugeja, Martin/**Gallery**, Natalie **(Goodwill)**: Is Older Goodwill Value Relevant, in: Accounting and Finance 2006, S. 519-535.

Bukics, Rose Marie/**Chapman**, Benson J. **(Goodwill Impairment Testing)**: The Big Splash: Goodbye, Pooling – Hello, Goodwill Impairment Testing, in: The CPA Journal March/2002, S. 33-36.

Burger, Anton/**Burchhart**, Anton **(Integration)**: Integration des Rechnungswesens im Shareholder Value-Ansatz, in: DB 2001, S. 549-554.

Burger, Anton/**Ulbrich**, Philipp R. **(Beteiligungscontrolling)**: Beteiligungscontrolling, München/Wien 2005.

Burger, Anton/**Ulbrich**, Philipp R./**Knoblauch**, Jens **(Reform)**: Zur Reform der Bilanzierung von Forschungs- und Entwicklungsaufwendungen nach IAS 38, in: KoR 2006, S. 729-737.

Burl, David **(Goodwill Shunting)**: Goodwill Shunting, in: Financial Management June/2003, S. 30-31.

Busse von Colbe, Walther **(Accounting)**: New Accounting for Goodwill: Application of American Criteria from a German Perspective, in: Leuz, Christian/Pfaff, Dieter/Hopwood, Anthony (Hrsg.): The Economics and Politics of Accounting – International Perspectives on Research Trends, Policy, and Practice, New York 2004, S. 201-217.

Busse von Colbe, Walther **(Bewertung)**: Bewertung als betriebswirtschaftliches Problem – Betriebswirtschaftliche Grundüberlegungen, in: Raupach, Arndt (Hrsg.): Werte und Wertermittlung im Steuerrecht – Steuerbilanz, Einheitsbewertung, Einzelsteuern und Unternehmensbewertung, Köln 1984, S. 39-53.

Busse von Colbe, Walther **(Bilanzierung)**: Bilanzierung des Goodwill – FASB bläst zum Rückzug, in: BB 9/2001, S. I.

Busse von Colbe, Walther **(Einheitstheorie)**: Internationale Entwicklungstendenzen zur Einheitstheorie für den Konzernabschluss, in: Göbel, Stefan/Heni, Bernhard (Hrsg.): Unternehmensrechnung – Konzeptionen und praktische Umsetzung, Festschrift zum 68. Geburtstag von Gerhard Scherrer, München 2004, S. 41-63.

Busse von Colbe, Walther **(Firmenwert)**: Geschäfts- oder Firmenwert, in: Handelsblatt (Hrsg.): Wirtschaftslexikon – Das Wissen der Betriebswirtschaftslehre, Band 04, Stuttgart 2006, S. 2043-2054.

Busse von Colbe, Walther **(Geschäfts- oder Firmenwert)**: Geschäfts- oder Firmenwert, in: Ballwieser, Wolfgang/Coenenberg, Adolf Gerhard/Wysocki, Klaus von (Hrsg.): Handwörterbuch der Rechnungslegung und Prüfung, 3. Auflage, Stuttgart 2002, Sp. 884-899.

Busse von Colbe, Walther **(Goodwill)**: Goodwill: eine unendliche Geschichte, in: BB 2004, Heft 2, S. I.

Busse von Colbe, Walther **(Informationsgehalt)**: Aufbau und Informationsgehalt von Kapitalflußrechnungen, in: ZfB 1966, S. 82-114.

Busse von Colbe, Walther **(Informationsinstrument)**: Die Entwicklung des Jahresabschlusses als Informationsinstrument, in: Wagner, Franz W. (Hrsg.): Ökonomische Analyse des Bilanzrechts – Entwicklungslinien und Pespektiven, ZfbF-Sonderheft 32/1993, S. 11-29.

Busse von Colbe, Walther **(Kapitalkonsolidierung)**: Kapitalkonsolidierung, Erwerbsmethode/Purchase Method, in: Handelsblatt (Hrsg.): Wirtschaftslexikon – Das Wissen der Betriebswirtschaftslehre, Band 06, Stuttgart 2006, S. 2858-2869.

Busse von Colbe, Walther **(Kapitalkosten)**: Zur Ermittlung der Kapitalkosten als Bestandteil regulierter Entgelte für Telekommunikationsdienstleistungen, in: ZfbF-Sonderheft 48/2002, S. 1-25.

Busse von Colbe, Walther **(Kongruenzprinzip)**: Gefährdung des Kongruenzprinzips durch erfolgsneutrale Verrechnung von Aufwendungen im Konzernabschluß, in: Moxter, Adolf/Müller, Hans-Peter/Windmöller, Rolf/Wysocki, Klaus v. (Hrsg.): Rechnungslegung – Entwicklung bei Bilanzierung und Prüfung von Kapitalgesellschaften, Festschrift zum 65. Geburtstag von Professor Dr. Dr. h.c. Karl-Heinz Forster, Düsseldorf 1992, S. 125-138.

Busse von Colbe, Walther **(Konzernrechnungslegung)**: Ausbau der Konzernrechnungslegung im Lichte internationaler Entwicklungen, in: ZGR 2000, S. 651-673

Busse von Colbe, Walther **(Mangementkontrolle)**: Managementkontrolle durch Rechnungslegungspflichten, in: Rektor der Universität Augsburg (Hrsg.): Augsburger Universitätsreden 24, Augsburg 1994, S. 17-37.

Busse von Colbe, Walther **(Nonamortization-Impairment-Ansatz)**: Ist die Bilanzierung des Firmenwerts nach dem Nonamortization-Impairment-Ansatz des SFAS-Entwurfs von 2001 mit § 292a HGB vereinbar?, in: DB 2001, S. 877-879.

Busse von Colbe, Walther **(Planung)**: Planung, Koordination und Kontrolle als Hauptaufgaben der Unternehmensführung, in: Hax, Karl (Hrsg.): Industriegesellschaften im Wandel: Japan und die BRD, Düsseldorf 1970, S. 199-211.

Busse von Colbe, Walther **(Prognosepublizität)**: Prognosepublizität von Aktiengesellschaften, in: Angehrn, Otto/Künzi, Hans Paul (Hrsg.): Beiträge zur Lehre von der Unternehmung, Festschrift für Karl Käfer, Stuttgart 1968, S. 91-118.

Busse von Colbe, Walther **(Rechnungswesen im Dienste)**: Das Rechnungswesen im Dienste einer kapitalmarktorientierten Unternehmensführung, in: WPg 1995, S. 713-720.

Busse von Colbe, Walther **(Shareholder Value)**: Was ist und was bedeutet Shareholder Value aus betriebswirtschaftlicher Sicht?, in: ZGR 1997, S. 271-290.

Busse von Colbe, Walther **(Substanzerhaltung)**: Substanzerhaltung, in: Seischab, Hans/Schwantag, Karl (Hrsg.): Handwörterbuch der Betriebswirtschaft, Band III, 3. Auflage, Stuttgart 1960, Sp. 5310-5321.

Busse von Colbe, Walther **(Synergien)**: Berücksichtigung von Synergien versus Stand-alone-Prinzip bei der Unternehmensbewertung, in: ZGR 1994, S. 595-609.

Busse von Colbe, Walther **(Unternehmensführung)**: Das Rechnungswesen im Dienste einer kapitalmarktorientierten Unternehmensführung, in: Schmalenbach-Gesellschaft – Deutsche Gesellschaft für Betriebswirtschaft e.V. (Hrsg.): Globale Finanzmärkte: Konsequenzen für Finanzierung und Unternehmensrechnung, Stuttgart 1996, S. 15-34.

Busse von Colbe, Walther **(Unternehmenskontrolle)**: Unternehmenskontrolle durch Rechnungslegung, in: Sandrock, Otto/Jäger, Wilhelm (Hrsg.): Internationale Unternehmenskontrolle und Unternehmenskultur, Beiträge zu einem Symposium, Professor Dr. Bernhard Großfeld zum 60. Geburtstag, Tübingen 1994, S. 37-57.

Busse von Colbe, Walther **(Zukunftserfolg)**: Der Zukunftserfolg, Wiesbaden 1957.

Busse von Colbe, Walther/**Falkenhahn**, Gunther **(Kapitalkonsolidierung)**: Neuere Entwicklung der Methoden der Kapitalkonsolidierung, in: Jander, Heidrun/Krey, Antje (Hrsg.): Betriebliches Rechnungswesen und Controlling im Spannungsfeld von Theorie und Praxis, Festschrift für Prof. Dr. Jürgen Graßhoff zum 65. Geburtstag, Hamburg 2005, S. 3-29.

Busse von Colbe, Walther/**Ordelheide**, Dieter/**Gebhardt**, Günter/**Pellens**, Bernhard **(Konzernabschlüsse)**: Konzernabschlüsse, 7. Auflage, Wiesbaden 2003.

Caddy, Ian **(Intellectual Capital)**: Intellectual Capital: Recognizing Both Assets and Liabilities, in: Journal of Intellectual Capital 2000, S. 129-146.

Cairns, David **(Business Combinations)**: Business Combinations, in: Accountancymagazine.com August/2005, S. 78.

Caplan, Edwin H. **(Relevance)**: Relevance – A `Will-o`-the-Wisp`, in: Abacus September/1969, S. 48-54.

Carsberg, Bryan V. **(Goodwill Valuation)**: The Contribution of P. D. Leake to the Theory of Goodwill Valuation, in: Journal of Accounting Research Spring/1966, S. 1-15.

Casabona, Patrick A. **(Business Combinations)**: New Approach to Business Combinations and Goodwill, in: Practical Accountant September/2001, S. 38-41.

Castedello, Marc **(IDW ERS HFA 16)**: Methodische Basis des neuen IDW ERS HFA 16 zum Impairment-Test, in: Baetge, Jörg/Kirsch, Hans-Jürgen (Hrsg.): Besonderheiten der Bewertung von Unternehmensteilen sowie von kleinen und mittleren Unternehmen, Düsseldorf 2006, S. 133-145.

Catlett, George R./**Olson**, Norman O. **(Accounting for Goodwill)**: "Excerpts from Accounting Research Study No. 10: Accounting for Goodwill", in: The Journal of Accountancy November/1968, S. 64-67.

Cearns, Kathryn **(Impairment)**: Impairment: Understanding CGUs, in: Accountancy International March/1999, S. 104-105.

CFA Institute – Centre for Financial Market Integrity **(Business Reporting Model)**: A Comprehensive Business Reporting Model – Financial Reporting for Investors, Draft 24. October 2005.

Chen Chang, Emily **(Business Income)**: Business Income in Accounting and Economics, in: The Accounting Review October/1962, S. 636-644.

Choi, Byeonghee/**Collins**, Daniel W./**Johnson**, W. Bruce **(Valuation)**: Valuation Implications of Reliability Differences: The Case of Nonpension Postretirement Obligations, in: The Accounting Review July/1997, S. 351-383.

Christian, Cal/**McCarthy**, Mark G./**Schneider**, Douglas K. **(Goodwill Impairment Testing)**: Goodwill Impairment Testing and Disclosures under SFAS No. 142, in: Bank Accounting and Finance June/2002, S. 5-9.

Clausen, Ulrike **(Verbundene Unternehmen)**: Verbundene Unternehmen, Düsseldorf 1992.

Clemm, Hermann **(Zweckmäßigkeit)**: Zur Fragwürdigkeit und Zweckmäßigkeit von Jahresbilanzen, in: Beisse, Heinrich/Lutter, Marcus/Närger, Heribald (Hrsg.): Festschrift für Karl Beusch zum 68. Geburtstag am 31. Oktober 1993, Berlin/New York 1993, S. 131-151.

Coenenberg, Adolf Gerhard **(Bewertung)**: Bewertung von Unternehmen: Konzeptionen und Perspektiven, in: Börsig, Clemens/Coenenberg, Adolf Gerhard (Hrsg.): Bewertung von Unternehmen – Strategie, Markt, Risiko, Stuttgart 2003, S. 25-46.

Coenenberg, Adolf Gerhard **(Einheitlichkeit)**: Einheitlichkeit oder Differenzierung von internem und externem Rechnungswesen: Die Anforderung der internen Steuerung, in: DB 1995, S. 2077-2083.

Coenenberg, Adolf Gerhard **(Gewinnbegriff)**: Gewinnbegriff und Bilanzierung, in: ZfbF 1968, S. 442-469.

Coenenberg, Adolf Gerhard **(IFRS)**: International Financial Reporting Standards (IFRS) auch für den Mittelstand?, in: DBW 2005, Editorial, S. 109-113.

Coenenberg, Adolf Gerhard **(Jahresabschluss)**: Jahresabschluss und Jahresabschlussanalyse, 20. Auflage, Stuttgart 2005.

Coenenberg, Adolf Gerhard **(Jahresabschlussanalyse)**: Strategische Jahresabschlussanalyse – Zwecke und Methoden, in: KoR 2003, S. 165-177.

Coenenberg, Adolf Gerhard **(Kostenrechnung)**: Kostenrechnung und Kostenanalyse, 5. Auflage, Stuttgart 2003.

Coenenberg, Adolf Gerhard **(Rechnungswesen)**: Rechnungswesen und Unternehmensrechnung, in: Wittmann, Waldemar/Kern, Werner/Köhler, Richard/Küpper, Hans-Ulrich/Wysocki, Klaus von (Hrsg.): Handwörterbuch der Betriebswirtschaft, 5. Auflage, Stuttgart 1993, Teilband 3, Sp. 3677-3696.

Coenenberg, Adolf Gerhard **(Ziele)**: Ziele, Systeme und Hauptproblembereiche kosten- und leistungsorientierter Planungs- und Kontrollrechnungen, in: Coenenberg, Adolf Gerhard (Hrsg): Unternehmensrechnung – Betriebliche Planungs- und Kontrollrechnungen auf der Basis von Kosten und Leistungen, 1. Auflage, München 1976, S. 1-7.

Coenenberg, Adolf Gerhard/**Biberacher**, Johannes **(Synergiecontrolling)**: Synergiecontrolling – Instrument zur Wertsteigerung bei Akquisitionen, in: Wildemann, Horst (Hrsg.): Organisation und Personal, Festschrift für Rolf Bühner, München 2004, S. 753-795.

Coenenberg, Adolf Gerhard/**Deffner**, Manuel/**Schultze**, Wolfgang **(Erfolgsspaltung)**: Erfolgsspaltung im Rahmen der erfolgswirtschaftlichen Analyse von IFRS-Abschlüssen, in: KoR 2005, S. 435-443.

Coenenberg, Adolf Gerhard/**Mattner**, Gerhard R./**Schultze**, Wolfgang **(Rechnungswesen)**: Einführung in das Rechnungswesen, Stuttgart 2004.

Coenenberg, Adolf Gerhard/**Mattner**, Gerhard R./**Schultze**, Wolfgang **(Steuerung)**: Wertorientierte Steuerung: Anforderungen, Konzepte, Anwendungsprobleme, in: Rathgeber, Andreas/Tebroke, Hermann-Josef/Wallmeier, Martin (Hrsg.), Finanzwirtschaft, Kapitalmarkt und Banken, Festschrift für Professor Dr. Manfred Steiner zum 60. Geburtstag, Stuttgart 2003, S. 1-24.

Coenenberg, Adolf Gerhard/**Sautter**, Michael T. **(Unternehmensakquisitionen)**: Strategische und finanzielle Bewertung von Unternehmensakquisitionen, in: DBW 1988, S. 691-710.

Coenenberg, Adolf Gerhard/**Schultze**, Wolfgang **(Mergers & Acquisitions)**: Mergers & Acquisitions im globalen Umfeld – Analyse und Entscheidungsmodelle, in: Oesterle, Michael-Jörg/Wolf, Joachim (Hrsg): Internationalisierung und Institution, Klaus Macharzina zur Emeritierung, Wiesbaden 2005, S. 51-81.

Coenenberg, Adolf Gerhard/**Schultze**, Wolfgang **(Methoden)**: Methoden der Unternehmensbewertung, in: Wirtz, Bernd W. (Hrsg.): Handbuch Mergers & Acquisitions Management, Wiesbaden 2006, S. 471-500.

Coenenberg, Adolf Gerhard/**Schultze**, Wolfgang **(Residualgewinn- vs. Ertragswertmethode)**: Residualgewinn- vs. Ertragswertmethode in der Unternehmensbewertung, in: Richter, Frank/Schüler, Andreas (Hrsg.): Kapitalgeberansprüche, Marktwertorientierung und Unternehmenswert, Festschrift für Prof. Dr. Dr. h.c. Jochen Drukarczyk zum 65. Geburtstag, München 2003, S. 117-141.

Coenenberg, Adolf Gerhard/**Schultze**, Wolfgang **(Unternehmensbewertung)**: Unternehmensbewertung: Konzeptionen und Perspektiven, in: DBW 2002, S. 597-621.

Coenenberg, Adolf Gerhard/**Schultze**, Wolfgang/**Biberacher**, Johannes **(Akquisition)**: Akquisition und Unternehmensbewertung, in: Busse von Colbe, Walther/Coenenberg, Adolf Gerhard/Kajüter, Peter/Linnhoff, Ulrich (Hrsg.): Betriebswirtschaft für Führungskräfte, 2. Auflage, Stuttgart 2002, S. 175-215.

Coenenberg, Adolf Gerhard/**Sieben**, Günter **(Unternehmensbewertung)**: Unternehmensbewertung, in: Grochla, Erwin/Wittmann, Waldemar (Hrsg.): Handwörterbuch der Betriebswirtschaft, 4. Auflage, Stuttgart 1976, Sp. 4062-4079.

Colley, J. Ron/**Volcan**, Ara G. **(Business Combinations)**: Business Combinations: Goodwill and Push-Down Accounting, in: The CPA Journal August/1988, S. 74-76.

Colley, J. Ron/**Volcan**, Ara G. **(Goodwill)**: Accounting for Goodwill, in: Accounting Horizons 1988, S. 35-41.

Committee on Concepts and Standards **(Accounting)**: Accounting and Reporting Standards for Corporate Financial Statements 1957 Revision, in: The Accounting Review October/1957, S. 536-546.

Committee on Concepts and Standards **(Financial Statements)**: Consolidated Financial Statements, in: The Accounting Review 1955, S. 194-197.

Copeland, Ronald M./**Wojdak**, Joseph F. **(Valuation)**: Valuation of Unrecorded Goodwill in Merger-Minded Firms, in: Financial Analysts Journal September-October/1969, S. 57-62.

Copeland, Tom/**Koller**, Tim/**Murrin**, Jack **(Unternehmenswert)**: Unternehmenswert – Methoden und Strategien für eine wertorientierte Unternehmensführung, 3. Auflage, Frankfurt/New York 2002.

Corbin, Donald A. **(Revolution)**: The Revolution in Accounting, in: The Accounting Review October/1962, S. 626-635.

Cornell, Bradford/**Landsman**, Wayne R. **(Accounting Valuation)**: Accounting Valuation: Is Earning Quality an Issue?, in: Financial Analysts Journal November-December/2003, S. 20-28.

Cortes, Fabio/**Marsh**, Ian W./**Lyon**, Michael **(Corporate Earnings)**: Is there Still Magic in Corporate Earnings?, in: Financial Stability Review December/2002, S. 142-152.

Cowan, Tom K. **(Resources Theory)**: A Resources Theory of Accounting, in: The Accounting Review January/1965, S. 9-20.

Crasselt, Nils **(Managementvergütung)**: Managementvergütung auf Basis von Residualgewinnen – Zur Gefahr von Fehlanreizen durch praktisch relevante Abschreibungsverfahren, in: FB 2004, S. 121-129.

Crasselt, Nils **(Shareholder Value Added)**: Rappaports Shareholder Value Added – Eine Alternative zum Economic Value Added?, in: FB 2001, S. 165-171.

Crasselt, Nils/**Pellens**, Bernhard/**Schremper**, Ralf **(Konvergenz, Teil I)**: Konvergenz wertorientierter Erfolgskennzahlen (I), in: WISU 2000, S. 72-78.

Crasselt, Nils/**Schmidt**, André **(Performancekennzahlen)**: Ökonomische Fundierung buchwertbasierter Performancekennzahlen, in: WiST 2007, S. 222-227.

Craswell, A. T. **(Surrogates)**: Surrogates in Accounting, in: Abacus June/1978, S. 81-93.

Cruse, Rex B./**Summers**, Edward L. **(Economics)**: Economics, Accounting Practice and Accounting Research Study No. 3, in: The Accounting Review January/1965, S. 82-88.

Cunningham, Michael E. **(Push-Down Accounting)**: Push-Down Accounting: Pros and Cons – When push-down applies, in: Journal of Accountancy June/1984, S. 72-77.

Daum, Jürgen H. **(Intellectual Capital Statements)**: Intellectual Capital Statements: Basis für ein Rechnungswesen- und Reportingmodell der Zukunft?, in: Controlling 2003, S. 143-153.

Davis, Michael **(Goodwill Accounting)**: Goodwill Accounting: Time for an Overhaul, in: Journal of Accountancy June/1992, S. 75-83.

Davis, Michael **(Goodwill Impairment)**: Goodwill Impairment: Improvement or Boondoggle?, in: The Journal of American Academy of Business, Cambridge 2005, S. 230-236.

Davis-Friday, Paquita Y./**Folami**, L. Buky/**Liu**, Chao-Shin/**Mittelstaedt**, H. Fred **(Value Relevance)**: The Value Relevance of Financial Statement Recognition vs. Disclosure: Evidence from SFAS No. 106, in: The Accounting Review October/1999, S. 403-423.

Dawson, James P./**Neupert**, Peter M./**Stickney**, Clyde P. **(Financial Statements)**: Restating Financial Statements for Alternative GAAPs: Is it Worth the Effort?, in: Financial Analysts Journal November-December/1980, S. 38-46.

DeAngelo, Linda Elizabeth **(Equity Valuation)**: Equity Valuation and Corporate Controll, in: The Accounting Review January/1990, S. 93-112.

Degener, Gerrit Jan **(merger of equals)**: Die Bilanzierung von merger of equals – Ein Anwendungsfall der Fresh-Start-Methode, Aachen 2006.

Deloitte (Hrsg.) **(Goodwill)**: Goodwill bilanzieren und steuern, http://www.iasplus.de/documents/goodwill.pdf.

De Moville, Wig/**Petrie**, A. George **(Bargain Purchase)**: Accounting for a Bargain Purchase in a Business Combination, in: Accounting Horizons September/1989, S. 38-43.

Demski, Joel S. **(Impossibility)**: The General Impossibility of Normative Accounting Standards, in: The Accounting Review 1973, S. 718-723.

Demski, Joel S./**Sappington**, David E. M. **(Income Measurement)**: Fully Reavealing Income Measurement, in: The Accounting Review 1990, S. 363-383.

Desmond, Glenn M. **(Business Goodwill)**: Valuing the Loss of Business Goodwill, in: The Appraisal Journal April/1977, S. 193-202.

Detert, Karsten/**Sellhorn**, Thorsten **(Bilanzpolitik)**: Bilanzpolitik, in: DBW 2007, S. 247-252.

Dickens, Robert L./**Blackburn**, John O. **(Holding Gains)**: Holding Gains on Fixed Assets: An Element of Business Income?, in: The Accounting Review April/1964, S. 312-329.

Diedrich, Ralf **(Erfolgsgrößen)**: Erfolgsgrößen und Erfolgsmaße, in: Küpper, Hans-Ulrich/Wagenhofer, Alfred (Hrsg.): Handwörterbuch Unternehmensrechnung und Controlling, 4. Auflage, Stuttgart 2002, Sp. 402-411.

Dinstuhl, Volkmar **(Unternehmensbewertung)**: Konzernbezogene Unternehmensbewertung, Wiesbaden 2003.

Dirrigl, Hans **(Beteiligungscontrolling)**: Beteiligungscontrolling, in: Handelsblatt (Hrsg.): Wirtschaftslexikon – Das Wissen der Betriebswirtschaftslehre, Band 02, Stuttgart 2006, S. 774-783.

Dirrigl, Hans **(Entwicklungsperspektiven)**: Entwicklungsperspektiven unternehmenswert-orientierter Steuerungssysteme, in: Ballwieser, Wolfgang (Hrsg.): Shareholder Value-Orientierung bei Unternehmenssteuerung, Anreizgestaltung, Leistungsmessung und Rechnungslegung, ZfbF Sonderheft 51/2004, S. 93-135.

Dirrigl, Hans **(Erfolgspotenzialrechnung)**: Erfolgspotenzialrechnung, in: Küpper, Hans-Ulrich/Wagenhofer, Alfred (Hrsg.): Handwörterbuch Unternehmensrechnung und Controlling, 4. Auflage, Stuttgart 2002, Sp. 419-431.

Dirrigl, Hans **(Investitionsrechnung)**: Kollektive Investitionsrechnung und Unternehmensbewertung, in: Kruschwitz, Lutz/Löffler, Andreas (Hrsg.): Ergebnisse des Berliner Workshops „Unternehmensbewertung vom 7. Februar 1998, Berlin 1998, S. 3-24.

Dirrigl, Hans **(Konzepte)**: Konzepte, Anwendungsbereiche und Grenzen einer strategischen Unternehmensbewertung, in: BFuP 1994, S. 409-432.

Dirrigl, Hans **(Konzern-Controlling)**: Konzern-Controlling, in: Busse von Colbe, Walther/Pellens, Bernhard (Hrsg.): Lexikon des Rechnungswesens, 4. Auflage, München/Wien 1998, S. 433-435.

Dirrigl, Hans **(Synergieeffekte)**: Synergieeffekte beim Unternehmenszusammenschluß und Bestimmung des Umtauschverhältnisses, in: DB 1990, S. 185-192.

Dirrigl, Hans **(Unternehmensbewertung)**: Unternehmensbewertung als Fundament bereichsbezogener Performancemessung, in: Richter, Frank/Schüler, Andreas (Hrsg.): Kapitalgeberansprüche, Marktwertorientierung und Unternehmenswert, Festschrift für Prof. Dr. Dr. h.c. Jochen Drukarczyk zum 65. Geburtstag, München 2003, S. 143-186.

Dirrigl, Hans **(Wertorientierung)**: Wertorientierung und Konvergenz in der Unternehmensrechnung, in: BFuP 1998, S. 540-579.

Dobler, Michael **(Folgebewertung)**: Folgebewertung des Goodwill nach IFRS 3 und IAS 36, in: PiR 2005, S. 24-29.

Dobler, Michael/**Gampenrieder**, Peter **(Goodwillbilanzierung, Teil I)**: Analyse der Goodwillbilanzierung von Versicherungskonzernen nach IFRS – Teil I: Umbruch durch IFRS 3 und IAS 36, in: ZfV 2006, S. 393-397.

Dobler, Michael/**Gampenrieder**, Peter **(Goodwillbilanzierung, Teil II)**: Analyse der Goodwillbilanzierung von Versicherungskonzernen nach IFRS – Teil II: Konzeptionelle Würdigung und empirischer Befund, in: ZfV 2006, S. 431-435.

Dobler, Michael/**Hettich**, Silvia **(Rahmenkonzepte)**: Geplante Änderungen der Rahmenkonzepte von IASB und FASB – Konzeption, Vergleich, Würdigung, in: IRZ 2007, S. 29-36.

Döring, Ulrich **(Goodwill)**: Goodwill, in: Chmielewicz, Klaus/Schweitzer, Marcell (Hrsg.): Handwörterbuch des Rechnungswesens, 3. Auflage, Stuttgart 1993, Sp. 810-818.

Dogra, Kenneth **(Goodwill)**: Accounting for Goodwill, in: Financial Management May/2005, S. 25-27.

Dolny, Oliver **(Controlling)**: Controlling von Beteiligungen auf Basis einer integrierten Unternehmenswertrechnung, Büren 2003.

Donnelly, Tony **(Combinations)**: Changing the Combinations, in: Intheblack October/2005, S. 58-59.

DRSC (Hrsg.) **(Ergebnisse)**: Ergebnisse der Befragung deutscher mittelständischer Unternehmen zum Entwurf eines internationalen Standards zur Bilanzierung von Small and Medium-sized Entities (ED-IFRS for SMEs) – Internetversion, 2007.

Drukarczyk, Jochen **(Konzeption)**: Zur Brauchbarkeit der Konzeption des „ökonomischen Gewinns“, in: WPg 1973, S. 183-188.

Drukarczyk, Jochen **(Ökonomischer Gewinn)**: Ökonomischer Gewinn und Ausschüttungsentscheidung, in: ZfbF 1974, S. 764-771.

Duangploy, Orapin/**Shelton**, Margaret/**Omer**, Khursheed **(Value Relevance)**: The Value Relevance of Goodwill Impairment Loss, in: Bank Accounting & Finance August-September/2005, S. 23-28.

Duhr, Andreas **(Geschäftswertberichterstattung)**: Grundsätze ordnungsmäßiger Geschäftswertberichterstattung: Berichtspflichten durch Bilanzierung und Erläuterung nach HGB und US-GAAP, in: ZfB 2003, S. 963-988.

Duhr, Andreas **(Geschäftswertbilanzierung)**: Grundsätze ordnungsmäßiger Geschäftswertbilanzierung, Düsseldorf 2006.

Dunse, Neil A./**Hutchison**, Norman E./**Goodacre**, Alan **(Trade-related Valuations)**: Trade-related Valuations and the Treatment of Goodwill, in: Journal of Property Investment & Finance 2004, S. 236-258.

Dusemond, Michael/**Kessler**, Harald **(Rechnungslegung)**: Rechnungslegung kompakt, München/Wien 2000.

DVFA – Deutsche Vereinigung für Finanzanalyse und Asset Management **(DVFA-Grundsätze)**: DVFA-Grundsätze für effektive Finanzkommunikation, Version 2.0 vom Oktober 2006, Dreieich 2006.

Dyckerhoff, Christian/**Lüdenbach**, Norbert/**Schulz**, Roland **(Probleme)**: Praktische Probleme bei der Durchführung von Impairment-Tests im Sachanlagevermögen, in: Werder, Axel v./Wiedmann, Harald (Hrsg.): Internationale Rechnungslegung und Corporate Governance, Festschrift für Professor Dr. Klaus Pohle, Stuttgart 2003, S. 33-59.

Ebeling, Ralf Michael/**Gassmann**, Jeannette **(Konzernrechnungslegung)**: Paradigmenwechsel in der Konzernrechnungslegung nach IFRS, in: Gramlich, Dieter/Hinz, Holger (Hrsg.): Kapitalmarkt, Unternehmen und Information – Wertanalyse und Wertsteuerung von Unternehmen auf finanziellen Märkten, Festschrift für Reinhard Schmidt zum 65. Geburtstag, Wiesbaden 2005, S. 107-126.

Edey, H. C. **(Business Valuation)**: Business Valuation, Goodwill and the Super-Profit Method, in: Baxter, W. T./Davidson, Sidney (Hrsg.): Studies in Accounting Theory, London 1962, S. 201-217.

Eggington, Don A. **(Intangible Asset Accounting)**: Towards Some Principles for Intangible Asset Accounting, in: Accounting and Business Research Summer/1990, S. 193-205.

Egner, Henning **(Bilanzen)**: Bilanzen, München 1974.

Eisele, Wolfgang **(Rechnungswesen)**: Rechnungswesen, in: Bea, Franz Xaver/Dichtl, Erwin/Schweitzer, Marcell (Hrsg.): Allgemeine Betriebswirtschaftslehre, Band 2: Führung, 8. Auflage, Stuttgart 2001, Kapitel 3.1, S. 429-438.

Eisele, Wolfgang **(Technik)**: Technik des betrieblichen Rechnungswesens, 7. Auflage, München 2002.

Eisenführ, Franz **(Preisfindung)**: Preisfindung für Beteiligungen mit Verbundseffekt, in: ZfbF 1971, S. 467-479.

Eiteman, Dean S. **(Cost of Capital)**: A Closer Look at Cost of Capital, in: NAA Management Accounting July 1967, S. 57-63.

Eiteman, Dean S. **(Goodwill)**: Critical Problems in Accounting for Goodwill, in: Journal of Accountancy March/1971, S.46-50.

Eldridge, Susan W. **(Goodwill Impairment)**: Goodwill Impairment Potential: Lessons from Purchase Acquisitions, in: Bank Accounting & Finance October-November/2005, S. 3-10.

Ellis, Martin **(Goodwill)**: Goodwill Accounting: Everything Has Changed and Nothing Has Changed, in: Chew, Donald H. Jr./Gillan, Stuart L. (Hrsg.): Corporate Governance at the Crossroads – A Book of Reading, Boston u.a. 2005, S. 462-471.

Emery, Kenneth G. **(Goodwill)**: Should Goodwill be Written Off?, in: The Accounting Review 1951, S. 560-567.

Engels, Wolfram **(Bemerkungen)**: Bemerkungen zu den Bilanztheorien von Moxter und Stützel, in: Baetge, Jörg/Moxter, Adolf/Schneider, Dieter (Hrsg.): Bilanzfragen, Festschrift zum 65. Geburtstag von Prof. Dr. Ulrich Leffson, Düsseldorf 1976, S. 31-48.

Engels, Wolfram **(Bewertungslehre)**: Betriebswirtschaftliche Bewertungslehre im Licht der Entscheidungstheorie, Köln/Opladen 1962.

Erhardt, Martin **(Push-down accounting)**: Push-down accounting – eine kritische Würdigung, in: BBK 2003, Fach 20, S. 757-762.

Ernst & Young (Hrsg.) **(Fair Value)**: How Fair is Fair Value?, London 2005.

Esser, Maik **(Goodwillbilanzierung)**: Goodwillbilanzierung nach SFAS 141/142 – Eine ökonomische Analyse, Frankfurt am Main 2005.

Euler, Roland **(Bilanzrechtstheorie)**: Bilanzrechtstheorie und internationale Rechnungslegung, in: Budde, Wolfgang Dieter/Moxter, Adolf/Offerhaus, Klaus (Hrsg.): Handelsbilanzen und Steuerbilanzen, Festschrift zum 70. Geburtstag von Prof. Dr. h. c. Heinrich Beisse, Düsseldorf 1997, S. 171-188.

Ewert, Ralf **(Fair Value-Bewertung)**: Fair Value-Bewertung und Performancemessung, in: Börsig, Clemens/Wagenhofer, Alfred (Hrsg.): IFRS in Rechnungswesen und Controlling, Stuttgart 2006, S. 179-207.

Ewert, Ralf **(Rechnungslegung)**: Rechnungslegung, Globalisierung und Kapitalkosten, in: Krp-Sonderheft 3/1999, S. 39-46.

Ewert, Ralf/**Wagenhofer**, Alfred **(Interne Unternehmensrechnung)**: Interne Unternehmensrechnung, 6. Auflage, Berlin u.a. 2005.

Ewert, Ralf/**Wagenhofer**, Alfred **(Rechnungslegung)**: Rechnungslegung und Kennzahlen für das wertorientierte Management, in: Wagenhofer, Alfred/Hrebicek, Gerhard (Hrsg.): Wertorientiertes Management – Konzepte und Umsetzungen zur Unternehmenswertsteigerung, Stuttgart 2000, S. 3-64.

Falk, Haim/**Gordon**, L.A. **(Imperfect Markets)**: Imperfect Markets and the Nature of Goodwill, in: Journal of Business Finance & Accounting 1977, S. 443-462.

Fasselt, Martin/**Brinkmann**, Jürgen **(Geschäfts- oder Firmenwert)**: Geschäfts- oder Firmenwert, in: Castan, Edgar/Böcking, Hans-Joachim/ Heymann, Gerd/Pfitzer, Norbert/Scheffler, Eberhard (Hrsg.): Beck`sches Handbuch der Rechnungslegung, München 1987, B 211a, Ergänzungslieferung Januar 2004.

Fernández, Pablo **(EVA)**: EVA, Economic Profit and Cash Value Added Do Not Measure Shareholder Value Creation, Working Paper, Navarra, January 2002.

Ferstl, Jürgen **(Managervergütung)**: Managervergütung und Shareholder Value – Konzeption einer wertorientierten Vergütung für das Top-Management, Wiesbaden 2000.

Fey, Gerd/**Mujkanovic**, Robin **(Abschreibungen)**: Außerplanmäßige Abschreibungen auf das Finanzanlagevermögen, in: WPg 2003, S. 212-219.

Fey, Gerd/**Mujkanovic**, Robin **(Segmentberichterstattung)**: Segmentberichterstattung im internationalen Umfeld – Analyse der aktuellen FASB- und IASC-Bestimmungen, in: DBW 1999, S. 261-275.

Fink, Christian/**Ulbrich**, Philipp **(Segmentberichterstattung)**: Segmentberichterstattung nach IFRS 8 aus der Sicht der Gestaltungspraxis, in: PiR 2007, S. 31-37.

Fischer, Thomas M./**Klöpfer**, Elisabeth **(Entwicklung)**: Entwicklung und Perspektiven des Value Reporting, in: ZfCM-Sonderheft 3/2006, S. 4-14.

Fischer, Thomas M./**Wenzel**, Julia/**Kühn**, Christian **(Value Reporting)**: Value Reporting – Wertorientierte Berichterstattung in den Nemax 50-Unternehmen, in: DB 2001, S. 1209-1216.

Francis, Jennifer/**Schipper**, Katherine **(Financial Statements)**: Have Financial Statements Lost Their Relevance?, in: Journal of Accounting Research Autumn/1999, S. 319-352.

Frank, Ralf **(Non-Financials)**: Das eigentliche Thema heißt Non-Financials – Anlageentscheidungen bedürfen quantitativer Informationen, in: Going Public 5/2006, S. 48-49.

Franke, Günter/**Hax**, Herbert **(Finanzwirtschaft)**: Finanzwirtschaft des Unternehmens und Kapitalmarkt, 5. Auflage, Berlin u.a. 2004.

Franz, Klaus-Peter/**Winkler**, Carsten **(Controlling)**: IFRS und wertorientiertes Controlling, in: Controlling 2006, S. 417-423.

Franz, Klaus-Peter/**Winkler**, Carsten **(Unternehmenssteuerung)**: Unternehmenssteuerung und IFRS, München 2006.

Fritzemeyer, Joe R./**Pacter**, Paul A. **(Business Combinations)**: Accounting for Business Combinations: The Evolution of an APB Option, in: The Journal of Accountancy August/1969, S. 64-67.

Fülbier, Uwe/**Hirsch**, Bernhard/**Meyer**, Matthias **(Wirtschaftsprüfung)**: Wirtschaftsprüfung und Controlling – Verstärkte Zusammenarbeit zwischen zwei zentralen Institutionen des Rechnungswesens, in: ZfCM 2006, S. 234-241.

Gaber, Christian **(Erfolgsausweis)**: Der Erfolgsausweis im Wettstreit zwischen Prognosefähigkeit und Kongruenz, in: BFuP 2005, S. 279-295.

Gälweiler, Aloys **(Synergiepotentiale)**: Synergiepotentiale, in: Szyperski, Norbert (Hrsg.): Handwörterbuch der Planung, Stuttgart 1989, Sp. 1935-1943.

Gebhardt, Günther **(Beteiligungscontrolling)**: Marktwertorientiertes Beteiligungscontrolling im internationalen Konzern, in: DB 1995, S. 2225-2231.

Gebhardt, Günther **(Beurteilungsgrößen)**: Formulierung konsistenter periodischer Beurteilungsgrößen für die wertorientierte Unternehmensführung, in: Rathgeber, Andreas/Tebroke, Hermann-Josef/Wallmeier, Martin (Hrsg.): Finanzwirtschaft, Kapitalmarkt und Banken – Festschrift für Professor Dr. Manfred Steiner zum 60. Geburtstag, Stuttgart 2003, S. 67-83.

Gebhardt, Günther/**Mansch**, Helmut (Hrsg.) **(Unternehmenssteuerung)**: Wertorientierte Unternehmenssteuerung in Theorie und Praxis, Düsseldorf 2005.

Gerke, Wolfgang/**Bank**, Matthias **(Finanzierung)**: Finanzierung, Stuttgart u.a. 1998.

Gillenkirch, Robert M./**Schabel**, Matthias M. **(Investitionssteuerung)**: Investitionssteuerung, Motivation und Periodenerfolgsrechnung bei ungleichen Zeitpräferenzen, in: ZfbF 2001, S. 216-245.

Gillenkirch, Robert M./**Velthuis**, Louis J. **(Zielsysteme)**: Zielsysteme, in: Köhler, Richard/Küpper, Hans-Ulrich/Pfingsten, Andreas (Hrsg.): Handwörterbuch der Betriebswirtschaft, 6. Auflage, Stuttgart 2007, Sp. 2029-2037.

Gillenkirch, Robert M./**Thamm**, René/**Tünker**, Sascha **(Integration)**: Die Integration von Planung und Performance-Messung zur Verbesserung des Aussagegehaltes von Wertbeitragskennzahlen, Working Paper, Göttingen, Mai 2007.

Gjesdal, Frøystein **(Stewardship)**: Accounting for Stewardship, in: Journal of Accounting Research Spring/1981, S. 208-231.

Göppl, Hermann **(Rechnungslegung)**: Die Gestaltung der Rechnungslegung von Aktiengesellschaften unter Berücksichtigung der neueren bilanztheoretischen Diskussion, in: WPg 1967, S. 565-574.

Götze, Uwe **(Investitionsrechnung)**: Investitionsrechnung, 5. Auflage, Berlin u.a. 2006.

Götze, Uwe **(Kostenrechnung)**: Kostenrechnung und Kostenmanagement, 2. Auflage, Chemnitz 2000.

Götze, Uwe **(Risikoanalyse)**: Sensitive Risikoanalyse zur Vorbereitung von Investitionsentscheidungen bei Unsicherheit, in: Bloech, Jürgen/Götze, Uwe/Sierke, Bernt R. A. (Hrsg.): Managementorientiertes Rechnungswesen – Konzepte und Analysen zur Entscheidungsvorbereitung, Wiesbaden 1992, S. 201-227.

Götze, Uwe **(Standortwirtschaftlichkeit)**: Standortwirtschaftlichkeit, in: Industrie Management 4/2006, S. 45-48.

Götze, Uwe/**Bloech**, Jürgen **(Investitionsrechnung)**: Investitionsrechnung, 4. Auflage, Heidelberg 2004.

Götze, Uwe/**Mikus**, Barbara **(Management)**: Strategisches Management, Chemnitz 1999.

Götze, Uwe/**Mikus**, Barbara **(Risikomanagement)**: Risikomanagement mit Instrumenten der strategische Unternehmensführung, in: Götze, Uwe/Henselmann, Klaus/Mikus, Barbara (Hrsg.): Risikomanagement, Heidelberg 2001, S. 385-412.

Gornik-Tomaszewski, Sylwia **(Business Combinations)**: Proposed Standard on Business Combinations Would Conform to FASB Statements, in: Bank Accounting & Finance June/2003, S. 35-39.

Gräfer, Horst **(Bilanzanalyse)**: Bilanzanalyse, 7. Auflage, Herne/Berlin 1997.

Graumann, Mathias **(Durchführung)**: Die Durchführung des Wertminderungstests auf zahlungsmittelgenerierende Einheiten nach IAS 36, in: UM 2004, S. 370-376.

Gray, Sid **(Accounting for Acquisitions)**: Accounting for Acquisitions and Mergers – A Unified Approach, in: The Accountant`s Magazine July/1988, S. 20-23.

Green, C. D./**Grinyer**, J. R./**Michaelson**, R. **(Straight-Line Depreciation)**: A Possible Economic Rationale for Straight-Line Depreciation, in: Abacus 2002, S. 91-120.

Grinyer, John R. **(Depreciation)**: A New Approach to Depreciation, in: Abacus 1987, S. 43-54.

Grinyer, John R. **(Earned Economic Income)**: Earned Economic Income – A Theory for Matching, in: Abacus 1985, S. 130-148.

Grinyer, John R./**Russel**, Alex **(Goodwill)**: Goodwill – an Example of Puzzle-Solving in Accounting – a Comment, in: Abacus 1992, S. 107-112.

Grinyer, John R./**Russel**, Alex/**Walker**, M. **(Accounting for Goodwill)**: The Rationale for Accounting for Goodwill, in: The British Accounting Review 1990, S. 223-235.

Gros, Stefan E. **(Bilanzierung)**: Bilanzierung eines „bargain purchase" nach IFRS 3 – Sofortige erfolgswirksame Erfassung eines negativen Unterschiedsbetrages aus der Kapitalkonsolidierung im Konzernabschluss, in: DStR 2005, S. 1954-1960.

Grünberger, David/**Grünberger**, Herbert **(Business Combinations)**: Business Combinations: IFRS-Entwürfe zur Kapitalkonsolidierung und Firmenwertbilanzierung, in: StuB 2003, S. 118-122.

Grünberger, David/**Grünberger**, Herbert **(Business Combinations Phase II)**: Business Combinations Phase II – Weitere Begleitregelungen beschlossen, in: StuB 2003, S. 413-414.

Gümbel, Rudolf **(Zurechnung)**: Zurechnung, in: Wittmann, Waldemar/Kern, Werner/Köhler, Richard/Küpper, Hans-Ulrich/Wysocki, Klaus v. (Hrsg.): Handwörterbuch der Betriebswirtschaft, 5. Auflage, Stuttgart 1993, Teilband 3, Sp. 4806-4817.

Günther, Thomas **(Controlling)**: Unternehmenswertorientiertes Controlling, München 1997.

Günther, Thomas **(Rechnungslegung)**: Wertorientierte Rechnungslegung, in: Ballwieser, Wolfgang/Coenenberg, Adolf Gerhard/Wysocki, Klaus von (Hrsg.): Handwörterbuch der Rechnungslegung und Prüfung, 3. Auflage, Stuttgart 2002, Sp. 2658-2675.

Günther, Thomas **(Steuerung)**: Steuerung von immateriellen Werten im Rahmen des wertorientierten Controlling, in: Krp-Sonderheft 1/2001, S. 53-62.

Günther, Thomas/**Beyer**, Dirk **(Value Based Reporting)**: Value Based Reporting – Entwicklungspotentiale der externen Unternehmensberichterstattung, in: BB 2001, S. 1623-1630.

Günther, Thomas/**Schiemann**, Frank **(Entscheidungsorientierung)**: Entscheidungsorientierung von Fair Value-Ansätzen im internen und externen Rechnungswesen, in: Bieg, Hartmut/Heyd, Reinhard (Hrsg.): Fair Value – Bewertung im Rechnungswesen, Controlling und Finanzwirtschaft, München 2005, S. 601-628.

Gynther, Reg S. **(Goodwill)**: Some "Conceptualizing" on Goodwill, in: The Accounting Review 1969, S. 247-255.

Haaker, Andreas **(Abweichungsanalyse)**: Wertorientierte Kontrolle und Abweichungsanalyse auf Basis des Goodwill-Impairment-Tests nach IFRS, in: ZP 2007, S. 83-108.

Haaker, Andreas **(Bereichssteuerung)**: Der Value in Use einer Cash Generating Unit als adäquate Basis einer wertorientierten Bereichssteuerung – Replik zur Erwiderung von Michael Olbrich, KoR 2006 S. 43, in diesem Heft, und zugleich

Plädoyer für eine auf den Daten des Goodwill-Impairment-Tests nach IFRS basierende Bereichssteuerung, in: KoR 2006, S. 44-47.

Haaker, Andreas **(Controlling)**: IFRS und wertorientiertes Controlling – Geprüfte bereichsbezogene Unternehmenswerte als „Service" der IFRS für die wertorientierte Unternehmenssteuerung, in: KoR 2005, S. 351-357.

Haaker, Andreas **(Da capo)**: Da capo: Zur Eignung des value in use einer cash generating unit nach IAS 36 als Basis einer wertorientierten Bereichssteuerung – Replik zum Beitrag von Klingelhöfer, KoR 2006 S. 590 und zugleich ein erneutes Plädoyer für eine Nutzung des Goodwill-Impairment-Tests nach IFRS im internen Rechnungswesen, in: KoR 2006, S. 687-695.

Haaker, Andreas **(Einheitstheorie)**: Einheitstheorie und fair value-Orientierung: Informationsnutzen der full goodwill method nach ED IFRS 3 und mögliche Auswirkungen auf die investororientierte Bilanzanalyse – Grundgedanken zum bilanzanalytischen Umgang mit den geplanten Regelungen des ED IFRS 3, in: KoR 2006, S. 451-458.

Haaker, Andreas **(full goodwill method)**: Die full goodwill method nach ED IFRS 3 – Anwendungsprobleme und Informationsnutzen, in: PiR 2006, S. 22-27.

Haaker, Andreas **(Goodwill)**: Die Zuordnung des Goodwill auf Cash Generating Units zum Zweck des Impairment-Test nach IFRS – Zur Notwendigkeit der Berücksichtigung eines „negativen Goodwill" auf Ebene der Cash Generating Units, in: KoR 2005, S. 426-434.

Haaker, Andreas **(IFRS-Informationsbilanz, Teil I)**: Grundgedanken zu einer Reform der Bilanzierung von immateriellen Vermögenswerten nach IAS 38 und zur zweckadäquaten Ausgestaltung einer „IFRS-Informationsbilanz" (Teil I) – Erfüllung des Informationszwecks und Reform des IAS 38, in: KoR 2007, S. 254-262.

Haaker, Andreas **(IFRS-Informationsbilanz, Teil II)**: Grundgedanken zu einer Reform der Bilanzierung von immateriellen Vermögenswerten nach IAS 38 und zur zweckadäquaten Ausgestaltung einer „IFRS-Informationsbilanz" (Teil II) – Weiterentwicklung der IFRS-Bilanz zu einer entobjektivierten Informationsbilanz, in: KoR 2007, S. 332-341.

Haaker, Andreas **(Wahrscheinlichkeitsberücksichtigung)**: Änderungen der Wahrscheinlichkeitsberücksichtigung bei der Rückstellungsbilanzierung nach ED IAS 37 – Eine Verbesserung in Bezug auf den Informationszweck?, in: PiR 2006, S. 51-56.

Haaker, Andreas **(Wahrscheinlichkeitsproblem)**: Das Wahrscheinlichkeitsproblem bei der Rückstellungsbilanzierung nach IAS 37 und IFRS 3 – Eine Analyse der Regelungen im Hinblick auf die Erfüllung des Informationszwecks, in: KoR 2005, S. 8-15.

Haaker, Andreas/**Paarz**, Michael **(Segmentberichterstattung)**: Die Segmentberichterstattung als Informationsinstrument – Gewährleisten die Regelungen des IAS 14 eine zweckadäquate Segmentabgrenzung?, in: KoR 2005, S. 194-199.

Haaker, Andreas/**Paarz**, Michael **(Vodafone-Diskussion)**: Einfluss der Vodafone-Diskussion sowie der IFRS auf die steuerrechtliche Behandlung von Akquisitionen – Mögliche Auswirkungen auf die Goodwill-Bilanzierung?, in: StuB 2004, S. 686-691.

Hachmeister, Dirk **(Cashflow-Schätzung)**: Analyse der Regelungen zur Cashflow-Schätzung beim Goodwill Impairment Test vor dem Hintergrund der Grundsätze ordnungsmäßiger Prognose und Prüfung, in: Siegel, Theodor/Klein, Andreas/Schneider, Dieter/Schwintowski, Hans-Peter (Hrsg.): Unternehmungen, Versicherungen und Rechnungswesen, Festschrift zur Vollendung des 65. Lebensjahres von Dieter Rückle, Berlin 2006, S. 257-276.

Hachmeister, Dirk **(Discounted Cash Flow)**: Der Discounted Cash Flow als Maß der Unternehmenswertsteigerung, 4. Auflage, Frankfurt am Main u.a. 2000.

Hachmeister, Dirk **(Diskontierung)**: Diskontierung unsicherer Zahlungsströme: Methodische Anmerkungen zur Bestimmung risikoangepasster Kapitalkosten, in: ZfCM 2006, S. 143-149.

Hachmeister, Dirk **(Goodwill-Bilanzierung)**: Auswirkungen der Goodwill-Bilanzierung auf das Controlling, in: Controlling 2006, S. 425-432.

Hachmeister, Dirk **(Impairment-Test)**: Impairment-Test nach IFRS und US-GAAP, in: Ballwieser, Wolfgang/Beyer, Sven/Zelger, Hansjörg (Hrsg.): Unternehmenskauf nach IFRS und US-GAAP – Purchase Price Allocation, Goodwill und Impairment-Test, Stuttgart 2005, S. 191-223.

Hachmeister, Dirk **(Performancemaße)**: Performancemaße, erfolgsorientierte, in: Küpper, Hans-Ulrich/Wagenhofer, Alfred (Hrsg.): Handwörterbuch Unternehmensrechnung und Controlling, 4. Auflage, Stuttgart 2002, Sp. 1385-1395.

Hachmeister, Dirk **(Reporting Financial Performance)**: Reporting Financial Performance und Fair Value, in: Bieg, Hartmut/Heyd, Reinhard (Hrsg.): Fair Value – Bewertung im Rechnungswesen, Controlling und Finanzwirtschaft, München 2005, S. 371-389.

Hachmeister, Dirk **(Shareholder Value)**: Shareholder Value, in: DBW 1997, S. 823-839.

Hachmeister, Dirk **(Unternehmensbewertung)**: Änderung bei der Unternehmensbewertung nach IDW S 1, in: Baetge, Jörg/Kirsch, Hans-Jürgen (Hrsg.): Besonderheiten der Bewertung von Unternehmensteilen sowie von kleinen und mittleren Unternehmen, Düsseldorf 2006, S. 17-39.

Hachmeister, Dirk/**Kunath**, Oliver **(Bilanzierung)**: Die Bilanzierung des Geschäfts- oder Firmenwerts im Übergang auf IFRS 3, in: KoR 2005, S. 62-75.

Hacker, Bernd **(Segmentberichterstattung)**: Segmentberichterstattung – Eine ökonomische Analyse, Frankfurt am Main 2002.

Haeger, Bernd **(Harmonisierung)**: Harmonisierung von Rechnungswesen und Controlling bei E.ON, in: Wagenhofer, Alfred (Hrsg.): Controlling und IFRS-Rechnungslegung – Konzepte, Schnittstellen, Umsetzung, Berlin 2006, S. 243-266.

Hahn, Eva-Maria **(Full-Goodwill-Methode)**: Die Full-Goodwill-Methode nach ED IFRS 3 und Auswirkungen auf den Goodwill-Impairment-Test, in: KoR 2007, S. 408-417.

Hake, Eric R. **(Impairment)**: The Appearance of Impairment: Veblen and Goodwill-Financed Mergers, in: Journal of Economics Issues June/2004, S. 389-395.

Hall, Steven C. **(Goodwill Amortization)**: Determinants of Goodwill Amortization Period, in: Journal of Business Finance & Accounting June/1993, S. 613-621.

Haller, Axel **(Eignung)**: Zur Eignung der US-GAAP für Zwecke des internen Rechnungswesens, in: Controlling 1997, S. 270-276.

Haller, Axel **(Herausforderung)**: Herausforderung an das Controlling durch die Internationalisierung der externen Rechnungslegung, in: Horváth, Péter (Hrsg.): Das neue Steuerungssystem des Controllers: von Balanced scorecard bis US-GAAP, Stuttgart 1997, S. 113-131.

Haller, Axel **(Immaterielle Vermögenswerte)**: Immaterielle Vermögenswerte – Wesentliche Herausforderung für die Zukunft der Unternehmensrechnung, in: Möller, Hans Peter/Schmidt, Franz (Hrsg.): Rechnungswesen als Instrument für

Führungsentscheidungen, Festschrift für Professor Dr. Dr. h.c. Adolf Gerhard Coenenberg zum 60. Geburtstag, Stuttgart 1998, S. 561-596.

Haller, Axel/**Beiersdorf**, Kati/**Eierle**, Brigitte **(ED-IFRS for SMEs)**: ED-IFRS for SMEs – Entwurf eines internationalen Rechnungslegungsstandards für kleine und mittelgroße Unternehmen, in: BB 2007, S. 540-551.

Haller, Axel/**Dietrich**, Ralph **(Entscheidungsnützlichkeit)**: Abbildung von F&E im Rahmen des nichtfinanziellen SEC-Reporting – Ableitung von Informationsanforderungen zum Zwecke der Entscheidungsnützlichkeit, in: Horváth, Péter/Möller, Klaus (Hrsg.): Intangibles in der Unternehmenssteuerung – Strategien und Instrumente zur Wertsteigerung des immateriellen Kapitals, München 2004, S. 293-316.

Haller, Axel/**Dietrich**, Ralph **(Intellectual Capital)**: Intellectual Capital Bericht als Teil des Lageberichts, in: DB 2001, S. 1045-1052.

Haller, Axel/**Park**, Peter **(Segmentberichterstattung)**: Segmentberichterstattung auf Basis des „Management Approach" – Inhalt und Konsequenzen, in: Krp Sonderheft 3/1999, S. 59-66.

Hansen, Palle **(Profit)**: The Accounting Concept of Profit, Amsterdam 1962.

Haring, Nikolai **(Kapitalkosten):** Zur Abbildung von Kapitalkosten und Steuern beim impairment of assets gemäß IAS 36, Dissertation Wien 2004.

Haring, Nikolai/**Prantner**, Renate **(Konvergenz):** Konvergenz des Rechnungswesens – State-of-the-Art in Deutschland und Österreich, in: Controlling 2005, S. 147-154.

Hartmann-Wendels, Thomas **(Signalling-Ansätze)**: Signalling-Ansätze, in: Busse von Colbe, Walther/Pellens, Bernhard (Hrsg.): Lexikon des Rechnungswesens, 4. Auflage, München/Wien 1998, S. 644-646.

Hasenack, Wilhelm **(Unhaltbarkeit)**: Die betriebswirtschaftliche Unhaltbarkeit des Verbotes den transitiven Firmenwert in der Steuerbilanz regelmäßig abzuschreiben, in: BFuP 1958, S. 297-304.

Hax, Herbert **(Bilanzgewinn)**: Der Bilanzgewinn als Erfolgsmaßstab, in: ZfB 1964, S. 642-651.

Hax, Herbert **(Integration)**: Integration externer und interner Unternehmensrechnung, in: Küpper, Hans-Ulrich/Wagenhofer, Alfred (Hrsg.): Handwörterbuch Unternehmensrechnung und Controlling, 4. Auflage, Stuttgart 2002, Sp. 758-767.

Hax, Herbert **(Investitionsrechnung)**: Investitionsrechnung und Periodenerfolgsmessung, in: Delfmann, Werner (Hrsg.): Der Integrationsgedanke in der Betriebswirtschaftslehre, Helmut Koch zum 70. Geburtstag, Wiesbaden 1989, S. 153-170.

Hax, Herbert **(Kostenbegriff)**: Abschied vom wertmäßigen Kostenbegriff?, in: Wagner, Udo (Hrsg.): Zum Erkenntnisstand der Betriebswirtschaftslehre am Beginn des 21. Jahrhunderts, Festschrift für Erich Loitlsberger zum 80. Geburtstag, Berlin 2001, S. 93-111.

Hax, Herbert **(Periodenerfolgsmessung)**: Was bedeutet Periodenerfolgsmessung?, in: Gillenkirch, Robert M./Schauenberg, Bernd/Schenk-Mathes, Heike Y./Velthuis, Louis John (Hrsg.): Wertorientierte Unternehmenssteuerung, Festschrift für Helmut Laux, Berlin u.a. 2004, S. 77-98.

Hax, Herbert **(Rechnungslegungsvorschriften)**: Rechnungslegungsvorschriften – Notwendige Rahmenbedingungen für den Kapitalmarkt?, in: Domsch, Michel/Eisenführ, Franz/Ordelheide, Dieter/Perlitz, Manfred (Hrsg.): Unternehmenserfolg, Planung – Ermittlung – Kontrolle, Walther Busse von Colbe zum 60. Geburtstag, Wiesbaden 1988, S. 187-201.

Hayn, Benita/**Hayn**, Sven **(Neuausrichtung)**: Neuausrichtung der Konzernrechnungslegung nach IFRS, in: IRZ 2006, S. 73-82.

Hayn, Carla/**Hughes**, Patricia **(Goodwill Impairment)**: Leading Indicators of Goodwill Impairment, in: Journal of Accounting, Auditing & Finance Summer 2006, S. 223-265.

Hayn, Sven **(Entwicklungstendenzen)**: Entwicklungstendenzen im Rahmen der Anwendung von IFRS in der Konzernrechnungslegung, in: BFuP 2005, S. 424-439.

Hayn, Sven **(Konzernrechnungslegung)**: Erdrutsch in der Konzernrechnungslegung, in: Accounting 11/2005, S. 3-4.

Hayn, Sven/**Matena**, Sonja **(Value Reporting)**: Prüfung des Value Reporting durch den Abschlussprüfer, in: ZP 2005, S. 425-449.

Hebeler, Christian **(Harmonisierung)**: Harmonisierung des internen und externen Rechnungswesens, Wiesbaden 2003.

Hebertinger, Martin **(Substanzwert)**: Substanzwert, in: Ballwieser, Wolfgang/Coenenberg, Adolf Gerhard/Wysocki, Klaus von (Hrsg.): Handwörterbuch der Rechnungslegung und Prüfung, 3. Auflage, Stuttgart 2002, Sp. 2330-2336.

Hebertinger, Martin **(Substanzwert a)**: Substanzwert, in: Handelsblatt (Hrsg.): Wirtschaftslexikon – Das Wissen der Betriebswirtschaftslehre, Band 10, Stuttgart 2006, S. 5545-5550.

Hebertinger, Martin **(Wertsteigerungsmaße)**: Wertsteigerungsmaße – Eine kritische Analyse, Frankfurt am Main 2002.

Heffes, Ellen M, **(Accounting Changes)**: Big Accounting Changes Likely with Realease of ED on Business Combinations, in: Financial Executive September/2005, S. 14-17.

Heidemann, Christian **(Kaufpreisallokation)**: Die Kaufpreisallokation bei Unternehmenszusammenschlüssen nach IFRS 3, Düsseldorf 2005.

Heinen, Edmund **(Zielfunktion)**: Die Zielfunktion der Unternehmung, in: Koch, Helmut (Hrsg): Zur Theorie der Unternehmung, Festschrift zum 65. Geburtstag von Erich Gutenberg, Wiesbaden 1962, S. 9-71.

Heinen, Edmund/**Kupsch**, Peter Uwe **(Rechnungslegung)**: Rechnungslegung, in: Heinen, Edmund (Hrsg.): Industriebetriebslehre – Entscheidungen im Industriebetrieb, 9. Auflage, Wiesbaden 1991, Zehnter Teil, S. 1315-1516.

Heintges, Sebastian **(Best Practice)**: Best Practice bei der Umstellung auf internationale Rechnungslegung, in: DB 2003, S. 621-627.

Helbling, Carl **(Innerer Wert)**: Innerer Wert und Kapitalmarktwert eines Unternehmens – Unterschiede in der Bewertungsmethode, in: Gramlich, Dieter/Hinz, Holger (Hrsg.): Kapitalmarkt, Unternehmen und Information – Wertanalyse und Wertsteuerung von Unternehmen auf finanziellen Märkten, Festschrift für Reinhard Schmidt zum 65. Geburtstag, Wiesbaden 2005, S. 405-427.

Hendler, Matthias **(Einheitstheorie)**: Abbildung des Erwerbs und der Veräußerung von Anteilen an Tochterunternehmen nach der Interessentheorie und der Einheitstheorie, Lohmar/Köln 2002.

Hendler, Matthias/**Zülch**, Henning **(Anteile)**: Anteile anderer Gesellschafter im IFRS-Konzernabschluss, in: WPg 2005, S. 1155-1166.

Hendriksen, Eldon S./**Breda**, Michael F. van **(Accounting Theory)**: Accounting Theory, Fifth Edition, Chicago u.a.1992.

Henning, Steven L./**Lewis**, Barry L./**Shaw**, Wayne H. Shaw **(Valuation)**: Valuation of the Components of Purchased Goodwill, in: Journal of Accounting Research Autumn/2000, S. 375-386.

Hense, Heinz **(Goodwill)**: Goodwill und Unternehmenssteuerung, in: Börsig, Clemens/Wagenhofer, Alfred (Hrsg.): IFRS in Rechnungswesen und Controlling, Stuttgart 2006, S. 249-263.

Henselmann, Klaus **(Bewertungstheorie)**: Diskussionsbeitrag, in: Meinungen zum Thema: Bewertungstheorie, BFuP 2004, S. 166-178.

Henselmann, Klaus **(Böcke)**: Böcke als Gärtner? – Vorgeschichte und Stand von DRS 1a, in: StuB 2002, S. 283-287.

Henselmann, Klaus **(Economic Value Added)**: Economic Value Added – Königsweg zur Integration des Rechnungswesens?, in: ZP 2001, S. 159-186.

Henselmann, Klaus **(Prüfung)**: Die Prüfung von bilanziellen Firmenwerten, in: Seicht, Gerhard (Hrsg.): Jahrbuch für Controlling und Rechnungswesen 2006, Wien 2006, S. 327-343.

Henselmann, Klaus **(Unternehmensbewertung)**: Gründe und Formen typisierender Unternehmensbewertung, in: BFuP 2006, S. 144-157.

Henselmann, Klaus **(Unternehmensrechnungen)**: Unternehmensrechnungen und Unternehmenswert – Ein situativer Ansatz, Aachen 1999.

Hepers, Lars **(Entscheidungsnützlichkeit)**: Entscheidungsnützlichkeit der Bilanzierung von Intangible Assets in den IFRS, Lohmar/Köln 2005.

Herter, Ronald N. **(Management)**: Unternehmenswertorientiertes Management (UwM) – Strategische Erfolgsbeurteilung von dezentralen Organisationseinheiten auf der Basis der Wertsteigerungsanalyse, München 1994.

Herring, Clyde E./**Herring**, Dora R. **(Goodwill)**: Performance Measurements and the Treatment of Goodwill, in: The National Public Accountant April/1990, S. 40-44.

Hettich, Silvia **(Gewinnermittlungsregeln)**: Zweckadäquate Gewinnermittlungsregeln, Frankfurt am Main 2006.

Hettich, Silvia **(Mängel)**: Mängel und Inkonsistenzen in den derzeitigen Rechnungslegungsregeln nach IFRS – Beseitigung durch Neuregelungen?, in: KoR 2007, S. 6-14.

Heumann, Rainer **(Value Reporting)**: Möglichkeiten der praktischen Umsetzung eines Value Reporting in Geschäftsberichten, in: KoR 2006, S. 259-266.

Heyd, Reinhard **(Fair Value)**: Fair Value, in: Controlling 2003, S. 209-210.

Heyd, Reinhard **(Harmonisierung)**: Zur Harmonisierung von internem und externem Rechnungswesen nach US-GAAP, in: Der Schweizer Treuhänder 2001, S. 201-214.

Higson, Chris **(Goodwill)**: Goodwill, in: The British Accounting Review 1998, S. 141-158.

Hillmer, Hans-Jürgen **(Innovationen)**: Innovationen und Rechnungslegung, in: KoR 2005, S. 323-326.

Hillmer, Hans-Jürgen **(Rechnungswesen)**: IFRS in Rechnungswesen und Controlling, in: KoR 2005, S. 567-574.

Hilz, Christian **(Unternehmenssteuerung)**: Anteilseignerorientierte Unternehmenssteuerung auf Basis der US-amerikanischen Rechnungslegung, Stuttgart 2004.

Hinz, Michael **(Einheitstheorie)**: Einheitstheorie oder Interessentheorie als konzeptionelle Grundlage für die Ausgestaltung der Konzernrechnungslegung als Informationsinstrument, in: BFuP 2004, S. 280-291.

Hirsch, Bernhard **(Berichtswesen)**: Wertorientiertes Berichtswesen - Theoretisches Konzept versus praktische Umsetzung, in: ZP 2007, S. 161-185.

Hirsch, Bernhard/**Hippe**, Alan **(Controlling)**: „Controlling und Accounting benötigen mehr Integration!“, in: ZfCM 2005, S. 180-182.

Hirschey, Mark/**Richardson**, Vernon J. **(Goodwill Write-Offs)**: Investor Underreaction to Goodwill Write-Offs, in: Financial Analysts Journal November-December/2003, S. 75-84.

Hitz, Jörg-Markus **(Fair Value Accounting)**: The Decision Usefulness of Fair Value Accounting – A Theoretical Perspective, in: The European Accounting Review 2007, S. 323-362.

Hitz, Jörg-Markus **(IFRS-Rechnungslegung)**: Fair value in der IFRS-Rechnungslegung – Konzeption, Inhalt und Zweckmäßigkeit, in: WPg 2005, S. 1013-1027.

Hitz, Jörg-Markus **(Fair Value)**: Fair Value in der Rechnungslegung, in: DBW 2006, S. 109-113.

Hitz, Jörg-Markus **(Rechnungslegung)**: Rechnungslegung zum fair value – Konzeption und Entscheidungsnützlichkeit, Frankfurt am Main 2005.

Hitz, Jörg-Markus/**Kuhner**, Chistoph **(Neuregelung)**: Die Neuregelung zur Bilanzierung des derivativen Goodwill nach SFAS 141 und 142 auf dem Prüfstand, in: WPg 2002, S. 273-287.

Hilz, Christian **(Unternehmenssteuerung)**: Anteilseignerorientierte Unternehmenssteuerung auf Basis der US-amerikanischen Rechnungslegung, Stuttgart 2004.

Höllerschmid, Christian **(Forschung)**: Die Bilanzierung von Forschung und Entwicklung nach HGB, DRS, US-GAAP und IFRS, in: Seicht, Gerhard (Hrsg.), Jahrbuch für Controlling und Rechnungswesen 2006, Wien 2006, S.153-176.

Hörner, Walter **(Zurechnung)**: Zurechnung, in: Grochla, Erwin/Wittmann, Waldemar (Hrsg.): Handwörterbuch der Betriebswirtschaft, 4. Auflage, Stuttgart 1976, Sp. 4752-4767.

Hodgson, Allan/**Okunev**, John/**Willett**, Roger **(Intangibles)**: Accounting for Intangibles: A Theoretical Perspective, in: Accounting and Business Research 1993, S. 138-150.

Hoffmann, Werner **(Unternehmenswert)**: Nachhaltige Schaffung von Unternehmenswert und temporärer Wettbewerbsvorteil, in: FB 2005, S. 323-332.

Hoffmann, Wolf-Dieter **(Abschreibungen)**: Ausserplanmäßige Abschreibungen, Wertaufholungen, in: Lüdenbach, Norbert/Hoffmann, Wolf-Dieter (Hrsg.): Haufe IFRS-Kommentar, 5. Auflage, Freiburg i. Br. u.a. 2007, § 11, S. 405-477.

Hoffmann, Wolf-Dieter **(Immaterielle Vermögenswerte)**: Immaterielle Vermögenswerte, in: Lüdenbach, Norbert/Hoffmann, Wolf-Dieter (Hrsg.): Haufe IFRS-Kommentar, 5. Auflage, Freiburg i. Br. u.a. 2007, § 13, S. 507-569.

Hofmann, Erik **(Synergien)**: Realisierung von Synergien und Vermeidung von Dyssynergien – Eine zentrale Herausforderung für das Post Merger Controlling, in: Controlling 2005, S. 483-489.

Hoke, Michaela **(Konzernsteuerung)**: Konzernsteuerung auf Basis eines intern und extern vereinheitlichten Rechnungswesens – Empirische Befunde vor dem Hintergrund der Internationalisierung der Rechnungslegung, Bamberg 2001.

Holthausen, Robert W./**Watts**, Ross L. **(Relevance)**: The Relevance of the Value-Relevance Literature for Financial Accounting Standard Setting, in: Journal of Accounting & Economics 2001, S. 3-75.

Holzmann, Oscar J./**Robinson**, Tom. **(Business Combinations)**: Business Combinations Revisted, in: The Journal of Corporate Accounting & Finance January-February/2006, S. 75-78.

Hommel, Michael **(Bilanzierung)**: Bilanzierung immaterieller Anlagewerte, Stuttgart 1998.

Hommel, Michael **(Bilanzrechtskonzeptionen)**: Internationale Bilanzrechtskonzeptionen und immaterielle Vermögensgegenstände, in: ZfbF 1997, S. 345-369.

Hommel, Michael **(Goodwill)**: Bilanzierung von Goodwill und Badwill im internationalen Vergleich, in: RIW 2001, S. 801-809.

Hommel, Michael **(Neubewertungsmethode)**: Die Neubewertungsmethode als Allowed Alternative Treatment für Sachanlagen und immaterielle Anlagewerte, in: Bieg, Hartmut/Heyd, Reinhard (Hrsg.): Fair Value – Bewertung in Rechnungswesen, Controlling und Finanzwirtschaft, München 2005, S. 287-308.

Hommel, Michael **(Rückstellung)**: Rückstellung für Abbruchkosten nach HGB, IAS/IFRS und US-GAAP, in: Der Konzern 2003, S. 746-754.

Hommel, Michael/**Benkel**, Muriel/**Wich**, Stefan **(Business Combinations)**: IFRS 3 Business Combinations: Neue Unwägbarkeiten im Jahresabschluss, in: BB 2004, S. 1267-1273.

Hommel, Michael/**Schmidt**, Reinhard H./**Wüstemann**, Jens **(Moxter)**: Adolf Moxter und die Grundsätze ordnungsmäßiger Rechnungslegung – Kontinuität und Zukunft eines Forschungsleitbildes, in: WPg-Sonderheft 2004, S. 84-98.

Honko, Jaakko **(Probleme)**: Über einige Probleme bei der Ermittlung des Jahresgewinns der Unternehmung, in: ZfB 1965, S. 611-642.

Hoogendoorn, Martin **(Financial Statement Model)**: A Financial Statement Model Based on Shareholder Value – a Theoretical Approach and the Views of the IASC, Working Paper, Amsterdam 2000.

Horváth, Péter/**Arnaout**, Ali **(Einheit)**: Internationale Rechnungslegung und Einheit des Rechnungswesens – State-of-the-Art und Implementierung in der deutschen Praxis, in: Controlling 1997, S. 254-268.

Horváth, Péter/**Reichmann**, Thomas **(Controlling)**: Controlling, in: Horváth, Péter/Reichmann, Thomas (Hrsg.): Vahlens Großes Controlling Lexikon, 2. Auflage, München 2002, S. 122-124.

Hrisak, Daniel M. **(Business Combination)**: FASB Finalizes Its Business Combination & Goodwill Statement, in: IOMA`s Report on Managing the General Ledger July/2001, S. 7-10.

Huefner, Ronald J./**Largay III**, James A. **(Goodwill Accounting)**: The Effect of the New Goodwill Accounting Rules on Financial Statements, in: The CPA Journal October/2004, S. 30-35.

Hütten, Christoph/**Lorson**, Peter **(Goodwillbilanzierung)**: Überlegungen zur neuen Goodwillbilanzierung nach SFAS 142 aus Controlling-Perspektive – Eine Ergänzung zu Küting/Weber/Wirth: Die neue Goodwillbilanzierung nach SFAS 142, in KoR 2002, S. 25-33.

Hungenberg, Harald **(Planung)**: Strategische Planung, in: Handelsblatt (Hrsg.): Wirtschaftslexikon – Das Wissen der Betriebswirtschaftslehre, Band 10, Stuttgart 2006, S. 5506-5514.

Hussey, Roger/**Ong**, Audra **(Value)**: Can We Put a Value on A Name: The Problem of Accounting for Goodwill and Brands, in: Credit Control 1/2 2000, S. 32-38.

IDW (Hrsg.) **(Business Combinations)**: IDW-Stellungnahme zum Exposure Draft ED 3 „Business Combinations", in: FN-IDW 5/2003, S. 202-211.

IDW (Hrsg.) **(IDW RS HFA 16)**: IDW Stellungnahme zur Rechnungslegung: Bewertungen bei der Abbildung von Unternehmenserwerben und bei Werthaltigkeitsprüfungen nach IFRS (IDW RS HFA 16), Stand: 18.10.2005.

IDW (Hrsg.) **(IDW S 1)**: IDW Standard: Grundsätze zur Durchführung von Unternehmensbewertungen (IDW S 1), Stand: 18.10 2005.

Ijiri, Yuji **(Theory)**: Theory of Accounting Measurement, Sarasota 1975.

Ijiri, Yuji/**Jaedicke**, Robert K. **(Reliability)**: Reliabilitiy and Objectivity of Accounting Measurements, in: The Accounting Review July/1966, S. 474-483.

International Group of Controlling (Hrsg.)/**Weißenberger**, Barbara E. **(Controlleraufgaben)**: Controller und IFRS: Konsequenzen für die Controlleraufgaben durch die Finanzberichterstattung nach IFRS, Freiburg u.a. 2006.

Jacob, Stephan **(Business Reporting)**: Business Reporting über immaterielle Güter – Konzeptioneller Aufbau und aktuelle Entwicklungen in der externen Berichterstattung, Aachen 2004.

Jaensch, Günter **(Bilanzgewinn)**: Der Bilanzgewinn in meßtheoretischer Sicht, in: ZfbF 1968, S. 48-60.

Jaensch, Günter H. **(Gewinnüberlegungen)**: Betriebswirtschaftliche Gewinnüberlegungen und Shareholder-Value-Konzept, in: Elschen, Rainer/Siegel, Theodor/Wagner, Franz W. (Hrsg.): Unternehmenstheorie und Besteuerung, Dieter Schneider zum 60. Geburtstag, Wiesbaden 1995, S. 331-245.

Jahnke, Hermann/**Wielenberg**, Stefan/**Schumacher**, Heinrich **(Integration)**: Ist die Integration des Rechnungswesens tatsächlich ein Motiv für die Einführung der IFRS in mittelständischen Unternehmen?, in: KoR 2007, S. 365-376.

Janschek, Otto **(Full Goodwill-Methode)**: Full Goodwill-Methode – neuerlicher Paradigmenwechsel in der Konzernrechnungslegung?, in: Seicht, Gerhard (Hrsg.): Jahrbuch für Controlling und Rechnungswesen 2004, Wien 2004, S. 161-191.

Janschek, Otto **(Realisation)**: Realisation von Ergebnissen aus Anteilszu- und –verkäufen mit konzernfremden Gesellschaftern – Die geplanten Änderungen durch ED IAS 27 und ED IFRS 3 amended, in: Seicht, Gerhard (Hrsg.): Jahrbuch für Controlling und Rechnungswesen 2006, Wien 2006, S. 177-199.

Janschek, Otto **(Rechnungslegung)**: Läßt sich die offenzulegende Rechnungslegung so gestalten, daß sie eine zielkonforme (Unternehmens- und) Konzernsteuerung ermöglicht?, in: Altenburger, Otto A./Janschek, Otto/Müller, Heinrich (Hrsg.): Fortschritte im Rechnungswesen – Vorschläge für Weiterentwicklungen im Dienste der Unternehmens- und Konzernsteuerung durch Unternehmensorgane und Eigentümer, Gerhard Seicht zum 60. Geburtstag, Wiesbaden 1999, S. 755-782.

Jenkins, David S./**Kane**, Gregory D. **(Equity Valuation)**: A Contextual Analysis of Income- and Asset-Based Approaches to Private Equity Valuation, in: Accounting Horizons 2006, S. 19-35.

Jennings, Ross/**LeClere**, Marc/**Thompson II**, Robert B. **(Goodwill Amortization)**: Goodwill Amortization and the Usefulness of Earnings, in: Financial Analysts Journal September-October/2001, S. 20-28.

Johnson, L. Todd/**Petrone**, Kimberley **(Goodwill)**: Is Goodwill an Asset?, in: Accounting Horizons 1998, S. 293-303.

Johnson, Orace **(Concepts of Depreciation)**: Two General Concepts of Depreciation, in: Journal of Accounting Research Spring/1968, S. 29-37.

Jonen, Andreas/**Lingnau**, Volker **(Rechnungswesen)**: Internes und externes Rechnungswesen – Theoretische Überlegungen zur Konvergenz und Vorstellung der praktischen Umsetzung, in: Seicht, Gerhard (Hrsg.): Jahrbuch für Controlling und Rechnungswesen 2005, Wien 2005, S. 281-315.

Jones, Jefferson P. **(Measurements)**: Present Value-Based Measurements and Fair Value, in: The CPA Journal October/1999, S. 28-33.

Käfer, Karl **(Zukunftsrechnung)**: Die Bilanz als Zukunftsrechnung – Eine Vorlesung über den Inhalt der Unternehmungsbilanz, Zürich 1962.

Kah, Arnd **(Profitcenter-Steuerung)**: Profitcenter-Steuerung – Ein Beitrag zur theoretischen Fundierung des Controlling anhand des Principal-Agent-Ansatzes, Stuttgart 1994.

Kahle, Holger **(Goodwill-Bilanzierung, Teil A)**: Die neue Goodwill-Bilanzierung nach US-GAAP – Bilanzierung nach belieben? (Teil A), in: StuB 2002, S. 849-858.

Kahle, Holger **(Goodwill-Bilanzierung, Teil B)**: Die neue Goodwill-Bilanzierung nach US-GAAP – Bilanzierung nach belieben? (Teil B), in: StuB 2002, S. 900-905.

Kahle, Holger **(Informationsversorgung)**: Informationsversorgung des Kapitalmarkts über internationale Rechnungslegungsstandards, in: KoR 2002, S. 95-107.

Kahle, Holger **(Rechnungslegung)**: Internationale Rechnungslegung und ihre Auswirkungen auf Handels- und Steuerbilanz, Wiesbaden 2002.

Kahle, Holger **(Unternehmenssteuerung)**: Unternehmenssteuerung auf Basis internationaler Rechnungslegungsstandards?, in: ZfbF 2003, S. 773-789.

Kahle, Holger **(Zukunft)**: Zur Zukunft der Rechnungslegung in Deutschland: IAS im Einzel- und Konzernabschluss?, in: WPg 2003, S. 262-275.

Kahle, Holger/**Dahlke**, Andreas **(Unternehmen)**: IFRS für mittelständische Unternehmen?, in: DStR 2007, S. 313-318.

Kaiser, Thomas **(Investorensicht)**: IFRS aus Investorensicht, in: Küting, Karlheinz/Pfitzer, Norbert/Weber, Claus-Peter (Hrsg.): Internationale Rechnungslegung: Standortbestimmung und Zukunftsperspektiven – Kapitalmarktorientierte Rechnungslegung und integrierte Unternehmenssteuerung, Stuttgart 2006, S. 131-158.

Kajüter, Peter **(Kostenrechnung)**: Theoretische Grundlagen der Kostenrechnung im Konzern, in: ZfbF-Sonderheft 49/2003, S. 13-28.

Kammann, Evert **(Stichtagsprinzip)**: Stichtagsprinzip und zukunftsorientierte Bilanzierung, Köln 1988.

Kampmann, Helga **(Dokumentationsfunktion)**: Zur fragwürdigen Emanzipation der Informations- von der Dokumentationsfunktion der Rechnungslegung, in: Schneider, Dieter/Rückle, Dieter/Küpper, Hans-Ulrich/Wagner, Franz W. (Hrsg.): Kritisches zu Rechnungslegung und Unternehmensbesteuerung, Festschrift zur Vollendung des 65. Lebensjahres von Theodor Siegel, Berlin 2005, S. 299-319.

Kampmann, Helga/**Schwedler**, Kristina **(Business Reporting Model)**: „A Comprehensive Business Reporting Model: Financial Reporting for Investors" – Darstellung und Analyse des aktuellen CFA-Positionspapiers, in: KoR 2006, S. 496-504.

Kampmann, Helga/**Schwedler**, Kristina **(Entwurf)**: Zum Entwurf eines gemeinsamen Rahmenkonzepts von FASB und IASB – Rechnungslegungsziele und qualitative Anforderungen, in: KoR 2006, S. 521-530.

Kempen, Arndt **(Projektstandsrechnung)**: Projektstandsrechnung, in: Busse von Colbe, Walther/Pellens, Bernhard (Hrsg.): Lexikon des Rechnungswesens, 4. Auflage, München/Wien 1998, S. 562-563.

Kerkhoff, Guido/**Diehm**, Sven **(Controller)**: Controller und Accountant – Zwei Seiten einer Medaille!, in: Der Konzern 2007, S. 316-320.

Kessler, Harald **(Fair Value)**: Ist der Fair Value fair?, in: Bieg, Hartmut/Heyd, Reinhard (Hrsg.): Fair Value – Bewertung im Rechnungswesen, Controlling und Finanzwirtschaft, München 2005, S. 57-81.

Kessler, Harald/**Beck**, Helmut/**Cappell**, Jürgen/**Mohr**, Martin **(Identifizierung)**: Identifizierung des Unterschiedsbetrags nach IFRS 3.51 ff. beim Erwerb mehrerer businesses in einer einheitlichen Transaktion – Zugleich ein Beitrag zur Auslegung der endorsed IFRS, in: PiR 2007, S. 125-132.

Kesten, Ralf **(ERIC)**: ERIC: Noch ein Kennzahlenangebot zur Performancemessung im wertorientierten Controlling, in: CM 2006, S. 123-129.

Kesten, Ralf **(Unternehmensbewertung)**: Unternehmensbewertung und Performancemessung mit dem Robichek/Myers-Sicherheitsäquivalentmodell, in: FB 2007, S. 88-98.

Kintzele, Marilyn R./**Kintzele**, Philip L./**Kwiatkowski**, Vernon E. **(Goodwill)**: Goodwill: Accounting and Financial Reporting Issues, in: Internal Auditing January-February/2005, S. 29-34.

Kirkham, Linda/**Arnold**, John **(Goodwill Accounting)**: Goodwill Accounting in the UK – A Fresh Approach to an Old Problem, in: European Accounting Review 1992, S. 421-425.

Kirsch, Hanno **(Anforderungen)**: Anforderungen an das Controlling durch internationale Rechnungslegungsstandards, in: Controlling 2003, S. 11-17.

Kirsch, Hans-Jürgen **(Objektivierung)**: Die Objektivierung künftiger Zahlungsströme bei einer Bewertung nach IFRS, in: Kirsch, Hans-Jürgen/Thiele, Stefan (Hrsg.): Rechnungslegung und Wirtschaftsprüfung, Festschrift zum 70. Geburtstag von Prof. Dr. Dr. h.c. Jörg Baetge, Düsseldorf 2007, S. 359-380.

Kirsch, Hans-Jürgen/**Steinhauer**, Leif **(Einfluss)**: Zum Einfluss der internationalen Rechnungslegung auf das Controlling, in: ZP 2003, S. 415-435.

Kirsch, Hans-Jürgen/**Meth**, Dirk **(Adressaten)**: Adressaten einer IFRS-Rechnungslegung für mittelständische Unternehmen, in: BB-Special 6/2007, S. 7-12.

Kivikas, Mart/**Wulf**, Inge **(Wissensbilanzierung)**: Wissensbilanzierung als Element des Value Reporting, in: ZfCM-Sonderheft 3/2006, S. 42-60.

Klein, Gabriele **(Konzernabschluss)**: Internationale Rechnungslegung und Konzernabschluss, Wiesbaden 2003.

Klein, Georg A. **(Konvergenz)**: Konvergenz von internem und externem Rechnungswesen auf Basis der International Accounting Standards (IAS), in: Krp Sonderheft 3/1999, S. 67-77.

Klein, Georg A. **(Unternehmenssteuerung)**: Unternehmenssteuerung auf der Basis der International Accounting Standards, München 1999.

Kley, Karl-Ludwig **(IAS)**: IAS und wertorientiertes Controlling, in Krp 2002, S. 277-281.

Kley, Karl-Ludwig **(Rechnungslegung)**: Die externe und interne Rechnungslegung als Basis für eine offene Unternehmenskommunikation, in Küting, Karlheinz/Weber, Claus.Peter (Hrsg.): Wertorientierte Konzernführung, Stuttgart 2000, S. 337-354.

Klingelhöfer, Heinz Eckart **(Controlling)**: Wertorientiertes Controlling auf der Grundlage von Werten nach IAS 36 – Das Konzept zahlungsmittelgenerierender Einheiten und ihrer Nutzungswerte nach IAS 36 aus der Sicht des wertorientierten Controllings, zugleich Stellungnahme zu den Beiträgen von Andreas Haaker, KoR 2005 S. 351, KoR 2006 S. 44 und Michael Olbrich, KoR 2006 S. 43, in: KoR 2006, S. 590-597.

Klingels, Bernd **(cash generating unit)**: Die cash generating unit nach IAS 36 im IFRS-Jahresabschluss – Bildung, Gestaltungsmöglichkeiten und Auswirkungen, Berlin 2005.

Kloock, Josef **(Dynamische Bilanz)**: Dynamische Bilanz, in: Chmielewicz, Klaus/Schweitzer, Marcell (Hrsg.): Handwörterbuch des Rechnungswesens, 3. Auflage, Stuttgart 1993, Sp. 384-399.

Kloock, Josef **(Unternehmensrechnung)**: Aufgaben und Systeme der Unternehmensrechnung, in: BFuP 1978, S. 493-510.

Knechel, W. Robert/**McDonald**, Charles L. **(Business Combination)**: Accounting for Income Taxes Related to Assets Acquired in a Purchase Business Combination, in: Accounting Horizons September/1989, S. 44-52.

Knortz, Herbert C. **(Business Combinations)**: The Realities of Business Combinations, in: Financial Analysts Journal July-August/1970, S. 28-32.

Koch, Helmut **(Wirtschaftlichkeitsrechnung)**: Der Begriff des ökonomischen Gewinns – Zur Frage des Optimalkriteriums in der Wirtschaftlichkeitsrechnung, in: ZfbF 1968, S. 389-441.

Kolins, Wayne/**Scheuerell**, Francis E. Jr. **(Business Combinations)**: The New World of Business Combinations, in: Insights October/2001, S. 2-8.

Kollaritsch, Felix P. **(Service Potential Value)**: Future Service Potential Value, in: The Journal of Accountancy February/1965, S. 57-62.

Kräkel, Matthias **(Synergien)**: Synergien, in: Handelsblatt (Hrsg.): Wirtschaftslexikon – Das Wissen der Betriebswirtschaftslehre, Band 10, Stuttgart 2006, S. 5564-5571.

Kramer, Dominik/**Keilus**, Michael **(Investitionskontrolle)**: Investitionskontrolle in Abhängigkeit von Planungsmethodik und Investitionszyklus, in: ZfCM 2007, S. 276-288.

Kraus, Herbert **(Abbildungstreue)**: Probleme der Abbildungstreue der Dimension Gewinn – Die Erfolgsdimension als Element eines Führungsinformationssystems, in: Loitlsberger, Erich/Egger, Anton/Lechner, Eduard (Hrsg.): Rechnungslegung und Gewinnermittlung, Gedenkschrift für Karl Lechner, Wien 1987, S. 173-188.

Kraus, Herbert **(Erfolgsdimension)**: Die Problematik der Erfolgsdimension Gewinn als Krisensignal, in: Seicht, Gerhard (Hrsg.): Gläubigerschutz, Betriebswirtschaftslehre und Recht, Festgabe für Otmar Koren zum 75. Geburtstag, Wien 1993, S. 271-285.

Kriete, Thomas/**Padberg**, Thomas **(IAS/IFRS-Bilanzierung)**: IAS/IFRS-Bilanzierung: Einfluss der neuen Goodwill-Abschreibungen auf den Jahresüberschuss, in: UM 2004, S. 232-234.

Krökel, Edgar **(Vermögens- und Kapitalrechnung)**: Die kalkulatorische Vermögens- und Kapitalrechnung, Berlin 1981.

Kronner, Markus **(GoB)**: GoB für immaterielle Anlagewerte und Tauschgeschäfte, Düsseldorf 1995.

Krümmel, Hans-Jakob **(Kapitalerhaltung)**: Pagatorisches Prinzip und nominelle Kapitalerhaltung, in: Moxter, Adolf/Müller, Hans-Peter/Windmöller, Rolf/Wysocki, Klaus v. (Hrsg.): Rechnungslegung – Entwicklung bei Bilanzierung und Prüfung von Kapitalgesellschaften, Festschrift zum 65. Geburtstag von Professor Dr. Dr. h.c. Karl-Heinz Forster, Düsseldorf 1992, S. 307-320.

Krüger, Holm/**Thiere**, Mathias **(Dependenzen)**: Erfordern die Dependenzen zwischen IFRS-Abschluss und Risikobericht eine Anpassung der Risikoberichterstattungsnormen?, in: IRZ 2007, S. 195-203.

Kruschwitz, Lutz **(Finanzierung)**: Finanzierung und Investition, 4. Auflage, München/Wien 2004.

Kruschwitz, Lutz/**Löffler**, Andreas **(Discounted Cash Flow)**: Discounted Cash Flow – A Theorie of the Valuation of Firms, Chichester u.a. 2006.

Kubin, Konrad W. **(Aktienkunde)**: Der Aktionär als Aktienkunde – Anmerkungen zum Shareholder Value, zur Wiedervereinigung der internen und externen Rechnungslegung und zur globalen Verbesserung der Berichtserstattung, in: Möller, Hans Peter/Schmidt, Franz (Hrsg.): Rechnungswesen als Instrument für

Führungsentscheidungen, Festschrift für Professor Dr. Dr. h.c. Adolf Gerhard Coenenberg zum 60. Geburtstag, Stuttgart 1998, S. 525-558.

Kühne, Mareike/**Schwedler**, Kristina **(Änderungen)**: Geplante Änderungen der Bilanzierung von Unternehmenszusammenschlüssen – ED of Proposed Amendmends to IFRS 3 und ED of Proposed Amendmends to IAS 27, in: KoR 2005, S. 329-338.

Kühnberger, Manfred **(Firmenwerte)**: Firmenwerte in Bilanz, GuV und Kapitalflussrechnung nach HGB, IFRS und US-GAAP – Abbildung und Aussagekraft, in: DB 2005, S. 677-683.

Kümmel, Jens **(Grundsätze)**: Grundsätze für die Fair Value-Ermittlung mit Barwertkalkülen, Düsseldorf 2002.

Kümpel, Thomas **(Harmonisierung)**: Harmonisierung des Rechnungswesens bei Auftragsfertigung, in: CM 2005, S. 336-342.

Kümpel, Thomas **(Integration)**: Integration von internem und externem Rechnungswesen bei der Bewertung erfolgversprechender langfristiger Fertigungsaufträge, in: DB 2002, S. 905-910.

Kümpel, Thomas **(Vereinheitlichung)**: Vereinheitlichung von internem und externem Rechnungswesen, in: WiSt 2002, S. 343-345.

Kümpel, Thomas/**Döbel**, Thomas **(Identifizierung)**: Identifizierung einer cash generating unit nach IAS 36 – Darstellung und kritische Würdigung der einzelnen Abgrenzungsmerkmale, in: Der Betriebswirt 2/2005, S. 22-29.

Kümpel, Thomas/**Fischedick**, Nina **(Mergers & Acquisitions)**: Erfolgsfaktoren eines Integrationskonzeptes im Rahmen internationaler Mergers & Acquisitions – Teil 2, in: CM 2004, S. 107-118.

Kümpel, Thomas/**Susnja**, Melany **(Goodwillbilanzierung)**: Goodwillbilanzierung nach IFRS 3 und Vereinheitlichung von internem und externem Rechnungswesen, in: CM 2005, S. 73-79.

Küpper, Hans-Ulrich **(Angleichung)**: Angleichung des externen und internen Rechnungswesens, in: Börsig, Clemens/Coenenberg, Adolf, Gerhard (Hrsg.): Controlling und Rechnungswesen im internationalen Wettbewerb, Stuttgart 1998, S 143-162.

Küpper, Hans-Ulrich **(Buchhaltung)**: Bedeutung der Buchhaltung für Planungs- und Steuerungszwecke der Unternehmung, in: Altenburger, Otto A./Janschek, Otto/Müller, Heinrich (Hrsg.): Fortschritte im Rechnungswesen – Vorschläge für Weiterentwicklungen im Dienste der Unternehmens- und Konzernsteuerung durch Unternehmensorgane und Eigentümer, Gerhard Seicht zum 60. Geburtstag, Wiesbaden 1999, S. 443-466.

Küpper, Hans-Ulrich **(Cash Flow)**: Cash Flow und/oder Vermögen als Basis von Unternehmensrechnung und Besteuerung?, in: Dirrigl, Hans/Wellisch, Dietmar/Wenger, Ekkehard (Hrsg.): Steuern, Rechnungslegung und Kapitalmarkt, Festschrift für Franz W. Wagner zum 60. Geburtstag, Wiesbaden 2004, S. 101-126.

Küpper, Hans-Ulrich **(Controlling 2001)**: Controlling – Konzeption, Aufgaben und Instrumente, 3. Auflage, Stuttgart 2001.

Küpper, Hans-Ulrich **(Controlling)**: Controlling – Konzeption, Aufgaben und Instrumente, 4. Auflage, Stuttgart 2005.

Küpper, Hans-Ulrich **(Erfolgsplanung)**: Erfolgsplanung, in: Szyperski, Norbert (Hrsg.): Handwörterbuch der Planung, Stuttgart 1989, Sp. 433-439.

Küpper, Hans-Ulrich **(Ethik)**: Unternehmensrechnung und Ethik, in: Schneider, Dieter/Rückle, Dieter/Küpper, Hans-Ulrich/Wagner, Franz W. (Hrsg.): Kritisches zu

Rechnungslegung und Unternehmensbesteuerung, Festschrift zur Vollendung des 65. Lebensjahres von Theodor Siegel, Berlin 2005, S. 23-44.

Küpper, Hans-Ulrich **(Industrielles Controlling)**: Industrielles Controlling, in: Schweitzer, Marcell (Hrsg.): Industriebetriebslehre, 2. Auflage, München 1994, Kapitel 9, S. 849-959.

Küpper, Hans-Ulrich **(Integration)**: Zweckmäßigkeit, Grenzen und Ansatzpunkte einer Integration der Unternehmensrechnung, in: Krp 1999, S. 5-11.

Küpper, Hans-Ulrich **(Interne Unternehmensrechnung)**: Interne Unternehmensrechnung auf kapitaltheoretischer Basis, in: Ballwieser, Wolfgang/Böcking, Hans-Joachim/Drukarczyk, Jochen/ Schmidt, Reinhard H. (Hrsg.): Bilanzrecht und Kapitalmarkt, Festschrift zum 65. Geburtstag von Professor Dr. Dr. h.c. Adolf Moxter, Düsseldorf 1994, S. 967-1002.

Küpper, Hans-Ulrich **(Kapazität)**: Kapazität und Investition als Gegenstand des Investitions-Controlling, in: Corsten, Hans/Köhler, Richard/Müller-Mehrbach, Heiner/Schröder, Hans-Horst (Hrsg.): Kapazitätsmessung, Kapazitätsgestaltung, Kapazitätsoptimierung – eine betriebswirtschaftliche Kernfrage, Festschrift für Professor Dr. Werner Kern zum 65. Geburtstag, Stuttgart 1992, S. 115-132.

Küpper, Hans-Ulrich **(Marktwertorientierung)**: Marktwertorientierung – neue und realisierbare Ausrichtung für die interne Unternehmensrechnung?, in: BFuP 1998, S. 517-539.

Küpper, Hans-Ulrich **(Struktur)**: Unternehmensrechnung, Struktur und Teilsysteme, in: Handelsblatt (Hrsg.): Wirtschaftslexikon – Das Wissen der Betriebswirtschaftslehre, Band 11, Stuttgart 2006, S. 5833-5843.

Küpper, Hans-Ulrich **(Unternehmensrechnung)**: Unternehmensrechnung, Struktur und Teilsysteme, in: Küpper, Hans-Ulrich/Wagenhofer, Alfred (Hrsg.): Handwörterbuch Unternehmensrechnung und Controlling, 4. Auflage, Stuttgart 2002, Sp. 2030-2043.

Küpper, Hans-Ulrich **(Unternehmensplanung)**: Unternehmensplanung und -steuerung mit pagatorischen oder kalkulatorischen Erfolgsrechnungen, in: ZfbF Sonderheft 34/1995, S. 19-50.

Küppers, Christoph **(Firmenwert)**: Der Firmenwert in Handels- und Steuerbilanz nach Inkrafttreten des Bilanzrichtlinien-Gesetzes – Rechtsnatur und bilanzpolitische Spielräume, in: DB 1986, S. 1633-1639.

Kürsten, Wolfgang/**Meckl**, Reinhard/**Krostewitz**, Andreas **(M&A-Management)**: Value-Based M&A-Management – der M&A-Prozess im Lichte des Shareholder Value-Prinzips, Working Paper, Jena 2005.

Küting, Karlheinz **(Bedeutung)**: Zur Bedeutung und Analyse von Verbundeffekten im Rahmen der Unternehmensbewertung, in: BFuP 1981, S. 175-189.

Küting, Karlheinz **(Bilanzanalyse)**: Bilanzanalyse am Neuen Markt, in: Küting, Karlheinz/Weber, Claus-Peter (Hrsg.): Vom Financial Accounting zum Business Reporting – Kapitalmarktorientierte Rechnungslegung und integrierte Unternehmenssteuerung, Stuttgart 2002, S. 101-145.

Küting, Karlheinz **(Daimler-Benz-Listing)**: US-amerikanische und deutsche Bilanzierung im Vergleich – unter besonderer Berücksichtigung der Konzernrechnungslegung und des Daimler-Benz-Listing in New York, in: BFuP 1993, S. 357-379.

Küting, Karlheinz **(Entobjektivierung)**: Auf dem Weg zu einer Entobjektivierung der Bilanz, in: Küting, Karlheinz/Pfitzer, Norbert/Weber, Claus-Peter (Hrsg.): Internationale Rechnungslegung: Standortbestimmung und Zukunftsperspektiven – Kapitalmarktorientierte Rechnungslegung und integrierte Unternehmenssteuerung, Stuttgart 2006, S. 1-6.

Küting, Karlheinz **(Geschäfts- oder Firmenwert)**: Der Geschäfts- oder Firmenwert – ein Spielball der Bilanzpolitik in deutschen Konzernen, in: AG 2000, S. 97-106.

Küting, Karlheinz **(IFRS-Bilanzierung)**: Die mehrdimensionale Problemausweitung der IFRS-Bilanzierung – Perspektiven der Rechnungslegung im 21. Jahrhundert, in: ST 2007, S. 220-239.

Küting, Karlheinz **(Konsolidierungspraxis)**: Der Geschäfts- oder Firmenwert in der deutschen Konsolidierungspraxis 2005 – Ein Beitrag zur empirischen Rechnungslegungsforschung, in: DStR 2006, S. 1665-1671.

Küting, Karlheinz **(Perspektiven)**: Perspektiven der externen Rechnungslegung – Auf dem Wege zu einem umfassenden Business-Reporting, in: ST 2000, S. 153-168.

Küting, Karlheinz **(Rechnungslegung)**: Perspektiven der Rechnungslegung – Eröffnungsrede anläßlich der 5. Fachtagung am 25./26. November 1999 in Frankfurt am Main, in: Küting, Karlheinz/Weber, Claus-Peter (Hrsg.): Wertorientierte Konzernführung – Kapitalmarktorientierte Rechnungslegung und integrierte Unternehmenssteuerung, Stuttgart 2000, S. 1-5.

Küting, Karlheinz **(Schlüsselgröße)**: Der Geschäfts- oder Firmenwert als Schlüsselgröße der Analyse von Bilanzen deutscher Konzerne – eine empirische Analyse, in: Küting, Karlheinz/Pfitzer, Norbert/Weber, Claus-Peter (Hrsg.): Internationale Rechnungslegung: Standortbestimmung und Zukunftsperspektiven – Kapitalmarktorientierte Rechnungslegung und integrierte Unternehmenssteuerung, Stuttgart 2006, S. 159-182.

Küting, Karlheinz **(Übernahmeangebot)**: Das Übernahmeangebot als alternative Form des Beteiligungserwerbs, in: BB 1978, S. 1751-1755.

Küting, Karlheinz **(Zukunftsbilanzen)**: Zukunftsbilanzen – Ein Vergleich zukunftsorientierter Rechenwerke, in: WiSt 1981, S. 268-274.

Küting, Karlheinz/**Gattung**, Andreas **(Konzerntheorien)**: Konzerntheorien in der nationalen und internationalen Konzernrechnungslegung, in ZvglRWiss 2003, S. 505-527.

Küting, Karlheinz/**Gattung**, Andreas **(Principle Override)**: Der Principle Override nach IFRS – vom Mythos einer fairen Rechnungslegung (Teil A), in: PiR 2006, S. 33-37.

Küting, Karlheinz/**Lorson**, Peter **(Einheitsrechnungswesen)**: Das multifunktionale Einheitsrechnungswesen ist nicht in Sicht – Vereinheitlichung muß aber kein Mythos bleiben / Teil 2 und Schluß, in: Blick durch die Wirtschaft vom 13.07.1998, S. 5.

Küting, Karlheinz/**Lorson**, Peter **(Grundsätze, Teil II)**: Grundsätze eines Konzernsteuerungskonzepts auf „externer" Basis (Teil II) – Ein Beitrag zur Konvergenz von internem und externem Rechnungswesen, in: BB 1998, S. 2303-2309.

Küting, Karlheinz/**Lorson**, Peter **(Harmonisierung)**: Harmonisierung des Rechnungswesens aus der Sicht der externen Rechnungslegung, in: Krp-Sonderheft 3/1999, S. 47-57.

Küting, Karlheinz/**Lorson**, Peter **(Konvergenz)**: Konvergenz von internem und externem Rechnungswesen: Anmerkungen zu Strategien und Konfliktfeldern, in: WPg 1998, S. 483-493.

Küting, Karlheinz/**Lorson**, Peter **(Profitabilität)**: Messung der Profitabilität strategischer Geschäftsfelder – Grundsatzfragen einer Discounted-Cash-flow-basierten strategischen Unternehmensbewertung in einem Konzern, in: Controlling 1997, S. 4-13.

Küting, Karlheinz/**Lorson**, Peter **(Spannungsfeld)**: Anmerkungen zum Spannungsfeld zwischen externen Zielgrößen und internen Steuerungsinstrumenten, in BB 1998, S. 469-475.

Küting, Karlheinz/**Reuter**, Michael **(Adressaten)**: Bilanzierung im Spannungsfeld unterschiedlicher Adressaten, in: DSWR 2004, S. 230-233.

Küting, Karlheinz/**Ulrich**, Andreas **(Abbildung, Teil I)**: Abbildung und Steuerung immaterieller Vermögensgegenstände (Teil I), in: DStR 2001, S. 953-960.

Küting, Karlheinz/**Weber**, Claus-Peter/**Keßler**, Marco **(Auswirkungen)**: Betriebswirtschaftliche Grundlagen und bilanzielle Auswirkungen des (freiwilligen) Übernahmeangebots, in: FB 2003, S. 625-641.

Küting, Karlheinz/**Weber**, Claus-Peter/**Wirth**, Johannes **(Goodwillbilanzierung)**: Die neue Goodwillbilanzierung nach SFAS 142 – Ist der Weg frei für eine neue Akquisitionswelle?, in: KoR 2001, S. 185-198.

Küting, Karlheinz/**Weber**, Claus-Peter/**Wirth**, Johannes **(Tochterunternehmen)**: Bilanzierung von Anteilsverkäufen an bislang vollkonsolidierten Tochterunternehmen nach IFRS, in: DStR 2004, S. 876-884.

Küting, Karlheinz/**Wirth**, Johannes **(Bilanzierung)**: Bilanzierung von Unternehmenszusammenschlüssen nach IFRS 3, in: KoR 2004, S. 167-177.

Küting, Karlheinz/**Wirth**, Johannes **(Eventualschulden)**: Bilanzierung eines negativen Unterschiedsbetrags nach IFRS 3 und die Bedeutung der Erfassung von Eventualschulden in der Kaufpreisallokation, in: IRZ 2006, S. 143-151.

Küting, Karlheinz/**Wirth**, Johannes **(Full Goodwill Approach)**: Full Goodwill Approach des Exposure Draft zu IFRS 3 – Firmenwertbilanzierung unter Geltung des Business Combinations Project Phase II, in: BB-Special 10/2005, S. 2-9.

Küting, Karlheinz/**Wirth**, Johannes **(Richtungswechsel)**: Richtungswechsel bei der Überarbeitung des Werthaltigkeitstests nach IAS 36 – Konzeption des Werthaltigkeitstests nach den jüngsten Reformbeschlüssen des IASB, in: DStR 2003, S. 1848-1852.

Kuhn, Klaus **(Bilanz)**: Die Bilanz als Führungsinstrument der Unternehmensleitung, in: BFuP 1966, S. 129-142.

Kuhner, Christoph **(Prognosen)**: Prognosen in der Betriebswirtschaftslehre, in: AG 2006, S. 713-720.

Kuhner, Christoph **(New Economy)**: New Financial Accounting Standards for the New Economy? – Some Remarks on the Ongoing Debate, Working Paper, Köln 2002.

Kuhner, Christoph **(Unternehmensinteresse)**: Unternehmensinteresse vs. Shareholder Value als Leitmaxime kapitalmarktorientierter Aktiengesellschaften, in: ZGR 2004, S. 244-279.

Kuhner, Christoph **(Zielsetzungen)**: Die Zielsetzungen von IFRS, US-GAAP und HGB und deren Konsequenzen für die Abbildung von Unternehmenskäufen, in: Ballwieser, Wolfgang/Beyer, Sven/Zelger, Hansjörg (Hrsg.): Unternehmenskauf nach IFRS und US-GAAP – Purchase Price Allocation, Goodwill und Impairment-Test, Stuttgart 2005, S. 1-30.

Kuhner, Christoph/**Lüdtke-Handjery**, Alexander **(Unwägbarkeiten)**: Unwägbarkeiten durch die Aktivierung eigenen Börsenwertes im Zuge von aktienfinanzierten Unternehmensakquisitionen?, in: BFuP 2005, S. 546-567.

Kunath, Oliver **(Kaufpreisallokation)**: Kaufpreisallokation: Bilanzierung erworbener immaterieller Vermögenswerte nach IFRS 3 (2004)/IAS 38 (rev. 2004) und ED IFRS 3 (amend. 2005), in: ZfCM-Sonderheft 3/2005, S. 107-120.

Kunz, Alexis H./**Pfeiffer**, Thomas **(Performancemaße)**: Performancemaße, in: Köhler, Richard/Küpper, Hans-Ulrich/Pfingsten, Andreas (Hrsg.): Handwörterbuch der Betriebswirtschaft, 6. Auflage, Stuttgart 2007, Sp. 1335-1343.

Kunz, Alexis H./**Pfeiffer**, Thomas/**Schneider**, Georg **(E_RIC^{TM} versus EVA^{TM})**: E_RIC^{TM} versus EVA^{TM} – Eine theoretische Analyse in der Praxis diskutierter Wertmetriken, in: DBW 2007, S. 259-277.

Kußmaul, Heinz **(Unternehmensbewertung)**: Unternehmensbewertung unter Berücksichtigung des Steuersenkungsgesetzes, in: Freidank, Carl-Christian/Tanski, Joachim: Management-Handbuch – Accounting, Controlling & Finance, München, 3. Ergänzungslieferung Januar 2006, Teil III.1.

Lachnit, Laurenz/**Müller**, Stefan **(Bilanzanalytische Behandlung)**: Bilanzanalytische Behandlung von Geschäfts- oder Firmenwerten, in: KoR 2003, S. 540-550.

Lander, Gerald H./**Reinstein**, Alan **(Models)**: Models to Measure Goodwill-Impairment, in: International Advances in Economic Research 2003, S. 227-232.

Lange, Christoph **(Jahresabschlußinformationen)**: Jahresabschlußinformationen und Unternehmensbeurteilung, Stuttgart 1989.

Langenderfer, Harold Q. **(Conceptual Framework)**: A Conceptual Framework for Financial Reporting, in: The Journal of Accountancy July/1973, S. 46-55.

Laux, Helmut **(Unternehmensrechnung)**: Unternehmensrechnung, Anreiz und Kontrolle, 2. Auflage, Berlin u.a. 1999.

Laux, Helmut **(Unternehmenssteuerung)**: Wertorientierte Unternehmenssteuerung und Kapitalmarkt, 2. Auflage, Berlin u.a. 2006.

Laux, Helmut/**Liermann**, Felix **(Erfolgskontrolle)**: Grundfragen der Erfolgskontrolle, Berlin u.a. 1986.

Laux, Helmut/**Liermann**, Felix **(Organisation)**: Grundlagen der Organisation – Die Steuerung von Entscheidungen als Grundproblem der Betriebswirtschaftslehre, 3. Auflage, Berlin u.a. 1993.

Leander, Tom **(M&A Express)**: Will FASB Derail the M&A Express?, in: Global Finance December 1998, S. 60-62.

Lee, Charles M. C. **(Accounting-Based Valuation)**: Accounting-Based Valuation: Impact on Business Practices and Research, in: Accounting Horizons 1999, S. 413-425.

Lee, Tom A. **(Goodwill)**: Goodwill – Further Attempts to Capture the Will-o`-the-Wisp: A Review of an ICAEW Research Report, in: Accounting and Business Research Winter/1993, S. 79-81.

Lee, Tom A. **(Example)**: Goodwill – An Example of Will-o`-the-Wisp Accounting, in: Accounting and Business Research Autumn/1971, S. 318-328.

Leffson, Ulrich **(Aussagefähigkeit)**: Wesen und Aussagefähigkeit des Jahresabschlusses, in: ZfbF 1966, S. 375-390.

Lemke, Kenneth W. **(Asset Valuation)**: Asset Valuation and Income Theory, in: The Accounting Review January/1966, S. 32-41.

Leo, Ken **(Implications)**: Implications for Australia: Think Again, in: Australian Accountant December/1996, S. 24-25.

Levitt, Arthur **(The Numbers Game)**: Spielen mit Zahlen – The Numbers Game, in: DB 1998, S. 2544-2547.

Lewis, Eric E./**Lippitt**, Jeffrey W./**Mastracchio**, Nicholas J **(Business Combinations)**: User`s Comments on SFAS 141 and 142 on Business Combinations and Goodwill, in: The CPA Journal October/2001, S. 26-30.

Lewis, Thomas G. **(Steigerung)**: Steigerung des Unternehmenswertes, 2. Auflage, Landsberg/Lech 1995.

Liang, Pierre Jinghong **(Recognition)**: Recognition: An Information Content Perspective, in: Accounting Horizons 2001, S. 223-242.

Lienau, Achim/**Zülch**, Henning **(value in use)**: Die Ermittlung des value in use nach IFRS, in: KoR 2006, S. 319-329.

Lippmann, Klaus **(Erfolgsermittlung)**: Der Beitrag des ökonomischen Gewinns zur Theorie und Praxis der Erfolgsermittlung, Düsseldorf 1970.

Little, Leo T. **(Historical Costs)**: Historical Costs or Present Values?, in: The Economic Journal December/1952, S. 848-871.

Löw, Edgar **(Konvergenz)**: Einfluß des Shareholder Value-Denkens auf die Konvergenz von externem und internem Rechnungswesen, in: Krp-Sonderheft 3/1999, S. 87-92.

Loitlsberger, Erich **(Rechnungslegung)**: Externe Rechnungslegung und zielkonforme Unternehmenssteuerung im Konzern, in: Altenburger, Otto A./Janschek, Otto/Müller, Heinrich (Hrsg.): Fortschritte im Rechnungswesen – Vorschläge für Weiterentwicklungen im Dienste der Unternehmens- und Konzernsteuerung durch Unternehmensorgane und Eigentümer, Gerhard Seicht zum 60. Geburtstag, Wiesbaden 1999, S. 705-753.

Lopatta, Kerstin **(Goodwillbilanzierung)**: Goodwillbilanzierung und Informationsvermittlung nach internationalen Rechnungslegungsstandards, Wiesbaden 2006.

Lopatta, Kerstin/**Müßig**, Anke **(Business Combinations)**: Die Bilanzierung von Business Combinations – Standardsetzung als politischer Prozess?, in: PiR 2007, S. 15-20.

Lorchheim, Ulrich **(Zuverlässigkeit)**: Die Zuverlässigkeit als grundlegende qualitative Eigenschaft von Jahresabschlüssen nach den International Accounting Standards – Eine Analyse auf der Basis des Framework for the Preparation Presentation of Financial Statements des IASC, in: RIW 1997, S. 124-133.

Lorson, Peter **(Auswirkungen)**: Auswirkungen von Shareholder-Value-Konzepten auf die Bewertung und Steuerung ganzer Unternehmen, Herne/Berlin 2004.

Lorson, Peter **(Controllingansätze)**: Neuere Controllingansätze in globalen Konzernen, in: Küting, Karlheinz/Weber, Claus-Peter (Hrsg.): Das Rechnungswesen auf dem Prüfstand, Frankfurt am Main 1997, S. 168-201.

Lorson, Peter/**Heiden**, Matthias **(Intellectual Capital)**: Intellectual Capital Statement und Goodwill-Impairment – ‚Internationale' Impulse zur Unternehmenswertorientierung?, in: Seicht, Gerhard (Hrsg.): Jahrbuch für Controlling und Rechnungswesen 2002, S. 369-403.

Lorson, Peter/**Schedler**, Jens **(Unternehmenswertorientierung)**: Unternehmenswertorientierung von Unternehmensrechnung, Finanzberichterstattung und Jahresabschlussanalyse, in: Küting, Karlheinz/Weber, Claus-Peter (Hrsg.): Vom Financial Accounting zum Business Reporting - Kapitalmarktorientierte Rechnungslegung und integrierte Unternehmenssteuerung, Stuttgart 2002, S. 253-294.

Lücke, Wolfgang **(Berechnung)**: Zur Berechnung der kalkulatorischen Zinsen – Eine Bemerkung, in: DB 1963, S. 1125-1127.

Lücke, Wolfgang **(Integrationsgedanke)**: Der Integrationsgedanke im Rechnungswesen des Unternehmens und des Betriebes, in: Delfmann, Werner (Hrsg.): Der Integrationsgedanke in der Betriebswirtschaftslehre, Helmut Koch zum 70. Geburtstag, Wiesbaden 1989, S. 219-253.

Lücke, Wolfgang **(Investitionsrechnungen)**: Investitionsrechnungen auf der Grundlage von Ausgaben oder Kosten?, in: ZfHF 1955, S. 310-324.

Lücke, Wolfgang **(Planbilanz)**: Planbilanz, in: Kosiol, Erich/Chmielewicz, Klaus/Schweitzer, Marcell (Hrsg.): Handwörterbuch des Rechnungswesens, 2. Auflage, Stuttgart 1981, Sp. 1279-1290.

Lücke, Wolfgang **(Rechnungswesen)**: Rechnungswesen, in: Chmielewicz, Klaus/Schweitzer, Marcell (Hrsg.): Handwörterbuch des Rechnungswesens, 3. Auflage, Stuttgart 1993, Sp. 1686-1703.

Lücke, Wolfgang **(Unternehmenswachstum)**: Unternehmenswachstum in der Investitionsrechnung, in: Sierke, Bernt R. A./Albe, Frank (Hrsg.): Branchenübergreifende Erfolgsfaktoren – Controlling, Organisation, Logistik, Wachstum, Wiesbaden 1995, S. 1-26.

Lücke, Wolfgang **(Zinsen)**: Die Bedeutung der kalkulatorischen Zinsen beim Vergleich von Cash Flow- mit Gewinn-Diskontierungsreihen, Göttingen 2006.

Lücke, Wolfgang/**Hautz**, Uwe **(Bilanzen)**: Bilanzen aus Zukunftswerten – Ein theoretischer Beitrag zum Inhalt und Aufbau von Planbilanzen, Wiesbaden 1973.

Lüdenbach, Norbert/**Frowein**, Nils **(Goodwill-Impairment-Test)**: Der Goodwill-Impairment-Test aus der Sicht der Rechnungslegungspraxis, in: DB 2003, S. 217-223.

Lüdenbach, Norbert/**Hoffmann**, Wolf-Dieter **(Implementierung)**: Strukturelle Probleme bei der Implementierung des Goodwill-Impairment-Tests – Der Ansatz von IAS 36 im Vergleich zu US-GAAP, in: WPg 2004, S. 1068-1077.

Lüdenbach, Norbert/**Hoffmann**, Wolf-Dieter **(Standardentwurf)**: Der Standardentwurf des IASB für den Mittelstand, in: DStR 2007, S. 544-549.

Lüdenbach, Norbert/**Prusaczyk**, Peter **(Kundenbeziehungen)**: Bilanzierung von Kundenbeziehungen in der Abgrenzung zu Marken und Goodwill, in: KoR 2004, S. 204-214.

Lüdenbach, Norbert/**Völkner**, Burkhard **(Abgrenzung)**: Abgrenzung des Kaufpreises von sonstigen Vergütungen bei der Erst- und Entkonsolidierung, in: BB 2006, S. 1435-1441.

Lüder, Klaus **(Investitionen)**: Investitionen, Planung und Kontrolle der, in: Kern, Werner (Hrsg.): Handwörterbuch der Produktionswirtschaft, Stuttgart 1979, Sp. 846-856.

Lührmann, Volker **(Latente Steuern)**: Latente Steuern im Konzernabschluss, Düsseldorf 1997.

Lührmann, Volker/**Schruff**, Lothar **(Minderheitenanteile)**: Negative Minderheitenanteile im Konzernabschluß eines mehrstufigen Konzerns, in: WPg 1996, S. 261-269.

Luhmer, Alfred **(Synthetische Bilanz)**: Synthetische Bilanz und Controlling, in: ZfB 1992, S. 1105-1124.

Lutter, Bernd/**Rimmelspacher**, Dirk **(Einheitstheorie)**: Einheitstheorie und Kapitalkonsolidierung – mehr Konflikt als Konsens?, in: DB 1992, S. 485-491.

Lutz, Richard **(Auswirkungen)**: Auswirkungen der Umstellung von HGB auf IFRS für das Controlling – Erfahrungsbericht des Deutsche Bahn Konzerns, in: CM 2006, S. 511-514.

Ma, Ronald/**Hopkins**, Roger **(Goodwill)**: Goodwill – An Example of Puzzle-Solving in Accounting, in: Abacus 1988, S. 75-85.

Ma, Ronald/**Hopkins**, Roger **(Puzzle-Solving)**: Goodwill – An Example of Puzzle-Solving in Accounting – a Reply , in: Abacus 1992, S. 113-115.

Mackenstedt, Andreas/**Fladung**, Hans-Dieter/**Himmel**, Holger **(Zeitwerte)**: Ausgewählte Aspekte bei der Bestimmung beizulegender Zeitwerte nach IFRS 3 – Anmerkungen zu IDW RS HFA 16, in: WPg 2006, S. 1037-1048.

Madrian, Jens/**Kröber**, Thilo/**Schulte**, Klaus **(Akquisitionscontrolling)**: Akquisitionscontrolling in der Praxis – Eine theoriegeleitete Fallstudie, in: ZP 2006, S. 345-362.

Männel, Wolfgang **(Harmonisierung)**: Harmonisierung des Rechnungswesens für ein integriertes Ergebniscontrolling, in: Krp Sonderheft 3/1999, S. 13-29.

Männel, Wolfgang **(Reorganisation)**: Reorganisation des führungsorientierten Rechnungswesens durch Integration der Rechnungskreise, in: Krp 1997, S. 9-19.

Mahajan, Arvind **(Profitability Measures)**: Profitability Measures as Indicators of Post-Merger Efficiency Revisited, in: The Journal of Industrial Economics September/1984, S. 135-138.

Mandl, Gerwald **(Berücksichtigung)**: Zur Berücksichtigung des Risikos bei der Ermittlung des Nutzungswertes gemäß IAS 36: Darstellung und Kritik, in: Schneider, Dieter/Rückle, Dieter/Küpper, Hans-Ulrich/Wagner, Franz W. (Hrsg.): Kritisches zu Rechnungslegung und Unternehmensbesteuerung, Festschrift zur Vollendung des 65. Lebensjahres von Theodor Siegel, Berlin 2005, S. 139-159.

Mard, Michael J./**Hitchner**, James R./**Hyden**, Steven D./**Zyla**, Mark L. **(Valuation)**: Valuation for Financial Reporting – Intangible Assets, Goodwill, and Impairment Analysis, SFAS 141 and 142, New York 2002.

Martin, Daryl/**Drews**, David C. **(Intangible Asset Management)**: The Impact of SFAS 141 & 142 on Intangible Asset Management, in: The Secured Lender November-December/2005, S. 16-22.

Massoud, Marc F./**Raiborn**, Cecily A. **(Goodwill)**: Accounting for Goodwill: Are We Better Off?, in: Review of Business Spring/2003, S. 26-32.

Matschke, Manfred Jürgen/**Brösel**, Gerrit **(Unternehmensbewertung)**: Unternehmensbewertung, Wiesbaden 2005.

Mattessich, Richard **(Accounting)**: Accounting and Analytical Methods, Vernon 1964.

Mattessich, Richard **(Information Economic Perspective)**: The Information Economic Perspective of Accounting: Its Coming of Age, in: Canadian Accounting Perspectives 2006, S. 209-236.

Mattessich, Richard **(Wertrealismus)**: Wertrealismus und Addierbarkeit von Entscheidungswerten im betrieblichen Rechnungswesen, in: ZfB 1964, S. 65-75.

Maul, Karl-Heinz/**Menninger**, Jutta **(Immaterielle Vermögensgegenstände)**: Immaterielle Vermögensgegenstände, in: Handelsblatt (Hrsg.): Wirtschaftslexikon – Das Wissen der Betriebswirtschaftslehre, Band 05, Stuttgart 2006, S. 2415-2428.

Maul, Karl-Heinz/**Menninger**, Jutta **(Intellectual Property)**: Das „Intellectual Property Statement" – eine notwendige Ergänzung des Jahresabschlusses?, in: DB 2000, S. 529-533.

Mauriel, John J./**Anthony**, Robert N. **(Investment Center Performance)**: Misevaluation of Investment Center Performance, in: The Harvard Business Review March-April/1966, S, 98-105.

McCarthy, George D. **(Merger)**: Premeditated Merger, in: The Harvard Business Review January-February/1961, S. 74-82.

McConnell, Patricia/**Pacter**, Paul **(Segment Reporting)**: IASC and FASB Proposals Would Enhance Segment Reporting), in: The CPA Journal August/1995, S. 32-51.

McDonnell, John **(Acquisitions)**: Acquisitions – Accounting and Transparancy under IFRS, in: Accountancy Ireland August/2004, S. 16-18.

McDonnell, John **(IAS 36)**: IAS 36 Impairment of Assets, in: Accountancy Ireland December/2005, S. 17-19.

McGrady, Steve **(Due Diligence)**: Extending Due Diligence to Improve Mergers and Acquisitions, in: Bank Accounting & Finance June-July/2005, S. 17-22 und S. 49.

McKenney, Mitchell K. **(Business Combinations)**: FASB Changes Standards for Business Combinations, in: Pennsylvania CPA Journal Fall/2001, S. 4.

Meeks, G./**Meeks**, J. G. **(Profitability Measures)**: Profitability Measures as Indicators of Post-Merger Efficiency, in: The Journal of Industrial Economics June/1981, S. 335-344.

Melcher, Winfried **(Konvergenz)**: Konvergenz von internen und externen Rechnungswesen, Hamburg 2002.

Menn, Bernd-Joachim **(Annäherung)**: Internationale Rechnungslegung als Chance zur Annäherung von externem und internem Rechnungswesen, in: Lachnit, Laurenz/Freidank, Carl-Christian (Hrsg.): Investororientierte Unternehmenspublizität – Neue Entwicklungen von Rechnungslegung, Prüfung und Jahresabschlussanalyse, 1. Auflage, Wiesbaden 2000, S. 195-213.

Menn, Bernd-Joachim **(Auswirkungen)**: Auswirkungen der internationalen Bilanzierungspraxis auf Unternehmensrechnung und Controlling, in: Küting, Karlheinz/Langenbucher, Günther (Hrsg.): Internationale Rechnungslegung, Festschrift für Professor Dr. Claus-Peter Weber zum 60. Geburtstag, Stuttgart 1999, S. 631-647.

Menn, Bernd-Joachim/**Lemken**, Nicola **(Umstellung)**: Die Umstellung der Rechnungslegung aus der Sicht des Controlling eines Konzerns, in: Auer, Kurt V. (Hrsg): Die Umstellung der Rechnungslegung auf IAS/US-GAAP, 2. Auflage, Frankfurt/Wien 2001, S. 91-115.

Mercer, Z. Christopher/**Cow**, Matthew R./**Patton**, Kenneth W. **(Goodwill Valuation)**: Goodwill Valuation under SFAS 142, in: The CPA Journal February/2002, S. 22-29.

Meyer, Peter **(Kosten- und Leistungsrechnung)**: Stellung der Kosten- und Leistungsrechnung im Rechnungswesen, in: Männel, Wolfgang (Hrsg.): Handbuch Kostenrechnung, Wiesbaden 1992, S. 54-66.

Meyer, Philip E. **(Accounting Entity)**: The Accounting Entity, in: Abacus December/1973, S. 116-126.

Mikus, Barbara/**Götze**, Uwe **(Unternehmensressourcen)**: Zur Bewertung der strategischen Bedeutung von Unternehmensressourcen – Instrumentenüberblick und Vorgehensmodell, in: ZP 2004, S. 325-352.

Mildebrath, Georg **(Goodwill)**: Die theoretischen Grundlagen und die praktische Behandlung des Goodwill in den angelsächsischen Ländern, Dissertation, Giessen 1931.

Milgrom, Paul/**Roberts**, John **(Complementarities)**: Complementarities and Fit Strategy, Structure, and Organizational Change in Manufacturing, in: Journal of Accounting and Economics 1995, S. 179-208.

Miller, Malcom C. **(Goodwill)**: Goodwill – An Aggregation Issue, in: The Accounting Review 1973, S. 280-291.

Miller, Paul B. W. **(Conceptual Framework)**: The Conceptual Framework as Reformation and Counterreformation, in: Accounting Horizons 1990, S. 23-32.

Mills, Roger **(Financial reporting)**: Financial reporting and financial economics draw closer, in: Henley Manager Update Summer/2005, S. 5-15.

Moehrle, Stephen R./**Reynolds-Moehrle**, Jennifer A./**Wallace**, James S. **(Earning Numbers)**: How Informative are Earnings Numbers that Exclude Goodwill Amortization?, in: Accounting Horizons 2001, S. 243-255.

Moehrle, Stephen R./**Reynolds-Moehrle**, Jennifer A. **(Goodwill Amortization)**: Say Good-Bye to Pooling and Goodwill Amortization, in: Journal of Accountancy September/2001, S. 31-38.

Möller, Hans-Peter/**Hüfner**, Bernd **(Bilanzwirkungstheorien)**: Bilanzwirkungstheorien, in: Ballwieser, Wolfgang/Coenenberg, Adolf Gerhard/Wysocki, Klaus von (Hrsg.): Handwörterbuch der Rechnungslegung und Prüfung, 3. Auflage, Stuttgart 2002, Sp. 440-452.

Möller, Hans Peter/**Hüfner**, Bernd **(Rechnungslegung)**: Zur Bedeutung der Rechnungslegung für den deutschen Aktienmarkt – Begründung, Messprobleme und Erkenntnisse empirischer Forschung, in: Seicht, Gerhard (Hrsg.): Jahrbuch für Controlling und Rechnungswesen 2002, Wien 2002, S. 405-463.

Moonitz, Maurice **(Entity Approach)**: The Entity Approach to Consilidated Statements, in: The Accounting Review July/1942, S. 236-242.

Morrissey, Leonard **(Intangible Costs)**: Intangible Costs, in: Backer, Morton (Hrsg.): Modern Accounting Theory, London u.a. 1966, S. 190-212.

Moxter, Adolf **(Abschreibungen)**: Über dynamische Abschreibungen, in: WPg 1978, S. 478-482.

Moxter, Adolf **(Anlegerschutz)**: Anlegerschutz durch Rechnungslegung bei Kapitalgesellschaften, in: Gebauer, Wolfgang (Hrsg.): Öffentliche Finanzen und monetäre Ökonomie, Festschrift für Karl Häuser zur Vollendung des 65. Lebensjahres, Frankfurt am Main 1985, S. 257-272.

Moxter, Adolf **(Auskunftsverweigerungsrecht)**: Verletzt das Auskunftsverweigerungsrecht des § 131 Abs. 3 Nr. 3 AktG die Eigentumsgarantie des Grundgesetzes?, in: Meffert, Heribert/Krawitz, Norbert (Hrsg.): Unternehmensrechnung und -besteuerung, Grundfragen und Entwicklungen, Festschrift für Dietrich Börner zum 65. Geburtstag, Wiesbaden 1998, S. 305-321.

Moxter, Adolf **(Betriebswirtschaftliche Gewinnermittlung)**: Betriebswirtschaftliche Gewinnermittlung, Tübingen 1982.

Moxter, Adolf **(Bilanzierung)**: Die Grundsätze ordnungsmäßiger Bilanzierung und der Stand der Bilanztheorie, in: ZfbF 1966, S. 28-59.

Moxter, Adolf **(Bilanzlehre)**: Bilanzlehre, Wiesbaden 1974.

Moxter, Adolf **(Bilanzlehre, Band I)**: Bilanzlehre – Band I: Einführung in die Bilanztheorie, 3. Auflage, Wiesbaden 1984.

Moxter, Adolf **(Bilanztheorien)**: Bilanztheorien, in: Albers, Willi u.a. (Hrsg.): Handwörterbuch der Wirtschaftswissenschaft, Band 1, Stuttgart u.a. 1977, S. 670-686.

Moxter, Adolf **(Eigenkapitalmessung)**: Eigenkapitalmessung – Möglichkeiten und Grenzen, in: Bruns, Georg/Häuser, Karl (Hrsg.): Eigenkapital und Kapitalmarkt, Frankfurt am Main 1978, S. 80-96.

Moxter, Adolf **(Entwicklung)**: Entwicklung der Theorie der handels- und steuerrechtlichen Gewinnermittlung, in: ZfbF-Sonderheft 32/1993, S. 61-84.

Moxter, Adolf **(Entziehbarer Gewinn)**: Entziehbarer Gewinn?, in: Ballwieser, Wolfgang/Moxter, Adolf/Nonnenmacher, Rolf (Hrsg.): Rechnungslegung – warum und wie, Festschrift für Hermann Clemm zum 70. Geburtstag, München 1996, S. 231-241.

Moxter, Adolf **(Erwartungen)**: Bilanzierung und unsichere Erwartungen, in: ZfHF 1962, S. 607-632.

Moxter, Adolf **(Funktionsinadäquanz)**: Zur Funktionsinadäquanz von Bilanzen, in: Crezelius, Georg/Hirte, Heribert/Vieweg, Klaus (Hrsg.): Gesellschaftsrecht, Rechnungslegung, Sportrecht, Festschrift für Volker Röhricht zum 65. Geburtstag, Köln 2005, S. 1007-1014.

Moxter, Adolf **(Gefahren)**: Gefahren des neuen Bilanzrechts, in: BB 1982, S. 1030-1032.

Moxter, Adolf **(Geschäfts- oder Firmenwert)**: Bilanzrechtliche Probleme beim Geschäfts- oder Firmenwert, in: Bierich, Marcus/Hommelhoff, Peter/Kropff, Bruno (Hrsg.): Festschrift für Johannes Semler zum 70. Geburtstag am 28. April 1993, Unternehmen und Unternehmensführung im Recht, Berlin u.a. 1993, S. 853-861.

Moxter, Adolf **(Geschäftswertbilanzierung)**: Die Geschäftswertbilanzierung in der Rechtsprechung des Bundesfinanzhofs und nach EG-Bilanzrecht, in: BB 1979, S. 741-747.

Moxter, Adolf **(Gewinnermittlung)**: Bedeutung und Methodik betriebswirtschaftlicher Gewinnermittlung, in: DB 1983, S. 133-134.

Moxter, Adolf **(Gewinnkonzeptionen)**: Zum Verhältnis von rechtlichen und betriebswirtschaftlichen Gewinnkonzeptionen, in: Woratschek, Herbert (Hrsg.): Perspektiven ökonomischen Denkens – Klassische und neue Ansätze des Managements, Festschrift für Herrn Univ.-Prof. Dr. Dr. h.c. Rudolf Gümbel, Frankfurt am Main 1998, S. 217-225.

Moxter, Adolf **(Gewinnwarnungen)**: Dysfunktionale Gewinnwarnungen, in: Schneider, Dieter/Rückle, Dieter/Küpper, Hans-Ulrich/Wagner, Franz W. (Hrsg.): Kritisches zu Rechnungslegung und Unternehmensbesteuerung, Festschrift zur Vollendung des 65. Lebensjahres von Theodor Siegel, Berlin 2005, S. 119-226.

Moxter, Adolf **(Goodwill)**: Goodwill, in: Kosiol, Erich/Chmielewicz, Klaus/Schweitzer, Marcell (Hrsg.): Handwörterbuch des Rechnungswesens, 2. Auflage, Stuttgart 1981, Sp. 684-691.

Moxter, Adolf **(Grundsätze)**: Grundsätze ordnungsmäßiger Buchführung, in: Ballwieser, Wolfgang/Coenenberg, Adolf Gerhard/Wysocki, Klaus von (Hrsg.): Handwörterbuch der Rechnungslegung und Prüfung, 3. Auflage, Stuttgart 2002, Sp 1041-1052.

Moxter, Adolf **(Immaterielle Anlagewerte)**: Immaterielle Anlagewerte im neuen Bilanzrecht, in: BB 1979, S. 1102-1109.

Moxter, Adolf **(Interpretation)**: Zur Interpretation des True-and-fair-view-Gebots der Jahresabschlußrichtlinie, in: Fischer, Thomas R./Hömberg, Reinhold (Hrsg.): Jahresabschluß und Jahresabschlußprüfung – Probleme, Perspektiven, internationale Einflüsse, Festschrift zum 60. Geburtstag von Jörg Baetge, Düsseldorf 1997, S. 97-116.

Moxter, Adolf **(Jahresabschluß)**: Der Jahresabschluss im Widerstreit der Interessen – Ziele und Zielerreichung, in: Baetge, Jörg (Hrsg.): Der Jahresabschluß im Widerstreit der Interessen, Düsseldorf 1983, S. 11-20.

Moxter, Adolf **(Missverständnisse)**: Verbreitete Missverständnisse bei Unternehmensbewertungen, in: Seicht, Gerhard (Hrsg.): Gläubigerschutz, Betriebswirtschaftslehre und Recht, Festgabe für Otmar Koren zum 75. Geburtstag, Wien 1993, S. 129-139.

Moxter, Adolf **(Präferenzstruktur)**: Präferenzstruktur und Aktivitätsfunktion des Unternehmers, in: ZfbF 1964, S. 6-35.

Moxter, Adolf **(Probleme)**: Probleme des Geschäfts- oder Firmenwerts in der höchstrichterlichen Rechtsprechung, in: Matschke, Manfred Jürgen/Schildbach,

Thomas (Hrsg.): Unternehmensberatung und Wirtschaftsprüfung, Festschrift für Professor Dr. Günter Sieben zum 65. Geburtstag, Stuttgart 1998, S. 473-481.

Moxter, Adolf **(Rahmenkonzept-Entwurf)**: Rahmenkonzept-Entwurf des DRSC: „Grundsätze ordnungsmäßiger Rechnungslegung"?, in: BB Heft50/2002, S. I.

Moxter, Adolf **(Rechenschaft)**: Fundamentalgrundsätze ordnungsmäßiger Rechenschaft, in: Baetge, Jörg/Moxter, Adolf/Schneider, Dieter (Hrsg.): Bilanzfragen, Festschrift zum 65. Geburtstag von Prof. Dr. Ulrich Leffson, Düsseldorf 1976, S. 87-100.

Moxter, Adolf **(Rechnungslegung)**: Grundsätze ordnungsmäßiger Rechnungslegung, Düsseldorf 2003.

Moxter, Adolf **(Rechnungslegungskonzeptionen)**: Rechnungslegungskonzeptionen im Widerstreit, in: Wirtschaftswissenschaftliche Fakultät der Universität Leipzig/KPMG Deutsche Treuhandgesellschaft/PWC Deutsche Revision (Hrsg.): Rechnungslegungskonzeptionen im Widerstreit - Beiträge zu den Wirtschaftswissenschaften, Verleihung der Ehrendoktorwürde der Wirtschaftswissenschaftliche Fakultät der Universität Leipzig an Professor Dr. Dr. h.c. mult. Adolf Moxter am 2. Dezember 1999, Leipzig 2000, S. 61-66.

Moxter, Adolf **(Rechnungslegungsmythen)**: Rechnungslegungsmythen, in: BB 2000, S. 2143-2149.

Moxter, Adolf **(Rechnungslegungstraditionen)**: Besitzen IAS-konforme Jahres- und Konzernabschlüsse im Hinblick auf die Unternehmens- und Konzernsteuerung Vorteile gegenüber den Rechnungslegungstraditionen im EWR?, in: Altenburger, Otto A./Janschek, Otto/Müller, Heinrich (Hrsg.): Fortschritte im Rechnungswesen – Vorschläge für Weiterentwicklungen im Dienste der Unternehmens- und Konzernsteuerung durch Unternehmensorgane und Eigentümer, Gerhard Seicht zum 60. Geburtstag, Wiesbaden 1999, S. 497-505.

Moxter, Adolf **(Standardisierungsrat)**: Deutscher Standardisierungsrat auf Irrwegen, in: BB Heft 50/2001, S. I.

Moxter, Adolf **(Standort)**: Standort Deutschland: Zur Überlegenheit des deutschen Rechnungslegungsrechts, in: Peemöller, Volker H./Uecker, Peter (Hrsg.): Standort Deutschland – Grundsatzfragen und aktuelle Perspektiven für die Besteuerung, die Prüfung und das Controlling, Anton Heigl zum 65. Geburtstag, Berlin 1995, S. 31-41.

Moxter, Adolf **(Statische Bilanz)**: Statische Bilanz, in: Chmielewicz, Klaus/Schweitzer, Marcell: Handwörterbuch des Rechnungswesens, 3. Auflage, Stuttgart 1993, Sp. 1852-1859.

Moxter, Adolf **(true and fair view)**: Zur Prüfung des "true and fair view", in: Baetge, Jörg/Börner, Dietrich/Forster, Karl-Heinz/Schruff, Lothar (Hrsg.): Rechnungslegung, Prüfung und Beratung – Herausforderungen für den Wirtschaftsprüfer, Festschrift zum 70. Geburtstag von Professor Dr. Rainer Ludewig, Düsseldorf 1996, S. 671-682.

Moxter, Adolf **(Über Bilanztheorien)**: Über Bilanztheorien, in: Kirsch, Hans-Jürgen/Thiele, Stefan (Hrsg.): Rechnungslegung und Wirtschaftsprüfung, Festschrift zum 70. Geburtstag von Prof. Dr. Dr. h.c. Jörg Baetge, Düsseldorf 2007, S. 405-417

Moxter, Adolf **(Unternehmensbewertung)**: Grundsätze ordnungsmäßiger Unternehmensbewertung, 2. Auflage, Wiesbaden 1983.

Moxter, Adolf **(Windfalls)**: Windfalls, in: Stöppler, Siegmar (Hrsg.): Information und Produktion – Beiträge zur Unternehmenstheorie und Unternehmensplanung, Festschrift zum 60. Geburtstag von Prof. Dr. Waldemar Wittmann, Stuttgart 1985, S. 233-241.

Mozes, Haim A. **(Analysis)**: A Framework for the Analysis of Segment Data, in: Journal of Financial Statement Analysis Winter/1998, S. 28-43.

Mozes, Haim A. **(Framework)**: A Framework for Normative Accounting Research, in: Journal of Accounting Literature 1992, S. 93-120.

Mühlberger, Melanie **(Bilanzierung)**: Die zweckadäquate Bilanzierung von Minderheitsanteilen im ein- und mehrstufigen Konzern nach HGB, IAS und US-GAAP, in: WPg 2001, S. 1312-1325.

Müller, Eberhard **(Konzernabschluß)**: Konzernabschluß und interne Steuerung im internationalen Unternehmen, in: Gross, Gerhard (Hrsg.): Der Wirtschaftsprüfer im Schnittpunkt nationaler und internationaler Entwicklungen, Festschrift zum 60. Geburtstag von Prof. Dr. Klaus von Wysocki, Düsseldorf 1985, S. 159-176.

Müller, Martin **(Harmonisierung)**: Harmonisierung des externen und internen Rechnungswesens, Wiesbaden 2006.

Müller, Stefan **(Management-Rechnungswesen)**: Management-Rechnungswesen – Ausgestaltung des externen und internen Rechnungswesen unter Konvergenzgesichtspunkten, Wiesbaden 2003.

Münstermann, Hans **(Bedeutung)**: Bedeutung des ökonomischen Gewinns für den externen Jahresabschluß der Aktiengesellschaft, in: WPg 1966, S. 579-586.

Münstermann, Hans **(Dynamische Bilanz)**: Dynamische Bilanz: Grundlagen, Weiterentwicklung und Bedeutung in der neuesten Bilanzdiskussion, in: ZfbF 1966, S. 512-531.

Münstermann, Hans **(Kongruenzprinzip)**: Kongruenzprinzip und Vergleichbarkeitsgrundsatz im Rahmen der dynamischen Bilanzlehre – Bemerkungen zu Gedankengängen von Hasenack, in: BFuP 1964, S. 426-438.

Muff, Marc **(Fresh-Start-Methode)**: Kapitalkonsolidierung nach der Fresh-Start-Methode, Aachen 2002.

Mujkanovic, Robin **(Fair Value)**: Fair Value im Financial Statement nach International Accounting Standards, Stuttgart 2002.

Mujkanovic, Robin **(Geschäftswert)**: Der Geschäftswert im Abschluß nach International Accounting Standards, in: ZfB 2001, S. 807-826.

Mujkanovic, Robin **(Kapitalkonsolidierung)**: Die Zukunft der Kapitalkonsolidierung – Das Endes der Pooling-of-Interests Method?, in: WPg 1999, S. 533-540.

Mujkanovic, Robin **(Vorschläge)**: Die Vorschläge des Deutschen Standardisierungsrates zur Abbildung von Unternehmenserwerben im Konzernabschluss – Zwei Schritte vor, ein Schritt zurück?, in: WPg 2000, S. 637-647.

Munter, Paul/**Holzmann**, Oscar/**Robinson**, Thomas R. **(Business Combinations)**: Business Combinations and Intangible Assets Applied to Financial Institutions, in: Bank Accounting & Finance April/2003, S. 4-16.

Munter, Paul/**Ratcliffe**, Thomas A. **(Asset)**: On the Attributes of an Asset, in: Abacus 1980, Issue 2, S. 116-123.

Myers, Randy **(Measure)**: Measure for Measure, in: CFO Magazin November/1997, S. 45-52.

Naumann, Klaus-Peter **(Mittelstand)**: Internationaler Rechnungslegungsstandard für den Mittelstand – Konkurenz für das Handelsgesetzbuch?, in: WPg 7/2007, S. I.

Naumann, Klaus-Peter **(Spannungsverhältnis)**: Das Spannungsverhältnis zwischen Relevanz und Verlässlichkeit in der Rechnungslegung – Ein Beitrag zur Fortentwicklung von HGB und IFRS, in: ZfB-Special Issue 6/2006, S. 43-75.

Nelson, Robert H. **(Goodwill)**: The Momentum Theory of Goodwill, in: The Accounting Review 1953, S. 491-499.

Neus, Werner **(Einführung)**: Einführung in die Betriebswirtschaftslehre, 3. Auflage, Tübingen 2003.

Nissim, Doron/**Penman**, Stephen H. **(Ratio Analysis)**: Ratio Analysis and Equity Valuation: From Research to Practice, in: Review of Accounting Studies 2001, S. 109-154.

Nobach, Kai/**Zirkler**, Bernd **(Controlling)**: Bedeutung der IFRS für das Controlling, in: KoR 2006, S. 737-748.

Nowak, Karsten **(Unternehmensbewertung)**: Marktorientierte Unternehmensbewertung, 2. Auflage, Wiesbaden 2003.

Nurnberg, Hugo **(Goodwill Testing)**: Company-Owned Life Insurance in Business Combinations and Goodwill Testing, in: The CPA Journal March/2005, S. 26-29.

Nurnberg, Hugo **(Minority Interest)**: Minority Interest in the Consolidated Retained Earnings Statement, in: Accounting Horizons 2001, S. 119-146.

Nurnberg, Hugo/**Dittmar**, Nelson W. Jr. **(Auditing Considerations)**: Auditing Considerations of FASB 121, in: Journal of Accountancy July/1996, S. 71-78.

Nurnberg, Hugo/**Grube**, Corwin **(Business Combinations)**: Alternative Methods of Accounting for Business Combinations, in: The Accounting Review October/1970, S. 783-789.

Nurnberg, Hugo/**Sweeney**, Jan **(Business Combinations)**: Understanding Accounting for Business Combinations: An Instructional Resource, in: Issues in Accounting Education 2007, S. 255-284.

Nurnberg, Hugo/**Sweeney**, Jan **(Fair Values)**: The Effect of Fair Values and Historical Costs on Accounting for Business Combinations, in: Issues in Accounting Education 1989, S. 375-395.

Nurnberg, Hugo/**Sweeney**, Jan **(Methods)**: Comparative Effects of Alternative Methods of Accounting for Business Combinations, in: Journal of Financial Statement Analysis Fall/1998, S. 16-38.

O'Connell, Vincent **(Stewardship Reporting)**: Reflections on Stewardship Reporting, in: Accounting Horizons 2007, S. 215-227.

Oechsle, Eberhard/**Schipper**, Christoph **(Fremdanteile)**: Negative Fremdanteile im Konzernabschluß, in: WPg 1994, S. 344-347.

O'Hanlon, John/**Peasnell**, Ken **(Value-Creation)**: Residual Income and Value-Creation: The Missing Link, in: Review of Accounting Studies 2002, S. 229-245.

Ohlson, James A. **(Discussion)**: Discussion of „Residual Income and Value-Creation: The Missing Link“, in: Review of Accounting Studies 2002, S. 247-251.

Ojale, Hannu **(Goodwill)**: The Value Relevance of Accounting Goodwill – Does the Systematic Amortization Make Sence to Investors?, in: Finnish Journal of Business Economics 2007, S. 9-34.

Olbrich, Michael **(Bilanzierung)**: Zur Bilanzierung von als Finanzinvestition gehaltenen Immobilien nach IAS 40, in: BFuP 2003, S. 346-357.

Olbrich, Michael **(Controlling)**: Wertorientiertes Controlling auf Basis des IAS 36? – Erwiderung zum Beitrag von Andreas Haaker, KoR 2005 S. 351 und kritische Würdigung des Standards in der neuen Fassung, in: KoR 2006, S. 43-44.

Olbrich, Michael **(Fragwürdigkeit)**: Nochmals: Zur Fragwürdigkeit eines wertorientierten Controllings auf Basis des IAS 36 – Stellungsnahme zu den Beiträgen von Andreas Haaker, KoR 2006 S. 44-47 und Heinz Eckart Klingelhöfer, KoR 2006 S. 590-597, in: KoR 2006, S. 685-687.

Ordelheide, Dieter **(Bedeutung)**: Bedeutung und Wahrung des Kongruenzprinzips („clean surplus“) im internationalen Rechnungswesen, in: Matschke, Manfred Jürgen/Schildbach, Thomas (Hrsg.): Unternehmensberatung und Wirtschaftsprüfung, Festschrift für Professor Dr. Günter Sieben zum 65. Geburtstag, Stuttgart 1998, S. 515-530.

Ordelheide, Dieter **(Bilanzen)**: Bilanzen in der Investitionsplanung und -kontrolle – Zur Berücksichtigung von Kommunikationsrisiken und -kosten bei der Entwicklung der finanziellen Zielfunktion der Unternehmung, in: Rückle; Dieter (Hrsg.): Aktuelle Fragen der Finanzwirtschaft und der Unternehmensbesteuerung, Festschrift für Erich Loitlsberger zum 70. Geburtstag, Wien 1991, S. 507-534.

Ordelheide, Dieter **(Geschäftswert)**: Kapitalmarktorientierte Bilanzierungsregeln für den Geschäftswert – HGB, IAS und US-GAAP, in: Forster, Karl-Heinz (Hrsg.): Aktien- und Bilanzrecht, Festschrift für Bruno Kropff, Düsseldorf 1997, S. 569-589.

Ordelheide, Dieter **(Kapital)**: Kapital und Gewinn – Kaufmännische Konvention als kapitaltheoretische Konzeption?, in: Hax, Herbert/Kern, Werner/Schröder, Hans-Horst (Hrsg.): Zeitaspekte in betriebswirtschaftlicher Theorie und Praxis, Stuttgart1989, S. 21-41.

Ordelheide, Dieter **(Kapitalkonsolidierung, Teil I)**: Kapitalkonsolidierung nach der Erwerbsmethode (Teil I) – Umsetzung der 7. EG-Richtlinie in deutsches Recht, in: WPg 1984, S. 237-245.

Ordelheide, Dieter **(Kapitalkonsolidierung, Teil II)**: Kapitalkonsolidierung nach der Erwerbsmethode (Teil II) – Umsetzung der 7. EG-Richtlinie in deutsches Recht, in: WPg 1984, S. 270-274.

Ordelheide, Dieter **(Marktbewertung)**: Zur Marktbewertung von Finanzinstrumenten in Deutschland, nach US-GAAP und nach IAS, in: BFuP 1998, S. 604-612.

Ordelheide, Dieter **(Net Present Value)**: Net Present Value, Equity, and Moral Hazard, in: Jiiri Jonas (Hrsg.): Theoretical Approaches to Economic Mechanisms in Czechoslovakia and the Federal Republic of Germany, Prag 1989, S. 111-128.

Ordelheide, Dieter **(Periodengewinn)**: Kaufmännischer Periodengewinn als ökonomischer Gewinn – Zur Unsicherheitsrepräsentation bei der Konzeption von Erfolgsgrößen, in: Domsch, Michel/Eisenführ, Franz/Ordelheide, Dieter/Perlitz, Manfred (Hrsg.): Unternehmenserfolg, Planung – Ermittlung – Kontrolle, Walther Busse von Colbe zum 60. Geburtstag, Wiesbaden 1988, S. 275-302.

Ordelheide, Dieter **(Rechnungswesen)**: Externes Rechnungswesen, in: Bitz, Michael (Hrsg.): Vahlens Kompendium der Betriebswirtschaftslehre, Band 2, 3. Auflage, München 1993, S. 219-314.

Ordelheide, Dieter **(Theorie)**: Zu einer neoinstitutionalistischen Theorie der Rechnungslegung, in: Budäus, Dietrich/Gerum, Elmar/Zimmermann, Gebhard (Hrsg.): Betriebswirtschaftslehre und Theorie der Verfügungsrechte, Wiesbaden 1988, S.271-295.

Ordelheide, Dieter **(Wertpotential)**: Wertpotential und Objektivierung der IAS im Vergleich zu den Bilanzierungsvorschriften des dHGB und des öHGB – Konsequenzen für die externe und interne Unternehmenssteuerung, in: Altenburger, Otto A./Janschek, Otto/Müller, Heinrich (Hrsg.): Fortschritte im Rechnungswesen – Vorschläge für Weiterentwicklungen im Dienste der Unternehmens- und Konzernsteuerung durch Unternehmensorgane und Eigentümer, Gerhard Seicht zum 60. Geburtstag, Wiesbaden 1999, S. 508-532.

Ordelheide, Dieter **(Wettbewerb)**: Wettbewerb der Rechnungslegungssysteme IAS, US-GAAP und HGB – Plädoyer für eine Reform des deutschen Bilanzrechts, in: Börsig, Clemens/Coenenberg, Adolf Gerhard (Hrsg.): Controlling und Rechnungswesen im internationalen Wettbewerb, Stuttgart 1998, S. 15-53.

Oser, Peter/**Bischof**, Stefan/**Hettich**, Natalie **(Kapitalkonsolidierung)**: Kapitalkonsolidierung bei sukzessivem Anteilserwerb nach (ED) IFRS 3 – Eine Fallstudie unter Berücksichtigung latenter Steuern, in: BBK 2006, Fach 20, S. 2165-2182.

Osterloh, Margit/**Frost**, Jetta/**Wartburg**, Iwan von **(Kernkompetenzen)**: Kernkompetenzen, in: Handelsblatt (Hrsg.): Wirtschaftslexikon – Das Wissen der Betriebswirtschaftslehre, Band 06, Stuttgart 2006, S. 2924-2931.

Owens, Richard N. **(Goodwill)**: Goodwill in the Accounts, in: The University Journal of Business May/1923, S. 282-299.

Pacter, Paul **(Consolidations)**: Consolidations: An Overview of the FASB DM, in: Journal of Accounntancy April/1992, S. 56-61.

Padberg, Thomas **(Goodwill-Bilanzierung)**: Goodwill-Bilanzierung der Dax-Unternehmen in 2004, in: UM 2005, S. 220-222.

Padberg, Thomas/**Kriete**, Thomas **(Kapitalmarktrelevanz)**: Kapitalmarktrelevanz der neuen Goodwill-Vorschriften, in: StuB 2004, S. 74-75.

Pawelzik, Kai Udo **(Prüfung)**: Die Prüfung des Konzerneigenkapitals, Düsseldorf 2003.

Pawelzik, Udo **(Minderheiten)**: Die Konsolidierung von Minderheiten nach IAS/IFRS der Phase II („business combinations"), in: WPg 2004, S. 677-694.

Pawelzik, Udo **(Mittelstand)**: IFRS-Abschlüsse im Mittelstand – Warum eigentlich nicht?, in: DB 2006, S. 793-797.

Peasnell, K. V. **(Present Value Concept)**: The Present Value Concept in Financial Reporting, in: Journal of Business Finance & Accounting 1977, S. 153-168.

Peemöller, Volker H. **(Bilanzierung)**: Bilanzierung des Goodwills, in: BBB 2006, S. 96-97.

Peemöller, Volker H./**Geiger**, Thomas **(Unternehmenserwerbe)**: Unternehmenserwerbe im Konzernabschluss nach DRS 4, in: StuB 2001, S. 281-291.

Peffekoven, Frank Peter **(Kapitalkonsolidierung)**: Geht die Reform der Kapitalkonslidierung in eine falsche Richtung?, in: WPg 2001, S. 187-204.

Peffekoven, Frank Peter **(Methoden)**: Zweckentsprechende Methothoden der Kapitalkonsolidierung, ICU-Forschungspapier Nr. 00/01, Hamburg.

Pellens, Bernhard **(Informationswert)**: Der Informationswert von Konzernabschlüssen – Eine empirische Untersuchung deutscher Börsengesellschaften, Wiesbaden 1989.

Pellens, Bernhard **(Rechnungslegungssysteme)**: Rechnungslegungssysteme, in: Köhler, Richard/Küpper, Hans-Ulrich/Pfingsten, Andreas (Hrsg.): Handwörterbuch der Betriebswirtschaft, 6. Auflage, Stuttgart 2007, Sp. 1544-1553.

Pellens, Bernhard **(Unternehmensberichterstattung)**: Qualität statt Quantität in der Unternehmensberichterstattung, in: DBW 2007, S. 497-499.

Pellens, Bernhard/**Basche**, Kerstin/**Crasselt**, Nils **(Ergebnisspaltung)**: Eignung des IASB-Vorschlags zur Ergebnisspaltung für die Steuerung von Geschäftsbereichen, in: Bank, Matthias/Schiller, Bettina (Hrsg.): Finanzintermediation – Theoretische, wirtschaftspolitische und praktische Aspekte aktueller Entwicklungen im Bank- und Börsenwesen, Festschrift für Professor Dr. Wolfgang Gerke zum sechzigsten Geburtstag, Stuttgart 2004, S. 599-613.

Pellens, Bernhard/**Basche**, Kerstin/**Sellhorn**, Thorsten **(Full Goodwill Method)**: Full Goodwill Method – Renaissance der reinen Einheitstheorie in: der Konzernbilanzierung?, in: KoR 2003, S. 1-4.

Pellens, Bernhard/**Crasselt**, Nils/**Ruhwedel**, Peter **(Goodwill-Welt)**: Schöne neue Goodwill-Welt, in: FAZ vom 26.09.2005, S. 25.

Pellens, Bernhard/**Crasselt**, Nils/**Schremper**, Ralf **(Geschäftsbereichs-Goodwills)**: Berücksichtigung von Geschäftsbereichs-Goodwills bei der wertorientierten Unternehmensführung, in: Böhler, Heymo (Hrsg.): Marketing-Management und Unternehmensführung, Festschrift für Professor Richard Köhler, Stuttgart 2002, S. 121-135.

Pellens, Bernhard/**Crasselt**, Nils/**Sellhorn**, Thorsten **(Goodwill-Bilanzierung)**: Bedeutung der neuen Goodwill-Bilanzierung nach US-GAAP für die wertorientierte Unternehmensführung, in: Horváth, Péter (Hrsg.): Performance Controlling: Strategie, Leistung und Anreizsystem effektiv verbinden, Stuttgart 2002, S. 131-152.

Pellens, Bernhard/**Crasselt**, Nils/**Sellhorn**, Thorsten **(Solvenztest)**: Solvenztest zur Ausschüttungsbemessung – Berücksichtigung unsicherer Zukunftserwartungen, in: ZfbF 2007, S. 264-283.

Pellens, Bernhard/**Epstein**, Rolf/**Barth**, Daniela/**Ruhwedel**, Peter/**Sellhorn**, Thorsten **(Goodwill Impairment Test)**: Goodwill Impairment Test – ein empirischer Vergleich der IFRS- und US-GAAP-Bilanzierer im deutschen Prime Standard, in: BB-Special 10/2005, S. 10-18.

Pellens, Bernhard/**Fülbier**, Rolf Uwe **(Ansätze)**: Ansätze zur Erfassung immaterieller Werte in der kapitalmarktorientierten Rechnungslegung, in: Baetge, Jörg (Hrsg.): Zur Rechnungslegung nach International Accounting Standards (IAS), Düsseldorf 2000, S. 35-77.

Pellens, Bernhard/**Fülbier**, Rolf Uwe **(Immaterielle Vermögensgegenstände)**: Immaterielle Vermögensgegenstände in der internen und externen Unternehmensrechnung, in: Küting, Karlheinz/Weber, Claus-Peter (Hrsg.): Wertorientierte Konzernführung – Kapitalmarktorientierte Rechnungslegung und integrierte Unternehmenssteuerung, Stuttgart 2000, S. 119-155.

Pellens, Bernhard/**Fülbier**, Rolf Uwe **(Rechnungslegungsregulierung)**: Differenzierung der Rechnungslegungsregulierung nach Börsenzulassung, in: ZGR 2000, S. 572-593.

Pellens, Bernhard/**Fülbier**, Rolf Uwe/**Gassen**, Joachim **(Rechnungslegung)**: Internationale Rechnungslegung, 6. Auflage, Stuttgart 2006.

Pellens, Bernhard/**Fülbier**, Rolf Uwe/**Gassen**, Joachim **(Unternehmenspublizität)**: Unternehmenspublizität unter veränderten Marktbedingungen, in: Börsig, Clemens/Coenenberg, Adolf Gerhard (Hrsg.): Controlling und Rechnungswesen im internationalen Wettbewerb, Stuttgart 1998, S. 55-69.

Pellens, Bernhard/**Gassen**, Joachim/**Neuhaus**, Stefan/**Schmidt**, André **(Unternehmensberichtserstattung)**: Die Zukunft der Unternehmensberichterstattung, in: Börsig, Clemens/Wagenhofer, Alfred (Hrsg.): IFRS in Rechnungswesen und Controlling, Stuttgart 2006, S. 19-35.

Pellens, Bernhard/**Neuhaus**, Stefan/**Nölte**, Uwe **(Konzernergebnis)**: Konzernergebnis und Earnings per Share, in: Jander, Heidrun/Krey, Antje (Hrsg.): Betriebliches Rechnungswesen und Controlling im Spannungsfeld von Theorie und Praxis, Festschrift für Prof. Dr. Jürgen Graßhoff zum 65. Geburtstag, Hamburg 2005, S. 31-51.

Pellens, Bernhard/**Sellhorn**, Thorsten **(Fresh-Start-Method)**: Kapitalkonsolidierung nach der Fresh-Start-Methode, in BB 1999, S. 2125-2132.

Pellens, Bernhard/**Sellhorn**, Thorsten **(Goodwill-Bilanzierung)**: Neue Goodwill-Bilanzierung nach US-GAAP – Der Impairment-Only-Approach des FASB, in: DB 2001, S. 713-720.

Pellens, Bernhard/**Sellhorn**, Thorsten **(Minderheitenproblematik)**: Minderheitenproblematik beim Goodwill Impairment Test nach geplanten IFRS und geltenden US-GAAP, in: DB 2003, S. 401-408.

Pellens, Bernhard/**Sellhorn**, Thorsten **(Unternehmen)**: Goodwill-Bilanzierung nach SFAS 141 und 142 für deutsche Unternehmen, in: DB 2001, S. 1681-1689.

Pellens, Bernhard/**Sellhorn**, Thorsten **(US-Goodwillbilanzierung)**: Neue US-Goodwillbilanzierung steht deutschen Unternehmen nun offen, in KoR 2002, S. 113-114.

Pellens, Bernhard/**Sellhorn**, Thorsten/**Amshoff**, Holger **(Konzernbilanzierung)**: Reform der Konzernbilanzierung – Neufassung von IFRS 3 „Business Combinations", in: DB 2005, S. 1749-1755.

Penman, Stephen H. **(Equity Valuation Techniques)**: A Synthesis of Equity Valuation Techniques and the Terminal Value Calculation for Dividend Discount Model, in: Review of Accounting Studies 1998, S. 303-323.

Penman, Stephen H. **(Net Asset Value)**: What Net Asset Value? – An Extention of Familiar Debate, in: The Accounting Review April/1970, S. 333-346.

Penman, Stephen H. **(Valuation)**: Financial Statement Analysis and Security Valuation, 3. Auflage, Boston u.a. 2007.

Penman, Stephen H./**Sougiannis**, Theodore **(Equity Valuation)**: A Comparison of Dividend, Cash Flow, and Earnings Approaches to Equity Valuation, in: Contemporary Accounting Research Fall/1998, S. 343-383.

Penndorf, Balduin **(Luca Pacioli)**: Luca Pacioli: Abhandlung über die Buchhaltung 1494, 2., unveränderter Nachdruck der Ausgabe von 1933, Stuttgart 1997.

Perridon, Louis/**Steiner**, Manfred **(Finanzwirtschaft)**: Finanzwirtschaft der Unternehmung, 14. Auflage, München 2007.

Pfaff, Dieter **(Controlling)**: Controlling auf Basis der externen Unternehmensrechnung, in: Der Schweizer Treuhänder 1994, S. 666-668.

Pfaff, Dieter **(Notwendigkeit)**: Zur Notwendigkeit einer eigenständigen Kostenrechnung, in: ZfbF 1994, S. 1065-1084.

Pfaff, Dieter **(Rechnungswesen)**: Rechnungswesen, Verbindung externes und internes, in: Bühner, Rolf (Hrsg.): Management-Lexikon, München u.a. 2001, S. 665-667.

Pfaff, Dieter **(Unternehmenssteuerung)**: Wertorientierte Unternehmenssteuerung, Investitionsentscheidungen und Anreizprobleme, in: BFuP 1998, S. 491-516.

Pfaff, Dieter **(Value-Based Management)**: Value-Based Management and Performance Measures: Cash Flow versus Accrual Accounting, in: Leuz, Christian/Pfaff, Dieter/Hopwood, Anthony (Hrsg.): The Economics and Politics of Accounting – International Perspectives on Research Trends, Policy, and Practice, New York 2004, S. 81-102.

Pfaff, Dieter/**Bärtl**, Oliver **(Akquisition)**: Akquisition und Desinvestition aus wertorientierter Sicht, in: Wagenhofer, Alfred/Hrebicek, Gerhard (Hrsg.): Wertorientiertes Management – Konzepte und Umsetzungen zur Unternehmenswertsteigerung, Stuttgart 2000, S. 95-115.

Pfaff, Dieter/**Bärtl**, Oliver **(Rechnungslegung)**: Externe Rechnungslegung, internes Rechnungswesen und Kapitalmarkt, in: ZfbF 1998, S. 757-777.

Pfaff, Dieter/**Bärtl**, Oliver **(Unternehmenssteuerung)**: Wertorientierte Unternehmenssteuerung – Ein kritischer Vergleich ausgewählter Konzepte, in: ZfbF-Sonderheft 41/1999, S. 85-115.

Pfaff, Dieter/**Gabor**, Günther **(Rechnungswesen)**: Rechnungswesen und Organisation, in: Schreyögg, Georg/Werder, Axel v. (Hrsg.): Handwörterbuch Unternehmensführung und Organisation, 4. Auflage, Stuttgart 2004, Sp. 1244-1252.

Pfaff, Dieter/**Pfeiffer**, Thomas/**Kunz**, Alexis H. **(Geschäftsbereichs-Controlling)**: Geschäftsbereichs-Controlling – Zur institutionenökonomischen Erweiterung des Lücke-Theorems, in: ZfB-Ergänzungsheft 2/2001, S. 119-135.

Pfaff, Dieter/**Schultze**, Wolfgang **(Beteiligungscontrolling)**: Beteiligungscontrolling, in: Wagenhofer, Alfred (Hrsg.): Controlling und IFRS-Rechnungslegung – Konzepte, Schnittstellen, Umsetzung, Berlin 2006, S. 123-142.

Pfaff, Dieter/**Stefani**, Ulrike **(Unternehmensführung)**: Wertorientierte Unternehmensführung, Residualgewinne und Anreizprobleme, in: ZfbF-Sonderheft 50/2003, S. 51-76.

Pfaff, Dieter/**Weber**, Jürgen **(Kostenrechnung)**: Zweck der Kostenrechnung?, in: DBW 1998, S. 151-165.

Pfeiffer, Thomas **(Implementation)**: Good and Bad News for the Implementation of Shareholder-Value Concepts in Decentralized Organisations – A Critical Study Comparing the DCF Method and the EVA Method, in: Sbr 2000, S. 68-91.

Pfeil, Oliver P./**Vater**, Hendrik J. **(Goodwill, Teil 1)**: Neues über Goodwill und immaterielle Werte – Analyse des SFAS No. 141/142 Teil 1: Die Auswirkungen auf die Rechnungslegung nach US GAAP bilanzierender Unternehmen, in: ST 2002, S. 585-590.

Pfeil, Oliver P./**Vater**, Hendrik J. **(Goodwill, Teil 2)**: Neues über Goodwill und immaterielle Werte – Analyse des SFAS No. 141/142 Teil 2: Finanzwirtschaftliche Auswirkungen, in: ST 2002, S. 665-672.

Pfeil, Oliver P./**Vater**, Hendrik J. **(Schlaraffenland)**: SFAS No. 142: „Schlaraffenland“ bilanzpolitischer Möglichkeiten? – Eine Analyse aus der Sicht der Finanzanalysten, in: M&A 2005, S. 261-265.

Pfeil, Oliver P./**Vater**, Hendrik J. **(Unternehmensbewertung)**: „Die kleine Unternehmensbewertung“ oder die neuen Vorschriften zur Goodwill- und Intangible-Bilanzierung nach SFAS No. 141 und SFAS No. 142 – Eine Analyse unter bilanziellen und finanzwirtschaftlichen Gesichtspunkten, in: KoR 2002, S. 66-81.

Pfitzer, Norbert/**Kahre**, Burkhard **(Risikovorsorge)**: Risikovorsorge nach HGB, IFRS und US-GAAP, in: Küting, Karlheinz/Pfitzer, Norbert/Weber, Claus-Peter (Hrsg.): Herausforderungen und Chancen durch weltweite Rechnungslegungsstandards – Kapitalmarktorientierte Rechnungslegung und integrierte Unternehmenssteuerung, Stuttgart 2004, S. 201-251.

Popper, Karl **(Logik)**: Logik der Forschung, 9. Auflage, Tübingen 1989.

Porter, Michael E. **(Wettbewerbsvorteile)**: Wettbewerbsvorteile, 5. Auflage, Frankfurt/New York 1999.

Powell, Stephen **(Intangible Assets)**: Accounting for Intangible Assets: Current Requirements, Key Players and Future Directions, in: European Accounting Review 2003, S. 797-811

Preinreich, Gabriel A. D. **(Goodwill)**: Goodwill in Accountancy, in: Journal of Accountancy July/1937, S. 28-50.

Preinreich, Gabriel A. D. **(Theories)**: Economic Theories of Goodwill, in: Journal of Accountancy September/1939, S. 169-180.

Preinreich, Gabriel A. D. **(Valuation)**: Valuation and Amortization, in: The Accounting Review September/1937, S. 209-226.

Prokop, Jörg **(Unternehmensbewertung)**: Der Einsatz des Residualgewinnmodells im Rahmen der Unternehmensbewertung nach IDW S 1, in: FB 2004, S. 188-193.

Protzek, Heribert **(Impairment Only-Ansatz)**: Der Impairment Only-Ansatz – Wider der Vernunft, in: KoR 2003, S. 495-502

Pusecker, Dagmar/**Schruff**, Lothar **(Anschaffungswertprinzip)**: Anschaffungswertprinzip und „negativer Geschäftswert“, in: BB 1996, S. 735-742.

PWC (Hrsg.) **(Assets)**: Measuring Assets and Liabilities – Investment Professionals`Views, February 2007.

PWC (Hrsg.) **(Werthaltigkeit)**: Werthaltigkeit des Goodwills und anderer Vermögenswerte – Organisatorische Herausforderung der Bilanzierung nach internationalen Rechnungslegungsstandards, Frankfurt am Main 2007.

Quilligan, Laura **(Intangible Assets)**: Intangible Assets identification under IFRS 3, in: Accountancy Ireland June/2006, No. 3, S. 10-12.

Rabianski, Joseph S. **(Going –Concern Value)**: Going –Concern Value, Market Value, and Intangible Value, in: The Appraisal Journal 1996, S. 183-194.

Rammert, Stefan **(Kapitalerhaltung)**: Lohnt die Erhaltung der Kapitalerhaltung?, in: BFuP 2004, S. 578-595.

Rammert, Stefan **(Pooling of interests)**: Pooling of interests – die Entdeckung eines Auslaufmodells durch deutsche Konzerne?, in: DBW 1999, S. 620-632.

Rappaport, Alfred **(Shareholder Value)**: Selecting Strategies that Create Shareholder Value, in: Harvard Business Review May-June/1981, S. 139-149.

Reichelstein, Stefan **(Investment Decisions)**: Investment Decissions and Managerial Performance Evaluation, in: Review of Accounting Studies 1997, S. 157-180.

Reichelt, Dirk/**Schmidt**, Matthias **(Konzernrechnungslegung)**: Notwendigkeit zur konzeptionsgerechten Fortentwicklung der Konzernrechnungslegung – das Beispiel sog. „umgekehrter" Unternehmenserwerbe, in: ZfB 2005, S. 43-70.

Reilly, Robert F. **(Accounting for Goodwill)**: Accounting for Goodwill in Purchase Price Allocations, in: Valuation Strategies November-December/2005, S. 30-40.

Reilly, Robert F. **(Business Combination)**: Business Combinaton Purchase Price Allocation Procedures, in: The CPA Journal August/2003, S. 44-49.

Reilly, Robert F./**Schweihs**, Robert P. **(Acquisition Transaktions)**: Why Acquirors Often Overpay in Mergers and Acquisition Transactions, in: Valuation Strategies November-December/2003, S. 28-34.

Revsine, Lawrence **(Income)**: On the Correspondence Between Replacement Cost Income and Economic Income, in: The Accounting Review 1970, S. 513-523.

Revsine, Lawrence/**Collins**, Daniel W./**Johnson**, W. Bruce **(Financial Reporting)**: Financial Reporting & Analysis, 2. Auflage, Upper Saddle River/New Jersey 2002.

Reynolds, Isaac N. **(Depreciation Method)**: Selecting the Proper Depreciation Method, in: The Accounting Review April/1961, S. 239-248.

Richter, Frank/**Honold**, Dirk **(EVA & Co.)**: Das Schöne, das Unattraktive und das Hässliche an EVA & Co., in: FB 2000, S. 265-274.

Richter, Michael **(Goodwill)**: Die Bewertung des Goodwill nach SFAS No. 141 und SFAS No. 142, Düsseldorf 2004.

Riebel, Paul **(Unternehmensplanung)**: Überlegungen zur Integration von Unternehmensplanung und Unternehmensrechnung, in: ZfB 1987, S. 1154-1168.

Riegler, Christian **(Controlling)**: Controlling immaterieller Werte, in: Wagenhofer, Alfred (Hrsg.): Controlling und IFRS-Rechnungslegung – Konzepte, Schnittstellen, Umsetzung, Berlin 2006, S. 81-103.

Riegler, Christian **(Immaterielle Werte)**: Immaterielle Werte im Management Commentary und Intellectual Capital Statement, in: IRZ 2006, S. 113-121.

Rogerson, William P. **(Cost Allocation)**: Intertemporal Cost Allocation and Managerial Investment Incentives: A Theory Explaning the Use of Economic Value Added as a Performance Measure, in: Journal of Political Economy 1997, S. 770-795.

Rosenfield, Paul/**Rubin**, Steven **(Consolidation)**: Contemporary Issues in Consolidation and Equity Method, in: Journal of Accountancy June/1985, S. 94-97.

Rouse, Robert W. **(Standard Setters)**: Looking to Other Standard Setters, in: The Journal of Corporate Accounting & Finance Summer/1999, S. 139-141.

Rückle, Dieter **(Bilanztheorie)**: Bilanztheorie, in: Chmielewicz, Klaus/Schweitzer, Marcell: Handwörterbuch des Rechnungswesens, 3. Auflage, Stuttgart 1993, Sp. 249-261.

Rückle, Dieter **(Transparenzdefizite)**: Transparenzdefizite in der Anlegerinformation, in: Schneider, Dieter/Rückle, Dieter/Küpper, Hans-Ulrich/Wagner, Franz W. (Hrsg.): Kritisches zu Rechnungslegung und Unternehmensbesteuerung, Festschrift zur Vollendung des 65. Lebensjahres von Theodor Siegel, Berlin 2005, S. 275-279.

Ruhwedel, Franca/**Schultze**, Wolfgang **(Konvergenz)**: Konzeption des Value Reporting und Beitrag zur Konvergenz im Rechnungswesen, in: Controlling 2004, S. 489-495.

Ruhwedel, Franca/**Schultze**, Wolfgang **(Value Reporting)**: Value Reporting: Theoretische Konzeption und Umsetzung bei den Dax 100-Unternehmen, in: ZfbF 2002, S. 602-632.

Saelzle, Rainer/**Kronner**, Markus **(Informationsfunktion)**: Die Informationsfunktion des Jahresabschlusses – dargestellt am sog. „impairment-only-Ansatz“, in: WPg-Sonderheft 2004, S. 154-165.

Samuelson, Richard A. **(Assets)**: The Concept of Assets in Accounting Theory, in: Accounting Horizons 1996, S. 147-157.

Sangster, Alan/**Stoner**, Gregory N./**McCarthy**, Patricia A. **(Luca Pacioli)**: Lessons for the Classroom from Luca Pacioli, in: Issues in Accounting Education 2007, S. 447-457.

Sapienza, Samuel R. **(Pooling Theory)**: Pooling Theory and Practice in Business Combinations, in: The Accounting Review April/1962, S. 263-278.

Sayther, Colleen **(Fair Value Accounting)**: Fair Value Accounting: Fair for Whom?, in: Financial Executive March-April/2004, S. 6.

Scapens, Robert W. **(Measure Profit)**: A Neoclassical Measure of Profit, in: The Accounting Review 1978, S. 448-469.

Scapens, Robert W. **(Profit Measurement)**: Profit Measurement in Divisionalised Companies, in: Journal of Business Finance & Accounting 1979, S. 281-305.

Schäfer, Erich **(Betriebswirtschaftslehre)**: Grundfragen der Betriebswirtschaftslehre, in: Hax, Karl/Wessels, Theodor (Hrsg.): Handwörterbuch der Wirtschaftswissenschaften, Band I: Betriebswirtschaft, 2. Auflage, Köln und Oplden 1966, S. 9-42.

Schattke, Rudy **(Expected Income)**: Expected Income – A Reporting Challenge, in: The Accounting Review October/1962, S. 670-676.

Schierenbeck, Henner **(Beteiligungsentscheidung)**: Beteiligungsentscheidung – Betriebswirtschaftliche Grundlagen des Erwerbs und der Veräußerung von Unternehmensbeteiligungen, Berlin 1973.

Schild, Ulrich **(Lebenszyklusrechnung)**: Lebenszyklusrechnung und lebenszyklusbezogenes Zielkostenmanagement, Wiesbaden 2005.

Schildbach, Thomas **(Analyse)**: Analyse des betrieblichen Rechnungswesens aus der Sicht der Unternehmungsbeteiligten, Wiesbaden 1975.

Schildbach, Thomas **(Bilanzgewinn)**: Der Bilanzgewinn in Unternehmungen mit mehr als einem Beteiligten, in: BFuP 1972, S. 237-244.

Schildbach, Thomas **(Eigenkapital)**: Das Eigenkapital deutscher Unternehmen im Jahresabschluß nach IFRS – Analyse eines Problems, in: BFuP 2006, S. 325-341.

Schildbach, Thomas **(Eignung)**: Zur Eignung des ökonomischen Gewinnes im Rahmen der Rechnungslegung von Aktiengesellschaften, in: WPg 1972, S. 40-42.

Schildbach, Thomas **(Enronitis)**: IFRS 3: Einladung zur „Enronitis", in: BB Heft1/2005, S. I.

Schildbach, Thomas **(Entscheidung)**: Entscheidung, in: Bitz, Michael/Domsch, Michel/Ewert, Ralf/Wagner, Franz W. (Hrsg.): Vahlens Kompendium der Betriebswirtschaftslehre, Band 2, 5. Auflage, München 2005, S. 1-41.

Schildbach, Thomas **(Entwicklungslinien)**: Entwicklungslinien in der Kosten- und internen Unternehmensrechnung, in: Schildbach, Thomas/Wagner, Franz W. (Hrsg.): Unternehmensrechnung als Instrument der internen Steuerung, ZfbF Sonderheft 34/1995; S. 1-18.

Schildbach, Thomas **(Erfolg)**: Der Erfolg im Rahmen der internationalen Rechnungslegung – konzeptionelle Vielfalt bei der Information des Kapitalmarkts, in: Kürsten, Wolfgang/Nietert, Bernhard (Hrsg.): Kapitalmarkt, Unternehmensfinanzierung und rationale Entscheidungen, Festschrift für Jochen Wilhelm, Berlin u.a. 2006, S. 311-328.

Schildbach, Thomas **(fair value)**: Bilanzierung zum „fair value" – Zukunft der Rechnungslegung?, in: Wildemann, Horst (Hrsg.): Organisation und Personal, Festschrift für Rolf Bühner, München 2004, S. 845-863.

Schildbach, Thomas **(IAS/IFRS)**: Das System der IAS/IFRS in der EU: Charakter und Probleme, in: Schneider, Dieter/Rückle, Dieter/Küpper, Hans-Ulrich/Wagner, Franz W. (Hrsg.): Kritisches zu Rechnungslegung und Unternehmensbesteuerung, Festschrift zur Vollendung des 65. Lebensjahres von Theodor Siegel, Berlin 2005, S. 45-63.

Schildbach, Thomas **(Jahresabschluß)**: Ist der traditionelle Jahresabschluss überholt?, in: WPg 1974, S. 606-611.

Schildbach, Thomas **(Kongruenz)**: Externe Rechnungslegung und Kongruenz – Ursache für die Unterlegenheit deutscher verglichen mit angelsächsischer Bilanzierung?, in: DB 1999, S.1813-1820.

Schildbach, Thomas **(Konzernrechnungslegung, Teil I)**: Überlegungen zu Grundlagen einer Konzernrechnungslegung (Teil I), in: WPg 1989, S. 157-164.

Schildbach, Thomas **(Konzernrechnungslegung, Teil II)**: Überlegungen zu Grundlagen einer Konzernrechnungslegung (Teil II), in: WPg 1989, S. 199-209.

Schildbach, Thomas **(Konzernrechnungslegungsvorschriften)**: Anmerkungen zu den neuen Konzernrechnungslegungsvorschriften, in: DBW 1987, S. 391-400.

Schildbach, Thomas **(Markt)**: Jahresabschluß und Markt, Berlin u.a. 1986.

Schildbach, Thomas **(Rechnungslegungsstandards)**: IAS als Rechnungslegungsstandards für alle, in: BFuP 2002, S. 263-278.

Schildbach, Thomas **(Rechnungslegungs-System, Teil 1)**: IFRS – Irre Führendes Rechnungslegungs-System Teil 1, in IRZ 2007, S. 9-16.

Schildbach, Thomas **(Rechnungslegungs-System, Teil 2)**: IFRS – Irre Führendes Rechnungslegungs-System Teil 2, in IRZ 2007, S. 91-97.

Schildbach, Thomas **(Verkäufer)**: Der Verkäufer und das Unternehmen „wie es steht und liegt", in: ZfbF 1995, S. 620-632.

Schildbach, Thomas **(Wirklichkeit)**: Fair Value – Wunsch und Wirklichkeit, in: Küting, Karlheinz/Pfitzer, Norbert/Weber, Claus-Peter (Hrsg.): Internationale Rechnungslegung: Standortbestimmung und Zukunftsperspektiven – Kapitalmarktorientierte Rechnungslegung und integrierte Unternehmenssteuerung, Stuttgart 2006, S. 7-32.

Schildbach, Thomas **(Zeitbewertung)**: Zeitbewertung, Gewinnkonzeptionen und Informationsgehalt – Stellungnahme zu „Financial Assets and Liabilities – Fair Value or Historical Cost?", in WPg 1999, S. 177-185.

Schildbach, Thomas **(Zukunft)**: Die Zukunft der deutschen Rechnungslegung, in: StuB 2001, S. 857-862.

Schildbach, Thomas/**Feldhoff**, Michael **(Adressaten)**: Adressaten, in: Chmielewicz, Klaus/Schweitzer, Marcell: Handwörterbuch des Rechnungswesens, 3. Auflage, Stuttgart 1993, Sp. 30-36.

Schipper, Katherine/**Vincent**, Linda **(Earnings Quality)**: Earnings Quality, in: Accountings Horizons Supplement/2003, S. 97-110.

Schmalenbach, Eugen **(Bilanzlehre)**: Grundlagen dynamischer Bilanzlehre, in: ZfHF 1919, S. 1-101.

Schmalenbach, Eugen **(Dynamische Bilanz)**: Dynamische Bilanz, 11. Auflage, Köln/Opladen 1953.

Schmidbauer, Rainer **(Beteiligungs-Controlling)**: Konzeption eines unternehmenswertorientierten Beteiligungs-Controlling im Konzern, Frankfurt am Main 1998.

Schmidbauer, Rainer **(EVA-Konzept)**: Das EVA-Konzept: Attraktiv oder hässlich im Sinne einer unternehmenswertorientierten Unternehmenssteuerung?, in: DStR 2003, S. 1408-1414.

Schmidbauer, Rainer **(Immaterielle Vermögenswerte)**: Immaterielle Vermögenswerte in der Unternehmensrechnung: Abbildung im Jahresabschluss und Ansätze zur Steuerung, in: DStR 2004, S. 1442-1448.

Schmidbauer, Rainer **(Steuerungskonzepte)**: Vergleich der wertorientierten Steuerungskonzepte im Hinblick auf die Anwendbarkeit im Konzern-Controlling, in: FB 1999, S. 365-377.

Schmidt, Martin **(Rechnungslegung)**: Rechnungslegung von Finanzinstrumenten, Wiesbaden 2005.

Schmidt, Martin/**Seidel**, Thorsten **(Neubewertung)**: Planmäßige Abschreibungen im Rahmen der Neubewertung des Sachanlagevermögens gemäß IAS 16: fehlende Systematik und Verstoß gegen das Kongruenzprinzip, in: BB 2006, S. 596-601.

Schmidt, Matthias **(Full Goodwill Methode)**: Die sog. Full Goodwill Methode der Kapitalkonsolidierung: zum Problem vermehrt zeitwertorientierter Bilanzierung im IFRS-Konzernabschluss, in: Schneider, Dieter/Rückle, Dieter/Küpper, Hans-Ulrich/Wagner, Franz W. (Hrsg.): Kritisches zu Rechnungslegung und Unternehmensbesteuerung, Festschrift zur Vollendung des 65. Lebensjahres von Theodor Siegel, Berlin 2005, S. 161-184.

Schmidt, Matthias **(Rechnungslegung)**: Das Konzept einer kapitalmarktorientierten Rechnungslegung, Bielefeld 2000.

Schmidt, Reinhard H. **(Informationsproduktion)**: Rechnungslegung als Informationsproduktion auf nahezu effizienten Kapitalmärkten, in: ZfbF 1982, S. 728-748.

Schmidt, Reinhard H./**Maßmann**, Jens **(Shareholder Value)**: Drei Mißverständnisse zum Thema „Shareholder Value", Working Paper No. 31, Frankfurt am Main 1999.

Schmidt, Reinhard H./**Terberger**, Eva **(Investitions- und Finanzierungstheorie)**: Grundzüge der Investitions- und Finanzierungstheorie, 4. Auflage, Wiesbaden 2003.

Schmidt, Walter **(Rückbesinnung)**: Rückbesinnung auf Schmalenbach, in: Accounting 7/2005, S. 15.

Schmidt, Walter **(Strukturierung)**: Strukturierung der CGU im Spannungsfeld von Legal-, Führungs- und Berichtsstrukturen, in: Accounting 6/2007, S. 10-11.

Schmusch, Matthias/**Laas**, Tim **(Werthaltigkeitsprüfungen)**: Werthaltigkeitsprüfungen nach IAS 36 in der Interpretation von IDW RS HFA 16, in: WPg 2006, S. 1048-1060.

Schneider, Dieter **(Abschreibung)**: Rechnungszweckwidrige wiederbeschaffungswertorientierte Abschreibung, in: Krp 1998, S. 34-36.

Schneider, Dieter **(Abschreibungsverfahren)**: Abschreibungsverfahren und Grundsätze ordnungsmäßiger Buchführung, in: WPg 1974, S. 365-376.

Schneider, Dieter **(Ansätze)**: Bilanztheorien, neuere Ansätze, in: Kosiol, Erich (Hrsg.): Handwörterbuch des Rechnungswesens, Stuttgart 1970, Sp. 260-270.

Schneider, Dieter **(Betriebswirtschaftslehre, Band 2)**: Betriebswirtschaftslehre, Band 2: Rechnungswesen, 2. Auflage, München/Wien 1997.

Schneider, Dieter **(Bilanz)**: Die dynamische Bilanz heute – Diskussionsbeitrag, in: ZfbF 1966, S. 571-575.

Schneider, Dieter **(Bilanzen im Rechtssinne)**: Bilanzen im Rechtssinne als Vorläufer dynamischer und „rein betriebswirtschaftlicher" Bilanzen, in: Ballwieser, Wolfgang/Böcking, Hans-Joachim/Drukarczyk, Jochen/ Schmidt, Reinhard H. (Hrsg.): Bilanzrecht und Kapitalmarkt, Festschrift zum 65. Geburtstag von Professor Dr. Dr. h.c. Adolf Moxter, Düsseldorf 1994, S. 1149-1174.

Schneider, Dieter **(Bilanzgewinn)**: Bilanzgewinn und ökonomische Theorie, in: ZfHF 1963, S. 457-474.

Schneider, Dieter **(Bilanztheorien)**: Bilanztheorien, analytische, in: Ballwieser, Wolfgang/Coenenberg, Adolf Gerhard/Wysocki, Klaus von (Hrsg.): Handwörterbuch der Rechnungslegung und Prüfung, 3. Auflage, Stuttgart 2002, Sp. 427-440.

Schneider, Dieter **(Controlling)**: Versagen des Controlling durch eine überholte Kostenrechnung, in: DB 1991, S. 765-772.

Schneider, Dieter **(Entwicklungsstufen)**: Entwicklungsstufen der Bilanztheorie, in: WIST 1974, S. 158-164.

Schneider, Dieter **(fair value)**: „Freimütige, lustige und ernsthafte, jedoch vernunft- und gesetzmäßige Gedanken" (Thomasius) über die Entwicklung der Lehre vom gerechten Preis und fair value, in: Tietje, Christian/Kraft, Gerhard/Sethe, Rolf (Hrsg.): Beiträge zum Transnationalen Wirtschaftsrecht, Halle 2003, Heft 16.

Schneider, Dieter **(Finanzierung)**: Investition, Finanzierung und Besteuerung, 7. Auflage, Wiesbaden 1992.

Schneider, Dieter **(Gewinn)**: Aktienrechtlicher Gewinn und ausschüttungsfähiger Betrag, in: WPg 1971, S. 607-617.

Schneider, Dieter **(Gewinnermittlung)**: Betriebswirtschaftliche Gewinnermittlung oder ökonomische Analyse des Bilanzrechts?, in: ZfbF 1983, S. 1040-1065.

Schneider, Dieter **(Grundsätze)**: Grundsätze anreizverträglicher innerbetrieblicher Erfolgsrechnung zur Steuerung und Kontrolle von Fertigungs- und Vertriebsentscheidungen, in: ZfB 1988, S. 1181-1192.

Schneider, Dieter **(Manipulationen)**: Publizität der Manipulationen - Bilanztheorie gestern und heute, in: Der Volkswirt vom 8.11.1968, S. 47-50.

Schneider, Dieter **(Marktwertorientierte Unternehmensrechnung)**: Marktwertorientierte Unternehmensrechnung: Pegasus mit Klumpfuß, in: DB 1998, S. 1473-1478.

Schneider, Dieter **(Rechnungslegungsstandards)**: Fördern internationale Rechnungslegungsstandards Wettbewerb als Verwertung von Wissen?, in: ZfbF Sonderheft 45/2000, S. 23-40.

Schneider, Dieter **(Rechtsfindung)**: Rechtsfindung durch Deduktion von Grundsätzen ordnungsmäßiger Buchführung aus den gesetzlichen Jahresabschlußzwecken?, in: StuW 1983, S. 141-160.

Schneider, Dieter **(Reform)**: Wozu eine Reform des Jahresabschlusses? Oder: Jahresabschlußzwecke im Lichte der Temperaturmessung, in: Baetge, Jörg (Hrsg.): Der Jahresabschluß im Widerstreit der Interessen, Düsseldorf 1983, S. 131-155.

Schneider, Dieter **(Reformvorschläge)**: Reformvorschläge zu einer anreizverträglichen Wirtschaftsrechnung bei mehrperiodischer Lieferung und Leistung, in: ZfB 1988, S. 1371-1386.

Schneider, Dieter **(Renaissance)**: Renaissance der Bilanztheorie?, in: ZfbF 1973, S. 29-58.

Schneider, Dieter **(Teilwertlehren)**: Die Problematik betriebswirtschaftlicher Teilwertlehren, in: WPg 1969, S. 305-313.

Schoderbek, Michael P./**Slaubaugh**, Michael D. **(Business Combinations)**: The FASB Exposure Draft on Accounting for Business Combinations and Intangible Assets: An Instructional Assignment, in: Journal of Accounting Education 2001, S. 265-281.

Schneider, Dieter **(Unternehmensrechnung)**: Entwicklung der Unternehmensrechnung, in: Küpper, Hans-Ulrich/Wagenhofer, Alfred (Hrsg.): Handwörterbuch Unternehmensrechnung und Controlling, 4. Auflage, Stuttgart 2002,Sp. 374-383.

Schredelseker, Klaus **(Bilanzinformationen)**: Der Nutzen von Bilanzinformationen für Kapitalanlageentscheidungen, in: Gross, Gerhard (Hrsg.): Der Wirtschaftsprüfer im Schnittpunkt nationaler und internationaler Entwicklungen, Festschrift zum 60. Geburtstag von Prof. Dr. Klaus von Wysocki, Düsseldorf 1985, S. 129-141.

Schreiber, Susanne **(Informationsgewährung)**: Zur Informationsgewährung durch die Bilanzierung von Intangibles nach IFRS, in: ZP 2005, S. 451-470.

Schreiber, Ulrich/**Kahle**, Holger **(Periodisierung)**: Periodisierung, in: Handelsblatt (Hrsg.): Wirtschaftslexikon – Das Wissen der Betriebswirtschaftslehre, Band 08, Stuttgart 2006, S. 4296-4303.

Schruff, Lothar **(Liabilities)**: Liabilities, in: Handelsblatt (Hrsg.): Wirtschaftslexikon – Das Wissen der Betriebswirtschaftslehre, Band 07, Stuttgart 2006, S. 3494-3501.

Schruff, Lothar/**Haaker**, Andreas **(Immaterielle Vermögenswerte)**: Immaterielle Vermögenswerte, in: Ballwieser, Wolfgang/Beine, Frank/Hayn, Sven/Peemöller, Volker H./Schruff, Lothar/Weber, Claus-Peter (Hrsg.), Wiley Kommentar zur internationalen Rechnungslegung nach IFRS 2007, 3. Auflage, Weinheim 2007, Abschnitt 9, S. 367-405.

Schruff, Lothar/**Haaker**, Andreas **(Wahrscheinlichkeiten)**: Zur zweckadäquaten Berücksichtigung von Wahrscheinlichkeiten im Rahmen der Rückstellungsbilanzierung nach IFRS – Die Regelungen des IAS 37, IFRS 3 und ED IAS 37 im Vergleich, in: Kirsch, Hans-Jürgen/Thiele, Stefan (Hrsg.): Rechnungslegung und Wirtschaftsprüfung, Festschrift zum 70. Geburtstag von Prof. Dr. Dr. h.c. Jörg Baetge, Düsseldorf 2007, S. 531-557.

Schruff, Lothar/**Lefhalm**, Heinz-Wilhelm **(Inflation)**: Inflation und Hochinflation, in: Ballwieser, Wolfgang/Beine, Frank/Hayn, Sven/Peemöller, Volker H./Schruff, Lothar/Weber, Claus-Peter (Hrsg.), Wiley Kommentar zur internationalen Rechnungslegung nach IFRS 2007, 3. Auflage, Weinheim 2007, Abschnitt 25, S. 1099-1126.

Schüler, Andreas/**Krotter**, Simon **(Steuerungsgrößen)**: Konzeption wertorientierter Steuerungsgrößen:Performance-Messung mit Discounted Cash-flows und Residualgewinnen ex ante und ex post, in: FB 2004, S. 430-437.

Schuetze, Walter P. **(Asset)**: What is an Asset?, in: Accounting Horizons 1993, S. 66-70.

Schuetze, Walter P. **(Liabilities)**: What are Assets and Liabilities? Where is True North? (Accounting that my Sister Would Understand), in: Abacus 2001, S. 1-25.

Schultze, Wolfgang **(Bonusbanken)**: Anreizkompatible Entlohnung mithilfe von Bonusbanken auf Basis des residualen ökonomischen Gewinns, Working Paper, Jena 2006.

Schultze, Wolfgang **(Information Content)**: The Information Content of Goodwill-Impairments under FAS 142: Implications for External Analysis and Internal Control, in Sbr 2005, S. 276-297.

Schultze, Wolfgang **(Kombinationsverfahren)**: Kombinationsverfahren und Residualgewinnmethode in der Unternehmensbewertung: konzeptioneller Zusammenhang, in: KoR 2003, S. 458-464.

Schultze, Wolfgang **(Unternehmensbewertung)**: Methoden der Unternehmensbewertung, 2. Aufl. 2003.

Schultze, Wolfgang/**Fink**, Christian/**Straub**, Barbara **(Value Reporting)**: Value Reporting: Informationsbedürfnisse der Investoren und Anforderungen an die Gestaltung des Lageberichts, in: WPg 2997, S. 563-571.

Schultze, Wolfgang/**Hirsch**, Cathrin **(Unternehmenswertsteigerung)**: Unternehmenswertsteigerung durch wertorientiertes Controlling – Goodwill-Bilanzierung in der Unternehmenssteuerung, München 2005.

Schultze, Wolfgang/**Meyer**, Martin Alexander (Kapitalflussrechnung**)**: Die Kapitalflussrechnung in der Unternehmensbewertung: Bewertungskalkül und Gestaltungshinweise, in: ZP 2005, S. 289-324.

Schultze, Wolfgang/**Weiler**, Andreas **(Gestaltung)**: Gestaltung von Verrechnungspreisen unter Beachtung von Anreiz- und Steuerungseffekten, in: ZfCM 2007, S. 102-108.

Schultze, Wolfgang/**Weiler**, Andreas **(Performancemessung)**: Performancemessung und Entlohnung auf Basis des Residualen Ökonomischen Gewinns, in: ZP 2007, S. 133-159.

Schumann, Jörg **(Unternehmensbewertung)**: Residualgewinn-orientierte Unternehmensbewertung im Halbeinkünfteverfahren: Äquivalenz- und Transparenzaspekte, in: FB 2005, S. 22-32.

Schwedler, Kristina **(Business Combinations)**: IASB-Projekt „Business Combinations“: Überblick und aktuelle Bestandsaufnahme, in: KoR 2006, S. 410-415.

Schweitzer, Marcell **(Gestaltung)**: Unternehmensrechnung, Gestaltung und Wirkungen, in: Handelsblatt (Hrsg.): Wirtschaftslexikon – Das Wissen der Betriebswirtschaftslehre, Band 11, Stuttgart 2006, S. 5822-5833.

Schweitzer, Marcell **(Planung)**: Planung und Steuerung, in: Bea, Franz Xaver/Dichtl, Erwin/Schweitzer, Marcell (Hrsg.): Allgemeine Betriebswirtschaftslehre, Band 2: Führung, 8. Auflage, Stuttgart 2001, 1. Kapitel, S. 16-126.

Schweitzer, Marcell **(Rechnungspolitik)**: Grundlagen und Tendenzen der betrieblichen Rechnungspolitik, in: Seicht, Gerhard (Hrsg.): Jahrbuch für Controlling und Rechnungswesen 2002, Wien 2002, S. 483-516.

Schweitzer, Marcell **(Unternehmensrechnung)**: Unternehmensrechnung, Gestaltung und Wirkungen, in: Küpper, Hans-Ulrich/Wagenhofer, Alfred (Hrsg.): Handwörterbuch Unternehmensrechnung und Controlling, 4. Auflage, Stuttgart 2002, Sp. 2017-2030.

Schweitzer, Marcell/**Küpper**, Hans-Ulrich **(Systeme)**: Systeme der Kosten- und Erlösrechnung, 8. Auflage, München 2003.

Seeliger, Ronald/**Kaatz**, Sven **(Konversion)**: Konversion und Internationalisierung des Rechnungswesens in Deutschland, in: Krp 1998, S. 125-132.

Seetharaman, A./**Balachandran**, M./**Saravanaban**, A. S. **(Goodwill)**: Accounting Treatment of Goodwill: Yesterday Today and Tomorrow – Problems and Prospects in the International Perspective, in: Journal of Intellectual Capital 2004, S. 131-152.

Seetharaman, A./**Sreenivasan**, Jayashree/**Sudha**, Raju/**Yee**, Tey Ya **(Managing)**: Managing Impairment of Goodwill, in: Journal of Intellectual Capital 2006, S. 338-353.

Seicht, Gerhard **(Bilanz)**: Die kapitaltheoretische Bilanz und die Entwicklung der Bilanztheorien, Berlin 1970.

Seicht, Gerhard **(Werkstätte)**: Aus der Werkstätte eines Betriebswirtes, in: Seicht, Gerhard (Hrsg.): Jahrbuch für Controlling und Rechnungswesen 2004, Wien 2004, S. 1-72.

Sellhorn, Thorsten **(Ansätze)**: Ansätze zur bilanziellen Behandlung des Goodwill im Rahmen einer kapitalmarktorientierten Rechnungslegung, in: DB 2000, S. 885-892.

Sellhorn, Thorsten **(Goodwill Impairment)**: Goodwill Impairment – An Empirical Investigation of Write-Offs under SFAS 142, Frankfurt am Main 2004.

Sevin, Suzanne/**Schroeder**, Richard **(Earnings Management)**: Earnings Management: Evidence from SFAS No. 142 Reporting, in: Managerial Auditing Journal 2005, S. 47-54.

Shwayder, Keith **(Economic Income)**: A Critique of Economic Income as an Accounting Concept, in: Abacus August/1967, S. 23-35.

Shoaf, Victoria/**Zaldivar**, Ignacio Perez **(Goodwill Impairment)**: Goodwill Impairment: Convergence Not Yet Achieved, in: Review of Buisiness Spring/2005, S. 31-35.

Sieben, Günter **(Substanzwert)**: Der Substanzwert der Unternehmung, Wiesbaden 1963.

Sieben, Günter **(Wesen)**: Wesen, Ermittlung und Funktionen des Substanzwertes als »vorgeleistete Ausgaben«, in: Busse von Colbe, Walther/Coenenberg, Adolf Gerhard (Hrsg.): Unternehmensakquisition und Unternehmensbewertung, Stuttgart 1992, S. 67-88.

Sieben, Günter/**Diedrich**, Ralf **(Unternehmensakquisitionen)**: Aspekte der Wertfindung bei strategisch motivierten Unternehmensakquisitionen, in: ZfbF 1990, S. 794-809.

Sieben, Günter/**Maltry**, Helmut **(Substanzwert)**: Der Substanzwert der Unternehmung, in: Peemöller, Volker H. (Hrsg.), Praxishandbuch der Unternehmensbewertung, 3. Auflage 2005, S. 377-401.

Sieben, Günter/**Schildbach**, Thomas **(Kapitalerhaltung)**: Substanz- und Kapitalerhaltung, in: Kosiol, Erich/Chmielewicz, Klaus/Schweitzer, Marcell (Hrsg.): Handwörterbuch des Rechnungswesens, 2. Auflage, Stuttgart 1981, Sp. 1511-1528.

Siefke, Michael **(Rechnungswesen)**: Externes Rechnungswesen als Datenbasis der Unternehmenssteuerung, Wiesbaden 1999.

Siegel, Jay **(Good)**: The Good (Will), the Bad and the Ugly, in: National Public Accountant February-March/2002, S. 39-40.

Siegel, Theodor **(Bilanzierung)**: Zur unsinnigen Bilanzierung eines zufälligen Teils des unbekannten originären Geschäftswerts nach DRS 1a – Widerspruch zum Beitrag von Zimmermann, DB 2002 S. 385, in: DB 2002, S. 749-753.

Siegel, Theodor **(Zeitwertansatz)**: Der Zeitwertansatz: Ein konzeptioneller Rahmen für den Konzernabschluß, in: Göbel, Stefan/Heni, Bernhard (Hrsg.): Unternehmensrechnung – Konzeptionen und praktische Umsetzung, Festschrift zum 68. Geburtstag von Gerhard Scherrer, München 2004, S. 309-329.

Siegel, Theodor **(Zeitwertbilanzierung)**: Zeitwertbilanzierung für das deutsche Bilanzrecht?, in: BFuP 1998, S. 593-603.

Siegel, Theodor/**Bareis**, Peter **(Schimäre)**: Der „Negative Geschäftswert" – eine Schimäre als Steuersparmodell?, in: BB 1993, S. 1477-1485.

Siegrist, Louis/**Stucker**, Jürg **(Kaufpreisallokation)**: Kaufpreisallokation – Erste Erfahrungen mit IFRS 3, in ST 2006, S. 248-252.

Siepe, Günter **(Kapitalisierungszinssatz)**: Kapitalisierungszinssatz und Unternehmensbewertung, in: WPg 1998, S. 325-338.

Sierke, Bernt R. A. **(Abweichungsanalysen)**: Abweichungsanalysen im Rahmen einer Projektkontrolle, in: Sierke, Bernt R. A./Albe, Frank (Hrsg.): Branchenübergreifende Erfolgsfaktoren, Wiesbaden, S. 275-291.

Sierke, Bernt R. A. **(Berücksichtigung)**: Zur Berücksichtigung von Erfolgspotentialen im Lücke-Theorem, in: Bloech, Jürgen/Götze, Uwe/Sierke, Bernt R. A. (Hrsg.): Managementorientiertes Rechnungswesen – Konzepte und Analysen zur Entscheidungsvorbereitung, Wiesbaden 1992, S. 85-102.

Simms, Jane **(Goodwill)**: Goodwill Hunting, in: Director October/2006, S. 28.

Smigic, Milovan **(Business Combinations)**: Business Combinations im Konzernabschluss, Wiesbaden 2006.

Smith, Alan F. **(Purchased Goodwill)**: Purchased Goodwill is an Investment: Treat it as Such, in: Management Accounting November/1969, S. 21-24.

Smith, Jim A. **(Goodwill)**: Goodwill – An Alternative Approach, in: Management Accounting June/1970, S. 6.

Smith, Pamela A./**Saemann**, Georgia **(Business Combinations)**: Implications of the Joint FASB and IASB Proposal Accounting for Business Combinations – Conceptual Changes on the Path to Convergence, in: The CPA Journal April/2007, S. 17-21.

Smolinski, Edward J. **(Adjunct Method)**: The Adjunct Method in Consolidations, in: Journal of Accounting Research Autumn/1963, S. 149-178.

Smyth, Richard/**Fizi-Gordon**, Fizi-Gordon **(Group Consolidation)**: What New ED Means for Group Consolidations, in: Chartered Accountants Journal September/2005, S. 37-40.

Snavely, Howard J. **(Current Cost)**: Current Cost for Long-Lived Assets: A Critical View, in: The Accounting Review April/1969, S. 344-353.

Solaro, Dietrich **(Investitionskontrolle)**: Investitionskontrolle, in: Chmielewicz, Klaus/Schweitzer, Marcell (Hrsg.), Handwörterbuch des Rechnungswesens, 3. Auflage, Stuttgart 1993, Sp. 964-968.

Solomons, David **(Accounting Model)**: Criteria for Choosing an Accounting Model, in: Accounting Horizons 1993, S. 42-51.

Solomons, David **(Concepts of Income)**: Economic and Accounting Concepts of Income, in: The Accounting Review 1961, S. 374-383.

Solomons, David **(Divisional Performance)**: Diversional Performance: Measurement and Control, Homewood 1965.

Spacek, Leonard **(Goodwill)**: The Treatment of Goodwill in the Corporate Balance Sheet, in: The Journal of Accountancy February/1964, S. 35-40.

Speckbacher, Gerhard **(Shareholder Value)**: Shareholder Value und Stakeholder Ansatz, in: DBW 1997, S. 630-639.

Spillane, Steven **(Acquisition Management)**: Acquisition Management under IFRS, in: Accountancy Ireland April/2005, S. 24-26.

Sprouse, Robert T. **(Conceptual Framework)**: The Importance of Earnings in the Conzeptual Framework – Focus on Asset/Liability, Revenue/Expense and Non-articulated Views, in: The Journal of Accountancy 1978, S. 64-71.

Stallworth, H. Lynn/**Digregorio**, Dean W. **(Earnings Management)**: Earnings Management and Accounting for Acquisition, in: Internal Auditing Novenber-December/2005, S. 9-16.

Staubus, George J. **(Assets)**: Current Cash Equivalent for Assets: A Dissent, in: The Accounting Review October/1967, S. 650-661.

Staubus, George J. **(Cash Flow Accounting)**: Cash Flow Accounting and Liquidity: Cash Flow Potential and Wealth, in: Accounting and Business Research Spring/1989, S. 161-169.

Stewart III, Bennett **(Accounting)**: How to Fix Accounting – Measure and Report Economic Profit, in: Journal of Applied Corporate Finance Spring/2003, S. 63-82.

Stern, Joel M./**Stewart III**, Bennett **(Performance)**: Pay for Performance: Only the Theory is Easy, in: HR Magazine June/1993, S. 48-49.

Stibi, Bernd **(Goodwill)**: Goodwill: ein immaterieller Vermögenswert wie jeder andere?, in: BB-Special 10/2005, S. 1.

Strauch, Joachim **(Harmonisierung)**: Harmonisierung von Controlling und Rechnungslegung in der internationalen Unternehmung, in: Berens, Wolfgang/Born, Axel/Hoffjan, Andreas (Hrsg.): Controlling international tätiger Unternehmen, Stuttgart 2000, S. 177-205.

Streim, Hannes **(Generalnorm)**: Die Generalnorm des § 264 Abs. 2 HGB – Eine kritische Analyse, in: Ballwieser, Wolfgang/Böcking, Hans-Joachim/Drukarczyk, Jochen/ Schmidt, Reinhard H. (Hrsg.): Bilanzrecht und Kapitalmarkt, Festschrift zum 65. Geburtstag von Professor Dr. Dr. h.c. Adolf Moxter, Düsseldorf 1994, S. 391-406.

Streim, Hannes **(Gewinnermittlungsregeln)**: Internationalisierung von Gewinnermittlungsregeln zum Zwecke der Informationsvermittlung – Zur Konzeptlosigkeit der Fortentwicklung der Rechnungslegung, in: Meffert, Heribert/Krawitz, Norbert (Hrsg.): Unternehmensrechnung und Besteuerung – Grundfragen und Entwicklungen, Wiesbaden 1998, S. 323-343.

Streim, Hannes **(Informationsgehalt)**: Der Informationsgehalt einer auf kaufmännischen Grundsätzen basierenden Rechnungslegung von Gebietskörperschaften, in: Bräunig, Dietmar/Greiling, Dorothea (Hrsg.): Stand und Perspektiven der Öffentlichen Betriebswirtschaftslehre, Festschrift für Prof. Dr. Peter Eichhorn zur Vollendung des 60. Lebensjahres, Berlin 1999, S. 321-327.

Streim, Hannes **(Profit Center-Konzeption)**: Profit Center-Konzeption und Budgetierung, in: Die Unternehmung 1975, S. 23-42.

Streim, Hannes **(Vermittlung)**: Die Vermittlung von entscheidungsnützlichen Informationen durch Bilanz Gewinnermittlungsregeln und GuV – Ein nicht einlösbares Versprechen der internationalen Standardsetter, in: BFuP 2000, S. 111-131.

Streim, Hannes/**Bieker**, Marcus/**Esser**, Maik **(Ausschüttungsbilanz)**: Der schleichende Abschied von der Ausschüttungsbilanz – Grundsätzliche Überlegungen zum Inhalt einer Informationsbilanz, in: Dirrigl, Hans/Wellisch, Dietmar/Wenger,

Ekkehard (Hrsg.): Steuern, Rechnungslegung und Kapitalmarkt, Festschrift für Franz W. Wagner zum 60. Geburtstag, Wiesbaden 2004, S. 229-244.

Streim, Hannes/**Bieker**, Marcus/**Esser**, Maik **(Fair Value Accounting)**: Fair Value Accounting in der IFRS-Rechnungslegung – eine Zweckmäßigkeitsanalyse, in: Schneider, Dieter/Rückle, Dieter/Küpper, Hans-Ulrich/Wagner, Franz W. (Hrsg.): Kritisches zu Rechnungslegung und Unternehmensbesteuerung, Festschrift zur Vollendung des 65. Lebensjahres von Theodor Siegel, Berlin 2005, S. 87-109.

Streim, Hannes/**Bieker**, Marcus/**Esser**, Maik **(Informationen)**: Vermittlung entscheidungsnützlicher Informationen durch Fair Values – Sackgasse oder Licht am Horizont?, in: BFuP 2003, S. 457-479.

Streim, Hannes/**Bieker**, Marcus/**Hackenberger**, Jens/**Lenz**, Thomas **(Goodwill-Bilanzierung)**: Ökonomische Analyse der gegenwärtigen und geplanten Regelungen zur Goodwill-Bilanzierung nach IFRS, in: IRZ 2007, S. 17-27.

Streim, Hannes/**Bieker**, Marcus/**Leippe**, Britta **(Anmerkungen)**: Anmerkungen zur theoretischen Fundierung der Rechnungslegung nach International Accounting Standards, in: Schmidt, Hartmut/Ketzel, Eberhart/Prigge, Stefan (Hrsg.): Wolfgang Stützel – Moderne Konzepte für Finanzmärkte, Beschäftigung und Wirtschaftsverfassung, Tübingen 2001, S. 177-206.

Streim, Hannes/**Esser**, Maik **(Eignung)**: Zur Eignung internationaler Rechnungslegungsvorschriften für Rechnungslegung und Besteuerung in Deutschland, in: Rautenberg, Hans Günter (Hrsg.): Realität und Reform der Besteuerung, Stuttgart u.a. 2004, S. 117-147.

Streim, Hannes/**Esser**, Maik **(Informationsvermittlung)**: Rechnungslegung nach IAS/IFRS – Ein geeignetes Instrument zur Informationsvermittlung?, in: StuB 2003, S. 836-840.

Streim, Hannes/**Leippe**, Britta **(Neubewertung)**: Neubewertung nach International Accounting Standards – Darstellung, Anwendungsprobleme und kritische Analyse, in: Seicht, Gerhard (Hrsg.): Jahrbuch für Controlling und Rechnungswesen 2001 - Unternehmensbewertung, Kostenrechnung, Internationale Rechnungslegung, Controlling, Steuern, Wien 2001.

Stützel, Wolfgang **(Wert)**: Wert und Preis, in: Grochla, Erwin/Wittmann, Waldemar (Hrsg.): Handwörterbuch der Betriebswirtschaft, 4. Auflage, Stuttgart 1976, Sp. 4404-4425.

Sundem, Gary L. **(Information Perspective)**: A Note on the Information Perspective and the Conceptual Framework, in: Antle, Rich/Gjesdal, Frøystein/Liang, Pierre Jinghong (Hrsg.), Essays in Accounting Theory in Honour of Joel S. Demski, New York 2007, S. 285-293.

Sweeney, Henry W. **(Capital)**: Capital, in: The Accounting Review September/1933, S. 185-199.

Sweeney, Henry W. **(Income)**: Income, in: The Accounting Review December/1933, S. 323-335.

Taliento, Marco **(Goodwill)**: Measuring Goodwill: Rationales for a Possible Convergence between the Excess Profits Estimate and the Residual Value Approach, in: The Journal of American Academy of Business, Cambridge September/2006, S. 197-203.

Tearney, Michael G. **(Goodwill)**: Accounting for Goodwill: A Realistic Approach, in: The Journal of Accountancy/July 1973, S. 41-45.

Teitler, Evelyn **(Aktivierung)**: Soll die Aktivierung eines Minderheits-Goodwills erlaubt werden?, in: ST 2003, S. 629.

Teitler-Feinberg, Evelyn **(Impairment-Only-Approach)**: Impairment-Only-Approach: Ein taugliches Instrument zur korrekten Goodwill-Bewertung?, in: Jahrbuch für Finanz- und Rechnungswesen 2005, S. 243-299.

Teitler-Feinberg, Evelyn **(Schlepptau)**: IFRS im Schlepptau des FASB, eine Fahrt in gefährliches Terrain? – Projekt Business Combinations II des IASB beschreitet zusammen mit IAS 36 und IAS 38 neue Pfarde, in: ST 2006, S. 15-22.

Telkamp, Heinz-Jürgen/**Bruns**, Carsten **(Pooling-of-interests-Methode)**: Pooling-of-interests-Methode versus Fresh-Start-Methode – ein Vergleich, in: WPg 2000, S. 744-749.

Terstege, Udo **(Erfolgsrechnungen)**: Zu den Möglichkeiten einer kapitalwertkompatiblen Gestaltung von Erfolgsrechnungen, in: BFuP 2005, S. 588-600.

Thalke Focken, Elke Maren (Goodwill): Die Bilanzierung des Goodwill nach SFAS 141/142, Frankfurt am Main 2006.

Thomas, Arthur L. **(Allocation Problem)**: The Allocation Problem in Financial Accounting Theory, Evanston 1969.

Thornton, Daniel B. **(Capital Values in Use)**: Capital Values in Use Versus Replacement Costs: Theory and Canadian Evidence, in: Contemporary Accounting Research Fall/1988, S. 343-370.

Tichy, Geiserich E./**Barborka**, Karl **(Zusatzinformationen)**: Zusatzinformationen zur Abschätzung des Unternehmenswertes: Zur Abbildbarkeit einer Unternehmens-/Konzernsteuerung nach dem Konzept des Shareholder Value im Jahres-/Konzernabschluß – Erfordernis der Prognosepublizität, in: Altenburger, Otto A./Janschek, Otto/Müller, Heinrich (Hrsg.): Fortschritte im Rechnungswesen – Vorschläge für Weiterentwicklungen im Dienste der Unternehmens- und Konzernsteuerung durch Unternehmensorgane und Eigentümer, Gerhard Seicht zum 60. Geburtstag, Wiesbaden 1999, S. 613-671.

Tirole, Jean **(Industrieökonomik)**: Industrieökonomik, 2. Auflage, München/Wien 1999.

Todd, Steve **(Business Combinations)**: Big Deal? – Accounting for Business Combinations and Consolidations under New Zealand Equivalenz to IFRS, in: Auckland Business Review Spring/2006, S. 17-23.

Tollington, Tony **(Brand Assets)**: Separating the Brand Assets from the Goodwill Assets, in: Journal of Produkt & and Brand Management 1998, S. 291-304.

Tollington, Tony/**Liu**, Jonathan **(Asset)**: When is an Asset Not an Asset?, in: Management Decision 5/1998, S. 346-349.

Toppe Shortridge, Rebecca/**Smith**, Pamela A. **(Consolidation)**: Understandig Consolidation – A Comparison of the Proprietary, Parent, Entity, and IASB Views, in: The CPA Journal April/2007, S. 23-26.

Treynor, Jack L. **(Growth Companies)**: Growth Companies, in: Financial Analysts Journal November-December/1994, S. 12-16.

Treynor, Jack L. **(Value of Control)**: The Value of Control, in: Financial Analysts Journal July-August/1993, S. 6-9.

Troßmann, Ernst **(Erfolgsperiodisierung)**: Erfolgsperiodisierung in der Lebenszyklusrechnung, in: Krp Sonderheft 3/1999, S. 93-105.

Troßmann, Ernst **(Konzernkostenrechnung)**: Konsolidierung in der Konzernkostenrechnung, in: ZfbF-Sonderheft 49/2003, S. 47-70.

Troßmann, Ernst/**Baumeister**, Alexander **(Harmonisierung)**: Harmonisierung von internem und externem Rechnungswesen durch die Fair Value-Bewertung?, in: Bieg, Hartmut/Heyd, Reinhard (Hrsg.): Fair Value – Bewertung im Rechnungswesen, Controlling und Finanzwirtschaft, München 2005, S. 629-648.

Trützschler, Klaus **(Behandlung)**: Behandlung von Firmenwerten nach HGB und US-GAAP, in: Küting, Karlheinz/Langenbucher, Günther (Hrsg.): Internationale Rechnungslegung, Festschrift für Professor Dr. Claus-Peter Weber zum 60. Geburtstag, Stuttgart 1999, S. 391-414.

Trützschler, Klaus/**David**, Ulrich/**Strauch**, Joachim/**Tomaszewski**, Claude **(Unternehmensbewertung)**: Unternehmensbewertung und Rechnungslegung von Akquisitionen: Die Vorschriften nach IFRS und HGB vs. betriebswirtschaftliche Rationalität, in: ZP 2005, S. 383-406.

Ulbrich, Philipp R. **(Segmentberichterstattung)**: Segmentberichterstattung nach IAS 14, Hamburg 2006.

Van Cauwenberge, Philippe/**De Beelde**, Ignace **(Comprehensive Income)**: On the IASB Comprehensive Income Project: An Analysis of the Case for Dual Income Display, in: Abacus 2007, S. 1-26.

Vater, Hendrik **(Fair Value)**: Fair Value – des Rätsels Lösung?, in: BBK 2002, Fach 20, S. 655-664.

Vater, Hendrik **(Fair Value Accounting)**: Grundlagen und Probleme des Fair Value Accounting, in: UM 2003, S. 141-148.

Vater, Hendrik **(M&A Accounting)**: M&A Accounting: Abschaffung des Pooling of Interests?, in: DB 2001, S. 1841-1848.

Velthuis, Louis John **(Entwurf)**: Entwurf eines integrierten Value Based Management-Konzepts auf Basis des Residualgewinns, in: Gillenkirch, Robert M./Schauenberg, Bernd/Schenk-Mathes, Heike Y./Velthuis, Louis John (Hrsg.): Wertorientierte Unternehmenssteuerung, Festschrift für Helmut Laux, Berlin u.a. 2004, S. 295-324.

Velthuis, Louis John **(Value Based Management)**: Value Based Management auf Basis von ERIC, Working Paper, Frankfurt am Main March/2004.

Velthuis, Louis John/**Wesner**, Peter/**Schabel**, Matthias M. **(Fair value)**: Fair value und internes Rechnungswesen: Irrelevanz, Relevanz und Grenzen, in: KoR 2006, S. 458-466.

Vettinger, Thomas/**Volkart**, Rudolf **(Goodwill-Regeln)**: Neue Goodwill-Regeln nach IFRS ein Fluch oder Segen?, in: Finanz und Wirtschaft vom 14. Mai 2005, S. 24.

Volk, Gerrit **(Informationsinteresse)**: Das Informationsinteresse der Jahresabschlußadressaten, in: BB 1987, S. 723-728.

Virkkunen, Hendrik **(Rechnungswesen)**: Das Rechnungswesen im Dienste der Leitung, Helsinki 1956.

Wagenhofer, Alfred **(Fair Value Bewertung)**: Fair Value Bewertung im IFRS-Abschluss und Bilanzanalyse, in: IRZ 2006, S. 31-37.

Wagenhofer, Alfred **(Gewinn)**: Gewinn und Verlust, in: Ballwieser, Wolfgang/Coenenberg, Adolf Gerhard/Wysocki, Klaus von (Hrsg.): Handwörterbuch der Rechnungslegung und Prüfung, 3. Auflage, Stuttgart 2002, Sp. 969-979.

Wagenhofer, Alfred **(IAS/IFRS)**: Internationale Rechnungslegungsstandards – I-AS/IFRS, 5. Auflage, Frankfurt 2005.

Wagenhofer, Alfred **(Internationale Rechnungslegung)**: Internationale Rechnungslegung in Österreich, in: RWZ 1998, S. 289-297.

Wagenhofer, Alfred **(Rechnungslegung)**: Rechnungslegung, in: Bitz, Michael/Domsch, Michel/Ewert, Ralf/Wagner, Franz W. (Hrsg.): Vahlens Kompendium der Betriebswirtschaftslehre, Band 1, 5. Auflage, München 2005, S. 449-536.

Wagenhofer, Alfred **(Share Holder Value-Konzept)**: Share Holder Value-Konzept, in: Busse von Colbe, Walther/Pellens, Bernhard (Hrsg.): Lexikon des Rechnungswesens, 4. Auflage München/Wien 1998, S. 642-644.

Wagenhofer, Alfred **(Unternehmensrechnung)**: Unternehmensrechnung, in: Köhler, Richard/Küpper, Hans-Ulrich/Pfingsten, Andreas (Hrsg.): Handwörterbuch der Betriebswirtschaft, 6. Auflage, Stuttgart 2007, Sp. 1848-1857.

Wagenhofer, Alfred **(Zusammenwirken)**: Zusammenwirken von Controlling und Rechnungslegung nach IFRS, in: Wagenhofer, Alfred (Hrsg.): Controlling und IFRS-Rechnungslegung – Konzepte, Schnittstellen, Umsetzung, Berlin 2006, S. 1-20.

Wagenhofer, Alfred/**Ewert**, Ralf **(Externe Unternehmensrechnung)**: Externe Unternehmensrechnung, Berlin u.a. 2003.

Wagner, Franz W. **(Assets)**: Assets (Rechnungslegung), in: Handelsblatt (Hrsg.): Wirtschaftslexikon – Das Wissen der Betriebswirtschaftslehre, Band 1, Stuttgart 2006, S. 522-531.

Wagner, Franz W. **(Firmenwert)**: Der Firmenwert in der Steuerbilanz – Ein ertragswertorientiertes Abschreibungsverfahren, in: WPg 1980, S. 477-486.

Wagner, Franz W. **(Informations- und Ausschüttungsbemessungsfunktion)**: Zur Informations- und Ausschüttungsbemessungsfunktion des Jahresabschlusses auf einem organisierten Kapitalmarkt, in: ZfbF 1982, S. 749-771.

Wagner, Franz W. **(Kriterien)**: Welche Kriterien bestimmen die internationale Wettbewerbsfähigkeit der Methoden steuerlicher Gewinnermittlung?, in: BFuP 2000, S. 183-203.

Wagner, Franz W. **(Periodenabgrenzung)**: Periodenabgrenzung als Prognoseverfahren – Konzeption und Anwendungsbereich der „einkommensapproximativen Bilanzierung", in: Ballwieser, Wolfgang/Böcking, Hans-Joachim/Drukarczyk, Jochen/ Schmidt, Reinhard H. (Hrsg.): Bilanzrecht und Kapitalmarkt, Festschrift zum 65. Geburtstag von Professor Dr. Dr. h.c. Adolf Moxter, Düsseldorf 1994, S. 1175-1197.

Wagner, Franz W. **(Revolution)**: Die Revolution der Bilanzzwecke – Von der Sicherung der Kapitalerhaltung zur Senkung der Kapitalkosten, in: Banzhaf, Jürgen/Wiedmann, Stefan (Hrsg.): Entwicklungsperspektive der Unternehmensführung und ihrer Berichterstattung, Festschrift für Helmut Kuhnle anlässlich seiner Emeritierung, Wiesbaden 2006, S. 273-293.

Wagner, Franz W. **(Theorie)**: Theorie und Praxis der Rechnungslegung: Lehren aus drei Jahrzehnten, in: ZfbF-Sonderheft 32/1993, S. 1-10.

Wagner, Marc **(Immaterielle Werte)**: Immaterielle Werte in der Finanzanalyse, in: Controlling 2006, S. 433-438.

Wakefield, B. Richard **(Accounting Principle Board)**: The Accounting Principle Board is on the Wrong Track, in: Financial Analysts Journal July-August/1970, S. 33-36.

Walker, George T. **(Financial Statements)**: Goodwill on Financial Statements, in: The Accounting Review 1938, S. 174-182.

Walker, George T. **(Goodwill)**: Nonpurchased Goodwill, in: The Accounting Review 1938, S. 253-259.

Walker, R. G. **(Consolidated Statements)**: An Evaluation of the Information Conveyed by Consolidated Statements, in: Abacus December/1976, S. 77-115.

Walton, Peter **(Fair value)**: A Research Note – Fair value and Executiory Contracts: Moving the Boundaries in International Financial Reporting, in: Accounting an Business Research 2006, S. 337-343.

Warmbold, Siegfried **(Entkonsolidierung)**: Die Entkonsolidierung vollkonsolidierter Tochterunternehmen in der handelsrechtlichen Konzernrechnungslegung unter Berücksichtigung der konzeptionellen Grundlagen und der Generalnorm, Frankfurt am Main u.a. 1995.

Watrin, Christoph/**Strohm**, Christiane/**Struffert**, Ralf **(Business Combinations Project)**: The Joint Business Combinations Project – IFRS 3 and the Project`s Impact on Convergence with U.S. GAAP, in: The CPA Journal January/2006, S. 22-25.

Watrin, Christoph/**Strohm**, Christiane/**Struffert**, Ralf **(Entwicklungen)**: Aktuelle Entwicklungen der Bilanzierung von Unternehmenszusammenschlüssen nach IFRS, in: WPg 2004, S. 1450-1461.

Watts, Ross L. **(Conservatism, Part I)**: Conservatism in Accounting Part I: Explanations and Implications, in: Accounting Horizons 2003, S. 207-221.

Weber, Claus-Peter/**Wirth**, Johannes **(Immaterielle Vermögenswerte)**: Immaterielle Vermögenswerte in der US-amerikanischen Konzernrechnungslegung nach SFAS 141/142, in: Küting, Karlheinz/Weber, Claus-Peter (Hrsg.): Vom Financial Accounting zum Business Reporting – Kapitalmarktorientierte Rechnungslegung und integrierte Unternehmenssteuerung, Stuttgart 2002, S. 43-71.

Weber, Eberhard **(Unternehmensbewertung)**: Berücksichtigung von Synergieeffekten bei der Unternehmensbewertung, in: Baetge, Jörg (Hrsg.): Akquisition und Unternehmensbewertung, Düsseldorf 1991.

Weber, Helmut Kurt **(Grundgrößen)**: Grundgrößen des Rechnungswesens, in: Busse von Colbe, Walther/Pellens, Bernhard (Hrsg.): Lexikon des Rechnungswesens, 4. Auflage, München/Wien 1998, S. 318-323.

Weber, Helmut Kurt **(Rechnungswesen, Band 2)**: Betriebswirtschaftliches Rechnungswesen Bd. 2: Kosten- und Leistungsrechnung, 3. Auflage, München 1991.

Weber, Helmut Kurt/**Rogler**, Silvia **(Rechnungswesen, Band 1)**: Betriebswirtschaftliches Rechnungswesen, Band 1: Bilanz sowie Gewinn- und Verlustrechnung, 5. Auflage, München 2004.

Wedell, Harald **(Rechnungswesen, Band 1)**: Grundlagen des Rechnungswesens – Band 1: Buchführung und Jahresabschluss, 11. Auflage, Herne/Berlin 2006.

Wedell, Harald **(Rechnungswesen, Band 2)**: Grundlagen des Rechnungswesens – Band 2: Kosten- und Leistungsrechnung, 9. Auflage, Herne/Berlin 2004.

Wedell, Harald **(Wertschöfung)**: Die Wertschöpfung als Maßgröße für die Leistungskraft eines Unternehmens, in: DB 1976, S. 205-213.

Wegmann, Wolfgang **(Gewinn)**: Der ökonomische Gewinn, Wiesbaden 1970.

Weismüller, Albert **(Akquisitionscontrolling)**: Akquisitionscontrolling: Integration und Nachrechnung, in: Peemöller, Volker, H. (Hrsg.): Praxishandbuch der Unternehmensbewertung, 3. Auflage, Herne/Berlin 2005, 4. Kapitel, Teil B III., S. 671-698.

Weismüller, Albert **(Synergien)**: Synergien zur Steigerung des Unternehmenswertes, in: Börsig, Clemens/Coenenberg, Adolf Gerhard (Hrsg.): Bewertung von Unternehmen, Strategie – Markt – Risiko, Stuttgart 2002, S. 173-184.

Weißenberger, Barbara E. **(Controller)**: IFRS für Controller, Freiburg u.a. 2007.

Weißenberger, Barbara E. **(Ergebnisrechnung)**: Ergebnisrechnung nach IFRS und interne Performancemessung, in: Wagenhofer, Alfred (Hrsg.): Controlling und IFRS-Rechnungslegung – Konzepte, Schnittstellen, Umsetzung, Berlin 2006, S. 49-79.

Weißenberger, Barbara E. **(Ergebnisse)**: Ergebnisse des IGC-Arbeitskreises „Controller und IFRS – Integrierte Ergebnisrechnung unter IFRS?“, in: Accounting 4/2006, S. 9-12.

Weißenberger, Barbara E. (Hrsg.) **(IFRS)**: IFRS und Controlling, ZfCM Sonderheft 2/2004.

Weißenberger, Barbara E. **(Integration)**: Integration der Rechnungslegung unter IFRS – Ergebnisse des Arbeitskreises „Controller und IFRS" der International Group of Controlling, in: Controlling 2006, S. 409-415.

Weißenberger, Barbara E. **(Möglichkeiten)**: Controlling unter IFRS – Möglichkeiten und Grenzen einer integrierten Erfolgsrechnung, in: Weber, Jürgen/Meyer, Matthias (Hrsg.): Internationalisierung des Controllings – Standortbestimmung und Optionen, Wiesbaden 2005, S. 185-212.

Weißenberger, Barbara E. **(Verhältnis)**: Zum grundsätzlichen Verhältnis von Controlling und externer Finanzberichterstattung unter IFRS, in: Der Konzern 2007, S. 321-331.

Weißenberger, Barbara E./**Arbeitskreis** „Controller und IFRS" der International Group of Controlling **(Controller)**: Controller und IFRS: Konsequenzen der IFRS-Finanzberichterstattung für die Controlleraufgaben, in: KoR 2006, S. 613-622.

Weißenberger, Barbara E./**Arbeitskreis** „Controller und IFRS" der International Group of Controlling **(Konsequenzen)**: Controller und IFRS: Konsequenzen einer IFRS-Finanzberichterstattung für die Aufgabenfelder von Controllern, in: BFuP 2006, S. 342-364.

Weißenberger, Barbara E./**Haas**, Cornelia A. J./**Wolf**, Sebastian **(Goodwill-Controlling)**: Goodwill-Controlling unter IAS 36 – Konzeptionelle Überlegungen und Gestaltungsvorschläge, in: PiR 2007, S. 149-156.

Weißenberger, Barbara E./**Blome**, Marcus **(Fair Value-Bewertung)**: Fair Value-Bewertung nach IFRS: Chancen und Risiken für die wertorientierte Steuerung mittels EVA, in: Acconting 8/2005, S.11-15.

Weißenberger, Barbara E./**Maier**, Michael **(Management Approach)**: Der Management Approach in der IFRS-Rechnungslegung: Fundierung der Finanzberichterstattung durch Informationen aus dem Controlling, in: DB 2006, S. 2077-2083.

Weißenberger, Barbara E./**Stahl**, Anne B./**Vorstius**, Sven **(Umstellung)**: Die Umstellung auf internationale Rechnungslegungsgrundsätze – Wunsch und Wirklichkeit in deutschen Unternehmen, in: KoR 2004, S. 5-16.

Wenger, Ekkehard **(Unternehmenserhaltung)**: Unternehmenserhaltung und Gewinnbegriff, Wiesbaden 1981.

Welge, Martin K. **(Synergie)**: Synergie, in: Grochla, Erwin/Wittmann, Waldemar (Hrsg.): Handwörterbuch der Betriebswirtschaft, 4. Auflage, Stuttgart 1976, Sp. 3800-3810.

Wentland, Norbert **(Konzernbilanz)**: Die Konzernbilanz als Bilanz der wirtschaftlichen Einheit Konzern im Vergleich zur aktienrechtlichen Konzernbilanz, Dissertation, Göttingen 1978.

Wernerfelt, Birger **(Resource-based View)**: A Resource-based View of the Firm, in: Strategic Management Journal April-June/1984, S. 171-180.

Wesner, Peter **(Risikoäquivalenzprinzip)**: Risikoäquivalenzprinzip, (ex ante) Bewertung und (ex post) Performancemessung, in: Bellavite-Hövermann, Yvette/Liebich, Burkhardt/Wolf, Jochen (Hrsg.): Unternehmenssteuerung – Ökonomie, Controlling, Rechnungslegung und Recht, Festschrift für Professor Dr. Hans G. Bartels zum 65. Geburtstag, Stuttgart 2006, S. 37-50.

Werner, Thomas/**Padberg**, Thomas/**Kriete**, Thomas **(IFRS-Bilanzanalyse)**: IFRS-Bilanzanalyse, Stuttgart 2005.

Wiemer, Walter **(Umbruch)**: IAS/IFRS – Umbruch in der Rechnungslegung zwingt Controller zum Umdenken, in: CM 2005, S. 348-353.

Wild, Jürgen **(Unternehmungsplanung)**: Grundlagen der Unternehmungsplanung, 4. Auflage, Opladen 1982.

Wilhelm, Jochen **(Marktwertmaximierung)**: Marktwertmaximierung – Ein didaktisch einfacher Zugang zu einem Grundlagenproblem der Investitions- und Finanzierungstheorie, in: ZfB 1983, S. 516-534.

Wilson, Arlette C./**Heitger**, Dan **(Business Combinations)**: Financial Statement Impact of New Accounting for Business Combinations and Intangible Assets, in: The Ohio CPA Journal January-March/2002, S. 52-54.

Wirth, Johannes **(Firmenwertbilanzierung)**: Firmenwertbilanzierung nach IFRS, Stuttgart 2005.

Wissenschaftlicher Rat der Dudenredaktion (Fremdwörterbuch): Duden Band 5 – Fremdwörterbuch, 5. Auflage, Mannheim u.a. 1990.

Wittmann, Waldemar **(Information)**: Unternehmung und unvollkommene Information: Unternehmerische Voraussicht – Ungewissheit und Planung, Köln/Opladen 1959.

Wöginger, Helmut **(Synergien)**: Bewertung von Synergien bei Mergers & Acquisitions – Das Synergy-Value-Konzept, in: Richter, Frank/Timmreck, Christian (Hrsg.): Unternehmensbewertung, Moderne Instrumente und Lösungsansätze, Stuttgart 2004, S. 235-262.

Wöginger, Helmut **(Synergy-Value-Konzept)**: Das Synergie-Value-Konzept – ein ganzheitlicher Ansatz zur Synergieevaluation bei Mergers & Acquisitions, in: M & A Rewiew 2006, S. 205-215.

Wöhe, Günter **(Bilanzierung)**: Zur Bilanzierung und Bewertung des Firmenwertes, in: STuW 1980, S. 89-108.

Wüstemann, Jens **(Institutionenökonomik)**: Institutionenökonomik und internationale Rechnungslegungsordnungen, Tübingen 2002.

Wüstemann, Jens/**Bischof**, Jannis **(Fair-Value-Bewertung)**: Der Grundsatz der Fair-Value-Bewertung von Schulden nach IFRS: Zweck, Inhalte und Grenzen, in: ZfB-Special Issue 6/2006, S. 77-110.

Wüstemann, Jens/**Duhr**, Andreas **(Full Fair Value-Bewertung)**: Entspricht die Full Fair Value-Bewertung nach den Vorschlägen der Joint Working Group of Standard Setters den Informationsbedürfnissen der Bilanzadressaten, in: Bieg, Hartmut/Heyd, Reinhard (Hrsg.): Fair Value – Bewertung im Rechnungswesen, Controlling und Finanzwirtschaft, München 2005, S. 109-127.

Zeff, Stephen A. **(Entity Theory)**: The Entity Theory of Recording Goodwill in Business Combinations: Old Stuff, in: The CPA Journal October/2005, S. 80.

Zeff, Stephen A. **(Lobbying)**: "Political" Lobbying on Proposed Standards: A Challenge to the IASB, in: Accounting Horizons 2002, S. 43-54.

Ziegler, Hasso **(Neuorientierung)**: Neuorientierung des internen Rechnungswesens für das Unternehmens-Controlling im Hause Siemens, in: ZfbF 1994, S. 175-188.

Zimmermann, Jochen **(Geschäftswerte)**: Objektivierte originäre Geschäftswerte als Informationsträger in der Konzernbilanz – Anmerkungen zum Beitrag von Siegel, in: DB 2002 S. 749, in: DB 2002, S. 751-753.

Zimmermann, Jochen **(Signale)**: Widersprüchliche Signale des DSR zur Goodwillbilanzierung?, in: DB 2002, S. 385-390.

Zimmermann, Jochen/**Werner**, Jörg-Richard **(Werturteilsprobleme)**: Werturteilsprobleme in der Bilanzforschung: Eine Analyse der Fair Value-Bewertung, in: Frank, Ulrich (Hrsg.): Wissenschaftstheorie in der Ökonomie und Wirtschaftsinformatik – Theorienbildung und -bewertung, Ontologien, Wissensmanagement, Wiesbaden 2004, S. 149-169.

Zimmermann, Jochen/**Veith**, Stefan **(Erfassung)**: Die Erfassung von CO_2-Emissionsrechten in der wertmäßigen und ökologischen Kostenrechnung, in: ZfCM 2007, S. 355-364.

Zülch, Henning/**Burghardt**, Stephan **(Projektüberblick)**: Projektüberblick und Zeitplan des IASB, in: PiR 2007, S. 168-170.

Zülch, Henning/**Erdmann**, Mark-Ken/**Clark**, Joyce **(Abgrenzung)**: Abgrenzung von Eigenkapital und Fremdkapital nach HGB und IFRS – Darstellung und Würdigung aktueller Entwicklungen unter besonderer Berücksichtigung des ED IAS 32 (2006), in: IRZ 2006, S. 227-232.

Zülch, Henning/**Gebhardt**, Ronny **(Framework)**: Anmerkungen zum Entwurf eines überarbeiteten Conceptual Framework für die Finanzberichterstattung, in: PiR 2006, S. 203-204.

Zülch, Henning/**Lienau**, Achim/**Willeke**, Clemens **(IDW ERS HFA 16)**: Bewertungen bei der Abbildung von Unternehmenserwerben und bei Werthaltigkeitsprüfungen nach IFRS – eine kritische Würdigung des IDW ERS HFA 16, in: UM 2005, S. 103-109.

Zwehl, Wolfgang von **(Planbilanz)**: Die Planbilanz – Ein Instrument der Unternehmensführung, in: Krp 2/1969, S. 73-96.

Zwehl, Wolfgang von **(Untersuchung)**: Untersuchung zur Erstellung einer Planbilanz als Ergänzung des Jahresabschlusses, Berlin 1968.

Zwirner, Christian/**Wohlgemuth**, Frank **(Vergangenheitsorientierung)**: Vergangenheitsorientierung vs. Prognosefähigkeit: Das Konzernrechnungswesen im neuen Jahrtausend – Resümee der 5. Fachtagung: Das Rechnungswesen im Konzern, in: StuB 2000, S. 83-88.

Standards und Standardentwürfe

IFRS 3: IFRS 3 Unternehmenszusammenschlüsse (2004)

IAS 1: IAS 1 Darstellung des Abschlusses (2004).

IAS 22: IAS 22 Unternehmenszusammenschlüsse (1998).

IAS 27: IAS 27 Konzern- und separate Einzelabschlüsse nach IFRS (2004).

IAS 36: IAS 36 Wertminderung von Vermögenswerten (2004).

IAS 37: IAS 37 Rückstellungen, Eventualschulden und Eventualforderungen (1998).

IAS 38: IAS 38 Immaterielle Vermögenswerte (2004).

IAS 40: IAS 40 Als Finanzanlagen gehaltene Immobilien (2004).

ED IFRS 3: Exposure Draft of Proposed Amendments to IFRS 3 Business Combinations (2005).

ED IAS 37: Exposure Draft of Proposed Amendments to IAS 37 (2005).

Kolibri 360 GmbH
Ferdinand-Jühlke-Straße 7
99095 Erfurt, Deutschland
produktsicherheit@kolibri360.de